Georg Kaspar Nagler

Neues allgemeines Künstler-Lexikon

7. Band, Kayser.-Lodewyck.

Georg Kaspar Nagler

Neues allgemeines Künstler-Lexikon

7. Band, Kayser.-Lodewyck.

Inktank publishing, 2018

www.inktank-publishing.com

ISBN/EAN: 9783747759318

Neues allgemeines
Künstler-Lexicon

oder

Nachrichten

von dem

Leben und den Werken

der

Maler, Bildhauer, Baumeister, Kupferstecher, Formschneider, Lithographen, Zeichner, Medailleure, Elfenbeinarbeiter, etc.

Bearbeitet

von

Dr. G. K. Nagler.

Siebenter Band.

Keyser. — Lodewyck.

München, 1839.

Verlag von E. A. Fleischmann.

K.

Keyser, Heinrich de, Bildhauer und Baumeister, geb. zu Utrecht 1565, gest. zu Amsterdam 1621. Sein Vater, ein Schreiner, brachte ihn anfangs zu dem Vater des A. Bloemaert, um die Baukunst zu erlernen; der Sohn Bloemaert unterrichtete ihn aber in der Zeichen- und Malerkunst. Doch wählte er die Plastik und Architektur zum Hauptfache, und hierin erwarb er sich grossen Ruhm, so dass ihn der Dichter P. C. Hooft in einem Briefe „die Ehre seines Vaterlandes" nennt. Seiner bediente sich die Regierung zu Amsterdam sehr häufig, und Keyser hatte auch den Titel eines Baumeisters und Bildhauers derselben, dieses von 1594 an. Sein Werk ist die Börse, das Harlemer-Thor, die Zuider-, Noorder- und Wester-Kirche zu Amsterdam, das Stadthaus in Delft, und auch zu vielen andern Gebäuden machte er Plane, die unter seiner Leitung ausgeführt wurden. Von ihm soll auch die metallene Statue des Erasmus auf dem grossen Markte zu Rotterdam herrühren; besonders berühmt wurde aber sein Name durch das Monument des Prinzen Wilhelm von Oranien, welches ihm die Generalstaaten setzen liessen. Dieses grosse, reiche und würdige Werk entstand zwischen den Jahren 1608 und 1619, unter bedeutenden Kosten. Vier allegorische Gestalten umgeben das Bild des Helden, der ruhend daliegt, und über ihm streckt Fama die Posaune des Ruhms hinaus, leicht auf der Kugel stehend, in unzweifelhafter Nachahmung des Merkurs von Johann da Bologna. Doch ist Keyser's Erzbild bekleidet, im lastenden Gewande. Die Einheimischen preisen dieses Werk vielleicht zu sehr, allein wir müssen Schnaase beistimmen (Niederl. Briefe S. 14), wenn er sagt: Die Dankbarkeit für den Gründer der Nationalität, die Trauer, welche bei seiner Bestattung das Volk fast zur Verzweiflung trieb, wirken auch jetzt noch nach, und finden eine Beruhigung in dem Lobe des Monuments. Dieses Denkmal ist auch im Kupferstich vorhanden. J. Suyderhoef hat das Bildniss dieses Künstlers nach Th. de Keyser's Zeichnung gestochen, kl. Oval, in einer Einfassung. C. Ketel hat sein Bildniss gemalt auf dem Bilde mit Christus und den Aposteln.

Ueber diesen Künstler findet man Nachrichten in C. Dankert's Architectura Moderna und in J. Wagenaar's Beschreibung von Amsterdam.

Keyser, Peter de, Bildhauer und Baumeister, der Sohn und Nachfolger des Obigen in seiner Stelle der Stadt Amsterdam. Von seiner Erfindung ist das Grabmal des 1642 verstorbenen Grafen Wilhelm von Nassau in der Hauptkirche zu Leeuwarden. Dann sind auch die Ornamente am Grabmale des Admiral Tromp in der alten Kirche zu Delft sein Werk.

Das Todesjahr dieses Künstlers ist unbekannt. Von einem P. de Keyser sind Kupferstiche, welche Leichenbegängnisse, Grabmäler etc. darstellen. Einige sind nach Heinrich de Keyser gefertiget.

Keyser, Wilhelm de, Landschafts- und Blumenmaler, dessen Weyermann erwähnt, aber man weiss nicht, ob er Heinrich's Sohn oder Neffe ist. Er starb 1670 in London. Dieses ist der erwähnte W. de Keisar.

Keyser, Theodor de, Zeichner und Maler, vielleicht ein Sohn des berühmten Heinrich de Keyser, doch weiss man nicht nur nicht seine Lebensverhältnisse, sondern nicht einmal, ob er in Utrecht oder in Amsterdam geboren. Im Jahre 1621 fertigte er die Zeichnung, nach welcher J. Suyderhoef das Bildniss von Heinrich de Keyser gestochen hat, und 1657 malte er noch ein Bild für das Stadthaus in Amsterdam. Man kann daher seine Lebenszeit um 1595—1660 bestimmen. Er zeichnete sich besonders im Portraitfache aus, von denen die im Grossen ausgeführten jenen von Hondhorst und Gonzales verglichen werden können. Auf dem Stadthause zu Amsterdam ist ein Gemälde mit fast lebensgrossen Figuren, von ihm 1633 gemalt; dann eine Allegorie von 1657. Eines seiner Gemälde, welches eine Magistratsperson am Tische sitzend vorstellt, wurde 1765 aus der Sammlung des H. de Neuville zu Amsterdam für die Gallerie des Prinzen Wilhelm V. von Oranien um 405 fl. erkauft. Ein zweites Bild, das durch J. Suyderhoef's Stich bekannt ist, stellt die vier Bürgermeister vor, wie sie über die Ankunft der Maria von Medicis berathschlagen. Es wurde 1773 aus dem Nachlasse des H. Braamkamp zu Amsterdam um 510 fl. für das erwähnte Cabinet gekauft.

Die Werke dieses Künstlers sind indessen sehr selten, und man kann sie mit den Besten eines Terburg und Gonzales vergleichen. Dabei erfreuen sie durch eine noch zartere Vollendung und durch geistreichere Behandlung. In einigen Sammlungen legt man die mit seinem Monogramme bezeichneten Werke fälschlich dem Theodor Kamphuyzen bei. Terwesten und Andere halten ihn irrig für Eine Person mit Heinrich de Keyser, und Wagenaar nennt ihn in der Geschichte von Amsterdam Thomas de Keyser, irre geführt durch Vondel's Beischrift unter dem Bildnisse des Laurens Reael, welches ein Thomas Keyser gemalt haben sollte. Suyderhoef, S. Savry, Th. Matham und Andere haben Bildnisse nach ihm gestochen.

Keyser, Clara de, auch Keytzer, Miniaturmalerin zu Gent, eine berühmte Künstlerin, deren Guicciardini und Vasari erwähnen. Sie lebte im 16. Jahrhundert, und brachte das Leben bis auf 80 Jahre.

Keyser, Nicaise de, Maler zu Antwerpen, ein jetzt lebender Künstler, der schon öfter mit Ehren erwähnt wurde. Er bildete sich unter Leitung des Malers van Bree, und seine Bilder bestehen in Historien und Genrestücken, in denen man edle, würdige Figuren und eine angenehme Färbung gewahret.

Keyser, s. auch Kaiser und Keyser.

Keyzer, Daniel de, Zeichner zu Middelburg, wo er schon 1778 arbeitete, und 1806 starb. Er war Zeichnungsmeister.

Keyzer, s. auch Keyser.

Kfelner, Anton, Freiherr von, ein Böhme und Kunstliebhaber, nach welchem W. Berger zu Anfang unsers Jahrhunderts die Schlösser Hradek und Wlasenicz gestochen hat.

Khlaig, Georg, Baumeister, baute nach Hans Buchsbaum's Tod an dem zweiten Thurme des St. Stephans-Domes zu Wien, wie in Hormayr's Gesch. Wien's 2. Jahrg. I. Heft S. 48 zu lesen ist, wobei wir aber auf den Art. Hans Buchsbaum verweisen müssen. Glaigh konnte bei den geringen Mitteln, die man ihm zuwies und die grösstentheils in milden Beiträgen bestanden (der Landesfürst gab wöchentlich nur 4 Pfund Pfennige zum Bau), besonders bei dem um's Zehnfache erhöhten Arbeitslohne, mit zehn oder eilf Arbeitern nur wenig vorrücken. Er starb um 1506, wie F. v. Hormayr angibt.

Khol, Andreas, Kupferstecher zu Nürnberg, von welchem man kleine Bildnisse, ein Zeichenbuch und ein Thierbuch hat, letzteres mit M. Beutler gestochen. Dieser Khol war ein ganz mittelmässiger Künstler, der 1656 im 32. Jahre starb.

Um 1681 lebte in Prag ein Bildhauer Hieronymus Khol.

Khünel, Architekt aus Oldenburg, ein geschickter Künstler unsers Jahrhunderts, entwarf den Plan zur Domkirche in Gran, und entwickelte hierin ausgezeichneten Sinn für Schönheit und Grossartigkeit der architektonischen Form. Leider raffte ihn der Tod dahin, ehe er Hand an die Ausführung legen konnte, und sein Neffe H. Packh begann 1828, kaum 30 Jahre alt, den Bau nach den Planen des Onkels. Der erste Entwurf dieses riesenmässigen Baues rührt von dem Fürst Bischof Alexander Rudnay, Primas von Ungarn, her.

Kibler, Kupferstecher, der uns durch folgendes Blatt bekannt ist: Grosse Dreifaltigkeits-Säule in Linz, 1723 erbaut, gr. r. fol.

Kidd, W., Maler zu London, ein jetzt lebender Künstler, über welchen man getheilte Urtheile lesen kann. Einmal fanden wir ihn als fleissigen und talentvollen Gattungsmaler bezeichnet, und 1831 wurde sein Bild des glücklichen Hochländers als eines der besten Erzeugnisse des Künstlers erklärt, da das Gemälde voll Heiterkeit, und in Beziehung des nationellen Charakters bewundernswerth ist. Auch ein anderes Bild, der muthmassliche Kniff betitelt, wurde gerühmt.

Andererseits wurden Kidd und Fidding zu denjenigen Malern gezählt, welche ein schönes Talent herabwürdigen, indem sie dem niedrigen Geschmacke fröhnen und zum Verfall der Kunst beitragen.

Kiechl, Joseph, Bildhauer vom Imst in Tirol, ein Künstler, der sich schon zu Anfang unsers Jahrhunderts bekannt gemacht hatte, durch verschiedene Bildwerke, besonders in weichem Metall. Im Jahre 1806 goss er in Wien unter Zauner's Leitung die Büste des Appellations-Direktors F. X. Jellenz in weichem Metall, jetzt im akademischen Saale zu Innsbruck, und im National-Museum daselbst ist jene Kaiser Franz I. von Bronze. Diese Büste kam 1824 dahin, und damals machte der Künstler dem Museum mit einem künstlich aus Holz geschnittenen Wandleuchter ein Geschenk.

Kiederich, Paul Joseph, Historienmaler aus Paderborn, der sich auf der Akademie zu Düsseldorf bildete. Im Jahre 1836 brachte er das Gemälde zur Ausstellung, welches Karl's V. letzte Tage vorstellt, ein wohl durchdachtes und empfundenes Bild.

Kiderich malt auch Genrestücke, so wie Blumen und Früchte.

Kiefer, Portraitmaler zu Mainz, ein geschickter Künstler unsers Jahrhunderts. Seine Bildnisse sind ähnlich und kräftig gehalten.

1*

Kiehlmann, Friedrich Daniel Heinrich, Formschneider, wurde 1770 in Dresden geboren, und von Ch. W. E. Dietrich in der Kunst unterrichtet. Er arbeitete für Druckereien.

Kiehlmann, Carl Heinrich, Maler und Wachsbossirer, wurde 1800 zu Dresden geboren, und daselbst auch zum Künstler gebildet. Seine Bildnisse sind ähnlich und charakteristisch.

Kiehlmann, Carl Heinrich, Maler zu Dresden, und geboren daselbst 1800. Er malt Bildnisse, und auch als Wachsbossirer finden wir seiner erwähnt.

Er ist vielleicht der Sohn des Friedrich Daniel Heinrich Kiehlmann, der als Holzschneidekünstler in Dresden lebte und 1770 geboren wurde.

Kjeltberg, A., Maler, und unser Zeitgenosse, dessen Lebensverhältnisse uns aber unbekannt sind. Man findet Landschaften von seiner Hand.

Kien, Johann, Maler, der um 1770 geboren wurde. Er malte Schlachtstücke.

Eieninger, s. Kininger.

Kienlin, Maximilian Ludwig, Kupferstecher, der um 1661 lebte. Man hat von ihm kleine Aetzungen von dem bezeichneten Jahre, theils mit einem Monogramme, theils mit dem Namen des Künstlers bezeichnet, wie die vier Tagszeiten, unter den Figuren kleiner Kinder vorgestellt. H. 2 Z. 11 L., Br. 4 Z. 4 L.

Kierings, Alexander, Landschaftsmaler, der nicht mit Johann Cierings oder Carings verwechselt werden darf. Dieser A. Kierings oder Keirincz war von Utrecht und ein trefflicher Künstler seiner Art, von unermüdetem Fleisse in Vollendung seiner Werke. Diese ahmen die Natur getreu nach, und besonders gerne stellte er recht verästete Bäume in seinen Landschaften dar. An seinen Bäumen erkennt man genau das Blätterwerk und die eigenthümlichen Fasern des Holzes und der Rinden. Er brachte auch Wasserfälle, Flüsse, Gebäude und Ruinen an, alles mit Treue und Sorgfalt. Sein Meister war J. Miel, oder wie Andere wollen, Poelenburg, welcher Kierings Landschaften häufig mit Figuren staffirt hat. Auch J. E. Thoman hat ihm diesen Gefallen erwiesen. Die Gallerie in Schleissheim bewahrt von diesem Künstler zwei Landschaften, von denen die eine mit dem Monogramm A. K., die andere mit dem Namen des Künstlers bezeichnet ist. Dieses ist auch mit einer grossen Landschaft aus der Sammlung des verstorbenen k. Staats-Buchhalters C. Münch der Fall. Dieses treffliche Gemälde zeigt badende Nymphen, von Poelenburg oder gar von Rubens gemalt. Im Ganzen sind die Werke dieses Künstlers selten. Der Tod ereilte ihn 1646 zu Amsterdam, im 56. Jahre.

Man hat von A. Kierings auch ein geätztes Blatt mit einer zerstörten Brücke, mit Al. Kierings del. et. sc. bezeichnet.

Kierings, Johann, s. Cierings.

Kiermaier, s. Kirchmaier.

Kierstein, Ciseleur in Strassburg, ein berühmter jetzt lebender Künstler seines Faches, s. Friedrich Kirstein, den Artikel seines Sohnes.

Kies, Simon Jansz. van, Zeichner von Amsterdam, dessen C. van Mander als Schüler des Franz Floris erwähnt, ohne seine Lebensverhältnisse zu bestimmen. Dieser Kies zeichnete jene Gemälde, welche Floris zu Antwerpen für Klaas Jongelink gemalt hatte, nämlich die Thaten des Herkules, welche C. Cort nach Kies's Zeichnungen gestochen, und die H. Cock 1562 herausgab, dann die freien Künste, von demselben Künstler in Kupfer gebracht. Die Bilder mit den Thaten des Herkules wurden in der Mitte des vorigen Jahrhunderts im Haag einer Versteigerung unterworfen. Die Gemälde mit den freien Künsten sind vielleicht nicht mehr vorhanden. C. van Mander wusste diese Bilder schon nicht mehr zu finden.

Kieseling, ein geschickter Glasschneider, der auf seinen Gläsern Bacchanalien, Vögel und andere Thiere anbrachte.

Kiesenzieg, N. N., Maler zu Frankfurt, von dem man aber nur weiss, dass er gelebt, ein Weib genommen und 1486 als Narr sich erstochen habe. So sagt neben Andern Lersner in seiner Chronik.

Kieser, Eberhard, Kupferstecher zu Frankfurt am Main, wo er um 1612—1630 arbeitete. Er zierte den Thesaurus Philopol. des D. Meisner mit schönen Kupfern von 1620—30. Auch im Krönungs-Diarium des Kaisers Mathias von 1614 sind Blätter von ihm; ferner in J. von Wallhausen's Ritterkunst. F. a. M. 1616 in 8., und in dessen romantischer Kriegskunst etc. 1618, fol.

St. Georg zu Pferde, Copie nach Dürer, hier als Franz von Sickingen dargestellt, mit lat. Versen. H. 5 Z. 3 L., Br. 4 Z. 4 L.

Allegorie auf die Thorheit, Copie nach Dürer, mit der Ueberschrift: Der arme gemeine Esel etc. Unten in 5 Abth. ein deutsches Gedicht: Eine grosse Thorheit etc. E. Kiefer exc. H. 10 Z. 3 L., Br. 14 Z. 2 L.

Kieser stach auch Portraite im Geschmacke von S. Furk, wie jene von Fettmilch, Schupp und Gerngros. Seine Folge verschiedener Fürsten zu Pferde beläuft sich auf 78 Blätter in 4.

Kiesewetter, W., Maler, der um 1832 zu Berlin unter der Leitung von C. Röthig stand. Er malt Blumen und Früchte in Oel.

Kiesling, Leopold, berühmter Bildhauer, geb. zu Schöneben in Oberösterreich 1770, gest. zu Wien 1827. Nach dem Tode seines Vaters, eines Glashändlers, der sich mit seiner Familie in Wien niederliess, kam er als 14jähriger Knabe aus Vermögenslosigkeit zu einem Tischler, bei welchem er seinen Unterhalt bis in das 21. Jahr hart verdienen musste. Hierauf führte ihn das Schicksal, das um diese Zeit die Prüfung mit seiner erwachten Lieblingsneigung begann, zu dem Bildhauer Joseph Straub, bei dem er, als Tischlergesell aufgenommen, in dieser Eigenschaft drei volle Jahre ausharrte, obgleich er daselbst frühzeitig einen unwiderstehlichen Trieb zur Bildhauerei fühlte und in diesem Kunstfache aus eigenem Antriebe in verschiedenartigen Materien manche kleine Arbeiten versuchte. Nachdem er sich durch den verehrten Grafen von Saurau vom Militärstande befreit sah, trat er in die Arbeit zu dem Verzierungsbildhauer Joseph Schrott, der zuerst sein Kunsttalent erkannte und desswegen ihm täglich einen zweistündigen Besuch der kaiserl. königl. Akademie der bildenden Künstler — ohne den mindesten Abzug von dem bedungenen Arbeitslohne — erlaubte.

Allein seine Vorliebe zur eigentlichen Bildhauerkunst, die sich mehr mit Figuren beschäftigt, griff nach und nach so weit, dass er nicht blos zwei Stunden, sondern ganze Tage und Wochen in dem akademischen Museo verweilte, wo er, von keinem vermögenden Gönner unterstützt, die grossen Meisterwerke der Alten mit noch grösserer Aufmerksamkeit studirte und nachzeichnete, um sie dann in den häuslichen Nebenstunden abzuformen. Manches Urbild der Akademie, blos in dem Vorstellungsvermögen aufgefasst, ward zu Hause aus dem Gedächtnisse nachgezeichnet, abgeformt, und das so vollendete Nachbild erst dann mit dem Urbilde sorgfältig verglichen, wenn er jenes mit seinem Ideale übereinstimmend fand. Die Vergleichung eines solchen Nachbildes mit dem Urmuster, von dem er es im Geiste gleichsam abgeprägt hatte, war für ihn die belehrendste Schule, und für seine Einbildungskraft später die reichhaltigste Quelle von eigenen originellen Ideen. Zwei Jahre setzte er bei dem genannten Biedermanne dieses praktische Studium, dem Scheine nach, als Nebensache fort, bis nämlich der rühmlich bekannte Prof. M. Fischer, der an seiner ausserordentlichen Betriebsamkeit ein grosses Genie ahnete, den gänzlichen Uebertritt von der Verzierungsbildhauerei zu der Figurenbildhauerkunst veranlasste, Kiesling glaubte nun den Grund zu seinem Glücke gelegt zu haben. ungeachtet der Uebertritt in das Studium Fischer's seinen vorigen Arbeitslohn um die Hälfte verminderte. Dieser Verminderung in seiner vermögenslosen Lage und dem so kostspieligen Privatfleisse, für dessen Fruchtgenuss er alle Vergnügungen und nicht selten Speise und Trank entbehrte, ist es zuzuschreiben, dass er einmal zur Rettung seiner Lebensfrist einem sogenannten Freunde für vierzehn dargeliehene Gulden durch ein ganzes Jahr monatlich zwei Gulden Interesse und darauf auch das Kapital zahlte; ein anderes Mal aber (und zwar nachdem er für den in halber Lebensgrösse nachgeformten Germanikus den Gundel'schen Stiftungspreis von 24 Gulden empfangen hatte) ihn bei dem feierlichen Austritte aus dem akademischen Rathssaale — noch unter der Thüre seine Gläubiger empfingen, die, ungehalten, dass der Stiftungspreis nicht die Schuldsumme ausglich, einstweilen mit den 24 Gulden abzogen. Weit entfernt, durch eine so sonderbare Ueberraschung missmuthig gemacht zu werden, spornte sie den Künstler vielmehr zur neuen Thätigkeit, und er genoss dafür bald das Vergnügen, manches Modell, an welchem andere weniger Geübte mehrere Wochen künstelten, von seiner Hand binnen einigen Tagen vollendet zu sehen. Diess sichtbare, ununterbrochene Streben zur höheren Kunstvollkommenheit, das auch seinen sittlich guten Charakter veredelte, und die oftmalige Aeusserung des Prof. Fischer: „Wenn Kiesling nicht ein exacter Bildhauer wird, so wird es keiner," konnte den übrigen Professoren nicht unbemerkt bleiben; sie empfahlen ihn alle ihrem Curator, dem Grafen Ph. Cobenzl, einem als Kunstkenner und Menschenfreund gleich schätzenswerthen Manne. Kaum hatte der Edle Kiesling's vortreffliche Fortschritte und vielleicht auch seine Dürftigkeit wahrgenommen, als er ihn zu sich beschied und durch Lobeserhebungen, denen er das Versprechen, ihn zu unterstützen, beigesellte, jeden Funken in seinem Talente zur hellen Flamme anfachte. Von Zeit zu Zeit zeigte ihm Kiesling die Früchte seiner Bemühungen, welche derselbe jedesmal mit besonderem Wohlgefallen krönte; da aber die Unterstützung verzögert wurde, und Kiesling — auf das zwar unbestimmte Versprechen — seine noch immer missliche Lage durch Geldaufnehmen verbessern zu dürfen glaubte, ward er endlich genöthiget, das Wort des menschenfreundlichen Protektors in Erinnerung zu bringen, der ihn sogleich, nebst der Bezahlung der Schuld aus eigenem, mit einem jährlichen Gehalte von 200 Gulden aus dem akademischen Fonde entschädigte. Ausserdem verschaffte er ihm für in- und ausländische Kunstfreunde vom hohen Range die vortheilhaftesten Arbeiten, deren einzelnen Werth er von jeder Uebergabe fast immer um ein Viertheil höher anschlug, als ihn die zu gewissenhafte Demuth des nun geborgenen Künstlers bei dem Vorzeigen eines Werkes bestimmt hatte. In diesem für Kiesling so günstigen Glückswechsel erwarb er sich auch durch ein Modell von Gyps, das den an der Aschenurne des Patroklus trauernden Achilles vorstellt, den zweiten historischen Preis: eine silberne Schaumünze mit der Beilage von vierzig Gulden; allein da der Forscherblick des Protektors und einige andere zu Rathe gezogene Kunstrichter ihm nach der Hand den ersten Preis zuerkannten, liess ihm die Gerechtigkeitsliebe des erstern im Geheim und unvermuthet den Werth der goldenen Schaumünze in Geld von seiner Hauskasse auszahlen, und um ihn auch öffentlich auszuzeichnen, vermehrte er seinen akademischen Jahresgehalt mit 200 Gulden. Diese damals nicht unbedeutende Summe von 400 Gulden genoss Kiesling ein Jahr lang, und schon traf ihn das schönste Loos eines zur Vollkommenheit reifenden Kunsttalentes. Der Graf Cobenzl erkohr ihn nach eingeholtem Urtheile der Professoren und Kunstkenner unter den übrigen geschickten jungen Bildhauern zu einer Reise nach dem klassischen Mutterlande Roms.

Die Dauer seines Aufenthaltes daselbst war auf drei Jahre festgesetzt, mit dem bald schriftlich erhaltenen Antrag, nach Verlauf dieser Zeit als österreichischer Pensionär auch nach Paris zu reisen, wohin schon viele der lehrreichsten Denkmäler der alten Roma und anderer Städte, welche die Geisel des Krieges erreichte, bereits ausgewandert waren. Die zwei ersten Jahre beschäftigte sich der fleissige Künstler damit, dass er die vorzüglicheren Meisterwerke der alten Griechen und Römer, die noch ihren ursprünglichen Ehrenplatz behaupteten, skizzirte, und theils in Thon, theils in Gyps und Marmor nachbildete; das dritte Jahre verfertigte er nebst mehreren Basreliefs Gruppen und Figuren in Lebensgrösse — einen Hymen, einen Ganymed, drei Köpfe nach berühmten Antiken, nämlich den Merkur, Achilles und Ajax in Marmor, und in Lebensgrösse eine Gruppe, die den Merkur darstellt, wie er die von der Venus grausam verfolgte Psyche zur Vermählung mit Amor eilig in den Olymp führt.

Nicht lange darnach begann der dritte Krieg mit Frankreich (1805) und sein Lavastrom hinderte den beinahe reisefertigen Künstler an der seinem Verdienste zugedachten Bestimmung nach Paris, dagegen erhielt er aber die Erlaubniss, in Rom oder dessen Umgebungen sein Studium noch ein Jahr zu benützen, auf welches jedoch zuerst zwei und dann sogar drei Jahre folgten, ehe er den vaterländischen Boden wieder betreten, und seinem grossen Kaiser die Beweise seiner dankerfüllten Huldigung in einem Kunstwerke darstellen konnte, von dem er die Idee, während jenes Krieges gefasst und gezeichnet, an den Protektor der Akademie einsandte. Mittlerweile ereignete sich der angenehme Fall, dass der Ritter Canova wegen des von ihm gefertigten Grabmales der Erzherzogin Christine nach Wien sich begab. Vor der Abreise beehrte er seinen ihm wohlbekannten „Nebenbuhler" (er selbst nannte so unsern Kiesling) und bot ihm auf die gefälligste Weise seine Dienste an. Kiesling theilte ihm offenherzig sein Vorhaben und Anliegen mit, zumal da die schon in Gyps geformte Idee Canova's Beifall und Bewunderung erregte, und — was Cobenzl als Protektor bei dem Kaiser bereits eingeleitet hatte, ward von demselben auf Canova's gewichtvollen persönlichen Vortrag genehmigt. Kiesling bekam nämlich den gewünschten Auftrag, auf Rechnung des k. k. Hofes, die Gruppe: Mars, Venus und Amor in carrarischem Marmor auszufertigen. Die Bearbeitung dieser Gruppe, die nachher bei ihrer Vollendung (1810) das am 11. März erfolgte, für Frankreich und Oesterreich gleich erfreuliche Ereigniss in den Augen des römischen Publikums zu dem Kunstwerke eines prophetischen Geistes erhob, war nun das Hauptgeschäft der drei letzten Jahre seines Aufenthaltes in Rom. Inzwischen wurde er doch, so wie die vorhergehenden Jahre, bei anderen Hauptarbeiten manchmal genöthiget, ihr einen Stillstand zuzugestehen. So verfertigte er während dieser Zeit das colossale Brustbild eines vornehmen Reisenden aus Jassy, Georg Bogdan, wofür ihn derselbe königlich beschenkte. Um eben diese Zeit schlug er aus Liebe zu seinem Kaiser die lockendsten Anträge, die sein Glück lebenslänglich gesichert hätten, nach Jassy, Paris, London, und selbst nach Brasilien standhaft aus, und nahm nur solche Ehrenbezeugungen an, die den Patriotismus keineswegs herabwürdigen, z. B. die Ernennung zum Mitglied der von Napoleon verordneten Commission in Betreff der öffentlichen Ausstellung schöner Kunstwerke u. s. w.

Im Jahre 1810 kehrte der treffliche Künstler endlich nach Wien zurück, und brachte ausser der genannten sieben Schuh hohen Gruppe aus einem Marmorstück, nebst der Kenntniss der italienischen Sprache, dem erworbenen Ideenreichthum für die Kunst, und der ausgezeichneten Achtung aller, die ihn kannten, eine junge Römerin als seine Gattin mit, und noch an Kunstwerken ein colossales marmornes Brustbild des Erzherzogs Karl; drei bereits bekannte Antikenköpfe; einen schönen Jüngling mit der hochzeitlichen Fackel in der Hand; den Genius der Künste, der die Natur in ihren Schöpfungen entschleiert, und eine bestimmte Anzeige der aufgefundenen Stellen, wo inländischer Marmor von allen Gattungen und Farben mit nicht sehr gsossem Aufwande in grossen Stücken gebrochen werden kann. Jetzt wurde er zum k. k. Hofbildhauer ernannt.

Dass Kiesling, besonders in Hinsicht der grossen Gruppe, Alles geleistet habe, was der Monarch und die Kunst zu fordern berechtiget sind, verkündigten schon die mündlichen Lobsprüche der ersten römischen Kunstrichter und die ehrenvolle Critik in dem Werke: Memorie encyclop. Romane sulle belle arti etc. Tom. III. 24—26 (Hormayr's Archiv. 1811 No. 4.) Zu seinen vorzüglichsten in Wien ausgeführten Werken gehören (ausser zahlreichen Ebenbildern von Männern, Frauen, Kindern, in jeder Materie) das Grabmal seines Wohlthäters, des Grafen Philipp Cobenzl, mit Basreliefs-Verzierungen und Inschriften, das Grabmal des Grafen Ludwig Cobenzl, beide über acht Schuh Höhe und vier Schuh Breite; eine Büste der Fürstin Kinsky, lebensgross; die Büste des Kaisers, überlebensgross, der Stadt Brünn verehrt; die Büsten des Kaisers und des Erzherzogs Johann im Johanneum zu Grätz, von Metall; eine gleiche Büste des Monarchen von Metall, überlebensgross, im ständischen Saale zu Klagenfurt; eine lebensgrosse Büste des E. H. Karl im Stifte St. Florian; das Denkmal der Baronin von Arnstein; das Denkmal des Frhrn. von Dalberg; die drei Grazien aus weichem Metall, in Ungarn; Amor und Psyche, einzelne Figuren von Gyps, im Besitz der Gräfin Sürenthein zu Botzen; das Grabesdenkmal, welches Hofrath von Hammer sich in dem romantischen Weilling setzen lässt. Ein meisterhaftes Werk ist das colossale Marmor Brustbild des Kaisers, welches der Fürst Sinzendorf zu Ernstbrunn setzen liess. Die Büste misst mit dem Sockel 22 Fuss, und ist von vollkommener Aehnlichkeit (Archiv

1821. No. 39). Ausser dieser Büste verfertigte er noch mehrere andere Büsten des Monarchen, die hinsichtlich der Aehnlichkeit und der sonstigen Ausführung gelungen sind. Auch vollendete er 1822 das Grabmal des berühmten Arztes und russischen Staatsraths Frank.

Nachrichten über diesen Künstler findet man in Hormayr's Archiv 1821 No. 39, und einen Auszug in der Oesterr. National-Encyklopädie.

Kiessling, Landschaftsmaler in Düsseldorf, ein jetzt lebender Künstler, der sich Schirmer zum Muster nahm. Im Jahre 1836 lasen wir, dass er sich diesem seinem Vorbilde immer mehr nähere, was schon grosses Lob ist.

Kik, Cornelius van, Maler, der 1635 in Amsterdam geboren wurde, und anfänglich Bildnisse malte, bis er nach dem Beispiele von de Heem auf die Blumenmalerei sich verlegte. Seine Blumenstücke sind von frischer Färbung, mit zartem Pinsel vollendet. Besonders schön sind seine Tulpen und Hiacinthen. Solche Bilder wurden theuer bezahlt. Dieser van Kik starb 1675.

Kikkert, Pieter, Zeichner zu Leyden, wo er um 1798 die Stelle eines Zeichnungsmeisters bekleidete. Er ist durch ein Werk bekannt, unter dem Titel: Proeve van Etskundige uitspanningen. Amst. 1798. 8. Die Blätter sind von ihm selbst geätzt. Seine Blätter stellen Märkte, Bauern und Bettler dar, wenigstens 17 an der Zahl.

Kilian, Bartholome, Goldschmied aus Schlesien, der Stammvater einer zahlreichen Künstlerfamilie, die in Augsburg ihre Kunst übte. Bartholome starb 1588 im 40. Jahre.

Kilian, Lucas, Zeichner und Kupferstecher, der ältere Sohn des Obigen, wurde 1579 zu Augsburg geboren, und von seinem Stiefvater D. Custos in der Kunst unterrichtet. Dieser liess ihn mit seinem Bruder Wolfgang nach Italien reisen, um in Venedig nach berühmten Meistern Stiche zu fertigen, die er dann an Custos nach Augsburg schickte. Nach seiner Rückkehr arbeitete er ebenfalls in Augsburg, und mit solchem Beifall, dass man ihn neben E. Sadeler zu den ersten Stechern damaliger Zeit rechnete. Er wusste sein Instrument mit grosser Leichtigkeit zu behandeln, nur fehlte es ihm an der Zeichnung, besonders im Contur. Am manierirtesten erscheint er in seinen Blättern nach Sprauger, der indessen selbst Manierist ist. Die Anzahl seiner Blätter ist bedeutend, da er ungemeine Fertigkeit besass. So lieferte Kilian manchen Tag zwei Bildnisse, die gerade keine Meisterstücke seyn können. Im Jahre 1637 ereilte ihn der Tod.

1) Herkules tödtet den Cacus; von drei verschiedenen Seiten, nach Michel Angelo, 3 Bl. 8.
2) Der Erzengel, Statue in Bronze über dem Portale der Jesuitenkirche in München, nach H. Gerhard, ohne Namen, gr. fol.
3) Der colossale Erzengel auf dem Zeughause zu Augsburg, 1607, gr. fol.
4) Der Leichnam Christi im Schoosse der Maria (Pietà), nach Michel Angelo, kl. fol.
5) Der schöne Brunnen zu Augsburg mit der Statue des Kaisers Augustus, nach H. Gerhard, 1598, gr. fol.
7) Ecce homo, rechts Pilatus, halbe Figuren, nach F. Parmeggiano, fol.
8) Christus speiset die 5000 Mann, nach Tintoretto. Venet. 1602, gr. fol.
9) Die Verklärung Christi, nach P. Veronese, kl. fol.
10) Die Auferstehung Christi, nach P. Veronese, kl. fol.
11) Die Anbetung der Hirten, nach Palma jun., fol.

12) Die Verkündigung der Maria, nach J. Palma jun., fol.
13) Die Erweckung des Lazarus, nach demselben, fol.
14) Der heil. Georg auf dem Throne, neben ihm St. Margaretha, rechts Magdalena mit Kreuz und Geisel, nach F. Vanni zu Venedig gestochen, qu. fol.
15) St. Magdalena auf den Knieen vor dem Kreuze, nach J. van Aachen, fol.
16) Die heil. Familie, mit fast halblebensgrossen Köpfen, nach C. v. Harlem. Kilian hat vier heil. Familien gestochen, 4., fol., qu. fol. und gr. fol.
17) Die Kreuzabnehmung durch die Engel, nach J. Heinz, fol.
18) Der büssende Hieronymus, nach Heinz, fol.
19) Die Anbetung der Hirten, nach Rottenhamer, gr. qu. 4. Sehr selten.
20) Christus am Kreuze, unten die Maria und Johannes, nach demselben, fol.
21) Christus in's Grab getragen, fol.
22) Allegorie nach F. Vanni: Omnia sint operata etc., qu. fol.
23) Merkur und Cupido, nach Spranger.
24) Die 12 Apostel mit Christus, Maria und dem Täufer Johannes: Sanctuarium Christianorum, 15 Blätter, nach M. Kager.
25) Christus geht aus dem Grabe hervor, fol.
26) Christus erscheint dem Jesuiten J. Ledesma, nach demselben.
27) Venus und Adonis mit zwei Hunden, fol.
28) St. Salvator, Halbfigur: Pax vobis etc., nach P. Bordone.
29a) Der Raub der Proserpina, nach Heinz, qu. fol.
29b) Herkules tödtet den Antheus, fol.
30) Die heil. Familie, nach J. van Achen, 4.
31) Die Himmelfahrt Mariä, 1616. fol.
32) Drei Allegorien auf die Heiligsprechung des Johannes, auf den Bischof St. Benno und auf die Gründung des Ordens des heil Bruno, 3 Bl. in fol.
33) Der Leichnam Christi von den heil. Verwandten beweint, nach Palma sen., mit Dedication an Bischof Johann Conrad von Eichstädt, fol.
34) Die vier Evangelisten, nach M. Gundelach, 4 Bl., fol.
35) Pan mit der Nymphe, nach J. Heintz, fol.
36) Die Lebensalter des Mannes und des Weibes, 2 Blätter.
37) Die 9 Musen, mit Titel: Chorus Musarum.
38) Die sieben freien Künste, 1606. 8 Blätter.
39) Der Mann, welcher ein Weib liebkoset, qu. 4.
40) Ein Greis an der Säule mit Ruthen geschlagen, grob geätzt.
41) Vier Todtenköpfe und ein Kind, Copie nach B. Beham, mit einem Monogramme und der Jahrzahl 1614 versehen, Alles in einem Täfelchen, und dieses mag unsern Künstler bedeuten.
42) Der Türke mit dem langen Barte, Oval.
43) Altane des herzogl. Schlosses in Coburg mit acht Hallen, erbauet 1623 von J. Bonalino. Interessantes Blatt, gr. fol.
44) Der Ehrentempel, zwei Bildnisse Dürer's in stehender Figur, nach seinen Gemälden von 1509 und 1517. Der Grund nimmt reiche Architektur ein, und Beischriften erklären das Ganze. Es ist dieses ein Denkmal, welches Kilian dem grossen Dürer setzte, genau beschrieben bei Heller II. 309. H. 14 Z. 3 L., Br. 9 Z. 8 L.
45) Das Bildniss Dürer's in halbem Leibe, mit Pelzkleid und langen Haaren, nach Rotenhamer's Copie von Dürer's Gemälde. Die lat. Beischrift bestimmt das Nähere. H. des Stichs 12 Z., Br. 7 Z. 3 L.

Dieses ist eines der besten Bildnisse von Dürer, ganz wie der Mann war. Es wurde öfter copirt.

46) Das Portrait von J. Rottenhammer, Halbfigur im Oval, 1626, gr. 8.
47) Vladislaus Sigmund von Polen, nach Gundelach, 1625, fol.
48) Maria Eleonora, Königin von Schweden, fol.
49) Das Portrait von Ch. Schwaiger, nach J. van Aachen, oval.
50) Gustav Adolph von Schweden, fol.
51) August, Herzog von Braunschweig und Lüneburg, oval mit zwei allegorischen Figuren, 1621.
52) Ferdinandus III. Ungariae et Bohemiae rex, zu Pferd, im Grunde die Schlacht bei Nördlingen. Hauptblatt in 2 Platten. H. 27 Z. 9 L., Br. 17 Z. 9 L.
53) Johann von Tscherclas, Graf von Tilly, 1629, fol.
54) August der jüngere, Herzog von Braunschweig: Sic oculos etc.
55) Das Bildniss Christian IV. von Dänemark, 1621, fol.
56) Bildniss Johann Friedrichs, Herzogs von Würtemberg, Kniestück, fol., in ovaler Einfassung.
57) Bildniss eines Mannes am Tische, die Linke auf dem Degen, nach J. Sandrart.
58) Christoph Kellner von Zinnendorf: Religio et justitia, nach A. Telhelm, oval.
59) Conradus Dieterrich, nach A. Schwebach, kl. Oval.
60) Peter Pazmany, nach dem Leben.
61) J. C. Brutbeccius, oval, 1627.
62) Alexander ab Haslang, fol.
63) Constantin de Servi, oval.
64) Johann Kielmann mit dem Degen.
65) J. J. Stenglinus: Tandem bona causa, 1625.
66) L. Remus: Plus rutilat veritas, 1623.
67) F. de Traytorrens, oval mit Trophäen: Ubique paratus.
68) Bildniss eines Staatsministers (J. G. Bibel) mit dem Buche: Ego constitui te etc., 1626.
69) Balthasar Abt vom heil. Creuz, oval, mit vier Versen.
70) Johann von Blansdorf mit dem Degen, Halbfigur.
71) Mathias ab Hoheneck, oval mit sechs lat. Versen. !
72) G. C. Maicleri, kleines Bildniss: Quis? Qualis? Quantus? etc.
73) M. Zobel, mit zwei symbolischen Figuren, 1626.
74) Daniel Hoeschelius, 1630.
75) J. Pflaumius mit dem Buche: Domine in manibus tuis etc.
76) Mathias II. von Ungarn, fol.
77) J. Scussius mit dem geschlossenen Buche am Tische, 1630.
77) Henricus de Knorringhen episcopus Augustanus, oval, 1621.
78a) P. Jenisch, oval, 1631.
78b) Hieronymus Schörer, oval: Ora et labora etc.
79) J. ab Anholt mit dem Commando-Stab, oval mit acht lat. Versen, 1621.
80) Paul von Stetten, stehend: Veritas stavire etc., 1634.
81) Casparus Comes in Alta Emps etc., 4.
82) J. P. Hainzel von Dergerstein mit dem Hunde.
83) Marquardus a Schwendi in einer Einfassung, unter eine Abtei, 1620.
84) Graf Walter Leslie, mit Trophäen, 1637.
85) Hieronymus Imhof, oval mit Wappen.
86) Wolfgang Schirer, Goldschmied.
87) C. Helvici mit dem Buche, oval.
88) Joachim Ernst von Brandenburg, 1620, fol.
89) Georgius Remus, 4.
90) David Doeringk, 4.

Dann hat man von Kilian:

1) „Neues Schildbüchlein mit chimerischen Thieren und andern Grotteskөn, 12 Blätter in 4., 1633 herausgegeben.
2) Geschlechtsregister der durchl. Hertzogen in Bayern. Mit vielen Portraiten. Augsburg 1623, fol.
3) Der neapolitanischen Könige Leben und Bildnisse. Mit vielen Port. und Stammbäumen. Aug. Vind. 1624, kl. fol.
4) Des Aller Durchl. Haus Oesterreichs Herzogen, Ertzherzogen, König und Keyser eigentliche Contrafacturen etc. Mit vielen Port., und andern Stichen von W. Kilian. Augsburg 1629, fol.
5) Neues ABC-Büchlein inventirt und in Kupffer gestochen von Luca Kilian Burger zu Augsburg MDCXXVII., 25 Blätter mit Titel, kl. 4.

Kilian, Wolfgang, Zeichner und Kupferstecher, Lukas Bruder, wurde 1581 geboren, und von D. Custos unterrichtet. Dieser sein Stiefvater schickte ihn nach Italien, und hier mag er grösstentheils die Blätter nach venetianischen Meistern gestochen haben. Nach seiner Rückkehr heirathete er die Tochter des Bürgermeisters Andrisen, mit welcher er 15 Kinder erzeugte. Der starke Haushalt und der schlechte Verdienst zu einer Zeit, in welcher der Krieg wüthete, zwangen ihn zur Eile bei der Arbeit, und Kilian hätte viel Besseres leisten können, als er wirklich geleistet hat. Den grössten Theil seiner Werke machen die Bildnisse aus. Der Tod ereilte diesen Künstler 1662.

1) Der Brunnen mit der Mercurius-Statue in Augsburg, 1591. Sehr schönes Hauptblatt, fol.
2) Die Ehrenpforte, welche die Stadt Regensburg Ferdinand III. nach dem Frieden den 12. Dez. 1652 errichtete, nach G. Chr. Eimmart in 2 Blättern, sehr gr. fol.
3) Das Friedensfest zu Nürnberg von 1649, nach J. Sandrart's grossem Gemälde, mit 50 Portraiten, gr. fol.
4) Die Heimsuchung Mariä, fol.
5) Die Fusswaschung des Herrn, qu. 4.
6) Die Auferstehung Christi, kl. fol.
7) Der barmherzige Samariter, nach J. Bassano, kl. qu. fol.
8) Die Himmelfahrt Christi, nach Tintoretto, fol.
9) Der Leichnam Christi vom Kreuze abgenommen, nach P. Farinati. Schönes Blatt, kl. fol.
10) Die Darstellung Jesu im Tempel, kleine Figuren, nach P. Veronese, 4.
11) Judith und Holofernes, fol.
12) Die Taufe Christi und die Versuchung, auf einem Blatte, qu. fol.
13) Die heil. Catharina, Anton von Padua, Ignatius, 3 Bl.
14) Die Taufe Christi in einer grossen Landschaft, nach P. Veronese, gr. qu. fol.
15) Das Begräbniss Christi, nach P. Veronese, kl. fol.
16) Der Satyr mit der Nymphe auf dem Schoosse, nach J. Palma jun., fol.
17) Die römischen Kaiser, Büsten nach R. Sciaminossi copirt. Die Copien sind in verkleinertem Massstabe, in Octav. Alle 13 Blätter. (?)
18) St. Jakob, der gegen die Mauren kämpft, nach M. Kager.
19) Die Auferstehung Christi, nach F. Bassano.
20) Die Grablegung Christi, nach Tintoretto.
21) Die Weisheit mit dem Füllhorn, These von 1654.
22) Die 12 Monate, 4.
23) Die 9 Musen, nach L. Kilian, 1612.

24) Pfalzgraf Wolfgang Wilhelm, 1615, 4.
25) Johannes Suiccardus, Churfürst von Mainz, fol.
26) Die Kaiserin Eleonora, fol.
27) Johann Henisius Med. et Phil. Dr. Poëta Laureatus, nach L. Kilian, gr. fol.
28) Leonard Weiss, oval, mit Wappen.
29) Georg Silbermann, oval, mit 6 lat. Versen.
30) Maria Magdalena, Herzogin von Etrurien, 4.
31) Ludwig XIII. von Frankreich, 4.
32) Georg Friedrich, Graf von Hohenlohe, 4.
33) Karl XII. von Schweden, 12.

Dann hat man von ihm:

33) Genealogia Ser. Boiariae ducum et quorundam genuinae effigies, 1605, fol.
34) Imagines sanctorum ord. S. Benedicti. 1625, 4. Die meisten Blätter sind von Kilian.
35) Basilicae S. S. Udalrici et Afri Aug. Vind. historiae, 1626, 4. Diese Blätter sind nach M. Kager's Zeichnung, und ein Theil von Kilian gestochen.
36) Nimbus calamitatum humani generis lapsi, 14 Bl.
37) Vita S. Ignatii, 101 Bl., in kl. 8.
38) Blätter im J. Bisselii Deliciae aetatis, 1644, in 12.

Kilian, Philipp, Zeichner und Kupferstecher, Wolfgang's Sohn, wurde 1628 geboren, und von seinem Vater unterrichtet, bis er mit seinem Bruder Johann, einem Goldarbeiter, der verschiedene Kirchenarbeiten lieferte, zur weitern Ausbildung nach Italien ging. Die Werke dieses Künstlers sind zahlreich, sowohl Bücherverzierungen, als Bildnisse, deren man gegen 300 zählt. Einige sind sehr schätzbar, durchaus nicht geringer, als jene, welche die berühmtern Künstler dieses Namens geliefert haben. Im Jahre 1693 ereilte ihn der Tod.

1) Christus am Kreuze, 4.
2) Claudia Felicitas, römische Kaiserin, gr. fol.
3) Carl, König von Schweden, gr. fol.
4) Churfürst Carl Ludwig von Bayern, gr. fol.
5) Wilhelmina Ernestina, Kronprinzessin von Dänemark, Kniestück, nach J. G. Wagner, gr. fol.
6) Margaritha, Aust. Rom. imp., kl. fol.
7) Leopold I., Rom. imp., fol.
8) Wilhelm, Markgraf von Baden, fol.
9) Ferdinand Maximilian: Je vis et je mourray etc., fol.
10) Ludovica Christina von Savoyen, Markgräfin von Baden, fol.
11) Friedrich, Markgraf von Baden, fol.
12) Ludwig VI. von Hessen, fol.
13) Eberhard, Herzog von Würtemberg, kl. 4.
14) Catharina, Prinzessin von Würtemberg, 1678, fol.
15) Sophia Margaretha von Brandenburg, fol.
16) Der Thiermaler Heinrich Roos, Capitalblatt, dem Maler dedicirt, fol. Bei Weigel, 8 gr.
17) Bartolome Kilian, Philipp's Bruder, 1685, fol.
18) Joachim von Sandrart, nach J. U. Mayer, für die deutsche Akademie gestochen.
19) Das Bildniss des Dr. Ammon, kl. 4.
20) Die Bildnisse der Clara Hönin und Winklerin, fol.
21—24) Die Bildnisse von Adam Kraft, Hubert van Eyck, Martin Schongauer, Peter Vischer, 4 Blätter, 8.
25) Johann Kilian, der Goldschmied, 1693, gr. fol.

26) Hieronymus Petrus a Stetten, fol.
27) Johann Spillenberger, berühmter Maler, gr. fol.
28) Georg Scalichius, nach J. Pejer, fol.
29) Hans Burgkmair, nach Dürer für Sandrart's Akademie gestochen, 1675.
30) Octavius Langenmantel.

Kilian, Bartolome, Zeichner und Kupferstecher, Wolfgang's Sohn und der berühmtere unter seinen Brüdern, wurde 1630 zu Augsburg geboren und von seinem Vater in den Anfangsgründen der Kunst unterrichtet. Hierauf blieb er drei Jahre bei M. Merian und zuletzt besuchte er Paris, wo er sich bei de Poilly noch länger aufhielt, bis er endlich in's Vaterland zurückkehrte. B. Kilian genoss grossen Ruhm, sowohl als Zeichner, wie als Kupferstecher, und Sandrart glaubte, er sei zum Künstler geboren gewesen. Auch Mariette schätzte ihn sehr hoch. Die Zahl seiner Blätter ist sehr bedeutend, denn Kilian besass grosse technische Fertigkeit. Es sind dieses Sticharbeiten und Radirungen. Im Radiren hat er nicht geringe Vollkommenheit erlangt, und solche Fertigkeit, dass er sich der Nadel auf der Platte wie eines Stiftes zum Zeichnen bedienen konnte. Im Jahre 1696 ereilte ihn zu Augsburg der Tod. Im Derschau'schen Catalog wird irrig 1679 als das Todesjahr des Künstlers bezeichnet.

1) Der heil. Franz von Borgia weiset die ihm verliehenen Würden der Kirche zurück, nach L. Baldi, fol.
2) Die Himmelfahrt Mariä, nach Champagne, fol.
3) Andacht vor dem Mutter-Gottesbilde, nach B. Schramman's Zeichnung, qu. fol.
4) Magdalena, nach Gondelach, in seinem 18. Jahre gestochen.
5) Maria mit dem Kinde, nach C. Sing, fol.
6) Ecce homo, in Melan's Manier.
7) Moses mit der Feuersäule, 8.
8) Die römische Kirche in Gestalt einer Pilgerin, 8.
9) Franz Xaver mit dem Crucifixe auf Wolken, unten Amerikaner und Mohren, 8.
10) Grosse Säule mit der Dreifaltigkeit und vielen Engeln, 1679 in Wien errichtet, gr. imp. fol.
11) Die heil. Familie in einer Landschaft, das Jesuskind mit dem Kreuze auf einer Schlange stehend, nach M. Willmann, gr. qu. fol.
12) Die Fama, 4.
13) Allegorie auf Oesterreich und die Türkei.
14) Vier kleine Blätter mit heiligen Figuren.
15) Die Köpfe von Democrit, Demosthenes, Diogenes, Heraclit, Homerus und Hippocrates, alle geätzt.
16) Johann III., König von Polen, meisterhaft behandelt, imp. fol.
17) Kaiser Joseph I. zu Pferde, ebenfalls ein Hauptblatt, imp. fol.
18) Max Emanuel, pfalzb. Churprinz, imp. fol.
19) Ludwig VI., Landgraf von Hessen, nach J. G. Wagner, gr. fol.
20) Diva Eleonora etc., fol.
21) Maria Josepha, Erzherzogin von Oesterreich, gr. fol.
22) Leopold Wilhelm von Baden, fol.
23) Claudia Felicitas, römische Kaiserin, nach S. von Bruwighen, gr. fol.
24) Georg Friedrich, Herzog von Würtemberg, nach J. C. Hirt, gr. fol.
25) Eberhard III., nach J. A. Thile, gr. fol.
26) Friedrich I., 1683, gr. fol.

27) Wilhelm Ludwig, gr. fol.
28) Magdalena Sibylla, Prinzessin von Würtemberg, gr. fol.
29) Maria Dorothea Sophia, Prinzessin von Würtemberg, fol.
30) Christoph Zeller, Prälat von Denkendorf, nach G. List.
31) Georg Winkler auf Doelitz, in C. Vischer's Manier, 1679, fol.
32) J. Georg, Herzog von Mecklenburg, fol.
33) Kaiser Leopold I., fol.
34) Johann Heinrich Schönfeld aus Biberach, Aet. 61 Ao. 1671. Dem Maler dedicirt, gr. fol. Bei Weigel, 8 Gr.
35) Johann Andreas Fromman, Rektor Magnif. in Tübingen, fol. Schön.
36) Benedikt Hoffer, fol. Schön.
37) J. C. Merk, Rektor in Ulm, nach A. Schuech, fol.
38) Wolfg. Ad. Lauterbach, würtemb. Consistorial-Direktor, 4.
40) Christoph Martin von Degenfeld, General der Republik Venedig, fol.
41) Die heil. Ida, Gräfin von Toggenburg, fol.
42) Kelner's Bildniss, in Edelink's Manier, 1684, kl. fol.
43) Friedrich Ludwig von Janowiz, Obervogt zu Brackenheim, fol.
44) Ph. Laubenberger, Hauptprediger zu Reutlingen, nach List, fol.
45) Die Augsburger Patrizier von Stetten, Jenisch, Thurm, Hueber, gr. fol.
46) Die Frankfurter Patrizier Lersner, Fleischbein, v. Gunterrod, Bauer von Eyseneck, gr. fol.
47) Die evang. Theologen Stierle, Vetter, G. König, Risen, Hiller, Steudner, Vegel, Böbel, Creid, Ehinger, Faber, Fussenegger, fol.
48) Die Sachsen Winkler, v. Miltiz, Schenk, Baron H. v. Friesen, fol.
49) Die Bildnisse von Johann Andreas und Wolfgang Endter, fol.
50) Der Arzt B. Verzascha, Titelk. zu dessen Kräuterbuch.
51) Philipp Kilian, Bartolome's Bruder, gr. fol.
52) Die Damen Juliana Rosennestel, A. M. Peller, Urusa Winkler, fol.
53) Halbfigur eines Mannes mit Schnurr- und Knebelbart, die rechte Hand auf der Brust, nach B. Hopfer, 4.
54) Der Herzog Wilhelm Ludwig von Würtemberg auf dem Paradebette, gr. fol.

Kilian, Wolfgang Philipp, Kupferstecher und Philipp's Sohn, ein mittelmässiger Künstler, wurde 1654 geboren. Er stach eine bedeutende Anzahl von Bildnissen verschiedener Männer zu Augsburg, in Nürnberg und zu Königsberg, wo er 1732 starb.

Kilian, Jeremias, Kupferstecher, der Bruder des Obigen, stach ebenfalls Blätter, doch scheinen wenige unter seinem Namen bekannt zu seyn. Starb zu Augsburg 1730, im 64. Jahre.

In Raderi Bavaria sancta sind etliche Blätter von ihm. Dann stach er:

Das Bildniss Friedrich III. von Dänemark, fol.

Kilian, Max Philipp, Kupferstecher, Wolfgang Philipp's Sohn, scheint wenig Werke hinterlassen zu haben. Starb 1715 im 41. Jahre. Sein Bruder Johann Jakob, ebenfalls Kupferstecher, starb in der Blüthe der Jahre, und sein zweiter Bruder, Johann Friedrich, der Goldschmied war, 1747 im 66. Jahre.

Kilian, Paul, Kupferstecher und Bruder des Obigen, wurde 1687 zu Augsburg geboren, seine Kunst aber übte er bald da, bald dort. Zu Breslau starb er 1718.

Kilian, Georg, Maler und Kupferstecher, Wolfg. Philipp's vierter Sohn, wurde 1683 zu Augsburg geboren, und von J. Fischer in der Malerei unterwiesen. Er malte Bildnisse und Historien, in verschiedenen Städten und an verschiedenen Höfen. Besonderen Beifall fanden seine Pastellgemälde, und auch seine Blätter in Schwarzkunst gefielen. Es finden sich über 300 Blätter, die theils von anderen, theils von ihm selbst gestochen wurden. Darunter sind viele grosse Thesen, welche er für die katholischen Universitäten Deutschlands fertigte. Im Jahre 1755 starb er.

1) Die Vertreibung der Käufer und Verkäufer aus dem Tempel, nach Jouvenet, gr. qu. fol.
2) Die Fusswaschung, gr. qu. fol.
3) Die Himmelfahrt Christi, kl. fol.
4) Die 12 Monate, 12 Blätter, fol.
5) Viehstücke nach J. H. Roos, gr. fol.
6) Ludwig XIV. von Frankreich im Ornate, nach Fiter, gr. fol. Selten.
7) Henricus Hartardus episc. Spirensis, fol.

Kilian, Georg Christoph, Kupferstecher und Schüler seines Vaters Georg, wurde 1709 zu Augsburg geboren, und hier gründete er eine Kunsthandlung, nachdem er sich in Ungarn, Oesterreich, zu Nürnberg und Wien umgesehen hatte. Er lieferte eine nicht geringe Anzahl von Blättern, theils in Mezzotinto, theils radirt, doch sind diese seine Werke nicht zu den Meisterstücken zu zählen. Dieser Künstler starb 1781.

1) Kaiser Carl VII., in Lebensgrösse, ein sehr grosses Schwarzkunstblatt von mehreren Platten, 1742 gefertiget.
2) Christian Leinberger, nach diesem, 1755, kl. fol.
3) Elias Ehinger Augustanus.
4) Johann Höchstetter, Senior Augustanus, nach Bink.
5) Philipp Adam Benz, cultor arium.
6) Christian Fürchtegott Gellert.
7) Ludwig, Freiherr von Hertenstein.
8) Hans Kilian, Ursula Kilianin.
9) Bartholomäus Kilian, Goldschmied.
10) Chuonradi Peutinger.
11) Sebastianus Schertlinus, Eq. auratus.
12) Otto Baro Truchsessius de Waldpurg.
13) Johannes Winckelmann.

Ferner Bildnisse der Künstler:

14) Alexander Abondius, Discip. M. Angeli.
15) Johann von Aachen.
16) Heinrich Aldegrever.
17) Christoph Amberger.
18) Joh. Leonhard Baur.
19) Joh. Georg von Bemmel.
20) Joh. Georg Bergmüller.
21) Friedr. Wilhelm von Beyer.
22) Johann Burgkmair und seine Frau, nach Dürer's Gemälde.
23) Ludwig Cheron.
24) Petrus Custos, vulgo Baltens.
25) Albert Dürer, Aet. 58.
26) Anton van Dyck.
26) Gottfried Eichler sen.
27) Georg Christoph Einart.
28) J. B. Enzensperger.
29) Isaac Fischer jun.

30) Hans Ulrich Frank.
31) Franz Friedr. Frank.
32) Math. Gundelach.
33) Carl Wilhelm de Hamilton.
34) Joseph Heinz.
35) Hans Holbein sen.
36) Hans Holbein jun.
37) Sigmund Holbein.
38) Melchior Hondekoeter.
39) Bartolome Hopfer.
40) Johann Kupetzky.
41) Johann Lingelbach.
42) Johann Ulrich Maier.
43) Anton Raphael Mengs.
44) Eglon v. d. Neer.
45) Joseph Nogari.
46) Julius Licinius Pordenone.
47) Paul Potter.
48) Paul Rembrandt.
49) Dessen Frau.
50) Elias Riedinger.
51) P. P. Rubens.
52) Georg Philipp Rugendas.
53) Johann Heinrich Schönfeld.
54) Joh. Conrad Schnell sen.
55) Hans Friedrich Schorer.
56) Cornel Schut.
57) Christoph Schorer.
58) Joh. Conrad Seekatz.
59) Peter Slingeland.
60) Philipp Thoman von Hagelstein.
61) Tobias Thoman von Hagelstein.
62) Joh. Bapt. Vanloo.
63) Maria Verhelst.
64) Aegidius Verhelst.
65) Jakob Vignola.
66) Joseph Vivien.
67) Jonas Umbach.
68) Adrian De Vries.
69) Joh. Bapt. Weenix.
70) Adrian v. d. Werf.
71) Joseph Werner.
72) Joh. Andreas Wolf.
73) Gustav ab Ambling.
74) Sebald Beham.
75) Hans Brosamer.
76) Joh. Jak. Haid.
77) Gottfried Eichler jun.
78) Joh. Daniel Herz.
79) Peter Iselburg.
80) Joh. Ulrich Krauss.
81) Hans Rogel.
82) Georg Kilian.

Mehrere solcher Bildnisse sind in Murr's Journal IV. 22 ff. verzeichnet, und Blätter mit zwei solcher Bildnisse auf einer Platte, z. B.:

83) Mich. Wohlgemuth und Albrecht Dürer.
84) Caspar Crayer und Jos. Maria Crespi.

84) Adrian van Oort und Mich. Mireveldt.
85) Andreas Palladio und Seb. Serlio.
86) B. v. d. Helst und David de Heem.
87) Nic. Mignard u. Th. Rambouts.
88) Ludolph Backhuysen und G. von Eckhout.
89) Sibylla Merian und Ferd. Galli-Bibiena.
90) Pet. Bianchi u. J. van der Does.
91) Andreas Pozzi und Daniel Segers.
92) Carl du Jardin und Joh. Asselyn.
93) Franz Maria Borzoni und Joh. van Huysum.
94) Pet. Subleyras und Ant. Rivalz etc.

Kilian gab auch Abbildungen nach Alterthümern des Herkulaneum heraus, mit Erklärung von Ch. G. von Murr. Ferner stach er die Blätter zu Barbault's Denkmälern des alten Roms.

Sechs türkische Costüms.

Leven der Boeren, nach P. Quast, 12 Bl., 8.

Der Faun mit zwei Nymphen, nach Tiepolo.

Verschiedene historische Darstellungen in Lavismanier, nach verschiedenen Meistern, kl. Oval.

Verschiedene Bildnisse deutscher Fürsten und Prälaten.

Kilian, Johann, Kupferstecher und Georg's Sohn, arbeitete wenig, da er kränklich war. Starb 1744, im 28. Jahre.

Kilian, Philipp Andreas, Zeichner und Kupferstecher, Georg's Sohn, wurde 1714 zu Augsburg geboren, von J. A. Friedrich in den Anfangsgründen der Kunst unterrichtet und dann kam er nach Nürnberg zu M. Preissler. Unter Leitung dieses Meisters stach er für Scheuchzer's Physica sacra und später suchte er sich auf Reisen in Deutschland und den Niederlanden weiter auszubilden. Auf solche Weise gründete er den Ruf eines der besten historischen Stechers seiner Zeit, da er die Aetznadel mit dem Grabstichel auf geschickte Weise mit einander zu verbinden wusste, und überdiess auch als Zeichner grosses Lob verdiente. In besonderen Ehren stand er bei August III. von Polen, der ihn vorzugsweise seinen Kupferstecher nannte, obgleich er niemals eigentlich in dessen Diensten stand. Kilian arbeitete für das Dresdener Gallerie-werk, welches jener König unternahm, und als der siebenjährige Krieg die Fortsetzung dieses Prachtwerkes unterbrach, begann Kilian den Stich seiner bekannten Bilderbibel, welche 130 biblische Darstellungen grosser Meister im Kleinen liefert. Im Jahre 1759 ereilte diesen Künstler der Tod.

1) Die vier Kirchenlehrer, in den Lüften die Krönung Maria, nach D. Dossi's kostbarem Bilde der Dresdener Gallerie, gr. fol.
2) Maria in der Glorie, unten St. Sebastian, Rochus und Gimignani, nach Correggio's berühmtem Bilde der Dresdener Gallerie, unter dem Namen St. Sebastian bekannt, vorzügliches Blatt, gr. fol.
3) Christus treibt die Käufer und Verkäufer aus dem Tempel, vorzügliches Bl., nach J. Bassano, aus demselben Galleriewerke, gr. qu. fol.
4) Die Ehebrecherin vor Christo, nach Tintoretto, gr. qu. fol., Dresdener Gallerie.
5) Die Anbetung der Könige, nach P. Veronese, qu. fol.
6) Die heil. Jungfrau von St. Hieronymus und Johannes umgeben, und angebetet von der Familie Cornara, nach P. Veronese's Votivbild in Dresden, gr. qu. fol.
7) Herodias mit dem Haupte des Täufers, nach C. Dolce, fol. Dresd. Gall.
8) Die orgelspielende Cäcilia, nach demselben, fol. Dresd. Gall.

9) Maria mit dem Kinde auf Wolken, links der schützende Engel, nach Solimena, gr. fol. Dresd. Gall.
10) Magdalena wäscht dem Herrn die Füsse, nach P. Veronese, gr. qu. fol.
11) Die Marter des heil. Bartolomäus, nach Spagnolet, kl. fol.
12) Die Thaten der Mediciäer, nach den Fresken B. Franceschini's im Pitti zu Florenz, mit M. Preisler und G. Giampicoli gestochen, 10 grosse bemerkenswerthe Blätter.
13) Die heil. Familie, nach C. Lutti, gr. fol.
14) Die Predigt des Täufers Johannes, nach S. Ricci, gr. 8.
15) Die heil. Familie mit allen Verwandten Jesu, acht Figuren, Maria mit dem Kinde in der Mitte, wie dieses ein Band mit „Ecce agnus Dei" hält, nach Gius. Crespi Bild aus der von Brühl'schen Gallerie, gr. r. fol.
16) Die heil. Jungfrau, nach P. Battoni, gr. 8.
17) Maria in der Glorie, nach Bergmüller, gr. fol.
18) Die Taufe des heil. Augustin, nach Pittoni, gr. fol.
19) Die Madonna auf Wolken ertheilt dem heil. Franciscus Ablass, nach C. Th. Scheffler.
20) Die Ehebrecherin, nach A. Schiavone.
21) Das Opfer Abrahams, nach Piazetta, gr. fol.
22) Die Anbetung der Hirten im Stalle, nach J. H. Roos, gr. fol.
23) Christus am Kreuze in einer Einfassung von Darstellungen der Leidensgeschichte, anscheinlich nach Guido, fol.
24) St. Joseph im Buche lesend, nach Piazetta, 4.
25) Saul beschwört den Schatten Samuels, nach J. Werner, gr. Bl.
26) Thierstücke, nach J. H. Roos.
27) Mausoleum Secundinorum, vier verschiedene Ansichten in 4 Bl.
28) Friedrich, Markgraf von Brandenburg, fol.
29) Pabst Clemens XIII., sitzend im Kniestück, nach G. D. Porta, gr. fol.
30) Franz I., römischer Kaiser, nach G. v. Meitens, gr. fol.
30) Friedrich II., König von Preussen, gr. fol.
31) Ferdinand, Herzog von Braunschweig, nach Pesne, gr. fol.
32) Gottfried von Schuurrbein, Reichshofrath, nach G. Eichler, imp. fol.
33) General Graf von Schwerin, nach Stranz, gr. fol.
34) Joh. Sophia von Schaumburg-Lippe, Reichsgräfin von Hohenlohe, nach Grumbrecht, gr. fol.
35) M. Engelbrecht, Kupferstecher und Verleger, fol.

Kilian, Jakob und Johann Friedrich, s. Max Philipp Kilian.

Killaway, G., Kupferstecher, von welchem wir 1825 ein Blatt erwähnt fanden, welches Venus und Cupido nach R. Westall vorstellt.

Killigrew, Anna, nicht Killigren, Malerin, wurde 1660 zu London geboren, und von der Natur mit ausserordentlichem Talente begabt, so dass A. Wood (Athenae Oxon. II. 1035) sagt, sie habe die Reize einer Grazie und den Geist einer Muse gehabt. Doch brachte sie es nur auf 25 Jahre, und als sie starb, war sie Ehrendame der Herzogin von York.

Anna Killigrew malte in Lely's Manier Historien, Stillleben und Bildnisse. Unter die besten Gemälde zählt man ihr eigenes Bildniss und jenes des Königs Jakob II. und seiner Geliebten Maria von Modena.

Mehrere ihrer Werke besass der Admiral Killigrew. A. Bloteling hat ihr Bildniss gestochen und B. Lens stach das Bild Venus und Adonis.

2*

Killmann, F. de, Kunstliebhaber, der im ersten Zehntel unsers Jahrhunderts in Düsseldorf lebte. Er hat einige Blätter mit Figuren geätzt.

Kimbel, Wilhelm, Zeichner, der uns durch die Zeichnungen zu folgendem Werke bekannt ist: Journal für Möbelschreiner und Tapezirer, gravirt von Börner und Lehnhardt. Mainz 1835, qu. fol. Damals erschien das erste Heft.

Kimli, Maler, der um 1786 lebte, dessen Lebensverhältnisse aber unbekannt sind. P. A. Tardieu stach nach ihm ein grosses Blatt: L'espoir du retour.

Kimon, der Name von griechischen Künstlern, deren wir unter Cimon Erwähnung gethan. Nur fügen wir bei, dass der Name des syrakusanischen Graveur sich auf einem der Delphine finde, welche den Kopf der Proserpina umgeben, und auf der Stirnbinde der Arethusa auf einer ganz vorzüglichen Münze von Syrakus. Im Revers ist die Quadriga mit schnaubenden Rossen und die geflügelte Victoria krönt den Führer. Einige halten den Kimon für den Münzmeister, Andere glauben in ihm den Graveur zu erkennen.

Kimpfel, Johann Christoph, Maler, geb. 1750, gest. zu Berlin 1805, einer der besten damaligen Maler Berlins, dessen Arbeiten von Kennern geschätzt werden. Er war aus Schlesien gebürtig, der Sohn eines Bildhauers zu Breslau, und zeigte schon von Jugend an eine angeborne Neigung zur zeichnenden Kunst. Ein sehr mittelmässiger Maler, der in den dürftigsten Umständen lebte, war sein Lehrherr, den er jedoch bald übertraf. Kimpfel machte sich durch seine Portraite, die von sprechender Aehnlichkeit sind, und durch einige grössere Oelgemälde, die historische Gegenstände darstellen, bald in Schlesien überall vortheilhaft bekannt, verheirathete sich 1776 und zog später nach Berlin, wo er auch Freunde und Unterstützung fand. Er erhielt den Auftrag, verschiedene Plafonds in den k. Schlössern zu malen, und man lobte ihn vorzüglich als Figuren-Maler. Er stellte aber nicht blos historische Sujets mit Glück dar, er versuchte sich auch in Karrikaturgemälden, welche Laune, Witz und einen feinen Beobachtungsgeist verrathen. Eine in der Zeitung für die elegante Welt 1804 No. 120 beschriebene Composition, welche Kaiser Karl V. vorstellt, wie vor ihm und andern Churfürsten Joachim II. das gegen den gefangenen Churfürsten Johann Friedrich von Sachsen gefällte Todesurtheil missbilliget, hat Richter in Aquatinta gestochen.

Seine letzte und unstreitig eine seiner besten Arbeiten ist ein historisches Gemälde: den Churfürst von Brandenburg Joachim II. im Lager vor Wittenberg vorstellend, das der König an sich kaufte und Bollinger gestochen hat.

Kind, David, Maler zu Hamburg um 1650, machte sich durch seine Bildnisse Ruf. Er soll in den Stellungen Van Dyck, im Colorite Rubens und in Beleuchtung den Rembrandt zum Muster genommen haben.

Kindermann, Dominick, Maler, wurde 1746 zu Schluckenau in Böhmen geboren, und anfänglich zu Böhmischkamnitz bei einem Vergolder in die Lehre gegeben. Nach drei Jahren kam er nach Prag zum Jesuiten und Maler Rab, und dieser ertheilte ihm erst gründlichen Unterricht im Zeichnen und in Behandlung der Farben. Hierauf trat er in Wien bei einem Maler in Condition, verdankt aber seine weitere Ausbildung zunächst dem Maler F. Palko und dann dem eigenen Studium. Im Jahre 1769 besuchte er Rom, und hier genoss er des vertrauten Umgangs mit Mengs. Neben den Werken dieses Meisters studirte er auch jene Rafael's und der Carracci, besuchte die Akademie von St. Luca, und nach sechsjährigem Aufenthalt in Rom begab er sich nach Neapel, um einige herkulanische Kunstschätze zu copiren. Endlich kehrte er auf Verlangen seines Gönners, des Grafen Harrach, nach Wien zurück, wo er fortan Bildnisse angesehener Personen und Altarblätter malte, deren man in Kirchen Ungarns, Böhmens und Mährens findet. Seine Bilder gefielen wegen der sanften Färbung und durch die Wahrheit der Carnation seiner weiblichen Gestalten.

Kindermann, Anton, Maler von Dresden, wurde 1725 geboren, und König August III. verschaffte ihm Gelegenheit, in Italien seinen Studien obzuliegen. Er soll 16 Jahre in diesem Lande geblieben seyn, und zu Bologna und Recannati grosse Werke hinterlassen haben. Sein um 1786 verstorbener Vater war ebenfalls Maler, der auf Befehl des Königs in Italien für die Dresdener Gallerie mehrere Einkäufe machte. Anton's Todesjahr kennen wir nicht.

Kindermann, Blumenmaler, ein Niederländer von Geburt, der in Rom den Beinamen des Ritters Tulipan erhielt. Füssly vermuthet, dass dieser Tulpenritter mit obigem Dominik Eine Person sei, was sich nicht so verhält.

Dieser Blumenmaler lebte mit den Obigen zeitig.

Kindt, Wilhelm t', Maler, dessen Lebensverhältnisse unbekannt sind. Um 1538 war er Mitglied der Bruderschaft des heil. Lucas zu Antwerpen.

Kindt, Lorenz t', Maler aus Brüssel, ein Künstler unsers Jahrhunderts, der sich durch landschaftliche Darstellungen bekannt gemacht hat. Die folgende Adele t'Kindt Delveaux ist vielleicht seine Gattin.

Kindt, Adele t', Malerin, bildete sich unter Leitung von Navez, und 1826 gewann sie in Brüssel den zweiten Preis der Akademie. Sie malt Portraite, Historien, Landschaften und Blumenstücke. Wir wissen nicht, ob Mme. Delveaux t'Kindt noch kunstthätig ist.

King, Carl, Bildhauer, ein Engländer von Geburt, kam 1703 als Hofbildhauer nach Berlin, und hier ereilte ihn 1756 auch der Tod, fast über 100 Jahre alt. Er fertigte Basreliefs und andere Bildwerke in Holz, auch Blumen und Früchte.

King, Daniel, Kupferstecher um 1650, der im Geschmacke seines Meisters W. Hollar arbeitete. Man hat von ihm eine Anzahl geätzter Blätter, welche englische Cathedralen und Klöster, so wie auch Ordenscostüme vorstellen. Diese Stiche findet man in Dugdale's Monasticon Anglicanum, woran auch Hollar gearbeitet hat.

King, John, Kupferstecher, der im 17. Jahrhunderte in England lebte; doch scheinen seine Lebensverhaltnisse unbekannt zu seyn. Wir fanden folgende Blätter von ihm erwähnt:

1) Die Versuchung des Herrn in der Wüste, nach J. Breughel.
2) Rinaldo und Armida, nach A. Coypel.
3) Venus und Cupido, nach J. M. Nattier.
4) Die drei theologischen Tugenden, nach Rottenhammer.
5) Die Charitas, nach A. Bloemart.

6) Die Herodias mit dem Haupte des Täufers.
7) Joseph und Putiphar's Frau.

King, Thomas, Portraitmaler um 1762, dessen Lebensverhältnisse aber unbekannt sind. R. Houston stach nach ihm das Bildniss des berühmten Tänzers Mahomed Maddox.

King, Carl Friedrich, Maler, der Sohn des Bildhauers, hatte sich mit Portraitiren Ruf erworben, starb aber schon im 30. Jahre 1738. Sein Meister war A. Pesne. Nach Lancret soll er ein artiges Blatt geätzt haben.

King, Philipp, Maler und Bruder des Obigen, ein Künstler, der sich durch liederliches Leben in's Elend stürzte. Er starb im Hospital, ohngefähr 40 Jahre alt.

Kingsbury, Henry, Zeichner und Kupferstecher, der um 1750—80 in London arbeitete, in Schwarzkunst und in Punktirmanier. Wir fanden von ihm folgende Blätter erwähnt:

1) Die Geburt Christi, nach J. S. Copley. Mezzotinto.
2) The Beggar and his Dogg, nach J. Kitchingham. Mezzotinto, ein schönes Blatt.
3) Harley's Besuch im Hospital zu Bedlam. Punktirt, schwarz und in Farben.
4) Elisa, nach Yorik, von J. Hoppner gezeichnet. Punktirt.

Kininger, Georg Vincenz, akademischer Rath, Zeichner und Professor der Schabekunst zu Wien, geb. zu Regensburg 1767, kam schon in seinem 11. Jahre nach Wien, und wurde im 14. in die Akademie aufgenommen, wo er sich unter Schmutzer's Leitung im Zeichnen übte, bis er 1786 in die neu errichtete Schabekunst-Schule als stipendirter Schüler eintrat. Sein erster Versuch im Schaben war ein alter Mannskopf nach Rubens, welcher für einen ersten Versuch sehr ausgezeichnet genannt zu werden verdient.

Einen vorzüglichen Gönner und väterlichen Freund fand K. an dem Direktor Füger, der seine Anlagen für bildende Kunst weckte und entwickeln half, und ihm Gelegenheit verschaffte, Portraits für angesehene Personen in Kupfer zu schaben, und sogar von einigen solchen Arbeiten die Kosten selbst trug. Im Jahre 1790 arbeitete er unabhängig für sich und fing ein historisches Blatt nach van Hock zu schaben an, Philemon und Baucis vorstellend; ganz vollendet wurde das Blatt später durch Wrenk. Das Portrait einer Gräfin Hallwyl nach Füger, so wie Ariadne nach Grassy wurden nie vollendet. Hierauf fertigte er einige andere Blätter, bis er 1801 für das Industrie-Comptoir den Achill zu schaben unternahm. Darauf folgten für das nämliche Comptoir die grösseren, trefflichen Blätter Virginia, Socrates, Coriolan, Alceste, das Port. des Baron Jacquin und jenes des Freiherrn von Arnstein. Die Auflösung des Industrie-Comptoirs beschränkte ihn wieder lediglich auf das Portraitfach, bis er in der späteren Zeit sich wieder an grössere historische Werke machte, wovon wir besonders die Transfiguration nach Rafael von 1836 nennen.

1) Ein alter Mannskopf nach Rubens, erster Versuch.
2) Der Löwe, welcher den Tiger anfällt, nach Ruthard, gr. qu. fol. Im ersten Drucke vor der Schrift.
3) Philemon und Baucis. S. oben.
4) Ariadne, nach Grassi. S. oben.
5) Maria mit dem Kinde, nach Abel.
6) Achill bei der Leiche des Patroklus, roy. fol. Beim Erscheinen 18 Th.

7) Der Tod der Virginia, qu. Imp. fol.
8) Sokrates vor seinen Richtern, das Gegenstück.
9) Coriolan und Veturia, qu. Imp. fol., ebenfalls Seitenstück.
Diese vier Blätter sind nach Füger gefertiget. Von dem letzteren gibt es vier Probedrücke: vor dem gereinigten Unterrande, vor den Veränderungen in einigen Köpfen und vor aller Schrift. Ein solcher ist bei Weigel V. S. 55 auf 12 Thlr. gewerthet.
10) Alceste, nach A. Kaufmann.
11) Der erste Schiffer, nach Füger.
12) Die heil. Familie, nach Battoni.
13) Ein zum Trunke rauchender Bauer, nach Rijkaert.
14) Die Rückkunft des Kaisers 1814, nach Füger's grossem allegoschem Bilde.
16) Kleine emblematische Gegenstände, 44 Blätter, mit Lips und Penzel gestochen.
15) Die Erwartung (L'attente), nach Füger. Im ersten Drucke vor der Schrift.
17) Die Transfiguration, nach Rafael, herrliches Blatt in Schwarzkunst, in der Grösse des Stiches von Morghen. 10 Thl.
18) Bildniss der Gräfin Meerveldt. Im ersten Drucke vor der Schrift.
19a) Graf von Fries. Im ersten Drucke vor der Schrift.
19b) Freiherr J. von Born.
20) Graf von Czernitschew. Im ersten Drucke vor der Schrift.
Diese Bildnisse sind nach Füger's Gemälden.
21) Der Maler Quadal, nach Quadal.
22) Graf Georg Mniszech, nach Lampi.
23) Die Gräfin Hallwyl, s. oben.
24) Fürst von Auersperg, nach Salomon.
25) Kaiser Leopold, nach Pilatti.
26) Die Kaiserin, nach Kreuzinger.
27) General Laudon, nach Caspar.
28) Graf von Hohenwarth, nach Abel.
29) Erzherzog Ferdinand, nach Füger.
30) Baron Natorp, nach Abel.
31) Baron Jacquin, nach Füger.
32) Freiherr von Arnstein, nach Guérin.
33) Fürst Hourakin, nach Lampi.
34) General Buxhoevden, nach Barbini's Zeichnung.
35) Fürst Esterhazy, nach Isabey.
35) General Ferrari, nach Daffinger.
36) General Kamensky, nach einer Miniatur.
37) General Czernitschew zu Pferde, nach Letronne's Zeichnung.
38) Gräfin Julie Zichy, nach Sales.
39) Staatsrath Stift, nach Letronne.
40) Der Maler Füger.
41) General Stein.
42) Der Sohn des Banquier Scheidlin.
Auch einige Lithographien hat man von Kininger, die als vortrefflich erklärt wurden.
1) Ein Heft von vier Köpfen, nach Füger.
2) Ein anderes von sechs allegorischen Medaillons etc.
3) Von den 12 von ihm selbst gezeichneten Scenen zu Oberon copirte er nur die erste auf Stein.
4) Der Lautenspieler, nach Teniers, mit drei Platten, fol.
5) Landschaft mit Pferden, nach Du Jardin. Mit vier Platten, gr. fol.

Kinson, Franz, berühmter Portraitmaler, wurde 1774 zu Brügge geboren, und daselbst besuchte er auch die Akademie der Künste, bis er, mit der goldenen Medaille beschenkt, nach Paris sich begab. Hier erhielt er 1799 ebenfalls den ersten Preis, 1808 die grosse goldene Medaille, und schon hatte er sich durch mehrere Portraite der kaiserlichen Familie, wie durch jene der Kaiserin Mutter, des Prinzen und der Prinzessin Borghese, des Königs von Spanien, grossen Ruhm erworben, als ihn der König von Westphalen zu seinem ersten Maler ernannte. Zu dieser Zeit erhielt er auch den Auftrag, das Bildniss des Prinzen von Ponte Corvo (des Königs von Schweden) zu malen, und auch den Minister Dejean musste er abbilden. Später (1817) machte besonders sein Gemälde des Belisar, den Tiberius seiner Familie zurückführt, grosses Aufsehen, und dieses Bild hatte mehrere ansehnliche Bestellungen zur Folge. Der Herzog von Angoulême ernannte ihn zum Maler seines Hauses, und der König ertheilte ihm den Orden der Ehrenlegion, als Beweis seiner Zufriedenheit mit dem Bilde der Herzogin von Berry. Kinson stellte die Fürstin dar, wie sie in tiefer Trauer über den Tod des erlauchten Gemahls dasitzt, mit dem Sohne auf dem Schoosse. Dieses meisterhaft ausgeführte Gemälde ist in De Bast's Annales du Salon de Gand p. 90 im Umriss gegeben.

Im Jahre 1821 wurde Kinson an den Hof nach Brüssel berufen, um die Bildnisse des Prinzen und der Prinzessin von Oranien zu verfertigen. In demselben Jahre malte er auch das Bildniss der Lady Montgomery in Lebensgrösse, und dieses wurde auf der Brüsseler Kunstausstellung 1821 allgemein bewundert. Doch sind dieses nicht die letzten bewunderten Werke des Künstlers, er lieferte deren noch mehrere. Neben den obigen erwähnen wir noch im Allgemeinen jene des General Leclerc, M. de Viry, in der Akademie zu Brügge; des Herzogs von Angoulême, Geschenk an die Stadt Bordeaux; der Herzogin von Angoulême; des Marschall Prinzen von Hohenlohe.

Kinson hat das Talent, sein Individuum in voller Aehnlichkeit darzustellen, und dann vergisst man über dem Glanz und der Lebhaftigkeit seiner Färbung gerne die allenfallsigen Zeichnungsmängel. Dann versteht er die Kunst, Hofcostüme, Staatsröcke, Sterne, Sammetmäntel, Pelze von Zobel und Hermelin und andere Dinge mit dem Pinsel sehr täuschend nachzuahmen. Seine Bilder, deren mehrere mit lebensgrossen Figuren erscheinen, sind Prunkstücke, die aber in ihrer Farbenreinheit immer merkwürdig bleiben. Kinson ist auch Ritter des Ordens des belgischen Löwens.

Kint, Dirk (Theodor), Maler, der nach van Gool's Angabe 1676 im Haag geboren wurde, allein in Van Eynden's Gesch. der vaterl. Schilderkunst II. p. 11 heisst es, dass unter einem Bildnisse des Künstlers von Tako Jelgersma 1678 als das Geburtsjahr des Künstlers angegeben sei, und da ersieht man auch zugleich, dass ihn 1756 der Tod ereilt habe. Er war Netscher's Schüler, und in der Kunst viel geringer als der Meister. Kint war auch mehrere Jahre Vorsteher der Malergesellschaft im Haag, doch zog er es in der Folge vor, die Handlung zum Hauptgeschäfte zu machen, und diese machte ihn reich. Doch scheint er noch immer zum Vergnügen gemalt zu haben, aber die Bilder behielt er im Hause. Diese sind historischen Inhalts; wo gegenwärtig zerstreut, wissen wir nicht.

Kints, Peter, Formschneider, angeblich ein Deutscher, der um 1610—35 arbeitete, und seine Blätter mit P. K. bezeichnet haben soll. Seine deutsche Abkunft möchten wir bezweifeln, so wie es denn auch nicht ganz ausgemacht ist, dass der Monogrammist P. K. mit diesem Peter Kints Eine Person sei. Ein P. K. hat nach A. Sallaert, einem Maler von Brüssel, gearbeitet, und so könnte ihm ein Theil der 60 Blätter angehören, welche das Leben Jesu und andere heilige Gegenstände darstellen. Diese Folge, so wie 4 kleine Formschnitte mit den Evangelisten, sind nach A. Sallaert gefertiget.

Ein Blatt, welches den Besuch der heil. Jungfrau bei Elisabeth vorstellt, ist mit den Initialen P. K. und mit A. S. bezeichnet, von denen die ersteren unseren P. Kints, die anderen den A. Sallaert bezeichnen können.

Ein anderes stellt den Tod des heil. Rochus dar; rechts St. Christoph, die heil. Catharina und andere Heilige. Auf diesem Holzschnitte, der die Jahrzahl 1635 trägt, nennt sich A. Sallaert als Maler. Helldunkel von zwei Platten. H. 8 Z. 5 L., Br. 5 Z. 7 L.

Kiörbe, Lithograph, ein Schwede von Geburt, wurde uns 1829 durch das erste Heft mit Bildnissen von Pferden, welche er im k. Gestütt zu Strömsholm nach der Natur zeichnete und lithographirte, bekannt. Das Werk ist in fol., wir wissen aber nicht, wie viele Hefte bereits erschienen sind, und ob Kiörbe auch Pferdestücke male.

Kip, J., Kupferstecher, dessen Füssly erwähnt, ohne Näheres zu bestimmen, was auch wir nicht im Stande sind. Füssly legt ihm ein mit 1697 bezeichnetes Bildniss des Arztes M. Malphigi bei.

Ein anderer Kip hat 1740 die Ruinen von Persepolis geätzt, 21 Bl. S. auch L. Knyff.

Kiprensky, Obrest, berühmter russischer Maler, genoss anfänglich den Unterricht der k. Akademie in St. Petersburg und hierauf besuchte er Frankreich und Italien, wo er längere Zeit verweilte. Im Jahre 1824 kehrte er durch Deutschland nach St. Petersburg zurück, und bei dieser Gelegenheit zeichnete der Professor C. Vogel 1823 in Dresden für seine bekannte interessante Portrait-Sammlung das Bildniss dieses Künstlers. Kiprensky blieb jetzt bis zum Jahre 1828 in St. Petersburg, und während dieser Zeit, so wie früher, malte er eine bedeutende Anzahl von Bildnissen, die ihm ausserordentlichen Beifall erwarben; im Herbste des erwähnten Jahres ging er zum zweiten Male über Frankreich nach Italien, aber nach seiner Heimkehr hatte er wenige Jahre mehr zu leben, denn 1837 ereilte diesen Künstler der Tod. Kiprensky war damals noch in voller Thätigkeit, und sein Ruf war bereits in's Ausland gedrungen. Das Kunstblatt von Dr. Schorn erwähnte noch 1837 dieses Künstlers mit Auszeichnung, und auch durch die früheren Jahrgänge dieses Journales ist Kiprensky's Name bekannt geworden. Die grösste Anzahl seiner Werke besteht in Bildnissen und anderen Köpfen, welche durch ihre schöne Färbung und durch die zarte Vollendung erfreuen. Seine Portraite sind auch grösstentheils sehr ähnlich. Ueberdies hat man von seiner Hand auch etliche historische Stücke, die nicht geringeres Verdienst besitzen, als seine Bildnisse. Kiprensky wusste überhaupt allen Anforderungen der Kunst zu genügen.

Kiprinskow nennt Meusel in seinem Archive von 1804 einen russischen Künstler, der damals eine gemalte Scene aus dem russischen Heidenthume zur Ausstellung brachte. Dieses ist wohl der oben erwähnte O. Kiprensky.

Kirby, Joshua, Zeichner und Professor an der Akademie der Künste in London, wo er um die Mitte des vorigen Jahrhunderts thätig war. Man hat von ihm ein Werk über Perspektive, unter dem Titel: Perspective of Architecture. London 1761, fol.

Kirchal, s. Kirkal.

Kirchebner, Anton, Maler von Götzens in Tirol, arbeitete in Oel und Fresco, mehr als mittelmässig. Um 1780 malte er die Kirche zu Inzingen aus, wobei er vom Gerüste stürzte und starb.

Kirchebner, Franz und Joseph, die Söhne des Obigen, wurden ebenfalls Maler, wozu sie sich in Wien bildeten. Sie fertigten Staffelei-Bilder, und Joseph auch Portraite. Franz starb 1815 im 79. Jahre. Joseph hatte einen Sohn Namens Felix, der sich in Innsbruck ansässig machte. Der jetzt lebende Maler Peter Kirchebner ist der Sohn des letzteren.

Kirchheim, Johann von, ein Glasmaler des 14. Jahrhunderts. Er fertigte 1348 die Glasmalereien des Domes zu Strassburg. Sie sind schön, doch kommen sie im Allgemeinen den ähnlichen zu Köln, Nürnberg und Ulm nicht bei. Die Gemälde stellen biblische Geschichten, Heilige, Könige und Kaiser dar. Doch sind nicht alle Gemälde von ihm. Die heil. Jungfrau mit dem Kinde im Arme ist erst 1756 von D. Dannecker gemalt. Näheres s. Hesperus 1831. S. 967.

Kirchhoff, Johann, Maler und Lithograph zu Berlin, ein jetzt lebender Künstler, der seit 1820 verschiedene Bilder geliefert hat, die mit Beifall aufgenommen wurden. Es sind dieses Historien, Bildnisse, Genrestücke, öfter romantische Darstellungen, Landschaften in Oel und auch Zeichnungen, mit der Feder und Tusche gefertiget.

Dann befasst sich dieser Künstler auch mit der Lithographie. Man hat von seiner Hand:

1) Pferdestücke, nach Krüger.
2) Jagdstücke, nach demselben.
3) Der Erlkönig, nach Göthe's Gedicht, eigene Composition etc.

Kirchmaier oder Kiermaier, Franz, Maler zu Regensburg, der im 16. Jahrhundert lebte. Er malte historische Bilder, doch scheint der grösste Theil seiner Werke in Bildnissen zu bestehen. Er portraitirte namentlich viele Prälaten, und 1577 hatte er dem Rathe von Regensburg eine Darstellung der Krönungsprozession des Kaisers Rudolph verehrt, wofür er ein Gegengeschenk von 16 fl. erhielt. Im Jahre 1589 ereilte diesen Künstler der Tod.

Kirchmaier oder Kirchmayr, S., Maler zu Regensburg, der daselbst um 1600 arbeitete, und vielleicht der Sohn des Obigen ist. Er malte historische Bilder und Bildnisse, von denen einige mit S. K. bezeichnet sind.

Kirchmaier oder Kirchmeyer, Michael, Zeichner und Formschneider, der um 1550—1560 arbeitete, nach seinen Lebensverhältnissen aber unbekannt ist. Man weiss nicht einmal, wo er gearbeitet hat, nicht unwahrscheinlich ist es aber, dass er zur Regensburger Familie dieses Namens gehört. Man findet Holzschnitte von ihm, welche mit den zusammenhängenden Buchstaben M. K. bezeichnet sind. Auf einem Blatte steht der abgekürzte Name M. KIRMER, und in der Sammlung des Kriegsrathes von Blücher war eine Zeichnung mit dem vollen Namen des Künstlers. Es ist daher zu vermuthen, dass Kirchmaier, so wie viele andere Künstler damaliger Zeit, für die Formschneider Zeichnungen geliefert hat. Indessen mögen immerhin einige Blätter von ihm selbst herrühren. Das Blatt der Verkündigung gehört ihm wohl nur der Zeichnung nach an, denn über dem Baldachin sind die Buchstaben I. R. bemerkbar, die vermuthlich den Graveur bedeuten.

1) Eine Folge von 93 Blättern mit heiligen Figuren und biblischen Darstellungen nach der Zeichnung dieses Künstlers, und wohl theilweise von ihm geschnitten. Das Blatt mit dem heil. Stephan ist mit einem ähnlichen Monogramm versehen. H. 3 Z. 3 L., Br. 2 Z. 6 L.; die Grösse aller Blätter.

Ein anderes, eben so bezeichnetes Blatt dieser Sammlung, stellt die Parabel vom Reichen und dem Kameel dar, nach Evang. Matth. XIX. 24.

2) Die Verkündigung Mariä, im Grunde der Besuch der Maria bei Elisabeth, mit zusammengehängtem M. K. bezeichnet, und den Buchstaben I. R. über dem Baldachin. S. oben. Dieses Blatt ist sehr gross, denn es gehören sechs zusammengesetzte Stücke dazu.

Kirchmair, Joseph, Glasmaler, wurde 1806 zu München geboren und, da er schon in früher Jugend entschiedene Neigung zur Kunst äusserte, auf der Akademie daselbst mit den Grundsätzen derselben vertraut gemacht. Besonders war es der damalige Professor, jetzt k. Oberbaurath v. Gärtner, welcher ihm in der Architektur, in der Ornamentik u. s. w. Unterricht ertheilte, und als dieser berühmte Architekt die Leitung des artistischen Theiles der k. Porzellan-Manufaktur übernommen hatte, fand auch Kirchmair bald Beschäftigung an jener Anstalt, wo er noch gegenwärtig thätig ist. Er verzierte mehrere Vasen, malte einen Theil der Teller des prächtigen Service's, dessen Ausführung König Ludwig noch als Kronprinz anbefahl, und auch eine Anzahl jener Gefässe nach etrurischer Form, welche Graf von Schönborn zu einem Service bestimmte, sind von ihm verziert. Diesem Künstler gilt auch ein Antheil an der Ausführung der prächtigen Fenstergemälde im Dome zu Regensburg, und jener der neuen Kirche in der Vorstadt Au, welche einen glänzenden Cyclus von Darstellungen aus dem Leben Mariens bilden. An allen diesen Fenstern ist ein auserlesener Verein von Künstlern thätig, und jene sind demnach als das gemeinschaftliche Werk derselben zu betrachten. Ausser Kirchmair haben Ainmüller, Hämmerl, Wehrstorfer und Rückel als Maler Antheil und Frank leitet die Schmelzungen. Für Dr. Boisserée malte Kirchmair ganz allein den englischen Gruss auf Glas.

Dann malt Kirchmair auch sehr schöne Bilder in Oel, und besonderen Beifall erwarben ihm seine Jagdstücke, die durch grosse Wahrheit der Darstellung erfreuen. Der Jäger, welcher einen Fuchs lebend im Eisen gefangen, und freudig sich darüber gebährdet, wurde von Bergmann lithographirt, und eben derselbe lithographirte auch einen Fuchsbau, einen Dachsbau und eine Scheibe, welche bei einem festlichen Schiessen gegeben wurde. Seine Vorliebe, Jagdscenen darzustellen, verschaffte dem Künstler auch einen grösseren, höchst ehrenvollen Auftrag. Maximilian Graf von Arco-Zinneberg ist im Besitze einer Sammlung von abnormen und anderen seltenen Geweihen, und er beschloss, diese in einem eigenen Saale zu Zinneberg der Reihe nach anzubringen. Kirchmair wurde mit dem Auftrage beehrt, diesen Saal seinem Inhalte gemäss auszuschmücken, und er malte für die Decke desselben 16 Bilder mit Jagdscenen, die zwischen Verzierungen von Arabesken sich zeigen. Die ganze Meublirung des Saales ist aus Hirschgeweihen gefertiget und die Theile derselben, wie Leuchter, Sitze etc. sind mit Schnitzwerken von Elfenbein geziert. Diese werden nach Kirchmair's Zeichnung und unter seiner Aufsicht gefertiget, und sind von einer Reinheit in Schnitt und Zeichnung, die nichts zu wünschen übrig lässt, wie überhaupt der ganze Saal mit seiner kostbaren Verzierung einzig dasteht. Die Schnitzwerke in Elfenbein besorgen tüchtige Arbeiter, und neben anderen hat auch der Bruder unsers Künstlers, Franz Kirchmair, einigen Antheil. Dieser ist Zimmermann, mit ausserordentlichem Talente begabt. Er zeichnet sehr gut, ohne diese Kunst von Jemanden gelernt zu haben, und auch im Schnitzen in Holz und Elfenbein hatte er keine Anweisung. Er hat auch Antheil an den Holzarbeiten im Schlosse Hohenschwangau. Viele architektonische Zierathen wurden nach seiner Zeichnung und theilweise von ihm selbst ausgeführt. Der neue Dachstuhl des Schlosses ist das Ergebniss seines Nachdenkens, und dieser war wegen der Unregelmässigkeit der Form keine geringe Arbeit.

Kirchmayer, Joseph, Bildhauer zu München, wurde 1773 zu Rockersing in Niederbayern geboren und von seinem Vater, der Bildnisse und Holzsculpturen für Kirchen fertigte, zu ähnlichem Betriebe angehalten. In seinem 17. Jahre kam er zu einem Bildhauer nach Passau, am meisten aber verdankte er hier dem Historienmaler Bergler, der ihm im Zeichnen und Modelliren Unterricht ertheilte. Bei dieser Gelegenheit fand er auch an dem Fürsten Leopold von Thurn einen Gönner, der ihn nach Wien mit sich nahm und daselbst unterstützte. Kirchmayer hielt sich in dieser Stadt sieben Jahre auf, während welcher Zeit er mehrere Büsten in Erz und Marmor ausführte, und im Jahre 1804 wurde er auf Kosten des Königs Maximilian nach Italien geschickt, um in Rom seine Studien zu vollenden. Er besuchte auch Neapel und andere Städte, und endlich kehrte er nach München zurück, wo er sich bald sehr ehrenvoller Aufträge zu erfreuen hatte. Der König Ludwig, damals noch Kronprinz, liess durch ihn mehrere Büsten in carrarischem Marmor für die prachtvolle Walhalla ausführen, und überhaupt ist die Zahl seiner Büsten bedeutend, da der Künstler seinem Individuum sprechende Aehnlichkeit und charakteristischen Ausdruck zu verleihen weiss. Auch in der technischen Behandlung sind seine Bildnisse zu rühmen. Wir erwähnen besonders die treffliche Büste des Ministers von Hompesch, jene des geheimen Rathes von Feuerbach in Gyps, Maximilian's I. von Bayern in carrarischem Marmor für die Walhalla; des Königs Maximilian in Gyps, alle vor 1814 ausgeführt; ferner die Büste der Königin Karoline in Gyps, 1817, jene des Herzogs von Leuchtenberg in carrarischem Marmor, des General-Direktors v. Krenner u. s. w. Eine rühmliche Erwähnung verdient auch die colossale Büste des Königs Maximilian, welche bei Gelegenheit der Jubelfeier 1825 für ein Monument der Stadt Amberg in Metall gegossen wurde. Für die Stadt Freising stellte er den König Maximilian und dessen Gemahlin in einem Medaillon von Erz dar.

Kirchmayer fertigte indessen nicht allein Büsten, sondern auch Statuen, wie jene der Psyche, der Minerva in Lebensgrösse für den Commerzienrath v. Seidel etc. Dann finden sich von ihm auch Grabmonumente, wie jenes des Grafen Maximilian von Arco, des Churfürsten Wenceslaus von Trier in der Kirche zu Oberdorf, der Mme. Sabbadini, des Grafen Fugger im Illerthale u. a. Etliche sind auf dem Gottesacker in München. Kirchmayer ist noch immer in voller Thätigkeit, ein sehr geachteter Künstler.

Kirchmayer, Friedrich, Bildhauer, der Sohn des Obigen, wurde 1812 in München geboren, und unter Leitung seines Vaters, so wie später auf der Akademie der Künste in München zum Künstler gebildet. Er fertiget Büsten, Reliefs u. s. w.

Kirchmayer, Michael, Landschaftsmaler, einer der vorzüglichsten Dilettanten seines Faches. Seine Heimath ist im bayrischen Hochgebirge, und er selbst lebt gegenwärtig als k. Bergschreiber in Berchtesgaden. Er war in der Kunst sein eigener Lehrer; der freundliche Rath von fremden Künstlern, welcher jene Gegenden besuchten, seine Akademie. Dennoch brachte er es zu einer bedeutenden Stufe der Kunst, wozu ihn sein eifriges Studium der Natur brachte. Diese fasst er mit grosser Wahrheit auf, sowohl in ihren Formen, als in ihrer Farbe. Seine Landschaften, bisher immer in kleinem Formate, erinnern an die Gegenden von Salzburg und Berchtesgaden. Sie gingen in verschiedenen Privatbesitz über, und selbst die Kaiserin Mutter von Oesterreich hat Bilder bei diesem Künstler bestellen lassen. Einige seiner Werke sah man in München auf dem Kunstvereine, und diese wurden mit grossem Beifalle aufgenommen. Zwei seiner letzten Gemälde stellen den Markt Golling und Berchtesgaden dar.

Kirchner, Dominicus, ein Mönch zu Brünn, der sich um 1740 als Bildhauer Beifall erwarb. Er fertigte Statuen und andere Bildwerke.

Kirchner, Johann Jakob, Zeichner, Maler und Kupferstecher zu Nürnberg, wurde um 1796 geboren, und zu Nürnberg in den Anfangsgründen der Kunst unterrichtet, bis er um 1814 auf die Kunstakademie nach München sich begab. Später besuchte er auch Italien, befindet sich aber seit etlichen Jahren wieder in Nürnberg, mit seiner Kunst beschäftiget. Man hat von ihm landschaftliche Darstellungen, und solche hat er auch sehr hübsch radirt. Dann hat man von ihm das Bildniss Carl des Grossen im kaiserl. Ornate; nach Dürer copirt. H. 8 Z. 2 L., Br. 6 Z. 1 L.

Kirchner, Medailleur, dessen Lebensverhältnisse wir nicht kennen. Folgende Werke sind von seiner Hand:

1) Medaille auf die Einnahme von Erzerum, für die Reihenfolge der Med. auf den russisch-türkischen Krieg 1828—29.
2) Medaille auf die zu Schweinfurt stattgehabte Jubelfeier der Augsburgischen Confession, mit dem Bildnisse des Landgrafen Philipp von Hessen.

Kirchner, Albert Emil, Zeichner und Maler von Leipzig, der Sohn eines Tischlers, wurde 1813 geboren, und in der erwähnten Stadt in den Anfangsgründen der Kunst unterrichtet. In seinem 19. Jahre begab er sich auf die Akademie der Künste in München, wo er mit allem Eifer seinen Studien oblag. Dieser Künstler malt Landschaften mit historischer und anderer Staffage. Eine historische Landschafts-Zeichnung mit zwei Figuren, 1835 mit Feder und Bister gefertiget, ist bei Weigel IV. S. 53 auf 6 Thl. gewerthet. Zwei frühere Zeichnungen sind Cat. II. S. 117 angezeigt. Die eine, den Dom in Meissen vorstellend, mit Stift und Tusch ausgeführt und 1833 in München vollendet, gilt bei Weigel 8 Thl. Die zweite stellt eine alte Betsäule auf dem Gottesacker in München dar. Aehnlichen Inhalts wie die Zeichnungen sind wohl auch die Gemälde des Künstlers.

Kirk, John, Medailleur, der in der ersten Hälfte des vorigen Jahrhunderts in London arbeitete. Man hat Schaumünzen von ihm, und 1761 ereilte den Künstler der Tod.

Kirk, Thomas, Kupferstecher, der zu Anfang unsers Jahrhunderts in London arbeitete. Doch fanden wir keine Angaben über seine Lebensverhältnisse. Von ihm gestochen sind:

1) Die arkadischen Hirten lesen mit Trauer die Schrift eines Grabmonumentes, nach J. B. Cipriani. Punktirt und in Farben.
2) Titus Andronicus, nach Shakespeare's Drama, Akt. IV. 1 S. Das Gemälde bildet einen Bestandtheil der bekannten Shakespeare-Gallerie, und M. Kirk, den wir nicht näher kennen, hat es gemalt.

Kirk, T., Bildhauer zu London, ein jetzt lebender Künstler, dessen Lebensverhältnisse wir aber nicht erfahren konnten.

Kirkall, Edward, Kupferstecher und Formschneider, wurde um 1692 in Scheffield in York geboren, und was er als Künstler war, verdankt er seinem eigenen Nachforschen. Er arbeitete in Mezzotinto, führte die Radirnadel, und lieferte auch eine Art von Helldunkel, nach einem ganz eigenen Verfahren. Er zeichnete auf einer Metallplatte die Umrisse mit der Nadel, auf einer zweiten legte er die starken Schatten in Schwarzkunst an und zu den Halbtinten wendete er Holzplatten an. Reine Holzschnitte von seiner Hand sind in einer Ausgabe des Terenz, die 1713 in London erschien. Diese Vignetten gehören wohl zu Kirkall's ersten Arbeiten, denn erst nach 1750 starb der Künstler.

1) Die heil. Familie, nach Rafael, Mezzotinto, gr. fol. Ein Hauptplatt.
2) Aeneas mit seinem Vater Anchises auf den Schultern: Imitando caelavit 1722. Helldunkel nach Rafael. Ein Hauptblatt, nach H. da Carpi copirt.
3) Dieselbe Composition mit einiger Veränderung in der Landschaft.
4) Die Anbetung der Könige, nach P. del Vaga. Ebenfalls eines seiner Hauptblätter, gr. qu. fol.
4) Moses, nach demselben, 1724. fol.
5) Jesus bei Martha und Maria, schöne Composition nach einer Zeichnung von E. da Bergamo. Schön in Holz geschnitten und in Helldunkel gedruckt, qu. fol. Selten.
6) Die Verkündigung Mariä, nach S. Conca, mit Dedication an And. Fountain. Helldunkel, in Kirkall's eigenthümlicher Weise. Oval mit Wappen, fol.
7) Die Büste des Erlösers, nach Rafael, in Mezzotinto, gr. fol.
8) Die heil. Jungfrau mit St. Anna und Johannes, welcher dem Kinde Früchte reicht, nach F. Penni. Helldunkel, braun gedruckt und weiss gehöht.
9) Zwei Heilige bitten für mehrere fromme Personen, nach P. da Cortona 1724. Roth gedruckt.
10) Die heil. Familie, nach Rafael's Bild für Franz I. gemalt, dieselbe Composition, die Edelink gestochen. Grün gedruckt, qu. fol.
11) Die sieben Rafael'schen Cartons in Hamptoncourt, 7 Blätter, roth gedruckt, kl. qu. fol.
12) Die heil. Familie, wo St. Joseph mit dem Kinderwagen sich dem auf dem Schoosse der Maria sitzenden Jesus nähert, nach Rafael, 1724. Mit Einfassung und in Helldunkel.
13) Christus und die Ehebrecherin. London 1722, nach Giulio Romano, gr. fol. Es gibt dreierlei Abdrücke in verschiedenen Farben, die ersten vor der Schrift. Grosses Blatt.
14) St. Hieronymus in der Wüste vor dem Kreuze, nach Paul Farinati 1723, mit Einfassung. Es gibt braune und rothe Abdrücke.

15) Das Opfer Noah's nach dem Ausgang aus der Arche, nach P. Veronese, braun gedruckt.
16) Die Bekehrung St. Paul's, nach Jak. Palma sen., 1723. Braun gedruckt und im ersten Druck vor der Schrift.
17) Vier Marinen mit Schiffen etc., nach W. van de Velde sen. Grün gedruckt.
18) Vierzehn Marinen, 3 in die Höhe, 11 in die Breite, und numerirt, nach demselben.
19) Vier andere Marinen, ebenfalls nach van de Velde. Im ersten Drucke vor der Schrift.
20) Der Zug auf die Jagd, nach P. Wouvermans.
21) Landschaft in Lavismanier, nach J. van Huysum.
22) Landschaft nach J. Rousseau, grün gedruckt.
23) Die Ergötzlichkeit der Cythere, nach A. Watteau, grün gedruckt.
24) Die Matrone von Ephesus, nach C. Coypel, grün und roth gedruckt.
25) Drei Landschaften, nach J. Goupy, in Bister gedruckt.
26) Vier Marinen mit Mondschein, nach P. Monamy, grün gedruckt.
27) Zwei Marinen, ohne Namen des Malers, grün gedruckt.
28) Eine Ansicht zur See bei Mondschein, nach F. Baston.
29) Eine Folge von 8 kleinen Blättern mit eben so vielen berühmten Rennpferden, nach P. Tillemans.
30) Fragment eines antiken Kopfes, nach J. Wood, in Crayon-Manier.
31) Die Bauernfamilie mit ihrem Vieh, nach Bassano's Zeichnung, grün gedruckt, qu. fol.
32) Apollo und Daphne, ohne Namen des Malers, grün gedruckt.
33) Die Vermählung der heil. Catharina, nach Mazzuoli.
34) St. Anton heilt einen Menschen mit abgehauenem Fusse, nach F. Zucchero.
35) Das Bildniss des Architekten Christopher Wren, mit allegorischen Figuren. Das Titelblatt zu dessen Werken, nach H. Cooke.
36) Jenes des Tonkünstlers F. Bernardi-Sanesino, nach Goupy.
37) Die Blätter zu der neuen Ausgabe von Inigo Jone's Stonehenge.
38) Von Kirkall sind auch die 30 Blätter nach van Huysum, in der Geschichte seltener Pflanzen von J. Martyn. London 1728, 3 Theile in fol. Die Blätter sind gewöhnlich colorirt, und der Text ist lateinisch.

Kirkall, L., Kupferstecher, der gleichzeitig mit dem Obigen lebte; wir kennen aber seine Lebensverhältnisse nicht. Folgende 3 Blätter gehören einem L. Kirkall an:
1) Eine grosse Landschaft mit einer Bärenjagd, mit sechs lat. und sechs engl. Versen, 1729. Dieses Blatt ist nach Riedinger gefertiget, und grün gedruckt.
2) Die Schweinsjagd, mit sechs lat. Versen.
3) Die Hirschjagd, mit eben so vielen Versen, und beide nach Riedinger. Es gibt von diesen beiden Blättern Abdrücke in Bister und solche in rother Farbe.

Kirmer, Michael, s. Kirchmaier.

Kirner, Johann Baptist, Maler von Furtwangen im Grossherzogthum Baden, wurde 1806 geboren und von der Natur mit reichen Kunsttalenten begabt. Er folgte auch schon frühe ihrem Rufe, und seine ernsten Studien begann er im 18. Jahre auf der Akademie der Künste in München, wo man bald erkannte, dass der junge Künstler Treffliches leisten werde. Zu dieser Annahme berechtigten seine Arbeiten schon 1827, und damals schien er sich ausschliesslich der Historienmalerei zuzuwenden. Man sah bald nach jener Zeit ein

Altarblatt von seiner Hand gemalt, eine heil. Familie mit lebensgrossen Figuren, im einfachen, ernsten, wahrhaft kirchlichen Style der alten Florentiner. Dieses Bild wurde im Kunstblatt 1830 No. 12 näher besprochen, und bei der Münchener Kunstausstellung desselben Jahres sah man ein anderes, welches den Schmelzofen nach Hebel's Gedicht vorstellt. Kirner hat schon frühe durch seine Darstellungen zu Hebel's allemannischen Liedern die Aufmerksamkeit der Kenner auf sich gelenkt, da diese ein ganz bestimmtes volksthümliches Gepräge an sich tragen, und überhaupt neigte er sich von jener Zeit mit Vorliebe der Genremalerei zu, immer aber in ihrer besseren Art. Besonderen Beifall erwarb ihm seine Wirthsstube, worin ein Tabulethrämer einen beweglichen Hanswurst producirt, und dann war es die Heimkehr des Schweizergardisten von der Julius-Revolution, welche mit Auszeichnung genannt wurde. Dieses Bild, jetzt in der Gallerie zu Carlsruhe, gestattete einen Vergleich mit den gepriesenen Werken des Engländers Wilkie, und an Naivetät, Reichthum der Motive und in Hinsicht auf Adel der Form hat er Wilkie sogar übertroffen. Der Julius-Held sitzt im Inneren eines schweizerischen Bauernhauses und erzählt den staunenden Genossen die Begebenheiten jener Revolution. Die ausserordentliche Wahrheit der Charaktere und des Ausdruckes, die Schönheit der Färbung und die meisterhafte Behandlung des Ganzen reihen dieses Gemälde den besten Erzeugnissen der modernen Genremalerei an. G. Bodmer hat es lithographirt, und eben dieser, zu früh verstorbene Künstler, hat auch Kirner's komische Wirthshaus-Scene auf Stein gezeichnet.

Im Jahre 1832 verliess Kirner München, um in Rom seine Studien fortzusetzen, und auch in Italien gingen aus seinem Atelier bereits Gemälde hervor, die seinen Ruhm bewähren. In Rom malte er das schöne Bild, welches Rafael in der Michel Angelo-Kneipe dem Blicke vorführt, und ein anderes stellt Frauen aus der Umgegend Rom's dar, wie sie bei dem am Wege befindlichen Muttergottes-Bilde ausruhen. Im Jahre 1835 sah man seine Italienerin, die an der Wiege mit der Schildkröte spielt, ein allerliebstes Bildchen, von unendlichem Reize in seiner Einfachheit. So wie Kirner früher durch seine Scenen aus der Schweiz und dem Schwarzwalde den Ruhm eines der vorzüglichsten neuern Genremaler sich erworben hatte, so entwickelte er in Italien in einer neuen Weise gleiche Meisterschaft und Originalität. Er bewegt sich überall mit grosser Leichtigkeit, und bei einer einfachen, gefälligen Anordnung erfreut die Freiheit und Sicherheit der Behandlung. Seine Färbung ist gesättiget, ernst und lieblich, je nachdem es der Gegenstand erfordert.

Kirsch, August Christoph, ein gepriesener Künstler aus der zweiten Hälfte des vorigen Jahrhunderts, der aber zu früh starb, als dass er seine volle Ausbildung erlangen konnte. Kirsch wurde 1763 zu Dresden geboren, und schon im sechsten Jahre daselbst an der Akademie der Künste zugelassen. Klass unterwies ihn in der Zeichenkunst, und Direktor Casanova in der Malerei, und nun fing Kirsch an in eigenen Compositionen sich zu zeigen. Im Jahre 1785 zog er mit seinem grossen Bilde in Sepia und Pastellfarben, welches Hektors Leiche im Pallaste von seiner Familie umringt und beweint vorstellt, die Aufmerksamkeit auf sich. Diese Composition ist in edlem Style gehalten, ziemlich correkt in der Zeichnung, aber in den Köpfen fand man nicht Adel genug. Im Jahre 1786 brachte er eine heil. Familie zur Ausstellung, von welcher man sagte, sie sei vom Geiste Palma's eingegeben; nur waren die Köpfe nicht so graziös, dass das Bild allgemein ansprechen konnte. Dieses Gemälde verschaffte dem Künstler den Auftrag zur Ausführung eines

Altarbildes für die neue Kreuzkirche in Dresden, und der Churfürst ertheilte ihm zu diesem Ende auf drei Jahre eine Pension, um in Italien sein Werk zu vollenden. In Rom studirte Kirsch unablässig, und schon hatte er die Skizze zu seinem Bilde fertig, als sich Hirt 1787 in die traurige Nothwendigkeit versetzt sah, dem vielseitig gebildeten Künstler an der Pyramide des Cestius die Standrede zu halten. Die infames Vaticani regiones hatte ihm eine Brustentzündung zugezogen. Gottschick hat seine Altarskizze für Meusel's Archiv I. B. S. 185 im Umriss gestochen.

Kirschberger, Maler zu Königsberg, bildete sich daselbst zu Anfang unsers Jahrhunderts auf der Kunstschule, und glaubte schon 1806, noch als junger Künstler, es wagen zu dürfen, mit einem Gemälde öffentlich hervorzutreten. Es war dieses die Darstellung des Daniel in der Löwengrube, und diesem Bilde folgten mehrere andere, ebenfalls aus dem Bereiche der Geschichte. Im Jahre 1832 wählte er den erwähnten Gegenstand zum zweiten Male zu einer malerischen Darstellung. Wir hätten gewünscht, nähere Nachrichten über diesen Künstler geben zu können.

Kirschinger, Heinrich, Maler von Mainz, der sich um 1837 in München befand. Er ist noch ein junger Künstler.

Kirschner, Friedrich, Miniaturmaler und Kupferstecher, wurde 1748 zu Bayreuth geboren, und von G. F. Riedel zu Ludwigsburg in den Anfangsgründen der Kunst unterrichtet. Hier übte er die Porzellanmalerei, ging dann nach Nürnberg, und liess sich zuletzt in Augsburg nieder, wo er 1789 starb.

Dieser Künstler malte besonders Vögel, Insekten, Blumen und andere naturhistorische Gegenstände.

Dann hat man von ihm auch geätzte Blätter mit Landschaften, die mit den Buchstaben F. K. bezeichnet sind; doch muss man diese nicht mit jenen des F. C. Klass verwechseln. Die Blätter des letzteren sind nicht so vollendet. Füssly und nach ihm Lipowsky nennen diesen Künstler irrig Kirsner.

Kirschner, J. J., Kupferstecher, dessen Lebensverhältnisse wir nicht kennen. Man hat von seiner Hand:

Sechs Ansichten der Burg zu Nürnberg, radirte Blätter.

Kirsner, s. F. Kirschner.

Kirstein, berühmter Silberarbeiter. S. den folgenden Artikel.

Kirstein, Friedrich, Bildhauer von Strasburg, wurde 1806 geboren, und von seinem Vater, einem ausgezeichneten Ciseleur, dessen Arbeiten auch im Auslande bekannt sind, ebenfalls zur Kunst bestimmt, da er das Talent des Sohnes erkannte. Dieser hat auch bereits die von ihm gehegte Hoffnung gerechtfertiget, durch verschiedene schöne Werke, welche er ausführte. Man hat von dem jüngern Kirstein ähnliche Büsten, darunter auch jene seines Vaters, des Benjamin Constantin etc.; dann ist das Monument des Dr. Hafner in der St. Nikolaus-Kirche zu Strassburg sein Werk. Im Jahre 1836 begab sich der Künstler nach München, wo seit Jahren der Kunst ein reges Leben erblühte. Der Vater Kirstein kann unter die vorzüglichsten Silberarbeiter gezählt werden. Sein vollendetstes Werk ist wohl eine Vase in Vermeil, nach antiker Form, mit herrlicher Nachbildung von Thorwaldsen's Alexanderzug in Hochrelief. Eine andere Vase in Vermeil ist mit einem Jagdstück in Hochrelief verziert. Dann hat man von ihm ein Silbermedaillon mit dem Abschiede Heinrich IV. von Gabrielen, und der Schlacht von Ivry. Ein anderes stellt diesen König im Schlachtgetümmel dar. Einen Kelch zierte Kirstein mit der Darstellung des heil. Abendmahls, und ein Tableau in Silber stellt Napoleon, von seinem Generalstabe umgeben, auf einer Höhe dar etc.

Der Sohn Kirnstein ist des Vaters würdiger Nachfolger.

Kirzinger, s. Kürzinger.

Kisling, s. Kiesling.

Kiss, August, Bildhauer aus Pless in Oberschlesien, bildete sich zu Berlin unter Leitung des Professors Tieck, und in dieser Stadt lebt er gegenwärtig als ausübender Künstler. Man hat von seiner Hand eine bedeutende Anzahl von Bildwerken, Gruppen, Figuren, Reliefs, in Gyps, Stein und Bronze. Seine Gruppen und Statuen sind öfter nach Antiken copirt, dann auch nach Zeichnungen von Schinkel u. a. ausgeführt. Nach Schinkel's Compositionen fertigte er die Reliefs für das Giebelfeld an der St. Nicolaikirche zu Potsdam. Es finden sich aber auch noch andere Reliefs, im Modell und in Erz gegossen, und dann von ihm selbst zugleich ciselirt.

Kiss ist akademischer Künstler und Lehrer am Gewerbs-Institute in Berlin. Er verdient mit Ruhm genannt zu werden.

Kitchin, Thomas, Kupferstecher, der um 1750 blühte. Er stach Bildnisse und Blätter für Buchhändler.

1) Thomas Adams, Minister of the Gospel.
2) James Forster.
3) John Gill, nach Highmore.
4) Mustapha, Diener Georg I.
5) Lewis Maximilian Mahomet, Kammerdiener desselben.
6) Ansicht von Tideswell Church.

Kitchingman, John, Maler zu London, wurde um 1740 geboren, und in der erwähnten Stadt zum Künstler gebildet. Er malte Genrestücke und Landschaften, besonders Marinen, von denen B. T. Pouncy vier in Kupfer gestochen hat: Building, Chance, Unlading, Dissolution — of a Cutter. Auch H. Kingsbury hat ein schönes Schwarzkunstblatt nach ihm geliefert, und ein gleiches J. R. Smith: Children seeking a Birds-Nest, betitelt. Seine Gemälde fanden Beifall, indem sie in einer guten Manier ausgeführt sind. Der Tod ereilte ihn gegen das Ende des vorigen Jahrhunderts. Im Jahre 1770 war er schon Mitglied der Akademie.

Man hat von seiner Hand auch etliche Blätter:

1) Die Rückkehr des verlornen Sohnes, nach Barbieri, radirt.
2) Das Bildniss des John Wilkes, in Mezzotinto.

Kite, J., Kupferstecher, dessen Lebensverhältnisse wir nicht kennen. Im Cabinet Paignon-Dijonval red. par Bénard p. 32, No. 1035 ist ein allegorisches Blatt nach Aug. Carracci von ihm beschrieben: Ein sitzendes Weib mit dem Buche stützt den Fuss auf den Todtenkopf, rechts legt eine bekleidete Frau die Hand auf die Brust, zu den Füssen der Kranich; links ein drittes Weib mit dem Spiegel etc.

Kittel, Johann, Medailleur und Wappenstecher zu Breslau, der um 1693 — 1748 arbeitete. Er fertigte verschiedene Denkmünzen, deren bei Lochner und in der Numismat. Hist. verschiedene in Abbildung gegeben sind. Sie sind mit den Buchstaben I. K. bezeichnet.

Wir haben von ihm eine Medaille auf den lächerlichen Streit, zu welchem Seculum das Jahr 1700 gehöre: Hört doch Wunder im Jahr MDCC etc.; dann eine Gedächtnissmedaille von dem 1693 gekommenen Heuschrecken-Schwarm.

Kittenstein, Cornelius, auch Kittenstyn, Kupferstecher, der in der ersten Hälfte des 17. Jahrhunderts in Harlem arbeitete. Seine Lebensverhältnisse sind unbekannt, und er ist uns daher nur nach folgenden Blättern bekannt, aus deren Datum sich auch die Lebenszeit des geschickten Künstlers bestimmen lässt, so wie auch die Landsmannschaft.

1) Der gestrandete Wallfisch in Holland (De Vis von Asteren), mit einer Menge Figuren, nach P. Molyn 1629, gr. fol. Dieses schön radirte seltene Hauptblatt ist bei Weigel auf 2 Thlr. 16 gr. gewerthet, VI. S. 47.
2) Männer und Frauen an einer mit Speisen besetzten Tafel, mit acht holländischen und eben so vielen lat. Versen, nach D. Hals, gr. fol.
3) Der siegreiche Einzug des Prinzen Wilhelm von Oranien-Nassau, grosses Werk aus 5 zusammengesetzten Platten bestehend, 1622, nach W. Buytenweg. H. 15 Z., Br. 56 Z. Die ersten Abdrücke sind vor der Adresse des N. J. Visscher, welcher 1626 sein Excudit auf die Platte setzte.
4) Die fünf Sinne, in eben so vielen Blättern, jedes zu zwei Costümfiguren seiner Zeit, nach D. Hals, 1623. H. 8 Z. 4 L., Br. 9 Z. 3 L. Sehr selten.
5) Costümfiguren verschiedener Völker, nach D. Hals, 6 Blätter, jedes mit zwei Figuren im Geschmacke der Zeit, und vier holländischen Versen. 1) Le Flamen; 2) L'Allemann; 3) L'Italien; 4) Le François; 5) L'Espaignol.
6) Das Weib, welches den Mann zu Boden geworfen, qu. fol.

Kittner, Gallus, Maler, der zu Anfang des 17. Jahrhunderts zu Potsdam und anderwärts malte. Im Jahre 1603 malte er die Kirche und den Altar zu Potsdam, dann den Saal etc. Er musste bei dieser Gelegenheit mehrere Gehülfen annehmen. Zu Saarmund malte er ebenfalls die Kirche, Altar und Kanzel. Nicolai bringt über diesen Künstler Nachrichten bei.

Kitzerow, Lithograph zu Hamburg, ein genialer Künstler, der sich schon 1825 durch gelungene Portraite einen Namen gemacht hatte.

Kitziger, Abraham Felix, auch Kitzinger, Bildhauer von Tetschen, der aber um 1690 in Prag arbeitete. Werke von seiner Hand sind im Schlosse und im Garten zu Tetschen, und auch für Kirchen fertigte er Statuen. In einer lateinischen Notiz bei Dlabacz wird er ein glücklicher Nachahmer der Alten genannt. Auch die Jahrbücher der Prämonstratenser in Prag sprechen beim Jahre 1691 mit Ruhm von ihm.

Klaas, s. Claas.

Klaasens, Maler, der nach Houbracken's Angabe in Rom den Bentnamen Ulyt führte, ist wohl mit Volkert Claesz oder Peter Claeis Eine Person.

Klaasens, s. Claessens.

Klaasze, Pieter, s. Nikolaus Berghem.

3*

Klaës oder Klaas, Landschaftsmaler, der um 1740 arbeitete, damals wohl in Paris. Ph. le Bas stach nach ihm eine Landschaft, in welcher eine Frau mit dem Kinde zu sehen ist. Dann stach er: Les environs de la forêt de Villiers-Coterets. Dieser Künstler wird bei Füssly und im Cabinet Paignon Dijonval genannt, in letzterem als um 1740 lebend. Diese Angabe ist wohl kaum richtig, und uns scheint es, dass hier von dem folgenden F. Ch. Klass die Rede sei.

Klamher oder Clamber, Johann, Maler zu München, wo er im Stadtzunftbuche vorkommt. Im Jahre 1609 legte er der Innung sein Probestück vor. Weiter ist er nicht bekannt.

Klamher, Christoph, auch Clamwer und Clamber, Maler zu München, wo er bei G. Stumpf lernte. Im Jahr 1597 legte er der Zunft sein Probestück vor, aber schon 1603 ereilte ihn der Tod. Lipowsky meint, dieser Klamwer sei des Obigen Klamher Vater, was wohl kaum möglich ist.

Klapeer, Anton, Maler von Nauders in Tirol, der sich aber um 1800 in Meran niederliess. Er befasste sich mit allen Zweigen der Malerei, und für seine gelungendsten Arbeiten hält man die Auferstehung Christi, nach Knoller, in der Pfarrkirche St. Vigilius zu Mais, und den Plafond in der Vorhalle der Marienkirche, das letzte Werk des Künstlers. Im Jahre 1824 starb er.

Klaphauer, Johann Georg, Portraitmaler zu Köln, der um 1650 Ruf genoss. Seine Lebensverhältnisse sind unbekannt, man weiss nur, dass er beim Rathe der Stadt bedienstet war, und seine Werke verkünden einen geschickten Künstler.

Klar, Kupferstecher, dessen Lebensverhältnisse wir nicht kennen. Von ihm fanden wir erwähnt:

Jupiter und Jo, nach Cipriani, 1781.

Klass, Carl Christian, Maler, wurde 1747 in Dresden geboren und von Hutin in der Malerei unterrichtet, bis er unter Casanova's Leitung sich begab. Nach mehreren Jahren (1772) begleitete er diesen Meister nach Italien, und nach seiner Heimkehr wurde er 1777 Inspektor des churfürstlichen Kupferstich-Cabinets. Er führte jetzt in Dresden mehrere schöne Zeichnungen nach den dortigen Antiken aus, und überhaupt erwarb er sich als Zeichner grösseres Lob, wie als Colorist. Er hinterliess mehrere historische Compositionen, die in den Motiven einen belesenen Künstler verrathen. Im Jahre 1793 ereilte ihn der Tod.

Klass, Friedrich Christian, Maler und Radirer, der Bruder des Obigen, wurde 1752 zu Dresden geboren, und was er als Künstler geworden, verdankt er beinahe Alles seinem Genie und seinem Fleisse. Nur den Professor Casanova zog er bei seinen Arbeiten zu Rathe, in der Malweise aber schwebte ihm bald S. Rosa, bald Dietrich vor. Dabei richtete er stets ein grosses Augenmerk auf die Natur, und so konnte es nicht fehlen, dass dem Künstler bei Zeiten grosser Beifall folgte. Seine Landschaften kamen nach Frankreich, England und Kurland, wo man seine besten Werke suchen muss, nicht so sehr in Deutschland. Reine Veduten sind seine Bilder selten; er staffirte sie meistens mit Figuren und Thieren aus, z. B. Jagden etc.

Gleichen Inhalts, wie seine Gemälde, sind auch seine radirten Blätter, die gewöhnlich mit F. K. bezeichnet sind; man muss aber Acht haben, dass man sie nicht mit jenen des Friedrich Kirschner verwechsele. Klass war Pensionär der Akademie in Dresden und schon 1780 Mitglied derselben. Später wurde er ausserordentlicher Professor und 1827 starb er.

1) Eine Sammlung von 14 Landschaften: Erster Versuch von C. F. Klass.
2) Zwei Landschaften mit Fischern und Einsiedlern, kl. qu. fol.
3) Zwei Gebirgslandschaften mit Wasserfällen, kl. qu. 4.
4) Zwei bergige Landschaften, 1775, qu. fol.
5) Zwei Landschaften mit Bäumen und Hügeln, qu. 4.
6) Sechs Landschaften mit Figuren und Vieh, Gegenden aus Sachsen, in 8.
7) Vier schöne Landschaften, kl. qu. 4.

Klass, Maler zu Frankfurt in der ersten Hälfte des vorigen Jahrhunderts. Er zierte daselbst viele Façaden der Häuser, und dann malte er Portraite und Historien in Miniatur, für Dosen und Armbänder zur Zierde der Damen. Auch liess er sich von dem Juden Süss bewegen, unzüchtige Bilder zu malen. Im Jahre 1742 gewann er in Lausanne durch seine Portraite allgemein Beifall, und diese Stadt verliess er aus Aerger über ein unverständiges Urtheil. Er ging nach Frankreich, blieb aber seit dieser Zeit verschollen. Hüsgen sagt übrigens alles Gute von dem Künstler.

Klass, Ludwig, Maler zu Dresden, und geboren daselbst 1784. Er malt Historien und Portraite, doch kennen wir seine näheren Verhältnisse nicht.

Klauber, Hans Hugo, s. Holbein. jun. B. IV. S. 249.

Klauber, Joseph, Kupferstecher, wurde 1710 zu Augsburg geboren, anfänglich bei M. Rein und dann bei A. Birkhardt zu Prag in der Kunst unterrichtet. Nach vollendeter Lehrzeit kehrte er nach Augsburg zurück, wo er sofort mit seinem um ein Jahr jüngeren Bruder Johann Baptist für eine gemeinschaftliche Kunsthandlung arbeitete. Joseph starb 1768 und Johann 1774.

Diese beiden Künstler gaben sich den Beinamen Catholici. Man hat schätzbare Miniaturstiche von ihnen, im Ganzen eine bedeutende Anzahl von Werken. Darunter sind die Kalender des bayerischen St. Georgi-Ritterordens und des Collegiatstiftes zum heil. Cyriac in Wiesensteig. Dann hat man ausserdem viele Portraite von ihrer Hand und allerlei Heiligenbilder.

In Böhmen stach Joseph:

1) Die Marienbilder von Loretto und bei den Kapuzinern auf dem Hradschin. Ferner:
2) Den Sturm des Klosters Maria-Schnee durch die Passauer, fol.
3) Das Bildniss des Generals der Gesellschaft Jesu, Ignaz Vice-Comes Mediolanensis, 4.

Dann hat man von den katholischen Brüdern:

4) Ein Bildniss Friedrichs des Grossen.
5) Die Himmelfahrt Mariä, ein gutes Blättchen, nach H. Carracci.
6) Biblische Geschichten des alten und neuen Testaments, 1757, 100 Bl. in qu. fol.

Klauber, Ignatz Sebastian, Kupferstecher, wurde 1754 in Augsburg geboren und von seinem Vater Joh. Baptist in den Anfangsgründen der Kunst unterrichtet. Von hier ging er nach Rom, und von dort aus, nach längerem Aufenthalte, nach Paris, um sich unter Leitung des berühmten Wille weiter auszubilden. Jetzt war sein Ruf bald gegründet, und auch die Akademie öffnete ihm die Thore

Während der Revolution begab er sich von Paris nach Augsburg und zuletzt nach Nürnberg, bis er 1796 nach St. Petersburg berufen wurde, wo er Kupferstecher des Kaisers und Direktor der Kupferstecher-Akademie wurde. Die Verdienste dieses Künstlers sind nicht unbedeutend und er wurde auch mit grossem Beifall belohnt. Diesen verdient er sowohl in technischer Hinsicht, als in der getreuen Auffassung seines Vorbildes. Der Tod ereilte ihn um 1820.

1) Christian Gabriel Allegrain, Bildhauer, Kniestück, nach J. S. Duplessis, gr. fol. Das akademische Aufnahmstück, 1787. Im ersten Drucke mit unvollendeter Schrift.
2) Karl Vanloo, Maler, Kniestück, nach C. A. Le Sueur. Das Gegenstück; 1785 bei seiner Aggregirung gestochen.
3) Stanislaus August, König von Polen, Brustbild, nach L. C. Le Brun, gr. fol.
4) Graf von Herzberg, k. preuss. Minister, nach Schröder, gr. fol. Im ersten Drucke mit unvollendeter Schrift.
5) Der Kupferstecher F. Bause, nach Graff, fol. Im ersten Drucke mit unvollendeter Schrift.
6) Carl Friedrich, Markgraf von Baden, nach Becker, gr. fol.
7) Elisabeth Alexiewna, Kaiserin von Russland, nach Louise Le Brun, gr. fol.
8) Maria Theresia auf einer Art Triumphbogen mit ihrer ganzen Familie, nach Herreyes.
9) Paul I., Kaiser von Russland, nach Voille, gr. fol.
10) Magdalena, Erzherzogin von Oesterreich, kl. Blatt.
11) Joseph, Erzherzog von Oesterreich, nach Ritt, kl. fol.
12) Maximilian, Erzherzog von Oesterreich, fol. Im ersten Drucke vor der Schrift, und selten.
13) Graf von Stroganow, Präsident der Akademie, fol.
14) Der Erzbischof Platon, fol.
15) Die Bildnisse der Bischöfe von Constanz und Eichstädt.
16) Jene der Stadtpfleger Rembold und Amman von Augsburg.
17) Der Maler Netscher am Fenster stehend, nach Netscher. Im ersten Drucke vor der Schrift. Oval fol.
18) Die Frau des Mieris, wie sie den Papagey füttert, nach F. Mieris, ein Hauptblatt, im ersten Drucke nur mit der Schrift: Femme de Mieris, mit dem Künstlernamen und dem Wappen, fol.
19) Das Bildniss eines Geometers, nach F. Bol. Im Mus. franç. par Laurent etc.
20) Die Mutterliebe oder Charitas, nach G. Reni. Im ersten Drucke vor der Schrift. Oval fol. Gall. de Flor.
21) Madonna mit dem Kinde und dem kleinen Johannes, nach H. Carracci. Im ersten Drucke vor der Schrift, fol. Gall. de Flor.
22) Petit écolier de Harlem, nach C. Poelemburg. Im ersten Drucke vor der Dedication, kl. fol.
23) Der Heiland der Welt, nach Stella, kl. fol.
24) Bacchus auf einer Ziege reitend, nach der Antike. H. 6¾ Z., Br. 6¼ Z.
25—47) 22 Blätter mit Antiken nach Zeichnungen von Casanova, Nahl, Preissler und Becker: Büste der Isis; Isis den Orus säugend; Isis und Serapis; Apis; Osiris; Harpocrates; Anubis und Isis; Canovus, auf zweierlei Art; Büste des Saturn; Cybele von vier Löwen gezogen; Büste Jupiters; Jupiter Axur in ganzer Figur; Büste des Jupiter Ammon; Jupiter mit einem Titan; Büste der Juno; Juno sitzend; Jupiter und Semele; Ceres und Triptolemus; Selena; der Jäger mit dem Löwen im Kampfe; Lachesis. H. 6 — 7¾ Z., Br. 6 — 9½ Z.

Diese Blätter gehören zu dem Werke: Principales figures de la mythologie, executées en tailes douce, d'après les pierres gravées antiques, qui appartenait autrefois au Baron de Stosch, et qui sont aujourd' hui dans le Cabinet du Roi de Prusse.

48) Basilica Mannhem., opus grande. Mit sechs Ansichten der Kirche und 7 schönen Portraiten von Klauber und Wille.

49) Die Kupfer in Wieland's Prachtausgabe.

50) Der Stammbaum der Regenten Russlands im vorigen Jahrhunderte.

51) Die Blätter in den Memoires de l'academie impériale des sciences de St. Petersbourg von 1810 und 1811.

Klauber, Franz Xaver, Kupferstecher, wurde 1741 zu Augsburg geboren und daselbst übte er auch seine Kunst. Man hat Bildnisse und andere Blätter von ihm.

Klauber, Anton, Kupferstecher, erblickte 1781 zu Augsburg das Licht der Welt. Sein Onkel Ignaz Sebastian unterrichtete ihn in der Kunst, und seine Werke bestehen in Bildnissen, Landschaften, Costümen u. s. w. Man hat von seiner Hand Copien von Kapeller's Tiroler Trachten; dann Ansichten bayerischer Städte und Gegenden.

Klauber, Catharina, Kupferstecherin, deren Lebensverhältnisse wir nicht kennen. Man hat von dieser Künstlerin eine Sammlung von Ornamenten von B. Göz nach Godfried gezeichnet und von ihr gestochen, 98 Blätter.

Klauer, Martin Gottlieb, Bildhauer, der in der zweiten Hälfte des vorigen Jahrhunderts in Weimar lebte, als Hofbildhauer. Er fertigte Büsten von Göthe, Herder, Wieland, Raynal, Oeser u. a., die er dann in Gyps abgoss.

Sein Sohn übte gleiche Kunst. Von ihm haben wir Büsten von Schiller, Wieland u. s. w., die grossen Beifall fanden.

Klaus, A., Lithograph, der 1833 in Berlin lebte. Er zeichnete damals den Dom und die St. Severi-Kirche in Erfurt nach Hasenpflugs Gemälde mit der Feder auf Stein. Es war dieses das erste Blatt des Künstlers.

Klauz, Maler zu Prag, der in einem Protokolle von 1348 vorkommt. Dieser Klauz war Malermeister. Das Protokoll ist in Riegger's Statistik von Böhmen abgedruckt.

Kleanthes, Architekt zu Athen, ein jetzt lebender Künstler, der sich zu Berlin in Schinkel's Schule bildete. Nach der Erhebung Griechenlands zum Königreiche kehrte er in's Vaterland zurück, und in Athen wurde sein Name zuerst neben jenem des Architekten Schaubert genannt. Mit diesem baute er das Landhaus des Admirals Malcolm, und auch auf andere Weise war er thätig, besonders bei der Anlage der neuen Strassen.

Kleanthes, die alten griechischen Künstler dieses Namens haben wir nach Sillig unter Cleanthes rubricirt.

Kleber, s. Klieber.

Kleemann, angeblich Formschneider, s. J. L. Corona.

Kleemann, Nicolaus, Maler und Vater der fünf folgenden Künstler, war Universitäts-Maler zu Altdorf, bis er zuletzt (1740) in Nürnberg sich niederliess, wo ihn 1756 der Tod ereilte.

Kleemann, Christian Friedrich Carl, Maler, wurde 1735 zu Altdorf geboren und von seinem Vater Moriz in den Anfangsgründen der Kunst unterrichtet, bis er nach Nürnberg sich begab, um daselbst seine Studien fortzusetzen. Besonders nahm sich Preisler seiner an, was für ihn den günstigsten Erfolg hatte. Er fand als Bildnissmaler Beifall, und seine Portraite führte er entweder in Oel oder in Miniatur aus, letztere öfter für Ringe. Im Jahre 1760 heirathete er die Tochter Rösel's von Rosenhof, und dadurch kam er in den Besitz der bekannten Werke jenes Mannes. Als Fortsetzung schrieb er: Beiträge zur natürlichen Geschichte der Insekten nach Rösel's Methode. Die Platten zu diesem Werke belaufen sich auf 44, da der 1789 erfolgte Tod des Künstlers die Fortsetzung hinderte. Ausserdem besorgte er den Stich und die Colorirung zu Voet's Käfersystem. Dann schrieb er auch eine Abhandlung von der Natur und Eigenschaft des Maikäfers.

Kleemann, Johann Wolfgang, Landschaftsmaler, wurde 1731 in Nürnberg geboren, und von seinem Vater Moriz in den Anfangsgründen unterrichtet. In der Folge begab er sich auf Reisen, und 1776 besorgte er in Bern für Wagner's Verlag das Werk von merkwürdigen schweizerischen Alpen- und Gletscher-Ansichten, nach Wolf, mit Wyttenbach's Text. Dann malte er auch Bildnisse in Oel und Wasserfarben, hauptsächlich aber Landschaften. Starb zu Bern 1782.

Kleemann, Johann Jakob, Maler, Bruder des Obigen, wurde 1732 geboren, und im Bildnissmalen unterrichtet. Er malte an verschiedenen Orten Bildnisse in Oel und Aquarell. Dann ätzte er auch verschiedene Prospekte der Universtät Erlangen. Der Tod ereilte ihn 1791.

Kleemann, Johann Conrad, Maler, der um 1778 in Nürnberg arbeitete. Er fertigte Landschaften, starb aber schon um 1786.

Kleemann, Christian Nicolaus, Maler und Bruder der vorhergehenden Künstler, malte Bildnisse und Landschaften. Der Tod ereilte ihn um 1795.

Man hat von ihm auch 7 radirte Blätter mit Ansichten um Nürnberg, qu. fol.

Kleemann, Johann Ludwig, Goldschmied zu Ulm, wo er 1753 geboren wurde. Er bereiste als Goldschmied Teutschland, Frankreich und Italien, übte sich aber nebenbei auch in anderen Künsten, und wurde nach und nach ein geschickter Zeichner, so wie er sich auch in der Stecherei und im Emailmalen Fertigkeit erwarb. Das Todesjahr dieses wissenschaftlich gebildeten Mannes kennen wir nicht.

Kleemeyer, August, Bildhauer zu Berlin, machte sich durch seine Holzsculpturen bekannt. Er ist auch akademischer Künstler.

Kleiber, Franz Xaver, Maler, bildete sich um 1817 auf der Akademie seiner Vaterstadt München zum Künstler, und in der Folge wurde er Zeichnungsmeister am k. alten Gymnasium daselbst. Er malt Bildnisse; auch einige historische Stücke findet man von seiner Hand.

Kleiber ist noch gegenwärtig in München thätig.

Klein, Franz, s. F. Clein.

Klein, Hans, Briefmaler zu Nürnberg, von welchem ein Bildniss existirt. Er wurde 1561 geboren, und 1632 ereilte ihn der Tod.

Klein, Daniel, Maler zu Danzig, und Schüler von Seemann sen., machte sich durch Bildnisse einen rühmlichen Namen. Mehrere derselben wurden gestochen, wie jenes des Königs Stanislaus I. von J. J. Haid. Im Jahre 1744 ereilte ihn der Tod. Sein gleichnamiger, älterer Sohn machte sich ebenfalls durch Bildnissmalen berühmt. Dieser malte in Paris die Bildnisse des Dauphins Ludwigs XV. und der Dauphine, welche Wille gestochen hat. Die Schwester Margaretha und ein jüngerer Bruder malten ebenfalls Bildnisse, erstere solche in Miniatur.

Berningroth, Gaillard, P. von Gunst, J. Houbracken, Verkolje u. a. haben nach diesen Künstlern gestochen.

Klein, Johann Adam, Maler und Kupferstecher, geb. in Nürnberg 1792, Sohn des Weinhändlers Johann Adam Klein, hatte schon in frühester Jugend eine besondere Neigung zum Zeichnen, und erhielt seinen ersten Unterricht in dieser Kunst im Jahr 1800 von dem Zeichnungslehrer H. v. Bemmel. Dann kam er in die städtische Zeichnungsschule zu Direktor Zwinger, und 1805 zu dem rühmlich bekannten Zeichner und Kupferstecher Ambr. Gabler in die Lehre, um die Behandlung des Stichels und der Radirnadel zu erlernen, und nebenbei übte er sich in der Kunst-Schule im Zeichnen nach der Antike und dem lebenden Modell. Thiere und landschaftliche Gegenstände zogen ihn am meisten an; schon bei Direktor Zwinger machte er mit weit weniger Lust die Preissler'sche Zeichenbücher durch, als er die Thiere nach Ridinger mit der Feder copirte. Sein verständiger Lehrer schickte ihn daher oft in's Freie, auf die Viehmärkte und die Futterplätze der Stadt. Im Jahre 1811 ging er nach Wien, um sein Talent weiter auszubilden, besuchte die k. k. Academie bei St. Anna, lernte die Künstler Bartsch, Molitor, Rechberger und Mansfeld kennen, gewann sich bedeutende Gönner und Freunde und bereicherte theils in Wien, theils auf kleinern Reisen in den östreichischen und ungarischen Ländern seine Studienbücher ungemein. Das rege Leben in Wien, die malerischen National-Costümes der Ungarn, Polen, Wallachen, und der damalige Congress in Wien, die Truppenmärsche in den Jahren 1813 und 1814 boten hiezu reichliche Gelegenheit. Die Kunsthandlungen Frauenholz in Nürnberg und Artaria et Comp. in Wien beschäftigten ihn vielfach, und auch an Aufträgen von mehreren Seiten her fehlte es nicht. Als er 1815 nach Nürnberg zurückkehrte, fing er auch an, sich im Oelmalen zu üben, worin er es bald zu grosser Meisterschaft brachte. Hier gewann er sich in dem Grafen von Schönborn Wiesentheid einen mächtigen Gönner und Beschützer, auf dessen Veranlassung er im Sommer dieses Jahres eine malerische Reise in die Main- und Rheingegenden über Würzburg, Frankfurt und Mainz bis Coblenz machte. Da er auch hier Alles in seine Studienbücher eintrug und viel unter den Bivouaks der Soldaten verweilte, so wurde er öfters für einen Spion gehalten, und hatte desshalb einzelne Unannehmlichkeiten zu erdulden, die jedoch immer leicht wieder beseitigt werden konnten. Im Jahre 1816 reiste er mit seinem Freunde Erhard zum zweiten Mal nach Wien und benutzte seinen dortigen Aufenthalt eben so gewissenhaft, wie das erstemal. Er gewann sich in Bälde die Gunst des Fürsten Metternich, und König Maximilian von Bayern liess ihm seinen Schutz angedeihen. Auf der Rückreise 1818 besuchte er mit seinen Freunden Erhard, den Brüdern Welker und Reinhold Salzburg und München, verweilte an jedem der beiden Orte einige Monate, und 1819 kam endlich ein lang gehegter Wunsch zur Ausführung, eine Reise in die Schweiz und nach Italien. Zürich, Schaffhausen, Bern, das Hochgebirge, Lausanne und Genf waren dort die Hauptpunkte; Mailand, Bologna, Florenz, Rom, Neapel, Venedig hier. In Rom verweilte der Künstler ein und ein halbes Jahr, und lebte mit seinen Freunden Erhard, Reinhold, Koch in dem innigsten Verhältnisse, das jedoch durch die Gemüthskrankheit des ersteren schwere Versuchungen und Prüfungen zu bestehen hatte. In Rom hatte er das Glück, bei dem damaligen Kronprinzen Ludwig von Bayern mit besonderer Huld aufgenommen zu werden. Die Reise nach Neapel machte er mit dem Maler Vogel aus Dresden, Bildhauer Schadow aus Berlin und den Bildhauern Haller und Stiegelmaier aus München. Die Rückreise geschah zu Ende des Jahres 1821 über Verona, Trient, Innsbruck, Augsburg. Hat Klein überall die Natur, wie sie sich ihm darbot, mit künstlerischem Auge aufgefasst und in trefflichen Zeichnungen, Aquarellen und Oelmalereien wiederzugeben verstanden, so lässt sich denken, welchen neuen Aufschwung sein Talent, welchen unermesslichen Reichthum seine Studienbücher dort in der grossartigen Gebirgswelt und hier unter Italiens heiterem Himmel, da unter den erhabenen Ueberresten der Vergangenheit und hier unter den unermesslichen Kunstschätzen der Gegenwart, vorzüglich aber in dem regen, eigenthümlichen Treiben des italienischen Volkes und der Handelsstädte insbesondere finden musste. In Rom fing er zuerst an, auch seine Skizzen in Oel auszuführen.

Im Jahre 1822 kam Klein endlich in der Heimath an, und seit dieser Zeit übt er mit allgemeinem Beifall seine Kunst in Nürnberg. Man hat von seiner Hand eine bedeutende Anzahl von Gemälden, Thierstücke und Genrebilder, lauter treffliche Stücke. Aus seiner Darstellung leuchtet eine genaue Kenntniss der Natur der Hausthiere, besonders des Pferdes nach seinen verschiedenen Racen. Die Thiere sind in seinen Gemälden immer charakteristisch dargestellt; aber auch in Zeichnung der menschlichen Figur weiss er die Anforderungen der Kunst zu befriedigen. Seine Compositionen sind voll Leben und Mannichfaltigkeit der Motive. Seine Färbung ist sehr gefällig und wahr, der Natur in glücklichen Augenblicken entnommen, und dann ist Alles mit gleicher Liebe und Sorgfalt behandelt. Im Kunstblatte von Dr. Schorn wurde dieses Künstlers bei mehreren Gelegenheiten ehrenvoll erwähnt, auch mehrere seiner Gemälde wurden namhaft gemacht, einige als Meisterstücke erklärt, wie der Schiffszug auf der Donau, die Jahrmarkts Scene in Berchtesgaden, der vierspännige Postwagen mit der Ansicht des neuen Thores in Nürnberg, die Halt bei der Weinschenke im Tivoli, das Ochsengespann an dem mit Leinwand überzogenen Wagen in der römischen Campagna, wallachisches Fuhrwerk, verschiedene Pferdestücke u. s. w.

Dann hat man von Klein bis jetzt 252 grösstentheils radirte Blätter, die mit eben so viel Leichtigkeit als Geist behandelt sind. Es sind darunter auch Blätter in Kreidemanier, in Schwarzkunst, in Aquatinta und Lithographien. Selten sind die Aetzdrücke, jene auf Seidenpapier, und überhaupt gibt es unter seinen Blättern grosse Seltenheiten.

1) 6 Blätter Pferde nach der Natur. Erste für das Publikum bestimmte Arbeit, 4. Bei Frauenholz. Selten in Abdrücken auf blau Papier und weiss gehöht. Bei Weigel 2 Thl.

2) 6 Blätter. Am Genfer See, auf der Scheideck, der wilde Bullen, Charetier franç., am Läufer-Brunnen in Bern, Kuhheerde, 1824-29. qu. fol. Bei Weigel in gewöhnlichen Abdrücken 3 Thlr., auf chinesisches Papier 4 Thl.

3) Die Fuhrwerke. 10 charakteristische Fuhrwerke nach der Natur gezeichnet und geätzt in Wien 1815. Hauptfolge, qu. fol. Bei Weigel 3 Thlr. 16 gr.
4) Sechs Pferde bei einem russischen Wagen, qu. fol., 2 Thl.
5) Die säugende Kuh im Stalle, qu. fol.
6) Oesterreichische Kohlbauern, qu. fol.
7) Der ungarische Schiffzug, qu. fol.
8) Ein mit Pferden jagender Ungar, qu. fol.
9) Zwei Reiter auf der Brücke, qu. fol.
10) Die bayerische Feldschmiede, qu. fol.
11) Französische Kriegsgefangene, qu. fol.
12) Das alte Weib, den Kalender lesend: Zum neuen Jahr 1815, qu. 8.
13) Bivouac der Kosaken, qu. fol.
14) Patrouille der Kosaken, qu. fol.
Diese vorstehenden 9 Blätter bilden eine Folge.
15) Das ruhende Pferd und Schaafe bei dem Weidenbaume, qu. 4.
16) Das Mutterschaaf mit den Lämmern, gr. qu. 8.
17) Raufende Widder in der Scheune, gr. qu. 8.
18) Ein Pferdekopf. In Schwarzkunst, 12.
19) 6 Blätter Hunde. Nürnberg 1832, gr. 8. Sehr seltene Aetzdrücke bei Weigel 2 Thl.
20) 6 Blätter Thierstudien. Wien 1818, gr. 4.
Die Aetzdrücke sind selten.
21) Sächsisches Fuhrwerk. Ein Coburger Frachtwagen mit zwei Pferden, 1815, qu. fol.
22) Kühe und Kalb im Stalle mit der Viehmagd, 1818, qu. fol.
23) Die herrschaftliche Chaise mit zwei Pferden vor einem Hause, 1819, qu. fol. Selten im Aetzdruck.
24) Die Maler auf der Reise in Salzburg. Meinen Reisegefährten gewidmet, 1819, qu. fol.
25) Landschaft mit Esel und ruhendem Treiber, 1822, qu. fol. Selten im Aetzdruck.
26) Früchtehändler bei Neapel: Fruttajuolo di Napoli 1822, qu. fol. Selten im Aetzdruck.
27) Zweiräderiger Wagen mit Pferd: Carretiere di Roma 1822, qu. fol. Selten im Aetzdruck.
Ein äusserst seltener Probedruck mit Verschiedenheit im Hintergrunde bei Weigel 1 Thl. 8 gr.
28) Ein römischer Bauer: Gioncatoro di Roma, 8.
29) Der zweiräderige Bierwagen mit Pferd, 1815, kl. qu. fol.
30) Maulthier mit Treibern, 1832, qu. fol.
Es gibt Abdrücke mit Thonplatten und seltene Aetzdrücke.
31) Die Kameele, 1832, gr. qu. 8. Selten im Aetzdruck.
32) Ruhende Kühe, 1829, gr. qu. 8. Selten im Aetzdruck.
33) Maulthier mit Futterkorb, 1823. 4. Selten im Probedruck, sehr selten im unvollendeten Aetzdruck.
34) Neapolitanischer Ochsenkarren. A. Napoli 1824, kl. qu. fol. Selten im Aetzdruck.
35) Ein todtes Pferd, kl. qu. fol. Selten im Aetzdruck.
36) Drei Pferde auf der Weide, qu. fol. Selten im Aetzdruck.
37) Drei Pferde beim Ziehbrunnen, qu. fol. Selten im Aetzdruck.
38) Ein Pferd: Blackhorse, 1819, qu. fol. Selten im Aetzdruck.
39) Pferde und Reitknecht: Blackhorses from Lincolnshire, 1819, qu. fol. Selten im Aetzdruck.
40) Die Schaafschur, 1818, qu. fol. Selten im Aetzdruck.
41) Die Brunnen in Bern, 1820, 2 Bl., qu. fol. Selten im Aetzdruck.
42) Ansicht des Thores in Nürnberg mit Postillon, 4. Selten im Aetzdruck.

43) Ein Bauernschlitten mit zwei Pferden, 1818, gr. 8. Im Aetzdruck sehr selten.
44) Die Sennerin von der Königsalpe bei Berchtesgaden, 1818, 4. Selten im Drucke mit der Aufschrift: Zum neuen Jahr 1819; selten im Aetzdruck, 4.
45) Das ungarische Bettelweib, 1817, 8. Selten im Aetzdruck.
46) Der Invalide, 1817, 8. Selten im Aetzdruck.
47) Der Pudel: Schwalerl, 1817, 4.
48) Der Kettenhund: Philax, 1818, qu. 8.
49) Der Hund nach P. Vischer's Bronze in der Forster'schen Sammlung zu Nürnberg, 4.
50) Postillon und Courier. Zum neuen Jahr 1817, 4.
51) Ein Kind zerreisst den alten Kalender. Zum neuen Jahr 1818. 4. Selten mit dem Kopf en façe.
52) Das Bauernweib mit dem Kinde, in Londonio's Manier. Zum neuen Jahr 1820, 8. Selten im Aetzdruck.
53) Ein Fischer. Felicissimo capo d'anno 1822, 4. Selten im Aetzdruck.
54) Der Hund: Tiffon. Zum neuen Jahr 1825, qu. 8.
55) Ein Wagen mit Mostfass und Figuren. Zum neuen Jahr 1826. qu. 8.
56) Affen in der Menagerie. Zum neuen Jahr 1829, qu. 8.
57) Der Kettenhund. Zum neuen Jahr 1831, qu. 8. Seltener Aetzdruck.
58) Der Hund bei Malergeräthschaften; des Meisters Adresse in Wien 1816. Mit Thon gedruckt, qu. 8.
59) Genien halten ein Tuch, Vignette nach Heideloff. Adresse von Julius Kisselstein. Schmal qu. 8. Aeusserst selten.
60) Römischer Bauernjunge mit Maulthier, 1833, kl. qu. fol. Selten im Aetzdruck.
61) Eingang in die Burg zu Nürnberg von der Stadtseite, 1826, qu. 8.
62) Der liegende Spitzhund. Meisterhaft in Schwarzkunst, 1826, qu. 8.
63) Der Rappe im Stalle. Schön in Schwarzkunst, 1819, qu. 4. Sehr selten im Probedrucke, mit dem nicht polirten Unterrande.
64) Ansichten von Gegenden um Wien: St. Helena und Schloss Rauhenstein bei Baden, Liechtenstein und im Park zu Laxenburg, 4 Blätter, qu. 4.
65) Ansicht von Würzburg, aus des Meisters erster Zeit, 1811, qu. fol.
66) Vue de la ville de Paris, prise de la lanterne Napoléon, dans le jardin de St. Cloud, mit reicher Staffage nach Runk. Zu der Folge: Haupt- und Residenzstädte von Europa. Wien bei Artaria, qu. Imp. fol.
67) 3 Blätter Ansichten bei Wien: Der Brunnen beim ruhenden Mars im Dornebachergarten, das alte Schloss Lichtenstein in Unterösterreich, das Bergschloss Greifenstein an der Donau, 1812, 13. Zu der Folge: Malerische und merkwürdige Ansichten der verschiedenen Provinzen Oesterreichs. Wien bei Artaria, gr. qu. fol.
68) Andere Ansichten von Gegenden um Wien: Wien von Norden, die Klause in der Brühl, Ansicht bei Sieffering, Leopold- und Kahlenberg, Schloss Laxenburg, der Prater gegen Dübling, Folge von 6 Blättern, zum Theil nach Kirchner, qu. 4.
69) K. k. österreichische Uhlanen, ein Angriff, nach P. v. Stubenrauch, mit Erhard radirt, zu der Folge: Abbildung der österr. Truppen. Wien bei Artaria, gr. qu. fol.
70) K. bayerische Infanterie, österr. und russ. Militär, Folge von 4 Blättern, 1816, qu. 4.

71) 12 Blätter verschiedene Thierstudien, auf dem Titel: 12 radirte Blätter, von J. A. Klein nach der Natur gezeichnet und geätzt in Wien, 1814. Bei Frauenholz. Vor der Adresse bei Weigel 6 Thl.
72) 6 Blätter mit Titel: Sechs militärische Gegenstände nach der Natur gez. und rad. Wien 1814. Der Verleger L. Maisch hat diese Folge dem Edlen von Hauer dedicirt, roy. qu. 8. Weigel 3 Thl.
73) Barozzaro di Roma, 1820, gr. qu.
74) Belastete Esel mit einer Bäuerin in der Tracht von Frascati, 1820, qu. 4.
75) Belastete Maulthiere auf dem Furkagebirge, 1820, qu. 4.
76) Ungarische Büffel und Schaafe, 1815, zu. fol.
77) Donische Kosaken, 1815, qu. fol.
78) Der Stier und drei Kühe, 1817, qu. 4.
79) Der Ritt zur Schwemme, 1817, qu. 4. Das Gegenstück.
80) Die charakteristischen Fuhrwerke, mit Studien von Figuren und Thieren, 27 Blätter, bei Frauenholz, 8. und 4. Diese Folge ist auch auf Thonpapier abgedruckt. Bei Weigel 8 Thl.
81) Altes Stadtwappen an der Bastei zu Nürnberg, 1812, 4.
82) Ein Pferdekopf, 1812, 8.
83) Bauerwagen mit Bauern, zwei Ochsen und Pferd, 1834, qu. fol. Selten im Aetzdruck.
84) Der Schimmel im Stalle. Mit Zeichen und Jahrzahl 1817. Schwarzkunst, qu. 8. Selten.
85) 6 Blätter Thierstudien, gez. und geätzt, 1817. Bei Frauenholz, qu. 4. Selten im Aetzdruck.
86) 13 Blätter mit Titel: 12 Blätter Studien auf Kupfer gez., 1815. Kreidezeichnungsstich, 12, 8, 4. Selten. Bei Weigel 3 Thl.
87) Russisches Fuhrwerk, 1815, 17, qu. fol. Selten im Aetzdruck.
88) Dromedar und Cameel in der Menagerie zu Schönbrunn, 1817, qu. fol. Selten im Aetzdruck.
89) Kuhstall mit Magd, Kühe und Kalb, 1818, gr. fol. Selten im Aetzdruck.
90) Reiter zu Pferd, gegen rechts gewendet (das Pferd des Polizei-Direktors Wurm). Wien 1811, kl. qu. fol. Sehr selten im Aetzdruck.
91) Die herrschaftliche Chaise mit zwei Pferden, 1819, qu. fol. Sehr selten im Drucke mit Dedication von G. Paurnfeind.
92) 6 Blätter Thierstudien. Wien 1818, kl. qu. 4. Selten im Aetzdrucke, bei Weigel 5 Thl. 8 gr.
93) Ansicht des Nicolai-Thores von Heidingsfeld bei Würzburg. Wien 1818, roy. qu. fol.
94) St. Helena und Rauhenstein bei Baden, 1817, kl. qu. fol. Selten im Aetzdruck.
95) Sechs Pferde bei einem ungarischen Wagen, 1815, 15. Sehr selten im Aetzdruck.
96) Ein Ungar, vom Rücken zu sehen, 1815, 8.
97) Der Dachshund, 1815, kl. 4.
98) Der ungarische Leinwandhändler, 8.
99) Der stehende Esel in einer Landschaft, 1816, gr. qu. 8.
100) Der Dutzenteich und Hummelstein, zwei Blätter Ansichten bei Nürnberg, Aetzdrücke zu Aquatinta, qu. fol.
101) Ansicht des fünfeckigen Thurms auf der Burg zu Nürnberg, 1825, qu. 8.
102) 2 Blätter mit Reitern. Wien 1811, qu. fol. Selten, da die Platten abgeschliffen wurden.
103) Schloss Merkenstein bei Baden in Oesterreich. Wien 1812. Nebst Plan, nach Viehbecks Aufnahme, qu. fol. Selten.

104) Das Burgthor in Wien, leicht radirt zum Coloriren, qu. fol.
105) Der römische Hirt zu Pferde, kl. qu. fol.
106) Stehende und liegende Kuh bei einem Wagen, der nur zum Theil sichtbar ist, qu. fol. Selten im Aetzdruck.
107) Der schlafende Treiber bei einem Pferd und zwei Eseln, qu. fol. Seltener Aetzdruck.
108) Ein Bauer füttert zwei Pferde bei einem Wagen mit Brod, 1834, qu. fol. Selten im Aetzdruck.
109) Cosakenscene, ein Bauer bei dem vor den Leiterwagen gespannten Ochsen, 1819, qu. fol. Selten im Aetzdruck.
110) Zwei Cosaken schlagen sich, 1819, qu. fol. Selten im Aetzdruck.
111) Cosaken plündern, 1819, qu. fol. Selten im Aetzdruck.
Diese drei Blätter gehören zu einer Folge von sechs Cosakenscenen. Hauptfolge und selten im Aetzdruck.
112) Liegender Schoosshund: Allegro, 1815, qu. 12.
113) Gruppe von fünf Schaafen in einer Landschaft, 1811, qu. 8.
114) Gruppe von drei Ziegen in einer Landschaft, qu. 8. Gegenstück.
115) Das angebundene gesattelte Pferd, 1811, qu. 8.
116) Die hölzerne Brücke über den Wasserfall, kl. qu. 4.
117) Wallachisches Fuhrwerk, nach dem Gemälde des H. Hanff in Nürnberg, für den Kunstverein gefertiget, 1834, qu. fol. Erster seltener Druck mit der Unterschrift: Der Kunstverein in Nürnberg seinen Mitgliedern 1835; Probedruck mit ausgeschliefener Luft, sehr selten; Aetzdrücke.
118) Italienische Landleute am Brunnen. Auf Stahl radirt, 1835, qu. fol. Es gibt Abdrücke vor der Schrift, Aetzdrücke ohne und mit Luft.
119) Der spanische Pilger. Zum neuen Jahr 1836. Nach der Natur gezeichnet am St. Petersfeste in Rom 1820. Radirt 1835, gr. 8. Selten im Aetzdruck.
120) Sächsisches Fuhrwerk, 1815, qu. fol. Selten im Aetzdruck.
121) Schweine beim Stalle, 1817, qu. 4.
122) Aufwartender Hund: Caro. Zum neuen Jahr 1816, 8.
123) Würzburger Schiffmann, 1815, 8.
124) Landschaft mit Baufragmenten, des Künstlers Adresse, 1810, Aquatinta, kl. qu. 4. Sehr selten.
125) 12 Blätter Reiter, Pferde, Hunde, Rinder, Schaafe etc., mit dem Titel: 12 radirte Blätter von J. A. Klein nach der Natur gez. und geätzt in Wien 1814. Bei Frauenholz, qu. 4. Selten im Aetzdruck; bei Weigel 9 Thl.
126) Ein schlafender Hund: Bello, qu. 4.
127) Ruinen von Johannenstein bei Wien.
128) Der Viehhändler zu Pferd in einer Landschaft, 1811, qu. 4.
129) Der schlafende Bauer vom Rücken gesehen, 1813.
130) Die Alte, welche Kalender verkauft, 1814. Neujahrsgeschenk 1815, 4.
131) Der Nürnberger Maler Kirchner auf der Wanderschaft, 8.
132) Kleiner Soldat, der jüngste Bruder des Malers, 1811, 8.
133) Der heil. Georg, nach dem Basrelief des A. Krafft am Hause des H. Paumgärtner in Nürnberg, 1822, 4.
Selten im Aetzdrucke und im Abdrucke vor der Schrift.
134) Die Bildnisse von J. Feil, dessen Frau und deren Vater J. Hammerhuber, 3 Blätter in 4.
135) Portrait von J. G. Mansfeld, k. k. Hofantikencabinets-Zeichner und Kupferstecher, nach A. Petter, 1815, oval 8.
136) Die Action bei Znaim oder die beiden Trommler im Handgemenge. Selten.

137) Das Baum- und Kräuterstudium, Kreidezeichnungmanier, gr. fol. Selten.
138) Die Unglücksfälle, 4 Blätter nach Zeichnungen von A. Gabler. Jugendarbeiten. Selten.
139) Der vierspännige Frachtwagen, nach A. Gabler. Selten.
140) Der zweispännige Leiterwagen. Selten.
141) Die Grabstichelübung aus A. Bloemart's Zeichenbuch. Selten.
142) Zwei Copien nach Ferdinand Kobell auf einer Platte. Selten.
143) Die Ziege und das Schaaf 1813; aus der 3. Lieferung des Frauenholz'schen Verlags, hier als grosse Seltenheit erwähnt.
144) Die Schlittschuhläufer, 6 Blätter. Selten.
145) Die Weidemühle bei Nürnberg. Selten.
146) Das Neujahrsbillet von 1810. Selten.
147) Jenes von 1811. Selten.
148) Gartenparthie mit Schloss, Brücke und zwei Figuren in Schönau, dem Landgute des Baron Braun, Vignette zu dem Plan von Schönau nach der Aufnahme des Hauptmanns Viehbeck. Wien 1812, qu. fol.

Lithographien.

1) Zwei Blätter Fuhrwerke, 1825, qu. fol.
2) Zwei Blätter Reiter, 1822, qu. fol.
3) Eine Landschaft, qu. 8.
4) Russischer Bagagewagen und zwei Soldaten. Mit dem Zeichen 1816. Sehr selten, da der Stein unbrauchbar wurde, qu. fol.
5) Die stehende Kuh, 1818, qu. 4. Sehr selten.
6) Der österreichische Bagagewagen.
7) Der Judenwagen.
8) Das ungarische Fuhrwerk.
9) Etudes des chevaux, 6 lith. Blätter, qu. fol.

Das Werk dieses Künstlers ist sehr schön und interessant. In einem herrlichen Exemplare ausgewählter schöner Abdrücke, und mit vielen Seltenheiten, ist es bei R. Weigel in Leipzig um 180 Thlr. zu haben, mit dem von J. G. Mansfeld radirten Bildnisse des Meisters. S. Kunstkatalog, VI. S. 57.

Klein, Georg Gottfried Christian, Kupferstecher und jüngerer Bruder des trefflichen Malers und Kupferätzers Johann Adam Klein, geb. zu Nürnberg 1805, gest. 1827. Dieser hoffnungsvolle junge Künstler erhielt den ersten Unterricht von A. Gabler's Sohn und in der Zwingerischen Zeichnungsschule; sein Lehrer in der Kupferstecherkunst aber war Ambros Gabler. Er übte sich zugleich unter Reindel's Leitung nach der Antike und dem Modell, und zeichnete nächstdem landschaftliche Gegenstände nach der Natur, copirte viele Studien seines Bruders und machte bei demselben auch Versuche im Oelmalen, die zum Theil glücklich ausfielen. Seine frühesten Radirungen waren Copien nach Du Jardin und mehrere Hunde und Thiere nach eigener Zeichnung. Im Jahre 1825 erschien von ihm ein Heft Thierstudien nach Zeichnungen J. A. Klein's, die recht brav genannt werden dürfen. Späterhin wendete er sich von der freieren malerischen Behandlung zur strengeren kupferstecherischen mit Stichel und kalter Nadel, und was er hierin leistete, z. B. ein Blatt nach einer Zeichnung von Heinrich Roos, mehrere Copien nach Berghem, wo er die ausgeführten Blätter Fr. Geissler's nachahmte, wie auch eine Landschaft nach Veith, dient zum Beweise, dass er in diesem Fache der kupferstecherischen Behandlung von Landschaften und Gattungsstücken zu schöner Hoffnung berechtigte. Eine Ansicht des Schlosses vom Judenbühl her ist als Arbeit nach eigener Zeichnung nicht ohne Geist und

Verdienst. Ein Unternehmen des jungen Künstlers unterbrach sein früher Tod; er begann nämlich ein Heft in 6 Bl.: Interessante Verzierungen an Thürschlössern und andern Gegenständen aus dem Mittelalter, nach der Natur gez. und geätzt von Ch. Kl. Nbg. 1826, wovon die Platten Dr. Campe angekauft hat.

1) Ansicht der Burg zu Nürnberg, vom Judenbühl aus, nach eigener Zeichnung, 1824, gr. 4.
2) Ziege und Widder, nach H. Roos, 1826, gr. 4.
3) Zwei Hirtinnen beim Vieh in einer Landschaft, nach Berghem, ohne Namen, qu. 4.
4) Römische Wasserleitung bei der Porta Giovanni mit Bäumen und Figuren, nach Veith, 1825, kl. qu. fol.
5) Ein Heft Thierstudien, nach J. A. Klein's Zeichnungen.
6) Mehrere Copien nach Berghem.
7) Verzierungen nach Gegenständen des Mittelalters. S. oben.

Klein, Franz, Bildhauer, geb. zu Wien 1770, wo sein Vater ein geschätzter Astronom und Mechaniker war. Klein studirte an der Wiener Akademie der b. K. unter der Direktion Martin Fischer's und arbeitete an sehr vielen seiner Werke mit, wie an den Standbildern der Brunnen auf dem Graben und auf dem Hofe. Das aber, was ihn vor seinen Kunstgenossen auszeichnete, war das angestrengteste und detaillirteste Studium der Anatomie, und alle Präparate des berühmten Schädel-Cabinets der Doktoren Gall und Sperzheim, anatomisch sowohl, als bildhauerisch sind das Werk Klein's. Eben so eifrig arbeitete er bei dem im Wiener allgemeinen Krankenhause organisirten pathologischen Museum.

Zu seinen vorzüglicheren plastischen Werken gehören ein, dem gelehrten Kaufmanne Wetter von St. Gallen durch Johannes Müller bestelltes Grabmal aus weichem Metall, dann jenes des Dr. Hohenholz, das vom Mariahilfer Kirchhof auf eine höchst räthselhafte Weise entwendet worden ist; ein Grabmal aus Sandstein mit 16 Figuren für den fürstlich Esterhazyschen Kammerzahlmeister Stözzel, viele Büsten des Kaisers, seiner sämmtlichen Brüder, des Kronprinzen, des Erzherzogs Carl, der Grossfürstinnen und Grossherzoginnen von Oldenburg und Weimar, des Fürsten Schwarzenberg nach Russland, des Grafen Saurau für die Hochschule und des Leibarztes Baron von Stifft aus weichem Metall, 1827 zur Feier seines Namensfestes auf der Universität enthüllt u. s. w. Wir haben von ihm auch eine lebensgrosse Büste des Herzogs von Reichstadt, den er gleich nach seinem Hinscheiden nach der Natur abformte. Diese Büste soll sehr gelungen seyn.

Klein, Johann, Bildhauer in der Vorstadt Au bei München, hat sich durch verschiedene Holzsculpturen bekannt gemacht. Er wurde 1775 geboren, und ist unsers Wissens noch thätig.

Klein, Johann, Maler von Strassburg, ein junger Künstler, der sich in letzter Zeit in München befand. Er wurde 1815 geboren.

Klein, Auguste, Malerin zu Berlin, eine jetzt lebende Künstlerin. Sie malt Genrestücke und Bildnisse.

Klein, Wilhelm, Maler von Düsseldorf, wo er um 1835 in Schadow's Schule sich bildete.

Klein, s. auch Clein, Cleyn und Kleyn.

Klein, Johann Evangelist, Maler von Wiesensteig im Würtembergischen, wurde 1760 geboren und 1765 kam er in die Porzellan-Manufaktur nach Nymphenburg, wo er verschiedene Gefässe mit Landschaften, Blumen, Früchten und Figuren bemalte. Im Jahre 1807 zierte er einen blauen Service mit Prospekten, der dem Könige Maximilian überreicht wurde. Später liess er sich in München nieder und da malte er auch in Oel.

Starb um 1815.

Kleine, David, Zeichner und Maler, der 1754 in Bergen op Zoom geboren wurde. Er zeichnete besonders Schiffe, und solche hat er auch geätzt. Diese Blätter bilden ein eigenes Werk.

Kleine starb 1805 in Middelburg.

Kleine, Carl Heinrich Isidor, Maler aus Lauchstadt, bildete sich um 1832 unter Leitung des Professors Kretschmar in Berlin, und dann ging er zu Professor Begas über, dessen Unterricht er sich noch 1836 zu rühmen hatte. Kleine malt Bildnisse und Genrestücke, die sich eines nicht geringen Beifalls erfreuen, indem dieselben von gefälliger Composition und geistreich behandelt sind. Im Jahre 1836 wurde sein kleiner Vogelsteller hervorgehoben, und die Taubenpost hat Loeillot de Mars lithographirt.

Kleine, Maria, Malerin aus Lauchstadt, eine Künstlerin, die seit etlichen Jahren mit Werken erschien. Sie malt Genrestücke und Bildnisse in Pastell.

Kleiner, Salomon, Architekt und Kupferstecher von Augsburg, ein für seine Zeit berühmter Künstler. Er war Professor der Baukunst am Theresianum, und dann hatte er auch den Titel eines churmainzischen Baumeisters. Man verdankt ihm die Zeichnungen zu einigen architektonischen Werken. In Pfeffel's Verlag erschien sein Werk von Kirchen und Klöstern zu Wien, von Humond und Sperling gestochen, 4 Thl. mit 132 K. Er stach auch die Ansicht der Stephanskirche. J. G. Pinz stach nach seinen Zeichnungen auf 17 Blättern das Rathhaus zu Augsburg, und nach Galli-Bibiena gab er eine theatralische Perspektive heraus. Sein Hauptwerk bilden die Plane und Aufrisse des kaiserl. Bibliothekgebäudes in Wien, von Fischer erbaut, mit den Gemälden von Gran, unter dem Titel: Dilucida representatio Caes. Bibliothecae a J. E. de Fischer exstructae. Die Kupfer sind von J. Sedelmeyer. J. A. Corvinus stach nach seinen Zeichnungen die verschiedenen Ansichten des churmainzischen Lustschlosses Favorite auf 20 Blättern, und auch innere Ansichten des Schlosses Pommersfelden hat er gestochen.

Kleiner starb zu Wien 1759 im 86. Jahre.

Anderwärts fanden wir diesen Künstler auch Simon genannt.

Von einem Salomon Kleiner sind gestochen:

1—2) Zwei Blätter mit 24 schönen Gemmen in der kaiserl. Sammlung in Wien. Sal. Kleiner fec. 1750.

3—4) Aufrisse und Durchschnitte verschiedener Kirchen, zum Theil in Wien. Kleiner et Delsenbach sc. gr. qu. fol.

6—10) Sechs Blätter innere Ansichten des berühmten Klosters und der Abtei Strahof mit der Bibliothek Sal. Kleiner sc. qu. fol.

11—16) Sechs Blätter Grundrisse und Ansichten des Belvedere in Wien und des Hotels Trautson, qu. fol.

17—20) Vier Blätter, das grosse Invalidenhaus in Wien nebst der Kirche, äussere und innere Ansicht, nach Martinelli, gr. roy. qu. fol.

21) Der prächtige Catafalk des Prinzen Eugen von Savoyen in der Stephanskirche zu Wien 1736, mit Sedelmayer gestochen.

Kleinert, Friedrich, Medailleur von Bartenstein in Preussen, war anfänglich Kunstdrechsler, und als solcher erfand er eine eigene Presse, um Medaillengepräge in Holz und Elfenbein abzudrucken. Zuletzt versuchte er selbst die Kunst, in Stahl zu schneiden, und fertigte noch gegen 90 Denkmünzen auf merkwürdige Zeitereignisse. Er starb zu Nürnberg 1714 im 81. Jahre.

Kleinert, Markus Friedrich, Maler von Nürnberg, der im Dienste des Bischofs von Bamberg und Würzburg und des Prinzen Sobiesky stand. Mehrere seiner Bildnisse wurden gestochen, solche von berühmten und dunklen Männern. Dieser Künstler starb 1742 im 48. Jahre. Sein Bildniss, vor der Staffelei sitzend, hat J. J. Haid gestochen, in Schwarzkunst, fol.

Kleinhans, Joseph, Bildhauer, geb. zu Nauders 1777, wurde im vierten Lebensjahre des Augenlichtes beraubt, fing aber in seinen Kindesjahren schon an, hölzerne Pferdchen und anderes Spielzeug zu schnitzen. Nach und nach brachte er so ziemlich gute Arbeiten zu Stande, und endlich versuchte er auch, ein Crucifix zu schneiden. Der Beifall, welchen er erhielt, spornte ihn, seine Versuche fortzusetzen, und nun beschäftigte er sich hauptsächlich mit Crucifixschneiden. Der arme Blinde machte in seiner Kunst, ohne allen Unterricht, immer besseren Fortgang, und verfertigte eine grosse Anzahl solcher Arbeiten, deren immer eine besser als die andere ausfiel. Diese Crucifixe wurden auch begierig aufgekauft. In seinem zweiundzwanzigsten Jahre erhielt Kleinhans bei dem berühmten Bildhauer Franz Nüssl zu Fügen im Zillerthale einige Wochen einen mechanischen Unterricht, und erhöhte dadurch seine Kunst so, dass er nun nicht mehr blos Crucifixe, sondern auch andere Vorstellungen schnitzte, und zwar mit einer Geschicklichkeit, die auch einem sehenden Künstler Ehre machen würde. Nur behalten die Crucifixe unter seinen Arbeiten immer den Vorzug. Zu diesen bedurfte er keines Modells, andere Bilder aber konnte er nicht ohne Muster machen. Für den Fürstbischof zu Brixen hat er die Statue des knienden heil. Carolus Borromäus dritthalb Schuh hoch, und für den Fürstbischof zu Chur einen David, zwei Schuh hoch, beide mit seltener Vollkommenheit, gefertiget. Zangerle zu Lasch erhielt 1803 ein Crucifix mit Maria und Johannes von seiner Hand, beinahe in Lebensgrösse, welche trefflich ausgefallen sind. Tiroler Almanach 1803.

Kleinhard, Wilhelm, Miniaturmaler, wurde 1696 geboren, und nachdem er in verschiedenen Städten sich umgesehen, liess er sich 1720 in Prag nieder, wo er 1773 auch starb. Er malte Portraite und Historien.

Kleinhard, Johann, Landschaftsmaler zu Prag, Schüler von F. Schor. Er arbeitete um 1780, und 1783 gab er eine Anweisung für Landschafts-Zeichner heraus, mit 40 Kupfern.

Kleinhens, Jansz, Maler zu Harlem, wurde 1634 geboren. Seine Lebensverhältnisse sind unbekannt, man weiss nur, dass er Blumen und Früchte gemalt habe. Im Jahr 1669 malte er sein eigenes Bildniss, und unter diesem fanden die Verfasser der Geschiedenis der vaderl. Schilderk. I. 81 seine Lebenszeit bestimmt. Der Tod ereilte ihn 1701.

Kleinig, Christian Gottlob, Zeichner zu Dresden, ein jetzt lebender Künstler. Er fertigte landschaftliche Zeichnungen, und 1813 gab er eine Anleitung zum Landschaftszeichnen heraus.

Kleinknecht, Friedrich Ernst Wilhelm Georg, Maler, der 1768 zu Bayreuth geboren wurde. Sein Meister war Naumann in Ansbach, und hier übte Kleinknecht auch seine Kunst. Im Jahre 1801 errichtete er eine bürgerliche Sonntags-Zeichenschule, welche sehr zahlreich besucht wurde. Kleinknecht malte etliche historische Stücke, die grössere Anzahl seiner Werke bilden aber die Zeichnungen in schwarzer und rother Kreide. Starb um 1812.

Kleinmann, Joseph, Maler von Schramberg im Würtembergischen, wurde 1779 geboren. Er malt Bildnisse. Sein gleichnamiger Sohn, ebenfalls Maler, erblickte 1811 das Licht der Welt, und 1828 besuchte er die Akademie der Künste in München, wo er als ausübender Künstler lebt. Kleinmann jun. malt ebenfalls Bildnisse.

Kleinschmidt, Johann Jakob, Kupferstecher zu Augsburg, L. Heckenauer's Schüler, blühte um 1700, allein er ist nur zu den mittelmässigen Künstlern zu zählen.

1) Die Belagerung von Turin, nach Rugendas.
2) Die Ruhe der Truppen, nach demselben.
3) Ein grosses Schlachtstück mit Verwundeten, mit J. B. Probst gestochen, nach Rugendas.
4) Der Zug der Armee, nach demselben.
5) Plafondstück, aus fünf grossen Blättern bestehend, mit dem Gottvater von Engeln umgeben.
6) Der Entsatz von Gibraltar, nach P. Decker.
7) Eine Folge von Thieren nach verschiedenen Zeichnungen.
8) Eine Folge von 24 (?) Landschaften mit Gegenständen aus den drei Reichen der Natur, kl. Bl.
9) Bildniss der Landgräfin von Hessen-Kassel.
10) Johann Balthasar Keller, die Hand auf die Kanone gestützt, Copie von P. Drevet's Blatt nach H. Rigaud, fol.
11) Das Bildniss Ludwig XV., oval.
12) Die Blätter in der Representatio belli ob successionem in Regno Hispanico.

Kleinsteuber, Maler aus Kassel, welcher sich um 1780 durch Genrebilder bekannt gemacht haben soll.

Kleist, C. C. von, Zeichner und Ingenieur, der um 1784 lebte. Er soll seine Zeichnungen mit C. C. v. K. bezeichnet haben.

Klenau, Kupferstecher, oder vielleicht Maler, dessen Lebensverhältnisse wir nicht kennen. Wir fanden ihm folgendes Blatt beigelegt:
Studium eines schlafenden Hundes, nach F. Casanova, qu. 8.

Klengel, Johann Christian, Landschaftsmaler und Radirer, geb. zu Kesselsdorf bei Dresden 1751, gest. zu Dresden 1824. Als der Sohn eines Landmannes wurde er durch Hagedorn zuerst an Dietrich empfohlen, hatte aber in seiner Jugend manchen harten Kampf mit Armuth und Zurücksetzung zu bestehen. Doch arbeitete er sich bei unverkennbarem Naturberuf mit Beharrlichkeit durch und, nachdem er 1792 aus Italien zurückgekehrt war, stand er viele Jahre an der Spitze der Dresdener Landschafter, zog viele wackere Schüler, und war bis in sein hohes Alter mit Pallete und Pinsel geschäftig. Er war Professor und Mitglied der k. Akademie in Dresden. Das wahre Element von Klengel's Kunst war das treueste

4*

Studium der Natur mit der genauesten Nachzeichnung derselben, wie sie Italiens üppige Fülle und besonders Dresdens grosser und reicher Naturgarten darbietet. Treue Copien der Natur misslangen ihm nie; die idealen Landschaften, so oft er sie auch, besonders nach seiner Rückkehr aus Italien, in Composition und Färbung darzustellen bemüht war, wollten ihm aber nie ganz gelingen. Dagegen waren idyllische Compositionen aus der umgebenden ländlichen Natur, Korn-, Kartoffel-, Heuerndten u. s. w. ein von ihm mit ausserordentlicher Lebendigkeit immer auf's Neue bearbeiteter Stoff. Mit grosser Anstrengung führte er einigemal, noch in den letzten Monaten, eine Scene des Vorabends vor dem Kirchweihfeste in einer mit allem Hausgeräthe und Zubehör trefflich ausgestatteten Pächterstube aus. Dann copirte Klengel auch Meisterwerke in Dresden, noch in seinem vorgerückten Alter, mit gewissenhaftem Fleiss, welches besonders mit Berghem's durchsichtigen Baum- und Wasserparthien und Paul Potter's Viehstücken sehr oft der Fall war. Er stellte besonders gern Morgen- und Abendbeleuchtung dar, und in vier meisterhaften Bildern die vier Tageszeiten, gerühmte Werke. Seinen Baumschlag lauschte er glücklich der Natur ab; die Abstufung der Lufttöne und die eigenthümlichen Tinten in dem Hintergrunde, besonders am nördlichen Himmel, hatte er als Meister erfasst und eine ganz eigenthümliche, ihm auch in hohem Alter noch beiwohnende Fertigkeit darin sich erworben. Er wusste selbst der einfachsten Darstellung irgend ein Interesse zu geben, sei es durch eine originelle Beleuchtung, durch eine eigenthümliche Wolkenstellung oder durch die Staffage. Viele seiner besten Leistungen befinden sich auf den Landsitzen und in den Pallästen russischer und polnischer Liebhaber, denn seine Bilder wurden als die eines der ausgezeichnetsten Landschafter allgemein gesucht.

Klengel hinterliess auch einen Schatz von mehr als 200 Kupfertafeln in verschiedener Grösse, lauter eigenhändige Radirungen von bedeutendem Werth. Er hatte sich im Aufzeichnen eine solche Fertigkeit erworben, dass er oft eine kleine Kupfertafel bei sich trug, und einen ihm sich darbietenden Gegenstand im Freien sogleich auf die Platte zeichnete. Hier finden sich auch die verkleinerten Copien aller seiner auf Bestellung oder aus freiem Antrieb in Oel gemalten Landschaften mit der Jahrzahl.

Im Jahre 1802 gab er eine Sammlung von 12 Foliobl. für Landschaftszeichner unter der Aufschrift heraus: Principes de dessins pour le paysages, par J. C. Klengel. Im Jahre 1824 gab er eine ähnliche Anzahl reicherer Vorlegeblätter an das Licht, jetzt unter dem Titel: Etudes de paysages. Die Platten führte er selbst mit fertiger Hand aus.

1) Nachtstück mit Bauernhütte und Landleuten, 1770, qu. 8.
2) Nächtliche Feuersbrunst, 1770, qu. 8.
3) Zwei Landschaften mit Waldung und Hügeln, im Vorgrunde Hirten und Vieh, 1770, qu. 4.
4) Zwei Gebirgslandschaften mit Felsen und Vieh, 1770, qu. 4.
5) Der Morgen, eine grosse Landschaft. K. f. 1779. In Bister, qu. fol.
6) Grosse Landschaft, rechts auf dem Felsen ein römischer Tempel, gr. qu. fol.
7) Der Wald, grosse Landschaft nach Ruysdael. K. f. 1787, gr. qu. fol.
8) Grosse Gebirgslandschaft mit Figuren und Vieh, gr. qu. fol.
9) Landschaft mit einer römischen Wasserleitung: Aquadotti vecchi presso di Roma, K. f. 1791, kl. qu. fol.

10) Il Monte testaccio a Roma, das Gegenstück.
11) Daphnis und Chloe, nach Gessner's Idylle, qu. fol.
12) Magdalena in der Wüste, 8.
13) Die Hirtin auf dem Hügel mit der Heerde, 4.
14) Die Mauleseltreiber bei Ruinen, 4.
15) Landschaften mit hohen Bäumen, darunter drei Figuren sitzend, 4
16) Die Landschaft nach Van de Velde, qu. fol.
17) Das Innere eines ländlichen Haushofes, mit musicirenden Figuren, qu. fol.
18) Landschaft mit einem Manne, der die Laterna Magica zeigt, kl. Blatt.
19) Die Bäuerin mit dem Kinde an der Hausthüre sitzend, kl. Bl.
20) Der Alte mit dem Stocke am Baume sitzend, kl. Bl.
21) Der Schuster in seiner Werkstätte, kl. Bl.
22) Das Almosen oder die Frau mit Kindern, welche einen ältlichen Mann um Almosen bittet. In Rembrandt's Manier.
23) Die lesende Frau, Kniestück.
24) Der bärtige Alte, nach Dietricy, 1784.
25) Ein Stier, zwei Kühe und drei Schaafe auf einer Wiese, nach P. Potter.
26) Vier Landschaften, nach Wagner, Ruinen, Cascade, Figuren und Thiere.

Man hat von ihm viele kleine Landschaften mit Figuren und Thieren, die wir jedoch nicht alle verzeichnen können. Er selbst vereinigte 218 Platten zu einem Ganzen, welches aus 132 Bl. in kl. fol. besteht. Von Folgen erwähnen wir noch:

Zwölf Landschaften, Gegenden aus Sachsen, nach der Natur gezeichnet und radirt von J. Ch. Klengel, qu. fol.

Zwölf verschiedene Gegenstände, nach den Zeichnungen Dietrich's, radirt von seinem Schüler J. Ch. Klengel, 1773, kl. qu. fol.

Kleine Landschaften, ländliche Figuren etc. unter dem Titel: Studium juventutis. Klengel fec. aqua forti 1771, 53 Blätter, geistreich radirt und sehr selten complet.

Die Blätter zu C. G. Contius Gedichten. Dresden 1782. Auch Contius hat an diesen 6 Blättern Theil.

Nachrichten über diesen Künstler findet man im Kunstblatte, und in mehreren anderen Werken wird seiner erwähnt. Der Nekrolog ist in der Beilage zur Allgemeinen Zeitung 1825. No. 51.

Klengel, Mlle., die Tochter des Obigen, malte ebenfalls Landschaften, und ihrer wird in Füssly's Lexicon, so wie bei Meusel ehrenvoll gedacht. Ihre nähern Verhältnisse sind uns unbekannt.

Klenze, Leo von, berühmter Architekt, ein Künstler, dem König Ludwig von Bayern das seltene Glück bereitete, seinen Namen durch mächtige Bauwerke zu verewigen. Das Licht der Welt erblickte er 1784 auf einem Gute seines Vaters am Fusse des Harzgebirges; denn seine Familie wanderte im dreissigjährigen Kriege von dem Stammgute Klenze, an der mecklenburgischen Grenze, nach dem Fürstenthume Hildesheim aus. Sein Vater, ein angesehener Justizbeamte, liess dem Sohne eine sorgfältige Erziehung geben, um im Staatsdienste sich mit Ehren bewegen zu können; allein Klenze war zum Künstler geboren, und neben den Wissenschaften, auf welche ein gebildeter Mann Anspruch machen muss, war es besonders die Architektur, welche der Jüngling in Braunschweig während seines Besuches des trefflich organisirten Collegium Carolinum mit aller Liebe umfasste. Zwei Jahre blieb er in jener Stadt, und im 16. Jahre schickte ihn der Vater nach Berlin, um da den

Kreis seiner Kenntnisse zu erweitern; doch nur als grosse Begünstigung des Vaters hatte er es anzusehen, dass ihm gestattet wurde, die Bauakademie zu besuchen. Auch sollte er die Architektur nicht zum Brodstudium machen, sondern sich nur so weit damit vertraut machen, als dieses zur allgemeinen Bildung und in cameralistischer Hinsicht nothwendig ist. Der Vater suchte ihn durchaus von einer Richtung abzubringen, nach welcher hin die Kunst das Ziel seyn könnte, denn zu jener Zeit konnte man noch nicht ahnen, dass die Kunst einen Aufschwung nehmen werde, dessen sie sich mit dem Beginne des 16. Jahrhunderts erfreute, und dem Vater ist es daher nicht zu verargen, wenn er den Sohn von einer Bahn zu entfernen sucht, auf welcher für ihn kein Ruhm zu suchen ist. Allein Klenze konnte unmöglich dem Willen des Vaters ganz sich fügen, als er jetzt auch im Hause des geheimen Oberbaurathes Gilly Eingang fand. An den nachgelassenen Zeichnungen des zu früh verstorbenen Friedrich Gilly, des Sohnes des Baurathes, hatte seine Liebe zur Kunst reichlich Nahrung gefunden, und in den Vorlesungen des Hofrathes Hirt gewann er für dieselbe nur noch höhere Achtung. Er erkannte die Architektur als die Bestimmung seines Lebens, und so konnte ihn nichts mehr abhalten, derselben seine ganze Thätigkeit zu weihen. Nicht drei Jahre waren verflossen, so hatte der junge Künstler alle Prüfungen überstanden, und nun erfolgte die väterliche Zustimmung zu einer Reise durch Frankreich und England. Die Bauwerke, welche er auf seinem Wege traf, konnten weniger der Gegenstand seines Studiums werden, als später jene, welche er in Italien und Sicilien zu bewundern Gelegenheit fand, und wie sehr der Künstler von der Grossartigkeit der klassischen Monumente der Vorzeit ergriffen wurde, hat er später in seinem glänzenden Wirkungskreise oft bewiesen. Doch hatte er in Paris der polytechnischen Schule bereits früher sehr Vieles zu verdanken, und der Unterricht eines Durand und anderer französischer Meister gab ihm einen Vorgeschmack von dem, was er in der Folge mit eigenen Augen geschaut. In Genua ordnete ein glücklicher Augenblick sein künftiges Schicksal. Als er mit Eifer in dem prachtvollen Vestibul eines Pallastes zeichnete, trat der gefällige und kunstliebende Herr des Hauses hinzu, und dieser öffnete ihm nicht nur alle Gemächer, sondern er war es auch, der später als General-Intendant des neuen königl. Hofes von Westphalen den jungen Künstler beim Könige Hieronymus empfahl. Im Jahre 1808 wurde v. Klenze Hofarchitekt und später Hofbau-Direktor in Kassel, aber er fand in jenen Verhältnissen nie Gelegenheit, durch solche Schöpfungen sich zu zeigen, wie er in München es vermochte. Endlich entthronten die Ereignisse von 1813 den Jerôme Napoleon, und auch der Künstler ward dadurch dem Privatleben zurückgegeben. In dieser Epoche kam Klenze nach München, wo er schon damals das Glück hatte, dem damaligen Kronprinzen Ludwig bekannt zu werden, aber noch war in München seines Bleibens nicht. Er ging nach Wien, wo zu jener Zeit der Congress ein glänzendes Schauspiel bot, und von da begab er sich nach Paris, wo Ludwig von Bayern des Künstlers sich noch gnädigst erinnerte, und durch dessen Verwendung erhielt L. v. Klenze den Ruf an den Hof des Königs Maximilian nach München, unter dessen Auspizien sich die Kunst bereits eines grossen Schutzes zu erfreuen hatte; eine eigene Glanzperiode aber führte König Ludwig für dieselbe herbei. Dieser Fürst hatte schon als Kronprinz weit ausschende Plane für die Zukunft entworfen, und vor allen durch den Bau der prächtigen Glypothek einen grossartigen Sinn für Griechenlands klassische Monumente einer grossen Vorzeit an den

Tag gelegt. L. v. Klenze erhielt den Auftrag, den Plan zu diesem Werke zu machen, und so hatte er als junger Mann das beneidenswerthe Glück, seinen Namen an eines der herrlichsten Bauwerke Europa's zu zeichnen. Klenze hatte hier die gelungensten Resultate seines Studiums der griechischen Architektur geliefert, so wie er denn stets jene Bauform, welche in der griechischen Geschichts- und Bildungsepoche ihre Vollendung erhielt, als das Höchste erkannte. Die übrigen Bauarten erscheinen ihm nur als Nachklänge des Trefflichen und nur die griechische Baukunst ist ihm allgemein zweckmässig, charakteristisch und schön. Als bedingt nur erklärt er den Werth jener Bauart, welche wirklich zu einer religiösen, nationellen und technischen Entwicklung gelangt. Bei solchen Gesinnungen kann man annehmen, dass v. Klenze bei jeder Gelegenheit im griechischen Style baute, und nur davon abwich, wo es ihm der höhere Wille gebot. Seine Gebäude sind immer Kunstwerke von reinster Harmonie, und namentlich ist dieses mit der Glyptothek der Fall, durch welche ächt griechischer Geist wehet. Und dazu noch der reiche Bilderschmuck eines Cornelius, der hier das griechische Epos im Bilde zum zweitenmal geschaffen, so muss Alles zusammen den Eindruck der höchsten Bewunderung erregen. Dieses Gebäude mit seinen Zierden wird auch jeder Beschauer mit höchster Befriedigung verlassen, da er hier ein ächtes Kunstwerk schaut, in voller Schönheit der Form, in reinster Harmonie aller Theile. Es existirt davon auch eine Beschreibung, von welcher L. v. Klenze selbst den architektonischen Theil, und Dr. Schorn den archäologischen besorgte.

Ein Gebäude, wie dieses, müsste allein hinreichend seyn, den Namen des Architekten mit Ruhm auf die Nachwelt zu bringen; dieses ist aber nur das erste grossartige Werk unsers Künstlers, dem in einer Reihe von Jahren noch viele andere folgten. Von den Pallästen, welche in der frühesten Zeit seines Wirkens ihren Ursprung fanden, erwähnen wir vor allen das Hôtel des Herzogs von Leuchtenberg, welches vor dem ehemaligen Schwabinger Thore zu einer Zeit angelegt wurde, als man sich's noch nicht träumen konnte, welche grossartige Schöpfung jenem Boden, der Strasse nach Schwabing entlang, entspriessen werden. Das herzogliche Palais ist in reinem Style erbaut, doch ist im Allgemeinen bei Privatgebäuden der Künstler oft durch die Bedingnisse des Bauherrn, und nur zu oft auch durch räumliche Verhältnisse an einer freien Schöpfung gehemmt, und es entsteht ein Werk, das kleinlichem Klügeln einige Ritzen zum Tadel bietet, aber häufig bedenkt der tadelnde Schuster nicht, dass bei anderen Bedingnissen und Lokalverhältnissen der Künstler auf ganz andere Weise verfahren wäre; was nämlich auch bei Klenze öfter der Fall war. Ein anderes Werk, dessen Ausführung in jene Zeit fällt, ist die k. Reitschule, ein im schönen Style errichtetes Gebäude, mit grossem, doch nicht zum Eingange bestimmtem Thore, dessen oberer Theil mit Büsten der Dioscuren und mit Reliefs geziert ist, den Kampf der Lapythen und Centauren vorstellend. Unter dem Gesimse der Façade hin ziehen sich grosse Medaillons von Pferdeköpfen, und so erhielt das Ganze eine charakteristische Verzierung. Ausserdem lieferte L. v. Klenze in dieser seiner ersten Periode auch noch mehrere Plane zu Privathäusern, in denen sich ebenfalls das Streben äussert, mit Berücksichtigung der klimatischen Verhältnisse und jener der Bauspeculanten, den reinen italienischen Styl auf bayerischen Boden zu verpflanzen. Klenze ist überhaupt der erste, welcher den herrlichen Styl florentinischer Wohngebäude zuerst in Deutschland in Anwendung brachte. Auch bei Herstellung alter Denkmäler wurde die Kunst dieses Architekten schon frühe in Anspruch genommen. Im Jahre 1820 wurde der Dom von Speyer restaurirt, und da auch das Innere seinen vorigen Schmuck als Grabstätte deutscher Kaiser wieder bekommen sollte, so ertheilte der Kaiser von Oesterreich und der Herzog von Nassau-Weilburg dem Künstler den Auftrag, Entwürfe zur Wiederherstellung der völlig zerstörten Denkmäler Kaiser Rudolphs von Habsburg und Adolphs von Nassau zu machen. Von ihm ist auch die Zeichnung zum architektonischen Theile des Monuments des Herzogs von Leuchtenberg in der St. Michaels-Kirche. Ueberhaupt wurde Klenze auf mannichfaltige Weise in den Kreis architektonischer Unternehmungen gezogen. So verdanken wir ihm auch den Plan zur Constitutions-Säule, welche der Graf von Schönborn bei seinem Schlosse Gaybach errichten liess. Dieses schöne Werk ist uns auch durch Heinzmann's Lithographie bekannt.

Durch dieses Alles hatte L. v. Klenze schon unter der Regierung des höchstseligen Königs eine Tüchtigkeit bewiesen, von welcher man die Lösung jeder, selbst der schwierigsten Aufgabe erwarten konnte, und er wurde daher 1819 zum k. Hofbau-Intendanten, zum Oberbaurathe und zum Chef dieser Bau-Branche beim Ministerium des Innern ernannt. Im Jahre 1822 schmückte ihn der König auch mit dem Civilverdienst-Orden der bayerischen Krone.

Die zweite Periode, und die einer grösseren Wirksamkeit, beginnt für L. v. Klenze mit dem Regierungsantritte des Königs Ludwig, unter dessen glorreichen Auspizien die Kunst in München ihren Triumph feiert. Alle Künste finden hier gleichen Schutz, und die Baukunst hat sich einer Pflege zu erfreuen, wie vielleicht in wenigen Orten Europa's. Von Klenze's Kunst zeugt das k. Odeon, welches gegenüber dem erwähnten herzoglichen Gebäude auf einem gegebenen Platze und im Aeusseren mit jenem harmonirend, errichtet ist. Die Lokalität bot grosse Schwierigkeiten, besonders bei Anlegung des Zu- und Ausganges, und so ist auch dieses wieder ein Gebäude, bei dessen Herstellung die schöpferische Kraft des Künstlers beengende Fesseln empfand. Ein Meisterstück seiner Art, auch in akustischer Hinsicht, ist aber das Festlokale, und die Wirkung des 130 Fuss langen, 75 Fuss breiten und 54 Fuss hohen Saales ist in seiner grandiosen Säulenstellung überraschend.

Ein anderes Gebäude, welches dieselbe Strasse ziert, ist der neue Flügel des k. Kriegsministeriums, bei welchem zwar die hemmenden Umstände nicht in solcher Anzahl entgegentraten, wie beim Bau der neuen Reitschule und des Odeons, aber auch hier wirkte die tiefe Lage des älteren Gebäudes störend ein. Der Architekt lieferte im Ganzen ein Meisterwerk, das in allen seinen Theilen Charakter und Wahrheit des Gedankens ausspricht. Hier ist architektonische Bedeutsamkeit, Schönheit der Verhältnisse, und die gewaltigen Massen erregen durchaus nicht das Gefühl des Schwerfälligen. Der Architekt sah sich aber bei der Ausführung dieses Flügels durch die niedere Lage des anderen Ministerialgebäudes, mit welchem dieser ein grosses Ganze bilden sollte, in die Nothwendigkeit versetzt, diesen Theil gegen die neue Strasse hin etwas tiefer zu stellen, als man es nach dem Terrain derselben wünschen möchte. Allein der Architekt war hier in einer Lage, welche ihm nicht erlaubte, dieser Anforderung ganz zu entsprechen, wenn er nicht auf der anderen Seite durch Höherlegung des Erdgeschosses die Harmonie des ganzen Gebäudes, zu welchem dieser neue Flügel als integrirender Theil gehöret, hätte stören wollen. Im Ganzen steht aber dieses Gebäude in schönem Contraste mit den neuen Bauwerken, in welchen uns v. Gärtner so schöne Erinnerungen an den Styl des früheren Mittelalters vorüberführt. Ueberhaupt bietet die neue Ludwigsstrasse, an welcher der grösste Theil der gegen die Altstadt zu gelegenen Häuser dem Plane nach unserem Künstler angehören, in architektonischer Hinsicht so viel Schönes, wie wenige andere Städte dieses aufzuweisen haben. Klenze fand hier Gelegenheit, eine grosse zusammenhängende architektonische Anlage zu begründen und durch Abwechslung des Styles das Auge durch schöne Mannichfaltigkeit zu ergötzen. Ein wahres Fürstenhaus, in welchem sich grossartige Verhältnisse mit Bequemlichkeit vereinigen, ist das Palais des Herzogs Maximilian in Bayern. Hier hatte der Künstler die günstigste Lage, und die völlig freie Anordnung, welche man dem Architekten liess, lässt auch auf ein Werk von architektonischer Vollkommenheit schliessen. Das Erdgeschoss bietet eine dreifache Einfahrt dar, das erste Stockwerk ist mit vollständiger jonischer, und das zweite mit korinthischer Pilasterordnung geschmückt, und mit einem Consolengesimse gekrönt. Das Innere dieses herrlichen Pallastes ist auf das prächtigste verziert. R. von Langer und Kaulbach trugen das ihrige zum malerischen Schmucke bei.

Auf der anderen Seite der Ludwigsstrasse, dem Hofgarten entlang, zieht sich das Kaufhaus (Bazar) hin, ein Werk unsers Künstlers, im venetianischen Styl erbaut, mit den herrlichen Landschaften Rottmann's in seiner Arkaden-Reihe, die sich an die historischen Fresken des Hofgartens anschliessen. Auch dieses Gebäude trägt den Charakter der Grossartigkeit, und es ist eine Zierde der prächtigen Strasse.

Ein anderes Werk dieses Künstlers, welches mit Stolz auf seine gleichfalls glänzende Schwester, die Glyptothek hinüberblickt, ist die Pinakothek, welche sich nördlich von der ersteren erhebt. Der Bau derselben begann 1826, und schon geraume Zeit steht das Gebäude vollendet da, im reinsten schönsten Style, in einer bewunderungswürdigen Einheit bei aller Mannichfaltigkeit. Die Mauern sind aus Backsteinen, und alle architektonischen Formen: Säulen, Gesimse, Archivolte aus Quadern erbaut. Die grossartig angelegte Ein- und Ausfahrt ist in der Mitte der Süd- und Ostseite angebracht, und der für die gewöhnliche Benützung bestimmte Eingang liegt gegen Osten. Durch diesen gelangt man in ein grosses Vestibulum, von wo aus die breite Treppe zu den Gemäldesälen führt. Die schmäleren Räume des Erdgeschosses auf der Süd- und Nordseite, so wie die des westlichen Flügels sind für die Aufnahme der Schätze von Kupferstichen und Handzeichnungen, von Vasen und Musiven bestimmt. Dieses Gebäude, mit seiner decorativen Pracht, mit den sinnreichen Compositionen des berühmten Cornelius, der uns in den Loggien die Kunstgeschichte bildlich vorüberführt, ist ein neuer Glanzpunkt Münchens, ein vollkommen schönes Kunstwerk, sowohl nach der äusseren Form, als nach der inneren Eintheilung.

Ein anderer glänzender Auftrag, welcher diesem Künstler zu Theil wurde, ist der Bau der neuen Residenzflügel mit der Allerheiligen-Kirche. Der eine, gegen das Theater hin, führt den Namen des Königsbaues, der in seinem Inneren gleichsam eine Gallerie moderner Kunst bildet. Der Architekt fand bei der Anlage die grössten Schwierigkeiten, welche ihm die lokalen Verhältnisse entgegenstellten; aber der Künstler ging siegreich vom Kampfplatze, und dieses prächtige Königshaus ist jetzt längst bewohnt. Weltberühmt ist der Palazzo Pitti in Florenz, aber sein moderner Nebenbuhler in München, der anscheinlich von jenem die äussere Form geborgt, im Ganzen aber wesentliche Veränderungen zeigt, hat ihn überstrahlt. Ueber den plastischen und malerischen Schmuck eines

Schwanthaler, Schnorr, Kaulbach etc. gibt ein eigenes Werk von Dr. E. Förster Aufschluss.

Nach Vollendung dieses Königsbaues erhielt das k. Residenzschloss nach der Seite des Hofgartens hin eine Erweiterung und Umgestaltung, nur der dazwischen liegende ältere Theil gegen die Theatinerstrasse hin sollte nach dem erhaltenden Sinne des Königs als Wohnsitz erlauchter Vorfahren völlig unangetastet bleiben. Selbst ein Theil gegen den Hofgarten ist nicht neu aufgebaut, sondern nur architektonisch ganz neu eingetheilt und mächtig erweitert, so dass die Façade eine Länge von 900 Fuss erhielt. Der Plan des Gebäudes ist wieder von der Erfindung des L. v. Klenze, und in kurzer Zeit wird das mächtige Ganze vollendet dastehen. So wie der sogenannte Königsbau an Bruneleschi's Kunst erinnert, so zeigt sich in der prachtvollen Façade gegen den Hofgarten ungefähr der Styl des Palladio. In der Mitte erhebt sich eine grosse Säulenstellung auf massivem Unterbau, und das Ganze gewährt einen imposanten Anblick. Mächtigen Eindruck erregen auch die herrlichen Thron-, Ball- und Festsäle dieses Gebäudes, mit den grossartigen Erzstatuen nach Schwanthaler's Modellen von Stiegelmayer gegossen, so wie der Obelisk, nach dem Plane desselben Architekten.

Auf der östlichen Seite dieses k. Schlosses erhebt sich die Allerheiligen-Kapelle, welche v. Klenze schon früher vollendet hatte, als die Façade gegen den Hofgarten. L. v. Klenze erbaute diese mit den Malereien des Prof. Heinrich Hess prangende Kirche im vorgothischen Style, und die ganze Verzierung ist diesem gemäss. Die Kirche hat keinen Thurm, jede der beiden runden Kuppeln ruht auf einer vierfachen Bogenstellung und diese selbst auf marmornen Säulen, durch welche die unter den Logen erweiterten Nebenschiffe vom Mittelschiff getrennt sind. Diese Kirche ist in den Umfang des Schlosses mit aufgenommen, und schon geht der Bau des östlichen Flügels der Vollendung entgegen. So ist jetzt dieses Residenzschloss das grösste in Europa, und seinem Umfange nach kann man es als eine Reihenfolge von herrlichen Pallästen betrachten, die, jeder für sich gesehen, ein herrliches Ganze bilden.

Noch erwähnen wir den neuen Flügel des k. Postgebäudes mit der dorischen Säulenstellung und den Malereien nach alter griechischer Weise. Dieses Gebäude bildet eine grosse Säulenhalle, die sich dem Königsbaue gegenüber erhebt. Der Architekt derselben ist ebenfalls Klenze, aber auch bei diesem Gebäude traten demselben so viele Umstände, Bedingungen und Rücksichten in den Weg, Schwierigkeiten, welche ein ungünstiges Urtheil mildern müssen. Dieser Flügel ist zum Theil auf, zum Theil an einen alten Pallast gebaut, und dann musste die Façade mit dem Königsbaue und mit dem Theater in Uebereinstimmung gebracht werden, ohne diese Prachtbauten zu beeinträchtigen oder gar zu wiederholen. Nach seinen Angaben und Zeichnungen wurde im englischen Garten auch der auf einem 45 Fuss hohen Hügel sich erhebende Monopterus erbaut. Die Säulenzahl dieses runden jonischen Tempels beläuft sich auf zehn, und die Bemalungen mit enkaustischen Farben sind ebenfalls in der Weise der alten Griechen gehalten.

Ein mächtiges Werk, welches ebenfalls Klenze's Namen verkündet, ist die Walhalla, welche der König Ludwig dem deutschen Ruhme erbauen liess. Den 18. Oktober 1830 wurde der Grundstein gelegt, und die dabei stattgehabten Feierlichkeiten verkündet ein eigenes Werk, unter dem Titel: Ratisbona und Walhalla. Regensb. 1831, 8. Durch dieses Gebäude waltet ein grossartiger poetischer Gedanke, der es sowohl nach der innern, als nach der äusseren Anlage durchdrang. König Ludwig hatte schon als zwanzigjähriger

Jüngling, zur Zeit der tiefsten Erniedrigung Deutschlands, die Idee zu diesem unsterblichen Werke gefasst, und diese Idee, damals in ahndungsvoller Seele erzeugt, erscheint nun in der grossartigsten Form verwirklichet. Die Walhalla erhebt sich am Gipfel eines Berges nächst Donaustauf, ein grossartiger Tempel von weissem Marmor, zu welchem sich den Berg hinauf prächtige steinerne Treppen erheben. Die Halle des Berges prangt in corinthischer Ordnung auf cyclopischen Mauern, und im Innern des Saales tragen weibliche Caryatiden die aus Metallplatten cassetirte Decke mit dem eisernen Dachstuhl. Dieses Werk mit dem reichen plastischen Schmuck, der uns einerseits die Hauptmomente der deutschen Geschichte verkündet, anderseits die Bilder grosser Männer, die das deutsche Vaterland mit Ehrfurcht nennt, unserm Blick vorüberführt, ist grandios in hohem Grade, ein rührendes Denkmal des ächten deutschen Sinnes. Einen ähnlichen Zweck, wie dieses Werk, wird durch die Anordnung des Königs auch ein anderes erfüllen. Es wird nämlich nach dem Entwurfe des geheimen Raths von Klenze auf der Anhöhe bei Sendling ein dem Ruhme Bayerns gewidmetes Baudenkmal sich erheben, welches in mehreren Säulenhallen die Brustbilder berühmter Bayern einschliessen wird, gleichsam unter dem Schutze der Bavaria, einer mächtigen Gestalt, welche in colossalen Verhältnissen sich erhebt. Das Modell zu diesem Werke hat Schwanthaler bereits vollendet, und dieses wurde unter Hohe's Leitung lithographirt. So bieten sich in München die Architektur, die Plastik und die Malerei immer die Hand, in schönstem Streben, gegenseitig ihren und des Fürsten Ruhm zu erheben.

Im Jahre 1834 reiste L. v. Klenze in Angelegenheiten seines Hofes nach Griechenland, und hier erhielt er von der Regierung den Auftrag, die Prüfung und die theilweise Umarbeitung des Plans der neuen Hauptstadt zu übernehmen. Ein anderer Theil seiner Thätigkeit war der Vorsorge für die Erhaltung des Alten gewidmet, und nebenbei entwarf er den Plan zur Aufräumung und theilweisen Restauration der Monumente der Akropolis. Nach erfolgter Genehmigung ging man sogleich an's Werk, dessen Betrieb dem Ingenieur-Hauptmann Spies übertragen wurde. Ein anderer ehrenvoller Auftrag, welcher dem Künstler in Griechenland zu Theil wurde, war die Anfertigung eines Planes zum neuen Königsschloss, so wie des National-Museums, da die Ausführung der von Oberbaurath Schinkel mitgetheilten Plane im Terrain unüberwindliche Hindernisse gefunden hatte. Die Plane dieser Künstler sind beide Meisterwerke, und es ist nur zu bedauern, dass finanzielle und lokale Rücksichten keinen derselben zur Ausführung kommen liessen. Oberbaurath v. Gärtner hat die Ehre, das neue Residenzschloss nach seinem Plane erbaut zu wissen. L. v. Klenze gab in neuester Zeit über seine Bemühungen in Griechenland ein eigenes Werk heraus, in welchem sich des Interessanten viel findet. Er hat sich indessen schon früher als Schriftsteller bewiesen. Im Jahre 1805 erschien zu Braunschweig sein Entwurf zu einem Denkmale Martin Luthers, und 1823 gab er Abbildungen der schönsten Ueberbleibsel griechischer Ornamente der Glyptik, Plastik und Malerei heraus, ein Werk in gr. fol., 8 Hefte, jedes zu 6 Blättern. Dieses Werk ist sehr verdienstvoll, und es reiht sich den besten dieser Art an. Ueberhaupt war Klenze stets bedacht, auf seine Umgebung wohlthätig einzuwirken, und besonders hob sich in München die Kunst-Industrie, seit hier die Liebe zum Bauen einheimisch geworden. Andere seiner Werke erschienen, ausser der erwähnten Beschreibung der Glypthotek, unter folgenden Titeln:

1) Sammlung architektonischer Entwürfe, welche ausgeführt oder für die Ausführung entworfen sind, 1—5. Lief. München 1831—38. Imp. fol. 2) Ueber das Hinwegführen plastischer Kunstwerke aus dem jetzigen Griechenland und den neuesten Unternehmungen dieser Art. München 1821, gr. 4. 3) Versuch einer Wiederherstellung des toskanischen Tempels nach seinen historischen und technischen Analogien. München 1822, gr. 4. 4) Der Tempel des olympischen Jupiters zu Agrigent. Stuttgart, gr. 4. 5) Anweisung zur Architektur des christlichen Cultus. Nebst 39 Kupfertafeln. München 1835, roy. fol. 6) Aphoristische Bemerkungen, gesammelt auf seiner Reise nach Griechenland, gr. 8. Mit 6 Ansichten und Grundrissen, roy. fol. Berlin 1838. In seiner Sammlung architektonischer Entwürfe finden sich seine eigenen zahlreichen Bauwerke und Entwürfe.

Dann müssen wir dieses Künstlers auch als Maler erwähnen. Anfangs malte er mit ausgezeichnetem Talente Landschaften in Aquarell, und um 1825 fing er auch an, in seinen Nebenstunden, die ihm bei seinen grossen architektonischen Arbeiten nur spärlich zugemessen seyn konnten, solche in Oel zu malen. Er ist in dieser Gattung nur Dilettant, aber man muss staunen über die Vollendung, die er in kurzer Zeit erlangte. Klenze ist ein scharfer Beobachter der Natur, und sein Hauptstreben geht auch auf Naturwahrheit. Seine Färbung ist fröhlich, und in der Gesammtwirkung sind seine Bilder immer von schönster Harmonie. Seine Sorgfalt geht bis in's Detail. Meisterhaft ist z. B. die Aussicht auf der Anhöhe von Porto Vener[e], bis in seine kleinsten Theile mit ausnehmender Treue und Genauigkeit behandelt. Ein kleineres, ebenfalls sorgfältig behandeltes Bild, stellt die Ansicht von Palermo bei frischem Morgenlicht dar. Dann malte er auch den Jupitertempel zu Agrigent, wie sich dieser nach der Ausgrabung zeigte. Ein Kunstrichter wollte in diesem Bilde einen Anklang an Elsheimer finden, allein Klenze hat keine Aehnlichkeit mit jenem häufig manierirten Künstler. Ein anderes Gemälde gibt die Ansicht der hohen Burg von Massa di Carrara, mit dem bezaubernden Reichthum der Vegetation und der belebenden Heiterkeit jenes südlichen Himmels. Eine Aussicht bei Amalfi ist im Besitze des Königs Ludwig. Auf der Münchener Kunstausstellung von 1835 sah man die Ansicht des von ihm projektirten Residenzschlosses auf dem Platze des ehemaligen innern Kerameikos in Athen, von der Gartenseite dargestellt.

Wir haben bereits oben erwähnt, dass schon König Maximilian den Künstler mit Ehrenstellen beglückt habe, aber auch König Ludwig belohnte seine erfolgreichen Bestrebungen. Im Jahre 1820 wurde er geheimer Oberbaurath, 1830 Vorstand der obersten Baubehörde, und 1831, nach Vollendung der Glyptothek, wirklicher geheimer Rath. Auch erhob ihn der König in den Adelstand des Reiches und in die Reihe der k. Kämmerer. Dann ist er Commandeur und Ritter mehrerer Orden, so wie Mitglied mehrerer Akademien.

Klerck, Heinrich de, Maler aus Brüssel und Schüler des M. de Vos, malte Historien und Genrestücke, für Kirchen und Privathäuser. Auch Bilder grau in grau führte er aus, im Geschmacke seines Meisters. Dann soll er auch Bilder im Geschmacke Teniers gemalt haben, und die Landschaften des Johann Breughel staffirte er manchmal mit reizenden Gestalten von Nymphen und anderen Figuren. Von seiner Darstellungsweise kann man sich durch folgende Blätter überzeugen: M. Greuther stach die Auferstehung Christi, B. Lens die vier Elemente in Schwarzkunst, und J. Beckets ein Genrestück: The dutch school betitelt.

Dieser Künstler arbeitete um 1600.

Klerk, s. auch Clerc.

Klessecker, Justus, Bildhauer von Minden, ein für seine Zeit berühmter Künstler, der sich auf seinen Reisen in den Niederlanden und in Rom zum Künstler bildete. Später liess er sich in Frankfurt nieder, arbeitete aber noch für andere Städte. So berichtet uns Sandrart, dass der Künstler die Bildhauerarbeiten im Dome zu Bamberg gefertiget, als der Bischof Melchior Otto nach Beendigung des dreissigjährigen Krieges die verwüstete Kirche wieder herstellen liess.

Klessecker fertigte Statuen in Holz und Elfenbein, und besonders Crucifixe, die sehr gesucht wurden. Der Tod ereilte ihn zu Frankfurt, doch wissen wir nicht, ob er das Jahr 1650 erlebt habe, oder nicht.

Klett oder Klette, Johann Georg, Steinschneider von Vesser oder von Sohl im Hennebergischen, wurde 1720 geboren und anfänglich zum Schuldienste bestimmt, bis er 1743 in Dresden anfing, sich dem Edelsteinschneiden zu widmen. Im Jahre 1755 wurde er auch churf. sächsischer Hof- und Cabinetsteinschneider, denn er hatte sich bedeutenden Ruf erworben. Seine Werke, Intaglios und Cameen, wurden in fürstlichen Cabinetten aufbewahrt, und man betrachtete ihn als den Vater dieser Kunst unter den Deutschen. Bei Keller und Meusel wurden seine Arbeiten als geschmackvoll gerühmt und einige derselben in der Behandlung beinahe den Antiken gleich geachtet. Im Jahre 1793 ereilte ihn der Tod.

Kletter, Anton, Maler, der 1725 in Prag starb, erst 26 Jahre alt.

Kletz, Valentin, Maler, der um 1712 lebte, doch wissen wir nicht, in welchem Verhältnisse. Im Cabinet Paignon Dijonval werden ihm zwei Landschaftszeichnungen zugeschrieben.

Kletzinski, Landschaftsmaler, der vor einiger Zeit in Wien lebte, uns aber nach seinen Lebensverhältnissen unbekannt ist. Als Künstler verdient er eine rühmliche Erwähnung. Seine Bilder sind von grosser Naturwahrheit, trefflich in der Perspektive, und in der Technik beurkunden sie grosse Sicherheit.

Kleudoros, ein alter Graveur, dessen Name auf dem Helmbusche des Minervenkopfes auf einigen Münzen von Velia mit ganz kleinen Buchstaben angebracht ist.

Dieses Künstlers hätten wir der angenommenen Weise nach unter Cleudoros erwähnen sollen, allein er entging damals unserer Aufmerksamkeit.

Klewe, Terkel, Kupferstecher zu Copenhagen in der zweiten Hälfte des vorigen Jahrhunderts, war anfangs Artillerie-Lieutenant, verlegte sich aber dann auf die Kunst. Er lieferte Blätter in einer Art Zeichnungsmanier zum akadememischen Gebrauche, und dafür erhielt er 1777 die kleine goldene Preismedaille.

Man hat von ihm auch einige ähnliche Bildnisse:

1) König Christian VII., nach Jens Juel.
2) Mme. Walter, Schauspielerin.
3) Königin Juliana Maria.
4) Schimmelman sen.

Kleyn, Pieter Rudolph, Zeichner und Landschaftsmaler, wurde 1785 zu Hooge Zwaluwe geboren, und von seinem Vater, einem Rathsherrn zu Arnhem, zum wissenschaftlichen Stande bestimmt; allein eine überhandnehmende Harthörigkeit des Sohnes machte es nothwendig, ein anderes Fach zu ergreifen, und der junge Kleyn wählte die Landschaftsmalerei. Van Stry zu Dortrecht war sein Meister, und 1808 besuchte er als k. Pensionär Paris, wo er auch David's Unterricht genoss. Nach zwei und einem halben Jahre besuchte er Italien, um die Meisterwerke und die Natur jenes Landes zu studiren. In Rom malte er die Ansicht von Aqua-Cetosa, die man 1810 auf der Kunstausstellung in Amsterdam sah. Endlich kehrte er in's Vaterland zurück, und da trat er bald darauf als Offizier in den Dienst der Nationalmiliz. Er war mit seinem Bataillon in der Schlacht von Quatre-Bras, starb aber in Folge seiner Verwundung 1816. Die Anzahl seiner Bilder ist daher geringe, aber sie verrathen einen tüchtigen Künstler. J. Hulswit hat ihm etliche staffirt.

Kleyne, s. Kleine.

Klieber oder Kleber, Urban, Bildhauer, um 1740 zu Telfs im Oberinnthal geboren, trat zu Stams bei Reindl in die Lehre, ging dann nach Augsburg und endlich nach Wien, um an der Akademie der Künste unter Prof. Schletterer seine Studien fortzusetzen. In der Folge wurde er als Hofbildhauer nach Innsbruck berufen, und hier starb er 1800. Auf dem Gottesacker in Innsbruck ist von ihm das Monument des Baron Hormayr, das grosse Grabmal des Grafen Paris von Wolkenstein, die Statue St. Johanns auf der Innbrücke, das Grabmal des Grafen Leopold von Trapp zu Botzen u. s. w.

Er besass auch besondere Geschicklichkeit in Caschir-Arbeiten.

Klieber, Joseph, Bildhauer, Sohn des Obigen, wurde 1773 zu Innsbruck geboren, und schon in früher Jugend zum Zeichnen angehalten. Im Jahre 1792 ging er nach Wien, um sich auf der Akademie weiter auszubilden, und hier genoss er besonders den Unterricht Zauner's und M. Fischer's. Sechzehn Jahre arbeitete er in fremden Ateliers, und dadurch erlangte er solche technische Fertigkeit, dass er darin nicht leicht von einem seiner Zeitgenossen überboten werden dürfte. Nach Verlauf dieser Zeit begann er für eigene Rechnung zu arbeiten, und da er als Mann von ausgezeichnetem Talente bekannt war, so sicherten bald ehrenvolle Aufträge seine Existenz. Im Jahre 1814 wurde er Direktor der Medailleur-, Gravir- und Kunstprofessionisten-Schule, und diesem Amte steht er noch immer mit unermüdeter Thätigkeit vor. Dabei leitet er auch die zahlreichen Arbeiten in seinem Atelier.

Unter seinen vielen gelungenen Leistungen sind besonders auszuzeichnen: Ueber 100 kleinere und grössere Basreliefs und ohngefähr 40 kleine und grosse Statuen für die Gebäude des Fürsten Lichtenstein zu Eisgrub, Lundenburg etc., mehrere Statuen und Basreliefs im Pallast des Grafen N. Esterhazy in Czaguar, und in der Kirche und Familiengruft zu Gánua in Ungarn, die Gruppe von 9 Figuren und 7 Basreliefs an dem polytechnischen Institute in Wien. Im Schlosse des Erzherzogs Karl zu Weilburg bei Baden sind seine Werke: das grosse Wappen, der riesenhafte wasserspeiende Kopf, die lebensgrosse Gruppe von Flora und Zephir, die zwei Gruppen weiblicher Figuren als Laternenträgerinnen. In den Zimmern des herzogl. Palais auf der Bastei zu Wien sind Gypsstatuen von ihm: Apollo und die 9 Musen, über lebensgross; Minerva und zwei Sphinxe. Zu Klausenburg in Siebenbürgen errichtete er die Ehrenpyramide Franz I., mit figurenreichen Basreliefs am Piedestal. Diese Pyramide und die Bildwerke, welche er für den Erzherzog Karl ausführte, mögen die besten dieses Künstlers seyn. Von ihm ist auch das schöne Basrelief an Hofer's Standbild zu Innsbruck, nach dem ursprünglichen Entwurfe Schermer's, den aber Klieber wesentlich veränderte. Dann fertigte er auch Büsten und vortreffliche Caschir-

Arbeiten. Mehrere der letzteren führte er für Triumphpforten und Catafalke aus; wie 1835 zu jenem Kaiser Franz I. in der Stephanskirche. Die Oesterr. National-Encyclopädie gibt Nachricht über diesen Künstler.

Klietsch, Johann Georg, Buchdrucker, der 1726 in Bamberg geboren wurde, und 1794 als Universitäts-Buchdrucker starb. Er schnitt auch in Holz und ebenfalls in Kupfer verstand er zu ätzen. Blätter von seiner Hand sind in der Geschichte der oberen Pfarrei zu Bamberg, von Schellenberger. Mehreres s. Jäck's Pantheon.

Klim, Hans, Goldschmied und Kupferstecher von Nürnberg, der aber länger in Jena und zu Wittenberg gearbeitet zu haben scheint, als in seiner Vaterstadt. Seine Lebensverhältnisse sind unbekannt, als Künstler verdient er aber Lob. Er war ein guter Zeichner, und dann lieferte er getriebene Arbeiten in allen Metallen.

Man hat auch Kupferstiche, auf welchen das Monogramm H. K. steht, und die Bartsch, P. gr. VIII. 538, einem anonymen Meister beilegt. Auf einer Vignette steht die Jahrzahl 1528, und so kann dieser Hans Klim mit dem gleichnamigen Formschneider, der noch 1603 arbeitete, nicht Eine Person seyn. Der Formschneider scheint grösstentheils zu Jena und Wittenberg gelebt zu haben. Der Goldschmied war Dürer's Freund, und um 1550 starb er. Die Monogramme, welche diesen Künstlern angehören, sind in der Form etwas verschieden, und jenes auf Holzschnitten führt Bartsch P. gr. VII. 493 ebenfalls als das eines anonymen Meisters an. Es ist auch nicht historisch gewiss, dass der Formschneider wirklich Hans Klim heisse.

Kupferstiche:

1) Kampf von 11 nackten Männern, mit Schwertern und Schildern bewaffnet, 1527. H. 1 Z. 5 L., Br. 4 Z. 6 L.
2) Vignette mit dem wilden Manne, dessen Arme und Füsse in Verzierung ausgehen. Rechts ist ein Täfelchen mit dem Monogramme H. K. und 1528. H. 10 L., Br. 3 Z. 6 L.

Holzschnitte:

1) Die Predigt des heil. Johannes in der Wüste. Mit dem Monogramm H. K. H. 6 Z. 6 L., Br. 14 Z.
2) Ein Apostel predigt vom Schiffe aus den am Ufer des Meeres versammelten Heiden. Mit dem Monogramm H. K. H. 6 Z. 6 L., Br. 13 Z.
3) St. Johannes auf Pathmos, die Apokalypse schreibend, mit dem Monogramm H. K. und der mittlere Strich zu einem etwas emporragenden Kreuz gebildet, angeblich von Hans Klim. H. 12 Z. 5 L., Br. 8 Z. 9 L.

Klinger, Johann Heinrich, Kupferstecher, wurde 1766 zu Nürnberg geboren, und von J. A. Schweikart in der Kunst unterrichtet. Er hatte Talent, das aber nicht ganz zur Reife gelangte, da der Künstler schon 1789 starb.

1) Die Erscheinung des heil. Petrus im Gefängnisse, nach Guido, fol.
2) Ecce homo.
3) Joseph und Maria.
4) Der heil. Aloisius.
5) Das Bildniss von Klopstock, nach Juel, 1789.
6) Jenes von Ziethen.

Klinger, Johann Georg, Kupferstecher, der Bruder des Obigen, wurde 1764 zu Nürnberg geboren, und ebenfalls von Schweikart in der Kunst unterrichtet. Er lieferte mehrere Blätter, welche Beifall fanden, doch sie alle zu verzeichnen wird wohl nicht nöthig seyn.

1) Ziethen vor dem Könige sitzend, Copie nach Chodowiecky.
2) Bildniss des Buchhändlers Raspe, in Punzenmanier.
3) Jenes von Hastings, nach A. K. von Imhof, in Punzenmanier.
4) Maximilian Stoll, berühmter Arzt; für Wittwer's Archiv der Gesch. der Arzneikunde.

Klinghammer, Medailleur, der um 1763 im Dienste des Herzogs von Weimar stand. Er bezeichnete seine Werke mit dem Buchstaben K. oder mit K. L.

Klingner, Johann Gottlob, Blumen- und Decorationsmaler, der 1756 in Dresden geboren wurde. Er besuchte die Akademie seiner Vaterstadt, genoss dann noch den speziellen Unterricht des Prof. Scheuau, und erlangte auf solche Weise den Ruf eines geschickten Malers in Oel und Fresco. Im Jahre 1815 starb er, mit dem Titel eines Hofmarschallamts-Fresco- und Decorations-Malers. In der bekannten Portraitsammlung des sächsischen Hofmalers C. Vogel ist sein Bildniss, 1813 von Vogel gezeichnet.

Man hat von ihm auch zwei radirte Landschaften.

1) Landschaft mit einer grossen Bauernhütte, vorn zwei Reisende.
2) Landschaft, 1775.

Klingstedt, C. G., Miniaturmaler von Riga in Liefland, aus einer guten Familie entsprossen, fing erst im 33. Jahre an, sich mit Eifer der Kunst zu widmen, da er schon im fünften Jahre in Kriegsdienste getreten war. Er malte Historien und Genrestücke für Tabaksdosen; viele seiner Gemälde aber sind unzüchtige Darstellungen. Diese seine Bilder sind in artistischer Hinsicht schätzbar und von charakteristischem Ausdruck.

Klingstedt arbeitete zu Paris, und da starb er auch in misslichen Umständen, 1734 im 77. Jahre.

Klinkowström, Friedrich von, Lithograph, der um 1821 in Wien lebte. Seine näheren Verhältnisse konnten wir nicht erfahren.

Klinsky, Johann Gottfried, Architekt, wurde 1765 zu Neustadt bei Dresden geboren, und auf der Akademie dieser Stadt hätte er sich der Bildhauerkunst gewidmet, wenn nicht Umstände es gefügt hätten, dass er die Baukunst ergriff. Krubsacius war hierin sein Meister, und nachdem sich der Künstler in Prag einige Zeit als Zeichenmeister aufgehalten hatte, begab er sich 1793 nach Rom. In Italien brachte er bis zum Jahre 1795 zu, worauf er nach Deutschland zurückkehrte, wo er auf mannichfaltige Weise bethätiget war, und noch 1827 als Baurath in Ulm lebte. Dieser Künstler fertigte viele architektonische und andere Zeichnungen, namentlich auch im Verzierungsfache. Haldenwang stach nach ihm und Mechau das Monument auf Schiller.

Dann hat man von ihm einen Versuch über die Harmonie der Gebäude zu den Landschaften, mit 5 Kupfern in Aquatinta, fol.

Klipfel, Carl Jakob, Maler von Königsstein, erwarb sich an der Manufaktur in Meissen mit seinen Schmelzmalereien Beifall. Starb gegen das Ende des vorigen Jahrhunderts.

Klock, Cornelis, s. Claas, Cloeck und Cock.

Klöcker, David, nicht Klöckner, Maler, dessen wir schon unter Ehrenstrahl erwähnt haben, da der Künstler, in den Adelstand erhoben, sich Klöcker von Ehrenstrahl genannt hat. Wir erwähnen hier seiner, weil sich unter dem Namen Klöcker Blätter finden, die Faithorn, Grignon, van Schuppen, J. Falk u. a. nach ihm gestochen haben. Sein eigenes Bildniss hat A. Pazzi für die Serie etc. gestochen. Dann hat man von ihm selbst geätzt:

1) Zwölf Hornbläser, ein Blatt aus dem Triumphzug Karl Gustav's von Schweden zu Stockholm. Ohne Namen und Zeichen. H. 6 Z. 9 L., Br. 11 Z. Selten.
2) Typus pugnae navalis ludicrae Reg. Maj. Sueciae in Taucibus. Dav. Kloecker del.

Klöber, August von, Historien- und Genremaler zu Berlin, wurde zu Anfang unsers Jahrhunderts geboren, und schon 1820 hatte er sich als Künstler vortheilhaft bekannt gemacht. Damals rühmte man seine Copie von Correggio's Jo, und Gillparzer's Bildniss. Das erstere dieser Bilder ist nach dem Originalgemälde in Wien gefertiget; doch die Copien machen den geringsten Theil seiner Werke aus, der Künstler versuchte sich schon frühe in eigener Composition, und die Resultate waren bald die erfreulichsten. Er wurde daher mit anderen Künstlern zur Ausschmückung des neuen Schauspielhauses in Berlin berufen, und da sind von ihm im zweiten Vorsaal an der Wand 19 Darstellungen aus der Mythe des Apollo. Im ersten Vorsaale des Fest- und Concert-Lokales malte er an der Decke 21 einzelne und gruppirte Figuren. Nach Vollendung dieser Malereien erprobte der Künstler wieder in Staffeleibildern sein Talent, und endlich ging er auch nach Rom, um die Kunstschätze jener Stadt zu beschauen. Hier malte er für den Berliner Kunstverein die Befreiung der Andromeda durch Perseus, und Venus von den Grazien geschmückt. Diese beiden Bilder brachte er 1829 aus Italien mit sich nach Berlin, und da gefielen sie allgemein, da sich in ihnen Reichthum der Composition, schöne Wahl der Formen und eine eigenthümliche, gefällige Färbung offenbaret. Von dieser Zeit an blieb v. Klöber im Vaterlande, und mit jedem Bilde steigerte sich der Beifall, der ihm verdienter Weise auch gebührt. Ein vorzügliches Gemälde ist jenes, welches den Bacchus vorstellt, wie er den losgespannten Panther tränkt, ein Bild von lieblichem Farbentone und mit poetischem Geiste aufgefasst. Man erklärte es als eines der besten Werke der Berliner Kunstausstellung von 1831. Auch die Findung Mosis hat er in einem reichen heiteren Bilde dargestellt. Nicht minder schön ist seine Erkennungsscene zwischen Joseph und seinem Vater in Egypten. Die Anzahl seiner Gemälde ist indessen bedeutend, und diese bestehen in rein historischen Compositionen, in mythologischen Darstellungen, in romantischen Bildern und in Portraiten. Klöber hat ein entschiedenes Talent zur Historienmalerei. Er ist im Besitze aller Hülfsmittel seiner Kunst, Meister in der Composition, und das Ganze beherrscht ein klarer, malerischer Gedanke. Seine Gestalten sind charakteristisch, und immer geistreich vereiniget, selbst in grosser Masse nie überflüssig. Er verweilt gerne bei der Antike und in Darstellung des Nackten. Seine Verdienste sind auch bereits anerkannt. Die Akademie in Berlin zählt ihn unter ihre Mitglieder, und 1834 ernannte ihn der König zum Professor. Schliesslich bemerken wir noch, dass mehrere seiner Bilder mit Glück auf Porzellan copirt sind, treffliche und heitere Compositionen, Vorbilder für die Manufaktur.

Klöting, S., Kupferstecher und Kunsthändler zu Delft im 17. Jahrhunderte, dessen Lebensverhältnisse aber unbekannt sind. Sein Name oder das Monogramm mit beigefügtem exc. steht auf Blättern von verschiedenen flamändischen Meistern, Brulliot scheint aber zu zweifeln, ob Klüting auch selbst gestochen habe, was jedoch durch folgendes Blatt nach N. Poussin bestätiget wird:

Zwei Kinder, von denen eines Trauben isst, das andere aus einer Vase trinkt. Kloeting sc. et exc.

Klomp, Aelbert, Zeichner und Landschaftsmaler, dessen Lebensverhältnisse unbekannt sind. Er arbeitete gegen das Ende des 17. Jahrhunderts, und vielleicht ist er Schüler des P. Potter gewesen. Wenigstens malte er in der Weise dieses Meisters, und er zierte seine Bilder mit Figuren und Thieren, mit prächtigen Fontainen, Säulenstellungen und Ruinen von Gebäuden. Seine Färbung ist warm und angenehm, und Licht und Schatten gut vertheilt. Auch Zeichnungen finden sich von seiner Hand, färbige und solche in schwarzer Kreide. Füssly nennt im Supplemente einen Landschaftsmaler Klomper, und dieses ist wohl unser Künstler.

Klomp, P. van, Landschaftsmaler, dessen Lebensverhältnisse wir nicht kennen. In der 1801 zerstreuten Gallerie Stenglin war eine Landschaft mit Thieren von seiner Hand.

Klomper, s. den obigen Artikel.

Klooker, David, s. Klöcker.

Kloppenburg, Lucas, Kupferstecher, dessen Lebensverhältnisse ein anderer besser kennen mag, als wir. Man hat von ihm ein Titelblatt: Leven van den Grooten Apostel Paulus etc., 1712.

Klopper, J., Kupferstecher, der im 17. Jahrhunderte in Holland lebte. Man kennt Bildnisse von seiner Hand.

Kloss, Miniaturmaler, der 1650 in Berlin arbeitete.

Kloss, Friedrich Theodor, Maler aus Breslau, ein jetzt lebender Künstler. Er malt Landschaften und Marinen. Im Jahre 1828 stellte er das Seetreffen bei Navarin dar.

Kloostermann, Johann, s. Clostermann.

Klose, Johann Bartel, Maler von Würzburg, lernte in Prag bei K. Skreta, und 1670 wurde er daselbst in die Maler-Gesellschaft aufgenommen. Er starb auch in Prag im Jahre 1679. In der Pfarrkirche bei Matka Bozi na lozi, oder Maria in der Wiege, war von ihm ein gekreuzigter Christus mit Maria, Johannes und Magdalena, ein Werk, das jenen des Skreta an die Seite zu setzen ist. B. Kilian stach nach ihm Mehreres in Kupfer. J. Sooms hat Thesen nach ihm gestochen.

Klose, Friedrich Wilhelm, Maler zu Berlin, ein Künstler, der schon seit etlichen Jahren vortheilhaft bekannt ist. Er bildete sich um 1824 auf der Akademie der Künste in Berlin, unter Leitung des Pof. Gropius, und das Fach, welches er wählte, ist die Architekturmalerei. Seine Bilder sind in Aquarell und Oel ausgeführt, fleissig behandelt und in der Perspektive sehr gelungen. Seine Färbung ist klar, und auch als geschickter Techniker hat sich dieser Künstler bewiesen. Alles dieses lässt sich an seinen Darstellungen von Domen, Kreuzgängen und andern Interioren erkennen. Auch Landschaften malt dieser Künstler.

Klotz, Matthias, k. bayerischer Hofmaler, geb. zu Strasburg 1748, gest. zu München 1821. Sein erster Lehrer war Haldenwanger zu

Strasburg; im 18. Jahre begab er sich nach Stuttgart, um bei Guibal, dem damaligen Hofmaler, und bei Scoti, einem Theater-Architekten und Frescomaler, sich weiter auszubilden. Nach erlangter höherer Reife in verschiedenen Fächern der Kunst begab er sich nach Mannheim, wohin ihn der damals glänzende Hof des kunstliebenden Churfürsten Carl Theodor gezogen hatte. Klotz hatte sich vorzüglich der Portraitmalerei zugewendet, als der leichtesten Art, sich seinen Unterhalt zu sichern. Die Aehnlichkeit, die er seinen Bildnissen zu geben, und das Gefällige seiner Hintergründe, die er mit Landschaften und Blumen geschickt zu staffiren wusste, sagten dem damaligen Geschmacke zu, und erwarben ihm Ruhm und ausgezeichneten Beifall. Diese Gewandtheit im Fache der Landschaft bewog den Hoftheater-Architekten Lorenz Quaglio, dem Künstler den Antrag zu machen, die Stelle eines Hoftheater-Malers im Landschaftfache anzunehmen. Seit 1775 war er also unter Carl Theodor Hoftheater-Maler in Mannheim, binnen welcher Zeit er, da sich seine Arbeit nur auf Dekorationen für die italienische Oper beschränkte, mehrere der angesehensten Städte Deutschlands und Hollands besuchte. Im Jahre 1778 erhielt er in derselben Eigenschaft den Ruf nach München; doch dehnten sich jetzt seine Arbeiten auch auf landschaftliche Dekorationen für die deutsche Schaubühne aus. Die 20 Jahre lange grosse Anstrengung seiner physischen Kräfte zog ihm endlich eine chronische Krankheit zu, die ihn zuletzt hinderte, seinem Geschäfte vorzustehen. An Thätigkeit gewöhnt und ganz der Kunst lebend, ging er jetzt mit Ernst daran, sein schon frühzeitig projektirtes Farben-System auszuarbeiten. So erschien endlich 1810 in München bei Giel seine Farbenlehre. Alle Bildnisse, die Klotz später und mit Anwendung seiner Farbentheorie gemalt hatte, geben die Anwendbarkeit derselben deutlich zu erkennen, und sind darum seinen frühern weit vorzuziehen. So war dieser theoretisch und praktisch gebildete Künstler bis an's Ende seines Lebens thätig.

Klotz, Caspar, berühmter Miniaturmaler und der Sohn des Obigen, wurde 1773 zu Mannheim geboren, und von seinem Vater in der Kunst unterrichtet. Ausserdem erfreute er sich noch der Leitung des Direktors Dorner, und da sich bei ihm Fleiss mit grossem Talente paarte, gründete er bald den Ruf eines geschickten Künstlers. Im Jahre 1794 ernannte ihn Churfürst Carl Theodor zum Hofmaler und auch König Maximilian beschäftigte ihn in gleicher Eigenschaft. Dieser Fürst gestattete dem Künstler auch Reisen, und so besuchte er 1803 Paris, wo damals bereits ein Reichthum von Kunstwerken, wie nirgends, zu sehen war. Dann begab sich Klotz nach Wien, und nachdem er sich noch in anderen Städten Deutschlands umgesehen hatte, trat er zu Regensburg in ein eheliches Verhältniss. Von dieser Zeit an blieb der Künstler im Dienste seines Königs, und noch gegenwärtig ist er zu München in voller Thätigkeit. Die Anzahl seiner Bildnisse ist bedeutend. Er malte die Mitglieder des königl. Hauses, und Bildnisse dieser Art kamen an verschiedene Hofe.

Dann verdanken wir diesem Künstler auch eine höchst wichtige Erfindung, deren Resultate er jedoch nicht allenthalben bekannt gemacht hat. Es ist dieses ein neues Instrument, dessen Construktion auf sicheren, rein mathematischen Prinzipien beruht, und durch welches jeder Körper der Natur und Plastik, und jede Entfernung in natürlicher Grösse mathematisch richtig aufgenommen werden kann.

Klotz, Simon, Maler und Professor der Theorie der bildenden Künste an der ehemaligen k. b. Universität zu Landshut, wurde

5*

1777 zu Mannheim geboren, und von seinem Vater Mathias in den Anfangsgründen der Kunst unterrichtet, bis er nach München sich begab, um unter Dorner's Leitung auf der k. Gallerie daselbst seine Studien fortzusetzen. Von 1798—1800 besuchte er die Städte Wien, Dresden, Berlin und Copenhagen, und 1805 erhielt er seine Anstellung an der erwähnten Universität. Später machte er eine Reise nach Frankreich und Italien, um die verschiedenen Meisterwerke der Kunst zu studiren, und mit gründlichen Kenntnissen ausgerüstet, kehrte er endlich in's Vaterland zurück, wo er durch seine Werke allen Beifall fand. Er malte mehrere heilige Geschichten, Landschaften und Bildnisse in Oel. In seinen Bildern offenbaret sich eine lebhafte Phantasie und tiefes Gefühl, und das Ganze ist in edlem Style gehalten. Ueberhaupt gehört Klotz zu den guten Künstlern seiner Zeit, im historischen wie im Landschaftsfache. Der Tod machte 1825 seinem Leben ein Ende. Seine und seines Bruders Caspar Malereien aus dem lieblichen Kreise des Amor und der Psyche in einem Sommer-Schlosse Carl Theodor's zu Berg am Laim sind mit dem Gebäude untergegangen. Im k. Münzgebäude zu München ist noch ein Deckengemälde in Fresco über der Stiege von Klotz, die Verbindung der producirenden Natur mit der Kunst in Absicht auf Industrie darstellend. Ein anderes öffentliches Gemälde von diesem Künstler ist durch Brand zu Grunde gegangen, nämlich die Darstellung der Aurora nach G. Reni auf dem Vorhange des neuen Theaters in München. Dann finden sich auch Lithographien von diesem Künstler, die als interessante Beiträge zur Geschichte der Vervollkommnung dieser Kunst zu betrachten sind. Sie gehören zu den besten Erzeugnissen dieser Art in ihrer Zeit; mit der unsrigen können sie begreiflich den Vergleich nicht aushalten. Die noch junge Kunst der Lithographie hat ja auch schon ihre Jucunabeln.

1) Jesus, halbe Figur, oval.
2) Die Taufe Christi etc.
3) Maria mit dem Kinde und zweien Aposteln, fol.

Klotz, Joseph, Landschafts- und Decorationsmaler, Mathias Sohn, wurde 1785 zu München geboren, und der Vater war es, der ihn mit den Grundsätzen der Kunst vertraut gemacht hatte. Schon mit tüchtigen Kenntnissen ausgerüstet, trat er seine Reise an, und nun setzte er Frankreich und das nördliche Deutschland zum Ziel. Er besuchte Paris und Berlin, überall mit dem Studium seiner Kunst beschäftiget, und so brachte er es im Fache der Decorationsmalerei zu grosser Vollkommenheit. Diese wählte er zur Hauptbeschäftigung, übte aber auch die Malerei in Oel, und dass er dazu nicht geringe Anlage hatte, beweisen die Bilder, die sich hie und da von seiner Hand finden. Nach seiner Heimkehr wurde Klotz beim k. Hoftheater in München verwendet, und von dieser Zeit an erfreute er das Publikum durch verschiedene schöne Decorationen. Grosses Aufsehen erregte 1814 auch sein grosses Transparentgemälde, welches den Brand von Moskau vorstellte. Nach dem Tode seines Vaters wurde er königl. Theatermaler, aber nur wenige Jahre mehr war es ihm gegönnt, seiner Kunst zu leben. Im Jahre 1830 starb er in seiner vollen Kunstblüthe.

Klotz, August, Historienmaler, Caspar's Sohn, wurde 1808 in Augsburg geboren, und auf der Akademie der Künste in München, wo sein Vater domicilirt, unter Leitung des Direktors von Langer in die Grundsätze der Kunst eingeweiht, bis P. von Cornelius das Direktorat jener Kunstanstalt übernahm. Klotz widmete sich dem historischen Fache und 1829 machte er sich durch ein Gemälde mit

Maria und Martha vortheilhaft bekannt. Im Kunstblatte desselben Jahres ist dieses Bildes mit Ehren erwähnt. In der Theatiner-Kirche zu München malte er einen colossalen Christus am Kreuz, und überdiess führte er biblische Darstellungen in Oel aus.

Er malt auch sehr schöne und ähnliche Bildnisse in Miniatur.

A. Klotz ist Conservator des Kunstvereins in München.

Klotz, Carl, Maler und Bruder des Obigen, wurde 1810 geboren, und auch er besuchte die Akademie der Künste in München. Er widmete sich mit Glück der Genremalerei, und aus Begierde fremde Länder und fremde Sitten zu sehen, ging er zu jener Zeit, als König Otto den Thron von Griechenland bestieg, mit dem bayerischen Heere nach Hellas; allein hier starb er 1834 in der Blüthe der Jahre.

Klünne, A., Medailleur zu Altona, ein jetzt lebender Künstler. Von ihm ist die Medaille zum Andenken des 1836 in Paderborn begangenen tausendjährigen Liborianischen Jubelfestes.

Klüpfel, Johann Conrad, Kupferstecher, der zu Anfang des 17. Jahrhunderts lebte, aber in seiner Kunst nur mittelmässig ist. Man hat Bildnisse von seiner Hand; solche sind in Z. Theobald's Beschreibung des Hussiten Krieges um 1620 gefertiget. Der Person nach interessant ist Küpfel's Bildniss des Hieronymus von Prag, mit Aufschriften, 8. Ein anderes Bildniss von diesem Künstler stellt den Johannes Ziska dar, mit Jo. Cn. Kl. sc. bezeichnet, in 8.

Klug, Moriz Erwin, Kupferstecher, wurde 1802 zu Neustadt-Dresden geboren, und auf der Akademie seiner Vaterstadt in den Anfangsgründen seiner Kunst unterrichtet. Später fand er königl. Unterstützung, um zu Parma in Toschi's Schule sich weiter zu vervollkommnen, und er hat auch bereits schöne Proben eines trefflichen Talentes geliefert.

1) St. Johann Baptist, nach Correggio.
2) St. Hieronymus, nach Guercino.
3) Venere conducendo Enea alle sponde d'Italia, nach Aug. Carracci, 1833.
4) Etliche Blätter für die Hefte, welche zum Geschenke des sächsischen Kunstvereins bestimmt sind.
5) Portraite und Vignetten.
6) Etliche radirte Landschaften.

Kluge, August, Maler, wurde 1800 zu Leipzig geboren, und hier auch in den Anfangsgründen der Kunst unterrichtet. Er widmete sich der Bildnissmalerei, die er in verschiedenen Orten übte, und 1836 begab er sich nach München.

Klump, Architekt aus Tübingen, ein Künstler unsers Jahrhunderts, dessen Lebensverhältnisse wir nicht kennen. Um 1810 hielt er sich in Rom auf.

Klussenburg, s. Clussenbach.

Kluyt, Maler, der unter M. Mirevelt's Schüler gezählt wird.

Knapp, Johann, Maler, ein durch die ansprechendsten und gelungensten Blumen-, Frucht- und Thierstücke rühmlich bekannter Künstler, wurde 1778 in Wien geboren, und hier erlangte er den ersten Unterricht unter der Leitung des berühmten Professors Drechsler in der k. k. Akademie der b. K., die er nach drei Jahren verliess, um zu Erdberg in einer Tapetenfabrik Unterhalt zu finden. Nach drei Jahren sah er sich wieder genöthiget, die Fabrik zu verlassen, und nun kam er als Haus-Scholar in die Wohnung des Prof. Drechsler, dem er eine solche Tapetenfabrik einrichtete, und wobei er auch in der Kunst solche Fortschritte machte, dass er im Stande war, während der Krankheit seines Lehrers in der k. k. Akademie Unterricht zu geben, und allgemeine Zufriedenheit einzuerndten. Auch viele Gemälde führte er aus, die unter Drechsler's Namen die Zierde manches Kunstsaales sind.

Das Wiener Aufgebot von 1797 rief unsern Künstler in's Feld; allein nach hergestelltem Frieden gelangte er wieder an seinen vorigen Platz, und nun hielt seine Obsorge mit seiner Vervollkommnung durch eilf Jahre stets gleichen Schritt. Hierauf kam Knapp in den k. k. holländischen Garten nach Schönbrunn, wo er Gelegenheit bekam, durch Arbeiten für die Gräfin von Bucquoi seinen Beruf zum naturhistorischen Maler zu erfüllen. Den vorzüglichsten Sporn, die Natur mit dem angestrengtesten Fleisse zu verfolgen, fand der Künstler in der Gunst des Freiherrn von Jacquin, so wie in jener Füger's, der ihm im Hause des Herzogs von Ahremberg Lektionen und dadurch Gelegenheit verschaffte, dem hohen Adel des In- und Auslandes als Lehrer und Meister bekannt zu werden. Im Jahre 1804 endlich wurde dem Künstler die hohe Gnade zu Theil, beim Erzherzog Anton angestellt zu werden und Unterstützung zu finden. Eine Sammlung inländischer Schwämme, 280 Blätter in Folio; drei Foliobände, jeder von 100 Bl. exotischer Pflanzen, nach der Natur gemalt; Oesterreich's Weintrauben, in Folio gemalt, nebst einer Früchtesammlung von 400 Stück geben von seinem Fleisse und seinen Fortschritten nach und nach rühmliche Beweise. Ausserdem vollendete Knapp für den Erzherzog drei Oelgemälde, eines von Rosen, eines von Hyacinthen, ein grösseres aber von exotischen Blumen. Auch der Erzherzog Johann besitzt von ihm eine Flora Alpina von mehr als 300 Alpengewächsen, die auf drei Reisen in die Gebirge von Sr. Hoheit eigenhändig gesammelt, unter Knapp's Leitung vom Kupferstecher Beckenkam bearbeitet wurden (1821), ein ausserordentliches Unternehmen, so wie die von Sr. k. H. unternommene Sammlung natürlicher Rosenfamilien.

Oelgemälde von Knapp besitzt das Johanneum in Grätz, der Grossherzog von Sachsen-Weimar, Fürst Esterhazy, der Graf Spangen und die k. k. Gallerie. Mehrere kamen in den Besitz einiger hohen Familien nach Warschau und Russland. Nach Italien malte er die k. k. Menagerie, wie sie 1800 zu Schönbrunn stand, nach der Natur. Auch in Neapel, in Frankreich und in den Niederlanden wurde sein Ruf verbreitet.

Im Jahre 1820 fasste er den kühnen Entschluss, dem berühmten Freiherrn von Jacquin von den ausgezeichnetsten Lieblingen Florens aus allen Welttheilen einen ungeheuern überraschenden Strauss zu binden. Das Gemälde selbst von 7 Schuh Höhe und 5 Schuh 2 Zoll Breite stellt einen prunklosen, durch einfallendes Sonnenlicht beleuchteten Saal vor. Der Blumenstrauss erhebt sich aus einer Bronze-Vase auf einem Piedestal, an dessen Stirnseite die anspruchslose Linea borealis und die Jacquinia mucronata sich über Jacquin's Büste zum sinnvollen Kranze verschlingen. Das Piedestal schmücken mehrere von dem berühmten Naturforscher in eigenen Monographien und Werken beschriebene Pflanzenfamilien.

Eine Seitennische des Saals schmückt Linné's Büste. Den untern Raum beleben Goldfische in einem Glastopfe, herumschwärmende Insekten, Käfer u. dgl. Der ungeheuere Blumenstrauss versetzt in süsses Erstaunen; ein reizendes Chaos von mehr als hundert Prachtexemplaren der Flora. Ein jegliches ist so glücklich aufgefasst, so künstlerisch vertheilt, dass keine Blüthe sich über ihren Standpunkt zu beklagen hat, eine Farbe durch die andere kräftig gehoben wird, und der, vom frappanten Eindrucke des Ganzen bewältigte Blick sich mit Wohlgefallen an den Schönheiten einzelner Gruppen berauscht. Im Jahre 1821 wurde dieses Meisterwerk im Universitäts-Saale aufgestellt.

Knapp starb 1833 zu Schönbrunn und sein Sohn wurde sein Nachfolger.

Knapp, Johann Michael, Architekt, wurde 1793 zu Ludwigsburg in Würtemberg geboren, und in Stuttgart in die Grundsätze seiner Kunst eingeweiht. Er ging frühzeitig nach Rom, um die alten klassischen Monumente der Baukunst zu studiren, er verwendete aber auch ein grosses Augenmerk auf die christlichen Denkmäler, und als Resultat dieser Forschungen arbeitete er mit Gutensohn ein Werk aus, unter dem Titel: Denkmale der christlichen Religion oder Sammlung der ältesten christlichen Kirchen oder Basiliken Roms, vom 4. bis zum 13. Jahrhundert. Rom 1822. gr. fol. Auf Blättern dieses Werkes steht das Monogramm oder der Name dieses Künstlers. In Rom zeichnete der Hofmaler C. Vogel 1820 das Bildniss des Künstlers, und dieses ist in der bekannten Portrait-Sammlung desselben. Nach seiner Zeichnung wurde die Begräbnisskapelle der Königin von Würtemberg erbaut, und dieser Plan erwarb ihm von Seite der Künstler sowohl, als selbst von auswärtigen Ministern und Grossen ungetheilten Beifall. Knapp hat indessen noch viele andere Plane geliefert, vollendete Werke ihrer Art.

Knapp, Anton, Maler in Mainz, wurde zu Anfang unsers Jahrhunderts geboren, und seine Reife als Künstler erlangte er in Wien, wohin er durch die Unterstützung des Fürsten Metternich kam. Dieser grosse Minister sah von Knapp einmal eine schöne Landschaft mit Sonnenuntergang, und überzeugt von dem grossen Talente des Künstlers, sorgte er für dessen Ausbildung. Knapp hat bereits seinen Ruf begründet, und besonders schön sind seine Landschaften mit Mond und Abendbeleuchtung. Mehrere seiner Gemälde stellen Ansichten aus den Tiroler Gebirgen dar, mit sprechender Wahrheit und in grossem Style gemalt. Auch Genrestücke finden sich von diesem Künstler.

Knappe, Carl Friedrich, Zeichner und Maler, erlernte seine Kunst bei J. F. Grooth, und wie der Meister, so kam auch er in Dienste des russischen Hofes. Er war schon 1774 Mitglied der k. Akademie zu St. Petersburg, und später erhielt er auch den Titel eines akademischen und Hofrathes. Um 1808 ereilte ihn der Tod.

Dieser Künstler malte Thiere und Pflanzen mit grossem Beifalle. Von ihm sind die Zeichnungen der Flora physica.

Knappich oder Knabich, Johann Georg, Historienmaler zu Augsburg, Schüler des J. Heiss, genoss zu seiner Zeit grosse Achtung. Er wurde von Klöstern viel beschäftiget, und in mehreren Klosterkirchen sah man Altarblätter von seiner Hand. Auch andere Kirchen haben Altarblätter von ihm gemalt. Im Dome zu Augsburg ist von ihm ein Altarbild mit der Geburt Christi. Starb 1704, im 67. Jahre. J. G. Schauer hat nach ihm das Bildniss des Abtes Wilib. Popp von St. Ulrich gestochen.

Knapton, Georg, Maler, war ein Schüler von J. Richardson. Er malte in Pastell, besonders Portraite, von denen M. Ardell jenes des Contre-Admiral Hawke, und J. Faber die der Singerin du Parc und des Sängers Carestini gestochen haben. B. Picard machte das Bildniss von Tindal in Schwarzkunst bekannt, und Ardell stach auch das Bild eines Landmädchens: Country-Maid.

Knapton wurde 1765 Inspektor der k. Gemäldesammlung in Kensington, und hier starb er 1778, im 80. Jahre.

Man rechnet diesen Künstler auch zu den Kupferstechern in Lavismanier, allein das auf ihn gedeutete Monogramm gehöret einem C. Knapton an, und wenn auch eines aus G. K. zusammengesetzt existirt, so ist uns dieses wenigstens nicht bekannt. S. den folgenden Artikel.

Knapton, Charles, Zeichner und Kupferstecher zu London, vielleicht der Bruder des Obigen, dessen Lebensverhältnisse unbekannt sind. Seiner haben wir schon im vorhergehenden Artikel erwähnt, und wir glauben, dass es jener Künstler sei, der 1760 im 60. Jahre gestorben ist, eine Angabe, die man anderwärts, wie bei Heller, dem Georg Knapton anpasst.

1) Die 27 Blätter in Arthur Pond's Sammlung von Nachbildungen italienischer Meister. Das Monogramm auf diesen Blättern besteht aus den Buchstaben C. K. und nicht aus G. K., und so glauben wir, dass Georg Knapton nichts damit gemein habe. Auch die Initialen C. K. f. findet man auf Blättern in Lavismanier und auf Zeichnungen nach verschiedenen Meistern. Von Knapton sind besonders Landschaften nach Guercino in dieser Sammlung.
2) Die Predigt des heil. Paulus zu Athen, G. P. P. del. (Giuseppe Paolo Pannini) und Knapton's Monogramm. E. Museo Dni Arthuri Pond. Camajeu von drei Holz- und einer Kupferplatte, kl. qu. fol.
3) Eine Ansicht von Rom, nach Claudio's Zeichnung, 1753, qu. fol.
4) Landschaft mit einem Hirsche, nach demselben.
4) Der Constantin-Bogen und andere Ruinen, nach Pannini, kl. qu. fol.
5) Ein Vogel mit einem Fischkopf auf dem Baumast sitzend, nach G. da Udine, 1736. Umriss, fol.
6) Vier Figuren in einem Kahne, nach Guercino.
7) Zwei sitzende Figuren, die eine mit einem Falken, nach demselben.
8) Landschaft mit einer Brücke in der Ferne, nach Guercino.
9) Landschaft mit zwei Figuren vor einem liegenden Baum, nach Guercino.
10) Landschaft mit einem Mann und einem Kinde auf der Anhöhe, nach Guercino.
11) Landschaft mit zwei Weibern neben brennenden Kohlen, nach Guercino.
12) Landschaft mit einem Kinde, das einen Vogel hält, nach Guercino.

Knauscher, Johann Leonhard, Maler und Lithograph zu Ansbach, dessen Lebensverhältnisse wir nicht kennen. Starb 1805, im 66. Jahre.

Knauth, Heinrich, Zeichner und Maler, wurde 1804 in Dresden geboren, da er aber anfangs nicht zur Kunstübung bestimmt war, konnte er erst später seiner Lieblingsneigung folgen. Durch Zufall kam Knauth 1829 nach Frankfurt a. M., und hier fand er Gelegenheit, bis 1831 das Städel'sche Institut besuchen zu können. In dieser gut organisirten Anstalt bereits mit tüchtigen Kenntnissen ausgerüstet, ging er zur weitern Ausbildung nach München, und gegenwärtig besitzt er das Lob eines trefflichen Künstlers. Es finden sich von seiner

Hand schöne und fleissig vollendete historische Zeichnungen und Genregemälde, Scenen, welche deutlich zum Beschauer sprechen; wie neben anderen sein Cisterzienser, der einer in Gram versenkten Wittwe mit zwei Kindern Trost ertheilt. Der Künstler hat hier das unschuldige, unbewusste Lächeln der Kleinen, den Schmerz der weinenden Mutter und das ernste Nachdenken des erwachseneren Mädchens gut bezeichnet. Im Jahre 1836 stellte er in einem Gemälde Pilger dar, und auch dieses Bild verdient eine rühmliche Erwähnung, wie mehrere dieses trefflichen Künstlers.

Knebel, Leopold, Maler zu Berlin, wurde um 1810 geboren, und auf der Akademie der Künste daselbst in die Grundsätze der Malerei eingeweiht. Nebenbei genoss er auch den Unterricht des Inspektors Ternite, und auf solche Weise erkräftiget, konnte er schon 1828 mit seinen Leistungen hervortreten. Er malt Bildnisse und Genrestücke, auch historische Darstellungen, und mehrere solcher Bilder sah man bei Gelegenheit der Berliner Kunstausstellungen. Im Jahre 1836 concurrirte er um den ersten Preis der Malerei, wobei aber Haselowsky als Sieger vom Schauplatze trat. Doch auch die Arbeit Knebel's war gut, in mehrerer Hinsicht ebenfalls preiswürdig.

Knebel, W. von, Fräulein, Kunstliebhaberin, die um 1793 in Berlin Zeichnungen zu den Kunstausstellungen gab. Diese sind nach grossen Meistern gefertiget, in Rothstein und in schwarzer Kreide.

Knecht, Peter, der Besitzer einer berühmten Waffenfabrik in Solingen, findet ebenfalls in der Reihe der Künstler eine Stelle. Er stammt aus einer Steiermärkischen Familie, die seit Jahrhunderten berühmte Waffenschmiede zählte, und 1798 wurde unser Künstler geboren. Des Vaters früh beraubt, hatte er sich in seiner frühen Jugend nicht der glücklichsten Verhältnisse zu erfreuen, seine gebildete Mutter sparte aber kein Opfer, um auch den Sohn als nützliches Glied des Staates heranbilden zu lassen. Knecht gewann schon frühe das Lob eines guten Zeichners, und das Stempelschneiden, Damasciren, Vergolden u. s. w. boten ihm die Mittel, um Bücher- und Instrumente anzukaufen. In seinem 19. Jahre hatte er sich auch schon im Malen, Kupferstechen, im Steinschneiden und in Verfertigung mathematischer und optischer Instrumente mit Glück versucht, und endlich übernahm er das 14 Jahre stillgestandene Waffenfabrik-Geschäft seines Vaters. Es traten ihm dabei unendliche Hindernisse entgegen, aber sich mit aller Kraft dagegen stemmend, sah er sich schon nach drei Jahren im Besitze des schönsten Geschäftes, und gegenwärtig ist seine Fabrik eine der glänzendsten in Europa. Seine Fabrikate gehen selbst nach England und Indien, da seine Damascener Klingen an Güte und Schönheit selbst die orientalischen von Golconda, Schiras und Chorossan übertreffen. Selbst Meister in allen Metallarbeiten, ein trefflicher Zeichner und Medailleur, veredelte er die Formen und Verzierungen seiner Fabrikate so sehr, dass seine Damascirungen, Vergoldungen, Niello's und Incrustationen in Gold, Stahl etc., meistens in eigenen Erfindungen bestehend, alles bisher bekannte dieser Art übertreffen. Früher bezog die Solinger Fabrik die feinen Montirungen von Stahl, vergoldeter Bronze und Silber aus London und Paris, gegenwärtig aber liefert diese Manufaktur solche selbst nach den erwähnten berühmten Städten.

Knecht's Kunstleistungen und die ausgezeichneten Verdienste um die Waffenfabrikation fanden auch überall die höchste Anerkennung und die meisten Regenten Europa's drückten ihm auf verschiedene Weise ihre Zufriedenheit aus.

Knechtelmann, Lucas, Maler zu Ulm, der in der ersten Hälfte des 16. Jahrhunderts lebte, und noch darüber hinaus. In der S. Salvators-Kirche zu Nördlingen ist der Hochalter mit dem reichen Schnitzwerke von seiner Hand, mit der Jahrzahl 1518—1561 versehen. Es gab in Ulm mehrere Künstler dieses Namens, auch mit dem Beinamen Bayer, was vielleicht auf ihre bayerische Abkunft deutet.

Der Maler Max Knechtelmann wurde 1440 Bürger in Ulm. Um 1449 lebte dort ein Maler Bartel Knechtelmann, und zu gleicher Zeit ein anderer Namens Martin. S. Weyermann's Nachrichten 1829.

Knehcs oder Knehcs, Peter, ein Name auf satyrischen Blättern, bedeutet den Peter Schenk. Auch auf Bildnissen findet man ihn zuweilen.

Kneip, Gebhard, Maler in Prag, von welchem Dlabacz sagt, dass er den gelehrten Rafael Karl Ungar gemalt habe.

Kneller, Gottfried, berühmter Bildnissmaler, geb. zu Lübeck 1648, gest. zu London 1723. Mit den Anfangsgründen der Kunst vertraut ging er nach Holland, um die Schulen von Rembrandt und Boel zu besuchen, und dann beschloss er nach Italien zu reisen, damit er auch Titian's und Annibale Carracci's Werke studiren könnte. In jener Zeit war es die Historienmalerei, die ihn beschäftigte, aber schon in Venedig fing er an, nach dem Ruhm eines Bildnissmalers zu streben. Da malte er den Cardinal Bessadonna, den Dichter Joseph Carrera und andere Männer. Die Rückreise in's Vaterland trat er durch Deutschland an, und bei dieser Gelegenheit malte er in Bayern und zu Hamburg viele Portraite, und um 1675 begab er sich mit seinem älteren Bruder nach London, wo sein glänzendster Wirkungskreis zu suchen ist. Damals war Lely im Ruhme, allein Kneller verdunkelte diesen dermassen, dass Lely aus Gram zu Grunde ging. Karl II. ernannte ihn zu seinem ersten Maler, Wilhelm III. zum Ritter, und Georg I. zum Baronet, und die Königin Anna bestätigte seine Wahl zum Präsidenten der Akademie der Künste. Kneller war der erste, der den Gedanken, ein solches Institut zu gründen, aussprach, und die geachtetsten Künstler jener Zeit unterstützten den Plan. Im Jahre 1697 wurde in der Great-Queen-Street eine Art Akademie eröffnet. Doch löste sich das Institut bald wieder auf. Auch Thornhill's und Van der Bank's Unternehmungen hatten keinen günstigen Erfolg, und endlich trat der Akademien Verächter Hogarth dennoch als Direktor derselben auf. Kneller war bei aller seiner künstlerischen Thätigkeit auch noch Friedensrichter, allein es traf sich manchmal, dass er über dem Malen den Richter vergass. Indessen war er ein Mann von Geist und Herz, rechtlich, nur kein zu eifriger Bibelleser. Nach seinen Glaubensartikeln war ihm Gott das genialste aller Wesen, das eben desswegen alle genialen Menschen liebe. Die Malerei war ihm die genialste aller Künste, und sich selbst hielt er für den genialsten aller Maler. Walpole erzählt viele Anekdoten aus seinem Leben.

Sir Goffrey Kneller malte eine ausserordentliche Anzahl von Gemälden, die fast alle Grossen und berühmten Männer seiner Zeit vorstellen. Auch viele Damen des Hofes malte er, und die meisten derselben waren ihm seiner feinen körperlichen und geistigen Bildung wegen zugethan. Carl II. schickte ihn nach Paris, um Ludwig XIV. zu malen, allein dieser starb während der Anwesenheit des Malers. Für Wilhelm III. malte er die schönsten Hofdamen, und eine goldene Kette mit Medaille, an 300 Pf. St. werth, war der Lohn des Künstlers. Dann malte er den grossen Czar Peter und Carl VI. von Spanien. Er malte 10 Souveraine, und die grössten Männer Englands: Marlborough, Newton, Dryden, Godolphin, Somers etc., die Herzogin von Grafton, Lady Ranelagh u. a., alle Häupter des brittischen Adels. Das Bildniss eines getauften Chinesen erklärte er für seine vollkommenste Arbeit, Walpole meint aber, das Bildniss Gibbon's sei noch vorzüglicher. Dallaway will den Bildnissen des Dr. Wallis und des Lord Crew den Vorzug einräumen. Letzteres ist im Ausdruck und Farbenton so meisterhaft, dass es Reynolds bewunderte und studirte. Die Köpfe von Addison und Nelson werden der geistreichen Pinselführung wegen gerühmt; und als bemerkenswerth erklärt man auch die Bildnisse des Bibliothekars Humphrey Wanley, des Mr. Knight, als Büssender vor dem Crucifixe; Georg II. als Prinz von Hannover; Richard Temple, Simon Harcourt, Charles Lenox, Herzog von Richmond; der Gräfin von Peterborough etc. Bei seinem Tode waren 500 Bildnisse unvollendet da; der Künstler hatte sein Atelier in der spätern Zeit zu einer Portraitfabrik erniedriget, wozu ihn der unsägliche Durst nach Reichthum verleitete. Er selbst malte in letzterer Zeit nur mehr die Gesichtszüge, und dieses mit einer unglaublichen Geschwindigkeit. Seine Gesellen malten dann die Perücken, die Hüte, Röcke, jeder etwas anderes, vom Knopfe bis zur Manschette. So entstand ein Flickwerk ohne Harmonie der Farbe, ohne Correktheit der Zeichnung, ohne Charakter in Stellung und Gebärde, ohne vortheilhafte Vertheilung von Licht und Schatten, und dennoch nahm man keinen Anstand, solche Fabrikate für Werke des berühmten Kneller zu halten. Seine besseren Werke gehören der früheren Zeit des Künstlers an, dazu sind aber seine historischen Darstellungen nicht zu rechnen. Doch ging er auch in früher Zeit mit grosser Leichtigkeit zu Werke, und als er einst mit Lely den König zu gleicher Zeit malte, war Kneller fertig, bis der andere die ersten Linien auftrug. Doch solche Bravourstücke erregten damals Bewunderung und Alles war gethan, wenn dazu noch die Perücke recht elegant aufgeputzt, die Weste zierlich nachgeahmt und andere Stücke der Zopfperiode gut angepasst waren. In seinen besseren Werken erkennt man eine Nachahmung Van Dyck's. Von ächter Kunst kann wohl in wenigen seiner Werke die Rede seyn; allein er befriedigte seine Zeit vollkommen, und die unsrige weiss, dass sie ihren Maasstab nicht an dieselben legen darf, da Kneller den neuen Anforderungen nicht genügen kann. Seine Zeitgenossen schätzten ihn unendlich hoch, und an seinem prächtigen Monumente in der Westminster-Abtei steht Rafael's Grabschrift in's Englische übersetzt. Es wurden mehr wie 300 Bilder dieses Künstlers gestochen, besonders von John Smith und John Faber. Dann stachen nach ihm J. Simon, J. Becket, F. Kyte, Drevet, A. Miller, P. Schenk, J. Verkolje, G. Vertue, R. White, B. Picart, G. Faithorne, V. Green, van der Gucht, P. van Gunst, Houbracken, G. Valk, P. van der Bank, P. Dupin, Bowles, J. Gole u. a.

J. Smith hat sein Bildniss in schwarzer Manier gestochen.

Kneller, Johann Zacharias, Maler und älterer Bruder Gottfrieds, soll 1646 geboren seyn, während ihn Walpole um 13 Jahre älter macht. Sie lebten gemeinschaftlich in Rom und auch nach

England gingen sie mit einander. Unser Künstler malte in Aquarell, in Oel und Fresco, besonders Architekturstücke und Stillleben. Dann copirte er auch die Werke seines Bruders. Starb 1702.

Knibbergen, Landschaftsmaler, der um 1630 in Holland lebte. Er hatte grosse technische Fertigkeit, aber wenig Farbensinn. Seine Bilder sind grau und eintönig. Seiner erwähnt Hochstraeten in der Akademie der Schilderkunst bei Gelegenheit eines Streites, welchen Knibbergen mit van Goyen und Porcellis hatte.

Kniep, Christoph Heinrich, Zeichner, geb. zu Hildesheim 1748, gest. zu Neapel 1825. Sein Vater, ein nicht sehr bemittelter Bürgersmann, hätte zur Entwicklung des frühe keimenden Kunsttalentes seines Sohnes schwerlich viel beitragen können, wäre ihm nicht der Umstand naher Verwandtschaft mit einem Theatermaler in Hannover zu statten gekommen. Dort erhielt also der Jüngling seine erste Bildung zum Künstler, und als er seine Lehrjahre vollendet hatte, begab er sich nach Hamburg, wo er sich einige Zeit aufhielt und mit Portraitzeichnen nach dem Leben sich beschäftigte. Dies brachte ihm reichlichen Erwerb und den grossen Vortheil, täglich in Gesellschaft der angesehensten und gebildetsten Personen beiderlei Geschlechts und jeden Standes zu seyn. So wurde ihm das Glück zu Theil, mit Männern, wie Klopstock, J. H. Voss, Claudius, Campe, Reimarus und Schröder persönlich bekannt zu werden. Hierauf begab er sich nach Cassel, dann über Lübeck nach Berlin, wo in dem letzten Jahrzehent der Regierung Friedrichs des Grossen alle Friedenskünste in voller Blüthe standen. Dort fand er an Kraschinsky, Fürstbischof von Ermeland, einen Gönner, der ihn nach Heilsberg, dem bischöflichen Sitze, nahm, wo der junge Künstler für ihn und seine vornehmen Domherren eine Zeitlang vollauf zu thun hatte. Der Fürst sah ein, von welchem Nutzen seinem Schützling eine Reise nach Rom seyn würde, und erbot sich grossmüthiger Weise nicht nur zur Bestreitung der Ausgaben unter Wegs, sondern versprach auch, für freien Unterhalt auf mehr als ein Jahr hinaus zu sorgen. Kniep betrat Rom, sah sich aber durch den Tod seines Gönners bald aller Hülfe und der Hoffnung beraubt, in Bälde das einförmige Reissblei mit dem Pinsel vertauschen zu können, wie er sich vorgenommen hatte. Er war jetzt gezwungen, Zeichnungen nach Gemälden und alten Denkmalen, kleine An- und Aussichten von Rom um jeden Preis zu verfertigen, um Mangel und Noth von sich abzuwehren, aber die schönen Geburten einer regen Einbildungskraft und eines verfeinerten Geschmacks in lebhafte Farben zu kleiden, das war und blieb ihm unwiderruflich versagt. Kniep that, was er konnte, und es gelang ihm, sich nach und nach herauszuarbeiten, als eine gewisse deutsche Standesperson etwas unüberlegt ihn nach Neapel zu sich einlud, wo diese aber der Mittel beraubt war, sich auf irgend eine Art des Künstlers anzunehmen. In dieser bedrängten Lage suchte er sich nun mit Vedutenzeichnen, nunmehr seinem Hauptfach, so gut als möglich fortzubringen. Bald erschien auch der bekannte Historienmaler Wilhelm Tischbein, der Kniep schon anderswo liebgewonnen und aufgemuntert hatte, in Neapel, und zog ihn sogleich aus seinem einsamen Dachstübchen, um ihn bei einem grossen Mann einzuführen. Es war Göthe, der gerade Italien bereiste, und einen braven Künstler zu seinem Begleiter auf der Reise, welche er nach Italien vor hatte, suchte. So verlebte er zwei Jahre eines höhern doppelten Daseyns, erst auf dem Zug um jene merkwürdige Insel, und nachher noch zu Neapel mit Göthe, der gewiss auch Ursache hatte, sich zu dem in jeder Hinsicht so wohl gelungenen Unternehmen Glück zu wünschen. Als dieser Neapel verliess, schloss Kniep sich vollends an Tischbein an und wohnte Jahre lang mit ihm sogar unter einem Dache. Nicht minder gewogen ward ihm Ph. Hackert, der um dieselbe Zeit auf dem Gipfel seines Ruhms und Glücks als königl. neapolitanischer Hofmaler stand. Unter der Anführung solcher Meister und unter unablässiger Betrachtung einer wunderschönen Natur, so wie der auserlesensten Kunstwerke jeder Gattung machte Kniep Riesenschritte, und er erhob sich vom Vedutenzeichner zum trefflichen Componisten. Um jene Zeit arbeitete Tischbein schön an seinem trefflichen Vasenwerke. Es ist auffallend, wie innig Kniep diesen heroischen Figurenstyl sich angeeignet, wie treu er ihn behandelt hat. Ueberhaupt wusste er die Figur geschickt zu behandeln, verstand die Theorie der höhern Baukunst und die Regeln der Perspektive aus dem Grunde. Die ehrwürdigen Tempel von Pästum waren in ihrer Art sein erhabenes Vorbild, und er brachte sie in seinen Landschaften gerne und stets am rechten Orte an. Baumschlag, Wasserfall, Berg, Fels, Architektur, menschliche Gestalt, kurz jede Form veredelte Kniep's Meisterhand, ohne das Liebliche auszuschliessen. Zum Erstaunen ist die Kunst, womit er in seinen schattirten Zeichnungen die Lichter auszusparen und abzustufen, — die Genauigkeit, mit welcher er seine Vordergründe auszuarbeiten wusste. Eine Welt von Pflanzen prangt darin, bis in die kleinsten Theile täuschend wahr und rein ausgeführt. Die Anatomie und Darstellung der verschiedensten Vegetation, des Gesteins u. s. w. hatten wenige Künstler so vollkommen inne, wie er. Und dass über der ängstlich fleissigen Ausführung der Flug der Begeisterung nie ermattete, sondern sich stets gleichblieb, das ist der Triumph von Kniep's Kunst und der Charakter seiner Schöpfungen. Er war vertraut mit den klassischen Dichterwerken, und die altschottische und griechische Fabel- und Heldenwelt, so wie Klopstock's Messiade gaben ihm Stoff zu mancher Composition, zu mancher interessanten Episode und Gruppe in seinen Landschaften. Ausserdem war er in der Geschichte und in andern Wissenschaften wohl bewandert und besass dabei das angenehmste gesellschaftliche Talent. Er blieb unverehelicht.

In den ersten zwanzig Jahren seines Aufenthaltes in Neapel arbeitete Kniep meistens in Sepia. Da ihm aber diese Arbeit in die Länge gar zu ermüdend wurde, so verlegte er sich nach jener Zeit auf das Zeichnen mit schwarzer Kreide, meist auf weissen Grund, und leistete in diesem, wie vorher in einem andern Fache Alles, was nur möglich war. Ohne Jemand zu nahe zu treten, lässt sich behaupten, dass K. einer der correktesten, originellsten und vortrefflichsten Landschaftszeichner war, nicht nur in Italien, sondern in ganz Europa. Hievon zeugen seine sämmtlichen, von den Kunstkennern unter allen Nationen gepriesenen und gesuchten Werke, besonders diejenigen aus den spätern Perioden. Blosse Federumrisse liess er nicht gern aus seiner Hand, aber sie sind auch ein Wunder der Kunst! Einige der schönsten, nebst mehreren der vollendetsten Zeichnungen in schwarzerkreide und Sepia, besitzt der Ritter L. Tocco in Neapel; auch der Marquis Berio hatte von ihm einige Meisterwerke, besonders in Sepia, die aber nach des Besitzers Tod zerstreut wurden. Im Ganzen hatte Kniep ungleich mehr Aufträge von Deutschen, Engländern und Russen, als von Eingebornen, und doch brachte er beinahe die Halbscheid seines Lebens in Neapel zu; selbst die Stürme der Zeit konnten ihn nicht vertreiben. Dieser von der Natur in den wesentlichsten Stücken hochbegabte Mann genoss das seltene Glück, dass bis zum letzten

Hauch sein Geist nicht nur ungeschwächt, frisch und jugendlich, sondern auch Aug und Hand ihm treu blieb. Wenige Künstler haben so viel geschaffen, wie er. Im Jahre 1811 unterzog sich Kniep der Herausgabe einer vollständigen Zeichenschule für angehende Landschaftszeichner und Liebhaber in einer Reihe von Blättern, die der geschickte Friedrich Kaiser aus Ulm in Kupfer stechen wollte. Durch Kaiser's Abreise von Neapel nach Wien, und seinem bald darauf erfolgten Tode gerieth aber das Werk in's Stocken und blieb unbeendigt, was um so mehr zu bedauern war, als die erschienenen ersten Hefte allgemeinen Beifall fanden.

Kniep's Charakter war im gleichen Grade schätzbar, als Mensch, wie als Künstler. Er war wohlthätig, ganz anspruchlos, ohne Neid und bis zum Uebermaass bescheiden. Er verstand es wenig, seinen Werth geltend zu machen, daher er denn zu seiner Betrübniss oft zurückgesetzt wurde. Erst wenige Jahre vor seinem Tode wurde er in den Rath der k. Akademie der schönen Künste zu Neapel mit dem Ehrentitel eines Professors berufen, genoss aber gar keinen Gehalt. Er versah mit Eifer sein neues Amt, und wirkte durch Wort und That mächtig auf die Schüler ein, die ihn wie einen Vater liebten. Er starb an der Wassersucht, und liegt als Protestant in einem Baumgarten am nördlichen Eingang der Stadt, da denselben der Kirchhof versagt ist, begraben.

Das Kunstblatt verbreitet sich ausführlich über diesen Künstler.

Knieper, Hans, Maler von Antwerpen, kam 1578 nach Copenhagen, wo er auf Befehl des Königs Friedrich II. Bildnisse und Cartons malte, die dann in Arras den Tapetenwirkern zum Vorbilde dienten. Diese Tapeten wurden in dem grossen Saale zu Kronborg aufgehängt, und sie stellten 111 dänische Könige dar. König Friedrich beschäftigte diesen Künstler auf mannichfache Weise; auch in das Schloss Friedrichsburg kamen Tapeten, nach seinen Cartons gefertiget. Dann gab er Zeichnungen zu Ornamenten. Für Tycho de Brahe malte er 1586 Landschaften, und eben dieser Gelehrte nennt ihn: Pictor regius Coronaeburgensis.

Kniezek, Paul, Maler in Eger, dessen in Rigger's Statistik von Böhmen erwähnt wird. Er malte 1698 für die Stadtkirche in Eger die vier Evangelisten, die vier Kirchenlehrer und einige Heilige.

Die Kirchenlehrer sollen in Zeichnung und Colorit Lob verdienen.

Knig, Carl, Maler in Washington, der 1825 bereits mit Beifall arbeitete. Er ist Schüler des B. West gewesen, und das Hauptfach, welches er betreibt, ist die Bildnissmalerei.

Ob dieser Künstler wohl nicht King oder Knight heisst?

Knight, Charles, Zeichner und Kupferstecher, der in der zweiten Hälfte des vorigen Jahrhunderts in London arbeitete. Er lieferte Bildnisse und historische Blätter, die in Schwarzkunst oder in Punktir-Manier ausgeführt sind. Wir glauben, dass er jener C. Knight, nach welchem M. von Gunst, W. Dickinson gestochen haben, mit dem unsrigen Eine Person sei.

1) Damon und Musidor, nach A. Kaufmann.
2) Palemon und Lavinia, nach derselben, beide punktirt und colorirt.
3) Die Blumenhändlerin, nach J. R. Smith.
4) Die Schwefelholz-Verkäuferin, nach demselben. Beide punktirt und farbig, vom Jahr 1786.
5) Die Liebe und die Hoffnung, nach W. Bunbury.
6) Die Liebe und die Eifersucht, nach demselben.
   Punktirt in Farben, jedes mit vier englischen Versen.
7) As you like it, nach Bunbury. In Farben und in Bister abgedruckt.

8) Die fleissige Bäuerin, nach F. Wheatly.
9) Der verliebte Bauer, nach demselben, 1787.
Es gibt farbige Abdrücke und solche in Bister.
10) Carl II. entdeckt sich nach der Schlacht von Worchester der Familie des Colonel Windham, nach Th. Stothard, 1790. Punktirt, qu. fol.
11) Abschied des Lord Russel von seiner Familie vor seinem Gang zum Tode, nach demselben, qu. fol.
11—12) Zwei Scenen aus dem Roman Caroline: Waldstein macht der Caroline einen Antrag und die erste Zusammenkunft Lindorf's mit Carolinen, nach Stothard punktirt, 1788.
13) Die schöne Pauline von Plymouth, nach demselben, 1786, in Farben.
14) Der entwaffnete Cupido, nach Miss Benwell, 1786.
15) Die Rache des Cupido, nach derselben. Punktirt in Farben. Das Gegenstück.
15) Der fliehende Amor (Run.away Love) nach T. Stothart, 1792, gr. fol. Das Gegenstück zu: Love returned, nach H. Singleton.
16) Abschied der Susanna, nach Morland, mit sechs englischen Versen. Abdrücke in Farben und in Bister.
17) Pyramus, nach Hoppner, punktirt, 1788, fol. Das Gegenstück zu W. Nutter's Thiesbe, nach demselben.
18) Charlotte und Werther, nach J. Northcote.
19) Die letzte Zusammenkunft dieser Beiden, nach demselben. Beide punktirt, roth oder schwarz.
20) Das Mädchen von Montmelian, nach H. Bunbury, roth oder schwarz punktirt.
21) Kinder, welche in die Schule gehen, oval, qu. 4. Punktirt.
21) Kinder kommen aus der Schule, oval, qu. 4. Punktirt.
22) Das Bildniss der Lady Georgiana Cavendish, als Kind mit dem Hunde spielend, nach Hardy, 1785. Punktirt, schwarz und farbig.
22) Der amerikanische Präsident H. Laurent, nach J. Booth, 1781.
23) Lord Longborough, nach demselben, 1781, 4.
24) James Fox, schön punktirt, 1780, 4.

Knight, J. P., Maler zu London, ein jetzt lebender Künstler, dessen Name mit Achtung genannt wird. Er machte ernste Studien, und dieses, so wie eine genaue Beobachtung der verschiedenen Erscheinungen im Thun und Treiben der Menschen, offenbaret sich in seinen Darstellungen. In seinen Genrebildern herrscht Mannichfaltigkeit des Charakters und des Ausdruckes, und dabei zeigt der Künstler auch eine ausserordentliche technische Fertigkeit. Er wurde durch das Kunstblatt auch dem Auslande bekannt, und mehrere seiner Bilder fanden öffentliche Erwähnung, wie 1831 sein Robin Gray und der Grossvater.

Knip, Joseph Augustin, Landschaftsmaler und Radirer, wurde 1777 zu Tilburg geboren, und von seinem Vater, einem nicht unverdienlichen Blumenmaler, der in der Folge erblindete, in den Anfangsgründen der Kunst unterrichtet. In seinem zehnten Jahre kam er mit seinen Eltern nach Herzogenbusch, und hier malte er ebenfalls Blumen und Früchte, bis er endlich die Landschaft zum Hauptfache erwählte. Im Jahre 1801 ging er nach Paris, wo sich der berühmte Blumenmaler van Spaendonk seiner annahm, doch fuhr Knip fort, der landschaftlichen Darstellung obzuliegen. Damals malte er meistens in Gouache, und die meisten dieser Blätter stellen Gegenden und Ansichten aus Frankreich dar. Im Jahre 1808 verlieh ihm Ludwig Napoleon eine Pension, und nun fing er auch an, in Oelfarben zu malen. Hierauf begab er sich nach Rom und

Neapel, und auch Calabrien durchwanderte er, überall Skizzen sammelnd, deren er 1812 eine Menge ins Vaterland zurückbrachte. Diese Studien waren für den Künstler von grossem Nutzen, und unverkennbar ist bei ihm der wohlthätige Einfluss der italienischen Schule und des italienischen Himmels. Seine Gemälde mit italienischen Ansichten sind auch ziemlich zahlreich und geschätzt, da sie mit eben so viel Einsicht als Geschmack ausgeführt sind. Viele solche Bilder sah man bei Gelegenheit der Kunstausstellung in Amsterdam, wo der Künstler sich niederliess. In der Folge lebte er auch einige Zeit in Beel bei Nymwegen und dann ging er wieder nach Paris, wo man in den Salons häufig Bilder von seiner Hand sah. Im Jahre 1830 hielt er sich wieder in Amsterdam auf. Knip's Landschaften sind mit Thieren und Figuren staffirt, und auch Ruinen und architektonische Ansichten zeigen sie.

Brulliot bringt im Appendix die Notiz von einem F. Knip bei, von welchem 1832 auf der Berliner Kunstausstellung das Innere eines Schaafstalles gemalt zu sehen war. Dieses Bild kam in den Besitz des Königs von Preussen, und wenn die Initialen F. K. wirklich darauf zu lesen sind, so bedeutet das F. entweder „Fecit", oder der Buchstabe ist irrig für F. gelesen.

Dann liest man in Füssly's Supplementen von einem Knix, nach welchem Picquenot 1806 die Ansicht der Insel Staffa und Fingal's Höhle gestochen hat. Dieses ist vermuthlich ebenfalls unser Künstler, und bei Füssly heisst es vielleicht nur durch Druckfehler Knix statt Knip.

Knip ist auch im Radiren erfahren, worin ihm Oortman zu Paris Unterricht ertheilte. Seine Blätter stellen Rinder und anderes Vieh dar, und sie sind als gelungene Proben dieser Art zu betrachten.

Knip, Henrietta Geertruida, Blumenmalerin, und Schwester des Obigen, wurde 1783 zu Tilburg geboren, und auch sie wurde in Paris bei G. Van Spaendonk freundlich aufgenommen. Unter der Leitung dieses Meisters machte sie bedeutende Fortschritte, und als sie nach einigen Jahren heimgekehrt war, folgte ihr bald der Ruf einer geschickten Künstlerin. Sie liess sich in Amsterdam nieder, begab sich aber später nach Harlem, überall mit der Ausübung ihrer Kunst beschäftiget. Ihre Bilder gingen in verschiedenen Besitz über, und diese stellen entweder einzelne Blumen und Früchte, oder solche in reicher Fülle vereiniget vor. Die meisten sind in Aquarell gemalt, einige aber auch in Oel ausgeführt.

Knip, Zeichner und Maler, zwei Künstler und Brüder der Obigen, die wir aber nach ihren Taufnamen nicht unterscheiden können. Sie zeichneten um 1818 meistens Landschaften in Aquarell, doch fingen sie schon damals an, in Oel zu malen.

Knip, Pauline, Mme., geborne Courcelles, wurde zu Paris geboren, und daselbst von Baraban in der Kunst unterrichtet. Sie widmete sich dem Fache der naturhistorischen Zeichnung, und man verdankt ihr neben andern die Zeichnungen der Monographie des pigeons et des tangaras, in zwei Bänden. Dann zeichnete sie noch verschiedene andere Vögel, die man von 1808—14 in den Salons ausgestellt sehen konnte. In späterer Zeit ergab sie sich der Kunst, auf Porzellan zu malen, und noch 1822 war sie in der Manufaktur zu Sevres thätig. Sie führte einige Service mit südamerikanischen Vögeln aus, und diese sind mit grossem Geschick dargestellt.

Knipe, ein englischer Maler, der zu Anfang unsers Jahrhunderts arbeitete. Er malte Portraite und Genrestücke, die zu den besseren englischen Erzeugnissen dieser Art gehörten.

Knix, s. Jos. Aug. Knip.

Knobelsdorf, Hans Georg Wenzel, Baron von, Architekt zu Berlin, ein berühmter Künstler seiner Zeit. Seine Meister in der Architektur waren Weidemann, v. Wangenheim und Kemmeter, und C. Dubois ertheilte ihm Unterricht in der Malerei. Als er mit den Grundsätzen der Kunst vertraut war, begab er sich nach Frankreich und Italien, allein zu seiner Zeit war es noch nicht Sitte, in diesem Lande die klassischen Muster der Baukunst zu studiren, um dann in eigenem Werke die Resultate eines solchen Studiums zu Tag zu legen, — zur Zeit dieses Künstlers wurde noch im überladenen französischen und italienischen Style gebaut, — und daher galten ihm die Erzeugnisse eines verderbten Kunstgeschmackes mehr, als die edle Einfachheit der alten klassischen Architektur. Unsere Zeit ist zu reinerer Einsicht gelangt, aber sie darf dem früheren Künstler nicht strengen Tadel zurückgeben, da die Zeitverhältnisse und die Mode damals anders gestaltet waren.

Knobelsdorf baute den neuen Flügel der Charlottenburg, das Schloss zu Zerbst, und die marmorne Treppe im Hauptgebäude der Residenz zu Potsdam ist ebenfalls nach seiner Zeichnung angelegt. Dann machte er den Plan zur Anlage des Lustgartens in Potsdam und des Thiergartens in Berlin. Als ihm der Bau des neuen Opernhauses zu Berlin aufgetragen wurde, begab er sich zu diesem Zwecke nach Italien, um in Parma die Verhältnisse des dasigen berühmten Opernhauses zu studiren, und dieses war in jeder Hinsicht ein lobenswerthes Unternehmen; denn jenes Theater ist in akustischer Hinsicht ein Meisterwerk. Man versteht hier die in der grössten Entfernung dieses ungeheuern Umfangs gesprochenen Worte allenthalben sehr genau. Das Berliner Opernhaus ist seinem Grund- und Aufrisse nach durch vier von Finck gestochene Blätter bekannt. Dann hat man von Knobelsdorf selbst einige geätzte Landschaften.

Dieser Künstler starb 1753 im 56. Jahre, und der grosse König schrieb für die Memoiren der Akademie das Ehrengedächtniss desselben, Bd. VIII., S. 1.

Ein anderer Baron von Knobelsdorf malte Landschaften, und dieser starb um 1780.

Knobloch, Aron, ein Kapuziner zu Alt-Bunzlau in Böhmen, übte die Malerei mit Erfolg. P. Oliverius ertheilte ihm Unterricht. Er malte in Miniatur und in Oel, Bildnisse und Historien. Sein Todesjahr ist uns unbekannt; doch lebte er noch 1808 im Kloster zu Mielnik.

Knöbel, Johann Friedrich, Architekt, wurde 1724 zu Dresden geboren, und von Oberlandbaumeister Johann Christoph Knöfel in seiner Kunst unterrichtet. Er arbeitete längere Zeit in Polen; und sein Werk ist ein Flügel des k. Schlosses zu Grodno mit der Kapelle, der Pallast des Grafen von Brühl zu Warschau, und andere Gebäude. Im Jahre 1765 wurde er churf. sächs. Landbaumeister, als welcher er um 1790 starb.

Sein Sohn Julius Friedrich erlernte ebenfalls die Architektur, starb aber 1817 als Hofzahlamts-Calculator im 64. Jahre.

Knöfel, s. J. F. Knöbel.

Knöfler, Georg, Bildhauer, wurde 1715 zu Schelke bei Leipzig geboren, und zu Berlin und in Dresden zum Künstler gebildet. In letzterer Stadt stand er unter Leitung des Prof. Thomä, doch verdankte er das meiste seinem Studium nach Antiken. Im Jahr 1742 wurde er Hofbildhauer und 1764 Prof. an der Akademie in Dresden. Die Werke dieses Künstlers gingen bei dem Bombardement in Dresden und auf den Brühl'schen Gütern grösstentheils zu Grunde. In der Kirche zu Liebenau ist von ihm das Grabmal des Grafen Moriz von Lyfiar; dann finden sich von seiner Hand wohl auch noch kleine Bildwerke in Thon, heilige und profane Darstellungen. Starb 1779.

Knöfvel, Christian Friedrich, Maler, der zu Woldenburg lebte. Er malte Historien und Portraite, und 1827 starb er, 76 Jahre alt.

Knoke, Wilhelm, Baumeister, der in der zweiten Hälfte des 14. Jahrhunderts lebte. Von ihm ist wohl der Plan der grossen und prächtigen St. Cyriak's-Kirche zu Duderstadt. Er war als Meister bei der 1394 erfolgten Grundsteinlegung, wie aussen am Chor eine Inschrift besagt. J. Wolf hat 1803 eine Geschichte von Duderstadt herausgegeben, und darin ist die Kirche beschrieben. Das Gewölbe ruht auf 12 Pfeilern, die mit den 8 Fuss hohen Statuen der Apostel geziert sind. Von den projektirten zwei Thürmen kam nur einer zum Ausbau.

Knogh, Paulus, Zeichner und Handelsmann, wurde um 1737 in Dortrecht geboren. Er hatte Freude am Studium der Naturwissenschaften, und dabei zeichnete er auch Insekten, und malte sie schön auf Pergament in Wasserfarben aus. Dieser Kunstliebhaber starb 1802.

Knoll, F. C., Maler zu Utrecht, ein Künstler unsers Jahrhunderts, der wahrscheinlich noch am Leben ist. Er malt Landschaften, todtes Wild mit Jagdzeug, Stillleben etc.

Knoll, Gustav Theodor, Maler von Dresden, wurde 1798 geboren, und auf der Akademie seiner Vaterstadt in der Kunst unterrichtet. Man hat von ihm verschiedene Bilder, und darunter auch Bildnisse.

Knolle, Johann Heinrich Friedrich Ludwig, Kupferstecher von Braunschweig, wurde 1807 geboren, und ausgerüstet mit den nöthigen Vorkenntnissen, begab er sich nach Mailand, um in der Schule des berühmten Anderloni seine Studien fortzusetzen. Er selbst hat sich schon Ruf erworben, und das neueste Werk, wozu ihm die Schenk'sche Kunsthandlung in Braunschweig (C. W. Romdohr) 1837 den Auftrag ertheilte, ist der Stich von Hildebrandt's berühmtem Bilde, welches die Söhne König Eduard's IV. von England darstellt. Die Grösse des Stichs ist auf ungefähr 15 Zoll Höhe und 18 Zoll Breite berechnet, und die Abdrücke sollen numerirt werden. Ein Abdruck vor der Schrift auf chines. Papier ist auf 12 Thlr. gesetzt; dann kommen solche auf Velinpapier vor und mit der Schrift zu 9 und 6 Thlr., und jene auf Velinpapier mit der Schrift kosten 4½ Thlr.

Ein früheres Blatt dieses Künstlers stellt die schöne Albaneserin nach Bäse dar, gr. fol.

Knoller, Martin, berühmter Historienmaler, geb. im Dorfe Steinach 1725, gest. 1804. Sein Vater Franz, ein gemeiner Dorfmaler, bestimmte ihn zur Kunst, wozu Martin eben so viel Anlage, als Neigung verrieth. Der erste Unterricht war aber dürftig, und die Bildung des Knaben konnte nicht gedeihen, denn er musste auch gemeine Hausarbeiten verrichten und Brennholz aus dem Walde nach Hause tragen. Eines Tages verliess er das väterliche Haus, und lief, sich dem blinden Ungefähr Preis gebend, nach Innsbruck, in der Hoffnung, dass dort irgend ein mitleidiger Mensch sich seiner annehmen würde, und diese Hoffnung täuschte ihn wirklich nicht. Die Vorsehung führte ihn in das Haus des Hofkammer-Raths von Hormayr, und dieser nahm sich des jungen Menschen an. Er setzte den Vater von dem Aufenthalte des Sohnes in Kenntniss, und übergab letzteren dem mittelmässigen Maler Ignaz Pögel in die Lehre, bei welchem Knoller bald solche Fortschritte machte, dass ihm der Lehrer selbst rieth, sein grosses Talent bei einem tüchtigeren Meister zu entwickeln. Aber gerade dieses bestimmte den Vater, seinen Martin nach Hause zu nehmen, um einen tüchtigen Mitarbeiter zu haben. Im väterlichen Hause war er seiner eigenen Führung überlassen, und noch überdiess verurtheilt, allerlei häusliche Dienste und Arbeiten zu verrichten. Doch zeichnete er in jeder freien Minute, selbst die Mauern der Häuser mussten ihm statt des Papieres dienen. Eines Tages musste er im Gasthause des Dorfes Brennholz in die Küche und zum Ofen tragen, und in dieser Beschäftigung regte sich sein Genius; die Kohle wurde vorgefordert, und sogleich ward ein Jüngling mit der Holzkrücke auf dem Rücken an die Mauer hingezaubert. Dieser Augenblick war der entscheidende seines Lebens. Der berühmte Maler Paul Troger war so eben auf einer Rückreise nach Wien vor demselben Gasthause abgestiegen, sah den zeichnenden Jüngling, betrachtete erstaunt bald diesen, bald seine Zeichnung, und der Meister erbot sich, den jungen Knoller zu unterrichten und während der Zeit des Unterrichts für seine Verpflegung zu sorgen. Troger nahm den zwanzigjährigen Jüngling sogleich mit sich nach Wien, wo derselbe in einer Zeit von acht Jahren ausserordentliche Fortschritte machte, und sich Troger's volle Zuneigung gewann. In den Jahren 1748—50 stand er dem Meister bei den Fresken im Dome zu Brixen als Gehülfe zur Seite, und 1753 erhielt er an der Akademie den grossen Preis aus der Historienmalerei. Der Gegenstand des Gemäldes war der junge Tobias, der die Augen seines Vaters heilt. Dieses Gemälde, so wie alle aus dieser Zeit, sind ganz in Troger's Manier gearbeitet, und sie haben, neben vielen guten Eigenschaften, insbesondere der festen und richtigen Zeichnung dieser Schule, auch ihre Mängel, tragen das Eckige und scharf Bezeichnete an sich. Die Eigenthümlichkeit der Troger'schen Farbengebung und der Zeichnung wurden von ihm so ergriffen, dass seine damaligen Werke beinahe überall für Troger's Arbeit galten, und man sich wegen der täuschenden Aehnlichkeit zu Wien bei manchem Bilde öfter stritt, welchem von beiden Künstlern es angehöre.

Noch vor dem Jahre 1753 verliess er endlich Wien, um in's Vaterland zurückzukehren. Auf der Reise hielt er sich einige Monate zu Salzburg auf und malte dort mehrere Altarblätter. Auch in Tirol malte er schon damals Vieles. Sein grösstes Werk jener Zeit ist in der Pfarrkirche zu Aurass im Pusterthale, die er in Fresko ausmalte. Man liest hier seinen Namen und die Jahrzahl 1754. Auch das Hochaltarblatt: die Steinigung des heil. Stephan, soll von Knoller aus jener frühen Zeit herrühren. Auch gibt es viele Staffeleigemälde in Tirol, deren mehrere von Knoller seyn dürften, obgleich sie für Troger's Werke gelten; denn die Manier beider Meister ist sich ganz ähnlich.

In seinem dreissigsten Jahre glückte es dem talentvollen Künstler endlich, nach Rom zu gelangen. Hier verwarf er seinen Styl, auf den er sich so viel eingebildet hatte, und suchte, sich ganz nach den Werken der grossen alten Meister zu bilden. Nach dreijährigem Aufenthalte in Rom berief ihn Graf Firmian, der österr. Gesandte am k. Hofe in Neapel, nach dieser Stadt. Er arbeitete dort

6*

Vieles für den Minister, und malte auch Plafonds und Altarblätter. Als der Graf Neapel verliess, schickte er Knoller nach Mailand voraus mit verschiedenen Aufträgen zu Anordnungen in dem zu seiner Wohnung bestimmten Pallaste. In dieser Stadt blieb er mehrere Monate in günstiger Lage, aber doch zog ihn die Sehnsucht wieder nach Rom zurück, wo er an Raphael Mengs einen Freund fand, dessen Lehren und Beispiel mächtig auf ihn wirkten. Noch im hohen Alter ergoss er sich in Lob dieses Meisters, dessen Bildniss er öfter malte und auf allen seinen Reisen mit sich nahm. Auch mit Winckelmann trat er in freundschaftliche Verhältnisse und unterhielt mit diesem und Mengs bis an seinen Tod einen Briefwechsel.

Für Knoller's Arbeiten, die er in Rom und Neapel verfertigte, hält man: drei Altarblätter in der Kirche all'anima zu Neapel, mit der Empfängniss Mariä, der Geburt und der Vermählung dieser Himmlischen, herrliche Erzeugnisse seines Pinsels. In jene Zeit gehören auch zwei grössere, sehr schöne Altarblätter in der Kirche der Mutter Gottes della Minerva zu Assisi, das eine am Hochaltare, Maria mit dem Kinde und St. Philippus Neri, das andere, der sterbende heil. Joseph an einem Seitenaltare. Zu Rom im Campo santo findet sich von ihm eine in Fresco gemalte Kreuzabnahme, die ihm grosses Lob erwarb. Auch in Pallästen und Häusern jener Städte und Gegenden sind mehrere von Knoller's Gemälden zu sehen, und viele, die er da gemalt, kamen in verschiedene Länder Europa's. In Rom verfertigte er auch zwei Altarblätter für die Klosterkirche zu Ettal in Bayern, die Enthauptung der heil. Catharina und den heil. Sebastian vorstellend, beide mit vielen Figuren. Diese beiden Altarblätter trugen wesentlich zu Knoller's Ruhm bei, und zu den ihm später gegebenen grossen Aufträgen in Deutschland.

Den ersten Ruf zu einem grossen Werke erhielt er aus seinem Vaterlande, wo die Servitenkirche zu Volders bei Hall in Fresco ausgemalt werden sollte. Dieses Werk, welches Scenen aus dem Leben des heil. Karl Borromäus vorstellt, wurde 1764 vollendet. In diesen Gemälden herrscht schon ein von dem früheren Troger'schen sehr verschiedener und kräftiger italienischer Styl, und Knoller erndtete damit ungetheilten Beifall. Für dieselbe Kirche malte er auch später das Hochaltarblatt, welches den heil. Karl vorstellt, wie er dem Pestkranken das Abendmahl reicht, ein herrliches Bild.

Von Volders kehrte er nach Rom zurück, wo er nur noch einige Monate verweilte und arbeitete. Endlich ging er in der ersten Hälfte des Jahres 1765 zu seinem grossen Wohlthäter, dem Grafen Firmian, nach Mailand, und da blieb er jetzt die längste Zeit, machte aber noch manchen Ausflug nach Parma, Bologna und Florenz und auch Rom scheint er noch einmal besucht zu haben. In Mailand lebte er im Schoosse des Glückes, denn ihm wurde auch eine glückliche Ehe zu Theil, welche er 1767 mit Annunciata Cardani, einer schönen Kaufmannstochter, schloss. Er wurde Vater von neun Kindern, von denen jedoch keines sich der Kunst widmete.

Mailand hat herrliche Werke von Knoller's Pinsel aufzuweisen. Im landesfürstlichen Residenzschloss sind 5 Plafonds von ihm, und über 30 Oelgemälde. Auch in der Hofcapelle sind einige Bilder von seiner Hand. Vorzüglich merkwürdig ist der Plafond des Fürsten Belgiojoso, der von Kennern beinahe allen übrigen Werken Knoller's vorgezogen wird. Der Gegenstand ist die Apotheose Alberich's des Grossen aus diesem Geschlechte, mit einer Menge Figuren. Auf einem andern Plafond des fürstlichen Pallastes sieht man Rinaldo in den Zaubergärten der Armida, und in einem Nebenzimmer, wie er sich bei der Hochzeit Rudiger's mit Radamante einfindet. Auch mehrere Oelgemälde finden sich im Pallaste.

Drei schöne Plafonds sind ferner im Hause des Grafen Groppi, und Oelgemälde von Knoller's Hand. Drei andere Plafonds sind im Pallaste des Grafen Firmian, von denen der im grossen Saale die Aurora darstellt. Auch 14 von Knoller ausgeführte Oelgemälde zieren diesen Saal, und mehrere andere befanden sich in der Gallerie des Ministers. Vorzügliche Erwähnung verdient die Ansicht von Cuma bei Neapel, in der als Staffage in ganzen Figuren die Portraite des Grafen, zweier Cavaliere, seiner zwei Sekretäre und des Malers selbst angebracht wurden. Besonders gerühmt wurden: Christus am Kreuze mit Maria, Johannes und Magdalena, die Erweckung des Lazarus und Scipio auf den Trümmern von Carthago. Der Besitzer dieser Bilder blieb dem am Schlusse erwähnten H. v. Glausen unbekannt; das letztere dieser Bilder ist unsers Wissens im fürstlichen Schlosse zu Austerlitz. Daselbst ist von Knoller auch das Gemälde mit Camillus und zwei Scenen aus der Geschichte des Regulus, in sehr grossem Formate. Noch sind drei Plafonds zu erwähnen: Der Raub des Ganymed im Hause Biglia, Zephyr von Flora gekrönt, im Saale des Marchese Bossi, und Moses, welcher Wasser aus dem Felsen locket, ein grosses Gemälde im Pallaste Menafoglia zu Varese bei Mailand. Zu Chiarella im Mailändischen endlich ist von ihm das in Fresco auf der Mauer ausgeführte Altarbild der Franziskanerkirche, die Verkündigung Mariä.

Vier schöne Landschaften mit Staffage sind in der Gallerie des Grafen Melzi. In der Sakristei der Kirche des heil. Celsus wird eine heil. Familie nach Rafael gerühmt, wovon das Original jetzt in der Wiener Gallerie ist. Fünf vorzüglich schöne Bilder besitzt Herr von Mainoni zu Mailand, und mehrere andere sind in Privathäusern daselbst.

Auch Teutschland hat herrliche Proben von Knoller's Kunst aufzuweisen. Das älteste Werk ist die Kuppel mit der himmlischen Glorie im Kloster Ettal, 1769 gemalt. In diesem Plafond erscheint Maria nicht; sie ist in dem erst 1786 gemalten Blatte des Hochaltars, 25 Fuss hoch, in grossartigem kräftigen Style in ihrer Himmelfahrt dargestellt. Die Farben des Fresco sind so saftig und lieblich und reizend, dass wenige Maler solchen Zauber selbst in Oelfarben hervorzubringen vermöchten. Die Verzierungen ahmen täuschend die Stuccaturarbeit nach. Im Jahre 1790 erhielt Ettal das Altarblatt mit Maria und dem Leichname Christi, welches der Bildhauer Roman Boos als ein Muster der Gründlichkeit und Vollkommenheit in der akademischen Zeichnung erklärte. Die heil. Familie daselbst, die 1794 in die Kirche kam, wird als Bild von vorzüglicher Schönheit von Allen bewundert.

Der grosse Ruf, der sich von Knoller's Gemälden zu Ettal verbreitete, war die Veranlassung, dass er noch im Jahre 1769 mit der Ausmalung der prächtigen neuen Kirche zu Neresheim beauftragt wurde. Diese Kirche hat 7 grosse Kuppeln, die alle von Knoller's Hand gemalt sind, und besonders vortrefflich ist die Auferstehung Christi und die Reinigung Mariens. Das erstere fand selbst der Maler würdig, mit seinem Namen zu bezeichnen. In dem zweiten Bilde, welches das Lieblingsstück des Künstlers gewesen zu seyn scheint, sind die Architektur des Tempels und die Zeichnung der handelnden Personen Meisterstücke. Diese Plafonds vollendete Knoller in den Sommern von 1770 — 75, und erhielt dafür 22,000 fl. Die gemalten Skizzen der 7 Plafonds und das Portrait des damaligen Abtes Benedikt Maria erhielt das Kloster.

Im Jahre 1772 begann er die Frescomalereien im Stifte zu Gries bei Botzen. Sie stellen in drei Plafonds Scenen aus dem Leben des heil. Augustin dar. In späteren Jahren lieferte er auch alle Altarblätter der Kirche. Die ausgemalten Skizzen dieser Werke kamen in Privathände.

Eine der grossen Schöpfungen seines Geistes ist der Plafond des Bürgersaales zu München, welchen Knoller 1775 malte. Er stellt die Himmelfahrt Maria vor. Westenrieder hat ihn in den bayerischen Beiträgen I. 574 beschrieben. In München waren auch einige Oelgemälde im Privatbesitze, und mehrere Altarblätter sind noch in den Kirchen des Landes. In der Kirche des ehemaligen Klosters Benediktbeuren ist das Choraltarblatt, der heil. Benedikt, von Knoller; hingegen ist das Hauptaltarblatt in der Kirche des heil. Anton zu Partenkirchen, den nämlichen Heiligen vorstellend, keineswegs von demselben, sondern wie die beigesetzte Nachricht bestimmt anzeigt, „Barth. Litterini opus Venetiis 1731“, eines in Deutschland wenig bekannten Malers.

Im Jahre 1786 malte er zu Innsbruck im Pallaste des Grafen von Thurn und Taxis die Decke des Saales mit dem Urtheil des Paris, und später zu Botzen im Edelsitze Gerstburg des Grosshändlers A. von Menz die aufsteigende Aurora, die er früher auf die Decke eines Saales in Mailand gemalt.

In der Kirche seines Geburtsortes sind drei Altarblätter von seiner Hand. Das am hohen Altare stellt Maria mit dem Kinde und den heil. Erasmus dar, ein Bild voll Ruhe und zarten Gefühls, und jene der Seitenaltäre die Marter des heil. Sebastian und die Enthauptung Johannes des Täufers. Letzteres ist von 1794 und auffallend schwächer, als das 10 Jahre ältere Bild. Mehrere andere Altarblätter sind in Tirol, und auch im Privatbesitz befinden sich daselbst mehrere Bilder. Das Ferdinandeum zu Innsbruck bewahrt von ihm eine Kreuzabnahme aus seiner ersten Manier, dann vier Portraite, worunter des Künstlers eigenes ist. Ferner eine heil. Familie und einen Heiligen aus dem Servitenorden, ein vorzügliches Bild.

Im Jahre 1790 begab sich Knoller nach Wien, wo er sich dann wegen der vielen Beschäftigung gegen zwei Jahre aufhielt. Sein Ruhm war ihm dahin längst vorangegangen und er hatte sich bei allen Freunden der Kunst der günstigsten Aufnahme zu erfreuen.

Eines seiner vorzüglichsten damals in Wien ausgeführten Werke war das Portrait Leopold II. in Lebensgrösse, das die Bewunderung aller Kenner auf sich zog, und unter den Bildnissen des Monarchen als das gelungenste erklärt wurde. Es gehörte für den Magistrat der Stadt Wien. Noch malte er den Fürsten und die Fürstin Oettingen Wallerstein, den Fürsten Esterhazy als Chef der Nobelgarde, den Kaiser Franz, den Schauspieler Lange, als Herzog Leopold im Kampfe, alle durch Wahrheit des Colorits, das Treffende der Charaktere, Weichheit des Fleisches und Zartheit der Behandlung sich auszeichnend.

Nach Brünn in Mähren malte er zwei Altarblätter mit dem heil. Petrus und Maria Magdalena, für den Fürsten Kaunitz Scipio und C. Marius zwischen den Ruinen von Carthago, und das eigene Bildniss. Letzteres musste er öfter malen. Ein solches war in der Gallerie zu Leopoldskron und ein anderes ist in der Brera zu Mailand.

Knoller gehört zu den vorzüglichsten Künstlern seiner Zeit. Er hatte das Gewaltige des Ausdruckes immer, aber nicht so auch das Edle in seiner Gewalt. Auch fehlte ihm die Rafaelische Einfalt der Composition, jene Oekonomie der Darstellung, wo keine Figur müssig erscheint, wo nichts entbehrt werden kann, ohne den Zusammenhang des Ganzen zu stören. Seine Sache war das Gewaltige und Ungeheure; alles, was das regste Leben der Phantasie zu erzeugen vermag, was Uebung und Fleiss verleihen kann, die Kunst der Ausführung in allen ihren Verzweigungen, die untergeordneten

Forderungen der Kunst sind völlig in seiner Gewalt. Er war im Stande, jede schwierige Stellung aus der Einbildungskraft gleichsam in einer Linie, ohne auch nur einen Absatz zu machen, die reizendsten Figuren mit Kreide hervorzurufen, an denen Richtigkeit der Zeichnung mit der Schönheit der Form wetteiferte. Gross ist er in der malerischen Composition; seine Gegensätze, das Gleichgewicht, das Verschmelzen und Verflechten der Gruppen wird stets von Kennern bewundert werden. Seine Färbung fand immer Beifall und besonders haben seine Landschaften durch ihren harmonischen heitern Vortrag viele Lobredner gefunden; aber es fehlte ihm auch nicht an Tadlern.

Knoller war Professor an der Akademie zu Mailand, und bildete mehrere Schüler, durch welche er seine Werke förderte, indem er ihnen verschiedene untergeordnete, ihren Fähigkeiten angemessene Arbeiten auftrug. Doch nahm er von keinem derselben einen Lohn für seinen Unterricht, sondern zahlte für manchen selbst Kost und Lohn. Er war gegen sie durchaus gütig und väterlich, und unterrichtete sie mit grosser Sorgfalt. Besonders war er streng in der Zeichnung und in der anatomisch gründlichen Verbindung des Muskelwerkes.

Unter seinen Schülern haben sich J. Schöpf, J. M. Köck und J. Bergler ausgezeichnet. Der erstere half ihm an seinem Plafondgemälde im Bürgersaale zu München. Das Haus des Künstlers in Mailand kaufte dessen Freund, der berühmte Kupferstecher Longhi. Der Medailleur A. Guillemard, der enge Freund unsers Künstlers, verfertigte zu seinem Andenken eine Medaille mit Knoller's wohlgetroffenem Portraite und der Umschrift: Martinus Knollerus Pictor eximius, 1785.

Mehreres über diesen Künstler s. Beiträge zur Gesch. und Statistik von Tirol von 1831, wo S. 209 bis 208 Heinrich von Glausen das Leben Knoller's beschrieben. Darnach ist dieser Artikel bearbeitet, mit wenigen Zusätzen. Man findet seiner in mehreren Werken erwähnt, in Göthe's Winckelmann, bei Meusel, Fiorillo u. s. w.; die ausführlichste und sicherste Notiz findet sich aber in der erwähnten Geschichte und Statistik.

Knoop, J. H., Maler, wurde 1769 zu Amsterdam geboren, und in der Folge genoss er den Unterricht der beiden van Bree. Er malte Landschaften und verschiedene Ansichten, und noch 1820 war er in Amsterdam thätig. Seine Werke sind nicht ohne Verdienst.

Knopf, Martin, Bildhauer zu Nürnberg, der um 1467 arbeitete. Murr weiset in seiner Beschreibung der Marienkirche die Thätigkeit dieses Künstlers nach, S. 15.

Knopke, Landschaftsmaler von Königsberg, wo er in der ersten Hälfte des 18. Jahrhunderts lebte. Seine Arbeiten, besonders die Landschaften, wurden nicht selten als Werke grosser italienischer und niederländischer Maler ausgegeben und als solche gekauft.

Knorr, Georg Wolfgang, Kupferstecher und Kunsthändler zu Nürnberg, ein Mann, der sich zu seiner Zeit Wichtigkeit zu geben suchte. Er schrieb eine Künstler-Historie, die er mit Bildnissen zierte, aber nicht zur Vollendung kam. Dann gab er naturgeschichtliche Werke heraus; die Beschuldigung aber, dass Knorr verschiedene Kupferstiche und Holzschnitte durch untergeschobene Namen und Zeichen verfälscht habe, wurde von Seite seiner Hinterlassenen stark bestritten. Dann hat man von ihm selbst eine Anzahl von Blättern, von denen einige schätzbar sind. Er starb 1761, im 56. Jahre.

1) Kaiser Karl VI., 4.
2) Das Bildniss Rafael's, Büste, kl. 4.
3) Bildniss des ältern Dürer, mit dem Genius der Malerei, Copie nach Sandrart. H. 5 Z. 2 L., Br. 4 Z.
4) Das Bildniss Albrecht Dürer's, Copie nach Kilian, H. 5 Z. 7 L., Br. 4 Z. 8 L., gr. 8.
5) Wilibald Pirkheimer, Copie nach Dürer. H. 4 Z. 8 L., Br. 3 Z., 8 L.
6) Michael Wohlgemuth, mit den Bildnissen von Marc. Anton und M. Schön. H. 5 Z. 2 L., Br. 5 Z. 7 L.
7) 12 Blätter Nürnbergische Prospekte, mit Titel, nach J. C. Dietsch, qu. fol.
8) 12 Landschaften, nach demselben.
9) 12 Blätter mit Thieren, nach H. Roos.
10) 2 Ansichten vom Rothenberg. H. 7 Z. 4 L., Br. 11 Z. 4 L.
11) 6 Blätter mit Figuren und Thieren. H. 6 Z., Br. 9 Z.

Dann hat man von ihm auch eine Anleitung zum Blumenzeichnen für Frauenzimmer, 24 Blätter.

Knorr, Otto Heinrich, Medailleur und Münzmeister der Stadt Hamburg um 1761. Auf seinen Werken sollen die Initialen O. H. K. stehen.

Knorr, Wilhelm, Maler von Culmbach, wurde 1810 geboren, und als der Sohn eines Baucommissärs sollte er sich der Kunst widmen. Seine Ausbildung erhielt er in München auf der Akademie, und diese besuchte er noch 1835.

Knorre, Maler zu Berlin, wo er um 1790 verschiedene Bilder zur Kunstausstellung brachte. Es sind dieses Bildnisse, Copien nach guten Meistern und eigene historische Darstellungen.

Die Mme. Knorre, eine geborne Wahlstab, malte damals Miniaturbildnisse.

Die näheren Verhältnisse dieser Künstler konnten wir nicht erfahren. Mit dem Ende des vorigen Jahrhunderts verloren wir ihre Spur.

Knorre, Julius, Maler aus Königsberg, bildete sich um 1828—32 zu Berlin unter der Leitung des berühmten Wach zum Künstler, und er hat schon gelungene Proben eines schönen Talentes geliefert. Es sind dieses historische und andere Darstellungen. Im Jahre 1829 fanden wir von ihm auch eine lithographirte Darstellung von Schumla angezeigt.

Knorre, Auguste, Fräulein, Kunstliebhaberin in Königsberg, fanden wir 1820 als Zeichnerin angegeben. Sie zeichnete nach verschiedenen Meistern in schwarzer Kreide.

Knüpfer, Kupferstecher zu Meissen, wo er in der zweiten Hälfte des vorigen Jahrhunderts lebte. Er lieferte bunte Kupfer zu Rosenmüller's Beschreibung merkwürdiger Höhlen bei Muggendorf, 1796, roy. fol.

Knupfer, Nicolaus, Maler, der 1603 zu Leipzig geboren wurde. Sein erster Meister war E. Nysen und dann kam er zu Abraham Bloemaert, bei welchem er lange in Utrecht lebte. Knupfer hatte sich hier einen Namen erworben, und besonders war es der König von Dänemark, welcher den Künstler beschäftigte. Doch gingen diese Gemälde, die in Schlachtstücken bestanden, 1794 beim Brande des Schlosses Christiansburg zu Grunde und in der Sammlung des Königs ist nur noch ein Bild, welches Paulus vor Felix darstellt.

Knupfer malte auch Bildnisse und Familienstücke, Alles mit grosser Einsicht. Seine Gemälde sind zart vollendet und von schöner Färbung. P. de Jode hat sein Bildniss gestochen.

Knust, Cornelis, der Sohn des C. Engelbrechtsen, auch Kunst genannt. S. Kunst.

Knyff, Wouter, Maler von Harlem, wo er 1641 in die Maler-Gilde aufgenommen wurde. Doch war er damals noch jung, denn nach seinem Bildnisse zu urtheilen, welches Jakob de Bray 1675 gemalt hat, war er jetzt ohngefähr 50 Jahre alt. Er malte Landschaften und Städteansichten. In der Sammlung von Hoet war eine Ansicht von Antwerpen von seiner Hand. S. den folgenden Artikel.

Knyff, Jakob, Maler von Harlem, dessen Descamps im Leben des J. G. Glauber erwähnt. Er war ein Zeitgenosse des Obigen, und nach Descamps's Angabe malte er um 1675 in Paris Seehäfen mit Gebäuden und Figuren. Wir möchten fast glauben, dass dieser J. Knyff mit dem obigen Wouter Knyff Eine Person sei. Ueber letzteren gibt die Geschiedenis der vaterl. Schilderk. door R. van Eynden etc. Auskunft.

Knyff, L., Zeichner, der zu Anfang des vorigen Jahrhunderts in London lebte. J. Kip radirte nach seiner Zeichnung 80 Blätter mit Aussichten der schönsten Lusthäuser in England, welche D. Mortier 1708 unter dem Titel: Theatre de grande Bretagne herausgab.

Knypper, Genremaler, der um 1750 im Haag gelebt haben soll.

Kobel oder Köbel, Jakob, s. Jakob Kerver.

Kobell, Franz, Landschaftsmaler, geb. zu Mannheim 1749, gest. zu München 1822. Als Knabe besuchte er die ersten Schulen in seiner Vaterstadt, hatte aber das Unglück, seine beiden Eltern frühzeitig zu verlieren und sich und sein kleines Vermögen unter Vormundschaft gestellt zu sehen. Der Vormund bestimmte ihn zum Kaufmannsstande, und schickte ihn nach Mainz, um dort bei einem seiner Verwandten die Handlung zu lernen. Allein der Stand eines Kaufmanns war so wenig sein von Natur aus ihm angewiesener Beruf, dass er es kaum ein Jahr würde ausgehalten haben, wenn nicht die reizenden Umgebungen sein hervorstrebendes Kunsttalent, je länger desto mehr, geweckt, und sein für alles Schöne der Natur so gefühlvolles Herz unwiderstehlich angezogen hätten. Franz Kobell war zum Landschaftsmaler geboren, und von der Natur mit allen dazu nöthigen Gaben reichlich ausgestattet. Er blieb nun vier Jahre in Mainz als sich bildender Kaufmann, aber liess zugleich nicht ab in der Betrachtung und dem Studium der Natur, bis er endlich dem Drange nicht mehr widerstehen konnte, die Bilder, die seiner Phantasie vorschwebten, nach Aussen zu produziren. Er beschloss daher, da ihm das trockene Handlungsgeschäft immer lästiger wurde, dieses völlig aufzugeben, sich ganz der Kunst zu widmen, und kehrte wieder nach Mannheim zurück. Während seiner Anwesenheit hatte sein älterer Bruder, der in der ganzen Kunstwelt durch seine Landschaften und radirten Blätter so bekannte und geschätzte Ferdinand Kobell, seine wissenschaftlichen Studien vollendet, und war schon wirklich bei der churfürstlichen Hofkammer in Mannheim als Sekretär angestellt. Allein dieses war eben so wenig Ferdinand's eigentlicher Beruf, als Franz zum Kaufmann geboren war. Stets von dem wärmsten Kunstgefühle belebt, fand er sich ausser seinen künstlerischen Beschäftigungen nirgends glücklich, nirgends zufrieden. Jeden Augenblick, den er seinen Zwangsgeschäften abnöthigen konnte, verwendete er auf das Studium seiner Kunst, und brachte es in der Fertigkeit zu malen bald so weit, dass der Churfürst Karl Theodor, Ferdinand's verfehlten Beruf erkennend, ihn bald seiner Dienste bei der Hofkammer entliess und mit einem grösseren Gehalte zu seinem ersten Kabinets-Maler ernannte. So waren endlich beide Brüder auf der rechten Bahn begriffen, jeder in den seinen natürlichen Anlagen entsprechenden Wirkungskreis eingesetzt. Und nun unterstützte einer den andern mit Liebe und Eifer; wechselseitig theilten sie sich die Studien ihrer Naturbeobachtungen mit, so wie die Resultate ihrer Kunstforschungen. Auf diese Art waren beide gleichsam ihre eigenen Lehrer, doch jeder auf die ihm zukommende Weise. Franz Kobell hatte zwar, seinen Anlagen gemäss, zunächst das Fach der Landschaft ergriffen, doch besass er nicht minder für die Architektur ein hohes, ja ausserordentliches Talent, auf deren Studium er einen ganz vorzüglichen Fleiss verwendete. Bei solchen genialen Kräften musste ihm auch dieses gelingen, und bald waren seine Fortschritte so glänzend, so ausgezeichnet und allgemein anerkannt, dass der kunstbefreundete Karl Theodor keinen Anstand nahm, ihn zu seiner höhern Ausbildung im Jahr 1776 mit einer Pension nach Italien zu schicken, wo er in ununterbrochenen Studien nach der Natur und den architektonischen Werken der Kunst bis zum Jahre 1785 verweilte, und dann nach München zurückkehrte, wohin indessen der Hof von Mannheim verlegt worden war.

Italiens grosse Natur überhaupt, ihr unerschöpflicher Reichthum an Mannichfaltigkeit malerischer Ansichten, das Mächtige und Eigene in den Formen der Gebirgsmassen, die einfach grossen Linien, womit sich oft die Hintergründe schliessen, und wieder deren sinniges Spiel in durchkreuzender Bewegung zur Begränzung der Vor- und Mittelgründe, der eigene Charakter der darin angebrachten, einzelnen oder in Gruppen zusammengestellten Gebäude, das Alles entging Kobell's aufmerksamer Betrachtung keineswegs. Aber er sah die Natur nicht allein, er verstand und fühlte sie auch vollkommen: er kopirte sie weniger im Einzelnen, zu diesem oder jenem Gebrauche; sein umfassender Geist fasste sie vielmehr in ihrer Totalität auf, nach ihrem ganzen Umfange und in der Mannichfaltigkeit ihrer Charaktere. So war sie durch und durch das Eigenthum seiner Einbildungskraft geworden, welcher, gleich einem unerschöpflichen Born, eine unglaubliche Menge von Darstellungen mit grosser Leichtigkeit entquoll, worin man Claude Lorrain's sanftere Schilderungen, bald Poussin's erhabene Scenen, bald Salvator Rosa's wilderen Naturgeist bewundert, doch weit von jedem Verdacht irgend einer Nachahmung, vielmehr auf eine nur ihm eigene Weise, wie sie ein jedes seiner Blätter deutlich bezeichnet. Aber vergebens sucht man in seinen Oelgemälden den Reichthum und die Mannichfaltigkeit seiner Phantasie. Ihre Zahl ist äusserst gering. In der k. Gallerie zu München ist nur eine felsige Landschaft mit einem Wasserfalle und einige kleinere Bilder in Privatsammlungen. Kobell verschmähte den Pinsel, weil die technische Behandlung ihm zu viel Zeit raubte. Darum zog er die Feder vor, weil sie schneller dem Gange seiner Ideen folgte; leicht, frei und geistreich schrieb er damit die Gebilde seiner Phantasie nieder, und setzte sie dann mit Sepia oder Bister in die nöthige Haltung von Schatten und Licht. In der Behandlung blieb er sich nicht durchgängig gleich. Seine ersten und früheren Zeichnungen sind unendlich und oft bis zum kleinsten Detail zierlich ausgeführt; seine spätern hingegen freier behandelt, aber dem Inhalt nach nicht weniger geist- und charaktervoll, als jene. Die Idee blieb und war bei ihm stets das Vorherrschende. Sein Fleiss und seine Phantasie war unerschöpflich; selbst am Morgen vor seinem nahen Tode war seine Einbildungskraft noch mit Bildern beschäftigt; das gebrochene Auge und die zitternde Hand versagte den Dienst. Auf diese Weise allein ist die unglaubliche Menge von Handzeichnungen dieses Künstlers erklärbar, die sich über 10,000 Blätter beläuft. In der Sammlung des verstorbenen Herzogs Albert von Sachsen-Teschen in Wien, in jenen des H. von Rigal in Paris und des Ministerialraths Baron von Stengel in München fanden sich in jeder allein mehrere Tausende. Der König Maximilian von Bayern kam in den Besitz einiger Zeichnungsbücher, worin viele Hundert architektonische Ideen dieses Künstlers niedergelegt sind, und mehrere ähnliche mit landschaftlichen Darstellungen gemischt, sind nach England gewandert. Dutzende sind noch in den Privat-Sammlungen zerstreut. Als Mensch war F. Kobell eben so reichhaltig, interessant und liebenswürdig, wie als Künstler.

Domherr Speth hat 1822 für das Kunstblatt das Elogium dieses Künstlers geschrieben.

1—20) Eine numerirte Folge von 20 Blättern, meist wilde felsigte Gegenden, in 12. und 8.

21) Landschaft mit Felsen, vorn Hagar mit ihrem Sohne, 1775, fol.

22) Landschaft mit Felsen, vorn ein Einsiedler, 1775, fol.

24) Landschaft mit vielen Ruinen antiker Gebäude, links eine Brücke, durch welche Wasser strömt, vorn nach rechts drei Männer, einer stehend, der andere auf dem Steine sitzend, der dritte auf dem Boden. Ohne Namen, gr. 4.

26) Schiffe im Hafen, an demselben ein grosses Gebäude, das sich mit seinen Theilen nach links hinzieht, nach Claude Lorrain's Zeichnung im Besitze des Churfürsten von der Pfalz, wie die Unterschrift es besagt, gr. qu. 4.

Es existirt ein Bildniss von ihm, nach seinem Tod gestochen. Nach seinen und Ferdinand's Zeichnungen stachen Prestel, Kuntz, Bissel und Strutt, 12 Stücke, die bei Artaria erschienen.

Kobell, Ferdinand, Maler und Kupferstecher, der ältere Bruder des Obigen, wurde 1740 in Mannheim geboren. Von seinen Studien und von seiner Anstellung als Sekretär haben wir im Artikel seines Bruders bereits gesprochen, und gesehen, wie er durch den Churfürst Karl Theodor endlich seiner Bestimmung zurückgegeben wurde. Der Churfürst liess ihn nach Paris reisen, wo Kobell sich 18 Monate aufhielt, und nach seiner Heimkehr besorgte er um 1778 die Zeichnungen und Stiche der von Schwan verlegten 125 Ansichten der schönsten und merkwürdigsten Gegenden in der Pfalz. Die Anzahl seiner Zeichnungen und Skizzen ist überhaupt sehr bedeutend und seine geistreich und meisterhaft ausgeführten Blätter werden sehr gesucht. Baron St. v. Stengel gab 1822 einen Catalogue raisonné des estampes de F. Kobell heraus. So vortrefflich, wie die Blätter, sind auch die Gemälde dieses Künstlers, sowohl in Hinsicht auf dichterische Auffassung und Reichthum der Anordnung, als in technischer Behandlung derselben. Er wusste der Natur immer eine interessante Seite abzugewinnen, und besonders gut wusste er das Blätterwerk der verschiedenen Bäume darzustellen. Dazu kommt noch eine liebliche Färbung, eine weise Vertheilung der Licht- und Schattenmassen, und alles dieses vereiniget sich zu einem effektvollen Ganzen. Dann verstand er es auch, seine Bilder mit Figuren und Thieren zu beleben.

Kobell hatte den Titel eines churfürstlich-bayerischen Cabinets- und Hoflandschaftmalers, und 1798 wurde ihm auch das Direktorat der Gallerie in Mannheim übertragen; doch schon im folgenden Jahre starb er.

Frauenholz in Nürnberg gab 1809 das Kupferwerk dieses Künstlers heraus, unter dem Titel: Oeuvre complet de Ferd. Kobell, peintre de la cour Electorale Bavaro-Palatine et graveur à l'eau-forte, cont. 179 Planches de paysages et de figures. Die Blätter sind in verschiedener Grösse, auf 79 Bogen in fol. abgedruckt, mit dem Bildnisse des Meisters von Schlotterbeck. Dieses ist die beste, aber seltene Ausgabe, auf Velinpapier. Ein solches Exemplar ist bei Weigel auf 24 Thlr. 12 gr. gewerthet.

1) Das Dedicationsblatt an den Grafen Karl von Sickingen etc, eine Landschaft mit Felsen, und zwar eines der schönsten Blätter des Künstlers, 1776. H. 7 Z. 4 L., Br. 5 Z. 6 L. In den ersten Abdrücken ist der Himmel weiss, überhaupt die Platte unvollendet.

2) Die Köpfe zweier Schaafe und jener eines Lammes. H. 1 Z. 8 L., Br. 8½ L. Selten.

3) Der Bettler mit dem Stocke in beiden Händen. H. 2 Z. 4 L., Br. 7 L. Diese Figur scheint am Rande einer andern Platte gestochen worden zu seyn, und die Abdrücke sind von der grössten Seltenheit.

4—5) Die Köpfe eines Alten und einer Alten. H. 2 Z. 1 L., Br. 1 Z. 6 L.

6) Die Früchtenhändlerin, Versuch in Lavismanier, aber unvollendet. H. 2 Z. 1 L., Br. 1 Z. 8 L. Sehr selten.

7) Die Magd, welche das Geschirr reiniget, mit geistreicher Nadel gefertiget. H. 2 Z. 5 L., Br. 1 Z. 3 L. Selten.

8—19) Etudes d'après nature, dessinées et gravées par F. Kobell etc. Eine numerirte Folge in 12.

1) Der Titel mit dem Mädchen am Piedestal.
2) Die Rückkehr vom Markt.
3) Der Bettler mit dem jungen Mädchen.
4) Der Reisende mit dem Felleisen.
5) Der Junge mit den Gypsfiguren.
6) Die Besenverkäuferin.
7) Der Bauer neben der Mauer am Steine sitzend.
8) Die Gemüsehändlerin.
9) Der Trödler-Jude.
10) Der blinde Alte hält den Hut zum Betteln hin.
11) Der Trödler und der Savoyarde mit der Laterna magica.
12) Der Mann mit Strohmatten.

20—25) Sechs Blätter mit Kinderspielen: Six études d'après nature etc. H. 2 Z. 6 — 6½ L., Br. 2 Z. 3 — 3½ L. In den spätern Abdrücken fehlt der Rand mit der obigen Schrift.

26) Der Gottesacker mit der Kapelle. H. 2 Z., Br. 2 Z. 4 L.

27) Die vier kleinen Savoyarden am Feuer zur Nachtszeit. Paris 1769. H. 2 Z., Br. 2 Z. 4 L. Dieses Blatt ist an und für sich selten, noch seltener aber die Abdrücke vor der Nachtbeleuchtung.

28—33) Die Cascaden, Folge von 6 Blättern. H. 3 Z. 3 L., Br. 2 Z. 2 L.

34—39) Folge von 6 Landschaften. H. 3 Z. 11 L., Br. 5 Z.

1) Die Frau beim Schlagbaum.
2) Die Ruhe des Reisenden.

3) Die Bäuerin am Zaun.
4) Der Wanderer im Hohlweg.
5) Zwei Männer am Ausgang des Waldes.
6) Der Lastträger einem grossen Baumstamm gegenüber.

40—45) Folge von 6 Blättern Landschaften. H. 3 Z. 11 L., Br. 3 Z. 1 L.

1) Die zwei Kerle im Gespräche, der eine am Rasen sitzend, der andere stehend mit dem Stocke, im Grunde Felsen, ein kleiner Wasserfall etc., 1775.
2) Der Mann am Fusse zweier oben gekreuzter Bäume, 1774.
3) Der Bauer durch einen kleinen Bach wadend, 1774.
4) Der Fischer mit dem Netze, 1774.
5) Der sich in die Wolken erhebende Berg, 1772.
6) Der spitzige Felsen, vorn in der Mitte zwei Wasserfälle, 1774.

46) Die Strasse mit Bäumen, rechts vorn drei Männer sitzend, und ein vierter kommt des Weges, bei Sonnenuntergang. 1777. H. 4 Z. 5 L., Br. 3 Z. 2 L. Im ersten Drucke ist die Luft weiss; im zweiten Drucke ist die Strasse, wo sie sich nach links dreht, erleuchtet, und das Blatt trägt den Namen des Künstlers mit der Jahrzahl 1771; im dritten Drucke ist die Strasse fast ganz beschattet; im vierten Drucke sind die Wolken durch Kreuzstriche bewirkt und die Jahrzahl 1771 ist in 1777 verändert.

47) Die Bettlerin mit dem Rosenkranz. H. 3 Z. 10 L., Br. 7 Z. Selten.

48) Der Bettler mit dem Stelzfuss, in gleicher Grösse, und ebenfalls selten.

49) Zwei Bauern auf einer Bank, der eine die Violine spielend, der andere zuhorchend, 1771. H. 5 Z. 1 L., Br. 3 Z. 9 L.

50) Zwei Bauern auf einer Bank und fröhlich beisammen sitzend, am Boden Pfeife, Hut und andere Fahrnisse, 1771.

51) Der Bauer mit dem offenen Kruge und ein junger Mensch neigt sich zu ihm auf die Achsel. Links unten ist der Buchstabe F. Die Figuren sind fast nur in Contur, im zweiten Drucke sind nur zwei mit der Roulette gezogene Diagonallinien sichtbar. Die Platte wurde nie vollendet, und die Abdrücke sind selten.

52) Die Dorffamilie, 1772. H. 4 Z. 9 L., Br. 5 Z. 2¼ L.

54) Die Kartenspieler. H. 4 Z. 9 L., Br. 5 Z. 5 L.
Die ersten Abdrücke sind blos mit leichter und geistreicher Nadel gefertiget, bei den zweiten sind die Arbeiten der Lavismanier sichtbar.

55) Die Rauferei der Bauern in der Stube, 1771. In gleicher Grösse. Die Abdrücke ohne Kreuzschraffirung sind die ersteren, aber sehr selten.

56) Die wandernden Musikanten, der eine mit dem Triangel, 1770. H. 4 Z. 5 L., Br. 5 Z. 2 L.

57) Landschaft mit einer hölzernen Brücke, über welche zwei Reisende nach rechts gehen. H. 6 Z. 9 L., Br. 5 Z. Selten.

58) Felsige Landschaft mit einem Anachoretten im Gebete. H. 6 Z. 9 L., Br. 5 Z. 1½ L. Dieses Blatt ist mit D. f. 1769 bezeichnet, weil der Künstler den Dietrici nachgeahmt hat, so wie jener im Geschmacke des Salvator gearbeitet. (Impostures innocentes.) Die Figur ist von Parizeau.

59) Der Bauer und die Bäuerin am Ufer des Flusses sitzend, links vorn ein Pfahl mit einer Schrift, 1769. H. 7 Z. 3 L., Br. 6 Z. 6 L. Beim zweiten Drucke wurde die Platte um eine Linie schmäler und No. 1 fehlt.

60) Die zwei Bäume, welche sich über einer hölzernen Brücke

kreuzen, links vorn das Mädchen mit dem Korbe, 1769. H. 7 Z. 3 L., Br. 6 Z. 7 L.

Im ersten Abdrucke ist der Himmel weiss.

61) Felsenlandschaft mit Bauern, links ergiesst sich am Felsen ein Wasserfall etc. Neben anderen Figürchen lässt ein Bauer das Pferd tränken, 1773. H. 6 Z. 11 L., Br. 8 Z.

62) Landschaft mit einem Felsen, aus dessen Kluft eine Quelle strömt, dessen Wasser durch eine Brücke läuft. Vorn auf einer Anhöhe sind zwei Männer und eine Frau, und ein vierter liegt auf dem Rücken, 1773. In gleicher Grösse.

63) Landschaft mit dem Kapuziner-Hospitium. H. 8 Z. 1 L., Br. 6 Z. 11 L.

64) Das Kloster unter Bäumen mit der Kirche, an der Pforte des erstern ein Kapuziner bei den Bettlern, gegen die Mitte ein breiter Bogen, rechts vorn drei Bäume und Figuren, 1772. H. 8 Z. 2 L., Br. 6 Z. 11 L.

65) Felsenlandschaft mit einem Eremiten in Meditation auf dem Boden liegend, 1780. H. 9 Z. 2 L., Br. 7 Z. 1 L.

66) Die Schaafscherer, im Grunde die Ruine einer gothischen Kirche. H. 1 Z. 9 L., Br. 2 Z. 2 L. Zweifelhaft.

67) Landschaft mit zwei Reisenden am sonnenbeleuchteten Hügel vor dem Eingang des Waldes, 1770. H. 1 Z. 10 L., Br. 2 Z. 10 L. Selten.

70) Landschaft mit zwei Bäumen am Abhange eines Felsens, darunter ein Bauer sitzend, wie er seinem Kameraden etwas zu zeigen scheint, 1770. In gleicher Grösse. Selten.

71) Die Symbole des Studiums. H. 1 Z. 8 L., Br. 2 Z. 8 L. Selten.

72) Das Cavallerie-Scharmützel am Abhange des Hügels hin, 1783. H. 5 L., Br. 2 Z. 6 K. Selten.

73) Ein Cavallerie-Angriff, leicht hingezeichnet. In gleicher Grösse und selten.

74) Eine Frau mit einem kleinen Knaben auf der Erde, im Schmerz den Blick zum Himmel gerichtet, vor ihr ein Korb, eine umgestürzte Vase etc. H. 10½ L., Br. 3 Z. 1½ L. Stengel nennt dieses Blatt L'abbattement maternel und im Cataloge des Grafen Rigal heisst es La Hagar.

75) Der Schnitter auf dem Felde liegend und zu seinen Füssen der Hund. Kleines Studium, ganz mit der trockenen Nadel ausgeführt. Die Abdrücke von der unvollendeten Platte sind äusserst selten; man kennt sie an dem unbeschatteten Knie des Liegenden; der Schweif des Hundes ist weiss etc.

76) Der Knabe, welcher seinen Hund liebkoset. In Lavismanier. H. 1 Z. 3 L., Br. 2 Z. 8 L.

77) Der reisende Junge auf dem Boden schlafend, vor ihm neben Gebüsch der Reisebündel. In gleicher Grösse.

78—81) Folge von vier Landschaften. H. 2 Z., Br. 2 Z. 4 L.

1) Der Reisende am Fusse zweier Bäume, 1775.
2) Der Maierhof bei Mondschein, 1775.
3) Der Fremde am Hause des Bauern, 1772. Im ersten Drucke mit weissem Himmel.
4) Landschaft mit Regen und Sturm, ein Bauer unter den beiden Bäumen zur Linken, 1772. Im ersten Drucke sind einige Theile des Vorgrundes weiss, wie einige Stellen am Himmel.

82—87) Sechs numerirte Landschaften: Six paysages dessinés et gravés par F. Kobell à Paris etc.

88—91) Vier Landschaften mit gothischen Thoren in Ruinen. H. 1 Z. 9 L., Br. 2 Z. 10½ L.

92—99) Folge von 8 Landschaften. H. 1 Z. 9 L., Br. 2 Z. 11 L.

1) Der Hof mit Geflügel, 1770.

2) Der Bauer mit dem Hunde, 1770.
3) Der Holzhauer, 1770.
4) Die Hütte mit dem Vorsprung, 1770.
5) Die zwei Reisenden in Unterredung, 1770.
6) Der Giebelthurm.
7) Die Meierei im Walde, 1770.
8) Die Hütte bei Mondschein, 1770.

Nur einige dieser Blätter haben Nummern, Stengel reiht sie aber alle zu Einer Folge.

100a) Der Schuhputzer auf der Erde sitzend; Lumpen und Bürsten vor ihm. Diese sind im ersten Abdruck blos im Umriss, später mit der kalten Nadel ausgedrückt. Im Ganzen ist dieses Blatt sehr selten. H. 2 Z. 2 L., Br. 3 Z. 3 L.

100b) Der Schuhputzer auf der Bank ausgestreckt liegend, unten seine Effekten, 1770. H. 2 Z. 2½ L., Br. 3 Z. 2 L.

101) Ein Bauer mit dem Stucke am Fusse des Baumes liegend. H. 2 Z. 1 L., Br. 3 Z. ½ L. Es ist dieses ein erster Versuch in Lavismanier, und äusserst selten.

102) Der Hirt bei seinen Schweinen. H. 2 Z. ½ L., Br. 3 Z. Die Abdrücke vor Anwendung des Verfahrens mit der Lavismanier sind sehr selten.

103—8) Folge von sechs Landschaften. H. 2 Z. 6 L., Br. 2 Z. 10 L.
1) Der dürre Baum umgestürzt, 1778.
2) Der Reisende an der Quelle.
3) Der Bauer auf der Erdzunge, welche der Fluss bildet, sitzend.
4) Der Bauer mit dem Knaben am Ufer des Wassers.
5) Die zwei Fischer.
6) Der Reisende, welcher die Fussbedeckung ordnet, 1779.

109) Das Monument in einer Landschaft, 1782. H. 2 Z. 6 L., Br. 2 Z. 9 L. Im ersten Drucke ist der Himmel weiss.

110) Der runde Tempel mit sechs Säulen, 1783. In gleicher Grösse.

111—118) Folge von 8 Landschaften. H. 2 Z. 2 L., Br. 3 Z. 3 L.
1) Der quer überliegende Baum.
2) Der aus der Felsenkluft hervorragende verwachsene Baum.
3) Die zwei Felsengruppen am Abhange des Berges, 1779.
4) Der Müller an der Thüre, 1778.
5) Die Mühle, auf welche ein Weib zugeht, 1778.
6) Der Mühlstein am Zaune bei der Hütte, 1778.
7) Die Bleicherin vor der Mühle, 1778.
8) Das Weib mit zwei Kindern vor der Hütte, 1778.

119—122) Folge von vier Landschaften. H. 2 Z. 7½ L., Br. 2 Z. 11 L.
1) Der Wanderer den Bündel schnürend.
2) Die zwei Reisenden im Walde, 1781.
3) Der Reisende im Schatten des Baumes, bei ihm ein Mann mit dem Stocke, 1781.

In dem ersten Abdrucke sieht man links am Himmel keine horizontalen Striche.

4) Der zur Hälfte in's Wasser reichende Baumstamm. Im ersten Drucke ist der Himmel nur leicht angedeutet, in dem spätern ist er durch horizontale und diagonale Linien bewirkt.

123) Die Schenke am Eingang des Waldes, 170. H. 2 Z. 6 L., Br. 3 Z. 2 L. Aus der ersten Zeit des Künstlers.

124) Der Reisende zu Pferde gibt einem Bettler Almosen. H. 2 Z. 3½ L., Br. 3 Z. 9 L. Aus der ersten Zeit, mit geistreicher Nadel gefertiget und selten.

125—134) Folge von 10 Landschaften. H. 2 Z. 6 L., Br. 3 Z. 7½ L.
1) Die zwei Kähne am Pfahle, 1781.

Im ersten Drucke vor der Ueberarbeitung mit der kalten Nadel.

2) Die kleine Brücke von Holz an der Mündung des Flusses, 1775.
3) Der Schiffer, welcher die Fähre anbindet.
4) Der Mann und die Frau auf der kleinen Brücke.
5) Das kleine Schiff mit zwei Männern, der eine vorn sitzend, der andere hinten stehend.
6) Das Schiff von zwei Männern am Seile gezogen, 1779.
7) Die zwei Fischer mit dem Garn.
8) Drei Männer unter zwei Weidenbäumen, 1774.
9) Der Schiffer im Kahne auf dem Flusse, 1779.
10) Die Alte auf der hölzernen Brücke, 1778.

Die Repetition dieser Folge, die im Werth tiefer steht, ist von der Gegenseite; der Name und die Jahrzahl steht rechts.

135—140) Folge von 6 Landschaften. H. 3 Z. 6 L., Br. 3 Z. 6 L.
1) Der Sturm, 1774.
2) Die drei Cascaden, 1774.
3) Der verstümmelte Baum, nach links hängend, 1774.
4) Der Reisende in der Nähe des Sees ruhend, 1774.
5) Das Landhaus auf dem Berge, 1773.
6) Die Burg auf dem steilen Felsen.

141) Erste und zweite Ansicht von Neckarau. H. 3 Z. 2—3 L., Br. 3 Z. 10 L. Diese zarten Blättchen sind schwer zu finden.

142) Die Meierei in ganz schlechtem Stande; am Zaune ist ein Weib mit einem Knaben. H. 3 Z. 10 L., Br. 4 Z. 3 L.

Dieses sehr seltene Blatt ist bewunderungswürdig im Lichteffekte.

143) Landschaft mit einem Flusse, der sich durch eine bergige Gegend schlängelt, 1780. Im Geschmacke von H. Saftleven. H. 2 Z. 2 L., Br. 4 Z. 4 L. Im ersten Drucke ist der Himmel und die Ferne mit der kalten Nadel wenig überarbeitet.

144) Landschaft mit einem Flusse nach der Ferne hin; am Wege rechts ein Reisender an den Felsen gelehnt, 1780. In derselben Grösse und in gleicher Manier.

145—46) Die Brunnen, 1770. H. 3 Z. 1¾ L., Br. 4 Z. 3 L.

147—150) Folge von vier Landschaften. H. 3 Z. 3¼ L., Br. 3 Z. 11 L.
1) Der Bauer mit dem Hunde vor der Thüre der Mühle. Im ersten Drucke ist der Himmel weiss, einige Wolken im Contur.
2) Die Wäscherinnen bei der Mühle.
3) Der Brunnen in der Hütte.
4) Die Hütte mit dem Camin von Holz.

151) Der Weiler am Hügel. H. 3 Z. 6 L., Br. 5 Z. 4 L.

152) Die Meierei ausserhalb des Dorfes, 1772. H. 3 Z. 4 L., Br. 5 Z. 3 L.

153—156) Folge von vier Landschaften. H. 3 Z. 3 L., Br. 5 Z. 3 L.
1) Der Fussweg zwischen Felsen, 1779.
2) Der hohe Felsen am Abgrunde, auf der Anhöhe der Mann mit Weib und Kind.
3) Der Weg am Abgrunde; ein junger Mensch mit einem Mädchen im Gespräche, 1779.
4) Die Ruhe der zwei Reisenden am Wege, 1781.

Es gibt von diesen Blättern unvollendete Probedrücke.

157—162) Folge von 6 Landschaften. H. 2 Z. 10 L., Br. 6 Z. 4 L.
1) Die Heimkehr der Heerde zur Mühle, 1771.
2) Die Cascade am Gehöfte, 1773.
3) Die Hütte auf der Anhöhe neben einer Schlucht, über welche eine Brücke führt.
4) Der Eseltreiber, 1774.
5) Der Arbeiter in der Sandgrube, 1776.
6) Der Bube mit dem Pferde, 1777.

163) Die Heerde im Begriffe, durch das Wasser zu gehen, hintendrein der Bock, 1771. H. 2 Z. 3 L., Br. 6 Z. 5 L.
Die Probedrücke sind sehr selten.

164—169) Folge von 6 Landschaften. H. 3 Z. 3 L., Br. 6 Z.
1) Die Bleiche, 1776. Im Probedrucke mit weissem Himmel.
2) Die Frau mit zwei Bündeln und der Lastträger. Mit weissem Himmel im Probedruck.
3) Zwei Männer mit dem Hunde am See.
4) Der Bauer stellt Garben an die Sonne.
5) Der isolirte Maierhof, 1778.
6) Der Eseltreiber bei der Mühle.

170) Der Park, durch dessen Baumgruppen Hausdächer hervorblicken. Ohne Zeichen, aber ein zierlich radirtes Blatt. H. 4 Z. 1 L., Br. 5 Z. 9 L.

171) Der Holzhauer, daneben zwei Personen am Wege liegend, links ferne ein Weiler, 1778. In gleicher Grösse.

172—174) Folge von drei Blättern. H. 3 Z. 7 L., Br. 5 Z. 7 L.
1) Die vier Saumpferde mit dem Leiter, 1772.
2) Die Heerde von sieben Schaafen und einem Bock mit der Hirtin auf dem Esel zieht durch den Fluss, 1772.
3) Die Heerde von 10 Schaafen und einem Lamme am Abhange des Hügels, 1779. Im ersten Drucke ist der Himmel weiss.

175) Das Landhaus mit drei Thoren, dabei ein Garten mit Figuren, 1773. H. 3 Z. 11 L., Br. 6 Z. 3 L.

176) Das Landhaus mit dem viereckigen Thürmchen, mit Garten und Figuren, darunter eine zu Pferde, 1775. In gleicher Grösse.

177) Der herannahende Sturm, der Hirt mit der Heerde unter dem Himmel voll Wolken, die Bäume in Bewegung, 1772. H. 4 Z. 1 L., Br. 5 Z. 4 L.

178) Der bei Anzug des Sturms auf dem Bauche schlafende Hirte, auf dem Hügel eine Gruppe von vier Ziegen, 1771. In gleicher Grösse und selten.
Die ersten Abdrücke offenbaren eine sehr zarte Nadel, der Himmel ist theils weiss etc.

179) Eine Wiederholung dieses Blattes, zierlich radirt, mit vier Stücken Vieh vermehrt, 1779. In gleicher Grösse. Im ersten Drucke ist der Himmel zwischen den Wolken weiss, in späteren überarbeitet.

180) Die Strohhütte am Ufer des Flusses. Aus der ersten Zeit des Künstlers. H. 4 Z., Br. 5 Z. 10 L. Selten.

181) Die zwei Männer auf dem Flusse im Kahn, im Grunde eine Strohhütte neben einem viereckigen Thurm, 1766. Aus der ersten Zeit des Künstlers und selten.

182—185) Folge von vier Landschaften. H. 4 Z., Br. 6 Z. 4 L.
1) Der breite Weg durch den Wald, rechts am Wege ein Wanderer mit dem Bündel, 1775. Im ersten Drucke ist der ferne Weg unter den Baumgruppen noch nicht überarbeitet.
2) Der Ausgang des Waldes, links zwei Männer und ein Weib mit dem Kinde, 1775.
3) Das Wirthshaus beim Mondschein, 1774.
4) Der Bauer zu Pferde, 1775.

186—188) Folge von drei Landschaften. H. 4 Z. 7 L., Br. 7 Z. 1 L.
1) Der schlafende Hirte mit der Heerde von 7 Schaafen und einem Lamme, 1778.
2) Die Schaafheerde auf dem Grasplatze ruhend, im Grunde kömmt der Hirt, sie zu suchen.
3) Der isolirte Felsen, unten mit Bäumen und dem Hirten, der

bei seiner kleinen Heerde ruht, 1774. Im ersten Drucke ist der Himmel noch weiss.

189) Das Dorffest, 1767. H. 5 Z. 1 L., Br. 5 Z. 4 L. Selten.

190) Die Soldaten im Zuge: Les soldats en marche, 1767. H. 4 Z. 8 L., Br. 6 Z. 10 L.

191) Ansicht im Neckerauer Wald, 1779. H. 5 Z. 7 L., Br. 6 Z. 5 L. Im ersten Drucke ist der Himmel und das Wasser fast ganz im Weissen.

192—197) Die Brücken, Folge von 6 Blättern. H. 4 Z. 10 L., Br. 7 Z. 4 L. Im ersten Drucke finden sich am Himmel und an andern Theilen noch weisse Stellen. Diese Folge ist sehr schön.

198) Ruinen eines grossen Gebäudes, von einem Pächter bewohnt, 1770. H. 5 Z. 2 Z., Br. 7 Z. 1 L. Selten.

199) Die zwei Bäume am Flusse, vorbei ein schlängelnder Weg zur kleinen Brücke, 1786. H. 5 Z. 7 L., Br. 6 Z. 6 L.

Die Abdrücke mit weissem Himmel und einfachen Strichen im Vorgrunde sind sehr selten.

200) Die Waldspitze am Bergstrome, der sich in mehrere Cascaden ergiesst, 1789. In gleicher Grösse.

201) Die Mauern einer alten Burg, mit einem viereckigen Thurme in ruinösem Stand, und an dem Eingange daselbst ist die Wache auf einem Steine etc., 1773. H. 4 Z. 8 L., Br. 7 Z. 1 L. Die ersten Abdrücke entbehren die Arbeit mit der trockenen Nadel am Himmel.

202) Burgruine mit einem viereckigen Thurme, im Mittelgrund eine Fontaine mit einer Säule, darauf ein Leopard als Schildhalter, 1773. In gleicher Grösse.

Im ersten Drucke ist die kleine Erderhöhung, wo vorn ein Mann liegt, ganz hell, ohne die Halbtinte des spätern Druckes.

203) Ruine einer gothischen Kirche, rechts ein zirkelrunder Bogen, durch welchen der Weg sich windet, 1772. H. 4 Z. 3 L., Br. 6 Z. 11 L.

204) Ruine mit einem gothischen Bogen, darunter zwei Schilde mit einem Helm. Rechts vorn sind zwei Pferde, und neben andern Figuren sieht man auf dem Wege des Mittelgrundes auch zwei Capuziner. In gleicher Grösse mit dem Obigen.

205—210) Die Stadtthore, Folge von 6 Blättern.

1) Der gothische Bogen durch den viereckigen Thurm von drei Stockwerken, 1774. H. 6 Z. 4 L., Br. 7 Z. 1 L.

Im ersten Drucke sind die Luft und andere Stellen weiss, im zweiten sind sie mit einfachen Strichen bedeckt, und im dritten auch mit Schatten versehen.

2) Ein grosser Thurm an der Mauer mit einem Gewölbe etc. Im Grunde ein Theil der Stadt, 1780. Im ersten Drucke mit weisser Luft ohne Kreuzstriche in den Wolken.

3) Der viereckige Thurm in ruinösem Stande, als Stadtthor, durch welches zwei Lastträger gehen etc., 1770. H. 6 Z. 4 L., Br. 7 Z. 6 L. Im ersten Druche ist die Wolke zwischen dem Thurm und dem linken Rand der Platte nicht mit der kalten Nadel überarbeitet.

4) Der gothische Thurm mit dem Stadtthore über Ruinen emporragend; zwei Reiter mit dem Hunde reiten heraus etc., 1778. Es gibt reine Aetzdrücke, und solche mit der kalten Nadel überarbeitet.

5) Das Thor im alten Mauerwerk, das zur Stadt am Berge führt, von welcher man aber nur zwei Kirchthürme und ein Hausdach sieht etc., 1776. H. 6 Z. 7 L., Br. 7 Z. 2 L.

6) Ruine eines grossen gothischen Thurms mit einem moderneren Bogen, der das Thor bildet etc., 1786.

211) Die Burg am Berge mit einer Kuppel, vorn ein Reisender mit dem Sacke auf dem Rücken, 1796. H. 6 Z. 1 L., Br. 7 Z. 3 L.

212) Bauern im Gespräche vor einer Hütte, in der Ferne am Hügel der Hirt mit vier Hammeln, 1767. H. 9 Z 5½ L., Br. 11 Z. 4 L. Einer der ersten Versuche des Künstlers.

213) Zweite Ansicht am Neckar: IIe. vue des environs du Neckre. H. 9 Z. 1 L., Br. 12 Z. 7 L. Einer der ersten Versuche.

214) Sechs Köpfe im Geschmacke Hogarths, darunter der Kopf eines Grenadiers. H. 1 Z. 3½ L., Br. 1 Z. 1 L.

215) Die Alte im Fenster, Halbfigur mit einer Mütze. H. 2 Z. 1 L., Br. 1 Z. 6½ L.

216) Der Bauer am Fenster mit dem Kruge, in der Rechten die Pfeife. In gleicher Grösse.

217) Der Bauer am Fenster, die Pfeife in der Linken, im Nachsinnen begriffen, 1770. H. 2 Z. 1 L., Br. 1 Z. 7 L.

218) Ein junger Mensch im Camisol hält mit lachender Miene den Deckel des Kruges. H. 2 Z. ½ L., Br. 1 Z. 7 L.

219) Der fröhliche Raucher mit gekreuzten Armen. In gleicher Grösse.

220) Die Schnitterin auf der Garbe sitzend, mit dem Manne zur Seite im Gespräche. H. 2 Z. 1 L., Br. 1 Z. 7½ L. Ein misslungener Versuch in Lavismanier.

221) Der Knabe mit dem Hunde, der die Katze anbellt, 1770. H. 2 Z. 7 L., Br. 2 Z. 3½ L.

222) Das kleine Mädchen vom Hunde umgeworfen, dabei zwei Buben, 1773. In gleicher Grösse. Diese beiden Blätter dienen wohl als Fortsetzung der oben unter No. 20—25 erwähnten Kinderspiele.

223) Ein Mann und ein Weib unterhalten sich am Ausgang des Waldes mit einem vor ihnen stehenden Reisenden. Der Hund ist hinter ihm. H. 3 Z. 3 L., Br. 2 Z. 3 L.

224) Das Mädchen mit dem Korbe am Fusse des Baumes ausruhend, zur Seite der Hund. Kleines Blatt, grösstentheils im Contour, mit Entwürfen am Rand.

225) Die 9 Blätter zu Baron Gemmingen's Uebersetzung von Milton's Allegro und Penseroso. Mannheim 1782, 8.

Ausserdem gibt es einige andere Landschaften von Kobell's Erfindung, kleine Blätter mit Bäumen und Felsen etc. Baron v. Stengel beschreibt 240 eigene Compositionen von ihm und 27 im Anhange, von denen aber etliche schon im frühern Verzeichnisse vorkommen.

Blätter nach fremden Meistern:

226) Der Seehafen, nach einer Originalzeichnung in der Sammlung des Churfürsten von der Pfalz. H. 4 Z. 11 L., Br. 7 Z. 3 L.

227) Landschaft mit einem Weiler am Flusse etc., nach A. v. d. Neer, 1770. H. 7 Z. 6 L., Br. 10 Z. 3 L.

228) Die Hirtin mit der Heerde, nach J. v. d. Does. H. 12 Z. 1 L., Br. 9 Z. 4½ L. Geätzt, ohne Ueberarbeitung mit dem Stichel.

Kobell, Wilhelm von, Maler und Kupferstecher, Ferdinand's Sohn, wurde 1766 geboren, und von seinem Vater in den Anfangsgründen der Kunst unterrichtet. Dann studirte er die Werke der Mannheimer und Düsseldorfer Gallerie, und besonders war es Wouvermans, welchen er zum Vorbilde wählte und mit Glück nachahmte.

Kobell hat sich einen rühmlichen Namen erworben, und so konnte es ihm auch nicht an Ehren fehlen. Im Jahre 1808 wurde er Professor an der Akademie der Künste in München und 1816 verlieh ihm der König den Civilverdienst-Orden der bayerischen Krone. Man hat von diesem Künstler treffliche Schlachtbilder, Landschaften und Thierstücke, ländliche Scenen u. a. Im Jahre 1814 malte er auf Befehl des Königs die Schlacht bei Hanau. Für den Kronprinzen malte er die Schlachten von Eckmühl, Landshut, Abensberg etc., und sechs andere Schlachtbilder erhielt Fürst Berthier. Seine Gemälde und Aquarellen sind von Kunstfreunden sehr gesucht, da er in vielen Dingen seinen Vater übertroffen hat. Seine Gemälde haben das Gepräge strenger Naturwahrheit, sowohl in der Form, als in der Farbe. Auch in der Aquatinta-Manier hat er Treffliches geleistet, und seine Radirungen sind nicht weniger schön.

Nachrichten über diesen Künstler ertheilten schon Meusel, Füssly und Lipowsky, ganz jämmerlich zusammengestoppelt sind aber die wenigen Zeilen in A. von Schaden's sogenanntem artistischen München.

1) Zwei Hirtinnen, eine spinnend, bei ihren Kühen, nach N. Berghem, 4.
2) Runde Landschaft mit der Taufe Christi, nach F. Beich, gr. 4.
3) Die ruhende Kuh bei der alten Mauer, nach Berghem, kl. 4.
4) Der Reiter, welcher einer Bettler-Familie Almosen gibt, nach demselben, qu. fol.
5) Ein Mann zu Pferde und zwei Männer zu Fuss treiben eine Heerde, nach Berghem, qu. fol.
6) Der Bauer, welcher den Mistharren beladet, nach demselben, qu. fol.
7) Die Bäuerin mit dem säugenden Kinde bei ihrer Kuh und den Schaafen, nach Th. van den Berghen, gr. 4.
8) Landschaft, wo das Weib mit der Kuh und den Schaafen durch das Wasser geht, nach J. Both, fol.
9) Das Mädchen mit dem Lamme bei der ruhenden Heerde, nach J. le Duc, gr. 4.
10) Ruhende Jäger auf der Reigerbeitze, nach K. du Jardin, qu. fol.
11) Tanzende Bauern bei einem Wirthshause, nach F. Frank, gr. qu. fol.
12) Landschaft, nach Claude Lorrain's Bild in der Münchener Pinakothek, gr. qu. fol.
13) Landschaft mit zwei Jägern und Jagdhunden, am Ausgang des Waldes ruhend, nach J. Lingelbach, qu. fol.
14) La surprise d'un piquet de Cavallerie, nach Th. Maas, gr. qu. fol. Hauptblatt, bei Weigel 4 Thl. 16 gr.
15) Das Innere eines Bauernhauses, mit zwei Pferden an der Krippe, nach eigener Zeichnung, qu. kl. fol.
16) Landschaft mit einem Fluss, vorn nach links drei Bäume, am Fusse derselben zwei Reisende schlafend, 1790, nach Ferdinand Kobell, qu. fol.
17) Mondscheinlandschaft mit einem Manne im Kahne, 1790, nach Ferdinand Kobell, qu. 8.
Die Conturen dieser beiden Blätter sind v. Ferdinand selbst geätzt, und die Aetzdrücke sind selten.
18) Landschaft mit ruhenden Fussgängern unter dem Baume, nach demselben, qu. 8.
19) Der Mann mit drei Hunden und dem grasenden Pferd, nach A. Cuyp, qu. fol.
20) Landschaft mit dem holl. Canal, nach J. Percellis, qu. fol.
21) Landschaft mit der heil. Familie, nach Poussin, gr. 4., rund.

22) Bepackte Pferde und Esel mit dem Führer, nach W. Romeyn. gr. 8.
23) Ein stehender Ochse mit 5 Schaafen, nach H. Roos, kl. fol.
24) Die stehende Kuh bei drei Schaafen und einer Ziege, nach demselben, kl. fol.
25) Die Heerde bei der Ruine, rechts die Hirtenfamilie, nach Roos, gr. qu. fol.
26) Le troup rentrant, nach demselben, gr. qu. fol.
27) Des voyagers couchés en pleine champ, nach Roos, gr. qu. fol.
28) Landschaft mit Wasserfall, darüber eine hölzerne Brücke (le petit pont) nach Ruysdael, gr. fol.
29) Die Bauern am Feuer, nach D. Teniers, gr. 4.
30) Die Heerde am Wasser, und die Hirtin, welche sich die Füsse wäscht, nach A. v. de Velde, gr. qu. fol.
30) Die Reitschule in einer Winterlandschaft, nach Ph. Wouvermans, gr. qu. fol.
31) Ein Pferdestall, wo ein Reiter schon zu Pferde sitzt, nach demselben, gr. qu. fol.
32) Der Reiter begleitet von einem Manne mit der Fackel, nach Wouvermans, 12.
33) Der Reiter, welcher einen Mann um den Weg zu fragen scheint, nach demselben, 12.
34) La caravane en repos, nach Wouvermans, gr. qu. fol.
35) Passage d'un corps de troupes près d'un village, nach demselben, roy. qu. fol.
36) Les occupations du soir au camp, nach demselben, roy. qu. fol.
37) Des bohémiens qui demandent l'aumone, nach demselben, gr. roy. fol.
38) La bohémienne disant la bonne fortune, nach demselben, roy. qu. fol.
39) La cascade, nach A. v. Everdingen, kl. fol.
40) L'abbaye, nach Ruysdael, fol.
41) Le paysan et sa femme, beide sitzend, vorn die Kuh ebenfalls in Ruhe, nach H. Roos, 1835, qu. fol.
42) L'etang aux canards, nach J. Wynants, roy. qu. fol. Hauptblatt, bei Weigel 6 Thl.
43) Der Eingang eines Waldes, nach demselben, fol.
44) Le bord du rivage, nach Th. Wyk, qu. roy. fol.
45) La cabane, nach W. Romeyn, gr. qu. fol.
46) La bergère filante, Landschaft mit altem Gemäuer, Hirtin und Vieh, nach Pynacker, 1819, gr. fol.
47) Landschaft mit Ruine und Eseltreiber, nach Dietrich. Ohne Namen, qu. fol. Selten.
48) Der Stall mit dem weissen Pferde, die Dame sich zum Aufsitzen rüstend, nach Wouvermans, qu. 8.
49) Zwei Pferde und eine Ziege bei der Familie im Stalle, nach demselben, qu. 12.
50) Der Stall mit drei Pferden und zwei Hunden, links der Bauer Wasser schöpfend, nach demselben, qu. 8.
51) Drei Pferde im Stalle: das vordere, weisse, steht im Profil, auf dem zweiten sitzt der Reiter, das dritte liegt, nach demselben, qu. 12.
52) Marche de Cavalier, nach Wouvermans, kl. Blatt.
53) Chevalier arrêté, nach demselben, kl. Blatt.
54) Ali, cheval arabe. Unbeendigt gebliebene Platte. Ohne Schrift und Namen, gr. qu. fol. Selten.
55) Brillan, ein Pferd aus dem k. bayer. Hofstalle, gr. qu. fol.
56) Heros, ein Pferd aus dem k. bayer. Hofstalle, gr. qu. fol.

Radirungen.

57—65) Die Hunde, Folge von 11 Blättern, mit Landschaften im Grunde, in verschiedener Grösse, in 4. und kleiner.

66—72) Ansichten von und bei München, 7 Blätter. Mit Ueberschriften, 1818, qu. 8.

73—78) Die Reiter: Suite de six Cavaliers, 1805. Jeder Reiter ist in landschaftlicher Umgebung, 6 Bl., gr. qu. 4. Selten.

79—84) Folge von 6 Landschaften und Viehstücken, nach niederländischen Meistern.

a) Le moulin à vent, nach J. Breughel, qu. 12.
b) La diligence, nach J. v. Artois, qu. 12.
c) Le repos du berger, nach W. Romeyn, 4.
d) Le berger dormant, nach demselben, 4.
e) Les bergères, nach N. Berghem, qu. 4.
f) La charrette, nach demselben, 1819, qu. 4.

85—90) Zweite Folge von 6 Blättern nach Gemälden aus der niederländischen Schule.

a) Le chasseur aux renards, nach Wouvermans, 4.
b) Le chasseur aux lièvres, nach K. du Jardin, 4.
c) Le debarquement du vin, nach Wouvermans, 4.
d) La maison du chasseur, nach J. Ruysdael, qu. 4.
e) Le canal en Holland, nach A. v. d. Neer, 4.
f) Le voyageur à cheval, nach J. Asselyn, 1831, gr. 4.

91) La petite charrette, derselbe Gegenstand, wie in der obigen Folge, aber von der Gegenseite. Der liegende Bauer ist rechts, qu. 4. Sehr selten.

192—193) Kinder, welche Soldaten spielen, 2 Blätter in 8.

94) Das Pferderennen in München, 1810, nach dem eigenen Gemälde, gr. qu. fol.

96) Zwei Visitencharten.

Die bei Frauenholz nach seinen Zeichnungen von Ph. H. Dunker colorirten Blätter wuchsen zu einer Folge von 18 Stücken heran.

Kobell, Hendrik, Zeichner, Marine- und Landschaftsmaler, erblickte 1751 in Rotterdam das Licht der Welt, und schon als Kind fand er an den Fahrzeugen im Hafen seiner Vaterstadt grossen Gefallen. Sein Vater, ein Kaufmann, liess ihn auch im Zeichnen unterrichten, doch sollte er die Kunst nicht der Handlung vorziehen, obgleich seine Zeichnungen von Schiffen, von Strom- und Seeansichten schon frühe Talent verriethen. Als Jüngling schickte ihn der Vater in Handelsgeschäften nach England, und diese Reise war so ganz nach seinem Wunsche. Er blieb längere Zeit in London, und auch hier liess er keine Gelegenheit vorbei, sich in seinem Lieblingsfache auszubilden. Nach seiner Heimkehr dachte er ernstlich daran, die Handelschaft gänzlich bei Seite zu setzen. Er begab sich nach Amsterdam, und da hatte er in zwei Jahren solche Fortschritte gemacht, dass ihn nach Verlauf dieser Frist daselbst die Zeichenakademie unter die Zahl ihrer Mitglieder aufnahm. Im Jahre 1771 zählte ihn auch schon die Gesellschaft „Pax artium nutrix" unter ihre besten Zeichner. Im Zeichnen hatte er besondere Stärke und seine Zeichnungen wurden daher von Kunstfreunden sehr gesucht. In der Folge unternahm er eine Reise nach Frankreich, und nach seiner Rückkehr liess er sich in Rotterdam nieder, wo Kobell fortfuhr, die Porteseuille der Kunstliebhaber mit schönen Zeichnungen zu bereichern. Eine der vorzüglichsten jener Zeit, die in Besitz des G. van der Pals kam, stellt die 1770 erfolgte Seeschlacht der türkischen und russischen Flotte im Golf von Lepanto vor.

Diese Zeichnung wurde allgemein gerühmt, nicht blos wegen der kunstreichen Anordnung, sondern auch wegen der trefflichen Behandlung in Saftfarben. Er zeichnete auch eine Ansicht des Vorgebirgs der guten Hoffnung, eine solche von Batavia und vom Eilande Onrust, Blätter, welche S. Fokke und M. de Sallieth in Kupfer gestochen haben. Andere seiner Zeichnungen sind nach Gemälden von Backhuysen, W. van de Velde u. a. ausgeführt.

Dann hat Kobell auch verschiedene Bilder in Oel gemalt, deren einige in den Besitz des Erzstatthalters der vereinigten Provinzen übergingen. Die Gemälde, welche er in London ausgeführt hatte, sind durch Mezzotinto-Blätter bekannt. Brookshaw brachte einen Seesturm und Schiffe zur See beim Mondschein auf solche Weise in Kupfer. Andere Bilder stach Watson nach ihm, und Sallieth einen Härings- und einen Wallfischfang. Das Vorzüglichste, was er geleistet, machen aber immer die Zeichnungen in Tusch und Aquarell aus.

Im Jahre 1774 verehelichte sich der Künstler, und von seinen zwei Söhnen wurde Jan ein berühmter Maler. Doch sah er seine Kinder nicht herangebildet, denn schon 1782 erreichte ihn ein unglückliches Ende. Dieser Kobell hatte den Namen des Jüngeren (Kobell Jr.), wir fanden aber keinen älteren H. Kobell als ausübenden Künstler bezeichnet. Man findet bei Rost, Meusel, Füssly und anderwärts wohl angegeben, dass ein Heinrich Kobell 1741 in Mannheim geboren worden sei; allein die anderen Nachrichten passen wieder ganz auf unsern Rotterdamer. S. auch unten im Verzeichnisse der Blätter No. 10.

Kobell hat auch geistreich geätzte Blätter geliefert.

1) Ein grosses Bauernhaus mit Heuschober an einem Gehaue mit Bäumen umgeben; rechts im Grunde das Meer mit Segelwerk und drei Fischern; links ein Bauer mit dem Hunde, und ein Canal mit Schiffen. Links im Vorgrunde ist eine grosse Kirche, und andere Gebäude der Reihe nach, und in der Ferne zeigen sich Dörfer. Das Blatt ist bezeichnet: Heud. (Hendrik.) Kobell junior f. 1768. H. 7 Z. 1—3 L., Br. 12 Z. 1 L.

   Die zweiten Abdrücke sind nach der Retouche gemacht, und da ist Mondbeleuchtung angewendet. Dieses ist im ersten Druck nicht der Fall; es herrscht Tageslicht, und die Hühner im Hofe, welche man im ersten Drucke sieht, wurden bei der Retouche weggelassen.

2) Ein Schiff mit hohem Bord und andere Fahrzeuge in einer Meerenge, gegen die Mitte und links Windmühlen, und im Rande steht: Hooft Vande Krap En't Mulle Gal; rechts: H. Kobel f. H. 5 Z. 1 L., Br. 8 Z. 4 L. Die ersten Abdrücke sind vor A. Walpot's Adresse.

3) Schiffe zur See, vorn am Bord ein Bauer mit einem grossen Korbe und dabei ein Weib. Links im Rande: Kobell f. 1778. H. 6 Z., Br. 8 Z. 1 L.

4) Marine, rechts ein bemanntes Boot, der Steuermann ruft an. Diligente, labore, 1774, qu. 12.

5) Marine; links am Ufer ein Kirchthurm u. a. H. Kobell Experm. f. 1777, qu. 12.

6) Die Fischhändler am Ufer der See: E lucro damnum, mit Kobell's Namen. Sehr kl. Blatt.

7) Aussicht auf das Meer: Plures piscabimur, mit Kobell's Namen. Sehr kl. Bl.

8) Das Innere eines Lagers, vorn Soldaten und zwei gesattelte Pferde.

9) Zwei Bauern in einem Hofe, umherum Spuren von Gebäuden. Der eine sitzt, der andere steht, und rechts oben liest man: H. Kobell s. N. 2.

10) Ansicht einer Stadt am Ufer des Meeres; links zieht sich ein Hafendamm hin: H. Kobell junior fe., 1765. Diese Jahrzahl ist im Cabinet Paignon Dijonval, redigé par Bénard p. 93 No. 2475 angegeben, was wohl nicht richtig ist, es müsste denn der Künstler früher geboren seyn.

11) Die Barke mit vier Matrosen auf ruhiger See, links ein Fischerboot mit vier Personen; links im Grund ein kleines Dorf und rechts zeigen sich in der Ferne kleine Barken auf dem Meere. Mit dem Monogramm H. K. und 1765, was wohl unsern Künstler bedeutet. H. 5 Z. 2 L., Br. 8 Z. 5 L.

12) Ein Cavalier vor einer Hütte am Ufer der See, mit Langendyck gefertiget, 1777.

Kobell, Jan, Maler und Radirer, wurde 1782 zu Utrecht geboren. Sein Vater war der geschickte Marinemaler Hendrik Kobell, da er aber diesen früh verlor, und nach wenigen Jahren auch die Mutter, so wurde er im Waisenhaus erzogen. Man bestimmte den Knaben zum Maler und übergab ihn dem Landschafts- und Thiermaler W. R. van der Wall in die Lehre, wo er einen guten Grund legte. Er zeichnete fleissig nach der Natur und neben dieser war Paul Potter sein Hauptvorbild. Er malte nun verschiedene Bilder, Landschaften und Thierstücke, und diese seine Werke wurden mit grossem Beifalle aufgenommen, und in den ansehnlichsten Sammlungen aufbewahrt. Sie erinnern ganz an den Styl des Paul Potter, und die geschmackvolle Behandlung, die schöne Färbung, und überdiess auch noch die Wahrheit der Auffassung, weisen Kobell's Bildern ebenfalls einen hohen Rang an. Der Beifall steigerte sich immer bis an seinen 1814 erfolgten Tod. Er wurde in der neuen Kirche zu Amsterdam begraben, und zahlreich war sein Leichengefolge, da man in Kobell einen Mann erkannte, der geeignet war, den Ruhm der alten niederländischen Schule zu erhalten. Er war Mitglied des k. Instituts. Seine Zeichnungen und Gemälde finden sich in vaterländischen Cabineten, und mehrere seiner Werke gingen auch nach Frankreich und England. In Paris wurde 1812 eines seiner Bilder mit der goldenen Medaille beschenkt, und Landon hat es in den Annales du Musée desselben Jahres sehr gepriesen. Man hat von J. Kobell auch einige schöne geätzte Blätter, von geistreicher Behandlung, so trefflich wie seine Malereien.

1—4) Die Folge von Kühen, Ochsen, Pferd und Hund, gr. 8. Bei Weigel 6 Thlr.

5) Zwei Kühe am Wasser, fast nur Umrisse, qu. 4.

6) Der Ochse, vier Schaafe und eine Ziege, fast nur Umrisse, kl. qu. 4.

7) Der Kuhkopf, gegen rechts gewendet, 8.

8) Kuhkopf, gegen links gewendet, 1801, 8.

Diese letzteren vier Blätter sind von grosser Seltenheit, besonders in Abdrücken auf farbigem Papier.

Kobell, Jan, Kupferstecher, Hendrik's Bruder, wurde 1760 in Rotterdam geboren, aber dieser Künstler scheint weniger bekannt zu seyn, als die anderen dieses Namens. Er ist jener Kobel, dessen wir im Artikel des M. van der Jagt nach L. Francq van Berkhey's Gedicht erwähnt haben. Mit van der Jagt hat er für den Professor Bleuland einige Blätter in Farben geliefert.

Kobell, Jan, Maler, der Sohn des Kupferstechers gleichen Namens, wurde um 1802 zu Rotterdam geboren, und auf der Akademie der Künste seiner Vaterstadt mit den Grundsätzen seiner Kunst vertraut gemacht. Er studirte mit allem Eifer nach guten Mustern und vor allen nach der Natur, um ihre Formen und Erscheinungen kennen zu lernen. Er malt Landschaften mit Thieren, und diese seine Bilder wurden seit 1820 mit immer steigendem Beifall aufgenommen. Im Kunstblatt von 1836 wird eine Landschaft mit Kühen gerühmt, als ein Bild, welches bei der grössten Einfachheit in seiner Heiterkeit des Tons und der markigen Behandlung etwas sehr Eigenthümliches erhält.

Ueber die Niederländer Kobell sind bisher in deutschen Schriften die Nachrichten überhaupt sehr schwankend und mangelhaft gewesen. In helleres Licht brachten wir die Sache durch die Angaben der Geschiedenis der vaderlandsche Schilderkunst, door R. van Eynden en A. van der Willigen. 3tom. Te Haarlem 1816 — 1820. Die Verzeichnisse der Blätter dieser Künstler sind aber hier nicht zu finden. Dabei wurden R. Weigel's und Rigal's Cataloge benutzt.

Koberstein, Daniel, Perspektivmaler, der um 1659 — 1663 für den Hof zu Berlin arbeitete.

Kobes, Francisca, Malerin zu Berlin, bildete sich um 1832 unter Leitung des Professors Kretschmar, und in dem bezeichneten Jahre sah man auf der Berliner Kunstausstellung schon Bilder von ihrer Hand. Es sind dieses Genrestücke, deren sich von ihrer Hand bereits mehrere finden. Auch Bildnisse malt diese Künstlerin.

Koblitz, Kupferstecher, dessen Lebensverhältnisse wir nicht erfahren konnten. Eines seiner Blätter stellt eine Gruppe von vier weiblichen Figuren mit einem Kinde dar, nach Guercino radirt.

Kobold, Gottlieb, Zeichner und Maler zu Cassel, wurde um 1760 geboren, und hier übte er auch seine Kunst mit Beifall. Er zeichnete verschiedene Landschaften und die meisten derselben malte er mit Wasserfarben, einige auch in Sepia, aus. Uebrigens führte er auch Landschaften in Oel aus, und den geringeren Theil seiner Werke bilden die Historien und Bildnisse. Schröder stach nach ihm 12 Ansichten der Wilhelmshöhe, die colorirt erschienen. Dann hat man von ihm selbst einige Blätter in Farbenmanier. Zu Anfang unsers Jahrhunderts arbeitete er an einer Sammlung von Abbildungen der alten hessischen Bergschlösser.

Kobold war Zeichner und Maler an der fürstlichen Akademie zu Cassel, und um 1812 starb er.

1) Zwei Aussichten der Wilhelmshöhe.
2) Die Gegend und das Bad von Hofgeismar.
3) Der Paradeplatz zu Cassel, mit dem Circus.

Koburger, Balthasar, Maler zu Nürnberg, der durch sein Bildniss bekannt ist. Darauf liest man, dass Koburger 1603 geboren wurde.

Koburger, Johann Philipp, Medailleur, der 1634 — 1657 im Dienste des Grafen von Mannsfeld stand. Dann soll er auch für den Fürsten von Anhalt gearbeitet haben.

Kowustuhl, Martin, Zeichner und Lithograph, wurde 1802 in München geboren, und daselbst auf der Akademie in die Grundsätze der Kunst eingeweiht. Im Jahre 1829 errichtete er in München eine Zeichnungsschule und 1837 starb er. Von ihm sind die Abbildungen in dem Werke, welches V. Kolb unter dem Titel: Das Münchener Bürgermilitär in allen Waffengattungen etc. herausgab. München 1834 — 37, gr. 4.

Koch, Martin, Bildschnitzer und Formschneider zu Nördlingen, wo er um 1540 lebte. Seiner erwähnt Beyschlag, und nach der Ansicht dieses Schriftstellers verdient Koch einiges Lob.

Koch, Jürgen, Medailleur aus Westphalen, war von 1524—1537 königlich dänischer Münzmeister, und auch Bürgermeister zu Malmoe. Man hat von seiner Hand etliche Medaillen mit den Bildern dänischer Könige. S. Weinwich's Kunstenshistorie i Kongerigerne Danmark etc. p. 24.

Koch, Johann, Kupferstecher, der in der ersten Häfte des 17. Jahrhunderts in Hamburg lebte. Man findet Bildnisse von seiner Hand:
1) Kaiser Karl V.
2) L. Dünto, Gottesgelehrter.
3) J. St. Strobelberger, 1627.

Koch, Johann, Medailleur und sächsischer Münzmeister um 1690. Er zeichnete seine Werke mit den Initialen I. K. und manchmal brachte er zwischen diesen Buchstaben auch zwei gekreuzte Pfeile an.

Koch, Johann Christian, Medailleur, der Sohn eines gleichen Künstlers, Nicolaus, der in Zerbst lebte, wurde 1680 zu Aken an der Elbe geboren, wo er bei Ch. Wermuth seine Kunst erlernte. Später kam er in die Dienste des Herzogs von Sachsen-Gotha, wo er 1742 auch starb. Dieser Künstler arbeitete mit grossem Ruhme. Auch sein älterer Sohn übte um 1752 dieselbe Kunst mit Beifall. Der Vater hinterliess eine nicht unbedeutende Anzahl von Werken, und darunter solche mit Bildnissen merkwürdiger Männer:
1) Medaille mit dem Brustbilde des Markgrafen Wilhelm Friedrich von Ansbach; abgebildet bei Köhler.
2) Die Brustbilder des Herzogs von Sachsen-Gotha und seiner sieben Kinder.

Koch, Andreas, Medailleur, der von 1746 — 1751 im Dienste des pfälzischen Hofes stand. Er bezeichnete seine Werke mit A. K.
Ein anderer A. Koch war um 1760 Hofmedailleur zu Hessen-Darmstadt, und diesen soll der Buchstabe K. auf Medaillen bedeuten.

Koch, Johann Conrad, Bildhauer, der zu Berlin während der Regierung Friedrich I. lebte. Er fertigte die Sklaven an der Statue dieses Königs, und die Basreliefs der Kanzel in der St. Peterskirche zu Berlin. Eine andere Kanzel kam in die Garnisonskirche zu Potsdam.

Koch, Johann Heinrich, Maler in Prag, wo er um 1721 lebte.

Koch, Joseph, Kupferstecher zu Prag, und ein Böhme von Geburt, bildete sich unter Prof. Kohl an der Normal-Schule der erwähnten Stadt zum Künstler. Besonderen Ruf erwarb er sich als Schriftstecher, doch lieferte er auch andere Blätter:
1) Zehn verschiedene Turniere: Koch sc. Pragae, 4.
2) Die Darstellung des Abendmahls unter beiderlei Gestalten, 4.
3) Einige Abbildungen böhmischer Landespatrone für die Lebensbeschreibungen derselben, 1800.
4) Das Bildniss von J. A. von Riegger, Copie nach P. Mayer, 1778.
5) Frau Catharina Militka, 1792.
6) Frau Joseph Kitlitz, für Riegger's böhmische Statistik.
7) Muster für deutsche Currentschrift, 1802.
8) Die Uhr in der Johanniskirche zu Prag, kl. fol.

9) Die Uhr am Prager Rathhause, kl. fol.
10) Einige Charten.

Koch, Philipp, Kupferstecher zu Augsburg, Schüler des G. Spitzl, arbeitete um 1765 in schwarzer Manier. Er hatte einen Kunstverlag.

Koch, G. K., Maler, der in Frankfurt am Main lebte. Er malte Bildnisse in Oel und Miniatur, und um 1761 starb er, ohngefähr 60 Jahre alt.

Koch, Jean, Maler und Radirer von Vallendas bei Ehrenbreitstein, wurde um 1765 geboren, und widmete sich besonders dem landschaftlichen Fache. Er malte Landschaften in Oel und solche hat er auch radirt. Dann hat man von ihm eine Schrift über Landschaftsmalerei, mit 12 Kupfern, wovon 1806 eine zweite Auflage erscheinen sollte.

Eine Folge von Grabmälern in landschaftlicher Umgebung, nämlich jene von Kant, Herder, Gleim, Klopstock, Rousseau etc., 6 Bl. im Umriss.

27 malerisch radirte Blätter mit Skizzen und Ansichten eigener Idee.

Anfangsgründe für den Zeichnungsunterricht.

Koch, Joseph Anton, berühmter Zeichner, Landschaftsmaler und Radirer, wurde zu Obergiebeln am Bach, im Lechthale, 1768 geboren. Sein Vater, Joseph Koch, war der Sohn armer Bauersleute, die sich bei einer grossen Anzahl Kinder hart ernährten, wesshalb er selbst den Zitronenhandel nach Deutschland trieb, und sich 1760 zu Koblenz mit Anna Burdi verheirathete. Da ihm das Lechthal gefiel, so wählte er Obergiebeln zu seinem Aufenthalte und nun verfolgte er von hieraus seine Handelschaft. Die Ehe war mit eilf Kindern gesegnet, von denen jedoch acht in der Jugend starben, so dass nur der gegenwärtige Künstler mit zwei Schwestern übrig blieb. Der Schullehrer zu Elbigenalb, wo der junge Koch in die Schule ging, bemerkte bald mit Verwunderung ein ausserordentliches Talent zur Zeichenkunst an ihm, da er alte Blättchen Papier mit Zeichnungen zierte, und darauf mit seiner Feder auf eine leichte Weise und nicht ohne Geschmack, Vögel, vierfüssige Thiere, menschliche Figuren oder wohl gar Portraite seiner Schulkameraden anbrachte, und dessen ungeachtet im Schulunterrichte selbst nicht zurückblieb. Als Koch die Schule verliess, wurde er bei einem Feldmesser, welcher damals im Gerichtsbezirke Ehrenberg beschäftigt war, als Handlanger angenommen, und jetzt konnte er seinen Hang zum Zeichnen nach Wunsch befriedigen. Doch um ihrem geringen Nahrungstand einige Unterstützung zu verschaffen, brachte es Koch's Mutter in Abwesenheit des Vaters dahin, dass der junge Zeichner bei einer Schaafheerde in Krabach als Schäfer bestellt wurde. Traurig verliess er die Mappirer und trat sein beschwerliches Amt bei der unfolgsamen Heerde an. Doch wusste er auch hier manche freie Stunde zum Zeichnen zu gewinnen, und kritzelte, in Ermanglung von Papier und Feder, seine Figuren auf Baumrinde, Steine oder das sandige Ufer des wilden Krabach's. Aber wenn ihm auch eine solche Beschäftigung auf kurze Zeit sein widriges Schicksal vergessen liess, so ergriff ihn zu anderer Zeit wieder desto heftiger der Missmuth. Inzwischen sah der Weihbischof und General-Vikar von Augsburg, Freiherr von Umgelder, der in geistlichen Geschäften das Lechthal besichtigte, Zeichnungen des jungen Koch. Er erkannte das Gepräge eines ausserordentlichen Talentes; die Zeichnungen verriethen einen hohen Grad von Fleiss, und hatten viel Ausdruck und Haltung. Besonders überraschte ihn eine mit der

Feder bearbeitete Landschaft, welche das ganze Lechthal in richtiger Perspektive und mit bewunderungswürdiger Mannichfaltigkeit des Natur-Charakters und Beobachtung des Helldunkels darstellte. Der Bischof versprach, den talentvollen Koch bei jeder Gelegenheit zu unterstützen und auf den Weg der Kunst führen zu lassen. Die Mutter achtete jedoch damals wenig darauf, sondern fasste, da sie ihren Sohn zu einem höheren Stand bestimmt glaubte, insgeheim den Entschluss, ihn künftig studiren zu lassen. Von allem diesen erfuhr Koch auf seiner Alpe nichts, von wo er erst beim Eintritt des Herbstes mit seiner Heerde zurückkehrte. Auf Antrieb der Mutter musste er nun den Winter über im väterlichen Hause die Anfangsgründe der lateinischen Sprache erlernen, um sich zu dem von ihr gewünschten Berufe vorzubereiten. Doch unterliess er nicht in freien Stunden, seine Zeichnungen fortzusetzen. Im Jahre 1782 nahm ihn der damalige Prokanzler Schnöller zu Dillingen unter die Studirenden auf, erkannte aber bald seinen vorherrschenden Trieb zum Zeichnen und Malen, und da sich sein Talent immer entscheidender aussprach, nahm ihn auf Bitten Schnöller's der Weihbischof von Umgelder nach Augsburg, und gab ihn dort bei einem Zeichenmeister in Unterricht, wobei er alle Kosten für Koch's dortige Unterhaltung bestritt. Hier übertraf er bald den Lehrer zu dessen eigenem Erstaunen, daher auf sein Bitten Schnöller, der bei ihm die Vaterstelle vertrat, den Weihbischof bewog, ihn nach Stuttgart zu empfehlen. Seine vortheilhaften Zeugnisse verschafften Koch sogleich bei seiner Ankunft in Stuttgart die Aufnahme in die Karls-Akademie, wo er während eines siebenjährigen Aufenthaltes Ruhm und Belohnung im vollsten Maasse ärndtete. Koch ging hierauf nach Frankreich, und von hier aus durch die Schweiz nach Italien, studirte in Mailand und Florenz die Werke alter und neuer Kunst, und fand endlich sein Ziel in Rom, wo ihm verschiedene Empfehlungen eine gute Aufnahme verschafften. Er erwarb sich bald den Beifall der Kunstfreunde und Kenner, und die Belohnungen, die er für seine Arbeiten erhielt, setzten ihn in den Stand, nicht allein seine Eltern und Geschwister reichlich zu unterstützen, sondern auch sich mit einer Römerin zu verheirathen. Nach einigen Jahren brach das Unglück des französischen Krieges über Rom aus; Bonaparte liess den heil. Vater die starke Hand des Eroberers fühlen, und unter diesen Bedrängnissen verloren auch die Künstler Beschäftigung und Verdienst. Koch verliess daher den Sitz der Künste, wandte sich mit seiner Familie nach Deutschland, und hielt sich mehrere Jahre hindurch in München, Dresden und Wien auf. Im Jahre 1808 kehrte er endlich wieder nach Rom zurück, und von dieser Zeit an widmete er sich dort unausgesetzt seiner Kunst. Seinen Ruhm begründete er in München mit seinem Gemälde, welches das Opfer Noah's vorstellt. Dieses Bild wurde damals angestaunt, und ein zweites: die wiederkehrende Beruhigung der Natur nach einer grossen Bewegung, hatte die Akademie der Künste daselbst gekrönt. Dieses sind Werke seiner früheren Zeit und an sie schliesst sich eine Reihe anderer, die ihm von einer Seite eben so grossen Beifall erwarben, von der anderen aber nicht verstanden wurden. Eine prachtvolle Composition ist seine Ansicht der Küste Grossgriechenlands. Eben so charakteristisch als bedeutungsvoll, für den Minister von Stein ausgeführt, ist sein figurenreiches Oelbild, welches die Befreiung Tirol's durch Hofer vorstellt, und als eines seiner schönsten Werke erklärt man den Fall des Schmadri-Baches, eine Schweizer Landschaft, in welcher Koch die Natur der Alpen, die mit Wolken bedeckten himmelanstrebenden Berge mit ihren eisigen Häuptern mit ergreifender Wahrheit dargestellt hat. Indesten hat Koch noch mehrere andere meisterhafte Schweizerlandschaften geliefert, die wir aber nicht alle verzeichnen können. Seine Bilder gingen in verschiedenen Besitz über; mehrere kamen nach Russland und England. Die Rom besuchenden Engländer beschäftigten ihn häufig. Für sie führte er mehrere Landschaften in Bister aus. Der russische General-Consul von Krause besitzt drei grosse Landschaften von Koch, die ebenfalls zu den trefflichsten des Meisters gehören. Es ist dieses ein Wasserfall aus seiner früheren Epoche (1796), mit der Figur eines Hirten, welche Thorwaldsen gemalt hat; das Hasli-Thal und eine Landschaft mit der Flucht des Laban. Auch die Villa Massini in Rom verkündet Koch's Kunst. Er arbeitete hier gleichzeitig mit Overbeck, Schnorr, Veith und Führig an den Fresken dieser Villa, und ihm wurden die Darstellungen aus Dante zu Theil. Wie sehr er den Geist dieses Dichters durchdrungen, werden wir noch in der Folge erwähnen.

Mit unserm Koch, dem Nestor der deutschen Kunst in Rom, und mit Reinhart hat sich in Rom eine landschaftliche Schule gebildet, als deren Mitglieder Rhoden, Steinkopf und Reinhold angesehen werden können. Das Streben dieser genialen Männer geht auf genaue Darstellung des Natur-Charakters, auf poetische freie Auffassung der Erscheinungen, die sich bei ihnen in grosser Kraft der Farben abspiegeln. Koch hat jedoch nur einzelne Beispiele von glänzender Farbenwirkung gegeben, und vielleicht gerade desswegen wurden seine Bilder nicht immer nach Verdienst gewürdiget, weil ihnen diejenigen Eigenschaften fehlten, welche ein Theil des Publikums als erste Bedingung seiner Bewunderung fordert, — Eleganz der Farbe und hohe Meisterschaft der technischen Behandlung der neueren Meister. Koch ist aber genial, poetischen Geistes, und sein Hauptvorzug besteht in einer ungewöhnlichen Art der Auffassung; er ist Dichter, Meister jeder Form, welche ihm die Natur bietet, so ganz Herr über den Stoff, dass es ihm ziemlich gleichgültig ist, ob er ihn irgendwo in der Wirklichkeit zusammen sucht, oder selben dieser gemäss in seiner Phantasie nachbildet. Er schildert niemals die Natur in ihrer realen Erscheinung, wie sie theilweise dem Auge sich zeigt, er sieht sie im Grossen und Ganzen, wie sie einen eigenen Gedanken ausspricht, welchen er auf dem kürzesten Wege und mit den einfachsten Mitteln zur klarsten Anschauung bringt. Dieser Hauptgedanke beherrscht alle Theile und durch ihn gestaltet sich Alles zur schönsten poetischen Einheit. In den Formen und Linien sind seine Bilder unübertrefflich, meisterhaft in Anordnung und Verbindung. Seine Färbung ist zwar nicht glänzend, aber wahr und charakteristisch bei ihrer Bescheidenheit. Dann ist Koch auch Meister in der Perspektive, überhaupt im Besitze solcher Mittel, die einen Künstler in den Stand setzen, Ausgezeichnetes zu leisten. Er ist immer gleich trefflich, im Landschaftlichen, wie im Historischen; überall beherrscht ein grossartiger tiefbezeichneter Gedanke das Ganze. Seine vielseitige Originalität und die Grossartigkeit des Styls wird stets ein Vorzug vor vielen neuern Landschaftern bleiben.

Ganz besonders zu rühmen ist Koch auch als Zeichner. Er hat Dante's berühmtes Gedicht mit bewunderungswürdiger Gewandtheit in Zeichnungen übersetzt. Die Hölle allein hat ihm Stoff zu mehr als 12 Bildern gegeben. Dabei suchte er alle noch existirenden Bildnisse derjenigen Menschen sich zu verschaffen, von denen Dante spricht. Diese Compositionen sind ganz im Geiste des grossen Dichters entworfen, und Koch ist hierin dem Flaxman weit vorgeeilt. Seine Zeichnungen sind ausgeführter und mehr Gemälde, als jene des Engländers.

Wer sich von seinem Talente zum Schriftsteller überzeugen will, der lese: Moderne Kunstchronik oder die Rumfordische Suppe gekocht von J. Koch, 1834. In dieser modernen Kunstchronik hat der Koch das Salz nicht gespart. Er bringt uns manches derbe Gericht auf die Tafel, welches er in übler Laune zubereitete. Das Buch könnte auch heissen: Chronica scandalosa der neuern Kunst. Dann hat Meister Koch auch Blätter radirt, die ebenfalls merkwürdig sind.

1—4) Vier Blätter zu Dante's Hölle: Der Wald mit den allegorischen Thieren; der höllische Charon; der Kampf des heil. Franziscus mit dem Teufel um die Seele des Grafen Guido von Montefeltro; die Höllenstrafe der Tyrannen, qu. fol. Preis 4 Thl.

5) Der Schwur der Franzosen bei Montenesino, reiche und geistvolle Compositionen. H. 14 Z., Br. 25 Z.

6—25) Landschaften: Ansichten von Rom und der Umgegend, mit Figuren geziert, numerirte Folge von 20 Blättern mit Unterschriften, qu. fol. Preis bei R. Weigel 6 Thl. 8 gr.

26—50) Les Argonautes selon Pindar, Orphée et Apollonius de Rhodes, 24 Blätter, nach A. J. Carstens Zeichnung. Nebst Text. Rom 1799, qu. fol. Bei Weigel 8 Thl.

Koch, Johann Carl, Maler und Lithograph, wurde 1806 in Hamburg geboren, und daselbst in den Anfangsgründen der Kunst unterrichtet, bis er 1827 nach München ging, um auf der Akademie seine Studien fortzusetzen. Er lag denselben mit allem Eifer ob, und das Fach, welches er ergriff, ist die Historienmalerei, worin er es bereits zu einer schönen Stufe gebracht hat. Seine umfassendste Arbeit zu München ist in der neuen Allerheiligen-Kirche zu suchen, wo er mit anderen Künstlern an den Fresken auf Goldgrund Theil hat, welche den Namen des berühmten Heinrich Hess verkünden. Er malte die Nische mit den Begebenheiten aus der Geschichte Abraham's und Jakob's, und näher angegeben sind die Compositionen im Kunstblatte von 1836. In diesem Jahre reiste Koch nach Rom, wo er sich unsers Wissens noch befindet. (In Rom fand sein Gemälde, welches Macbeth und die drei Hexen darstellt, grossen Beifall, und Busse in Hannover hat den Stich desselben übernommen.) Koch übte auch die Lithographie, in welcher er bereits grosse Kunstfertigkeit entwickelt hat. Er versteht es, in den Geist seiner Originale einzudringen, und namentlich wusste er das zarte, fromme Wesen, und die Bestimmtheit der Compositionen Overbeck's glücklich zu fassen.

1) Die Indulgenz des heil. Franziscus, nach F. Overbeck's Carton zum Freskobilde in der Engelkirche bei Assisi, qu. imp. fol.

2) Portrait der Fürstin Marie Luise von Thurn und Taxis, nach A. v. Dyck's Bild in Wien, fol.

3) Die Erweckung von Jairi's Töchterlein, nach Overbeck's Zeichnung im Besitze der Fräulein von Lindner, qu. roy. fol.

4) Christus als Knabe im Tempel, nach Overbeck's Zeichnung im Besitze derselben, qu. roy. fol.

5) Das Mannalesen, nach Overbeck's Zeichnung radirt, 1833, qu. fol.

Koch, Fr., Kupferstecher und Zeichner, ein Kaufmann zu Mannheim, der als Dilettant schon gegen das Ende des vorigen Jahrhunderts arbeitete, aber wir können nicht bestimmen, in welcher Beziehung er mit dem Maler Koch stehe, der nach Füssly's Angabe zu Mannheim Bildnisse in Oel und Miniatur mit Beifall malte. Den Kupferstecher Koch fanden wir 1825 gerühmt, als denjenigen

Künstler, der Rembrandt näher kommt, als seine Vorgänger. Er fertigte eine herrliche Folge radirter Blätter, die er jedoch damals den Kunstfreunden noch nicht mittheilen wollte. Seine Blätter sind von malerischem Reize, voll Wärme und Harmonie; überall offenbaret sich die Hand eines genialen Künstlers. Die folgenden ersten drei Blätter, die radirt und mit der kalten Nadel vollendet sind, können z. B. neben den besten Blättern Rembrandt's und Schmidt's gesehen werden.

1) Die Frau in älterer Tracht, mit einem Halskragen, wie sie Handschuhe anziehet, Kniestück, nach C. E. Biset, 4.
2) Das Bildniss des Jean Miel, im Mantel und Hut, Kniestück, nach diesem.
3) Ein Mann mit dem Commandostab in beiden Händen, eine Kette um den Hals, Halbfigur, nach Rembrandt, 4.
4) Bildniss eines Mannes im Talar, mit einer Fahne, Halbfigur, 4.
5) Brustbild eines Mannes mit der Haube, nach A. v. Ostade, 4.
6) Die Flucht in Egypten, nach Dietricy.
7) Zwei Bauern, Halbfiguren, nach demselben.
8) Das Bildniss Friedrich's II. von Preussen, nach Cunningham.
9—11) Drei Bildnisse nach Cranach, Holbein und Aldegrever.
12) Ansicht eines Flusses mit Anhöhen; auf einer derselben ein Gebäude.

Koch, Otto, Kupferstecher, dessen Lebensverhältnisse unbekannt sind. Er lebte im 17. Jahrhunderte in Dänemark, und B. v. Rumohr und Thiele führen ihn in der Gesch. der k. Kupferstich-Sammlung zu Copenhagen unter jenen Künstlern auf, die in eine Fortsetzung des Peintre graveur gehören. Sie erwähnen das Bildniss des Herzogs Friedrich, von geringem Verdienste. H. 19 Z., Br. 14 Z. 8—9 L.

Koch, H. von, Maler in Regensburg, von welchem man 1829 auf der Kunstausstellung zu München ein Fruchtstück sah. Er scheint nur Kunstliebhaber zu seyn.

Koch, Heinrich, Maler von Crefeld, wurde um 1810 geboren, und das Fach, welchem er sich widmete, ist die Landschaftsmalerei. Um 1830 begab sich der Künstler nach Düsseldorf, um an der Akademie daselbst seine Studien zu vollenden, und hier ist es besonders Lessing, welchem Koch nachzustreben sucht. Er hat bereits schöne Proben eines bedeutenden Talentes geliefert, sowohl in landschaftlicher Scenerie, als in bedeutungsvoller Staffage von Figuren und Architektur.

Koch, W., Zeichner und Kupferstecher, wurde 1761 zu Oosterhout geboren, und von C. Philips Iz. in seiner Kunst unterrichtet, bis er nach Paris ging, um daselbst sich weiter auszubilden. Nach einigen Jahren liess er sich in Amsterdam nieder, und hier lieferte er für Buchhändler nicht unverdienstliche Blätter. Starb 1806.

Koch, Hieronymus und Mathias, s. Cock.

Kochkin, Elisa, Kupferstecherin zu St. Petersburg in der zweiten Hälfte des vorigen Jahrhunderts. Fiorillo (kl. Schriften II. 93) erwähnt von ihr folgende Blätter, beide mit: Elisée Kochkin, du 4me âge 1779 bezeichnet.

1) St. Franciscus in der Wüste.
2) Die Schäferin mit der Heerde in einer Landschaft.

Kock, Paul de, Maler zu Antwerpen, wo er in der zweiten Hälfte des vorigen Jahrhunderts arbeitete. Seine Lebensverhältnisse sind uns unbekannt; wir wissen nur, dass er um 1780 die Stelle eines Direktors bekleidete. Sein Bruder Hubert de Kock war Zeichner.

Kock, Johann Martin, Zeichner, der nach Ostade, Pynacker, Van de Velde und Wouvermans in Aquarell copirte; wann, wissen wir nicht.

Kock, Servatius, Kupferstecher von Leyden, der um 1622 als Universitäts-Kupferstecher in Copenhagen lebte, mit 100 Thl. Gehalt.

Kock; andere Künstler dieses Namens s. unter Cock.

Kocks, Bildhauer, dessen Descamps erwähnt. Er legt ihm zwei Grabmäler in St. Gudula zu Brüssel, und die Statuen der Heiligen Petrus und Jakobus in St. Jakob zu Antwerpen bei. Die Lebenszeit dieses Künstlers bestimmt Descamps nicht. Vielleicht gehört er zu der Familie de Cock.

Koeberger, s. Coeberger.

Koebcke, Kupferstecher, der zu Anfang unsers Jahrhunderts zu Berlin für Buchhändler gearbeitet haben soll.

Koeblitz, C. F., Kupferstecher, dessen Lebensverhältnisse wir nicht näher kennen, als Füssly. Ein Blatt mit einem behelmten Kopf soll mit 1770 datirt seyn.

Koeck, der Name von Künstlern, welcher auch hie und da Keck geschrieben wird. Wir lassen sie unter der ersteren Orthographie folgen.

Koeck, Peter, Maler, der in Prag lebte, und vielleicht die grösste Zeit seines Lebens. Zuverlässig hielt er sich hier von 1702 — 1705 auf, und dass er auch in der Folgezeit bis zu seinem 1730 erfolgten Tod öfter daselbst gewesen, beweisen die vielen Werke, welche man in Prag von seiner Hand findet. Die meisten hat die Minoriten-Kirche daselbst. Die regulirten Chorherren des heil. Augustin zu Wittingau in Böhmen hatten 27 grosse Gemälde von Koeck, und darunter wurde der heil. Aegidius, Christus am Oelberg und der heil. Leonhard bewundert.

Köck hatte den Titel eines k. k. Hofmalers.

Koeck, Gottfried, Maler, der zu Anfang des vorigen Jahrhunderts arbeitete. Um 1720 lebte er als Hofmaler in Weissenfels, doch scheint er auch andere Städte besucht zu haben. Zu Neutitschein in Mähren ist ein Hochaltarblatt von ihm gemalt. P. Schenk hat sein Bildniss gestochen.

Koeck, Michael, berühmter Maler, geb. zu Innsbruck 1760, gest. zu Rom 1825. Er erhielt den ersten Unterricht im Zeichnen und in der Malerei unter Leitung des Zeichenmeisters Peter Denifle, und setzte, von dem Gubernialrathe, Grafen von Enzenberg grossmüthig unterstützt, 1777 zu Mailand unter dem trefflichen Maler M. Knoller seine Studien fort. Neun Jahre arbeitete nun Koeck an der Seite Knoller's, und als dieser ihn genug vorbereitet fand, die Kunstschätze Rom's zu studiren, und sich nach diesen selbst zu bilden, wurde er als kaiserlicher Pensionär dahin geschickt. Die Akademie von St. Luca nahm Koeck in der Folge unter ihre Mitglieder auf, und im Jahre 1814 wurde er als Inspektor des päbstlichen Studiums der Mosaik im Vatikan angestellt.

In Rom verehelichte er sich mit Kath. Peters, der Tochter eines Hauptmanns der päbstlichen Leibwache, verlor aber nach wenigen Jahren die geliebte Gattin durch den Tod.

Von Koeck's Leistungen sind nur wenige im Vaterlande. Zwei mythologische Stücke, Venus und Endymion, besitzt ein Privatmann zu Botzen, und zwei heilige Bilder, Johannes der Täufer und Magdalena vorstellend, erhielt seine Schwester in Lermos. Im Nationalmuseum ist die Skizze mit der Geschichte des Achilles in 14 Bildern, nach welchem der berühmte Mosaiktisch, welchen Leo XII. dem Könige von Frankreich zum Geschenke machte, ausgeführt wurde. Zur Zeit der französischen Herrschaft in Rom malte er den Saal der Munizipalität in Fresko. Auch im Kupferstechen, mit der Radirnadel und in Schabmanier, soll sich Koeck mit Glück versucht haben. Sein erster Lehrer erhielt von ihm zwei gezeichnete Akademien, die, wie er sich selbst ausdrückte, wunderschön sind, und einen sehr schönen Kupferstich in Aquatinta.

Koeck erwarb sich vorzüglich einen Ruf durch seine gut gelungenen Kopien nach Raphael. Eine davon wurde bei der Plünderung der Kunstschätze Rom's nach Paris mitgenommen, soll sich aber jetzt wieder in der Gallerie des Lucian Bonaparte in Rom befinden. Seinen künstlerischen Ruf mag noch die Thatsache beurkunden, dass das nach fremden Künstlern begierige Petersburg ihn zu sich einlud, welche Ehre er sich aber, an Rom's milde und an Kunstgenüssen reiche Umgebung gewöhnt, verbat.

In der bekannten Portrait-Sammlung des k. sächsischen Hofmalers C. Vogel ist sein Bildniss, 1820 in Rom gezeichnet.

Koeck, Johann, Maler und Bruder Michael's, war gegen 20 Jahre M. Knoller's Gehülfe. Er half diesem Meister bei der Ausschmückung der Kirche in Ettal und im gräflich Taxischen Saale zu Innsbruck. Dann kam er zum Grafen von Enzenberg in Klagenfurt, wo er mehrere Jahre blieb, bis er nach Venedig ging. Er wurde hier Zeichenmeister, verliess aber 1805 seine Stelle, um sie mit einer Staats-Bedienstigung in österreichisch Polen zu vertauschen. Bei Meusel und nach ihm bei Füssly sind die Nachrichten über die Brüder Koeck (Keck) unrichtig und ungenügend.

Koeck, Franz, Maler, Michael's älterer Sohn, wurde 1800 geboren, und auch er betrat in Rom mit Glück die Bahn des Vaters. Im Jahre 1824 erhielt er den grossen Preis, der in einer goldenen Medaille bestand, welche ihm auf dem Campidoglio feierlichst zugestellt wurde. Er lieferte auch in der Folge noch preiswürdige Gemälde. Sein jüngerer Bruder ist Architekt.

Koeck, N., ein durch seine anatomischen Zeichnungen bekannter Mann. Er war zuerst Stuckaturer und als solcher wurde er dem Dr. Sömmering zu Frankfurt bekannt. Dieser liess ihn zeichnen, und sah bald die ausserordentliche Brauchbarkeit des Künstlers. Seine Zeichnungen sind ihrer Klarheit und ihres ausnehmend plastischen Charakters wegen zu bewundern und ganz eigenthümlich, denn er nahm seinen Gegenstand nach richtig gezogenem perspektivischen Contour von allen Seiten in Betrachtung, imprimirte sich die Verschiedenheit der Flächen und alle Höhen und Tiefen, worauf dann mehr nach den so gewonnenen plastischen Begriffen, als unmittelbar nach der Natur die Schatten der Zeichnung nachgetragen wurden. Indessen hatte der Künstler Launen; es vergingen Tage, wo ihm nichts gerieth, und dann vermochte er wieder in kurzer Zeit Vieles zu fördern.

Jetzt hat diese Zeichnungen der Sohn des Dr. Sömmering, ein geschickter Arzt in Frankfurt. S. Paris und die Rheingegend von Dr. C. G. Carus. S. 21.

Koeck, Peter, van Alost genannt, s. Coek.

Koeckkoeck, s. Koekkoek.

Koedyck, D., Maler und Kupferstecher, dessen Lebensverhältnisse auch seinen Landsleuten unbekannt sind. Basan meint, Koedyck sei 1681 zu Seerdam geboren worden, und dann hält man ihn für einen Nachahmer des G. Dow. Dieses hat seine Richtigkeit, und Koedyck ist auch ein guter Künstler, aber mit Dow nicht zu vergleichen.

Er stach auch verschiedene Blätter nach Metzu und anderen Meistern, doch fanden wir nur wenige seiner Blätter namentlich bezeichnet:

1) Landschaft mit einem unter dem Baume liegenden Weibe, vorn ein weidendes Pferd: Ph. W(ouverman) pinx. D. Koedyck fecit 1730. H. 4 Z. 8 L., Br. 6 Z. 2 L. In Schwarzkunst, bei Weigel 3 Thl.

Koehler, Heinrich, Medailleur und Münzmeister, der unter Friedrich III. (1648—70) zu Copenhagen lebte. Nach seinen Lebensverhältnissen ist er nicht bekannt.

Ein anderer Medailleur Koehler lebte um 1706 in Berlin, und dieser könnte derselbe seyn, der 1714 eine Medaille mit dem Bildnisse des Landgrafen Carl von Hessen, mit dem Carlsberg im Revers, geschnitten hat. Bei Koehler ist sie abgebildet.

Koehler, Christian, Maler von Werben in Preussen, wurde um 1813 geboren, hat sich aber bereits grossen Ruf erworben. Er ist ein Zögling der Düsseldorfer Schule, und das Fach, welches er erwählte, ist das historische, wozu er auch entschiedenes Talent besitzt. Indessen malt er auch Genrestücke, liebliche Scenen, so wie charakteristische Bildnisse. Seine Bilder erfreuen durch die Zierlichkeit der Composition und durch die Schönheit der Form seiner Gestalten. Auch als Colorist steht Koehler bereits auf einer hohen Stufe. Ein bedeutendes Bild ist seine Rebecca am Brunnen, 1832 vollendet, und im Jahre 1834 brachte er sein grosses Bild der Findung Mosis zur Ausstellung, und dieses fand ungetheilten Beifall. Der Künstler hat die Scene von der romantischen Seite ergriffen, und sie in naiven Zügen dargestellt. Jentzen hat dieses Gemälde für den rheinisch-westphälischen Kunstverein 1835 lithographirt, und auch in Raczynski's Gesch. der neueren deutschen Kunst ist es abgebildet. Im Jahre 1836 brachte er ein anderes schönes Bild zur Ausstellung, welches die Mirjam vorstellt, lobsingend nach dem Durchgang durch das rothe Meer.

Graf Raczynski rühmt diesen Künstler besonders. Es ist eine unwiderstehliche Anziehung, sagt er, es ist das innige Gefühl für das Schöne, es ist der geheime Zug seiner Seele, welche ihn in die edle Laufbahn seiner Kunst geführt haben. Das geübte Auge des Hauptes der Düsseldorfer Schule erkannte ohne Mühe in ihm die glückliche Anlage; Schadow unterstützte ihn mit Rath und That, und seitdem hat jeder Tag sein Geschick wachsen und eine liebenswürdige Eigenschaft entfalten gesehen. Schadow freut sich seines Werkes.

Koehler, Friedrich Wilhelm, Decorationsmaler zu Berlin, ein Künstler, der daselbst bereits seinen Ruf begründet hat, und daher ist er auch unter die Zahl der akademischen Maler aufgenommen. Man hat von seiner Hand auch Landschaften und Architekturstücke in Oel. Bei Gelegenheit der Berliner Kunstausstellung von 1826 wurden solche mit Lob erhoben, und die Bilder der späteren Zeit verdienen nicht weniger Beachtung.

Koehler, Wilhelm, Landschaftsmaler, Zeitgenosse des Obigen, doch wissen wir nicht, in welcher Beziehung beide zu einander stehen. Im Cataloge der Berliner Kunstaustellung von 1820 sind Bilder von ihm bezeichnet.

Koehler, Albert, Maler zu Berlin, bildete sich daselbst um 1832 unter Leitung des Professors Herbig zum Künstler, und noch 1836 besuchte er die Akademie jener Stadt. Er malt historische Bilder, Genrestücke und Portraite, und diese seine Bilder sind bereits in manchen Dingen sehr schätzbar. Seine Färbung ist wahr, seine Figuren sind gut gezeichnet und mit Geschmack costumirt. Oefter gibt er romantische Darstellungen.

Koehler, Andreas, Maler aus Werben, der um 1834 seiner Studien wegen in Düsseldorf verweilte. Er ist wohl Christian's Bruder. Man hat historische Gemälde und Genrebilder von seiner Hand. Auch Bildnisse in Oel und Kreide fertiget dieser Künstler. Im Cataloge der Berliner Kunstausstellung von 1836 sind Werke von ihm bezeichnet.

Koehler, Robert, Maler, der sich um 1834 in Dresden aufhielt; seine näheren Verhältnisse konnten wir aber nicht erfahren. Dieser Künstler malt Genrestücke und Bildnisse.

Koehler, Heinrich, Bildhauer, ebenfalls Zeitgenosse der obigen Künstler. Er hielt sich 1832 in Rom auf, und da führte er einige Statuen und andere Bildwerke aus. Seine weitere Spur konnten wir nicht verfolgen.

Koehrer, s. Kehrer.

Koelbl, Anton, Kunstliebhaber, der um 1799 — 1806 zu Wien verschiedene Blätter ätzte, die mit einem Monogramme oder mit den Buchstaben A K bezeichnet sind. Es sind dieses kleine Landschaften mit Thieren nach Molitor, Köpfe von Thieren etc.

Koekkoek, Johann Hermann, Marinemaler, wurde 1778 zu Vere geboren, und anfangs bei einem Tapetenmaler in die Lehre gegeben, denn er sollte als solcher einst sein Brod sich verdienen können. Allein Koekkoek fühlte sich zu Besserem bestimmt, und besonders war es die Marine- und Genremalerei, welche ihn ansprach. Nach überstandener Lehrzeit liess er sich zu Middelburg in Seeland nieder, und hier suchte er durch Unterricht im Zeichnen sich Unterhalt zu verschaffen, und das erste Werk, welches zur Oeffentlichkeit kam, sind die Zeichnungen zu S. van Hoek's Beschryving van den Watervloed in Louwmand des jaars. Harlem 1806, 8. Der Künstler nährte sich jetzt wohl als Zeichner, aber seine Zeit ging darüber hin, ohne dass er dasjenige geleistet, wozu er sich bestimmt fühlte. Es zog ihn zur Darstellung in Farben, und von 1810 an sah man bei Gelegenheit der Kunstausstellungen jedesmal Oelbilder von seiner Hand gemalt. Es sind dieses Ansichten von Seen und Flüssen, und das Meer mit seinen Erscheinungen bot ihm Stoff zu seinen Gemälden. Er stellte es mit Schiffen belastet vor, wie diese mit ihren Segeln sich zeigen, oder gestrandet das Unglück des Schiffers verkünden. Auch die Fischer mit ihren Beschäftigungen und Verkäufen dienten ihm zum malerischen Vorwurfe.

Koekkoek, B. C., berühmter Landschaftsmaler zu Cleve und Sohn des Obigen, wurde 1803 geboren, und von seinem Vater in den Anfangsgründen der Kunst unterrichtet. Mit grossem Talente be-

8*

gabt und unermüdet im Studium der Natur und ihrer Erscheinungen, brachte er es bald zu Ansehen, und gegenwärtig zählt man ihn mit Schelfhout zu den ersten jetzt lebenden holländischen Landschaftsmalern. Sein Ruf ist auch in das Ausland gedrungen, und namentlich wurde im Kunstblatte von Dr. Schorn bei mehreren Gelegenheiten dieses Künstlers mit Ruhm gedacht. Seine Landschaften gehören zu den herrlichsten ihrer Art, sowohl in Hinsicht auf kunstreiche und poetische Auffassung, als auf Meisterschaft der technischen Behandlung. Seine Bilder sind überdiess noch durch die bedeutungsvolle Staffage anziehend. Koekkoek (sprich Kuckuck) malt auch Architektur und charakteristische Scenen, und damit ziert er seine landschaftlichen Bilder. In diesen offenbaret sich hohe Meisterschaft der Perspektive und ungewöhnlicher Sinn für Beobachtung der feinsten Töne der Natur. Dieser Künstler hat schon eine bedeutende Anzahl trefflicher Bilder geliefert, als Inbegriff seiner Vollkommenheit mag aber eine Winterlandschaft gelten, die im Kunstblatte von 1836 S. 187 beschrieben wird. Da heisst es, dass dieses Bild ganz eigenthümlich dastehe; die überraschendste Naturwahrheit, die seltenste Vollendung in der Farbenabstufung, der Luft- und Linienperspektive, steigern die Bewunderung aller Beschauer. Es wird dieses ein wunderschönes Bild genannt. Doch selbst dem ausgezeichnetsten Künstler gelingen nicht alle Bilder auf gleiche Weise, und so fand man im Vergleiche mit jener Sommerlandschaft, welche Koekkoek nach Vollendung dieser Winterlandschaft ausführte, dass letzterer der Vorzug gebühre. Ueberhaupt stellt dieser Künstler die winterliche Natur mit Auszeichnung dar.

Koeler, s. Coeler.

Koella, Johann, Maler, wurde 1740 zu Stäfa am Züricher See geboren und bei J. C. Füssly in der Zeichenkunst unterrichtet. Er wollte Formschneider werden, brachte es aber nach und nach durch unermüdeten Fleiss ohne Anleitung auch in der Malerei zu einer nicht geringen Stufe. Er malte meistens Nachtstücke und auch Copien nach guten Meistern. Starb 1778. E. Haid hat sein und seiner Gattin, der Verena Ryffel, Bildnisse gestochen.

Koella, Heinrich, Zeichner und Maler, Neffe des Obigen, wurde 1775 zu Stäfa geboren. Der erste Lehrer war sein Oheim, und nach dessen Tod nahm sich J. C. Füssly seiner an. Im Jahre 1784 ging er mit dem bekannten H. Meyer nach Rom, wo er unablässig studirte und der Kunst oblag, so dass dadurch seine Gesundheit angegriffen wurde. Endlich kam das Wechselfieber dazu, dessen verzehrender Kraft der Künstler 1789 unterlag.

Koella fertigte in Rom mehrere Zeichnungen nach Köpfen von Rafael und nach Antiken; im Historischen der Malerei hatte er aber nichts Bedeutendes geleistet. Dagegen malte er aber sprechend ähnliche Bildnisse, selbst aus dem Gedächtnisse. Füssly rühmt ihn als Coloristen und als einen derjenigen, die anfingen, mit gutem Erfolge Figuren in Aquarell zu malen. Der Herzog von Sachsen-Gotha erhielt von ihm in dieser Manier eine Copie von Dominichino's berühmtem Bild, welches Kaiser Otto und St. Nilus in Umarmung vorstellt, nach dem Urbilde in Grotta Ferrata. Es müssen sich noch mehrere Zeichnungen von ihm finden, solche in Aquarell, in Tusch und in schwarzer Kreide mit Höhung.

Koelliker, Martin, Bildschnitzler, eigentlich ein Schiffmeister zu Zürich, wurde 1741 geboren. Er schnitzte, wie sein Vater, kleine Darstellungen von Jagden, Figuren etc. in Buchs, und diese Arbeiten wurden bewundert.

Koellner, August, Maler und Radirer, ein jetzt lebender Künstler. Wir haben von ihm eine Folge von 10 radirten Blättern mit Pferden, Ziegen etc., unter dem Titel: Studien von Thieren, nach dem Leben gezeichnet und radirt von Aug. Koellner. Stuttgart 1837, kl. qu. fol.

Koeln, Wilhelm von, und die andern Künstler, die nach jener Stadt genannt werden, s. Coeln.

Koene, Isaac, Landschaftsmaler, der um 1650 geboren wurde. Er lebte in Holland. Ruysdael war sein Meister und van Gaal derjenige, der ihm seine Landschaften mit Figuren staffirte.

Koenemann, C. W., Maler von Barmen, bildete sich um 1835 auf der Akademie der Künste in Düsseldorf. Er malt Bildnisse.

Koenen, Hans, Zeichner, der 1532 in Gent das Licht der Welt erblickt haben soll. Er zeichnete Architekturstücke im Geschmacke des A. Hirschvogel.

Koenig, Erhard, der alte Bildschnitzer von Westphalen, s. Küng.

Koenig, Johann, Maler zu Augsburg, dessen Lebensverhältnisse aber unbekannt sind. Seine Thätigkeit fällt um 1600, und zu jener Zeit malte er für die Gerichtsstube des Rathhauses das jüngste Gericht, die Geschichte des Ananias und der Saphyra, und für die Fürstenstube drei grosse allegorische Darstellungen der Art zu regieren. Dann malte Johann Koenig historische Bilder auf Achat, Marmor und andere Steine. Auf der Universitäts-Bibliothek zu Upsala bewahrt man von ihm einen auf beiden Seiten bemalten Achat mit dem jüngsten Gerichte und dem Zug der Israeliten durch das rothe Meer, und Meusel beschreibt ein merkwürdiges Gemälde, welches auf schwarzem Marmor die Grablegung Christi bei Fackelschein darstellt. Meusel findet hierin einen Anklang an die venetianische Schule. S. den folgenden Artikel.

Koenig, Jakob, Maler von Nürnberg und Zeitgenosse des Obigen, wenn nicht gar von Einer und derselben Person die Rede ist. F. Alberti legt ihm in den Lettere di Monaco, Residenza di Baviera 1792 p. 29 das schöne Gemälde des durch seine Töne die Thiere bezaubernden Orpheus bei, welches Koenig 1613 in Rom gemalt haben soll. In Italien konnte dieser J. Koenig allerdings gewesen seyn, aber er war nicht der Schüler des A. van de Velde, wie Lipowsky dem Alberti gläubig nachschreibt. Van de Velde wurde erst 1639 geboren, zu einer Zeit, als Koenig vielleicht schon todt war. Jener Schüler A. v. d. Velde's ist Jakob Kouing oder Koening, dessen Name vielleicht mit jenem des oben erwähnten Johann Koenig verwechselt wurde. Fiorillo D. IV. 244 vermuthet nur, es könnten zwei Künstler hier gemeint seyn, was gar keinem Zweifel unterliegt. Jakob Koenig war Miniaturmaler. Das oben erwähnte Bild des Orpheus ist in Miniatur ausgeführt, und der Rahmen mit Lazurstein ausgelegt. In der Mitte des Steins sind wieder kleine Landschaften gemalt. Eine andere Miniatur derselben Sammlung stellt die Hochzeit zu Canä dar. Diese Stücke sind mit ausserordentlicher Zartheit gemalt.

Koenig, Peter, Kupferstecher, der nach Lipowsky's Angabe um 1626 in München gearbeitet haben soll. Wir kennen von ihm ein Blatt mit Christus am Oelberg, unten im Rande lateinische Verse und: Peter Koenig fecit, kl. fol.

Koenig, Wilhelm, Bildhauer von Nymwegen, erlernte seine Kunst bei J. R. Hofmann in Trier, und 1602 machte er in München sein Probestück, wie Lipowsky nach dem Münchener Zunftbuch behauptet. Dieser Koenig soll 1610 zu München gestorben seyn.

Koenig, J., Zeichner, der weder mit dem obigen Johann Koenig, noch mit dem Jakob Koening Eine Person seyn kann. Es finden sich von ihm Federzeichnungen von Landschaften mit Ruinen, die mit diesem Namen oder mit J. K. 1664 bezeichnet sind.

Koenig, Anton Balthasar, Kupferstecher und Zeichner, wurde 1693 zu Berlin geboren, und von Blesendorf und Goebel in der Kunst unterrichtet. Er galt als ein geschickter Künstler, und aus Liebe zu seinem Vaterlande schlug er den Ruf nach Dresden und St. Petersburg aus. Zuletzt trieb er auch noch die Blumenmalerei, allein diese holden Töchter der Natur waren ihm nicht mehr günstig. Im Jahre 1773 starb er in Berlin, als Mitglied der Akademie. Rost lässt ihn schon 1740 im 64. Jahre sterben.

Man hat von diesem Künstler mehrere Bildnisse.

1) Georg Abraham von Armin, fol.
2) Der polnische Feldmarschall von Flemming, nach Pesne, fol. Hauptblatt.
3) Graf Alexander Hermann von Wartensleben, nach demselben.
4) Bildniss des Königs von Preussen.
5) Die Illumination, Kaiser Friedrich II. zu Ehren in Berlin von dem kaiserlichen Gesandten gegeben, gr. qu. fol.

Koenig, Anton Friedrich, Miniaturmaler, Anton Balthasar's Sohn, wurde 1722 zu Berlin geboren und anfänglich widmete er sich dem Fache der mathematischen Zeichnung, so wie der Stecherkunst. Zuletzt erlernte er von Blesendorf und Pesne die Miniaturmalerei, und diese wählte er jetzt zum Hauptfache. Der König ertheilte ihm den Titel eines Hofmalers, und in dieser Eigenschaft malte er eine grosse Menge Bildnisse für den preussischen und für andere Höfe. Sehr ähnlich sind seine Portraite Friedrich des Grossen, deren es nach Tausenden gegeben haben soll. Starb 1787.

Koenig, Anna Dorothea, geborne Schröder, die Gattin des Obigen, zeichnete und malte ebenfalls. Besonderen Beifall erwarb sie sich durch ihre Copien nach guten Meistern.

Koenig, Franz Nicolaus, Maler und Kupferstecher, wurde um 1760 zu Bern geboren, und von Freudenberger in der Kunst unterrichtet. Er machte unter Leitung dieses Meisters bedeutende Fortschritte, sowohl in der Zeichnung, als im Technischen der Malerei, und als dazu noch das sorgfältigste Studium nach der Natur seines schönen Landes sich gesellte, sah man bald, dass Koenig in der Reihe der besten Landschafter einen Platz verdiene. Dieser geistreiche Künstler fasste die Natur mit grösster Treue auf, in der vollen Wahrheit ihrer Form und Farbe, und dabei wusste er ihr immer eine interessante Seite abzugewinnen. Seine Zeichnungen und Gemälde sind zahlreich, und mehrere der letzteren sind von ausgezeichnetem Verdienste. Neben andern rühmte man besonders ein grosses Gemälde, welches den Staubbach im Lauterbrunnen-Thale vorstellt. Man erkannte hierin die beste Darstellung dieses berühmten Wasserfalles, die bis dahin erschienen war. Dann malte Koenig auch treffliche Mondscheinlandschaften; es sind aber alle seine Werke schätzbar. Besonders erwähnt müssen aber noch seine Transparentgemälde werden, deren er eine ganze Gallerie aufstellte.

Er hat auch hierin das Eigenthümliche der Schweizernatur mit frommer Treue aufgefasst, und gezeigt, wie tief er die Wirkung des Lichtes und seine mannichfaltigen Erscheinungen erforscht. Ueberall, wo er den Beschauer in diese Gallerie einführte, erndtete er ungetheilten Beifall. Auch ist zu bemerken, dass Koenig seine Landschaften mit Figuren und Gruppen staffirt hat. Mit der Portraitmalerei hat er sich ebenfalls befasst. Im Kunstblatte 1832 No. 86 ist dieser Künstler nach Verdienst gewürdiget. Dieser Künstler lebte im Berner Oberlande; anfänglich zu Interlaken, dann in Unterseen. Der Tod ereilte ihn 1832 in Bern.

Koenig hat auch mehrere schöne Blätter geliefert, in Aetzmanier und in Aquatinta.

1) Costums und Plan zum Militäraufzuge bei der Jubelfeier auf die Erbauung der Stadt Bern 1791, 6 color. Bl., kl. 4.
2) Die St. Peters-Insel im Bielersee, 8 col. Kupfer mit Text von Wagner. Bern 1796. in 4. An diesen Blättern hat auch Lafond Antheil.
3) Collection de costumes suisses, nach Reinhard's Gemälden; 24 Blätter in grösserm und kleinerm Formate.
4) Souvenirs des environs d'Interlaken et d'Unterseen, 12 artige col. Blätter.
5) Souvenirs des Vallées de Lauterbrunn, Grindelwald et Hasli, 24 Blätter.
6) Der Kiltgang (Abendbesuch der Schweizer Jünglinge bei Mädchen).
7) Der Abendsitz (Spinnabend).
8) Die Hochzeit.
9) Die Kindtaufe.
Diese vier Blätter sind radirt, zum Coloriren bestimmt.
10) Die Stadt Bern am Bord der Aar gegen die grosse Münster-Terasse zu, im Mondlichte; nach dem eigenen schönen Gemälde.
11) Der Staubbach, nach seinem berühmten Gemälde, 1804, gr. qu. fol.
12) Der Fall des Reichenbaches, gr. qu. fol.
13) Die Alpen von der Gimmelalpe aus genommen, gr. qu. fol.
13) Le retour des Alpes.
14) Das Abendbrod.
15) Die Gluckhenne.
16—19) 4 Blätter mit Bauernhäusern bei Bern, qu. 4.
20) Die Zeitungsleser, 1799, 4.
21) Das Milchmädchen, 1799, 8.
22) Die Mutter mit zwei Mädchen auf der Bank sitzend, 1800. Aquatinta, 8.
23) Der Grossvater.
24) Die Grossmutter.
25) Der Amman.
26) Häusly.
27) Bättly.
28) Die Heuerndte.
29) Die fleissige Natherin.
30) Die Hanfbrecherin.
31) Das Buttermädchen.
32) Der Knabe und das Mädchen.
33) Der Mäher; beide in Aquatinta.
34) Der Betteljunge.
35) Die Berner Landmädchen
36—41) 6 Blätter Ansichten in gr. 8, und im ersten Drucke vor der Retouche:
a) Im Dorfe Lys.
b) Bei Lys.

c) Bei Unterseen.
d) Die Badetreppe auf der Peter-Insel.
e) Die Schäferei auf derselben Insel.
f) Der Eichenwald.
42) Der Bauer mit der Sense in einer Landschaft.
43) Landschaft mit Kindern und einem Kaninchen. Aquatinta.
44) Ansicht von Toggenburg. Aquatinta, fol.
45) Die kleinen Landschaften und Schweizergegenden mit Staffage im helvet. Almanach, qu. 8.
46) Landschaftliche Ansicht im Dorfe Lys, 4.
47) Baumparthie am See, mit einem Fischer. Am Ufer der Peter-Insel, 4.
48) Landschaft mit einem Flusse, rechts ein grosser Baum. Bei Unterseen, 4.
49) Ansicht von Bäumen und Wasser. Bei Interlaken, 4.
50) Kopf eines Fuchses, mit dem Monogramm N. K, qu. 12.
51) Ein todter Haase und eine Ente bei den Füssen zusammengebunden, qu. 12.
52) Brustbild eines bärtigen Alten mit dem dreispitzigen Hut, 1802, kl. 4.

Eine Anzahl von Landschaften, Figuren, Köpfen ist in dem Umschlag: XX. radirte Blätter. Zürich 1802, vereiniget; qu. 8. qu. 4. und qu. fol.

Koenig, Anton, Medailleur und Kupferstecher, der Sohn des obigen gleichnamigen Miniaturmalers, wurde 1756 zu Berlin geboren, und da er schon zeitig Talent und Neigung zur Kunst verrieth, schickte ihn der Vater auf die Akademie seiner Vaterstadt, wo der junge Koenig die Aufmerksamkeit des Direktors Le Sueur auf sich zog. Dieser wollte ihn zum Maler bilden, der Generalmünz-Direktor Singer machte aber den Vorschlag, den Jüngling unter Leitung des berühmten Loos für die k. Münze heranziehen zu lassen. Koenig machte in der ihm bestimmten Kunst reissende Fortschritte, und noch waren keine zwei Jahre vorbei, als er selbst als Medailleur angestellt wurde. Im Jahre 1776 wurde er als solcher nach Breslau berufen. Von dieser Zeit an lieferte er verschiedene Medaillen, deren mehrere bei Meusel verzeichnet sind. Auch Brustbilder in Relief und Kupferstiche hat man von ihm.

1) Auf den schlesischen Naturforscher Graf von Mattuschka, 1780.
2) Auf Friedrich II. von Preussen.
3) Jubelmedaille des Oberconsistorialraths Stroth, 1784.
4) Auf die Huldigung König Friedrich Wilhelm II., 1786.
5) Ehejubiläum des Herzogs von Oels, 1791.
6) Auf den Tod des Generals von Tauenzien, 1791.
7) Auf die Ankunft des Achmet Effendi zu Breslau, 1791.
8) Auf den Tod des Herzogs von Oels, 1792.
9) Auf die preussische Besitznahme von Ansbach und Baireuth, 1792.
10) Auf die Einweihung der Kirche zu Bohnenhain, 1792.
11) Auf die Hinrichtung des Königs von Frankreich, 1793.
12) Auf die Huldigung des Herzogs Friedrich von Braunschweig-Oels, 1793.
13) Auf die Besitznahme von Südpreussen, 1793.
14) Auf die Akademie zu Berlin, grosse seltene Medaille, weil nach Abprägung einiger Stücke der Stempel zersprang.
15) Auf die Besitznahme von Basel, 1795.
16) Auf den Regierungsantritt Friedrich Wilhelms II., 1796.
17) Auf die Errichtung des Oberkriegs-Collegiums, 1796.

18) Auf die Wiederherstellung der Akademie der Künste, 1796.
19) Auf die Besitznahme von Polen, 1796.
20) Auf die Beilegung der holländischen Unruhen, 1796.
21) Auf den Basler Frieden, 1796.
Die sechs vorhergehenden Medaillen sind gross und wohlgerathen.
22) Auf die Huldigung zu Warschau, 1796.
23) Auf das Dienstjubiläum des Generals Meerkatz, 1796.
24) Auf die eiserne Brücke zu Laasen, 1796.
25) Auf die Huldigung Friedrich Wilhelm III., 1797.
26) Auf das Turnier, welches Graf Hohberg 1800 den königlichen Herrschaften veranstaltete.
27) Graf von Hoym, k. preuss. Minister, 1788.
28) Friederike Luise, Königin von Preussen, 1789.
29) Prinz Heinrich von Preussen, 1789.
30) Der Kronprinz von Preussen, 1789.
31) Freiherr von Heinitz, preuss. Staatsminister, 1790.
32) Tiede, Consitorialrath zu Schweidnitz, 1795.
33) Fürstbischof von Breslau, 1796.
34) Schauspieler Czechtitzky, 1800.
In Kupfer stach er neben etlichen Blättern nach Rafael, Correggio, Rembrandt, van Dyck, Teniers etc. die Bildnisse folgender Männer:
1) Graf von Dankelmann.
2) Graf von Wendel.
3) Garve, Fessler, P. Jonathas etc.

Koenig, Georg Heinrich, Wachsbossirer und Graveur, wurde zu Suhl im Hennebergischen geboren, und anfänglich zum Büchsenschifter bestimmt. Später kam er als Geselle nach Wien, und hier nahm ihn einer seiner Landsleute, ein Graveur, zu sich; nun verlegte er sich auf gleiche Kunst, die er auch mit jener des Emaillirens verband. Von Wien reiste er nach St. Petersburg, wo er in der Folge sein Glück machte. Er gravirte, emaillirte und bossirte in farbiges Wachs, und besondern Beifall fanden seine Bildnisse, da er sie mit allerlei Flitter ausputzte. Nach einiger Zeit ging er auch nach England, wo er mehrere Jahre blieb; endlich aber dachte er wieder an St. Petersburg, und um sich der Kaiserin Katharina zu empfehlen, arbeitete er mit unsäglichem Fleisse und bedeutenden Kosten eine kunstreiche Kaminverzierung aus, die ihm aber bei der Einfuhr aus dem Grunde des zu niedrigen Ansatzes im Preise als gute Prise erklärt wurde. Zum Glück fand er in Russland an dem Fürsten Potemkin einen Gönner, bei welchem er alle seine Projekte, selbst die kostspieligsten, zur Ausführung bringen konnte. Der Fürst liebte Neuheit und Eleganz in der Ausschmückung seines Pallastes, Koenig gab dazu die Ideen, und diese wurden ausgeführt. Endlich nahm ihn die Kaiserin in ihre Dienste, und diese bediente sich seiner Kunst bei der Anfertigung einer Sammlung von Glaspasten.
Koenig starb in Russland zu Anfang unsers Jahrhunderts.

Koenig, Johann Heinrich Christoph, Maler zu Breslau, wurde 1777 zu Braunschweig geboren, und hier, so wie später in Berlin in seiner Kunst unterrichtet. Dann wählte er Breslau zu seiner zweiten Vaterstadt, und hier ist der Künstler noch thätig. Er malt Historien und Landschaften, und die Werke, welche er geliefert, erwarben ihm den Beifall der Kenner und Kunstfreunde. Seine historischen Bilder sind lieblich und zart behandelt, und die

Färbung ist frisch und harmonisch. Dann sind seine Gemälde auch sinnreich und trefflich geordnet.

Koenig, Friedrich, Medailleur und Sohn des Obigen, bildete sich auf der k. Akademie der Künste zu Berlin in seinem Fache aus. Später wurde er königl. preuss. Hofmedailleur, und als solcher ist der Künstler jetzt in voller Thätigkeit. Er hat bereits eine Anzahl schöner Medaillen geliefert, die sich sowohl durch geistreiche, plastische Behandlung, als durch Reinheit des Gepräges auszeichnen. Ein vollständiges Verzeichniss derselben können wir nicht geben und auch seine Lebensverhältnisse sind uns nicht genau bekannt geworden, da wir uns näherer Aufschlüsse nicht zu erfreuen hatten.

Als Werke des jüngeren F. Koenig fanden wir erwähnt:

1) Denkmünze auf die 1821 erfolgte Sekularfeier der zweiten Erbhuldigung Pommerns an Preussen mit Friedrich Wilhelm I.
2) Denkmünze zur Feier der 25jährigen Regierung Friedrich Wilhelm III., 1822.
3) Denkmünze auf die Erbauung des neuen Schauspielhauses in Berlin, 1821.
4) Denkmünze zur Feier des 50jährigen Amtsjubiläums des Ministers von Kircheisen, 1821.
5) Gedächtnissmünze auf Ch. M. Schröder, 1821.
6) Doppelbildniss des Kronprinzen von Preussen und seiner Gemahlin.
7) Grosse Medaille auf den Geburtstag des Königs, mit der grossartigen Figur, welche das Grossherzogthum Posen vorstellt.
8) Medaille mit dem höchst ausdrucksvollen Brustbilde des Königs von Preussen, 1826.
9) Ehrendenkmünze der freien Stadt Lübeck.
10) Denkmünze auf den Tod Franz I. von Oesterreich.
11) Medaille auf die erste Anwesenheit des Königs von Preussen in der Stadt Görlitz.
12) Denkmünze auf den Tod des Bürgermeisters Schrötteringk zu Hamburg.
13) Denkmünze auf den General-Intendanten der k. preuss. Schauspiele, Grafen von Brühl.
14) Denkmünze der Stadt Berlin, 1817 dem Fürsten Blücher überreicht. Diese drei Zoll im Durchmesser haltende Medaille ist nach Schinkel's Entwurf ausgeführt und ein vorzügliches Kunstwerk.
15) Medaille auf die Jubelfeier des Generals und Ministers von Cottum, mit dem Bildnisse nach der Büste des Prof. K. Wichmann.

Koenig, Anton Friedrich, Medailleur, wurde 1773 zu Breslau geboren, kam aber schon als Knabe nach Dresden, wo er seine Ausbildung erhielt. Er wurde bei Zeiten als Münzgraveur angestellt, und dann erhielt er auch die Stelle eines k. sächsischen Hofmedailleurs. Man hat von seiner Hand schätzbare Medaillen, die im Bildnisse, wie in den Beiwerken einen tüchtigen Künstler verrathen.

1) Denkmünze auf die Huldigung 1827, mit den capitibus jugatis des Königs und der Königin, in vollster Portraitähnlichkeit.
2) Medaille auf O. Melling.
3) Medaille mit den Köpfen des neuvermählten Prinzen Mitregenten Friedrich von Sachsen und der Prinzessin Marie von Bayern, im Avers das Viergespann von Amor geführt, 1833. Höchstgelungen, die Köpfe im schönsten Relief.
4) Medaille auf das Lehrerjubiläum des Forstrathes H. Cotta, mit dem Bildnisse des Jubelgreises, 1836.

Koenig, Friedrich Fürchtegott, Maler, ein jetzt lebender Künstler, der sich durch verschiedene landschaftliche Bilder bekannt gemacht hat. Solche sah man auf der Kunstausstellung in Dresden 1834, und bei anderen Gelegenheiten. Es sind dieses Ansichten aus Sachsen, aus den bayerischen Gebirgen, an den Seen dieses Landes etc.

Koenig, Anna, Malerin von Wangen im Königreiche Würtemberg, bildete sich um 1823 auf der Akademie der Künste in München. Man hat Bildnisse von ihrer Hand.

Koenig, Gustav, Maler, ein Künstler unserer Zeit, dessen Lebensverhältnisse wir aber nicht erfahren konnten.

Koenig, Franciska, Malerin, wurde 1783 in Schwetzingen geboren, und von ihrer Mutter, der Katharina Treu, in der Kunst unterrichtet. Im Jahre 1812 liess sie sich in Bamberg nieder, und hier beschäftigte sie sich mit dem Unterrichte der weiblichen Jugend. Sie malte religiöse Gegenstände.

Koenig, Elisabeth, Malerin, die Schwester der Obigen, wurde 1785 geboren, und ebenfalls von ihrer Mutter in der Malerei unterrichtet. Im Jahre 1812 kam sie nach Bamberg, und nach etlichen Jahren besuchte sie zu ihrer weitern Ausbildung Paris. Sie malte Blumen und Früchte, Insekten etc.

Koenig, Catharina, berühmte Blumen- und Früchtemalerin, s. Cath. Treu. Man findet sie jedoch auch unter dem Namen Koenig erwähnt, als churpfälzische Cabinetsmalerin.

Koenig, Kupferstecher, ein jetzt lebender Künstler, dessen Lebensverhältnisse wir nicht kennen. Folgende Blätter gehören diesem Stecher an:

1) Ariadne, nach Girodet, qu. fol.
2) Erigone schlafend, nach Girodet, qu. fol.
3) Derniers momens de la grande Dauphine, belle fille de Louis XIV., nach Beaume, in Aquatinta. Preis 10 fl.

Koenig, Cornelius, s. Koning.

Koening, s. Koning.

Koepke, Karl Friedrich, Maler, bildete sich um 1824 auf der Akademie der bildenden Künste in Berlin, und in dieser Stadt trat er auch als selbstständiger Künstler auf. Er malt Historien und Portraite in Oel und Miniatur. Er fand Gelegenheit, hohe und selbst die höchsten Personen in Miniatur abzubilden, und auch andere Miniaturbilder, so wie Zeichnungen sah man bei Gelegenheit der Berliner Kunstaussellungen.

Koepke, ein englischer Landschaftsmaler unsers Jahrhunderts. Im Jahre 1828 erschien nach ihm ein colorirtes Blatt: Views of the banks of the river Douro etc. Preis 15 fl.

Koepp, Wolfgang, Edler von Felsenthal, Maler und Mosaicist, wurde 1738 zu Eisenstadt geboren, und von seinem Vater Christian, der Maler und Architekt im Dienste des Fürsten Paul Esterhazy war, in den Anfangsgründen unterrichtet. In seinem zwölften Jahre ging er nach Wien, um seine Studien fortzusetzen, und hier fand er an Direktor Meytens und an Maulbertsch Beschützer. Die Werke des letzteren copirte er sehr täuschend, doch musste er auch Heiligenbilder und Opfertafeln malen, um seinen Unterhalt zu sichern. Im Jahre 1760 verliess er die Akademie, um in Wienerisch Neustadt sein Glück zu versuchen, und hier malte er mehrere Altarblätter für Kirchen Ungarns. Doch ging er nach einiger Zeit wieder nach Wien, da er hier Mittel fand, sich mehr zu vervollkommnen. In dieser Stadt wurde Koepp später Professor der Zeichenkunst in der Theresianischen und Savoy'schen Ritterakademie. Jetzt machte er Versuche in der florentinischen Mosaik, einer Composition aus weichen Pasten, welche nach ihrer Calcionirung dem Stein an Glanz und Härte nahe kommt, und hierin erreichte er bald eine Vollkommenheit, wodurch er alle gleichzeitigen Meister übertraf. Im Jahre 1774 wurde er Mitglied der Akademie in Wien, was ihn zum höchsten Fleisse spornte. Seine Arbeiten sind daher sehr zahlreich, und sie wurden an alle Höfe Europa's versendet. Von der Akademie in Florenz erhielt er 1785 das Diplom als Mitglied und Professor, 1786 erhielt er den Spornorden und im folgenden Jahre wurde er Mitglied der Akademie in Berlin. Im Jahre 1803 wurde der Künstler in den Adelstand erhoben, mit dem Prädicate Edler von Felsenthal.

Koepp erfand noch in seinem 60. Jahre eine Art Mosaik, welche er die spartanische nannte. Sie besteht aus kleinen Kies- und Backsteinen, welche auf eine Steinplatte in Kitt mit unglaublicher Mühe aufgetragen werden. Er fertigte in dieser Manier Köpfe von Helden und Weisen Griechenlands, die mit wenigen Zügen die grösste Wirkung machen.

Die Werke dieses Künstlers sind grösstentheils im Auslande. Für den St. Stephansdom führte er zwei Bilder aus, welche den heil. Carl Borromäus mit dem Täufer, und die Apostel Petrus und Paulus über Lebensgrösse vorstellen. Im k. k. Kunstkabinet ist sein Bildniss des Kaisers Leopold, jenes des Kaisers Joseph und des Marschalls Laudon zu Pferd.

Die österr. National-Encyclopädie gibt über diesen Künstler Auskunft.

Man hat von ihm sechs kleine geätzte Landschaften.

Koepp, Anton, Edler von Felsenthal, Sohn des Obigen, wurde 1760 zu Wien geboren, und von seinem Vater in der Kunst unterrichtet, bis er an der Akademie seiner Vaterstadt sich weiter zu vervollkommnen suchte. Im Jahre 1791 wurde er Mitglied derselben und 1797 Professor am Theresianum, als welcher er 1825 starb.

Geschätzt ist sein Werk: Historisch-malerische Darstellung von Oesterreich, mit 80 nach der Natur gezeichneten, geätzten und illuminirten Ansichten, in französischer und deutscher Sprache, 2 Bl., 1815 — 24. Die wohlfeilere Ausgabe hat blos braun gedruckte Kupfer.

Koeppel, C. G., Zeichner, vielleicht nur Dilettant, der um 1787 lebte. Es finden sich Zeichnungen in Bister und Aquarell von seiner Hand, grösstentheils Landschaften und Ansichten von Schlössern vorstellend.

Dann finden sich auch ähnliche Landschaften von einem C. Z. Koeppel, und einige sind nach dem Obigen gezeichnet. Auch dieser zweite Köppel lebte um 1787, doch sind beide nach ihren Lebensverhältnissen unbekannt.

Koeppel, Johann Gottfried, war längere Zeit Schreibmeister, übte sich aber nebenbei immer im Zeichnen und Radiren, worin er mehrere Versuche lieferte. Zuletzt wurde er Regierungskanzlei-Inspektor zu Ansbach, und diese Stelle, der er jedoch nicht gewachsen zu seyn schien, raubte ihm alle Zeit für Kunstbestrebungen. Er war von Bayreuth gebürtig, und 1798 starb er in Ansbach, im 49. Jahre. Koeppel lieferte die Zeichnungen zum Nachstiche der Voyage pittoresque de Naples et de la Sicile, und hierauf liess ihn der Markgraf von Ansbach auf seine Kosten die merkwürdigsten Gegenden der beiden fränkischen Fürstenthümer bereisen, und die Frucht davon war das Werk: Die Eremitage zu Sanspareil, gr. 4., mit schwarzen, getuschten und ausgemalten Abbildungen. Erlangen 1793. Von seinen Briefen über Bayreuth und Ansbach mit K. erschienen fünf Hefte.

Man hat von ihm auch zwei radirte Prospekte von Ansbach.

Koeppel, Johann Thomas, Hofschreibmeister des Markgrafen von Bayreuth, zeichnete und ätzte Ansichten von Städten, Schlössern und Pallästen aus dem Fürstenthum Bayreuth. Starb 1762, 51 Jahre alt.

Koeppen, August, Maler zu Berlin, ein Künstler unsers Jahrhunderts, der sich um 1826 bereits mit Bildern auf den Kunstausstellungen gezeigt hat. Es sind dieses Landschaften mit Sonnen- und Mondbeleuchtung, Thierstücke, Marinen etc.

Koeppl, Johann Georg, Maler in Prag, und Schüler des berühmten Brandel, malte Altarbilder. Ein solches mit dem Apostel Jakobus major ist in der Kirche zu Przelaucz.

Koeriger, s. Kuriger.

Koerner, Medailleur, war in der zweiten Hälfte des vorigen Jahrhunderts Hofmedailleur zu Hessen-Cassel.

Auch fanden wir einen Körner jun. als geschickten Stempelschneider bezeichnet. Dieser Künstler gehöret unserer Zeit an. Er wurde Hof- und Münzgraveur zu Cassel. Sehr schön ist seine Medaille zur Jubelfeier der Universität Marburg.

Koerner, Maler aus Braunschweig, der aber um 1836 in Düsseldorf lebte. Man hat Genrestücke von seiner Hand, in denen sich grosse Gemüthlichkeit offenbaret.

Koerner, Bildhauer zu Berlin, wo er noch um 1806 arbeitete. Wir fanden seiner als Koerner sen. erwähnt, kennen aber keinen junior. Man hat von diesem Künstler Sculpturen in Holz.

Koernlein, Georg Gottfried, Maler, der 1776 zu Münzenburg geboren wurde. Er liess sich in Darmstadt nieder, und hier malte er besonders Blumen und Früchte. Von ihm sind die Abbildungen in Günderrode's und Borkhausen's Werk über die Pflaumen, 4 H., 1804 — 1806.

Koernlein, Johann Nicolaus, Medailleur, der um 1763 in Regensburg arbeitete. Seine Werke sind mit J. N. K. bezeichnet.

Von einem Kupferstecher J. Koernlein hat man Bildnisse.

Koerten-Block, Johanna, s. Block.

Koester, C., Landschaftsmaler zu Heidelberg, ein Künstler unsers Jahrhunderts, der sich um 1820 schon vortheilhaft bekannt gemacht hatte. Im Jahre 1823 fanden wir seine Darstellung eines Kirchhofes gerühmt, und andere schätzbare Bilder stellen architektonische Ansichten, landschaftliche Scenerien etc. dar. Sie sind kräftig und warm im Colorite, von sorgfältiger Ausführung, und einige sind mit wahrhaft poetischem Geiste entworfen.

Dann besitzt Koester auch grosse Geschicklichkeit im Restauriren. Er gab zu Heidelberg eine Anleitung zur Restauration alter Gemälde heraus.

Koets, Roelof, Maler, wurde 1655 in Zwoll geboren, und sein Vater, ein dunkler Maler, ertheilte ihm den ersten Unterricht. Dann kam er zu G. Terburg, unter dessen Leitung Koets solche Fortschritte machte, dass ihn der Meister aus Eifersucht entfernen zu müssen glaubte. Er erwarb sich den Ruf eines trefflichen Portraitmalers, und seine Bildnisse belaufen sich der Versicherung nach auf 5000. Dennoch sind sie mit Sorgfalt behandelt, und vermuthlich auch ähnlich. Er malte Wilhelm III. und viele vornehme Engländer, die sich bei dem Könige am Hofe zu Loo aufhielten. Starb 1725.

Koez, der Name von Künstlern, die im 15. Jahrhunderte in Augsburg lebten. Um 1400 lebte daselbst ein Hans von Koez, der in den Steuerbüchern erwähnt wird. Dieser Künstler malte 1400 eine Tafel für den Frühmessaltar der St. Ulrichskirche, und die Tafel wurde ihm mit 300 fl. bezahlt. Es muss dieses daher ein Bild von grosser Bedeutung gewesen seyn. Ein Michael von Koez, der im Gerechtigkeitsbuche vorkommt, malte 1482 im Tanzhause einige Vorstellungen, erhielt aber dafür nur 10 fl. Kaspar von Koez malte 1436 im sogenannten Landthurm, und die Maler Hartmann und Kron halfen ihm dabei. Im Jahre 1457 vollendete er eine Tafel mit dem jüngsten Gericht. Dieser Künstler scheint ebenfalls von Bedeutung gewesen zu seyn, es hat sich aber nichts mehr von ihm erhalten. Dieser Künstler erwähnt Stetten in der Kunstgeschichte von Augsburg.

Koetzel, Georg, Architekt zu Nürnberg, von dessen Daseyn H. von Murr Kunde fand. Er baute 1459 eine Kapelle in Gestalt des heil. Grabes.

Kofoed, Hermann, Maler und Kammerassessor zu Copenhagen, wurde 1743 zu Ronne bei Bornholm geboren. Er fand als Bildnissmaler Beifall.

Kogels, s. Cogels.

Kohl, Andreas, Kupferstecher zu Nürnberg, fertigte mehrere kleine Portraite, die mit einem Monogramme oder mit den Initialen A. K. bezeichnet sind. Dann gab er auch ein Zeichenbuch heraus. Starb 1656, im 32. Jahre.

Kohl, Hieronymus, Bildhauer, der um 1700 in Prag mit Beifall arbeitete. Er fertigte Altäre und Statuen, von denen diejenigen der

Heiligen Augustin und Nicolaus von A. Neureuther gestochen wurden. Kohl fertigte sie für die Prager Brücke.

Kohl, Ludwig, Zeichner, Maler und Kupferstecher, wurde 1746 in Prag geboren, und hier übte er auch seine Kunst. Er hatte keinen eigentlichen Lehrer, nur der Umgang mit Norbert Grund war ihm in der Malerei von Nutzen. Er wählte das historische Fach, und hierin erwarb er sich grossen Beifall. Man hat von seiner Hand heilige Bilder und solche profanen Inhalts, Landschaften und Architekturstücke. Bei Dlabacz sind viele seiner Gemälde verzeichnet. Die Akademie der Künste in Wien nahm ihn 1769 zum Mitgliede auf, 1775 überschickte ihm jene in Parma das Ehrendiplom. In der Folge (1773) wurde er Lehrer der Zeichenkunst an der k. k. Prager Musterschule, und als solcher behauptete er bis zu seinem 1821 erfolgten Tod seinen Ruf. Er gab in vielen angesehenen Häusern Unterricht, und selbst der Erzherzogin Maria Anna ertheilte er solchen. Dann radirte er auch in Kupfer, und bei Dlabacz sind folgende Blätter verzeichnet:

1) 12 historische Darstellungen aus der böhmischen Geschichte, 1789.
2) 7 Aussichten der Stadt Prag, 1792 und 93.
3) Vier alte Schlösser Böhmens, nach der Natur aufgenommen, 1793 und 94.

W. Berger, F. Moticzka und C. Kohl haben nach ihm gestochen. Noch müssen wir bemerken, dass Kohl verschiedene Modelle und architektonische Zeichnungen gefertiget, und daher führt ihn Füssly zum zweiten Mal als Architekten auf.

Kohl, Clemens, Kupferstecher, wurde 1754 in Prag geboren, und von seinem Bruder Ludwig in den Anfangsgründen unterrichtet. Doch wählte er nicht die Malerei zum Hauptfache; es war dieses die Kunst zu Stechen und zu Radiren, worin er in Wien unter Schmutzer's Leitung grosse Fortschritte machte. Er genoss bis zum Regierungsantritt Joseph II. das für junge Künstler ausgesetzte Stipendium, und nach Ablauf desselben trat er in Wien als ausübender Künstler auf. Seine Arbeiten fanden grossen Beifall, und daher liefen auch vom Auslande Bestellungen ein. Man findet in vielen belletristischen Werken Blätter von seiner Hand, besonders in der beliebten Auflage der besten Dichter von Schrämbl. Dann ertheilte er der Kaiserin Maria Theresia Unterricht im Zeichnen, und 1807 starb der Künstler.

1) Die Blätter der Prachtausgabe von Wieland's Werken, nach Ramberg:
   1) Die Kinder der Natur.
   2) Die Fee im Pallast der weissen Katzen.
   3) Sonnemon.
   4) Aufklärung, nach Schnorr.
2) Pastor bonus, 1790, fol.
3) Der Segen Jakobs.
4) Der Philosoph mit der Brille.
5) Der Lehrer mit den Schülern.
   Alle drei nach L. Kohl.
6) Drei schöne Figuren für die französischen Feenmährchen. Wien 1801.
7) Die Blätter zu der Sammlung der vorzüglichsten Werke deutscher Dichter und Prosaisten:
1) Die Bildnisse von Kleist, Bürger, Gessner, Hölty, Uz, Hagedorn, Michaelis, Pfeffel, Thümmel, Gellert, Weisse, Lichtwer.
2) Verschiedene historische und romantische Darstellungen.

8) Einige kleine, nach Piazetta radirte Köpfe, 1773.
9) Das Bildniss des Herzogs von Braunschweig-Wolfenbüttel, nach Graf, in fol. und 8.
10) Jenes des Grafen von Thun.
11) Herzog Ferdinand von Braunschweig, sitzend, qu. fol.
12) König Friedrich der Grosse, nach J. H. Franke, 1791.
13) Prinz Friedrich Wilhelm von Hohenlohe, nach J. Kreuzinger, 1790.
14) Johann Sacco in der Rolle der Elfriede, nach J. Tusch.
15) Serge, Prinz von Gagarin, nach L. Posch.
16) Barbe, Prinzessin von Gallitzin, nach demselben.
17) Eine Folge biblischer Vorstellungen, nach Schellenberg.
18) Die Blätter in Becker's Taschenbuch, 1794 und 95.

Kohl, Bernhard, Historienmaler, von welchem Meusel sagt, dass er Professor der Zeichenkunst an der Normalschule zu Prag war. Von der Aechtheit dieser Angabe konnten wir uns nicht überzeugen, wir glauben vielmehr, dass hier eine Verwechslung mit Ludwig vorgehe.

Kohl, Architekturmaler zu Wien, ein geschickter Künstler, der aber in jungen Jahren starb, wie wir glauben, im Jahre 1822. In diesem Jahre lasen wir, dass seine Bilder den allzufrühen Tod eines wackern Talentes bedauern lassen.

Kohl, kaiserlich österreichischer Offizier und Lithograph zu Wien, wo er um 1821 ein lithographisches Institut für besondere Zweige der militärischen Dienstverrichtung leitete. Er schrieb auch eine praktische Anleitung zur Steindruckerei.

Kohlbrenner, Martin und Johann, Historienmaler von Siegsdorf in Bayern, übten in München und in verschiedenen Klöstern ihre Kunst. Der erstere malte an Façaden der Häuser und auch Plafondstücke führte er aus. Seine Werke sind grösstentheils zu Grunde gegangen, von Johann aber finden sich noch Altarbilder. Mehrere seiner Gemälde erhielt das Kloster Seeon.

Martin starb 1738 und Johann 1740.

Kohle, Elias, Kupferstecher, der nach Ticozzi's Angabe gegen das Ende des vorigen Jahrhunderts in Wien lebte. Als seine Blätter erklärte er die Bildnisse der Herzoge von Braunschweig und andere nach Graf, Zisenis etc.

Dieser Kohle des Sign. Ticozzi ist mit obigem Clemens Kohl Eine Person.

Kohler, Heinrich, Lithograph, wurde 1808 in Stuttgart geboren, und den ersten Unterricht erhielt er daselbst im Institute der Herren Boisserée. Später reiste er zu seiner höheren Ausbildung nach München, wo Kohler mehrere Jahre die Akademie besuchte, und noch gegenwärtig lebt er in dieser Stadt als ausübender Künstler. Man hat von seiner Hand mehrere sehr schöne Blätter, die sich durch die Treue und Genauigkeit in Auffassung des Geistes der Originale eben so sehr auszeichnen, als durch die technische Vollkommenheit. Mehrere derselben kann man den gelungensten Erzeugnissen der Lithographie anreihen.

1) Madonna col divoto, nach Correggio, ein Hauptblatt der Lithographie und dieses Künstlers. H. 24 Z., Br. 20 Z.
2) Die heil. Familie mit St. Catharina, nach Prof. C. Zimmermann. Ein sehr gelungenes Blatt, nach dem Originale auf Stein gezeichnet. H. 20 Z., Br. 18 Z.

3) Scene aus dem Leben des Räubers Barbone, nach dem Bilde des P. Hess in der Sammlung des L. v. Klenze, für den Würtemberg'schen Kunstverein lith. Ein Hauptblatt. H. 20 Z., Br. 16 Z.
4) Die Menagerie, nach dem Originalgemälde von Geyer in Augsburg lithographirt. Ein vorzügliches Blatt, gr. qu. roy. fol.
   Für den Augsburger Kunstverein gezeichnet.
5) Der Fischer, nach Göthe's Gedicht von Hanson gemalt; in der Grösse des Originals im Besitze des hessischen Consuls C. A. Erich, lithographirt, gr. roy. fol.
   Es ist dieses ein Hauptwerk des Malers und Lithographen.
6) Das Volksfest in Nürnberg den 25. August 1833, reiche Composition, von P. C. Geissler nach der Natur gezeichnet, gr. roy. fol.
7) Die Charitas, weibliche Gestalt mit drei Kindern, nach dem Originalbild der E. Freifrau von Freiberg. H. 16½ Z., Br. 12 Z. Im Selbstverlage des Künstlers.
8) Die Engel mit dem Jesuskinde, nach dem Gemälde von Sandhas. H. 14½ Z., Br. 16½ Z. Im Selbstverlag.
9) Madonna mit dem Kinde, nach Overbeck's Zeichnung. H. 9½ Z., Br. 7¼ Z. Im Selbstverlag.
10) Die Madonna des heil. Sixtus von Rafael. Nur die Halbfigur der heil. Jungfrau mit dem Kinde, fol.
11) Das auf dem Kreuze schlafende Jesuskind, nach Ch. Allori, qu. fol.
12) Salomons Urtheil, nach Rafael's Originalhandzeichnung im Besitz des Kupferstechers Fr. Müller, fol.
13) Scene aus der Schlacht bei Hanau, nach Heideck. H. 13 Z., Br. 17½ Z. Im Selbstverlag.
14) Taisez-vous, indiscret: Ein Reiter im Stalle mit einem Mädchen, nach Heideck. H. 9½ Z., Br. 8½ Z. Im Selbstverlag.
15) Das Denkmal des Bischofs G. M. Wittmann im Dome zu Regensburg, v. C. Eberhard erfunden, fol.
16) Das Denkmal des Bischofs M. Sailer in demselben Dom und von Eberhard, fol.
17) Die Auferstehung des Herrn, nach Hauber, roy. fol.
18) Das Bildniss von Friedrich August, Mitregent von Sachsen, fol.
19) Bildniss des Kaisers von Russland, 4.
20) Bildnisse von Ungenannten, nach der Natur und nach Gemälden, kl. fol. und 4.
21) Einige Landschaften.

Kohlo, A., Kupferstecher zu Prag, wo er zu Anfang des vorigen Jahrhunderts lebte. In dem Syntagma hist. genealog. Domus Woraczickyanae 1716. sind drei Bildnisse von Mitgliedern dieser Familie von ihm.

Kok, s. Kock und Cock. Die Orthographie wechselt.

Koker, Anna Maria de, eine Künstlerin, von deren Thätigkeit einige geätzte Blätter sprechen, die mit einem Monogramme oder mit dem Namen der Urheberin bezeichnet sind. Diese Arbeiten verrathen indessen nur die Hand einer Dilettantin, sie werden aber ihrer Seltenheit wegen doch geschätzt. Auch Landschaftszeichnungen finden sich von ihr. Die Lebensverhältnisse dieser A. M. de Koker sind unbekannt, sie scheint aber gegen das Ende des 17. Jahrhunderts in Holland gelebt zu haben.

1) Landschaft mit einem grossen Baum zur Linken, und am Hügel zieht sich der Weg hin, auf welchem man Bauern mit einem

Karren sieht. Rechts arbeiten mehrere Leute auf dem Kornfelde; im Grunde ist ein Dorf. H. 4 Z., Br. 5 Z. 4 L.

2) Landschaft mit einer steinernen Brücke, welche drei Joche hat. H. 3 Z. 5 L., Br. 6 Z. 1 L.

3) Landschaft mit einer Hütte und mit Figuren, rechts ein Wassertheil, und auf dieser Seite steht auch der Name der Künstlerin, verkehrt geschrieben.

4—8) Vier andere Landschaften mit Hütte und Figuren, mit A. M. D. Koher bezeichnet. Höhe dieser Blätter 4 Z. 9 L. bis 5 Z. 6 L., Breite 7 Z. 2 — 4 L.

9) Landschaft in einer Rundung, mit dem Namen. Durchmesser 4 Z. 5 L.

10) Ein Bauerngut, mit Bauer und Bäuerin im Vorgrunde. H. 3 Z. 5 L., Br. 4 Z.

11) Ein Bauernjunge mit einem grossen Korb in einer baumreichen Gegend. Mit dem Zeichen. H. 2 Z. 10 L., Br. 3 Z. 5 L.

Kolb, Paul, Maler und Zeichner zu Nürnberg und, wie es scheint, der Sohn eines Malers, weil er den Beinamen des jüngeren führt. Sein Lehrer war G. Weyer, und die Werke, welche er lieferte, bestehen in zart ausgeführten historischen Gemälden in Oel, und in colorirten Zeichnungen, die öfter mit Gold gehöht sind. Dieser Künstler starb 1650. Es existirt ein Bildniss von ihm, das von dem Künstler selbst herrühren könnte, nach der malerischen Behandlung zu urtheilen.

Kolb, Johann Christoph, Kupferstecher, der in der ersten Hälfte des vorigen Jahrhunderts in Augsburg lebte. Man hat von ihm:

1) Eine Sammlung von Bildnissen aller damals lebenden Cardinäle, die 1726 erschien.

2) Die Königin im Gefängnisse.

3) Sechs zarte Landschaften mit Bauernhäusern.

4) [illegible]

Kolb, Kupferstecher zu Wien, bildete sich unter Leitung von Kininger zum geschickten Künstler. Er hat Blätter in Mezzotinto geliefert, sehr schätzbare Werke.

1) Kaiser Maxens Zusammenkunft mit der burgundischen Maria, seiner Braut, nach Petter; ein treffliches Blatt.

2) Das Testament Jakobs, nach Göbel, ein Blatt von grösster Reinheit und Durchsichtigkeit der Schatten.

3) Franz, Herzog von Reichstadt.

Kolb, Amalia, Malerin von Augsburg, erhielt um 1820 den ersten Unterricht auf der Kunstschule ihrer Vaterstadt, und später begab sie sich auf die Akademie der Künste in München. Sie malt Bildnisse in Miniatur; dann copirte sie auch historische Darstellungen, und auch in eigener Composition versuchte sie sich.

Kolbe, Carl Wilhelm, Dr., Zeichner und Kupferstecher, wurde zu Berlin geboren, und als der Sohn eines Goldstickers, der Blumen und Arabesken sehr geistreich zeichnete, bekam er im Hause des berühmten Chodowiecky, seines nahen Verwandten, ebenfalls Lust, sich der Kunst zu widmen. Chodowiecky ertheilte ihm den Elementar-Unterricht, doch sah er sich hernach genöthiget, in Dessau die Stelle eines Lehrers der französischen Sprache anzunehmen, und nur in den spärlichen Mussestunden durfte er seiner Liebe zum Zeichnen nachhängen. Im 23. Jahre wurde er Forstschreiber im Dienste des Grafen von Schullenberg, aber bald machten es ihm

Umstände wünschenswerth, eine andere Bedienstigung zu suchen. Er ging jetzt nach Dessau, und da wurde er nachher als Lehrer des Erbprinzen und beim Philantropinum angestellt. In dieser Lage machte er sich um die deutsche Sprache sehr verdient, und als Anerkennung erhielt er das Diplom eines Doktors der Philosophie. Er hat eine Selbstbiographie geschrieben (Berlin 1825), worin er über sein Wirken im Fache der Sprache und Kunst Aufschluss gibt. Die letztere wählte er erst im Mannesalter in Berlin zum Hauptfache, und schon 1795 zählte ihn die Akademie der Künste daselbst unter ihre Mitglieder. Die Landschaft sprach seinem Sinne am nächsten zu, und dabei ging er ohne Unterweisung seinen eigenen Gang. Als leidenschaftlicher Freund der Natur verweilte er am liebsten in ihrer Nähe, und sie war neben Waterloo und Gessner seine treueste Führerin. Kolbe hat mehrere treffliche Blätter geliefert, die in einer Reihe selbst erfundener Landschaften bestehen, lauter Aetzungen, in welchen er Waterloo zum Muster nahm. Manchmal war er jedoch auch gezwungen, den Grabstichel zu Hülfe zu nehmen, um den matten Stellen Kraft und Harmonie zu geben. Seine Platten kamen in den Besitz der Kunsthändler Fleischer und Zehl in Leipzig und von Friedhof in Berlin; andere erwarb das Industrie-Comptoir zu Wien und die chalkographische Gesellschaft in Dessau. Im Jahre 1805 erhielt er von seinem Fürsten die Erlaubniss, der Einladung der Familie des Dichters Gessner nach Zürich zu folgen, und hier radirte er die bekannte schöne Sammlung von Blättern nach den Aquarellgemälden jenes Meisters. Doch hat man von diesem Künstler noch viele andere treffliche Blätter, und darunter gehören viele, die er ganz rasch hingezeichnet, zu seinen gelungensten Hervorbringungen. Auch die Landschaften und idyllischen Compositionen aus dem Verlage des Industrie-Comptoirs hielt er für Werke von Bedeutung.

Dieser Künstler starb 1835, mehr als 70 Jahre alt.

1—4) Vier radirte Landschaften, im Verlage des Kunst- und Industrie-Comptoirs zu Wien. Hauptblätter dieses Meisters. H. 12½ Z., Br. 14 Z.

Die folgenden 49 Blätter erschienen bei Fleischer.

5) Gegend bei der Woltersdorfer Schleuse, gr. fol.

6) Landschaft mit zwei Bauernhütten im Vorgrunde am Fusse des Hügels; hinter diesem Waldung, aus welcher ein Hirsch hervorkommt; auf der Insel in der Ferne ein Tempel, gr. fol.

7) Die Strasse durch das Dorf, rechts Weidengehölz hinter einem Zaun, vorn Baumstämme und Kräuterwerk, hinten Waldung, gr. fol.

8) Der Mann mit dem Mädchen auf dem Damm, der sich durch den Wald zieht; zur Rechten eine grosse Eiche, und Kräuterwerk im Sumpf, gr. fol.

9) Landschaft mit einem von Kräutern bewachsenen Fluss, über welchen eine grosse Brücke führt, an einer grossen Eiche weg zu einer Baumpflanzung, gr. fol.

10) Der Waldbach zwischen zwei Eichen über den Hügel herabstürzend; zur Linken Felsen und ein Wasserfall; rechts vorn neben den Weiden ein Schäfer mit zwei Kühen, gr. fol.

11) Landschaft mit zwei Ochsen im Vorgrunde, auf dem Ast der Eiche sitzt der Hirte, fol.

12) Landschaft mit dem Satyr unter der Eiche im Vorgrunde, fol.

13) Der Centaur mit dem nackten Mädchen, fol.

14) Ein nackter, mit Bogen und Pfeil bewaffneter Mann zu Pferde entführt ein Mädchen, fol.

15) Der Dorfkirchhof, fol.

9*

16) Waldparthie mit einer hölzernen Brücke über den Sumpf, vorn Schäfer und Vieh, fol.
17) Landschaft mit einer starken Eichengruppe, am Fusse derselben der Schäfer liegend, fol.
18) Landschaft mit Wasser in der Mitte, diesseits eine Eiche mit Kräuterwerk, jenseits ein Haus im Gebüsch, fol.
19) Das Dickicht mit einer hohen Eiche, unter welcher der Satyr eine nackte Nymphe durch den Sumpf trägt, fol.
20) Waldung mit einer grossen Eiche, unter derselben ein nackter Jüngling, der ein Mädchen verfolgt, fol.
21) Ein lichter Wald mit Bauernhäusern, der Boden ist uneben und sumpfig, qu. fol.
22) Felsenlandschaft mit einem nackten Mann, der ein Becken trägt, neben ihm ein Hund, gr. 4.
23) Der nackte Mann, der sich an das Felsenstück lehnt, gr. 4.
24) Ein liegender junger Stier, gr. 4.
25) Die brüllende Kuh im Sumpfwasser, gr. 4.
26) Walddickicht mit einem nackten Mann im Sumpfe, wie er den Bogen spannt, gr. 4.
27) Eine knorrige alte Eiche, an deren Fuss ein Satyr liegt, gr. 4.
38) Landschaft mit der steinernen Bogenbrücke, gr. 4.
29) Ein stehender Ochse, das Dorf im Hintergrunde, qu. 4.
30) Der laufende Hund, qu. 4.
31) Der Knabe mit der Rinderheerde, qu. 4.
32) Landschaft mit der fern sich hinziehenden Allee, rechts ein mit Gebüsch umgebenes Dorf, qu. 4.
33) Landschaft mit einem Hügel, auf welchem zwei Bäume stehen; weiter hin Wasser und Gebüsch, qu. 4.
34) Die Strasse durch das Dorf, qu. 4.
35) Der nackte Hirtenknabe, qu. 4.
36) Die stehende Kuh, qu. 4.
37) Landschaft mit dem Baum an der Pfütze, hinten im Gebüsch Häuser, qu. 4.
38) Landschaft mit der überhängenden Eiche, im Vorgrunde ein Wasserfall, kl. 4.
39) Die stehende Kuh neben Kräuterwerk, kl. 4.
40) Der liegende Ochs, kl. 4.
41) Englische Gartenparthie mit der Urne unter der Weide, kl. 4.
42) Ein Bauer, der sich an die Kuh lehnt, kl. 4.
43) Die knorrige Eiche, an deren Stamm ein Ochs sich reibt, kl. 4.
44) Die Eiche am Wasser, auf einem Ast der Schäferknabe mit der Flöte, kl. 4.
45) Ein liegender Ochs, nach dem Leben gezeichnet, kl. 4.
46) Der Hirtenknabe auf der Kuh, kl. 4.
47) Der nackte Jüngling an der Quelle die Flöte blasend, kl. 4.
48) Das nackte Mädchen, welches dem Lamme Kräuter reicht, kl. 4.
49) Der Satyr zu Pferde mit dem nackten Mädchen, kl. 4.
50) Landschaft mit dem kleinen Bach durch das Buschwerk, links das Dorf am Hügel, kl. 4.
51) Landschaft mit zwei Bäumen im Vorgrunde, im Wasser ein Mann mit dem Kahn, links eine steinerne Brücke, kl. 4.
52) Landschaft mit einer steinernen Brücke, vorn ein grosser Baum, links ein Dorf mit Gebüsch, kl. 4.
63) Ansicht eines Dorfes mit einer hölzernen Brücke über den Sumpf, kl. 4.

Als zweite Lieferung des obigen Werkes dienen die folgenden 12 Blätter.

54) Waldgegend mit einer knorrigen Eiche im Vorgrunde, daneben stürzt der Giesbach weg, und ein Satyr verfolgt die Nymphe, qu. fol.

55) Reiche Landschaft mit Brücke und hoher Pappel, und der Bildsäule des Pan. Ein Mann sprengt mit der Nymphe auf dem Pferde der Brücke zu, qu. fol.
56) Baumreiche Landschaft, vorn um den Hügel zwei Figuren, qu. 4.
57) Waldige Gegend mit einem Wege, auf welchem eine Postkutsche zu sehen; links im Hintergrund eine steinerne Brücke, qu. 4.
59) Der Heuwagen auf dem Wege zum Walde, qu. 4.
60) Eine hügliche Gegend mit Bäumen, im Grunde ein Dorf, kl. qu. 4.
61) Landschaft mit einer grottesken Baumgruppe, im Grunde das Dorf und neben dem Gebüsch ein Karrenschieber, qu. 4.
62) Landschaftliche Composition mit einem Satyr bei der Nymphe zwischen Kräutern; der Satyrknabe auf dem Ziegenbock, qu. fol.
63) Landschaft mit Waldufer und einer Eiche im Vorgrunde, unter welcher ein Rind weidet, kl. qu. 4.
64) Zwei nackte männliche Figuren, kl. qu. 4.
65) Landschaft mit einem stehenden Stier im Vorgrunde, kl. qu. 4.
66) Landschaft mit zwei Nymphen, die einen schlafenden nackten Jüngling belauschen, qu. fol.
67) Der Sturz der Verdammten.
68) Die Löwenjagd.
69) Die Hirschjagd.
70) Der Satyr und die Bacchantinnen.
71) Die Hirten.
72) Die Conversation.
73) Die Ruhe des Hirten.
74) Die Badenden.
75) Der Tanz der Nymphen.
76) Die Wasserfahrt.
Lauter grosse Blätter, von Kolbe gezeichnet und geätzt.
78) Heroische Landschaft mit Hirten und heimziehenden Heerden, Hauptblatt, bekannt unter dem Namen: La piece aux herbes, qu. roy. fol. Bei Weigel 1 Thl.
79) Grosses Kräuterstudium mit Baumstamm und arkadischen Schäfern, welche dem Pan opfern, gr. qu. fol. Bei Weigel 1 Thl. 8 gr.
80) Grosses Kräuterstudium mit dem schlafenden Hirtenknaben, Kuh und Schaaf, gr. qu. fol.
81—82) Die kleineren Kräuterstudien, qu. fol.
83—86) Folge von vier Landschaften, Parthien aus den Dessau'schen Landen, in Waterloo's Manier,. gr. qu. fol. Bei Weigel 3 Thl.
87—88) Die kleinen Landschaften in der Runde, 12.
89—90) Zwei Blätter mit Schaafen in Landschaften, nach J. H. Roos, qu. 4.
91—92) Zwei Blätter Kräuterstudien, qu. 4.
93—118) Folge von 25 schönen Landschaften mit Figuren, unter dem Titel: Collection des tableaux en gouache et des dessins de Salomon Gessner, gravés à l'eau-forte par G. Kolbe, mit der Dedication an den Kaiser von Russland, 6 Hefte. Zürich 1806—1811, gr. qu. fol.
119) Das Denkmal von S. Gessner, nach J. Senn, fol.
120—125) Sechs Blätter Kräuter und Landschaftsstudien mit Figuren und Vieh, unter dem Titel: C. W. Kolbe's nachgelassene landschaftliche Radirungen. Berlin 1835, gr. qu. fol.

Kolbe, Karl Wilhelm, Historien- und Genremaler, der Neffe des Obigen von mütterlicher Seite, wurde 1781 in Berlin geboren, und hier machte er auf der Akademie der Künste seine Studien.

Diese bestanden im Zeichnen nach der Antike und nach dem lebenden Modelle, für die Malerei waren damals in Berlin keine Schulen. Ein jeder übte sich daher so gut als möglich und suchte sich mit den Hülfsmitteln vertraut zu machen, die zur Bildung eines Künstlers gehören. Die Geschichts-Studien verdankt Kolbe der k. Bibliothek. Seine erste Composition, eine grosse Kreidezeichnung, stellt die Schlacht bei Fehrbellin dar, und diese erhielt bei der Ausstellung unter Chodowiecky's Direktorat den Preis. Sein erstes, schon ziemlich gelungenes Bild (1802), eine Schlacht, nach niederländischer Weise gehalten, kam nach England, und 1806 malte er jenes 5 Fuss grosse, gerühmte Bild, welches Albrecht Achilles vorstellt, wie er in Nürnberg die Fahne erobert. Dieses Gemälde kam später nach Holland als Geschenk der Stadt Berlin bei der Vermählung der Prinzessin Louise von Preussen. Im Jahre 1816 malte er auf Bestellung des Königs für die Garnisonskirche in Potsdam ein acht Fuss hohes Bild der Himmelfahrt Mariä, und 1819 verfertigte er gemeinschaftlich mit Dähling die Cartons zu den Bildern im Concertsaale des neuen Schauspielhauses in Berlin. Das grosse Wandbild und einige von den kleinen Deckenstücken führte er daselbst auch in Farben aus. Diese Bilder erwarben ihrem Urheber grossen Beifall, aber auch verschiedene Oelbilder rühren aus jener Zeit her, die nicht geringeres Lob erhielten, wie die Wasserfahrt, der Jäger in der Laube, die reisenden Pilger bei Laternenschein, der Doge und die Dogaresse, die Böttcher-Werkstatt u. s. w.

Ein höchst ehrenwerther Auftrag war die Anfertigung der Cartons zu den neuen Glasfenstern im Schlosse zu Marienburg, das durch die Vorsorge des Königs von Preussen wieder in seine ursprüngliche Beschaffenheit versetzt wurde. Kolbe hatte damals bereits durch verschiedene Zeichnungen und Gemälde aus dem Gebiete der heiteren Feenwelt und Romantik, wie in Gestaltungen der mannhaft tapferen Ritterzeit ein für dieses höhere Genre ausgezeichnetes Talent bewiesen, und dieses fand jetzt in den Bildern der Marienburg neuen Stoff, den er auf gewohnte geistreiche Weise behandelte. Er zeichnete die Cartons in der Grösse der Fenster und die Farbenskizzen malte er in Oel. Zehn Fenster prangen in solchem Schmucke, und da sieht man die Kämpfe und Siege des deutschen Ordens. Es zeigt sich in diesen Fenstern die bildliche Darstellung der Gründung Tohrrs, die Anwesenheit der englischen Gesandtschaft, die Schlacht bei Tannenberg, der Sturm der Polen auf Marienberg, die Krankenpflege in Jerusalem, Ludwig der Heilige, wie er dem Hochmeister Hermann von Salza die Lilien in's Wappen gibt, Innocenz III. Verleihung des Ringes an denselben, die Bitte Bischofs Christian an Hermann um Hülfe gegen die Heiden, der Einzug Siegfried's von Feuchtwangen in Marienburg. Markgraf Albrecht von Brandenburg, wie er auf dem Reichstage zu Worms den Luther vertheidiget. Alle diese Bilder führte der Künstler für den Prinzen Friedrich von Preussen auch in Oel aus, und zum zweitenmale für einen Privatmann.

Nach Beendigung dieser Arbeiten malte er eine Fürstin, auf die Falkenjagd ziehend, und dieses Gemälde fand auf der Berliner Kunstausstellung vollen Beifall. Der Kunstverein kaufte das Bild, und bei der Verloosung fiel es der Prinzessin Wilhelm zu. Dieselbe Darstellung, mit einigen Veränderungen, musste er auch für die ältere Prinzessin Wilhelm malen.

Bei der neuen Einrichtung der kronprinzlichen Wohnung im Schlosse zu Berlin fertigte er die Zeichnung zu mehreren der runden Wandgemälde mit mythologischen Darstellungen. Zwei derselben hat er auch in Oel gemalt. Diese Bilder sind fünf Fuss gross. Im Jahre 1828 erhielt er vom verstorbenen Staatsminister von Stein den Auftrag, in einem 8 Fuss hohen und 11 Fuss breiten Gemälde die Schlacht Otto des Grossen gegen die Hunnen am Lechfelde bei Augsburg darzustellen, und hierauf malte er ein reiches, sechs Fuss grosses, mit unvergleichlicher Sorgfalt behandeltes Bild, welches ein Weinfest im Mittelalter darstellt. Den Carton dazu hatte er schon 1806 gezeichnet, aber erst 1834 stand das Gemälde fertig da. Auf Bestellung des Kunstvereins malte er Karl den Grossen bei dem Köhler, und viele andere Bilder gingen in verschiedenen Besitz über. Es sind dieses Historien, romantische Darstellungen aus der Feen- und Ritterwelt, aus dem bürgerlichen Leben des Mittelalters, Idyllen, Schlachten, Jagdstücke, Landschaften u. a. Diese seine Werke erfreuen durch die Schönheit der Form und die Zierlichkeit der Anordnung. Dabei ist Ausdruck und Stellung immer charakteristisch, überall Freiheit und Reichthum des Gedankens, und die schönste Harmonie der Farben. Kolbe ergreift seinen Gegenstand mit poetischem Gefühle, und sein Fleiss und seine Sorgfalt ermüdet nie. Wir erkennen in seinen Werken einen Künstler, der gross geworden, ohne das Vaterland verlassen zu haben. Kolbe wurde schon 1815 Mitglied der k. Akademie zu Berlin, und 1819 Professor an demselben Institute. Eine eigentliche Schule hat er nie gehalten, sondern nur einige Leute herangebildet, die selbst bereits mit Achtung genannt werden, wie: Stielke, Bouterwek, Langheim, Grothe, Eckel, A. Karst.

Kolbe, Heinrich, Historienmaler, wurde 1771 in Düsseldorf geboren, und er ist ein Verwandter der beiden vorhergehenden Künstler, da sein und des Kupferstechers Vater Brüder waren. Heinrich's Vater ging nach Paris, und er selbst hat in Paris anfänglich bei Vincent und dann unter Baron Gérard seine Studien gemacht. In seinen Werken ist daher der Einfluss der französischen Schule sichtbar, und desswegen werden seine Gemälde nicht immer gleich beurtheilt, da die französische Manier ihre Lobredner und ihre Tadler findet. Eines seiner grossen Bilder stellt Helena und Paris dar, in Haltung und Costüm der grossen Oper.

H. Kolbe wurde Professor an der Akademie der Künste in Düsseldorf.

Kolbe, C., Kupferstecher zu Berlin und akademischer Künstler daselbst. Man hat von ihm Landcharten und Plane, und 1833 wurde er Professor der Landkarten- und Planstecherkunst, an der Stelle des verstorbenen Mare.

Kolin, s. Colin oder Colyns.

Koll, der bei Füssly erwähnte Zeichenmeister des Erzherzogs Rudolph ist Eine Person mit L. Kohl.

Koller, Johann Jakob, Zeichner und Kupferstecher, wurde 1746 in Zürich geboren, seine Kunst übte er aber zuerst in Frankfurt a. M., bis er 1777 nach Amsterdam ging, wo er um 1805 starb. Man hat von diesem Künstler geätzte Blätter und Zeichnungen in Aquarell.

1) Sechs äussere Prospekte der Stadt Frankfurt, qu. fol.
2) Zwei Hefte Schweizer-Prospekte, je zu 6 Bl., 8.
3) Bildniss des Kaufmanns Gerning, fol.
4) Jenes des Prätors Moor, fol.
5) Einige Blätter Ansichten um und in Amsterdam.

Koller, Johann Ulrich, Zeichner und Maler, wurde 1753 in Winterthur geboren, und von dem älteren Schellenberg unterrichtet, bis er zu Wuest kam, bei welchem er nur als Flachmaler Beschäftigung fand. In müssigen Stunden copirte er fleissig nach den Werken seines Meisters und nach jenen von S. Gessner, aber er kam bei allem Fleisse nicht zu Ansehen, obgleich er dieses seiner Werke wegen verdient hätte. Er malte Landschaften mit Figuren und Thieren, schöne und fleissig behandelte Bilder, die jedoch in geringer Anzahl sich finden, weil ihm körperliche Leiden hinderlich waren.

Dieser Künstler starb 1789.

Koller, Johanna, Malerin zu Wien, deren Thätigkeit um 1816 bis 1822 fällt. Sie malte Blumen und Fruchtstücke, und diese Bilder sind geschmackvoll behandelt.

Koller, Emil, Maler zu Berlin, wo er sich um 1832 auf der Akademie der Kunst widmete. Er malt Genrestücke und Bildnisse.

Kollmann, Historienmaler zu Grätz, vor etlichen Jahren Redacteur des Grätzer Aufmerksamen und Scriptor des Johanneums, malte anfangs in Miniatur und Pastell und wendete sich 1822 auch zur Oelmalerei. Die ersten Gegenstände seiner Kunstübungen waren Portraite, mythologische Gegenstände in Oel, dann malte er religiöse Bilder und später Darstellungen aus der Vaterlandsgeschichte, von denen sich einige rühmlich auszeichnen.

Kollmann, F., s. Collmann.

Kollonitsch, Carl, Maler, der um 1779 und noch zu Anfang unsers Jahrhunderts in Wien lebte. Er malte Bildnisse, und solche bossirte er auch in Wachs, nach Art von Medaillons. J. Mansfeld stach nach ihm das Bildniss des Grafen Moriz von Lasky.

Kolm, Johann, Wachsbossirer von Seigen an der Ens in Franken, wurde 1701 an den Hof nach Berlin berufen. Er bildete Friedrich I. und andere Glieder seines Hofes ab. Starb in Amsterdam.

Kolm, Lucas Wilhelm, Wachsbossirer, wurde 1693 geboren und auf mannichfaltige Weise beschäftiget, da man zu jener Zeit seine Kunst mit Beifall belohnte. Er bossirte Bildnisse und ganze Figuren, in Hamburg, Berlin und in andern Städten Europa's. In Danzig starb er nach 1757 im Hospital.

Kolm, Johann Wilhelm, Wachsbossirer, wurde 1716 in Dresden geboren, und seine Kunst übte er in Berlin. Es liessen viele ihre Gesichter durch ihn in Gyps und Wachs abgiessen, damit die Larve recht ähnlich wurde. Den hinteren Theil bossirte er in Wachs dazu. Starb um 1795.

Kolomannus, Peter, ein Benediktiner, der in Kupfer ätzte. Um 1779 brachte er die Beschneidung Christi in Kupfer, nach einem Vorbilde von Dietrich.

Kolonitsch, s. Kollonitsch.

Kolpacof, Kupferstecher, der im vorigen Jahrhunderte in Russland lebte. Seiner erwähnt Fiorillo in den kleinen Schriften, und wir wissen nicht mehr von ihm als jener Schriftsteller.

1) Bildniss der Czarin Natalia, Mutter des grossen Peter.

2) Jenes des Grafen Watwaeff, nach Rigaud.

Kolpaschnikoff, A., ein russischer Kupferstecher, dessen Fiorillo in den kleinen Schriften erwähnt, und welchen er von dem Obigen unterscheidet. Er kennt von ihm ein Bildniss des Fürsten Alexander Rurakin.

Kommer, Joseph, Kupferstecher zu Hünnerwasser (Kurziwoda) in Böhmen, dessen Lebensverhältnisse unbekannt sind. Das Bild der heiligen Zdislawa mit der Dominikaner-Kirche zu Gabel (Gablon) ist bezeichnet: Jos Kommer sc. Kurziwodae, 8.

Kompfe, Ludwig, Maler von Idstein im Nassauischen, wurde 1803 geboren, und mit den Anfangsgründen der Kunst vertraut, begab er sich 1826 nach München, um an der Akademie daselbst seine Studien fortzusetzen. Sein Bruder Karl ist ebenfalls Künstler.

Koninck, Salomon, Maler und Radirer, ein berühmter Künstler seiner Zeit, dessen wir nach Descamps und Fiorillo schon unter Coningh erwähnt haben, und wir verweisen daher eines Theils auf jenen Artikel. Der richtige Name scheint aber Koninck zu seyn, weil sich der Künstler selbst so schreibt. Indessen kann man auch Koning lesen. Er wurde 1609 zu Amsterdam geboren, und unter seinen Lehrern hatte er dem N. Moyaert das meiste zu verdanken. Ueber seine Verdienste haben wir bereits gesprochen, und es bleibt uns daher hier nur von seinen Blättern zu sprechen übrig. Diese sind ganz im Geschmacke Rembrandt's gefertiget, und mit grosser Leichtigkeit radirt. Bartsch verzeichnet sie im Catalogue de Rembrandt II. 130, und Brulliot führt im Dict. des monogr. I. 2774a noch ein anderes an, welches mit dem Monogramm K. S. bezeichnet ist und die Büste eines alten Weibes vorstellt, vermuthlich von unserm Künstler nach Rembrandt's Zeichnung gefertiget.

1) Büste eines Alten mit grossem Barte, nach rechts gerichtet, in einen sammtnen Rock gekleidet. Der Grund ist hell; links oben liest man: S. Koninck Ao. 1628. H. 4 Z. 11 L., Br. 3 Z. 1 L.
2) Büste eines Orientalen mit Bart und Turban, nach links gerichtet. Rechts oben der Name und 1638. Das Gegenstück, mit zarter und geistreicher Nadel gefertiget.
3) Büste eines Alten in ¾ Ansicht, mit Knebel- und Schnurrbart, auf dem Kopfe eine sonderbare Mütze. Der Grund ist bis auf einige Taillen zur Linken weiss. Rechts oben steht, verkehrt geschrieben: S. Koninck invent.
4) Der Alte im Lehnstuhle mit langem Barte, die Hände zum Gebete erhoben. Der Grund ist weiss, und der Urheber dieses Blattes dürfte nach Bartsch unser Künstler seyn. H. 8 Z., Br. 3 Z. 11 L.
5) Büste eines ehrwürdigen Alten in ¾ Ansicht nach rechts gerichtet. Er hat einen langen Bart und sein Rock ist durch zwei Knöpfe zusammengehalten. Dieses Blatt ist mit Geschmack und bewunderungswürdiger Leichtigkeit behandelt, und nach Bartsch unzweifelhaft Koninck's Werk. H. 5 Z., Br. 3 Z. 9 L.
6) Landschaft mit einem Weiler, wo man einige Gebäude mit Bäumen umgeben sieht. In der Mitte ist eine Thurmruine, und links unten liest man neben dem Namen des Künstlers die Jahrzahl 1663. H. 3 Z. 9 L., Br. 5 Z. 9 L.

Koning werden auch hie und da die folgenden Künstler geschrieben.

Koningh, Pieter, Maler von Amsterdam, war in jüngern Jahren Juwelier, brachte es aber durch anhaltenden Fleiss auch dahin, dass er ein gutes Portrait malen konnte. Er fertigte mehrere schöne und wohlgleichende Bildnisse und sein eigenes bewahrt die florentinische Gallerie. P. A. Pazzi hat es gestochen, und aus der Aehnlichkeit dieses Portraites mit jenem des Philipp Koningh will Weyerman, den auch Füssly und Fiorillo citiren, auf Vater und Sohn oder gar auf gleiche Personen schliessen. Diese Annahme beruht auf keinem sichern Grunde.

Dieser P. Koning lebte um 1620.

Koningh, Philipp, Bildnissmaler, der nach Weyerman's Angabe 1619 zu Amsterdam das Licht der Welt erblickt haben soll. Sein Meister war Rembrandt, und er selbst ein geschickter Künstler. Starb 1689. S. den obigen Artikel.

Koningh, David de, Maler von Antwerpen, erlernte die Anfangsgründe der Kunst bei N. Bernaert und P. van Boule, und später scheint er sich an den nicht viel älteren J. Fyt angeschlossen zu haben. In der Weise dieses Meisters malte er todte Thiere und Geflügel, und zwar mit grossem Beifalle. Im Jahre 1668 ging er nach Rom, und hier lebte er noch 1686. Guarienti nennt ihn irrig Coniche, und die Schilderbent gab ihm den Beinamen Ramelaer (Ramler), weil er häufig einen Haasen in seinen Bildern anbrachte. Dann sind seine Bilder auch mit Blumen und Früchten ausstaffirt, im Ganzen höchst schätzbar, obgleich sie in Harmonie der Farben jenen des Fyt nicht gleichkommen. Sein Todesjahr ist unbekannt, doch erfolgte es erst nach 1686. In diesem Jahre wurde er Mitglied der Akademie von St. Luca.

Koningh, Cornelius, Maler und Kupferstecher, dessen Name wohl richtiger Koning als Coning geschrieben wird, weil sich der Künstler selbst hie und da des Buchstabens K. bediente. Doch darf man ihn nicht unter C. König rubriciren, wie Heller (Handbuch etc. III. S. 167) gethan hat. Dieser Koning wurde um 1624 zu Harlem geboren, seine Lebensverhältnisse sind aber unbekannt. Er ist jedoch unter die guten Künstler seines Faches zu stellen. Seine Bildnisse, die meist im grossen Formate erschienen, sind gut behandelt. Er verstand es, die Nadel mit dem Stichel zu verbinden, und beide Instrumente auch allein zu gebrauchen.

1) Dr. Martin Luther, Rom. Antichristi Debellator.
2) Philipp Melanchthon.
3) Der Reformator Calvin.
4) Erasmus, nach Holbein.
5) Lorenz Coster, nach J. van Campen's Zeichnung.
6) Dierick Philipp, Theolog, mit vier holländischen Versen, sehr schön.
7) Menno Simons, mit vier holländischen Versen, C. Koning sc. et exc. Die spätern Abdrücke haben Dankert's Adresse.
8) Mehrere Bildnisse der Grafen von Ostfriesland, nach A. Andriessen.
9) Adrianus Tetrodius Harlemensis, nach P. de Grebber.

Koningh, Jakob, Maler, angeblich A. van de Velde's Schüler, wurde nach Descamps 1650 geboren. Er malte Landschaften mit Figuren und Thieren, und diese Bilder erwarben ihm grossen Beifall. Allein auch als Historien- und Portraitmaler zeichnete er sich aus, und seine Bilder dieser Art sind in mehreren Ländern zerstreut. Der König von Dänemark berief ihn an seinen Hof, und da malte er viele Bilder: Landschaften, Historien und Portraite. Mehrere derselben zierten das k. Schloss in Copenhagen. Im Jahre 1689 malte er den Johann Musculus, und dieses Bildniss hat H. Schaten in gr. fol. gestochen.

Man weiss nicht, wann und wo dieser Künstler gestorben. S. oben Jakob Koenig.

Koningh, Leendert de, Landschafts- und Marinemaler, wurde 1777 zu Dortrecht geboren, und von A. Vermeulen und M. Versteegh in den Anfangsgründen der Kunst unterwiesen. Anfangs zeichnete und malte er See- und Stromansichten mit Schiffen, und als er sich in dieser Art von Darstellungen fest genug fühlte, ging er nach England, wo er verblieb, bis ihn die Kriegsunruhen bewogen, ins Vaterland zurückzukehren. Bald darauf begab er sich nach Paris, wo er einige Zeit unter David's Leitung stand, und nebenbei studirte er auch die Meisterwerke der Malerei, welche von allen Seiten her das Centralmuseum in Paris zieren mussten. In der Folge reiste Koningh nach Deutschland, und mit Skizzen jeder Art bereichert, kehrte er heim. Das Hauptfach blieb immer noch die Marinemalerei, doch fing er jetzt auch an, Landschaften mit Vieh und anderer Staffage zu malen, und die Bilder dieser Art erwarben ihm grossen Beifall. Bei dem Einfalle der Franzosen ging Koningh mit seiner jungen Gattin nach England, und erst nachdem das Vaterland wieder frei war, ging er nach Dortrecht zurück, wo er jetzt die längste Zeit verblieb. Viele seiner Bilder gingen in den Besitz der Kunstfreunde zu Dortrecht, Amsterdam und Rotterdam über, und mehrere kamen auch in fremde Länder. Sie beurkunden einen trefflichen Künstler.

Koningh, Th., Kupferstecher, dessen Lebensverhältnisse wir nicht kennen. Im Cataloge der Sammlung des Grafen Reness-Breidbach wird ihm ein Bildniss Friedrich Wilhelm II. von Preussen beigelegt. Die beigedruckten Worte sind holländisch und die Jahrzahl 1788 bestimmt die Zeit der Verfertigung dieses Octavblattes.

Konradt, Edwin, Landschaftsmaler aus Freiburg, ein jetzt lebender Künstler, der sich bereits durch verschiedene Bilder bekannt gemacht hat. Er bildete sich auf Reisen in Deutschland, und längere Zeit hielt er sich in Bayern auf. Mehrere seiner Bilder stellen daher Ansichten und Scenen aus jenem Lande dar. Später ging Konradt nach Berlin, wo wir 1834 seiner erwähnt fanden.

Koogh, Adrian van der, Maler, der 1796 zu Middelharnis auf dem Eiland Flakke geboren wurde. Er zeigte schon frühe Anlage zur Kunst, doch erhielt er erst im 16. Jahre vom Maler P. Hofman einen regelmässigen Unterricht. Und dieses nur im Winter; im Sommer bemalte er Häuser und Zimmer nach gewöhnlicher Weise. Hierauf zeichnete er in der Gesellschaft Pictura zu Dortrecht, und nachdem er den ersten Preis gewonnen, wagte er es, in seinem 22. Jahre, auch um den ausgesetzten Ehrenpreis der Gesellschaft Felix Meritis zu Amsterdam zu concurriren. Der Gegenstand war eine baumreiche Landschaft nach Sonnenaufgang im Sommer, und auch dieses Bild, welches Brentano in Amsterdam gekauft, wurde als preiswürdig erkannt. Von dieser Zeit an sah man bei verschiedenen Gelegenheiten Gemälde von diesem Künstler. Sie verdienen mit Achtung genannt zu werden.

Kooghen, Leonhard van der, Maler und Radirer, wurde um 1610 in Harlem geboren, und den ersten Unterricht in der Malerei erhielt er von J. Jordaens. Dennoch bemerkt man keine Aehnlichkeit in der Malweise beider Künstler, wohl aber zwischen ihm und C. Bega. Mit diesem lustigen Patron schloss er Freundschaft, er selbst aber war von Natur aus schüchtern, so dass er sich nicht einmal eine Frau zu nehmen getraute. Van der Kooghen war vermöglich, und daher trieb er die Kunst blos zur Unterhaltung. Er malte mit Fleiss und in gutem Geschmacke Historien in grossem und kleinem Formate. Im Jahre 1681 starb er.

Wir haben von diesem Künstler auch geätzte Blätter, die er mit kühner und breiter Nadel im Geschmacke des H. Carracci ausführte. Bartsch P. gr. IV. 129 beschreibt 9 Blätter von diesem Künstler; Heinecke will aber deren 15 kennen.

1) Christus mit der Dornenkrone auf einem Steine sitzend, 1664. H. 4 Z. 8 L., Br. 4 Z. 3 L.
2) St. Sebastian am Baume von Pfeilen durchbohrt, 1665. H. 4 Z. 9 L., Br. 4 Z. 3 L.
3) St. Bavon mit dem Falken, 1664. H. 7 Z., Br. 4 Z. 3 L.
4—7) Vier Blätter mit Kriegern, 1665—1666. H. 4 Z., 4—6 L., Br. 4 Z. 2 L. (Nach Heinecke's Angabe besteht diese Folge aus sechs Blättern.)
8) Die Frau mit dem Kruge in der Hand, im Grunde ein Dorf. H. 5 Z. 3 L., Br. 3 Z. 11 L.
9) Büste einer Frau, im Profil nach links gerichtet, 1664. H. 5 Z. 1 L., Br. 3 Z. 8 L.

Dann findet man noch als Werke dieses Künstlers bezeichnet:

10) Apollo und die Nymphen.
11) Der Riesensturz.
12) Das Opfer beim Grabe.
13) Der Fahnenträger zu Pferde.
14) Die zwei Männer beim Bretspiele.

Kooi, Willem Bartel van der, Maler, wurde 1768 zu Augustinusga, einem Dorfe in Vriesland geboren, und schon frühe waren Kunstübungen seine Lieblingsbeschäftigung. Besondere Neigung empfand er zur Malerei, und in dieser versuchte er sich ohne Anleitung, da im Orte kein Maler sich aufhielt. In seinem zwölften Jahre kam er endlich zu Frans Swart, einem Tapetenmaler zu Leeuwarden, in die Lehre, und nachdem er ein Jahr bei ihm zugebracht hatte, fand er an Johannes Verrier, Sollíciteur Militair zu Leuwarden, einen Gönner. Bei diesem Kunstfreunde brachte er etliche Jahre in Kunstthätigkeit zu, und hier legte er auch den Grund zur Kenntniss der Perspektive, worin er nach und nach grosse Stärke erlangte. Unter Verrier's Aufsicht übte er sich drei Jahre im Zeichnen, besonders nach Lairesse und anderen Meistern, und nach Verlauf dieser Zeit fing er auch an, in Oel zu malen, aber es fehlte ihm an guten Vorbildern zum Copiren, und er musste daher anfangs mit mittelmässigen Stücken sich begnügen. Von grossem Nutzen war ihm der freundschaftliche Rath des D. P. Ploegsma, der zu gleicher Zeit bei Verrier war, und die Anweisung des letzteren selbst, da dieser in seiner frühern Zeit bei J. M. Quinkhard ebenfalls die Malerei erlernt hatte. Die bisherige Zeit verfloss dem Künstler unter beständiger Uebung, und später kam auch der Unterricht des Malers H. W. Beekkerk hinzu, bei welchem van Kooi in Darstellung der landschaftlichen Natur Vortheil genoss. Im Jahre 1796 wurde seine Lebensweise etwas unterbrochen, denn er musste da, wo er wohnte, die Stelle eines Districts-Schreibers annehmen, und in demselben Jahre wurde er auch Prälector in der Zeichenkunde auf der Akademie zu Franeker, ein Amt, welches ihm vielmehr zusagte, als der Schreiberdienst, den er jetzt mit seinem neuen Posten vertauschte, und welchen er bis zu der 1811 unter

Bonaparte erfolgten Auflösung der Akademie behauptete. Neben dem Prälectorat hatte er auch Unterricht im Zeichnen zu geben, aber alles dieses raubte ihm die Zeit zum Malen, und v. Kooi suchte daher bei der Akademie um Urlaub nach, um sich zu Düsseldorf in der Malerei ausbilden zu können. Hier fand er bei Direktor J. P. Langer und bei Professor Brulliot freundschaftliche Aufnahme, und von den Meisterwerken, welche er in Düsseldorf mit aller Aufmerksamkeit studirte, waren es besonders die Werke van Dyck's. Er copirte damals nur einige Portraite nach diesem Meister, denn gegen Anfang des Winters kehrte er nach Franeker zurück, aber im folgenden Jahre setzte er in Düsseldorf seine begonnenen Studien fort. Von dieser Zeit an befasste er sich beständig mit der Malerei, und sein Ruf ward bald gegründet. Im Jahre 1808 wurde in Amsterdam sein Gemälde, welches eine Dame vorstellt, wie ihr der Bediente einen Brief einhändiget, des Preises von 2000 fl. würdig gehalten, und um jene Zeit malte er auch das Bildniss des Hochlehrers E. Wassenbergh in Franeker, welches R. Vinkeles gestochen hat. Dieses Portrait und andere Werke hatten den Künstler in ganz Holland bekannt gemacht, und viele angesehene Personen liessen sich von ihm malen. Im Jahre 1809 wurde er auch schon Correspondent der vierten Classe des niederländischen Instituts. Van Kooi liess sich jetzt in Amsterdam nieder, und hier lieferte er zu den Kunstausstellungen mehrere Bilder, welche die allgemeine Aufmerksamkeit auf sich zogen. Es sind dieses Bildnisse friesländischer Edelleute, und auch den König malte er. Die Zahl seiner Bildnisse von Herren und Damen ist bedeutend. Sie sind meisterhaft behandelt und ganz charakteristisch aufgefasst. Auch Genrestücke malte dieser Künstler, und diese gehören zu den besten Erzeugnissen der neuern Gattungsmalerei. Van Kooi starb 1836 mit dem Ruf eines ausgezeichneten Künstlers. Auch als Lehrer war er sehr geschätzt.

Die Geschiedenis der vaderl. Schilderkunst door R. van Eynden en A. van der Willigen 1820 gibt ausführliche Nachrichten über diesen Künstler, und daselbst ist B. III. p. 136 Nro. 3 sein Bildniss gestochen.

Kool, W., Maler, auf welchen man das Monogramm W. K. auf Landschaften im Geschmacke des J. van Goyen deutet. Volle Sicherheit gewährt diese Erklärung nicht.

Kool, J. van, s. Gool.

Kool, Lorenz van, s. Gool.

Koonen, s. Koene.

Koopmann, Johann Karl Heinrich, Historienmaler, wurde 1797 in Altona geboren. Seine erste Bildung erhielt er in Hamburg, und hier hatte er auch schon durch verschiedene Bilder ein schönes Talent bewiesen, als er beschloss, auch anderwärts das Kunstleben kennen zu lernen. Er sah sich bei dieser Gelegenheit auch in München um, und gegenwärtig ist Koopmann Professor der Malerei am polytechnischen Institute zu Carlsruhe.

Im Jahre 1828 fand eine heil. Familie grossen Beifall, und hierauf folgten noch mehrere andere schöne Bilder geringeren Umfangs. Im Jahre 1835 vollendete er das Bild der Verkündigung Mariä, ein Altarblatt in der Pfarrkirche zu Farbach, in welchem der Künstler seine Aufgabe auf das glücklichste gelöst hat. Die Jungfrau sitzt in ihrer Wohnung auf einer steinernen Bank vor einer Fensteröffnung, wie sie im Buche die Prophezeihung des Jesaias gelesen. Dieses liegt aufgeschlagen auf dem Schoosse, und die Augen heftet sie in Ueberraschung auf den göttlichen Boten, im Feierkleide von himmlischem Glanze umflossen. Bei Beurtheilung dieses Bildes im Kunstblatte 1835 No. 62 wurden nur wenige kritisch künstlerische Bedenken erhoben. In dem bezeichneten Jahre erhielt Koopmann auch den Auftrag, die Emporen in der evangelischen Kirche zu Carlsruhe zu malen, und diese Bilder reihen sich denen des Hofmalers Feodor an. Die Bilder sind grau in grau gehalten, auf unverhältnissmässig in die Länge gezogenen Flächen, was die Composition um so schwieriger machte. Der Künstler hat hier Darstellungen aus dem Leben und Leiden Jesu gegeben, und sein Talent für den höheren Styl der Kunst bewährt. Näher beschrieben sind die Compositionen im bezeichneten Kunstblatte.

Koops, P., s. Coops.

Koornhaert, s. Coornhaert.

Koot, unrichtiger Name für Kooi.

Kopf, Johann Vincenz, Miniaturmaler, der zu Iglau in Mähren 1763 geboren wurde. Er malte Bildnisse und historische Darstellungen, und zwar in verschiedenen Städten. Zuletzt kam er nach Polen, arbeitete längere Zeit zu Krakau, und starb um 1812.

Kopisch, August, Landschaftsmaler aus Breslau, wurde zu Anfang unsers Jahrhunderts geboren, und in seiner Vaterstadt in den Anfangsgründen der Kunst unterrichtet. Später begab er sich auf Reisen, und da fand er in Italien und Sicilien reichen Stoff zu Bildern. Mehrere seiner Gemälde erinnern an Gegenden und Orte jener Länder. Sie sind in Oel, viele in Deckfarben ausgeführt, schöne und interessante Bilder. Kopisch lebt in Berlin.

Kopman, Peter, s. Copmann.

Kopp, Georg, Zeichner und Maler, der in der zweiten Hälfte des 16. Jahrhunderts geboren wurde. Sein Meister war der 1597 verstorbene Christoph Schwarz, Kopp aber arbeitete noch 1611. Diese Jahrzahl steht neben dem Monogramme auf historischen Zeichnungen, die mit Feder und Tusch ausgeführt sind. Die Lebensverhältnisse dieses Künstlers sind unbekannt.

Kopp, A. L., Maler, dessen Lebensverhältnisse wir nicht kennen. Im Jahre 1819 gab er durch ein grosses Gemälde, welches die Niobe vorstellt, wie sie das letzte Kind vor den Pfeilen der erzürnten Gottheiten zu schützen strebt, die schönste Hoffnung. Dieses Bild war schon mit Sicherheit behandelt, und in den nackten Theilen des Körpers zeigt sich schöne Weichheit und Rundung.

Koppens, A., s. Coppens.

Koppin, Ludwig, Graveur und Bossirer, wurde 1737 zu Cüstrin geboren, und in Berlin übte er seine Kunst. Er fertigte verschiedene kleine niedliche Stücke aus Elfenbein, Perlmutter etc., für Armbänder, Dosen, Ringe u. s. w. Dann bossirte er Bildnisse in Wachs. Krüger hat sein grosses Medaillon in Elfenbein, welches er für das Fundament des um 1780 erbauten Kirchthurms der französischen Kirche fertigte, gestochen.

ormair, Simpert, Maler und Lithograph von Augsburg, bildete sich daselbst auf der Kunstschule, und 1830, in seinem 22. Jahre ging er nach München, um seine Studien auf der Akademie der Künste fortzusetzen.

Korn, Friedrich, Maler zu Brieg um 1650. Seine Lebensverhältnisse sind unbekannt.

Korneck, Albert, Maler, ein jetzt lebender Künstler, der noch 1834 zu Berlin unter der Leitung des H. v. Klöber stand. Er malt Historien und Genrestücke, dann Portraite. Jenes von Rellstab hat er lithographirt.

Kornelisz, Lucas, s. Cornelis und Lucas Krug.

Kornmann, Johann, Goldschmied und Wachsbossirer von Augsburg, ein berühmter Künstler seiner Zeit, dessen Arbeiten in Gold, Silber, Kupfer etc. selbst in Venedig und in Rom geschätzt wurden. Pabst Urban VIII. und verschiedene Cardinäle liessen durch ihn Brustbilder fertigen. Er hätte sein Glück machen können, wenn er in Reden und Handlungen nicht öfter das Maass überschritten hätte, und so versicherte sich die Inquisition eines Tages seiner Person. Bonnani zeigt unter den Medaillen Innocenz X. eine von diesem Künstler an.

Kornmann blühte um 1650.

Korner, s. Koerner.

Korompey, Franz, Maler von Kremsier in Mähren, bildete sich unter Palko's Leitung zum geschickten Portraitmaler, doch malte er auch Historien. In St. Jakob und bei den Minoriten zu Brünn sind Altarblätter von ihm, und auch kleine Staffeleibilder finden sich von seiner Hand, nach der Weise der Niederländer. Seine Bildnisse sind sehr ähnlich, trefflich in Rundung und Färbung.

Starb zu Brünn 1770.

Korompey, Leopold, der Sohn des Obigen, war ein Geistlicher, übte sich aber nebenbei auch im Malen, und gelangte endlich hierin ohne Anweisung zu solcher Fertigkeit, dass er, nachdem er jetzt auch den Unterricht des berühmten M. v. Molitor genossen hatte, bald durch die Kunst allein seinen Unterhalt hätte versichern können. Er malte Landschaften und Portraite mit Beifall, erstere im Geschmacke Molitor's. Solche Bilder sind im Schlosse zu Lissiz und im Besitze des Grafen von Genois. In der Kirche zu Kumrowitz bei Brünn ist das Hochaltarblatt sein Werk.

Korompey hatte einen pastosen Farbenauftrag, in einer gefälligen klaren Weise.. Seinen Bildnissen wusste er Aehnlichkeit zu verleihen. Starb 1829 in Brünn.

Korrodi, Zeichner, arbeitete mit Meyer, Külin, Rordorff u. a. für die 110 Ansichten der Schweiz, die zu Zürich bei Füssly und Comp. in Aquatinta erschienen, qu. 4.

Korst, van der, Medailleur, dessen in der Sammlung berühmter Medailleure erwähnt wird. Da wird ihm eine Schaumünze auf das grosse Heidelberger Fass beigelegt, 1746 gefertiget.

Koslow, Gabriel Ignatiewitsch, Historienmaler, bildete sich unter Valeriani zum Künstler, und 1762 wurde er Professor an der Akademie zu St. Petersburg. Er malte hier verschiedene historische Stücke mit Fertigkeit; aber dieses ist Alles, was an ihm zu loben ist. Am besten gelangen ihm allegorische Zeichnungen und Ornamente. Starb als Rector adjunctus 1791.

Koslowsky, Michael, Bildhauer und Zeichner zu St. Petersburg, bildete sich in Italien, besonders zu Rom, wo er mehrere Jahre verweilte. Endlich kehrte er nach St. Petersburg zurück, und da erwarb er sich durch verschiedene Werke den Ruf eines der vorzüglichsten russischen Künstlers seiner Zeit. Er fertigte das Monument des Fürsten Suwarow, einen colossalen Simson, der bei der grossen Cascade in Peterhof aufgestellt wurde, verschiedene Basreliefs für die medizinische Akademie etc. Unter seiner Leitung wurde auch das berühmte Pantheon, der Taurische Pallast des Fürsten Potemkin, verziert.

Koslowsky war Professor an der kaiserl. Akademie, und 1802 starb er.

Kothgasser, Anton, Glasmaler, wurde 1769 zu Wien geboren, und im 16. Jahre kam er in die k. k. Porzellan-Manufaktur, wo es ihm nach unzähligen Versuchen endlich gelang, in der Email-Glasmalerei sich bedeutende Vortheile zu sichern. Er malte Portraite, Landschaften, Städteansichten, Jagden, Thierstücke etc. auf durchsichtigem Glase oder auf weiss emaillirten Gründen, und diese Bilder zeichnen sich durch Farbenfrische aus. Es existiren von ihm sehr schön gemalte Trinkgläser und andere Gefässe, und auch grössere Malereien auf Fensterscheiben, die in der Ritterburg befindlich sind, welche Maria Theresia erbaut hatte. Seine Farben zeichnen sich durch Schönheit und Lebhaftigkeit aus, dabei ist seine Zeichnung correkt und seine Gemälde haben einen hohen Grad technischer Vollendung.

Dann führte er auch auf grossen Glasplatten Malereien aus, und für eine Kirche in der Schweiz malte er grosse Fenster. Eine ganz ehrenvolle Erwähnung verdienen seine gemalten Kirchenfenster im Dome zu Turin.

Kotta, Franz, Maler zu Rudolstadt, erwarb sich zu Anfang unsers Jahrhunderts durch seine Porzellangemälde Ruf. Er stand um 1804 im Dienste des Hofes.

Kotterba, Carl, Kupferstecher, geb. 1800 zu Teschen im österreichischen Schlesien, kam nach zurückgelegten Schulstudien 1816 nach Wien zu seinem Onkel, dem Kupferstecher S. Langer, und dieser ertheilte ihm den ersten Unterricht im Zeichnen und Stechen. Bald fühlte er Kraft genug, um als selbstständiger Künstler auftreten zu können, und seine ersten Arbeiten sind Blätter für Buch- und Kunsthändler in Wien und Prag. Seine Platten sind rein und kräftig gestochen, das Ganze kunstgemäss behandelt.

Kotterba hat Antheil an dem von C. Haas nach S. von Perger's Zeichnungen herausgegebenen Gallerie-Werke des Belvedere in Wien, und dafür stach er neben anderen schönen Blättern:

1) Hermann und Thusnelda, nach Angelica Kaufmann.
2) Die Madonna mit dem Kinde, nach Palma vecchio.
3) Maria mit Jesus und Johannes, nach Rafael.

Kottwitz, E., Maler in Stettin, ein jetzt lebender Künstler. Man hat Bildnisse von seiner Hand.

Kouwenberg, Christian van, Historienmaler von Delft, lernte bei J. van Nees, und dann begab er sich nach Italien, um die Malerschulen jenes Landes kennen zu lernen. Er folgte indessen in der Malweise keiner ausschliesslich, sondern ahmte bald diese, bald jene Manier nach. Nach seiner Heimkehr malte er für das Schloss Ryswick verschiedene Bilder, liess sich aber später in Cöln nieder, wo er 1667 im 63. Jahre starb. Kouwenberg war ein guter Zeichner und nicht minder schätzbar als Colorist. In Darstellung des Nackten hatte er grosse Stärke.

Kouwenhoven, Jakob, Landschaftsmaler, wurde 1777 in Rotterdam geboren, und der vornehmste seiner Meister war B. P. Ommeganck zu Antwerpen. Er wählte die Landschaft zur Darstellung, doch findet man von ihm selten reine Veduten. Seine Bilder sind mit Thieren staffirt, öfter mit Kühen, Schaafen und Ziegen. Diese Gemälde kamen in verschiedenen Besitz, im Vaterlande und im Auslande. Sie sind vortrefflich in Haltung und von schöner Färbung. Besonders herrlich sind seine Baumgruppen.

Kouwenhoven beschäftigte sich auch mit der Lithographie.

Kouwhorn, Pieter, geschickter Glasmaler zu Leyden um 1630. Man nennt ihn als Meister des G. Dow.

Kovatsch, Joseph, Kupferstecher zu Wien, und geboren daselbst 1799. Sein Meister war Stöber sen., nebenbei besuchte er aber auch die k. k. Akademie der Künste, um sich im Zeichnen nach der Antike auszubilden. Hierauf trat er als selbstständiger Künstler auf, und er hat bereits eine nicht geringe Anzahl von schätzbaren Blättern geliefert, für die Kunsthändler Artaria und Müller, in die Riedl'schen Taschenbücher, in Igaz's Hebe, in Gräffer's Philomele, zu Wieland's Werken bei Fleischer in Leipzig.

Die vorzüglichsten Leistungen des Künstlers sind in dem bei C. Haas in Wien erschienenen Gallerie-Werke nach S. v. Perger's Zeichnungen:

1) St. Petrus, nach R. Mengs.
2) Der heil. Johannes, nach Guercino.
3) Das Innere einer Bauernstube, nach D. Teniers, mit grosser Sicherheit behandelt.
4) Die Familie des Velasquez de Silva.
5) Die Wurstmacherin, nach Teniers, zierlich gestochen.
6) Der blinde Tobias, nach Carravaggio.
7) Die Wiederaufnahme der Hagar, nach P. da Cortona.
8) Die Steinigung Mariä, nach G. Reni.
9) Die Alte, nach G. Dow.
10) Die heil. Cäcilia, nach Tibaldi.
11) Die Spitzenklöplerin, nach Metzu.
12) Die Aepfelschälerin, nach Terburg.
13) Die Briefschreiberin, nach demselben, beide zierlich gestochen.
14) Hektor's Abschied, nach A. Lens.
15) Das Bildniss des Tonkünstlers Gluck, nach Duplessis.
16) Das Bildniss von Rubens.
17) Pabst Pius VII., nach Camuccini, ein Hauptblatt.
18) Der Graf von Montfort, nach van Dyk, treffliches Blatt.
19) Die Rückkehr des Landwehrmanns, nach Krafft.

Dann sind von seiner Hand:

20) Die 12 Kupfer in Dr. Rittler's Geschichte der Apostel.
21) Das Arbeitszimmer des Kaisers Franz I., nach Decker, fol. Seitenstück zu dem Arbeits-Cabinet in der k. k. Hofburg in Wien, 1835.

Kowarz, J. K., Maler, der in Böhmen lebte. Im Jahre 1746 malte er die Lebensgeschichte des Ignaz von Loyola in der Capelle des Heiligen zu Kuttenberg.

Kraanfeld, van, Waterloo's Zeit- und Kunstgenosse, dessen Lebensverhältnisse unbekannt sind. Der Dichter Vondel machte seine Grabschrift.

Kraasbeck, s. Craesbecke.

Kraay, Jan, Maler und Zeichner, wurde 1730 zu Hoorn geboren und hier von Anton Hengstenburg unterrichtet; er nahm sich aber die Werke des Hermann Hengstenburg zum Muster. Es finden sich von ihm Zeichnungen, Skizzen und Studien. Starb 1806.

Krab oder Krabatier, Beiname von J. Asselyn.

Krabbe, Anna, Malerin und Dichterin zu Copenhagen, malte die Bildnisse aller dänischen Könige, von Dan bis zu Christian IV., und diese Portraite zierte sie mit eigenen Versen.

Diese Malerin, die 1618 starb, kommt bei anderen Schriftstellern unter dem Namen Navnet Schramm vor, weil man sie mit einer Dichterin Elisabeth Krabbe, verehelichte Schramm, verwechselt.

Kracker, Maler zu Prag, der um 1750 im guten Andenken stand. Er malte Kirchenbilder.

Kraegen, G. C., Kupferstecher, lieferte in der Manier von C. W. Kolbe in Dessau mehrere geätzte Blätter, nach den Zeichnungen dieses Meisters und nach Wehle, so wie nach eigenen. Es sind dieses Landschaften mit Staffage, aber nicht mit Kolbe's Freiheit behandelt. Einige sind mit dem Namen des Künstlers bezeichnet, andere mit den Initialen desselben.

1—5) 5 kleine Landschaften: G. C. Kraegen fec.

6) Wohnung des Hüters auf dem Sielitzerberge, 1807, nach Wehle radirt.

Kraemer, Nicolaus, Maler zu Strassburg, der nach seinen Leistungen wenig bekannt seyn dürfte. Er hatte eine Haarlocke A. Dürer's, und diese befand sich 1790 im Cabinet Hüsgen zu Frankfurt am Main. Starb 1550.

Kraer, Johann Georg, Maler zu Regensburg, malte Landschaften und Viehstücke, welche mit Beifall aufgenommen wurden. Im Colorite besass er geringe Vorzüge. Dieser Künstler starb um 1772.

Dann hat er auch etliche Blätter radirt:

1) Landschaft mit einem stehenden Ochsen.
2) Landschaft mit einem liegenden Ochsen.
3) Eine kleine Landschaft in die Höhe.

Krafft, Nicolaus, Architekt von Stettin, der zu Anfang des 15. Jahrhunderts mit Ruhm arbeitete. Er baute 1411 den zierlichen Thurm am Mühlenthore zu Brandenburg.

Krafft, Adam, berühmter Bildhauer zu Nürnberg, über dessen Geburtsjahr und den Geburtsort uns die alten Nachrichten in Ungewissheit lassen, und genaue und ausführliche Nachweisungen des Bekannten und Muthmasslichen verdanken wir erst der neuern Zeit, nämlich dem Werke: Die Nürnbergischen Künstler, geschildert nach ihrem Leben und ihren Werken, I. Heft, 1822. Diesem Werke sind wir theilweise gefolgt. Der Verfasser des angezeigten Werkes nimmt an, dass Krafft ein Alter von 70 Jahren oder etwas mehr erreicht hatte, als er seine Kunst wegen zunehmender Schwäche aufgeben musste, und zu Schwabach 1507 oder 1508 starb, und so dürfe man mit ziemlicher Gewissheit sein Geburtsjahr ohngefähr um 1430 vermuthen. Auch ist nirgends bestimmt angegeben, aber auch nirgends ein Zweifel darüber, dass er aus Nürnberg gebürtig gewesen. Es ist also glaubhaft, dass Geburts- und Aufenthaltsort ein und derselbe sind. So wissen wir gleichfalls nicht, ob auch sein Vater ein Steinhauer war, und er um deswillen sich diesem Geschäfte widmete, oder ob ihn blos eigene Lust und der innere Drang des sich nie verläugnenden Genius darzu führte, oder wer sein Meister war. Ebenso lässt sich blos vermuthen, er habe sich auf Wanderungen als Steinmetzgeselle zu den bedeutendsten Bauhütten, wie z. B. in Mainz oder Strassburg, gewendet, und dort zum Künstler gebildet. Das Jahr, wo er zuerst als Künstler in Nürnberg auftrat, kann man nach dem Datum seines frühesten Werkes um 1462 annehmen. Diess ist der Giebel des Michaelischors über der Eingangs-Halle der Frauenkirche, die freilich nur ein Steinmetzen- und kein eigentliches Bildnerwerk war. In der darauf folgenden Zeit mögen ihn Arbeiten in Privathäusern beschäftiget haben, und erst in der letzten Periode seines Lebens, von 1490 an, zeigte er sich als Bildhauer, und hatte die Reife in seinem Fache erlangt, die sich in früheren Jahren noch nicht entwickelt darstellt. Um desto bewunderungswürdiger aber verdient sein Talent zu heissen, da sich erst im späten Mannes- und Greisenalter alle die wahrhaft bedeutenden Leistungen dieses Meisters zusammendrängen, welche ihm einen bleibenden Ruhm als Künstler sichern. Unermüdlich im Studium seiner Kunst übte er noch in seinem Alter sich alle Feiertage mit Peter Fischer und Sebastian Lindenast im Zeichnen; von einem nähern Verhältnisse mit Albrecht Dürer oder Wilibald Pyrkheimer ist keine Spur, worin nicht mit Unrecht ein Zug von Krafft's zurückhaltendem etwas eigenwilligem Charakter zu suchen ist, der sich, wie aus Neudörffer's Nachrichten hervorgeht, besonders darin zeigte, dass er nur den ungebildetsten Handlangern und nie den geschickteren Gesellen fleissigen Unterricht in seiner Kunst gab. Aus eben diesem, jetzt auch gedrucktem, Manuscripte erfahren wir auch, dass Krafft die Fertigkeit besessen habe, mit der Linken, wie mit der Rechten zu arbeiten; ferner, dass er sich zum zweitenmal mit einer Wittwe verheirathet habe, die sich, obgleich Magdalena getauft, ihm zu Gefallen Eva nennen musste. Ebendaselbst zeigt sich aber ein Irrthum in der Jahresangabe in Hinsicht seiner zweiten Verheirathung. So wenig als 1507, was sein wenigstens angenommenes Todesjahr ist, als 1570, was durch einen Druckfehler bei Sandrart steht, sondern ohne Zweifel 1470 feierte er seine zweite Verehelichung, doch scheint seine Ehe kinderlos gewesen zu seyn, und seine Frau vor ihm das Zeitliche gesegnet zu haben, woraus sich das vereinsamte Ende Krafft's im Spital zu Schwabach begreifen lässt. Uebrigens hielt man damals den Aufenthalt im Spitale gar nicht für entehrend, ja man kaufte sich sogar in ein solches ein, um im Alter aller Sorgen für Lebensunterhalt und alles andern überhoben zu seyn.

An der Spitze seiner Arbeiten steht der Giebel des Michaelischors vom Jahre 1462. Zu welcher Zeit und wie vielen Antheil Krafft daran hatte, darüber herrscht in den Nachrichten grosse Verwirrung und Unbestimmtheit. Einige schreiben das ganze Portal ihm zu, was offenbar unrichtig ist. Die andern, und an ihrer Spitze Neudörffer, sagen, er habe das künstliche Messwerk an den Vesperbildern gemacht. Unstreitig ist der Giebel mit den daran befindlichen Bildern und den zu dem Ganzen der Kirche passenden Verzierungen die Arbeit dieses Meisters. Unter K. Heideloff's Leitung wurden 1823 die kunstreichen Portale der Frauenkirche, die sehr gelitten hatten, wieder hergestellt. Die früheste unter

Krafft's Bildhauerarbeiten und zugleich eine der bedeutendsten fällt in's Jahr 1490. Die sieben Wandsäulen mit den Darstellungen der Leidensstationen des Erlösers von des Stifters Martin Kötzel's Haus bis zum Kirchhof St. Johannes, und an demselben die drei grossen Kreuze, den Calvarienberg vorstellend. Dieses Werk besteht aus sieben Hautreliefs, in denen Krafft seine grosse Kunsterfahrenheit an den Tag legte. Die Breite beträgt mit den beiden einschliessenden Seitenpfeilern 6 Fuss 3 Zoll, die Höhe 5 Fuss. Bewunderungswürdig bleibt die Geschicklichkeit und Sorgfalt, mit der die Füsse der zuvorstehenden Figuren ganz frei und los vom Grunde ausgehauen sind, so dass man sie auch von der zweiten und dritten dahinterstehender Personen ausgearbeitet findet.

An der Aussenwand der Sebalduskirche, dem Rathhause gegenüber, durch Gitter und kupfernes Obdach sorgfältig verwahrt, ist die grösste, der Figurenzahl nach reichhaltigste, dem Kunstwerth nach auch wohl die vollendetste unter Krafft's Arbeiten. Nach einem Theile der Darstellung nennt man dieses Hautrelief nur die Grablegung Christi. Zu beiden Seiten ist aber auch die Abführung des Heilandes zum Kreuze und die Auferstehung dargestellt. Murr nahm ohne Grund nur die Grablegung als Krafft's Werk an. Der mittlere Theil des Kunstwerkes misst 18 Fuss in der Länge, die beiden andern an den Seitenwänden der zwei Pfeiler jeder 8 Fuss, die Höhe des Ganzen 9 Fuss.

Sebald Schreyer, der fromme und reiche Kirchenmeister bei St. Sebald, ist der Stifter dieses Kunstdenkmals, welches um 1492 errichtet wurde. Dieses Hautrelief ist das besterhaltene von Krafft's Werken und trägt noch Merkmale stattgefundener Bemalung. Ein anderes Relief (1496) von Meister Krafft befindet sich jetzt über einem Nebenaltare in der Sebalduskirche. Es stellt eine Kreuztragung vor; ehedem befand es sich auf der Mauer des Stadtgrabens. Die Breite des Reliefs beträgt 3 Fuss 9 Z., die Höhe 5 Fuss.

In den Jahren 1496 bis 1500 verfertigte Krafft das berühmte Sakramenthäuslein in der Lorenzer Kirche, welches Hans Imhof mit einem für jenes Zeitalter bedeutenden Kostenaufwand von 770 Goldgulden stiftete, nach unserm Gelde über 5000 Gulden. Neudörffer, Sandrart, und alle folgenden geben an, dass Krafft eine sonderbare Wissenschaft gehabt, die harten Steine zu erweichen und in die aus Leimen und gestossenen Steinen zubereiteten Formen zu giessen, und dann wieder zu härten. Gestützt auf das alte Zeugniss ward das Sakramenthäuslein von allen, die es bisher beschrieben, für ein Werk gehalten, bei welchem Krafft von dieser Kunst Gebrauch gemacht habe. Nach der neuesten Untersuchung ergab sich aber, dass das Kunstwerk von festem klarem Steine zierlich und kunstreich gehauen, nicht blos die Basreliefs daran im ersten und zweiten Absatze und die übrigen Figuren, sondern auch die Zierrathen und Bögen, die dem Ganzen einen solchen reichen Schmuck verleihen. Das in allen frühern Beschreibungen angegebene Höhenmaass von 64 Fuss trifft bis auf etliche Zolle zu. Dieser zierliche Tabernackel ist mit Aesten, Pfeilern, Säulen und gothischen Thürmchen geziert, nebst Darstellungen aus den Lebensereignissen Jesu, welche sich auf das Abendmahl beziehen; er spitzet sich nach und nach mehr und mehr zu und höret zuletzt in einem Blumenstengel auf, der gleich einem Bischofsstabe gekrümmt ist. Das Ganze stützen Krafft und seine zwei Gesellen; lebensgrosse Figuren, an jeder Seite eine, an denen Zeichnung und Ausdruck gleiches Lob verdienen.

Ein in dieselbe Zeitperiode fallendes Werk Krafft's befindet sich über dem grossen Einfuhrthore der ehemaligen Frohn oder sogenannten kleinen Waage, vom Jahre 1497. Es stellt eine Kaufmanns-

Waage vor, daneben einen Knecht, der ein Gewicht hineinlegt, den Waagmeister, und den Kaufherrn im Begriff auszuzahlen. Der Ausdruck an diesen Figuren ist meisterlich. Die Grösse des Hautreliefs beträgt der Breite nach fünf Fuss, in der Höhe etwas mehr.

Neudörffer schreibt dem Meister Krafft auch den Oelberg zu, den Peter Harsdörffer 1498 stiftete, und welcher jetzt aus dem Carthäuser Kloster nach dem Burgberg geschafft ist; er scheint aber als Krafft's Arbeit zu gering zu seyn.

Vom nämlichen Jahre 1498 befindet sich ein vortrefflich steingehauenes Bildwerk Krafft's in der Frauenkirche, ehemals im Augustiner-Kloster, Maria als Himmelskönigin mit dem Christuskinde darstellend, unter deren von zwei Engeln emporgehaltenen Mantel viele Figuren von allen Ständen knieen. Das Hautrelief erreicht eine Höhe von 6 — 7 Fuss und ist auf die würdigste Weise mit Ranken und Blumen verziert.

Kleiner und einfacher, aber nicht weniger trefflich in Hinsicht der künstlerischen Behandlung, ist ein anderes Werk Krafft's vom Jahre 1500, das aus dem Kreuzgang des Prediger-Klosters ebenfalls in die Frauenkirche versetzt wurde. Es stellt die Krönung Mariens dar.

Im Jahre 1501 bearbeitete Krafft drei Hautreliefs von gleicher Grösse, jedes fünf Fuss hoch und eben so breit, welche nebeneinander an der innern Chorwand der Sebalduskirche sich befinden, und das Abendmahl, Christus am Oelberge und die Gefangennehmung Christi schildern. Das erstere ist die Abbildung eines von Paul Volkamer, des Stifters, in Nürnberg gehaltenen Gastmahls; sämmtliche Köpfe sind Portraits. Gabriel Nützel ward als Christus vorgestellt, auch der Bildner selbst soll darauf vorkommen. Auf dem dritten Relief ist der Kopf des Heilandes wiederholt.

Im Kreuzgange bei St. Egidien befindet sich von Krafft eine Krönung Mariä, und an einem Hause neben der Sebalduskirche der englische Gruss vom Jahre 1504.

Ferner befinden sich noch an Werken Krafft's in Nürnberg: ein St. Georg, der den Lindwurm tödtet, am Paumgärtner'schen Haus in der Dielinggasse; ein muthmasslich für Krafft's Werk zu haltendes jüngstes Gericht, Hochrelief, in der Sebaldus-Kirche; endlich das kleine Sakramenthäuschen in der Augustiner-Kirche, das bei der 1816 erfolgten Abtragung dieses Gebäudes zu Grunde ging.

Als das letzte von Krafft's Werken wird in dem oben erwähnten Werke über die Künstler Nürnbergs die Grablegung Christi in der Holzschuher'schen Kapelle auf dem St. Johannis-Gottesacker in Nürnberg bezeichnet. Dieses Werk, eine grosse Gruppe von 15 runden Figuren über Lebensgrösse, mit Spuren ehemaliger Bemalung und Vergoldung, wurde 1507 aufgestellt, und der Meister soll der Sage nach aus Altersschwäche die Ausführung zum Theil seinen Gesellen überlassen haben. Dieses dürfte wenig Grund haben, im Gegentheile der Meister noch kräftig gewesen seyn zur Ausführung umfassender Werke. In der St. Martins-Kirche zu Schwabach befindet sich ein Sakramenthäuschen von etwa 50 Fuss Höhe, welches die Tradition und mehrere Kunstkenner als das Werk unsers Künstlers bezeichnen. Dieses Sakramenthäuschen ist mit seltener Meisterschaft behandelt, und es dürfte ausser jenem in der Lorenzer Kirche kaum seines Gleichen in der Umgegend zu finden seyn. In der Construktion erinnert es an das berühmte Werk dieser Art in Nürnberg. Auch in Kalchreuth ist ein Altarhäuschen, 30 Fuss hoch; ein zweites zu Katzwang 21 Fuss hoch, und ein drittes wurde erst 1830 in Fürth als Krafft's Arbeit erkannt. Dieses hält 24 Fuss in die Höhe, und es ist zwar nicht mit dem Namen des Meisters bezeichnet, aber der Ausführung nach, wie andere, wohl unter seinem Einflusse und mit seiner Mitwirkung enstanden. Diese Sacramentarien tragen keine Jahrzahl; jenes in Schwabach wurde 1505 vollendet. In einer Säulenhalle dieses Tempelchens ist das Brustbild eines hochbetagten Mannes, und dieses erklärt die Sage als Portrait des Adam Krafft. Allein damit hat es so wenig Richtigkeit, wie mit der Bildnissfigur Krafft's, als eine der Stützen des Sakramenthäuschens bei St. Lorenz in Nürnberg.

Was das an diesem Sakramenthäuschen in Stein gehauene Portrait des Künstlers betrifft, so hielt man von Sandrart an den nördlichen Kopf für Adam Krafft. Dieser ist in Sandrart's deutscher Akademie, wiewohl sehr ungetreu und viel älter und greisenhafter abgebildet; er findet sich wieder in dem oben angeführten ersten Hefte der Nürnberger Künstler von Fleischmann gestochen; ihn hat Dr. Campe in den 1828 abgedruckten Neudörffer Nachrichten wiedergegeben; ihn hat Pfarrer Hilpert in dem zweiten Hefte der Merkwürdigkeiten und Kunstschätze Nürnbergs gleichfalls wieder für Adam Krafft gehalten. Aber während Neudörffer's Andeutung auf's Klarste die westliche Figur bezeichnet, während eine sorgfältige Beschauung der Darstellung, des Costüms, des Charakters keinen Zweifel übrig lässt, so ist man über dieses Alles weggegangen und hat sich blos an Sandrart's Zeichnung gehalten. Diese Portraitfigur ist eine schöne, kräftige Gestalt, auf das rechte Knie niedergesunken, während der linke Fuss leicht auf dem Boden aufsteht. Sehr natürlich ist die linke Hand auf den Schenkel dieses Fusses gestützt, indess die rechte den Klöppel ruhend auf den andern Schenkel sinken lässt. Der Kopf ist mit ungemein viel Fleiss und scharfer Individualität ausgeführt. Diese Figur allein ist als Steinmetz costumirt; sie allein trägt die Schürze und den Klöppel; sie ist augenscheinlich, wie die gegen Süden stehende, Portrait, während die gegen Norden eher Ideal zu seyn scheint. Offenbar wollte der Künstler diese Figur als den Meister und Schöpfer des ganzen Werkes darstellen.

In diesem Portrait erblicken wir einen Vierziger oder höchstens Fünfziger, was der allgemeinen Annahme, dass Krafft nach Verfertigung des Sakramenthäuschens wenigstens sechzig Jahre alt war, widerspricht. Allein Krafft's Werke zeigen es deutlich genug, dass kein sechzig-, ja gar siebenzigjähriger Mann sie gefertiget habe, der vorher weiter keine andere als Steinmetzarbeiten getrieben hätte; sie verrathen zu gut den Mann in der Blüthe seiner Kraft, den Mann von einer reichen Erfindungsgabe, einer lebendigen Phantasie, einer klaren Auffassung der Natur, einem unermüdeten und glücklichen Weiterstreben. Dass er, als er das Sakramenthäuschen fertigte, nicht im Greisenalter stehen konnte, beweist auch sein Verhältniss zu Peter Vischer und Lindenast, wovon jener 1529, dieser 1520 starb, und von welchen Neudörffer sagt, dass sie gleich mit einander aufgewachsen und wie Brüder gewesen seien, folglich in Jahren nicht bedeutend von einander verschieden seyn konnten. Nun aber hat Peter Vischer an seinem 1519 vollendeten Sebaldusgrab sich noch als einen stattlichen und kräftigen Mann dargestellt und seinem Bild selbst die Unterschrift „1509" gegeben; wie kann sein Jugendgenosse und der Freund seines männlichen Alters schon 1507 ein Greis gewesen seyn? Schon um seines Alters Willen kann der bisher dafür gehaltene Kopf nicht Adam Krafft angehören. Derjenige Kopf in der Darstellung des Abendmahls, den eine handschriftliche Sage noch für Krafft's Bild nimmt, ist weder dem Kopfe an der nördlichen, noch an der westlichen Seite ähnlich. Neudörffer schweigt davon. Das oben Erwähnte über die Portraitfigur Krafft's ist das Ergebniss neuerer Revision. Ausser diesen Bildnissen gibt es noch eines von V. S., den man gewöhnlich für Virgil Solis hält, und von P. Kilian hat man ebenfalls ein solches.

Füssly will in den Supplementen wissen, dass Krafft auch Maler gewesen, und nach der Angabe dieses Lexicographen möchte es scheinen, dass der Künstler neben der Architektur die Plastik nicht gerade als Hauptfach getrieben habe. Dann gibt es auch einen grossen seltenen, ihm beigelegten, Holzschnitt in Helldunkel, welcher Christus mit den Kindern vorstellt. Einige meinen, dass hier eine Verwechslung vorgehe.

Krafft, Johann Ludwig, Zeichner und Kupferstecher, wurde 1705 in Brüssel geboren, und daselbst in einer Kunst unterrichtet, die ihm Ruhm erwarb. Er lieferte eine bedeutende Anzahl guter, theils seltener geätzter Blätter, und starb erst um 1770.

1) Hiob auf dem Kothhaufen, nach Rubens.
2) Jesus bei Nicodemus, nach demselben.
3) Christus ertheilt dem Petrus das Schlüsselamt, nach Rubens.
4) Die Danae, Halbfigur, mit der Alten, welche Jupiter's goldenen Regen empfängt, nach Rubens.
6) Die Venus, nackt, mit dem Amor, nach demselben.
7) St. Martin, der den Mantel mit den Armen theilt, nach van Dyck.
8) Der Gutsherr und seine Frau mit dem Bauer in Unterredung, nach Teniers.
9) Der Dorfziegenhirt, 1762, nach demselben.
10) Der Schiffbruch, nach demselben. Sehr selten im Aetzdrucke mit weisser Höhung.
11—12) Erste und zweite Ansicht in Flandern, nach Teniers.
13) Landschaft, wo der Schiffer einen Mann und eine Frau nach dem Bauernhause hinführt, nach Teniers.
14) Bildnisse von Mitgliedern des Hauses Oesterreich, in einer Geschichte desselben, die 1744 zu Brüssel in fol. erschien.
15) Trésor des fables des plus excellens mythologistes, 1733, mit 150 Blättern.

Krafft, D., Medailleur, wurde 1738 geboren, und anfänglich in der Goldschmiedekunst unterrichtet, die er aber in der Folge mit der Gravirkunst vertauschte. Er erwarb sich den Ruf eines der besten Stempelschneider seiner Zeit, und mehrere Akademien nahmen ihn unter die Zahl ihrer Mitglieder auf. Krafft bereiste Deutschland, Frankreich und Italien, und um 1770 arbeitete er in Wien. Von da aus erhielt er nach Mailand einen Ruf als k. k. Medailleur, nach einiger Zeit aber ging er nach München, wo er 1781 das Zeitliche segnete. Der Churfürst liess ihm durch A. Egel bei den barmherzigen Brüdern ein Monument setzen. Er hinterliess eine Sammlung, die 250 Bildnisse von Regenten und anderen berühmten Männern seiner Zeit enthält.

1) Medaille auf die Akademie zu Paris.
2) Medaille mit Metastasio's Bildniss.
3) Denkmünze mit dem Bildnisse Carl Theodor's von Bayern.

Krafft, David, Maler, der sich in der ersten Hälfte des vorigen Jahrhunderts in Schweden durch seine Bildnisse Beifall erwarb. Er malte um 1710 das Bildniss Karl XII., und zwar auf Befehl der nachmaligen Königin Ulrica Eleonora. Der König liess sich ungern abmalen, und diesem Bilde schnitt er den Kopf aus, weil er sich — allzu kenntlich vorkam. J. Smith und P. Tanjé haben es gestochen. C. Fritsch, Spielberg, Fiquet u. a. haben noch mehrere seiner Bildnisse gestochen.

Von ihm selbst geätzt hat man vier alte Mannsköpfe mit Bärten, in Rembrandt's Manier.

Krafft, Johann Karl, Architekt zu Paris, der durch mehrere architektonische Werke bekannt ist. Wir verdanken ihm:

1) Plans, coupes et élévations des plus belles maisons et hôtels construits à Paris et dans les environs, Paris an IX — XI. (1801 — 2), 20 Lief. in fol., mit Ransonnette herausgegeben.
2) Recueil d'architecture civile, contenant les plans, coupes et élévations des châteaux, maisons de campagne etc. situés aux environs de Paris. Paris 1806 — 7, gr. fol., 121 Blätter in 20 Lieferungen. Einige Exemplare haben einen Titel mit der Jahrzahl 1812.
3) Plans, coupes et élévations de diverses productions de l'art de la charpente. Paris an XIII. (1805), 4 Theile in fol. Der erste Theil hat 30, der zweite 80, der dritte 65 und der vierte 28 Blätter.
4) Plans des plus beaux jardins pittoresques de France, d'Angleterre, et d'Allemagne, et des édifices, monumens, fabriques etc. qui concourent à leur embellissement. Paris 1809 — 10, 2 Theile mit 96 Kupfern, kl. qu. fol.
5) Traité sur l'art de la charpente, publ. par J. Ch. Krafft, rédigé par A. F. Lomet. Paris 1819 — 22, 6 Theile in fol. Die zweite Auflage hat nur französischen Text, die erste auch englischen und deutschen. Diese kostet 160 Fr., die andere 86 Fr.
6) Recueil des plus jolies maisons de Paris et de ses environs. 96 Bl. in qu. 4.
7) Portes cochères, portes d'entrée etc., 50 Bl., qu. 4.
8) Production de plusieurs artistes français et étrangers, 1810, 12 Hefte, gr. 4.

Krafft, Peter, Historien- und Portraitmaler in Wien, wurde 1780 zu Hanau geboren, und als armer Jüngling musste er in Wien anfänglich durch Bildnissmalen in Oel und Miniatur seinen Unterhalt suchen. Doch benutzte er die freien Stunden zu höheren Studien, und 1800 sah er sich in den Stand gesetzt, in Paris die Kunstschätze von halb Europa zu schauen. Nach vierjährigem Studium ging der Künstler nach Rom, wo doch noch einige antike Trümmer und die Wände mit Fresken zurückgelassen wurden, aber dieses konnte ihn nicht lange fesseln, und Krafft suchte endlich die Heimath wieder. Jetzt blühte ihm in Wien sein Glück, und sein Ruhm ist als wahrhaft historischer Portraitmaler längst begründet. Er hat sich das Ehrenwort eines vaterländischen Malers verdient durch vier grosse Darstellungen aus der modernen Historie, von denen zwei, der Abschied und die Rückkehr des Landwehrmannes im k. k. Belvedere zu Wien, und die Schlachten bei Leipzig und Aspern im Invalidenhause sich befinden. Das grosse Schlachtbild von Aspern hat der Künstler zum Behufe des Kupferstiches von Rahl ins Kleine gemalt. Den Sieg bei Leipzig hat J. Scott zu London, ebenfalls nach einen kleineren Gemälde, gestochen.

Würdig reihet sich an diese grossen Darstellungen der Moment der Aspern-Schlacht, wo der Erzherzog Carl die Fahne eines wankenden Bataillons ergreift, in der Sammlung des Herzogs Albert von Sachsen-Teschen.

Mit Ruhm sind ebenfalls zu erwähnen die herrlichen Ebenbilder Sr. Maj. des Kaisers für die Pesther Gespannschaft, und für die

Lemberger Hochschule; sämmtlicher Kinder der regierenden Kaiserin Mutter; Franz I. und Maria Theresens für ihre Grossmutter, der Königin Caroline von Neapel; das unübertreffliche kleine Portrait des Erzherzogs Carl, des Erzherzog Joseph Palatinus in ganzer Figur, und des Erzherzogs Johann als Gemsenjäger von einer steyermärkischen Alpenspitze ins neblichte Thal hinunterschauend, durch Höfel's trefflichen Kupferstich bekannt; des Majors von Aren etc. Weitere Gemälde dieses vortrefflichen Künstlers sind noch Zriny's Heldentod in Szigeth, ein herrliches Gemälde im National-Museum zu Pesth; der erblindete Ossian von Malvinen geleitet, am brandenden Meeresufer sein Schwanenlied in die Seiten brausend, im Besitz des Fürsten Lichtenstein, geschabt von Rungaldier. Die vorzüglicheren von Krafft's Gemälden, welche das Ausland besitzt, sind: Belisar als blinder Bettler, lebensgross, im Besitz des Generals Knesebek, Adjutanten des Königs von Preussen; der Indier König Melai, verlassen in der Wüste von seinem treuen Hunde gerettet, der einen Hasen für ihn fängt, im Besitze des Grossherzogs von Weimar, lebensgross; Oedip und Antigone, im Besitze des ehemaligen Botschafters Andreossy, für die Aglaja von 1816 durch John in Punktir-Manier gestochen; Theseus und Pirithous um Helenen losend; Hebe mit dem Adler, für den Freiherrn von der Malsburg; Clorindens Liebe zu Tancred und ihre Taufe; Armidens Hass und Liebe zu Rinaldo; Dorothea am Brunnen und des Mädchens Heldenmuth; die plündernden Feinde, beide aus Göthe's Herrmann und Dorothea etc. Dann von Altarblättern, eine heil. Cäcilia, die Orgel spielend; die heil. Margaretha im Gefängnisse vom Drachen geängstiget, und die rettende Friedenstaube, beide Blätter in Tyrnau etc. Dann malte er den Orpheus, eine Sappho, eine Armida, Paris und Helena, Adam und Eva nach Gessner's „erstem Gewitter", für den Botschafter Andreossy; mehrere Momente aus der Sündfluth; Rudolph's von Habsburg Begegnung mit dem Priester auf der Jagd; Barat's Heldenmuth in der Schlacht bei Raab; Zriny's Tod (ein späterer Moment, als der des Gemaldes im Pesther Museum) für den Grafen L. Festetits, ein Gemälde von sinniger Anordnung, bedeutenden und mannichfaltigen Gruppen. Im Jahre 1822 malte er die Krönung Sr. Maj. des Kaisers Franz für das National-Museum in Pesth, als Gegenstück zum herrlichen Bilde des Nicolaus Zriny in Szigeth, in demselben Museum. Zriny ist in dem Augenblicke vorgestellt, wie er im köstlichsten Staat hoch zu Ross, in der Faust des Vaters Säbel, unter Dampf, Rauch und Verwirrung mit den Seinen zum Thor des brennenden Schlosses unter die stürmenden Türken hinausstürzt. Den Tod Zriny's hat Stüber als Kunstvereins-Geschenk 1836 gestochen, gr. qu. fol. Auf dem Gemälde der Kaiserkrönung zu Ofen am 6. Juni 1792 sind alle handelnden Personen Portraits, die heil. Krone und der Krönungsmantel treu nach der Wirklichkeit, Costume, Colorit und Beleuchtung von seltener Meisterschaft. Inmitten dieser beiden, über 20 Schuh langen und über 14 Schuh hohen Gemälde ist ein drittes, jener denkwürdige Anbeginn des kaiserl. Vaterhauses: Rudolph von Habsburg's Begegnung mit dem Priester auf der Jagd. Dieses Bild wurde für den Herzog von Sachsen-Teschen gemalt, als Gegenstück des in der Marchfeldsschlacht von Aspern, die Fahne eines wankenden Bataillons ergreifenden und das Treffen wieder herstellenden Erzherzogs Carl Generallissimus, durch welches, so wie durch die beiden grossen Bilder im Invalidenhause, dann durch den Abschied und die Rückkehr des Landwehrmannes in der Gallerie des Belvedere, Krafft sich den Ehren-Namen eines vaterländischen Malers erworben hat. Die Landwehrsscenen sind von Höfel und Kovatsch gestochen. Eines der durchdachtesten und vollendetsten Bilder, die Krafft gemalt: Manfred und der Gemsjäger, nach Lord Byron, ist von C. Rahl gestochen. Der Augenblick der Darstellung eines andern Bildes ist kurz vor Manfred's Tod, die letzte Scene des dritten Aktes. Beide Gemälde nehmen eine bedeutende Stelle in der vaterländischen Kunst ein.

In den letzten Jahren malte Krafft drei grosse Bilder: reiche Darstellungen aus dem Leben des Kaisers Franz in seiner Hofburg. Dann malte er auch den Kaiser Ferdinand, verschiedener anderer neuer Bildnisse nicht zu gedenken. In dieser Art malerischer Darstellung besitzt Krafft ausgezeichnetes Talent. Er ist überhaupt einer der vorzüglichsten jetzt lebenden Maler. In seinen historischen Gemälden wirkt er durch die einfachsten Mittel. Seine Zeichnung ist correkt, die Färbung kräftig, und in der einfachsten, wie in der figurenreichsten Composition herrscht gleich verständige Anordnung.

Krafft ist Professor an der Akademie der Künste in Wien, dann Gallerie-Direktor und Schlosshauptmann im Belvedere daselbst.

Man hat von ihm auch geätzte Blätter:

1) Sappho am Felsen, den Kopf auf die rechte Hand gestützt und die Leyer in der Linken haltend, 8.
2) Der Hirt auf dem Hügel sitzend, wie er die Leyer spielt, rechts ein Monument von Stein, und im Grunde Bäume, 8.

Jedes dieser Blätter ist mit einem Monogramme bezeichnet. Nachrichten über ihn finden sich in Hormayer's Archiv 1822 No. 36, in Pieznigg's Mittheilungen aus Wien und in der österreichischen National-Encyclopädie.

Krafft, Joseph, Portraitmaler, Peters Bruder, und einer der vorzüglichsten Künstler seines Faches, wurde 1787 zu Hanau geboren. Er widmete sich anfänglich der Emailmalerei, fing aber dann auch an, sich in der Technik mit Oelfarben zu üben. Im Jahre 1801 kam er nach Wien, wo er bald ungetheilten Beifall fand, bis zu seinem 1828 erfolgten Tod. Die Zahl seiner Bildnisse ist bedeutend, und darunter sind jene des Kaisers und der Kaiserin von Oesterreich, so wie anderer hoher Personen. Sein Bildniss des Fürstbischofs Sigmund von Hohenwart, das er 1825 malte, wurde lithographirt.

Krafft wusste das Individuum von charakteristischer Seite aufzufassen, neben der äusseren Aehnlichkeit Geist und Leben dem Bilde zu verleihen. Dann war er auch im Besitze der vollkommensten technischen Mittel.

Krafft, Barbara, geborene Steiner, Historien- und Portraitmalerin, geb. zu Iglau 1764, gest. zu Bamberg 1825. Sie bildete sich unter Leitung ihres Vaters, des österreichischen Hofmalers Johann Nepomuk Steiner, zur Künstlerin, und mehrere Gemälde des Vaters sind von ihr angelegt. Sie begleitete ihn auch nach Wien, und hier brachte sie 1786 ihr erstes Gemälde zur Ausstellung. Dieses war das Bildniss eines französischen Abbé, welches mit allem Beifall aufgenommen wurde, und die Folge davon war, dass mehrere Personen sich von ihr malen liessen. Anfänglich gedachte die Künstlerin in Wien zu bleiben, und sie verheirathete sich da mit einem Apotheker, Namens Joseph Krafft, allein schon 1794 verliess sie Wien, und ging nach Salzburg, wo sie jedoch für dieses Mal nicht lange verweilte. Sie reiste über Iglau nach Prag, und hier war die Künstlerin bis 1803 auf vielfache Weise beschäftiget. Für das Kloster Emaus malte sie die büssende Magdalena und den weinenden Petrus in Spagnolet's Manier, im Baumgarten bei Prag das Hochaltarblätt mit St. Gotthard; den grössten Theil ihrer Werke machen aber die Bildnisse aus. Sie malte zweimal den Baron Lederborn: auf der Bärenjagd mit seinen Jägern, und als Bergknappe. Auf einem grossen Bilde stellte sie die Familie des Eisenhändlers Marx dar. Für die medizinische Facultät malte sie die lebensgrossen Bildnisse des Kaiser Leopold, Joseph und Franz, und den Grafen Colobrad malte sie als Landmann, ebenfalls in Lebensgrösse. Die Bildnisse, welche sie in Prag malte, sind zahlreich, da die Künstlerin ungemeine Leichtigkeit besass. So malte sie einmal in zwei Stunden vier Köpfe auf die Leinwand, wesswegen sie in Meusel's Miscellen gerühmt wird. Der Dr. Prohaska wünschte damals ein Portrait von der Künstlerin anlegen zu sehen. Bei ihm war der Advokat Cernin, und diese beiden wurden sogleich auf der Leinwand portraitirt. Dieser Arbeit sah der Mann Krafft zu, und auch er wurde abgemalt, so wie ein vierter, der Professor Steinsky, der, auf einem Schemmel sitzend, unter dem Arme Krafft's durchblickte. Dann malte diese Künstlerin auch Generestücke, alles in einer dreisten Manier, so wie man dieses nie von einem Frauenzimmer gesehen. Eines stellt eine alte Böhmin mit dem Brantweinglase lächelnd dar, und das Gegenstück einen schmauchenden Alten auf den Stock gelehnt, beide mit breiten Strichen gemalt, in einer effektvollen Weise. Dann malte sie einen lachenden Burschen mit dem Glase, und ein böhmisches Mädchen mit der Katze, alle diese Bilder in natürlicher Grösse, so wie das Bild eines Alten, dem ein Weib zulächelt, im Besitze des Domherrn Grafen von Staremberg in Salzburg. Im Jahre 1803 begab sich die Künstlerin nach Salzburg, und hier verweilte sie bis 1821, während welcher Zeit eine Menge Bilder, besonders Portraite, aus ihrem Atelier hervorgingen. Sie malte mehrere Personen von Adel und vom reichern Bürgerstande. Den Fürsten Salm stellte sie in Lebensgrösse dar, und auch im Brustbilde; den Grafen Kühnburg malte sie in der Oberst-Stallmeister-Uniform, und die Gräfin mit dem Papagei. Auch den Grafen Lodron bildete sie ab, so wie den Grossherzog von Toskana, als Architekten. Diesen malte sie aus dem Gedächtnisse für die Residenz in Würzburg. Den Grafen Daun malte sie mit seinen Jagdhunden, und einmal, wie er einen Haasen an der Flinte trägt, in landschaftlicher Umgebung. Besonderen Beifall erwarb ihr das Gemälde mit einem französischen Husaren-Obersten, der sich im Walde an sein Pferd lehnt, zu den Füssen die Dogge. Eben diesen malte sie auch in einer Landschaft mit Sonnenuntergang. In Salzburg malte die Künstlerin noch lange Zeit in ihrer angenommenen kühnen Manier, endlich fing sie aber an, mit grösserer Sorgfältigkeit zu Werke zu gehen. Mehrere ihrer Bildnisse sind daher sehr fleissig ausgeführt, und besonders gefielen die kleinen Medaillons, die wie feine Miniaturen in Oel behandelt sind. Auch mehrere Madonnenbilder malte sie, alle in schöner Verschmelzung der Farben.

Im Jahre 1821 begab sich die Künstlerin nach Bamberg, wo sie bis zu ihrem 1825 erfolgten Tod noch 145 Bildnisse malte. Das letzte war ein Familienbild, in welchem sie den Vater mit Frau und drei Töchtern darstellte, ersteren erst zwei Jahre nach seinem Tod, blos aus dem Gedächtnisse, und doch höchst ähnlich. Sehr schön ist auch das Bildniss des C. Hemmerlein, und jenes des C. Custos Lindner, lebensgross im Naturalien-Cabinete.

Barbara Krafft fand mit ihren Werken grossen Beifall. Ihre Bildnisse sind sehr zahlreich und ähnlich, in einer kräftigen Manier ausgeführt. Mehrere ihrer Bildnisse wurden als Meisterstücke bewundert. Schon Meusel erwähnt ihrer mit Lob, und Füssly rühmt im Artikel des J. N. Steiner ihr Talent und ihre Kunst im Treffen. Sie hinterliess einen Sohn und eine Tochter.

Krafft, Johann August, Maler und Lithograph, der Sohn der Obigen, wurde 1792 in Wien geboren, und von seiner Mutter in der Kunst unterrichtet. Er begleitete sie auf allen ihren Reisen, und in Bamberg trat er zuerst als ausübender Künstler auf. Gemälde in Oel finden sich bisher wenige von seiner Hand, da er sich grösstentheils mit der Lithographie und mit der Malerei in Wasserfarben beschäftiget. Gegenwärtig lebt dieser Künstler in München.

1) Der Jahrmarkt, nach einem Gemälde von C. Pitz in der Gallerie zu Bamberg, gr. fol.
Für die Wachstuch-Fabrik in Bamberg ausgeführt.
2) Das Bildniss des Herzogs Wilhelm von Birkenfeld, 1832, fol.
3) Domdechant J. von Heckenstaller, nach Kellerhoven, fol.
4) Otto I. von Griechenland, fol. Die Platte gab wenige Abdrücke.
5) Die Leidensstationen des Herrn; noch nicht vollendet.

Krafft, Bildnissmaler, der sich im vorigen Jahrhunderte in Schweden Ruhm erwarb. Er bekleidete die Stelle eines Professors an der Akademie in Stockholm, und da starb er 1792.

Krafft, Historienmaler, vielleicht der Sohn des Obigen, dessen Lebensverhältnisse wir nicht erfahren konnten. Er bildete sich zu Paris in David's Schule, und nach seiner Heimkehr nach Schweden fand er bald Gelegenheit, sich einen Namen zu machen. Er ist ebenfalls Professor der Malerei in Stockholm, und ein Künstler von Bedeutung. Im Kunstblatte von 1830 No. 4 wird sein 14 Fuss breites und 10 Fuss hohes Krönungsgemälde, welches Krafft 1828 vollendete, mit Lob erhoben. Die Handlung geht im Innern der Cathedrale zu Stockholm vor, wie am 11. Mai 1818 die Krone auf des Königs Haupt gesetzt wurde. Unter der fast unzählbaren Menge von Gestalten erblickt man nicht weniger als 200 Bildnisse der merkwürdigsten bei der Feier anwesenden Personen, alle sehr ähnlich. Krafft hat überdiess noch viele andere Bildnisse gemalt, die ihrer Aehnlichkeit und trefflichen Ausführung wegen gerühmt werden.

Krafft, Johann August, Maler, Zeichner und Radirer aus Altona, wurde um 1798 geboren, und zu Hamburg in den Anfangsgründen der Kunst unterrichtet. Hierauf ging er zu seiner weiteren Ausbildung nach München, und da sah man im Lokale des Kunstvereins verschiedene schöne Bilder von seiner Hand, Historien und Genrestücke. Später begab sich der Künstler nach Rom, und hier malte er mehrere ländliche Darstellungen aus der Umgegend dieser Stadt. Es offenbaret sich darin ein tüchtiger Meister in der Charakteristik. Auch sind seine Gemälde mit Sorgfalt behandelt.

Dann hat man von ihm schöne radirte Blätter:
1) Scene aus dem römischen Carneval. Rom 1827, qu. 8.

Krafft, C. A. Emil, Maler und Lithograph zu Berlin, bildete sich daselbst um 1824 unter Leitung des Professors Weitsch, und von dieser Zeit an sah man Werke von seiner Hand. Es sind dieses Bildnisse und Genrestücke in Oel, und einen andern Theil machen die Lithographien aus, die ebenfalls zu den guten Erzeugnissen dieses Kunstzweiges gehören.

1) Die Wahrsagerin, nach H. Krigar's Gemälde des Hofraths Benda; der Pendant zum Sonntag Nachmittag von Pistorius, gr. fol.
2) Mehrere Bildnisse nach Krüger, u. a.

Krafft, Gustav von, Maler, und der Sohn eines k. Regierungs-Rathes von Augsburg, wurde 1811 in Ulm geboren. Er erlernte die Anfangsgründe der Kunst auf der Kunstschule in Augsburg, und 1828 begab er sich zu seiner weitern Ausbildung nach München. Hier besuchte er die Akademie, und noch gegenwärtig beschäftiget ihn seine Kunst.

Krafft, Wilhelm, Maler, ein jetzt lebender Künstler. Er stand um 1832 zu Berlin unter Leitung des k. Gallerie-Inspektors Ternite, und dann ging er nach Düsseldorf, um sich an der Akademie daselbst weiter auszubilden. Krafft malt Genrestücke und Bildnisse.

Kraft, so wird wie hie und und da auch der eine oder der andere der obigen Künstler geschrieben, im Ganzen aber ist Krafft die richtige Schrift.

Krafter, Marcus, Kunstliebhaber aus einer reichen und angesehenen Familie in Augsburg, der um 1590 lebte. Er zeichnete mit Geschick, und copirte glücklich nach A. Dürer's Holzschnitten. Seiner erwähnt Stetten.

Kragelius, Bildhauer zu Braunschweig um 1798. Er fertigte Büsten in Stein und Erz.

Krahe, Johann Lambert, Historienmaler, geb. zu Düsseldorf 1712, gest. daselbst 1790. Von armen Eltern geboren fand er zuerst an dem Oberst-Lieutenant Mayer einen Gönner, und durch ihn wurde es ihm möglich, im Gefolge des Grafen Plettenberg nach Italien zu gelangen. Doch letzterer starb hier, und Krahe sah sich zu Rom in eine hülflose Lage versetzt. Endlich liess ihn ein Jesuit Heiligenbilder für Indien malen, aber noch lange Zeit konnte er sich nichts als Macaroni, Wasser und Brod erwerben. Doch die Liebe zur Kunst hielt ihn aufrecht, und, nachdem sein elender Taglohn verdient war, suchte er sich in den Schulen der damals berühmtesten Maler, Benefiale und Subleiras, zu unterrichten. Daneben studirte er auch fleissig nach den Werken Rafael's, A. Carracci's und den Antiken, und so erlangte der Bilderfabrikant für Indien immer grössere Fertigkeit. Sein Ruf verbreitete sich, und die Akademie von St. Lucca öffnete ihm ihre Thore. Mehrere Grosse Rom's lernten ihn nun kennen, und durch den Cardinal Valenti wurde er 1755 dem Churfürsten von der Pfalz empfohlen. Dieser beschloss, die Düsseldorfer Gallerie einrichten zu lassen, und Krahe entledigte sich des Auftrages mit solchem Beifalle, dass der Churfürst 1784 durch ihn auch die Münchener Gallerie ordnen liess. Dieser Künstler hatte auch den grössten Antheil an der Gründung der Akademie in Düsseldorf, und dieses Institut, dem Krahe als erster Direktor vorstand, hatte den günstigsten Erfolg Der Direktor war mit ganzer Seele Künstler, und er hatte einen fast übertriebenen Hang, jeden zum Künstler zu machen, in welchem er nur einige Anlagen entdeckte. Er bildete dann die Schüler mit Gewissenhaftigkeit, und die von Winckelmann besorgten Abgüsse von Apollo, Laokoon, Herkules, Venus und einigen Gladiatoren, dienten den ersten Schülern zum Studium. Krahe suchte den italienischen Styl einzuführen, und er fand solchen Anklang mit seiner Anstalt, dass neben den Deutschen bald Franzosen, Engländer und Holländer selbe besuchten. In letzter Zeit befiel ihn ein

Augenübel, und dieses hinderte ihn an der Vollendung mehrerer seiner Bilder.

In der Jesuiten-Kirche zu Mannheim sind sechs Altarblätter von ihm, und an der Decke der Mannheimer Bibliothek die Allegorie, wie die Wahrheit von der Zeit entdeckt wird. Die Skizze von diesem Bilde kam in die Düsseldorfer Gallerie. Auch im Benrather Schlosse führte er Gemälde aus. Das Bild des heil. Hieronymus aus der Düsseldorfer Gallerie malte er in Rom, und das letztvollendete Stück aus derselben Gallerie stellt die heil. Familie auf der Flucht in Egypten dar. Dazu kamen noch viele heilige Bilder, in Maratti's Manier. Er wählte gewöhnlich liebliche und ruhige Gegenstände zur malerischen Darstellung. Er liebte darin grosse Massen, sanftes Licht und gemässigte Schatten, und in seinem Streben süsse Harmonie über seine Gemälde zu verbreiten, unterdrückte er alle starken Farben. Zuweilen verfiel seine Sentimentalität ins Graue, doch selten ins Unbestimmte. Die Antiken und Rafael galten ihm für das Höchste, allein er konnte diese hohen Muster nicht erreichen. Krahe war indessen ein Mann voll warmen, hohen Gefühls für die Kunst. Schlichtegroll sagt im Nekrolog des Künstlers 1790 S. 205, ihn habe die Muse der Malerei als ihren Liebling begünstiget; als solcher habe er mit thätigem Eifer wieder manchen jungen Priester zu ihrem Altare hingeführt.

Schliesslich bemerken wir, dass Krahe die Herausgabe der Werke der Düsseldorfer Gallerie projektirt habe; allein das Werk kam nicht zu Stande und der Engländer V. Green hat selbes 1789 wieder begonnen. Von ihm selbst geätzt hat man eine Darstellung des Sabbiner-Raubes. Fratrel hat das Bildniss des Künstlers radirt.

Krahe, Peter, Maler und Sohn des Obigen, wurde von seinem Vater in den Anfangsgründen der Kunst unterrichtet, und dann suchte er sich in Rom weiter auszubilden, wo er um 1780 sich bereits einen Namen gemacht hatte. Er malte Historien und Architekturstücke.

Krahe, H. von, Architekt und Baudirektor des Herzogs von Braunschweig, ein Künstler unsers Jahrhunderts. Er baute in Coblenz das Theater und einige Häuser, und auch in Braunschweig leitete er verschiedene Bauten. Lebte noch um 1820.

Kramer, Gabriel, ein Schreiner von Zürich, der auch in der Architektur erfahren war. Im Jahre 1606 erschien zu Prag seine: Architectura. Von den fünf Säulen sambt iren ornamenten etc. durch Gabriellen Krammer von Zürich, Dischler und Ihr Röm. Kays Mays Leib Trabanten guardi pfeiffer; mit selbst geätzten Blättern. Bussemacher zu Cöln verlegte 1611 sein Schweifbüchli. Jedes dieser Werke hat 24 Blätter.

Kramer, Hans Leonhard, Maler zu Nürnberg, dessen Lebensverhältnisse unbekannt sind. Auch seine Lebenszeit finden wir nicht angegeben; wahrscheinlich aber gehört er zur Familie zweier Bildhauer dieses Namens, Hans und Leonhard. Der erstere starb 1615, der andere stand 1673 in einem Alter von 73 Jahren. Von dem Maler sind Arbeiten auf dem Rathhause.

Kramer, Hermann, Maler und Kupferstecher, bildete sich auf der Akademie der Künste in Berlin, und nachdem er zu seiner weiteren Ausbildung Paris besucht hatte, trat er in Berlin als selbstständiger Künstler auf. Er malt Genrestücke und Portraite in Oel, fertigt solche in farbigem Silberstift, und auch als Zeichner muss er genannt werden. Das Kupferstechen erlernte er um 1828 unter Leitung des Professors Buchhorn, und als Resultat dieser seiner Bemühungen machte er verschiedene Blätter bekannt; das folgende schon 1828.

1) Die Statue Blücher's, nach Caspar's Zeichnung.
2) Die heil. Magdalena, nach Luini's Gemälde im k. Museum zu Berlin. Kramer hatte das Bild selbst in schwarzer Kreide gezeichnet und darnach das Blatt in Punktirmanier ausgeführt.
3) Jo und Jupiter in eine Wolke gehüllt, nach seiner Sepiazeichnung von Correggio's Bild im k. Museum zu Berlin punktirt.
4) Die Madonna, nach G. Reni.
5) Portraite, radirt und gestochen.
6) Versuche in Aquatinta.

Kramer, Heinrich, Maler von Havelberg in Preussen, bildete sich um 1820 auf der Akademie der Künste in München. Von seinen späteren Schicksalen wissen wir nichts.

Kramer, A. M., Maler, der zu Anfang unsers Jahrhunderts in Berlin durch landschaftliche Compositionen in Oel sich bekannt machte. Auf der Kunstausstellung von 1804 sah man noch Bilder von ihm.

Kramer, Franz, Maler in Wien, wurde 1798 geboren, und auf der Akademie der erwähnten Stadt zum Künstler gebildet. Man hat von seiner Hand bereits eine Anzahl guter Bilder, die man auf den Kunstausstellungen in Wien sah. Im Jahre 1834 brachte er ein Bild zur Ausstellung, welches den Abraham vorstellt, wie er seinen Sohn zum Opfertode führt. Der Künstler scheint diese Composition in jungen Jahren ausgeführt zu haben, und man lobte sie. Der Schmerz und die hohe Tugend des Patriarchen sind gut ausgedrückt, nur fand man die Formen des Isaac nicht schön genug.

Ein anderes Bild voll Phantasie und Leben stellt Faust und Mephistophiles auf dem Blocksberge dar.

Kramer, Hans und Leonhard, s. H. K. Kramer.

Kramolin, Joseph, Maler, wurde 1730 zu Nimburg in Böhmen geboren, und schon in der Malerei erfahren, trat er in den Jesuiten-Orden, für welchen er als Laienbruder viele Kirchen und Collegien ausmalte. Nach der Aufhebung des Ordens begab er sich in das Cisterzienser Stift Ossek, und auch hier fertigte er viele historische Bilder. Starb um 1805 zu Carlsbad.

Kramolin, Wenzel, der jüngere Bruder des Obigen, war ebenfalls Historienmaler, von Nimburg gebürtig. Er fertigte grösstentheils Gemälde mit biblischen Darstellungen.

Starb 1799 in seiner Vaterstadt.

Kramprich, Heinrich, Kupferstecher, dessen Lebensverhältnisse wir nicht kennen. Im Cataloge der Sammlung des Grafen Renesse-Breitbach sind folgende Blätter ihm zugeschrieben:

1) Die heil. Jungfrau mit dem Jesuskinde, 8.
2) Die Seelen im Fegefeuer, kl. Bl. in Querformat.
3) St. Franz empfängt die Wundmale.
4) St. Hieronymus, sitzend.
5) Der heil. Sebastian.

Lauter kleine Blätter.

Kramsta, Heinrich, Maler aus Freiburg in Schlesien, ein jetzt lebender Künstler, der sich zu Berlin in Wach's Schule bildete. Er widmete sich dem Fache der historischen Darstellungen.

Kranach, s. Cranach.

Kranewitter, Joseph, Maler, wurde 1756 zu Imst im Innthal geboren und von J. Zeiler zu Reuti in die Lehre genommen. Seine Fortschritte waren nicht schnell, aber sie wurden bei unermüdetem Fleisse gründlich. Er zeichnete fleissig nach der Natur und nach Modellen, und nun versuchte er sich auch in eigenen Compositionen, die immer von einiger Originalität zeugten, aber von wenig Geschmack. Er gefiel sich in schwierigen Darstellungen, besonders in Verkürzungen, und er offenbarte Talent, aber dieses kam nicht zur Reife, da ihm die Verhältnisse nicht günstig waren. Er konnte zu seiner Ausbildung Italien nicht sehen, doch besuchte er Wien, wo er keine Aufnahme fand, und in Neuchatel ging es ihm nicht besser. In Augsburg, wohin er 1784 kam, musste er vier Jahre conditioniren, was seiner Freiheitsliebe sehr schwer fallen musste. Er war gerne unumschränkter Herr, aber als solcher hatte er öfter nur dürftiges Brod. Einige seiner historischen Compositionen verdienen indessen Lob. Seine Figuren sind gut gezeichnet und ausdrucksvoll in Stellung und Geberde, und seine Färbung ist markig, besonders im Nackten. Um die Beiwerke kümmerte er sich nicht, und auch bei Portraiten arbeitete er nur den Kopf und die Hände gut, das Uebrige liess er nachlässig gehen.

Starb um 1824 in Botzen, wohin er um 1803 kam.

Kraetz, Peter, Portraitmaler, der zu Anfang des vorigen Jahrhunderts in Berlin Bildnisse malte. P. Schenk hat 1700 den Prediger Steffensee nach ihm gestochen.

Kraetz, Martin Nicolaus, Landschaftsmaler, wurde 1774 zu Nancy geboren, und ohne Lehrer das, was er als Künstler ist. Er bekleidet die Stelle eines Professors am Collegium zu Epinal, und da bildet er auch Schüler. Kraetz malt Landschaften und Genrestücke, und auch im Restauriren ist er erfahren.

Kransperger, Johann, Maler von Regensburg, wurde 1804 geboren, und in München zum Künstler herangebildet. Er begab sich 1825 nach dieser Stadt, um die Akademie der Künste zu besuchen, und da sah man bei verschiedenen Gelegenheiten Bilder von seiner Hand: Landschaften, Genrebilder und Architekturstücke.

Kratz, Karl, Lithograph von Darmstadt, begab sich 1831 in seinem 19. Jahre auf die Akademie zu München, um seiner Ausbildung obzuliegen, und er lebt noch in dieser Stadt.

Kratz, Mathias, Edelsteinschneider, der 1594 am Hofe Rudolph II. in Prag lebte. Dieser Kaiser beschäftigte ihn sehr viel.

Kratzenberg, Modelleur und Ciseleur, akademischer Künstler zu Berlin. Er liefert verschiedene kleine Bildwerke in Erz. Im Jahre 1834 stellte er L. da Vinci's Abendmahl dar.

Kraus, Hans, Maler von Bamberg, der um 1450 geboren wurde. Im Jahre 1480 legte er in Würzburg bei der Innung der Maler und Bildschnitzler den Geselleneid ab, und später scheint er in der Fremde sein Glück gesucht zu haben. Jäck bringt im Pantheon II. S. 21 die Nachricht bei, dass Kraus von 1502 — 1522 in Abtswöhrte gewohnt habe, doch glauben wir, dass der daselbst erwähnte Maler-Knecht dieses Namens, der am Sonntag Bonifazi 1480 gelobt, mit diesem Künstler Eine Person sei.

Ein Wolfgang Albrecht Kraus von Bamberg war 1617 beim Maler Dietrich Geist in Würzburg Geselle.

Kraus, Johann Ulrich, Kupferstecher und Zeichner von Augsburg, dessen Geburtsjahr nicht sicher bestimmt werden kann. Rost und Brulliot nehmen 1645 als solches an; sicher ist aber Basan irrig, wenn er den Künstler 1673 geboren werden lässt, und auch C. F. Blesendorf konnte kaum sein Lehrer gewesen seyn, wie Nicolai wissen will. Sein Muster war S. le Clerc, dem er ziemlich nahe kam, und desswegen werden seine Blätter noch geschätzt. Es gibt deren eine bedeutende Anzahl, denn der Künstler starb erst 1719.

1) Das Innere der St. Peterskirche in Rom, mit einer Menge Figuren. H. 16 Z. 9 L., Br. 15 Z. 8 L. Selten, weil der Künstler die Platte zerschnitt. Es blieb ihm nämlich für die Dedication an den Bischof von Passau die Belohnung zu lange aus, und so glaubte er die Platte zu etwas anderem verwenden zu müssen. Doch kaum war die Platte verstümmelt, als von Rom her 300 Abdrücke bestellt wurden, und der Künstler begann den Stich von Neuem, ebenfalls in grossem Formate.
2) Kirchen, Plätze und Brücken in Nürnberg, 19 Blätter mit Titel, nach J. A. Graf, gr. qu. fol.
3) Ansichten ausserhalb Nürnberg, 12 Blätter mit dem Titel, nach J. A. Graf, qu. 4.
4) Ansicht des Schlosses Schönbrunn, mit einer Menge Figuren im Mittel- und Hintergrunde, ein Hauptblatt, in gr. fol.
5) Der Leichencondukt des Churfürsten Friedrich Wilhelm des Grossen, mit A. Oldenburgk nach C. F. Blesendorf gestochen, 87 Blätter.
6) Trauergerüst Kaiser Leopold I., mit vielen Beiwerken, gr. roy. fol.
7) Die heil. Kreuzkirche in Augsburg, mit J. J. Kraus herausgegeben, 2 Blätter.
8) Die Thaten des Ulysses und seiner Gefährten, reiche Compositionen, ehedem von Primaticcio in Fontainebleau gemalt, mit M. Küsell sehr schön und geistreich nach Th. van Thulden copirt und 1702 in 12 herausgegeben. Seltene Blättchen.
9) Die Vermählung der heil. Jungfrau.
10) Die Reinigung Mariä.
11) Gregorius princeps Daniae, 4.
12) Karl XI. von Schweden, 4.

Copien nach Dürer.

Vom grossen Leiden Christi; angeblich von Kraus, doch nicht ausgemacht, ob er Antheil hat.

13) Christus vor Caiphas; originalseitig, letzterer rechts sitzend. Tiefer gearbeitet, als das Original, und die Quasten des Thronhimmels gehen bis an das Täfelchen, während im Originale ein kleiner Raum ist. H. 4 Z. 2 L., Br. 2 Z. 9 L.
14) Christus vor Pilatus; originalseitig und am Monogramme Dürer's kenntlich. Dieses ist in der Copie aus einer Linie gebildet, im Originale hat es zwei. H. 4 Z. 4 L., Br. 2 Z. 9 L.
15) Die Dornenkrönung; sehr täuschende Copie, in den Zahlzeichen 1512 erkennbar. In der Copie ist die Nro. 1 bei 2 in der Basis ganz horizontal, ohne leichten abwärts gezogenen Strich; und die Form der 5 ist in seiner Rundung fast in einem einzigen Striche abgebildet, während sie im Originale nach

oben eine kleine Ausbeugung mit weissem Grunde zeigt. Heller hat beide Zahlen auf der Erklärungsplatte gegeben. H. 4 Z. 3 L., Br. 2 Z. 8 L. Im alten täuschenden Drucke ohne No. 3 rechts im Ecke.

16) Ecce homo. Originalseitig, am Spiesse im Hintergrunde, rechts am Rande der Platte erkennbar. Dieser geht im Original über das erste Kreuz, in der Copie reicht die Spitze zur Hälfte hinein. H. 4 Z. 3 L., Br. 2 Z. 9 L.

17) Die Händewaschung des Pilatus; originalseitig, den oberen Querstrich des A. im Monogramm bildete Kraus nicht mit Einer Linie, wie Dürer; es sind deren drei zu sehen. H. 4 Z. 2 L., Br. 2 Z. 9 L.

18) Die Kreuztragung; originalseitig, unten einen Zoll vom rechten Plattenrande an den Steinen erkennbar, deren im Original vier, in der Copie drei sind. H. 4 Z. 4 L., Br. 2 Z. 9 L.

19) Christus am Kreuze. Im Originale lauft nur ein Dorn von der Krone in die Aufschrift des Kreuzes, in dieser originalseitigen Copie zwei. H. 4 Z. 3 L., Br. 2 Z. 9 L.

20) Die Kreuzabnehmung; originalseitig und am Schlosse links im Grunde am Plattenrande kenntlich. Im Originale hat der Thurm zwei Spitzen, in der Copie eine.

21) Die Heilung des Lahmen, diese originalseitige Copie hat oben links die Jahrzahl 1513 nicht. H. 4 Z. 3 L., Br. 2 Z. 8 L.

Von dieser Passion existiren nur 9 Blätter, im ersten Drucke vor den Nummern sehr täuschend.

Vom kleinen Leiden Christi.

22) Der leidende Heiland, als Titel, unten vier lat. Verse mit dem Namen des J. U. Kraus. Höhe des Stiches 2 Z. 7 L., Br. 2 Z. 4 L.

Die Copie dieses originalseitigen Blattes ist 2 Z. 6 L. hoch und 3 Z. 2 L. breit.

23) Das Abendmahl; gegenseitig, Johannes rechts, ohne Monogramm. H. 3 Z., Br. 2 Z. 5 L.

24) Die Fusswaschung; von der Gegenseite ohne Zeichen. H. 3 Z., Br. 2 Z. 3 L. Im zweiten Drucke mit M. Küssel's Adresse.

25) Christus am Oelberg; gegenseitig, ohne Zeichen. H. 3 Z., Br. 2 Z. 5 L.

26) Die Gefangennehmung; von der Originalseite, ohne Monogramm. H. 3 Z., Br. 2 Z. 5 L.

27) Der Heiland zu Annas geschleppt; von der Gegenseite ohne Monogramm. H. 3 Z., Br. 2 Z. 5 L.

28) Caiphas zerreisst das Kleid; gegenseitig. H. 3 Z., Br. 2 Z. 4 L. Im zweiten Drucke mit Küsell's Adresse.

29) Die Verspottung im Hause des Caiphas; von der Gegenseite, ohne Zeichen. H. 3 Z., Br. 2 Z. 5 L. Im zweiten Drucke mit Küsell's Adresse, im dritten, retouchirten die No. 7.

30) Christus vor Pilatus; von der Gegenseite, ohne Zeichen. H. 3 Z., Br. 2 Z. 5 L. Im zweiten Drucke mit Küsell's Adresse, im dritten ohne dieselbe.

31) Christus vor Herodes; gegenseitig, ohne Jahrzahl und Zeichen. H. 3 Z., Br. 2 Z. 4 L. Im spätern Drucke ist unten rechts die No. 8.

32) Die Geisslung; von der Gegenseite, ohne Zeichen. H. 3 Z., Br. 2 Z. 5 L. Die retouchirten Abdrücke haben No. 11.

33) Die Dornenkrönung; von der Gegenseite, ohne Zeichen. H. 3 Z., Br. 2 Z. 4 L. Im zweiten Drucke mit Küsell's Adresse, im dritten ohne dieselbe und mit No. 12.

34) Die Ausstellung; von der Gegenseite, ohne Zeichen. H. 2 Z. 11 L., Br. 2 Z. 4 L. Im retouchirten Drucke mit der No. 13.
35) Die Händewaschung; von der Gegenseite, ohne Zeichen. H. 3 Z., Br. 2 Z. 5 L. Die schlechten ret. Abdrücke mit No. 14.
36) Die Kreuztragung; ebenso. H. 3 Z., Br. 2 Z. 4 L. Im zweiten Drucke mit Küsell's Adresse, im dritten ohne dieselbe; rechts No. 15.
37) Der Heiland wird an das Kreuz geheftet; von der Gegenseite, ohne Zeichen. H. 3 Z., Br. 2 Z. 5 L. Im schlechten Drucke mit No. 16.
38) Die Kreuzigung; gegenseitig, ohne Zeichen. H. 3 Z., Br. 2 Z. 5 L. Im spätern Drucke mit No. 17.
39) Die Kreuzabnahme; von der Gegenseite, ohne Zeichen. H. 3 Z., Br. 2 Z. 5 L. Im späten Drucke mit No. 18.
40) Der Leichnam am Fusse des Kreuzes; Contrepartie ohne Zeichen. H. 3 Z., Br. 2 Z. 5 L. Im spätern Drucke mit No. 19.
41) Die Grablegung; gegenseitig, ohne Zeichen und Zettelchen. H. 3 Z., Br. 2 Z. 5 L. Im späteren Drucke No. 20.
42) Die Auferstehung; von der Gegenseite, ohne Zeichen. H. 3 Z., Br. 2 Z. 4 L. In retouchirtem Abdrucke mit der No. 21.

Es ist ebenfalls nicht ausgemacht, ob diese Blätter den Kraus zum Urheber haben, und ob alle 37 Blätter copirt sind. Man nennt sie jedoch die Kraus'sche Copie.

Von ganzen Werken besitzen wir von ihm:

43) Historische Bilderbibel. Augsburg 1700 und 1705. Fünf Theile mit 135 Blättern.
44) Biblisches Engel- und Kunstwerk. Augsburg 1694, 1705 und 1715, 30 Bl., die in der Bibel vorkommenden Erscheinungen vorstellend.
45) Mundus lapis lydius, oder der Welt Probirstein, d. i. emblematische Sittenlehre Antonii a Burgundia, 51 Sinnbilder. Augsburg 1712.
46) Sacrum oculorum et animorum oblectamentum, oder h. Augen- und Gemüthslust, 120 K. über die Sonn- und Festtags-Evangelien und Epistel.
47) Symbola apostolorum, 15 Blätter.

Kraus, Georg, Maler zu Augsburg, wo er um die Mitte des 17. Jahrhunderts lebte. Er malte Historien. Heinrich Popp war sein Schüler.

Kraus, J. T., Zeichner und Kupferstecher zu Augsburg, war in mehrerlei Künsten erfahren, und besonders im Zeichnen und Stechen. Mit C. Remshard gab er Abbildungen der vornehmsten Gärten Augsburgs heraus, und mit eben diesem stach er die Farnesische Gallerie, 20 Blätter, qu. fol.

Starb 1774 im 77. Jahre.

Kraus, Johann Jakob, Architekt zu Augsburg, eigentlich ein Schreiner von Profession, der bei E. Holl auch einigen Unterricht in der Baukunst genoss. Er fertigte den Plan zur neuen heil. Kreuzkirche, die im dreissigjährigen Krieg zerstört wurde, nahm aber vorher noch eine Zeichnung nach ihrer alten Gestalt. Sein Vater J. A. Kraus hat sie auf zwei Blättern gestochen.

Starb 1672, im 61. Jahre.

Sein gleichnamiger Sohn übte gleiche Kunst, und dieser starb 1701, im 59. Jahre.

11*

Kraus, Franz, Maler von Seflingen in Schwaben, musste als Jüngling Zimmer malen, bis ihn ein vornehmer Herr nach Venedig mit sich nahm, wo er in der Schule des Piazzetta sich ausbildete. Er ahmte den Styl seines Meisters bis zur Verwechslung nach, machte aber doch sein Glück nicht, weil sein stolzes Benehmen ihm wenig Gönner erwarb. Von Italien aus ging er nach Paris, dann nach Langres und hierauf nach Dijon, wo er in der Carthause in sieben Bildern die Geschichte der heil. Jungfrau malte. Sein Gemälde der Magdalena bei Simon im Refektorium daselbst galt für sein Meisterstück. Hierauf durchzog er die Franche-Comté, um durch Bildnisse in Pastell seinen Unterhalt zu finden. In Lyon fand er wieder Gelegenheit zur Ausführung eines umfassenden Werkes. Er erhielt den Auftrag, die Kirche in Maria-Einsiedeln auszumalen, und brachte damit 12 Jahre, bis an seinen 1750 erfolgten Tod zu. Er war damals 49 Jahre alt. Die Gemälde dieses Künstlers sind nachgedunkelt, und wenn sie wirklich so werthvoll wären, als Kraus sie werth hielt, so dürfte man sie den besten Erzeugnissen dieser Art anreihen.

Kraus auch Krause, Georg Melchior, Maler, Zeichner und Kupferstecher von Frankfurt am Main, dessen Geburtsjahr verschieden angegeben wird. Rost und nach ihm Heller gaben irrig 1727 als solches an, und in Brulliot's Dictionnaire des monogrammes steht durch Druckfehler 1725, statt 1733, wie man bei Füssly lesen kann. Hüsgen nennt in den Nachrichten von Frankfurter Künstlern 1737 als das Geburtsjahr dieses Künstlers, und dieses ist wohl die richtigere Angabe. Aus innerem Triebe geleitet, kam er zu J. H. Tischbein, um die Zeichenkunst zu erlernen, und nachdem er sich auch im Malen kräftig fühlte, begab er sich nach Paris, wo damals Greuze und Boucher den Geschmack beherrschten. Kraus nahm sie zum Muster, seine bessere Natur hielt ihn aber ferne von Boucher's Leichtfertigkeit. In Paris verweilte er von 1761 bis 1767, und wir glauben daher, dass er mit jenem Georg Kraus, ebenfalls Schüler von Greuze, den Füssly 1765 in Paris sterben lässt, Eine Person sei. Im Jahre 1768 wurde er Mitglied der Akademie der Künste in Wien, es ist aber nicht bekannt, ob der Künstler damals sich in jener Kaiserstadt aufgehalten habe. Im Jahre 1772 besuchte er die Schweiz, und zwei Jahre darauf traf er mit Göthe in Ems zusammen, wo er verschiedene schöne Gegenden an der Lahn in Wasserfarben aufnahm. Im Jahre 1776 trat er endlich in Dienste des Grossherzogs von Weimar, und auf dessen Antrag gründete er 1780 eine Zeichenakademie für Stadt und Land, ein wohlthätiges Institut. Er ist mit Bertuch der Herausgeber des bekannten Journals für Luxus und Moden, des A. B. C. des Zeichners und der Uebungsblätter, der deutschen und anderer Nationaltrachten, in 6 Heften; der Ansichten aus allen Theilen von Europa, und anderer Werke. Daneben arbeitete er auch für das Institut und für die Bildung der Zöglinge, und 1806 machte endlich der Tod seinem thätigen Leben ein Ende. Er war Herzoglich-Sachsen-Weimarischer Rath und Direktor der Zeichenschule. J. B. Bertuch hat seine Biographie geschrieben, und dabei ist das Bildniss von Kraus. Kraus malte Genrestücke, und darunter sind Darstellungen aus Oberon, Schweizer Bauernstuben etc.; auch landschaftliche Darstellungen, in Oel und in Zeichnungen. Von ihm und von Schütze sind die Zeichnungen zu Vogt's malerischer Reise in die Rheingegenden. Frankfurt 1804. Die von ihm gezeichneten 18 Aussichten des Landhauses und Gartens zu Wörlitz haben Kohl, Zoller und Conti gestochen. Dann sind noch mehrere andere Bilder nach ihm gestochen: von Ch. Levasseur la gaieté sans embarras; von demselben und von A. de Buigne le chaudronier und la raccommodeuse de faience; von F. Hubert le cordonnier; von C. Levasseur la chaufferette; von Chouabe la rotisseuse; von Voyez jun. la marchande de carpes und la marchande de plaisirs etc.

Dann hat man von ihm selbst eine Anzahl theils schwarzer, theils colorirter Aetzarbeiten.

1) Der Schuhflicker, welcher ein Mädchen liebkoset, nach seinem eigenen Gemälde, und im ersten Drucke vor der Schrift.
2—7) Ansichten um Weimar, qu. fol.
8) Ansicht des Schlosses von Weimar mit der Umgegend, grosses Blatt in Aquatinta.
9) Bacchanal in N. Poussin's Manier, ein sehr seltenes Blatt in Schwarzkunst, 4.
10) Verschiedene ländliche Darstellungen.
11) Kinderköpfe u. s. w.

Kraus, J. E., Zeichner und Kupferätzer, dessen Lebensverhältnisse unbekannt sind. Er ätzte Bildnisse von Gelehrten, wie von Juristen, Aerzten etc. Neben anderen kennt man von ihm ein Portrait des Geschichtsforschers Larrey.

Kraus, Wilhelm, Maler zu Prag, woselbst er sich um 1808 im Institute der bildenden Künste der Malerei widmete. In dem bezeichneten Jahre erhielt er eine silberne Medaille.

Kraus, Philipp Joseph, Landschaftsmaler, wurde 1789 zu Bamberg geboren, und daselbst in den Anfangsgründen der Kunst unterrichtet. Anfänglich malte er Portraite in Miniatur, und von 1807 — 9 arbeitete er in der Porzellan-Manufaktur zu Gotha. Zur weitern Ausbildung unternahm er jetzt Reisen nach Dresden, Prag und Wien, wo er überall auf die Kunstschätze sein Augenmerk richtete, und endlich ging er auch nach München. Hier besuchte er 1813 die Akademie der Künste, musste aber einige Zeit im Steuer-Cataster-Büreau als Graveur seinen Unterhalt suchen, bis er sich gewachsen fühlte, durch die Malerei seine Existenz zu sichern. Seine Bilder fanden auf der Kunstausstellung Beifall, und besonders begünstigte ihn der Direktor des k. Erziehungs-Institutes, von Holland, der jetzt dem Künstler die Stelle eines Lehrers der freien Handzeichnung an seiner Anstalt übertrug. In dieser Lage befand sich Kraus von 1818 — 1826. Dann übernahm er eine Lehrstelle im Fellenbergischen Institute in der Schweiz; dieses aber hauptsächlich desswegen, um die grossartige Natur jenes Landes kennen zu lernen, und schon nach Verlauf eines Jahres ging er nach München zurück, wo er seitdem der Kunst lebt.

Die Werke dieses Künstlers verdienen mit Auszeichnung genannt zu werden. Es offenbaret sich in ihnen ein fleissiges Studium der Natur und ihrer Erscheinungen, und grosse technische Fertigkeit. Dann hat er auch einige Blätter radirt und auf Stein gezeichnet.

Kraus, Gustav Wilhelm, Zeichner, Maler und Lithograph, wurde 1804 zu Passau geboren, kam aber dann nach Rothenburg an der Tauber. Seine Kunststudien machte er in München unter Leitung des Professors v. Kobell, und hier brachte er bereits 1826 Bilder in den Kunstverein. Diese bestehen in Landschaften und Architekturstücken in Oel und Aquarell. Dieser Künstler ist in München sesshaft.

Kraus hat auch eine Anzahl Blätter lithographirt:

1) Ansichten mehrerer Städte Bayerns mit landschaftlicher Umgebung, nach H. Adam.
2) Architekturstücke, nach Dom. Quaglio.
3) Ansicht von Wohldenberg, der Abtei und Stiftskirche zu Gandersheim, von Höxter und Corvei, 3 Blätter in qu. fol.
4) 16 kleine Harzansichten, schwarz und colorirt.

Kraus, Stephan, Maler von Bensberg, ein Künstler der Düsseldorfer Schule. Er malt Bildnisse.

Kraus, Heinrich, Maler zu Stettin, wo er zu Anfang unsers Jahrhunderts thätig war. Er malte historische Bilder, besonders heiligen Inhalts. Dann copirte er auch andere Meisterwerke, und seine Zeichnungen sind in schwarzer Kreide ausgeführt.

Kraus oder Krauss, F., Lithograph, welchen wir nach folgendem Werke kennen: Lieder und Bilder aus der Schweiz. Von G. Müller erfunden und von F. Krauss lithographirt, 12 Bl. in gr. 4. Bern 1837.

Kraus oder Krauss, Simon Andreas, Maler, wurde 1760 im Grafenhaag geboren, und die Anfangsgründe der Kunst erlernte er bei einem Künstler Namens de France. Seine weitere Ausbildung verdankt er sich selbst und die Natur blieb jetzt sein Vorbild. Er malte Landschaften mit Thieren und Darstellungen aus dem bürgerlichen Leben, Bilder, die an verschiedenen Orten zerstreut sind, und besonders haben die Thierstücke seinen Ruf gegründet. Er malte auch treffliche Figuren, und diese, so wie die Thiere sind kunstreich zu Gruppen vereiniget. Nicht minder schön sind seine häuslichen Scenen, und daher stehen auch seine Gemälde in hohen Preisen. Krauss ist ein correkter Zeichner und als Colorist von grosser Bedeutung. Seine Farbengebung ist reizend, ohne ins Bunte zu gehen. Besondere Stärke besitzt er in Hervorbringung pikanter Lichteffekte.

Krause, Franz, Maler zu Frankenstein in Schlesien, einer der besten Künstler, deren Wirksamkeit in das vorige Jahrhundert fallt. Er war ein bescheidener, für seine künstlerische Ausbildung redlich besorgter Mann, und daher fand man in seinem Arbeitszimmer eine gewählte Bibliothek, so wie Gypsabgüsse jeder Art, nach Antiken und nach menschlichen Gliedern. Er befliss sich einer correkten Zeichnung, und auch in Behandlung der Farben besass er grosse Einsicht. Sein Colorit ist gefällig, warm in den Fleischtinten. In Weisse's Wanderungen durch Sachsen, Schlesien etc. werden mehrere seiner Werke rühmlich erwähnt, besonders das Gemälde einer Magdalena, und die Darstellung von Putiphar's Frau. Dann malte Krause auch Portraite mit Beifall.

Dieser Künstler starb 1803, ziemlich bejahrt.

Krause, Franz, Maler und Neffe des Obigen, wurde 1773 zu Frankenstein geboren, und von seinem Onkel in der Kunst unterrichtet, bis er nach Wien ging, um sich weiter auszubilden. Er beabsichtigte auch schon frühe eine Reise nach Italien, allein der Krieg hinderte ihn an seinem Unternehmen. In Wien leiteten die Professoren Füger und Maurer seine Studien, und die Schätze des Belvedere und der Lichtenstein'schen Gallerie boten ihm zahlreiche Muster zur Nachbildung. Im Jahre 1797 ging er nach Schlesien zurück, und nachdem er sich auch in Berlin und Dresden umgesehen hatte, wählte er Breslau zu seinem festen Wohnsitze.

Krause malte Historien nnd Bildnisse in Oel, die Zahl der letztern ist aber die grössere. Dann finden sich von seiner Hand Copien nach Rafael, Rubens, Titian, van Dyk, Rembrandt u. a.

Krause, Anton, Kupferstecher, dessen Lebensverhältnisse wir nicht kennen. Wahrscheinlich gehört er dem vorigen Jahrhunderte an. Eine Abbildung des Marienbildes vom Berg Bössig in Böhmen ist mit: Ant. Krause sculps. Pragae bezeichnet.

Krause, Wilhelm, Marine-Maler, wurde 1803 in Dessau geboren, wo er den ersten Unterricht im Zeichnen von dem vortheilhaft bekannten Kupferstecher Carl Wilhelm Kolbe erhielt. Achtzehn Jahre alt, ging er 1821, vom kunstsinnigen Herzog von Dessau unterstützt, nach Dresden, um sich dort weiter den Studien der Malerei zu widmen. Nach einem Aufenthalte von drei Jahren kam er, im October 1824, nach Berlin, setzte daselbst seine Studien unter der Leitung Wach's fort, nahm jedoch, bei seinen beschränkten Subsistenzmitteln, zugleich ein Engagement als Sänger beim Königsstädtischen Theater an, und verliess diese Bühne nach 6 Jahre langem ehrenvollen Wirken. Während dieses Zeitraums malte er für den Verein der Kunstfreunde in Preussen eine Landschaft in griechischem Charakter; eine andere in italienischem Charakter kaufte der Herzog von Dessau. Eine Reise, die er im Jahre 1830 nach Rügen unternahm, gab indess seinen künstlerischen Bestrebungen eine bestimmtere Richtung, die sich entschieden in dem bald darauf vollendeten Bilde aussprach, das einen Indienfahrer darstellt, der das Zeichen gibt, um Lootsen an Bord zu nehmen. Die See war jetzt sein Element. Bereits im folgenden Jahre machte er eine Reise nach Norwegen, wozu ihm der König von Preussen grossmüthig die Mittel verlieh. Von derselben zurückgekehrt, malte er das 8 Fuss breite und 5 Fuss hohe Bild, den Sturm in Bommel Fior. 1834 besuchte er Holland, wo er reiche Ausbeute für das Studium der Staffage fand, die wir in seinen neuesten Werken so trefflich ausgebildet finden. Dort machte er auch die Bekanntschaft J. C. Schotel's, J. J. Eckhout's, Waltorp's und A. Schelfhout's, die ihrem deutschen Kunstgenossen die freundlichste Aufnahme bereiteten. Im Jahre 1836 trat er eine Reise durch Belgien nach Paris und der Normandie an, die seinem schöpferischen Geiste neue Nahrung gab und, von welcher heimgekehrt, er sich viel mit Darstellungen aus der Normandie beschäftigte. Es verdient erwähnt zu werden, dass die Bilder, welche das Jahr hindurch von der Staffelei des eben so thätigen, als talentvollen Künstlers kommen, in der Regel die Zahl 20 übersteigen und nicht selten das Bild schon nach dem ersten Pinselstrich seinen Käufer gefunden hat. Seit vier Jahren ist Krause Mitglied der königl. Akademie der Künste in Berlin.

Krause behauptet als Marinemaler eine ausgezeichnete Stelle, und mehrere seiner Bilder reihen sich den trefflichsten Werken niederländischer Meister an. Seine Scenen gehen oft in kühlfeuchter Luft, unter tiefbewölktem Himmel vor. Doch versteht er es auch, in warmer glänzender Beleuchtung den milden Abendhimmel zu geben. Das Wasser bietet bald einen ruhigen klaren Spiegel, bald erscheinen die Elemente in Aufruhr, immer aber erfreut er, er mag den Himmel mit durchsichtigen leichten Wolken oder das Wasser in beweglich scheinendem Wellenspiele zeigen. Zu seinen vorzüglichen gehört die Darstellung des Strandes von Scheveningen mit reicher Staffage, im Besitze des Königs von Preussen, und die Seine-Mündung mit einem Dampfboot im Vorgrund, im Besitze des Kaisers von Russland. Im Jahre 1836 erklärte man seine Ansicht von Arkona als eines der besten Bilder der Berliner Kunstausstellung. Der Künstler hat hier jenes Land in seiner ganzen

Eigenthümlichkeit aufgefasst, so wie in seinen Werken überhaupt der Geist treuer Auffassung waltet.

Krause, Architekt zu Dorpat, von welchem wir aber nur wissen, dass er Professor der Baukunst war, und 1828 starb. Er hatte den Titel eines Hofrathes, der ihm als einem Manne von grossem Verdienste gebührte.

Krause, wird bei Fiorillo auch der oben erwähnte G. M. Kraus genannt.

Krausin, Johanna Sibylla, s. Küsell.

Krauskopf, Justus, Maler in Cassel, ein jetzt lebender Künstler, der um 1787 geboren wurde. Seine Lebensverhältnisse kennen wir nicht.

Kraussen, Ulrich, s. Kraus.

Krausz, s. Simon Andreas Kraus.

Krauter, Georg, Bildhauer von Ludwigslust, bildete sich um 1820 auf der Akademie der Künste zu München, und in dieser Stadt trat er später auch als ausübender Künstler auf. Er war beim Bau der k. Glyptothek beschäftiget, und dann führte er auch Büsten und Grabmonumente aus.

Dieser geschickte Künstler starb 1833.

Kravogl, Johann, Maler von Nauders, wurde 1803 geboren und von J. Pirchstaller in Meran in die Grundsätze der Kunst eingeweiht. Hierauf ging er nach Wien, um bei Joseph Krafft sich weiter auszubilden. Die Fortschritte, welche er machte, waren bedeutend, und bald fanden seine Miniaturbildnisse grossen Beifall. Im Jahre 1830 hielt sich dort der Künstler in Innsbruck auf.

Krawat, Formschneider und Illuminist zu Nürnberg, aber kein Künstler von Bedeutung. Er war von 1695 — 1736 Lob- und Spruchsprecher.

Krazeisen, Karl, königlich bayerischer Hauptmann und Maler, wurde 1794 zu Zweibrücken geboren, aber zu München im k. Cadetencorps erzogen. Dieses Institut verliess er 1812, da er als Offizier in die Armee trat. Er machte die Feldzüge von 1813 und 1814 mit, und 1815 war er in den Reihen, die gegen Frankreichs Macht ihre Kraft entwickelten. Endlich ward dem deutschen Vaterlande der Frieden zurückgegeben, und jetzt beschäftigte sich Krazeisen mit Vorliebe mit der Kunst. Er zeichnete viele Portraite, malte schöne Genrestücke und Landschaften in Oel, und Bilder dieser Art, so wie eine Anzahl von Aquarellen gingen in verschiedenen Besitz über. Im Jahre 1816 ertheilte ihm der Kaiser Alexander von Russland den Auftrag, in zwei Aquarellzeichnungen die bayerische Cuirassier- und Grenadiergarde darzustellen, und nicht minder ehrenvoll, und noch ausgedehnter, sind die Bestellungen des Kaisers Nikolaus von Russland, für welchen er, noch als Grossfürsten, die bayerische Armee in 18 colorirten Zeichnungen darstellte. Endlich nahte die Zeit, in welcher die Griechen mit aller Kraft das türkische Joch zu zertrümmern strebten; Oberlieutenant Krazeisen war der Begleiter des General v. Heideck, und beide ärndteten als Philhellenen in Griechenland ihre Lorbeeren. Von den Kunstbestrebungen des ersteren in Griechenland haben wir bereits an seiner Stelle gesprochen, aber auch Krazeisen war auf solche Weise thätig. Er zeichnete in den Jahren 1826 und 1827 Bildnisse der in diesem Befreiungskriege merkwürdig gewordenen Personen nach dem Leben, und diese geistreichen und charaktervollen Portraite, so wie einige Landschaften und Costume sind uns durch die Lithographie bekannt geworden, unter dem Titel: Bildnisse ausgezeichneter Griechen und Philhellenen, etc. 7 Hefte in gr. fol., mit 21 Bildnissen und 7 Landschaften, lithographirt von Hanfstängel, Hohe, P. Hess u. a. Im Jahre 1832 erhielt der Künstler vom Kaiser Nikolaus den Auftrag, die griechische Armee in 10 colorirten Blättern darzustellen, und später wurde ihm von demselben Kaiser ein dritter ehrenvoller Auftrag zu Theil. Er stellt jetzt für ihn auf 6 Blättern in Aquarell militärische Scenen dar. In neuerer Zeit bestehen also seine Werke nur in Aquarellen, und diese sind mit eben so viel Kunst, als Geschmack behandelt.

Hauptmann Krazeisen ist Ritter des k. griechischen Ordens vom Erlöser.

Krazenstein - Stub, Historienmaler, geboren zu Kopenhagen, 1783, gest. 1816. Er war der Sohn eines Offiziers der dänischen Marine, erhielt aber den Namen Krazenstein von dem berühmten Physiko-Chemiker, Professor an der k. Universität zu Kopenhagen, seinem Grossvater. Mit einem reichen Erbtheil glücklicher Anlagen ausgerüstet, modellirte er schon, ehe er lesen konnte, Wachsfiguren, konnte auch die Neigung zur Kunst nie unterdrücken, so dass er 1802 die Hochschule verliess, um sich der Geschichtsmalerei ausschliesslich zu widmen. Er besuchte nie die Akademie und nahm nur wenige Monate lang bei N. Abilgaard, Vorsteher derselben, Unterricht im Praktischen der Malerei, machte aber doch bewunderungswürdige Fortschritte, wie die vorzüglichsten unter seinen hinterlassenen Kunstwerken zeigen. Von 1808 bis 1811 lebte er in Paris und Rom.

Unter seine vorzüglichsten Arbeiten gehören Orpheus und Eurydice, 1808. Der Ausdruck der Eurydice, so wie die Vollendung jedes Theiles an ihrem reizenden, nur von einem weiten, duftähnlich sie umflatternden Gewande beschatteten Körpers ist bewunderungswürdig. Die Bewegung ist ungemein zart und dichterisch motivirt, Orpheus aber ist misslungen. Dann ist zu erwähnen: Halzyone über das Meer blickend, in Rom gemalt; Hother, von den Waldnymphen die Zaubergaben zum Gebrauch wider Baldur empfangend, 1813 von der Akademie in Kopenhagen als Gegenstand der Preisbewerbung aufgegeben. Der Reiz, die Beleuchtung und der Farbenzauber in diesem Zaubergemälde machen nachsichtig gegen die unsichere Zeichnung und den mangelhaften Ausdruck. Sein Amor und die ohnmächtige Psyche, gemalt 1814, ist ein schönes Kabinetsstück. Farbenzauber, Beleuchtung und zarte Ausführung lassen auch da nichts zu wünschen übrig. Seine letzte Arbeit ist Ossian's und Alpin's Sohn, und dieses ist auch die vollkommenste. Die Zeichnung hat eine Sicherheit, welche bei manchen seiner frühern Arbeiten noch fehlt; die Carnation ist vollkommen, und die Färbung harmonisch. Es weht ein Einklang des zartesten Gefühls, der Wehmuth, welche Ossian's Nachtigallen-Klage, vereint mit dem Vorgefühle der nahen Vollendung, bei dem Künstler hervorrief, auf die innigste Art zu Gestalt und Farbe verschmolzen durch dieses interessante Bild. Stub's Gemälde zeichnen sich durch eine äusserst harmonische Tongebung des Ganzen aus, so wie durch individuelle Wahrheit des Colorits, durch höchste Durchsichtigkeit und Wärme der Schatten, mit dem süssesten Reize der Halbschatten. In seinen früheren Werken vermisst man die Sicherheit der Zeichnung und öfter die feine physiognomische Charakterisirung, die er später in hohem

Grade erreichte. Auch einige seiner Portraite sind meisterhaft behandelt. Der Künstler hinterliess auch vortreffliche Handzeichnungen.

Seine hinterlassenen Handzeichnungen wurden in Kupfer gestochen. Mehrere derselben (zusammen 18) waren von dem genialen Künstler schon in meistens vortrefflichen Gemälden ausgeführt. Die Nachbildungen der Handzeichnungen erschienen unter dem Titel: Haandtegninger af den afdöde Historiemaler etc. in Kiöbenhavn Kratzenstein Stub. 2 Hefte mit 8 Bl. im Umrisse aus Ossian und den griech. Classikern, 1817, gr. fol. Friedericke Brun gab im Kunstblatte von 1817 floskelreiche Nachricht über diesen Künstler, und daraus ist Obiges entlehnt.

Krebs, F. A., Kupferstecher zu Mainz um 1774. Er arbeitete für Buchhändler.

Krebs, Bronzgiesser zu Berlin, ein jetzt lebender Künstler. Man hat von ihm verschiedene Bildwerke nach Modellen guter Meister.

Kregenbrink, Carl Friedrich Ludwig, Maler zu Berlin, studirte daselbst um 1832 auf der Akademie der Künste, und später ging er nach Düsseldorf, um seine Ausbildung weiter zu verfolgen. Er hat auch schon mehrere Proben eines tüchtigen Talentes geliefert, und diese bestehen in Thierstücken und Landschaften. Er hat mehrere schöne Pferdestücke gemalt.

Kreglinger, Wilhelm, Architekt von Würzburg, ist als einer der späteren Werkmeister der St. Georgenkirche zu Nördlingen bekannt. Er arbeitete nach Eseller's Entfernung von 1464 — 1480 an diesem Gebäude.

Kreidel, Adolph, Lithograph in Wiesbaden, erlernte in seiner Vaterstadt die Anfangsgründe der Kunst, und begab sich dann 1830. im 20. Jahre, zu seiner Ausbildung auf die Akademie in München.

Kreiter, Alois und Elias, Maler und Brüder von Weilheim, die um 1620 arbeiteten. Sie malten grösstentheils Kirchenbilder in der Manier des Ch. Schwarz. Alois malte für das Kloster in Polling mehrere Stücke, und Elias solche für das Kloster am Anger zu München. In der Kirche des Berges Andechs sind die Altarblätter der Taufe Christi und des Erzengels sein Werk.

Diese Künstler werden auch Kreuter geschrieben.

Kremer, Joseph, Maler von Innsbruck, hielt sich längere Zeit in Italien auf, und hier scheint Solimena sein Abgott gewesen zu seyn, weil er selbst diesen Meister häufig copirte, und sogar durch Andere dessen Werke nachbilden liess. Mit dieser Waare kam er ins Vaterland zurück, und als er zuletzt auch in Wien sich umgesehen hatte, nahm er Troger's Manier an. Zu Hütting, in Stams und zu Viecht sind Altarblätter von ihm. In der Pfarrkirche zu Patsch malte er mit Anton Zeiller, doch mit geringerem Verdienste. Starb 1770.

Kremer, Maler zu Antwerpen, ein jetzt lebender Künstler, dessen Lebensverhältnisse wir nicht erfahren konnten. Er steht mit Navez und van Bree auf gleicher Stufe, und folglich ist er einer der vorzüglichsten Künstler jener Stadt. Seine historischen Bilder finden allen Beifall.

Krenbauer, N., Portraitmaler zu Brün um 1700. Er fand Beifall.

Krepp, Ignaz, Kupferstecher, wurde 1801 zu Wien geboren, und hier besuchte er zuerst die Graveur-Schule unter Klieber, trat aber bald zur Historien-Zeichnung über. Die Kupferstecherkunst erlernte er bei B. Höfel, und dass er ebenfalls Gutes zu leisten im Stande ist, beweisen die Blätter, welche er geliefert hat. Die meisten der folgenden Blätter sind in dem bei Haas erschienenen Gallerie-Werke des Belvedere in Wien, und der grössere Theil ist trefflich und reinlich behandelt.

1) Der Bogenschnitzende Amor, nach Parmegianino.
2) Christuskopf, angeblich nach Correggio.
3) Gaston de Foix, nach Palma vecchio.
4) Isabella von Este, nach Titian.
5) Die heil. Magdalena, nach G. Reni.
6) Der heil. Sebastian, nach Correggio.
7) Das Portrait Aldrovandi's, nach Titian.
8) Die Erzherzogin Claudia, nach Sustermans.
9) Die Aufrichtigkeit, nach C. Dolce.
10) Herzog Pipin und seine Tochter, nach Rafael.
11) Das Bildniss des Tonkünstlers Meyerbeer.
12) Mehrere Blätter für B. v. Hormayer's Beschreibung von Wien, für dessen historische Taschenbücher, zu dem Taschenbuch: Huldigung der Frauen.

Krethlow, J. F., Kupferstecher zu Berlin, ein Künstler, der schon in den neunziger Jahren arbeitete. Wir fanden folgende Blätter von ihm erwähnt:

1) Die Mutter mit dem Kinde, nach Otto Vänius, 1793.
2) Agrippina mit dem Aschenkruge ihres Gemahls, nach Hetsch.
3) Landschaft mit Vieh, nach J. von Gool.
4) Amintor und Theodora, nach Stothard.
5) Oberkonsistorial-Rath Zöllner.
6) Der Grossfürst Constantin von Russland.
7) Der Kronprinz von Schweden.
8) Der Feldmarschall von Blücher, mit der Schlacht an der Katzbach, nach Wolff's Zeichnung punktirt, 1814.
9) Friedrich Wilhelm III. von Preussen im Kreise seiner Familie, nach H. Dähling, sehr gr. fol.

Kretschmar, Johann Carl Heinrich, Historienmaler, wurde 1769 zu Braunschweig geboren, und von seinen Eltern zum Kaufmannsstande bestimmt, wozu er indessen nicht die geringste Neigung empfand. Fünfzehn Jahre war er alt, als er in die Lehre kam, er konnte aber die Liebe zur Kunstübung nicht unterdrücken, und daher benutzte er jede Freistunde dazu. Schon in früher Jugend sprach sich bei ihm diese Neigung entschieden aus, und den ersten Stoff zur Bewunderung gab ihm der Kistler im Hause seines Vaters, welcher in den Feierstunden mit nicht gewöhnlicher Kunstfertigkeit Stillleben malte. Nur einen Monat hielt es Kretschmar im Kaufladen aus, dann aber verliess er die aufgedrungene Beschäftigung, und begab sich zu Pascha Johann Friedrich Weitsch in Unterricht. Unter Leitung dieses Meisters copirte er Gemälde von Rubens, van Dyk, C. Crayer und Mireveldt, und so hatte er sich schon bei Weitsch nicht geringe technische Fertigkeit erworben, als er 1789 das Unglück hatte, an Einem Tage beide Eltern zu verlieren. Jetzt musste er in Berlin bei Verwandten Aufnahme suchen. Hier genoss er den Unterricht auf der k. Akademie unter den Rektoren Frisch und Meil, und 1800 wurde ihm der akademische Preis zuerkannt. Die Aufgabe bestand in der bildlichen Darstellung eines Momentes aus der brandenburgischen Geschichte, wie der Churfürst Friedrich Wilhelm der Grosse nach der Schlacht bei Fehrbellin dem Landgrafen von Hessen-Homburg, der gegen den ihm ertheilten Befehl die schwedischen Vorposten angegriffen hatte, einen Verweis ertheilt. Aufgemuntert durch den Beifall, welcher dieser seiner ersten grösseren Arbeit zu Theil wurde, malte Kretschmar gleich darauf ein zweites Gemälde aus derselben Geschichte, und wählte dazu den Moment, wo der grosse Churfürst als Churprinz von seiner Reise aus den Niederlanden zurückkehrend seine Eltern in Spandau überrascht. Dieses Gemälde kam 1802 zur Ausstellung, und es fand ebenso wie das erste den Beifall des Königs von Preussen, der beide kaufte. Im Jahre 1803 unternahm der Künstler, ohne Unterstützung vom Staate, eine Kunstreise durch Deutschland, Frankreich und Italien, und nachdem er in Rom ein halbes Jahr verweilt hatte, ging er nach Berlin zurück, wo er jetzt die ehrenvollsten Aufträge zur Bearbeitung biblischer, historischer und mythologischer Stoffe erhielt. Auch seine Bildnisse fanden Anerkennung.

Im Jahre 1806 wurde Kretschmar ordentliches Mitglied der k. Akademie, 1817 ordentlicher Professor der Geschichtsmalerei und 1828 Mitglied des Senates der erwähnten Anstalt. Ein Jahr früher wurde ihm die Leitung des Unterrichts im Malen auf der Gallerie des Museums übertragen, und noch gegenwärtig liegt ihm diese Pflicht ob. Unter die Zahl seiner Schüler zählt er mit grosser Freude den Professor Wilhelm Wach.

Die Werke dieses Künstlers sind in bedeutender Anzahl vorhanden. Es sind dieses Portraits angesehener Personen, und Historien. Sie zierten die Kunstausstellungen in Berlin, und da betrachtete man sie fortwährend mit Beifall. Im Jahre 1836 rühmte man besonders ein Bild der büssenden Magdalena, das durch die weiche Behandlung des Fleisches, durch die gelungene Beleuchtung, durch die gefällige Gewandung und durch die meisterhafte Behandlung einen grossen Reiz gewährt.

Kretzschmar oder Krätzschmar, Karl, Maler von Camenz im Fürstenthume Schwarzburg. Er wurde 1802 geboren, und nachdem er mit den Anfangsgründen der Kunst sich vertraut gemacht hatte, ging er 1831 nach München, um auf der Akademie daselbst seine Studien fortzusetzen. Von dieser Zeit an versuchte er in verschiedenen Bildern seine Kräfte.

Kretzschmer, Wilhelm, Maler von Hannover, wurde 1807 geboren und als der Sohn eines Malers zu gleicher Kunst bestimmt. Im Jahre 1830 begab er sich zu seiner Ausbildung auf die Akademie der Künste in München und malte dort Portraits und Landschaften mit günstigem Erfolge. Er lebt gegenwärtig in seiner Heimath.

Kretzschmer, Hermann, Maler aus Anklam, wurde 1812 geboren, und er ist ein Künstler, der sich bereits durch treffliche Bilder bekannt gemacht hat. Er stand um 1832 zu Berlin unter Leitung des Professors Wach, und mit Talent begabt, konnte er es bald wagen, in eigener Composition sich zu zeigen. Von Berlin begab sich der Künstler nach Düsseldorf, um das rege Kunststreben jener Schule kennen zu lernen, und hier hat Kretzschmer mehrere Bilder gemalt, die zu den besten Erzeugnissen ihrer Art gezählt werden können. Seine Werke bestehen in Bildnissen und historischen Compositionen, und besonders in Genrestücken. Eines seiner früheren Werke von 1832 stellt einen alten Krieger mit seinem Enkel dar, ein späteres fanden wir unter dem Namen der Kinder erwähnt; allerliebst ist sein Rothkäppchen, abgebildet in des Grafen von Raczynski Geschichte der neuern deutschen Kunst. I. 224. Vor allen wurde 1836 bei Gelegenheit der Berliner Kunstausstellung sein Aschenbrödel gerühmt. Ein anderes Gemälde aus jener Zeit führt uns in einen Burghof, wo auf der Treppe ein hübsches Mädchen sitzt, während ihr der Edelknappe schöne Dinge vorsagt. Sein unter dem Namen des Kirchhofes bekanntes Gemälde wurde von J. C. Schall lithographirt. 1837 malte er Wallenstein mit dem Astrologen, die Abendwache auf der Burg u. a.

Zu Reinik's Gedicht: Aus dem Leben eines Kindes, hat er eine Radirung geliefert.

Kreul, Johann Lorenz, Maler, wurde 1765 zu Markt Erlbach in Bayern geboren, und der geheime Hofrath Wenzel zu Ansbach war es, der die Eltern des Knaben bestimmte, diesen der Kunst zu widmen. Sie schickten ihn nach Nürnberg, um unter Zwinger's Leitung seine Laufbahn zu beginnen, und in dieser Stadt lebt Kreul noch gegenwärtig als ausübender Künstler. Er erwarb sich durch seine Bildnisse in Miniatur Beifall, und auch einige historische Stücke finden sich von seiner Hand, wie eine Copie von Correggio's büssender Magdalena, 1824 gemalt, etc. Winterhalder hat sein Bildniss des berühmten Jean Paul lithographirt, und dieses erklärte Jean Paul selbst für sehr ähnlich. Die Zahl von Kreul's Portraiten ist übrigens bedeutend. Man schätzt sie ihrer Wahrheit und der trefflichen Behandlung wegen.

Kreul, Johann Friedrich Karl, Portrait- und Genre-Maler, Sohn des Obigen, geboren zu Ansbach 1804, bildete sich zu Nürnberg an der Kunstschule, und im 22. Jahre besuchte er die Akademie der Künste in München, wo er, mit ungewöhnlichem Talent begabt, bald die schönsten Hoffnungen gab. Sein Name wird bereits mit Ehren erwähnt, da mehrere seiner Bilder neben den besten Erzeugnissen ihrer Art eine Stelle finden. In seinen Bildern ist alles klar, wahr und ausdrucksvoll; die Figuren sind trefflich gruppirt und eben so gut gemalt. Er hat Gefühl für Farbe und Harmonie. Kreul ist überhaupt im Besitze vollkommener technischer Mittel, welche er sich durch ein gründliches Studium erwarb. Sein Ruf war schon 1830 gegründet. Damals rühmte man sein Gemälde mit dem Dorfhirten, der als Arzt dasteht; die Frau, welche einem jungen Mädchen die Haare zurecht richtet, und sofort fand man an seinen Bildern zu loben. Wir erwähnen besonders noch: die Verlobung, das Landmädchen, welches über dem Schreiben eines Liebesbriefes eingeschlafen, der alte blinde Geiger mit einem kleinen Mädchen vor der Thüre eines ärmlichen Hauses sitzend, das Kapuzinerkloster, der alte betende Bauer u. s. w. Diese Bilder sind in Oel gemalt; doch finden sich von seiner Hand auch geschmackvolle Aquarellen. Ph. Walther hat sein Bäckermädchen als Gedächtnissblatt des Nürnberger Kunstvereins 1836 gestochen.

Kreutzer, Joseph, Kupferstecher in der ersten Hälfte des vorigen Jahrhunderts, Schüler von Haid. Um 1739 stach er nach Bitschmann:

1) das Bildniss des Cardinals Joseph von Bathyau, Primas von Ungarn.
2) Venus verbindet dem Amor die Augen.
3) Venus putzt Amor die Haare, beide mit Messerschmid gestochen, in Schwarzkunst fol.

Kreutzer, Johann, Architekt und Steinmetz, der in der zweiten Hälfte des 16. Jahrhunderts zu Augsburg lebte. Er vollendete nach M. Zwickel's Tod den Springbrunnen am Perlachberge. Er fertigte mehrere schöne Brunneneinfassungen.

Kreutzinger, Joseph, Maler und Kupferstecher zu Wien, ein Künstler, der sich in der zweiten Hälfte des vorigen Jahrhunderts Ruf erwarb und noch zu Anfang des unsrigen lebte. Er malte viele hohe Personen, wie Ferdinand IV. von Sicilien, den Erzherzog Carl, den Erzherzog Joseph, Maria Theresia, Alexandra Pawlowna, den Grossherzog Ludwig von Toskana, die Kaiserin Maria Ludovica, die Kaiserin Maria Feodorowna von Russland, Maria Louise von Frankreich u. s. w. Alle diese Bildnisse sind durch Stiche von Pfeiffer, Neidel, Durmer etc. vervielfältiget. Letzteres hat Fleischmann in Punktirmanier gegeben. Von ihm selbst gestochen hat man das Bildniss des Kaiser Franz I. nach seinem eigenen Gemälde.

Kreuzfelder, Johann, Maler zu Nürnberg, wo er im 17. Jahrhunderte Beifall ärndtete. In der Sebalduskirche daselbst ist von ihm ein recht gutes Gemälde, welches die Schöpfung vorstellt.

Krevel, Louis, Maler aus Köln, Zögling der französischen Schule, ein jetzt lebender Künstler, der, als Portraitmaler Achtung verdient. In den berlinischen Nachrichten 1836, Beilage Nr. 272. heisst es von einem Bildnisse dieses Künstlers, dass es im Fleische unvergleichlich markig und mit grosser Sicherheit behandelt sei. Seine Bildnisse haben Geist und lebensvollen Ausdruck. Ausgezeichnet ist seine Behandlung der Stoffe und Putzwerke. J. Woelffle hat nach ihm das unter dem Namen „Emmy" bekannte Bild lithographirt.

Kreyter, Christoph, Kupferstecher, oder vielleicht nur Kunsthändler in Nürnberg gegen Ende des 17. Jahrhunderts. Ein Blatt mit der Anbetung der Hirten ist: Christof. Kreyt in Aug. ex. bezeichnet, kl. fol.

Krieg, Karl, Maler, der um 1680 in Lübeck gelebt zu haben scheint. Man sieht auf dem Rathhause daselbst ein emblematisches Bild von ihm.

Kriegel, Lucas, s. Krüger.

Krieger. So werden hie und da auch einige der Dresdner Künstler geschrieben, doch glauben wir, dass Krüger die Orthographie sei. In J. W. S. Lindner's Taschenbuch für Kunst und Literatur im Königreiche Sachsen sind diese Künstler ebenfalls unter Krüger rubricirt.

Dann finden wir bei Füssly und Lipowsky Nürnberger Künstler Krieger geschrieben, die vielleicht ebenfalls Krüger hiessen. Ein Melchior Krieger war Maler, von welchem Murr in seinen Merkwürdigkeiten Nürnberg's die Erweckung von Jairi's Tochter erwähnt. Dieses Bild soll auf dem Rathhause sich befinden. — A. C. von Imhoff stach 1777 das Bildniss eines Stuccatorers J. M. Krieger. In der zweiten Hälfte des 17. Jahrhunderts lebte ein Bildnissmaler M. B. Krieger.

Krieger, Leopold, Maler von Salzburg, der sich um 1832 auf der Akademie der Künste bildete, damals 19 Jahre alt.

Kriegstein, Melchior, Formschneider, auch Caesaropirenus genannt. Er schnitt neben andern die Platten zu den Abbildungen im Augsburger Geschlechterbuch. Im Jahre 1530 legte er zu Augsburg eine Druckerei an.

Kriehuber, Joseph, Zeichner und Lithograph, wurde 1800 in Wien geboren, und die Anfangsgründe der Kunst erlernte er von seinem Bruder, einem früh verstorbenen wackern Künstler. Von 1813 bis 1818 besuchte er die Akademie der Künste in Wien, und hier erhielt er zwei Preise. In dem letztbezeichneten Jahre ging er nach Galizien, wo er Unterricht ertheilte und verschiedene Pferde nach der Natur zeichnete, allein arm an Geld und ohne bedeutende Fortschritte in der Kunst gemacht zu haben, kehrte er nach vier Jahren wieder zurück, und jetzt fing er an, für Trentsenky's Verlag zu lithographiren. Anfangs zeichnete er meistens Pferdestücke, endlich verlegte er sich aber auf Portraits, und hierin hat er in kurzer Zeit seinen Ruf gegründet. Seine Portraits haben das Verdienst sprechender Aehnlichkeit und jenes einer geschmackvollen Behandlung. Später führte er auch Bilder in Aquarell aus, und diese fanden nicht geringeren Beifall als die Lithographien.

Von seinen Lithographien zeichnen sich aus:

1) Die h. Justina, nach Pordenone.
2) Die h. Ursula, nach Palma vecchio.
3) Die Grablegung Christi, nach van Eyk.
4) Die Madonna mit Jesus und Johannes, nach Rafael.
5 — 8) Die Portraite der Erzherzoge Johann, Anton, Rainer und Ludwig.
9) Fürst von Metternich, sehr gelungen.
10) Der Hofkapellmeister Ritter von Eybler, ein Hauptblatt.
11) Pabst Gregor XVI.
12) Mehrere Bildnisse von Schauspielern und Virtuosen etc.
13) Gustav, Prinz von Wasa, in ungarischer Tracht, nach Stieler. 1836.
14) Ladislaus Pyrker, Erzbischof.

Krienen, Heinrich, Maler von Xanten, ein jetzt lebender Künstler zu Düsseldorf. Er malt Bildnisse und Historien; 1837 Jakobs Trauer, des Barden letztes Lied u. a.

Krietboom, Schreib- und Zeichnungsmeister zu Hamburg um 1700. Man hat von ihm meisterhaft gezeichnete Hundsköpfe, in Snyders Manier, in weisser und schwarzer Kreide auf blauem Papier ausgeführt.

Krigar, Heinrich, Historien- und Genremaler aus Berlin, wurde um 1806 geboren und in der Schule des Professors Wach in die Grundsätze einer Kunst eingeweiht, welche er gegenwärtig mit Auszeichnung übt. Man hat von seiner Hand eine Anzahl schöner Bilder, die verständig in der Anordnung und sorgfältig ausgeführt sind. Er zeigte sich bereits 1826 mit Gemälden auf der Kunstausstellung in Berlin; damals copirte er zur Uebung jedoch nur historische Bilder fremder Meister, und auch Landschaften malte er. Bald darauf versuchte er sich in eigener Composition, in welcher er grosse Kräfte entwickelt hat. Verschiedene seiner Genrestücke gingen in den Privatbesitz über, und den geringeren Theil bilden die Historien. Im Jahre 1830 erklärte man eine Darstellung der h. Cäcilia als eines der besten Bilder der Wach'schen Schule. Das Originalgemälde der Aschenbrödel, welches Beck lithographirt hat, ist im Besitze des Kronprinzen von Preussen, und die Wahrsagerin, bei Hofrath Benda in Berlin, hat E. Krafft auf Stein gezeichnet, als Pendant zu Pistorius Sonntag Nachmittag u. s. w.

Krimmel, Johann Ludwig, Maler von Ebingen im Würtembergischen, lebte 11 Jahre in Amerika in dürftigen Umständen, bis sich einige Bürger von Philadelphia verbanden, ein grosses Gemälde mit einer Scene aus Pen's Leben durch ihn malen zu lassen. Aber kaum hatte dieser Auftrag ihm bessere Aussichten für die Zukunft eröffnet, so raffte ihn 1821 der Tod dahin. Er ertrank bei'm Baden.

Krimmel war Präsident der amerikanischen Künstler-Gesellschaft.

Krinaberger, Martin, Glasmaler aus Nürnberg, wo er um 1525 Ruf genoss. Er ist durch ein Bildniss bekannt; von ausgeführten Werken wird nichts erwähnt.

Krins, Everard, Maler, der unter die Schüler des Karl van Mander gezählt wird.

Kriost, Thomas, Kupferstecher, dessen Lebensverhältnisse unbekannt sind. Seiner erwähnt Gandellini als eines Stechers, der nach Allegri, Caravaggio etc. gearbeitet hat.

Kristfeld, Philipp, Porzellanmaler, wurde 1796 zu Frankenthal im Rheinkreise geboren, wo sein Vater bei der Manufaktur als Arkanist angestellt war. Später kamen die Künstler jener Anstalt nach Nymphenburg, und so auch Kristfeld. Er besuchte jetzt die Akademie der Künste in München, und im Praktischen der Kunst, welche er übt, verdankt er dem berühmten Adler an der Porzellan-Manufaktur in München seine Ausbildung. Bald wurde ihm königliche Unterstützung zu Theil, und zuletzt erhielt er selbst eine Anstellung an dem bezeichneten grossartigen Institute. Er erhielt mehrere ehrenvolle Aufträge, deren er sich mit voller Zufriedenheit entledigte; denn Kristfeld ist ein vorzüglicher Künstler seines Faches, wie die Bilder beweisen, welche er für die berühmte Sammlung von Platten- und Tellergemälden des Königs von Bayern gemalt hat. Wie diese Gemälde ursprünglich nur einen Service zieren sollten, haben wir in der 1834 für die bayerischen Annalen bearbeiteten Geschichte der k. b. Porzellan-Manufaktur erzählt, und dort ist auch ein Verzeichniss der Gemälde zu finden, welche Kristfeld für diese Sammlung ausgeführt. Es sind dieses Copien nach berühmten Originalgemälden der k. Pinakothek, nach G. Dow, Rubens, Rembrandt, F. Mieris, Murillo, L. Cranach etc. Dazu kamen, seit jener Zeit: die betende Alte nach G. Dow, die Kreuzerhöhung nach Rembrandt, der Marktschreier nach G. Dow, der Mandolinspieler, und die Mandolin-Spielerin, alle vier auf Porzellan-Platten trefflich ausgeführt. Acht Teller hat er mit Nachbildung von Antiken in Onixmalerei geziert. Dann malte er auf eigene Rechnung den Abschied des Königs Otto in Griechenland nach Bodmer auf eine kleine Platte.

Krock, Heinrich, Historienmaler, der 1671 zu Flensburg geboren wurde. Er wurde zu Husum von Eyerschiöttel in den Anfangsgründen der Kunst unterrichtet, bis er nach Copenhagen ging und auf der Akademie daselbst sein Studium fortsetzte. Hierauf reiste er mit königlicher Unterstützung nach Italien, und hier waren die Werke von Maratti, Cignani, Loth und Sacchi der Gegenstand seines Studiums. Er war dreimal in Italien, und nach seiner Rückkehr durch Frankreich wurde er in Dänemark auf mannigfaltige Weise beschäftiget, und die Zahl seiner Werke in Copenhagen ist bedeutend. Man findet deren in den k. Schlössern, in Kirchen und Privatgebäuden. Es sind dieses Historien, mythologische Gegenstände und Bildnisse, lauter Werke, die zu jener Zeit grossen Beifall fanden. Krock starb 1738 in Copenhagen, mit dem Titel eines Kanzlei-Rathes, den er 1722 erhielt.

Krocker, Johann, Historienmaler, bildete sich auf der Akademie seiner Geburtsstadt Wien, bis er nach Brünn ging, um daselbst unter J. Th. Rotter's Leitung zu arbeiten. Später machte er sich zu Znaim ansässig, und hier hatte er bereits viele Werke in Oel und Fresco ausgeführt, als er nach Prag berufen wurde, um daselbst die Kirche zum hl. Clemens auszumalen. Er malte auch vieles in Ungarn, und zu Erlau starb er 1772. Seine Werke sind correkt in der Zeichnung, von schöner Färbung und vom Helldunkel ist ein verständiger Gebrauch gemacht. Dlabacz erwähnt eines Groker, der in Prag gearbeitet hat; wohl unser Künstler.

Krocyn, Johann Franz, Maler zu Prag, wo er 1690 als ausübender Künstler auftrat. Nach 9 Jahren verheirathete er sich, seine weiteren Verhältnisse sind aber unbekannt.

Krodel, Mathias, Maler und Schüler des älteren Cranach, verfertigte für Herzog Christian von Sachsen von 1586—1591 mehrere Frescoarbeiten.

Kröll, Dorothea Erasmine Pauline, malte in Copenhagen schöne Landschaften und Copien nach guten Meistern. Sie war eine Tochter des Etatsraths Sporon, und 1787 wurde sie geboren.

Kröner, Heinrich, Kupferstecher, der zu Anfang des 17. Jahrhunderts lebte. Man hat von ihm ein seltenes Werk in gr. fol. mit dem Titel: Contrafaktur des Feuerwerks 1612 in Frankfurt am Main bei der Krönung.

Kröner, Herkules David, ein Theologe, der aber auch im Zeichnen und Malen sehr erfahren war. Seine Versuche erregten die Meinung, dass er bei den besten Meistern Deutschlands und Italiens Unterricht genossen habe. Er wurde 1771 in Ulm geboren; sein Todesjahr kennen wir nicht.

Krog, Johann, ein Maler, von welchem nach der Angabe eines Italieners zu Valladolid sich mehrere Gemälde auf Kupfer befinden sollen.

Dieser scheint Juan de la Cruz zu seyn, der zu Valladolid arbeitete.

Krohn, Nathaniel Gottlieb, schnitzte um 1780 sehr artig kleine Bildwerke in Holz und Bein. Er war von Danzig gebürtig.

Krohn, Friedrich, Medailleur von Copenhagen, wurde 1806 geboren. Er ist der Sohn eines Staabsoffiziers, zog aber die Kunst dem Stande des Vaters vor. Die Anfangsgründe erlernte er auf der Akademie in Copenhagen, und 1835 ging er zu seiner weitern Ausbildung nach München. Im Jahre 1836 fertigte er eine Medaille auf die dritte Säcularfeier der Einführung der Reformation in Dänemark mit dem Bildnisse des Königs Friedrich IV., nach Thorwaldsen's Büste, und mit der allegorischen Gestalt der Religion im Revers.

Krok, s. Kruch.

Kroker, s. Croecker.

Kronburg, Lucas von, Maler zu Augsburg, wo er zur Zeit der Blüthe der Fugger lebte. Er fertigte wohlgetroffene Bildnisse, besonders von Mitgliedern der erwähnten Familie.

Krones, Ludwig, Maler und Kupferstecher, wurde 1785 in Prag geboren, und hier widmete er sich unter F. Bergler der Kunst. Später ging er zu seiner Ausbildung nach Wien, doch konnten wir nicht erfahren, ob er sich noch in jener Stadt befinde. Es finden sich radirte Blätter von seiner Hand, doch scheinen sie nicht zahlreich zu seyn.

1) Fünf Büsten von Mönchen, einer hinter dem andern und nach rechts gewendet, 1802.

Krot, Willem Bartel van der, Maler zu Leuwarden, der einer Angabe noch 1836 mit dem Rufe eines ausgezeichneten Künstlers starb, ist der oben erwähnte W. B. van der Kooi, wie er in der Geschiedenis der vaderlandsche Schilderkunst door R. van Eynden etc. genannt wird.

Kroymann, Carl Friedrich, Maler zu Altona, ein Künstler, der schon zu Anfang unsers Jahrhunderts thätig war, und noch 1824. Er malte in Oel und Miniatur.

Das Bildniss des Pastors N. Frank hat er nach Hansen lithographirt.

Krubsacius, Friedrich August, Architekt, geb. zu Dresden 1718, gest. 1790. Er genoss eine sorgfältige Erziehung, und in allen Hülfswissenschaften seiner Kunst erfahren, wie er war, muss man ihn unter die gelehrten Architekten seiner Zeit rechnen. Er schrieb ein Werk über das Laurentinum des Plinius, und suchte den muthmasslichen Grundriss desselben herzustellen, was auch Scamozzi, Felibien und Castell gethan haben, vielleicht keiner genügend, indem die Angaben des Plinius keine deutliche Vorstellung geben. Das Werk unseres Künstlers hat den Titel: Wahrscheinlicher Entwurf von des jüngeren Plinius Landhaus, Laurens genannt. Leipzig 1766. Ein anderes seiner Werke ist betitelt: Wahrscheinlicher Entwurf von des jüngeren Plinius Landhaus und Garten, in der toskanischen Gegend gelegen. Lpz. 1762. Diese Schriften stehen auch in der Monatsschrift: Das Neueste aus der Gelehrsamkeit im J. 1760 und 1762. Ueberdies finden sich von ihm noch viele andere Aufsätze.

Seine praktischen Kenntnisse zeigte er durch den Bau des Schlosses Otterwisch, durch jenen des Gartenpallastes des Prinzen Anton von Sachsen, durch den Pallast des Baron von Riesch zu Neschwitz, durch jenen des Prinzen Xaver und durch das Steuerhaus in Dresden. Die Zahl der nach seinen Plänen ausgeführten Bauten ist bedeutend.

Krubsacius war Professor an der Akademie zu Dresden, und 1776 wurde er Land- und Oberhofbaumeister. Er ist für seine Zeit ein Mann von Bedeutung, ein öffentlicher Spruchführer, doch konnte er sich von den Fesseln des architektonischen Manierismus noch nicht frei machen.

Krüger, die älteren Künstler dieses Namens: Hans, Ludwig oder Lucas, Theodor, Matthäus, s. Krug und Crüger. Auf einer Copie von Dürer's Blatt, welches Christus als Gärtner vorstellt, liest man Dietrich Krug, 1614; dann auf einem gleichen mit dem sitzenden Ecce homo steht: Theodorus Krüger glyptes. Norimbergae 1614. H. 8 Z. 2 L., Breite 9 Z. 7 L. In spätern Abdrücken fehlen die lateinischen Verse und die Dedication von G. Ch. Gugel. Statt des lateinischen steht jetzt deutscher Text.

Krüger, Gottfried, Medailleur, der unter der Regierung Friedrich III (gest. 1670) in Copenhagen lebte. Seine Lebensverhältnisse sind unbekannt.

Krüger, Friedrich Heinrich, Medailleur, geboren zu Dresden 1749, gest. daselbst 1805. Er war der ältere Sohn des 1786 verstorbenen churfürstlich-sächsischen Hofbernsteinarbeiters Ephraim Benjamin, und Wermuth ertheilte ihm den ersten Unterricht in seiner Kunst, bis er nach Copenhagen ging, um auf der Akademie daselbst seine weitere Ausbildung zu verfolgen. Krüger blieb acht Jahre daselbst, während welcher Zeit er zwei Preise gewann, und 1787 wurde er Hofmedailleur zu Dresden, wo er bis an seinen Tod verblieb. Man hat von seiner Hand eine Anzahl von Medaillen und auch Bildwerke in Erz, wie die Statue Peter's des Grossen zu Pferde, nach Casanova's Erfindung; dann bossirte er auch Bildnisse und Statuen in Wachs. Die Statue Friedrich V. von Dänemark bildete er in Silber, nach der Erzstatue des Direktors Sali.

1) grosse Medaille auf die Eroberung von Mainz.
2) Medaille auf die Sternwarte zu Leipzig.

Krüger, Christian Joseph, Medailleur und Wachsbossirer, der Bruder des Obigen, wurde 1759 zu Dresden geboren, und von Hutin und Knöffler in den Anfangsgründen der Kunst unterrichtet. Nach achtjährigem Studium begab er sich auf Reisen, kam bis nach Liefland und Russland, überall mit seiner Kunst beschäftiget, bis er 1790 in Dresden als zweiter Münzgraveur angestellt wurde. In der Folge wurde er erster Graveur, und als solcher starb er 1814.

Dieser Künstler bossirte eine grosse Anzahl von Büsten und Bildnissen, und auch ganze Figuren in Wachs und Thon. Auch historische Stücke führte er aus, und als eine seiner besten Arbeiten erklärte man zu Anfang unsers Jahrhunderts ein Crucifix in Elfenbein. Später befasste er sich vorzugsweise mit der Stempelschneidekunst.

Krüger, Ephraim Gottlieb, Kupferstecher und Zeichner, wurde 1756 zu Dresden geboren, und schon in seinem 11. Jahre besuchte er daselbst die Akademie. Sein Meister im Zeichnen war Hutin, Camerata unterwies ihn in Handhabung des Stichels, und die bedeutende Anzahl seiner Blätter, welche er lieferte, beweisen, dass er ein talentvoller Künstler war. Er fertigte fast immer auch die Zeichnung zu seinen Stichen, da seine fertige Hand keiner Vorzeichnung bedurfte. Schon 1804 wurde er Mitglied der Akademie in Dresden, 1815 ausserordentlicher Professor der Akademie daselbst und 1834 ereilte ihn der Tod. Blätter von seiner Hand sind in Lossius Bilderbibel und im Bildersaal, in Radzewski's Reisewerk, in Racknitz Briefe über die Kunst, in Cook's Reisen, in der Prachtausgabe von Wieland's Werken; ferner lieferte er Blätter zum Taschenbuch für das gesellige Vergnügen, zur Urania, zu Meisner's Alcibiades u. s. w. Besonders zu erwähnen sind die Blätter, welche er für Becker's Augusteum stach; darunter 28 nach

12*

Abgüssen im Mengs'schen Museum. Ferner stach er der Reihe nach immer vollkommener:

1) Der Musikant mit dem Dudelsack, nach Wille.
2) Das Bild einer Alten, nach demselben.
3) Zwölf antike Köpfe nach Seydelmann.
4) Köpfe nach Spagnolet.
5) Prometheus, nach Hutin's Gemälde.
6) Maria betet das Jesuskind an, nach G. Reni.
7) Die Madonna mit Engelsköpfen, nach Solimena.
8) Diogenes, nach Kubinsky.
9) Dr. Luther, nach L. Cranach.
10) Die keusche Susanna oder das Urtheil Daniel's, nach Valentin; Musée Robillard.
11) Der Bohnenkönig, oder der König trinkt, nach J. Jordaens; Mus. Rob.
12) Chlorindens Tod, nach Canaro; Mus. Rob.
13) Ariadne auf Naxos, nach A. Kaufmann, im sächsischen Gallerie-Werke.
14) Der Maler Netscher mit seiner Frau musicirend, nach Netscher; daselbst.
15) Joseph stellt dem Pharao seinen Vater vor, nach F. Bol, das.
16) Die Madonna mit dem Kinde und St. Johannes, nach Gimignano's Bild der k. sächsischen Gallerie, ein treffliches Blatt, fol.
17) Der Tod des Fürsten Melisseno in der Schlacht bei Leipzig 1813. Diesen Stich begann Schulze nach Matthäi.
18) Die Madonna nach Alessandro Turchi, 1826.

In der bekannten Portrait-Sammlung des Hofmalers und Professors C. Vogel ist das Bildniss dieses Künstlers, von A. Krüger 1824 gezeichnet.

Krüger, Friedrich Christian, Maler, geb. zu Zeucha bei Forsta 1774, gest. zu Dresden 1832. Seine Jugend verfloss unter drückenden Verhältnissen, und obgleich er für die Kunst geboren schien, so musste er doch die Schneiderei erlernen. Er wurde Bürger und Meister, und als solcher brachte er den in ihm schlummernden Keim erst zur Reife. Er entsagte dem Handwerke, eilte nach Dresden und bildete sich daselbst von 1800 an in der Malerei aus. Anfangs arbeitete er in Pastell, später aber wählte er die Oelmalerei. Die Kriegsunruhen fühlte er jedoch wieder hart, und in mehreren Städten musste er sich seinen Unterhalt zu verdienen suchen.

Krüger wurde Professor der Malerei in Dresden. Seine Bilder bestehen in Bildnissen, so wie in Historien, heiligen und profanen Inhalts, in Stilleben etc.

Ferdinand und Lina sind Erben seines Künstlertalentes.

Krüger, Ferdinand Anton, Kupferstecher, wurde 1795 in Dresden geboren, und von seinem Oheim in den Anfangsgründen seiner Kunst unterrichtet, bis er nach Stuttgart ging, um in der Schule des berühmten Müller seine Studien fortzusetzen. In der Folge fand er königliche Unterstützung, und jetzt ging er nach Rom und Florenz, wo er Longhi's Schule besuchte. Hier zeichnete er Rafael's berühmtes Bild der Madonna del Cardellino im grossherzoglichen Pallaste, und mit dem Stiche desselben beschäftigte er sich 1823. Auch in Paris war dieser Künstler, und hier stach er sein Ecce homo. Man hat aber mehrere schätzbare Blätter von der Hand dieses Künstlers, die mit Sicherheit und mit seltener Reinlichkeit behandelt sind. Seine Weise erinnert an jene A. Dürer's und des

H. Wierix, doch ist er fern von jeder Härte. Er arbeitet in klarer und kräftiger Linienmanier.

1) St. Bernhardus und St. Catharina, nach Nicola di Foligno 1822. 8. Interessantes Blatt.
2) Rafael auf der Stiege, schöne Copie nach Marc Anton.
3) Der kleine Savoyarde in Paris. 8.
4) Die Madonna del Cardellino, Hauptblatt nach Rafael 1830. H. 19 Z., Br. 13 Z. 6 L. Preis 6 Th.
5) Die Philosophie, nach C. Vogel's Temperabild im Pillnitzer Schloss. Sehr fein in Dürer's Manier gestochen, gr. fol. Im ersten Druck vor der Schrift, 3 Thl.
6) Christuskopf, Ecce homo, nach G. Reni, kl. fol.
7) Das Portrait des Prinzen Friedrich; vorzügliches Blatt.
8) Der Kreutztragende Christus, nach B. Luini.

Krüger, Gustav Ferdinand, Maler zu Dresden und geboren daselbst 1805. Er bildete sich auf der Akademie seiner Vaterstadt, und hier sah man bei Gelegenheit der Kunstausstellungen auch verschiedene Bilder von seiner Hand: anfänglich Copien nach Netscher, Schalken u. a.; auch Historien, Genrestücke und Portraite.

Krüger, Carl Reinhard, Medailleur, Anton's Bruder, wurde 1791 in Dresden geboren und daselbst in die Grundsätze seiner Kunst eingeweiht. Seine weitere Ausbildung verfolgte er zu Berlin unter Leitung des berühmten D. Loos, und Krüger selbst gehört jetzt zu den vorzüglichsten Künstlern seines Faches. Seine Medaillen sind trefflich behandelt, und wenn es gilt, ein Bildniss darzustellen, so weiss er seinem mit Sorgfalt modellirten Kopfe immer das Gepräge der individuellen Wahrheit aufzudrücken. Doch auch an den übrigen Theilen herrscht gleiche Vollendung. Krüger ist k. sächsischer Hofmedailleur.

1) Medaille auf Carl Maria von Weber.
2) Medaille auf Hahnemann.
3) Eine solche auf K. A. Böttiger.
4) Denkmünze auf die Saecularfeier der Uebergabe der Augsburger Confession.
5) Denkmünze auf Gustav Adolph's Tod, mit dem Kopfe des Königs nach der lebensgrossen Bronzebüste im k. Antiken-Cabinet zu Dresden, 1837.
6) Denkmünze auf die Wiedererbauung der Johanniskirche in Zittau. 1838.

Krüger ward auch mit dem Auftrage beehrt, das Wappen der Königin von Griechenland zu graviren, und löste diese Aufgabe vorzüglich.

Krüger, Lina, Malerin, wurde zu Forsta in der Nieder-Lausitz 1803 geboren, und von ihrem Vater F. Ch. Krüger in den Anfangsgründen der Kunst unterrichtet. Später besuchte sie die Akademie der Künste zu Dresden, und hier lebt sie als ausübende Künstlerin. Man hat von ihrer Hand Gemälde in Oel und Pastell, Bildnisse, Historien und Genrestücke. Mehrere ihrer Bilder sah man auf öffentlichen Kunstausstellungen, und diese wurden mit Beifall aufgenommen.

Krüger, Wilhelm, Maler aus Mecklenburg-Schwerin, hielt sich mehrere Jahre in Dresden auf, und noch 1824 war er daselbst thätig. Er malte Bildnisse und Historien, und dann hatte er auch ein besonderes Talent zur Nachbildung fremder Meister. Er fertigte eine treffliche Copie von Mengs 33 Fuss hohem Bilde der Himmelfahrt in der katholischen Hofkirche zu Dresden, doch ist diese Nachbildung um das Vierfache verkleinert. Eine andere von ihm nach Hutin verfertigte Copie der Marien unter dem Kreuze ist an einem der Seitenaltäre der erwähnten Kirche.

Krüger, Andreas, Architekt und Maler von Neuendorf bei Potsdam, wo er bei dem Bauinspektor Feldmann die Baukunst erlernte. Im achtzehnten Jahre wurde er schon Baucondukteur, und als solcher leitete er mehrere wichtige Bauten, besonders unter Oberaufsicht des Baron von Knobelsdorf. Dann malte er auch Landschaften und Ruinen, und bei der Realschule bekleidete er die Stelle eines Zeichnungslehrers. Angestrengte Arbeiten zogen ihm 1759 im 40. Jahre den Tod zu.

Krüger, Andreas Ludwig, Maler und Kupferstecher, wurde 1743 zu Potsdam geboren, und sein Oheim Andreas ertheilte ihm den ersten Unterricht. Doch wählte er die Malerei und Stecherkunst zum Hauptfache. Erstere erlernte er bei B. Rode, doch ist er weniger durch seine Gemälde als durch seine Blätter bekannt. Diese sind mit dem Stichel oder mit der Nadel ausgeführt, und besondern Beifall erwarben ihm jene, welche er im Geschmacke Rembrandt's oder F. Bol's radirte. Im Jahre 1788 wurde er Mitglied der Akademie der Künste in Berlin, und um 1805 ereilte ihn der Tod.

Krüger zeichnete die Gemälde der k. Gallerie in Sans-Souci zum Stiche für die Kupferstecher, und er selbst hat für dieselbe Blätter geliefert, so wie für die Antiquités de Sans-Souci, 2 part. Potsdam 1770—75. Früher stach er 28 Kupferstiche und 22 Büsten und Brustbilder in der Orangerie. Andere Blätter von seiner Hand sind in Lavater's Physiognomik, in Basedow's Elementar-Werk etc.

1) Das Gastmahl des Belsazzar, nach Franz Bol.
2) Susanna, nach Correggio.
3) Maria Magdalena, Halbfigur nach van Dyk.
4) Hagar von Abraham verstossen, nach G. Flink.
5) Rembrandt's Bildniss, nach Rembrandt.
6) Der Mann in orientalischer Kleidung, nach demselben.
7) Die alte Frau, nach G. Dow.
8) Der Eremit, nach demselben.
9) Die Spinnerin, nach demselben.
10) Ein Hirtenstück, nach C. S. Dubois.
11) Moses zertrümmert die Gesetztafeln, nach Rembrandt.
12) Isaac segnet den Jakob, nach Lievens. gr. fol.
13) Vue du nouveau palais royal de Belvedere et de la ville de Potsdam et des environs peint par J. F. Meyer 1771, grav. par etc. 1772.
14) Première vue du palais neuf de Sans-Souci, de la galerie des tableaux et ses environs etc.
15) La seconde vue du château de la ville de Potsdam, du jardin et de l'ecurie royale etc. 1777.
16) Troisième vue de la ville de Potsdam, de l'eglise du St. Esprit etc. 1772.
17) Vue septentrionale du château royal de Potsdam etc.
18) Gegenden von Potsdam, nach J. F. Meyer.

Krüger, Johann Christian Sigmund, Portraitmaler, wurde 1726 geboren, und in Zerbst von dem fürstlichen Hofmaler P. Ranje in seiner Kunst unterrichtet. Diesem half er an den Plafondgemälden in den fürstlichen Gemächern, seine eigenen Gemälde bestehen aber grösstentheils in Bildnissen. Später wurde er Zeichnungslehrer am Friedrichswerder'schen Gymnasium zu Berlin, und um 1790 starb er.

Krüger, Johann Conrad, Maler und Kupferstecher, wurde 1733 in Stettin geboren, und von Th. Huber in den Anfangsgründen unterrichtet. Später ging er nach Dresden, um unter Dietrich und Hutin seine Studien fortzusetzen, und 1756 versuchte er als Bildnissmaler in Polen und Pommern sein Glück. Hierauf malte er Mehreres in seiner Vaterstadt, und endlich ging er nach Berlin, wo er Professor der Zeichnenkunst an der k. Akademie wurde. Er starb 1791 in Berlin.

Krüger malte in Oel, Pastell und Aquarell, Bildnisse, Landschaften, Genrestücke, militärische Scenen etc. Dann lieferte er eine nicht unbedeutende Anzahl von Blättern:

1) Basrelief und Allegorie auf den Teschner Frieden, dem Minister von Herzberg zugeeignet, nach A. Trippel 1779.
2) Die Kreuzabnahme, Maria von Johannes und den heil. Weibern unterstützt, nach Bernhard Rode 1752.
3) Die Schauspielkunst, nach Dietrich.
4) Landschaft, nach demselben.
5) Amor, nach Rafael punktirt.
6) Die büssende Magdalena, nach Battoni punktirt.
7) L'Amour caressé, nach Cipriani.
8) L'Amour rejeté, nach demselben, beide punktirt.
9) Das Bildniss der Kaiserin von Russland, 1787.
10) Das Bildniss des Generals Holzendorf, gestochen.
11) Eine Sammlung nach Zeichnungen alter Meister aus der k. Bibliothek zu Berlin, von 1770—73 mit Laurenz gestochen.
12) Die Blätter zur Seiler'schen Bibel und zu Schröckh's allgem. Weltgeschichte.
13) Die Blätter zu Eckel's Plan et vues du château etc. de Reinsberg.
14) Die Blätter zum zweiten Theile des Basedow'schen Elementarwerkes und zu Goethe's Schriften.

Krüger, Johann Friedrich August, Zeichner und Kupferstecher, Siegmund's Sohn, wurde 1784 zu Berlin geboren, und hier bildete er sich auch zum Künstler. Er malte vornehmlich Bildnisse, sowohl einzelne als Familienstücke, und wir glauben, dass er jener Johann August Krüger sen. sei, der noch 1828 ähnliche Bilder malte.

Dann stach Krüger auch verschiedene Blätter für die naturhistorischen Werke von Bloch, Jablonski, Martini etc.

1) Maria Magdalena, nach Annib. Carracci.
2) Landschaft mit badenden Nymphen, nach Dietrich.

Krüger, Johann Wilhelm Georg, Emailmaler, wurde 1728 in London geboren, und nachdem er hier und in Frankreich mehrere Jahre seine Kunst geübt hatte, begab er sich 1781 nach Berlin, wo er noch 1788 lebte.

Krüger, D., Kupferstecher, dessen Lebensverhältnisse wir nicht kennen. Im Brulliot's Catalog der Sammlung des Baron von Aretin wird ihm folgende Sammlung beigelegt, unter dem Titel: Naturae varios lusus et monstra videtis etc. 12 Blätter in 8., nach G. Weyer.

Die Halbfigur einer Bäuerin, nach A. Pesne radirt kl. 4.

Krüger, Franz, königlich preussischer Hofmaler in Berlin, wurde 1797 in Anhalt-Dessau geboren, und schon als Knabe entwickelte er ein entschiedenes Talent zur Kunst. Er zeichnete mit Vorliebe Thiere und auch Portraite, ohne Anleitung, so wie denn Krüger überhaupt Autodidakt ist. In seinem 16. Jahre fing er an mit Ernst sich der Kunst zu widmen, er machte aber keinen gründlichen akademischen Cursus durch, da sich sein Talent keinen Zwang anthun liess. Er zeichnete zwar fleissig, allein auch musikalische Uebungen sagten ihm zu, und einen besonderen Reiz hatten für ihn die Vergnügungen der Jagd. Krüger zeichnete und malte auch mehrere Jagdscenen, noch grössere Lust aber fand er in Darstellung von Pferden, Hunden u. s. w. Die Bildnisse machten jedoch anfänglich den grössten Theil seiner Werke aus, und hierin bekam er solche Uebung, dass es ihm möglich wurde, fast spielend in Einem Tage drei Portraite, und zwar höchst ähnlich, zu zeichnen; diese führte er häufig auf farbigem Papier mit schwarzer Kreide aus, und die Lichter setzte er mit dem Pinsel auf. Mehreremale zeichnete er die k. Familie. Diese Bildnisse fanden ausserordentlichen Beifall, und der Künstler wurde mit dieser Zeichnung so sehr in Anspruch genommen, dass ihm zur Malerei in Oel fast keine Zeit übrig blieb. Endlich machte man es ihm zum Vorwurfe, dass er sich dieser Technik nicht befleissige, worauf Krüger die Pallette ergriff, und auch in kurzer Zeit zeigte, dass seinem Talente auf künstlerischem Gebiete Alles möglich sei. Bei der nächsten Ausstellung sah man von ihm eine Marschscene im Winter, dann einige vortreffliche Pferdestücke, und für den Kunstverein malte er 1828 eine Jagdscene. Solche Bilder und die Darstellung des Pferdes, liebte jetzt der Künstler besonders, so dass man ihn scherzweise den Pferde-Krüger nennt. Im Jahre 1830 malte er für den Kaiser von Russland die Parade des k. preussischen Cuirassier-Regiments, auf einem Raume von 12 Sch. Breite und 9 Schuh Höhe, mit mehr als 100 Bildnissen von grosser Aehnlichkeit. Hier entwickelte der Künstler eine grosse Meisterschaft in lebendiger Anordung. Reiter und Pferde sind in voller Naturwahrheit dargestellt, und auch im Technischen ist das Bild so ganz gelungen, dass man es den besten Erzeugnissen eines Horace Vernet an die Seite stellen darf. Dann malte er den Kaiser Nikolaus mit seiner Suite zu Pferde in Lebensgrösse, und so muss man bis jetzt die bedeutendsten Arbeiten Krüger's in St. Petersburg suchen. Auch dieses Bild ist ein Meisterstück, imponirend durch die kräftige Gestalt des im Galopp ansprengenden Kaisers. Jentzen hat es lithographirt. Ein anderes bedeutendes Werk, welches den Künstler 1836 beschäftigte, stellt eine Parade vor, wozu ihm der König von Preussen den Auftrag ertheilte. Ueberdiess hat Krüger eine grosse Anzahl trefflicher Bildnisse gemalt, und viele solche auch lithographirt. Wir nennen die Portraite Ferdinand Wilhelm's III., der Kronprinzessin von Preussen, der Fürstin Augusta von Liegnitz, der Königin Wilhelmine der Niederlande, des Prinzen Wilhelm Friedrich Carl der Niederlande, der Prinzessin Luise, des Prinzen Friedrich der Niederlande, der Prinzessin Mariane der Niederlande, des Kaisers Nikolaus I. von Russland, der Kaiserin Alexandra Feodorowna, der Erbgrossherzogin von Mecklenburg-

Schwerin u. s. w. Dann sind noch mehrere andere Bildnisse dieses Künstlers lithographirt, wie die von Oldermann, Oken, Berzelius etc.

Auch hat man von ihm Abbildungen der k. preussischen Garde-Dragoner, nach der Natur gezeichnet und lithographirt, von 1828 an in Folioheften.

Die Berliner Rennbahn hat er zum Besten der Nothleidenden in Ost- und Westpreussen lithographirt.

Krüger ist Mitglied der Akademie der Künste in Berlin, und schon 1825 ernannte ihn der König zum Hofmaler und zum Professor.

Krüger, Karl Ferdinand Wilhelm, Maler zu Berlin, ein jetzt lebender Künstler, den wir als den jüngern bezeichnet fanden; allein wir können nicht bestimmen, welches der ältere ist. Wilhelm Krüger jun. war schon um 1822 ausübender Künstler. Er malte damals Bildnisse und Familienstücke in Oel und Miniatur, und später auch Historien und Genrestücke.

Krüger, Carl Eduard, Maler, der zu Anfang unseres Jahrhunderts geboren wurde. Er bildete sich auf der Akademie der Künste in Berlin, und 1820 hatte er schon gewagt, mit Bildern öffentlich hervorzutreten. Es sind dieses Blumenstücke.

Krüger, Carl, Maler, Radirer und Lithograph zu Berlin, ein jetzt lebender, junger genialer Künstler. Er bildete sich unter Prof. Blechen's Leitung im Zeichnen und Malen aus, und mit der Behandlung der Nadel machte er sich um 1832 in der Schule des Professors Buchhorn vertraut. Sein erstes Werk, mit welchem er sich vortheilhaft bekannt machte, sind vier Hefte mit 24 lithographirten landschaftchen Compositionen, zu welchen er die Staffage aus Reineke Fuchs entlehnte. Es sind dieses Blätter von eigenem Reize in Charakteristik ländlicher Situationen. Er verfertiget auch landschaftliche Federzeichnungen mit Thierstaffagen in einer trefflichen Manier, und als Landschaftsmaler hat er bereits ein nicht geringes Talent entwickelt. Seine Landschaften in Oel stellen häufig Fluren in Wald- und Dorfnähe dar, leicht belebt mit einsam grasenden Thieren unter heiterem Himmel, der nur manchmal mit Lämmerwölkchen umzogen ist. Im Jahre 1836 konnte man von diesem Künstler bereits die Hoffnung hegen, dass er zu grosser Vollendung gelangen werde. Schon damals bewegte er sich mit grosser Freiheit.

Ausser den erwähnten Darstellungen aus Reineke Fuchs fanden wir von seiner Hand angezeigt:

1) Landschaften nach Wehle, radirt und gestochen.
2) Solche nach Schinkel, radirt.
3) Eine Landschaft, nach Lutherburg.
4) Ein Viehstück, nach C. du Jardin.

Krüger, Theodor, Maler zu Berlin, bildete sich daselbst um 1830 auf der Akademie der Künste, und besonders war es G. A. Boenisch, dessen Leitung er sich zu erfreuen hatte. Er malte Landschaften und Architekturstücke.

Krüger, Woldemar Friedrich, Maler von Dorpat, ein Zögling der Münchner Schule. Er kam 1830 im 23. Jahre auf die Akademie der Künste in München, und hier lag er seit jener Zeit den Studien ob.

Krüger, F. u. J., s. Kruger.

Krügner, Johann Gottfried, Kupferstecher, der zu Anfang des vorigen Jahrhunderts in Leipzig lebte.

1) Johann von Portugal. 8.
2) Friedrich Wilhelm, Markgraf von Brandenburg. 8.
3) Landschaften nach C. du Bois.
4) Bildnisse von Aerzten, Rechtsgelehrten etc.

Krülow, Bildhauer in St. Petersburg, ein berühmter Künstler unseres Jahrhunderts. Er bildete sich auf Kosten der russischen Regierung im Auslande, besonders in Rom, wo er ein ungewöhnliches Talent entwickelte. Hier fertigte er aus Auftrag des Grossfürsten Michael eine colossale Statue des Hektor, und schon früher führte er die Büste jenes Fürsten in Alabaster aus. Dann fertigte er in Rom auch mehrere Grabmäler; jenes des Feldmarschals Kutusow, des Fürsten Bagration, des Grafen Kutaissow u. a. Sein grösstes Werk ist das prachtvolle Mausoleum Dmitry Donskoy's, des Befreiers seines Vaterlandes vom Joche der Tartaren. Im Jahre 1825 kehrte Krülow nach St. Petersburg zurück, und auch hier sind rühmliche Beweise seines grossen Talentes. Er verfertigte mehrere Basreliefs für den neuen Pallast des Grossfürsten Michael, eine colossale Büste in Bronze am Monumente des Kaufmanns Sobakin, die Büste des Kaisers u. s. w.

Krümpter, Johann, so wird von Bianconi irrig Hans Krumper genannt.

Krüter, Maler zu Münster, J. Clostermann's Schüler, dessen Lebensverhältnisse unbekannt sind; starb 1768.

Krug, auch Krüger, Ludwig, der Meister mit dem Kruge, auch Lucas genannt, Maler, Kupferstecher, Formschneider und Goldschmied, dessen Geburtsjahr unbekannt ist. Nach Malpe wurde der Künstler 1480 geboren. Rost und nach ihm Füssly lassen ihn zu Anfang des 16. Jahrhunderts das Licht der Welt erblicken; allein Krug ist älter, vielleicht bald nach 1450 geboren; denn es sollen sich Gemälde von ihm finden, die neben dem figürlichen Zeichen eines Kruges oder einer Art Vase und dem Buchstaben K die Jahrzahl 1473 tragen. Auch der Name Luidel ist darauf ausgeschrieben, woraus zugleich erhellet, dass der Künstler Ludwig und nicht Lucas heisse; es müsste denn zwei Künstler gegeben haben, von denen Lucas der Goldschmiedekunst oblag. Es sei dem, wie ihm wolle, ein Lucas Krug, vielleicht durch Verwechslung Ludwig genannt, gravirte mit solcher Vortrefflichkeit auf Vasen und andere Geschirre von edlem Metall, dass ihm hierin wenige gleich kamen. Dann muss Krug auch als Kupferstecher erwähnt werden, und was seine Verdienste als solcher anbelangt, so steht er mit Altdorfer ohngefähr auf gleicher Stufe, obwohl er zarter in der Behandlung des Stiches ist. Diese seltenen Blätter sind gewöhnlich mit den Buchstaben L. K. und einem Kruge in der Mitte bezeichnet, nach Doppelmair und anderen Schriftstellern; allein in der Amsterdamer Ausgabe der Lebensbeschreibung des C. van Mander von 1764 erhebt J. de Jongh I. p. 102 in der Note einen Zweifel, und schreibt das Zeichen dem Lucas Kornelis, genannt den Kock, bei. Dieser Kornelis ist ein Zeitgenosse unseres Krug, und der Beiname Kock (Koch) wurde ihm daher, weil er bei Hochzeiten und anderen Festen sich als

Koch verwenden liess. Allein dass gerade die Kanne auf diesen Blättern auf die Beschäftigung des Lucas Kornelis deuten soll, ist uns nicht einleuchtend, da Kornelis Koch war, und nicht Kellner. Brulliot, Dict. des monogr. II. Nr. 2887, ist ebenfalls geneigt, dem I. de Jongh beizutreten, indem ihm die Blätter für einen Goldschmied zu gut gearbeitet scheinen. Allein wenn Krug auch Maler gewesen, so erhebt er sich immerhin über die gewöhnlichen Goldschmiede. Bartsch P. gr. VII. p. 536. legt ebenfalls dem L. Krug und nicht einem L. Kornelisz Blätter bei. Der Tod ereilte diesen Künstler 1532, nicht 1535, wie man angegeben findet. In einem Necrologium Norimbergense ist die erstere Jahrzahl zu lesen.

1) Die Anbetung der Könige, 1516. H. 6 Z., Br. 4 Z. 6 L.

2) Die Anbetung der Hirten, oder die Geburt Christi, 1516. H. 6 Z. 2 L., Br. 4 Z. 7 L.

Diese beiden Blätter sind sehr selten im alten Drucke; die neuern liess Frauenholz machen, welcher die Platten an sich brachte. Bei ihm kostete das Blatt 3 fl. 36 kr.

3) Christus am Kreuze, unten Johannes und Maria mit zwei Frauen. H. 5 Z. 9 L., Br. 3 Z. 10 L.

4) Christus mit Dornen gekrönt und mit gebundenen Händen sitzend; im Grunde links Maria und Johannes. H. 4 Z. 4 L., Br. 2 Z. 11 L.

5) Der leidende Heiland auf dem Steine sitzend und nach links gerichtet. Links an der Mauer das Täfelchen mit dem Zeichen. H. 4 Z. 10 L., Br. 3 Z. 3 L.

6) Der heilige Schmerzensmann, stehend an der Säule, zu den Seiten zwei Engel mit Marterwerkzeugen. H. 5 Z. 4 L., Br. 3 Z. 6 L.

7) Der Evangelist Johannes, dem die h. Jungfrau in Wolken erscheint, indess der Teufel ihm das Tintenfass umstösst, Copie nach Schongauer. H. 5 Z. 4 L., Br. 3 Z. 7 L. Die retouchirten Abdrücke haben Abraham Himermann's Adresse.

8) Die h. Jungfrau mit dem Kinde und St. Anna, im Grunde rechts Joachim. 5 Z. 5 L., Br. 4 Z. 2 L.

9) Die unbefleckte Empfängniss auf dem Halbmonde mit dem Kinde, welches den Segen ertheilt. H. 4 Z. 7 L., Br. 2 Z. 11 L.

Die spätern Abdrücke tragen N. Nelli's Adresse.

10) Der Bauer umarmt ein Weib. H. 4 Z. 1 L., Br. 2 Z. 11 L. Die Copie ist mit 1517 bezeichnet. H. 2 Z. 6 L.? Br. 1 Z. 9 L.?

11) Zwei nackte weibliche Figuren vom Rücken gesehen, mit verschränkten Armen, von denen die eine den Todtenschädel mit der Sanduhr hält. H. 4 Z. 8 L., Br. 3 Z.

12) Eine stehende nackte Gestalt vom Rücken gesehen, wie sie aus dem Bade kommt, im Grunde Landschaft. H. 6 Z. 5 L., Br. 4 Z. 1 L.

13) Die h. Catharina, stehend mit dem Schwerte, zu den Füssen das zertrümmerte Rad. Im Grunde ein Theil des Gefängnissgebäudes. Mit dem Zeichen. H. 4 Z. 5 L., Br. 2 Z. 11 L. Nicht bei Bartsch.

14) Die h. Jungfrau in einer Landschaft am Fusse des Baumes sitzend, wie sie das Kind säugt. Rechts oben das Täfelchen mit dem Zeichen. H. 4 Z. 8 L., Br. 3 Z. 11 L. Nicht bei Bartsch.

15) St. Sebastian an den Baum gebunden, und mit Pfeilen durch-

bohrt, im Grunde Landschaft. H. 4 Z. 10 L., Br. 3 Z. 3 L. Es giebt von diesem Blatte Abdrücke in rother Manier. Nicht bei Bartsch.

16) Adam und Eva, Holzschnitt, dessen Bartsch nicht erwähnt. Heller zweifelt, ob Krug in Holz geschnitten.

Krug, auch Krüger, Hans, Goldschmied, der Sohn eines gleichnamigen berühmten Künstlers, und Bruder Ludwigs, lebte in Nürnberg. Seine Lebensverhältnisse sind unbekannt, und auch über seine Leistungen ist nichts Sicheres nach zuweisen. Er soll es im Stahlschneiden weit gebracht haben. Starb 1519, wie Doppelmair versichert, nicht 1510, wie bei Füssly steht.

Krug, Architekt und Bildhauer zu Hamburg, ein Künstler, dessen wir 1819 erwähnt fanden. Er zeichnete auch lebensgrosse Bildnisse in schwarzer Kreide, die neben der ungemein fleissigen und musterhaften Ausführung auch das Verdienst der sprechenden Aehnlichkeit haben. Auch ein Maler Krug lebte zu Hamburg, vielleicht Eine Person mit dem Obigen.

Krug, Joseph, Maler in Bamberg, der aber 1810 in Ansbach geboren wurde. Er bildete sich um 1827 auf der Akademie der Künste in München.

Kruger, Bildhauer von Danzig, fertigte verschiedene Bildwerke in Elfenbein. Im Cabinet des Herzogs von Sachsen-Gotha sah man von ihm die Reiterstatue August II. von Polen in Elfenbein.

Kruger, F. u. Jakob, auch Krüger genannt, zwei Maler, die in der ersten Zeit des vorigen Jahrhunderts gelebt haben müssen. Der erstere malte Thiere und Landschaften, und auch Jakob malte Landschaften, dazu aber noch Genrestücke.

Kruger, J., Maler zu Amsterdam, ein Künstler unseres Jahrhunderts. Er malt Bildnisse, die er öfter in landschaftlicher Umgebung anbringt. Im Jahre 1820 war er noch in voller Thätigkeit.

Krull, E., Medailleur und Münzmeister des Herzogs von Braunschweig-Lüneburg um 1772. Auf seinen Werken stehen die Buchstaben E. K.

Krull, Christian Friedrich, Bildhauer und Medailleur, wurde 1748 zu Hessem in Wolfenbüttel geboren, und man muss ihn unter die guten und wissenschaftlich gebildeten Künstler seiner Zeit rechnen. Er wurde herzoglicher Münzcommissär und Medailleur zu Braunschweig, und als solcher fertigte er die Stempel mehrerer Gold- und Silbermünzen. Man hat von ihm neben andern auch eine Denkmünze mit dem Bildnisse des Herzogs Leopold von Braunschweig. Er starb 1787. Sein Bruder folgte ihm in seiner Stelle.

Krummer, Johann, s. den folgenden Artikel.

Krumper, Hans, Maler und Bildhauer von Weilheim, ein für seine Zeit berühmter bayrischer Künstler, der mit Pietro Candito und Heinrich Schön, einem merkwürdigen, aber vergessenen Künstler, der zu Ende des 16ten und im ersten Viertel des folgenden Jahrhunderts viel zur Verschönerung Münchens beitrug. Seine

Bildungsgeschichte ist unbekannt, man weiss nur, dass er neben der Plastik und Malerei auch in der Baukunst erfahren war; indessen scheint er die Bildhauerei zum Hauptfache gemacht zu haben, und nur als Bildhauer kam er in Dienste Herzogs Wilhelm V. Die Zeit, in welcher dieses geschah, ist nicht bekannt; doch scheint er nicht viele Jahre vor dem 1598 erfolgten Regierungsabtritt dieses frommen Herzogs nach München gekommen zu seyn. Wilhelm V. hatte viele Künstler in seinem Dienste, und die vierteljährige Ausgabe für dieselben belief sich auf 1374 fl. 45 kr. Meister Friedrich Zustris hatte als der höchst Besoldete das Quartal 150 fl., Krumper aber, als junger Mann nur 50 fl., und erst in der spätern Zeit des kunstliebenden Maximilian belief sich seine Besoldung auf 480 fl. Unter diesem Churfürsten führte er jedoch den Titel eines Hofmalers, obgleich P. Candito, Anton Ponzan, Hans Wernl (beide Lipowsky unbekannt), Ulrich Loth, Hans Briederle u. a. die Malerarbeiten besorgten. Krumper hat indessen auch gemalt, und er ist jener bayrische Hofmaler Johann Krummer, dessen Westenrieder und Lipowsky erwähnen. Westenrieder legt ihm eine Darstellung des Opfers Abrahams bei, welches Krummer für die Abtei Walderspach gemalt hatte.

Die ersten Arbeiten dieses Künstlers sind in der St. Michael's Hofkirche zu München: Christus am Kreuze, an dessen Fusse Magdalena kniet, welcher ehedem den Kreuzaltar zierte, jetzt in einer Seitenloge aufgestellt; ferner ein Engel mit dem Weihwasser-Gefässe auf der entgegengesetzten Seite, beide von Bronze. Dieser Engel darf nicht mit dem Erzengel an der Hauptfaçade verwechselt werden. S. Gerhard. Im Jahre 1600 fertigte er das eherne Monument des Jakob Burckhard in der Metropolitankirche zu U. L. F. In dieser Kirche ist auch das grösste Werk des Künstlers: das grossartige Monument mit Erzbildern, welches Churfürst Maximilian dem grossen Kaiser Ludwig setzen liess. Pietro Candito, Maximilian's Hofmaler, hat die Zeichnung dazu verfertiget und Krumper das Modell ausgeführt und den Guss geleitet, der an Reinheit keinem Erzbilde jener Zeit nachsteht.

Maximilian lebte in einer vielbewegten Zeit, aber während er den Blick nach aussen richtete und die Ruhe im Vaterlande erhielt, versammelte er auch die Künste, um sich durch sie einen für jene Zeit prächtigen Sitz bereiten zu lassen. Die alte Residenz — damals die neue Veste zum Unterschiede von dem alten Hofe (der Ludwigsburg) so genannt, war klein und bereits baufällig, und der Churfürst dachte daher mit Ernst daran, sich eine neue Residenz zu bauen. Sonderbar ist es, dass Männer wie Westenrieder u. a. nie die Verhältnisse des Baues erforscht, und nicht einmal die genaue Zeit von dessen Beginn bestimmen konnten. Es ist ja nicht einmal der Name des Baumeisters zu lesen; — weder Westenrieder und Lipowsky, noch die neueren Topographen Münchens kennen einen Heinrich Schön. Der Bau begann im Jahre 1612, und Hans Krumper war neben Schön derjenige, der mehrere Details zeichnete. Er bossirte auch Vieles für die Stuccatorer, welche die verschiedenen Ornamente fertigten. Nach sechs Jahren war der Bau vollendet, und rasch ging es auch mit der äusseren Verzierung des Gebäudes. An der Hauptfaçade hin zog sich eine Pallustrade, von welcher nichts mehr übrig ist, als die Löwen an den Seiten der beiden Eingänge, Bronzewerke des Hans Krumper, von welchem auch jene über den Portalen herrühren; nämlich die allegorischen Gestalten der Justitia, Fortitudo, Temperantia und Prudentia. In Mitte der Façade ist seine Erzstatue der heiligen Jungfrau als Patrona Bavariae. Im Hofe der alten Residenz ist ein Brunnen mit Figuren von Seegöttern und andern Gestalten, lauter Bronzewerke des Hans von Weilheim. Diesen Theil der Residenz hat König Ludwig bei seinem neuen Bau als Sitz erlauchter Vorfahren unversehrt gelassen. Sein letztes Werk war die Statue der hl. Jungfrau auf der marianischen Säule, welche Maximilian auf dem Hauptplatze 1628 einweihen sah. Lipowsky schreibt auch die unteren Bildwerke dem Hans Krumper zu, allein die da aufgestellten Engel und Dämonen goss ein Glockengiesser in München aus einer Cartaune mit dem Mansfeld'schen Wappen.

Ueber Verhältnisse dieser Art werden wir uns in einer herauszugebenden bayerischen Kunstgeschichte näher verbreiten.

Krumper, C. Hans Joachim, Bildhauer, der Sohn des Obigen, wurde ebenfalls im Dienste des Münchner Hofes beschäftiget. Im Jahre 1649 wurde er durch Decret angestellt, mit einem Gehalte von 100 fl. Dieser Künstler fertigte verschiedene Bildwerke in Holz und gebrannter Erde. Erstere bemalte er selbst. Für den Churfürsten bossirte er die Statue des Marcus Curtius, wie dieser sich in den Abgrund zu stürzen Willens ist.

Krumperz, Hieronymus, Maler zu Prag im 14. Jahrhunderte. Er kommt in einem Protocolle der dortigen Malerbruderschaft vor, welches in Riegger's Statistik mitgetheilt ist.

Krumpigl, Karl, Landschaftsmaler, geb. zu Prag 1805, gest. 1832 zu München. Er zeigte schon frühzeitig entschiedene Neigung zur Malerei, daher konnte ihn denn der Handels-Stand, dem er sich widmen sollte, nicht anziehen. Er studirte demnach in den Mussestunden, die ihm das Studium an der polytechnischen Schule zu Prag gestattete, ohne alle Anleitung, nach verschiedenen Meistern der Malerei; wurde später mit dem Landschaftsmaler Piepenhagen bekannt, und machte nach Beendigung seiner Studien mit demselben eine Reise nach Salzburg. Diese Reise entschied für seine Standeswahl, welche endlich auch seine Eltern billigten. Nun widmete er sich von 1826 an unter der fortgesetzten Leitung des Landschafters Piepenhagen ganz der Landschaftsmalerei, besuchte die vorzüglichsten Gallerien zu Prag, und ging 1831 nach München, um daselbst seine künstlerische Ausbildung zu vollenden; allein der Tod setzte schnell seinem Streben ein Ende, gerade als er anfing, für sein hervorstechendes Talent eine Bahn zu gewinnen. Seine Bilder zeugen von einem fleissigen Studium der Natur und von einer reichen, zuweilen düsteren Phantasie. Er stellte gerne Waldparthien mit Wasserfällen dar. Ein gelungenes Gemälde, das Innere einer Gruft vorstellend, beurkundet auch dessen Talent für das Architekturfach.

Kruse, C. B., Künstler in Stettin, von dessen Thätigkeit wir 1836 Nachricht erhielten. Man hat von ihm Arbeiten in Kork, besonders architektonische Monumente.

Krusemann, Cornelis, berühmter Historienmaler, wurde 1797 zu Amsterdam geboren, und schon frühe äusserte sich bei ihm entschiedene Neigung zur zeichnenden Kunst. Sein erster Meister war C. H. Hodges, dann kam er zu P. A. Ravelli, und bei diesen Meistern erlangte er bereits grosse Uebung im Zeichnen von Köpfen und der übrigen Theilen des menschlichen Körpers. In jener Zeit malte er Portraite und auch Landschaften; als er aber in seinem vierzehnten Jahre die Akademie seiner Vaterstadt besuchte, wählte er das historische Fach, und jetzt war die menschliche Gestalt der Gegenstand seines Hauptstudiums. Nach zwei Jahren erhielt er den silbernen und den goldenen Ehrenpreis, und in der Folge war es J. A. Dainvaille, dem er im Technischen der Malerei das Meiste verdankte. Krusemann malte jetzt Genrestücke; sein grossartiger Sinn zog ihn aber mehr noch zur rein historischen Darstellung, und schon als Künstler von Ruf begab sich Krusemann endlich auch nach Italien. Ueber seinen langen Aufenthalt in diesem Lande, so wie über die Erlebnisse des Künstlers gibt ein interessantes Werk Aufschluss, unter dem Titel: Anteekeningen betreffende eene konstreis en verblyf in Italie door C. Kruseman, t'Haage 1826; deutsch von Mayboom, Emden 1831. Krusemann führte in Italien mehrere Bilder aus, und die meisten seiner Werke gehören zu den besten Erzeugnissen der neuern Kunst, sowohl seine Bildnisse, als Genrestücke, ganz besonders aber verdienen seine Historien erwähnt zu werden. Seine Scenen sind mit besonderer Lieblichkeit ausgeführt, und bezaubernd in der Beleuchtung. Seine Zeichnung ist edel, und seine historischen Compositionen lassen deutlich den nach den italienischen Kunstschätzen ausgebildeten Künstler erkennen. Alle seine Bilder sind mit Geist und Geschmack behandelt, mit zartem Pinsel gemalt. Er malte viele grosse Bilder, und besonders berühmt ist seine betende Familie auf dem Museum im Grafenhaag. Ausgezeichnet ist auch sein Gemälde mit Johannes dem Täufer im Mannesalter, welches 1820 zur Ausstellung kam; dann der blinde Belisar als Bettler, die büssende Magdalena, Nephtali und Rahel, und besonders trefflich ist seine Grablegung auf Befehl des Königs gemalt. Ein grosses Bild stellt ein Ereigniss des Feldzuges von 1831 vor, und später malte er die Abreise Philipp II. von Scheveningen, nach Schiller's Abfall der Niederlande. Von seinen Genrebildern sind noch als vorzüglich zu erwähnen: zwei Frauen und ein Bauer aus Frascati, welche Musik machen; ein bettelnder Greis mit seiner Tochter, ein herrliches Bild im Besitze der Königin der Niederlande; ein anderes nach dem Gedichte: „Het gevallen meisje" etc. Von seinen Bildnissen zeichnen sich jene des Königs der Niederlande, der Königin, der Statthalter von Indien, van der Capellen und de Hock, so wie einige andere aus. Im Jahre 1838 vollendete er ein meisterhaftes Bild, welches die Verwundung des Pferdes des Prinzen von Oranien zu Bautersem vorstellt.

In R. van Eyndens Gesch. der vaterlandsche Schilderk. Harlem 1820 III. p. 310. ist das Bildniss des Künstlers.

Krusemann, J. A. H., Maler zu Amsterdam, dessen Lebensverhältnisse wir nicht kennen. Im Jahre 1826 lasen wir, dass man auf diesen jungen Künstler grosse Hoffnungen baue.

Krust, Kupferstecher, unter dessen Namen wir folgendes Blatt erwähnt fanden: Kaiser Franz II., 1792, klein und punktirt.

Kruyf, Jacob, Maler von Harlem, dessen Weyermann erwähnt. Er malte Architekturstücke und Seehäfen, die er mit vielen kleinen Figuren belebte. Um 1670 wurde er nach Frankreich berufen.

Kruyf, Cornelis de, Maler zu Amsterdam, wo er 1771 auch geboren wurde. Er malte Landschaften und Ansichten von Städten, Landschaften mit Figuren und Architektur, mehrmals Jäger etc.

Wir wissen nicht, ob dieser Künstler sich noch am Leben befinde; im Jahre 1820 war er jedoch noch in voller Thätigkei.

Kruyf, A., Maler und Zeitgenosse des Obigen. Er malt ebenfalls Architekturstücke, auch Zeichnungen in Tusch führt er aus.

Krygner, A. C., Maler zu Amsterdam, ein Künstler unserer Zeit. Er malt Genrestücke. Um 1820 sah man deren auf der Kunstausstellung der erwähnten Stadt.

Kryns, Eberhard, Schüler des C. von Mander, malte Bildnisse und Historien, die zu jener Zeit Beifall fanden. Arbeitete um 1604.

Kryz, Meister, Architekt und Bruder des Johann Stanko, lebte um 1407 zu Böhmisch Crummau.

Kubata, Maler zu Chrudim in Böhmen, wo er um 1686 lebte. Der folgende Künstler ist sein Sohn.

Kubata, David, Maler zu Cherudim und Sohn des Obigen, wurde um 1686 geboren. Er malte Altarblätter, wie jenes am Hochaltare der Dekanatskirche zu Chrudim, dann malte er auch Architekturstücke und Portraits. Die architektonischen Darstellungen sind das Beste, was er geliefert.

Kubata liess sich in Kremsir nieder, und hier starb er auch.

Kubick, Georg, Bildhauer zu Wien, wo er den Titel eines akademischen Künstlers erhielt. Starb 1830 im 50. Jahre.

Kubinsky, Carl von, Maler und Zeichner aus Preussisch-Pommern, wurde um 1770 geboren. Er zeichnete und malte historische Darstellungen und Portraite; zu Anfangs unseres Jahrhunderts war er Cabinetsmaler des Grafen von Stollberg.

Kubler, Georg, Miniaturmaler zu Prag, wo er 1808 im 48. Jahre starb.

Kubler, s. auch Kübler.

Kübler, Werli, Zeichner von Schaffhausen, der 1550 geboren wurde, nach seinen Lebensverhältnissen aber unbekannt ist. Es finden sich interessante Zeichnungen von ihm, mit der Feder, mit Tusch und mit Bister ausgeführt. In der Sammlung des Dekan Veith zu Schaffhausen, die 1835 zur Auktion kam, waren mehrere solcher Zeichnungen, und solche haben wir unten namentlich verzeichnet. Im Dictionnaire des monogrammes par F. Brulliot, I. p. 2784 wird das aus W. K. bestehende Monogramm auf einen Zeichner Wernher Kübler gedeutet, aber die beigesetzte Jahrzahl 1520 macht auf einen älteren Künstler schliessen, als der unsrige ist. Von diesem Monogrammisten ist in den lithographirten Nachbildungen von Handzeichnungen, die Strixner und Piloty herausgegeben, ein Kopf mit Bart im Geschmacke Dürer's copirt. Wir möchten fast glauben, dass die undeutliche Ziffer 2 eine 7 seyn sollte, und dann mag der Monogrammist immerhin Werli heissen.

1) Christus sein Kreuz tragend, reiche Composition mit lat. Inschrift, gr. fol.
2) Die Salbung Samuel's, 4.
3) Saul kehrt den Spies gegen den fliehenden David, fol.
4) Der Zug der Israeliten durch das Meer, 4.

5—8) Die Aufnahme, Kleidung der Nackten, Befreiung der Gefangenen, Tränkung der Durstigen, 1602.
9) Jonas vom Fische an's Land geworfen, 4.
10-13) Die Abreise des verlornen Sohnes, dessen Wohlleben, derselbe als Schweinhirte, und die Rückkehr zum Vater, 4. Die ersten dieser drei Blätter haben den Namen des Künstlers und das Zeichen des Tobias Stimmer.
14) Hanna opfert im Tempel, qu. fol.
15) Der Schweizerhauptmann in der Mitte der Soldaten, 1613, 4.
16) Der Alte vor dem Könige kniend, 4.
17) Die Flora, im Grunde eine lustige Gesellschaft, 1604, 4.
18) Kinderspiele, römische Krieger etc. In R. Weigel's Catalog der Veith'schen Sammlung sind diese Blätter aufgeführt.

Küchelbecker, Porzellanmaler bei der Manufaktur zu Bruckberg, dessen Namen uns 1824 bekannt wurde. Er ziert Vasen und andere Gefässe mit schönen Bildern.

Küchler, C. H., Medailleur, ein Flamänder von Geburt, blühte zu Ende des vorigen Jahrhunderts. Er war Graveur in dem Etablissement des M. Bolton bei Birmingham, und da fertigte er auch einige Medaillen, die mit C. H. K. bezeichnet sind. Solche sind in der Hist. numismatique de la révolution franç. par M. H. (Hennin) pl. 44. 61. 80 abgebildet, und auch im Trésor numismatique et glyptique, in der Sammlung der médailles de la révolut. franç. pl. 53 No. 12; 36 No. 1. 2.; 45 No. 6.

Küchler, Zeichner und Kupferstecher, der um 1826 zu Dresden unter Leitung des Hofmalers C. Vogel stand. Näher kennen wir ihn nicht.

Küchler, Balthasar, Maler und Aetzkünstler zu schwäbisch Gmünd, der uns durch folgendes Werk bekannt ist: Repraesentatio der fürstlichen Auffzug und Ritter-Spil, bei Vermälung Joh. Friedrich Herzog von Würtenberg, mit Sophie, geb. Marg-Grävin von Brandenburg, zu Stutgart den 6. Nowb. 1609.

Dieses Werk hat 239 radirte Blätter, von denen die letzteren von Friedr. Brentel zu Strassburg geätzt sind, qu. fol.

Küffner, Abraham Wolfgang, Maler u. Kupferstecher, wurde 1760 zu Gräfenberg bei Nürnberg geboren, und anfänglich zur Handlung bestimmt, welche er jedoch der Kunst und den Studien vorzog. Er bezug zwar die Universität Altdorf, aber hier machte er die Kunst zum Hauptfache. Er erlernte sie ohne Anleitung und zuletzt wurde er als Zeichnungslehrer an der erwähnten Universität angestellt. Ausserdem malte er Bildnisse in Miniatur, dann solche in Oel, und zuletzt auch kleine historische Bilder. Von seinem Talente zur Nachbildung älterer Meisterwerke haben wir bei Erwähnung seiner Copie von Dürer's Bildniss im Artikel des letzteren, und in unserem Werk: Albrecht Dürer und seine Kunst. München 1837, S. 8. gesprochen. Nach Aufhebung der Altdorfer Universität begab sich der Künstler nach Nürnberg, um hier seine Kunst zu üben. Er malte, stach verschiedene Blätter in Kupfer, und mit solchen stattete er mit Beifall literarische oder belletristische Werke aus. Er hatte auch einen Kunstverlag, und zuletzt (1807) wollte er sich sogar im Münzen versuchen, wofür er aber mit einer mehrjährigen Haft auf der Vestung Rothenberg büssen musste. Nach erlangter Freiheit ging er wieder nach Nürnberg, wo man dem Reuigen sein Vergehen verziehen hatte, und den

Künstler immer noch achtete. Im Jahre 1817 starb er zu Ingolstadt.

1) Etienne et Joseph Mongolfier frères.
2) Mr. Blanchard, citoyen de Calais etc.
3) Weckherlin's Bildniss, punktirt, vor dem ersten Bande der Reisenden, 1788.
4) Hofrath Schott, vor dem zweiten Bande desselben Werkes.
5) Der Kaufmann E. H. G. Merkel, nach Hessel.
6) Der Miniaturmaler C. F. Kleemann, 1789.
7) Schauspiel-Direktor G. L. Aurnheimer, 1803, fol.
8) Das Bildniss Küffner's im Schlafrocke mit der Pfeife; die Gattin und deren Mutter trinken Kaffee, 1788, gr. 12.
9) Die Erstürmung der Vestung Oczakof, nach Casanova. H. 11 Z. 4 L., Br. 14 Z. 3 L.
10) Louis V. remerçiant la bravoure de Schweppermann (die Geschichte mit den Eiern) 1790. H. 17 Z. 6 L., Br. 21 Z. 6 L. Dazu gehört ein Erklärungsblatt mit der Abbildung des Grabmals von Schweppermann. Die Farben suchte Küffner nach heraldischer Weise durch Punkte und Schattirungen auszudrücken, und somit ist dieses Blatt ein Curiosum.
11) Blanchard's 28. Luftfahrt am 12. November 1787, qu. fol.
12) Allegorie auf die Verderblichkeit des Lotto.
13) Der Marktschreier und der Gaukler, im untern Theile die Wahrsagerin, welche nach den Lineamenten der Hand prophezeiht, nach Küffner's Erfindung.
14) Der Schauspieler Miedke als Balduin von Eichenhorst in Kotzebue's Kreuzfahrern, 1801. 4.
15) Zwei Blätter zu D. König's Gedichten 1788: Philippine Welser, und Hans von Hutten.
16) Die Blätter in Papst's Lebensgeschichte Königs Friedrich II. von Preussen: der Monarch in den jugendlichen Uebungen; Katt's Enthauptung; die Huldigung in Breslau; Scene nach der Schlacht bei Torgau; Dr. Zimmermann's Besuch bei dem kranken Könige.
17) Zwölf Vorstellungen aus F. von Sickingen's Leben, 12.
19) Zwölf Landschaften, nach J. Sibylla Kraus.
20) Verschiedene Gegenstände nach F. Kobell, L. Krahe, Karcher, A. Kaufmann, P. Koningk, Kupetzky, Ketel etc.

Küffner, Joseph, Miniaturmaler von Mainz, der sich um 1796 bis 1800 in Prag aufhielt, doch kennen wir seine spätern Verhältnisse nicht. Er malte mit Beifall Bildnisse.

Kügelgen, Gerhard von, Historien- und Portraitmaler, geboren zu Bacharach am Rhein 1772, ermordet 1820. Dieser sowohl als Künstler, wie als Mensch gleich ausgezeichnete Mann ist ein Zwillingsbruder des russischen Cabinets-Malers Carl von Kügelgen, mit welchem eine seltene Aehnlichkeit statt fand. In beiden Brüdern entwickelte sich frühe die Neigung zum Bilden, aber erst im siebzehnten Jahre widmeten sie sich ausschliesslich der Kunst, da der Vater (churkölnischer Hofkammerrath) dieselbe unter die losen zählte. Den ersten Unterricht erhielten sie von dem Landschaftsmaler Schütz in Frankfurt und beim Maler Zick in Coblenz. Hierauf nahm sie der brave Portrait- und Historien-Maler Fesel als Schüler an, und nach einigen Jahren fanden sie an dem Churfürsten von Cöln, Maximilian Franz, einen hohen Gönner, der den aufstrebenden Künstlern durch drei Jahre jährlich 200 Dukaten, um sich in Rom auszubilden, bewilligte. Im Jahre 1791 betraten sie die Kunststadt. Den Historienmaler zogen die Idealgestalten der Antike und das wundersam Rührende in Rafael's Bildern so an, dass er ausschliesslich nur diese und jene nachzubilden bemüht war. Da er sich, wie sein Bruder, nicht auf die Autorität eines Meisters oder einer Schule stützte, so war sein künstlerisches Streben frei, und es entfaltete sich in ihm das Eigenthümliche seines Genius. In seinen historischen Bildern ist daher der nach dem Antiken strebende Schönheitssinn, mit gemüthvollem Affekte verbunden, nicht zu verkennen.

Als die Franzosen Deutschland überschwemmten, verloren sie ihre Unterstützung. Carl fand zwar einen neuen Gönner an dem reichen Lord Bristol in Rom; Gerhard aber blieb ohne alle Unterstützung. Er verliess daher mit einem biedern Freunde, Namens Johann Schwarz aus Riga, Rom und ging nach München, wo er die reiche Bildergallerie zu seinem Studium benutzte, und durch Portraitmalen sich Unterhalt verschaffte. Nach einiger Zeit reiste er mit seinem Freunde nach Riga. Carl folgte dem Bruder bald nach, und so begaben sich beide 1798 nach Petersburg, wo sie eine höchst erwünschte Aufnahme fanden. Der Hof und Private überhäuften Gerharden mit Arbeiten, und Carl ward vom Kaiser Paul mit einem Gehalt von 3000 Rubeln als Hofmaler angestellt. Gerhard vermählte sich mit einer Baronin von Manteufel aus Kurland, und Carl heirathete die Schwester der Gemahlin des Bruders. Im Jahre 1804 verliess Gerhard Petersburg und wählte 1805 Dresden zu seinem künftigen Aufenthalte. Glückliche Verhältnisse begünstigten hier seinen ungestörten Fleiss, und sicherten ihm ein sorgenloses Leben, da besonders in Russland seine kleinen historischen Stücke und heiligen Familien mit bedeutenden Summen bezahlt wurden. Er war in Dresden seit mehreren Jahren als Professor an der k. Kunstakademie angestellt, auch zugleich Mitglied der Akademie zu Petersburg und Berlin. Kügelgen zählte viele glückliche Tage, endlich aber nahte sein Verhängniss. Dieser talentvolle Künstler wurde auf dem Wege nach seiner friedlichen Wohnung, in der Nähe der Hauptstadt, auf die grausamste Weise ermordet und beraubt. Er hinterliess zwei Söhne und eine Tochter. Mehreres über Gerhard von Kügelgen s. das Leben dieses Künstlers, erzählt von F. Hasse. Leipzig 1824. Und nun von ihm als Künstler. An Kügelgen sah man auf die erhebendste und rührendste Weise was ächte Kunst auf ein reines frommes Gemüth wirken kann, und bis zu welcher idealen Höhe der Menschheit das klare Verstehen des Zwecks, wozu Gott diese schönste Himmelsgabe der Erde lieh, zu führen vermag. Er gehörte zu den seltensten, edelsten und liebenswürdigten Menschen und zu den sinnigsten Künstlern aller Zeiten. Alles in ihm war Harmonie. Kügelgen huldigte nie der Manier oder Schule irgend einer Nation. Sein einziges treugeliebtes Vorbild war der ihm an Seele und Herz so verwandte Rafael. Auf seltene Weise wusste er den Geist und die Gluth italienischer Meister mit den reinen Formen der Griechen, der tiefen Bedeutsamkeit der Deutschen und dem blühenden Farbenzauber der Niederländer zu vereinigen. Gleichsam plastisch gerundet treten seine lebenswarmen Gestaltungen aus der Leinwand hervor. Sinn, Ausdruck und Bedeutung des Kunstwerkes war ihm stets das Erste und Höchste, und damit verband er gründliche akademische und wissenschaftliche Kenntnisse, liebevollen Fleiss in der zartesten und vollendetsten Ausführung. Seine Kunst war nur ernsten und heiligen Dingen gewidmet, desshalb trauerte er wohl, wenn er durch Zeitumstände gezwungen, sich oft der Portraitmalerei so sehr hingeben musste; nur dann übte er sie enthusiastisch gern, wenn es galt, berühmte, ausgezeichnete Menschen zu verewigen oder liebenden Verwandten durch die treffende Aehnlichkeit Entfernter oder Verstorbener Trost und Freude zu gewähren. In seinen eigenen Schöpfungen bemerken wir stets, wie Harmonie die wahre Wurzel und Grundlage aller seiner Ideen zu nennen ist. Sehr gern pflegte er sich eine Hauptgestalt als Mittelstück zu denken, zu dem er dann zwei Seitenstüke schuf, die in genauester Beziehung darauf standen, und zu einem vollen Akkord sich vereinigten. Er äusserte oft, dass seine Ideen sich immer ganz ungesucht so gestalteten, und dass es ihm Mühe kosten würde, sie anders zu ordnen.

Eine zweite Lieblingsanordnung des Künstlers war es, einen Cyklus von Gestalten zu bilden, welche mannichfaltige Abstufungen desselben Gefühls darstellen. Zu seinen letzten herrlichen Gemälden gehört ein solcher himmlischer Dreiklang: ein Christusbild in der Mitte, rechts Johannes der Täufer, links Johannes der Evangelist, Kniestücke in voller Lebensgrösse. Kügelgen malte oft Christusköpfe, meist ganz von vorn, ernsterhaben, stets mit frommer Andacht an das Werk gehend. Ernster und tiefgreifender gelang ihm aber noch nie diese Idealgestaltung als hier bei diesem lehrenden Christus. Von ausgezeichneter und rührender Schönheit ist der jugendliche Johannes; er spricht noch inniger und gemüthvoller an, als eine frühere Gestaltung dieses Heiligen, eines wahren Feuerpriesters der Wahrheit und des Glaubens. Am wunderbarsten aber ergreift das letzte Werk des unglücklichen Künstlers, woran er noch zwei Tage vor seinem Ende arbeitete. Es ist auch Kniestück in Lebensgrösse und stellt den verlornen Sohn aus dem Evangelio vor. Erschütternder, mit mehr charakteristischer Tiefe und Wahrheit lässt sich dieser Gegenstand nicht darstellen. Der verirrte Sünder kehrt in sich zurück, mit glühender Innigkeit hebt er das verwilderte Haupt empor und presst die gerungenen Hände betend an die Brust. Namenlose Zerknirschung ist in diesen aufweinenden Augen und den verstörten, aber nicht verzerrten Zügen. Die ausserordentliche Wahrheit des Fleischtones und die tiefe Kenntniss der Anatomie im Muskelspiel ist zu bewundern. Zu einem Gegenbild, die Rückkehr des Reuigen in die Arme des Vaters, hatte er schon den Entwurf gemacht. Das letzte Portrait, welches er vollendete, war das Brustbild des Fürsten von Reuss. Ein Lieblingswerk des Künstlers, und auch eine seiner letzten Arbeiten, ist eine Madonna mit dem Jesuskinde, etwas unter halber Lebensgrösse, ein ebenso selenvolles als liebliches Gemälde, originell gedacht und mit allem Zauber der Kunst ausgeführt.

G. Hardorff hat sein Bildniss lithographirt.

Kügelgen, Carl Ferdinand von, Landschaftsmaler, der Zwillingsbruder Gerhard's, und mit diesem Künstler waren seine Lebensschicksale lange Zeit dieselben. Sie waren beide im Gymnasium zu Bonn, Carl aber sollte fortstudiren, was ihm so wenig zusagte, als dem Bruder, und nach seiner Aeusserung wollte er lieber ein armer Maler seyn, als Minister werden. Den ersten Unterricht ertheilte ihm Schütz in Frankfurt, dann kam er mit dem Bruder bei dem Maler Zick in Coblenz zusammen; grösseren Vortheil zog er aber aus dem Unterrichte des Malers Fesel, der sich der Jünglinge mit Liebe annahm. Dieses alles, und dass diese Zwillinge in Rom gewesen, haben wir im Artikel Gerhard's berührt, und wir fügen daher bei, dass Carl in Rom das Copiren bald aufgab, um sich der Natur in die Arme zu werfen, und diese bot ihm besonders in Tivoli reichen Stoff. In der Folge fand er in Russland sein Glück, da ihn Kaiser Paul zum Hofmaler erwählte, und aus Auftrag dieses Kaisers trat er mit dem Staatsrathe v. Köhler 1804 eine Reise nach der Krimm an. Hier nahm er gegen 150 Gegenden nach der Natur auf, und dem kunstliebenden Alexander gefielen sie so wohl, dass Kügelgen selbe in Oel auszuführen gedachte. Doch bei'm Anfang der Arbeit glaubte er das Charakteristische mancher Gegend in der Zeichnung nicht tief genug aufgefasst zu haben, und er bat daher den Monarchen, eine zweite Reise in die Krimm unternehmen zu dürfen, um seiner Arbeit die möglichste Wahrheit geben zu können. Der Kaiser gestattete die Bitte, und so durchzog der Künstler 1806 Taurien nach allen Richtungen. Er brachte 240 Zeichnungen zurück, aber erst später konnte er an die Herausgabe seiner krimm'schen Reise denken. Der europäisch-französische Krieg wälzte sich an die Grenzen Russlands, und die Künste des Friedens fanden wenig Unterstützung mehr. Kügelgen aber hatte sich des Schutzes des russischen Edelmannes Slobin zu Wolsk bei Saratow zu erfreuen, bis dieser durch Napoleon selbst in Gefahr kam. Kügelgen betrieb jetzt mit dem Reste seines Vermögens die Zuckerfabrikation aus Runkelrüben, ein anfangs glückliches Unternehmen, bis die Einfuhr der Colonialwaaren demselben ein Ende machte. Damit verlor der Künstler sein ganzes Vermögen, und nun war er auf die Kunst allein beschränkt. Schon in Wolsk hatte er 30 Ansichten der Krimm in Oel gemalt, und diese überreichte er jetzt dem Kaiser, der ihn mit 10,000 Rubeln und mit einem kostbaren Ringe belohnte. Auch bestellte er noch mehrere andere Bilder. Diese 30 Oelgemälde und 60 Sepiazeichnungen mit krimm'schen Ansichten wurden zur Verzierung eines grossen Saales zu Kamenoi Ostrof bestimmt, und diese bilden eine eigene Taurische Gallerie. Hierauf fasste er den Entschluss zur Herausgabe einer malerischen Reise in die Krimm in 50 Folioblättern; allein das Werk kam nicht zu Stande. Im Jahre 1818 bereiste er auf Befehl des Kaisers zu ähnlichem Zwecke Finnland, und 55 nach der Natur gezeichnete Skizzen waren das Resultat. Alexander kaufte sie, und 1820—22 führte sie Kügelgen auch in Oel aus. Zu jener Zeit erschienen von ihm zugleich 15 lithographirte Blätter finnländischer Naturscenen. Früher gab er 6 lith. Zeichnungen mit Baumstudien und 4 Ansichten der Krimm heraus.

Diese Lithographien arbeitete er auf dem Landgute Kurküll aus, und nur im Winter brachte er einige Wochen in St. Petersburg zu. Im Jahre 1827 zog er nach Reval, wo er in seinem Friedenheim glückliche Tage genoss. Von den vier grossen Gemälden, die ihm hier für das Zollgebäude in Petersburg aufgetragen wurden, vollendete er nur eines, aber dieses erklärte er für sein bestes. Im Jahre 1832 ereilte ihn der Tod in Reval.

Kügelgen's erstere Werke sind nicht frei von Härte, in der Composition ist er zu überladen; in der Folge aber verschwanden diese Fehler. Er liebte immer Reichthum des Ganzen, und über seine Bilder verbreitet sich eine freudige Ruhe, die den Beschauer fesselt. Er verstand es, den Charakter der Gegend zu fassen, und dieser drückte er auch das Gepräge einer originellen Idealität auf. Am liebsten malte er idyllische Ansichten und Prachtscenen, und am meisten bewundert man seine Fernen und Mittelgründe. In Darstellung der Luft und des Wassers steht er hinter Vernet, das Grün und das schöne Lichterspiel ist aber unnachahmlich. Das Colorit ist meistens warm, wenigstens immer durchsichtig und kräftig. Seine trefflich ausgeführten Sepiazeichnungen wurden fast so theuer bezahlt, als die Gemälde. Bis zum Jahr 1825 hatte er 131 Gemälde und 258 Zeichnungen ausgeführt, ohne die Studien und Copien. Im Ganzen belaufen sich seine Gemälde auf 171 Stücke, und der Zeichnungen gibt es 290 ausgeführte. Zu seinen letzten und vorzüglichsten Werken gehören 10 Ideal-Landschaften in Oel, geniale Erzeugnisse.

Die ausführlichsten Notizen über den Künstler sind im neuen Nekrolog der Deutschen X. I. S. 17 ff.

Kügelgen, Wilhelm von, Maler und Zeichner, der ältere Sohn des Gerhard, wurde 1800 geboren, und der Kunst widmete er sich in Dresden unter Leitung des würdigen Professors Hartmann. Dann studirte er die Kunstschätze der k. Gallerie und zu gleichem Zwecke begab er sich später nach München. W. von Kügelgen hat bereits verschiedene schöne Bilder gemalt, und ein anderes Werk erschien unter dem Titel: Die Geschichte des Reiches Gottes nach der hl. Schrift in Bildern von W. von Kügelgen. Mit andeutendem Texte herausgegeben von Dr. F. A. Krummacher. 2 Hefte mit 14 Kupfertafeln und Text. Essen 1833 fol.

Kügelgen, Constantin von, Maler, der Sohn Carl's, wurde 1808 geboren, und seine künstlerische Entwickelung leitete noch der Vater. Er widmete sich ebenfalls der Landschaftsmalerei und diese übt er mit Auszeichnung. Er ist kais. russischer Hofmaler.

Küglein, irriger Name statt Kügelgen.

Kühlen, Fr., ein k. preussischer Offizier, dessen wir 1824 als Maler erwähnt fanden. Er copirte nach guten Meistern, und auch in eigenen Compositionen versuchte er sich.

Kühlmann, Carl Gottlob, ein Künstler zu Dresden und derjenige Ingenieur, von welchem es in Brulliot's Dictionaire des monogrammes heisst, dass er auch Blätter geätzt habe. Er war Unter-Lieutenant und Lehrer bei dem Cadeten-Corps zu Neustadt-Dresden, und 1813 starb der Künstler. Man hat von ihm einen Plan von Meissen und den Grundriss mit Prospekt von Tharant.

Kühn, Gottwald, Maler aus Schmiedefeld bei Suhl, der um 1836 in Nordhausen seine Kunst übte. Man findet Genrestücke von seiner Hand gemalt, seine Lebensverhältnisse sind uns aber unbekannt. S. auch L. Kühne.

Kühne, Christian Gottlieb, Bildhauer zu Dresden, wurde daselbst 1781 geboren, und hier erhielt er auch seine Bildung zum Künstler. Er brachte schon zu Anfang unseres Jahrhunderts Werke zur öffentlichen Ausstellung, und im Laufe der Zeit folgten mehrere andere, Statuen, Büsten und Monumente. Von seinen Büsten nennt man jene des Malers und Prof. Friedrich, Dr. Luther's, des Königs von Sachsen.

Kühne, Friedrich Anton Joseph, Hoffourier des Königs von Sachsen, wurde 1782 geboren, und hier findet er eine Stelle, weil er auch in der Miniaturmalerei erfahren ist.

Kühne, G. Lebrecht, Maler aus Eisleben, bildete sich um 1820 bis 1824 auf der Akademie der Künste in Dresden, und hier sah man bei Gelegenheit der Kunstausstellungen auch Bilder von seiner Hand. Es sind dieses Fruchtstücke, Bildnisse und historische Darstellungen, und bei der Dresdner Schaustellung von 1834 schickte er auch landschaftliche Bilder ein. Der Inhalt derselben erinnerte an Tyrol und die Salzburger Gegend. Fast möchten wir glauben, dass der oben erwähnte G. Kühn mit diesem Kühne Eine Person sei.

Kühne, Friedrich, Maler, der sich um 1826 zu Berlin unter Leitung des Prof. Wach der Kunst widmete. Er brachte damals Bildnisse und Historien zur Ausstellung, besonders gute und treue Copien: ein solche der wunderlieblichen Madonna Rafael's in Cammuccini's Sammlung zu Rom, der Vierge au linge etc.

Kühnel, Friedrich, Maler, wurde 1766 zu Dippoldiswalde geboren, und in Dresden genoss er den Unterricht von Schenau und Casanova. Daneben zeichnete er nach den Gypsabgüssen der Akademie, und besonders war es auch die Natur, welche er studirte. Man rühmte seine Werke wegen ihrer Schönheit der Form, und wegen des charakteristischen Ausdrucks der Figuren. Er malte Bildnisse und Historien, und auch Zeichnungen lieferte er.

Zu Anfang unsers Jahrhunderts lebte auch ein Ch. Friedrich Kühnel von Dippoldiswalde, der an der Porzellanmanufaktur zu Meissen angestellt war. Von diesem Kühnel, vielleicht der Vater des Obigen, gibt es 13 Blätter mit militärischen Scenen, 1776 und 77 datirt, qu. fol. u. gr. qu. 8. u. qu. 8.

Kühnel, Paul von, Architekt, der durch den Plan zum Dome in Gran rühmlich bekannte Künstler, dessen wir unter Khünel schon erwähnt haben. Wir finden seinen Namen einmal Khünel geschrieben, glauben aber, dass Kühnel die richtige Schreibart sei, und daher müssen beide Artikel sich ergänzen. P. v. Kühnel starb 1824.

Kühner, Friedrich, Maler aus Gotha, hielt sich 1810 seiner Ausbildung wegen in Rom auf. Er erscheint im Almanach aus Rom von diesem Jahre, und der wird unter seinen Bildern ein Ganymed genannt. Seine weitere Spur konnten wir nicht verfolgen.

Kühnert, Architekt, der um 1806 in Kassel lebte. Er hatte den Ruf eines geschickten Künstler, der neben den architektonischen Rissen auch historische Zeichnungen lieferte, die grossen Beifall fanden.

Kümfel, Maler und Zeichner zu Berlin gegen das Ende des vorigen Jahrhunderts. Man hat von ihm historische Darstellungen, Schlachten und Genrestücke, in Oel und in farbigen Zeichnungen.

Kümmel, Maler zu Hannover, ein jetzt lebender Künstler. Man hat mythologische Darstellungen, Genrestücke etc. von seiner Hand.

Kün oder Kuen, Leonhard, Maler von Weissenhorn in Schwaben, arbeitete in der zweiten Hälfte des vorigen Jahrhunderts. Er malte Historien, dieses noch um 1790. Weiter ist er uns unbekannt.

Küng, Erhard, Architekt und Bildhauer aus dem niederländischen Westphalen, einer der Baumeister des Berner Münsters. In diesem meisterhaften Dome ist auch ein Schnitzwerk von Küng, das grosse figurenreiche, nach Art damaliger Behandlung in vielen kleinen runden Gestalten hervortretende Hochrelief über dem Portal. Es stellt das Weltgericht dar, mit einer schwer übersichtlichen Menge von Köpfen. St. Peter steht hier an der Himmelspforte und wehrt dem Pabste den Eingang. Dieses Werk trägt die Jahrzahl 1495.

Künkler, A., s. Kunkler.

Küntzel, August, Zeichner und Lithograph aus Breslau, wurde zu

Anfang unsers Jahrhunderts geboren, und in seiner Vaterstadt zum Künstler gebildet. Er machte sich schon früh durch Federzeichnungen bekannt, besonders durch zwei Lithographien, welche den Johannes nach Dominichino und das Bildniss Melanchthon's nach L. Cranach vorstellen. In diesen Blättern wetteiferte die Lithographie mit dem Kupferstich, und auf diese folgten verschiedene andere, in welche die zartesten, wie die stärksten Schraffirungen mit gleicher Sicherheit gezogen sind.

Im Jahre 1822 erhielt er bei der Kunstausstellung zu Breslau den Preis, und in späterer Zeit begab sich der Künstler nach Berlin, wo er gegenwärtig seine Kunst übt.

Andere Werke in dieser eigenthümlichen Linienmanier sind:

1) Sechs der schönsten und seltensten Holzschnitte von Albrecht Dürer in originalseitigen treuen Copien mit der Feder auf Stein gezeichnet. Berlin 1832, gr. fol. Die Originale sind in der Sammlung des königl. preussischen Generalpostmeisters und Bundestagsgesandten H. von Nagler in Berlin. Das Brustbild des Kaisers Maximilian I. ist nach einem selbst Bartsch unbekannten Holzschnitte gefertiget.

2) Der Triumphwagen Kaiser Maximilian's I., nach Dürer.

Künzle, Architekt aus Carlsruhe, bildete sich daselbst in Weinbrenner's Schule. Wir fanden seine Zeichnungen als vortrefflich gerühmt.

Kuenz, oder Kunz, ein Bildschnitzler, der um 1334 zu Rosenheim in Bayern lebte. Er schnitzte Heiligenbilder, und ein solches, eine Madonna, bewahrt die Kirche zu Tuntenhausen in Oberbayern. Dieses Bild verlieh der Kirche den Ruf einer Wallfahrt.

Kürzinger, Franz, Maler, wurde 1730 zu München geboren, und von dem damaligen Hofmaler Winter in den Anfangsgründen der Kunst unterrichtet. Damals gab es in München noch keine Akademie, und Kürzinger begab sich daher zur Vollendung seiner Ausbildung nach Rom. Diese suchte man sich zu jener Zeit in den Schulen der lebenden Meister zu verschaffen, nicht so sehr durch das Studium der Antiken, der Werke Rafael's und anderer alten Meister. Zur Zeit Kürzinger's war der nicht viel ältere R. Mengs im Flore, und an diesen schloss sich unser Künstler mit Verehrung an. Nach seiner Heimkehr wurden ihm ehrenvolle Aufträge zu Theil, so wohl in Oel, als in Fresco. Er zierte verschiedene Kirchen und Klöster. Für die Klosterkirche in Bernried malte er das Hochaltarblatt mit St. Martin, und in Ebersberg ist das Gemälde des Täufers sein Werk. Nach Gars kam der heil. Thomas von Aquin, und die Kirchen zu Ebersberg und Spalt malte er in Fresco aus. Starb um 1790.

Kürzinger, Johann, Maler von München, der Bruder und Schüler des obigen Franz. Er blieb in seinem Vaterlande, erlangte aber dennoch Beifall, sowohl mit seinen Bildnissen, als mit seinen kleinen Genrestücken in niederländischer Manier.

Johann Kürzinger starb zu München 1794 im 59. Jahre.

Kürzinger, Ignaz, Maler, wurde 1777 zu München geboren und von seinem Vater Franz in den Anfangsgründen der Kunst unterrichtet. In der Folge widmete er sich auch der dramatischen Kunst, es blieb aber seine Zeit zwischen dieser und der bildenden Kunst getheilt, und dennoch wurde er in beiden ein trefflicher Künstler.

Er betrat mit ungetheiltem Beifall die königl. Hofbühne in München, und hier wurde er zuletzt Direcktor des Schauspiels. Direcktor Kürzinger lebt noch gegenwärtig, doch fern von der Bühne, und seit seiner Quiescirung ist die Malerei seine Hauptbeschäftigung gewesen.

Man sah bei Gelegenheit der Kunstausstellung in München verschiedene Werke von diesem Künstler, Bildnisse, Historien und Genrestücke. In seinen Gemälden herrscht Wahrheit, und was die technische Behandlung anbelangt, so verräth sie keinen gewöhnlichen Dilettanten. In seiner früheren Zeit malte er für die Klosterkirche in Bernried zwei Altarblätter mit St. Bernhard und St. Benedikt, und für die dortige Pfarrkirche malte er die Himmelfahrt Mariä. Für den Grafen August von Törring-Guttenzell führte er aus dessen Trauerspiel: Agnes Bernauer, zwölf Scenen in Wasserfarbe aus. Dann fertigte er auch etliche gute Copien, mythologische Darstellungen, und neben den Bildnissen der Gräfin von Montgelas, der Mme. Borgondis etc., sah man auf der Kunstausstellung zu München ein Gemälde mit Maria, Magdalena und Johannes, den Verkauf Joseph's, den englischen Gruss u. s. w.

Kürzinger, Alois, Maler und Bruder des Obigen, widmete sich in München, seiner Vaterstadt, ebenfalls der Kunst, und zwar unter Leitung seines Vaters Franz. Man sah schon bei Gelegenheit der Münchner-Kunstausstellung von 1788 und 1789 Bilder von seiner Hand.

Weiter konnten wir seine Spur nicht verfolgen.

Kürzinger, Marianne, Malerin, die Schwester der beiden vorhergehenden Künstler, wurde 1770 geboren, und von ihrem Vater in den Anfangsgründen der Kunst unterwiesen. Später trat sie unter Leitung des Gallerie-Direktors J. Dorner und, mit Talent begabt, gab sie bald die Hoffnung, dass in ihr eine bayerische Angelika Kaufmann erstehen werde. Sie malte verschiedene Scenen. Auf der Müncher-Kunstausstellung von 1788 sah man schon eigene Compositionen von ihrer Hand gemalt: ein Nachtstück mit Artemisia, und den König Salomon.

Von dieser Zeit an lieferte sie mehrere Bilder, die mit Beifall aufgenommen wurden; die Darstellung einer altdeutschen Familie kam sogar in die königliche Gallerie. Für eines ihrer besten Bilder erklärte man jenes, welches ein Serail vorstellt, und das in den Besitz des Herzogs von Kurland kam; für den General Moreau malte sie 1801 den Tod des Latour d'Auvergne; H. von Dittmar in Regensburg erhielt von ihrer Hand 30 Scenen aus Hamlet. Das letzte Gemälde stellt Christus am Oelberge dar, und dann folgten noch wenige Zeichnungen, die sie fast sterbend noch entwarf. Im Jahre 1809 starb sie, als Wittwe des Schauspielers und Sängers I. Kunz.

Küsel oder Küssel, Matthäus, Kupferstecher und Zeichner, geb. zu Augsburg 1621, gest. 1682. Er erlernte seine Kunst in Augsburg, in der Folge aber ging er nach München, wo er eine bedeutende Anzahl Blätter lieferte, sowohl mit der Nadel, als mit dem Grabstichel. Besonders geschätzt wurden seine gestochenen Bildnisse, doch auch seine geätzten Blätter fanden die Kenner des Beifalls würdig. Die meisten Bildnisse sind in grossem Formate:

1) Ecce homo, durch eine kreisförmige Linie hervorgebracht, oder im Cirkelschnitt, gr. fol.
2) Ein Mönch mit der Kapuze auf dem Kopf, gr. fol.
3) Zwei Mönche, welche auf dem Wasser gehen und ihren Bruder daraus erretten, fol.

4) Die Kreuzigung, 4.
5) Allegorie auf die Geburt des kaiserlichen Prinzen Joseph, mit vielen Figuren und Zierathen, gr. fol.
6) Kaiser Leopold mit seiner Gemahlin, im untern Raume Neuburg, Linz und Philippsburg.
7) Kaiser Leopold als Jupiter mit seiner Gemahlin in Wolken, unten die himmelstürmenden Giganten, gr. fol.
8) Leopold I. und seine Gemahlin von Neuburg in ganzer Statur, die freien Künste repräsentirend.
9) Eine Perspektive, nach J. Heauteville's Riss.
10) 46 grosse theatralische Darstellungen aus der Oper: Il poma d'oro, bei der Vermählung Kaiser Leopold's auf dem kaiserlichen Theater in Wien gegeben, 1667. Diese Vorstellungen, mit Proscenium und Vorhang, hat der Architekt L. Burnacini gezeichnet. Die Figuren sind gut gezeichnet, und auch die theatralische Anordnung damaliger Zeit ist merkwürdig.
10b) Dieselben in 32 Blätter wiederholt, in gr. qu. 8.
11) Das ewige Feuer, ebenfalls theatralische Vorstellungen am Hofe in Wien, nach Burnacini's Zeichnungen.
12) Verschiedene Aufzüge, Ballete, Feuerwerke und Comödien, welche in München zu sehen waren, nach F. Saturini's Erfindung.
13) Disputation einiger Cisterzienser Brüder, dem H. Bernard dedicirt, dessen Portrait in der Mitte.
14) Eine andere These mit St. Catharina, roy. fol.
15) Disputation Joannis Fabricii mit der Andromeda am Felsen. 1½ Elle lang.
16) Friedrich, Herzog von Sachsen Gotha, in ganzer Figur.
17) Franz Augustin, Graf von Waldstein, kaiserlicher Minister, ganze Figur.
18) Johann Baptist Schorer, Kaufmann zu Augsburg, Halbfigur, nach J. U. Mayr, kl. fol.
19) Johann Michael Dilherr, Theolog, Halbfigur in achteckiger Einfassung, gr. fol. Schön und selten.
20) Leonhard Weiss, Decemvir zu Augsburg, ganze Figur in dem Costum der damaligen Zeit, nach J. Werner, gr. fol. Schön.
21) Eleonora Sophia, Fürstin von Anhalt.
22) Emanuel, Fürst zu Anhalt.
23) Friedrich der Grosse, Markgraf von Baden.
24) Augusta Maria, Markgräfin von Baden.
25) Fridericus, haeres Norwegiae.
26) Johannes Furtenbach, Baumeister, nach A. Schuch, 1651.
27) Eleonora Gonzaga, römische Kaiserin.
28) Sigmund Franz, Erzherzog von Oesterreich.
29) Maria Maximiliana Theresia, Gräfin von Colalto.
30) Carl Graf von Waldstein, kaiserl. Cammerherr.
31) Dr. Tobias Oelhafen zu Nürnberg.
32) Carl Sulzer, Praetor Augustanus.
33) Andreas Winkler, Senator Lipsiensis.
34) Adolph Zobel, Patrizier von Augsburg.
35) Johannes Conrad, Bischof zu Basel.
36) Ferdinand Bonaventura, Graf von Harrach, kaiserlicher Oberstallmeister.
37) Christoph Bender, Praetor reip. Francof.

Dann hat man von ihm ein Werk: Nobilissima artis graphices

soboles, oder von der Bau-, Bild-, Malerei- und andern freien Künsten, qu. fol.

Küsel oder Küssel, Melchior, Zeichner und Kupferstecher, der jüngere Bruder des Obigen, wurde 1622 zu Augsburg geboren, und der ältere M. Merian zu Frankfurt unterrichtete in der Kunst. Er arbeitete längere Zeit in dieser Stadt, da ihm Merian seine Tochter zur Ehe gab, nach dem Absterben des Schwiegervaters 1651 ging er aber nach Augsburg, wo er bis zu seinem 1683 erfolgten Tod verblieb.

Küsel lieferte eine grosse Anzahl von Blättern, sowohl mit dem Stichel, als mit der Aeznadel ausgeführt. Er gefiel wegen der netten und fleissigen Behandlung der Nadel. Auf den Kraus'schen Copien von Dürer steht nur sein Excudit.

1) Alle Kaiser, Könige und Fürsten aus dem Hause Bayern, in kleinem Formate, und selten auf zwei gr. fol. Bogen.
2) Hauptansicht des Domes und der Cathedrale von Regensburg: Idea cathedralis ecclesiae S. Petri Apostolis in Civitate Ratisbonae, 1658, gr. imp. fol., aus zwei Blättern bestehend. Hauptblatt in schönem Drucke.
3) Ehrenpforte und Einzug Kaiser Ferdinand III. zu Regensburg auf dem Reichstag 1652, gr. qu. fol.
4) Ehrenpforte und Illumination unter dem Erzbischofe zu Salzburg, dem heil. Rupert und Virgil 1682 errichtet, gr. fol.
5) Apollo und Thetis von Nymphen bedient, schöne Gruppe, nach J. Edelink's 5 Blättern copirt, in dem Werke: Grotte de Versailles, qu. fol.
6) Tritonen, welche die Pferde des Triton putzen, herrliche Gruppe in Versailles, 4 Blätter Copien, kl. fol.
   Auch die Blätter mit Apollo, Tritonen und Nereiden hat er copirt.
7) Die Thaten des Ulysses und seiner Gefährten, nach N. del Abbate's Compositionen, ehedem im Schlosse zu Fontainebleau, nach Th. van Thulden copirt, 60 treffliche und seltene Blättchen, mit U. Kraus radirt; 1702 edirt, in 12.
8) Die Passion Jesu, nach Carpoforo Tencala's Erfindung, 10 Blätter in 8.
9) Theatrum dolorum Jesu Christi dei-hominis pro hominibus patientis, nach W. Bauer. 28 Blätter, gr. 4.
10) Vita et historia beatae Mariae Virginis, 14 kleine Blätter.
11) Das alte und neue Testament in Bildern, 248 Blätter. Augsburg, 1679, gr. 4.
12) Ovid's Verwandlungen, nach W. Bauer, qu. 4.
13) Darstellungen zum Pastor fido, 42 Blätter nach W. Bauer's Erfindung, 4.
14) Prospekte aus Italien, Friaul, Kärnthen, Steiermark etc., von W. Bauer gezeichnet, 41 Blätter.
15) Italienische Seehäfen, nach demselben, 17 Blätter.
16) Gärten und Landhäuser, nach demselben, 18 Blätter.
17) Römische Gebäude, Ruinen und Tempel, Amphitheater etc. 10 Blätter nach demselben.
18) Schlachten, nach demselben, 7 Blätter.
19) Costüme verschiedener Nationen, nach demselben, 18 Blätter.
20) Grosse emblematische Figuren, nach demselben, 15 Blätter.
21) Geistliche Embleme zu J. M. Dillherr's evangelischer Sonntags-, Fest- und Epistelpostill, Augen- und Herzenslust, heiliger epistolischer Bericht und Licht, 182 Blätter, nach G. Strauch.

22) Eine Jagd, welche der Churfürst von Bayern gehalten, fol.
23) Des Freiherrn von Brandenstein's Disputation, dem Erzbischof und den Ständen des Reiches Böhmen dedicirt. Die Kreise sind unter Frauengestalt dargestellt, 2 Ellen lang und eben so breit.
24) Alle Fürsten Grafen und Herrn, welche 1667 in Magistr. promovirt wurden, nach C. Münck, gr. fol.
25) Des Grafen Johann Friedrich von Waldstein Disputation, mit dem Marienbild zu Prag, dem Kaiser Leopold dedicirt, 2¼ Elle lang, 1¾ Elle breit.
26) Das Schiff mit den sieben freien Künsten, These des F. X. Bormann, 1660, gr. fol.
27) Des Grafen von Bukowo Disputation, mit Kaiser Leopold I. und den sieben Churfürsten zu Pferde; 1¾ Ellen lang und 1¼ Elle breit.
28) Des Math. Scharkov Disputation, mit Johannes dem Evangelisten, 1½ Elle hoch und 1 Elle breit.
29) Disputation des Freiherrn von Beeck, mit Kaiser Ferdinand IV. auf dem Throne als Salomon, 1¼ Elle hoch und 1 Elle breit.
30) Disputation des Caspar Ezech, mit einem Ungar, der den Türken sammt dem Pferde spaltet, 1 Elle hoch, 1¾ Elle br.
31) Salzburgs Lustgarten, fol.
32) Die fünf Sinne, sechs Blätter mit Titel, auf welchem die Urania victrix zu sehen. Schätzbar und selten.
33) Les misères et les malheurs de la guerre, gute Copie nach Callot, 18 Blätter.
34) Der weinende Heiland auf die Schedelstätte weisend.
35) Die wunderthätige Hostie zu Augsburg.
36) Der Todtentanz, nach St. de la Bella.
37) Landschaften, nach demselben.
38) Ein Bär, welcher die Jungen leckt.
39) Bildniss von Joseph Fürstenbach.
40) Anton Schott, churf. sächsischer geheimer Rath.
41) Sebastianus Kirchmaier, Prof. Ratisbon., nach B. Block.
42) Joannes Hozius, Augustae Consul.
43) Maximilianus Curz, Lib. Baro in Senfftenau, 1668.

Ueber die Ausgabe von J. W. Bauer's Werken, der Iconographia etc. S. den Artikel desselben am Schlusse.

Küsel oder Küselin, Johanna Sibylla, Kupferstecherin, wurde 1646 zu Augsburg geboren, und von ihrem Vater J. Melchior in der Kunst unterrichtet. Sie arbeitete mit dem Stichel und der Nadel mehreres im väterlichen Hause, bis sie der Kupferstecher J. U. Kraus heirathete, den sie bei seinen Arbeiten ebenfalls unterstützte. Von jener Zeit an kommt sie unter dem Namen der J. S. Krausin vor. Sie starb 1717.

1) Der Zug der Israeliten durch das rothe Meer, nach Callot, qu. 4.
2) Die kleine Passion, nach demselben, 12 Blätter.
3) Die heil. Familie in einer Landschaft, Joseph liest im Buche, gr. 8.
4) Der Satyr bei dem Bauer, qu. 4.
5) Pallas als Vorsteherin der Künste und Wissenschaften, Copie nach Hollar, gr. 8.
6) Juno als Vorsteherin des Landbaues und Handels, nach demselben, kl. qu. fol.
7) Venus in einer Landschaft liegend, dabei Amor mit dem Blumenkorbe, nach demselben copirt, qu. 8.

8) Eine Folge von Türken, Mauren und Afrikanern zu Pferde, nach St. della Bella copirt, 4.
9) Eine Folge von biblischen Darstellungen des alten und neuen Testaments, 38 Blätter, 8.
10) Die rühmlichen Thaten Carl V. von Lothringen in Ungarn, 21 Blätter, nach S. le Clerc.
11) Die Eroberungen Ludwig's XIV., 9 Blätter nach demselben.
12) Sechs Landschaften, fol., beinahe Quadrat.
13) Kleine Landschaften mit mythologischen Darstellungen.
14) Plusieurs têtes coiffées à la parisienne, 11 Blätter.
15) Gärten, Fontaine u. a. zu Rom und Tivoli. 12 Blätter, qu. 4.
16) Der Kopf einer jungen Orientalin, angeblich das Bildniss der Künstlerin, in Rembrandt's Manier geätzt.

Küsel oder Küselin, Johanna Christina, die ältere Schwester der Obigen, war ebenfalls Kupferstecherin, so wie eine dritte Schwester Magdalena. Diese beiden Künstlerinnen arbeiteten häufig mit einander, und daher ist es nicht möglich ihre Werke genau zu scheiden. Dann gibt es Blätter mit Ornamenten, welche mit den Buchstaben M. P. K. fec. bezeichnet sind, und dieses soll Maria Philippina Küsel bedeuten. Vielleicht ist diese letztere mit der erwähnten Magdalena Eine Person, so dass diese Maria Magdalena Philippina heisst, wenn nicht die Initialen einen ganz andern Künstler bedeuten.

1) Vier geätzte Gebirgslandschaften, mit Gebäuden und Figuren. 4. Die Initialen I. C. K. fec. bedeuten unsere J. Christina Küsel.
2) Eine Sammlung von 100 Figuren des alten und neuen Testaments, ganz klein, von beiden Künstlerinnen.
3) 12 Blumensträusse, fol. von beiden.
4) 7 Blumengefässe, 4. von beiden.
5) Ornamente, oben erwähnt.

Küsel, Elias, Kupferstecher, dessen im Cataloge der Sammlung des Grafen Renesse-Breidbach erwähnt wird. Da wird ihm ein Bildniss des Kaisers Friedrich's III. beigelegt, fol. Diesen Künstler kennen wir nicht.

Küsswieder, Maler, der um 1807 zu Freiburg im Breisgau lebte. Er soll sehr gut nach Art der Basrelief gemalt haben.

Küster, die Schweizer, s. Kuster.

Küster, Franz, Maler aus Bielefeld, bildete sich um 1826 in Berlin unter Leitung des Professors Wach zum Künstler. In dieser Stadt sah man bei Gelegenheit der Kunstausstellung auch Bilder von diesem Künstler; anfänglich Copien und Bildnisse, und zuletzt versuchte er sich auch in eigener Composition. Es sind dieses grösstentheils Genrestücke.

Küstner, G., Lithograph zu Stuttgart, ein jetzt lebender Künstler, dessen Lebensverhältnisse wir nicht kennen. Wir fanden folgende Blätter als seine Werke bezeichnet:

1) Etalon Turcoman, Argamack, qu. fol.
2) Jument Turcomanne, Argamack, beide nach F. A. O. de la Belle, qu. fol.
3) Die Spieler, nach Pflug, 1834, qu. fol.

4) Das Pferderennen in Carneval zu Rom, nach H. Vernet.
5) Zwei Pferdestücke, nach Adam.

Küttner, Samuel, Kupferstecher zu Mitau, in der zweiten Hälfte des vorigen Jahrhunderts. J. F. Bause war sein Meister, und nachdem er sich als Künstler bereits Achtung erworben hatte, erhielt er in Mitau die Stelle eines Zeichnungslehrers am Gymnasium. Seine Blätter sind meistens nach den Gemälden des Herzogs von Curland gefertiget. Küttner starb gegen das Ende des vorigen Jahrhunderts.

1) Die Haushälterin (la ménagère), nach G. Dow, 1779.
2) Die holländische Bäuerin, nach demselben. Aus dem Cabinet Winkler.
3) Das Bildniss des Herzogs von Curland, nach eigener Zeichnung.
4) Jenes des letzten Königs von Polen.
5) Der Tonkünstler J. S. Bach, nach E. Hausmann.
6) Das Bildniss von L. Euler, 1780.
7) Jenes von Saurin etc.
8) Verschiedene Vignetten.

Kuffens oder Kussens, Cornelis, Glasmaler aus Amsterdam, ein geschickter Künstler, der neben andern 1597 für die St. Johanns Kirche in Guda Arbeiten lieferte. Starb 1618.

Kugler, Georg, Architekt, einer der Baumeister der St. Georgenkirche zu Nördlingen. Er folgte auf N. Eseller, der 1480 vom Baue abtrat.

Kugler, Hermann, Maler von Ellbogen, kam 1832 in seinem 26. Jahre auf die Akademie der Künste nach München, um daselbst seine Kunstübungen zu pflegen. Er malt Historien.

Kuhbeil, C. L., Zeichner, Maler und Radirer, bildete sich auf der Akademie der Künste in Berlin, und schon gegen das Ende des vorigen Jahrhunderts konnte er es wagen, auf öffentlicher Kunstausstellung mit Werken sich zu zeigen. Im Jahre 1805 wurde er Professor der Zeichenkunst an der Akademie der bildenden Künste, und als solcher fand er endlich auch Gelegenheit, in Rom und Florenz der Vollendung seiner Studien obzuliegen. Wie er seinen Aufenthalt in Italien benutzte, zeigt ein Werk, welches er später heftweise herausgab. Im Jahre 1811 wurde Kuhbeil Mitglied der Akademie zu Berlin, und 1819 Mitglied des Senats jener Anstalt. Der Tod ereilte ihn 1823.

Kuhbeil machte sich zuerst durch historische Zeichnungen bekannt, er fing aber schon zu Anfang unsers Jahrhunderts an, seine Compositionen auch in Farben zu geben. Es sind dieses historische Gemälde heiligen und profanen Inhalts, Darstellungen aus der griechischen Gesichte, Landschaften mit historischer und anderer Staffage, Architekturstücke, auch Glasgemälde u. s. w. In seinen Werken beurkundet sich ein geläuteter Geschmack, ein genaues Studium der Perspektive, überhaupt ein Künstler, der in der Reihe der Meister aus der älteren Schule mit Achtung zu bezeichnen ist. Dann hat man von Kuhbeil:

1) Studien nach alten florentinischen Malern, von ihm selbst gezeichnet und geätzt, 57 Blätter in 4 Heften, fol. Dieses Werk trägt überall das Gepräge der grössten Strenge und

Redlichkeit. Es ist wichtig für das Studium der Kunstgeschichte, und auch interessant für den schaffenden Künstler.

2) Zwölf Ansichten von Rom und der Umgegend, nach der Natur gezeichnet und geätzt.

Kuhl, Wilhelm, Maler und Lithograph zu Hanau, wurde daselbst 1806 geboren, und seine Bildung zum Künstler erhielt er in München. Er bezog hier 1826 die Akademie der Künste, gegenwärtig lebt er aber in Hanau, wo er eine lithographische Anstalt errichtete. Es gingen aus derselben schon einige Blätter hervor; in neuester Zeit ein solches mit der Madonna della Seggiola nach Rafael. Sein um drei Jahre jüngerer Bruder Georg Friedrich ist Lithograph.

Kuhlwein, W., Maler zu Berlin, wo er um 1836 seine Kunst übte. Er malt Genrestücke.

Kuhn, Christoph, Maler von Rieden, im Gebiete von Zürich, ein mittelmässiger Künstler um 1750. Er malte Landschaften, Schlachten, Jagdstücke etc., öfter grau in grau.

Es gab mehrere Maler dieser Familie.

Ein guter Zeichner Namens Kuhn starb in Corsika.

Kuhn, Architekt, dessen Lebensverhältnisse wir nicht kennen. Er gehört unserm Jahrhunderte an und wir fanden ihn als Erbauer der Ritterburg Rheinstein bei Bingen erwähnt. Bei anderer Gelegenheit wurde dieses Schloss dem Architekten de Lassaulx zugeschrieben.

Kuhn, Johann Baptist, Maler und Lithograph, wurde 1810 zu Durach in Schwaben geboren, und seine Kunststudien machte er um 1829 auf der Akademie in München, wo Kuhn noch gegenwärtig als ausübender Künstler lebt.

Kuhnrath, Jörg, auch Kohnrath, Conrad und Conrath geschrieben, Maler zu Bamberg. Er war fürstlicher Hofmaler, und besonders beschäftigte ihn der Bischof Neithard von Thüngen. Starb 1609.

Auch ein jüngerer Künstler dieses Namens lebte in Bamberg. Von diesem ist bekannt, dass er mehrere Wappen und andere Zierathen gemalt habe, noch 1647. S. Heller in Jäck's Pantheon der Literaten und Künstler Bambergs.

Ein Veit Kuhnrath war ebenfalls Bamberg'scher Hofmaler. Dieser malte heilige Bilder für Kirchen, besonders für St. Getreu. Starb von 1640. Heller l. c.

Kuhrts, H., Maler zu Potsdam, ein Künstler, dessen Thätigkeit in die beiden ersten Zehntel unsers Jahrhunderts fällt. Er malte Bildnisse in Oel und Miniatur; dann historische Bilder, heiligen und profanen Inhalts. Im Jahre 1818 war er noch thätig.

Kuichem, van, ein niederländischer Maler, der in der ersten Hälfte des vorigen Jahrhunderts gelebt zu haben scheint.

Kuick, s. Cuyck.

Kuilenburg, Abraham von, Maler von Utrecht, s. Cuylenburg.

Kuip, s. Cuyp.

Kulenbach, Hans von, s. Culmbach.

Kulenz, N., Historienmaler, der um 1699 in churbrandenburg'schen Diensten stand.

Kulik, Karl, Maler, wurde 1670 in Prag geboren, und sein Vater Johann unterrichtete ihn in der Kunst. Diese übte er in Prag, grösstentheils für Kirchen. Bei Maria Schnee ist die Kreuzigung Christi von ihm, und bei Maria in der Wiege waren ehedem die 12 Apostel von seiner Hand gemalt. Seine Gemälde sind mit Sicherheit behandelt, in kräftiger Färburg. A. Neureiter stach die Statuen der Pragerbrücke nach seiner Zeichnung. Starb 1719.

Kull, Maler zu Zürich, ein Künstler unsers Jahrhunderts. Er malte schöne historische Bilder.

Kummelmann, G., Kupferstecher, welchem im Cabinet Paignon Dijonval folgendes Blatt beigelegt wird.

Die heil. Jungfrau mit dem Kinde sitzend, wie St. Johann mit ihm spiel, nach H. Carracci.

Kummer, Sixtus, Maler zu Ulm um 1660. Er malte Historien und Bildnisse. Von letzteren haben Heckenauer, Kilian u. a. einige gestochen.

Kummer, Bartholomäus, Maler in Ulm um 1684. Er malte für die Emporkirche in Blaubeuren gute Bilder.

Kummer, Martin, Baumeister aus Dresden, der aber in Berlin seine Kunst übte. Er starb hier 1594.

Kummer, Andreas, Bildhauer, der zu Anfang des 17. Jahrhunderts in Berlin lebte. Er arbeitete in Holz: Altäre, Kanzeln etc.

Kummer, Robert, Landschaftsmaler aus Dresden, wurde 1810 geboren, und in seiner Vaterstadt in die Anfangsgründe der Kunst eingeweiht. Später besuchte er Italien, um die Fülle der südlichen Natur kennen zu lernen, und wie sicher er diese im Allgemeinen aufzufassen im Stande ist, hat er bereits durch mehrere treffliche Bilder bewiesen. Seine italienischen Ansichten sind mit ungemeiner Wärme gegeben, in ihrem eigenthümlichen Zauber, oder nach der Wahl des Gegenstandes, in ihrer erstaunenswürdigen Grösse. Er malte den rauchenden Aetna, die in Trümmer zerfallene Pracht Taormina's, und mehrere andere ehrwürdige Reste jenes Landes. Allein nicht nur mit der italienischen Natur hat sich der Künstler befreundet, er weiss auch die deutsche zu fassen, und getreu wiederzugeben.

Kummet, Christian Heinrich, Kupferstecher zu Nürnberg, ein Künstler unserer Zeit. Er war schon 1827 ausübender Maler. In diesem Jahre fanden wir seiner öffentlich erwähnt.

Kumpf, Heinrich, auch Kuss Kumpf (d. i. Henricus Kumpf) von Hessen, und Christoph Horn von Dünkelspül, zwei geschickte Meister, verfertigten unter Rudolph IV. 1356—1365 im Innern und Aussen an der Stephanskirche zu Wien verschiedene Zierarbeiten. Sie sind vielleicht auch die Verfertiger der Statue Rudolph IV. und seiner Gemahlin nebst den beiden Herolden in der ersten Eingangshalle rechts. Hormayr's Gesch. v. Wien. II. Jahrg. I. Hft. 39. und Wiener Jahrb. 1820. Anzeigeblatt No. 11.

Kuncz, Bildhauer zu Prag, Zeitgenosse des Folgenden. Seiner gedenkt ein Malerprotokoll von 1348.

Kunczo, auch Kunczonis, Prokop, Maler zu Prag, wo er 1345 der älteste der Prager Bruderschaft war. Er bekleidete die Stelle eines Hofmalers Karls IV., und als solcher malte er die Bildnisse des Kaisers und seiner Gemahlin für die Katharinenkapelle des Schlosses Karlstein. Jahn legt ihm in seiner Abhandlung über die ältesten Maler Böhmens auch die drei Bildnisse des Kaisers in der Marienkirche auf dem Karlstein zu, und andere Bilder von ihm sind im Schlosse selbst.

Kunerth, Johann, ein k. b. Artillerie-Offizier, ein Böhme von Geburt, war ein guter Zeichner. Im Jahre 1782 zeichnete er verschiedene Quodlibets. Seiner erwähnt Dlabacz im böhmischen Künstlerlexicon.

Kuniatka, Franz, Maler von Libochowicz, der aber um 1750 seine Kunst in Prag übte. Er malte Altarbilder.

Kunike, Adolph, Lithograph zu Wien, und ein in der Geschichte der Lithographie rühmlich bekannter Mann, da diese Kunst seinem denkenden Geiste manche Vortheile gewährte. Er ist der erste, welcher in Wien mit Erfolg eine Druckerei errichtete; jene des Kunsthändlers Reiner und des Buchhändlers Gerold erreichte ihren Zweck nicht. Dieses neue Institut nahm nun Kunike's ganze Aufmerksamkeit in Anspruch.

Im J. 1816 fing er an, die Lithographie zu betreiben, zunächst in der Absicht, die vielen erforderlichen Abbildungen zu seinem lang vorbereiteten Elementarwerk der Zeichnung und Malerei auf dem entdeckten Wege dem Publikum leichter und weniger kostspielig vorlegen zu können. Den grössten Vortheil gewann er durch die Verbindung mit Senefelder, jedoch viele Versuche misslangen; aber schon gegen das Jahr 1818 gelangten seine Kreidezeichnungen zu sichtbarer Vollkommenheit, was die Bildnisse des grossen Jacquin, des Dichters Weissenbach und Mich. Angelo's bezeugen. So arbeitete Kunike mit ruhigem Selbstvertrauen, nicht ohne Kampf mit manichfaltigen Hindernissen, rastlos darauf hin, ausschliesslich den reinen schwarzen Druck bis zur möglichsten Vollendung zu bringen. Mehrere Künstler begünstigten seine Absicht durch Zeichnungen, als F. v. Klinkowström, Ritter v. Scheffer, F. Olivier. Nach manchen andern glücklichen Beweisen seiner Geschicklichkeit wollte Kunike endlich den Gewinn seiner Einsicht und Praxis an einem grossen, allgemein interessanten Gegenstand darlegen. Nun ging aus seiner Presse die lith. Darstellung der bemerkenswerthesten Donauansichten vom Ursprunge bis zum Ausflusse in's Meer, nach Jak. Alt's Zeichnungen, hervor.

Das Unternehmen wurde mit allgemeinem Interesse begünstiget, und diese Sammlung ist zu 140 Blättern in gr. qu. Fol. herangewachsen. Im Jahre 1828 war das Werk vollendet. Die 32 Blätter mit den türkischen Vestungen sind auch besonders zu haben. Ueberdiess gingen aus seiner Anstalt mehrere Hefte mit biblischen Darstellungen aus dem alten und neuen Testamente hervor.

Kunike ist auch der Verfasser eines Lehrbuches der Lithographie.

Kunike, Ferdinand, Maler, dessen Bildungsperiode in die erste Zeit unsers Jahrhunderts fällt. Um 1810 befand er sich in Rom, und das Fach, welchem er sich widmete, ist das historische. Seine spätern Schicksale kennen wir nicht.

Kunka, Maler, dessen Dlabacz erwähnt. Die v. Scottische Sammlung in Prag hatte Gemälde von ihm. Dlabacz meint, der Künstler könnte Kanka geheissen haben.

Kunkler, Adolph, Maler zu Gnadenberg bei Bunzlau, ein Künstler, der uns seit 1826 bekannt ist. Er widmete sich dem Landschaftsfache, und hierin hat er verschiedene schöne Proben seines Talentes gegeben.

Es sind dieses Ansichten von Wasserfällen, Giesbächen, Gletschern, von architektonischen Monumenten, Ruinen u. s. w. Diese seine Bilder erinnern an die Schweiz und an Tyrol, und an andere Gegenden Deutschlands. Besonders gerne malte er architektonische Ansichten.

Kunst, Cornelis, Maler, der Bruder des unter der Rubrik Lucas Cornelisz erwähnten Künstlers. Beide sind Söhne des Corn. Engelbrechtsen, und unser Künstler wurde gemeiniglich C. Kunst (bei Fiorillo Kuust) genannt.

Er fertigte zu Leyden und in Brügge mehrere Cabinetsbilder, profanen und noch mehr heiligen Inhalts. Viele seiner Bilder gingen während der niederländischen Kriegsunruhen verloren, und schon Karl von Mander scheint wenig mehr von diesem Künstler gekannt zu haben. Bei der Tochter unsers Meisters sah er ein Gemälde, welches den Cornelisz mit seiner verstorbenen und mit der lebenden Frau in einem Garten darstellt, im Grunde das sogenannte Thor der Kühe, getreu nach der Natur gemalt. Dann sagt uns die Geschichte noch von einer Darstellung des Erlösers, wie er vor einer Menge Volks das Kreuz nach dem Calvarienberge schleppt, mit höchst ausdrucksvollen Figuren. Eine Kreuzabnehmung rühmte man des warmen und kräftigen Colorites wegen.

C. Kunst starb 1544, 51 Jahre alt.

Kunst, Joseph, Maler, der 1778 in München starb. Er malte Cabinetstücke.

Kuntz, Carl, berühmter Thiermaler und Kupferstecher, geb. zu Mannheim 1770, gest. zu Carlsruhe 1830. Sein Meister im landschaftlichen Fache war Rieger in Mannheim, und Quaglio ertheilte ihm Unterricht in der Architektur und Perspektive. Nebenbei dienten ihm auch die Schätze der Mannheimer-Gallerie zum Studium, und auch der Umgang mit geschickten Künstlern trug nicht wenig zu seiner frühen Entwicklung bei. Im Jahre 1790 bereiste er die Schweiz, wo ihn die grossartige Natur einige Jahre fesselte; dann besuchte er die Lombardei, und auch hier machte er reiche Studien. Endlich ging er ins Vaterland zurück und von da aus wurde er den Kunstfreunden zuerst durch Aquatinta-Blätter rümlich bekannt, besonders durch die Landschaft nach van der Velde und durch Potter's pissende Kuh. Kunz machte die Zeichnungen in Cassel nach den Originalen, die bekanntlich später nach Russland wanderten.

Nach dem Anfalle der Pfalz an Baden kam Kuntz, durch Weinbrenner's Vermittlung, nach Carlsruhe, mit dem Titel und der Besoldung eines Hofmalers, und später wurde er Galleriedirektor. Hier verfertigte er den grössten und besten Theil jener trefflichen Werke, die ihm eine bleibende Stelle unter den vorzüglichsten Landschaftern und Thiermalern sichern. Allenthalben ist in seinen Werken ein gründliches Studium nach der Natur sichtbar; ausserdem war Potter das Vorbild, welchem er nachstrebte. Er machte sich das Individuelle dieses Meisters so zu eigen, dass er in Copirung desselben selbst das geübte Kenneraugе zu täuschen vermochte. Aber nicht nur in der Nachahmung anderer grosser Meister zeichnete sich Kuntz aus, er ist auch Selbstschöpfer genialer Werke, im Thier- und Landschaftsfache. Er eifert auch hierin glücklich mit Potter, dem er nur manchmal an Lebendigkeit und Wahrheit der Farben nachsteht. Seine Stiere, Kühe etc. pflegte er in Thon zu modelliren, und darin liegt es wohl, dass seine Umrisse bisweilen etwas hart erscheinen. Weniger gelangen ihm Schaafe und Ziegen. Seine Landschaften sind Veduten, die er mit Sinn und Geschmack zu wählen und zu behandeln verstand. Ueberall liebte er in seinen Bildern die volle Klarheit des Tages; sein Colorit ist immer brillant, nähert sich aber doch zu sehr der Schmelzmalerei. Doch sind von diesem Fehler meist seine herrlichen Lüfte auszunehmen. Alles, bis ins geringste Detail, ist bei ihm mit Liebe und Fleiss ausgeführt, wesswegen er auch nur langsam arbeitete, und im Ganzen keine sehr grosse Zahl von Bildern zu Tage förderte. Was ihm fehlte war die Gabe der Erfindung, und daher ähneln sich seine Darstellungen ziemlich. Seine Arbeiten, die gesucht und gut bezahlt wurden, zieren die vorzüglichen deutschen Bildergallerien, besonders zeichnen sich die vier Tagszeiten in dem gräflich Hochbergischen Palais aus; vortrefflich sind seine Ansichten des Bodensees und die Bilder im Besitze des Königs von Bayern. Mehrere seiner Arbeiten sind in Wien, Paris und Petersburg etc. Nur wenige sind in Karlsruhe. So wird der Künstler im Kunstblatte 1830 beurtheilt.

Auch die Aquatinta-Blätter dieses Künstlers sind trefflich, sorgfältig und geistreich behandelt. Oefter verband er die Radirnadel mit der Tuschmanier, und zwar so, dass erstere vorherrschend geblieben. Die Staffage steht durchaus mit der Scenerie im Einklang, und Kuntz bewies auch hier seine grosse Geschicklichkeit in Darstellung der Thiere.

1) Die pissende Kuh, nach P. Potter's berühmten Bilde, ein Hauptwerk in Aquatinta, gr. fol. Gute Abdrücke sind schon selten. In der fürstlich schwarzenbergischen Auktion wurde ein Exemplar mit 25 Thlr. 8 gr. bezahlt. Bei Weigel 10 Thlr.
2) Le repas champêtre, eine Hirtenfamilie mit ruhendem Vieh, nach J. H. Roos, qu. imp. fol. Bei Weigel 5 Thlr.
3) Landschaft mit grasenden Ochsen, ruhender Kuh und Schaafen, nach A. van de Velde, qu. fol. Bei Weigel 1 Thlr. 10 gr.
4) Le repos, Viehstück nach J. van der Does, qu. roy. fol. Bei Weigel 3 Thlr. 8 gr.
5) Ruhende Schaafe am Hügel, auf der Anhöhe des Hintergrundes ebenfalls solche Thiere. C. Kuntz f. 1790, gr. qu. 8.
6) Agar renvoyée par Abraham, Landschaft nach C. Lorrain, qu. roy. fol. Ladenpreis 6 Thlr. 8 gr.
7) Agar dans le desert, Landschaft nach demselben, Gegenstück, im gleichen Preise.
8) Calypso, nach Becker, fol.
9) Salomon Gessner's Denkmal, gr. fol.
10) Ansicht von Mannheim, gr. qu. fol. Preis 22 fl.
11) Ansicht von Baden-Baden, gr. fol. Preis 22 fl.
12) Ansicht von Heidelberg, gr. qu. fol.
13) Ansicht des Schlosses von Heidelberg, gr. qu. fol. Jedes dieser Blätter kostete 22 fl.
14) Die Ruinen der Frauenkirche zu Mainz nach der Belagerung von 1793, nach Schneider's Zeichnung, gr. qu. fol.
15) Die Cathedrale zu Mainz, im ruinösen Stande, nach derselben Belagerung, nach Schneider, gr. qu. fol.

14*

16) Sechs grosse Prospekte im Garten zu Schwezingen, nach seinen eigenen Gemälden, gr. qu. fol. In Gouache gemalt kosteten sie bei Artaria 132 fl.
17) Sechs Ansichten aus Graubündten: St. Luciensteig, Mayenfeld, Schloss Retzuns, Splügen, Reichenau, Anders, gr. fol.
18) Das Schloss zu Wörlitz, fol.
19) Das gothische Haus zu Wörlitz, geätzt, fol.
20) Der Venustempel, fol.
21) Der Rheinfall bei Schaffhausen, gr. qu. fol.
22) Ansichten aus der Gegend von Baden und dem Murgthale, die Aquatinta mit der Nadel vereiniget.
33) Einige schweizerische Schlösser und Aussichten, für Pfenninger's Verlag gefertigt.

Kuntz, Rudolph, Maler, Kupferstecher und Lithograph, der älteste Sohn des Obigen, wurde 1797 zu Karlsruhe geboren. Er genoss den Unterricht seines Vaters, und mit trefflichem Talente begabt, berechtigte er bald zu den schönsten Hoffnungen, die Kuntz auch erfüllt hat. Er malt Landschaften und Thiere, und ein besonderes Studium war ihm das Pferd. Seine Gemälde und Zeichnungen sind mit eben so viel Gründlichkeit als Geschmack behandelt.

Kuntz zeichnete und radirte um 1820 für die in Heidelberg bei Engelmann erschienene Sammlung von Rhein-, Neckar- und Moselansichten, und diese Blätter sind als erste Versuche sehr gelungen zu nennen. Andere Werke seines Fleisses sind: Abbildungen sämmtlicher Pferderaçen, nach dem Leben gezeichnet. Lithographirt und herausgegeben von R. Kuntz, mit naturhistorischer Beschreibung von E. d'Alton, Professor in Bonn, 4 Lief. von 6 Blättern, mit Thon gedruckt. Carlsruhe 1827. — 32, gr. qu. fol., Subscriptionspreis 36 Thl.

Abbildungen k. Würtemberg'scher Gestüts-Pferde von orientalischen Raçen, herausgegeben von dem k. lith. Institute. Nach den Zeichnungen und unter Mitwirkung der k. Gestütsdirektion von R. Kuntz, und lith. von Eckeman Allesson, 3 Hefte mit 18 Blätter, deutschem oder franz. Text, Titel und Dedicationsblatt. Stuttgart 1823, 26. qu. roy. fol.

Kuntz, Ludwig, Maler und Lithograph, Bruder des Obigen, wurde 1811 zu Carlsruhe geboren, vom Vater in den Anfangsgründen der Kunst unterrichtet, und bald nach dessen Tod fing er auch an, die Resultate seiner Bemühungen dem Publikum vorzulegen. Wir haben von ihm: Thierstudien, nach der Natur gemalt von Karl Kuntz, auf Stein gezeichnet von Ludwig Kuntz. 2 Hefte. Carlsruhe 1837, 4.

Kuntz, E., Lithograph, vielleicht Bruder der beiden vorhergehenden Künstler. Er ist uns durch folgendes Werk bekannt:

XX Skizzen von E. Fries, grossh. badischem Hofmaler. Zum Gebrauch als Vorlegeblätter für Landschaftszeichner lith. von E. Kuntz und Fr. Eisenlohr. Carlsruhe 1834, gr. qu. Fol.

Kuntz, Historien- und Portraitmaler, der in Prag seine Kunst mit Beifall übte. Er malte die Lobkowitzische Lorettokapelle auf dem Hradschin aus, und auch Altarbilder finden sich von ihm. Starb zu Prag 1798 im 61. Jahre.

Kunz, der Hofmaler Karl IV., s. Kunczo.

Kunz, Mariane, Eine Person mit M. Kürzinger. Meusel und Füssly führen sie zweimal auf.

Kunze, Eduard, Maler zu Berlin, bildete sich in Schadow's Schule, und als talentvoller Jüngling hatte er bald zu den schönsten Hoffnungen berechtiget. Seine Leistungen wurden auf das ehrenvollste erwähnt, aber schon im 21. Jahre, 1827, ereilte ihn der Tod. Sein gelungenstes Werk bleibt ein Carton mit der Parabel vom barmherzigen Samariter, den er nur zur Hälfte in Farben ausführte.

Kunze, Johann Philipp, Schmelzmaler, wurde 1682 zu Frankfurt a. M. geboren, und da übte er anfänglich die Goldschmiedekunst. Zuletzt brachte er es in der Schmelzmalerei noch weiter, und hierin beschäftigte ihn Carl VII. und Franz I. Starb 1759.

Kunze, Johann Andreas, Schmelzmaler, Sohn und Schüler des Obigen, hatte den Ruf eines geschickten Künstlers in seinem Fache. Er arbeitete in verschiedenen Porzellanfabriken, und einige legte er selbst an. Bei solcher Gelegenheit wusste er sich wichtig und nothwendig zu machen, da er im Besitze besonderer Geheimnisse seyn wollte. Seine Hauptstärke soll er in Bereitung der Farben gehabt haben, und dann war er einer der ersten, der Figuren und Landschaften auf gewöhnliches Porzellain malte. Dieser Arkanist starb 1770 zu Höchst.

Kunze, Christian Gottlieb, Philipp's Sohn und Schüler, wurde 1736 zu Frankfurt geboren, und auch er genoss den Ruf eines berühmten Schmelzmalers seiner Zeit. Er arbeitete in verschiedenen Manufakturen Deutschlands und Hollands. In Bereitung der blauen und rothen Farbe hatte er für jene Zeit grosse Kenntnisse, doch hat die unsrige alle jene ältern Erzeugnisse weit hinter sich zurückgelassen. Er malte Bildnisse und Figuren auf Tassen und andere Gefässe, und gegen Ende des vorigen Jahrhunderts starb er.

Kuon, Martin, Maler in Prag, wo er in einem Protokolle von 1348 vorkommt.

Kupelwieser, Leopold, Maler, geb. zu Piesting in Niederösterreich, erhielt seine erste künstlerische Ausbildung zu Wien von dem Maler Rückert und später, im Jahre 1809, an der k. k. Akademie. Die Fortschritte, welche er besonders in letzerer machte, waren so bedeutend, dass er im Jahre 1815 seinen Unterhalt durch die ihm zahlreich ertheilten Aufträge gedeckt sah. Eine im Jahre 1816 in Gesellschaft eines Kunstgenossen nach Dresden unternommene Reise wirkte durch den Eindruck, den die dortige reiche Gallerie auf ihn hervorbrachte, sehr günstig auf seine weitere Bildung. Von diesem Ausflug zurückgekehrt, setzte er eifrig seine Studien an der Akademie fort, und lieferte in jener Zeit ein grosses Altarbild, vorstellend den Erzengel Michael, für den Grafen Michael Esterhazy; verschiedene Copien nach Correggio, Mengs u. a., mehrere Portraits, die Thürflügel der Apotheke in der Wollzeil u. a. m. Das lebensgrosse Bild S. M. des Kaisers, welches Kupelwieser im Jahre 1824 für den Sitzungssaal des Appellationsgerichts zu Prag malte, begründete noch mehr seinen bereits erworbenen Ruhm. Im Sommer des nämlichen Jahres verfertigte er für den Russen Alexis von Beresin eine Suite ungarischer Nationaltrachten, und begleitete hierauf denselben nach Italien, um Landschaften, Costüme und Antiken für eine projektirte Reisebeschreibung zu zeichnen. In Rom verfertigte er nach den Wandgemälden des Fra Angelico da Fiesole im Verein mit den Malern

Hempel und Tunner eine Reihe von vortrefflichen Federzeichnungen, die bei jedem, der sie gesehen, hohe Verehrung für den herrlichen Florentiner erweckt haben. Neben einigen künstlerischen Studien führte er für Beresin in Rom, so wie auf der weitern Reise nach Neapel und Sicilien, bei vierzig Zeichnungen aus. In Messina befiel die beiden Reisenden ein tödtliches Nervenfieber, welchem Beresin erlag und Kupelwieser nur durch angestrengte ärztliche Bemühung entkam. Im August 1825 kam er nach glücklich vollbrachten Wanderjahren in Wien wieder an, und bewährte sohin seine Meisterschaft durch das Altarbild: der Leichnam Christi für die Kirche zu Starawies in Polen, durch die hl. drei Könige, die auf der Ausstellung 1826 viele Bewunderer gefunden, und viele andere Oelgemälde, Portraits und Zeichnungen. Ein herrliches Erzeugniss der Kunst ist sein grosses Oelgemälde, welches den Mittelpfeiler des neuen, prachtvoll ausgestatteten Portals der Kronapotheke am Graben schmückt. Es stellt den frommen Jüngling Tobias vor, wie er, in Begleitung des Engels, von der Reise in die heimatliche Halle zurückgekehrt, seinem blinden Vater das Licht der Augen wieder gibt.

Andere treffliche Bilder sind: St. Stephan, und ein grosses Crucifix, welche beide nach der Militärgrenze kamen; St. Joseph u. Johannes, Altarblätter zu Neuhaus in Böhmen; das Abendmahl; der gekreuzigte Heiland mit der hl. Familie, ein schönes Altarblatt, das er für die Kirche im Lichtenthal zu Wien, für die Erzherzogin Sophie und für Manz von Mariensee wiederholte; die Geburt der Maria, ein ausgezeichnetes Altarbild in Klosterneuburg; die heil. Jungfrau mit dem Kinde, vor ihr Erzherzog Rainer mit Familie, ein grosses Altarbild u. s. w.

Im Jahre 1830 wurde Kupelwieser Corrector der Historienmalerei bei der k. k. Akademie. Mehrere seiner Bilder nennt die Oester. National-Encyclopädie.

Kupetzky, Johann, Maler, geb. zu Pössing in Oberungarn 1666, gest. 1740. Sein Vater, ein Weber, wollte ihn zu gleichem Gewerbe erziehen, allein der Sohn floh im 15. Jahre vor dem Webstuhle, und half sich mit Betteln durch, bis er in Luzern bei einem Maler Klaus Aufnahme fand. Mit Talent begabt, machte er in kurzer Zeit solche Fortschritte, wie Klaus in seinem Leben nie, und nun ging Kupetzky nach Wien, dann nach Venedig und endlich nach Rom, um sich in seiner Kunst zu vervollkommnen, und es gelang ihm, selbst vor S. Bumbelli den Vorzug zu behaupten. Sehr vieles malte er in Rom für Alexander Sobiesky. Seine Muster waren Correggio, Guido und Titian, doch machte er nicht die Historienmalerei zur Hauptsache, sondern die Portraitirkunst. Nachdem er 22 Jahre in Italien zugebracht hatte, erhielt er vom Fürsten Adam von Lichtenstein eine Einladung nach Wien, wo ihn Kaiser Joseph I., Karl VI. und Prinz Eugen vor den übrigen Hofmalern begünstigten, und auch dem Czar Peter wurde er in Carlsbad persönlich bekannt. Dieser Fürst hätte ihn gerne in seine Dienste genommen, aber er nahm weder diese, noch eine andere vortheilhafte Bedienstigung an; wie Fiorillo meint, in Folge einer thörichten (?) Idee von Freiheit. Der russische Czar bestellte bei ihm viele Gemälde, bei welchen ihm David Hoyer die Draperie malen half. Die Zahl seiner in Wien gefertigten Bilder ist sehr bedeutend, da er zahlreiche Aufträge erhielt, deren er sich mit Schnelligkeit entledigte. Er war im Stande, in einem Tage neun Köpfe zu malen. Er malte den Fürsten von Lichtenstein, Karl VI., die Kaiserin, und dieses Bild gefiel ersteren so wohl, dass er den

Künstler an seinen Hof einlud. Doch Kupetzky machte davon keinen Gebrauch, sondern bat nur um die Gnade, ihm und seiner Familie die Ausübung seiner Religion zu gestatten. Er war nämlich ein eifriger Anhänger der Sekte der böhmischen Brüder, und hatte selbst seine Frau, die Tochter seines Meisters Klaus, beredet, dieser Sekte beizutreten. Er hatte sie als armes Mädchen aus Achtung für den Vater geheirathet, was er aber bereute, da dieses böse Weib von schlechtem Charakter war. Dennoch sorgte er redlich für sie, in Wien, so wie später in Nürnberg. Diese Stadt betrachtete er als Zufluchtsort, weil ihm seine Neider in Wien beibrachten, man wolle ihn als Sektirer dem geistlichen Gerichte übergeben, und so schickte er eilig seine Familie nach Nürnberg, und folgte selbst bald nach. Sein Ruf war ihm gefolgt und daher hatte er bald Ueberfluss an Bestellungen. Der Churfürst von Mainz, der Herzog von Gotha, der Markgraf von Ansbach und der Bischof von Würzburg luden ihn ein, um ihre Bildnisse zu malen, doch nirgends blieb er in die Länge. Im Jahre 1733 wollte ihn die Königin von Dänemark an ihrem Hofe sehen, allein sein Alter erlaubte die Reise nicht, und als ihm zu jener Zeit auch sein hoffnungsvoller Sohn, Joh. Christian Friedrich, der schon malte, im 17. Jahre gestorben war, kam er fast von Sinnen. Endlich starb er am Podagra, und seine Leiche wurde ganz im Stillen zu Grabe getragen, weil die Geistlichkeit den böhmischen Bruder nicht als Glied der Kirche betrachtete. Indessen war Kupetzky ein braver Mann. Er machte ein Testament zu Gunsten der Armen, der salzburgischen Emigranten, und der Schulen in Nürnberg.

Kupetzky hat seinen Ruf namentlich als Portraitmaler gegründet; er malte aber auch Historien. Seine Bildnisse glaubten einige mit jenen Van Dyck's vergleichen zu dürfen, und Füssly meint gar, um sich einen Begriff von Kupetzky's Köpfen zu machen, müsste man die Stärke von Rubens, das Zarte und Geistige von Van Dyck und den Schatten und die Zauberei von Rembrandt sich vorstellen; ein Urtheil, das man wohl nicht unterschreiben wird. Er besitzt indessen nicht gemeine Verdienste, besonders in getreuer Auffassung der Natur. Seine Köpfe sind ähnlich, und besonders viel hielt er auf die Darstellung der Hände. Um die Draperie bekümmerte er sich weniger. Seine Farbentinten sind übertrieben; er lasirte bis ins Unendliche. Viele seiner Bildnisse wurden gestochen: von Bause, J. J. Haid, A. und J. Schmuzer, G. M. Preissler, J. C. Vogel, B. Vogel, J. v. Kauperz, P. Westermayer, J. Balzer, E. Schaffhauer u. a. Eine bedeutende Anzahl solcher Bildnisse sind in einem eigenen Werke vereiniget, unter dem Titel: Joannis Kupetzky, incomparabilis artificis imagines et picturae aliquot — antea arte quam vocant nigra aeri incisae, a Bern. Vogelio jam vero similiter continuatae opera et sumptibus V. D. Preisleri Chalcographi, Norimb. 1745. fol. Dieser B. Vogel fertigte das Bildniss Kupetzky's mit der Brille, seinen Sohn daneben, sehr schön in Schabmanier, fol. Sehr selten ist jenes Folioblatt in schwarzer Kunst, welches diesen Meister mit dem Damenbretspiel vorstellt. J. J. Haid stellte ihn mit Palette und Pinsel dar. Balzer sen. stach sein Bildniss für die Abbildungen böhmischer und mährischer Gelehrten und Künstler. Rossbach stach ihn, wie er die Laute spielt, J. Elias Haid im Brustbild mit Halskragen, und J. S. Leitner stach eine Medaille mit dem Bildnisse Kupetzky's. Auch sein von ihm selbst gemaltes Bildniss findet sich noch; einmal bei Domherrn Speth in München.

Dann sind auch historische Blätter nach seinen Gemälden vorhanden, darunter eine Sammlung unter dem Titel: Familia sacra, exhibens imagines Servatoris Jesu Christi ejusque parentum et apostolorum etc. aere incisae a J. J. Haidio.

J. C. Füssly hat sein und des G. Ph. Rugendas Leben beschrieben. Auch in Füssly's Lexikon, in Dlabacz böhmischem Künstlerlexicon und besonders in Jäck's Pantheon sind weitläufige Artikel über ihn zu lesen. Bei letzteren ist ein langes Verzeichniss von Gemälden des Künstlers. S. auch unten Kupetzky-Müller, die Schüler von Kubetzky.

Kupetzky, Johann Christian Friedrich, s. den obigen Artikel.

Kupetzky-Müller, Beiname des Gabriel Müller von Ansbach, eines der besten Schüler des Joh. Kubetzky, von welchem die guten Draperien in den Bildnissen des Meisters herrühren. Andere Schüler desselben sind: Joh. Andreas Brendel, Samuel Gottlieb Hanrich, Johann Noah von Bemmel, Franz Ignatz Roth, Conrad Mannlich.

Kupfer, S., Kupferstecher, der in Wien bei Schmuzer seine Kunst erlernte. Von ihm fanden wir erwähnt:

1) Der Dorfmarkt, mit dem Pendant nach Ferg.
2) Das Bildniss von Spinoza.

Kupfer, Henriette, Malerin zu Berlin, eine jetzt lebende Künstlerin. Sie malt Bildnisse. Dann hat man auch Copien von ihrer Hand. Im Jahre 1832 copirte sie aus einem unbekannten italienischen Gemälde des k. Museums das Portrait eines Kindes.

Kuriger, Johann David, Kupferstecher zu München, wo er in der ersten Hälfte des vorigen Jahrhunderts lebte. Er stach nach Beich u. a.

Kurt, Joseph, Maler in Freiburg, ein Künstler unserer Zeit. Es finden sich verschiedene Genrestücke von seiner Hand.

Kurz, Joseph, Maler zu Wien, wo er den Titel eines akademischen Künstlers führte. Er starb daselbst 1827 im 59. Jahre.

Kurz, Alois, Lithograph von Passau, wurde 1797 geboren, und um 1825 verfolgte er auf der Akademie der Künste in München seine weitere Ausbildung.

Kurz von Goldenstein, Franz, Maler von Laibach, wurde 1807 geboren; sein Kunst übt er zu St. Michael im Salzburgischen.

Kurzrock, Carl Eduard, Maler und Dekorateur, der um 1818 in Berlin arbeitete. Er lieferte auch Zeichnungen in schwarzer Kreide.

Kusck, Johann von, der Glasmaler, dessen Ticozzi erwähnt, ist Eine Person mit J. van Cuyck.

Kussel, s. Küsel,

Kussens, C., s. Kuffens.

Kuster, Conrad, Maler von Winterthur, wurde um 1730 geboren, und seine Kunst übte er in den ersten Jahren in Holland. Er malte da Bildnisse. Im Jahre 1763 ging er in die Heimath zurück, und da malte er auch Landschaften. Starb um 1802.

Kuster, Jakob, Landschaftsmaler, Sohn des Obigen, wurde 1770 in Winterthur geboren, und von seinem Vater unterrichtet, bis er unter Wüst's Leitung in Zürich sich weiter ausbilden konnte. Später besuchte er die Akademie in München, und nachdem er nun auch die Natur mit Aufmerksamkeit studirt hatte, folgte ihm der Ruf eines geschickten Landschafters in Oel und Aquarell. Doch starb der Künstler schon 1796.

Kuster, Johann Kaspar, Maler, geb. zu Winterthur 1747, gestorben 1818. Er lernte bei seinem Oheim Conrad, einem mittelmässigen Maler, hatte aber nach fünf Jahren noch nichts weiter inne, als das Handwerk, welches er auch noch bei dem geschickten Landschaftsmaler Wüest trieb. Endlich fühlte er den Drang, etwas mehr in der Welt zu sehen, und ging 1777 nach Frankfurt a. M., wo er in einer Tapetenfabrik Unterkommen fand. Hier trieb er sich anderthalb Jahre mit der Geschwindmalerei herum, und begab sich dann mit seinem Freunde Huber nach Düsseldorf, wo sich ihnen bei der Betrachtung der herrlichen Kunstwerke in der Gallerie eine neue Welt öffnete. Kuster malte mehrere kleine Bilder, in Schweizerlandschaften und Wasserfällen bestehend, die in Amsterdam und im Haag Abgang fanden. Im Jahre 1784 verliess er wegen der Unruhen die Niederlande und kam in seine Heimath zurück, wo er sich mit Anna Maria Reinhard vermählte, die Insekten, Blumen- und Fruchtstücke mit Beifall malte.

Kuster war glücklich in der Wahl seiner Gegenstände, zeigte viel Gefühl für Effekt und gefällige Formen, und auch sein Pinsel war geübt und keck, das Colorit in seiner besten Zeit leicht und wahr. In späteren Zeiten wurde seine Manier etwas schwerfälliger. Seine Werke sind noch immer beliebt.

Kuster, Mme., s. den obigen Artikel.

Kutschera, Franz, Maler von Lobchowitz in Böhmen, wurde 1807 geboren, und in Prag in den Anfangsgründen der Kunst unterrichtet. Im Jahre 1833 besuchte er die Akademie der Künste in München, und da war es das Landschaftsfach, welches er zum Hauptstudium machte. Er hat bereits mehrere gelungene Bilder geliefert.

Kutsky, Mathias, Maler von Krziwoklad (Birglitz), kam in Dienste des Erzherzogs Ferdinand in Prag, und da starb er 1594.

Kuwasseg, Landschaftsmaler zu Grätz, dessen wir 1821 zuerst erwähnt fanden. In seinen Bildern offenbaret sich ein getreues Studium der Natur, und genaue Kenntniss der Perspektive. Die Vorgründe seiner Bilder sind reich an Naturstudien.

Kuwenberg, Ch. van, s. Kouwenberg.

Kuyck, s. Cuyck.

Kuyl, Gisbert van der, Glasmaler von Gouda, wo er in der Schule der Crabeth seine Kunst erlernte. Hierauf lebte er mehrere Jahre im Auslande, und 1673 starb er im Vaterlande.

Kuylenburg, s. Cuylenburg.

Kuyp, s. Cuyp.

Kuyper, Jakob, Zeichner und Maler, wurde 1761 in Amsterdam geboren, und schon in früher Jugend äusserte er, eine entschiedene Neigung zur zeichnenden Kunst. Sein erster Lehrer war J. M. Cok, und hierauf genoss er während einer Zeit von sechs Jahren bei J. Schmidt gründlichen Unterricht im Zeichnen, bis er endlich von J. Andriessen in die Grundsätze der Malerei eingeweiht wurde. Im Jahre 1775 trat er in die Akademie zu Amsterdam, und hier gewann er 1781 und die beiden folgenden Jahre die ausgesetzten Preise. Zu jener Zeit erlernte er beim Bildhauer Garachi auch das Bossiren, und mit allen Hülfsmitteln seiner Kunst ausgestattet, ging er endlich nach Italien, um seine Bildung zu vollenden. Hierauf besuchte er die Rheingegend und die Gallerien zu Düsseldorf und Mannheim, und nach seiner Rückkehr genoss er im Vaterlande die Früchte seines Fleisses. Im Jahre 1801 war er Mitstifter der Zeichnungsakademie zu Amsterdam, dann Sekretär derselben, und 1808 erwählte ihn auch das k. holländische Institut zum Mitgliede; denn Kuyper genoss den Ruf eines sehr unterrichteten Mannes. Bald darauf wurde er auch zum Präsidenten gewählt, allein seine Gesundheit war bereits geschwächt, und so unterlag er 1808 dem Tode. Er wurde in der alten italienischen Kirche zu Amsterdam begraben, und die Gesellschaften: „Kunst zy ons deel, und Felix Meritis" feierten sein Gedächtniss.

Kuyper malte Landschaften und Historien, und diese seine Bilder sind von grossem Verdienste. Sein Styl ist edel, und in der Composition verfuhr er mit Ueberlegung und mit dichterischem Geiste. Er sah überall auf historische Wahrheit in Sitte und Costüm, so wie auf Correktheit der Zeichnung. Kuyper muss unter den vaterländischen Historienmalern immer mit Achtung genannt werden. Er fertigte 20 Zeichnungen zu den Romeinsche Geschiedenissen door M. Stuart. Jakob Buys lieferte die erstern Blätter, und jene von Kuyper beginnen mit Th. XVIII. Das letzte stellt den Septimius Severus auf dem Sterbebette vor. Ein anderes schönes Werk, welches durch den Tod Kuyper's unterbrochen wurde, ist jenes, welches auch Füssly in den Suplementen nennt: De Mensch zoo als hy voorkomt opden bekenden aardbol. Der Herausgeber ist ebenfalls Stuart, und Kuyper lieferte Aquarellzeichnungen zum Stiche. Es sind noch mehrere seiner Zeichnungen durch Kupferstich bekannt, und dann finden sich auch solche, die nicht zu gleichem Zwecke bestimmt waren, wie eine Darstellung von Bacchus und Ariadne, auf blauem Papier ausgeführt. Seine Oelmalereien sind in geringer Anzahl vorhanden; auch seine Bilder nach Art der Basreliefs und in Onyx sind nicht häufig. Sich selbst bildete er im 22. Jahre mit Pinsel und Palette vor der Staffelei in Lebensgrösse ab. Aus allen diesen Blättern geht hervor, dass Kuyper bei günstigen Verhältnissen ein Historienmaler ersten Ranges hätte werden können.

F. J. Pfeiffer fertigte ein wohlgleichendes Brustbild von diesem Künstler, und dieses ist in der Gesch. der vaterlandsche Schilderk. door R. van Eynden etc. II. Blatt C. No. 2. in Kupfer gestochen. Da liest man auch ausführliche Notizen über den Künstler.

Kuypers, Dirk, Maler und Dichter von Dortrecht, war ein Zeitgenosse des Obigen. Sein Vater widmete ihn den Studien; allein seine natürliche Lebhaftigkeit liess bei ihm keinen ernsten Betrieb zu. Er wählte daher die Malerei, und J. Poorse in Grafenhaag war hierin sein Lehrer.

Hierin lernte er den Dichter R. Arends jun. kennen, und von dieser Zeit an war seine Zeit zwischen der Poesie und Malerei getheilt. Er liess sich im Dorfe Voorschoten nieder, um Gelegenheit zu finden, nach der Natur zu zeichnen, und seine Kunstarbeiten bestanden damals in Tapetenmalereien, die nach dem Haag, nach Leyden und Dortrecht Absatz fanden, weil man diese seine gefälligen Zimmerverzierungen liebte. Auch fertigte er Zeichnungen in Tusch und Saftfarben, die als geistreiche Blätter ebenfalls Liebhaber fanden. Mittlerweile fing er auch in Oel zu malen an, aber der Erwerb war immer noch nicht hinreichend, wesswegen er nach Dortrecht zog, wo es ihm jedoch nicht besser erging. Auch der Verlust seiner Frau war ihm jetzt schmerzlich, und es verfloss einige Zeit, bis er wieder malte und dichtete. Seine ersten Versuche erschienen unter dem Titel: Myne Dichteroefeningen, Leyden 1786. 8. In einem dieser Gedichte hauchte er seinen Schmerz aus, doch blieb er nicht lange dessen Beute, und nach dem bald darauf erfolgten Tod seines Vaters führte er ein noch ungeregelteres Leben als früher. Im Jahre 1796 segnete er endlich das Zeitliche, 63 Jahre alt. Der Dichter J. le Francq van Berkhey widmete ihm ein Gedicht.

Kuypers zeichnete und malte Landschaften mit Staffage, und aus diesen Bildern spricht ein verständiger und erfindsamer Künstler; er brachte es aber nie zu guten Mitteln. In der spätern Zeit scheint er in Armuth gelebt zu haben, und Niemand kaufte seine Bilder, denn Berkhey singt von ihm:

Goedkoop in overvloed, verkocht hy alle dagen,
Doch niemand wilde opt' laast naar syne kunst meer vragen.

Kuytenbrouwer, Martin Anton, Colonel bei der königl. niederländischen Artillerie, ein Kunstliebhaber, der die Malerei mit Beifall übte. Er malte Pferde und anderes Vieh in Landschaften, auch Bildnisse, einzeln und in landschaftlicher Umgebung.

In diesen Bildern offenbaret sich ein fleissiges Studium der Natur. Sie kamen blos in den Besitz von Freunden, und den grössern Theil behielt er selbst. Dieser Offizier wurde 1770 zu Venloo geboren, wir wissen aber nicht, ob er sich noch am Leben befinde.

Kwietna, Daniel Alex van, Maler von Pilsen, der um 1614 in Prag das Bürgerrecht hatte. Ueber seine Leistung ist wohl wenig bekannt. In der St. Wenzelskapelle im Dome zu Prag nennt ihn eine Inschrift als Renovator eines Wappens.

Kwieton, Architekt, der in Böhmen seine Kunst übte. Er baute 1474 den Schlossthurm zu Tuhorаz bei Böhmisch Brod. Dlabacz sah 1783 noch die Inschrift am Thurme, welche diesen Künstler nennt.

Kynizs, Peter, Maler zu Prag, der in einem Malerprotokoll von 1348 vorkommt.

Kyprensky, Obrest, s. Kiprensky.

Kyrck, s. Kirk.

Kysell, Edward, ein englischer Kupferstecher, um 1650. Er stach Bildnisse. Selten ist jenes von Oliver Cromwell zu Pferde.

Kyte, F., Kupferstecher, der in der ersten Hälfte des vorigen Jahrhunderts in London lebte, nach seinen Lebensverhältnisen aber unbekannt ist. Er stach in Schwarzkunst.

1) Die Religion von der Weisheit und Demuth begleitet, nach A. Carracci.
2) Graf James Ratclif.
3) Die Gräfin von Godolfin, nach G. Kneller.
4) M. Gay, Compositeur, nach F. Hayman.

L.

Laab, Johann, Bildhauer. So wird im Brockhaus'schen Conversationslexikon der neuesten Zeit im Artikel über deutsche Kunst I. 599. irrig der Bildhauer Johann Leeb aus Memmingen genannt.

Laan, Adrian van der, Zeichner und Kupferstecher, wurde gegen 1690 geboren, angeblich zu Utrecht. Sein Meister ist unbekannt, ihn selbst aber nennt man als Lehrer des berühmten Jan van Punt. Dieser wurde 1711 geboren, und unser Künstler arbeitete noch gegen 1740, woraus die Lebenszeit desselben abzunehmen ist. Sein Todesjahr ist unbekannt.

Van der Laan fertigte Zeichnungen verschiedenen Inhalts. Die wenigsten sind farbig, die grösste Zahl hingegen mit der Feder umrissen und ausgetuscht. Er hielt sich lange in Paris auf, und da sind die meisten seiner Zeichnungen und Stiche gefertiget. Mehrere der letzteren führte er für Buchhändler aus. Die besten sind die Blätter nach Glauber, unter dem Titel:

1) Veertig stuks Landschappen zoo in Italien als Duytslandt, naa't leeven geteekent door de wyt-beroemde Konst-Schilder J. Glauber, en geest door A. v. Laan. Von diesen 40 im Geiste des Malers radirten Blättern sind nur zwei nach J. v. Huysum und eines nach L. P. du Bourg · gr. qu. fol. Bei Weigel 3 Thlr.
2) Der grosse Wallfischfang und Häringsfang, nach v. d. Meulen, in zwei Platten, sehr gr. qu. imp. fol.
3) Zee, Land, en Stroomlust, Bestaande in Verscheyde Gezigten — naar't Leeven geteckent van verscheide Liefhebbers etc. 21 Blätter, auch mit französischem und englischem Titel, qu. fol.
4) Die Jagd von Zwergen, in burlesker Weise gehalten, gr. qu. fol.
5) Bildniss des Lorenz Coster, des angeblichen Erfinders der Buchdruckerkunst.

Laanen, s. Laenen.

Laar oder Laer, Peter van, Maler und Radirer, genannt Bamboccio, wurde um 1613 zu Laaren bei Naarden in Holland geboren, und Meister Johann del Campo unterrichtete ihn in den Anfangsgründen der Kunst. Später besuchte er Italien, um sich weiter auszubilden, und 16 Jahre verweilte er in Rom, wo Poussin, Claude Corrain, Joachim von Sandrart u. a. seine Freunde wurden. Gleiche Studien verbanden diese Meister nicht, und am weitesten war van Laar von jenem Wege entfernt, welche die früheren grossen Meister in Rom betraten. Sein Naturell führte ihn zu einer eigenen Art von Darstellung; munterer Laune, wie er war, und ein Freund burlesker Scherze, wählte er häufig comische Scenen zur malerischen Darstellung, und diese Bilder nannten die Römer Bambocciaden. Der Meister selbst erhielt den Beinamen „il Bamboccio," wohl nur wegen der Spässe, die er im Leben, wie im Bilde liebte, und nicht so sehr wegen seiner körperlichen Missgestaltung, wie Einige meinen. Er war ein gutmüthiger Mensch, der gerne sich und anderen Freude gönnte, und gerade von keiner zu grossen Geistesstärke, denn Sandrart sagt, dass er durch Nachsinnen gleich seinem Verstande zu viel aufgebürdet habe. Das Gleichgewicht stellte dann die Musik wieder her, und besonders war es die Violine, mit welcher er die Grillen und Scrupel wegspielte. Dabei muss er allerdings eine höchst komische Figur gespielt haben; denn il Bamboccio hatte fast gar keinen Hals und der Unterleib war um ein Drittheil grösser, als der obere. So konnte allerdings einmal der römische Thorwächter glauben, es sei nur das Pferd mit angebundenen Stiefeln durch das Thor gekommen, den oben zusammengedrückten Reiter bemerkte er nicht. Der Künstler war aber allenthalben wohl gelitten, denn er war liebreich und freundlich, eine gutmüthige Seele, und mit besonderer Liebe erinnerte sich Sandrart seiner. Auch seine Bilder: komische Scenen jeder Art, Jagden, Scharmützel, Räuber, Marktplätze, Landschaften mit Thieren u. s. w. waren sehr beliebt. Sie sind mit keckem Pinsel ausgeführt, von glänzender Färbung und dabei auch correkt in der Zeichnung. Man betrachtete seine Possen mit Vergnügen, und selbst die grossartigen Compositionen der römischen Kunstheroen wurden darüber vergessen. Desswegen ärgerten sich Sacchi und Albani, wie aus ihren Briefen in der Felsina pittrice II. 267. ff. zu ersehen ist. Sie tadeln die römischen Grossen, dass sie den Bambocciaden eines Teniers, Ostade und Laar in ihren Pallästen eine Stelle gönnten. Indessen erkannte Bamboccio selbst recht gut, dass er den Weg des guten Geschmackes verlassen hatte. Er spricht dieses in einem Briefe 1666 an Hondekoeter aus, und darin sagt er, dass er dieses gethan habe, um der Critik und der affektirten Liebhaberei, die den Künstler meistens verhungern lasse, nicht mehr zu hofiren. Bamboccio wurde bezahlt und geehrt. Seine Laune sagte vielen mehr zu, als der Ernst und die Strenge der frühern Kunst. Alles wiederholt sich; das alte Griechenland nennt uns Rhyparographen, und Rom schuf den Namen der Bambocciaden.

Nach 16 Jahren kehrte van Laar nach Amsterdam zurück, und von da aus begab er sich in der Folge nach Harlem. Hier nahm seine Gesundheit immer mehr ab, und zuletzt verfiel der heitere, lebenslustige Bamboccio in eine finstere Schwermuth. Houbracken will wissen, dass er aus Verdruss gestorben, weil man ihm Wouvermans vorzog, und Andere behaupten, er hätte sich eines mit anderen Gesellen verübten Mordes wegen in einem Brunnen ertränkt. Bewiesen ist keines von beiden. Sandrart sagt, sein Tod sei von allen betrauert worden, und besonders hätten die Italiener und Niederländer, welche sich häufig in dergleichen Bambatschereien geübt, sich schmerzlich betroffen gefühlt. Ausser Sandrart erwähnen auch Lanzi und Passeri dieses Künstlers mit Auszeichnung; Fiorillo aber ereifert sich, dass durch Bamboccio sich selbst Männer von Talent genöthigt sahen, den richtigen Weg der Kunst zu verlassen, und geschmackvolle Fratzen zu malen, weil eben diese grössern Anklang fanden. Bamboccio starb um 1674. B. Stopendael, C. Visscher, Suyderhoef, P. C. Canot, J. Ossenbeck, J. van

Noort u. a. haben nach ihm gestochen; M. Francia ätzte sein Bildniss. Auch Bamboccio hat Blätter geliefert, deren Bartsch 20 beschreibt. Sie sind mit leichter und geistreicher Nadel behandelt, correkt in der Zeichnung, und auch charakteristische Wahrheit herrscht in denselben. Die Füsse der Pferde sind indessen zu plump. Sandrart sagt, der Künstler habe diese Blätter in einem Büchlein ausgehen lassen, und dass sie gesucht und theuer seien. Bei Weigel ist dieses sein Werk in 19 Blättern auf 23 Thlr. gewerthet.

1 — 8. Verschiedene Thiere. H. 4 Z. 5—6 L., Br. 6 Z. 3—4 L.

1) Ein Stier, eine Kuh, ein Pferd und ein Esel an der Fontaine. Dieses ist das Dedicationsblatt an Dom Ferdinand von Neapel, 1636.
2) Die drei Pferde, links der Bauer sitzend.
3) Die drei Ochsen, rechts der Hirt unter der Staude.
4) Drei Schweine bei der Spinnerin.
5) Der Bock, die zwei Ziegen und die drei Schaafe bei der Hasplerin.
6) Sieben Hunde und der Jäger.
7) Zwei Stiere und der Hirt.
8) Die Maulesel beim Stalle.

Die originalseitigen Copien dieser Folge sind 4 Z. 4—6 L. hoch und 6 Z. 2 L. breit.

9 — 14. Folge von Pferden. P. D. Laeer fec. — P. D. L. fe. H. 3 Z. 1 — 2 L., Br. 3 Z. 7 — 8 L.

1) Der Bauer mit dem Pferde.
2) Das Pferd am Brunnen.
3) Das pissende Pferd.
4) Das Pferd am Baum.
5) Die zwei Pferde auf der Wiese.
6) Die zwei todten Pferde.

Von drei, vier und fünf gibt es gegenseitige Copien in gleicher Grösse. Die Initialen und die Namen sind etwas grösser, wie im Original.

15) Die Familie, oder der Hufschmied. Der Mann mit dem Hammer kniet vor der Spinnerin, in der Ferne sind zwei Bauern und ein Weib, links sieht man einen Esel und im Grunde Ruinen. P. v. Laer F. Sehr sorgfältig behandelt. H. 3 Z. 2 L., Br. 2 Z. 11 L.

Diese Composition hat auch Th. Wyck gestochen, von der Gegenseite. Diesem schreibt man die Erfindung bei.

16) Zwei Bauern, der eine stehend und der andere sitzend; im Mittelgrunde ein Wagenpferd; im Grunde rechts ein Hügel, wo ein Mann das Lastpferd führt; links unten das Monogramm. H. 3 Z. 2 L., Br. 3 Z. 6 L.
17) Die zwei Cavaliere, welche sich auf Pistolen schlagen. H. 1 Z. 1 L., Br. 2 Z. 10 L.
18) Landschaft mit einem Flusse, rechts. H. 1 Z. 3 L., Br. 1 Z. 10 L.
19) Die Alte mit dem Stocke, sitzend nach links gewendet. Rautenförmig. 1 Z. 8 L. von Winkel zu Winkel.
20) Der Reiter im Galop, nach links gerichtet. H. 1 Z. 3 L., Br. 1 Z. 4 L.

Dazu zählt man gewöhnlich ein Blatt, welches J. van Nordt nach Laer's Zeichnung gestochen hat. Es ist dieses eine Viehheerde: Petrus van Laer inv. I. V. N. fecit 1644. H. 6 Z. 10 L., Br. 8 Z. Selten.

Laar, Roeland van, Maler und Peter's Bruder, wurde um 1610 geboren. Beide scheinen gleiche Meister gehabt zu haben; auch traten sie mit einander die Reise nach Italien an. Er malte im Geschmack seines Bruders, starb aber in jungen Jahren zu Genua oder in Venedig. Wann, ist nicht bekannt.

Laar, J. O., Maler, und der jüngere Bruder der beiden vorhergehenden Künstler. Er ging ebenfalls nach Italien und nach Rom, hatte aber das Unglück, auf einer Tour in der Nähe dieser Stadt, mit dem Esel, auf welchem er über die Brücke reiten wollte, in den Strom zu stürzen, wobei er seinen Tod fand. Um 1646 war er in Nymwegen, wo er sich mit Bildnissmalen beschäftigte. Seine Werke scheinen sehr selten zu seyn.

Laar, B. van de, ein niederländischer Maler, der 1804 geboren wurde, uns aber nach seinen Lebensverhältnissen unbekannt ist. Er malt Architekturstücke, innere und äussere Ansichten; auch Zeichnungen in Bister und Tusch fertiget er.

Labacco, Antonio, Architekt, Schüler von San Gello und Bramante, gab im Anfang des 16. Jahrhunderts die erste Sammlung von Plänen und Aufrissen antiker Gebäude Roms heraus, die zum Theil von der grössten Wichtigkeit für die Kunde derselben sind. Die erste lateinische Ausgabe unter dem Titel: Tabulae nonnullae quibus repraesentantur aliquot vetusta aedificia Romana, ist sehr selten und in Rom nicht zu finden. Ein späterer Abdruck von G. Rossi mit 36 Kupfertafeln, wovon einige mit der Jahreszahl 1568 versehen sind, ist italienisch verfasst, unter dem Titel: Antonio Labacco libro appartinente all'architetura, nelqua si figurano alcune notabili antichita di Roma. Fol.

Labacco erbaute das Portal des Einganges in den Pallast Sciarra. Beschr. von Rom von Plattner, Bunsen etc. Vorrede 26.

Labacher, Franz, Maler, der um 1676 in Brünn arbeitete. Er war von Linz.

Labadie, Andreas, Bildhauer und Maler, wurde 1731 zu Bautzen geboren und in Leipzig von Schwarzenberg in seiner Kunst unterrichtet. Im Jahre 1763 ging er nach Berlin, und hier starb er zu Anfang unsers Jahrhunderts als akademischer Künstler. Er zeichnete sich im Ornamentfache aus, und malte auch in Oel und Pastell.

Labadye, Johann Baptist August, Architekt zu Paris, und geboren daselbst 1777. Sein Meister war Delespine, und 1802 war er bereits in seiner Kunst so fest, dass er es wagen konnte um jenen Preis zu concurriren, der später den Namen des Departemental-Preises erhielt. Er ging als Sieger davon, und auch im folgenden Jahre wurde sein Entwurf eines Triumphbogens zum Andenken an den Frieden von Amiens preiswürdig erkannt. Neben mehreren anderen Planen, die im Recueil des grands prix de l'école d'architecture zu finden sind, hat man von ihm auch einen Entwurf zum Monumente des Generals Desaix, gestochen von Hibou. Dann erbaute er den Schauspielsaal in Havre, und die Anlagen des Platzes am Theater daselbst sind ebenfalls sein Werk. Auch restaurirte er das Kloster St. Martin zu Harfleur etc.

Labadye ist Ritter der Ehrenlegion und des goldenen Löwens

von Holstein-Limburg. Er hält auch eine Schule und gibt da einen Cursus der Architektur.

Labarchède, Dalila, Mlle, Malerin zu Paris, Schülerin von Aubry. Sie malt auf Porzellan und in Miniatur. Für die Herzogin von Berry copirte sie Gérard's Gemälde von Daphnis und Chloe.

Labelle, Etienne, s. Stephan della Bella.

Labelye, Charles, Architekt von Vivis in der Schweiz, ein berühmter Künstler seiner Zeit. Seinen Ruhm gründete er in England durch ein mächtiges Bauwerk, die Westminster-Brücke in London. Er soll auch ein Buch über diesen Bau geschrieben haben, wir wissen aber nicht, ob ihm damit ebenso gelohnt wurde, als wie mit dem Brückenbau, nach dessen 1750 erfolgter Vollendung er abgedankt wurde. Hierauf ging er nach Frankreich, geschwächt durch seine zwölfjährige ununterbrochene Anstrengung, und 1762 ereilte ihn zu Paris der Tod.

Labensky, F. X., Maler und Conservator der kaiserlichen Gallerie der Eremitage zu St. Petersburg, wurde um 1765 geboren. Seine Laufbahn als Künstler betrat er in St. Petersburg, doch ist er weniger als Maler, wie als Herausgeber des Gallerie-Werkes der Eremitage bekannt. Dieses erschien von 1806 an in gr. 4., mit Umrissen der Bilder, welche dort aufgestellt sind. Gezeichnet und gestochen sind sie von verschiedenen Künstlern.

Labensky hatte auch den Titel eines Etatsrathes.

Labenwolf, Pancraz und Georg, Kunstgiesser zu Nürnberg, Vater und Sohn, zwei geschickte Künstler des 16. Jahrhunderts. Sie gossen Figuren, Thiere, Grabmäler u. a. Werke von ihnen sah man zu Nürnberg und in andern Städten, an Brunnen und in Kirchen. Der erstere wurde 71 Jahre alt, und 1563 starb er. Georg starb 1585.

Labeo, Antistius, ein römischer Patrizier und Proconsul in der Provinz Narbonne, malte zu seinem Vergnügen kleine Tafeln, wofür ihn Einige mit Beifall lohnten, die Andern verlachten. Er lebte zur Zeit des Plinius, indem dieser sagt: extinctus nuper in longa senecta.

Labhart, Christoph, Edelsteinschneider, wurde 1741 in Cassel geboren, und seine Kunst erlernte er bei P. Hes. Später besuchte er London, verblieb da 18 Jahre, worauf er 1780 nach Cassel zurückkehrte. Im Jahre 1782 wurde er an die Stelle seines Meisters als Hofsteinschneider berufen, und zu Anfang unsers Jahrhunderts starb er.

Labhart schnitt viele antike und moderne Köpfe, erhaben und vertieft. Darunter sind die Bildnisse Kaiser Joseph II. und Friedrich II. von Preussen etc.

Labhart, L., Maler zu Steckborn, ein jetzt lebender Künstler, der nicht unbedeutendes Talent besitzt. Er malt Landschaften, die mit Beifall aufgenommen werden.

Labille, Adelaide, Malerin zu Paris, die Gattin des Malers Vincent, wurde um 1755 zu Paris geboren, und in der Folge machte sie sich hier als Bildnissmalerin bekannt. Avril stach 1804 die Portraite des Schauspielers Ducis und Brizard.

Labinsky, s. Labensky.

Lablienne, Blumenmaler zu Paris, ein jetzt lebender geschickter Künstler.

Laborde, Leo Graf von, berühmter Reisender und Kunstliebhaber, der als solcher eine rühmliche Stelle unter den Künstlern einnimmt. Er ist der Sohn des ebenfalls als Reisender und Zeichner rühmlich bekannten Alexander de Laborde; Leo de la Laborde übertrifft aber in artistischer Hinsicht diesen weit. Er ist ein trefflicher Zeichner und sehr geübt im Copiren älterer Holzplatten. Blätter dieser Art fertigte er für ein wichtiges Werk, zu einer Geschichte der Stechkunst und des Holzschnittes seit 1480, dessen Vollendung nicht mehr ferne seyn dürfte. Er machte eifrige Studien über ältere mittelalterliche Kunst, vornehmlich in Bezug auf die Entwicklungsgeschichte des Kupferstiches und Holzschnittes. Im Beiblatte zur Kasselschen allgemeinen Zeitung vom 27. März 1836 sind mehrere xylographische Proben: Facsimiles einiger sehr alten mit Bunze und Hammer gefertigten Platten, geschrottene Arbeiten (gravure criblée, manière de Bernard Milnet) u. s. w. Seine Blätter sind sehr geistreich, und da wo er selbstschöpferisch handelt, hält Erfindung und Ausführung gleichen Schritt. Von seinen Blättern nennen wir noch jenes in des Grafen Raczinski Geschichte der neuern deutschen Kunst, badende Kinder nach Steinbrück vorstellend.

Ein anderes Werk, dessen Herausgabe im Jahre 1838 durch L. de Laborde den Anfang nahm, hat den Titel: Voyage en Orient par le comte Alex. de Laborde, M. M. Becker et Hall, redigé et publié par Léon de Laborde, auteur du voyage de l'Arabie pétrée, près de 400 Vues et Sites hist. de l'Asie mineure et de la Syrie, dessinées d'après nature par l'Auteur etc. roy. fol. Dieses Werk wird in 36 Lieferungen erscheinen, die zwei Bände bilden. Jede Lieferung erhält 5 Lithographien von den besten französischen Künstlern.

Dass wir von Leon de Laborde eine Voyage de l'Arabie pétrée haben, besagt der Titel dieses Werkes.

Laborde, J. B. de, s. Borde.

Labouère, Landschaftsmaler zu Paris, aber aus dem Departement Maine-et-Loire gebürtig. Er erblickte 1801 das Licht der Welt, und Brune und Picot waren seine Meister. Seine Bilder erinnern an Scenerien der Dauphiné, der Pyrenäen und von Italien.

Laboureur, Francesco Massimiliano, Bildhauer, wurde 1767 in Rom geboren, und hier ertheilte ihm sein Vater, ein gleicher Künstler, den ersten Unterricht. Er erlangte bald grosse Fertigkeit, wie denn Massimiliano als einer der vorzüglichsten damals heranstrebenden Bildhauer zu betrachten ist. Im Jahre 1802 wurde er Mitglied der römischen Akademie, 1813 erhielt er die Stelle eines Professors an derselben, und 1820 wurde er Präsident. Auch zum Ritter des goldenen Sporns ernannte ihn der Pabst, und so wurde er in Rom häufig nur Cavaliere Massimiliano genannt. Seine Arbeiten sind zahlreich, und diejenigen, welche ihm besondern Ruhm erwarben, sind: Eine 13 römische Palmen hohe Marmorstatue Napoleon's in der Toga; die Empfängniss der Maria in der Cathedrale zu Lyon, aus Auftrag des Cardinals Fesch gefertiget; die Statue des Endymion, ein anmuthiges Bildwerk in der Gallerie zu Wien; Metabus, im Besitze des Fürsten Esterhazy; die Statue des heil. Franc. Caracciolo in der Basilica Vaticana; das Monument von Malakowski in der heil. Kreuzkirche zu Warschau; jenes des Cardinals Berni in S. Luigi de Francesi zu Rom; die Basreliefs, welche die Thaten des Lorenzo von Medici vorstellen, im Quirinal; jene Pabst Pius VII. im Neubaue desselben Pallastes. Ein berühmtes Bildwerk ist auch sein Friedensgenius, durch folgende Schrift bekannt: Il genio della pace, statua colossale di M. Laboureur, descritta dal Cav. P. E. Visconti etc. 1832.

Von seinen früheren Arbeiten nennt Füssly im Suplemente zum Künstler-Lexikon einige, allein diese sind mit den späteren nicht in Vergleich zu stellen, die Statue Napoleon's etwa ausgenommen. Im Jahre 1831 starb dieser Künstler.

Labroue, Mme., Malerin, die zu Anfang unsers Jahrhunderts in Hamburg lebte. Sie malte in Miniatur und in Oel; ertheilte auch Unterricht im Zeichnen.

Labrouste, Franz Maria Theodor, Architekt, wurde 1799 zu Paris geboren, und Vaudoyer und Lebas waren seine Meister. Im Jahre 1827 errang er den grossen ersten Preis der Architektur, welchen das königl. Institut bestimmte, worauf der Künstler nach Rom ging, um daselbst seine Studien fortzusetzen. Hier nahm er den Tempel der Vesta zu Tivoli auf, und fertigte nach allen Theilen genaue Zeichnungen. Dann bildete er auch mehrere Gräber in Corneto ab, und so suchte er sich auf jede Weise seinen Aufenthalt in Rom zu Nutzen zu machen. In neuester Zeit leitete er die Arbeiten an der Ecole des beaux arts, die zu den Zierden der Stadt Paris gehört.

Labrouste, Peter Franz Heinrich, Architekt und Bruder des Obigen, wurde 1800 zu Paris geboren, und ebenfalls von Vaudoyer und Lebas in der Kunst unterrichtet. Im Jahre 1821 wurde ihm der zweite Preis zu Theil, und drei Jahre darnach erhielt er den ersten grossen Preis des Instituts. Später besuchte er Rom, und da fertigte er 1830 als Probe seiner Fähigkeit im zweiten Jahre seines Pensionats die Zeichnung einer grossen Brücke. Sie musste gedacht seyn, als solle sie über einen Gränzfluss zwischen Frankreich und Italien führen. Hierauf kehrte er ins Vaterland zurück.

Labruzzi, Thomas Peter, Maler, der in der zweiten Hälfte des vorigen Jahrhunderts in Rom lebte, und noch im ersten Decennium des unsrigen. Er malte verschiedene historische Darstellungen, die in Privathäusern und an öffentlichen Orten zu finden sind. Starb um 1808.

Sein Vater Peter Labruzzi war ebenfalls Historienmaler. Er malte verschiedene Kirchenbilder.

Labruzzi, Carl, Zeichner, Maler und Kupferstecher, wurde um 1765 in Rom geboren, und anfänglich malte er grösstentheils Landschaften, die er mit historischer Staffage versah. Diese Bilder fanden ihres lebhaften Colorites wegen Beifall. Er erwarb sich auch als Figurenzeichner Ruf, und diese Figuren stellte er in charakteristischen Gruppen zusammen, oder er beabsichtigte auch vornehmlich das Costüm. Die meisten seiner Werke sind nur in Umrissen geätzt, die oft sehr flüchtig gezogen sind, nur Andeutung, aber verständig gegeben.

1) Figure originale, Gruppen aus allerlei Ständen, 13 Blätter, flüchtig radirt und meistens mit zwei Tinten lavirt.

2) Verschiedene Gruppen von Landleuten, 18 Blätter, flüchtig radirt, auf blassem, bräunlichem Grunde.
3) Eine Folge von 23 Gruppen, je zwei auf einer Platte, nur leicht angedeutet, Augen, Nasenlöcher und Mund blos mit Strichen gegeben.
4) Figure fatte da cinque punti originali, 13 Blätter. Der Künstler liess sich fünf Punkte geben, auf welchen der Kopf, die Hände und Füsse treffen mussten, in Federzeichnungsmanier radirt, der Gräfin Bessbourg zugeeignet.
5) Via Appia illustrata ab urbe Roma, 12 Blätter.
6) Umrisse nach den Werken des Michel Angelo in Florenz: Der Tod der Niobiden, die Hochzeit des Perseus mit Andromeda, der Tanz der Nymphen, die Verwandlung der Bauern in Frösche etc.
7) Eine Folge von landschaftlichen Umrissen.
8) Umrisse mehrerer Costüme der Landbewohner um Rom.
9) Umrisse nach den Gemälden des Massaccio in S. Clemente: Pitture di Masaccio existenti in Roma nella Basilica di S. Clemente, colle teste lucidate dal C. Labruzzi, 43 Blätter. Roma 1830.
10) Der heil. Laurentius, der Kapuziner von Brundusio, vom Pabst Paul V. an den Herzog Maximilian von Bayern gesendet, von Ant. Gregori nach C. Labruzzi gestochen, gute Composition, fol.

Labus, Giovanni Antonio, Bildhauer, wurde 1806 in Brescia geboren, und von Monti di Ravenna in der Kunst unterrichtet. Mit ausserordentlichem Talente begabt, waren seine Fortschritte bald bedeutend, und daher konnte er es schon 1826 wagen, zu Mailand um den grossen Preis zu concurriren. Dieser wurde ihm mit einem Basrelief, welches die Apotheose Canova's vorstellt, zu Theil, und man glaubte, dass diese eines reifen Mannes würdige Arbeit, in Labus bald einen ausgezeichneten Bildhauer zu erwarten berechtige. Von dieser Zeit an lieferte er verschiedene treffliche Werke: Statuen, Basreliefs und glücklich componirte Grabdenkmäler. Seine Bilder zeichnen sich sowohl durch das Geistreiche der Erfindung, als durch die Leichtigkeit in Behandlung des Marmors aus.

Laby, August Franz, Portrait- und Historienmaler, wurde 1786 zu Paris geboren, und daselbst in David's Schule herangebildet. Im Jahre 1814 sah man bereits Bilder von ihm im Salon, nämlich die Köpfe eines Schotten, einer Schottin und des Dauphin, alle drei von Bertrand gestochen. Hierauf malte er die Bildnisse des Prinzen und der Prinzessin von Salm-Kirburg in Lebensgrösse, und 1824 stellte er für die Société de l'Union in Lille Ludwig XVIII. im königlichen Ornate dar, 17 Fuss 6 Zoll hoch. Das Bildniss des Generals Bethisy zu Pferde hat Jazet gestochen, und für die Stadt Bézieres malte er das Kniestück Karl X. im Ornate.

Von den historischen Bildern des Künstlers erwähnen wir den Erzbischof St. Leu von Sens, wie er ein Mädchen von Convulsionen heilt, in der Kirche zu Ville-Thierry bei Montereau, und Christus am Kreuze in der Kirche zu Villemomble.

Laby ertheilt auch Unterricht.

Lacazette, s. Delacazette.

15*

Lacer, Cajus Julius, Architekt, der um 96 nach Christus blühte. Er baute zu Alcantara eine Brücke über den Tajo, die sich in einer Länge von 670 Fuss auf sechs Bogen hin erstreckte, ehedem die berühmteste in Spanien. Auf der Brücke selbst stand ein Triumphbogen zu Ehren Trajan's; diesen zerstörten aber die Mauern. Später wurde er wieder aufgebaut, doch auch diesen vernichteten zu Anfang des 18. Jahrhunderts die Portugiesen. Auch jetzt wurde er wieder aufgebaut, wiewohl etwas kleiner. Neben der Brücke baute Lacer einen kleinen Tempel, der zur christlichen Zeit dem hl. Julian geweiht wurde. Milizzia beschreibt Tempel und Brücke ausführlich. Die Inschrift über dem Eingange der Kapelle gibt Gruter und nach ihm Sillig im Catalogus artificum.

Lachassaigne, Ludwig Ferdinand, Porzellainmaler an der königl. Manufaktur zu Serres, wurde 1790 zu Aire geboren. Er hat eine bedeutende Anzahl von Werken für die Manufaktur geliefert, fast lauter historische Bilder; neben andern Maria Stuart und Van Dyck, nach Ducis; die heil. Familie von Rafael auf einer 16 Zoll hohen und 13 Zoll breiten Platte etc.

Lachassaigne hält auch ein Atelier für junge Leute.

Lacher, Georg, Maler aus Reisensburg, ein jetzt lebender Künstler. Auf der Münchner-Kunstausstellung sah man 1836 ein für die Mariahilfkirche in Vilsbiburg bestimmtes Gemälde der Krönung Mariä, streng im alten Typus gehalten. Der Künstler offenbarte hier Gefühl für Schönheit und Einfachheit.

Lachmann, Carl Wilhelm, Formschneider, der um 1779 arbeitete, anfänglich zu Frankfurt an der Oder und dann zu Berlin. Er bezeichnete seine Blätter öfter mit einem L.

Lachner, Hans, Zeichner, Maler und Kupferstecher, der um 1580 lebte. Seine Lebensverhältnisse sind unbekannt, und von seinen Malerwerken scheint wenig mehr zu finden zu seyn. Für Kupferstecher lieferte er Zeichnungen und folgende Blätter scheinen von ihm selbst herzurühren.

Es ist dieses eine Folge von sieben Darstellungen aus der Schöpfungsgeschichte. Auf dem ersten Blatte steht der Name Hanss. Lachn. und die Schrift: Heptameron. Siebentägige Erschaff vnd Vollendung der Welt — Venite et videte opera Domini etc. H. 8 Z. 5 L., Br. 11 Z.

Lackmair, Melchior, Maler zu München, dessen im Zunftbuche zu München Erwähnung geschicht. Sein Meister war Sigmund Hebenstreit, und 1583 legte er den Zunftherren das Probestück vor. Der Tod ereilte ihn 1625. Seine Verdienste scheinen nicht gross gewessen zu seyn, da seiner in reiferen Jahren unsers Wissens nicht erwähnt wird.

Lacluze, s. Delacluze.

Lacoma, Franz Joseph Paul, Genremaler, wurde 1780 zu Barcelona geboren, und daselbst von Mobet in den Anfangsgründen der Kunst unterrichtet. Er gewann alle Aufmunterungspreise der königl. Akademie, und zuletzt auch jenen, welcher ihm auf fünf Jahre eine Pension zusicherte, um sich zu Paris weiter auszubilden, was er unter Leitung des Van Spaendonck, David und Gros bewirkte. Im Jahre 1810 erhielt er bei der Pariser Kunstausstellung eine goldene Medaille, und 1819 ernannte ihn der König zum Hofmaler. Bald darauf nahm ihn die Akademie von San Fernando zu Madrid unter die Zahl ihrer Mitglieder auf. Seit 1820 ist er auch Ritter de la Espuela dorada.

Lacoma hat den Ruf eines trefflichen Künstlers. Er malt Bildnisse, von denen jenes des Königs von Spanien von Blan de Barcelona gestochen, und andere von Maurin lithographirt wurden. Man hat von ihm schöne Frucht- und Blumenstücke, die in Paris, Madrid, St. Petersburg, Barcelona, Neapel, Florenz u. s. w. zerstreut sind.

Lacon, ein englischer Maler des vorigen Jahrhunderts, der aber sehr mittelmässig war. Starb 1757.

Lacoste, Louis Conil, Formschneider zu Paris, der aber 1774 zu Castelnaudary das Licht der Welt erblickte. Er bildete sich ohne Meister selbst zum Künstler, und brachte es als solcher in seinem Fach zu bedeutender Höhe. Lacoste schneidet in Stahl, Kupfer und Holz, und auch Schüler bildete er. Er hat den Titel eines Graveur breveté des Menus-Plaisirs du roi, du garde-meuble de la couronne etc.

Von diesem Küntller sind einige Blätter in der zweiten Auflage von Norvins Histoire de Napoleon.

In des Grafen von Raczinski Geschichte der neuern deutschen Kunst sind sein Werke:

1) Die heil. Jungfrau mit dem Kinde, nach Deger.
2) St. Lucas, nach Cornelius.
3) Der Edelknabe, nach Wittich.
4) Das Bildniss von Preyer.

Blätter von seiner Hand findet man auch in Robinson Crusoe's Leben und Abenteuer, von Daniel von Foë etc. 2 Bde. Stuttgart, 1837. gr. 8. An diesem Werke arbeitete auch Porret, Maurisset, Belhotte und Chevauchet.

Lacouprie, s. Coupin de la Couprie.

Lacour, N., Historienmaler, wurde 1746 in Bordeaux geboren, und von Vien in der Kunst unterrichtet, bis er nach Rom ging, um daselbst seine Studien zu vollenden. Nach seiner Rückkehr wurde er Professor an der Akademie in Bordeaux, und hier findet man in Kirchen und Privatsammlungen den grössten Theil seiner Werke. Zu den besten gehören:

St. Paulin, Erzbischof von Bordeaux, wie er den Unglücklichen sein Haus öffnet, die Gemälde an der Façade des Carthäuser Klosters, mehrere Portraite, Landschaften, Marinen etc. Auch Genrestücke finden sich von diesem Künstler.

Im Jahre 1814 starb er.

Lacour oder Lacourbe, Kupferstecher, dessen Lebensverhältnisse wir nicht kennen. Von seiner Thätigkeit zeugen etliche Blätter im Musée imperiale des monumens, par A. Lenoir. Paris 1810.

Im zweiten Bande des Musée français ist das Blatt mit der allegorischen Darstellung des Wassers nach Albani sein Werk.

Lacour, Mme., s. Delacour.

Lacrates, s. Pyrrhus.

Lacroix, Pierre, Historienmaler und Lithograph, wurde 1785 in Nimes geboren, und schon mit den Anfangsgründen der Kunst vertraut, ging er nach Paris, um in David's Schule sich weiter auszubilden. Später genoss er die Leitung des Baron Gros, und endlich trat er zu Paris als selbständiger Künstler auf, wo er jetzt ein Atelier hält.

Im Schlosse zu Rosny ist sein Gemälde, welches die Herzogin von Berry mit ihren Kindern an der Büste ihres Gemahls vorstellt, und dieses Bild hat Lacroix selbst lithographirt. Er hat die Darstellung zweimal gemalt, einmal 4 Fuss hoch, das andere Mal um die Hälfte grösser. Die Predigt des heil. Franz ein 9 Fuss hohes Altarbild, ist in der Kirche zu Valence. Seine Gemälde mit Napoleon, wie er auf einem Felsen sinnend sitzt, ist ebenfalls durch seine Steinzeichnung bekannt.

Lacroix, Eugen de la, s. Delacroix. Unter dieser Rubrik sind auch noch andere Künstler erwähnt.

Lacterius, ein holländischer Blumenmaler, dessen Lebensverhältnisse unbekannt sind. Er fand Beifall mit seinen Bildern, wurde aber zuletzt Bierbrauer.

Ladame, G., Kupferstecher, der um 1650 in Frankreich lebte. Florent le Comte nennt ihn Gilles und Heinecke Gabriel, und welcher hat wohl recht? Füssly spricht im Suplemente von einem Maler Ladam, der in Tournay arbeitete, und nach welchem G. Edelink Bildnisse gestochen hat. Es könnte wohl von einem und demselben Künstler die Rede seyn, da die Zeit ziemlich übereintrifft. Von dem Stecher Ladame haben wir einige Bildnisse, die an C. Mellan erinnern, doch sind sie geringer als die Blätter jenes Meisters. Auch Costüme stach dieser Künstler.

Ladd, Anna, eine englische Künstlerin, die sich der Blumenmalerei widmete, aber 1770 in jungen Jahren starb.

Ladder, ein englischer Maler, der in der zweiten Hälfte des vorigen Jahrhunderts in Morland's Manier arbeitete, und noch in den ersten Jahren des unsrigen. Er malte Genrestücke.

Ladenspelder, Hans, Maler und Kupferstecher von Essen im Herzogthume Berg, ein jüngerer Zeitgenosse Dürer's. Seine Lebensverhältnisse sind unbekannt; sein Bildniss nennt uns das Geburtsjahr 1511, und so kann man ohngefähr seine Lebenszeit bestimmen. Nach einem Datum seiner Blätter lebte er aber um 1548. Bartsch IX. 57. beschreibt 20 Blätter von ihm, aber dieses Verzeichniss ist nicht complet. Sein Monogramm muss mit: Hans Ladenspelder von Essen erklärt werden.

1) Das Bildniss des Künstlers, aet. suae 29. 1540. H. 4 Z. 11 L., Br. 1 Z. 10.
2) Die Kreuzabnahme. H. 7 Z. 10 L., Br. 5 Z. 9 L.
3) Der Schmerzensmann, 1540. H. 4 Z. 9 Z., Br. 1 Z. 10 L.
4) Die Dreieinigkeit, mit dem Namen des Künstlers und 1542. H. 16 Z., Br. 11 Z. 6 L.
5—8) Die vier Evangelisten, mit lateinischer Erklärung. H. 4 Z. 9 L., Br. 3 Z. 5 L.
9) Die Bekehrung des hl. Paulus. H. 8 Z. 4 L., Br. 11 Z. 5 L.
10) Allegorie auf die christlichen Tugenden: Joan. Essendie inventor, 1547. H. 10 Z. 4 L., Br. 7 Z. 7 L.

11) Die Planeten, eine Folge, von welcher Bartsch 5 Blätter beschreibt: Sonne, Saturn, Venus, Mars 1548, derselbe auf andere Weise, ohne Jahrzahl. Diese Folge ist nicht complet. H. 3 Z. 1 L., Br. 2 Z. 1 — 2 L.

12) Die Laster oder die sieben Todsünden, unter weiblichen Gestalten vorgestellt. H. 3 Z. 4 L., Br. 1 Z. 3 L.
Bartsch beschreibt nur zwei dieser Blätter: Superbia und Acedia. Die Blätter haben auch deutsche Aufschrift.

13) Buchtitel mit Verzierung: Amen, amen dico vobis, quia omnis qui etc. H. 3 Z. 4 L., Br. 1 Z. 3 L.

14) Der Gehorsam, eine weibliche Gestalt mit der Ruthe: Obedientia foelicitatis mater. H. 3 Z. 8 L., Br. 3 Z.

15) Arabeske mit Figuren und Thieren, darunter ein nacktes Weib auf dem Boden mit einem Kelche, vor ihr ein Engel stehend etc. H. 6 Z., Br. 2 Z. 8 L.

16) Arabeske mit einem Phantasiegebilde nach oben: ein menschliches Haupt mit thierischen Ohren, weiblichen Brüsten und Fledermausflügel. Nach unten verschiedene Gewinde, in welche zwei nackte, den Rücken zeigende Frauengestalten, deren Schenkel sich im Gewinde verlieren, nach verschiedenen Seiten hinübergreifen. Mit dem Monogramme und der Jahrzahl 1542. H. 2 Z. 9 L., Br. 3 Z.

17) Ein sitzender Soldat mit dem Schwerte über den gespreizten Schenkeln, in der Linken eine umgekehrte Hellebarde. Mit der Jahrzahl 1524 und ohne Monogramm. H. 3 Z. 11 L., Br. 2 Z. 8 L. Kenner schreiben dieses geistreich gestochene, gut gezeichnete, charaktervolle Blättchen dem Ladenspelder zu; die Verfasser der Gesch. der k. Kupferstichsammlung in Copenhagen S. 22 möchten es aber eher einem noch unbekannten Meister der westphälischen Schule beilegen.

18) Ceres mit Gartenmesser und Kornähren auf einem Wagen mit Papillon's bespannt, kleines Blatt, ohne Zeichen.

19) Jupiter mit Amor, der einen Degen bei der Klinge hält, und Fortuna zeigt ihm an, wohin er treffen soll. Kleines Blatt ohne Zeichen.

Diese beiden Blätter werden ihm im Cabinet Paignon Dijonval zugeschrieben.

Ladesspeldrickt, Johann, der alte Kupferstecher, dessen Füssly im Suplemente nach F. le Comte erwähnt, ist der obige Hans Ladenspelder. Füssly hatte von diesem alten Künstler gar keine Kunde.

Ladetti, Franz, Bildhauer zu Turin, wo man im Schlossgarten, in der Consolata u. s. w. Arbeiten von ihm sah. Auch für das k. Schloss Stupinigi führte er Bildwerke aus.

Ladmiral, Jan, Kupferstecher, dessen Lebensverhältnisse wir nicht kennen. Proben seiner Thätigkeit sind:

Die Bildnisse des Lukas v. Leyden, Dürer's und eines anderen, auf einer Platte, in R. v. Mander's Het Leven der Nederl. — Schilders. Neue Ausgabe. H. 5 Z. 9 L., Br. 3 Z. 9 L.

Bildniss des ältern Dürer, für dasselbe Werk. H. 5 Z. 11 L., Br. 3 Z. 9 L.

Ladmiral, s. auch Admiral.

Ladurner, Adolph, Maler zu Paris, der daselbst 1824 zuerst mit einem Bilde im Salon erschien. Er malt Genre- und Schlachtstücke.

Ladislaus, Maler zu Prag, der in einem Protokolle von 1348 vorkommt.

Laegh, Wilhelm van der, Kupferstecher und wohl auch Maler, welchen Rumohr und Thiele (in der Geschichte der Kupferstichsammlung zu Copenhagen S. 58) im Peintre graveur aufgenommen wissen wollen. Seine Bildnisse sind malerisch radirt, von keiner grossen artistischen Bedeutung, da der Maler beim Radiren nicht genug Fertigkeit besass. Laegh scheint lange in Copenhagen gelebt zu haben, vielleicht als Gehülfe Haelweg's.

1) König Christian V. im Krönungsornate, nach L. van Hawen, 1674. fol.
2) Johann Caspar de Cibignan Dom. de Oberampach Colonel et Gubern. Bergensis.
3) M. Hier. Buck, k. Hauptprediger in Copenhagen, nach H. Ditmars, 1674.

Laeiss, Carl, Maler zu Hamburg, ein jetzt lebender Künstler. Er malt Landschaften in Oel und Gouache, Ansichten von Schlössern u. s. w.

Laemmermayer, Joseph, Maler aus Wallerstein, ein jetzt lebender Künstler. Er malt historische Darstellungen, deren man schon auf den Kunstausstellungen sah; auf jener zu München 1830 ein Oelbild der Verheissung Abraham's, eine klare würdige Darstellung von zarter und doch gesättigter Färbung.

Laen, Dirk van der, Maler, ein Flamänder von Geburt, erlernte seine Kunst bei M. van Cleef und bei F. Floris, und seine Blüthezeit fällt um 1560. Er ging nach Spanien, wo seine Werke Beifall fanden.

Laen, Dirk Jan van der, Maler zu Zwoll, und geboren daselbst 1759. Seine Eltern bestimmten ihn anfangs zu den Wissenschaften, nach ein Paar Jahren aber fanden sie es gerathener, den Sohn in Dienst der indischen Compagnie zu bringen. In Leyden genoss er nebenbei auch den Unterricht des Malers H. Meyer, zuletzt aber fand er an der Kunst solche Neigung, dass er beschloss, diese zu seinem Hauptberufe zu machen. Endlich stimmten auch die Eltern seiner Wahl bei, und nun übte er sich mit allem Eifer in den Grundsätzen der Malerei. In der ersten Zeit malte er zu Leyden verschiedene Genrestücke und Landschaften, letztere in Oel und Aquarell, und auch in schwarzer Kreide führte er solche aus. Später ging er in seine Geburtsstadt zurück, und hier bekam er jetzt von französischen und englischen Kunsthändlern hinreichende Bestellungen auf Gemälde und Zeichnungen. Auch nach Amsterdam kamen mehrere seiner Bilder.

Van der Laen's vorzüglichste Werke bestehen in berg- und buschreichen Landschaften. Seine Bilder erinnern an verschiedene Jahreszeiten; auch sind sie mit Gebäuden und Figuren schön staffirt. Man sah deren auf den Kunstausstellungen in Amsterdam und anderwärts immer mit Beifall. Der Kupferstecher N. van der Meer stach nach seinen Zeichnungen zu Feith's Gedicht, Julia betitelt, 1785 die Kupfer.

Im Jahre 1820 begleitete Laen die Stelle eines Griffier; dann war er auch Stadtrath.

Laenen, Christoph Jakobi oder Jakobz van der, Maler v. Antwerpen, der gewöhnlich Spiel- und Trinkgesellschaften, Tabagien malto, und in diesen seinen Scenen geht es oft locker zu. Der Wein und die Liebe spielen die Hauptrolle. Doch nicht immer; es finden sich auch würdigere Darstellungen von ihm. In der vor einiger Zeit zerstreuten Sammlung des Ritters F. C. Bugge in Copenhagen war ein vorzüglich schönes Bild eines schwarzgekleideten Mannes in einer Vorhalle, durch deren Fenster man eine Landschaft sieht. Der Künstler nannte sich hier Lameu. Lebte um 1570 — 1620. S. a. Bolswert stach nach ihm ein unter dem Namen der Conversation bekanntes Blatt. Zwei Männer und eben so viele Weiber sitzen in einem Zimmer, wo ein Diener beim Tische bedient.

Laer oder Laeer, Eine Person mit P. van Laar, il Bamboccio.

Laeren, s. Louano.

La Faga, Raimondo, so nennt Ticozzi den R. Lafage.

Lafage, der Name zweier Künstler, Nikolaus und Raymond, von denen wir letzteren unter R. la Fage bereits erwähnt haben, da der Name auch getrennt geschrieben wird. Seit dem ist uns der Peintre-graveur français par A. P. Robert-Dumésnil zugekommen, in welchem genauere Verzeichnisse der Blätter beider Künstler zu finden sind, und desswegen geben wir dieses hier nachträglich, oder vielmehr einen neuen Artikel in den beiden folgenden. Der dritte Band des P. gr. francais, mit dem Verzeichnisse der Werke des Nikolaus Lafage ist vom Jahre 1838.

Lafage, Nicolaus, Sticker und Radirer von Arles in der Provence, dessen Lebensverhältnisse aber nicht bestimmt werden können. Seine Thätigkeit fällt in die erste Hälfte des 17. Jahrhunderts um 1638 — 1645. Er war königlicher Sticker, und als solcher verstand er es auch sehr wohl, eine Figur zu zeichnen, wie die Blätter beweisen, die er geätzt. Robert-Dumesnil P. gr. franç. III. Paris 1838. verzeichnet 7 Blätter von seiner Hand, die selten zu finden sind.

1) Die heil. Jungfrau mit dem Kinde auf dem Boden sitzend, Oval mit Rosen eingefasst; ohne Namen und Zeichen. H. 5 Z. 9 L.? Br. 6 Z. 10 L.

2) Die heil. Jungfrau mit dem säugenden Kinde, Halbfigur, in einer Roseneinfassung, nach An. Carracci. Ohne Namen, unten vier französische Verse in zwei Columnen. H. 8 Z. 8 L., Br. 6 Z. 2 L.

3) Die hl. Jungfrau in einem Stuhle, betet mit gefalteten Händen das vor ihr liegende Jesuskind an. Virgo ad filium — Gallia Rex mater, FILI etc. — Nicolas de la Fage DDD. H. 11 Z. 10 L. mit dem Rand, Br. 7 Z. 11 L.
   Es gibt Abdrücke vor und mit Mariette's Adresse.
   Dieses Blatt scheint Lafage auf die Geburt des Dauphin, Ludwig XIV., gefertiget zu haben, nämlich 1638.

4) Das Bildniss der Louise Marie von Gonzaga, Königinn von Polen, oval, mit Palmen umgeben und gekrönt, rechts das Monogramm. H. 6 Z. 9 L.? Br. 4 Z. 6 L.?

5) Allegorie: Renommée mit zwei Trompetten über dem Meere schwebend, in demselben rechts Schiffe, links eine Stadt; mit Dedication an M. Christophe Comte de Bnin Opalenski. Nicolaus Fagius seu Pictor Reg. In. et F. DDD. H. 12 Z. 11 L. mit dem Rand, Br. 9 Z. 11 L.

6) Eine Allegorie, wahrscheinlich zu einem Feuerwerk benützt. Zwei Obelisken, und an der Basis vier Sklaven. H. 9 Z.? Br. 6 Z. 8 L.
7) Topographische Karte von Sègre in Catalonien, wo Graf Harcourt commandirte. Die Renommée ist in der Luft. H. 8 Z. 10 L., Br. 16 Z.

Lafage, Raymond, berühmter Zeichner, soll in seiner frühen Jugend von J. P. Rivalz unterrichtet worden seyn, bald aber verliess er den Meister, um sich in Rom weiter auszubilden. Er war mehrmalen in dieser Stadt, ging aber nach einiger Zeit immer wieder nach Frankreich zurück. Diese Wanderung ist wohl Ursache, dass man nicht genau weiss, wo der Künstler gestorben ist. Einige glauben, es hätte ihn zu Rom der Tod ereilt, Andere, es sei dieses in Lyon gewesen. Als sein Todesjahr wird 1684 bezeichnet, und damals soll er 30 Jahre alt gewesen seyn. Van der Bruggen, der 1689 eine Sammlung von Zeichnungen nach Vermeulen, C. Simonneau etc. herausgab, lässt ihn gar nur 28 Jahre alt werden.

Robert-Dumésnil gibt im Peintre-graveur français II. 149 ff. ein Verzeichniss von 21 Blättern dieses Künstlers. Sie sind sehr selten, und so trefflich behandelt, wie seine Zeichnungen.

1) Die heil. Jungfrau an der Wiege, wie sie die Liebkosungen des Kindes mit Zärtlichkeit aufnimmt. Der kleine Johannes mit dem Kreuze neigt sich gegen die Wiege, und hinter der Säule ist Joseph sichtbar. Im Geschmacke Guido's und sehr schön; Lafage IN. f. H. 4 Z. 11 L., Br. 3 Z. 11 L.
2) Die heil. Jungfrau mit dem schlafenden Kinde, wie sie den Schleier lüftet, um es zu betrachten. Im Grunde Wald und eine Stadt: Ego dormio et cor meum vigilat. H. 5 Z. 1 L. mit dem Rand, Br. 3 Z. 11 L.
3) Die Pest der Philister: La Peste des Philistins. H. 7 Z. 9 L., Br. 9 Z. 9 L.

   Im ersten Drucke ohne Namen des Künstlers und Herausgebers, im zweiten liest man am Steine: Lafage fecit, mit der Adresse Gaillard's, und die dritten Abdrucke sind retouchirt; die Platte ist nur 5 Zoll hoch, und neben dem Namen des Künstlers steht: à Paris chez Drevet rue S. jacques.
4) Die Königin Candaulis von Lydien, mit ihren Weibern im Bade von Gyges belauscht: Muns della Fage fecit. H. 3 Z. 3 L., Br. 2 Z. 3 L.
5) Die Landschaft mit dem Saemanne, im Grunde Berg und Wald und ein Gebäude; mit dem Namen des Künstlers. H. 1 Z. 11 L., Br. 2 Z. 8 L.
6) Eine Adresse mit einer halbzirkelförmigen Einfassung, und der Schrift im Felde: Pierre Bourdon Maitre graveur à Paris a fait de nouveaux livres d'ornemens etc. Mit dem Namen des Künstlers. H. 2 Z. 3 L., Br. 5 Z. 1 L. Bei der spätern Veränderung wurde der Name des Künstlers ausgeschrieben und die Jahrzahl 1703 gesetzt.
7) Ein Bacchanale: Pan von Bacchantinnen umgeben, und andere Bacchantinnen liegen Satyrn in den Armen. Auf einer Fahne ist das Bildniss des Künstlers und das Monogramm. Links unten: Van Merlen. — Rome exc. H. 5 Z. 8 L., Br. 9 Z.
8) Der Triumph des Bacchus; letzterer auf seinem Wagen, von Elephanten gezogen. Links auf der Terrasse steht: la fhasie, rechts: Rome ex. H. 6 Z. 7 L., Br. 9 Z.

9) Das Concert zu Wasser, auf einem reich verzierten Schiffe. Apollo spielt die Leier, Pan bläst auf der Syrinx, zwei Nymphen singen, und ein Fischer reicht einer andern Fische. Venus, von niedern Gottheiten umgeben, scheint zu präsidiren etc. Rechts am Flusse ist die Büste des Künstlers und dessen Name zu sehen. H. 6 Z. 3 L., Br. 9 Z. 3 L. Die ersten Abdrücke sind ohne, die zweiten mit Gaillard's Adresse.

10) Diana und Endymion, letztere aber auf ihrem Wagen, wie sie den Schlafenden betrachtet. Im Mittelgrunde ist der Hirt mit der Heerde etc., reiche Composition. H. 6 Z. 10 L., Br. 11 Z. 8 L. Im ersten Drucke liest man auf den Medaillen, in welches Amor die Namenszüge des Künstlers einzeichnet, die Buchstaben: R. Laf verkehrt; im zweiten Drucke steht unten links der volle Name des Künstlers und Gaillard's Adresse.

11) Das Bacchusfest. Die Statue des Gottes erhebt sich auf der Fontaine, und Satyrn und Bacchantinnen beleben das Ganze, nicht ohne einige Indecenz. Auf einem Täfelchen steht der Name: Lafage. H. 5 Z. 9 L. ohne Rand; Br. 7 Z. 8 L.

12) Die Nymphen und Satyrn im Bade, das Gegenstück. Das Bad bildet die Fontaine. H. 6 Z. 10 L. ohne Rand, Br. 9 Z. 3 L.

13) Juno ertheilt dem Aeolus den Befehl, die Winde gegen die Flotte des Aeneas loszulassen. Diese schwimmt im Grunde rechts, und Venus, mit Liebesgöttern, sucht das Element zu besänftigen. H. 5 Z. 10 L. mit Rand; Br. 10 Z. 5 L.

14) Semele und Jupiter; letzterer in seiner Majestät vor der wohllüstig auf dem Bette ruhenden Tochter des Cadmus. Mit dem Namen des Künstlers allein im ersten Druck, und mit Drevet's Adresse im zweiten. In gleicher Grösse mit dem obigen Blatte.

15) Amor mit zwei Kindern tanzend. Eben so gross.

16) Fünf Kinder, welche fischen und erschreckt dastehen, da sich ein Drache über ihren Fang wirft. Mit dem Namen des Künstlers und der Adresse von Gaillard. In gleicher Grösse mit den vorhergehenden Blättern.

17) Der Satyr, welcher einer Nymphe die Trompete blasen lehrt; gegenüber ein Weib mit der Trommel etc. Ohne Zeichen. H. 3 Z. 9 L., Br. 10 Z.

18) Ein Mann, welcher dem Weibe Gewalt anthut, indess der Faun lachend herbeikommt; links bläst der Satyr das Horn. Der eine von den zwei Männern in der Ferne hat Lafage's Züge. H. 3 Z. 9 L., Br. 10 Z.

Die ersten Abdrücke sind ohne Zeichen und Namen; auf den zweiten steht der Name des Künstlers mit Gaillard's Adresse, und die dritten hat Drevet besorgt, dessen Name an der Stelle von jenem des Gaillard steht.

19) Ein Faun mit der Flöte des Pan, links ein Zuschauer am Altare des Priap. In gleicher Grösse.

Die ersten Abdrücke sind ohne Zeichen und Namen, die zweiten haben den Namen des Künstlers und Gaillard's Adresse.

20) Der gezüchtigte Satyr; bei den Termen des Priap eine Bacchantin und ein Faun mit Cymbeln und Trompete. Ohne Zeichen. H. 3 Z. 9 L., Br. 10 Z. 4 L.

21) Die Landung des Aesculap, letzterer dargestellt, wie er zu Schiff in ein Monstrum sich verwandelt, von Auguren, Krie-

gern etc. mit Staunen und Schrecken betrachtet wird. Mit dem Namen des Künstlers. H. 9 Z. 4 L., Br. 13 Z. 3 L.

Lafargue, s. Fargue.

Laferi, s. Lafreri.

Laffert, Ludolph Friedrich, Maler zu Berlin, der in den ersten Jahren unsers Jahrhunderts arbeitete. Er malte in Miniatur, fertigte Zeichnungen in Tusch, und auch einige landschaftliche Blätter hat er radirt. Auf der Berliner Kunstausstellung von 1800 sah man noch Werke von ihm.

Lafitte, Louis, Zeichner und Maler, wurde um 1768 geboren, und Vincent war derjenige, dessen Leitung er sich anvertraute. Er machte sich schon frühe durch historische Bilder bekannt, und 1791 gewann er durch sein Gemälde, welches den Abschied des nach Carthago zurückkehrenden Regulus vorstellt, den grossen Preis der Akademie. Man rühmte daran die Grossartigkeit des Styls, den Reichthum der Composition, die correkte Zeichnung, so wie die Kenntniss des Costüms. Jetzt ging Lafitte als Pensionär der Akademie nach Rom, wo er fortfuhr, seinen Studien obzuliegen, und schon waren ihm einige belobte Bilder vorausgegangen, als er nach Paris zurückkehrte, um daselbst als ausübender Künstler seine Bahn zu betreten. Er malte und zeichnete, und besonders widmete er sein Talent der ältern Geschichte oder der Repräsentation neuerer merkwürdiger Ereignisse. Von jener Zeichnung, welche die verschiedenen Epochen der Revolution von 1790 — 1802 vorstellt, gibt Landon in den Nouvelles des arts. I. 162 ff. einen Umriss und ausführliche Notiz, und mehrere andere seiner Zeichnungen sind in den Fastes du peuble français gestochen: Scenen aus dem ägyptischen Feldzuge, Napoleon als Chef der italienischen Armee etc. Im Jahre 1804 zeichnete er das grosse Feuerwerk, welches auf dem Platze des Hôtel de Ville bei der Krönung Napoleons abgebrannt wurde. Im Jahre 1806 stellte er seine Darstellung der Schlacht von Rivoli aus. Vulcan, Mars und Venus stellte er in einem Friese dar, und dann malte er den Tod des Albert Mermet, das Bildniss des Bernardin de St. Pierre, Paul und Virginie. Durch Stich bekannt ist eine Begnadigungsscene Napoleon's, unter dem Titel: Clémence de Napoleon envers le prince de Hatzfeld. Allegorische Compositionen des Künstlers sind unter dem Namen Alliance de la France avec l'Autriche, Embellissement de Paris, La Legislation, L'industrie nationale, La prospérité de l'empire bekannt geworden. Dann stellte er auch die Ankunft der Erzherzogin Marie Louise von Oesterreich in Paris dar, und um 1817 malte er mehrere Scenen aus der Fabel der Psyche. Nach seinen Zeichnungen wurden die Gemälde und Basreliefs ausgeführt, die zur Feier der Ankunft des Herzogs von Angoulême am 15. December 1824 den Saal des Rathhauses schmückten, 10 an der Zahl.

Lafitte hatte den Titel eines Cabinetszeichners des Königs von Frankreich. Auch war er Mitglied des französischen Institutes und der Akademien zu Rom und Florenz.

Lafleur, N. W., s. Fleur.

Lafond, Carl Nicolaus Raphael, Historienmaler, wurde 1774 zu Paris geboren, und daselbst von Regnault in der Kunst unterrichtet. Er ist auch einer der besten Schüler dieses Meisters, und überhaupt ein vorzüglicher Künstler. Die Anzahl seiner Gemälde ist bedeutend, und diese sind grösstentheils historischen Inhalts, correkt in der Zeichnung, von zierlicher Anordnung und in technischer Hinsicht meisterhaft. Seine Gemälde mit dem Samariter, der Segnung Jakob's und dem Sturme von Monterau durch Carl VII. wurden mit goldenen Medaillen beehrt. Der Luxembourg und Versailles weisen Werke von ihm auf, und auch anderwärts sind solche zerstreut. Lafond war auch Ritter der Ehrenlegion, und 1835 starb er, in seinem besten Wirken.

Gabet verzeichnet eine bedeutende Anzahl von Gemälden dieses Künstlers, darunter auch die oben erwähnten. Den Samaritan malte er 1804, und 1806 die Kaiserin, von den Kindern umringt, deren Mütter sie unterstützte. Die Segnung Jakobs ist von 1808; 1812 malte er den westphälischen Bauer vor Napoleon; 1814 Saul, die Druide Velleda; 1814 den Tod Jakobs; 1817 Aeneas auf dem Berge Ida, im Museum zu Rouen; die Einnahme von Montereau, im Präfekturgebäude daselbst; Numa Pompilius und Egeria, im Pallaste zu Versailles u. s. w. Im Schlosse zu Meudon ist seine keusche Susanna, im Museum zu Dijon der Schatten Samuels, im Luxembourg das Testament des Eudamidas, St. Ludwig von Gonzaga im Seminar von Bazas, die Geburt und die Himmelfahrt Christi im Kloster der Dames religieuses zu Toulouse, sechs Altarblätter in der Kirche des Temple. Im Salon des Baron Barbier ist ein Plafondgemälde und vier grosse Landschaften von ihm. Dann malte er auch mehrere Portraite. Gabet erwähnt noch mehrerer anderer Bilder, die grösstentheils in den Privatbesitz übergingen.

Lafond de Fénion, Mlle. Aurore Etienette de, Malerin zu Paris, aber von Fénion gebürtig. Sie bildete sich unter Leitung von Regnault, und 1819 brachte sie schon ein Gemälde zur Ausstellung, welches Clotilde vorstellt, wie sie ihre Gedichte liest. In der Gallerie der Herzogin von Berry ist diese selbst gemalt, an der Wiege ihrer Tochter, und eine Vendee'sche Wittwe. Spätere Bilder sind: Fleurette an der Quelle, Henry mit Fleurette etc.

Mlle. Lafond wurde mit mehreren Medaillen beehrt; 1822 erhielt sie eine goldene im Musée royal.

Lafond, Daniel, Maler und Kupferstecher zu Bern, wurde um 1760 geboren, und nach dem Beispiele von Lory, Zehender, König und andern übte er sich in gleicher Kunst, worin die Natur seine hauptsächlichste Lehrmeisterin war. Er studirte sie mit Eifer, und nach und nach erwarb er sich den Ruf eines trefflichen Künstlers. Er lieferte verschiedene malerische Ansichten, sowohl in Gemälden als im Stiche, und Blätter dieser Art wurden damals häufig ausgemalt. Seine Blätter wurden neben jenen von Aberli, Biedermann und Winter gesehen. Sie bilden mit jenen Lory's und Zehender's Sammlungen, z. B. Recueil des paysages Suisses etc. 1795.

1) Ansicht des Weishorns, gr. qu. fol.
2) Ansicht der Jungfrau, gr. qu. fol.
3) Der obere Grindelwaldgletscher mit dem Wetterhorn, qu. fol.
4) Der untere Grindelwaldgletscher, qu. fol.
5) Das Lauterbrunnenthal, qu. fol.
6) Die Ansicht von Unterlacken, qu. fol.
7) Die Ansicht von Morat, qu. fol.
8) Gegend um Thun, qu. fol.
9) Aussicht vom Ringgenberg, qu. fol.
10) Der Ausfluss der Aaar aus dem Brienzer-See, qu. fol.

11) Ansicht von Bern, im Schwelli - Mätli aufgenommen, qu. fol.
12) Das Felshaus zu Thorberg beim Gewitter, qu. fol.
13) Landschaft bei Reichenbach, qu. fol.
14) Landschaft bei Bremgarten, qu. fol.

Lafontaine, ein Name von Künstlern, deren wir mehrere unter „Fontaine" rubricirt haben, da das la öfter getrennt wird.

Lafontaine, M. D. D., Landschafts- und Architekturmaler zu Paris, wurde um 1770 geboren. Seine Bildungsgeschichte ist unbekannt, seine freie, künstlerische Wirksamkeit beginnt aber zu Anfang unsers Jahrhunderts. Er verfertigte in Paris das erste Panorama, worüber sich das Institut mit Vortheil aussprach, und dann sah man auf den Pariser Kunstausstellungen auch verschiedene Bilder von seiner Hand. Die besten sind: das Innere einer Malerwerkstätte; die Ansicht des Cölestiner Klosters mit Figuren; die Cathedrale von Palermo, grosses Bild. Dann hat man von ihm Landschaften, Figuren in Oel, Bilder in Gouache, und auch Theaterdecorationen malte er.

Lafontaine hielt auch ein Atelier, und unsers Wissens ist er noch am Leben.

Lafontaine, Mlle. Rosalie de, Malerin zu Paris, genoss bei Regnault Unterricht, und schon 1806 sah man im Salon ein Gemälde von ihrer Hand, nämlich das Bildniss einer Frau mit ihrem Kinde. Dann malte sie Amor und Pandora (1808); das Kind, welches die Katze füttert (1810); die Wittwe am Grabe (1814); das Kind mit dem Vogel; ein solches mit Blumen (1819); und verschiedene andere Genrebilder mit Portraitfiguren, gewöhnlich im Kniestück. Ein späteres Werk als von 1819 nennt Gabet nicht.

Laforgue, Anton, Architekt zu Toulouse, und geboren daselbst 1782, besuchte anfänglich die Specialschule der schönen Künste, und schon 1802 wurde er beim Chaussee- und Wasserbau angestellt. Beim Bau des Canals von Languedoc versah er die Stelle eines Dessinateur-Géographe, 1818 wurde er Architekt der Präfektur, und nach vier Jahren Architekt des Departement. Als solcher baute er das Gebäude des Tribunals erster Instanz, und die Getreidhalle zu Muret, woselbst er auch das Gebäude der Unterpräfektur restaurirte. Zu Cierp und zu Argut-Dessus baute er zwei Kirchen, und auch die Bauten am Kloster und der Kirche der Dames religieuses de la Visitation zu Toulouse wurden ihm anvertraut, so wie die Direktion bei der Wasserleitung daselbst u. s. w.

Lafosse, s. Fosse, de la.

Lafrense oder Lafrenz, Nicol., Eine Person mit N. Lavreince.

Lafreri, Anton, Kupferstecher und Kunsthändler, der gegen 1512 zu Salins in der Franche-Comté geboren wurde. Sein Meister ist unbekannt, und als Künstler verdient er auch keine hohe Stelle. Seinen Namen liest man indessen häufig auf Blättern; allein Lafreri hatte um 1540 in Rom einen Kunsthandel angelegt, und zu diesem Zwecke kaufte er alte Platten italienischer Künstler zusammen, die er dann retouchirte, oder hie und da gar änderte. Auf solchen Blättern steht dann Ant. Lafreri formis, oder A. L. F., was dasselbe bedeutet. Es sind dieses Platten nach Perin del Vaga, Michel Angelo, F. Zuccaro, Giulio Romano, Rafael, Titian, von

Beatricet, Buonasone, Raimondi, A. Ghisi, Caraglio, C. Cort, St. du Parc etc. Allein die Blätter mit seiner Adresse gehören zu den schlechteren; sie sind retouchirt und corrumpirt. Der Tod ereilte ihn gegen 1580.

Ein Verzeichniss dieser Blätter brauchen wir nicht zu geben, da sie sein Werk nicht sind. Nur bemerken wir:

1) Die Vision von St. Auguste, angeblich sein eigenes Werk.
2) Die Geburt des Adonis, nach Salviati, angeblich von ihm selbst gestochen.
3) Eine heidnische Opferscene, nach einem Basrelief: ein Widder, ein Stier und ein Schwein werden geopfert. Dieses Blatt hat die Jahrzahl 1553, und es soll ihm selbst angehören.
4) Die Schlacht der Römer gegen Pyrrhus, nach Rafael. Lafreri nennt sich als Stecher, aber dieselbe Composition hat auch C. Cort gestochen.
5) Adam und Eva beweinen den erschlagenen Abel, nach P. del Vaga. Lafreri bezeichnet sich hier als Stecher, was er wohl nicht ist.

Seinen Namen tragen auch verschiedene Abbildungen von Statuen.

Lafuente, s. Fuente.

Lagardette, de, s. Delagardette.

Lageman, Hendrick, Medailleur, der 1765 zu Amsterdam geboren wurde. Sein Meister war K. Konsé, noch mehr aber verdankt er seinem eigenen Fleisse. Er erwarb sich den Ruf eines geschickten Künstlers, was die Denkmünzen und Portraite, welche sich von ihm finden, rechtfertigen. Die Gesellschaft Felix meritis trug ihm auf, die Ehrenmedaille zu schneiden, womit sie preiswürdige Kunstwerke belohnt.

Lageman starb 1816 in seiner Geburtstadt.

Lagneau, Portraitmaler um 1610. Seine Lebensverhältnisse sind unbekannt, und von seinen Gemälden scheint sich nicht mehr viel zu finden, Zeichnungen trifft man aber hie und da in Sammlungen. Es sind dieses Bildnisse oder Köpfe, mit rother oder schwarzer Kreide gezeichnet, auch mit Pastellstiften colorirt. Füssly sagt, dass Lagneau ihm nur durch dessen schön gezeichnetes Bildniss bekannt sei.

Lagniet, J., ein französischer Kunsthändler, aus dessen Verlag sich mehrere Blätter finden. Sie haben meistens Zeitereignisse von 1640 — 74 zum Gegenstande, öfter sind sie Satyren gegen Spanien. Auf einigen steht der Name des Stechers, andere haben nur Lagniet's Adresse, und daran könnte er selbst Antheil haben.

Lagny, Zeichner, von welchem sich Aquarellen finden sollen. Sie stellen häusliche Scenen dar. Die weitern Umstände sind uns unbekannt.

Lagoor, J. P., Radirer und vielleicht auch Maler, dessen Lebensverhältnisse unbekannt sind. Er radirte Landschaften, aber diese kommen selten vor. C. v. Rumohr und J. M. Thiele beschreiben in der Gesch. der k. Kupferstichsammlung zu Copenhagen S. 85 ein Blatt von ihm: Waldgrund mit Canal, worin ein Fischer im Kahne zu sehen. Das Blatt ist in W. Bemmel's Weise disponirt, aber alterthümlich radirt. H. 5 Z. 9 — 10 L., Br. 6 Z. 11 L.

R. Weigel sagt in der Anmerkung zum erwähnten Werke, dass aus dem Fries'schen Cabinet 5 Blätter von diesem Meister in die Sammlung des H. Sheepshanks in London übergegangen seien. Bei Erzherzog Karl ist auch ein Blatt von Lagour.

Lagot oder Lagour, Cl., Maler von Angers, dessen in den Menagianis I. 132. erwähnt wird. Er malte das Bildniss eines Advokaten, der sehr schwarz war; der Anwalt liess aber lange auf die Bezahlung warten, bis endlich Lagot die Sache in Anregung brachte, indem er dem Advocaten sagte, der Wirth zum Mohren wolle das Bildniss haben. Poilly stach auch wirklich das Bildniss eines Advokaten Wilhelm Menage nach einem Maler Lagot.

Lagoubaulde, René und Remi, zwei französische Glasmaler, die gegen das Ende des 16. Jahrhunderts lebten.

Lagoy, Roger, ein französischer Kunstliebhaber, stach die Zeichnungen Rafael's in seinem Cabinete selbst in Kupfer:

1) Studium zum Tanze der Liebesgötter.
2) Drei Zeichnungen und Studien von heil. Familien.
3) Zwei andere Skizzen.

Lagrenée, der Name französischer Künstler von Bedeutung, deren Name auch La Grenée geschrieben wird. Wir haben ihrer unter „Grenée" erwähnt, und hier tragen wir, näher unterrichtet, folgendes nach:

Lagrenée, Anthelme, Historienmaler zu Paris, stammte aus einer alten in der Malerei berühmten Familie. Sein Vater Louis J. F. Lagrenée war der Gründer der Akademie der schönen Künste zu Petersburg und Direktor der französischen Akademie zu Rom; dieser und sein Bruder J. J. Lagrenée waren auch Mitglieder und Rektoren der königl. Akademie der Malerei und Skulptur zu Paris. Anthelme Lagrenée erhielt den Ruhm seiner Familie. Nachdem er, während der ersten Jahre der Revolution, als Militär dem Vaterlande gedient hatte, studirte er mit besonderer Neigung die Natur der Pferde, und er erwarb sich die Fertigkeit, sie mit Wahrheit darzustellen, in ausgezeichnetem Grade. Zeugniss seiner Kunst geben auch die hübschen historischen Darstellungen russischer Sitten und Costüme, die er in Petersburg malte, wo er sich mehrere Jahre aufhielt. Mehrere ähnliche Arbeiten waren auf der Staffelei, als er, von der Cholera ergriffen, 1832 in einem Alter von 54 Jahren hinweggerafft wurde.

Lagrenée, Jean Jacques, Maler, bekannt unter dem Namen Lagrenée des Jüngeren, Rektor emeritus der königl. Schule der schönen Künste zu Paris, starb 1821 im 81. Jahre.

Lagrenée, J. Aug., angeblich Kupferstecher, mit dessen Existenz es aber nicht volle Richtigkeit hat.

Es gibt ein Blatt in Lavismanier, mit dem Titel: L'Amour corrigé par Venus, gr. 8. und auf diesem liest man: J. Aug. L. fec. 1799. Das L. soll nun Lagrenée bedeuten, obgleich es nicht bekannt ist, dass wirklich ein solcher gelebt hat.

Dass der L. J. F. La Grenée radirt hat, wissen wir.

Laguerre, Louis, Historienmaler, der in England seinen Ruf gründete, und weil er in jenem Lande neben Thornhill mit Ehren bestand, müssen wir hier seiner näher gedenken, als unter L. la Guerre; zumalen sein Name häufig Laguerre geschrieben wird.

Laguerre, Johann, s. den obigen Artikel.

Laguidarra, Joseph, Bildhauer zu Neapel, und Schüler der Vaccaro's, für welche er arbeitete. Er ergänzte auch antike Statuen aus Pompeji und Herkulanum. Starb 1742 im 45. Jahre.

Lahde, Gerhard Ludwig, Kupferstecher, geboren zu Bremen 1765, bildete sich auf der Akademie der Künste in Copenhagen, und 1792 erhielt er die goldene Preismedaille. Später wurde er königl. dänischer Hofkupferstecher, und als solcher starb er um 1820. Man hat von ihm eine Anzahl schätzbarer Blätter, und auch Bildnisse malte er.

1) Darstellung der grossen Feuersbrunst in Copenhagen, 1794.
2) Die Seeschlacht auf der Rhede von Copenhagen 1801.
3) Topographisch-historische Ansicht der Belagerung Copenhagens, 1807.
4) Das Bildniss Christian VII. von Dänemark.
5) Mehrere Bildnisse berühmter Dänen.

Im Jahre 1815 arbeitete er an der Herausgabe eines systematisch-wissenschaftlichen Lehrbuches der Zeichenkunst.

Lahire, s. Hire, la.

Laidig, Johann C., Kupferstecher, der um 1701 — 1712 in Brünn lebte. Er arbeitete für Buchhändler in einer steifen Manier.

Laier, F., Kupferstecher, ein jetzt lebender tirolischer Künstler, der sich einer Unterstützung der Stände erfreute:

Männliches Portrait mit den schönen Haaren, nach Edelink.

Laiginel, Nicolaus, Kupferstecher, der um 1680 in Rom arbeitete, aber nach seinen Lebensverhältnissen unbekannt ist. Sein Stich ist glänzend, in Spierre's Weise.

1) Petrus heilet den Lahmen unter der Pforte des Tempels: Gli Esperidi in Roma, nach J. B. Manellius, qu. fol.
2) Die Verkündigung der heil. Jungfrau, nach Ciro Ferri, gr. fol.

Laing, D., Architekt, der zu Anfang unsers Jahrhunderts in England arbeitete. Er gab ein Werk heraus unter dem Titel: Hints for disellings, consisting of original designs for Cottages, farmhouses, villas etc. 1800. 34 Blätter in Aquatinta, 4.

Lainville, Zeichner, der um 1769 zu Paris lebte. Louise Massard stach nach ihm: das dankbare Frankreich, dass Maria Theresia demselben ihre Tochter als Königin gegeben; dann die Zusammenkunft Ludwig XVI. und Heinrich IV.

Lajoye, N., s. nach Laitré.

Laippus, s. Daippus.

Lair, Jean Louis César, Historienmaler zu Paris, der aber 1781 in Janville (Eure et Loire) geboren wurde. Er kam in seinem 16. Jahre nach Paris, um unter Regnault und David sich in der Malerei auszubilden, und in dieser Stadt übte er auch in der Folge seine Kunst, bis ihn 1828 der Tod ereilte. Die Anzahl seiner Gemälde ist bedeutend, und besonders zahlreich sind die Bildnisse. Auch übertrifft die Zahl seiner kleinen Gemälde jene in grossem Umfange. In der Cathedrale zu Metz ist die Vocation der hl. Glossinde, ein 16 auf 12 Fuss grosses Bild, welches 1817 mit einer goldenen Medaille beehrt wurde. Später malte er die Leidenssta-

Nagler's Künstler-Lex. VII. Bd. 16

tionen des Herrn, und davon hat Dibard die Grablegung gestochen. Dieses Blatt ist Leo XII. zugeeignet. In der Kirche St. Ambros zu Pepincourt ist ein 11 Fuss hohes Gemälde mit den Töchtern Jerusalems, und für die Cathedrale zu Uzès malte er die Kreuzabnahme, 15 Fuss hoch und 12 Fuss breit. In Bayeux ist sein Bild des heil. Vigor, in Avignon Christus am Kreuz, im Cour royale zu Caen das Bildniss Ludwigs XVIII., in der Cathedrale zu Autin St. Léger, der Bischof von Autin. Eines seiner letzten Werke ist die Erweckung des Lazarus. Dann finden sich verschiedene historische Cabinetbilder von seiner Hand gemalt.

Laire, Sigmund, Maler aus Bayern, dessen Wirkungskreis in Rom zu suchen ist. Hier bildete er sich unter Leitung des F. da Castello in der Miniaturmalerei aus, und besonders geschätzt waren seine Madonnenbilder, die in Italien verbreitet sind. Dann soll er auch kleine historische Stücke auf kostbare Steine gemalt haben, was nicht ganz richtig zu seyn scheint. Lair war vermuthlich früher Edelsteinschneider, und als solcher dürfte er Rom besucht haben, wo ihn Baglione unter die Schüler Catello's zählt. Giulianelli zählt ihn wirklich unter die Edelsteinschneider und so konnte er seine frühere Kunst mit der Miniaturmalerei vertauscht haben. Laire starb 1640 im 86. Jahre, und seine Gebeine ruhen in der Rotonda zu Rom, da er grosse Vermächtnisse für religiöse Zwecke machte.

Lairesse, Regnier von, Maler, der Vater des berühmten Gerhard, nach seinen Leistungen aber weniger bekannt als dieser. Er war in Diensten des Fürstbischofs von Lüttich. M. Pool stach nach ihm den Tod des Seneka.

Lairesse, Gerhard von, Historienmaler, geb. zu Lüttich 1640, gest. 1711. Den ersten Unterricht ertheilte ihm sein Vater Regnier, wollte ihn aber nicht zu einem gewöhnlichen Maler bilden und gab ihm daher eine zweckmässige Erziehung. Bertholet Flemael war jetzt sein Meister in der Malerei, und nebenbei musste er Geschichte studiren, so wie die Theorie der Dichtkunst. Auch in der Musik wurde er unterrichtet, und für diese Fächer blieb er sein ganzes Leben so sehr eingenommen, dass er Malerei und Musik für fürstliche Künste erklärte, als wesentliche Veredlungsmittel des Charakters. Lairesse ist daher zu den gebildetsten Künstlern seiner Zeit zu zählen, jedenfalls einer der ausgezeichnetsten, die damals lebten, und man nahm keinen Anstand, ihn den niederländischen Rafael zu nennen. In allen seinen Compositionen offenbaret sich ein Mann von vielem Wissen, der nach seiner Weise dichterisch zu Werke ging. Seine Bilder sind sowohl in historischer, als in malerischer Hinsicht verständig, und in der Zeichnung ist er edler, als viele seiner Landsleute, obgleich auch bei ihm die niederländische Manier bemerkbar ist. Er sah Italien nicht, wurde durch das Studium der Antike nicht auf eine edlere Form hingewiesen. Seine Figuren entbehren der Grazie, der leichten Bewegung, wenn auch nicht des bezeichnenden Ausdruckes. Wenn er im Grunde Architektur anbrachte, war er nicht im Stande dieser Grossartigkeit zu verleihen. Seine Muster waren Poussin und P. Testa; er erreichte aber ersteren nicht, so dass Watelet ihn den durch schlechte Studien verbildeten Poussin nennen zu dürfen glaubt. Immerhin hat Lairesse auch seine Verdienste, wie man sie in den Werken der italienisch-französischen Schule findet. Er und Boucher liessen die

Zeitgenossen die Allegorie und Idylle bewundern, und in diesem Gebiete verfuhren sie mit grosser technischer Fertigkeit. Die Anzahl seiner Gemälde ist bedeutend; einige sind von grossem Umfange, andere zur Zierde der Zimmer gemalt. Auch verschiedene Deckenstücke führte er aus. Sehr gerne malte er nach Art der Basreliefs. Seine Werke sind in Gallerien zerstreut, und ehedem wurden sie zu hohen Preisen erworben. Die Churfürsten von Cöln und Brandenburg beschäftigten ihn viel. Nach Berlin kam er durch Johann Gregor Memhard, der damals im Rufe eines geschmackvollen Architekten stand. Er war Lairessens Freund, und daher empfahl er ihn dem Churfürsten, und zwar zu einer Zeit, als Lairesse noch nicht 20 Jahre zählte. Im k. Museum zu Berlin sind schöne Gemälde von ihm. Die meiste Zeit seines Lebens verlebte Lairesse zu Utrecht und dann in Amsterdam, wo er starb.

Er führte nicht den erbaulichsten Wandel; er war schwelgerisch und in der Liebe ausschweifend. Trotz seiner hässlichen Larve sahen ihn die Weiber gern, und es scheint fast, dass ihm irgend eine Dirne den Verlust der Nase verursacht hat, wenn nicht jene Wirthshausscene mit Emanuel de Witte blos ein böswilliger Ausfall war. S. Fiorillo Gesch. der zeichnenden Künste in Deutschland III. S. 218. Sei dem wie ihm wolle, Lairesse erhielt zuletzt doch noch eine Frau, weil ihm das Leben mit Kebsweibern nicht mehr gerathen schien. Ein böser Mensch war er nicht, und was ihm die Natur vorenthielt, das ersetzte sein feiner Geist. Er war beständig froh und heiter, ein Mann von Energie.

Lairesse hat auch über Malerei geschrieben, und in der späteren Zeit seines Lebens hatte er das Unglück, zu erblinden. Sein Werk soll ihm damals im Alter zur Unterstützung gedient haben, wie d'Argensville, der den Künstler kannte, behauptet. Descamps und Andere wollen die Sache besser wissen. Nach ihrer Angabe erblindete der Künstler 1690, und in diesem Zustande soll er wöchentlich eine Malergesellschaft gehabt haben, in welcher er seine Ideen diktirte, die dann von seinem Sohne gesammelt und mit einer Menge Kupferstiche begleitet, nach seinem Tode in zwei Bänden erschienen wären. Dieses ist unrichtig, und d'Argensville, wenn er sagt, dass das Werk im Alter des Künstlers erschienen, hat das Rechte getroffen, denn die erste Ausgabe erschien 1707 zu Amsterdam, unter dem Titel: Het groot schilderboek door G. de Lairesse. 2 Deelen. Met printverbeeldingen, in 4. Die zweite Originalausgabe ist von 1712. Sein Zeichenbuch wurde in die deutsche, französische und englische Sprache übersetzt, und seine Werke und Schriften übten durch die Einführung in allen öffentlichen Kunstschulen einen grossen Einfluss auf die Kunstweise. In Composition, Zeichnung und Ausführung wurde lediglich nach gewissen Regeln verfahren, und in den nach diesen Principien angefertigten Bildern verschwand nun allmählich alles eigenthümliche Gefühl, so dass sie den Beschauer, ohnerachtet grosser technischer Verdienste, und einer gewissen Glätte und Eleganz in der ganzen Erscheinung, innerlich kalt lassen.

Lairesse hat auch mehrere Blätter radirt, die theilweise sehr schätzbar sind. Wie in seinen Gemälden, so findet man auch hier Stoff zu Lob und Tadel, und Füssly geht zu weit, wenn er das Werk dieses Meisters den jungen, studirenden Künstlern als etwas ausserordentlich Lehrreiches empfiehlt. Die meisten seiner Blätter sind in grossem Formate, und besonders die von 1 — 6 reich in der Composition.

1) Joseph von seinen Brüdern erkannt. H. 15 Z. 2 L., Br. 8 Z. 5 L.

16*

2) Die Salbung Salomo's, 1668. H. 15 Z. 9 L., Br. 19 Z. 8 L.
3) Hektor und Andromache. H. 11 Z. 4 L., Br. 14 Z. 6 L.
4) Antonius und Cleopatra an der Tafel. H. 13 Z. 1 L., Br. 17 Z. 6 L.
5) Die Opferung der Iphigenia. H. 11 Z. 6 L., Br. 14 Z. 6 L.
6) Der ungläubige Thomas. H. 12 Z. 1 L., Br. 8 Z. 5 L.
7) Der Zug der Amazonen zu Pferde. Selten.
8) Das grosse Bacchanal, mit Silen und Bacchus sitzend.
9) Drei Allegorien auf den Ruhm des Prinzen Wilhelm von Oranien.
10) Die Geschichte der ersten Menschen, 6 Blätter in qu. 4.
11) Abraham an der Tafel mit der Sara.
12) Die Heimsuchung der hl. Jungfrau.
13) Die heil. Theresia in Extase.
14) Die Träume, welche einen Schlafenden ängstigen.
15) Die vier Jahreszeiten, qu. 4.
16) Jupiter und Calisto.
17) Sechs kleine Vorstellungen aus der Fabel der Jo.
18) Diana betrachtet in Wolken den schlafenden Endymion.
19) Die Ruhe der Diana mit ihren Nymphen.
20) Venus, von Amoretten umgeben, beweint den Adonis.
21) Venus zeigt dem Aeneas die Waffen.
22) Creusa und Ascanius bemühen sich, den Aeneas zurückzuhalten.
23) Ulysses bei Calypso.
24) Der schlafende Silen, wie ihm Nymphen Traubensaft auf den Kopf träufeln.
25) Bacchus presst Trauben in einen Napf.
26) Die Orgien das Bacchus.
27) Der Tanz der Nymphen.
28) Die Nymphen vor dem an den Baum gebundenen Satyr.
29) Sechs Darstellungen aus der Geschichte des Aeneas und der Dido, qu. 8.
30) Das Opfer der Polyxena.
31) Semiramis auf der Löwenjagd.
32) Der Knabe Jesus, seinen Eltern den Willen Gottes erklärend.
33) Hektor entreisst sich den Armen der Andromache, um in den Kampf zu gehen.
34) Ein römischer Feldherr, der die Gefangenen mit Güte behandelt.
35) Jupiter raubt die Europa.
36) Venus und Cupido auf dem Meere.
37) Venus füllt dem Amor den Köcher mit Pfeilen.
38) Venus mit dem Apfel schwebt mit Cupido in der Luft.
39) Venus und Aeneas.
40) Aeneas und die Sibylle.
41) Merkur befiehlt der Calypso, den Ulysses ziehen zu lassen.
42) Perseus befreit die Andromeda.
43) Das Opfer eines jungen Mannes an eine Göttin zur Sühne eines Verbrechens: Ubi necessitas spiranda benignitas.
44) Ein Krieger, der durch einen andern fällt, 1662.
45) Ein römischer Feldherr, wie er die Gefangenen enthaupten lässt.
46) Venus in der Werkstätte des Vulkan.
47) Die Königin von Saba besucht Salomon, kl. Blatt.
48) Cybele sucht ihre Tochter.

49) Venus auf dem Wagen, von Tauben gezogen.
50) Der Triumph der Amphidrite.
51) Kinder, welche Musik machen, kl. Blatt.
52) Ein Mädchen hindert den Satyr, sich einer schlafenden Frau zu nähern, kl. Blatt.
53) Apollo begeistert eine Muse; im Grunde Cyclopen.
54) Bacchus und Ariadne.
55) Eine Bacchantin mit dem Tamburin.
56) Cäsar weiset den Mann mit dem Kopfe des Pompejus zurück.
57) Die heil. Familie, nach C. Bertholet. Selten.
58) Fünf Blätter verschiedene Kinderspiele, ohne Namen des Stechers.
59) Sieben kleine mythologische Darstellungen.
60) Das Weib sitzend, in denkender Stellung, qu. 4.
61) Ein Mann, der einen Felsen zu durchbohren sucht, sehr kleines Blatt.
62) Der Spion, kl. 4.
63) Venus und Amor, kleines Oval.
64) Ein Scharmützel, kleines Blatt in die Länge.
65) Ein tanzender Harlequin, ein Satyr und ein Bär, 4.
66) Ein Weib opfert auf einem Altare.
67) Die Malerei und Sculptur.
68) Die Malerei in einer Glorie, zur Seite Minerva, der Neid und die Unwissenheit fliehen, gr. 4.
69) Die Frömmigkeit und die Weisheit, letztere unter der Gestalt der Minerva, wie sie eine Büste malt.
70) Die Musik: Musica.
71) Das Schweigen: Eximia est virtus — tacenda loqui.
72) Virtus est, vitium fugere.
73) Nox etc. Amor etc.
74) Sperne voluptates.
75) Foecundi calice etc.
76) Choreae honestae licitae at turpes abominandae.
77) Quod caret alterna requie durabile non est.
78) Ubi dissensio est, ubi invidia est; ibi Chorus non est.
79) Wilhelmo Henrico principi austriaco ob fugatos hostes et rempublicam restitutam, grosse Allegorie.
80) Eine andere Allegorie auf derselben.
81) Ein Krieger auf Wolken mit Schild und Flammenschwert vertreibt die bösen Genien.
82) Das österreichische Wappen vom kaiserlichen Adler gehalten: Apographum emblematis in pacificationem Caroli V. et Francisci Galliae Regis 1544.
83) Das Wappen in Wolken von zwei Genien gehalten.
84) Bildniss Wilhelm III. von Oranien, Königs von England, in einer Einfassung, vom Ruhme getragen; fol.
85) Ein anderes Bildniss des Königs, 4.
86) Die Blätter in G. Bidloo anatomia humani corporis. Centum et quinque tabulis per artificios. G. de Lairesse ad vivum delineatis etc. Amstelod. 1685. fol.
87) Eine Sammlung von antiken Statuen aus dem Cabinete Reynst, 110 Blätter, die man unter Lairesse's Arbeiten zählt.

Es gibt überdiess noch mehrere andere Blätter von diesem Meister: Allegorien, Büchertitel und andere Darstellungen. Nicolaus Visscher hat diese Werke herausgegeben, unter dem Titel: Gerh. de Lairesse Leodiensis Pictoris Opus Elegantissimum Amstelodami ipsa manu tam aere incisum, quam inventum, et per N. Visscher c. privilegio Ord. Gen. Belg. foederatae editum.

Dann haben auch fremde Künstler nach Lairesse Blätter gestochen. Darunter bildet der triumphirende Einzug Alexanders in Babylon eine Folge von 12 Blättern. Lairesse malte diese Darstellungen an den Lambris im churfürstlichen Schlosse zu Mannheim en camayeu, und die Platten stachen D. Rosetti, P. A. Pazzi, C. Faucci, F. Polanzani und G. D. Campiglia, in qu. imp. fol. Dieses Werk ist selten, weil der Churfürst die Platten vergolden liess. Es kam nicht in den Handel, sondern wurde nur verschenkt.

Dann stachen nach ihm: Blooteling, Munichhuysen, Folkema, J. Glauber, dem er öfter die Figuren in seine Landschaften malte; P. Schenk, L. Zucchi, die beiden Bause, Duflos, Gregori, J. H. Mortimer, Gole, W. Vaillant, G. Valck, v. d. Berge, N. Verkolje, B. Picart u. a.

J. C. Philips stach das Bildniss des Künstlers, nach dessen eigenem Gemälde. Peter Schenck stach ihn mit Pinsel und Pallette als Kniestück, und 1707 stach er seine Büste in ovaler Einfassung. Van Gunst gab dessen Bildniss in einer Einfassung von Genien getragen; Vivitur ingenio etc. Dieses Blatt ist in grossem Formate, und schätzbar, so wie jenes von Schenck.

Lairesse, Ernst von, Maler, der ältere Bruder Gerhard's, malte Thiere. Er hielt sich einige Zeit in Italien auf, und dann kam er in Dienste des Fürstbischofs von Lüttich. Sein Todesjahr ist unbekannt.

Lairesse, Jacob von, der Bruder des Obigen, malte ebenfalls Thiere, und dann auch mit Beifall Blumen und Früchte. Man weiss nicht, wann er gestorben.

Ein anderer Bruder, Namens Johann, war ebenfalls Blumenmaler; alle hat sie aber der berühmte Gerhard von Lairesse überstrahlt. Diese beiden Brüder lebten in Amsterdam.

Lairesse, Abraham und Johann, die Söhne Gerhard's, wurden vom Vater in der Malerei unterwiesen; sie sind aber nach ihren Leistungen wenig bekannt. Auch ihr Todesjahr ist nicht zu bestimmen.

Lairesse, Franz, Maler, von welchem die kaiserliche Gallerie zu St. Petersburg ein Bild der Charitas besitzen soll. Dieser Maler ist unbekannt, wenn es nicht der Enkel Gerhard's ist, von welchem Fiorillo spricht. Allein auch von diesem weiss man nur, dass Gerhard sein Lehrer war.

Laistre, de, s. Delaistre.

Laitié, Charles René, Bildhauer, wurde 1782 in Paris geboren, und hier war es Dejoux, der ihn mit den Grundsätzen seiner Kunst vertraut machte. Seine Fortschritte waren bedeutend, und daher erhielt er schon im Jahre VIII. an der Ecole royale eine Medaille. Im Jahre XII. wurde ihm der zweite Preis der Sculptur zu Theil, mit einem Basrelief, welches den Ulysses vorstellt, wie er von seiner Amme Euryclea erkannt wird. Den grossen Preis des Instituts erhielt er 1804, ebenfalls mit einem Basrelief, welches nach der Ilias den Meleager vorstellt, der sich weigert, die Waffen für's Vaterland zu ergreifen. Von dieser Zeit an sah man bei verschiedenen Gelegenheiten Bildwerke von seiner Hand, und mehrere derselben verzeichnet Gabet, namentlich Statuen, Reliefs und Büsten. Im Jahre 1814 fertigte er die Büste des Königs, 1817 führte er das Basrelief an der Fontaine der Bastille aus, welches den Astronomen vorstellt; 1822 fand seine Büste des Medailleur Tiolier Beifall, und um dieselbe Zeit fertigte er auch die schöne Statue von La Fontaine für die Stadt Château-Thierry. Seine zwölf Fuss hohe Statue des heil. Lukas in Marmor ist in der Cathedrale zu Arras, für die Kirche St. Etienne-du-Mont führte er eine Gruppe der Charites aus, und im Hofe des Louvre ist das Basrelief der Gerechtigkeit und Stärke sein Werk. Im Jahre 1827 modellirte er eine lebensgrosse Statue des Homer, dann stellte er am Plafond über der Stiege der Börse Themis und Merkur dar, und für die grosse Stiege des Museums führte er die sechs Fuss grosse, allegorische Darstellung der Malerei in halberhobener Arbeit aus. Im Jahre 1830 arbeitete er an einer acht Fuss drei Zoll hohen Gruppe für den Fronton der neuen Kirche Notre-Dame-de-Lorette in der Vorstadt Montmartre. Die Hauptfigur stellt die christliche Liebe dar. Von ihm sind auch die Sculpturen des rechten Theiles des Frieses der Madeleine. Am Triumphbogen vor der Barrière de l'Etoile führte er am Friese das Basrelief aus, welches die Abreise des französischen Heeres nach der bedrohten Gränze darstellt.

Laitré, Carl Remigius. Füssly glaubt irrthümlich, dieses sei der rechte Name des oben erwähnten C. R. Laitié.

Lajoye, N., Maler, wurde 1773 zu St. Chabraix (Creuse) geboren, seine Kunst aber übte er zu Paris. Er malte Landschaften mit historischer Staffage, Thiere und Genrestücke. Eines seiner Gemälde stellt den Marius im Moraste zu Minturnä dar, und eine andere Landschaft zeigt Heinrich von Sicilien, Scene aus Gil-Blas. Im Museum zu Duai ist eine Landschaft von ihm, 1827 gemalt.

Lala, Malerin von Cyzicus, die in Rom zur Zeit Cäsar's arbeitete. Damals feierte die Kunst ihre Nachblüthe, und neben Gegenständen des höchsten tragischen Pathos war auch die Portraitmalerei beliebt. Lala malte Bildnisse von Frauen, und auch ihr eigenes Spiegelbild, alles mit grosser technischer Fertigkeit. Auch in Elfenbein arbeitete sie nicht minder gut. Ihre Bilder sah man in Gallerien Rom's. Füssly sagt, sie sei eine Vestalin gewesen; der Ausdruck des Plinius, welcher ihrer erwähnt, deutet aber nur darauf, dass sie unverheirathet, beständig Jungfrau (perpetuo virgo), blieb.

Lalive de Jully, s. La Live.

Lallemand, Georg, Maler und Kupferstecher, von welchem man glauben sollte, dass er mit dem bereits erwähnten Georg Allemand nicht Eine Person, sondern jünger sei. Jener arbeitete schon um 1630, dieser aber soll nach Malpe erst 1641 zu Osnabrück geboren worden seyn, während ihn Marolles noch später, 1660 in Nancy das Licht der Welt erblicken lässt. Die Unrichtigkeit dieser Angaben sind nicht zu beweisen, und daher wollen wir glauben, dass dieser Lallemand ein späterer Künstler sei. Auch die Monogramme, welche einem Georg Lallemand beigelegt werden, sind ungleich, und das eine, aus dem zusammenhängenden G. L. bestehend, ist der Form nach älter, und wohl jenem Lallemand oder Allemand gehörig, der sich mit Businck zur Herausgabe von Helldunkel verband.

Auf einem geätzten Blatt mit Petrus und Paulus, wie sie unter der Tempelspforte die Lahmen heilen, liest man: Lalmen pinxit, dann Lalmen Inventor, und rechts Brebiette delineavit. H. 6 Z. 8 L., Br. 5 Z. 3 L. Die Worte: Lalmen inventor scheinen später hinzugesetzt zu seyn, und Brebiette ist wohl auch nicht der Zeichner, und noch weniger der Stecher.

Ein anderes geätztes Blatt, welches die Herodias vorstellt, wie sie das Haupt des Täufers empfängt, ist mit den Buchstaben L. A. L. I. bezeichnet, und diese, am Kleide der Herodiade, sollen unsern Künstler bedeuten, qu. fol.

Lallemand, wird auch der erwähnte Johann Baptist Allemand geschrieben. Im Cabinet Paignon Dijonval heisst es unter „Lallemand," dass er 1730 zu Paris geboren sei; sein Meister wird aber nicht genannt, und diesen fanden wir anderswo als Vernet bezeichnet. Er malte Landschaften, Marinen, mythologische Darstellungen und Genrestücke. Solche Bilder haben Chenu, Mdme. Maugein, A. Moitte, Daullé, Née u. a. haben nach ihm gestochen.

Von ihm selbst geätzt sind:

1) Zwei Marinen, Querformat.
2) Landschaft mit Hütten, Querformat.

Lallie, Etienne, Maler, dessen Lebensverhältnisse unbekannt sind. L. M. Halbou stach nach ihm ein Blatt, mit dem Titel: Le messager fidele, gr. fol.

Lalmen, s. Lallemand.

Lalonge, Hubert, s. H. Longe, wie ihn die Italiener nennen, da er lange in Italien gelebt hat.

Lalos, Jacques, Architekt von Calvados, der aber in Paris seine Kunst übte. Er führte da mehrere Bauten. Sein Werk ist das ägyptische Haus, und ein anderes im gothischen Styl in der Strasse St. Martin. Er machte auch Plane zu mehreren Parken und Gärten, und man hat von ihm ein eigenes Werk: De la composition des parcs et jardins pittoresques.

Lalouette, ein französischer Kupferstecher, der um 1685 arbeitete. Seine Lebensverhältnisse sind unbekannt. Er stach mehrere Blätter zu Boizot's Hist. metallique de Holland, nach S. le Clerc. Dann:

1) Die heil. Jungfrau, welche dem Kinde eine Traube reicht, nach P. Mignard.
2) Büste der heil. Jungfrau aus dem rafaelischen Gemälde in Fontainebleau, la jardiniére genannt.
3) Bildniss des Ingenieurs Jouvin.
4) Jenes der Baronesse H. de Chantel.

Lama, Giovanni Bernardo, Maler, der um 1506 zu Neapel geboren wurde. Sein Vater Matteo war ein geringer Maler, und daher übergab ihn dieser dem Amati, bis er endlich bei Andrea di Salerno (Sabatini) seine Ausbildung fand. Von diesem neapolitanischen Rafael nahm er Vieles an, und nach Andrea's Tod war er derjenige, der dessen Stelle ausfüllte. Er zeichnete gut, und seine Färbung ist besonders wohlgefällig und zart. Auch seine Gestalten sind richtig gezeichnet, von schöner Form, ausdrucksvoll in den Köpfen.

Lama starb 1579 und in der Jesuskirche zu Neapel ist sein Grabmal.

Er hatte eine Tochter, die ebenfalls in einer lieblichen Manier malte.

Lama, Giovanni Battista, Maler, der um 1670 zu Neapel geboren wurde, und hier war es L. Giordano, der ihm Unterricht ertheilte. Hierauf schloss er sich an P. de Matteis an, und nach und nach gewann er mit seinen Bildern grossen Beifall. Er machte gerne vom Helldunkel Gebrauch, und hielt auch sehr viel auf eine zarte Färbung. Dieses und seine gefälligen Compositionen, so wie die Correktheit der Zeichnung machen seine Bilder schätzbar. Er malte die Gallerie des Herzogs S. Niccola Gaeta, auch Kirchenbilder finden sich von ihm; zahlreich aber sind seine Staffeleibilder mit kleinen Figuren in Sammlungen Neapels und des Königreichs. Oefter malte er mythologische Darstellungen.

Starb nach 1740.

Lama, Giulia, Malerin zu Venedig, wo sie um 1750 lebte. Sie malte heilige Bilder, besonders für die Nonnenklöster Vergine de' Miracoli und S. Maria Formosa. Sie hatte eine angenehme Färbung, brachte es aber in der Zeichnung zu keiner Vollkommenheit.

Lamandé, Architekt zu Paris, der daselbst in der ersten Zeit unsers Jahrhunderts thätig war, aber von Gabet nicht erwähnt wird. Im Jahre 1802 half er dem Architekten Ransonette an seinem Werke: Plans etc. de charpente, und 1806 gab er die Zeichnung zur prächtigen Pont-d'-Jena, die 1812 vollendet wurde.

Lamare, F. J. de la, s. la Mare-Richard.

Lamarre, Marc, französischer Bildnissmaler, der um 1650 starb.

Lambardo, Carlo, Architekt von Arezzo, ein Adeliger von Geburt, machte sich in Rom einen Namen. Er restaurirte in Rom einen kleinen Pallast, der jetzt der Familie Pamfili gehört, bei S. Domenico und Sixto gelegen. Sein Werk ist die Façade von St. Francesca Romana auf dem Campo Vaccino, allein diese Façade zeigt, dass Lambardo gerade kein vorzüglicher Baumeister war. Vielleicht war er besser als Ingenieur. Seine Schrift über die Mittel gegen die Ueberschwemmung der Tiber ist ebenfalls nicht gehaltvoll. Starb 1620 im 61. Jahre.

Es gab auch einen Architekten Domenico Lambardo, ein Francesco war Maler, und Leonardo Lambardo Stuccatorer. Diese lebten alle in Rom.

Lambbirt, Bildhauer, der im 13. Jahrhunderte im Dienste Heinrich III. von England stand. Er schnitzte Ornamente für Kirchen.

Lambelet, S., Medailleur, der um 1699 — 1727 zu Braunschweig Ruf genoss. Man hat von ihm eine schöne Medaille auf die Ernennung der Churfürstin Sophia von Hanover zur Thronfolge Englands 1701. Abgebildet bei Locher I. 249.

Lambert, General und Freund des Protektors Olivier Cromwell, zu dessen Feststellung er viel beigetragen hat, war ein grosser Liebhaber der Kunst und selbst kein schlechter Maler. Man glaubt B. Gaspars sei sein Lehrer gewesen. Im Cabinet des Herzogs von Leeds zu Wimbleton waren Frucht- und Blumenstücke von ihm.

Lambert, John, Bildnissmaler und Sohn des Obigen, trieb die Malerei als Dilettant, hinterliess aber doch viele Bilder, deren sich noch in England finden. Er starb auf seinen Gütern zu Yorkshire, und J. Smith hat sein Bildniss schön geschabt. E. Walpole hatte von den beiden Lambert Bilder.

Lambert, Georg, Landschaftsmaler, der um 1710 in der Grafschaft Kent geboren wurde, und sich den Ruf eines der besten damals lebenden Künstler seines Faches erwarb. Seine Meister waren Hassel und Wootton, das Muster aber, dem er nachzustreben suchte, war ihm Poussin. Seine Gemälde sind reich und grossartig in der Composition, mit schönen Baumgruppen geziert, und auf andere Weise ausstaffirt.

Mit Scott gab er sechs Blätter mit indischen Ansichten heraus. Andere seiner Gemälde haben J. Masson und Vivares gestochen. Starb 1775. Von ihm selbst geistreich geätzt:

1) Landschaft mit Figuren.
2) Drei kleine Figuren, dem J. R. de Wandsworth dedicirt und selten.

J. Faber hat sein Bildniss in schwarzer Manier herausgegeben. P. C. Canot und Scott stach nach ihm ein Blatt mit der Aufschrift: A View of mount Edgcumbe, qu. fol.

Lambert, F., Maler zu Paris um 1760. Er malte Genrestücke. Levasseur stach nach ihm: Le larcin toléré, in ovaler Einfassung.

Lambert, Johann Gerlach, Maler und Mechanikus, wurde 1741 zu Frankfurt am Main geboren, und hier erlernte er bei J. Junker die Malerei. Er malte schöne Frucht- und Küchenstücke, verlegte sich aber in der Folge auf die Architektur und Mechanik. Starb 1805.

Lambert, Martin, Maler, der sich in Paris durch Bildnisse bekannt machte. Starb 1699 als Akademiker, 69 Jahre alt.

Lambert, J., Edelsteinschneider, von welchem Füssly sagt, dass er sich durch ein Bacchanale berühmt gemacht habe. Wir kennen ihn nicht näher.

Lambert, die Brüder, Kupferstecher, die zu Anfang unsers Jahrhunderts in Paris lebten, doch wissen wir nicht, ob einer von diesen jener Miniaturmaler ist, nach welchem A. Legrand die vier Jahreszeiten gestochen hat. Die Brüder Lambert stachen mit Cazenave, Chaponnier und Clement, nach P. Bessa 12 Blätter Blumen und Früchte, die 1808 in Folio erschienen.

Lambert, Lombardus, s. Lombardus.

Lamberti, Bonaventura, Maler von Carpi, ein Anhänger der Schule Cignani's, und nach Mengs Urtheil einer der letzten guten. Er arbeitete noch ganz in der Weise jener Schule, für Kirchen und Privathäuser Roms. Das Haus Gabrieli bekam eine Menge geschichtlicher Bilder von ihm, die nach Lanzi's Meinung allein ein gebildetes Auge unterhalten können. Ein classischer Meister ist Lamberti durchaus nicht, aber doch wurde mehreres nach ihm gestochen. J. Frey stach ein Wunder des heil. Franz von Paula in S. Spirito de' Neapolitani. Auch N. Dorigny, J. Frezzi u. a. haben ebenfalls nach ihm gestochen. J. Ottaviani hat nach seiner Zeichnung für St. Peter in Mosaik gearbeitet.

Starb 1721 im 70. Jahre.

Lamberti, Nicolo di Piero, genannt Aretino, Bildhauer, und einer der besten Künstler seiner Zeit. Er lernte bei Moccio und J. della Quercia, und nach Baldinucci's Urtheil übertraf ihn Niemand in erhobenen Figuren, die er mit Zierlichkeit und in einer bis dahin ungewöhnlichen Leichtigkeit der Gewandung darstellte. Auch in der Proportion herrscht Genauigkeit. Er arbeitete zu Florenz, zu Borgo S. Sepolcro, Perugia und Rom. Hier befestigte er auf Befehl Bonifaz IX. die Engelsburg. Zu Mailand ward er Oberaufseher beim Dombau, und zu Bologna führte er in S. Francesco das Grabmal Pabst Alexander V. aus. Hier starb er selbst 1417 im 67. Jahre.

Lamberti, Georg, Maler von Florenz, dessen Lebensverhältnisse unbekannt sind. Im Jahre 1607 malte er die Kuppel der Kirche von S. Pietro al Po in Cremona.

Lamberti, Orazio, Maler von Cento, der Gehülfe des P. Cavagna in der Libreria der Augustiner zu Cremona.

Lamberti, Giovannino, Beiname von J. Howard.

Lambertini, Michel, auch Michel di Matteo genannt, Maler zu Bologna, und einer der berühmtesten, die daselbst um die Mitte des 15. Jahrhunderts lebten. Im Jahre 1443 malte er auf dem Fischmarkt (pescaria) ein Bild, und dieses rühmte Albani selbst vor jenen des Francia, allerdings des Lobes genug, da Francia ein so hochbegabter Meister ist. Andere Werke von seiner Hand sind in S. Pietro und S. Giacomo derselben Stadt. Sein Todesjahr ist unbekannt, man weis nur, dass er noch 1469 gearbeitet hat.

Lamberto, der Taufname zweier oder gar dreier Maler, welche die Italiener, so wie auch einige Deutsche, mit einander verwechseln oder für Eine Person halten. Ticozzi (Dizionnario degli artisti etc. Milano 1832 II. 303.) hält den Lamberto tedesco oder L. d'Amsterdam mit L. Sutermans oder L. Suavis für Eine Person, und eine zweite ist im Lamberto Lombart. Den ersteren lässt er 1481 zu Lüttich geboren werden, und Lombart sollte im folgenden Jahre daselbst das Licht der Welt erblickt haben. Wie Ticozzi zu dieser Zeitbestimmung gekommen, wissen wir nicht; er ist jedoch seiner Sache nicht gewiss. So verwechselt er später auch den L. Lombart mit seinem Lambert Tedesco, Sutermanns oder Suavis und dann hält er auch diesen mit dem andern für identisch.

Wir glauben mit Sicherheit einen Lambert Sustermans, genannt Lombart oder Lambardus, und einen Lambert Sustris, und auch den L. Suavis unterscheiden zu dürfen. Der erstere wurde 1506 in Lüttich geboren, die Sustris stammen von Amsterdam, kamen aber in München zu Ansehen, und L. Suavis ist Maler und Kupferstecher, ein Zeitgenosse des Lombardus.

Die Wirksamkeit dieser Künstler fällt ins 16te Jahrhundert, und wenn Lipowsky im bayerischen Künstler-Lexikon den bayerischen Hofmaler Friedrich Sustris, den Federigo di Lamberto Fiamingho des Vasari, erst 1626 zu Amsterdam geboren werden lässt, so hat dieses dieselbe Bewandtniss, als wenn er sagt, dass ein 1626 geborner Künstler 1563 das Leichengerüste des Michel Angelo zieren half.

Mehreres siehe Sustris; auch Lombardus und Suavis.

Lamberts, Gerrit, Maler und Zeichner, wurde 1776 zu Amsterdam geboren, und von seinem Vater zum Buchhandel bestimmt, so dass er anfangs nur in den Nebenstunden zeichnen konnte. Nach dem Tode seines Vaters musste er die Buchhandlung übernehmen, später erhielt er eine magistratische Bedienstigung, und erst nach dem 1809 erfolgten Tod seiner Frau konnte er sich mit Ernst den Kunststudien widmen. In diesen nur fand er das grösste Vergnügen, aber bisher war er nur auf sich selbst angewiesen, bis ihm sein Freund Kerkhoff regelmässigen Unterricht ertheilte. Mittlerweile trat die Staatsveränderung ein, und auch Lamberts sah sich seines Amtes enthoben. Von dieser Zeit an musste er durch die Kunst sein Brod zu erwerben suchen, und dieses fand er durch Anfertigung von Zeichnungen, so wie durch den Kunsthandel. Erstere sind öfter auch aquarellirt, und in den Sammlungen der Kunstliebhaber zu finden; in jene des C. S. Roos kamen mehr als drei hundert solcher Blätter. Dann malte er auch Landschaften, Ansichten von Städten, Pallästen u. s. w., und diese Bilder wurden mit Beifall aufgenommen, da sie in Zeichnung und Färbung einen geschickten Künstler verrathen, dem man es nicht ansieht, dass er erst in reiferen Jahren die Kunst zum Hauptfache gemacht.

Lamborn, P. S., Zeichner und Kupferstecher, wurde 1722 geboren, und in London übte er seine Kunst. Er zeichnete, stach und ätzte Bildnisse, Landschaften u. a. Mehrere seiner Blätter sind in: The antiquities of Herculanum, translated by Th. Martyn etc. Starb um 1780.

1) Der Kopf des Olivier Cromwell, nach Cooper geätzt, kl. 4.
2) Samuel Johnson, nach eigener Zeichnung.
3) Landschaften, mit Ruinen und Thieren, vorne die Flucht in Aegypten, nach C. Poelenburg, qu. fol.
4) Landschaft mit Nymphen, welche baden, Gegenstück.

Lambrecht, Maler, dessen Lebensverhältnisse unbekannt sind. Auf Blättern in schwarzer Manier steht: Lam. pinxit, und dieses soll einen Maler Lambrecht bedeuten. In der k. Gallerie zu Schleissheim ist von einem Lambrecht ein kleines Gemälde, welches eine Gesellschaft von Männern und Frauen am Tische vorstellt.

Lambri, Stefano, Maler zu Cremona, Schüler von Malosso, und ein guter Künstler, dessen Gemälde aber selten sind, weil er früh gestorben zu seyn scheint. In St. Gregorio Prete ist eine schöne Kreuzabnehmung von diesem Künstler, dessen Blüthe um 1625 fällt.

Lame, Biagio dalle, s. Pupini und Michel L'Asne.

Lamen, s. Laenen.

Lamey, Eine Person mit Lami, dem französischen Schlachtenmaler.

Lami oder Lamy, Eugen, Maler, Zeichner und Lithograph zu Brüssel, ein jetzt lebender Künstler, genoss den Unterricht des Malers Navez, und dann ging er nach Paris, um unter Leitung des berühmten H. Vernet seine weitere Ausbildung zu verfolgen. Im Jahre 1824 brachte er in Paris die ersten Früchte seines Fleisses zur Ausstellung, und von dieser Zeit an sah man Bilder von ihm in den Pariser Salons, so wie später auch anderwärts. Seine Bilder sind geistreich in der Composition und trefflich in der technischen Behandlung. In der Gallerie Luxembourg ist seine Schlacht von Puerto de Miravete in Spanien, und dieses Bild erwarb ihm eine goldene Medaille. Die Revue der russischen Armee auf den Ebenen von Muskau kam in den Besitz des Marquis de Vogué. Für Versailles malte er 1835 die Schlacht bei Hondschoot. Dann malte Lami auch Genrestücke und viele Bildnisse, und darunter ist jenes des Marschal Hohenlohe-Bartenstein. Er zeichnet gut, ist ein trefflicher Colorist, arbeitet aber in der gewöhnlichen französischen Weise.

Für die Geschichte Napoleon's, für die Ausgabe des Gil-Blas, des Don Quixotte, Walter Scott etc. fertigte er eine grosse Anzahl von Zeichnungen zu Vignetten. Ferner verdankt man ihm mehrere lithographirte Sammlungen: Les contretemps; Voyage en Angleterre et en Ecosse u. s. w.

Jazet hat nach ihm Napoleon in Montereau gestochen.

Lami, C., Bildhauer, der Bruder des Obigen, genoss ebenfalls den Unterricht bei Navez, später aber wendete er sich der Sculptur zu. Dieser Künstler übt in Brüssel seine Kunst.

Lami, H., Graveur zu Berlin, ein jetzt lebender geschickter Künstler seines Faches. Er gravirt neben andern auch Reliefs in Metall, und auch kleine Kupferstiche finden sich von ihm.

Lamine, Peter Simon, Bildhauer, wurde 1738 zu Mannheim geboren, und daselbst war Verschaffelt sein Lehrer. In der Folge unternahm er eine Reise nach Frankreich und Italien, um die Meisterwerke der Plastik zu studiren, und nach seiner Heimkehr wurde er Hofbildhauer in Mannheim. Hier führte er etliche Werke aus, aber zahlreich wurden selbe nie, da er, nach einer boshaften Bemerkung in Meusel's Museum XV. 167, fast zwanzig Jahre mit der Abrechnung der römischen Reise zugebracht hatte. Seine meisten Werke kamen in den Garten zu Schwetzingen, und darunter dürfte die Statue des Pan das Beste seyn. Sein Grabmal des Bergrathes J. M. Römer auf dem lutherischen Gottesacker zu Mannheim wurde in dem bezeichneten Museum stark mitgenommen. Im Jahre 1793 übernahm er an Verschaffelt's Stelle das Direktorat der Mannheimer Akademie, im Jahre 1805 wurde ihm aber die Stelle eines Direktors des Antiquariums in München übertragen. Als solcher restaurirte er einige antike Bildwerke, aber nach drei Jahren wurde ihm die Professur der Bildhauerei an der Akademie der Künste in München zu Theil, und so war seine Zeit getheilt. In letzterer Zeit führte er aus Auftrag des Kronprinzen Ludwig, des jetzt regierenden Königs, eine Büste des Malers Rubens für die Wallhalla aus. Im Jahre 1817 ereilte ihn der Tod.

Laminit, Paul Jacob, Kupferstecher, wurde 1773 zu Augsburg geboren, und J. S. Klauber unterrichtete ihn in der Kunst. Er widmete sich derselben mit Ernst, und so gründete er den Ruf eines geschickten Künstlers, der nur gezwungen war, durch kleinere Arbeiten für Buchhändler seinen Unterhalt zu sichern. Besonders gefielen seine Landschaften, wie überhaupt alle seine Blätter fleissig und zierlich behandelt sind. Solche sind im Stellwag-schen Calender, im Neuburger Taschenbuch vom Grafen von Reisach, in Lipowsky's Bürgermilitär-Almanach, in Sömmering's Anatomie, in Riedel's Stromatlas, im Denkbuch der französischen Revolution von F. v. Seida I. II. Bd. 1815 — 19 etc. Dann arbeitete er auch für die bei Walser in Herisau erschienen Ansichten von Moskau, und im Verlage der akademischen Kunsthandlung zu Augsburg erschienen seine Nachstiche von vier englischen Blättern:

1) Die Bestürmung von Seringapatnam.
2) Die letzte Anstrengung des Tippo Saib.
3) Der Leichnam Tippo's von seiner Familie erkannt.
4) Die beiden Söhne desselben ergeben sich den Engländern.

Diese Blätter erschienen schwarz und braun, auch colorirt. H. 18 Z., Br. 20 Z.

5) Der Arzt M. A. Weickardt, nach Morff; 4.

Laminit, Johann Georg, Kupferstecher und Zeichner, wurde 1775 zu Augsburg geboren, und E. Haid war sein Meister. Er arbeitete mit der Nadel und dem Grabstichel, lieferte historische

Blätter und Galanteriestücke, Landschaften in Aberli'scher Manier, täuschende Copien nach guten Meistern, Portraite u. s. w.

Von ihm ist die Zeichnung zur Reiterstatue des Feldmarschalls Fürsten von Wrede, welche ihm der Kaufmannsstand von Augsburg 1817 überreichen liess. Die Statue wurde von Christeiner und Seebold in der Werkstätte der Seethaler zu Augsburg ausgeführt.

Lame, delle, s. Pupini.

Lamiral, J., s. Admiral.

Lamm, Placida, eine Nonne, von Ried in Bayern gebürtig, malte heilige Bilder in Miniatur, dann bossirte sie Figuren von Heiligen in Wachs, und diese Bilder schenkte ihr Kloster (Hohenwart) an Fürsten und vornehme Personen. Lebte von 1665 — 92 im Kloster, bis sie starb.

Lamma, Agostino, Maler zu Venedig, zeichnete sich durch Schlachtbilder aus. Diese gingen in Gallerien über. In jener des G. B. Curti sah Lanzi die Belagerung von Wien, in der Weise des M. Stom gemalt, wie Lamma pflegte.

Lamma war 1696 ohngefähr 60 Jahre alt.

Lamme, Ary, Maler, wurde 1748 zu Heerenjansdam geboren, kam aber mit seinen Eltern frühe nach Dordrecht, und hier erlernte er bei J. Ponse die Malerei. Nachdem er einige Jahre die Leitung dieses Meisters genossen hatte, suchte er seine Selbstständigkeit, und anfänglich malte er Landschaften auf Tapeten. Er schrieb auch ein Schauspiel: Der Vaderlandsche Boer beütelt.

Starb 1801. Seine Tochter, die Frau des Malers J. B. Scheffer, malte Miniaturbildnisse, und der folgende Künstler ist sein Sohn.

Lamme, Arnold, Maler, wurde zu Dortrecht geboren, und daselbst von seinem Vater Ary in der Kunst unterrichtet. Später ging er nach Amsterdam, und dann liess er sich in Rotterdam nieder, wo er wahrscheinlich noch am Leben ist.

Dieser Künstler malte Historien, Schlachten, verschiedene Soldatenscenen, Pferdestücke, Architekturbilder, Landschaften mit Figuren u. s. w. Einige seiner Gemälde wurden mit grossem Beifall aufgenommen. Sie sind correkt in der Zeichnung, angenehm colorirt, und auch in der Gruppirung gefällig. Es finden sich auch Zeichnungen von seiner Hand. Van Eynden etc. nennt einige seiner Bilder nach dem Inhalte.

Lammeshaupt, Henricus, Architekt, der um die Mitte des 14. Jahrhunderts in Liegnitz lebte. Herzog Wenzel I., welcher 1364 starb, berief ihn dahin, um den Bau des Domes zu vollenden. In dieser Kirche ist auch sein und seiner Gemahlin Grabmal, ein für jene Zeit kunstreiches Werk.

Lamo, Pietro, Maler und Schüler des Innocenzo da Imola, der nach seinen künstlerischen Leisstungen wenig bekannt zu seyn scheint. Lanzi erwähnt seiner Handschrift über die Gemälde von Bologna. Starb 1578.

Lamoni, Felix, Maler und Stuccator von Muzzano, blühte in Russland. Gelobt werden zwei Engel in der katholischen Kirche zu Petersburg und verschiedene Arbeiten in Pawlowsk.

Lamoral, E., ein geschickter Zeichner, der uns durch lithographirte Blätter bekannt ist. Diese haben den Titel: Gruppen des Lebens, mit Arabesken, erklärt von Wargentin. Stuttg. und Tübingen 1825, kl. 4. Sie sind aus Cugeno's Kupferwerk der Sixtina, und aus Michel Angelo's Bildern entlehnt.

Lamotte, Maler im naturhistorischen Fache, der zu Paris lebt. Man sah daselbst seit 1814 Werke von seiner Hand, auf Porzellain und in Aquarell. Es sind dieses verschiedene Vögel und Hühnergattungen u. s. w.

Lamoureux, Bildhauer zu Lyon, ein Schüler des älteren Coustou, erwarb sich in der ersten Hälfte des vorigen Jahrhunderts Beifall. In der Kirche der Confalons waren sehr schöne Arbeiten von ihm, diese gingen aber in der Revolution zu Grunde.

Lamparelli, Carlo, Maler von Spello, ein Schüler von H. Brandi. Seine Bilder scheinen selten zu seyn. Orlandi kennt nur ein einziges, in S. Spirito zu Rom.

Lebte um 1680.

Lampe, s. Lampi.

Lampferdtinger, M. G., Zeichner, dessen Lebensverhältnisse unbekannt sind. Ch. M. Roth ätzte 1760 auf 72 Platten Prospekte von Nürnbergischen Städten, Märkten, Dörfern etc., qu. fol.

Lampi, Johann Baptist, Ritter von, berühmter Maler, geb. 1751 zu Romeno im Vale Danone, fünf Stunden von Trient. Bei seinem Vater, Matthias Lampi, einem nicht ungeschickten Künstler, der sich aber nicht ausser dem Orte seines Aufenthaltes bekannt gemacht hatte, legte er den Grund zur Malerei, der er sich mit allem Eifer eines aufkeimenden Genies und mit dem glücklichen Erfolge widmete, den seine seltenen Talente schon frühzeitig hoffen liessen. Im 17. Jahre verliess er seinen Geburtsort und begab sich nach Salzburg, wo ihn sein Vetter Lorenzoni zu einem mittelmässigen Maler, Namens Künig, in die Lehre brachte. Er malte in dieser Zeit nach den Skizzen seines Meisters Plafonds, mehrere grosse Altarblätter, viele Portraite, so dass ihm nur die Sonn- und Feiertage frei blieben, an welchen er sich mit Ausführung seiner eigenen Ideen in kleinen historischen Stücken und mit Portraitmalen beschäftigte. Bald liess er seine Mitschüler hinter sich, und begab sich daher selbst auf Betrieb seines Lehrers zu einem bessern Maler, Namens Ueberstreicher, der ihn bei seinen Arbeiten in Fresco in mehreren Kirchen und bei Altarblättern verwendete. In seinem 20. Jahre riefen ihn seine Eltern nach Romeno. Lampi verheirathete sich bald darauf und begleitete dann die Eltern seiner Gattin nach Verona. Die Kunstschätze dieser Stadt und der Umgang mit den daselbst lebenden, besseren Malern, äusserten bald die glücklichsten Folgen für den Künstler. Vorzüglich hatte ihn die Bekanntschaft des geschickten Malers Lorenzi angezogen, und er arbeitete ununterbrochen unter der Aufsicht dieses seines Freundes. Seine Arbeiten fingen nun auch bald an, in Italien ausgezeichnet und geschätzt zu werden, und seine Kunst erwarb ihm nach kurzer Zeit einen Ruf nach Trient, dem er auch folgte. Er malte dort grosse Altarblätter, Portraite, unter welchen das des Fürsten Sizzo und jenes des Fürsten Thun sich auszeichneten. Zu jener Zeit vollendete er auch verschiedene grosse historische Gemälde nach seiner eigenen Idee, und nach zwei Jahren begab er sich nach Verona, um sich hier dem weiteren Studium seiner Kunst zu widmen. Sein Ruf erwarb ihm auch die Aufnahme in die Akademie. Nach einiger Zeit zog er mit seiner Familie wieder nach Trient und von da nach Roveredo, wo er durch den Domherrn Lodron nach Innsbruck empfohlen wurde. Hier verfertigte er auf Verlangen des Prälaten von Wildau ein grosses Altarbild, die Marter des heil. Aegidius vorstellend, drei andere Altargemälde für Kirchen im Trientinischen Gebiete, und unter einer grossen Anzahl von Bildnissen war auch das der Erzherzogin Elisabeth, welches ihm den Beifall aller Kenner erwarb, und wobei er zugleich den Ruf nach Klagenfurt erhielt, um das Portrait der Erzherzogin Mariane zu verfertigen. Als er Klagenfurt verliess, begab er sich 1783 nach Wien, wo das Genie und der Fleiss Lampi's einen grossen, ihm angemessenen Schauplatz fanden. Er benützte hier alles Schöne, was ihm die Kunstschätze darboten, und hieraus, so wie aus den Studien nach der Natur machte er sich die ungezierte, aber gefällige und wahre Darstellungsart eigen, die seinen Gemälden den ungetheilten Beifall der Kenner erworben hat. Sein erstes Portrait in Wien war das des Hofraths Born, und bald folgten mehrere andere hoher Personen. Den Kaiser Joseph malte er in Lebensgrösse für die Akademie; das Bild erhielt Höchstdessen Beifall und der Kaiser ernannte ihn schon 1786 zum Professor und Rathe an der Kunstakademie. Um diese Zeit malte Lampi auch den Fürsten Wenzel Kaunitz-Rittberg, den Freiherrn von Sperges (im Ferdinandeum zu Innsbruck), und die Fürstin Glassalkowits. Vorzüglich erfreuten sich zwei Gemälde, deren jedes die Familie des Grafen Potocki vorstellt, einer ruhmvollen Aufnahme. Im folgenden Jahre (1787) rief ihn der König von Polen, Stanislaus August II., nach Warschau, wo er diesen grossen Kunstschätzer malte, und nebst dem bedeutenden Ehrensolde eine goldene Dose von grossem Werthe erhielt. Bald hatte er für den Adel vollauf zu thun. Der Grossmarschall von Lithauen, der Bischof Graf Soltik, der General Branitzky (in Lebensgrösse), der englische Resident Witfort u. s. w. liessen sich von ihm malen. Durch diese Gemälde wurde er dem Fürsten Potemkin bekannt, der damals siegreich an der Moldau commandirte. Dieser verlangte den Künstler zu sich, dass er zuerst ihn portraitiren, und alsdann nach Petersburg reisen sollte, um die Kaiserin Catharina II. zu malen. Lampi trat die Reise zu dem Fürsten an; aber den 16. Oktober 1791 starb dieser unvermuthet, und der Künstler traf gerade in Jassy ein, als Potemkin's Leichenbegängniss gehalten wurde. Da indessen der General Papozy Lampi's Ankunft erfuhr, liess dieser Fürst sich von ihm malen, so auch die Fürstin Golizin, der Fürst Besborotko und andere. Letzterer machte dem Künstler, ausser dem Honorar eine Medaille in Gold zum Geschenke, 70 Dukaten schwer. Von Papoff erhielt er den Auftrag, nach Petersburg zu reisen, wo er im Dezember des obengenannten Jahres ankam. Hier öffnete sich ihm ein weites Feld, sowohl seinen Ruhm zu vermehren, als sich auch ein sorgenfreies Alter zu verschaffen, da die Kunstliebe und die Freigebigkeit der Herrscherin von Russland bekannt waren. Seine erste Arbeit war das Bildniss dieser Monarchin in Lebensgrösse. Zwölftausend Rubel, dann jährlich tausend Rubel als Quartiergeld während seines Aufenthaltes in Petersburg, und eine Anweisung auf vierhundert Dukaten für die Hin- und Rückreise waren die wahrhaft kaiserliche Belohnung für dieses Gemälde. Dann folgte das Bildniss der nachherigen Kaiserin Maria Federowna, und jene der ganzen übrigen kaiserlichen Familie malte er, alle in Lebensgrösse, die sämmtlich besonders bezahlt wurden. Unter Kaiser Paul malte er die Grossfürsten Alexander und Constantin, wofür er 12000 Rubel erhielt. Auch andere Grosse des Reiches beeiferten sich, ihre Bildnisse von ihm zu erhalten. Fürst Suboff, die Fürstin Dolgorucki, Fürst Scherbatoff, Graf Strogonoff, die Gräfin Potemkin und Savadovski u. s. w. sind v. Lampi's Meisterhand gemalt. Vorzüglich schenkte ihm der Graf Puschkin, Präsident der Kunstakademie zu Petersburg, sein Zutrauen. Er verlangte über verschiedene Einrichtungen Lampi's Gutachten, und machte nach diesem wichtige Verbesserungen. Die verschiedenen Medaillen, welche bis dorthin für akademische Prämien geprägt wurden (5 goldene, 2 silberne), waren, nebst der Ernennung zum Ehrenmitgliede der Akademie (1794) des Künstlers Lohn.

Nachdem er sich sechs Jahre am russischen Hofe aufgehalten und reichlich Ruhm und Geld geärndtet hatte, kehrte er 1798 nach Wien zurück, wo er sich eine geraume Zeit beschäftigen musste, verschiedene Bilder, meistens in Lebensgrösse, die lange vorher bestellt waren, zu vollenden; denn wegen überhäufter Arbeiten ausser Landes konnte er nur die Gesichter zu Stande bringen. Unter diesen waren die Bildnisse des Königs von Schweden, des Herzogs und der Herzogin von Südermannland. Nachher verfertigte er das Bildniss des Grafen Franz von Saurau und eine beträchtliche Anzahl Portraite anderer Standespersonen; das Brustbild S. M. Franz I. (welches nach Frankreich kam), und denselben Kaiser im Ornate des goldenen Vliesses, in Lebensgrösse, nach Mailand bestimmt, für welches, wie für obiges Gemälde der huldvolle Monarch dem Künstler eine goldene, reich mit Brillanten besetzte und mit dem Namenszuge gezierte Dose schenkte.

Obschon er sich das Portraitmalen eigentlich zum Hauptwerke gemacht hat, und seine Arbeiten in diesem Fache jungen Künstlern zum Beispiele des guten Geschmackes dienen können, so hat er doch auch in historischen Gegenständen den Mann von Talent gezeigt. Die Flucht der Vestalinnen aus Rom, — Amor und Psyche, — der hl. Bruno, sind von sehr guter Wirkung und haben in den Kunstausstellungen den Beifall aller Kenner erhalten.

Zu bemerken ist noch, dass sich Lampi besonders durch fleissiges Studium nach der Natur selbst zum grossen Künstler gebildet und, wie dieses noch von jedem Kunstkenner ausgesprochen wurde, auch keinen seiner Zeitgenossen nachgeahmt hat. Nichts von dem, was man Manier nennt, ist in seinen Darstellungen zu finden. Seine Portraits sind Natur, geistreich im Ausdrucke der Charaktere, treu in der Farbe. Seine Draperien sind mit Geschmack behandelt und mit dem Costüme vollkommen übereinstimmend.

Einem Manne, wie Lampi, der sich durch Fleiss, Kunstgeschmack und Bürgertugenden aller Art auszeichnete, konnte es an ferneren Ehrenbezeugungen nicht fehlen. Im J. 1798 wurde er von S. M. dem Kaiser sammt seiner ehelichen Nachkommenschaft in den Reichsritterstand erhoben. Im J. 1799 erhielt er das Ehrenbürgerrecht der Stadt Wien. Im folgenden Jahre ernannte ihn die königl. schwedische Kunstakademie zu ihrem Ehrenmitgliede. — Bei der feindlichen Invasion 1805 hatte er, als Hauptmann des akademischen Corps, viel zur Rettung von Gemälden und anderen dem Kaiser gehörigen Sachen beigetragen. Eine goldene Emaille-Dose, begleitet von einem Schreiben, war der Lohn dieser patriotischen Handlung. Wegen der trefflichen Organisirung und Leitung des akademischen Corps wurde er 1806 zum Oberstwachtmeister desselben ernannt. Während des Congresses hatte der Künstler die Ehre, von ihren Majestäten der Kaiserin von Russland, dem Könige und der Königin von Bayern besucht zu werden. 1822 wurde

Lampi in den Jubilationsstand versetzt, und lebte nun in Ruhe, doch nicht unthätig für die Kunst. Noch 1825 arbeitete er mit seinem Sohne an einem Altarblatte: Mariä Himmelfahrt, welches der Künstler einer Kirche zum Geschenke bestimmte.

In B. v. Hormayr's Archiv und in der Oesterreichischen National-Encyklopädie sind Nachrichten über diesen Künstler.

Lampi, Johann Baptist, Ritter von, älterer Sohn des berühmten Portraitmalers, geb. zu Trient 1775, kam mit seinem Vater nach Wien, besuchte die Akademie unter Maurer und Füger, verliess aber in seinem neunzehnten Jahre diese Kunstschule, und studirte bei seinem Vater weiter. Zwei Jahre darauf ging er nach Petersburg, wo er sich durch 13 Jahre aufhielt und vollauf zu thun hatte. Am 19. Dezember 1797 ernannte ihn die dortige Akademie zum Ehrenmitgliede. Unter den vielen Arbeiten, die von ihm in Russland, Polen, England, Preussen u. s. w. verbreitet sind, sind die vorzüglichsten: das Portrait Kaiser Franz II., 1) nach Laibach, 2) in den Bundessaal nach Frankfurt, 3) für den Magistrat zu Wien, und 4) für den Fürsten Metternich, in Lebensgrösse gemalt. — Tyroler und Tyrolerin, Schweizer und Schweizerin, die Schlafende und die Träumende, sind im Besitze des Herzogs Ferdinand von Würtemberg; ein Mädchen mit einem Hunde, ebenfalls wie die vorigen in der Kunstausstellung mit Beifall aufgenommen, wurde nach Russland verkauft; Madonna und ein Mädchen mit einem Schaafe sind in einer Gallerie zu Mailand. Für den päpstlichen Nuntius Severoli in Wien malte er den Papst Pius VII. (Kniestück), und dieses Portrait wurde so beifällig aufgenommen, dass er, ausser der Bezahlung, zwei ehrenvolle Diplome erhielt. Wie des Vaters, so wurden auch die Verdienste des Sohnes anerkannt. Er wurde 1806 Oberlieutenant und 1809 Hauptmann des akademischen Corps. Das Portrait des Freiherrn von Sonnenfels, Präsidenten der Akademie, wurde als die Arbeit eines vollendeten Künstlers anerkannt, und 1813 erhielt er das Diplom als Mitglied der Akademie der vereinigten bildenden Künste. Späterhin malte er sämmtliche Regenten Oesterreichs im magistratischen Rathssaale, und der Magistrat ernannte, zum Zeichen seiner vollen Zufriedenheit, den Künstler zum Ehrenbürger von Wien.

Dieser Künstler starb 1837.

Lampi, Franz, Ritter von, Maler und jüngerer Bruder des Obigen, geb. zu Klagenfurt 1783, hatte die nämlichen Lehrer wie der ältere; erhielt aber ausserdem Unterricht im Landschaftsmalen vom Ritter du Vivier. Er war 10 Jahre in Warschau, wo er sich mit Portrait- und Schlachtenmalen beschäftigte, und eines grossen Beifall's erfreute. Im Jahre 1823 kam er nach Wien, welches er jedoch 1824 wieder verliess, um nach Polen zurückzukehren, wo er noch lebt.

Lampin, E. E., Kupferstecher aus Nürnberg, dessen im Winklerschen Catalog erwähnt wird. Daselbst werden ihm 13 Landschaften beigelegt, von 1727 — 32 gefertiget.

Lampsonius, Dominicus, genoss in seiner Vaterstadt Brügge eine klassische Bildung, und die Malerei erlernte er bei L. Lombardus. Doch scheint er nicht viel gemalt zu haben, als Gelehrter, Dichter und Alterthumsforscher stand er aber beim Cardinal Polus und beim Bischofe von Lüttich in grossem Ansehen. Er schrieb neben anderem die Biographie seines Meisters Lombard in lateinischer Sprache, und diese ist 1565 bei H. Golzius in 8. gedruckt. Dann dichtete er zu den von H. Cock in Kupfer gestochenen Künstler-Bildnissen lateinische Verse. Mit Vasari stand er im Briefwechsel, und diesem theilte er Nachrichten über niederländische Maler mit, die aber Signore Giorgio hie und da verwirrt zu haben scheint.

Lampsonius starb 1598 oder 99 im 63. Jahre. In der Sammlung des Dekan Veith in Schaffhausen war von ihm die Halbfigur P. Breughel's mit Baret und langem Bart, Rothstein und schwarz getuscht. 4. Dieser Zeichnung erwähnet R. Weigel im Cataloge dieser Sammlung.

Lamsveld, Jan, Kupferstecher und Buchhändler, wurde 1660 zu Utrecht geboren, sein Wirkungskreis ist aber in Amsterdam zu suchen. Er lieferte eine bedeutende Anzahl von Blättern in R. de Hooghe's Manier, und damit sind verschiedene Bücher geziert. Man findet einige in van der Mark's Bibel und in einem Werke unter dem Titel: Gebouwen, Gezigten en Oudheden der Stad Amsterdam. Harlem 1736, kl. 8.

Mit Joh. de Leeuw stach er die Blätter zu Levasseur's Histoire de Louis XIII., und dann hat man von seiner Hand noch:

1) Darstellung der Belagerung von Tournay durch den Herzog von Marlborough und den Prinzen Eugen, qu. fol.
2) Das Bildniss des Pensionairs Joh. de Witte, kl. 4.
3) Jenes von Cornelis Pieterszoon, kl. 4.
4) Das Portrait van Hooft's, kl. 4.
5) Jenes von G. Cassander, kl. 4.
6) Ein solches von H. Duyfhuy's, kl. 4.
7) Karl XII., König von Schweden, rund, 8.
8) Karl II., König von England, oval 8.
9) Kopf des Olivier Cromwel, oval 4.

Lamsweerde, Simon Anton van, Zeichner und Kupferstecher, der um 1625 in Utrecht geboren wurde. Er arbeitete mit der Nadel und dem Grabstichel besonders Bildnisse, die an J. Suyderhoef's Manier erinnern. Sie sind gewöhnlich mit den Initialen seines Namens bezeichnet. Sein Todesjahr ist unbekannt, und auch sein Geburtsjahr. Letzteres gibt man gewöhnlich als 1630 oder 1640 an, allein es scheint früher erfolgt zu seyn.

Füssly kannte kein älteres Blatt mehr, als von 1659, Lamsweerde arbeitete aber noch 1688.

1) Ansicht der Domkirche in Utrecht, selten.
2) Gisbertus Voetius, 1683, oval.
3) Anna Maria van Schurman, 1657, fol.
4) Carolus de Maets, Professor der Theologie in Utrecht, nach H. Bloemaert, 1659, gr. fol.
5) Cyprian Regnier, Rechtsgelehrter, nach G. Duffeit, gr. fol.
6) Heinrich Alting, Prof. der Theologie, 4.
7) Franciscus Gomarius, Prof. der Theologie, 4.

Lamy, Carl, Maler von Mortagne, der in Paris für Kirchen und Palläste malte, grösstentheils Historien. Starb 1743 im 54. Jahre.

Lamy, Eugen, s. Lami.

Lana, Ludovico, Maler und Radirer, geb. 1597, gest. 1646. Ueber seinen Geburtsort ist man nicht einig, und daher halten ihn Einige für einen Ferrareser, Andere meinen, er sei im Modenesischen geboren worden. Sein erster Meister war H. Scarsellini, dann aber ging er zu Guercino über, dessen Styl er nachahmte. Mo-

17 *

dena war sein Wohnsitz, und hier gründete er in der Folge eine Akademie, die bei seinen Lebzeiten einigen Ruf hatte. In Modena sind auch verschiedene Werke von seiner Hand, und als eines besten überhaupt erklärt man die Darstellung der Pest in jener Stadt, auf dem sechsten Altare von B. Virgine del voto. In dieser Kirche ist auch ein Christus am Kreuze von ihm. In der Pfarrkirche von S. Giorgio ist sein Gemälde mit Cosmas und Damian, und mit der heil. Jungfrau in der Glorie. Auch in Bologna und in den Nachbarstädten ist sein Name berühmt, und in Unter-Italien nicht erloschen. In Sammlungen sieht man alte Köpfe von ihm gemalt, mit kühnem Pinsel hingeworfen, so wie es nur ein tüchtiger Künstler zu thun im Stande ist. Im Style gleichen seine Werke denen Dominichino's. Landon gibt Chlorindens Tod im Umrisse, Annales XIII. 19.

Lanzi zählt den Lana zu Guercino's freiesten Nachahmern, der im Ganzen nur mit weniger Dreistigkeit verfuhr. In den Bewegungen erinnert er hie und da an Tintoret, oder vielmehr an Scarsellini, im Colorit aber und in den Gesichtern ist er originell. Pesari war sein Nebenbuhler, und Citadella meint sogar, die Feindschaft, die er mit diesem Künstler und mit Z. Livizzani führte, sei die Ursache seines frühen Todes gewesen, wovon Andere nichts wissen. Pesari lebte indessen in Venedig, und so wird wohl die Reibung nicht zu bedeutend gewesen seyn. Lana starb in Modena.

Dieser Künstler hat auch sehr geistreiche Blätter radirt, deren Bartsch P. gr. XVIII. 368 sechs beschreibt, und drei andere sind hier beigefügt. Alle diese Blätter sind selten, so wie seine Gemälde.

1) Die heil. Familie, Maria im Buche lesend, oben links der Cherub. Lodo. Lana In. H. 6 Z. 3 L., Br. 4 Z. Schönes Blatt.
2) Die heil. Jungfrau, Halbfigur, im Buche lesend, auf dem Schoosse das Kind. Ohne Zeichen, ein liebliches Blatt und anscheinlich von Lana. H. 6 Z., Br. 4 Z. 7 L.
3) Die heil. Jungfrau am Tische, vor ihr das Kind, welches die Arme um sie schlingen will. In gleicher Grösse.
4) St. Sebastian und die heil. Irene, wie sie mit ihrer Gefährtin seine Wunden trocknet, mit Dedication an Opizone d'Este: In Sebastiani vulnera Irene pietatis monumentum Lodovicus Lana In. 1649. Schöne Composition. H. 14 Z., Br. 9 Z. 2 L.
5) Der Tod des Seneca, nach Guercino. Ohne Zeichen, aber nach Bartsch unzweifelhaft Lana's Werk. H. 16 Z. 5 L., Br. 10 Z. 3 L.
6) Herkules erwürget den Nemäischen Löwen. Links unten ist ein Zeichen, aus L. Lo. und a. bestehend, welches nach Einigen Lorenz Loli bedeuten soll; Gori und Bartsch legen es aber dem Lana bei. Es dürfte ein Jugendwerk desselben seyn, doch vorzüglich in schönem Drucke. H. 12 Z. 2 L., Br. 8 Z. 1 L.
7) Die heil. Jungfrau und das Jesuskind als Salvator mundi dargestellt.
8) St. Joseph und das Jesuskind.
9) Der heil. Sebastian.

Diese Blätter werden im Cataloge des Mr. Robert-Dumesnil als Blätter des L. Lana angegeben, welche dem Bartsch unbekannt blieben.

Lana, G. F., Kupferstecher, dessen Lebensverhältnisse wir nicht kennen. Er hat am folgenden Werke Antheil:

Erneuertes Gedächtniss Römischer Tapferkeit an den unvergleichlichen Virgilianischen Helden Aeneas, — in 50 Kupfern vorgebildet von G. F. Lana und Chr. Eimmart. Nürnberg; qu. fol.

Lance, G., Maler zu London, wurde um 1803 geboren, und mit Talent begabt, brachte er es auf der Bahn der Kunst, wozu ihn Neigung führte, bald zur Bedeutung. Er malt Genrebilder, schöne Fruchtstücke u. a., und diese seine Bilder wurden immer mit Beifall gesehen. Seine Scenen sind charakteristisch, voll Natur, und harmonisch in der Färbung. Er gehört zu den vorzüglichen englischen Genremalern.

Lançedelly, Joseph, Zeichner und Lithograph, wurde 1774 zu Ampezzo geboren, und seine Kunststudien machte er in Venedig. Hierauf kam er nach Wien, wo sein Talent volle Ausbildung fand, und er war einer der ersten, welche die damals erfundene Lithographie cultivirten. Im Jahre 1832 starb er.

Die Zahl seiner Werke ist bedeutend, und zu den vorzüglichsten gehören:

1) Eine Folge von humoristischen Scenen aus dem Wiener Volksleben, nach eigener Zeichnung.
2) Das Bildniss der Schauspielerin Stich (Crelinger).
3) Jenes der Sängerin Borgondio.
4) Prinz Franz von Hohenzollern.
5) Fürst-Erzbischof von Hohenwart.

Lancelot oder Lancilotte, s. Blondeel.

Lancerotti, Girolamo, Maler von Venedig und Schüler des P. Veronese. In der Jesuitenkirche zu Venedig malte er die St. Sebastians-Kapelle in Fresco aus.

Lancetti, Joachim, Bildhauer von Verona, erwarb sich durch seine Holzsculpturen Beifall. Seine Figuren sind in Zeichnung, Haltung und Ausdruck lobenswerth. Lebte um 1718.

Lanchares, Antonio de, Maler, wurde 1586 in Madrid geboren, und P. Caxes war sein Meister, bei welchem er solche Fortschritte machte, dass er in Bälde seinen Mitschüler Eugenio Caxes und den Meister selbst einholte und zuletzt übertraf, wie er denn überhaupt zu den besten spanischen Meistern zu zählen ist. Der grösste Theil seiner Werke ist untergegangen, und wie es gegenwärtig mit den Ueberbleibseln steht, ist bisher nicht zu bestimmen, was noch geblieben ist. Mehrere seiner Werke sah man im Kloster de la Merced Calzada zu Madrid. Besonders rühmt man ein Stück im Chore, wie die heil. Jungfrau mit Engeln den Mönchen hülfreiche Hand leistet. Für die Carthause del Paular malte er die Himmelfahrt Christi und die Ausgiessung des heil. Geistes. Starb zu Madrid 1658.

Lancio, Balthasar, Architekt von Urbino, erlernte die Zeichenkunst bei B. Genga, und widmete sich dann besonders der Kriegsbaukunst, die er in Lucca, Siena und Florenz practicirte. Dieses um 1550, wie Vasari versichert.

Sein Sohn Pompilius war in gleicher Kunst erfahren.

Lancilao, Miniaturmaler von Padua, Schüler des B. della Gatta, einer der besten Künstler seines Faches. Er lebte um 1500, und theilte mit Attavante gleichen Ruhm.

Lancilotto, Jacopo, ein Gelehrter und Dichter, Giacopino genannt, übte auch die Malerei in Oel und Miniatur, wie Vedriani versichert. Er stand bei Pobst Clemens VII. und bei Kaiser Karl V. in Ehren.

Starb in seiner Geburtsstadt Modena 1554 im 57. Jahre. Er ist aus der Familie de'Bianchi.

Lancisi, Tommaso, Maler von Città di S. Sepolcro, aus einer Familie stammend, in welcher die Malerei ein altvorderlicher Ruhm war. Doch sind seine Vorfahren nicht namentlich bekannt, und er selbst wurde 1603 geboren. Sein Meister war Sciaminossi, von seinen Leistungen scheint jedoch wenig bekannt zu seyn. Das Leben brachte er auf 79 Jahre.

Seine Brüder Vincenz und Matthäus waren ebenfalls Maler, und auch ein Maler Johann Baptist Lancisi soll gelebt haben; wann, wissen wir nicht.

Lanckamp, Bildhauer, der um 1709 im Haag lebte. Er zeichnete sich im Ornamentfache aus.

Lanconello, Cristoforo, Maler von Faenza, muthmasslich ein Schüler Baroccio's, und ein tüchtiger Künstler. Lanzi sah von ihm im Hause Ercolani ein Gemälde mit Maria in der Glorie, St. Franciskus und Sta. Clara mit zwei andern Heiligen, und dieses Bild ist mit sicherer Hand ausgeführt, lieblich von Farbe, ganz in Baroccischer Manier. Die Köpfe sind sehr schön.

Lancrenon, Joseph Ferdinand, Historienmaler, wurde zu Lods (Doubs) im Jahre II. der Republik geboren, und als Knabe kam er nach Paris, um bei Vincent die Anfangsgründe der Kunst zu erlernen. Hierauf ging er zu Girodet über, und man kann ihn als einen der besten Schüler jenes berühmten Meisters betrachten. Im Jahre 1816 erhielt er den zweiten grossen Preis der Malerei mit seinem Gemälde des Paris bei der Nymphe Oenone auf dem Ida. Man lobte an diesem Bilde die gute Zeichnung im Geschmacke der Antike, doch hätte man den Figuren mehr Ausdruck und weniger Einförmigkeit wünschen können. Indessen lieferte Lancrenon in der Folge mehrere sehr schätzbare Bilder, und neben seinen Gemälden befasste er sich auch mit der Lithographie. In der Gallerie zu Fontainebleau ist sein Gemälde mit Tobias, welcher dem Vater das Gesicht wieder gibt, fast lebensgrosse Figuren. Im Salon des Pallastes der Herzogin von Berry malte er an der Decke den Raub der Orythia durch Boreas, und seine Darstellung des Flussgottes Scamander, zu welchem ein junges Mädchen kommt, ist in der Gallerie Luxembourg. Dieses 5 auf 6 Fuss grosse Gemälde hat Aubry le Comte lithographirt. In St. Lorenz ist das 9 Fuss hohe Bild, welches die Apotheose der heil. Genovefa vorstellt, und auch durch Lacrenon's Lithographie bekannt ist. Im vierten Saale des Staatsrathes im Louvre stellte er den Frieden dar, wie er die Gerechtigkeit regieren lässt und den Ueberfluss auf die Erde schüttet. Als Zeichner steht sein Name auf einem Blatte nach Gérard, welches die Herzogin von Berry mit ihren Kindern darstellt.

Lancret, Nicolaus, Maler zu Paris, und einer der berühmtesten neben Watteau in der Zeit einer süsslichen Mode, die sich in Conversations galantes, in Liebesaffairen jeder Art, in faden Pastorallen, in ihren Tänzerinnen und Grisetten und in anderen Erzeugnissen einer kränklichen Phantasie gefiel. Allein Werke dieser Art gefielen damals allgemein und selbst die besten Kupferstecher beeilten sich, solche Proben eines gesunkenen Geschmackes durch den Grabstichel zu vervielfältigen. So sind auch mehrere Gemälde Lancret's gestochen, darunter von J. P. Le Bas jenes, welches er bei seiner Aufnahme der Akademie überreichte: eine Conversation galante. Andere Bilder stachen Vivares, C. Dupuis, Fessard, Larmessin, Moitte, G. F. Schmidt, J. Tardieu, B. Audran, Scotin, Cars, Cochin, Desplaces, Joullain, Petit, Hortemels, Thomassin, Favannes, Simon etc. Aus diesen Blättern kann man das Costüm jener Zeit kennen lernen.

Die Gemälde dieses Künstlers sind in Watteau's Manier ausgeführt, seines Mitschülers bei C. Gillot, doch kam er seinem Vorbilde nicht ganz gleich. Dargensville vermisst darin den zarten Pinsel und die feine Zeichnung eines Watteau, und ein Gleiches findet auch Watelet, beide aber gestehen dem Künstler auch seine Vorzüge zu. Fiorillo preist die Zeit, in welcher sich Watteau's und seiner (noch schlechteren) Nachahmer verderblicher Geschmack verloren hatte, allein der gute Fiorillo hätte mit seiner Exclamation wenigstens ein Paar Jahrzehnte später kommen sollen. Zur selben Zeit guckte der altfranzösische Zopf noch häufig hervor.

Lancret war Professor an der Akademie zu Paris, und 1745 oder 1747 starb er in einem Alter von 55 Jahren.

Lande, Willem van, Maler und Radirer, oder vielleicht nur letzteres. Man findet auf Schlachtstücken ein Monogramm, welches Brulliot auf diesen Künstler deutet; allein es ist aus DL oder PL zusammengesetzt, was sich kaum auf unsern Künstler bezieht.

Dann finden sich von ihm sechs seltene Blätter Schlachten mit Figuren im Costum des 17. Jahrhunderts, die mit W. v. Lande fecit, J. C. Visscher exc. bezeichnet sind. H. 3 Z. 3 L., Br. 7 Z. 5 L. Auf einem Blatte mit einem Cavalleriegefechte bei einer hölzernen Brücke steht R. et J. Ottens ex. Diese Blätter sind nach Bourguignon gefertigt, und es möchte seyn, dass W. v. Lande selbst nicht Maler war. S. auch D. Landerer.

Dieser W. v. Lande lebte um 1638 zu Amsterdam.

Landenberg, Hermann Friedrich von, Kunstliebhaber, wurde 1748 in Zürich geboren, und zu seinem Vergnügen malte er Bildnisse in Miniatur, Landschaften, Schlachten, Jagden u. a. Starb 1795.

Lander, Joseph, Maler von Luzern, der aber in München seine Kunst übte; jedoch ohne grosse Bedeutung. Er malte Bildnisse in Oel, Pastell und Aquarell, auch Fruchtstücke in Pastell.

Während der Anwesenheit des Pabstes Pius VI. in München zeichnete er dessen Bildniss, und dieses radirte er 1783 in Kupfer. Dieses Octavblättchen ist bezeichnet: Jos. Lander delineavit et in aqua forti fecit 1783. Starb 1793.

Landerer, Ferdinand, Maler, Zeichner und Kupferstecher, wurde 1745 zu Stein in Oesterreich geboren, und in Wien bildete er sich zum Künstler. Später wurde er Professor der Ingenieur-Zeichnungswissenschaft an der Militär-Akademie zu Wien, so wie Mitglied der Akademie der Künste daselbst. Starb gegen das Ende seines Jahrhunderts.

Man hat von seiner Hand mehrere radirte Blätter, meistens in Rembrandt'scher Manier.

1) Simson und Dalila, nach Rembrandt, gr. qu. fol.
2) Christus heilet die Lahmen, nach M. J. Schmidt, gr. fol.
3) Jesus vom Satan versucht, nach demselben, gr. fol.
4) Der gute Samariter, nach demselben, alle drei von 1760, gr. fol.
5) Der Astronom, nach M. J. Schmidt, fol.
6) Der Chimist, nach demselben, fol.
7) Der Violinspieler in orientalischer Tracht, nach M. Schmidt, kl. 4.
8) Die Erweckung des Lazarus, im Geschmacke von J. Livens, mit M L bezeichnet und von einigen dem Landerer zugeschrieben. S. unten Mich. Landerer.
9) Heliodor im Tempel zu Jerusalem, nach eigener Zeichnung.
10) Die Abladung der Bagage, nach F. Casanova, qu. fol.
11) Die Ruhe der Marketender, nach demselben, qu. fol.
12) Eine Folge von 12 Blättern mit Köpfen, unter dem Titel: Toute sorte de têtes sont inventées par M. Schmidt et. ébauchées par F. Landerer, 1760, in 4.
13) Verschiedene Köpfe in Kreidemanier, in Rembrandt's Weise.
14—15) Zwei Landschaften mit Figuren und Vieh, nach Loutherburg, gr. fol.
16—17) Zwei Gebirgslandschaften mit Ruinen und Vieh, nach Dietrich, qu. fol.
18—25) Acht Landschaften nach Pillement, jedes einer anderen Person der kaiserlichen Familie zugeeignet.
26) Bildniss des Schauspielers J. Kurz, unter dem Namen Bernardon bekannt, 8.
27) Franz Moriz, Graf von Lascy, nach Kolonitz, 4.
28) Ein Werk unter dem Namen: Situationen, 2 Thle. mit Kupfern, 1784.

Landerer, D. J., Maler und Kupferstecher, dessen Lebensverhältnisse wir nicht kennen. Brulliot legt in seinem Dictionaire des monogrammes I. 1537 dem Ferd. Linderer ein Blatt bei, welches mit den Buchstaben D L. bezeichnet ist, was aber hier unsern Künstler bedeutet. Es stellt eine Landschaft mit Ruinen vor, und im Vorgrunde sieht man ein Weib mit einem Kinde, den Mann und den Esel auf den Boden liegend.

Die Lebenszeit dieses Künstlers kennt man nicht (?), wenn er nicht gar mit dem oben unter W. van Lande erwähnten Monogrammisten D L in Beziehung kommt.

Landerer, Johann Michael, Kupferstecher, der um 1780 in Böhmen lebte. Ihm gehört wohl das Blatt mit der Erweckung des Lazarus an, das wir im Artikel des Ferd. Linderer unter Nr. 8. aufzählten.

Landfeld, Ahasverus van, Maler, Kupferstecher und Formschneider, von dessen Existenz Papillon wissen will, wenn nicht vielmehr A. van Londerseel zu verstehen ist. Die Monogramme ähneln sich.

Landfried, ein französischer Baumeister des 9. Jahrhunderts, von welchem Vitalis in der Hist. eccles. L. 3. sagt, dass sich sein Ruhm vor allen damals in Frankreich lebenden Künstlern seines Faches verbreitet habe. Er baute den berühmten Thurm zu Ivry in der Normandie, ein Meisterstück jener Zeit.

Landgraf, van, Beiname von H. Graf.

Landgraf, Michael, Zeichner in Bamberg, ein jetzt lebender Künstler, der zu Anfang unsers Jahrhunderts geboren wurde.

Landi, Domenico, Edelsteinschneider von Stiappa im Luccesischen, galt um 1720 in Rom als einer der besten Künstler seines Faches. Er copirte antike Köpfe, schnitt Bildnisse und Figuren in alle Arten Steine. Er ätzte auch einige Blätter mit Architektur.

Landi, Joseph Anton, Perspektivmaler und Schüler des F. Galli-Bibiena, hatte zu seiner Zeit Ruf, so dass er schon in jungen Jahren (1739) Mitglied der Clementina wurde.

Landi, P., Kupferstecher, der gegen das Ende des 17. Jahrhunderts gelebt hat. Er stach architektonische Decorationen, dann das Bildniss Ludwig's XIV. von Frankreich, mit Lorbeer bekränzt, in 12.

Landi, Gasparo Cav., Historienmaler, geb. zu Piacenza 1756, gest. zu Rom 1830. Dieser in Italien hoch gepriesene Künstler, welchen man mit Palagi, Sabatelli, Podesti, Nenci, Cammuccini, Minardi, Sessa, de Vivo und de Laurentiis fast noch um eine Stufe höher stellt, als die vortrefflichen Maler der mediciäischen Zeit, stammt aus einer edlen, aber nicht reichen Familie. Seine erste Bildung erhielt er bei den Jesuiten, seine natürliche Anlage zog ihn schon frühe mehr zur zeichnenden Kunst, als zu den Wissenschaften. Seine ersten Muster waren Carracci's Gemälde in der Cathedrale zu Piacenza, und diejenigen des Pordenone in S. Maria della Campagna. In Piacenza betrieb er seine Kunstübungen ohne Anleitung, endlich aber rief ihn der Marchese Landi nach Rom, um da dem Jünglinge ein grösseres Feld zu eröffnen. Hier trat er zuerst in Battoni's Werkstätte, der damals der erste Maler Rom's war, und dabei studirte er beständig Rafael's und Michel Angelo's Meisterwerke, wodurch er sich eine eigenthümliche Manier bildete, in welcher er die pastose und breite Farbengebung der Venetianer mit dem anmuthigen Helldunkel der Lombarden verband. In seinem 25. Jahre galt er schon für einen vollendeten Coloristen, und er erregte die Eifersucht seines zweiten Meisters Corvi, so dass sich beide in kurzer Zeit trennten. Er gewann zu jener Zeit den ersten Preis der Akademie zu Parma, mit seinem Gemälde, welches die Sara vorstellt. Auf dieses folgten zahlreiche andere Bilder, deren Gegenstände er aus der Bibel, aus Homer, Virgil und Sophokles, aus Alghieri, Ariosto und Tasso entlehnte. Der Ruf von seinen Werken verbreitete sich in und ausser Italien. Sie gingen über die Alpen und über das Meer, und ein guter Theil zieret die Sammlungen Italiens. Landi wurde mit Ordensbändern beehrt und zum Mitgliede mehrerer Akademien ernannt. Schon frühe bekleidete er die Stelle eines Direktors der Klasse der Malerei an der Akademie von St. Luca, und 1817 wurde er Präsident derselben, was er bis an seinen Tod verblieb.

Von den Gemälden, welche ihm Ruhm erwarben, erwähnen wir seine Darstellung des Oedipus auf Colonos, und besonders gerühmt wurden zwei Gemälde im Dome zu Piacenza: die Beisetzung der heil. Jungfrau, und die Apostel am Grabe der in den Himmel aufgenommenen Gottesmutter. Die Italiener bezauberte daran die Zartheit des Colorites, die Anmuth des Helldunkels, die Erhabenheit der Composition und die Freiheit des Pinsels. Grossen Beifall ärndtete auch sein Gemälde mit Christus am Oelberg, und den

Marien am Grabe, für die Familie Bagliune gemalt. Als ein in allen Theilen ausgezeichnetes Werk von seltener Einheit des Gedankens und des Styls erklärte man das Gemälde, welches die Abreise der Maria Stuart nach dem Tode Franz II. von Frankreich vorstellt. Ein grosses Gemälde ist jenes mit Christus, wie er auf dem Wege nach Golgatha den heil. Frauen begegnet, und dieses bewunderte man wegen der Verschiedenheit des Ausdruckes in den Gesichtern der Figuren, und in Farbe und Composition fand man etwas Ausserordentliches. Dieses Gemälde wurde 1808 auch in Deutschland bekannt, so wie jene im Dome zu Piacenza, welche der Künstler in seinem 45 Jahre malte. Alle diese Gemälde fanden bei seinen Landsleuten ungetheiltes Lob, schärfere Beobachter aber fanden die Zeichnung und Färbung etwas manierirt. Das Colorit seiner Venusbilder ist rosenfarbig, und dieselben Tinten findet man auch in seinen Räuberscenen. Sein Colorit ist geeigneter für den Teint des schönen Geschlechtes, als für den männlichen, und daher sollen seine nackten weiblichen Gestalten und die Damenbildnisse besonders anziehend seyn. Er hat indessen auch Männerportraite gemalt, und einige von diesen, so wie mehrere andere seiner Bilder, zeichnen sich ebenfalls durch Schönheit und Wahrheit des Colorits, so wie durch Aehnlichkeit aus. Eines seiner schönsten und besten Gemälde ist jenes, welches mehrere Türken vorstellt, im königl. Museum zu Neapel.

Sein letztes Gemälde stellt die Empfängniss Mariä dar, welche er für die St. Franz- und Paulskirche zu Neapel ausführte. Während der Arbeit an diesem Werke berührte ihn der Schlag, und von jener Zeit an war er für die Kunst verloren. Sein Leben war jetzt schmerzvoll, bis endlich 1830 in Piacenza der Tod demselben ein Ende machte.

Landi fertigte zu seinen Gemälden keine Cartons. Er modellirte seine Figuren oder ganze Gruppen in Thon, diese ordnete er, so wie sie ihm seine Phantasie eingab, und darnach malte er seine Bilder. In der Draperie liebte er Reichthum, doch ist seine Gewandung öfter nicht leicht genug, und der Wurf derselben zu wenig durchdacht. Auch macht man ihm zum Vorwurfe, dass er seine Gemälde mit kleinlichen Details überhäuft habe. Als Colorist geniesst er bei seinen Landsleuten ausgezeichnete Achtung, obgleich es ihm nicht immer gelang, die gehörige Lebhaftigkeit und Kraft in der Färbung zu erreichen. Er scheint indessen mehr nach dem Sanften und Lieblichen des Colorites getrachtet zu haben. Auch im Ausdrucke der Figuren, und in der Mannigfaltigkeit der Compositionen gestehen ihm die Italiener grosse Vorzüge zu, und im Portraite erkennen sie in ihm einen pittore excellentissimo. Die Ueberälpler treten solchem Lobe nicht so unbedingt bei; sie finden ihn hie und da der französischen Weise zu sehr huldigend, manierirt in der Zeichnung, und im Ganzen wollen Einige nur einen seichten Nachahmer der älteren italienischen Meister in ihm erkennen, obgleich man nicht sagen kann, dass er sich an irgend einen Styl vorzugsweise gehalten habe. Er bildete sich seinen eigenen. Schliesslich bemerken wir noch, dass Landi immer in Oel, nie in Fresco gemalt habe. Auch hat er zahlreiche Schüler gebildet, die sein oft zu glänzendes rosiges Colorit nachahmen, nämlich in dem schwächern Theile den Meister zum Vorbilde nehmen, ohne die Anmuth zu erreichen, die Landi über seine Bilder zu verbreiten wusste.

Sein Bildniss befindet sich in der bekannten Portrait-Sammlung des Hofmalers und Professors C. Vogel in Dresden. Vogel hatte den Künstler 1813 in Rom gezeichnet.

Nachrichten über Landi finden sich, einzelne im Sitten- und Culturgemälde in Rom S. 231., in Göthe's Winckelmann und sein Jahrhundert S. 324., in Schlegel's Sendschreiben an Göthe, in Orloff's Essai sur l'histoire de la peinture en Italie I. 426 ff., in dessen Elogio etc., im Giornale arcadico 1830 VI. 287. Das Urtheil über seine Verdienste ist nicht überall dasselbe. Ticozzi, im Nachtrag zum Dizionario degli architetti, scultori etc. IV. Tom. Milano 1834 spricht sich im Vergleiche mit Camuccini und Landi nur im Allgemeinen lobend über letztern aus, und er spart es für eine andere Zeit auf, umständlicher über Lande und seine Werke zu sprechen. Damals scheint ihm nur wenig über Landi bekannt gewesen zu seyn; denn er wusste nicht einmal den Taufnamen des Künstlers, weil er ihn P. Landi nennt. Es ist indessen oft unendlich schwer, sich über selbst gute Künstler nähere Nachrichten zu verschaffen.

Landini, Taddeo, Bildhauer und Architekt von Florenz, stand im Dienste der Päbste Gregor XIII., Sixtus V. und Clemens VIII., und unter dem zuletzt Genannten wurde er Oberaufseher aller öffentlichen Gebäude in Rom. Er fertigte verschiedene Bildwerke in Stein und Metall für öffentliche Gebäude, Brunnen, Grabmonumente etc.; dann war er auch ein guter Zeichner.

Landini starb 1594.

Landini, Camillo, Bildhauer von Carrara, wurde um 1785 geboren, und Rom war die Stadt, in welcher er seine künstlerische Bildung erlangte. Er arbeitete lange Zeit im Atelier des berühmten Thorwaldsen, und 1820 erhielt er einen Ruf nach Petersburg. Im folgenden Jahre wurde ihm von der kaiserlichen Regierung in Warschau der Auftrag zu Theil, vier Löwen in Stein auszuhauen, und selbe an den beiden Eingängen des grossen Hofes des kaiserlichen Pallastes zu errichten. Von weiteren Arbeiten des Künstlers können wir nichts angeben.

Landini, Liborio, Bildhauer zu Rom, ein jetzt lebender Künstler. Er bildete 1822 die Trajans-Säule mit allen ihren 2000 Figuren, sechs Palmen hoch in Marmor nach, und dieses Werk erwarb ihn den vollsten Beifall.

Landini, Kupferstecher, dessen Lebensverhältnisse wir nicht erfahren konnten. Man hat von ihm die innere Ansicht des Campo-santo zu Pisa, worin die alten Fresken von Giotto, Buffalmaco, B. Gozzoli etc. zu sehen sind; nach der Zeichnung Frullani's in Aquatinta ausgeführt, sehr gr. roy. qu. fol.

Lando, Architekt von Siena, der aber in Neapel seine Kunst übte, bis er in seine Vaterstadt berufen wurde, um den Dom zu vergrössern. Der Grundstein wurde 1338 gelegt.

Landolt, Salomon, Kriegsmann, Beamter und Künstler, wurde 1741 zu Zürich geboren, und anfänglich schwankte er lange in der Wahl seines Standes, indem er bald Soldat, bald Maler, bald Jäger werden wollte. Er war in der Militärschule zu Metz, verliess aber diese, um die Kunstbahn zu betreten. Er ging zu diesem Zwecke nach Paris, später nach Lyon, und als er 1768 durch den Einfluss seiner Familie zu Zürich eine Stelle beim Stadtgerichte erhielt, nahmen ebenfalls die Kunstbestrebungen einen Theil des

Tages in Anspruch. Er suchte auch das Cantonmilitär neu zu organisiren, und dabei bekleidete Landolt die Stelle eines Hauptmanns. Doch wäre er gerne in preussische Dienste getreten, was ihm aber nicht glückte, obgleich der König und Ziethen ihm gewogen waren. Mittlerweile wurde er Landvogt in Greifensee, aber als solcher zog er sich wegen seiner Strenge häufig Tadel zu, und nach Ablauf seiner Amtsverwaltung musste er sich daher auf ein Landgütchen zurück ziehen, bis die Revolution ihn wieder auf den Schauplatz rief. Er wurde zum Anführer der Truppen ernannt, welche Zürich der, von den Franzosen bedrohten, Stadt Genf schickte, und die Neufranken waren beständig der Gegenstand seines Hasses, was ihm Gefahr brachte, als die Republikaner die Russen und Oesterreicher vertrieben hatten. Er floh, damals Landvogt zu Eglisau, nach Schwaben, kehrte aber 1803 wieder zurück, und wurde dann Mitglied des grossen Rathes und Oberst der Zürcher Scharfschützen, so wie später Präsident des Zunftgerichtes Windikon. In der Folge zog er sich nach Zürich zurück, und als es ihm hier nicht mehr gefiel, begab er sich zu Freunden auf das Land. Sein Vermögen war geschmolzen, und so musste ihm die Kunst hülfreiche Hand leisten, bis er endlich 1818 starb. Wer diesen Mann noch näher kennen lernen will, der lese: Salomon Landolt, ein Charakterbild nach dem Leben gemalt, v. D. Hess. Zürich 1820, oder Zeitgenossen, neue Reihe Nr. VI.

Alles lebt und wimmelt in seinen Darstellungen, die aber keineswegs Produkte einer regellosen Phantasie, sondern durchgehends mit Sachkentniss auf die Beschaffenheit der Gegend berechnet sind. In seinen frühern Schlachtstücken behaupten jederzeit seine geliebten Preussen das Feld. Seit der Revolution stellte sein Pinsel den Franzosen, Oesterreicher und Russen entgegen, aber vielleicht nicht einmal liess er Franzosen als Sieger auf dem Kampfplatze erscheinen. In diesen Darstellungen unterscheiden nicht nur die Uniformen jede Nation, sondern die Völker sind auch nach der charakteristischen Abweichung ihrer Gesichter, ihrer individuellen Haltung, so wie auch in Verschiedenheit ihrer Pferderacen unverkennbar und nach dem Leben aufgefasst.

Auch Landolt's Jagdstücke sind nicht minder planmässig als seine militärischen Darstellungen angelegt. Aber nicht allein das wilde Kriegsgetümmel und das Vergnügen der Jagd stellte der Künstler dar; sein erfindungsreicher Geist liess sich auch an Gegenständen von milderer Gattung nicht unversucht. Auf unverheerten Feldern wandeln mitunter friedlich seine Krieger. Sein Vollmond schwebt über stille liebliche Gründe dahin, in welchen zerstreut, in magischem Helldunkel das Vieh weidet, oder der Mond geht über einem glatten See auf, oder er schwebt hinter einer moosbekleideten Kapelle hervor u. s. w. In allen diesen Stücken herrscht der wahreste Nachtton. Ueber seine Landschaft ist meistens eine wohlthätige Harmonie verbreitet. Seine Meisterin war die Natur, die er in Wald und Feld täglich beobachtete. Er belauschte Sturm und Gewitter, betrachtete die Kämpfe der Elemente, und zu Feuersbrünsten galoppirte er Stundenweit, um beim Rathen und Helfen auch den malerischen Effekt des Brandes zu studiren. Hatte er ein Gefecht in der Arbeit, so mussten seine Knechte in Mantel und Uniformen sich vor ihm hinstellen, oder als Verwundete über einander hinstürzen. So suchte er überall seine naturlichen Vorbilder, nur in der Beleuchtung genügte ihm die einfache Natur nicht. Eine gewöhnliche Beleuchtung liebte er nicht; er wusste auf meisterhafte Weise den Eindruck der von ihm dargestellten Scenen durch einen auffallenden Lichteffekt zu verstärken. Indessen muss man nicht glauben, dass seine Bilder durchaus vollkommen sind; Landolt hatte keine gründliche Vorkenntnisse, es fehlt ihm an Correktheit.

Billweiler stach nach ihm vier Blätter Kriegsscenen in Aquatinta. Es gibt auch ausgemalte Exemplare.

Landolfo, Pompeo, ein edler Neapolitaner, der in Neapel als Maler zweiten Ranges gilt. Er wurde um 1518 geboren, und die Malerei erlernte er bei B. Lamma, anfänglich nur zu seinem Vergnügen. Seine Vermögensumstände waren indessen nicht glänzend, und daher sah es Lamma nicht gerne, dass er seine Tochter Vittoria heirathete. Landolfo sah sich auch genöthiget, die Malerei mit Ernst zu betreiben, und in mehreren Kirchen Neapels sind Gemälde von seiner Hand. Er war ein guter Zeichner, und auch seine Färbung ist angenehm und markig. Seine Figuren sind ausdrucksvoll, und das Ganze ist in dem zarten und doch breiten Style seines Meisters gehalten. Sein Werk ist das Hauptaltarblatt in S. Matteo.

Starb um 1590.

Landon, Carl Paul, Maler, Kupferstecher und Schriftsteller, wurde 1760 zu Nonant (Orne) geboren, und Regnault war sein Meister in der Malerei. Er erhielt schon in jungen Jahren den grossen Preis derselben, und damit war die Begünstigung verbunden, in Rom den weiteren Studien obliegen zu können. Sein früheres Leben fällt in eine viel bewegte Zeit, Landon hielt aber stets sein Ziel vor Augen, und als Resultat seiner Bemühungen lieferte er mehrere Gemälde, die bei den verschiedenen Expositionen des Pariser Museums zu sehen war. Im Jahre 1800 brachte er ein Pastorale zur Ausstellung, und 1801 ein Bild mit lebensgrossen Figuren: das Bad der Virginia, nach St. Pierre's Roman. Dieses Gemälde erwarb ihm den Aufmunterungspreis von 2000 Fr. Im Jahre 1806 malte er eine Leda, dann Pollux und Helena, 1810 Venus und Amor, 1812 Paul und Virginie, und um dieselbe Zeit entstand auch ein Madonnenkopf und sein Dädalus und Icarus, in der Gallerie des Luxembourg. Dann malte er auch Bildnisse.

Dies sind die vorzüglichsten Gemälde dieses erst 1826 verstorbenen Künstlers; seine bedeutendsten Werke bilden aber die Umrisse nach Gemälden älterer und neuerer Schulen. Sie sind in folgenden Werken vereiniget, die den Künstler in ganz Europa bekannt machten. Er war Maler des Herzogs von Berry, Conservator des Museums und Mitglied mehrerer Akademien.

1) Nouvels des arts, 5 Vol. 8.
2) Annales du Musée de l'école moderne des beaux arts. 17 Vol. Paris, 1801 — 10, in 8.
3) Paysages et tableux de genre, 4 Vol. Paris, 1805, in 8.
4) Annales du Musée, 2eme Collection, 12 Vol. in 8.
5) La galerie Giustiniani et la galerie Massias, jeder Band 72 Blätter.
6) Vies et oeuvres des peintres les plus célèbres, 20 Vol. in 4; von 1803 an erschienen.
7) Description de Paris et de ses édifices, mit J. G. Legrand herausgegeben 1806 — 9. 2 Vol. in 8.
8) Galerie historique des hommes les plus célèbres de tous les siècles et de toutes les nations, 12 Vol. in 12.
9) Choix de biographie ancienne et moderne, 2 Vol. in 12. mit 144 Bildnissen.

10) Antiquités d'Athènes, nach Stuart und Revett, mit Text, 3 Vol. fol.
11) Description de Londres et de ses édifices, 1 Vol. in 8., mit 32 Blättern.
12) Amours de Psyché et Cupidon, 32 Blätter in fol.
13) Le saint Evangile de N. S. Jesus-Christ, 51 Blätter in 4.
14) Recueil des ouvrages de peinture et sculpture qui ont concouru pour les prix decennaux, 45 Blätter in 8.
15) Atlas du Musée, ou catalogue figuré de ses tableaux et statues, seit 1815.
16) Choix de tableaux et de statues des plus célèbres musées et cabinets étrangers, 18 Bde., von 1821 an.
17) Numismatique du voyage du jeune Anacharsis, ou médailles des beaux temps de la Grèce, 2 Bde. 1818.

Landon, Carl Heinrich, Architekt, der Sohn des Obigen, wurde 1791 zu Paris geboren, und in der königlichen Schule daselbst in den Anfangsgründen seiner Kunst unterwiesen. Im Jahre 1813 erhielt er den zweiten, und im folgenden Jahre den ersten grossen Preis des Instituts, worauf der Künstler nach Rom ging, um seine Studien zu vollenden. Hier stellte er den Tempel der Vesta in einer ausführlichen Zeichnung her, und nach seiner Heimkehr wurde er Architekt des Departement de l'Oise. In dieser Eigenschaft baute er 1827 das Hôtel-Dieu zu Beauvais, das Centralgefängniss zu Clermont und das Theater zu Beauvais. Im Jahre 1828 wurde er zum Architekten der königlichen Regierung und zum Cabinetszeichner des Dauphin ernannt.

Landonck, Heinrich van, Maler, dessen Lebensverhältnisse unbekannt sind. Er war um 1464 Mitglied der Bruderschaft des hl. Lukas zu Antwerpen.

Landri, Kupferstecher, dessen Lebensverhältnisse wir nicht kennen. Im Jahre 1822 fanden wir ein Blatt erwähnt, welches Correggio vorstellt, und von welchem es heisst, dass es sowohl in Absicht auf Composition, als auf gründliche Behandlung des Stiches beachtenswerth sei.

Landriani, Franz, Maler, der unter dem Beinamen Ducchino bekannt war. Er malte in Fresco, und wusste dabei die Farben so gut zu wählen, dass sie sich lange in vorzüglicher Frische erhielten. Er malte im grossherzoglichen Pallaste zu Mailand.
Lebte noch 1600, in vorgerücktem Alter.

Landriani, Paul Camillus, Maler zu Mailand, ebenfalls Ducchino genannt, wurde um 1560 geboren, und von O. Semini in der Kunst unterwiesen. Lomazzo rühmt ihn als einen der talentvollsten jungen Künstler, die zu seiner Zeit lebten, und er lieferte in der Folge auch verschiedene lobenswerthe Bilder, die sich durch Zartheit des Colorites und durch Richtigkeit der Zeichnung empfehlen. Er malte mehrere Altarbilder, und darunter zeichnet sich besonders die Geburt Christi in S. Ambrogio aus, so wie die Passion, die er 1602 malte. Er starb zu Mailand 1618.

Landriani, Paolo, Architekt und Decorationsmaler, ein jetzt lebender Künstler, Mitglied der Akademie zu Mailand, der uns durch folgendes Werk bekannt ist:

Storia e descrizione d'principali theatri antichi e moderni, corredata de tavole, col saggio sul architettura teatrale etc. Milano 1830.

Landry, Pierre, Kupferstecher, dessen Geburtsjahr nicht bekannt ist. Einige lassen ihn 1630 oder um 1630 zu Paris das Licht der Welt erblicken, und diese setzten nach 1698 seiner Thätigkeit ein Ziel. Dagegen will Basan wissen, dass Landry 1677 geboren wurde, und dass er zu Nanterre 1741 starb. Diese beiden Angaben scheinen indessen auf einer Verwechslungen zweier Künstler, eines Franz und eines Peter Landry zu beruhen, und von diesen soll Franz um 1650 gelebt haben. Somit ist Franz der ältere Künstler dieses Namens, der vielleicht gegen das Ende seines Jahrhunderts gestorben ist. Dieser Franz stach nach verschiedenen Meistern, aber man kann die Blätter beider Landry nicht genau sondern.

Peter Landry stach ebenfalls eine bedeutende Anzahl von Blättern, nach eigener Composition und nach fremden Meistern, und darunter sind mehrere sehr schätzbar. Seine Bildnisse sind mit festem Stichel und mit vieler Nettigkeit behandelt. Die meisten Blätter sind in grossem Formate.

1) Die heil. Familie, rechts Elisabeth und Johannes, der dem Kinde das Kreuz reicht, nach An. Carracci, gr. 4., rund.
2) Die Geburt Christi, nach M. Procaccini.
3) Die Samariterin, nach Albano.
4) Die Cananäerin, nach Carracci.
5) Der Kopf des Täufers Johannes, nach Carracci.
6) Das Nachtmahl zu Emaus, nach Titian.
7) St. Hieronymus, ohne Angabe des Malers.
8) Die Marter des heil. Bartolomäus, nach Spagnolet, mit Landry excud. bezeichnet.
9) Ein grosses allegorisches Stück, These, dem Herzog von Orleans zugeeignet; in zwei Platten bestehend.
10) Eine Zigeunerfamilie, im Winter auf dem freien Felde. Komische Darstellung.
11) Der Armbrustschütze, in Masson's Manier.
12) Die heil. Jungfrau sitzend, wie sie vom Jesuskinde umarmt wird; mit L. F. bezeichnet, was Landry fecit bedeuten soll.
13) Das Bildniss Ludwig's XIV.
14) Michael Antonius Baudrand, Parisinus Pictor.
15) Dr. Abel Brunyer, Ducis Aurelianensis medicus.
16) Hieronymus Valvasorius, Ord. Eremit. S. Aug. Prior.
17) Pater Bernhard Le Roi, in ovaler Einfassung.
18) Der Kapuziner Joseph, 1702.
19) Bildniss des Herzogs Regenten, 1718.
20) Alexander Sallet, Senator.

Landry, Franz, s. den obigen Artikel.

Landsberg, Kupferstecher zu Stockholm, der durch Bildnisse bekannt ist, aber wir wissen nicht, wann er gelebt hat.

1) Peter Aulaeville, Bürgermeister zu Stockholm.
2) Dessen Tochter, beide nach Scheffel.
3) Peter Tilläus, Gottesgelehrter.
4) Olaus Tilläus, Gottesgelehrter.
5) Olaus Eckmanns, Pastor zu Fahlun.

Landschneck, s. Glantschnig.

Landseer, Edwin, berühmter Maler zu London, wurde um 1798 geboren, und seine Bildung zum Künstler verdankt er grösstentheils sich selbst und seiner genauen Beobachtung der Natur, der

Menschen- und Thierwelt. Er malt Genrestücke, Landschaften, Blumen, Früchte, Stillleben, todte und lebende Thiere, und diese Darstellungen erwarben ihm den Ruf eines trefflichen, vielseitigen Künstlers. Sein Humor, die Manigfaltigkeit der Ideen, die ihm zu Gebote stehen, die Farbengebung, die technische Vollkommenheit seiner Arbeiten sind gleich bewundernswerth. Seine Genrestücke sind schön und geistreich und seine Darstellungen aus der Thierwelt nicht minder vorzüglich. Er weiss seinen Thieren in Stellung und Bewegung Leben zu ertheilen, und der Ausdruck in den Thierphysiognomien ist eben so wahr als glücklich wiedergegeben. Jedes Haar ist mit Genauigkeit gemalt. Seine Sorge verbreitet sich auch auf die Accessorien, und diese sind immer in vollkommener Uebereinstimmung mit dem Hauptgedanken. Das Vorbild in seinen thierischen Darstellungen war ihm Weenix, und er steht ihm in seiner hohen technischen Vollendung nicht nach. Welch grossen Schatz humoristischer Ideen er besitze, und wie er sie in einer heiteren, gemüthlichen Weise auszudrücken verstehe, beweiset neben anderen: Der Steinbrecher, die hochländischen Musikanten etc. Das kleine Gemälde der alten Hausfrau ist trefflich im Ausdruck und von technischer Vollendung, ebenso die Dirne, welche Schaafe hütet, und besonders schön sind letztere und der Hund. Meisterhaft in Hinsicht auf Wirkung des Ganzen und der Farbengebung, und unübertrefflich in Ausführung der Details ist jenes Bild, welches ein Paar hündische Repräsentanten des Democratismus und Aristokratismus, und einen Offizier von der Garde vorstellt (Low Life and high Life); nicht minder anziehend sind: Der Diebstahl in der Speisekammer, der Affe und die Katze, der Löwe, welcher beim Fressen von einer Schlange gestört wird, ein Bild, das eines Rubens oder Snyder's würdig ist, u. s. w. Die Anzahl seiner Bilder ist bedeutend, und diese sind von eigenthümlichem Zauber des Pinsels.

Die glänzenden Talente dieses Künstlers haben 1831 die Akademie der Künste in London veranlasst, ihn als Mitglied aufzunehmen.

Von 1832 an erschien ein Werk unter dem Titel: Landseers animals from the zoological gardens. In dem bezeichneten Jahre wurde der erste Band mit 64 charakteristischen Skizzen in Quart ausgegeben. Die Blätter sind vom Kupferstecher Landseer. Blätter nach seinen Zeichnungen sind auch in den Werken: Portraits of the female characters etc. in the Waverley novels, London 1833; dann in den Landscape, Portrait and historical illustrations of the poetical works of Sir W. Scott. London 1833.

Landseer, John, Zeichner und Kupferstecher zu London, ein berühmter Künstler, wurde um 1770 geboren, und London ist der Schauplatz seiner künstlerischen Thätigkeit. Er genoss schon zu Anfang unsers Jahrhunderts den Ruf eines berühmten Künstlers, in dessen Atelier bedeutende Werke in's Leben traten. Unter seiner Aufsicht und Leitung wurden die meisten Kupfer der damals erschienenen Reisebeschreibungen bearbeitet, und neben andern hat er auch Antheil an dem seit 1805 an's Licht gestellten Prachtwerke des Dr. Thornton, unter dem Titel des Tempels der Flora oder des Naturgartens. Jedes Heft im grössten Folioformate besteht aus 30 colorirten Pflanzenabbildungen, nach Reinagle's Zeichnung gestochen. Im Jahre 1807 gab er seine Vorlesungen über Kupferstecherkunst heraus, unter dem Titel: Lectures on the art of engraving, delivered at the royal Institution of Great Britain. Landseer erhielt auch den Titel eines Kupferstechers des Königs und schon frühe zählte ihn die Akademie unter die Zahl ihrer Mitglieder. Die Anzahl seiner Kupfer- und Stahlstiche ist bedeutend, und diese sind in verschiedenen literarischen und belletristischen Werken zu suchen:

1) St. John, nach B. West.
2) Victoire of the Nile, grosses Blatt mit 15 Bildnissen, mit W. Bromley und Lenney, nach R. Smirke gestochen.
3) Das Bildniss des Admirals Nelson.
4) Rat-catching. Drei Hunde jagen Ratten, nach E. Landseer.
5) Alpine mastiffs, Hunde von St. Gotthard, welche Reisende retten, nach E. Landseer. Preis 13 fl. 30 kr.
6) Der Knabe mit dem Hunde, in den Amulets, einer Folge von 12 Blättern, 1833.
7) Die Blätter in dem Hauptgalleriewerke des Marquis v. Stafford: Engravings of the most noble the Marquess of Staffords Collection of pictures etc. By W. Young Ottley. Das Ganze besteht in 4 B. mit 306 Blättern, von Landseer, Tomkins, J. H. Wright, W. Finden, E. Byrne, J. Fittler, C. Heath, W. Bromley, J. Scott, A. Warren, T. Milton, S. Middiman, J. Romney u. a. gestochen. London 1818. Dieses Werk kostete im Subscriptionspreis 35 Guineen. Bei R. Weigel ist es für 65 Thl. zu haben.

Sein Werk ist ferner:

A descriptive, explanatory and critical Catalogue of fifty of the earliest pictures contained in the National-Gallery of Great-Britain. London 1834, gr. 8.

Landseer, Thomas, Zeichner und Kupferstecher zu London, ein jetzt lebender Künstler, der ebenfalls zu den vorzüglichen Künstlern seines Faches gezählt werden muss.

Im Jahre 1827 radirte er Carrikaturen von Affen, für ein Werk, unter dem Titel:

1) Monkeyana, or men in miniature designed and etched by Th. Landseer. Published by F. G. Moon, 4. Die Blätter sind mit T. L. oder Tho L. signirt.

Dann hat man noch von ihm:

2) Characteristic sketches of animals, drawn from the life and engrav. by Th. Landseer, 8 Theile in 4., London 1832. Preis 45 fl.
3) Tiger hunting, or a day's sport in the east, four plates by Th. Landseer, from drawings by Trench. London 1836, fol.

Landseer, D., Kupferstecher, ein Künstler unsers Jahrhunderts, dessen Lebensverhältnisse wir nicht kennen. Er stach neben andern die Kupfer zu Locket's Reise von Calcutta nach Babylon.

Landseer, F., Kupferstecher, der wohl ebenfalls zur Familie der obigen gehört. Von ihm ist:

The mantilla, eine spanische Dame, die durch das Fenster blickt, nach Robinson gestochen, 1838.

Landshut, Johann von, s. Hans. Unter dieser Rubrik stehen noch andere Künstler, Namens Johann, die nur nach dem Geburtsorte bekannt sind.

Landtsheer, J. B. de, Maler zu Brüssel, bildete sich unter Leitung von Navez, und er ist bereits seit etlichen Jahren als ausübender Künstler bekannt.

Man hat von seiner Hand gemalt Historien, Genrestücke und Bildnisse.

Lane, Michel, s. M. l'Asne.

Lane, Salomon, s. S. Delane.

Lane, Richard, Kupferstecher und Lithograph zu London, wo er den Ruf eines der vorzüglichsten Künstler seines Faches geniesst. Man hat von ihm eine bedeutende Anzahl schätzbarer Werke, grösstentheils Lithographien, die zu den besten Erzeugnissen des englischen Steindruckes gehören. Im Jahre 1833 wurde er Mitglied der Akademie der Künste in London.

Lane begann 1830 die lithographische Nachbildung von Gemälden neuerer englischer Meister, und diese Copien sind mit grosser Geschicklichkeit ausgeführt. Andere Blätter von seiner Hand sind in jenem Werk, welches unter dem Titel: Lewis's Sketches and Drawings of the Alhambra, London 1835, erschien. Die übrigen dieser 26 Blätter sind von Harding, Gauci und Lewis. Früher als dieses Werk, um 1827, fertigte er mit andern die Blätter nach Donaldson's Skizzen mexikanischer Landschaften. Ferner erwähnen wir:

1) Lord Alexander Russel, nach Hayter.
2) The faithful friend, nach Bouden.
3) The rivals, nach Leslie, ein Hauptwerk des englischen Steindruck's. Preis 6 fl.
4) A highland shepherd's dog, nach Landseer.

Lane, Theodor, Maler zu London, ein geschickter Künstler unsers Jahrhunderts, der aber 1828 durch einen unglücklichen Fall sein Leben verlor. Er machte sich besonders durch humoristische Darstellungen einen Ruf, und darunter ist eines seiner besten Bilder jenes, welches unter dem Namen „der Enthusiast" bekannt ist. Es stellt einen alten Herrn dar, der, an der Gicht leidend, im Sessel sitzt, und mit der Angel im Zuber fischt. Umherum ist alles zu sehen, was seine Leidenschaft erfordert. R. Graves hat dieses Bild gestochen.

Dann stellte ein Engländer Lane (der unsrige doch kaum?) 1827 in Rom ein gewaltig grosses Gemälde aus, woran er 13 Jahre gearbeitet hatte. Dieses Bild ist in seiner Art merkwürdig. Joseph mit Maria und dem Jesukinde liegen zu Bette, und neben ihnen ist der ungeheure Riese Goliath niedergestürzt, indem er mit einem Spiesse der Maria einen tödlichen Stich hat versetzen wollen. Auf der andern Seite des grossen Bettes ist der bethlehemitische Kindermord, in der mittlern Höhe des Bildes stehen auf rabenschwarzen Wolken musicirende Engel, und ganz oben tanzen vier andere grosse Engel in den wunderbarsten Wendungen nach den Orgeltönen der heil. Cäcilia. Dieses Bild verursachte grossen Lärm, der Künstler ist eigens nach Dresden gereist, um Correggio's Nacht zu studiren.

Lane, Heinrich, Maler, ein jetzt lebender, niederländischer Künstler, dessen Werke mit Beifall aufgenommen werden. Er malt Historien und Genrestücke.

Lanetti, Antonio, Maler von Bugnato, wird unter die Schüler des Gaudenzio gezählt. Er hatte in Ferrara Ruf, aber dennoch wusste Lanzi keines seiner Werke zu bezeichnen. Lanzi zählt ihn auch zu Gaudenzio's minder berühmten Zöglingen. Starb um 1530.

Laneuville, J. L., Bildnissmaler, der zu Paris von 1800 — 1817 eine grosse Anzahl von Bildnissen zur Ausstellung brachte; neben andern solche von angesehenen Männern.

Lanfranco, Architekt zu Modena, der zu Ende des eilften und in den ersten Jahren des folgenden Jahrhunderts arbeitete. Nach seinen Zeichnungen begann der Bau des Domes zu Modena, doch ist nicht zu bestimmen, wie lange er ihn fortsetzte. Tiraboschi und Cicognara sprechen näher über diese Verhältnisse.

Lanfranco, Giovanni, berühmter Maler von Parma, wo er, als der Sprössling einer edlen Familie, eine gute Erziehung genoss. Der Graf Scotti in Piacenza nahm ihn als Pagen an, und da zeichnete er einmal mit Kohle Figuren auf die Wand, was für seine Standeswahl entschied, indem der Graf den talentvollen Knaben dem Agostino Carracci zur weitern, artistischen Ausbildung übergab. Dieser Meister brachte ihm gründliche Kenntnisse bei, und als Vorbild schwebte ihm damals besonders Correggio vor, den er mit Begeisterung studirte. Nach dem Tode Agostino's nahm sich Ludovico seiner an, und zuletzt fand er Gelegenheit, bei Annibale in Rom seine Bildung zu vollenden. Unter Leitung dieses Meisters vollbrachte er im Pallaste des Cardinals Odoardo Farnese seine ersten öffentlichen Arbeiten, und auf diese folgten mehrere andere, in denen sich noch die Gründlichkeit der Carracci'schen Schule offenbaret, während er in späterer Zeit mit weniger Strenge verfuhr. Für die farnesischen Herzoge und für andere Herren malte er anfangs sehr viele Cabinetsbilder, und besondern Beifall erwarb ihm seine Darstellung des Polyphem im Hause Borghese, und die Götterversammlung in der Villa dieses Hauses; die Geburt des Heilandes im Pallaste des Marchese Sannesi, wo er nach Correggio's Weise das Licht vom Gesichte des Kindes ausgehen liess, so wie die Bilder aus der heiligen Geschichte in S. Callisto zu Rom. Ein Bild von ausgezeichnetem Verdienste erkennt Lanzi in der Tafel mit grossartigem Bauwerke, welche den heil. Andrea Avellino in Rom vorstellt. Gleichen Rang weiset Lanzi auch dessen todtem Christus, mit der, wenn auch nach menschlicher Weise, gehaltenen Gestalt des ewigen Vaters, an, und unter die vollendetsten und berühmtesten Werke Lanfranco's zählt man ferner den Tod der heil. Jungfrau in Macerata, St. Rochus und Conrad in Piacenza. Weithin erscholl sein Ruhm von den grossen Kuppelgemälden, die er auszuführen Gelegenheit fand. Durch den Cardinal Montalto, dessen von Lanfranco gemaltes Bildniss so oft copirt wurde, erhielt er den Auftrag, die Kuppel in S. Andrea della Valle zu Rom auszuschmücken, und Dominichino, der sich zurückgesetzt sah, gelobte ihm dafür ewigen Hass. Doch Lanfranco vollendete das Werk, und man erkannte diesem nach jenem des Correggio in Parma den Preis zu. Allein Einige gehen in Lobeserhebung wohl zu weit; so nennt Fiorillo diese Malerei ein bis zur bewunderungswürdigsten Vollkommenheit erhabenes Kunstwerk und das höchste Muster in Vorstellung himmlischer Glorie, während Andere, wie die Verfasser der neuesten Beschreibung Rom's I. 547, hier nur in der Behandlung der Malerei in Fresco das vorzüglichste Lob erkennen. Passeri preist ihn in Betrachtung dieses Werkes als den ersten, der den Aufgang einer Himmelsglorie durch den lebendigen Ausdruck eines unermesslichen Glanzmeeres darstellte, ohne früher ein Vorbild davon gesehen zu haben. Auch Lanzi erklärt diese Kuppel als einziges Muster von Glorie, und er meint, sich auf das Urtheil unbefangener Kenner stützend, Lan-

18*

franco habe in dem, was die Himmelsidee betrifft, das Höchste erreicht, sowohl im Einklange des Ganzen, als in Vertheilung der Farben, in den Theilen, in der Kraft des Helldunkels u. s. w. Die Urtheile über Lanfranco sind überhaupt verschieden; die Aelteren preisen ihn unendlich, Neuere betrachten die Sache mit grösserer Ruhe, und da verschwindet die Begeisterung, welche bei oberflächlicher Betrachtung seiner Werke entstehen könnte. In Lanfranco's Werken, sagt von Quandt in einer Note zu Lanzi's Geschichte III. 120, zeigt sich schon wieder der Rückschritt der Kunst zu einem blos handwerksmässigen Streben, durch Geschicklichkeit und leichte Mittel Wirkung und Aufsehen zu machen. Daher die schroffen Gegensätze von Hell und Dunkel, die Gruppirungen nach Schullehren, aber nicht, wie die darzustellende Handlung solche erfordert, die Verkürzungen ohne Noth, blos um ein Zeichnungskunststück zu machen, die nichtssagenden Gesichter bei aller Spannung der Züge u. s. w. Selbst das Studium der Natur zeigt sich in Lanfranco's Bilder vernachlässiget, und Carracci's Gründlichkeit und Strenge fing an zu verschwinden. Auch in der erwähnten Beschreibung Roms von Gerhard, Bunsen u. a. ist Lanfranco strenger beurtheilt, als dieses früher geschehen. Die gelehrten Verfasser erkennen in seinen Werken den Uebergang von der Carraccischen Schule zu der Manier des Pietro da Cortona, indem Lanfranco in Darstellung der Form mehr den Schein als den richtigen Verstand derselben suchte, und vornehmlich nach Effekt des Ganzen durch erkünstelten Contrast in Stellungen, Gruppen und Beleuchtung strebte. In der Oelmalerei zeigt dieser Künstler, wie Guercino, die dunkle Manier des Carravaggio. Sein meistes Verdienst sichern ihm seine auf nassem Mörtel gemalten Kuppeln. Die Urtheile über Lanfranco's Verdienste sind also verschieden, und wie gesagt, in früheren Schriften ist er meistens sehr gerühmt. Mengs erkannte schon, dass Lanfranco mehr den blossen Schein, als die feinern Grundsätze Correggio's, seines Vorbildes, in Vertheilung der Massen und der Bewegungen, erreicht habe. Dennoch glaubte Mengs, dass er dem geschmackvollen Style der neueren Schule zur Richtschnur gedient habe, was Lanzi bestättiget. Mengs betrachtet ihn auch als den Erfinder jener theatralischen Gattung, welche die Gegenstände künstlich so zu ordnen weiss, wie sie dem Auge gefallen. Wir müssen bei dieser Gelegenheit auch auf die Bemerkungen in Göthe's Winckelmann aufmerksam machen. Lanzi findet in seinen Werken zu viel Bewunderungswürdiges, und dessen Urtheilen hat Quandt die obige Bemerkung entgegensetzt. So wie Lanzi, beurtheilt ihn ohngefähr auch Füssly in seinem raisonnirenden Verzeichnisse, und der Lexikograph Füssly meint, sein Namensvetter hätte die Sache am Besten getroffen. Das gewöhnliche Urtheil, welches man in verschiedenen Handbüchern liest, geht ungefähr dahinaus: Lanfranco hat eine fruchtbare und reiche Einbildungskraft; er erfand mit mehr Leichtigkeit, als Scharfsinn; er zeichnete im grossen Style, doch nicht immer correkt; seine Köpfe haben immer etwas Grossartiges, doch wenig Grazie; die Draperie ist mit Geschmack behandelt, edel und breit im Wurfe; das Helldunkel ist von ungemeiner Wirkung; Licht- und Schattenmasse wohl vertheilt; die Farbe verschmolzen, harmonisch, wenn auch nicht heiter, in der Carnation nur öfter schwarz; dagegen rühmt man wieder die Meisterschaft in Verkürzung, die Gegensätze der Figuren und Theile, die Gewandtheit des Pinsels, die Kühnheit, mit welcher er zu Werke ging u. s. w. Watelet und Levesque behandeln ihn aber mit Bitterkeit, wenn sie sagen: Il était grand, hardi, mais strapassé, ihm auf der einen Seite Grossheit und Kraft zugestehend, auf der andern ihn als Grobmaler, als Schmierer erklärend. Jedenfalls ist Lanfranco ein Mann von grossem Talente, das er leider nur nicht zum Frommen ächter Kunst angewendet hat. Die Werke seiner früheren Zeit sind indessen jenen der spätern vorzuziehen. Er arbeitete meistens sehr schnell, nur auf den Erwerb. Seine Preise waren demnach ungeheuer, seine Verschwendung aber noch grösser. Das Glück und die Mode hatten ihn zum grossen Herrn gemacht, nach dessen Gunst alle Künstler streben mussten, wenn sie bei Zeiten etwas gelten wollten. Was Cavaliere Lanfranco mit Beifall belohnte, ward allenthalben gepriesen.

Lanfranco genoss in Rom ein glänzendes Daseyn, und von da aus gingen seine Bilder in verschiedene Cabinette über. Das Hauptwerk in Rom bleibt aber die Himmelfahrt Mariä mit der Glorie in der Kuppel in S. Andrea della Valle. Da musste er alle Kräfte zusammen nehmen, um gegen seinen Nebenbuhler Dominichino nicht im Nachtheil zu erscheinen. Diese Kuppel stellt einen unermesslichen Raum des Himmels dar, und endiget sich mit einer Glorie, deren Licht sich von der Hauptfigur des ewigen Vaters ergiesst. Man zählt da 30 Palmen hohe Figuren, die von unten hinauf in natürlicher Grösse erscheinen. Die Farben sind mit Schwämmen aufgegetragen, ein Auge erscheint in der Nähe wie ein grosser Fleck, und dennoch zeigt es sich unten in seiner wahren Gestalt. Lanfranco pflegte desswegen zu sagen, die Luft male für ihn. Ein Werk, dass noch mehr der Vergänglichkeit trotzt, als diese Kuppel, ist die Mosaiktafel auf dem Altare della Navicella in der St. Peterskirche zu Rom. Sie stellt nach seinem Gemälde den hl. Petrus dar, wie er mit dem Erlöser auf dem stürmischen Meere wandelt.

Die Väter der Gesellschaft Jesu hatten ihn durch ihre Freigebigkeit veranlasst, Rom zu verlassen und seinen Aufenthalt in Neapel zu nehmen, wo sie ihm die Ausmalung ihrer Kirche übertrugen. Alle neapolitanischen Künstler versammelten sich nun unter der Kuppel, wo Lanfranco auf einem hohen Gerüste seine Vision des Paradieses schuf, welche den Ruhm seiner Kuppel von St. Andrea in Rom überstrahlen sollte. Alle waren eifrig bemüht, die Aufmerksamkeit dieses Künstlers auf sich zu ziehen, entweder durch persönliche Verdienste, oder dadurch, dass sie die Talente seines unsterblichen Nebenbuhlers Dominichino's verschrieen. Die niedrigsten sowohl, als die höchsten neapolitanischen Maler suchten seinen Beifall für ihre Werke zu gewinnen, oder bemühten sich, von ihm ein Belobungsdekret für ihre besondere Manier zu erhalten. Nur einen darunter gab es, den Armuth und Stolz von dem Kreise, der das Malergerüst Lanfranco's umgab, entfernt hielt: Salvator Rosa, der, obgleich schon durch seine kecken Skizzen bekannt, nur bei dem unbedeutenden Namen il Salvatorello genannt wurde. Jene verhängnissvolle Kapelle kostete mehreren Malern Ehre und Leben: Annibale Carracci, Arpino und Guido Reni mussten fliehen; des letztern Schüler, Gessi (?), wurde mit seinen Genossen auf eine Galeere gelockt und entführt, und Dominichino floh, kam wieder, starb aber darauf vor Aerger oder an Gift. Die Anstifter dieser Kabalen, Belisario und Spagnoletto, mussten aber diese Kapelle dennoch dem Lanfranco aus Parma überlassen; denn jener fiel sich vom Gerüste zu Tode, und dieser, dem seine Tochter entehrt wurde, verschwand über's Meer. In Neapel schmückte er auch die Tribune im Tesoro di S. Gennaro, und dazu kamen noch einige andere Tribunen und Kapellen in Rom und Neapel. Es wurde ihm dafür der höchste Ruhm zu Theil. Paul V. und Urban VIII. überhäuften ihn mit Ehren und Gütern. Letzterer ertheilte ihm auch den Christusorden. Sein letztes Werk war die Kapelle von St. Carlo Catenari in Rom. Der Tod ereilte ihn zu Rom 1647 im 66. Jahre, und bei St. Maria in Travestere ruhen seine Gebeine.

Nach diesem Meister wurde eine bedeutende Anzahl von Blättern gestochen, und wir verzeichnen einige derselben, weil sie zugleich auch das Verzeichniss der Gemälde dieses Künstlers ergänzen. Als Anhang folgen die eigenhändig radirten Blätter des Künstlers.

Die Himmelfahrt Mariä in der Kuppel in S. Andrea della Valle, 8 Bl. von C. Cesio, gr. fol. Schön in gutem Drucke.

Die vier Propheten der Kapelle Sacchetti in St. Johann der Florentiner zu Rom, von D. Cunego.

Die 12 Apostel, nach Fresken, von F. Louvemont; geschabt von D. Herz.

Die vier Evangelisten an den Angeln der Kuppel in der Jesuitenkirche zu Neapel, von J. L. Roullet; dann von Louvemont. Roullet's Folioblätter sind schön in gutem Drucke.

Die Geschichte St. Peter's und Paul's in der Loggia del Benedizione im Vatikan, 21 Blätter von S. Bartoli. Selten.

Die Capelle Bungiovanni in St. Agostino zu Rom, die Himmelfahrt Mariä vorstellend, 9 Bl. gr. fol. von Cesio; dann von Sandrart.

Das Leben St. Bruno's, 20 Bl. von Th. Krüger.

Die Götterversammlung in der Villa Pinciana, 9 Bl. von P. Aquila, gr. qu. fol.

Christus trägt das Kreuz, links vorn die ohnmächtige Maria, Hauptbild in der Sakristei der Johanniskirche der Florentiner in Rom, von J. Perini 1776, gr. fol.

Die Barke Petri, merkwürdige Composition in der Peterskirche, von G. Audran; dann von N. Dorigny, F. Faraon Aquila 1690; dieses ein Hauptblatt, gr. fol.

Die Verkündigung der Maria, von Bloemaert, gr. fol.

Der heil. Anton vom Teufel geplagt und von der Religion unterstützt, von J. Sandrart.

Maria in himmlischer Betrachtung, von Trouvin.

Magdalena von Engeln zum Himmel getragen, von C. Simoneau und A. Loir, gr. fol.

St. Augustin, der das Geheimniss der heil. Dreieinigkeit ergründen will, von C. Cesio.

Drei Allegorien zu Ferrari hesperides etc., von F. Greuther.

Dann sind in Gallerien mehrere Gemälde von diesem Künstler, und diese sind theilweise in den verschiedenen Galleriewerken abgebildet. Im Spanischen ist jenes, welches den Leichnam Cäsar's auf einem Scheiterhaufen vorstellt, von Mengs als eines der besten Bilder des Meisters erklärt. Mehrere seiner Bilder sind im französischen Museum gestochen, doch sind heut zu Tage nicht alle diese Bilder mehr in Paris. Das Museum bewahrt noch: Hagar in der Wüste; St. Peter und Paul nehmen auf dem Wege zum Tode von einander Abschied, die Krönung der heil. Jungfrau, St. Peter blickt mit gefalteten Händen zum Himmel. Den reuigen Petrus der Dresdner Gallerie hat J. Dallò gestochen, und le Villain eine ähnliche Darstellung für das Florentinische Galleriewerk. Von den drei Bildern der k. Pinakothek in München ist jenes mit Christus am Oelberg lithographirt. In der k. Eremitage zu St. Petersburg sind eine Verkündigung und die Köpfe zweier Apostel, und eines der schönsten Bilder von Lanfranco ist nach Fiorillo Christus im Garten in der Stiftskirche zum heil. Leodegar in Luzern. Ob dieses Bild gestochen ist, wissen wir nicht; die russischen Bilder sind aber in Labenski's Galleriewerk der Eremitage erwähnt. Auch in Berlin und Wien sind Bilder von diesem Künstler. Die Zahl seiner zerstreuten Gemälde ist bedeutend, und noch viel mehr als die obigen sind gestochen von J. Perini, Cunego, Ciamberlano, Patas, B. R. Massard, St. Picart, Villamena, Fragonard, St. Coppa, C. Gaucher, F. Lorenzini, I. F. Pellegrini, M. Natalis, B. Oppi etc. P. A. Pazzi stach Lanfranco's Bildniss aus der florentischen Gallerie.

Lanfranco selbst hat einige Blätter geätzt, worin sich ein grosses Talent beurkundet. Sie sind mit einer leichten Nadel schnell und fast nachlässig behandelt, und im Ganzen tragen sie die Fehler, die in den Gemälden des Künstlers sich offenbaren. Lanfranco radirte mit S. Badalocchio biblischen Darstellungen Rafael's in den vatikanischen Loggien, unter dem Titel:

Historia del testamento vecchio (e nuovo) dipinta in Roma nel Vaticano da Raffaelle di Urbino, et in intagliata da S. Badalocchio et Giovanni Lanfranchi Parmigiani. Al Sig. Annib. Carracci, im Ganzen 57 Blätter, und bei Bartsch P. gr. XVIII.

28 Blätter sind von Lanfranco, alle aber ähneln sich; sie sind vermischt, nicht die eines jeden Meisters geschieden. H. 4 Z. 10 L., Br. 6 Z. 5 L.

Die zweite Ausgabe: Mich. Colyn Amstelodami. Ao. 1614, qu. 4.

Der Inhalt von Lanfranco's Blätter ist:

1) Die Erschaffung von Sonne und Mond.
2) Die Schöpfung der Thiere.
3) Gott stellt dem Adam die Eva vor.
4) Eva theilt dem Manne von der Frucht mit.
5) Die Vertreibung aus dem Paradiese.
6) Beide bei der Arbeit.
7) Der Bau der Arche.
8) Das Opfer Noah's.
9) Abraham und die drei Engel.
10) Loth zieht aus Sodoma.
11) Gott befiehlt dem Isaak nach Aegypten zu gehen.
12) Der Segen Isaak's.
13) Die Himmelsleiter.
14) Die Rückkunft des Jakob zu Isaak.
15) Joseph erzählt den Brüdern den Traum.
16) Joseph's und Putiphars Frau.
17) Moses beim brennenden Busche.
18) Moses erhält auf Sinai die Gesetztafeln.
19) Gott spricht zu Moses.
20) Das goldene Kalb.
21) Die Einnahme von Jericho.
22) Josua befiehlt der Sonne Stillstand.
23) Die Salbung David's.
24) Der Triumph David's.
25) Das Urtheil Salomon's.
26) Die Anbetung der Hirten.
27) Die Anbetung der Könige.
28) Die Taufe im Jordan.
29) Die heil. Maria von Aegypten mit einem Crucifixe in der Rechten, zu den Füssen der Löwe. H. 6 Z. 2 L., Br. 4 Z. 4 L.
30) Triumph eines römischen Kaisers, reiche und grosse Com-

position. Geistreich radirtes Blatt, im zweiten Drucke mit Rossi's Adresse. H. 10 Z. 8 L., Br. 22 Z. 8 L.

51) Der römische Feldherr, der zu seinen Soldaten spricht, und den Verdienten Kronen reicht. H. 14 Z. 3 L., Br. 19 Z.

Zweifelhaft sind:

1) St. Carl Borromäus, der für Mailand um Befreiung der Pest zur heil. Jungfrau betet. Sehr gut geätzt, und sorgfältig in der Zeichnung, wider Gewohnheit Lanfranco's. Sicher ist das Blatt nach seiner Erfindung. H. 19 Z. 6 L., Br. 13 Z. 5 L.

2) St. Thomas von Aquin, wie er den Dämon fliehen macht. Ohne Name und Zeichen, und gewöhnlich dem Lanfranco zugeschrieben. H. 8 Z. 5 L., Br. 6 Z. 9 L.

Lanfrani, Jakob, Bildhauer und Baumeister zu Venedig, Schüler des Agnolo und Agostino da Siena. Er führte in seinem Vaterlande, zu Bologna und anderwärts mehrere Werke aus. In Venedig baute er die Kirche des hl. Antonius, und in Imola jene von S. Francesco.

Dieser Künstler starb gegen das Ende der zweiten Hälfte des 14. Jahrhunderts.

Lang, Georg, Formschneider und Briefmaler zu Nürnberg, doch nur ein mittelmässiger Künstler. Er druckte ein Münzbuch, das 1571 erschien; damals muss aber Lang noch jung gewesen seyn, denn er soll erst um 1620 gestorben seyn. Er schnitt auch Bildnisse in Holz, wie jenes des Adolph Baron von Schwarzenberg, Kniestück, mit gedruckten Zeilen, welche sich auf die 1598 erfolgte Einnahme der Stadt Raab beziehen. Dann liest man auf diesem Folioblatte: Gedruckt zu Nürnberg bei G. Lang, Formschneider.

Der Zuchtwagen 1559. Im alten Drucke mit einem Gedichte des H. Sachs. H. 6 Z. 2 L., Br. 12 Z. 10 L.

Lang, Hans Caspar, Glasmaler von Freiburg, ein fast unbekannter Künstler aus der Schule der Stimmer. Er ist der jüngere dieses Namens, nach der Aufschrift einiger Zeichnungen, die sich von ihm finden, und daraus ersieht man auch, dass Hans Caspar Lang jun. um 1582 — 1607 gearbeitet hat. Brulliot Dict. des monogr. I. 1292 erwähnt das Zeichen dieses Künstlers, er kannte ihn aber nicht namentlich. In der Sammlung des Dekan Veith in Schaffhausen, die uns durch den Catalog von R. Weigel bekannt ist, sind folgende interessante Zeichnungen von diesem Künstler angegeben:

1) Ein Bad mit 12 nackten Männern und Weibern; ein Mann spielt die Violine und ein Mädchen bespritzt einen eintretenden Mönch mit Wasser. Im Garten sind Leute und eine Gondel zur Abfahrt, 1606. Feder und Tusch, qu. fol.
2) Die Knabenschule, ein Weib mit dem Stocke lehrt, H. L. 1606; Bister, fol.
3) Salomon als Richter, H. C. Lang in Strasburg 1594. Feder und Tusch, gr. fol.
4) Das Weltgericht, 1594. Tusch, gr. fol.
5) Fama mit der Posaune, 1607. Mit dem Zeichen; Federumriss.
6) Die Auferstehung Christi, mit dem Namen des Künstlers, 1582. Mit der Feder gezeichnet, 4.
7) Ein vornehmer Mann vor einem sitzenden Ritter, neben welchem grosse Geldstücke stehen, ihm zur Seite Könige und Ritter. Tusch, kl. 4.

Lang, Johann, Edelsteinschneider, der um die Mitte des 16. Jahrhunderts lebte. Es existirt ein Bildniss von ihm; auch weiss man, dass er 1582 gestorben ist.

Lang, Johann Georg, Goldschmied zu Augsburg, der im 17. Jahrhunderte daselbst Ruf genoss. Er fertigte aus Auftrag der Stadt drei grosse silberne Gefässe, die 1653 bei Gelegenheit der Krönung Ferdinand IV, diesem und seinem Vater zum Geschenke gemacht wurden.

Lang, Georg Jakob, Maler zu Nürnberg, wurde um 1680 geboren. Er malte Historien und Landschaften mit Thieren, die mit G. L. und der Jahrzahl bezeichnet sind. Später wurde er Direktor der Malerakademie der erwähnten Stadt, und 1740 starb er.

Lang, Ernst Friedrich Karl, Maler zu Nürnberg, der daselbst um 1788 Vögel und Blumen in Wasserfarben malte.

Sein Bruder Ernst Johann Benedikt war Musikus, malte aber um jene Zeit ebenfalls im Geschmacke von Dietsch.

Lang, Bildnissmaler, der im 17. Jahrhunderte zu Regensburg, Augsburg oder in Nürnberg lebte, und vielleicht periodenweise in jeder Stadt. G. C. Eimmart stach 1681 nach ihm das Bildniss von Georg Paul Imhof, im Zimmer sitzend mit dem Hute, grosses Blatt.

Lang oder Lange, Heinrich Gottlob, Edelsteinschneider, wurde 1739 zu Dresden geboren, und daselbst unterichtete ihn Stephani in der Kunst. Später arbeitete er abwechselnd zu Regensburg und Augsburg, und in letzterer Stadt machte er sich 1764 ansässig. Er schnitt Steine für Ringe, und dann machte er sich durch kleine Mosaiken zu Dosen, Ohrengehängen und andere Galanteriesachen bekannt. Er schliff auch verschiedene Steine für Ringe, und davon liess er ein Verzeichniss drucken, unter dem Titel: Mineralogischer Ring, von 174 Ringsteinen und 195 Arten. Starb um 1800.

Lang, Moritz, Kupferstecher, der um 1670 in Wien arbeitete. Er stach grösstentheils Bildnisse.

1) Giacomo duca di Curlandia, kl. fol.
2) Die Bildnisse der Aerzte Managetta, Demuth und Zwelser etc.

Lang, Leonhard, Kupferstecher, der zu Anfang des vorigen Jahrhunderts arbeitete. Er copirte meistens Blätter nach französischen Meistern, wie nach M. Corneille: Simeon im Tempel.

Lang, N. de, Bildnissmaler, der um 1690 in Herzogenbusch lebte. Er war in seinem Fache nur mittelmässig.

Lang, Thomas, berühmter Graveur und Medailleur, geb. zu Schwaz 1749, gest. zu Wien 1812. Er zeichnete und schnitzte schon als Kirchenknabe im Kloster Viecht, doch liess ihn der Vater, ein Nagelschmied, die Gärtnerei erlernen. Im Jahre 1769 wurde er als Geselle freigesprochen, und als solcher arbeitete er in mehreren Gärten, benutzte aber nebenbei jede freie Stunde zum Zeichnen und Figuren aus Alabaster zu schneiden. Nachdem er 1776 in Wien die Kunstwerke der Akademie gesehen hatte, nahm sein Hang noch mehr zu, und jetzt versuchte er sich in einem 1½ Fuss hohen Basrelief, welches die Wachtparade Königs Friedrich von Preussen vorstellt. Hierauf verfertigte er eine Triumphpforte aus

Alabaster, einen Schuh hoch, und den Einzug der Kaiserin Maria Theresia's und Franzens vorstellend. Mit diesem Werke, das sich jetzt im Ferdinandeum zu Innsbruck befindet, reiste Lang nach Wien, und dafür belohnte ihn die Kaiserin mit 50 Dukaten, ausserdem, dass er von jezt an eine jährliche Unterstützung von 400 fl. zur weiteren Ausbildung an der Graveur- und Bossierschule genoss. Im Jahre 1781 und 1784 gewann er den ersten Preis, und zuletzt wurde ihm auch das Diplom eines Mitgliedes der Akademie zugestellt. Von dieser Zeit an lieferte er zahlreiche Werke: Basreliefs und Statuen in Erz und Stein, dann Bildwerke in Wachs bossirt, verschiedene Medaillen, das Majestäts-Sigill, Formen zum Pressen der Schildkröten-Dosen. Seine Verdienste um das österreichische Fabrikwesen sind wesentlich; er war der erste, welcher Knopfstangen und Walzen zu Metallarbeiten gravirte, dann fertigte er alle Modelle zu den Oefen, welche im Gräflich Wrbnaschen Gusswerke in Böhmen aus Eisen gegossen wurden. Zu seinen vorzüglichsten Wachsgebilden gehören: Das Bad der Diana, das Urtheil des Paris, der Ursprung des Schauspiels, figurenreiche Composition. Im Ferdinandeum befinden sich drei Wachsmodelle, die auch in Erz erhoben gravirt sind: Ulysses und Penelope, Orestes und Pylades, das goldene Zeitalter, eine seiner letzten und trefflichsten Arbeiten. Dann finden sich von seinen Werken rothe und weisse Gypsabdrücke, und rothe Schwefelabdrücke.

Lang wurde nach dem Tode des berühmten Hagenauer Direktor der Graveur- und Medaillenschule an der k. k. Akademie, auch war er akademischer Rath.

Lang, Joseph, Medailleur, der Sohn des Obigen, wurde 1776 zu Innsbruck geboren, und anfänglich unterstützte er den Vater bei Anfertigung seiner Stangen und Walzen, die Lang jun. zu allgemeiner Zufriedenheit gravirte. Nebenbei machte er aber auch in der höheren Kunst solche Fortschritte, dass er 1793 den ersten Preis im Bossiren und 1795 auch jenen im Graviren gewann. Jetzt wurde er beim Hauptmünzamte angestellt, und 1801 kam er als Obergraveur nach Hall in Tirol. Später wurde er auf manichfache Weise bethätiget, bis er endlich die Anstellung als zweiter Münzgraveur in Wien erhielt. Er arbeitete auch noch immer für das Fabrikwesen, machte mit gutem Glücke Versuche nach der zu Neapel und Florenz gemachten Erfindung in Glaspaste, und im Ferdinandeum zu Innsbruck sind mehrere Stücke dieser Art.

J. Lang wurde 1820 Mitglied der Akademie in Wien, später Obergraveur des k. k. Hauptmünzamtes, und 1835 starb er. Von seinen trefflichen Medaillen erwähnen wir:

1) Auf die Universität zu Prag.
2) Auf die Völkerschlacht zu Leipzig.
3) Auf die Schlacht bei Waterloo.
4) Auf die Vereinigung Tirols mit dem österreichischen Staate.
5) Auf die Grundsteinlegung des gigantischen Domes zu Gran, 1822.
6) Auf die Besitznahme des erzbischöflichen Stuhls in Wien.
7) Auf die Vermählung der Erzherzogin Leopoldine mit dem Kronprinzen von Portugal (Don Pedro von Brasilien).
8) Auf die Genesung des Kaisers Franz.
9) Auf den Virtuosen Paganini.
10) Auf die Jubelfeier der Heiligsprechung des heiligen Johannes von Nepomuk.
11) Auf das erste Säculum von der Errichtung der k. k. Hofbibliothek in Wien.

12) Die Preismedaille der Akademie der Blumenmanufaktur in Wien.

Lang, Joseph Anton, Glasmaler zu Oberammergau in Oberbayern, lieferte um 1818 mehrere schätzbare Bilder. Er verstand auch die Kunst Glasmalereien auf Leinwand überzutragen.

Lang, Xaver, Maler von Ulm, wurde 1803 geboren, und zu Ulm in den Anfangsgründen der Kunst unterrichtet. Im Jahre 1835 ging er nach München, um seine weitere Ausbildung zu verfolgen.

Lang, Johann Nepomuk, Maler zu Waldsee im Würtembergischen, ein jetzt lebender Künstler. Sein gleichnamiger Sohn besuchte 1838 die Akademie der Künste in München, um sich ebenfalls der Malerei zu widmen.

Lang, Karl, jener Maler und Hofschauspieler in Wien, von welchem Meusel im teutschen Künstler-Lexikon sagt, dass er 1752 in Würzburg geboren sei, ist wohl der unten folgende Joseph Lange, der demnach Karl Joseph geheissen haben könnte.

Lang und Lange, Namen, die auch manchmal verwechselt werden könnten.

Lange, Soeren Laessoe, Landschaftsmaler und Radirer, wurde 1760 zu Faaborg in Finnland geboren, und 1781 kam er nach Copenhagen, um sich auf der Akademie daselbst der Malerei zu widmen. Er machte bedeutende Fortschritte, und daher wurde ihm 1787 die erste silberne Medaille zu Theil, von welcher Zeit an er eine bedeutende Anzahl von schönen Landschaften und Portraiten lieferte. Er ätzte auch Landschaften in Kupfer. Im Jahre 1804 beschenkte ihn der König für ein Bild mit einer goldenen Medaille, und um 1812 starb er.

Lange, Bildhauer von Toulouse, wurde um 1775 geboren, und seine Kunst erlernte er in Paris, wo man von 1801 an Werke von seiner Hand sah. Damals führte er für die Gallerie der Consuln die Marmorbüste des grossen Colbert aus, und eine Statue des Aesculap stand im Modell da. Im Jahre 1804 war sie in Marmor vollendet, und mit diesem Werke erhielt er den Aufmunterungspreis. Sechs Jahre später fertigte er die Marmorstatue des Bacchus und 1814 stellte er Anacreon mit Amor dar. Im Jahre 1817 sah man von ihm eine Statue des Frühlings, und nebenbei fertigte er immer auch Büsten; 1824 jene des Chev. Geoffroy d'Astier etc.

Lange trat 1810 im Dienste des Musée royal zur Restaurirung von Antiken u. s. w. Er lebte noch 1830. Seinen Taufnamen konnten wir nicht erfahren; auch Gabet wusste ihn nicht.

Lange, Johann Georg, Kupferstecher, der um 1690 in Hannover lebte. Er stach Bildnisse, wie jenes des Artztes J. F. Kotzebue.

Lange, Johann Gottfried, Architekt und Schriftsteller, der um 1788 in Leipzig als Universitätsbaumeister lebte. Er war Mitglied der ökonomischen Gesellschaft; dann gab er eine Charte der vier Welttheile heraus, die den Handel der Europäer mit den vorzüglichsten Kunst- und Naturprodukten darstellen. Von einem Karl Friedrich Ernst Lange in Dresden haben wir einen Grundriss von Leipzig und eine Charte von Sachsen. Dieser starb 1802 im 47. Jahre.

Lange, Maler, der um 1787 Lehrer bei der Ritterakademie in Brandenburg war. Er malte Historien.

Lange, Joseph, Maler und Schauspieler, wurde 1751 in Würzburg geboren, und anfänglich zum Militärstande bestimmt; der Tod seines Vaters aber, eines Legationssecretärs des fränkischen Kreises, fügte es anders. Er kam 1767 zu seinem älteren Bruder nach Wien, und hier besuchte er die Kunstakademie mit allem Fleisse, bis endlich seine Liebhaberei zur Schauspielkunst erwachte. Er betrat 1770 die Bühne des Hofburgtheaters, und von dieser Zeit an fand er reiche Gelegenheit als Heldenspieler Beifall zu erndten. Er malte auch Bildnisse von dramatischen Künstlern, und als Maler verräth er kein gewöhnliches Talent. Mansfeld hat solche Bildnisse nach ihm gestochen.

Starb um 1810.

Ueber seinen theatralischen Wirkungskreis verbreitet sich die österreichische National-Encyclopädie sub lit. L.

Lange, Ludwig, Architekt und Zeichner aus Darmstadt, ein rühmlich bekannter Künstler unsers Jahrhunderts. Er zeichnete mehrere ehrwürdige Bauwerke, welche von Borum und anderen Künstlern lithographirt wurden, unter dem Titel: Malerische Ansichten der merkwürdigsten und schönsten Cathedralen, Kirchen und Monumenten der gothischen Baukunst am Rhein, Main und an der Lahn. Nach der Natur aufgenommen und gezeichnet von L. Lange etc. 7 Lieferungen, jede zu 8 Blätter, kl. fol. Der erklärende Text ist in deutscher und französischer Sprache; Frankfurt, 1833 und 34.

Im Jahre 1832 verband sich Lange mit dem Kupferstecher E. Rauch zur Herausgabe eines schönen Werkes, welches nach den Zeichnungen dieses Architekten Originalansichten der vornehmsten Städte in Deutschland, ihrer wichtigsten Dome, Kirchen und sonstigen Baudenkmäler im Stahlstiche darstellt, nebst Beschreibung von Dr. G. Lange. In dem bezeichneten Jahre erschien das erste Heft in 4 Ansichten in gr. 4., und jedes kostet nur 8 gr.

In diesem Werke vereiniget Lange die Talente des wissenschaftlich gebildeten Architekten mit denen des Malers. Die Blätter geben durch die Wahl eines schönen und zweckmässigen Standpunktes ein wohlgeordnetes Bild.

Dieser rühmlichst bekannte Künstler wurde 1835 Professor der zeichnenden Künste am Gymnasium zu Athen. Auch den Plan zu diesem Gebäude musste er fertigen. In diesem Jahre war er auch mit ehrenvollen Aufträgen von Seite des Königs von Bayern beschäftiget.

Lange, Ferdinand Rudolph, Maler aus Glogau in Schlesien, ein junger Künstler, bildete sich um 1832 auf der Akademie der Künste in Berlin.

Lange, Theodor, Maler aus Frankfurt an der Oder, bildete sich um 1834 zu Berlin unter Leitung von J. G. Brücke. Man hat Bildnisse und Genrestücke von seiner Hand.

Lange, Johann Carl, Maler und Lithograph zu Berlin, ein jetzt lebender Künstler, dessen Lebensverhältnisse wir aber nicht kennen. Er malt Bildnisse und Genrestücke; dann lithographirte er mit Tempeltei das Gemälde, welches unter dem Namen des Rothkäppchens bekannt ist, gr. fol.

Lange, Johann Gustav von, Maler von Mühlheim a. R., bildete sich auf der Akademie der Künste in Düsseldorf, und hier behauptet er jetzt seinen Ruf. Er malt Landschaften mit Figuren und anderer Staffage, sehr schöne Bilder. S. Scotti's Leistungen der Düss. Kunstschule 1837 und 38.

Lange, Julius, Maler von Darmstadt, ein Künstler der Düsseldorfer Schule, malt Landschaften und Figuren, Wohnungen etc. Einige derselben erinnern an die Schweiz. S. Scotti etc. l. c.

Langendyck, Dirk oder Thierry, Zeichner und Maler, wurde 1748 in Rotterdam geboren, und schon in Kindesjahren zeigte er Lust zum Zeichnen. Desswegen gaben ihm seine Eltern dem Maler D. A. Bisschop in die Lehre, und schon damals zog ihn die Darstellung von Kriegsvorfällen, deren er in der Folge viele malte, besonders an. Jan van Eck war sein besonderer Gönner, und dieser, so wie die Glieder seiner Familie, brachten mehrere von Langendyck's Zeichnungen an sich. Letztere machen überhaupt den grösseren Theil seiner Werke aus und mehrere derselben wurden gestochen: von M. de Sallieth die grosse Zeichnung, welche das Treffen der Holländer gegen die Engländer bei Chattam vorstellt. Dieses Blatt, so wie jenes mit der Schlacht bei Nieupoort, machte den Künstler allgemein bekannt, und von dieser Zeit an lieferte er eine bedeutende Anzahl von Gemälden und Zeichnungen, welche Ereignisse aus seiner Vaterlandsgeschichte vorstellen; grösstentheils solche, welche der Krieg herbeiführte. In diesen seinen Schlachten und Kriegsscenen herrscht ungemeine Lebendigkeit und Abwechslung in der Gruppirung. Doch malte er auch Landschaften und Marinen, und die Zeichnungen sind theils aquarellirt, theils in Bister und ostindischer Tinte ausgeführt. Man findet sie in den Sammlungen der Kunstliebhaber zu Rotterdam und anderwärts. Eine seiner Hauptzeichnungen stellt Napoleon's Schlacht bei den Pyramiden dar, und zwei andere, in der Sammlung des H. W. Baartz, schildern das Kochen und die Austheilung der Rumfortschen Suppe zu Rotterdam.

Langendyck besass ungemeine Fertigkeit, und seine Sorgfalt erstreckt sich bis auf das kleinste Detail. Figuren und Thiere sind gut gezeichnet, ausdrucksvoll und charakteristisch, in schöne Gruppen vertheilt, und über das Ganze verbreiten sich gefällige Licht- und Schattenmassen. Auch das Costüm beobachtete er genau. Sehr gut wusste er Berghem's Zeichnungen mit kleinen Figuren zu copiren, so dass man mehrere solche Nachbildungen für Original hielt. Er brachte auch ähnliche Bildnisse in seinen Bildern an, eigentliche Portraite hat er aber sehr wenige geliefert. Den Prinzen Wilhelm Georg Friedrich malte er zu Pferde.

Langendyck war ein sehr erfahrner Mann und von rechtlicher Gesinnung; allein in seinen häuslichen Verhältnissen nicht glücklich. Seine Frau war keine gute Wirtschafterin, und als der Erwerb nicht mehr zureichte, nahm der häusliche Unfriede so überhand, dass sich Langendyck oft in die Schenke flüchtete, die er dann nicht mehr nüchtern verliess. Eine Ehescheidung besserte seine Lage etwas, da er ruhig arbeiten konnte, allein 1805 machte der Tod seinem Streben ein Ende. Auf der Heimkehr nach Rotterdam stürzte er ins Wasser und ertrank.

Dieser Künstler hat auch etliche Blätter radirt, gewöhnlich mit seinem Freunde Hendrik Kobel jun.

1) Der Reiter vor der Schenke am Ufer der See, von Langendyck und Kobel, 1777.
2) Eine Landschaft mit Figuren und Thieren, 1777.

3) Die Landung und Einschiffung der Russen und Engländer bei Helder 1799. Unvollendet.
4) Die Bettler von Amsterdam, nach P. Barbiers.

R. Vinkeles und J. Bemme haben nach ihm gestochen.

Wer noch mehr über diesen Künstler lesen will, s. Geschiedenis der vaderlandsche Schiderkunst door van Eynden en Van der Willigen II. 554 ff.

Langendyck, Jan Antony, Zeichner und Maler, der Sohn und Schüler des Obigen, wurde 1780 zu Rotterdam geboren, und er übte gleiches Fach, wie der Vater. In seiner Jugend machte er mit dem Vice-Admiral Harstinck eine Reise nach St. Domingo, wo er verschiedene Gegenden zeichnete, und nach seiner Heimkehr arbeitete er anfänglich in Amsterdam, dann zu Rotterdam, hierauf zu Brüssel, später in Haag, und zuletzt starb er in Amsterdam, im Jahre 1818.

Langendyck malte Schlachtbilder in der Weise seines Vaters, und mit nicht geringerer Kunst. Besonderen Beifall erwarb er sich als Pferdemaler. Dann vollendete er auch einige Zeichnungen seines Vaters, so wie er dessen Studien benutzte. Bei oberflächlicher Betrachtung könnten daher die Werke des Sohnes für jene des Vaters genommen werden. Einige seiner Zeichnungen sind farbig, andere mit ostindischer Tinte behandelt. Der Gegenstand mehrerer derselben ist nicht edel und gefällig. J. B. Scheffer hat 1812 sein Bildniss gemalt, und bei van Eynden etc. III. 303. ist es im Kleinen gestochen.

Dann hat er auch in Kupfer geätzt:

1) Die Schlacht von Waterloo, in Farben abgedruckt, und dem Prinzen von Oranien dedicirt, der Hauptperson von Langendyck's Darstellung, 1817.
2) Das Aufsteigen eines Luftballons bei Rotterdam 1804, radirt, aber unvollendet.

Langendyk, Pieter, ein niederländischer Dichter, doch weiss man nicht, ob die beiden obigen Künstler von ihm abstammen. Er zeichnete, und selbst in der Aetzkunst versuchte er sich. Das Titelblatt zu seinem Drama: Donquichot op te bruiloft van Kamacho, Amsterdam, 1712, ist von ihm geätzt. Dann hat man von ihm zwei seltene Landschaften, gr. qu. 8.

Ueber ihn als Dichter s. Gesch. der Nederl. Dichtk. door J. de Vries II. 59. Er starb 1756 im 73 Jahre.

Langenegger, Johann E., Architekt, geb. zu Gais im Canton Appenzell, gest. 1818. Dieser Künstler hielt sich mehrere Jahre in Russland auf, und machte sich da durch seine Reparaturen am k. Palläste in Petersburg und durch den Bau verschiedener Maschinerien in Taurien bekannt.

Zu Trogen in seinem Vaterlande erbaute er Privathäuser, und in Speicher die neue Kirche.

Sein Meister war Alther von Wald, der im Brande von Moskau ums Leben kam.

Langenhöffel, Johann Joseph, Maler und Radirer von Düsseldorf, wo er 1750 geb. und in die Anfangsgründe seiner Kunst eingeweiht wurde. Auf der Akademie jener Stadt wies man damals die Zöglinge besonders auf das Studium der Antike, nach Abgüssen, welche L. Krahe verschaffte, und daneben wendete sich Langenhöffel auch an die Natur, die er nicht weniger fleissig studirte. Dann wählte er auch gute Lectüre, und so kann man von diesem Manne sagen, dass er es redlich mit der Kunst gemeint habe, ohne jedoch derselben wesentlichen Vorschub leisten zu können. Im Jahre 1782 wurde er Hofmaler zu Mannheim, und später auch Galleriedirektor. Im Jahre 1805 starb er in Wien.

Man hat von diesem Künstler verschiedene historische Bilder, heiligen und profanen Inhalts. Für den Erbstatthalter der vereinigten Niederlande malte er 1783 den Sabinerraub und den darauf erfolgten Frieden, zwei grosse Gemälde; für den Herzog von Zweibrücken, Venus, die den Amor zu Bion in die Lehre bringt, und ein Bild des Homer; für die Gallerie zu Mannheim die Calliope mit dem begeisterten Homer; für den Domherrn von Hutten eine heil. Familie etc. Auch Bildnisse malte dieser Künstler, wie jenes des Churfürsten von der Pfalz, des Kaisers Leopold u. a. Diese seine Werke fanden vollen Beifall, und bei Gelegenheit einer Anzeige der Bilder im Besitze des Herzogs von Zweibrücken, heisst es in der Mannheimer Zeitung 1786 No. 141, dass Langenhöffel durch seine Talente und Art zu malen, den Zeiten des Perikles und Alexander's Ehre gemacht haben würde, und es ist auch sehr schade, dass der Referent nicht angezeigt hat, wo er die Perikleischen Muster gesehen, die ihm zum Vergleiche gedient!

Dann müssen wir diesen Künstler auch als Radirer erwähnen. Er radirte grossentheils nach italienischen Meistern, und diese Blätter sind in einem Werke vereiniget, unter dem Titel: Recueil des dessins, gravées d'aprés les fameux maitres, tirés de la collection de l'academie electorale Palatine des beaux arts à Düsseldorf. Es sind dieses 53 Blätter, inclus. des Titels, fol. Einzeln erwähnen wir:

1) Venus hält den Adonis von der Jagd ab, nach H. Calandrucci.
2) Die Figur des Herkules, nach M. Angelo.
3) Die Hochzeit der Thetis, fast nur Umriss, nach S. Cantarini.
4) — 9) Sechs Skizzen von heil. Familien, nach Annib. Carracci.
10) — 13) Vier historische Skizzen, fast nur Umrisse, nach C. Ferri.
14) — 15) Zwei Skizzen, nach B. Lutti.
16) Skizzen nach J. Palma.
17) Skizzen von heil. Familien und Allegorien, nach J. Passeri.
18) Der Raub der Sabinerinnen, nach P. da Caldara.
19) Flora auf Wolken mit drei Genien, nach St. Pozzi.
20) Zwei Männer tragen ein krankes Weib, nach demselben.
21) — 23) Drei historische Skizzen nach Rafael.
24) St. Hieronymus mit dem Todtenkopf, Halbfigur, nach G. Reni.
25) Dido auf dem Scheiterhaufen, nach F. Romanelli.
26) Ein Bacchanale, nach G. Romano.
27) — 32) Sechs Blätter historische Gegenstände und Phantasieköpfe, nach A. Sacchi.
33) Die heil. Familie, Halbfiguren, nach B. Schidone.
34) Die heil. Familie, nach L. Krahe.

Langepier, Eine Person mit Peter Aertsens.

Langer, Lorenz, Glasmaler von Pressburg, der aber in Nürnberg seine Kunst übte. Von seinen Glasgemälden ist nichts Näheres bekannt, und so scheint nur grösstentheils ein Bildniss sein Andenken erhalten zu haben. Er starb zu Nürnberg 1630 im 46. Jahre.

Langer, Joh. Peter von, Historienmaler, Direktor der Akademie der bildenden Künste zu München, geb. zu Calcum 1756, gest. 1824.

Dieser verdienstvolle Künstler begann seine Studien unter Direktor Krahe auf der Akademie zu Düsseldorf. Die herrlichen Vorbilder in jener berühmten Gallerie, der rege Geistesverkehr unter bedeutenden Männern, die jene Gegend bewohnten, — mussten nothwendig tief einwirken auf den so ausgezeichnet begabten und der Erforschung des Schönen so unbefangen nachstrebenden Künstlers. Er ragte daher bald aus seinen Umgebungen hervor, und dem Verdienste ward der gebührende Lohn. Schon im Jahre 1784 wurde Langer zum Professor, und fünf Jahre später zum Direktor der Düsseldorfer Akademie ernannt. Dieser Würde wurde späterhin auch jene des Direktoriums der Gallerie zugesellt. So verflossen ihm zwanzig Jahre einer schönen heitern Thätigkeit an den Ufern des majestätischen Rheins. Aus den Werken, welche diese Lebensperiode bezeichnen, treten Gebilde hervor, die bei malerischem Reize das Gepräge der Individualität tragen, ohne sich von der einfachsten Wahrheit im geringsten zu entfernen. Ganz besonders glücklich und gross ist er gewesen in Bezeichnung des Ausdrucks edler Grazie und sanfter Hoheit weiblicher Naturen. So hat er in einer Reihe herrlicher Bildnisse sich nicht nur den grössten seiner Zeitgenossen in diesem Fache auf das rühmlichste zugesellet, sondern zugleich, vorzüglich im Colorite, Bilder geliefert, die dem Besten sich anschliessen, was die niederländ. Schule in ihren guten Zeiten hervorgebracht hat. Langer's historische Arbeiten aus dieser Zeit sind gleich vortrefflich an Gehalt, als wie durch die Ausführung. Er verstand es, jene Momente, in welchem sich der Mensch mit voller Seele einem bestimmten Affekte hingibt, auf das lebendigste zu fassen und durch Contraste den Hauptgedanken höchst sinnreich hervorzuheben. Seine Figuren handeln, als wenn sie von Niemand beobachtet würden, sie sind mit ganzem Geiste bei ihren Zwecken, und bei ihm sah man Sinn und Bedeutung der Malerei, eine Aufgabe, die in seiner frühern Zeit wenige begriffen. Wenige haben auch die menschliche Figur in allen ihren Formen, Bewegungen und Lebensäusserungen so gründlich durchstudirt und mit so viel Sicherheit nachgebildet, wie Langer, und als Colorist ist er nicht minder mit Auszeichnung zu nennen.

Schon in den achtziger Jahren hatte Langer eine Reise durch Holland und die Niederlande unternommen und seine Ansichten bei Betrachtung bedeutender Sammlungen und an öffentlichen Werken vielfach bereichert. Noch einflussreicher jedoch war für ihn und die Kunst seine im Jahre 1798 vollzogene Reise nach Paris. Hier konnte er sich damals dem langersehnten Genusse der Werke Raphael's, Correggio's und anderer grossen Italiener hingeben. Raphael war ihm von nun an das Ideal der Vollkommenheit, und gerade, weil er ihn dort, in der Umgebung des Herrlichsten aus dem Alterthum erkannt und ergründet, waren ihm die grossen, unerreichbaren Verdienste dieses Seelenmalers so klar geworden, dass ihm über das eigentliche Ziel der Kunst kein Zweifel mehr in der Brust blieb. Seine Begeisterung für den Weg, den Raphael eingeschlagen, und durch seine Werke als den richtigsten nachgewiesen, erzeugte in ihm ein rastloses Streben, auch recht viele Schüler auf diesen Weg zu führen. Wie angemessen für ihn und wie erfreulich für die Kunst war daher der Ruf, den er im Jahre 1806 nach München erhielt, um daselbst ein Institut zu gründen und zu leiten, welches den Schlussstein der Nationalerziehung für Bayern bilden sollte. Mit diesem Rufe beginnt die zweite Lebensperiode Langer's, und beinahe zwanzig Jahre lang dauerte sein Wirken als Vorstand einer mit der tiefsten Einsicht in das Wesen der Erziehung organisirten, mit königlicher Grossmuth ausgestatteten, mit Ernst, Nachdruck und Würde durchgeführten Kunstschule. Der König belohnte ihn schon 1809 mit dem Civilverdienst-Orden der bayrischen Krone. Doch blieb ihm Eitelkeit fremd; Religiosität, eine einfache Grossheit des Charakters und der Denkungsart, eine unerschöpfliche Liebe, waren die Grundzüge von Langer's Wesen. Sein Streben war auf das Heilige gerichtet, als das höchste Ziel des Bildens, als Quelle des Segens zugleich und der Begeisterung, und mit Lehre und Beispiel führte er seine Schüler dieser Bestimmung zu. Identität des Zeichens mit dem Bezeichneten, der Idee mit der Darstellung, des Gedankens mit dem Stoffe war ihm der zu erstrebende Punkt der Vollkommenheit. Er musste daher die höchstmögliche Meisterschaft und Fertigkeit in allen technischen Theilen des Bildens als nothwendige Vorbedingung künstlerischen Producirens in Anspruch nehmen. Mit unbesiegbarer Kraft des Willens und mit Liebe führte er seine Schüler den bezeichneten Weg, und bildete im Zusammenwirken mit trefflichen Männern, die sich mit ihrem Vorstande in das Lehramt theilten, tüchtige Künstler. Lohnend und erhebend war es für Langer, unter diesen erfahrnen Gehülfen seinen Sohn zu finden. Noch ein anderer hoher, lange ersehnter Genuss ward ihm erst zwei Jahre vor seinem Hinscheiden zu Theil. Er unternahm mit Jenen, die ihn am meisten liebten, im Herbste 1822 eine Reise in das obere Italien. Mit noch wahrhaft jugendlichem Feuer nahm er die herrlichen Kunstschätze auf in seinen rüstigen Geist, der in ihm nicht alterte, und stets Blüthe und Früchte trug, während die Wurzel des physischen Lebens verdorrte. Er war thätig bis kurz vor seinem Lebensende und noch immer mit ganzer Seele bei seinem Berufe. Eine Reihe von Zeichnungen und Skizzen aus diesen letzten Tagen beweisen, wie kräftig noch der Geist in der welkenden Hülle blieb. Sein liebenswürdiger und edler Charakter nahm alle Herzen ein, seine Ansichten waren klar und fest begründet, und einen hohen Genuss gewährte es, über Kunst mit ihm zu verkehren. Er opferte die spätern Jahre fast durchaus dem Lehramte und widmete nur die Nebenstunden den eigenen Produktionen. Falsche Ruhmsucht war ferne von ihm — tüchtige Schüler zu bilden, das Ziel, das ihn begeisterte. Langer ist jedenfalls ein tüchtiger Meister der älteren Münchner Schule; diese aber musste unter König Ludwig dem neuen Umschwunge weichen.

Ein grosses und herrliches Bild des fühlenden Künstlers ist das Altarblatt in der Carmeliter- jetzt Kirche des gregorianischen Clerical-Seminars zu München. Es stellt Christum dar, wie er die Kinder segnet, und enthält 14 Hauptfiguren, sämmtlich über Lebensgrösse. Vorzüglich gelungen ist der Contrast der Physiognomien der einzelnen Apostel; man tadelt aber, dass das gehörige Verhältniss der Figuren nicht beobachtet sei, und findet die weiblichen Gestalten zu sinnlich dargestellt, als solche von üppiger Fülle.

Dieses Bild beschäftigte den Künstler mehrere Jahre, und 1814 sah man auf der Münchner Kunstausstellung die gemalte Skizze und den grossen Carton dazu, nebst mehrern Studien. Dieses ist indessen nicht das einzige Werk des Künstlers, es verdienen noch mehrere andere rühmliche Erwähnung: Christus und die Juden mit dem Zinsgroschen; der heilige Lukas, wie er das Bild der heil. Jungfrau malt; der ewige Vater in der Glorie; David vor Saul mit der Harfe; der verwundete Philoktet auf Lemnos, 1814; die heil. Familie, 1817; Gabriel erscheint dem Zacharias im Tempel; Amor tröstet die Psyche, 1820; die hl. Familie; Christus am Oelberge; die hl. Rosalia; Lady Johanna Gray im Tower zu London, 1825 etc. Dann fertigte Langer auch viele Zeichnungen, deren man bei Gelegenheit der Kunstausstellungen in München eine bedeutende Anzahl sah. Wir haben von ihm auch ein Bildniss des k. b. Finanzministers von Hompesch, aber dieses malte er nur aus der Erinnerung und dennoch naturgetreu. Er malte auch die jetzt regierende Königin von Bayern, 1814 noch als Kronprinzessin, ein liebliches Bild; dann die Familie des spanischen Gesandten Grafen Fernando Nunez, u. a.

Dann hat man von P. v. Langer auch geistreich radirte Blätter, und diese gab er seinen Zöglingen zu lieb heraus, um die Aufmerksamkeit von den Erzeugnissen der französischen Röthelmanier und den Neuigkeiten der englischen Chalkographie abzulenken. Zu seiner Zeit wirkte der Manierismus der englischen Schule besonders verderblich ein.

1) — 13) Christus und die 12 Apostel, nach Marc Anton, der sie nach Rafael gestochen. H. 5 Z. 7 L., Br. 3 Z. 10 L. Es gibt Abdrücke auf weissem und gelblichem Papier.

14) Jesus lehrt als Knabe im Tempel, 1818, qu. fol.

15) Gruppe mehrerer Männer von Schlangen umwunden, aus Michel Angelo's jüngstem Greicht, gr. 4. Im ersten Drucke vor der Schrift.

16) Merkur enthauptet den Argus, nach H. Carracci, kl. 4. Im ersten Drucke vor der Schrift.

17(Die Nacht, unter einer geflügelten Frau mit zwei Kindern dargestellt, nach Dominichino, kl. qu. fol.

18) Der todte Heiland auf dem Schoosse der Mutter, von St. Johann und Magdalena begleitet, nach Perugino, gr. 4.

19) — 23) Folge von fünf Köpfen aus Rafael's heil. Familie, in der k. Pinakothek zu München, 4. Es gibt Abdrücke auf weissem und gelblichem Papier.

24) Amor zerbricht den Bogen, neben ihm ein anderer Liebesgott an einem Baume, nach Guido Reni, 4. Im ersten Drucke vor der Schrift.

25) Skizze einer Schlacht, nach J. Romano, kl. fol.

26) Die Charitas mit zwei Kindern auf Wolken, Halbfigur, nach A. Sacchi, kl. qu. 4. Im ersten Drucke vor dem Namen des Künstlers.

27) Eine historische Skizze nach N. Poussin.

28) Skizze einer Grablegung, nach Perugino, 4.

29) Adam und Eva, sich gegenüber.

30) Zwei Apostel.

31) Vier opfernde Figuren.

Dieses sind Studien nach Rafael, 8. u. 4. Es gibt Abdrücke auf weissem und gelblichem Papier, und vor dem Namen.

32) Der Schlaf, allegorische Figur, nach Dominichino, qu. 8.

33) Christus und der ungläubige Thomas, nach C. Maratti, 8. Vor und mit der Schrift.

Langer, Robert von, Historienmaler, wurde 1783 zu Düsseldorf geboren, und hier war es sein Vater, Peter von Langer, der ihn mit den Grundsätzen der Kunst vertraut machte. Hierauf unternahm er 1790 eine Reise nach Dresden, Berlin und Cassel, und im Herbste desselben Jahres begleitete er seinen Vater auf der Reise nach Paris, wo damals die Kunstschätze aus Italien und den Niederlanden aufgehäuft waren. In Italien selbst waren fast nur die Wände mit den Fresken und antike Trümmer zurückgeblieben, aber dennoch begab sich Langer dahin, um auch hier ein Jahr den Studien obzuliegen.

Im April 1806 wurde er endlich Professor an der Akademie der Künste in München, deren oberste Leitung dem P. v. Langer anvertraut war. Langer jun. besorgte jetzt auch die Einrichtung der Antikensäle, nicht der antiken Säle, wie der grosse Kunsthistoriker A. von Schaden in seinem sogenannten artistischen München schreibt. R. v. Langer leitete auch den Unterricht in der Plastik, da R. Boos wegen Altersschwäche wenig mehr leisten konnte, und dessen Nachfolger Eberhard mit allerhöchster Bewilligung abwesend war. Von 1809 — 1824 war Langer auf diese Weise bethätiget, und 1820 wurde ihm noch dazu die Stelle eines General-Sekretärs der Akademie anvertraut, in welcher Eigenschaft der Künstler bis zum Jahre 1826 verblieb. Im Jahre 1827 wurde er endlich Direktor des k. Cabinets der Handzeichnungen, und als solcher ist er noch gegenwärtig in München thätig. Er ist auch Mitglied der Akademien zu Wien, Gent, Antwerpen, u. a.

R. v. Langer hat mehrere Werke geliefert, die sich des vollsten Beifalls erfreuten, da sie sich durch Schönheit der Composition, durch Reinheit der Zeichnung und durch charakteristische Wahrheit der Gestalten in Geberde und Stellung empfehlen. Auch in technischer Hinsicht ist Langer Meister. Dann ist er ebenfalls als Zeichner rühmlich zu erwähnen. Er wendete dem unsterblichen Dante ein besonderes Augenmerk zu, und aus dessen grossartiger Dichtung der Hölle wählte er den Stoff zu einer Reihe von trefflichen Federzeichnungen. Doch fertigte er auch mehrere Zeichnungen in Pastellfarben, meistens heiligen Inhalts, sowie er überhaupt die Richtung zum Religiösen einschlug. In der Kirche des allgemeinen Krankenhauses zu München ist von ihm gemalt ein Cyclus von acht Bildern, die an den Wänden grau in grau die sieben Werke der Barmherzigkeit und am Altare Christus vorstellen, wie er Blinde und Lahme heilt. Diese Gemälde sah man zuerst bei der Kunstausstellung in München 1814. Am Hauptaltare der Kirche zu Blevio am Comersee ist sein grosses Bild mit Maria in der Glorie, und den Heiligen Epimachus und Gordianus im untern Theile. In der Metropolitankirche zu München sieht man seine Kreuzabnahme, und in der Franciskanerkirche daselbst ist das Altargemälde mit Franz von Assisi sein Werk. Für die Gallerie der Stadt Düsseldorf malte er eine Anbetung der Weisen, und überdiess finden sich von seiner Hand eine Anzahl schöner Bilder in kleinerem Raume: Die Vertheidigung des Socrates; die Erweckung des Lazarus, 1810; Rebecca am Brunnen; Marius auf den Trümmern von Carthago; Maria mit dem Kinde auf dem Throne von den christlichen Tugenden umgeben, 1817; die heil. Jungfrau mit dem Kinde und anbetende Engel; die Vermählung der heil. Catharina; die Grablegung, 1820; die Anbetung der hl. drei Könige; die heil. Familie, 1823; u. s. w. Dann sah man bei Gelegenheit der Kunstausstellungen auch immer Zeichnungen von diesem Künstler. Er fertigte deren eine ganze Reihenfolge, welche die Hauptgestalten des alten und neuen Bundes, so wie alle Elemente und Anstalten der christlichen Kirche versinnlichen. Eines seiner neueren Oelbilder stellt die Erziehung des Bacchus dar, und 1838 malte er ein Bild nach Dante's Hölle V.: Weil solcherlei der eine Schatte sagte etc. Beide grosse Gemälde.

Dann müssen wir auch seine Fertigkeit im Fresco rühmen. Im Saale seines Landhauses zu Haidhausen bei München stellte er am Friese in zwölf grösseren und kleineren Bildern das Reich der Poesie bildlich dar, und mit sechs anderen grossen Frescobildern zierte er den Empfangsaal des Herzogs Maximilian in Bayern. Hier sieht man die allegorische Darstellung der Nacht, und was sie Finsteres

19 *

und Ungethümes erzeugt, und wie dann nach dessen Untergang Licht und Wahrheit, und gesellige Ordnung einkehren. Theseus besiegt den Minotauer, Herkules befreit die Alceste, Hebe reicht demselben im Reiche der Götter den Trank der ewigen Jugend, Orpheus besiegt im Angesichte der Argonauten den Chiron, und Aurora hebt den Schleier der Nacht, um die Morgenröthe zu verkünden.

Dieser Künstler hat auch radirt, nach Art von Zeichnungen:

1) Die Abnehmung Christi vom Kreuze. Grosse Composition, 1818, roy. fol.
2) Der heil. Hieronymus, nach Correggio, 1818, kl. 4.
3) Tobias theilt seine Güter unter die Armen aus, kl. qu. fol.
4) Christus segnet die Kinder, im Grunde Architektur, gr. 4.
5) Zwei Apostel gehend, vor ihnen ein schwebender Engel. Im Rande: Meinem Vater am St. Johannistag. Wo ihr in ein Haus kommt etc., Lukas X., kl. qu. fol.
6) Die heil. Anna und die junge Maria am Betschemmel, 12.
7) Eine männliche Figur im Sessel vor einem Pulte, 12.
8) Jakob und Laban; kl. qu. fol.

Dann haben auch andere Künstler nach ihm gestochen: Lips die Heilung des Blinden durch Christus, ein sehr schönes Blatt in fol.; A. Reindl Kirche, Wohlthätigkeit und Schule; E. Grimm Brustbild eines Kriegers mit dem Helm vor sich; Maria Ellenrieder eine heil. Familie und ein schönes Brustbild etc.

Langer, Sebastian, Kupferstecher, geb. zu Troppau 1772, wo sein Vater behauster Bürger und Kupferstecher war, erhielt seine weitere Bildung an der Akademie zu Wien, und wurde bald durch verschiedene Bestellungen in seiner Laufbahn aufgemuntert. Er arbeitete für Kunst- und Buchhändler, dann für andere Besteller des In- und Auslandes, benützte dabei die Zeit, die ihm diese übrig liessen, zu Unternehmungen auf eigene Kosten, und so erschienen von ihm nach und nach:

1) — 2) Die wahre Abbildung Christi und das Bild der heil. Jungfrau Maria.
2) Die bekanntesten Heiligen, 106 Stück.
3) Ferner ein Werk von biblischen Vorstellungen, unter dem Titel: die hohen Festtage des Herrn und der heil. Jungfrau.
4) Mehrere Blätter für den Buchhändler Grund zu Tieck, Oehlenschläger u. a.; auch manches schöne Blatt für J. Riedl, z. B. zu Zaigelius la voie de salut.

   Langer's Fleiss und Reinheit des Stiches bestimmten auch den Buchhändler C. Haas, ihn zur Theilnahme an der Herausgabe der Werke der k. k. Bildergallerie, nach S. v. Perger's Zeichnungen zu rufen, wozu er folgende, mit grossem Fleisse ausgeführte Blätter lieferte:

5) Die Rückkehr des verlorenen Sohnes, nach Battoni.
6) Der Zahnbrecher, nach J. von Ostade.
7) Der Charlatan, nach G. Dow.
8) Der alte Jude, nach Hoogstraeten.
9) Der heil. Franciscus, nach Aug. Carracci.
10) Die Seidenhändlerin, nach Mieris.
11) Die Zeitungsleser, nach Verhelst, ausserordentlich rein gestochen.
12) Die Wunder des heil. Ignazius, nach Rubens.
13) Der Prophet Jesaias, nach Raphael.
14) Maria Reinigung, nach Fra Bartolomeo, ein vorzügliches Blatt. Doch sind auch die meisten anderen Blätter trefflich.

Langerfeldt, s. Langeveldt.

Langerveldt, H., Maler zu Amsterdam, ein Künstler unsers Jahrhunderts. Er malte Bildnisse in Pastell, dieses noch 1820.

Langetti, Johann Baptist, Maler von Genua, lernte bei Pietro da Cortona, und dann kam er zu Cassana, den er sich besonders im Colorite zum Muster nahm. Sein Wirkungskreis ist in Venedig zu suchen, und hier galt er mit C. Loth als einer der besten Meister. Boschini spricht von ihm mit Begeisterung, und Zanetti ertheilt ihm ebenfalls grosses Lob. Er wusste seinen Figuren Charakter und Wahrheit zu verleihen, zeichnete gut, und kleidete das Ganze in gefällige Farben. Doch sind diese Vorzüge nur in seinen fleissigeren Bildern zu suchen, wie in seiner Kreuztragung in der Theresierinnenkirche. Uebrigens malte er viel handwerksmässig, besonders Brustbilder von Alten, Philosophen, Eremiten, deren man in den lombardischen Gallerien findet. Er arbeitete mit grosser Fertigkeit, und täglich malte er ein Gesicht nach der Natur. Bilder dieser Art wurden einzeln mit fünfzig Ducaten bezahlt.

Starb 1676 im 41. Jahre.

Langeveldt, Rutger van, Maler und Architekt von Nimwegen, ein wissenschaftlich gebildeter Mann, genoss am Hofe des Churfürsten von Brandenburg grossen Ruf. Er kam 1678 nach Berlin, mit Zusicherung eines Gehaltes von 600 Rth., die im folgenden Jahre mit 200 vermehrt wurden. Der Tod ereilte ihn 1695 im 60. Jahre, und seine Wittwe, Aletta de Man, liess ihm in der neustädtischen Kirche ein prächtiges Grabmal errichten.

Dieser Langeveldt fertigte Zeichnungen zu Gebäuden; dann malte und zeichnete er historische Stücke. Auf dem Stadthaus seiner Geburtsstadt ist eine Scene aus der Gelderschen Geschichte.

Sein Sohn Wilhelm war Zeichner und Bildnissmaler, so wie Castellan der Akademie.

Langhans, Karl Gotthard, berühmter Architekt, geb. zu Landshut in Schlesien 1733, gest. zu Grüneiche bei Breslau 1808. Dieser ausgezeichnete Mann studirte in seiner Jugend Sprachen, und machte sich mehrere nützliche Kenntnisse zu eigen, besonders aber war es die Mathematik, die er mit Vorliebe betrieb. Er übte sich auch im Zeichnen, und dann war es wieder die Baukunst, in welcher er seine mathematischen Kenntnisse in Anwendung bringen konnte; er befasste sich genau mit der Theorie derselben, und dann unterzog er sich auch der praktischen Uebung. Nebenbei zog er auch fleissig die Geschichte zu Rath, um zu erfahren, was in alter und neuer Zeit diese Kunst Bewunderungswürdiges geleistet, und diese Forschungen kamen ihm bei seinen von 1759 — 1775 unternommenen Reisen gut zu statten. Nach seiner Rückkehr wurde er Kriegs- und Oberbaurath bei der Kammer in Breslau, und nach zehn Jahren berief ihn sein Fürst nach Berlin, wo er die Stelle eines geheimen Kriegsrathes und eines Direktors des Oberhofbauamtes bekleidete.

Langhans hat durch dauernde Werke seinen Ruhm bewährt, und mehrere Städte verschönert. In Breslau baute er das ehemalige fürstlich Hatzfeld'sche Palais, die Häuser mehrerer Domherren, die Kirche der Eilftausend Jungfrauen, die Börse, mehrere Kirchen auf dem Lande in Schlesien, das grosse Armenhaus der Stadt Kreuzburg. Dann wurden nach seinen Zeichnungen eine Menge öffentlicher und Privatgebäude umgeändert und restaurirt, die wichtigsten Bauwerke aber, welche seinen Namen verkünden, sind: das neue Schauspielhaus und das Brandenburger Thor zu Berlin. Die erste Idee zu dem letzteren gab der König und der Oberhofbau-Intendant und Minister Wöllner, und diese Idee führte Langhans auf grossartige Weise aus. Er leitete mit Beiwirkung des Oberbaurathes Lessling und des Oberhofbau-Inspektors Held den ganzen Bau, und dieser wurde 1793 zu Stande gebracht. Das Muster gaben die Propyläen in Athen, und die modernen Propyläen Berlins bestehen in ihrem Hauptheile aus einer Colonnade von 12 Säulen aus Sandstein; zwischen den Säulen sind Scheidewände errichtet, und zwar so, dass dadurch 5 verschiedene Durchgänge formirt werden, wovon der mittlere 18 F., die Seitengänge aber 12 F. halten. Die Säulen haben in ihrem Durchmesser 5 F. 8 Z. und 44 F. in der Höhe, sie sind canelirt und auf ihnen geht der Architrav, der Fries und das Hauptgesims in gerader Linie fort. Ueber diesen erhebt sich die Attique, welche über dem mittelsten Durchgange bis an die Fronte vorspringt, an den Seiten aber zurückgezogen ist, so dass gegen den mittleren Theil von beiden Seiten Treppenstufen angebracht sind, welche gleichsam ein Frontispice formiren, und auf dem mittleren Theile der Attique zusammenkommen. Die ganze Architektur ist dorisch.

Auf der Attique steht eine Guadriga nach antiker Weise, auf dem Wagen die Siegesgöttin, und vor demselben vier 12 F. hohe Pferde, die Napoleon ausspannen liess. Die ganze Höhe des Thores mit der Attique beträgt 64 F. und mit der Gruppe 80. Die vordere Fronte der Attique ist mit einem 26 F. langen Basrelief, nach Direktor Rode's Zeichnung geschmückt, und auch in den Metopen des dorischen Frieses sind Basreliefs.

An den mittleren Haupttheil des Thores stossen zwei Seitenflügel, welche sich in einem rechten Winkel an die beiden nächsten Häuser des grossen Quarée's, welches das Ende der auf 196 F. breiten Strasse ausmacht, anschliessen.

Diese Flügel formiren zwei Gebäude in der Weise antiker griechischer Tempel, und sind mit einer Colonnade, welche diesen Tempel umgibt, und einen bedeckten Gang ausmachet, geziert. Die Architektur ist ebenfalls dorisch. Die Säulen halten drei Fuss im Durchmesser und sie sind 24 F. hoch, ebenfalls canelirt. Die ganze Architektur aber mit dem Gesimse ist 30 F. hoch. Jeder dieser Flügel hat 10 Säulen und endiget in einen Fronton von vier Säulen.

Berlin verdankt also diesem Künstler eine Hauptzierde, an welche sich die Werke des berühmten Schinkel anschliessen. Dass dieser in noch reinerem Style baute, ist bekannt; doch war auch der Wirkungskreis seines Vorgängers allenthalben von den erspriesslichsten Folgen. Wenige Monate vor seinem Tod besuchte er das Vaterland wieder, und dort fand er seinen Tod.

Langhans hat auch interessante Abhandlungen über sein Fach geschrieben.

Langheim, F. W., Maler, wurde um 1804 geboren, und der Akademie der Künste in Berlin verdankt er seine Ausbildung. Er fand sich besonders zur landschaftlichen Darstellung gezogen, und seine Ansichten sind auf manichfache Weise durch Staffage gehoben. Häufig bringt er architektonische Monumente an, Kirchen, Klöster, Schlösser, Ruinen u. s. w. Man sah schon 1822 auf der Berliner Kunstausstellung Früchte seines Fleisses, und so fort mehrere andere, die immer mit Beifall betrachtet wurden.

Langjan, Remi, Maler von Brüssel, der bei Van Dyck seine Kunst erlernte. Er macht dem Meister Ehre, konnte es aber doch nicht zu dessen Eleganz und Feinheit der Zeichnung bringen. Als Colorist verdient er Lob. Er führte meistens grosse Decorationsstücke aus, deren man zu Löwen, Brüssel und Düsseldorf sieht. Starb 1670 oder 1671. R. Earlom stach einen Jahrmarkt, in welchem Langjan die Figuren und Snyders die Früchte gemalt hat.

Langjan, Beiname von J. Bockhorst und J. van Delft.

Langke, Maler in Düsseldorf, wo er um 1836 thätig war. Man hat Landschaften von seiner Hand.

Langlacé, Porzellanmaler an der Manufaktur zu Sèvres, ein jetzt lebender Künstler, der seit 1817 eine bedeutende Anzahl von Bildern gemalt hat. In dem bezeichneten Jahre erhielt er einen Aufmunterungspreis. Er malt Landschaften und architektonische Ansichten, deren bei Gabet mehrere verzeichnet sind.

Langlade, P. A., ein französischer Abbé, der um 1748 verschiedene kleine Landschaften, und eine Folge von sechs Blättern, mit dem Titel: Nouveau livre de paysages presenté à Mr. de Villeneuve, Comte de Vence etc. geätzt hat. Nach C. Poelenburg ätzte er ein Blatt mit Pan und Syrinx, und dieses, so wie einige andere, sind mit den Initialen P. A. L. sc. bezeichnet.

Langley, Betty, Architekt, der in der ersten Hälfte des vorigen Jahrhunderts in England Aufsehen erregte. Er gab viele aber längst vergessene Schriften heraus: über antike Architektur in 64 Blättern, über gothische Architektur, und 200 Blätter mit Ornamenten. Er hatte den Einfall fünf Ordnungen der gothischen Baukunst aufzustellen. Dann ätzte er auch Aussichten vom Schlosse zu Windsor.

Langley starb 1751.

Langlois, Jean, Zeichner und Kupferstecher, wurde 1649 zu Paris geboren, und nachdem er sich mit den Anfangsgründen seiner Kunst vertraut gemacht hatte, reiste er zur weiteren Ausbildung nach Rom, wo er einen grossen Theil seiner Blätter stach. Ticozzi lässt ihn in seinem Dizionario degli artisi 1749 geboren werden, zu einer Zeit als er längst nicht mehr lebte; denn Langlois starb vermuthlich um 1712.

Man hat von diesem Künstler viele Blätter, neben andern solche mit Architektur nach Palladio, dann Darstellungen antiker Reste.

1) Maria, wie sie dem heil. Philippus Neri erscheint, nach G. Reni, gr. fol.
2) Christus heilt den Gichtbrüchigen, nach Bon Boulogne's Bild in Notre-Dame, gr. fol.
3) Die Marter des heil. Stephan, nach P. da Cortona.
4) Die Enthauptung des heil. Paulus, nach L. Boulogne's Altarbild in Notre-Dame, gr. fol.
5) Die Kreuzabnehmung, nach Le Brun.
6) Der Engel mit dem jungen Tobias, nach A. Carracci.
7) Die Leidensgeschichte, nach A. de Dieu.
8) St. Lukas, der die heil. Jungfrau malt, nach Rafael.
9) Eine Folge von 16 Blättern mit Darstellungen aus dem Leben Jesu, mit Audran und Simoneau gestochen.
10) Danksagung der Stadt Paris an Ludwig XIV. für die Erlaub-

seine Statue errichten zu dürfen; unten verschiedene Ansichten. Seltenes merkwürdiges Blatt, in zwei Platten, gr. imp. fol.

11) Petrus Loisel, Doctor der Sorbonne, 4.
12) Julianus Gardeau, Pastor, nach L. Lombart, fol.
13) Jean Petre, nach Nanteuil. Im ersten Drucke vor der Schrift.
14) Marschal de Villars, Büste in einer Einfassung von Trophäen etc., nach Rigaud, fol. Es gibt vielerlei Abdrücke mit Veränderungen in der Inschrift und den Adressen. Die letzten haben statt vier fünf Verse.
16) G. J. B. de Noailles episcopus comes Cathalaunensis, grosses Blatt nach Anton Coypel, in ovaler Einfassung.

Langlois, Blumenmaler und Illuminirer, der um 1580 in Paris lebte. Er gab ein Blumenbuch in Kupfern heraus, wozu L. Gaultier das Titelblatt gestochen hat.

Langlois, Glasmaler zu Paris, aber ein mittelmässiger Künstler. Er arbeitete für die Abtei St. Geneviève und für St. Sulpice. Starb um 1723.

Langlois, Franz, Kupferstecher und Kunstverleger, der unter dem Namen Ciatres oder Ciartres bekannt ist. Er arbeitete um 1630 nach N. Poussin, meistens aber ist er auf Blättern durch das Exc. als Verleger bezeichnet. Der Name Ciatres steht neben andern auf einer Folge von 7 Figuren, welche die theologischen und die Cardinaltugenden vorstellen; auf einem Blatte mit Kindern, welche Trauben pressen, nach Barbieri; auf 13 Blättern mit den Bogenwinkeln in den zwei langen Deckengemälden aus der Farnesina mit der Geschichte der Psyche von Rafael.

Langlois, Nicolaus, Kupferstecher aus der zweiten Hälfte des 17. Jahrhunderts. Seine Lebensverhältnisse sind unbekannt, und wir kennen nicht mehr als folgende Blätter:

1) Die heil. Familie mit dem Jesuskinde auf dem Lande: quid tibi vult pastor etc., nach Rafael.
2) Die heil. Jungfrau in einem Sessel, das Kind an den Busen drückend, nach Rafael.
3) St. Paul und Barnabas zu Lystra, nach Rafael's Tapete.
4) Der heil. Paulus, nach Le Pautre.
5) Der reuige Petrus, nach demselben.

Langlois, Peter Gabriel, Kupferstecher, wurde 1754 in Paris geboren, und von Simonet in den Anfangsgründen seiner Kunst unterrichtet. Hierauf übte er sich selbst weiter ein, und so entstanden nach und nach eine Anzahl von Blättern, die ihre Verdienste besitzen. Man findet auch einige literarische und belletristische Werke, wie in Beaumarchais Ausgabe der Werke Voltaire's Bildnisse u. s. w. Langlois sen. starb um 1810.

1) Christus im Grabe, nach B. Schidone und von Le Rouge ätzt, kl. 4.
2) Die heil. Jungfrau mit dem Kinde und drei Heiligen, Halbfiguren nach Titian, kl. 4.
3) St. Peter verläugnet den Herrn, nach Teniers und von D. Berteaux vorgeätzt, kl. 4.
4) Die römische Charitas, nach Pellegrini.
5) Der Alchimist im Laboratorium, nach Teniers, kl. 4.

6) Christus im Grabe, nach P. Veronese, von Chataigner geätzt, kl. fol.
7) Die heil. Jungfrau mit dem schlafenden Kinde: le Silence de Charrache, kl. 4.
8) Eine Tabaksgesellschaft, nach Ostade und von Chataigner vorgeätzt, kl. 4.
9) Das Innere eines Wirthshauses, nach demselben, kl. 4.
10) Ein im Sitze schlafender Soldat, von andern Soldaten und Bauern umgeben: Le camouflet, nach W. Kalf, von Chataigner vorgeätzt, kl. fol.
11) Die Geigen-Lection, nach C. Netscher, ebenfalls von Chataigner geätzt, kl. 4.
12) La Ménagère Nordhollandoise, nach van Thulden.
13) Der Raucher, nach Teniers, und von Le Rouge vorgeätzt, kl. 4.
14) Der Scheerenschleifer, nach demselben, kl. 4.
15) Der Flötenbläser, Halbfigur, nach Teniers, ohne Name, kl. 4.
16) Der Dudelsackpfeifer, hinter ihm drei Bauern, welche singen, nach demselben, kl. 4.
17) L'éducation badine, nach Schalken, fol.
18) Ein lachender Bauer, nach demselben, gr. fol.
19) Franz Langlois Ciatres mit dem Dudelsack, nach Van Dyck.
20) Jean Garrel, Superior bei St. Sulpice, nach Bossard de Beaulieu.

Im florentischen Gallerieswerke sind von ihm:

21) St. Markus, nach Fra Bartolomeo.
22) Der Traum des heil. Joseph, nach Trevisani, mit seinem Bruder V. Langlois gestochen.
23) Das Bildniss von Dominichino.
24) Die mediciäische Venus, vom Rücken gesehen.
25) Eine Gruppe von Kämpfern, nach der Antike.
26) Blätter für Lenoir's Musée des monumens français.

Langlois, Vincenz Maria, Kupferstecher, wurde 1756 in Paris geboren, und von seinem Bruder Peter Gabriel in der Kunst unterrichtet. Er hatte desswegen den Beinamen des jüngeren, und wo er nicht als solcher bezeichnet ist, möchte es schwer seyn die Blätter der Brüder Langlois zu unterscheiden. Er stach auch verschiedene Vignetten, nach Moreau, Lebarbier u. a., und diese finden sich in verschiedenen Werken. Sein Todesjahr wissen wir nicht; Gabet schweigt von beiden.

1) Das Bildniss des Andrea del Sarto, nach diesem, gr. 8.
2) Die heil. Familie, nach Rubens, im IV. Band der Gallerie de Florence.
3) Die Ruhe beim Pharisäer, nach P. de Champaigne, kl. qu. fol.
4) Venus in der Schmiede des Vulkan, nach Van Dyck, und von Chataigner vorgeätzt, kl. 4.
5) Die heil. Jungfrau mit dem Kinde, nach L. Carracci, von Lerouge vorgeätzt, kl. 4.
6) Der Traum des kleinen Johannes, nach C. Dolce, kl. 4.
7) Die Marter des heil. Andreas, Halbfigur, nach Calabrese, kl. 4.
8) Die Grablegung Christi, nach Schidone, und von Godefroy angefangen, gr. fol.

9) Die heil. Jungfrau mit Jesus, Johannes und Agnes in einer Landschaft, nach Titian, und von Lerouge vorgeätzt, kl. 4.
10) Die vier Evangelisten, nach M. Valentin mit Villain, Delaunay und Massard sen. gestochen, kl. fol.
11) Fünf Blätter mit Musen, nach Lesueur mit Pigeot und Niquet gestochen, 8.
12) Le concert dans un jardin, nach N. Lavreince.

Langlois, Ch., Kupferstecher, dessen Lebensverhältnisse wir nicht kennen.

Wir haben von ihm das Bildniss Rafael's in Punktirmanier, gr. fol.

Langlois, Eustach Hiacynth, Zeichner und Kupferstecher zu Rouen, wurde 1777 zu Pont-de-l'Arche geboren, und David nahm ihn unter die Zahl seiner Schüler auf. Er beschäftigte sich sehr viel mit der Alterthumskunde, und dabei wendete er auch seine Kunst an. Man hat von ihm eine Menge Blätter in literarischen und archäologischen Werken, von denen er manchmal auch den Text redigirt hat.

Solche Werke sind: Notices sur les manuscrits du moyen age; Histoire monumentale de la cathedrale de Rouen; Essai de la peinture sur verre; Mémoire sur le tombeau de Jumiége et antiquités de ce monastère; Essai hist. sur l'abbaye de Fontenelle et de San Vandrillo; Notice sur les tombeaux gallo-romains découverts a Rouen; Monumens, sites et costumes de la Normandie etc.

In diesen Werken sind Blätter von seiner Hand, und andere stach seine Tochter Espérance Langlois. Von seinen eigenen Blättern sind noch zu erwähnen:

Friese mit allegorischen und philosophischen Darstellungen im Geschmacke des Th. de Bry.

Dann hat man von ihm eine grosse Anzahl von Blättern mit Landschaften und gothischen Monumenten, in Crayon und mit der Feder ausgeführt, in kleinem Formate. Die Commission für die Alterthümer der Seine-Inférieure hat viele Zeichnungen und Skizzen von ihm, Alterthümer jenes Landtheiles vorstellend.

Langlois ist an der Akademie zu Rouen und Mitglied mehrerer anderer Akademien.

Langlois, Jérôme Martin, Historienmaler, wurde 1779 zu Paris geboren, und daselbst war es David, welcher ihn zum Künstler bildete. Im Jahre 1805 erhielt er den zweiten grossen Preis des Instituts, und im Jahre 1809 wurde ihm auch der erste grosse Preis der Malerei zu Theil. Der Gegenstand der Preisbewerbung war Priam zu den Füssen Achill's, und dieses Bild setzte ihn in den Stand, in Rom seine Studien fortzusetzen. Von dieser Zeit an lieferte er mehrere Werke, die in den Pariser Salons ausgestellt waren: Sicard, wie er die Schüler unterrichtet; Cassandra am Fusse der Statue der Minerva; Ajax am Felsen; der Raub der Dejanira; Alexander gibt die Campaspe dem Apelles, 1819, im Museum zu Toulouse; Diana und Endymion, im Luxembourg und gestochen von Müller; St. Hilarius gegen den Arianismus schreibend, seit 1824 in der Cathedrale zu Bordeaux; Belzune, Bischof von Marseille, im Museum daselbst; der Tod des Hirnetho, im Luxembourg, viele Bildnisse, Kniestücke und Brustbilder.

Langlois wurde auch im Auslande bekannt. Von seinem Preisbild des Priam heisst es, dass dieses eben so gut gedacht als gezeichnet, trefflich in Styl und Charakter gehalten, und meisterhaft gemalt sei. Sein lebensgrosses Bild der Cassandra soll in seiner Einfachheit Entsetzen einflössen. Der Styl ist grossartig, ohne Uebertreibung, und so behaupteten diese Gemälde 1817 einen der ersten Plätze im Salon. Damals erhielt er eine grosse goldene Medaille und 1822 wurde er Ritter der Ehrenlegion. Er bildet auch Schüler.

Langlois, Charles, Schlachtenmaler zu Paris, der aber 1789 zu Beaumont (Calvados) geboren wurde. Er besuchte die polytechnische Schule, und zum Maler bildete er sich unter Leitung von Girodet und H. Vernet. Ihn zog besonders die Schlachtenmalerei an, wobei ihm seine Stellung als Militär wichtigen Vorschub leistete. Er wurde Chef des Bataillon du corps royal d'état-major, und auch mit dem Orden der Ehrenlegion ist er geziert. Er ist auch der Verfasser der Voyage pittoresque et militaire en Espagne.

Langlois hat sich durch mehrere Gemälde als Maler Ruf erworben, und darunter erwähnen wir: die Schlacht von Sedinam, ein Bild, das 1822 mit einer goldenen Medaille beehrt wurde, im Besitze des Grafen Rapp; die Schlacht von Larsobispo 1807; die Ersteigung der grossen Redoute von Moskau 1812, beide dem Herzog von Vicenza gehörig; der Uebergang über den Lech, für den General Gouvion St. Cyr gemalt; der Uebergang über die Beresina, für den Marquis de Chambray gemalt, und von Victor Adam gestochen; die Schlacht von Walls, für Gouvion St. Cyr; das Treffen von Benouth, durch M. Lavigne's Lithographie bekannt; Campillo de las Arenas, im Luxembourg; die Schlacht von Montereau und jene von Vauchamp; die Affaire bei Sidi-el-féruch, etc. Er malte auch mehrere Ansichten um Algier.

Ch. Langlois fertigte auch ein Panorama von Navarin, welches er in der Strasse Marais-du-Temple aufstellte, und dann malte er auch die Schlacht von Navarin, ein 12 Fuss grosses Bild, welches er auf Befehl des Ministeriums fertigte.

Langlois de Chevreville, Lucien Théophile Ange Sosthène, Maler zu Rouen, wurde 1803 zu Mortin (Manche) geboren, und sein Meister in der Malerei war Baron Gros. Er widmete sich dem historischen Fache, und auch als Bildnissmaler gründete er seinen Ruf. Langlois besuchte Italien, um die classischen Werke der Malerei zu studiren, und in jenem Lande malte er das Bildniss der Mme. Lucian Bonaparte, so wie jenes des M. de Sautis. In Genf malte er den Philhellenen Eynard, auch in Griechenland sah er sich um, und hier malte er das Bild eines jungen Weibes von Megara. In Pompeji nahm er Copien von den vorzüglichsten antiken Malereien, und 1829 war er bereits wieder in Rouen, wo er fortan seine Kunst übte. Diese Stadt liess ihm auch Unterstützung zufliessen; so erhielt er 1826 eine Summe von 1000 Fr. In der Kirche St. Patrice daselbst ist von ihm eine 7 Fuss hohe Darstellung eines Engels, der den Dämon stürzt, und aus Auftrag derselben Stadt malte er auch die Erscheinung der heil. Jungfrau, 11 Fuss hoch. Für die Kirche in Belbeuf bei Rouen copirte er 1825 eine Rafael'sche Madonna 11 Fuss hoch, und in Rouen selbst ist seine Copie von Gérard's grossem Portrait Carl X. Für Dijon copirte er das Bildniss Bossuet's, und sein Bildniss der Herzogin von Berry schenkte diese der Stadt Dieppe. Der Stadt Mortain schenkte er ein Gemälde der Himmelfahrt Mariä, und in der Klosterkirche zu Ernemont ist das 12 Fuss hohe Bild der Geburt Christi sein Werk.

L. Langlois de Chevreville bildet in Rouen Schüler in der Malerei und auch in den Perspektive ertheilt er Unterricht.

Langlois de Sézanne, Claude Louis, Portraitmaler, wurde 1757 zu Sézanne geboren, und von Beaufort in den Anfangsgründen der Kunst unterrichtet. Er wählte das Portrait zu seinem Hauptfache: die historischen Bilder machen den geringsten Theil aus. Nach Rafael copirte er die Geburt Christi. Er malte eine bedeutende Anzahl von Bildnissen berühmter französischer Generäle, und auch andere Personen stellte er im Bildnisse dar. Jenes von Sonini, der Buffon's Werk fortsetzte, hat Voissart gestochen.

Langlois war ehedem Direktor der Zeichenschule zu Sens, und noch 1830 war er in Paris thätig. Er hielt ein Atelier und bildete Schüler.

Langlumé, Lithograph zu Paris, wo er seit 1822 thätig ist. Wir fanden folgende Blätter als die seinigen bezeichnet:

1) Bildniss Heinrich IV., nach Mouzaisse.
2) Der Triumph des Trajan, nach Prudhon.
3) Oedipus und Oenone, nach Fragonard.
4) Ansichten von Mortefontaine.
5) Mehrere Marinen.
6) Mehrere Portraite.

Langmayer, Johann, Maler, dessen Murr erwähnt. Dieser Schriftsteller sah von einem solchen Künstler in einem Zimmer des Rathhauses eine Madonna mit dem Kinde. Näher kennt man diesen Künstler nicht. Ein Langmayer lebte auch in Prag, und von diesem besass noch 1795 ein Bürger daselbst mehrere gute Bilder, wie Dlabacz versichert.

Langot, Franz, Kupferstecher, dessen Geburtsjahr Basan in 1641 setzt, während Füssly meint, Langot sei mit Ragot Eine Person. Diesem ist nicht so, und ob das Geburtsjahr richtig, wollen wir dahin gestellt seyn lassen. Es könnte allerdings mit jenem des F. Ragot verwechselt seyn. Langot copirte nach Bloemart, Bolswert, Jode, Huret etc.

1) Ein emblematisches Blatt: ein Weib mit einer Tafel, welche sie einem mit Lorbeern bekränzten Jüngling zeigt, fol.
2) Der heil. Franziskus, nach G. Reni.
3) Die heil. Theresia zu den Füssen des Heilandes.
4) Die Anbetung der Hirten, nach Rafael, oder richtiger nach Schiavone, qu. fol.

Langpier, s. P. Aertsens.

Langren, Arnold und Heinrich, Kupferstecher und Brüder, die wohl grösstentheils Charten gestochen haben. Solche sind in Linschoten's Itinerarium. Amsterdam 1596.

Langton, John, Glasmaler, der unter der Regierung der Königin Anna in London lebte. Er war auch ein berühmter Calligraph.

Languasco, Tereso Maria, ein Barfüsser Mönch und Maler, wurde 1651 zu St. Remo geboren, und J. B. Carlone war sein Meister. In St. Niccola di Tolentino sind einige Ordensheilige von ihm gemalt.

Starb 1698.

Lang-Wagen, Christian Gottlieb, Architekt, wurde 1752 zu Braunschweig geboren, und zu Dresden waren Krubsacius und Boëthius seine Meister. In der Folge wurde er Hof- und Kammerbaumeister zu Braunschweig, und als solcher verfertigte er mehrere Risse zu Gebäuden, Kirchen und Brücken. Von ihm sind auch die Zeichnungen zu verschiedenen Salons und allen Meubles im Schlosse.

In seiner früheren Zeit stach er auch Prospekte, besonders solche von Dresden in Kupfer. Starb um 1805.

Lanie, Eugen, Maler zu Paris, dessen Brulliot im Dict. des monogrammes erwähnt, als eines jetzt lebenden Künstlers, der militärische Scenen, Pferde und Costüme malt, Bilder, die mit einem E. bezeichnet seyn sollen. Diese Interpretation ist wohl nicht richtig, und der Künstler ist Eine Person mit dem Obigen Eugen Lami.

Laniere, Nicola, Maler, Kupferstecher und Musikus, ein Italiener, stand bei Karl I. in England in Ansehen. Der König ernannte ihn zum Hofmusikus, und zum Inspektor eines kleinen Cabinets von Miniaturen. Er malte Historien, und eine heil. Familie befand sich in der Sammlung des Königs. Sein eigenhändig gemaltes Bildniss ist im Zimmer der Musikschule zu Oxford. Er hatte auch eine bedeutende Sammlung von Handzeichnungen, die er mit L. Vorstermann jun. radirte. Beide bezeichneten die Blätter mit einem L. und solche von Laniere sind nach Parmesano, u. a. radirt.

Er fertigte Platten zu einem Zeichenbuche, unter dem Titel: Prove primo fatte a l'acqua forte da N. Laniere a l'età sua giovanile di settanta otto anni 1636. Ein anderes Werk von ihm ist betitelt: Maschere delin. da J. Romano ex coll. N. Laniere 1638.

Von seinen Blättern erwähnen wir:

1) Ein Alter, der einen andern eine Karte zeigt, zu ihren Füssen ein Löwe, nach Parmesano; kl. Blatt mit L. bezeichnet.
2) Amor mit einer Maske, im Umriss; klein.
3) Herkules kämpft gegen den Cerberus.
4) Der Hirsch von Hunden gefangen.
5) Drei Cariatyden, ohne Name des Stechers.
6) Acht Männer- und Weiberköpfe auf einem Blatte.
7) Vier Köpfe von Männern und Weibern auf einem Blatte.
8) Der Kopf einer Alten, nach rechts sehend.
9) Der Kopf eines Mannes im Profil.
10) Der Kopf eines Alten.
11) Zwei Sphinxe auf einem Piedestal. Lauter kleine Blätter nach Parmesano.
12) Das Bildniss des Präsidenten J. B. de Blye.

Fiorillo sagt in der Geschichte der Malerei in England, der Künstler sei 1646 im 78. Jahre gestorben, allein dieses ist ein Irrthum, wenn die erwähnten Prove etc. von 1636 sind. Da heisst es, dass der Künstler sie von der Jugendzeit bis zu seinen 78. Jahre die Blätter gefertiget habe, und so war er 1636 schon wenigstens 78 Jahre alt. Die Maschere etc. erschienen zwei Jahre später, und so dürfte der Künstler über 80 Jahre gelebt haben. Seine Brüder Clemente und Girolamo waren Bilderhändler. Der letztere verstand es recht gut, neuen Gemälden einen alten Austrich zu geben, um die Engländer zu prellen.

Lanini, Bernardino, Maler von Vercelli, dessen Thätigkeit um 1546 beginnt, bis ihn denn um 1578 der Tod ereilte. Sein Meister war Gaudenzio Ferrari, und er selbst ist eigentlich der zweite Ast der Gaudenzisten. Anfangs malte er ganz im Style dieses Meisters, und von einer Pietà in St. Giuliano zu Vercelli, die Lanini 1547 malte, könnte man Lanzi's Behauptung nach für Gaudenzio's Arbeit halten, wenn nicht Bernardino's Name darauf stände. Dasselbe gilt von andern seiner Jugendwerke in Vercelli; nur die minder genaue Zeichnung und Kraft des Helldunkels unterscheidet sie. Später erlangte er grössere Freiheit, aber jetzt huldigte er mehr dem Naturalismus, als Ferrari, und lebhaften Geistes, wie er war, konnte man ihm ebenfalls grosse geschichtliche Darstellungen anvertrauen.

Lomazzo und Lanzi rühmen seine heil. Katharina bei S. Celso als ein Bild voll malerischen Feuers in Gesichtern und Bewegungen, auf Titianische Weise colorirt. Die liebliche Heilige hat etwas von Guido, wie die Engelglorie, die denen des Gaudenzio gleicht. Nur in den Gewändern möchte man mehr Fleiss wünschen. Er arbeitete viel in Vercelli, und auch in Novara, wo Lomazzo im Dome die Sibyllen und den ewigen Vater bewunderte. Die Darstellungen aus dem Leben der heil. Jungfrau hatten schon zu Lanzi's Zeit gelitten. Die Sibyllen bewunderte auch Fiorillo, und die Grazie fand er bezaubernd. Im Bilde der heil. Catharina lobt er die schönen Umrisse und die Verkürzungen, und wie Bernardo nach Rafael's Weise in demselben die Bildnisse seines Lehrers und Mitschüler della Cerva angebracht habe. Diese Gemälde werden im Allgemeinen gerühmt, und dann fügt Lanzi noch bei, dass Bernardo auch die Bahn Vinci's mit Glück betreten habe, wie dieses der leidende Christus mit zwei Engeln in St. Ambrogio in Mailand beweiset. Das Bild ist so wohl verstanden, dass man es für eines der schönsten Bilder der Basilika hält.

Auch in Cabineten findet man hie und da ein Bild von ihm. Der Kupferstecher Gaudenzio Bordiga in Mailand besitzt ein herrliches Bild einer heil. Familie mit andern Heiligen.

Lanini, Gaudenzio und Girolamo, die Brüder des Obigen, waren ebenfalls Maler, aber sie sind ausser Vercelli unbekannt. Sie stehen in der Zeichnung dem Bernardino nach, in der Wahrheit der Gesichter haben sie aber mit ihm eine ferne Aehnlichkeit. Von ersterem ist in der Sakristei der Barnabiten eine Madonna mit mehreren Heiligen, und von Girolamo fand Lanzi in einer Privatsammlung eine Kreuzabnehmung.

Lankhorst, Elfenbeinarbeiter, der in der ersten Zeit des vorigen Jahrhunderts arbeitete. Er schnitt kleine Figuren und Gruppen, die in Sammlungen gefunden werden.

Lankrink, Prosper Heinrich, Landschaftsmaler, geboren 1628, gestorben 1692. Sein Vater war ein deutscher Soldat, der in Holland eine Bedienung erhielt, und nach dem Tode desselben bestimmte ihn die Mutter zum Mönch. Allein Lankrink bewies viel Talent zur Malerei, und daher schickte sie ihn doch lieber auf die Akademie in Antwerpen, wo er reissende Fortschritte machte. Er studirte besonders fleissig die Malereien und Handzeichnungen des S. Rosa in der Sammlung des M. van Lyan. Nach dem Tod der Mutter ging er nach England, wo sich Sir E. Spragge und Sir W. Williams seiner besonders annahmen, und im Hause des letzteren waren Lankrink's schönste Arbeiten, die jedoch ein Raub der Flammen wurden. Seine Werke sind jetzt selten, aber lobenswerth. Peter Lely schätzte sie sehr hoch, und Lankrink musste ihm selbst öfter die landschaftlichen Gründe malen. Unser Künstler konnte aber auch Figuren malen, und Walpole wollte in diesen häufig Copien nach Titian erkennen. J. Smith stach nach ihm eine badende Nymphe in Mezzotinto.

Lannay, de, s. Delaunay.

Lanno, François Gaspard, Bildhauer zu Paris, wurde 1799 zu Rennes geboren, und von Cortellier in der Sculptur unterrichtet. Im Jahre 1827 erhielt er den grossen Preis des Instituts, aber schon zwei Jahre früher hatte er den zweiten erhalten, zu einer Zeit, als kein Concurrent des ersten Preises würdig gehalten wurde. Lanno's Bildwerk wurde als das bessere erklärt und belohnt. Im Jahre 1827 begab sich der Künstler nach Rom, und hier fertigte er ein Basrelief, welches Pandora und Epimetheus vorstellt. Seine späteren Werke kennen wir nicht.

Lannois, de, Delannoy.

Lansac, Emil de, Maler von Pau (Pyrénées), wurde 1805 geboren, und später kam er nach Paris, um daselbst seine Kunst zu üben. Er malt Historien und Genrestücke, auch Bildnisse.

Landscroon, Maler, der in der zweiten Hälfte des 17. Jahrhunderts in England lebte. Er stand im Dienste des A. Verrio, der 1707 starb.

Lanse, Michel, Maler von Rouen, der durch seine Landschaften und Blumenstücke Beifall fand. Er war Mitglied der Akademie zu Paris und 1661 starb er, erst 48 Jahre alt.

Lansec, Kupferstecher, der Bildnisse gestochen haben soll. Wir kennen ihn nicht näher als Füssly.

Lansericco, Maler von Neapel, dessen Pecci erwähnt, ohne seine Lebenszeit bestimmen zu können. In einem Saale des öffentlichen Pallastes in Neapel soll sich eine Tafel mit Alexander dem Grossen befinden.

Lant, Thomas, Zeichner oder auch Maler, dessen Lebensverhältnisse unbekannt sind. Th. de Bry stach nach ihm in London einen öffentlichen Aufzug, bei Gelegenheit der Obsequien des Sir Philipp Sidney. Das Werk hat den Titel: Sir Philipp Sidney's funeral procession to St. Paul's 1587 drawn and invented by Th. Lant, gent. servant to the said hon Knight etc. Lateinisch und englisch.

Lantara, Simon Mathurin, Zeichner und Landschaftsmaler, von Abkunft ein Italiener, wurde um 1754 geboren, und sein Wirkungskreis ist in Paris zu suchen, wo er 1805 sarb. Er malte Landschaften mit Figuren, architektonischen Ansichten und Genrestücke, und diese Bilder fanden grossen Beifall. Sie sind fleissig behandelt und schätzbar im Helldunkel. Auch seine Zeichnungen wurden sehr gesucht. Sie sind in schwarzer Kreide ausgeführt und weiss gehöht, auf weissem und blauem Papier. Diese bestehen grösstentheils in Landschaften mit Bäumen, Flüssen und Ruinen, Städten, Schlössern, Bergen etc. Im Cabinet Paignon Dijonval sind mehrere solcher Zeichnungen namentlich bezeichnet. Einige seiner Bilder wurden gestochen, von P. J. Duret, Piguenot, Fessard, Godefroy, Rosaspina etc. Bocquet stach Gegenden um Beziers und Blois, und unter Le Bas Leitung erschienen: Première livre de vues des environs des Paris, 12 kl. Bl.

Lante, Joseph, Kupferstecher, der um die Mitte des vorigen Jahrhunderts lebte. Er stach grösstentheils Heiligenbilder.

Lante, Louis Maria, Zeichner und Maler zu Paris, wo er 1789 auch geboren wurde. Er widmete sich anfangs unter Vaudoyer der Architektur, dann aber zog er die Malerei in Aquarell vor. Auf solche Weise malt er Costüme, Landschaften mit Costümfiguren, auch Bildnisse. Wir haben von ihm folgende Werke:

1) Galerie française des femmes célèbres, gestochen von Gatin, fol.
2) Costumes des femmes de Normandie, 105 Bl. in fol., von demselben gestochen.
3) Costumes de divers pays, von demselben gestochen, fol.
4) Eine Sammlung von Costümen für das Journal des modes, seit 1817.

Dann malte er auch die Bildnisse der Maria Theresia von Oesterreich und der Mme. de Maitenon.

Lantheere, N., Maler, der um die zweite Hälfte des vorigen Jahrhunderts zu Brüssel bei A. Lens seine Kunst erlernte. Er malte Historien, fleissige Bilder.

Lanting, Graveur zu Amsterdam, der den Ruf eines trefflichen Künstlers hatte. Er starb 1827.

Lantinghausen, Baron von, ein schwedischer General, ätzte zum Vergnügen einige Landschaften. Im Cataloge von Brandes ist eine Landschaft mit Fischern als sein Werk bezeichnet.

Lantoin, Esprit Bernard, Architekt zu Draguignan, wurde 1787 zu Aix geboren, und M. P. Coste war sein Lehrer. Im Jahre 1820 wurde er Architekt des Departement du Var, und als solcher baute er das Palais der Justiz und das Gefängniss in Draguignan, das Hospiz zu Frejus, den bischöflichen Pallast daselbst, die Kirche zu Nans, das Stadthaus von St. Raphael, jenes von Lorgues, das Justizgebäude und Gefängniss zu Toulon. Mehrere dieser Gebäude sind abgebildet in der Choix des édifices publics construits ou projetés en France.

Lanzani, Polidoro, genannt P. Veneziano, und bekannter unter diesem Namen, so dass der Name Lanzani bei Lanzi und Ridolfi fehlt. Er gehört der Schule Titian's an, und obgleich selbst ein guter Meister, wurden seine Werke über jene des grössern Titian vergessen. Er malte sehr viele heilige Bilder, besonders Madonnen und heil. Familien. In der Wiener Gallerie sind viele Bilder von seiner Hand, von denen Lisebetius allein vier gestochen hat. J. Troyen u. R. Sadeler stach ebenfalls nach ihm. Aus diesen Blättern erkennt man den Charakter Titians.

Lanzani starb 1565 im 50. Jahre.

Lanzani, Andreas, Maler von Mailand, übte sich anfänglich unter Scaramuzzia und Maratti in seiner Kunst, fand aber in der

Folge an Lanfranco's Styl grösseren Gefallen, ohne dadurch mehr zu gewinnen. Seine ersteren Bilder, in Maratti's Weise gefertiget, zieht man den spätern vor. Als seine Hauptgemälde erklärt Lanzi jene mit St. Carl in der Glorie im Dome, und die Thaten des Card. Federigo auf der Ambrosiana zu Mailand. In solchen Darstellungen entwickelte er Reichthum der Ideen, und dann gefiel er sich in Pracht der Gewandung und in Anwendung eines wirksamen Helldunkels. Sein Hauptverdienst war jedoch seine technische Fertigkeit.

Lanzani wurde an den k. Hof nach Wien berufen, und hier erwarb er sich die Rittersporen.

A. Lanzani starb 1712.

Lanzani, Anton, Kupferstecher von Lugano, den wir anderwärts auch Lanzini geschrieben fanden; wir vermuthen aber, dass Lanzani der richtige Name sei. Sein Meister war S. Marceau und jetzt arbeitet er zu Mailand, und zwar mit grossem Beifalle. Er sucht Jazet nachzuahmen.

1) Blätter von seiner Hand findet man in Almanachen, nach Palagi's und Migliara's Gemälden, mit grosser Feinheit gestochen. Dann fertigte er:
2) Eine Ansicht von Mailand, grosses Aquatintablatt, nach Montini, 1831. Preis 9 fl.
3) Die Blätter in der bei Pozzi erschienenen römischen Geschichte, nach Pinelli's Radirungen in Aquatinta ausgeführt.
4) Bildniss der Sängerin Pasta, nach Molteni. Der Künstler wusste hier den Atlas und die durchsichtige Gaze gut nachzuahmen.

Lanzedelli, s. Lancedelli.

Lanzeni, Giovanni Battista, Maler und Radirer, wurde 1659 in Verona geboren, und seine Meister waren Voltolino und F. Barbieri. Er malte zu Verona in Oel und Fresco für Kirchen und Privathäuser. In St. Proculus malte er die 36 Bischöfe von Verona, die vier Kirchenlehrer, und das Abendmahl, doch wissen wir nicht, ob diese Tafeln noch alle daselbst zu sehen sind. Das Todesjahr des Künstlers ist unbekannt, so wie jenes seines Sohnes Angelo Maria, der auch Maler war. Von ihm radirt, theils in Crespi's Manier, haben wir:

Den Kindermord zu Bethlehem, reiche Composition. Unten rechts: Gio Batto Lanzeni inv. et fec.

Lanzerotti, s. Lancerotti.

Lanzetti, s. Lancetti.

Lanzilago, s. Lancilao.

Lanzini, s. Lanzani.

Lanzone, Giovanni, geschickter Bildhauer zu Rom, dessen Titi erwähnt. In al Giesu sah er eine Statue von ihm.

Laodicia, Maler, oder Malerin von Pavia, die um 1330 lebte. Werke von ihrer Hand haben sich wohl nicht mehr erhalten, doch wurde die Künstlerin damals neben Edesia genannt, und so muss sie von Bedeutung gewesen seyn. Der Name deutet auf griechischen Ursprung.

Lap, Jan, Zeichner, der in Holland gelebt zu haben scheint. Man findet schöne landschaftliche Zeichnungen im Geschmacke von P. Both von ihm, und auch Malereien soll er gefertiget haben. Die Lebenszeit dieses Künstlers ist nicht bekannt; er gehört dem 17. Jahrhunderte an.

Laperche de, s. Delaperche.

Laphaes, Bildhauer von Phlius, einer der ältesten griechischen Bildhauer, von welchem Pausanias eines hölzernen Herkules in Sicyon erwähnt. Dann meint Pausanias, auch zu Aegira in Achaia sei von ihm ein Holzbild des Apollo aufgestellt gewesen.

Lapi, Niccolo, Maler von Florenz, geb. 1661, gest. 1732. Er war Schüler oder Gehülfe Giordano's, und seine Werke erinnern daher an den Styl jenes Meisters. Sehr häufig malte er Madonnen. In der florentinischen Gallerie ist eine Verklärung und auch das Bildniss des Künstlers findet man daselbst.

Der heil. Laurentius, welcher die Seelen aus dem Fegfeuer erlöst, über ihm eine Engelglorie in S. Lorenzo zu Florenz, hat F. Gregori für Lastri pittrice Nr. CXVII. schön gestochen.

Lapi, Giovanni, Kupferstecher, der um 1750 in Livorno arbeitete, dessen Lebensverhältnisse aber unbekannt sind. Er stach für Gori's Museo Etrusco. Dann hat man neben andern von ihm:

1) Eine Pietà, nach Maratti.
2) Der heil. Franciscus, nach G. Reni.
3) Das schlafende Jesuskind: Dormivi conturbatus, nach Albani.
4) Bildnisse berühmter Florentiner.
5) Titelblätter in vielen Büchern.

Lapi, Angelo Emilio, Kupferstecher, bildete sich in der Schule des R. Morghen, doch kennen wir seine Lebensverhältnisse nicht.

1) Pius sextus pontifex maximus, nach I. Bazzoli. R. Morghen perfecit, fol.
2) Eine Scene aus Dante's Fegfeuer, nach L. Sabatelli, fol.
3) Die Taufe des Johannes im Jordan, nach A. del Sarto.

Lapi, Antonio, Zeichner und Kupferstecher, von welchem wir nicht mehr wissen, als von dem Obigen. Er zeichnete und radirte 1765 das Leichengerüste, welches in der griechischen Kirche zu Livorno für Kaiser Franz I. aufgestellt wurde.

Lapicida, als Beiname eines Künstlers, bedeutet einen Bildhauer.

Lapiccola, Niccolo, Maler von Crotone in Calabrien, Mancini's Schüler, übte in Rom seine Kunst, wo er nach Lanzi's Behauptung durch ein Kuppelgemälde in einer Capelle des Vatikans den Musivarbeitern Vorbild wurde. Auch im Kirchenstaate findet man Bilder von ihm, besonders zu Velletri.

Dieser Lapiccola starb gegen das Ende des vorigen Jahrhunderts.

Lapin, Architekt zu St. Petersburg, studirte daselbst auf der k. Akademie, und dann begab er sich zur Vollendung seiner Ausbildung nach Paris und Rom. Nach seiner Rückkehr wurde er kaiserlicher Architekt, und die Akademie nahm ihn unter die Zahl ihrer Mitglieder auf. Auch die Akademien von Paris und Rom überschickten ihm die Aufnahms-Diplome.

Lapin fertigte viele geistreiche Entwürfe, und um 1806 starb er.

Lapis, Gaetano, Maler von Cagli, wurde 1704 geboren, und schon hatte er sich gute Grundsätze in der Zeichnung erworben, als er in Conca's Schule trat, um sich weiter auszubilden. Er war ein origineller Künstler, der für seine Zeit auch Geschmack hatte. In Cagli sind viele Bilder von seiner Hand, und die besten wohl die Geburt Christi, so wie das Abendmahl im Dome daselbst. Häufig findet sich auf seinen Gemälden eine schön gestaltete Madonna wieder. Auch in Perugia und anderwärts sind Bilder von ihm, besonders erhebt aber Lanzi sein Deckengemälde mit der Geburt der Venus im Pallaste Borghese in Rom. Lanzi meint, die Richtigkeit der Zeichnung und die Anmuth stehe hier höher, als des Künstlers Ruf, und wer diese Arbeit nicht gesehen, der möge ihn nicht nach Verdienst schätzen. Eine übermässige Zaghaftigkeit und ein Misstrauen seiner selbst soll ihm auf seiner Bahn sehr hinderlich gewesen seyn. Lapis starb 1776.

Lapito, Louis Auguste, Maler, wurde 1805 zu St. Maur bei Paris geboren, und in letzter Stadt genoss er die Leitung Watelet's. Hier lebt er auch als ausübender Künstler, und man sah in den Salons verschiedene Bilder von seiner Hand. Es sind dieses Genrestücke, Landschaften in Oel und in Lavismanier, Ansichten von Brücken und anderen Bauten etc.

Lapito ertheilt Unterricht im Zeichnen und Malen.

Laplace, de, s. Delaplace.

Lapo, der Name mehrerer alter Künstler, der so viel als Jacopo bedeutet. Ein Lapo oder Jacopo Fiorentino lebte 1259—1302, Lapo Richo um 1374, Bartolo Lapo um 1333; am berühmtesten ist aber der unten folgende Arnolfo di Lapo, der jedoch eigentlich Arnolfo Cambio heisst, denn er war nicht der Sohn seines Mitarbeiters Arnolfo Lapo. S. Rumohr ital. Forschungen II. 1. 22.

Stefano Lapo, der Enkel Giotto's, heisst auch Stefano Fiorentino, und wir geben ihn unter der Rubrik Stefano, so wie den Tommaso di Lapo unter Tommaso di Stefano.

Lapo, Arnolfo di, Baumeister und Bildhauer, wurde 1232 geboren, und nach Vasari's Behauptung wäre Jakob der Deutsche (Jacopo tedesco) sein Vater gewesen. Dass Lapo nicht der Sohn des Jacopo Tedesco ist, wissen wir jetzt längst durch ältere Mittheilungen aus einem gegenwärtig unzugänglichen Archive, eben so, dass er nicht seinen Mitgesellen Lapo in der Werkstätte des Nicolo Pisano zum Vater hatte. Er heisst nirgends Arnolfus Lapi, weder in den Urkunden, noch in der Aufschrift am Altare der römischen Paulskirche. Arnolfo's Vater hiess Cambio und war aus Colle, wie bei Baldinucci und Cicognara (III. 210), ferner in Migliore's Firenze illust. 9. röm. Ausg., und in Rumohr's italienischen Forschungen 2. 155 zu ersehen. Vasari sagt ferner (deutsche Ausgabe von Schorn I. 72), dass Arnolfo von seinem Vater alles gelernt habe, was dieser wusste, und dass er bei Cimabue der Zeichenkunst sich beflissen, um sich ihrer für die Bildnerei zu bedienen, und dass er sich den Ruf des besten Baumeisters in Toscana erworben. Und nun seine Thätigkeit als solcher.

Die Florentiner gründeten im Jahre 1284 nach seiner Angabe den letzten Ring ihrer Stadtmauern, und errichteten nach seinem Plan die Halle und die Pfeiler von Or' S. Michele (horreum S. Michaelis). Im Jahre 1285 baute er die Loggia u. Piazza de' Priori, und hierauf (1294, nach Andern 1292) die Kirche S. Croce, die Vasari unter Cosmus I. restaurirte und verschönerte. Doch Arnolfo's Hauptwerk ist der Florenzer Dom, den er auf den Trümmern

20*

der Kirche von St. Reparata erbaute. Er verfertigte den Riss und das Modell zu dieser Kirche, wozu am Tage der Geburt U. L. Frau 1298 der Grundstein gelegt wurde, wölbte noch die drei kurzen Arme das langen Kreuzes unter der achteckigen Kuppel, bekleidete sie mit Marmor und führte die gewaltigen Widerlagen der acht Seiten aus, alles gründlich und fest. Eine lateinische Inschrift aussen, dem Thurme gegenüber (S. dieselbe bei Vasari), preist ihn nach Verdienst. Einige Feigenblätter am Gesimse der Seitenthüren sollen nach Vasari sein und seines Vaters Wappen seyn. Viele rühmen besonders, dass er das Aeussere mit dem farbigsten Marmor bekleidet, das Innere aber mit hartem Stein, von welchem auch die kleinsten Ecken gemacht wurden, ausgeführt habe. Nach Arnolfo's Tod leitete Giotto den Bau und nach ihm andere Maler bis auf Bruneleschi. S. von der Hagen's Briefe in die Heimath II. 199.

In demselben Jahre, als die Gemeine von Florenz die letzte Ringmauer ihrer Stadt mit den Thürmen der Thore der Vollendung ziemlich nahe gebracht hatte, begann Arnolfo den Pallast der Signoria, der bei Richa (Chiese fiorent. I. part. 2. pag. 24) abgebildet ist.

Arnolfo verfertigte auch das Grabmal des 1280 verstorbenen Cardinals de Brayo in der Dominicanerkirche zu Orvieto und das Tabernakel über dem Altare und Grabe der beiden Apostel in der abgebrannten Paulskirche zu Rom, welches dem Altarhäuschen von S. Maria in Cosmedin (Abb. bei Ciambini I. 182) sehr ähnlich ist, nur reicher. Arnolfo errichtete es mit seinem Gehülfen Petrus, laut der lateinischen Inschrift, im Jahre 1285 für den Abt Bartholomäus. Dieses alte Werk hat sich bei dem Brande zum Theil noch erhalten. Vasari legt ihm auch das Grabmal des Pabstes Bonifaz VIII. bei, in der von ihm auf Befehl dieses Pabstes erbauten Capelle in Rom. Das grosse Monument, worauf der Pabst ausgestreckt liegt, gleicht dem ziemlich gleichzeitigen Grabmale Innocenz IV. in Neapel. Ueber dem Sarge ist eine Prachtdecke ausgebreitet, die in Anordnung und im Faltenwurfe einem auch sonst ähnlichen Grabmale in der Kirche Maria maggiore des Giovanni Cosmate (1298) nachgebildet ist, wesswegen von der Hagen (III. 355) vermuthet, dass beide von diesem Künstler herrühren. Vasari sagt zwar, das Werk trage den Namen des Meisters, allein die gelehrten Herausgeber der neuesten Beschreibung Roms konnten diesen Namen nicht entdecken.

Ein Werk Arnolfo's ist auch das Grabmal Honorius III. in St. Maria maggiore zu Rom, das jedoch nicht zur Vollendung kam. Die letzte Marmorarbeit dieses Meisters ist die Marmorkapelle, worin die Krippe sich befindet, in eben dieser Kirche, die Vasari im Leben Arnolfo's (I. S. 68) dem Marchione zuschreibt, am Ende der Lebensbeschreibung aber sich berichtet. Endlich ist noch das Basrelief der Auferstehung zu erwähnen, am Dom von Orvieto. Vasari gedenkt desselben mit Lob im Leben des Niccola Pisano.

Arnolfo di Lapo starb im Jahre 1300, sechzig Jahre alt, wie Vasari angibt, was jedoch unrichtig ist, wenn Lapo 1232 geboren wurde, wie jener Schriftsteller behauptet.

Das Bildniss Arnolfo's, von Giotto gemalt, findet sich in der Kirche St. Croce in dem Gemälde, worin die Ordensbrüder den Tod des hl. Franciscus beweinen: in einer der Gestalten, welche im Vordergrunde miteinander sprechen.

Lappoli, Matteo, Maler von Arezzo, ein Edelmann und Schüler des Bart. della Gatta. Er war ein Künstler von Bedeutung und fruchtbar, da in den meisten Kirchen seines Vaterlandes Bilder von ihm waren. Lanzi rühmt besonders eines seiner Gemälde in der Pfarrkirche zu Arezzo, welches die Madonna vorstellt, wie sie das ihrem Schutze empfohlene Volk von Arezzo unter ihren Mantel nimmt. Dieses Bild hat Gesichter, die von Francia zu seyn scheinen, schöne Architektur, einsichtsvolle Zusammenstellung und verständigen Gebrauch des Goldes.

Das Geburtsjahr dieses Künstlers fällt um 1465, das Todesjahr ist unbekannt. Er wurde nicht alt.

Lappoli, Giovanni Antonio, Maler und Sohn des Obigen, war Schüler des Pontormo und Freund Perino's und Rosso's, mit welchen er in Toskana und Rom lebte. Er malte in ihrem Style, besonders Staffeleibilder, weniger für Kirchen. Im Jahre 1527, bei der Plünderung Rom's, verliess er fast nackt die Stadt, und nach seiner Ankunft in Arezzo musste er vor der Pest die Flucht ergreifen. Endlich kam er wieder dahin zurück, arbeitete aber hier wenig mehr. Im Jahre 1552 ereilte ihn der Tod, nach 60 Lebensjahren.

Laquy, Joseph Willem, Zeichner und Maler, wurde 1738 zu Bruel zwischen Cöln und Bonn geboren, und den ersten Unterricht genoss er bei einem Maler Beldieu. Nach Verlauf seiner Lehrjahre begab er sich nach Amsterdam, hier aber drohte ihm, ohne es zu wissen, die grösste Gefahr. Er kam in das sogenannte Seelenverkäuferhaus, wo er den Herrn portraitirte, und längere Zeit gut gepflegt wurde, da Laquy auch die Violine artig spielte. Endlich machte ihn Jood Brando auf seine Lage aufmerksam, und jetzt entfloh der Künstler bei nächster Gelegenheit. Er begab sich nach dem Haag, wo er in der Tapetenfabrik des J. Remmers mehrere Jahre arbeitete, neben W. Hendriks, dessen Landschaften er mit Figuren und Thieren staffirte. Die Ursache des langen Bleibens in dieser Fabrik war die Tochter des Besitzers, allein da Remmers in keine Verbindung einwilligen wollte, so verliess Laquy sein Haus, um fortan für sich selbst zu wirken. Jetzt hatte er das Glück, bei Braamkamp Zutritt zu finden, und im Cabinete dieses Kunstfreundes fand er hinreichende Muster zu weiterem Studium, in den Werken des G. Dow, Metzu, P. de Hooghe u. a. Hier fertigte er Zeichnungen nach drei berühmten Stücken, welche für das russische Cabinet angekauft wurden, aber auf dem Transporte zu Grunde gingen. Darunter ist das in Holland unter dem Namen der „Kraamkamer" bekannte Bild von G. Dow, die „groote Ossendrift" von P. Potter, und das Bild von Koodyck, welches einen Mann vorstellt, der von der Wendeltreppe herab ein Mädchen beobachtet. Die Zeichnung der Kraamkamer von Laquy kam in die Sammlung des Ploos van Amstel, und da wurde sie um 146 fl. verkauft.

Im Jahre 1769 erhielt er den goldenen Ehrenpreis der Akademie zu Amsterdam, und schon vor, sowie nach dieser Zeit malte er noch verschiedene Bilder, die durch gefällige Anordnung, durch den Reichthum der Beiwerke und durch Schönheit des Colorits anziehen. Er malte Scenen aus dem häuslichen Leben und andere Genrebilder. Mehrere seiner Bilder waren in der Sammlung Braamcamp; neben andern eine Copie von Lairesse's heil. Familie, die L. ten Kate für 100 fl. ersteigerte. Im Cabinet des van Gildemeester war eine Interiore, ein reiches Bild, welches unter dem Namen des „Wafelhuis" bekannt ist. Man sieht da in einem bürgerlichen Zimmer an einer Tafel einen jungen Mann mit einem Mädchen zechen, ein Weib bäckt Waffeln, eine Magd streut Zucker auf solche etc.

Laquy malte auch geistliche Darstellungen und Bildnisse, die aber nicht sehr ähnlich sind. Dann fertigte er auch eine bedeutende Anzahl von Zeichnungen, die in eigenen Compositionen und in solchen nach fremden Meistern bestehen. Viele derselben sind in Saftfarben ausgeführt, andere in Rothstein, und einige mit dem Pinsel übergangen.

Dieser Künstler lebte mehrere Jahre in Amsterdam, zuletz aber begab er sich nach Kleef, wo er eine vornehme Wittwe heirathete. Im Jahre 1798 starb er daselbst.

Laran, Franz, Zeichner und Kupferstecher, dessen Lebensverhältnisse unbekannt sind. Man hat Bildnisse von ihm, wie jenes des J. Rottenhammer u. a.

Larcher, Toinette, Kupferstecherin, wurde 1685 in Paris geboren, und hier genoss sie den Unterricht de Poilly's. Sie stach Historien und Bildnisse, und unter ihren Blättern erwähnen wir folgender:

1) Judith, stehend, nach einem Gemälde der Eremitage in St. Petersburg, angeblich von Rafael. Für das Cabinet de Crozat gefertiget. fol.
2) St. Catharina, nach B. Garofalo. Crozat.
3) Das Bildniss des Cardinals Fleury: Virtutes regni etc.

Larcher, Kupferstecher, ein jetzt lebender Künstler. Nach Girodet stach er das Gemälde mit Atala, qu. fol.

Larchevêque, Bildhauer, dessen Lebenszeit unbekannt ist. Im Cabinet Paignon Dijonval sind Zeichnungen von ihm angegeben: zwei Entwürfe zur Bronzestatue Gustav Adolph's und zwei Büsten in natürlicher Grösse, Federzeichnungen; eine Büste à la Sanquine.

Larckmair, Hans, s. Largkmair.

Lardoizeau, französischer Goldschmied, der sehr schöne Modelle fertigte, die man in Cabineten aufbewahrte. Seine Lebenszeit fanden wir nicht bezeichnet.

Lareto, Juan Fernandez de, Maler, der 1630 zu Madrid geboren wurde. Sein Meister war F. Ricci, und das Fach, welches ihm Ruhm bereitete, war die Perspektivmalerei. Seine Decorationen gefielen Carl II. so sehr, dass er ihn zum Cammermaler ernannte. Starb 1692.

Largillière, Nicolaus de, Bildnissmaler, geb. zu Beauvais 1656, gest. zu Paris 1746. Den ersten Unterricht ertheilte ihm A. Gobeau zu Antwerpen, und bei diesem malte er Dinge verschiedener Art, Bambocciaden, Landschaften, Thiere, Stillleben, Blumen etc. Seine Neigung zog ihn jedoch mehr zur Historienmalerei, und in dieser, so wie im Bildnissmalen, erlangte er grossen Ruf. In England wurde zuerst sein Talent anerkannt, und man wollte ihn in London zurückbehalten, was aber seine Vaterlandsliebe nicht gestattete. Er ging nach Paris, und selbst da wurden von Seiten des englischen Hofes noch Versuche gemacht, den Künstler zur Rückkehr zu bewegen. Carl Lebrun beredete ihn, in Paris zu bleiben, und dieses ist ein Zeichen, dass Largillière zu dessen Fahne geschworen hat. Er wurde 1680 als Geschichtsmaler in die Akademie aufgenommen, was nicht leicht einem Künstler zu Theil wurde, wenn er nicht Lebrun's Superiorität anerkannte. Jetzt verliess er

Paris nicht wieder, in der letztern Zeit ging er nur nach England, um Jakob II. und seine Gemahlin zu malen. Das Bildniss des Königs haben J. Smith und P. Pickaert gestochen. Seine Bildnisse sind sehr zahlreich, und auch sich selbst hat er öfter gemalt. Diesen seinen Portraitmalereien spendete man ungetheiltes Lob, und Watelet findet darin den Charakter der Grossartigkeit. Dann strebte er nach täuschendem Effekte durch den doppelten Zauber der Lokalfarben und der Lichter, und von dieser Seite sah er auch immer die Natur an. Dann rühmt man auch seinen Geschmack in der Bekleidung, in der Geschicklichkeit der Nachahmung der Stoffe, das markige und glühende Colorit, und die sichere und freie Behandlung. D'Argensville, der sein Leben beschrieb, wobei er einen eigenhändigen Aufsatz des Künstlers benutzte, gesteht ihm den Ruhm eines der ausgezeichnetsten Portraitmaler zu, dessen Bildnisse Van Dyck's würdig seien. Auch Fiorillo glaubt, Largillière sei als solcher nur von H. Rigaud übertroffen worden, er wäre aber zu den ersten zu zählen, wenn er sich gegen Ende seines Lebens nicht von der Natur entfernt und handwerksmässig gearbeitet hätte. Dieses hindert indessen nicht, seine frühern Werke jenen der ersten französischen Meister anzureihen, und wenn er je eine Vollkommenheit erlangt hat, so eignete er sich diese nicht durch sein später handwerksmässiges Streben an. Mit der gegenwärtigen Schule hat er wenig oder nichts gemein.

Zu seinen schönsten Bildnissen gehöret jenes des Cardinals Noailles, gestochen von C. Vermeulen, des Bischofs Huet von Avranches, des Malers Lebrun, von Edelink schön gestochen, der Schauspielerin Duclos, seines Schwiegervaters la Forrest und sein eigenes in der Florentinischen Gallerie.

Für das Rathhaus in Paris malte er zwei grosse Bilder: das Gastmahl, welches die Stadt 1687 zur Feier der Genesung des Königs gab, und die Vermählung des Herzogs von Burgund. Für St. Geneviève malte er 1694 ein Ex voto. Seine historischen Bilder machen indessen den geringern Theil seiner Werke aus, und gestochen davon ist eine Kreuztragung und Kreuzerhöhung von F. Roetiers, dann einige Heilige von C. Vermeulen und Gantrel. Dagegen ist die Zahl der nach ihm gestochenen Bildnisse sehr bedeutend, sowohl männliche als weibliche, nämlich von J. Smith, Drevet, van Schuppen, C. Vermeulen, N. Pitau, G. Edelink, St. Gantrel, Roullet, Gobinet, C. Duflos, J. Tardieu, J. Audran, S. Thomassin, L. Surrugue, Petit, Fiquet, B. Lépicié, J. Galle, J. v. d. Bruggen, L. Desplaces, Chateau, N. v. Halten, C. Dupuis, Sarabat, J. G. Will, E. Desrochers u. a.

Sein eigenes Bildniss stach F. Chereau 1715, Ch. Dupuis 1730, J. G. Wille für das Werk von Oedieuvre.

Largkmair, Johann, Maler, der als Schüler von M. Schongauer bekannt ist. Seine Lebensverhältnisse kennt man nicht, man weiss nur, dass er um 1484 gelebt haben soll. Auf alten Gemälden stehen die Buchstaben I. L., und diese sollen mehreren Künstlern angehören. S. Schongauer.

Larive-Godefroy, Peter Ludwig de, Landschaftsmaler, wurde 1753 in Genf geboren, stammte aber aus einer alten piemontesischen Familie. Seine Neigung zog ihn schon in früher Jugend zur Kunstübung, und besonders war es die landschaftliche Darstellung, welche er wählte. Schon um 1780 war sein Ruf gegründet, der sich noch mehr verbreitete, als er in Rom die Leitung des Ritters Fassin genossen hatte. Nach seiner Heimkehr wurde er vorgezogen, aber bald zwang ihn die Revolution anderwärts sein Glück zu versuchen. Jetzt ging er nach Deutschland, lebte längere Zeit in München, Dresden und Mannheim, und endlich liess er sich in Bern nieder, wo er mehrere Jahre wohnte. Seine Bilder wurden als trefflich gepriesen und allenthalben besser gelitten, als der Eigendünkel des Künstlers, der die höchste Meinung von sich hegte. Der Ruf eines berühmten Künstlers machte ihn stolz, und den Vergleich mit Berghem und Ruysdael nahm er als den geringsten der Tribute, welche ihm die Kunstwelt schulde. Er malte Landschaften, und in diesen seinen Bildern führte er Ortschaften, Berge, Menschen und Thiere vor den Blick. In mehrern seiner Werke bewunderte man die gefällige Composition, die Luftperspektive, die magische Beleuchtung und die eines Berghem würdige Ausstaffirung mit Menschen und Vieh. Solche Vollkommenheiten sahen die Zeitgenossen in seinen Bildern, und besonders ausgezeichnet fanden Einige jene in Ruysdael's Weise. Auch seine Sepiazeichnungen wurden gerühmt, und mehrere derselben erwarb die Kaiserin Josephine.

Larive lebte in späterer Zeit gerne im Dorfe Presingue bei Genf, und einen Theil seiner Zeit brachte er auch in der Stadt zu. Der Tod ereilte ihn 1814.

Larive hat auch Blätter radirt, die zu den geistreichen Erzeugnissen dieser Art gezählt werden müssen.

1) Etudes d'Animaux, 6 Blätter im Geschmacke von P. Potter und Dujardin, gr. qu. 4.
2) Vier Viehstücke, im Geschmacke des P. Potter, qu. 4.

Larivière, Carl Philipp de, Historien- und Portraitmaler, wurde 1798 in Paris geboren, und seine Meister waren Girodet und Gros. Mit Talent begabt, berechtigte er bald zu den schönsten Hoffnungen, und 1824 wurden seine Bemühungen mit dem grossen Preise des Instituts belohnt. Schon 1820 erhielt er eine goldene Medaille, der grosse Preis aber sicherte ihm eine Pension zur Reise nach Rom. Hier malte er einen römischen Gefangenen, wie er von seiner Familie besucht wird, und 1830 stellte er die Pest in Rom im Pontificate Nicolaus V. dar. Hierauf kehrte er nach Paris zurück, wo er gegenwärtig als Bildnissmaler Ruf geniesst. Seine Bilder haben durch die lieblichen Farben, durch das geschmackvolle Arrangement, und durch das grazieuse Wesen einen eigenthümlichen Reiz. Man ertheilt ihm auch das Lob eines geschickten Praktikers, nur sollte er seiner Phantasie etwas mehr Freiheit gönnen. Diese Stimme erhob sich bei Gelegenheit der Ausstellung seines Bildes der Pest in Rom.

Largonius, T. Flavius, Bildhauer, der um 76 nach Chr. G. in Rom lebte. Reines. XI. 640.

Larisse, J., Kupferstecher, dessen Lebensverhältnisse wir nicht kennen. Folgende Blätter sind von ihm:

1) Die Statue des Ninus, fol.
2) Jene des Cyrus, fol.
3) Das Standbild Alexanders des Grossen, fol.
4) Jenes des Julius Cäsar, fol.

Jede dieser Statuen ist in einer reichen Nische angebracht.

Larmessin, s. Armessin.

Laroche, de, s. Delaroche.

Laroon, Marcel, Maler und Kupferstecher, wurde 1653 im Haag geboren, und den ersten Unterricht ertheilte ihm sein Vater. Er kam schon in jungen Jahren nach London, und hier nahmen sich Lazoon und Fleshier seiner an, denen er aber weniger verdankt, als seinem eigenen Nachdenken. Laroon lebte einige Jahre in Yorkshire, kehrte aber dann nach London zurück, wo er Draperien für Kneller, und meisterhafte Copien nach alten Meistern malte. Man hat von ihm Historien, Landschaften und Genrebilder. Im Jahre 1702 starb er, nachdem er auch seinen Sohn, den Capitain Laroon in der Malerei unterrichtet hatte. J. Smith und J. Beckets haben nach ihm gestochen, er selbst aber hat ebenfalls verdienstliche Blätter geliefert, in Mezzotinto und radirte Stücke.

1) Die Prozession und Krönung des Königs Wilhelm, eines der Hauptblätter.
2) Verschiedene Fechtübungen.
3) Zehn Bambocciaden, kl. 4. Aeusserst selten; bei Weigel 18 Thl.

La-Rosée, Josephine Gräfin von, Kunstliebhaberin zu München, zeichnete um 1804 Landschaften mit chinesischer Tinte.

Larozerie, Victor Adonis de, Maler zu Paris, bildete sich unter David's Leitung, und daneben besuchte er auch die Akademie. Er malt Bildnisse und Landschaften, deren M. Didot mehrere besitzt. Auch im historischen Genre leistet er Lobenswerthes.

Larpanteur, Portraitmaler zu Versailles und Pernot's Schüler. Er lieferte bereits eine grosse Anzahl von Bildern, deren man seit 1810 auf Kunstausstellungen sah.

Larraga, Apollinario, Maler von Valencia, der für verschiedene Kirchen und Klöster malte, in der Weise des P. Orrente. Auch Bildnisse fertigte er. Starb 1725.

Seine Tochter Josepha Maria erwarb sich als Miniaturmalerin Ruf.

Larron, ein ausgezeichneter französischer Elfenbeinarbeiter, dessen Lebensumstände wir aber nicht kennen. Er gehört dem vorigen Jahrhunderte an, oder vielleicht ist er älter.

Larsen, Georg, Bildhauer, ein Holländer, der einige Zeit in England arbeitete. Im Jahre 1654 ging er nach Berlin, um für den Schlossgarten Modelle von Kinderfiguren zu fertigen.

Larsen, Maler zu Copenhagen, ein Künstler unserer Zeit. Er malt Bildnisse und Genrestücke. Sein Lebensalter kennen wir nicht. Bei der Kunstausstellung von 1837 sah man Bilder von ihm.

Ein P. J. Larsen war damals Zögling der Akademie zu Copenhagen. Dieser malt Historien.

Larue, Ludwig Felix de, Maler, Zeichner und Kupferstecher, Schüler von Parrocel, arbeitete um 1760. Seine Lebensverhältnisse kennen wir nicht. B. Bossi und Ph. L. Parizeau stachen nach ihm historische Compositionen, Bacchanale, antike Opfer, Nymphen etc. Diese Blätter bilden Folgen von 1770 und 1771. Von ihm selbst gestochen sind:

1) Drei akademische Figuren von Männern, nach J. B. M. Pierre, gr. fol.
2) Das Bildniss des Salvator Rosa, nach diesem.
3) Kleine Ansichten von Rom.
4) Einige Landschaften und Marinen.
5) Copien nach Ostade.

6) Militärische Scenen von verschiedener Grösse, unter dem Titel: Divers sujets militaires inventés et gravés par D. L. H. 4 Z. 10 L., Br. 6 Z. 1 L.
7) Sieben Blätter, stehende Figuren, nach antiker Weise costumirt.

Larue, Jakob de, Formschneider und Schreibmeister zu Paris, wo er um 1560 lebte. Im Jahre 1565 gab er ein Schriftenbuch heraus, mit in Holz geschnittenen Initialen, Zügen, Figuren etc.

Lasagni, Giovanni Pietro, Bildhauer, der um 1596 in Mailand Ruhm genoss. Er arbeitete für Kirchen und öffentliche Plätze.

Lasalle, C., Lithograph zu Paris, ein Künstler, der uns durch folgende Werke bekannt ist:
1) Vases et croquis chinois, lith. par des dessins originaux par C. Lasalle, in 4. col. Paris 1831, in Lieferungen.
2) Choix de costumes pitt. de différents pays.; 1833 das erste Heft in 4, schwarz und colorirt.

Lascigne, Ingenieur, der um 1776 lebte. Es finden sich Zeichnungen von ihm, mit der Feder ausgeführt.

Lasinio, Carlo, Cav. Conte, Zeichner und Kupferstecher aus Trevigi, ein in der Kunstgeschichte durch die Erhaltung und Nachbildung von Kunstwerken älterer Zeit merkwürdiger Mann. Er war Conservator der Kunstschätze in Pisa, und als solcher erwarb er sich mit seinem Sohne G. Paolo ausgezeichnete Verdienste, besonders durch die Herausgabe der Blätter nach den Wandmalereien des Campo santo in Pisa, die unter dem Titel: Pitture a fresco del Campo Santo di Pisa 1812 in gr. fol. erschienen. Dieses Werk ist rühmlich bekannt, und nicht weniger trefflich sind die von beiden Künstlern gestochenen 32 Blätter, die sie unter dem Namen der Quatrocentisten herausgaben, nach den Wandgemälden des T. Gaddi in St. Croce zu Florenz, nach jenen des Masaccio, Masolino und Filippino in S. Carmine, nach den Werken des Dom. Ghirlandajo in St. Maria Novella und St. Trinità, und dazu kommen noch die Fresken des C. Roselli in St. Ambruogio, ein Bild des Aretiners Spinello, den Sturz der bösen Geister vorstellend, gegenwärtig übertüncht.

Frühere Blätter von C. Lasinio sind in dem Werke: Ritratti degli Archivescovi e Vescovi di Toscana. Firenze 1787; in der Etruria pittrice, ovvero storia della pittura toscana, per N. Pagni et G. Bardi. In Firenze 1791. fol. Ferner in dem Werke: Ornati presi da graffiti et pitture antichi essistenti in Firenze 1789. 40 Blätter mit Arabesken in Ornamenten. Unter seine Hauptarbeiten gehören aber immerhin folgende Werke, die wir aus der ganzen Sammlung detaillirt erwähnen. Die ersten vier Blätter erschienen jedoch früher.

1) L'Eta dell' argento, das goldene Weltalter, nach Pietro da Cortona's Zeichnung. Radirt und geschabt, roy. fol.
2) Die Einkehr auf der Flucht nach Egypten, mit verzierten Randleisten. Pittura a fresco di G. da S. Giovanni, transportata nella reale accademia delle belle arti di Firenze, nach Miller's Zeichnung, dem Sign. Conte Carlo degli Azoni dedicirt, mit Wappen. Radirt und geschabt, roy. fol.
3) Das Bildniss des Kupferstechers Dagoti.
4) Das Bildniss Pius VIII., mit der trockenen Nadel gefertiget.

5) Aeussere Ansicht des Campo Santo, rechts das Battisterium, in der Ferne der Dom und der schiefe Thurm, gr. qu. imp. fol.
6) Die berühmte Kanzel des B. Majano in S. Croce zu Florenz, das Bildniss Majano's, die Tugend und Scenen aus dem Leben des heil. Franciscus vorstellend, 7 Blätter, eines im Umriss, die übrigen ausgeführt, gr. fol.
7) S. Miniato Marture, Frescomalerei eines griechischen Malers des 12. Jahrhunderts, in S. Miniato al Monte zu Florenz. Aus Lastri Pittrice d'Etruria, II. fol.
8) Marter des heil. Petrus, nach Giotto's Frescobild in S. Francisci zu Assisi. Aus demselben Werke, VI., gr. fol.
9) Maria mit dem Kinde auf dem Throne sitzend, nach einem Temperagemälde des Guido da Siena in S. Domenico zu Siena. Lastri Pittrice III., fol.
10) Die Erschaffung Adams und der Eva, daneben andere Scenen der ersten Menschen im Paradiese, links Gott der Vater mit dem von Cherubim umgebenen Weltall, nach Buffalmacco's Bild des Campo Santo XVI., gr. qu. fol.
11) Die Unglücksfälle Hiob's: die Tödtung seiner Söhne etc., nach Giotto's Bildern im Campo Santo I., gr. roy. qu. fol.
12) Das Abendmal des Herrn, nach Giotto's Gemälde im Refectorium von S. Croce. Aus den von Lasinio publicirten Frescogemälden alter Florentiner XIII., gr. qu. fol.
13) Der Tod und das Begräbniss der heil. Jungfrau, nach Giotto's Gemälde, ehedem in der Allerheiligen Kirche zu Florenz, seit 1826 in England. Aus Lastri Pittrice IX., qu. fol.
14) Die Kreuztragung Christi, nach Simone Memmi's Frescogemälde in der spanischen Capelle zu S. Maria Novella. Aus Lastri Pitt. X., qu. fol.
15) Die Bekehrung des heil. Ranieri, dieser die Harfe spielend, schönes Fresco desselben Künstlers im Campo Santo VI., gr. roy. qu. fol.
16) Der heil. Rainer theilt sein Vermögen unter die Armen und zieht die Pilgerkleidung an, nach Memmi's Fresco im Campo Santo VII., gr. roy. qu. fol.
17) Die Versuchung dieses Heiligen nach seiner Rückkehr aus dem heil. Lande und seine Wunder; gr. roy. qu. fol.
18) Der Tod des heil. Rainer, in der Ferne der Dom von Pisa, gr. roy. qu. fol.

Auch diese beiden Bilder sind von Memmi im Campo Santo gemalt, aus Lasinio's Werk, VIII. u. X.

19) Das Leben der Anachoreten oder heil. Väter in der Wüste, die Versuchungen derselben etc., nach P. Laureati's Bild im Campo Santo XII. Sehr gr. roy. qu. fol.
20) Das jüngste Gericht und die Hölle, nach Andrea Orgagna's (Arcagnuolo) merkwürdigem Bilde im Campo Santo, XIII. Sehr gr. roy. qu. fol.
21) Der Triumph des Todes, reiche Composition Orgagna's im Campo Santo, XIV. Sehr gr. qu. roy. fol.
22) S. Joachim aus dem Tempel gewiesen und die Erscheinung des Engels bei demselben, Fresco v. T. Gaddi in der Capelle Ciugoi bei St. Croce in Florenz. Aus dem Werke nach alten Malereien in S. Croce, al Carmine und S. Maria Novella, XIV. gr. qu. fol.
23) St. Joachim begegnet der heil. Anna und die Geburt der hl. Jungfrau, nach T. Gaddi, ebendaselbst, XV., gr. qu. fol.
24) Die Verkündigung der Hirten, Geburt Christi, der Stern

der Weisen, Anbetung der Könige, nach T. Gaddi's Gemälde in der Capelle Baroncelli in S. Croce, XVI., gr. qu. fol.

25) Maria geht zum Tempel, die Vermählung der heil. Jungfrau, in derselben Capelle von Gaddi, XVII., gr. qu. fol.

Diese Blätter sind ebenfalls aus dem oben bezeichneten Werke.

26) Pietro Lombardo, S. Severino und Dionis der Areopagite, nach T. Gaddi, in der Capelle der Spanier in S. Maria Novella. Aus Lastri Pittrice, XI., qu. fol.

27) Die Rückkehr des heil. Rainer aus dem heil. Lande und die Wunder desselben, reiche Composition von Antonio Veneziano im Campo Santo, IX. Sehr gr. roy. fol.

28) Das Wunder mit dem Schiff und das Leichenbegängniss des Heiligen, nach demselben und ebendaselbst, beide aus dem Werke über dem Campo Santo, XI. Sehr gr. roy. qu. fol.

29) Der Tod des heil. Rainer, nach demselben. Aus Lastri Pitt. XII., qu. fol.

30) Der Fall der bösen Engel, reiche Composition Spinello's in S. Agnolo zu Florenz. Aus den alten florent. Gemälden, XXVI. Sehr gr. qu. fol.

31) Der Tod des heil. Benedikt, nach dessen Fresco in S. Miniato al Monte. Aus Lastri Pitt. XIII., qu. fol.

32) Der heil. Ephesus mit seiner Mutter zu den Füssen Diocletian's — Christus gibt ihm zum Kampf gegen die Heiden das Kreuz, nach Spinello's Bild im Campo Santo, III. Sehr gr. qu. roy. fol.

33) Der Kampf des heil. Ephesus gegen die Heiden — derselbe vor dem Engel des Herrn, reiche Composition von demselben im Campo Santo, IV. Sehr gr. qu. roy. fol.

34) Die Verbrennung des Heiligen in Gegenwart Diocletian's, nach demselben und ebendaher, XL. Sehr gr. qu. roy. fol.

35) Pabst Martin V. weihet das Spital und die Kirche St. Maria Nova. Nach L. di Bicci. Aus Lastri Etruria pitt., qu. fol.

36) Die Berufung des heil. Petrus und Andreas, Panicale's Fresco in al Carmine zu Florenz. Aus Lastri Etruria pitt. XIX. qu. fol.

37) Derselbe Gegenstand im ganzen Bild, links die Scene mit dem Fische. Etruria pitt. III., gr. qu. fol.

38) Petrus heilt den Lahmen — rechts die Heilung der heil. Petronilla, Panicale's Fresco derselben Kirche. Etruria pitt. IV., gr. qu. fol.

39) Judas verräth den Heiland, nach Fiesole's Temperabild in S. Annunciata, mit Carboni gestochen. Lastri Etr. pitt. XVII. qu. fol.

40) Noah's Söhne bei ihrem trunkenen Vater, nach einem Fresco des P. Ucello in S. Maria Novella. Etrur. pitt., qu. fol.

41) Die Geburt Christi, nach Fra Filippo Lippi's Gemälde in Marguerita de Prato. Etruria pitt. XXI., fol.

42) Petrus und Johannes heilen die Kranken, zwei Frescogemälde Lippi's bei den Carmeliten in Florenz. Florent. Malereien VI., gr. qu. fol.

43) Petrus taufet und prediget den Heiden, zwei Fresken desselben Malers in derselben Kirche, VII., gr. qu. fol.

44) Die Trunkenheit des Noah, nach B. Gozzoli, XIX., gr. real qu. fol.

Diese und die folgende Blätter sind nach Gozzoli's schönen Gemälden im Campo Santo gefertiget, und in Lasinio's Campo Santo.

45) Noah verflucht den Cham, XX., gr. roy. qu. fol.
46) Der Thurm zu Babel, XXI., gr. roy. qu. fol.
47) Abraham und die Diener des Bel, XXII., gr. roy. qu. fol.
48) Abraham und Loth reisen nach Aegypten, XXIII., gr. roy. qu. fol.
49) Abraham's Sieg über seine Feinde, 1808, XXIV., gr. roy. qu. fol.
50) Abraham bewirthet die Engel, — Hagar fortgeschickt, — Hagar in der Wüste, XXV., gr. roy. qu. fol.
51) Der Untergang von Sodom und Gomorra, XXVI., gr. roy. qu. fol.
52) Abraham's häusliches Leben, — das Opfer Isaak's, XXVII., gr. roy. qu. fol.
53) Die Freiung und die Hochzeit der Rebecca, XXVIII., gr. roy. qu. fol.
54) Die Geburt Jakob's und Esau's, — der Verkauf der Erstgeburt, — der Segen Jakob's, XXIX., gr. roy. qu. fol.
55) Die Hochzeit von Jakob und Rahel, XXX., gr. roy. qu. fol.
56) Jakob's und Esau's Zusammentreffen, — dessen Auszug, XXXI., gr. roy. qu. fol.
57) Die Kindheit des Moses, und dessen erste Wunder, XXXIV., gr. roy. qu. fol.
58) Der Zug durchs rothe Meer, und Pharao's Untergang in demselben, XXXV., gr. roy. qu. fol.
59) Moses empfängt die Gesetztafeln, rechts das Volk mit dem goldenen Kalb, XXXVI., gr. roy. qu. fol.
60) Die Ruthe des Aaron, — die eherne Schlange, und mehrere Scenen aus dem israelitischen Volksleben, XXXVII., gr. roy. qu. fol.
61) Die Geschichte des Joseph in mehreren Darstellungen, XXXII. gr. roy. qu. fol.
62) Joseph von seinen Brüdern erkannt, und andere Scenen aus dieser Geschichte, XXXIII., gr. roy. qu. fol.
63) Der Fall von Jericho und der Streit David's mit Goliath, XXXVIII., gr. roy. qu. fol.
64) Die Anbetung der Könige, rechts ein Theil des destruirten Bildes von Giotto, XXXIX., gr. roy. qu. fol.

Alle diese Blätter sind nach Benozzi Gozzoli und aus Lasini's Campo Santo.

65) Petrus und Paulus vor dem römischen Landpfleger, und die Marter St. Petri, nach Masaccio's Fresco in al Carmine zu Florenz, VIII., gr. qu. fol.
66) Adam und Eva im Begriffe zu sündigen, ihre Flucht, Petrus im Gefängniss und dessen Befreiung, ebenfalls aus Lasinio's florent. Malereien, nach Masaccio, V., gr. qu. fol.
67) Petrus und Paulus erwecken einen Knaben, ebendaher, und nach Masaccio, XI., gr. qu. fol.
68) Die Marter des heil. Sebastian, nach Pollajuolo's Gemälde in der Capelle Pucci zu Florenz. Aus Lastri Etruria, XXIV. fol.
69) Der heil. Joachim wird aus dem Tempel gewiesen, nach Ghirlandajo's Fresco in S. Maria Novella.

Dieses Blatt macht Nr. XVIII. in Lasinio's Werk von altflorentinischen Malereien, und auch die folgenden gehören dahin, Compositionen von Ghirlandajo.

70) Die Geburt der heil. Jungfrau, XX., gr. fol.

71) Die heil. Jungfrau in ihrer Jugend auf den Stufen des Tempels, links die Jungfrau, 1820, XXIV., gr. qu. fol.
72) Die Vermählung Mariä, XXV., gr. qu. fol.
73) Der Besuch der Elisabeth, XIX., gr. qu. fol.
74) Die Anbetung der Weisen, 1826, XXX., gr. qu. fol.
75) Die Erscheinung des Engels vor Zacharias, XXII., gr. qu. fol.
76) Die Geburt des Johannes, XXI., gr. qu. fol.
77) Zacharias schreibt den Namen Johannes, 1820, XXIII, gr. qu. fol.
78) Die Predigt des Johannes, 1825, XXVIII., gr. qu. fol.
79) Die Taufe Christi, 1826, XXIX., gr. qu. fol.
80) Salome tanzt vor Herodes, grosses Rundgemälde, 1827, XXXI., gr. qu. fol.
81) St. Franz vor Pabst Honorius III., Frescogemälde der Capelle Sassetti in St. Trinità zu Florenz, X., gr. qu. fol.
82) Der heil. Franz erweckt einen aus dem Fenster gefallenen Knaben; derselbe vor dem Sultan in Soria über das Feuer gehend, XI., gr. qu. fol.
83) St. Franz empfängt die Wundmahle, in der Ferne dessen Kloster zu Assisi, 1824, XXVII., gr. qu. fol.
84) Der Tod des heil. Franz, XII., gr. qu. fol.

Alle diese Blätter geben Compositionen des Ghirlandajo.

85) Die Ausstellung des Allerheiligsten, nach Roselli's Fresco in S. Ambrogio zu Florenz, VIII., gr. qu. fol.

86) Madonna auf dem Throne, vor ihr ein Heiliger und die heil. Katharina von Siena, nach A. Verocchio's Gemälde im Kloster S. Domenico nel Maglio zu Florenz. Aus Lastri Etr. pitt. XVI., qu. fol.

87) Die heil. Barbara auf dem Throne sitzend, von Engeln umgeben, im Vorgrund St. Catharina und Magdalena, nach Matteo di Siena, und aus Lasinio's Pitture da Siena, gr. 4.

88) Die hl. Familie von Engeln umgeben, nach Michel Angelo's Bild in der Gallerie des Urenkels M. Angelo's zu Florenz. Aus Lastri pitt., XXXIV., gr. fol.

89) Heilige Familie in einer Landschaft, und der heil. Leonhard, nach Sodoma's Gemälde der Rathhauskapelle in Siena, mit Cecchi gestochen. Aus Lastri Etr. pitt., XXXII., fol.

90) Die Anbetung der Könige, grosse, reiche Composition, nach B. Peruzzi's Bild der Sammlung Rinuccini. Aus Lastri pitt. XXXVI., gr. fol.

91) Die Marter der heil. Catharina, reiche Composition, nach G. Bugiardino's Bild in der Capelle Ruccellai in S. Maria Novella zu Florenz, mit Cecchi gestochen. Aus Lastri pitt. XLII., gr. fol.

92) Die Krönung der heil. Jungfrau, unten Petrus, Johannes und Paulus, nach J. Pachiarotti's Bild in S. Spirito zu Siena. Aus Lastri pitt. XLVIII., gr. fol.

93) Die Planeten, nach Rafael's Deckengemälde in der Sala Borgia im Vatikan; jede Gottheit auf einem Wagen, mit Titel, worauf die Sternkunde das Bildniss des Galilei hält. Von C. Lasinio selbst gezeichnet, oval qu. fol.

94) Der Leichnam Christi von den Seinigen beweint, eines der schönsten Gemälde A. del Sarto's in der florentinischen Gallerie, mit Cecchi gestochen. Aus Lastri pitt. XL., fol.

95) Die Himmelfahrt der Maria, Frescobild von R. Rossi in S. Annunciata zu Florenz, mit Cecchi gestochen. Aus Lastri pitt., XLVII., gr. fol.

96) Christus erscheint der Magdalena, nach A. Bronzino's Bild der Copelle Cavalcanti in Florenz. Aus Lastri pitt., LII., gr. fol.
97) Dädalus und Ikarus, nach T. da San Friano's Bild in der Gallerie zu Florenz, mit Cecchi gestochen. Aus Lastri pitt., LXXIII., gr. fol.
98) Der junge Tobias und seine Gattin auf den Knien, nach F. Montelatici's Gemälde im Hause O. Pitti zu Florenz. Aus Lastri pitt., LXLIII., qu. fol.
99) Medea, welche aus Kräutern Gift bereitet, nach G. Machietti, in der florent. Gallerie, mit Gregori gestochen. Aus Lastri pitt., oval fol.
100) Moses schlägt an den Felsen, nach einem Gemälde auf Schiefer von A. Tempesta, in der Gallerie Niccolini zu Florenz, mit Vascellini gestochen. Aus Lastri pitt. LXV., fol.
101) Moses schlägt an den Felsen, reiche Composition, nach G. Pagani's Gemälde in der Cathedrale zu Florenz, mit Vascellini gestochen. Aus Lastri pitt. LXXI., qu. fol.
102) Narcissus am Brunnen, rechts ein Hund, nach F. Curradi, das Bild in der Gallerie Riccardi, mit Cecchi gestochen. Lastri pitt. LXXVII., qu. fol.
103) Tancred und Erminia, nach O. Vanni's Bild in der florent. Gallerie, mit Cecchi gestochen. Lastri pitt. LXXIX., qu. fol.
104) Christus in der Wüste von Engeln bedient, nach G. Manozzi's Bild in der alten Abtei zu Fiesole, mit Cecchi gestochen. Lastri pitt. IC., gr. fol.
105) Abigail kniet vor David, nach J. Vignoli, im Hotel Tolomei zu Florenz, mit Cecchi gestochen für Lastri pitt. CI., fol.
106) Orpheus sitzend am Felsen, nach L. Lippi's Bild im Pallaste Ruccellai in Florenz. Lastri pitt., CIII., fol.
107) Christus erliegt der Last des Kreuzes, nach V. Dandini's Bild in Florenz. Lastri pitt., CV., fol.
108) Die Vermählung der heil. Catharina, nach S. Pignoni. Lastri pitt., CLX., qu. fol.
109) Dejanira von Nessus entführt, nach A. Gabbiani's Frescobild im Pallaste Strozzi. Lastri pitt., CVI., fol.
110) Alexander und sein Arzt Philippus, um sie die Krieger, nach Gherardini. Lastri pitt., CXVI., gr. fol.
111) St. Hieronymus in der Wüste, wie ihn der Engel mit der Posaune vom Schlafe erweckt, nach N. Nasini's Bild in S. Laurentio zu Florenz. Pitt. CVII., gr. fol.
112) Maria sitzend mit dem Kinde an der Brust, links Joseph, rechts ein Engel, welcher das Bettchen mit Rosen bestreut, nach G. Melani's Bild in S. Domenico zu Pisa. Lastri Pitt. CVIII., gr. fol.

Lasinio, Giovanni Paolo, Cav., Kupferstecher, Sohn des Obigen, der mit dem Vater gleichen Ruhm theilt. Er war dessen Mitarbeiter, und auch Lasinio jun. hat seinen Ruf, namentlich durch einen sorgfältigen und äusserst sauberen Stich des einfachen Umrisses, längst bewährt, was seine Florentiner Dombasreliefs, seine Abbildung der Kuppel von St. Croce und seine zahlreichen Blätter für Molini's Ausgabe der Gallerie der Uffizi, des Real Museo Borbonico, beweisen. In dem von beiden Künstlern besorgten

Werke des Campo Santo in Pisa sind auch die Hauptmassen von Licht und Schatten angegeben. Lasinio der Sohn gab dieses Werk in kleinerem Formate heraus, da das ältere in guten Abdrücken bereits selten und theuer geworden ist. Diese Pitture a fresco del campo Santo di Pisa erschienen 1832 — 34 in 46 Blättern mit italienischem und französischem Text, und hier hat der Künstler in Auffassung des Charakters dieser nicht selten von der Zeit schlimm behandelten Bilder sein Möglichstes gethan. Nach Vollendung dieses Werkes übernahm Lasinio die Herausgabe der grossen Kupfertafeln zu Resellini's Beschreibung der Alterthümer Egyptens und Nubiens.

Unmittelbar oder doch mittelbar gefertigte Kupferwerke der beiden Lasinio's, oder des Sohnes allein, sind ferner:

1) La Metropolitana fiorentina, kl. fol. Florenz 1820.
2) Monumenti Sepolcrali della Toscana, disegnati da V. Gozzini, inc. da Giov. Paolo Lasinio. Firenze 1819.
3) Raccolta di pitture antiche intagliate da Paolo Lasinio, disegnate da G. Rossi. Pisa 1820 I. Hft., II. Hft. 1833.
4) Raccolta di Sarcofagi, Urni ed altri monumenti di Scultura del Campo santo di Pisa, intagl. da P. Lasinio. Firenze 1825.
5) Il Pergamo scolpito in marmo da Benedetto da Majano nella chiesa di sta Croce di Firenze.
6) Tavole lithographiche esprimenti profili di teste dipinti dai piu celebri maestri Toscani.
7) La piazza del Granduca di Firenze, con i suoi Monumenti. Firenze 1830.
8) Galleria Riccardiana, dipinta da Luca Giordano, von 1822 bis 24 in 6 Heften erschienen, mit Text von P. Georgi. Die Kupfer bestehen in reinlichen Umrissen, hie und da ausschattirt.
9) Le tre porte del Battisterio di Firenze, 1821; nach Zeichnungen von V. Gozzini.
10) Das Tabernakel von Orgagna (Arcagnuolo) in Or San Michele.
11) Die Anbetung der Könige, nach dem trefflichen Gemälde Sodoma's in San Agostino zu Siena. Aus den Pitture di Siena, fol.
12) Die Abnahme vom Kreuze, reiche Composition desselben Meisters in S. Francesco zu Siena. Aus den Pitt. di Siena, gr. fol.
13) Die ohnmächtige Catharina von Siena in den Armen ihrer Ordensschwestern, nach Sodoma, und aus demselben Werke, kl. J. Bonajuti stach dieses Bild in grösserem Formate.
14) Die Versuchung des heil. Anton, nach Spagnoletto. Aus den Pitture de Siena, fol.
15) Die Schweinsjagd, nach Rubens, für die Reale galleria di Torino, illust. da Roberto d'Azeglio, von 1836 an in Heften erschienen, fol.
16) Die Verkündigung der Maria, nach Gentileschi, für dasselbe Werk.
17) Die Madonna, nach C. Dolce; für dasselbe Galleriewerk.

Lasinsky, Johann Adolph, Landschaftsmaler aus Coblenz, wurde um 1810 geboren, und seine künstlerische Reife erlangte er auf der Akademie in Düsseldorf. Hier fand er tüchtige Vorbilder, besonders in Schirmer, und eine zweite grosse Lehrmeisterin war ihm die Natur. Dabei unterstützte ihn ein ausgezeichnetes Talent, und als Proben seiner Tüchtigkeit liegt bereits dem Publikum eine nicht unbedeutende Anzahl von Bildern vor, die bei Gelegenheit der Kunstausstellungen immer mit grösstem Beifall aufgenommen wurden. Es sind dieses landschaftliche Darstellungen mit bedeutungsvoller Staffage und mit Beleuchtung jeder Tageszeit; Ansichten von alten Burgen, Schlössern und andern merkwürdigen alten Gebäuden; solche von Dörfern und Weilern mit Fernsicht auf Burgruinen, Thürme etc.; Waldgebirge und Felsenstürze, Marinen mit Schiffen, Seestürme, ländliche Hütten an Bergen und Flüssen, und verschiedene andere liebliche Erscheinungen aus dem Gebiete der Natur. Er stellt sie in ihrer Ruhe und im Aufruhre, in ihrem vollsten Schmucke und im winterlichen Kleide dar.

Lasinsky hat die Natur in ihrer Eigenthümlichkeit erforscht und, mit einem feinen Farbensinn begabt, schafft er in nie ermüdendem Fleisse mit technischer Meisterschaft die gefälligsten Bilder. Meisterhaft ist sein Schloss Pyrmont im Frühling; bewunderungswürdig nennt Graf Raczinky (Gesch. der neuern Kunst I. 255) die Burg Oberstein an der Nahe. Eine seiner Landschaften ist bei Raczinsky S. 263 im Holzschnitte gegeben.

Lasinsky, August Gustav, Maler von Coblenz, der jüngere genannt, wurde 1812 geboren. Er bildete sich auf der Akademie in Düsseldorf zum Künstler, und als solcher offenbaret er ein ungewöhnliches Talent. Das Fach, welches er wählte, ist das historische; er streift aber auch hinüber in das Gebiet des Genres, und Lasinsky hat in Beidem bereits treffliche Bilder geliefert. Im Jahre 1836 rühmte man seine Befreiung Petri aus dem Gefängnisse, doch hat Lasinsky noch mehrere andere schöne Bilder gemalt. Darunter sind auch etliche Landschaften. Im Jahre 1832 sah man auf der Berliner Kunstausstellung ein verdienstvolles Bild, welches einen Ritter mit der Fahne vorstellt, und zwei Jahre später ein gleiches von Wilhelm Tell's Tod.

Lasinsky, Wilhelm, Maler aus Coblenz, besuchte um 1832 die Düsseldorfer Kunstschule, aber wir wissen nicht, in welcher Beziehung er zu den beiden obigen stehe, so wie wir überhaupt vergebens auf nähere Aufschlüsse über die Verhältnisse dieser Künstler gewartet haben. W. Lasinsky malt Landschaften, architektonische Ansichten u. a.

Lasne, Michel, Kupferstecher (1596 — 1667), dessen wir schon unter l'Asne erwähnt haben, der aber hier eine Stelle finden muss, da sein Name häufiger Lasne geschrieben wird. Auch das Monogramm ist aus M. L. zusammengesetzt. Indem wir auf den früheren Artikel verweisen, fügen wir hier nur noch einige Blätter bei, deren der Abbé de Marolles (nicht Moralles) 600 kennt.

1) St. Ludwig zum Kreuzzuge bewaffnet, nach Rafael, fol.
2) Susanna von den Alten überrascht, nach Rubens, fol.
3) Die Heimsuchung Mariä, nach An. Carracci, fol.
4) Die heil. Maria von Aegypten, nach Spagnolet.
5) Die heil. Jungfrau erscheint dem hl. Anton, nach S Vouet, gr. fol.
6) Die heil. Jungfrau unter einem Baume, fol.
7) St. Franz von Assisi, fol.
8) Der Mann mit dem Hunde, die Flöte blasend.
9) Le tambour espagnol, nach A. Bosse, kl. fol.
10) Der Maler in seinem Atelier, wie er den Amor malt, nach A. Bosse, 4.
11) Bellerophon auf dem Pegasus bekämpft die Chimäre, fol

12) Le Cardinal de la Valette, ungenanntes Bildniss, gr. fol.
13) Louis XIII. Roy de France et de Nauarre, oval, gr. fol.
14) Ludovicus petit, Decretorum Doctor etc., 4.
15) Büste des Antonio Lemoine Cons. et secret. d'Etat, nach Ferdinand, 4.
16) Büste eines Prälaten, im Geschmacke Mellan's, fol.
17) P. Nicolas Coussin, Jesuit, fol.
18) Julius Mazzarinus, Cardinalis, fol.
19) Louys Sr. de Maine, 4.
20) Büste einer Nonne, 12.
21) Scipio Dupleix, Secrétaire de la ville aux clercs, oval.
22) Derselbe mit dem Käppchen auf dem Kopfe, in Quadrat.
23) Barthelemy Tremblet, Sculpteur du roy, oval.

Lassaulx, K. B. J. von, Architekt zu Coblenz, ein Künstler unserer Zeit, der seinen Ruf bereits begründet hat. Er hat im Theoretischen, so wie im Praktischen seiner Kunst tiefe Einsicht, und dabei offenbaret er in allen seinen Arbeiten einen durch das Studium der klassischen Werke der Architektur geläuterten Geschmack. Auch dem gothischen Baustyle widmete er ein besonderes Augenmerk, und wie tief er jene wunderbare Bauweise erfasst, beweiset seine seit 1831 eingeweihte und in diesem Style erbaute neue Kirche zu Treis an der Mosel. Genau beschrieben ist diese Kirche im Crelle'schen Journal für Baukunst I. 4. Diese Kirche ist indessen nicht das erste Ergebniss seines Studiums der gothischen Architektur; er hatte schon früher den durch Umstände gebotenen Versuch gemacht, die schöne Florinuskirche in Coblenz im Style des Mittelalters herzustellen. Im Jahre 1836 fertigte er die Zeichnung zum gothischen Altare in der Capelle des Bürgerhospitals zu Coblenz. Der Versuch gelang über die Erwartung des Künstlers, und der König hat Lassaulx Verdienste huldreichst gewürdiget. Doch ist es nicht das einzige Verdienst, dass Lassaulx ausser Bayern in Deutschland die gothische Architektur in Anwendung brachte; er baute auch andere Gebäude, wie die Interimscaserne u. s. w. Er lieferte auch verschiedene Plane, die sich durch Zweckmässigkeit in der Anordnung, und durch Schönheit der Form auszeichnen. Eben so trefflich sind auch seine Modelle.

K. v. Lassaulx bekleidet die Stelle eines k. preussischen Bauinspektors.

Lasse oder Lassaeus, Nicolaus, ein alter Kupferstecher, dessen Lebensverhältnisse unbekannt sind. Er stach Bildnisse, und einige derselben sind mit den Buchstaben N. L. F. bezeichnet, was jedoch auch den Nicolaus Larmessin bedeuten könnte.

Auf einem Bildnisse des J. J. Boissard, Halbfigur im Profil, sind zu beiden Seiten Gedichte mit beweglichen Lettern gedruckt, qu. fol.

Lassus, Alexander Victor de, Maler, wurde 1781 zu Toulouse geboren, und David ertheilte ihm Unterricht in seiner Kunst. Doch widmete er sich nicht ausschliesslich der ernsten Historienmalerei, wie der Meister; Lassus wählte das historische Genre, und öfter malte er merkwürdige Ereignisse aus der Zeitgeschichte. Er eifert dem Vernet rühmlich nach, doch musste er in der Zeichnung und in der malerischen Behandlung jenem anfangs den Vorrang lassen. In seinen Compositionen ist aber alles gedacht und gefühlt. Mehrere seiner Bilder wurden mit Medaillen beehrt, und diese sind im Allgemeinen in bedeutender Anzahl vorhanden. In Versailles ist sein 8 auf 6 Fuss grosses Bild der Einnahme von Fondi durch

Hariaden Barberousse; in der Gallerie des Herzogs von Berry war seine Predigt des Franz von Paula an die Gefangenen in Algier; im Louvre, im Schlosse zu Rossny und in der Sammlung des Lassus-Caumont sind neapolitanische Scenen von ihm gemalt. Mehrere von diesen Bildern hat er zweimal gemalt, und überdiess finden sich noch verschiedene andere Genrebilder von seiner Hand, Ereignisse aus der neuen griechischen Periode, Räuberscenen, Schlachtbilder u. a.

Dann heisst es im Kunstblatte von 1836, dass Lassus eine Fortsetzung seiner sorgfältigen Studien über mittelalterliche Bauten in Paris gegeben habe, und dieser Lassus ist wohl unser Künstler. Seine Ansichten der ehemaligen Priorei von St. Martin-des-Champs verrathen einen fleissigen Forscher.

Lastanosa, ein spanischer Maler und Schüler von R. Mengs. Der Ritter d'Azara preist ihn, und für diesen Kunstfreund malte er in einem Cabinette des spanischen Pallastes zu Rom einen Philosophen, wie er bei einem Staatsmann Besuch abstattet, ersterer unter der Gestalt des Architekten Milizzia und letzterer unter jener des Ritters. Lastanosa lebte noch 1804.

Lasteyrie, Maler, der in der Geschichte der Lithographie eine Stelle findet. Er nahm in München Unterricht in der Lithographie, und zugleich erwarb er sich Abrisse von Pressen, die er nach Paris brachte.

Lasteyrie hatte den Titel eines Lithographe du roi. Er scheint noch 1820 gelebt zu haben.

Lastmann, Pieter, Maler und Radirer, wurde 1562 zu Harlem geboren, und Cornelis von Harlem war sein Meister, so wie er selbst wieder an Rembrandt einen berühmten Schüler gehabt haben soll. Seine Lebensverhältnisse sind unbekannt, man weiss aber, dass er 1604 zu Rom sich aufgehalten habe, und dass seine Gemälde sogar mit Gedichten beehrt wurden. Man rühmt die Composition, das schöne Colorit und die Kenntniss des Helldunkels. Von 1619 — 1620 malte er mit Anderen zu Copenhagen in der Schlosskirche.

Lastmann erfand 1626 die Kunst, Kupferstiche zu illuminiren, die dann von E. Leblond aus Frankfurt a. M. vervollkommnet wurde.

Mehrere seiner Bilder wurden gestochen; von J. von Somerer Abraham mit den Engeln, Mezzotinto; von S. Frisius eine Landschaft mit dem jungen Tobias; von J. van Noordt die Landschaft mit Ruinen, 1645, etc.

Lastmann hat selbst Blätter radirt, die in einem guten Geschmacke behandelt und selten sind.

1) Landschaft mit Thamar und Juda, im vertraulichen Beisammenseyn, im Geschmacke Rembrandt's, mit dem Monogramme P. L. H. 7 Z. 11 L., Br. 6 Z. 6 L. Die frühern Abdrücke sind ohne Monogramm und sehr selten.
2) Die verschleierte Frau vor einer Arkade sitzend.
3) Ein deutscher Bürgermeister, wie er im Vorgrunde einem kleinen Knaben Almosen gibt, im Grunde links eine Aegyptierin, ebenfalls in der Lage einer Bettlerin, mit dem Monogramm und M. S., was M. Sorg bedeuten soll.

Lastmann, Nicolaus, Maler und Kupferstecher zu Harlem, der Sohn des Obigen, daher Petersz und Nicolaus Petri genannt. Sein Geburtsjahr ist unbekannt, keineswegs 1619, wie Rost angibt, da

21*

der Künstler schon zu Anfang dieses Jahrhunderts gearbeitet hat. Sein Meister war J. Pinas, dessen Manier er annahm, wobei er aber auch öfter den Guido nachzuahmen strebte. Als Stecher arbeitete er mit der Nadel und dem Grabstichel.

1) Jesus im Oelgarten, um ihn mehrere Engel mit Marterinstrumenten. Im Vorgrunde sind drei schlafende Jünger und die Landschaft ist vom Mondlichte erhellt: A. P. Lastmann inv. Nicola Petri sc. 1648, fol.
2) Die Befreiung Petri aus dem Gefängnisse, nach Pinas; das Gegenstück.
3) Die Marter des heil. Petrus, nach Guido's berühmtem Bilde der Paulskirche in Via Ostia zu Rom: N. Lastmann sc. et exc., gr. fol. Kräftig gestochenes Blatt und selten.
4) Der barmherzige Samariter, nach eigener Erfindung. Gut behandelt und selten, fol.

Lastricati, Zenobio, Bildhauer und Giesser zu Florenz um 1564. In diesem Jahre war er unter den Künstlern, die dem Michel Angelo ein prächtiges Leichengerüste errichteten, und dabei nahm er eine ehrenvolle Stelle ein.

Latapie, Jean, Architekt zu Pau, der aber 1784 zu Juranҫon geboren wurde. Sein Meister war Percier, und er selbst hat in mehreren Werken seine Kräfte versucht. Zu Urdos baute er ein Lazareth, zu Bayonne ein solches für Seeleute 1823; mit Famin fertigte er den Plan zur Ludwigskirche in Pau, und auch das Stadthaus daselbst restaurirte er. Auch die Halle und das Kornhaus daselbst baute er, so wie einen Schauspielsaal. Für die Stadt Nay entwarf er den Plan zu einem Rathhause und zur Halle.

Latapie ist Architekt der Stadt und des Schlosses zu Pau.

Later, Jakob de, Maler, Zeichner und Kupferstecher, der um 1690 — 1710 arbeitete. Seine Lebensverhältnisse sind unbekannt, selbst die Verfasser der oft berührten Geschiedenis der vaderlandsche Schilderkunst kennen ihn nur nach den Platten, die er für van der Marck's Bibel gefertiget hat. Von seinen Blättern fügen wir noch bei:

1) Wilhelmus III. D.ˆ G. Angliae etc. rex, Vestitu commodo, im gestickten Kleide, den Hut auf dem Kopfe; in Schwarzkunst. Mit dem Namen des Stechers u. N. Vischer's Adresse. H. 12 Z. 5 L., Br. 9 Z. 6 L. Selten; bei Weigel 3 Thl. 12 gr.
2) Ein sitzender Mann mit Glas und Pfeife, Kniestück. De Sterke Forsheyt, van Penen invent. Jan de Later fecit, G. Valck excud. H. 8 Z. 4 L., Br. 6 Z. 11 L. Weigel 1 Thl. 18 gr.
3) Die beiden Bauern. Kniestück, nach Ostade, mit Later's Namen und der Adresse von Valck. H. 6 Z. 10½ L., Br. 7 Z. 2 L. Weigel 1 Thl. 16 gr.
4) Das Bildniss von W. Sewel, nach Rademacker.
5) Jenes von E. Rumpf, an der Spitze seines Thesaurus imaginum piscium testaceorum. Leyden 1711, u. s. w.

Later, van de, Maler, von welchem Füssly sagt, dass er am churfürstlichen Hofe in München Landschaften und Märkte mit vielen Figuren gemalt habe. In Weizenfeld's Catalog der Schleissheimer Sammlung wird ihm eine Landschaft mit einer Brücke beigelegt. Lipowsky will wissen, dass der Künstler van de Laeter geheissen habe, und auch in Füssly's Suplementen heisst es, dass irgendwo ein Landschaftsmaler Laetter gelebt habe.

Lathem, John, Bildnissmaler, der um 1690 in England lebte und wahrscheinlich ist es jener Latham, den Füssly einen mittelmässigen Bildnissmaler in Dublin nennt. Nach diesem Lathem stach J. Brooke das Bildniss des John Lewis Ligonier.

Fiorillo kennt einen mittelmässigen Bildhauer Latham.

Latil, Maler zu Paris, wo er seit 1824 bekannt ist. Latil malt Historien, mehrere biblische Darstellungen, auch Scenen aus Dichtern etc. Aus Auftrag das Departement de la Seine malte er die Fusswaschung des Herrn; dann die Heilung des Besessenen, eine Magdalena 1830, Joseph's blutiger Rock vor Jakob gebracht etc.

Latoni, Tarquinio Fortunato, Maler aus Verona, wurde an den Hof nach München gerufen, um der Churfürstin Adelheid Unterricht im Zeichnen zu ertheilen, wofür er jährlich 1000 fl. bezog, wie Lipowsky aus einer alten Hofkammerrechnung von 1659 wissen will. Latoni musste auch Decorationen für die Hofbühne malen, die damals in der Nähe der Salvators-Kirche stand.

Latour, Maler, dessen Lebensverhältnisse wir nicht erfahren konnten. Wir haben schon eines niederländischen Malers Delatour erwähnt, eines geschickten Künstlers unsers Jahrhunderts, und dieser könnte jener Latour seyn, von welchem 1813 ein Bildniss des J. J. Rousseau Aufsehen erregte. Gabet erwähnt keines Latour.

Latour, s. auch Tour.

Latre, s. Lattre und Delatre.

Latremolière, s. Tremolière.

Latri, Pietro, ein Jesuit und Maler, der in Rom die Kirche seines Ordens mit Gemälden verzierte. Seiner erwähnt Titi, ohne die Lebenszeit des Malers zu bestimmen.

Lattanzio da Rimini, s. de la Marca.

Latterini, s. Litterini.

Latteux, Landschafsmaler zu Paris, ein jetzt lebender Künstler, der mit Achtung genannt werden muss.

Lattinville, S., Maler zu Paris, der daselbst um 1760 lebte. Er malte Bildnisse von Herren und Damen, und etliche seiner Gemälde wurden gestochen. E. Fessard stach 1756 ein Bildniss des Cardinals Paul d'Albert de Luynes, und Daullé jenes der Mlle. Narbonne Pelet. Die Copie dieses Blattes hat die Aufschrift: La pudeur. Gaillard hat das Bildniss der Königin von Schweden nach ihm gestochen.

Lattre, Henri de, Maler, wurde 1802 zu St. Omer geboren, und was er als Künstler vermag, verdankt er sich selbst. Er lebt in Paris, wo seine Thierstücke mit Beifall aufgenommen werden. Man findet davon in Privatsammlungen, in jener von Sammerard, de Cypière.

Lattre, Adolph de, Miniaturmaler, wurde 1805 zu Tour geboren, und Isabey unterrichtete ihn. Er lebt in Paris als ausübender Künstler, und da malt er besonders Bildnisse in Miniatur und Aquarell. Auch Unterricht ertheilt er.

Lattre, J. M. de, s. Delatre.

Laub oder Lauber, A., Kupferstecher, ein Monogrammist, den Christ Laub oder Lauber nennt, weil er neben dem Zeichen auch ein Laub, Blatt, anbrachte.

Bartsch P. gr. IX. 38. beschreibt folgende Blätter von diesem unbekannten Künstler:

1) Bildniss des Herzogs Georg von Sachsen, Halbfigur mit langem Bart, die Mütze auf dem Kopfe, und mit dem goldnen Vliess geschmückt. Herzog Jorg Ano. D. M. XXXV. H. 3 Z. 1 L., Br. 2 Z. 1 L.
2) Bildniss eines sächsischen Prinzen, in Profil, blossem Kopf und mit langem Bart. In runder Einfassung, mit dem sächsischen Wappen. M. D. XXXV. In gleicher Grösse.
3) Eine Goldschmiedsverzierung mit zwei nackten Kindern zu den beiden Seiten einer Vase. M. D. XXXV. H. 1 Z. 8 L., Br. 4 Z. 4 L.

   Diese drei Blätter legt Bartsch einem Monogrammisten AL. (nach gothischer Form) bei, es fehlt aber das Laub. Dennoch glaubt Brulliot, dass es denjenigen bedeute, der sich des Laubes bediente. Dieses Monogramm, mit einem Zusatz nach links, der einem E ähnelt, oder F L., steht auf folgendem Blatte:
4) Bildniss des Herzogs Georg von Sachsen, Halbfigur in Dreiviertelansicht, mit langem Bart, die Mütze auf dem Kopfe und mit dem goldenen Vliess geziert: MDXXXVI. Jorg Herzog zu Saxsen. H. 4 Z., Br. 2 Z. 10 L.

Laub, Tobias, Maler und Stecher in schwarzer Manier, bildete sich zu Augsburg unter Leitung des J. Fisches, und dann trat er ebenfalls als ausübender Künstler in jener Stadt auf. Er malte Bildnisse, und solche brachte er auch in Kupfer. In seiner letzten Zeit hatte er das Unglück zu erblinden, und 1761 starb er, 76 Jahre alt. Mehrere seiner Bildnisse wurden von Probst, Heiss, Haid, Corvinus u. a. gestochen. Von ihm selbst gefertiget sind die Bildnisse von:

1) Johann Sebastian Milius, Goldarbeiter, mit Bibelsprüchen: Tobias Laub Ex. et Sculps. Aug. Vind. Oval fol.
2) J. J. Scheuchzer, Mediziner, Halbfigur nach J. H. Heidegger, fol.
3) Markus Christoph Besserer, fol.
4) Einige andere Bildnisse nach A. Graf, M. Kleinert, A. Löscher etc.

Laubacher, Leander, ein Laienbruder in der Abtei Aal in Bayern, malte Altarblätter. Für die Kirche in Attl copirte er die Himmelfahrt Maria im Dome zu Freising.

Laubert, Zeichner zu Paris um 1770. I. C. Le Vasseur stach nach ihm. L'âge agréable, in ovaler Einfassung.

Laubreis, Veit Carl, Zeichner und Maler von Würzburg, wurde 1769 geboren, und A. H. Köhler war daselbst sein erster Meister. Später besuchte er die Akademie in Mannheim, wo ihm 1790 die Preismedaille zu Theil wurde, und nach dem Austritte aus dieser Anstalt suchte er sich weiter zu bilden. Zur Reise ins Ausland fehlten ihm die Mittel, und daher blieb Würzburg der Schauplatz seiner Thätigkeit. Er malte mit Beifall Portraite, auch etliche Historien, besonderes Verdienst aber erwarb er sich durch seine anatomischen Zeichnungen, die für medicinische und chirurgische Werke gestochen wurden. Starb um 1806.

Lauch, Christoph, Maler zu Wien, malte Bildnisse und leblose Gegenstände mit guter Färbung, und diese seine Werke wurden mit Beifall belohnt. Er war Gallerie-Inspektor und Kammermaler der Kaiserin Eleonora. Das Bildniss der letzteren, und jenes der Kaiserin Maria hat Boener gestochen. Auch M. Küsel stach das Bildniss der Maria von Oesterreich. Dann beabsichtigte Lauch ebenfalls die Herausgabe der ihm anvertrauten Gemälde durch Blätter in Schwarzkunst, wozu er den Kupferstecher J. Maennl verwendete; allein es erschienen nur 30 Blätter, mit dem Bildnisse Carl VI.

Lauch starb um 1730. Seine Schwester malte mit Beifall Winterlandschaften.

Laud, Abbé, ein französischer Emigrant, der um 1806 in Hamburg lebte. Er fertigte ein grosses Aquatintablatt, welches die Ruinen des alten Domes in Hamburg vorstellt, wofür er in dem bezeichneten Jahre die grosse goldene Ehrenmedaille erhielt.

L. Wolf hat dieses Blatt für die in Hamburg erschienenen gemeinnützigen Unterhaltungsblätter im kleinen Massstabe copirt.

Laudatti, Gioseffo, Maler, wurde 1672 in Perugia geboren, und P. Montanini ertheilte ihm den ersten Unterricht in der Malerei, bis er nach Rom ging, um bei C. Maratti seine Studien fortzusetzen. Er malte Historien und Bildnisse, und zwar mit Ehren, indem er nach Lanzi's Versicherung, in Perugia so viel als möglich der gesunkenen Malerei wieder aufzuhelfen suchte. Pascoli und Orlandi loben ihn auch besonders.

Starb nach 1718.

Laudi, David, Kupferstecher, ein Jude, arbeitete zu Cremona, gewöhnlich für Buchhändler, wie für die Istoria di Cremona, nach A. Campi u. a. Lebte um 1550.

Laudier, Therese, geborne Garnier, wurde 1776 zu Paris geboren, und Vestier unterrichtete sie in der Malerei. Man hat von ihr verschiedene Genrestücke und Portraite; dann malte sie auch etliche Historien. In der Schlosscapelle von Masino in Piemont ist von ihrer Hand gemalt ein Bild der Madonna mit dem Kinde, welches sie 1809 in Turin malte. Für den Saal der Assisen zu Laon malte sie einen Christus.

Mlle. Laudier arbeitete noch 1830.

Laudizia, s. Laodicia.

Lauer, David, Maler zu Nürnberg, und auch Kunsthändler, von welchem sich ein gestochenes Bildniss findet. Starb 1634.

Er ist vielleicht der Sohn des Johann David Lauer, der um 1619 — 22 in Nürnberg war.

Lauer, Nicolaus, Maler, der sich gegen das Ende des vorigen Jahrhunderts durch seine Bildnisse Beifall erwarb. Er war Hofmaler des Herzogs von Zweibrücken, ging aber später nach Berlin, wo er um 1798 — 1802 die Bildnisse des Königs und der Königin, der Prinzen und Prinzessinnen in Pastell und in Oel malte. Er arbeitete aber wahrscheinlich noch 1810; denn in diesem Jahre fanden wir noch eines Lauer's erwähnt, der durch seine Bildnisse in Pastell Ruhm erndtete.

B. Salomon hat nach diesem Lauer Bildnisse gestochen.

Lauer, Philipp, Maler, der um 1802 in Berlin arbeitete, wir wissen aber nicht, in welcher Beziehung er zu dem Obigen stehe. Er malte schöne Bildnisse in Miniatur und andere Bilder.

Lauer, Georg, Maler von Schweinfurt, ein junger Künstler, besuchte 1834 die Akademie der Künste in München, damals 20 Jahre alt.

Lauer, Franz, Maler von Hamburg, wurde 1814 geboren, und bereits vertraut mit den Anfangsgründen der Kunst, bezog er 1837 die Akademie der Künste in München, um seine weitere Ausbildung zu verfolgen.

Laufers, ein Flamänder, der sich um 1836 in Paris aufhielt. Er malt Landschaften, die mit Beifall aufgenommen werden.

Lauffer, Hans, Medailleur, bekleidete um 1620 die Stelle eines Münzmeisters der Stadt Nürnberg. Damals lebte auch ein Matthäus Lauffer.

Lauffer, Lazarus Gottlieb, Medailleur und Münzmeister zu Nürnberg um 1670. Seine Werke sollen mit L. G. L. bezeichnet seyn.

Lauffer, Carl Gottlieb, Medailleur zu Nürnberg, wo er um 1748 bis 1751 lebte. Lauffer scheint indessen schon vor 1720 gearbeitet zu haben, denn er ist wohl jener Caspar Gottlieb, von welchem es in Fiorillo's kleinen Schriften heisst, dass er 1720, damals Inspektor der Münze zu Mainz, das Cabinet Peter des Grossen von Russland mit einer Folge päbstlicher Medaillen bereichert habe. Dieses sind 151 Stücke, von Petrus bis Benedikt IV. Später ging er nach Berlin, und da scheint er um 1770 gestorben zu seyn. Einige seiner Münzen sind mit C. G. L. bezeichnet.

Laugier, Jean Nicolas, Kupferstecher zu Cormeil-en-Parisis, ein berühmter Künstler, wurde 1785 zu Toulon geboren, und Girodet war es, der ihn in den Anfangsgründen der Kunst unterrichtete. Das Kupferstechen erlernte er von sich selbst, und er hat als historischer Stecher bedeutendes Talent entwickelt. Er dringt in den Geist des Originals ein, und auch in technischer Hinsicht sind seine Blätter musterhaft. Er weiss seine Taillen gehörig zu wechseln, die Töne gefällig abzustufen, und Leben und Farbe in seine Darstellung zu bringen, ohne in dem Streben nach Effekt die Grenzen der beschränkten Hülfsmittel seiner Kunst zu überschreiten.

1) Bonaparte à Jaffa, 21 ventôse an VII., das berühmte Bild der Pest von Baron Gros 1804 gemalt, und 1829 gestochen, ein meisterhaftes Blatt in gr. imp. fol. Das Gegenstück zu den Sabinerinnen von Massard. Bei Weigel 32 Thlr.

2) Leonidas bei den Thermopylen, nach David, eines der preiswürdigsten Blätter der neuern französischen Chalkographie, sehr gr. qu. fol.
Kostete 280 Fr. avant la lettre auf chines. Pap.; 240 Fr. vor der Schrift auf weissem Papier; mit der Schrift 140 und 120 Fr.

3) Zephyr, der sich zwischen Bäumen über dem Wasser schaukelt, nach Prudhon; für die Gesellschaft der Kunstfreunde gestochen, fol.
4) Pigmalion und Galathea, nach Girodet's berühmtem Bilde, gr. fol. Preis 17 Thlr.
5) Daphnis zieht der Chloe einen Dorn aus dem Fuss, nach Hersent; für die Gesellschaft der Kunstfreunde, gr. fol. Preis 18 Thlr.
6) Hero und Leander, nach Delorme, gr. fol. Preis 8 fl. 30 kr.
7) Der Tod des Leander, nach demselben. Das Gegenstück.
8) Die Himmelfahrt der heil. Jungfrau, nach N. Poussin, gr. fol. Preis 6 fl.
9) Die heil. Jungfrau mit dem Kinde und St. Anna, nach L. da Vinci, fol. Preis 15 fl.
10) Tod der Sappho, nach Gros; für die Gesellschaft der Kunstfreunde, fol.
11) Delille diktirt der Haushälterin seine Gedichte, nach P. Danloux, ein treffliches Blatt, im ersten Drucke mit angelegter Schrift, gr. fol.
12) Die antike Statue der Tiber, für das Mus. Napoleon.
13) Minerva mit der Aegide, nach der Antike, für das Mus. Napoleon.
14) Das Bildniss eines Mannes, der auf den Ruinen Roms im Nachdenken versunken ist, nämlich Chateaubriand, nach Girodet. Dieses Bildniss stach er zweimal.
15) Amalie, Herzogin von Orleans, nach Gérard.
16) A. L. G. Necker, Baronne de Staël-Holstein, Kniestück nach Gérard.
17) Vignetten für die Ausgabe des Cervantes, nach Desenne.

Laulne, auch Laune, Losne, Stephan de, auch blos Stephanus genannt, Zeichner und Kupferstecher, wurde 1510 in Orleans geboren, nicht um 1520, wie es bei Füssly, Brulliot u. a. heisst.

Seine Blätter sind zahlreich, mit S., oder Stephanus F. (fecit) bezeichnet, nie mit seinem Zunamen. Die meisten seiner Blätter sind klein, einige sehr klein. Malbeste schätzt sein Werk über 400 Blätter.

1) Die grosse Löwenjagd, nach dem antiken Basrelief zu Majano, später bei der Peterskirche in Rom, gegenseitige Copie nach Marc Anton.
2) Trajan, welcher gegen die Dacier kämpft, Basrelief, nach Marco de Ravenna copirt.
3) Trajan zwischen der Roma und Victoria, nach Marc Anton.
4) Basrelief mit Figuren aus den frühern christlich-römischen Zeiten.
5) Alexander lässt die Bücher Homer's verschliessen, nach Marc Anton.
6) Die Entführung der Helena, gegenseitige Copie nach Marc Anton.
7) Neptun sitzend zwischen Nereiden und Tritonen, nach Primaticcio, vorzügliches Blättchen in Beham's Manier.
8) Leda, nach Michel Angelo's Bild, ehedem in Fontainebleau.
9) Lucretia, Halbfigur.
10) Der Tod des Adonis, beide nach L. Penni.
11) Apollo auf dem Parnass umgeben von den Musen, nach N. del Abbate, in 32.

12) Ein König auf dem Throne mit mehreren Figuren.
13) Die Entführung der Hippodamia.
14) Bacchus auf dem Fasse, rund. Dieses Blatt fanden wir dem Etienne beigelegt, es gehört aber wohl dem Johann Stephan de Laulne an.
15) Die drei Grazien: Sic Rome carites niveo ex marmore sculptae.
16) Aktäon in einen Hirsch verwandelt.
17) Derselbe von Venus beweint.
18) Zwei Frauen knieend vor der Statue der Diana, oval.
19) Lucretia sterbend von zwei Soldaten unterstützt.
20) Apollo auf dem Wagen von vier Pferden gezogen, links Luna von Sternen umgeben, im Grunde Landschaft.
21) Ein geflügeltes Weib auf einem geflügelten Pferde, mit Halbmond und Trompette, zu den Seiten ein Mann und ein Weib.
22) Drei weibliche allegorische Gestalten, darunter die Zeit mit der Kugel. Doch wohl nicht einerlei mit der unten angezeigten Darstellung der Grazien?
23) Der Kampf der Centauren und Lapithen, oblong.
24) Der Kampf von Männern zu Fuss gegen Männer zu Pferd, oblong.
25) Der Kampf gegen Thiere, oblong.
26) Folge von 12 Blättern in Form von Friesen: Kämpfe, Jagden, Bacchonale und ein Triumphzug. Dazu gehören wohl die vorhergehenden Blätter.
27) Der Fischer mit der Angel, Landschaft, oval.
28) Der Vogelfänger, Landschaft, oval.
29) Folge von 36 Darstellungen aus dem alten Testament, mit der Schöpfung des Himmels und der Erde beginnend. 30 Gegenstände sind aus der Genesis genommen, alle mit Stefanus F. oder S. F. bezeichnet. H. 2 Z. 4 L., Br. 3 Z. 10½ L. incl. 4 L. Unterrand.

Diese Folge ist schön und selten. In den ersten Abdrücken steht das Wort „Genese" unter den lateinischen Versen und diese sind grösser und ohne Abbreviatur. Letztere findet man auf den zweiten Abdrücken, das Wort „Genese" steht über den Versen und dazu kommt noch der Name und das Privilegium. In den dritten Abdrücken liest man auf dem ersten Blatt: Stephani Scolari forma.

30) Die Geburt der Maria.
31) St. Paul vom Pferde gestürzt.
32) David enthauptet den Goliath, Copie nach Marc Anton.
33) Die Marter der heil. Felicitas, nach Marc Anton.
34) Loth mit seinen Töchtern, Luca Peni inv. Vorzügliches Blättchen.
35) Die eherne Schlange, reiche Composition, nach Jean Cusin, gr. fol. Dieses ist das grösste Werk des Künstlers.
36) Susanna und die Alten.
37) Letztere von Daniel gerichtet.
38) Die zwölf Monate, 12 kleine Ovale, 1568.
39) Die vier Welttheile, 4 kleine Blätter, 1575.
40) Die sieben Planeten, 7 kleine Ovale, 1575.
41) Folge von 7 kleinen Blättern, auf jedem drei Statuen von Göttern und Göttinnen in Nischen; nur der Titel zeigt zwei. 1578. S. Johann de Laulne.

42) Folge von 12 kleinen Ovalen mit Darstellungen aus der Fabel, mit lateinischer Erklärung um jedes derselben.

43) Folge von sechs Darstellungen aus der Fabel, jede mit zwei lateinischen Versen, in die Breite.

44) Die fünf Sinne, fünf kleine Blätter mit Titel, 1570. S. den Artikel Johann de Laulne.

45) Folge von fünf Blättern: der Neid, der Hunger, der Ueberfluss, der Krieg und der Frieden.

46) Folge von 16 kleinen Blättern mit allegorischen Figuren, in Ovalen: die Theologie, die Arithmetik, Astronomie, die Geometrie, die Physik, die Grammatik, die Rhetorik, die Dialektik, die Jurisprudenz, die Musik, die Weisheit, die Freigebigkeit, die Grossmuth, die Freundschaft und die Minerva.

47) Verschiedene Folgen kleiner Blätter mit Arabesken und Figuren auf weissem und schwarzem Grunde. Die Zahl der letzteren ist die grössere. Diese Blätter belaufen sich über 50.

48) Die Bildnisse von Claude de Verth, Mönch von Clugny; André di Valois, Historiker; André Paré, Wundarzt.

Stephan wurde in seiner Jugend zum Goldschmied gebildet, doch zog er die Kupferstecherkunst vor, und er leistete hierin Vorzügliches. Er führte den Grabstichel mit grosser Leichtigkeit und Zartheit, allein in der Zeichnung gebrach es ihm. Dennoch sind seine Blätter höchst beachtenswerth, da er nach guten Meistern stach, und auch in eigener Composition ist er — die schlechte Zeichnung abgerechnet — nicht ohne Interesse, besonders in dem, was die Erfindung anbelangt. Er ging darin mit grosser Leichtigkeit zu Werke. Christ nennt sein Werk irrig Opus mallei. Er folgte der Weise des Campagnola.

Das Todesjahr des Künstlers kennt man nicht, doch erfolgte es um 1595 zu Strassburg, wo Laulne lange, oder am längsten arbeitete.

Es finden sich von diesem Künstler auch geistreiche Zeichnungen, mit der Feder entworfen und mit Indigo lavirt, in Bister, chinesischer Tinte. Mehrere solcher Zeichnungen sind im Cabinet Paignon Dijonval pag. 110. verzeichnet.

Papillon macht den E. de Laulne auch zum Formschneider, aber mit Unrecht. In der von Ch. Egenolff 1572 gedruckten Ausgabe des Petrarca findet sich auf etlichen Holzschnitten ein Zeichen, das einem liegenden S. gleicht, und dieses Zeichen deutet Papillon auf St. de Laulne. Es ist die Chiffre eines deutschen Formschneiders.

Schliesslich bemerken wir noch, dass wir dieses Künstlers schon unter Delaune erwähnt, wie dieses auch einige andere Schriftsteller gethan haben, uns scheint es aber gerathen, hier seiner ausführlicher zu gedenken, da wir seit dieser Zeit mehreres über seine Werke erfahren haben. In der Angabe des Geburtsjahres folgten wir damals der gewöhnlichen Meinung.

Laulne, Johann Stephan de, Zeichner und Kupferstecher, und wahrscheinlich auch Goldschmied. Die Lebensverhältnisse dieses Künstlers kennt man nicht, und Einige meinen sogar, die Bezeichnung IS. gehe den Johann Siebmacher an. Sei dem wie ihm wolle, der alte Stephan de Laulne hatte einen Sohn, Namens Johann, und nach dessen Erfindung hat er die beiden folgenden Suiten von Blättern gestochen:

1) Die fünf Sinne, kleine Blätter mit Titel, auf welchem man liest: Johani filio inv. Stephanus pater aetatis 60 foeliciter sc. 1570. Daraus ersieht man zugleich, dass Stephan 1510 geboren wurde.
2) Sieben kleine Blätter mit je drei allegorischen Figuren in Nischen. Auf dem Titel stehen die obigen Worte mit der Jahrzahl 1578.

In diesen Blättern erscheint er nur als Erfinder; folgende aber sind eigenhändige Blätter, grösstentheils Conturen, mit dem Hammer gefertiget (Opus mallei).

3) Ein Bacchanale: Silen reitet auf einem Esel, von Satyrn umgeben, im Vorgrunde ein Schwein, im Hintergrunde Landschaften und Gebäude. Unten an der Erde steht: I. S. 1582. Rund, Durchmesser 5 Z. 3 L.
4) Bacchus auf einer Tonne sitzend, im Grunde Landschaft und Gebäude. An der Tonne sieht man: I. S. 1582. Rund, Durchmesser 4 Z. 5 L.
5) Eine Folge von Blättern mit Helden und Heldinnen, mit I. S. bezeichnet und wenigstens 9 Stücke. Oval, H. 2 Z. 6 L., Br. 1 Z. 8 L. Opus mallei.

Es gibt noch mehrere Blätter von diesem Künstler, Medaillons mit Bacchanalien u. dgl., doch konnten wir uns nicht überzeugen, ob jenes Blatt wirklich existire, von welchem Christ sagt, dass darauf zu lesen: Carolus Stephanus aetatis LXI. Johanne filio inventore. Wir fanden indessen nirgends angedeutet, dass der ältere Laulne Carl Stephan geheissen habe.

Laun, Benedikt von, Architekt, der auch unter dem Namen Beness vorkommt. Er wurde 1451 in Laun geboren, und desswegen hiess er B. von Laun. Im Jahre 1502 vollendete er den Bau des Prager Schlosses, dessen prachtvoller Aufriss uns durch E. Sadeler's Kupferstich bekannt ist. König Wladislaw hat diesen Bau unternommen, und nach dem Tode dieses seines Fürsten begab sich B. von Laun nach seinen Geburtsorte, wo man ihm 1520 den Bau der Stadtkirche anvertraute. In acht Jahren war diese prächtige Kirche vollendet, und Balbin sagt davon in den Miscell. Decad. I. l. 3. p. 127., dass sie wenige ihres Gleichen in Böhmen habe. Auch eine Aufschrift nennt sie Opus Benessii de Laun, und 1537 wurde der Meister darin begraben. Dieses Künstlers erwähnen mehrere böhmische Schriftsteller, besonders auch Dlabacz.

Launay, de, s. Delaunay.

Launitz, Schmidt von der, berühmter Bildhauer aus Grölin in Curland, wurde um 1795 geboren, und in seiner Jugend in jenen Kenntnissen unterrichtet, welche die Grundlage bilden, auf welcher der Künstler von Talent mit Sicherheit fortbauen kann. Seine Weihe erhielt er in Rom unter Thorwaldsen's Leitung, und schon um 1819 nannte man den Namen Schmidt von der Launitz mit Auszeichnung. Wir haben von ihm eine bedeutende Anzahl trefflicher Werke, Statuen und lebensvolle Büsten. Rühmliche Erwähnung verdient das Bild des Merkur, der sich die Flügelschuhe anschnallt, 1819 gefertiget; seine Venus; die Muse, welche die Leier stimmt; die colossale Büste des Justus Möser, 1821 auf Befehl des Königs Ludwig von Bayern für die Walhalla ausgeführt. Im Jahre 1823 erhielt er vom Kaiser von Russland den Auftrag, die Statuen des General Kutusow und des Barclay de Tolly in

Bronze zu fertigen. Besonders zu erwähnen ist auch das Monument seines in der Schlacht bei Leipzig gefallenen Bruders.

Ein Meisterwerk ist sein grosses Basrelief in carrarischem Marmor, welches die Vorderseite des Trauerdenkmals für den 1834 verstorbenen Schatzmeister des Königs von Holland, Obersten Nagay ziert und im Haag aufgestellt ist; der Künstler hat es 1836 vollendet. Hierauf ging er an die Ausführung des Guibett'schen Denkmals. Die colossale Büste des Gefeierten erhebt sich auf einem runden Piedestal, geschmückt mit fünf Figuren in Basrelief. Dieses Werk, welches Beyer in Bronze goss, wurde zu Frankfurt auf einem öffentlichen Platze aufgestellt.

Von der Launitz lebt selbst in Frankfurt, mit dem Rufe eines vielseitig gebildeten trefflichen Künstlers. Im Jahre 1836 begann er einen Cursus über die Geschichte der bildenden Künste, und diesen führte er mit allgemeinen Beifalle durch. Er zeigte viele Nachbildungen der Hauptkunstwerke vor, die er zum Theil von einer kürzlich unternommenen Reise nach Italien mitgebracht hat.

Das Bildniss dieses Künstlers ist in der bekannten Portraitsammlung des königl. sächsischen Hofmalers C. Vogel, 1822 von letzterem in Dresden gezeichnet.

Laura, Jakob, s. Lauri.

Lauräus, Alexander, ein schwedischer Maler, ein Künstler unsers Jahrhunderts, der mit seinen Pferdestücken sich Ruhm erwarb. Seine Lebensverhältnisse konnten wir nicht erfahren, doch wissen wir, dass er 1823 in Rom starb.

Laurain, s. Lorrain.

Lauranson, s. Lawranson.

Laurati, Pietro, s. P. di Lorenzo und Lorenzetti.

Laurence, L., Kupferstecher, der um 1760 in Paris lebte. Wir kennen von ihm folgendes Blatt:

Der Schwur der Horatier, nach Carraffe.

Laurence, André, s. Laurent.

Laurence, F., s. Laurentz.

Laurencel, Chevalier de, Maler zu Paris, der aber die Malerei nur als Dilettant zu betreiben scheint. Er malt Landschaften und Interioren, und diese Bilder zeigen, dass der Künstler auch in Italien gewesen. Im Jahre 1830 erhielt er eine Aneiferungsmedaille, aber schon 1822 sah man Bilder von ihm in den Salons.

Laurens, Johann Daniel, Zeichner und Kupferstecher zu Berlin, wurde um 1770 geboren. Er arbeitete meistens für Buchhändler Bildnisse und andere Blätter. In der allgemeinen deutschen Bibliothek ist eine bedeutende Anzahl von Portraiten, die dieser Künstler gestochen hat. Mehrere (1801 — 5) verzeichnet Meusel im deutschen Künstler-Lexikon; aber noch 1832 fanden wir Spuren der Thätigkeit dieses Künstlers. Er stach fortan Bildnisse und auch andere Gegensände. Auch in Oel malte er; in dem bezeichneten Jahre sah man auf der Berliner Kunstausstellung drei in Oel gemalte Gruppen von Schaafen.

Laurens, N., Historienmaler, der in der ersten Hälfte des vorigen Jahrhunderts gelebt zu haben scheint. Seiner erwähnt Host, ohne nähere Bestimmung; aber doch glauben wir nicht, dass er mit Nicolaus Lavreince Eine Person ist. Er ist vermuthlich ein Holländer.

Laurent oder Laurence, Lawrence, Andreas, Maler und Kupferstecher, wurde 1720 in London geboren, und Ph. Le Bas unterrichtete ihn in der Kunst. Er hielt sich mehrere Jahre in Paris auf, eifrigst mit seiner Ausbildung beschäftiget, und so erlangte er den Ruf eines geschickten Künstlers. Er zeichnete sehr correkt, selbst in den schwierigsten Lagen, und besonders geistreich ist seine Nadel, die er dann mit dem Grabstichel unterstützte. Seine Aetzungen sind sehr geschmackvoll, fein und leicht mit Sicherheit behandelt. Auch die Malerei übte er mit Erfolg, und dann war er mit allen Wissenschaften vertraut, die einem Künstler frommen können. Er wurde auch ein Opfer seines Fleisses, um 1750, nicht 1740, wie Strutt und Bryan, wohl nach Basan, angeben.

Auf seinen Blättern steht ein Monogramm.

1) Das Benedicite, nach J. B. Greuze. Im ersten Drucke vor der Schrift.
2) Der Tod des jungen Desiles in der Schlacht bei Nancy, nach J. B. Lebarbier. Im ersten Drucke vor der Schrift.
3) Saul, der die Pythonissin befragt, nach S. Rosa.
4) Heinrich IV. und Sully, nach der Schlacht bei Ivri, grosses Blatt nach M. Bounieu.
5) La conversation (von Bauern), nach D. Teniers.
6) L'hiver.
7) Le joueur de quilles. Beide nach Teniers, und von diesem, so wie von den Obigen, gibt es reine Aetzdrücke und Abdrücke, mit dem Stichel vollendet; von diesen solche vor der Schrift.
8) Les Adieux, nach Wouvermans, schönes Blatt.
9) La moisson, nach demselben. Von diesen beiden Blättern gibt es reine Aetzdrücke, und mit dem Grabstichel vollendete Abdrücke.
10 — 11) Zwei Landschaften in ovaler Einfassung, nach F. Boucher.
12) Landschaft mit Figuren und Thieren, grosses Blatt nach J. B. H. Deshays.
13) Ein Seehafen mit Gebäuden, grosses Blatt nach Loutherburg.
14) Landschaft mit dem Hirten und der Heerde, nach Loutherburg. Im ersten Drucke vor Laurent's Adresse.
15) Le repos du berger, nach demselben. Im ersten Drucke vor der Schrift.
16) Le doux repos des bergers, nach demselben.
17) Ansicht von Mondragon in der Dauphiné, nach Loutherburg.
18 — 21) Vier Landschaften mit Hirten und Vieh, Ovale, nach Loutherburg. Es gibt Aetzdrücke, mit dem Stichel vollendete Abdrücke vor und mit der Schrift.

Laurent, Pierre, Kupferstecher, wurde 1739 (nicht 1745, wie Füssly sagt) zu Marseille geboren, und als Künstler verdankt er fast sich allein, was er geworden. Balechou gab ihm einige Lektionen, und damit war es geschehen. Dennoch wurde er ein trefflicher Künstler und besonderen Ruhm erwarb ihm die Herausgabe der schönen Sammlung, die er mit Robillard unternahm, nämlich das Musée français, welches sein Sohn P. H. Laurent fortsetzte. Der Vater wurde für seine Bemühung mit einer goldenen Medaille belohnt, und

1809 starb er. Seine besten Blätter sind in dem bezeichneten Museum, die letztern des folgenden Verzeichnisses.

1) Büste des M. Herbin, in ovaler Einfassung.
2) Bildniss des Arztes A. Petit, nach Pujos.
3) Landschaft mit einem Manne, der zwei Pferde bei sich hat, nach P. Palmieri.
4) Landschaft mit Pferden, die an einer Fontaine trinken, nach demselben.
5) Eine italienische Ansicht, nach J. H. Roos.
6) La bohémienne consultée, grosses Blatt nach N. Berghem.
7) L'occupation de la bergère.
8) Le passage du bac. Beide nach Berghem, im ersten Drucke vor der Schrift.
9) Studien von Schaaf- und Ziegenköpfen, 2 Blätter nach demselben.
10) La pastorella Frigiana, nach C. Dujardin.
11) Das Weib mit dem Lamme, durch das Wasser gehend.
12) Der Tod des Chevalier d'Assas, nach Casanova.
13) Ansicht des Colisseums, nach Berghem. Mus. franç.
14) Die weidenden Ochsen auf der Wiese, (le pacage) nach Potter. Mus. franç.
15) Die Ochsen neben der Hütte, nach demselben. Mus. franç.
16) Le manège, nach Wouvermans, von Malbeste vorgeätzt. Mus. franç.
17) Die Sündfluth, nach Poussin.
18) Coup de Soleil, nach Ruysdael. Mus. franç.
19) Eine Aussicht von Flandern, nach van Goyen. Mus. franç.
20) La vie champêtre, nach Feti, Mus. fr.
21 — 22) Vier Musen nach Lesueur, mit P. Audoin gestochen, für das Mus. franç.

Laurent, Pierre Henri, Zeichner und Kupferstecher, der Sohn des Obigen, wurde 1779 geboren, und der Vater unterrichtete ihn in der Kunst. Diesem half er bei der Herausgabe des Musée français, und nach dessen Tod besorgte er die Fortsetzung dieses Prachtwerkes. Im Jahre 1825 übertrug man ihm die Leitung des grossen Werkes, welches unter dem Namen: Sacre de Charles X. bekannt ist, und für diese genannten Prachtwerke lieferte er auch Blätter. Laurent erhielt im Jahre 1819 zwei goldene Medaillen, und seit 1823 ist er auch Ritter der Ehrenlegion.

Wir haben von diesem Künstler eine Anzahl von schönen Blättern. Einige hat er geätzt und mit dem Stichel beendigt, andere gestochen. Geätzt hat er z. B. das Blatt seines Vaters, unter dem Namen le pacage nach Potter bekannt.

Dann verdanken wir ihm die Herausgabe von Darstellungen aus dem Leben des heil. Bruno: La vie de St. Bruno, ou collection des vingt deux tableaux peints par Lesueur — executée en dessins, lithogr. par M. Fragonard, publié par M. Prosper Laurent, 1822.

1) Le sacrificateur, antike Statue, im Mus. franç.
2) Halte de Bohemiens, nach Bourdon. Mus. franç.
3) Statue eines griechischen Philosophen, angeblich Phocion. Mus. fr.
4) Der Tod der heil. Jungfrau, nach Carravaggio.
5) Die Marter St. Peter's des Dominicaners, nach Titian. Mus. franç.
6) Der Sabinerraub, nach Poussin.
7) Die Messe des heil. Martin, nach Lesueur.

8) Die Communion des heil. Hieronymus, nach Dominichino.
9) Moses als Kind aus dem Wasser errettet, nach Poussin.
10) Der Tod der Ines de Castro, nach Desenne.
11) Le passage du Rhin par Louis XIV., nach van der Meulen. Mus. fr.
12) Statue einer jungen Römerin. Mus. fr.
13) Zwei Costumfiguren für: le sacre de Charles X.

Laurent, Jean Antonie, Maler und Professor zu Epinal, wurde um 1775 zu Baccarat (Meurthe) geboren, und Durand von Nancy unterrichtete ihn in den Anfangsgründen der Kunst. Er machte sich zuerst als Miniaturmaler vortheilhaft bekannt, dann aber ergab er sich der Oelmalerei, und auch hierin begründete Laurent seinen Ruf. Er lieferte eine bedeutende Anzahl, grösstentheils kleiner, Genrebilder, auch Historien und Portraite, und in allen diesen Werken beurkundet der Künstler grosse technische Meisterschaft. Sie sind anmuthig, von glänzender Färbung, richtig gezeichnet und sorgfältig vollendet. Laurent ist Conservateur du Musée des Vosges, und Professor der Linearzeichnung an der Ouvrierschule zu Epinal. Wir verdanken ihm auch ein Werk, welches er mit seinen Söhnen Paul und Jules Laurent herausgab, unter dem Titel: Cours de dessin linéaire à l'usage des écoles des beaux arts et de celle des arts mécaniques etc. Paris 1827.

Gabet (dict. des artistes français 1831) verzeichnet eine bedeutende Anzahl von Gemälden dieses Künstlers, die er seit 1800 lieferte. Sie gingen in die Cabinete der angesehensten Kunstliebhaber über, und auch in den öffentlichen Gallerien sind solche zu finden. Er malte den König und die Königin von Westphalen, den Kaiser Napoleon für die Gallerie in Malmaison und andere hohe Personen. Zwei frühere Bilder (1804): Amor, der sich in einer Rose versteckt, und derselbe in einer Schale von Cristall schlafend, sind von Mécou und Roger gestochen. In die Gallerie des Herzogs von Berry kam das Bild des Mannes mit der eisernen Maske und eine Scene aus Callot's Leben; im Zimmer, wo Jeanne d'Arc geboren wurde, ist diese dargestellt, wie sie den Entschluss fasst, sich dem Wohle Frankreichs zu weihen; in der Gallerie zu Fontainebleau Clotilde, wie sie den Clovis bittet, das Christenthum anzunehmen, bevor er zur Schlacht nach Tolbiac ziehe; im Luxembourg Duguesclin's Jugendzeit, und Galilei im Gefängnisse, gestochen von Dieu; im Museum zu Auch Cherebert, wie er der Trudegilde den Brautring reicht; im Louvre Henriette von Frankreich; in der Gallerie Orleans ein junger Page, der alte Waffen anlegt; in der Gallerie zu Parma Clotilde de Surville etc. Gabet nennt noch viele andere Bilder dieses Künstler.

Laurent, Paul, Maler, der Sohn und Schüler des Obigen, ein Künstler, der sich zu Paris bereits Ruf erworben hat. Er malt Genrestücke, Architekturbilder und Landschaften. In diesen erfreut die treue Auffassung der Natur und die geist- und geschmackvolle Behandlung. Seine Formen haben mehr Bestimmtheit und Charakter, als man in den landschaftlichen Arbeiten seiner Landsleute gewöhnlich zu finden pflegt.

P. Laurent ist auch als Schriftsteller ausgezeichnet. Sein Cours de la peinture, der von 1830 in Heften erschienen, ist ein vortreffliches Werk. Von seiner Theilnahme an dem Cours de dessin haben wir in dem obigen Artikel gesprochen. Er ist Professor der Zeichenkunst an der königl. Forstschule zu Epinal.

Laurent, Jules, Bildhauer und Sohn des Johann Anton, ist ebenfalls ein geschickter Künstler, doch können wir seine Werke nicht aufzählen. Er hat mit seinem Bruder Paul Antheil an dem Cours de dessin, dessen wir im Artikel seines Vaters erwähnt haben.

Laurent, François Nicolas, Maler zu Paris, der von 1801 — 1819 verschiedene Blumen- und Fruchtstücke zur Ausstellung brachte. Sein Meister in der Zeichenkunst war Gérard.

Laurent, Emma Mlle., Malerin zu Paris, eine jetzt lebende Künstlerin, doch wissen wir nicht, wessen Tochter sie ist. Sie bringt seit 1822 Bilder in die Salons, Bildnisse in Miniatur und Oel, und Genrestücke.

Laurent, Franz, Bildhauer von Mecheln, vielleicht der Sohn eines Laurent, der bei dem 1721 verstorbenen G. Gibbons die Bildhauerei erlernte. Unser Bildhauer arbeitete noch 1812, und damals fanden wir seine Statue des Bacchus aus Stein als ein ausgezeichnetes Werk erwähnt. Auch sein heil. Franciscus, der den Heiland am Kreuze anbetet, wurde gerühmt. Näher kennen wir diesen F. Laurent nicht.

Laurent, ein älterer französischer Maler, der im 16. Jahrhunderte lebte. Seine Lebensverhältnisse sind unbekannt, Fiorillo sagt nur, dass er sich ängstlich an die Weise des Primaticcio und Rosso gehalten habe. Er scheint in Fontainebleau ein Schüler dieser Meister gewesen zu seyn.

Laurent, Architekt von Troyes in Champaigne, der um 1750 in Paris gelebt hat. Er schrieb allgemeine Anmerkungen über die fünf Ordnungen der Baukunst, und den Stoff dazu gaben ihm die Kapellen in St. Sulpice und andere Gebäude zu Paris.

Laurent, Architekt, der 1834 in Rom seine Studien machte. Man hat von seiner Hand schöne Ansichten in Aquarell.

Laurent, Leonhard, Zeichner und Maler zu Berlin um 1788. Er fertigte Zeichnungen auf Pergament, und auch Blumen malte er darauf. Laurent war Zeichnungsmeister.

Laurentiani, Jakob, Bildhauer, Zeichner und Aetzkünstler zu Rom wohl ein Verwandter eines Hieronymus, der daselbst Grabmäler fertigte. Auch Jakob führte Grabmäler in Marmor und Erz aus, so wie andere Bildwerke. Von ihm ist das zierliche Grabmal der Herzogin von Palliano im Lateran und die Thüre der Sacristei.

Wir haben von ihm auch folgende Blätter:

1 — 4) Friesen mit Scenen aus der römischen Geschichte: Mucius Scävola, Porsenna, Trophäe mit Gefangenen und Kriegern etc., nach Polidor da Caldara., 1635, qu. gr. fol.

5) Perillus wird in den ehernen Stier eingesperrt, nach P. da Caldara, fol.

6) Das goldene, mit Edelsteinen verzierte Crucifix in der St. Peterskirche zu Rom, in zwei Blättern.

Laurentiani, Hieronymus, s. den obigen Artikel.

Laurentii, Franz, Eine Person mit F. Lorenzi da Verona.

Laurentiis, de, Maler in Chieti, ein jetzt lebender Künstler, den man zu den vorzüglichsten Italiens zählt, neben Landi, Palagi, Sabetelli, Minardi etc. Er malt Historien und Genrestücke.

Laurentiis, Franc. de, s. F. Lorenzi.

Laurentini, Giovanni, Maler von Rimini, Arrigoni genannt, war Schüler des F. Baroccio. Er erwarb sich Ruf, und besonders zahlreich waren seine Werke in Rimini, wo man in Kirchen noch solche findet. Sein Werk ist die Enthauptung des Täufers bei den Augustinern, und St. Johann und Paul in der Kirche dieser Heiligen. Im Rosario vollendete er die Arbeit des F. di Modigliana, und ein Bild seiner Composition ist daselbst der Tod Abels.

Arrigoni war zu seiner Zeit ein sehr geachteter Maler, und besonders geeignet zu grossräumigen Bildern mit Pferden und Kriegern, in die er Leben und Bewegung brachte. Um das Idealschöne kümmerte er sich weniger, als andere Zöglinge der römischen Schule. Dieser Künstler lebte um 1600.

Laurentio, Cesare, Kupferstecher, der um 1690 lebte. Es finden sich Bildnisse von seiner Hand.

1) Conte Ludovico di Barbiano etc. Brustbild im Profil, Cab. del., qu. 4.
2) Conte R. Arsi, nach St. Agostini.
3) Conte J. A. de Secca Borella, nach C. Fiori.
4) M. A. Malatesta, Cab. del.

Laurentio, F., s. Lorenzi.

Laurentius, F., Eine Person mit F. Lorenzi da Verona.

Laurentius, A., (A. Laurent?) Kupferstecher, welchem im Cabinet Paignon Dijonval p. 54. folgendes Blatt beigelegt wird.

Der Schatten Samuels, nach S. Rosa.

Laurenz, Johann Daniel, Zeichner, Maler und Kupferstecher, ein Preusse von Geburt, und der Sohn eines uns unbekannten Emailmalers, der aber für ihn zu früh starb; doch nahm sich die ältere Schwester seiner an, welche vom Vater die Emailmalerei erlernt hatte, worin sie den Bruder ebenfalls unterwies. Damals lebte sie mit ihrem Gatten, dem Maler J. Brecheisen, in Copenhagen, und später gingen alle drei nach Wien, um da weiteren Verdienst zu suchen. In dieser Stadt besuchte Laurenz auch die Akademie, und anfangs war es die Miniatur- und Emailmalerei, welche er mit Vorliebe trieb. Im Jahre 1757 ging er nach Berlin, allein seine Kunst fand keinen Beifall mehr, und daher suchte er durch die Aquarellmalerei seinen Unterhalt zu sichern. Er wurde Lehrer der Zeichenkunst an der Realschule, und als solcher scheint er gegen das Ende des vorigen Jahrhunderts gestorben zu seyn.

Man hat von diesem Künstler Emaillen, getuschte Zeichnungen und Aquarellen. Dann hat er auch in Kupfer gestochen. Von 1770 an gab er mit J. C. Krüger eine Sammlung geätzter Blätter heraus, die bis 1780 zu sechs Heften heranwuchs.

Dann radirte er 25 Blätter unter dem Titel: Recueil de différens sujets d'études d'après les dessins de Rembrandt.

Laurentz, Franz, Maler und Radirer, der um 1756 — 88 in England lebte. Er zeichnete und malte Bildnisse, und jenes des Stallmeisters Heinrich Bunbury hat Ryder 1789 gestochen. Dann radirte er:

1) Einige Blätter nach Rembrandt, die mit F. L. f. bezeichnet sind, wie jenes Blatt, welches ein Weib im Sessel vorstellt, wie sie das Kind säuget, 8. Andere dieser Blätter stellen historische Gegenstände, Landschaften dar, und wenigstens sind es 8 Stücke.

2) Die Erweckung des Lazarus, nach Dietrich 1763, fol.

Laurenzetti, s. Lorenzetti.

Laurenziano, Jakob und Hieronymus, s. Laurentiani.

Laurenziis, Nunziante de, Maler zu Neapel, Schüler des Solimena. Er machte sich besonders als Zeichner einen Namen, wurde aber in der Folge Arzt. Starb 1733 im 62. Jahre.

Laureoli, Kupferstecher, der um 1730 in Paris lebte. Er stach mit Desplaces, Huquier und Dubrentie ein Livre d'ornemens, nach J. A. Meissonier, 30 Blätter. Dann hat man von ihm: Die Abbildung des Feuerwerkes, 1729 bei der Geburt des Dauphin abgebrannt.

Laurer, der Zweibrückische Hofmaler, dessen Meusel und Füssly erwähnen, ist Eine Person mit unserm Lauer.

Lauretti, Tomaso, Maler und Baumeister, unter dem Namen T. Siciliano bekannt, weil er von Palermo war. Vasari zählt ihn zu Sebastian del Piombo's Schülern, und Bologna war anfangs der Schauplatz seiner Thätigkeit, bis ihn Gregor XIII. nach Rom berief, um die Sala Constantina im Vatikan auszumalen, wo er die heil. Helena, das Kreuz erhebend, die Allegorie von Sicilien und andere allegorische Gestalten malte. Dieser Pabst beschäftigte ihn sehr viel, so wie seine Nachfolger Sixtus V. und Clemens VIII. Das Beste, was er in Rom geliefert, ist sein Brutus im Campidoglio zu Rom, und sein Deckenstück im Hause Vizani zu Bologna preiset P. Danti in den Anmerkungen zum Vignola als einzig. Auch figurenreiche, aber wunderliche Compositionen hinterliess er, so wie denn auch seine Figuren in der Sala Constantina unbedeutend sind. Er war Direktor der Malerakademie und als solcher unterrichtete er auch Schüler in der Perspektive und Baukunst. Nach seiner Erfindung ist der grosse Brunnen auf dem Platze Scoffieri zu Bologna, mit Figuren von Giov. da Bologna. Diesen hat D. Tibaldi 1570 gestochen.

Lauretti blühte um 1580, und sein Leben brachte er auf 80 Jahre.

Laurettus, Thomas, der obige Künstler.

Lauri, Baldassaro, Landschaftsmaler, wurde um 1570 in Antwerpen geboren und von P. Brill in seiner Kunst unterrichtet. Hierauf unternahm er mehrere Reisen, bis er sich endlich in Rom niederliess, wo er den Ruf eines guten Landschafters behauptete. Starb 1642.

Die beiden folgenden sind seine Söhne.

Lauri, Francesco, Maler und Sohn des Obigen, erblickte 1610 in Rom das Licht der Welt, und Sacchi war sein Meister. Dieser schätzte ihn sehr hoch, und Lanzi glaubt, dass Sacchi in diesem Lauri einen der ersten Geister des Jahrhunderts gehabt habe, so wie der Meister in ihm einen zweiten Rafael zu erziehen sich schmeichelte. Lauri machte eine Reise durch Deutschland, Hol-

22*

land und Flandern, blieb ein Jahr zu Paris, und nach seiner Heimkehr eröffnete er eine Schule. Doch starb er 1635 in der Blüthe seiner Jahre, und Lanzi kannte von seiner Hand nur ein Deckengemälde der drei Grazien im Saale der Crescenzi zu Rom. Dann soll er dem Claude Lorrain manchmal Figuren in seine Bilder gemalt haben, wie Fiorillo behauptet.

Lauri, Filippo, Maler, der Bruder des Obigen, wurde 1620 in Rom geboren, und der zu früh verstorbene Franz Lauri war sein erster Lehrer. Später unterrichtete ihn sein Schwager Caroselli, und so wurde er nach und nach ein guter Künstler. Er malte gewöhnlich im Kleinen, und Lanzi glaubt, die Darstellung von Adam und Eva mit überlebensgrossen Figuren in alla Pace zu Rom hätte er nur gemalt, damit niemand sein Talent für kleine Arbeiten verachtete. Er malte gerne Geschichten, Verwandlungen und Bacchanalien mit landschaftlichen Gründen, manchmal auch heilige Darstellungen. Mengs bewunderte einen St. Xaverius, den damals ein gewisser Golz besass. Im Palläste Borghese malte er einige Landschaften in Fresco. Seine Werke sind in Flamändischer Weise gehalten, oft zu gelegt, obgleich nicht ängstlich, und das Colorit ist bald zu lebendig, bald zu schwach. In der Zeichnung war er fest. Er brachte häufig Bildnisse an, oder auch seltsame Zerrbilder. Auch dem Cl. Lorrain malte er zuweilen Figuren in die Landschaften. F. Lauri starb 1694, nachdem er viele glückliche und heitere Jahre durchlebt hatte.

Die Werke dieses Künstlers sind in verschiedenen Gallerien zerstreut, und besonderen Beifall fanden sie in England. Viele derselben sind gestochen; neben anderen eine Darstellung des heil. Franz im Pariser Museum. Der kranke Heilige ist in der Wüste eingeschlafen, und gegenüber ist ein Engel auf Wolken, der ihn mit seiner Violine zur Extase bringt. S. Valé hat dieses Bild gestochen, und später Guttenberg für das Mus. franç. Ein Hauptblatt ist jenes von W. Byrne, welches den Apollo als Hirten des Admet vorstellt, nach dem Bild im Cabinete des R. Bragg. W. Walker stach eine Landschaft mit Venus, vor welcher Amor den Pan bändiget, nach dem Gemälde des Herzogs von Montagu. Das schöne Bild mit der Magdalena zu den Füssen des Herrn, in Boydell's Werk gestochen, ist jetzt in der Eremitage zu St. Petersburg. Ch. Levasseur stach die Landschaft mit Amor, welcher den Faun anbindet; T. Major stach die Abreise des Jakob; Balechou die Latona von Bauern beschimpft; Caroline Watson Amorine, die mit Vogelnestern spielen. Andere Gemälde dieses Künstlers stachen Woollet, J. Wright, Ravenet, Vitalba, Mason u. s. w.

Lauri oder de Laurier, Peter, ein Franzose, der zu Bologna bei Guido Reni die Malerei erlernte. Er malte in Pastell, und Bilder dieser Art retouchirte ihm Guido öfter, so dass seine Werke überhaupt an den Charakter jenes Meisters erinnern. Blühte um 1650.

Lauri, Jakob, Kupferstecher zu Rom, wo er bereits 1585 arbeitete. Mit dieser Jahreszahl ist ein Blatt mit einer antiken Statue auf dem Piedestal versehen, und somit Basan's Angabe, dass der Künstler 1580 geboren, unrichtig. Wir haben von ihm zwei Werke: Antiquae urbis vestigia quae nunc extant 1608; Antiquae urbis Romae splendor 1612. Ferner stach er:

1) Imagine della madonna di Monte Virgine in Neapel, auf dem Throne sitzend, unten sechs Engel, Alles nach byzantinischer Weise, gr. fol.

2) Tarquin und Lucretia, nach Titian, derselbe Gegenstand, welchen Cort gestochen, fol.
3) Die Geburt Christi, nach H. Caracci.
4) St. Columba, nach Josepin.
5) Der Gladiator aus der farnesischen Gallerie.

Laurie oder Lawrie, Lavric, Robert, Kupferstecher, wurde um 1740 in England geboren, und in London ist der Schauplatz seiner Thätigkeit zu suchen. Er fertigte eine bedeutende Anzahl von Blättern in schwarzer Manier, und diese sind theilweise schön zu nennen. Um 1804 starb dieser Künstler.

1) Christus erscheint den Jüngern, nach Rembrandt, gr. qu. fol.
2) Die Nymphen im Bad, nach Vernet.
3) Der Schiffbruch, nach demselben.
4) Der Sturm, nach Vernet. Im ersten Drucke vor der Schrift.
5) Landschaft mit Fischern, nach Barret.
6) Die Anbetung der Hirten, nach A. Cazali.
7) Christus am Kreuze von den heil. Weibern beweint, nach Van Dyck.
8) Der ungläubige Thomas, nach Rembrandt.
9) Die Geburt Christi, nach Rubens.
10) Die Rückkehr aus Aegypten, nach demselben.
11) Christus zwischen den Schächern, nach demselben.
12) Die Bänkelsänger, nach Ostade.
13) Der frische Wind, nach J. Wilton, 1774.
14) Brutus beim Tode der Lucretia, nach J. Hamilton.
15) Calypso schwört, den Ulysses abreisen zu lassen, nach Angelika Kaufmann, 1776.
16) Der Händler mit Rattenpulver, nach Ostade.
17) Diana und die Nymphen im Bade, nach Angelika Kaufmann, punktirt und in Farben.
18) Die junge Dame, welche einem Mönche beichtet, nach W. Millar 1772. Im ersten Drucke vor der Schrift.
18) — 10) The full of the Honey Moon; The wone of the Honey Moon, nach F. Wheatly 1789; schwarz und farbig.
20) David Simple, aus einem Roman, nach H. Singleton 1788.
21) Das Seetreffen des Admiral Rodney, nach Dodd 1786.
22) Der Prinz von Wales und der Bischof von Osnabrück auf einem Blatte, nach eigener Zeichnung.
23) Stephan Franz Herzog von Choiseul, 1770 exilirt, nach L. M. Vanloo.
24) Elisabeth Herzogin von Hamilton, nach C. Read.

Laurin, Heinrich Friedrich, Zeichner und Kupferstecher, wurde 1756 zu Dresden geboren und von Professor Zingg unterrichtet, unter dessen Leitung er sich zum Landschaftsstecher bildete. Er machte erfreuliche Fortschritte und daher ernannte ihn die Akademie zum Pensionär. Es finden sich Handzeichnungen von ihm, und eine bedeutende Anzahl von Blättern, Landschaften, Prospekte und Vignetten. Starb um 1830.

1) — 2) Zwei grosse Landschaften, nach Klengel, gr. qu. fol.
3) Die Fischer, nach Zingg.
4) Der Wasserfall aus dem Liebethaler Grunde, nach demselben.
5) — 6) Zwei grosse Prospekte von Fano in Italien.
7) Ein Viehstück, nach A. Van de Velde, für das Dresdner Galleriewerk.
8) Ansicht des Schlosses Oybin bei Zittau. In Aberlischer Manier; zu Pescheck's Beschreibung vom Oybin.

9) Ansicht von Königsstein und Lilienstein, in derselben Manier, gr. qu. fol.
10) Verschiedene andere Landschaften und Vignetten.
11) Eine Anzahl von Zeichnungen im Besitze der Kunstliebhaber.

Lauro, Giacomo, Maler von Venedig, auch Giacomo da Trevigi genannt, weil er sich sehr jung dahin begab, mit seiner Familie sich dort ansiedelte, und daher war er unter dem letzteren Namen bekannter. Er war Schüler des Paolo Veronese, bis er zu Carletto überging; er blieb aber bis 1803 fast vergessen, wo J. M. Federici ihn ans Licht zog. Jetzt nahm ihn auch Lanzi in die Geschichte der Malerei auf.

Lauro's Werke wurden gewöhnlich dem Paolo oder Carletto, auch anderen jüngern, aber immer guten Künstlern zugeschrieben. Mehreres malte er für die Dominikaner und ihre Kirche in Trevigi, und hier ist sein Gemälde des heil. Rochus berühmt.

Lauro starb 1605 in jungen Jahren.

Lauron, M., Eine Person mit dem früher erwähnten Marcel Laroon.

Lauska, Caroline Mme., geborne Ermeler, Malerin zu Berlin, genoss um 1825 den Unterricht des berühmten W. Schadow, und schon 1826 sah man auf der Berliner Kunstausstellung Proben ihres Talentes. Es sind dieses zwei reizende Bilder: der Kopf eines schönen Mädchens mit einem Lorbeerkranz umgeben, und das Brustbild eines Engels mit glänzenden Flügeln. Von dieser Zeit an sah man fast bei jeder Schaustellung Werke von ihrer Hand, Genrestücke und heilige Darstellungen. Das grosse Gemälde der drei Engel am Grabe des Herrn, welches 1832 ausgestellt war, kam in den Besitz des Königs von Preussen.

Lausne, Etienne de, s. Laulne.

Lautensack, Adolph, Kupferstecher, angeblich Heinrich's Sohn, arbeitete um 1595 zu Frankfurt. Man kennt von ihm ein Blatt, welches die Belagerung von Gran vorstellt.

Lautensack, Hans, Maler, der um 1550 zu Nürnberg gelebt haben soll. Dieser Künstler könnte mit Hans Sebald Lautensack Eine Person seyn.

Lautensack, Paul, Maler, Formschneider (?) und Musiker, wurde 1478 in Bamberg geboren, und schon hatte er als Künstler seinen Ruf begründet, als ihm die Offenbarung Johannis den Kopf verrückte. Jetzt gerieth er auf allerhand wunderliche Einfälle, und wenn er noch malte, so waren es apokalyptische Figuren. Er verachtete die Bibel, lehrte von der Dreieinigkeit und den Geistern wunderliches Zeug, und schrieb verschiedene Traktätchen, welche 1619 zusammengedruckt wurden, unter dem Titel: Offenbarung J. C., das ist ein Beweis, durch den Titel über das Creutz Christi und die drei Alphabeth, wie auch etliche wunderbare Figuren, welcher Gestalt der einige Gott auf unterschiedene Art und endlich ohne einige Figur, wahrhaftig und vollkommentlich in der Person J. C. sich geoffenbaret habe. Die Figuren in diesem Werke sind von ihm wenigstens gezeichnet, und vielleicht hat er auch solche in Holz geschnitten. Der Tod ereilte ihn 1558 in Nürnberg, wohin er als Protestant um 1524 — 28 zog; allein auch hier war seine Schwärmerei anstössig, so dass er sich von 1542 an einige Zeit verborgen halten musste. Zeltner schrieb ein Schediasma de Pauli Lautensack, Fanatici Nor. fatis et placidis. Aldorf 1716, 4.

Lautensack malte mehrere Bilder, die in das Ausland gingen, und dieser Künstler scheint mehr Bestellungen gehabt zu haben, als Lust sie zu befriedigen. Für die Wallfahrtskirche Grimmenthal malte er eine Altartafel, zu welcher er mehrere Jahre brauchte.

Hans Sebald Lautensack stach 1552 sein Bildniss, mit der Inschrift: Paulus Lautensack den elter Maler zu Nurnberg seines Alters LXXIV Jahr, was mit der gewöhnlichen Angabe seines Geburtsjahres vollkommen übereintrifft.

Er soll auch in Holz geschnitten haben, doch weiss man nicht mit Bestimmtheit Blätter von ihm anzugeben. Nach Einigen soll ihm ein Blatt angehören, welches Gottvater mit der päbstlichen Krone segnend mit der Weltkugel vorstellt; allein dieses ist zu bezweifeln, da Lautensack als eifriger Protestant die Tiara auf dem Kopfe des ewigen Vaters kaum geduldet haben würde.

Lautensack, Hans Sebald, Maler, Kupferstecher u. Formschneider, ein für seine Zeit berühmter Künstler, dessen Lebensverhältnisse aber doch unbekannt blieben. Sein Wirkungskreis ist in Nürnberg zu suchen, und auch in Wien scheint er sich aufgehalten zu haben. Man weiss nicht mit Bestimmtheit anzugeben, wer sein Vater gewesen, doch vermuthet man diesen in Paul Lautensack. Letzterer war in Bamberg geboren, und hier genoss er grossen Ruf. In späterer Zeit zog er nach Nürnberg, um seine Religionsmeinung zu bewahren, und dieses geschah zu einer Zeit, als er schon Kinder hatte. Darunter muss denn unser Hans Sebald gewesen seyn, der demnach in Bamberg, angeblich 1507 oder 1508, geboren wurde. Dass er Paul's Sohn gewesen, könnte auch der Umstand in Etwas beweisen, dass H. S. Lautensack das Bildniss desselben gestochen hat; dieses 1552, als der alte Lautensack 74 Jahre zählte. Die Thätigkeit des Sohnes dürfte sich nicht weit über 1560 erstrecken; es müsste denn seyn, dass er nach 1560 nicht mehr in Kupfer gestochen hat. In dem bezeichneten Jahre war er aber noch fähig zu arbeiten. Damals zeichnete er für seinen Freund Hans Maffel das Vaterunser, reiche bildliche Darstellungen in 12 leicht mit Braun und Schwarz lavirten Blättern, welche bis 1824 in der Sammlung des Kaufmanns Eisen in Nürnberg waren. Etliche Jahre früher radirte er eine interessante Folge von sechs Prospekten der Stadt Nürnberg und der Vorstädte. Dem Rathe verehrte er ein zierlich ausgestrichenes (colorirtes), und jedem der Rathsglieder ein schwarzes Exemplar. Dafür wurde ihm 1552 den 21. März in einem Rathsverlass ein Geschenk von 50 fl. bewilliget. Wenn er je in Wien gewesen, so war dieses in den folgenden Jahren, zwischen 1554 und 1560.

Bartsch P. gr. IX. 208 ff. verzeichnet 59 Stiche und Holzschnitte von diesem Künstler. Es sind dieses Bildnisse und Landschaften, von denen einige mit biblischer Staffage versehen sind, und wegen der Kühnheit der Nadel und der kräftigen Wirkung sehr geschätzt werden. Vortrefflich sind auch seine mit dem Stichel vollendeten Bildnisse, besonders jene des Paul Lautensack, des Königs Maximilian von Böhmen, des Erzherzogs Karl, des Sebastian Phauser, und jene, die bei Bartsch als unbekannt erscheinen. Unter seinen geschichtlichen Arbeiten verdienen besondere Erwähnung: David und Goliath, die Cananäerin, Bileams Esel, die Arbeiter im Weinberge, das Turnier bei der Hochzeit des Kaiser Ferdinand etc.

1) Das Bildniss des H. S. Lautensack, bei Bartsch unter No. 1. als das eines Unbekannten aufgeführt. Diese Halbfigur hält

in der Linken eine Art Vase, auf welcher das Monogramm und die Jahrzahl 1554 steht. Rechts hat man durch das Fenster die Aussicht auf ein Schloss. H. 7 Z. 8 L., Br. 5 Z. 6 L.

Es gibt davon eine verkleinerte Copie, mit der Schrift: Hans Lautensack, Maler in Nürnberg. H. 4 Z. 9 L., Br. 3 Z. 8 L. Sie gehört zu einer Portraitfolge, von J. Planche herausgegeben.

2) Paul Lautensack, Maler, Büste, nach rechts sehend, mit Inschrift und der Jahrzahl 1552. H. 8 Z. 1 L., Br. 6 Z. 2 L.

3) Johann Sebastian Phauser, Prediger des Königs von Böhmen, 1555. H. 8 Z. 6 L.? Br. 5 Z. 8 L.

4) Johann Dreher, die Handschuhe in der Hand haltend, 1555. H. 8 Z. 6 L., Br. 6 Z. 2 L.

5) Ein Mitglied der bayrischen Familie Freiberg, Halbfigur: Haec aquila, has stellas, antiqua insignia stirpis de Freyberg etc., 1553. H. 8 Z. 7 L., Br. 6 Z. 4 L.

6) Halbfigur einer Frau, fast en façe, nach links gerichtet: Contigit integris cui etc., 1553. H. 8 Z. 8 L., Br. 6 Z. 6 L.

7) Hieronymus Schurstab, Halbfigur, links durch das Fenster Landschaft, 1554. H. 7 Z. 4 L., Br. 10 Z. 11 L. Im ersten Drucke vor den Worten: S. Leonard's Kirch, was Bartsch nicht bemerkt.

8) Johann de Thaw, Halbfigur: Soli deo gloria. H. 11 Z. 2 L., Br. 7 Z. 6 L.

9) Dr. Roggenbach zu Bamberg (bei Bartsch No. 9 unbekanntes Bildniss), Ἀνδρος ὁρᾷς ἀγαθοῦ etc., 1554. H. 12 Z. 7 L., Br. 8 Z. 10 L.

10) Oswald van Eck (bei Bartsch unbekanntes Bildniss No. 13): Anno aetatis sue XXIX., 1553. H. 13 Z., Br. 9 Z.

11) Die Gattin des Obigen (bei Bartsch unbek. Bildniss No. 10): Anno aetatis sue XXIII, 1553. H. 12 Z. 9 L., Br. 9 Z.

12) Leonhard von Eck, kais. Rath (bei Bartsch unbek. Bildniss No. 11): Obdormivi in Christo anno MDL., links unten 1553. H. 12 Z. 11 L., Br. 9 L.

13) Die Gattin des Obigen (bei Bartsch unbek. Bildniss No. 12): Anno aetatis sue LXI., links unten 1553. In gleicher Grösse mit dem obigen Bildnisse, und beide im ersten Drucke vor der Jahrzahl und dem Zeichen.

14) Maximilian, König von Böhmen, Büste, und Oval mit Wappen, 1555. H. 13 Z. 4 L., Br. 9 Z. 3 L.

15) Ferdinand, römischer König, 1556. H. 13 Z. 2 L., Br. 10 L.

16) Karl, Erzherzog von Oesterreich, in reicher Einfassung mit allegorischen Figuren: Anno aetatis sue XIV., 1554. H. 16 Z., Br. 11 Z. 2 L.

17) — 19) Drei Blätter mit Kinderspielen. H. 2 Z. 8 L., Br. 6 Z. 2 — 3 L.

20) Ein Gefecht von mehreren Reitern, im Vorgrunde zwei vom Pferde gestürzt, anscheinlich nach einer Zeichnung des J. Romano, 1546. H. 7 Z. 5 L., Br. 11 Z. 8 L.

21) Thurnierbuch. Wahrhafftiger Ritterlicher Thaten, so in dem Monat Junii des vergangnen LX Jars in und ausserhalb der Statt Wien zu Rosz und zu Fuesz, auff Wasser und Lannd gehalten worden, mit schönen Figuren contrafet; und dem Allerdurchlauchtigisten etc. Ferdinando, erweltem Römischen Kayser, deren allergeliebsten Khindern etc. durch Hansen

von Francolin — zu Ehren beschriben. Mit Holzschnitten und sieben malerisch geätzten Blättern in gr. qu. fol. Mehrere sind von H. S. Lautensack. Am Schluss steht: Gedruckt zu Wienn in Oesterreich durch R. Hoffhalter auff Polnisch Skrzetusky genannt, 1560.

Bartsch beschreibt unter No. 21 eines von diesen Blättern, andere erwähnt Brulliot: I. No. 1108 b.; II. 1010, 1708. Bei Weigel ist dieses Werk auf 15 Thl. gewerthet.

Die gewöhnlichsten Blätter, die man aber ebenfalls selten sieht, sind:

a) Das Turnier zu Wien: Secundum circensium etc. H. 14 Z., Br. 18 Z. 4 L.

b) Ein anderes Turnier daselbst: Equestris pedestrisque pugnae icon. MDLX. H. 14 Z. 3 L., Br. 18 Z. 4 L.

22) Das Wappen der Grafen von Eck und der Barone von Benzenau: Tramite disposita abliquo etc. Oval mit Festons eingefasst, 1552. H. 12 Z. 3 L., Br. 9 Z. 2 L.

23) Dieselben Familienwappen, in einer Einfassung mit Figuren: Stemmataque tribuit etc., 1552. H. 12 Z. 3 L., Br. 9 Z. 1 L.

24) Das Wappen des Hans Neudörfer und seiner Frau. Nicht bei Bartsch, von Brulliot erwähnt.

25) — 36) Folge von 12 Landschaften in die Höhe, mit Felsen, Bäumen, Schlössern und andern Gebäuden, Dörfern, Flüssen und Brücken, 1553. H. 6 Z. 1 — 3 L., Br. 4 Z. 2 — 4 L.

37) Landschaft mit einer grossen Kirche und einem grossen Kloster, in der Ferne Berge, 1553. H. 4 Z. 1 L., Br. 6 Z. 2 L.

38) Landschaft mit einem hohen Berge im Mittelgrunde, auf dem Berge eine kleine Festung, am Fusse des Berges ein Dorf, 1553. H. 4 Z. 3 L., Br. 6 Z. 3 L.

39) Landschaft mit einem Dorfe links, fast in Vogelperspektive, rechts ein Fluss mit zwei Brücken, 1554. H. 4 Z. 1 L., Br. 6 Z, 3 L.

40) Landschaft mit einem grossen Gebäude am Felsen, den der Fluss umspielt etc., 1553. H. 4 Z. 1 L., Br. 6 Z. 3 L.

41) Ansicht eines Dorfes, dessen durchlaufende Strasse demselben fast die Würde einer kleinen Stadt gibt; rechts eine kleine Brücke über den Fluss, 1553. H. 4 Z. 2 L., Br. 6 Z. 3 L.

42) Ansicht einer kleinen Stadt am Flusse, über welchen eine lange hölzerne Brücke führt, 1553. H. 4 Z. 4 L., Br. 6 Z. 3 L. Im zweiten Drucke mit dem Zeichen des H. S. Beham.

43) Landschaft mit Bäumen, rechts ragt aus denselben eine Kirche hervor, in der Ferne ein Fluss mit einer Brücke, die zum Stadtthore führt. H. 4 Z. 2 L., Br. 6 Z. 4 L.

44) Die Stadt am Fusse des Berges, und auf diesem eine Festung; über den Fluss die hölzerne Brücke, 1553. H. 4 Z. 4 L., Br. 6 Z. 4 L.

45) Landschaft mit Bäumen und einem breiten Flusse an der Berghette hin, auf einem der Berge ein Schloss, 1544, die beiden 4 verkehrt geschrieben. H. 4 Z. 10 L., Br. 6 Z. 10 L. Sehr selten.

46) — 51) Folge von sechs Landschaften mit biblischer Staffage. H. 5 Z. 5 — 6 L., Br. 8 Z. 1 L.

1) Die Flucht in Aegypten, 1555.

2) Die Taufe im Jordan, 1554. Im zweiten Drucke steht die Jahrzahl 1559.
3) Christus in der Wüste vom Teufel versucht, 1554.
4) Das Cananäische Weib fleht den Herrn um Heilung ihrer Tochter, 1554. Im zweiten Drucke mit 1559.
5) Christus macht den Blindgebornen sehend, 1555.
6) Christus flucht dem Feigenbaum, 1554. Im spätern Druck mit 1559.

52) David tödtet den Goliath, in zwei Platten, die eine mit dem Goliath, die andere mit David, 1551. H. beider 6 Z. 2 L., Br. 8 Z. 4 L.

54) Gebirgslandschaft, rechts vorn ein Mann zu Pferd und ein Jäger zu Fuss. H. 6 Z. 8 L.? Br. 10 Z. 8 L.

54) Landschaft mit einem Wagen mit Pfählen, 1559. H. 6 Z. 7 L., Br. 10 Z. 9 L.

55) — 60) Sechs Landschaften mit biblischen Darstellungen. H. 7 Z. 1 L., Br. 10 Z. 9 L.

1) Der Engel tröstet die Hagar. Ohne Zeichen.
2) Der Engel des Herrn mit dem Schwerte im Kampfe gegen Balaam. Ohne Zeichen.
3) Die Flucht in Aegypten, 1558.
4) Der gute Samariter. Ohne Zeichen.
5) Der junge Tobias mit dem Fisch.
6) Ein Mann zu Pferd, der hinter einem Fussgänger kommt, nach einem Manne hin, der am Hügel zu Boden liegt, wahrscheinlich der Verwundete, den der Samariter aufnimmt.

61) Ansicht von Nürnberg von der Westseite, in drei Platten nach der Länge: Wahrhaftige Contrafactur der löblichen Reichsstadt Nürnberg etc., 1552. Mit dem Zeichen unten rechts. H. 11 Z., Br. 55 Z. 6 L.

62) Ansicht derselben Stadt von der Ostseite, mit gleichen Aufschriften und in drei Platten, 1552, den Zeichen unten in der Mitte. H. 11 Z., Br. 56 Z. 2 L.

Holzschnitte.

63) Das Bildniss des Johann Aventin, Halbfigur, mit dem Buche vor sich, die Feder in der Rechten: Boius Aventinus faciem hanc sic gessit etc. H. 6 Z. 9 L. ohne Rand, Br. 6 Z.

64) Der Fähndrich mit der Fahne nach links schreitend. Auf der Fahne bemerkt man eine zerbrochene Lanze, einen Scepter, Degen, die Königskrone etc. H. 8 Z. 6 L., Br. 4 Z. 6 L.

65) Die Sündfluth. Mit dem Zeichen. H. 2 Z. 2 — 3 L., Br. 10 Z. 6 L. Dieses Blatt kannte Bartsch nicht; Weigel erwähnt es im vierten Cataloge S. 41.

Vielleicht gehören ihm auch Holzschnitte an in dem oben No. 21 erwähnten Turnierbuch.

Fälschlich wird ihm beigelegt:

Das Bildniss des Königs Christiernus von Dänemark, Halbfigur, fast en face; im Grunde eine Arkade mit neun Wappenschilden. Geätzt. H. 9 Z. 8 L.? Br. 5 Z.?

Einige schreiben ihm auch ein Blatt zu, welches Gottvater mit der päbstlichen Krone und der Weltkugel segnend vorstellt. Andere erklären dieses als Werk des Paul Lautensack.

Lautensack, Heinrich, Maler und Goldschmied, angeblich der Sohn Paul's, wurde nach Hüsgen's Angabe, der aus sichern Quellen geschöpft zu haben scheint, den 3. Februar 1522 in Bamberg geboren. Seine Mutter, eine geborne Gräfin, war ebenfalls aus Bamberg; die Kunst aber erlernte Heinrich in Nürnberg, wo er 1532 beim Goldarbeiter Melchior Bayer auf sechs Jahre in die Lehre trat. Später kam er nach Frankfurt am Main, wo er sich 1550 verheirathete, und viele Jahre mit Beifall arbeitete, bis er zuletzt nach Nürnberg zog. Hier starb er 1590. In Frankfurt gab er 1553 ein Buch heraus, welches vom Winckelmaass und Richtscheidt und der Perspektive, von der Proportion der Menschen und Rosse handelt. Dieses Werk, mit Holzschnitten, erwarb ihm grosses Lob.

H. Lautensack soll auch in Holz geschnitten haben, und dann legt man ihm auch Kupferstiche bei, allein mit dem Monogramme, das man ihm beilegt, hat es wenig Richtigkeit. Es steht auf diesen Blättern die Jahrzahl 1533, wo der Künstler erst in die Lehre kam. Auch Hüsgen hat in seinen Nachrichten von Frankfurter Künstlern nicht recht, wenn er sagt, Lautensack habe 1552 das Bildniss seines Vaters Paul gestochen. Dieses ist jenes Bildniss, welches wir im Artikel des H. S. Lautensack aufzählten, und diesem gehören auch die Nürnberger Prospekte an, die Hüsgen dem Heinrich beilegt. Hier verwechselt ihn dieser Schriftsteller also mit Hans Sebald, und wenn er sich zuletzt auch im Geburtsjahre geirrt hat? Jeder mag glauben, was er will, und wir zählen nur einige Blätter des Monogrammisten H. L. auf, da dieser nach Einigen Heinrich Lautensack seyn soll.

Folgende drei Blätter legt Bartsch IX. 474 einem solchen Monogrammisten bei; der Monogrammist H. L. 1533 VIII. ff. ist damit nicht zu verwechseln.

1) Christus am Kreuze zwischen den Schächern: Christum non istum etc., 155. Die letzte Numer fand Bartsch in seinem Abdruck verwischt. H. 10 Z., Br. 6 Z. 8 L.
2) Der Heiland mit Mantel, Krone und Weltkugel: Vivo ego nolo mortem etc., 1558. H. 8 Z. 4 L., Br. 6 Z. 2 L.
3) Die Charitas unter einem Weibe, welche auf das Kind Milch aus der Brust drückt. Auf dem steinernen Tische liegt ein schlafendes Kind, 1558. H. und Br. 4 Z. Das schlafende Kind ist nach Beham copirt, No. 1 des Werkes bei Bartsch.
4) Die Marter der heil. Catharina, mit dem Monogramm H. L., welches Huber auf diesen Künstler deutet.
5) Das Urtheil des Paris, Copie einer Gruppe aus Marc Anton's Blatt nach Rafael: Jvdicivm Paridis. Am Rande ist das Zeichen und die Jahrzahl 1558. H. 8 Z., Br. 6 Z. 10 L. Neben dem Zeichen fand Brulliot I. 2381 auf diesem Blatte auch das Wort: leytzen, was vielleicht den Stecher bedeutet.

Es ist nicht mit Sicherheit zu bestimmen, ob diese Blätter gerade dem Heinrich Lautensack angehören, und weil auch die des andern Monogrammisten H. L. öfter bald auf diesen Künstler, bald auf Hans Leuker gedeutet werden, so mögen sie hier sich anschliessen, weil wir sie im angehängten Monogrammen-Lexicon doch aufzählen müssten.

Folgende Blätter verzeichnet Bartsch p. gr. VIII. 35 ff.

1) Christus mit Dornen gekrönt, links oben auf einem Täfelchen die schwer zu lesenden Buchstaben H. L. H. 4 Z. 4 L., Br. 2 Z. 7 L.

2) Die Passions-Werkzeuge von Engeln getragen. Petis aegra membra levare etc., 1533, alles schwer zu lesen. H. 4 Z. 11 L., Br. 3 Z. 6 L.
3) St. Georg als Besieger des Drachen. H. 4 Z. 4 L., Br. 2 Z. 6 L. Die zweiten Abdrücke haben die Jahrzahl 1533.
4) Die Enthauptung der heil. Dorothea, 1533. H. 3 Z. 9 L., Br. 2 Z. 6 L.
5) Der Gott Hymen mit der Fackel. H. 4 Z. 3 L., Br. 2 Z. 7 L.
6) Amor mit dem zerbrochenen Bogen, in der Ferne mehrere Männer und Weiber am und im Wasser. H. 4 Z. 5 L., Br. 2 Z. 6 L.
7) Amor mit dem Bogen in der Rechten, und mit der Linken einen zerbrochenen Pfeil haltend. H. 4 Z. 5 L., Br. 2 Z. 6 L. Die zweiten Abdrücke haben die Jahrzahl 1533.
8) Der kleine Genius mit der Erbsenschote, aus welcher ein anderer eine Frucht nimmt, 1533. Oval. H. 3 Z. 3 L., Br. 2 Z. 7 L.
9) Der Mann mit einem Weibe, welche das Kind in Armen hält; ersterer nackt, mit zwei Vogelflügel in den Haaren, das Weib steht rechts. H. 4 Z. 10 L.? Br. 3 Z. 4 L.?

Holzschnitte.

10) Der Erlöser stehend, mit der Erdkugel in der Linken und mit der Rechten segnend. H. 7 Z. 6 L., Br. 5 Z.
11) St. Christoph mit dem Jesuskinde auf den Schultern. H. 7 Z., Br. 5 Z.
12) St. Georg zu Pferde tödtet den Drachen. H. 7 Z., Br. 5 Z.

Folgende Blätter fügt Brulliot I. 2387 den obigen bei:

Kupferstiche:

13) St. Peter, von 1522, also sicher nicht von Lautensack.
14) St. Hubert, 1522. Rund.
15) Die Bekehrung Paul's. Rund.
16) Die Enthauptung des heil. Johannes. Rund.
17) Die Enthauptung der heil. Catharina. Rund.
18) Herkules hält die Hirschkuh im Laufe auf. Rund.

Holzschnitte:

19) St. Sebastian am Baume, im Grunde Mauer. H. 8 Z. 4 L., Br. 5 Z. 9 L.
20) St. Georg, 1516.

Lauter, F., Lithograph, zeichnete mit Strixner nach den Werken der Boiserée'schen Sammlung, die seit 1828 Besitzthum des Königs von Bayern ist.

Lauterer, N., Maler, wurde 1700 in Wien geboren, und sein Meister war J. Orient. Hierauf studirte er die Gemälde des N. Berghem, und schon hatte er Proben eines schönen Talentes abgelegt, als er 1735 starb. Seine Gemälde und Zeichnungen sollen mit N. L. bezeichnet seyn.

Lauteri, Camilla, Malerin zu Bologna, und Schülerin des C. Cignani. Sie widmete sich der Historienmalerei, starb aber schon 1681 im 22. Jahre. Ihrer erwähnt die Felsina pittrice mit Ehren.

Lauters, P., Lithograph, ein jetzt lebender Niederländischer Künstler. In dem Album van thans levende Nederlandsche Kunstschilders, gelithographeerd etc. I. Jahrgang II. H. 1837, ist von ihm eine Winterlandschaft nach G. Schelfhout, gr. fol. Diese Sammlung erscheint unter Leitung von C. Krusemann, und enthält treffliche Blätter.

Lautier, S. E., Malerin zu Berlin, geborne Ferber, malte verschiedene Ansichten in Oel, und auch lithographirte Landschaften finden sich von ihr. Es sind dieses Gegenden der sächsischen Schweiz und um Töpliz. Diese Künstlerin starb 1832 in Berlin.

Lauvemont, s. Louvemont.

Lauvers, C., Kupferstecher, dessen Lebensverhältnisse wir aber nicht kennen. Seiner erwähnt Füssly im Suplemente, und dieser zählt ihn noch zu Anfang unsers Jahrhunderts unter die Lebenden. Er legt ihm folgende drei Blätter bei:

1) Eine Trink- und Spielgesellschaft.
2) Die Dorfmusikanten.
3) Eine Bauernlustbarkeit.

Diese drei Blätter sollen in den Grössen der Gemälde gefertiget seyn, doch wusste Füssly nicht, ob nach eigenen oder fremden. Dieser Schriftsteller meint auch, Lauvers gehöre zur Familie der Lauwers. Wir fanden noch folgendes Blatt als das Werk eines C. Lauvers angezeigt:

4) Alexander's Achtung gegen die Gattin des Darius, nach P. da Cortona, qu. fol.

Lauw oder Louw, Pieter, s. P. Louw.

Lauwers, Nicolaus, Kupferstecher, wurde um 1620 zu Leuse geboren und von P. Pontius in seiner Kunst unterrichtet. Er ahmte den Styl dieses Meisters nach, und obgleich er ihn in der Gesammtwirkung nicht erreichte, so gehört er doch zu den geschicktesten Stechern, die an Rubens Werken ihre Kräfte versuchten. Seine Blätter sind zahlreich und mehrere derselben sehr schätzbar, besonders die nach Rubens. Das Todesjahr ist unbekannt, wahrscheinlich erfolgte es zu Antwerpen, wo Lauwers wohnte.

1) Die Anbetung der Könige, nach Rubens, sehr schön.
2) Der Triumph der Kirche durch die Eucharistie, nach Rubens.
3) Der Triumph des neuen Gesetzes, auf zwei Platten, nach Rubens.
4) Der Fang des Fisches zur Bezahlung des Tributs, nach Rubens.
5) Ecce homo oder Christus vor Pilatus, nach Rubens. Im zweiten Drucke mit Bolswert's Adresse, und sehr schön in guten ersten Drücken, gr. fol.
6) Die Verspottung Christi, nach Rubens, fol.
7) Der Leichnam Christi auf dem Schoosse der heil. Jungfrau, nach Rubens.
8) St. Cäcilia von drei Engeln begleitet, singt zum Lobe Gottes, nach G. Seghers, qu. fol.
9) La Tabagie, Soldaten, welche zur Nachtzeit in einer Schenke rauchen, Halbfiguren, nach G. Seghers, qu. fol. Ein Hauptblatt und Gegenstück zu S. Bolswert's Verläugnung Petri.
10) Jupiter und Merkur bei Philemon und Baucis, nach J. Jordaens, qu. roy. fol. Im ersten Drucke vor Blooteling's Adresse.

11) Die heil. Familie in einem Zimmer, Johannes hält einen Vogel, nach welchem die Katze langt, nach F. Baroccio, fol.
12) Thomas von Aquin, wie ihm die heil. Jungfrau ein Papier überreicht: Petre me timeas etc., nach E. Quellinus.
13) Sanctus Pater Elias, wie ihm Gott Vater den Segen ertheilt, nach Quellinus.
14) Eine grosse These mit dem Bildnisse des Erzherzogs Leopold Wilhelm von Oesterreich, nach A. Diepenbeck, in zwei Platten.
15) Marcellianus de Barca, ein Kapuziner, nach Rubens.
16) Heliodor de Barca, nach Rubens.
17) Lelio Blancatio, Commendat. Melit. March. Mont. etc., nach Van Dyck, gr. 4. Im ersten Drucke vor v. Enden's Adresse.
18) Isabella, Infantin von Spanien.

Lauwers, Conrad, Kupferstecher, der etwas jüngere Bruder des Obigen, übte in Antwerpen seine Kunst. Er stach Historien und Bildnisse mit ziemlich gutem Erfolge.

1) Heilige Familie mit dem kleinen Johannes, der über der Wiege den Jesusknaben küsst, nach A. Schiavone. Aus der Brüsseler Gallerie, gr. 8.
2) — 3) Venus und Adonis — Aeneas und Anchises, nach demselben mit Q. Boel für die Brüsseler Gallerie gestochen, gr. 8.
3) Elias in der Wüste, vom Engel gespeist, nach Rubens, gr. fol.
4) Die Statuen von S. Stephanus Grandi und S. Dominicus, gr. fol.
5) Die Kreuztragung, nach Rubens.
6) St. Nicolaus von Tolentino auf den Knien vor der hl. Jungfrau, die sich oben in Wolken zeigt, nach Quellinus.
7) St. Augustin sitzend mit der Feder, nach Quellinus.
8) Der weinende Petrus, nach J. Cossiers.
9) Ein grosses Crucifix, nach demselben.
10) Die Taufe des Kaisers und der Kaiserin von Monomotapa, 1652, grosses Blatt mit dreifacher Erklärung, nach Quellinus.
11) Bildniss des Peter Boel, Halbfigur, nach demselben, kl. fol.
12) Jenes des Jan van den Hecke, Kniestück mit Handschuhen, nach Hecke, 4.
13) Portrait des Georg van San, Halbfigur, nach Quellinus, 8.
14) Pieter Verbrughen, Bildhauer zu Antwerpen, nach Quellinus, 4.
15) Anton Vigier, Jesuit, nach J. Cossiers, fol.
16) Petrus van Bredael, 4.
17) Artus Quellinus junior, nach van Duys, 4.
18) J. B. de la Faille, nach Pykens.
19) Wilhelm Quisthout, insulae Beatae Mariae Abbas, Almosenier des Königs von Frankreich, nach N. Lagillière.

Lauwers, Jakob, Maler, wurde 1754 in Brügge geboren, und hier erhielt er auch Unterricht in den Anfangsgründen der Kunst. Hierauf reiste er zu seiner Ausbildung nach Italien, und nach seiner Heimkehr liess er sich in Amsterdam nieder. Hier malte er anfangs Landschaften, zog es aber in der Folge vor, häusliche Gegenstände zu schildern, und diese seine Bilder sind von gefälliger Anordnung, von kräftiger Färbung und mit sicherem Pinsel behandelt. Eines seiner Gemälde, welches eine Frau mit dem

Kinde auf dem Balcon sitzend vorstellt, wurde bei der Auktion der Sammlung des van Gildemeester um 300 fl. erkauft. Auch schöne Zeichnungen in Saftfarben hat er gefertiget.

J. Lauwers starb 1800 in Amsterdam.

Lauwers, Leonhard, soll ebenfalls Kupferstecher gewesen seyn; allein wir fanden die Meinung nicht bestättiget.

Lauwers, C., s. C. Lauvers.

Lauzet, Maler zu Paris, der daselbst um 1836 thätig war. Er malt Landschaften mit Vieh, lobenswerthe Bilder.

Lavagna, Joseph, Maler von Neapel und Schüler des A. Belvedere. Er malte Blumen mit Sicherheit und in gutem Geschmacke, und daher fanden seine Stücke auch Beifall.

Starb 1724 im 44. Jahre.

Ein Ottavio Lavagna malte um 1740 in Neapel Historien, erwarb sich aber als Tapetenweber den meisten Beifall.

Laval, s. Delaval.

Lavalée, Jakob, Kupferstecher von Toulouse, erlernte bei Beauvalet seine Kunst, die er dann in Paris übte, schon zu Anfang unsers Jahrhunderts und noch 1830. Man hat von ihm eine bedeutende Anzahl von Blättern, die er für das grosse Werk über Aegypten, für die Prachtausgabe des Racine bei Didot, für die Vues des salles du Musée des Petits-Augustins etc. lieferte. Dann haben wir von ihm:

1) La maitresse d'école, nach J. M. Crespi. Musée franç. par Laurent etc.
2) Der Cavalier auf der Promenade, nach Cuyp. Mus. fr.
3) Die Heimkehr des Junkers von der Promenade, nach demselben. Mus. fr.
4) Les plaisirs de famille, nach J. Steen. Mus. fr.
5) Ein Alter bietet einem Mädchen seine Börse an, nach Mieris. Gallerie de Florence.
6) Christus mit dem Kreuze, nach P. Veronese; von Queverdo geätzt, kl. 4.
7) Die heil. Jungfrau mit dem Kinde, nach L. de la Hire, 8.

Lavallée, s. La Vallée.

Lavater, Johann Caspar, der berühmte Verfasser der Physiognomik, wird von Füssly und Meusel (Mus. Misc.) als Kunstfreund und als Beförderer der Kunst in seiner Vaterstadt Zürich gerühmt, und Füssly behauptet, er habe keinen Strich zeichnen können. Dem ist nicht so; Lavater zeichnete selbst Portraite.

Ein solches, das Brustbild der Frau Römer, Federzeichnung in kl. 4., war in der Sammlung des Dekan Veith. S. R. Weigel's Catalog dieser Sammlung I. S. 35. Auf der Carlsruher Kunstausstellung 1835 sah man von ihm die Zeichnung eines Christuskopfes, in aller Prosa aufgefasst, wie es im Berichte über jene Kunstausstellung im Kunstblatte desselben Jahres S. 263 heisst.

Lavater starb 1800 im 59. Jahre.

Lavauden, Maler zu Paris, wo er noch gegenwärtig seine Kunst übt. Man sieht seit 1822 daselbst Bilder von ihm in den Salons, und dieses sind Historien oder Darstellungen aus dem historischen Genre, denen er eine geistreiche Seite abzugewinnen weiss.

Laveeg, Jakob, Maler von Dortrecht, Rembrandt's Schüler. Anfänglich ahmte er den Meister täuschend nach, dann aber ging er nach Paris, und hier wurde er an sich selbst irre. Er verdarb seine gute Färbung, und auch die frühere Sorgfalt in der Behandlung vermisst man. Seine früheren Werke sind daher die gefälligeren und besseren. Er malte Historien und Bildnisse. Starb 1674 im 39. Jahre.

Laveglia, Architekturmaler von Asti, dessen Bartoli erwähnt. In einer Capelle der St. Martinskirche zu Asti zierte er eine Capelle aus, und da malte ihm J. Carl Alberti die Figuren.

Laves, Architekt, ein Künstler von bedeutendem Rufe, den er in Hannover gründete. Im Jahre 1820 war er, als junger Mann, bereits Hofbaumeister, und in der Folge erlangte er die Stelle eines Oberbaurathes. Die Stadt Hannover verdankt ihm mehrere Zierden, die in Prachtgebäuden bestehen. Er renovirte auch das königliche Schloss mit vieler Pracht.

Lavigne, Marin, Lithograph zu Paris, ein jetzt lebender geschickter Künstler. Man findet von ihm mehrere Blätter, die sich an die besten Erzeugnisse der französischen Lithographie anreihen:

1) La main chaude, nach Beaume, gr. fol.
2) Leonora aus Bürger's Ballade, nach Lessing, gr. qu. fol.
3) Die Schlacht von Montereau, nach Langlois, fol.
4) Départ pour la pêche, nach Collin, fol.
5) Chiens du mont Saint-Bernard.
6) Le chien du Terre-Neuve.
7) Le chien de la forêt d'Orte.
8) L'enfant retrouvé.
9) Le chien du chasseur.
10) Le chien du pêcheur.

Diese zehn Blätter sind nach Landseer, R. Fleury, E. Odier, F. Grenier und Beaume lithographirt, gr. qu. fol.

Lavinia di Maestro Simone, s. Benic oder Bening.

Laviron, Bildhauer von Antwerpen, der um 1695 in Frankreich arbeitete. Wer einen Begriff von seiner Kunst haben will, der sehe die fade Gestalt seines Ganymed in Thomassin's Werk über Versailles.

Lavizzario, Vincenzo, Maler zu Mailand, der um 1520 blühte. Er war ein trefflicher Bildnissmaler, gleichsam der mailändische Titian, wie Lanzi behauptet. Dennoch sind seine Lebensverhältnisse unbekannt.

Lavoine, Zeichner zu Paris um 1769. Derrey stach nach ihm ein Blatt, welches eine Hirtin vorstellt, mit der Aufschrift: Ma houlette est pour Colin.

Lavreince oder Lafrenz, Nicolaus, Bildniss- und Genremaler, wurde um 1746 in Schweden geboren, seine Bildung zum Künstler aber erhielt er in Frankreich. Er hielt sich längere Zeit in Paris auf, und auch aus seinen Werken spricht durchaus die französische Manier. Er malte eine Menge von Galanteriestücken in Oel, und auch Gouachebilder, in welchen er aber ebenfalls vorübergehende Moden festhalten wollte. Mehrere seiner Bilder wurden in grossem Formate gestochen. In letzter Zeit lebte Lavreince in Stockholm als königlicher Hofmaler; Mitglied der Akademie daselbst wurde er schon früher und 1808 starb er. Um sich einen Begriff von seinem Geschmacke zu machen, betrachte man die Blätter von N. de Launay (Le billet doux, L'heureux moment, La consolation de l'absence); Dequevauviller (L'assemblée au salon, Le lever des ouvrières en modes, L'école de danse, Les contre-temps); Caquet (L'innocence en danger); J. Couché (Les sabots); Guttenberg (Le Mercure de France); C. N. Varin (Le concert agréable); Vidal (Les nymphes scrupuleuses, La balançoire mystérieuse); J. B. Chapuy (Les trois soeurs au parc de St. Clou, Les graces parisiennes au bois de Vincennes); Langlois (Concert dans un jardin); Voyez sen. (Le directeur de toilette.) u. s. w. Alle diese Darstellungen, und noch mehrere andere, hielt man zu seiner Zeit für recht schön.

Lavy, A., Medailleur zu Turin, ein jetzt lebender Künstler, der den Titel eines k. Stempelschneiders führt. Er fertigte Medaillen auf merkwürdige Zeitereignisse. Seine Denkmünze auf die Vermählung des Prinzen Carl Ludwig von Lucca mit Maria Theresia von Savoyen wurde sowohl wegen der Aehnlichkeit der Bildnisse, als wegen der Feinheit und Eleganz der Arbeit gerühmt.

Lawranson, Thomas, Maler zu London, der um die Mitte des vorigen Jahrhunderts durch seine Bildnisse Beifall fand. Auch seine grossen Kupferstiche, welche das Hospital von Greenwich darstellen, wurden gerühmt. Starb 1778.

Lawranson, William, Maler zu London, wo er in der zweiten Hälfte des vorigen Jahrhunderts lebte und gegen Ende desselben starb. Er malte Historien und Bildnisse, welch letztere ihm Ruf erwarben. Einige wurden gestochen, wie von J. Dixon jenes von W. Powell 1769; von W. Pether das von Benjamin West 1785. Auch Dunkarton, Green, Jones und Walker haben Bildnisse nach ihm gestochen. J. R. Smith fertigte nach ihm Blätter in schwarzer Manier: Palemon et Lavinia, Cimon et Iphigene, Lady at haymaking; P. W. Tomkins stach eine Scene aus Shakespeare: Rosalind et Celia.

Lawrence, Thomas, berühmter Portraitmaler, geb. zu Bristol 1769, gest. zu London 1830. Sein Vater Thomas war anfänglich Steuereinnehmer, übernahm aber bald nach der Geburt seines zweiten Sohnes Thomas die Wirthschaft zum weissen Löwen zu Bristol und im Jahre 1772 die zum schwarzen Bären zu Devizes. Schon früh zeigte Thomas seltene Anlagen; als Knabe von fünf Jahren zeichnete er die Bildnisse des Lord Kenyon und seiner Gemahlin sehr ähnlich, während beide auf einer Reise nach Bath in dem schwarzen Bären übernachteten.

Mit dem sechsten Jahre wurde Lawrence einem gewissen Jones zu Fort, bei Bristol, zum Unterricht übergeben; er verliess aber, kaum acht Jahre alt, diese Schule wieder, und erhielt fortan, mit Ausnahme der Anweisungen, die ihm sein Vater im Lesen und Deklamiren gab, und weniger Lektionen im Lateinischen und Französischen, keinen Unterricht mehr. Acht Jahre alt, sah er in Corsham-House das erste gute Gemälde. Die Gesellschaft liess sich durch die Gemächer führen und vergass des Knaben gänzlich, und als man ihn suchte, fand man ihn vor einem Gemälde von Rubens wie festgewurzelt. „Ach, ich werde nie im Stande seyn, etwas Aehnliches zu machen!" sagte er, als man ihn aus dem Gemache brachte.

In seinem zehnten Jahre begann er, ohne eine bekannte Anregung von Aussen, Gegenstände aus der heiligen Schrift zu behandeln. Er malte Christus, wie er Petrus tadelt, ihn vor Pilatus verläugnet zu haben, und Ruben, wie er den Vater bat, Benjamin mit den Brüdern nach Aegypten ziehen zu lassen. Durch diese Versuche ermuthigt, wählte er zum nächsten Gegenstand „Haman und Mardochai," und vollendete das Gemälde in kurzer Zeit. Der Ruf des jungen Künstlers verbreitete sich im Kreise der reichern Familien von Wiltshire und den benachbarten Grafschaften, und er durfte die Landsitze des Grafen von Pembroke und anderer Edelleute besuchen, da sie im Besitze von Gemäldegallerien waren. Daines Barington sagt in seinen Miscellanies: „Da ich so vieler Beispiele von früher Geistesreife gedacht habe, so darf ich auch einen Maler Lawrence nicht übergehen, den Sohn eines Gastwirthes zu Devizes in Wiltshire. Dieser Knabe ist jetzt (1780) gegen zehn und ein halbes Jahr alt, aber schon in seinem neunten Jahre copirte er, ohne die geringste Anleitung von irgend jemand, historische Gemälde in einem meisterhaften Style; auch war er ungemein glücklich in eigenen Compositionen, besonders in der Verläugnung Christi durch Petrus. Es missglückt ihm selten, in sieben Minuten ein sehr ähnliches Portrait mit ziemlich viel Freiheit und Anmuth zu zeichnen. Auch liest er reimlose Verse vortrefflich und man überzeugt sich leicht, dass er anziehende Stellen aus Milton und Shakespeare versteht und fühlt." Um diese Zeit versuchte sich Lawrence auch in der Dichtkunst. Von 1780 — 87 gab er viele Gedichte in das European- und in das Ladies-magazine. Manche dieser Erzeugnisse tragen das Gepräge eines ächt poetischen Gefühls.

Lawrence's Vater war in seinem Geschäft zu Devizes nicht glücklicher, als zu Bristol; er begab sich daher nach Bath. Der Sohn hatte hier eine Zeitlang Unterricht bei Hoare, einem trefflichen Stiftzeichner, und unter der Leitung dieses geistreichen Mannes fing Lawrence an, sich jene Anmuth, jene Zierlichkeit, jenen geistvollen Styl anzueignen, der ihn später in so hohem Grade auszeichnete. Anfangs führte er in der Weise seines Lehrers Portraits in Stiftzeichnung aus; einige weibliche Bildnisse sind noch vorhanden, und man bewundert die Zartheit der Behandlung und die elegante Ausführung, so wenig anmuthsvoll auch die damalige Mode der Schönen von Bath war. Er erhielt für ein solches Portrait zehn und einen halben Schilling. Einer seiner frühesten Gönner war Sir Henry Harpor, der den jungen Künstler auf seine Kosten nach Italien reisen lassen, und 1000 Pfund zu diesem Zwecke hergeben wollte. Lawrence's Vater lehnte aber den Antrag ab, indem er sagte: „Thomasens Genie bedarf einer solchen Unterstützung nicht." Der wahre Grund dieser Entscheidung soll jedoch der gewesen seyn, dass das Talent des jungen Thomas die Hauptstütze der ganzen Familie war. Während seines Aufenthaltes zu Bath fand er eine Ermunterung, deren er noch in seinem letzten Lebensjahre öffentlich mit warmer Dankbarkeit gedachte. Im Jahre 1782 hatte er eine Copie von Raphael's Verklärung in Stiftzeichnung vollendet, und diese gab er im folgenden Jahre in die Ausstellung der Gesellschaft der Künstler zu Bath. Dafür nun erhielt er die grosse Silberpalette und fünf Guineen, als Beweis der Zufriedenheit der Gesellschaft der Künstler zu Bath. Der berühmte Kupferstecher Valentin Green war damals Präsident jener Gesellschaft.

Hierauf machte Lawrence, von seinem Vater begleitet, Ausflüge nach Oxford, Salisbury und Weymouth, wo seine Portraitzeichnungen vielen Beifall fanden, deren er in der Regel täglich eine fertigte. Seine Kunst nährte ihn also schon reichlich, aber im Winter 1785 wandelte den jungen Lawrence doch die Lust an, sich der Bühne zu widmen.

Mit seinem siebzehnten Jahre machte er seine ersten Versuche in Oelfarben. Der Gegenstand, den er zuerst behandelte, war Christus, das Kreuz tragend, in einem 8 Fuss hohen Gemälde. Als er diese Arbeit vollendet hatte, malte er sein eigenes Portrait in Oel. Er ahmte in diesem sichtbar den Styl Rembrandt's in dessen mittlern Jahren nach, wo Rembrandt seine sorgfältige Ausführung vernachlässigte und sich der ganzen Fülle des Pinsels mit tiefen Contrasten und raschen Uebergängen und einer grossen Breite von Licht und Schatten bediente.

In den ersten Monaten des Jahres 1787 kam Lawrence nach London, um die öffentlichen Kunstanstalten zu benützen und die Laufbahn zu betreten, auf der er so glänzend fortschritt. Sir Joshua Reynolds war damals auf dem Gipfel seines Rufes und Glanzes; sein Urtheil eben so gewichtig, wie der Einfluss als Präsident der Akademie. Lawrence fand Gelegenheit sich dem Präsidenten zu nahen. Dieser war überrascht von der Schönheit und der hübschen Gestalt und dem anmuthigen Benehmen des Jünglings und nahm ihn mit einer Aufmerksamkeit und einem Wohlwollen auf, das dessen Furcht verscheuchte. Reynolds untersuchte seine Arbeit, gerieth offenbar in Erstaunen, sprach ausdrucksvoll über eine Anzahl Fehler, änderte aber plötzlich den Ton, liess sich über die Verdienste heraus, und schloss mit milder Stimme: „Man sieht klar, Ihr habt alte Meister copirt, aber ich rathe Euch, die Natur zu studiren: wendet Eure Aufmerksamkeit der Natur zu und copirt keine Gemälde.“ Von dieser Stunde an bis zu seinem Tode, der vier Jahre später erfolgte, empfing und behandelte Sir Joshua den Jüngling mit stets gleichem Wohlwollen.

Lawrence wurde nun Zögling der königl. Akademie; sein schönes Acussere, seine feinen Sitten, sein friedliches Benehmen zog seine Mitschüler an, und sein überlegenes Talent und rasches Fortschreiten wurde ohne Neid anerkannt. Er begann damit, kleine, aber höchst sorgfältig ausgeführte Zeichnungen zu machen. Auf diese Weise zeichnete er den Apollo von allen Seiten. Mit seinem zwanzigsten Jahre erlaubte man ihm nach lebenden Gegenständen zu zeichnen, eine Erlaubniss, welche damals nicht in der Ausdehnung wie jetzt gegeben ward. Im Jahre 1787 erschien er zum erstenmal in der Ausstellung von Somerset-House mit fünf weiblichen Portraits, einer Vestalin und einem wahnsinnigen Mädchen. Im nächsten Jahre gab er sechs, 1789 dreizehn, 1790 zwölf Portraits in die Ausstellungen; unter den letztern waren die Portraite der Königin, der Prinzessin Amalie und der Schauspielerin Miss Farren. Im Jahre 1791 eröffnete sein „Homer, der den Griechen seine Gedichte vorliest,“ den Katalog. Dieses Gemälde war für Payne Knight gemalt, und es ist jetzt im Besitz des Andrew Knight von Downton Castle. Man betrachtet es als eine ausserordentliche Leistung für einen so jungen Mann, und lobte ebenso sehr die Eleganz als die reife Umsicht des Künstlers. Im Jahre 1791 wurde er in die Zahl der Associates der königl. Akademie aufgenommen.

Lawrence war jetzt in London bekannt und gesucht, aber obgleich er mit Aufträgen überhäuft wurde, lebte er keineswegs im Ueberfluss. Die Bedürfnisse seiner Familie foderten stets Zuschüsse

23*

aus seiner Kasse. Während seines ersten Aufenthaltes in London verkaufte der Vater seine Stiftzeichnungen, welche mit der Leichtigkeit des Genies und der Raschheit langer Uebung gefertiget wurden, oft zu dem geringen Preis einer halben Guinee. In der neuern Zeit kaufte Sir Thomas selbst diese Zeichnungen, wo er sie auffand, um bedeutende Preise zurück. Er sprach mit Freuden oft von seinen bedrängten Umständen, in welche ihn die Armuth der Seinigen brachte, ohne sich desshalb zu beklagen.

Nach Sir Joshua's Tod wählte ihn die Gesellschaft der Dilettanten, zu ihrem Maler; auch erhielt er jenes Meisters Stelle bei Georg III., als erster Maler. In die Austellung von 1792 gab er das Portrait dieses Monarchen und jenes einer vornehmen Dame als Penserosa. Man kann indessen unmöglich aller seiner Portraite gedenken; was man von Sir Joshua sagt, gilt auch von Lawrence, er malte drei Generationen von Schönheiten. Doch nicht allein Bildnisse von Damen malte er, auch solche von Männern finden sich in grosser Anzahl, gelobte und getadelte Werke, da der Meister anfangs viele Feinde hatte. Rühmlich erwähnt wurden z. B. 1808 das sprechende Bildniss des ehrwürdigen Staatskanzlers Thurlow, des Lord Stanhope, des Sprechers Makintosh, und geschändet jene der in Zeitungen und Carikaturen verewigten Schönheiten Miss Lambs und Lady Campbell. Besser erging es seiner Mrs. Siddons als Jara.

Im Februar 1794 wurde er zum Akademiker gewählt. Drei Jahre später malte er seinen Satan. Die Vorstudien zu diesem edlen Werke hatten ihn lange beschäftigt, besonders in den Nachtstunden, wenn er seinen übrigen Arbeiten Genüge geleistet hatte. An dem Gemälde selbst arbeitete er nur sechs Wochen, und er erklärte oft, diese Stunden seien seine glücklichsten gewesen. Unter den Freunden, die Lawrence zu jener Zeit hatte, muss Angerstein genannt werden, der durch den Rath dieses Künstlers vorzüglich bei dem Ankauf seiner berühmten Gallerie, die jetzt eine Zierde der National-Gallerie ist, geleitet wurde. Der Marquis von Londondery gehörte ebenfalls zu den einflussreichen Gönnern des Künstler. Später genoss er auch den wärmsten Schutz des Prinz Regenten, der ihm eines Vorfalls wegen abgeneigt war. Es verbreitete sich nämlich das Gerücht, dass, während Lawrence die Prinzessin von Wales und die Prinzessin Charlotte malte, die königl. Hoheit den Maler, der eine Nacht in Montague House auf Blenkheath zubrachte, zu gnädig behandelt habe. Im Jahre 1818 erhielt L. von dem Prinz Regenten, der ihn drei Jahre früher zum Ritter schlug, den ehrenvollen Auftrag, nach Aachen, wo der Congress sich versammelte, und an die verschiedenen Höfe des Continent zu gehen, um die Portraits der hohen Herrschaften zu malen. Nachdem er seinem Auftrag zu Wien und zu Aachen entsprochen hatte, ging er nach Italien und 1819 auch nach Rom, wo ihn der römische Hof, und die italienischen und fremden Künstler mit Ehren und Aufmerksamkeiten überhäuften. Am 10. März 1820 starb West, der bisherige Präsident der Akademie; am folgenden Tage wurde nun Lawrence einstimmig an dessen Stelle gewählt. Einige Wochen später kam er selbst nach einer Abwesenheit von achtzehn Monaten nach England zurück, und brachte acht Portraits in Lebensgrösse für Georg IV. mit. Der König liess ihm eine goldene Kette mit einer Medaille überreichen, auf welcher das Bildniss des Monarchen und die Umschrift sich befindet: „Von Sr. M. Georg IV. dem Präsidenten der königl. Akademie." Im Jahre 1825 ging er nach Paris, um das Portrait Carl X. und das des Dauphins zu malen; und da erhielt er das Kreuz vom Orden der Ehrenlegion. Die Universität zu Oxford kreirte ihn zum Doktor der Rechte, und mehrere auswärtige Akademien wählten ihn zu ihrem Mitglied.

Ein bedeutendes Meisterwerk in seiner Art, und Lawrence's bestes Werk ist sein Portrait Georg IV. im Carlton Pallast. Es vereinigt alle Vollkommenheiten; die Aehnlichkeit setzt in Erstaunen und der Ausdruck des Charakters ist mit strenger Treue wiedergegeben. Man erzählt, der König habe, als er ihm sein Bild zu malen auftrug, gesagt: „Paint me as i am" (malt mich wie ich bin). Lawrence entsprach der Anforderung, nur soll die Zeichnung nicht genug studirt und die Theile nicht genugsam durchdacht, dasjenige, was die Franzosen les dessous nennen, nicht genug angedeutet seyn; ein Fehler, den sich die englische Schule im Allgemeinen zu Schulden kommen lässt, der seinen Grund in der Nachlässigkeit der Ausführung hat, um einer zu ausschliesslichen Bemühung willen, den Ausdruck der Idee hervorzuheben. Der Reichthum und Glanz der Gewänder aber und die verschiedenen Orden sind in aller ihrer Pracht gegeben, und dabei alles, was dem Schimmer gleicht, durch die reine Harmonie der Tinten, und die geschmackvolle Sorgfalt der Zusammenstellung vermieden. Höchst gelungen ist auch das Bildniss des Herzogs von Reichstadt, welches er in Wien malte, woselbst er auch eine Sammlung von Portraits der regierenden Häupter und der vorzüglichsten Minister zusammenbrachte. Er malte den Kaiser, den Erzherzog Karl, den Fürsten Metternich, den Fürsten Schwarzenberg, die Gemahlin des Erzherzogs Karl. Ein vorzügliches früheres Gemälde ist das des Schauspielers Kemble, in der Rolle des Cato. Sein Bild des jungen Lambton ist trefflich gemalt. Von seinen Hauptwerken in England nennt Waagen und Passavant folgende:

In der Sammlung der königl. Akademie ist das Bildniss des William Lindley, ein überaus schönes Jugendwerk des Meisters. Im Buckingham-House (Waterloo-Hall) sind sämmtliche Bildnisse, welche Lawrence für den König gemalt, und für die vorzüglichsten hält Passavant jenes von Pius VII. und des Staatsecretärs Consalvi, ganze lebensgrosse Figuren mit reichem Hintergrunde, Bilder von grosser Pracht der Farbe. Dann sieht man hier Franz I., Alexander I., den Fürsten Schwarzenberg neben seinem Pferde auf dem Schlachtfelde, den Herzog von Wellington in einfacher Grösse dargestellt, das interessante Brustbild Canning's. Diese Bilder scheinen Passavant die besten zu seyn; man sieht aber deren hier noch viele andere, von: Blücher, Platow, Erzherzog Carl, König von Preussen, Fürst Hardenberg, Graf Nesselrode, Fürst Metternich, Graf Capodistrias, General Tschernicheff, Minister von Humboldt etc. In der Grosvenor-Gallerie ist das schöne Bildniss der Tochter des Marquis von Stafford; in der Sammlung des Herzogs von Grafton König Georg IV. in Uniform, der Herzog von Wellington in grauem Rocke, der Marquis Londondery und seine Gemahlin, zwei grosse Bilder; der jetzt lebende Marquis Londondery zu Pferde, und seine Gemahlin, ebenfalls grosse Bilder; in Queen-College in Oxford das Bildniss des Prinz Regenten; zu Chatsworth das schöne Kniestück Georg IV.; in der Sammlung des Robert Peel der Herzog von Wellington, Canning, Huskisson und das des Sir Robert selbst; im Staffordhouse die Herzogin von Sutherland mit dem blondgelockten Kinde, Lord Clanwilliam, von höchst lebendiger Auffassung, und in der Färbung eines der kräftigsten Bilder des Meisters; in Castle Howard der Herzog von Devonshire, zu roth in der Farbe. Dieses Bild wurde über die Massen gerühmt.

Mit Lawrence ging für die englische Kunst ein neuer Stern auf. Man bewundert in seinen Werken die feine Auffassung der Natur, die in seinen Portraiten so sehr anspricht. Dann hatte er einen ausserordentlich feinen Sinn für zarte, schöne Formen, und wie sehr er es verstand, das recht vornehme Wesen, jene Eleganz, jene heitere Lebensweise der englischen Grossen wieder zu geben, lieferte nach Waagen's Bemerkung das Bildniss der Herzogin von Sutherland in Staffordhouse einen Beweis.

Seine früheren Werke sind jedoch sehr ungleich; öfter verliess er das strenge Studium und die Einfachheit der Natur und verfiel in eine etwas französische Manier. Als sein Ruf stieg, und er mit Hoppner, dem angesehensten Portraitmaler in London, um den Vorrang stritt, glaubte Lawrence diesen nicht anders, als durch eine gewisse Manier erhalten zu können. Seine Werke aus dieser Periode verdienen daher keine besondere Auszeichnung. Nach dem 1810 erfolgten Tod Hoppner's kehrte er, jetzt ohne Nebenbuhler, zu einer einfachern Auffassung der Natur zurück und hat seitdem so ausgezeichnete Portraite geliefert, dass er nach Reynolds die erste Stelle unter den Portraitmalern Englands einnimmt. So sagt Passavant S. 207. und was nach der Ansicht jenes Schriftstellers vielen seiner Bilder schadet, ist der Grundsatz des Künstlers, in einem Portrait dem Kopfe Alles aufzuopfern. Alle übrigen Theile sind daher nur hingehudelt, was besonders bei den Händen oft sehr unangenehm auffällt. Doch zeichnete er diese meist sehr sorgfältig mit schwarzer Kreide auf, ja vollendete zuweilen die ganze Zeichnung mit der grössten Liebe, um nachher beim Malen mit weniger sichern Pinselstrichen die Nebensachen gewissermassen nur anzudeuten. So gab ihm einmal einer seiner Freunde zur Zeichnung der Hände eine fünf Stunden lange Sitzung, und nachher malte er jene in grosser Schnelle. Doch behandelte er auch manchmal die Hände mit vieler Sorgfalt.

Für das Historische oder die Composition hatte Lawrence wenig Geschick. Er versuchte sich in seiner Jugend viel darin, aber, wie Passavant sagt, er kam niemals weiter, als die Manier des H. Fuessli nachzuahmen, und zwar so sehr, dass bei einer Versteigerung von Handzeichnungen mehrere von Lawrence für solche von Fuessli gehalten wurden, bis ersterer sie selbst als seine Arbeit erklärte. Dennoch schätzte er die Historienmalerei, und so wirkte er, nach dem 1820 erfolgten Tod des Präsidenten B. West als solcher gewählt, allenthalben sehr viel.

Seine Kreidezeichnungen beurkunden die Grösse seines Styls im Zeichnen. Sie sind ebenso frei als kräftig angelegt, doch war seine Weise im Allgemeinen weniger grossartig als zart, fest und den Ausdruck der Idee zu ausschliesslich hervorhebend. Er konnte aber auch treu malen. Als er das Portrait des Herzogs von Reichstadt fertigte, gab er sich die grösste Mühe, eine vollkommene Aehnlichkeit hervorzubringen, und sagte: Ich kann wohl behaupten, dass es ähnlich ist, denn ich zeichnete jede Linie, als hätte ich einen Eid abgelegt, das Bild ganz wahr zu machen.

Lawrence konnte sehr rasch arbeiten; wenn er gedrängt ward malte er oft einen Kopf in einem Tage. In der Regel aber liess er sich für einen Kopf sieben bis acht Mal, für eine Hand zwei Mal sitzen. Gewöhnlich fertigte er erst eine vollendete Kreidezeichnung auf die Leinwand, wodurch er sich mit seinem Vorwurf vollkommen vertraut machte. Oft übermalte er dieselbe, oft nahm er auch eine neue Leinwand. Bei dem Ausmalen wich er von der Weise der meisten Maler ab; denn er malte seine Portraits theilweise aus und verband die Theile dann mit der grössten Leichtigkeit. Er vollendete oft den Kopf, ohne Hand an den Hintergrund zu legen, denn er berechnete die Wirkung genau, welche die Tiefe des letztern zum Leben der Fleischtöne haben würde. Wenn der Kopf fertig war, bedurfte es gewöhnlich einer oder zwei Sitzungen, um die Figur mit Kreide oder Kohle zu zeichnen. Einer seiner Zöglinge erhielt hierauf das Gemälde, und dieser füllte Draperie und Hintergrund aus. Lawrence besserte dann das Verfehlte und gab dem Ganzen mit wenigen Pinselstrichen den harmonischen Ton. Nicht selten geschah es, dass Lawrence die Kreidezeichnung eines Kopfes machte, einem seiner Zöglinge die Details beschrieb und ihm auftrug die Zeichnung auf eine andere Leinwand zu übertragen und unmittelbar vor der zur nächsten Sitzung bestimmten Zeit in Farbe zu setzen. Lawrence vollendete dann, mit dem Original vor sich, den Kopf in einer oder zwei Stunden. Das Portrait des Herzogs von York, eine seiner schönsten Arbeiten, wurde in dieser Weise gefertigt.

In der letzten Zeit seiner künstlerischen Laufbahn liess sich Lawrence für ein Portrait, je nach der Grösse 200 — 700 Pf. St. bezahlen, und seine Einnahme belief sich in seinen spätern Jahren auf 10000 Pf. St. Es ist daher auffallend, dass er zuweilen in grosser Geldverlegenheit war und verhältnissmässig arm starb. Man wollte den Grund in seiner Leidenschaft für das Spiel suchen; diess ist jedoch eine Verläumdung. Unermessliche Summen kosteten ihn aber die Ermunterung schöner Anlagen und der Ankauf von Werken erster Meister. Seine Sammlung wurde von der National-Gallerie angekauft, und sie macht die grösste Zierde derselben aus.

Thomas Lawrence war ein Mann von mittlerer Grösse und in seiner Jugend so schön, dass Hoare von ihm sagte, er würde, wenn er einen Christuskopf zu malen hätte, den von Lawrence zu seinem Studium wählen. Er behielt diesen Charakter in einem hohen Grade sein Leben lang. Man behauptete, er gleiche Canning und er war stolz auf diese Aehnlichkeit. Stolz, Edelsinn, Unabhängigkeit, Offenheit, Wohlwollen, Herzensgüte verschmolzen auf eine wunderbare Weise in seinem Charakter. Georg IV. sagte, Lawrence sei einer der elegantesten und wohlerzogensten Männer seines Reichs. Er tanzte mit einer ungemeinen Anmuth, und war ein ebenso guter Fechter als Faustkämpfer. Bei diesen letztern Uebungen war seine Stellung überaus schön. Er liebte schon als Knabe den Faustkampf, welcher in der Gegend, wo Lawrence geboren ward, vorzüglich einheimisch ist, und Lawrence selbst pflegte auf eine Weise zu boxen, welche dauernde Spuren von dem Ernste des Kampfes zurückliess. Sein Gegner war derselbe, dessen schöne, athletische Formen er als Studie zu seinem Satan in dem Gemälde aus Milton's verlornem Paradiese benützte.

Die Alten hatte Lawrence in Uebersetzungen eifrig gelesen; des Griechischen war er ganz unkundig und im Lateinischen hatte er es nicht sehr weit gebracht. Die neuere ausländische Literatur war ihm zwar nicht unbekannt; er musste sich aber auch hier mit Uebersetzungen behelfen.

In den Schriften seiner Landsleute war er sehr bewandert, besonders in den Werken der schönen Literatur. Sein Gedächtniss war ausserordentlich, und er hatte ein bezauberndes Talent Gedichte vorzulesen, oder aus dem Gedächtniss vorzutragen.

Lawrence war nie verehelicht. In früher Zeit hatte er eine lebhafte Zuneigung zu der Tochter der berühmten Mrs. Siddons; sein Einkommen war aber damals sehr beschränkt und der Vater der jungen Dame verweigerte seine Zustimmung.

Der bekannte Dichter Thomas Campbell hatte bald nach Lawrence's Tod eine Lebensgeschichte des berühmten Malers angekündigt und sich eine Zeitlang mit der Bearbeitung derselben beschäftigt. Er entsagte aus uns unbekannten Gründen dem ehrenvollen Beruf, Lawrence's Biograph zu werden, und übergab die Materialien einem gewissen D. E. Williams, welcher sie unter dem Titel: „The Life and Correspondence of Sir Th. Lawrence" 1831 in zwei starken Oktavbänden herausgab. Das Beste in diesem geschmacklosen verwirrten Buche sind Lawrence's Briefe, in welchen sich die Wärme seines Gefühls, der Adel seines Charakters und seine Begeisterung für die Kunst auf das lebendigste und anziehendste ausspricht.

Nach seinem Tode bemächtigte sich die englische Kupferstecherkunst der ausgezeichneteren Arbeiten von Lawrence. So stach J. Bromley das Gemälde: „Rural amusement," das Seitenstück zu dem bekannten und gleichfalls im Stich erschienenen jungen Lambton. F. C. Lewis hat das Portrait Wilhelm IV., Cousins das Bildniss der Miss Peel, und das Bild der Lady Dower, und Turner das charaktervolle Bildniss von Thomas Young gestochen.

Die Stiche nach seinen Werken bilden eine eigene Sammlung, unter dem Titel: Engravings from the works of the late Sir Thomas Lawrence by Cousins, J. Lucas, Th. Lupton, Ch. Turner, W. Ward etc. London 1836, fol.

Seine hinterlassene Kunstsammlung wurde ebenfalls dem Inhalte nach bekannt gemacht, unter dem Titel: The Lawrence Gallery. Catalogue of the choicest specimens of original drawings by the great masters of the Italian, German, Dutch, French and Flemish schools. Die Kunsthändler Wooburn kauften diese berühmte Sammlung von Handzeichnungen, und die raisonirenden Cataloge enthalten die Beschreibung der Blätter. Im ersten Hefte ist die Biographie des Künstlers, und mit dem zehnten schliesst das Ganze, 1835 — 1836.

Das Bildniss des Künstlers, im kleinen Formate, ist in den Percy anecdots; dann in einer Sammlung von Blättern von Westall. Dann gibt es auch ein Bild von ihm selbst gemalt, das er immer mit grosser Scheu und nur auf vieles Zureden aus seinem Verstecke hervorzog.

Im Kunstblatte von Dr. Schorn sind mehrere Notizen über die Leistungen dieses Künstlers, und im Jahrgang 1832 ausführliche Nachricht. Passavant zählt in seiner Kunstreise durch England und Belgien mehrere Werke desselben auf und auch Dr. Waagen ewähnt seiner in dem Werke: Kunstwerke und Künstler in England und Paris. S. auch unten F. Lawrence.

Lawrence, Mary, eine Künstlerin, die um 1795 in London mit einem Prachtwerke beschäftiget war, nämlich mit der Abbildung der verschiedenen in England cultivirten Rosenarten. Sie hat selbe in Kupfer gestochen und mit ausserordentlicher Zartheit ausgemalt. Dieser Rosengarten erschien unter dem Titel: Collection of Roses, engraved, coloured from nature etc. by Mary Lawrence 1797, fol.

Lawrence, F., jener englische Maler, dessen in Füssly's Suplementen nach den Nouv. des arts und nach der allgemeinen Kunstzeitung erwähnt wurde, ist der berühmte Sir Thomas Lawrence. Zu Anfang unsers Jahrhunderts waren seine Verdienste noch nicht allenthalben erkannt. Die Akademiker verfolgten ihn, und die Anhänger derselben erklärten in Oppositionsblättern seine Malereien als schlechte Sudeleien, obgleich seine Werke zu den Zierden der Ausstellung gehörten. Die Urtheile über Lawrence sind daher in früheren Berichten über ihn sehr getheilt, und daher ist er bei Füssly gelobt und getadelt.

Lawrence, Andre, s. A. Laurent. Mit dem Namen Lawrence bezeichnet ist ein schönes geätztes Blatt, welches Jäger um einen erlegten Hirsch vorstellt, mit der Schrift: The death of the Stag, nach Wouvermans.

Lawrie, s. Laurie.

Lazer, Johann Georg, Bildhauer von Pilsen, der im vorigen Jahrhunderte lebte und Ruf behauptete. Der Graf von Morzin liess durch ihn zu Lukawecz mehrere Statuen ausführen, die Dlabacz prachtvoll fand. Dann fertigte er auch viele kleine und zarte Bildwerke in Alabaster.

Lazari, Antonio, Medailleur zu Bologna, wo er in der ersten Hälfte des vorigen Jahrhunderts lebte. Im Jahre 1732 schnitt er eine grosse Denkmünze auf Laura Catharina Bassi, Lehrerin der Philosophie an der Universität in Bologna.

Lazari, Dionisio, Architekt zu Neapel, und Schüler von D. di Bartolomeo. Er baute das Collegium der Jesuiten, und besonderen Ruhm erwarb er sich durch den Bau der Kirche von St. Giovanni Maggiore.

Dieser Künstler lebte um 1640.

Lazari, Giov. Antonio, s. Lazzari.

Lazarini, s. Lazzarini.

Lazarus, ein griechischer Mönch und Maler, lebte unter der Regierung des Kaisers Theophilus um das Jahr 830 n. Ch. Lazarus malte Bilder des Heilandes, der Maria und anderer Heiligen, was ihm die Verfolgung des Kaisers zuzog, da dieser ein eifriger Iconoclast war. Er liess dem Mönche die Hände verbrennen, doch als dieser wieder geheilt war, fuhr er fort zu malen. Im Jahre 867 schickte ihn Kaiser Michael nach Rom, und hier starb er. Der Maler Lazarus Baldi schrieb 1681 sein Leben.

Lazebka, Maler, der um 1348 als Meister in Prag lebte. Seiner erwähnt ein altes Maler-Protokoll von dem bezeichneten Jahre.

Lazeroli, Maler, dessen in Eberlein's Catalog erwähnt wird. Er malte Historien mit lebensgrossen Figuren.

Lazius, Wolfgang, berühmter Arzt und Geschichtschreiber, war auch in mancherlei Kunst erfahren. Er sagt dieses selbst in seinen Hist. commentat. Zu jener Zeit fand er in Wien keinen Künstler, der die Figuren zu seinen historischen und numismatischen Werken hätte fertigen können, und daher war er selbst gezwungen, dieselben in Holz zu schneiden und in Kupfer zu stechen. Dieser Mann starb 1565 im 51. Jahre.

Lazaretti, Giovanni, Architekt zu Mantua, ein jetzt lebender Künstler. Er leitete den Bau des Virgilischen Amphitheaters, das 1821 eröffnet wurde.

Lazzari, Donato, berühmter Architekt, unter dem Namen Bramante bekannt, wurde 1444 geboren. Der Ort seiner Geburt wird verschieden angegeben, die Mehrzahl der Schriftsteller nennen jedoch Castel Durante bei Urbino als solchen; Bonaventura und Balde lassen ihn aus Urbino stammen, Crescembini, Mazzuchelli und Tiraboschi leiten seinen Ursprung aus Castel Fermignano, oder aus der Ortschaft Monte Asdroaldo ab; Sebastian Nocci (de bello Asdrubalis p. 54) hat indessen die sichere Kunde beigebracht, dass seine Eltern aus Castel Durante (jetzt Urbania) stammen, er selbst aber in Monte Asdroaldo geboren sei. Es existirt auch eine Münze (bei Mazzuchelli), mit der Inschrift: Bramantes Asdrualdinus. Diese letzteren Nachrichten sind im Giornale arcadico 1823 mitgetheilt. Von der Jugendgeschichte weiss Vasari nichts; er sagt nur, dass Fra Carnevale, — der alte ehrwürdige Dominikaner Bartolomeo Corradini, — der Meister gewesen, dessen Werke er studirte. Nun erzählt Vasari, dass Bramante seine Heimath verlassen, einige lombardische Städte besucht, und kleine Arbeiten, so gut er nur konnte, geliefert habe. Dieses waren Gemälde, denn Bramante übte anfänglich die Malerei, bis er endlich nach Mailand kam, wo der grossartige Dombau seine Neigung der Architektur zuwendete. So meint Vasari, allein Lanzi befürchtet, Meister Giorgio habe nicht eben sorgfältig Nachrichten über diesen grossen Mann gesammelt, und Pagave scheint ihm genauer geforscht zu haben. Dieser bemerkt, dass Bramante um 1476 bereits als Meister nach Mailand gekommen, nachdem er in der Romagna Palläste und Tempel aufgeführt hatte. Von dieser Zeit an bis zum Sturz des Moro (1499) blieb er in Mailand, wo er dem Hofe für reichlichen Gehalt diente und auch von Privatleuten oft als Baumeister, nicht selten als Maler gebraucht wurde. Bramante war ein tüchtiger Maler, doch weiss man nicht sicher, wer ihn dazu gebildet. Vermuthlich gab ihm Carnevale, neben dem Unterrichte in der Zeichnung und Perspektive, auch Anweisung in der Malerei, oder es sind J. della Francesca und Mantegna hierin seine Meister gewesen, wie Einige wollen. Am meisten malte er im Mailändischen, wie Cesariano und Lomazzo behaupten. Letzterer nennt Bildnisse, heilige und profane Gemälde mit Leimfarben und auf Kalk gemalt. Lomazzo erkennt darin im Allgemeinen die Behandlung des Mantegna. Wie dieser, so bekleidete auch er die Modelle bald mit leimgetränkter Leinwand, bald mit Papier, und zu seiner Leimfarbenmalerei brauchte er gleich jenem Meister ein gewisses klebrichtes Wasser, was Lomazzo aus einem von ihm selbst gereinigtem Gemälde Bramante's erkennen wollte. Dem Fleische gab er zu starke hohe Lichter, und dieses schreibt Lanzi dem Umstande zu, dass der Künstler sich sehr nach Gypsabgüssen gebildet habe. Die Wandgemälde des letzteren in Mailand, die Lomazzo und Scaramuccia nennen, sind untergegangen oder verdorben, nur in den Pallästen Borri und Castiglioni sah Lanzi noch Bilder von Lazzari. Die Beschneidung Christi mit vielen Figuren, ehedem auf dem Hauptaltare der Canonia Porta nuovo, und der ewige Vater über diesem Bilde kamen in die Gallerie Melzi in Mailand. In der Carthause zu Pavia ist eine Capelle, die von ihm gemalt seyn soll, und analog der Manier nach fand Lanzi ein Bild Bramante's beim Ritter Melzi. Es stellt mehrere Heilige dar, mit schöner Perspektive. Die Malerei der Carthause gefällt dem Kunstrichter Lanzi nicht durchaus. Ihm schienen die Verhältnisse plump, und auch die vollen Gesichter sprachen ihn nicht an, nur die alten Köpfe nennt er grossartig. Dagegen bemerkt von Quandt zur Wagner'schen Uebersetzung von Lanzi's Storia della pittura, dass ihm diese Figuren zwar alterthümlich in der Zeichnung, aber von schönen Verhältnissen zu seyn schienen, so wie auch in den Mienen Schönheit ohne Affekt sich zeigt. Die Haltung dieser Gemälde ist sehr hell. Ein anderes Bild von Bramante ist in der Kirche der Incoronata zu Lodi, die G. Battagio nach dem Plane unsers Künstlers erbaut hatte. Sein Meisterstück in Mailand ist ein heil. Sebastian in der Kirche des Heiligen, wo kaum eine Spur des fünfzehnten Jahrhunderts sichtbar ist. In S. Pancrazio zu Bergamo malte Bramante 1486 Bilder von Philosophen, und Morelli schreibt ihm daselbst auch eine Pietà zu, die Pasta für Lotto's Arbeit gehalten. In Mailand bildete Bramante auch zwei Schüler, in Nolfo aus Manza und in Bartolomeo Suardi, mit dem Beinamen Bramantino. Nolfo malte in Mailand mehreres nach Lazzari's Zeichnungen, wie in S. Satiro und anderwärts.

Nach dem Sturze Moro's ging Bramante nach Rom, um daselbst einen neuen Schauplatz seines Ruhmes zu suchen. Der Cardinal Olivier Caraffa war der erste, der sich seiner annahm, indem er ihm den Auftrag ertheilte, das Chor des Klosters der „Fratri della Pace" nach seiner eigenen Zeichnung aufzubauen. Diese Probe seiner Geschicklichkeit empfahl ihn dem Pabst Alexander VI., der jetzt durch ihn das päbstliche Wappen über die Hauptthüre der Laterankirche al fresco malen liess, da diese 1500 im Jubeljahre geöffnet wurde. Nach Vollendung der Arbeit nahm ihn der Pabst als Unterbaumeister in seine Dienste; noch günstigere Gelegenheit, sich zu zeigen, fand aber Bramante in dessen Nachfolger Julius II. Dieser beschloss nämlich gleich nach seinem Regierungsantritt, die päbstlichen Gärten im Belvedere durch zwei prächtige Gänge näher mit seinem Pallaste zu verbinden, und die Ausführung übertrug er dem Bramante.

Nach seinem Plane sollte der 400 Schritte lange Raum nach der Seite von Belvedere zu einem Garten, der niedriger liegende, nach dem Pallast, zu einem Turnierplatze für Ritterspiele und Thierkämpfe benutzt werden. Die Vereinigung sollte eine Terasse vermitteln, zu der man von dem letzteren hinauf, und vom Garten hinabstieg. Den Turnierplatz sollten in der Länge, über der Halle des Erdgeschosses, drei Reihen Logen umgeben, von denen die beiden untersten Arkaden dorische Pilaster haben, die dritte aber durch einen offenen Säulengang von corinthischer Ordnung gebildet werden sollten. Hierauf sollte ein viertes mit Pilastern verziertes Stockwerk mit Fenstern folgen und eine ungeheure Nische mit theatralischen Sitzen schliessen.

Bei der Terrasse war ein Vorbau von gleicher Höhe mit drei Reihen Loggien projektirt. Den Garten sollte eine Reihe von Arkaden einschliessen, mit einem mit Pilastern verzierten Stockwerke mit Fenstern. Auf diese Weise würde sich der ganze lange Raum von den Fenstern des Pallastes und den theatralischen Sitzen der Nische als ein herrliches und anmuthiges Ganze dem Auge dargestellt haben, mit der Nische von Belvedere und der Pinie zum Schlusspunkt.

Der Entwurf Bramante's ist von Heinrich van Schoels gestochen, wie er ein 1565 im Belvedere gehaltenes Turnier darstellt. Julius II. war indessen so ungeduldig, diesen Lieblingsplan vollendet zu sehen, dass er Tag und Nacht und mit einer Uebereilung arbeiten liess, welche späterhin die Veränderungen nothwendig machte, die wir jetzt erblicken. Doch war bei seinem Tode nur ein Theil der östlichen Gallerie vollendet, und der Grund zu der westlichen langen Seite gelegt. Die beiden Archit. Gau und Liemann gaben 1817 eine Kupferplatte von diesem Gebäude heraus. In der neuesten Beschreibung Rom's ist ebenfalls der Entwurf gestochen.

Julius II. konnte in seinem Feuereifer nicht ruhen, und bald bewegte ihn eine neue Idee. Schon Nicolaus V. fasste den Plan zum Bau einer neuen Peterskirche, aber erst Julius führte ihn aus, und die alte ehrwürdige Basilika wurde mit einer fast unanständigen Eile niedergerissen. Dabei gingen manche schätzbare Reste alter Kunst verloren, die der Architekt hätte retten können, wenn auch die ungestüme Eile des Pabstes wenig Zeit dazu übrig liess. Julius wollte eine neue Kirche haben, in welcher, wie Vasari und Condidi erzählen, sein grosses prächtiges Grabmal, das Mich. Angelo verfertigen sollte, aufgestellt werden könnte, da in keiner der römischen Kirchen ein schicklicher Platz zu finden war. Die Ausführung wurde dem berühmten Baukünstler Bramante übertragen; allein sein Modell blieb unvollendet und sein Plan zum Ganzen des Gebäudes ist nur durch unvollkommene Abbildungen auf Münzen Julius II. und Leo X. erhalten worden. Diese Münzen sind im Kupferstich bei Bonanni tab. I. p. 9. und die von Julius II. wurde nach Vasari (Vit. di Bramante) von Caradosso verfertiget. Sie zeigen die Kirche in Form eines griechischen Kreuzes, in dessen Mitte sich eine grosse Kuppel zwischen zwei Glockenthürmen erhebt, und an der Vorderseite eine von sechs Säulen getragene Vorhalle. Die Construktion der Kuppel hat uns Serlio in genauem Grund- und Aufriss bewahrt. Den 18. April 1506 wurde von dem Pabst selbst der erste Stein des neuen Gebäudes zu dem Pfeiler der Kuppel gelegt, an welchem jetzt die Säule der heil. Veronika steht. Durch den Eifer und die Schnelligkeit, mit der sodann der Bau betrieben wurde, brachte Bramante, vor seinem im Jahre 1514 erfolgten Tod, nicht nur die vier ungeheuren Pfeiler zu Stande, auf denen sich die Bogen erheben, sondern er machte auch den Anfang zu den Tribunen des Mittelschiffes und des südlichen Querschiffes, so wie überdiess zu einem mit dorischen Säulen geschmückten Bezirk für den Pabst und seinen Hofstaat bei der Feier des päbstlichen Hochamtes, ein Werk, das später von Peruzzi beendigt, dann aber wieder zerstört wurde.

Noch zu seinen Lebzeiten wurde G. da San Gallo zum Baumeister der Peterskirche ernannt.

Bramante's Werke gehören indessen zu den schönsten Denkmälern der neuern Baukunst in Rom. Sie zeigen zwar nicht den grossartigen Charakter, wie einige Palläste in Florenz, aber einen sehr anmuthigen und zierlichen Styl. Als die vorzüglichsten in Rom sind der Pallast Giraud, jetzt Torlonia, auf Piazza Scossacavalli, die Cancellaria und die Loggien im Cortile di S. Damaso des Vatikans anzuführen. Das Portal des Pallastes Torlonia, wie es jetzt sich zeigt, ist ein geschmackloses Produkt des vorigen Jahrhunderts, das alte ist in Ferrerio palazzi di Roma de più celebri architetti abgebildet. Die Loggien von S. Damaso wurden unter Rafael's Leitung im Pontificate Leo X. vollendet. Am Gebäude der Cancellaria ist vornehmlich der Hof bemerkenswerth. Ihn umgeben zwei Stockwerke mit Arkaden von Säulen getragen, auf denen sich ein massives Gebäude erhebt, wodurch der Künstler den Eindruck der Kühnheit, mit ungemeiner Zierlichkeit und Leichtigkeit verbunden, hervorbrachte. Die kleine Kapelle mit den 16 freien Säulen von demselben Architekten, im Hofe des Klosters S. Pietro in Montorio, an der Stätte, wo, nach Einiger Meinung, der heil. Petrus den Martyrertod erlitten hat, ist ebenfalls ein anmuthiges Gebäude; aber der Charakter eines heidnischen Tempels, welchen dieses Gebäude so entschieden trägt, dürfte allerdings nicht dem einer christlichen Kapelle entsprechen. Eines der bedeutendsten Werke der neueren Baukunst wäre ohne Zweifel der grosse Hof des Belvedere im vatikanischen Pallast nach der Idee des Bramante geworden, wenn der Entwurf dieses Künstlers durch dessen Tod nicht eine gänzliche Veränderung erlitten hätte.

Venuti erklärt in seiner Roma moderna den grossen Pallast, jetzt Ospizio degli eretici convertiti, mit Unrecht für ein Werk des Bramante, was schon der Styl des Gebäudes beweiset, der jenem des Bramante nicht ähnelt. Eben dieser Schriftsteller und Volkmann halten diesen Pallast irrig für das Gebäude Rafael's, welches Bramante errichtete. Jenes Haus wurde beim Bau der Colonnaden der St. Peterskirche niedergerissen. Dass Bramante mit Rafael in genauen Verhältnissen stand, ist bekannt, ebenso, dass er auf jenen unsterblichen Künstler grossen Einfluss äusserte. Rafael Sanzio hatte für diesen seinen Verwandten hohe Verehrung, so wie denn Bramante überhaupt ein Mann von edlem Charakter war.

Bramante hat auch Handschriften hinterlassen, die aber erst 1756 in einer Privatbibliothek vorgefunden wurden. Es sind dieses Aufsätze in Versen und Prosa, Abhandlungen über Regeln der Architektur und Perspektive. Man ersieht daraus zugleich, dass der Künstler alle schönen Gebäude, die ihm zu Gesicht gekommen waren, abgezeichnet habe. Auch die Theile des menschlichen Körpers zeichnete er. Dieser handschriftliche Nachlass Bramante's ist auch durch Druck bekannt.

Es gibt auch Abbildungen von seinen Bauten, von Falda und Ferrerio, in den Nuovi disegni dell' Architettura e piante di palazzi di Roma. Falda hat die Blätter gestochen in 2 Theilen; Ferrerio hat viele gezeichnet.

Dann gibt es ein Blatt: eine Perspektive mit Säulen, bezeichnet: BRAMANTI ARCHITETTI OPUS. Dieses sehr seltene Blatt wird dem Meister selbst zugeschrieben. Es ist in qu. fol.

Ueber diesen berühmten Architekten findet man in vielen Werken Nachricht; die ausführlichste bei Milizzia, Stieglitz, Quatremère de Quinci im Leben der berühmtesten Architekten und im Dictionaire hist. de l'architecture, in der Beschreibung Rom's von Bunsen, Gerhard etc. u. s. w.

Lazzari, Paris Maria, Maler von Bologna, der verschiedene Kirchen und Palläste architektonisch verzierte. Seiner wird in der Felsina pittrice erwähnt.

Lazzari, Giovanni Antonio, ein venetianischer Nobile, hatte grosse Geschicklichkeit im Pastellmalen, und sein Talent konnte sich mit jenem der Rosalba Carriera, seiner Schülerin, messen. Er copirte meistens, und besonders glücklich war er in der Nachahmung Bassano's. In eigener Erfindung war er arm und es that auch eine angeborne Zaghaftigkeit seinem Rufe Eintrag. Starb 1713 im 74. Jahre.

Lazzari, Franz, Architekt zu Venedig, ein jetzt lebender Künstler. Wir kennen von ihm: Compendio delle piu interessanti regoli di architettura teorico-pratiche, Venezia 1830.

Lazzarini, Paolo, einer der wenigen Maler, die im 14. Jahrhunderte zu Lucca namhaft wurden. Er malte um 1381 für den Altar della Libertà in der Cathedrale ein Bild. S. Dr. Förster's Beiträge S. 92.

Lazzarini, Gregorio, Maler von Villanuova bei Venedig. Die ersten Vorbilder seiner künstlerischen Nachahmung waren die Bauern der Umgend. Hierauf kam er nach Venedig zu F. Rosa, und jetzt wurde er bald so berühmt, dass er in seinem eigenen Hause eine Schule errichtete, aus welcher neben anderen Tiepolo hervorging. Er kam nie aus Venedig und dennoch, sagt Lanzi, möchte man bei Betrachtung seiner Werke glauben, er sei in Bologna oder vielmehr in Rom gebildet. Was die Bestimmtheit der Zeichnung anbelangt, ist er nach Lanzi's Urtheil der Rafael Venedig's. Sein Styl ist heiter, nicht so düster und gemein, wie der seines Meisters Rosa; ja er sprach sich ganz entschieden gegen jene Verdüsterung der damaligen Maler aus. Er galt auch für einen sehr unterrichteten Künstler, den selbst die gelehrtesten Männer schätzten. Maratti hielt besonders viel auf ihn, und er sagte der Botschaft, welche ihn bewegen sollte, für den Saal dello Scrutinio ein Bild zu malen: „Er wundere sich, dass man ihn in Rom aufsuchen könne, da doch Venedig einen Lazzarini habe;" und Lazzarini stellte in diesem Saale das Siegesandenken Morosini's auch wirklich zu aller Zufriedenheit dar. Ganz besonders zeichnete er sich in Darstellung des St. Lorenzo Giustiniani als Patriarchen aus, und dieses scheint Lanzi das beste Oelbild der Venediger Schule jenes Jahrhunderts zu seyn. Auch seine Staffeleigemälde mit kleinen Figuren gefielen, da sie gefällig und mit Leichtigkeit behandelt sind. Im Sängerchor der heil. Catharina zu Vicenza malte er einige liebliche Scenen im heitersten Colorite. Besonders berühmt ist er als Bacchanalienmaler. Zanetti lässt diesen Künstler 1740 im 86. Jahre sterben; nach Longhi starb er 1735 im 78. Jahre, und im Wegweiser von Venedig heisst es, dass er 1730 im 75. Jahre gestorben sei. Und wer hat wohl recht? Ticozzi, wenn er den Künstler 1644 geboren werden und 78 Jahre erreichen lässt? Demnach wäre er 1722 gestorben — wenn es richtig ist. Seine 1662 geborne Schwester Elisabeth übte ebenfalls die Malerei.

Es wurde auch Einiges nach ihm gestochen, von Peirolery, J. Wagner u. a.

Lazzarini, Giovanni Andrea, der Canonikus von Pesaro, war Maler, Gelehrter und Dichter, tiefgelehrt in geistlichen und weltlichen Wissenschaften. Er schrieb sehr gründlich über Gegenstände der Malerei, und eben so gut malte er. Für den Grafen Algarotti malte er den zur Dictatur gerufenen Cincinnatus, und den Archimedes, wie er bei der Einnahme von Syrakus von den Feinden bei seinen Studien überrascht wird. Lanzi sagt, diese Bilder seien in allen Theilen wohl studirt, zierlich, edel, gelehrt ohne Prunk, und mit leichtem Pinsel behandelt. In der früheren Zeit färbte er stärker, wie seine Trauer um Christus im Siechhause zu Pesaro beweiset; später malte er sanfter, mehr in Maratti's Weise, und jetzt nannten die Neider seine Bilder matt. Zuweilen malte er ein wunderschönes Staffeleibild, und besonders gut gelangen ihm Madonnen. In Pesaro sieht man von ihm kleine Altarbilder, besser aber kann man sein Talent aus einigen grösseren Bildern erkennen, in den Hauptk rchen von Osimo und Foligno, in St. Agostino zu Ancona, und aus zweien in St. Domenico zu Fano. Das eine enthält mehrere Ordensheilige um die heil. Jungfrau, das andere stellt den heil. Vincenz dar, der vor dem zur Kirche versammelten Volke Kranke heilt. Hier herrscht in Stellung, Bewegung und Geberde grosse Manigfaltigkeit, und bei zahlreichen Figuren wohlverstandene Anordnung. Die Arbeit, worin er sich selbst übertroffen haben soll, ist in der Kapelle des Grafen Fantuzzi zu Gualdo. Dieses gräfliche Haus erhielt mehrere Gemälde von Lazzarini, Landschaften, Fruchtstücke, Stillleben. Besonders sind zwei Bilder, welche die Taufe Christi und die Flucht nach Aegypten vorstellen, in allen Theilen gelehrt und getreu, auch in der ägyptischen Vegetation. Das Altarbild zu Gualdo stellt die heil. Jungfrau mit dem Kinde zwischen der heil. Catharina und dem Franciskaner Marco Fantuzzi dar. Der Ort ist mit Bauwerk verziert, der Boden mit buntem Marmor. Der göttliche Knabe krönt die Madonna, und diese hält für Marco eine Krone in Bereitschaft, da man glaubt, dass der Franciskaner noch heilig gesprochen werde. Genau beschrieben ist dieses Bild bei Lanzi, der des Lobes nicht satt werden kann bei diesem Künstler. Auch Ticozzi rühmt das Altarbild in Gualdo wegen der genauen Beobachtung des Costüms, wegen der verständigen Anordnung der Gruppen, wegen des Adels der Physiognomie, und wegen der Frische des Colorites, die sich nicht in allen seinen Bildern findet. In den Frauengestalten und in den Engeln erinnert der Künstler an Rafael's Weise. Dieser ausgezeichnete Mann starb 1801 im 90. Jahre.

Wir haben von diesem Künstler: Dissertatione sull' arte della pittura; Catalogo delle pitture di Pesaro; Opere e dissertazioni in materie di belle arte. Diese Werke werden sehr geschätzt.

Lazzarini, Joseph, Kupferstecher zu Rom, dessen Lebensverhälnisse wir nicht kennen. Seinen Namen trägt ein Blatt nach Guido: Maria in Demuth, beide Hände auf die Brust gelegt, kl. fol.

Diese Darstellung hat auch Strange gestochen.

Im ersten Drucke vor der Schrift.

Lazzarini, Franzesco, Bildhauer zu Carrara, bildete sich in Rom zum Künstler, und mit solchem Erfolge, dass er nach seiner Rückkehr in die Vaterstadt bald als einer der vorzüglichsten Künstler galt. Er fertigte sprechend ähnliche Büsten, auch Statuen, wie jene des berühmten Franklin, welche die Stadt Philadelphia in carrischem Marmor fertigen liess. Er ist in der römischen Toga vorgestellt mit Papierrolle in der Linken, und einen umgekehrten Scepter in der Rechten haltend, letzteres zum Zeichen seiner antimonarchischen Grundsätze. Der Kopf ist eine Copie der berühmten Büste von Houdon. Lazzarini fertigte auch Büsten berühmter Männer, und um 1808 starb er, in Folge eines Sturzes im Marmorbruche.

Lazzarini, Ludovico, Bildhauer zu Carrara, wurde 1780 geboren, und wahrscheinlich ist er der Sohn des obigen Künstlers. Er fertiget ebenfalls Büsten und Statuen, so wie andere Bildwerke.

Der folgende Künstler ist sein Sohn.

Lazzarini, Giuseppe, Bildhauer von Carrara, wurde 1801 geboren, und von seinem Vater Ludwig in den Anfangsgründen der Kunst unterrichtet. Später besuchte er die Akademie der Künste in München, und hier fand er auch Gelegenheit, sein Talent zu zeigen. Er fertigte Bildnisse, und dann wurde ihm der Auftrag zu Theil, die eine Hälfte der Reliefs ober dem Portale der königl. Reitschule, den Kampf der Centauren und Lapithen vorstellend, in Stein auszuführen. Im königl. Hoftheater sind die vier Genien am Proscenium sein Werk, und in der königl. Glyptothek sind architektonische Ornamente nach seinen Modellen ausgeführt.

Später reiste der Künstler nach England, wo er einige Zeit verblieb, bis er nach München zurückkehrte, wo er sich wieder befindet, und gegenwärtig arbeitet er im Atelier des berühmten Schwanthaler an den Statuen für die Giebelfelder der Walhalla und des Kunst- und Industrieausstellungsgebäudes.

Lazzarini, Aloisio, Bildhauer von Carrara, bildete sich um 1824 auf der Akademie der Künste in Berlin, und in dieser Stadt lebte er längere Zeit als ausübender Künstler. Man sah bei Gelegenheit der Kunstausstellung Büsten und Statuen von seiner Hand gefertiget.

Lazzarini, B., Bildhauer, ein jetzt lebender Künstler. Auf der Münchner Kunstausstellung von 1838 sah man von ihm einen schönen sitzenden Amor in Alabaster, wie er mit Begeisterung zur Leier singt. Wir konnten nicht erfahren, in welcher Beziehung alle diese Künstler zu einander stehen.

Lazzarini, Maler, der sich um 1826 ebenfalls in Berlin aufgehalten zu haben scheint. Auf der Kunstausstellung des bezeichneten Jahres sah man von ihm ein Gemälde, welches die Trümmer der abgebrannten Paulskirche in Rom vorstellt.

Lazzaroni, Giovanni Battista, Maler von Cremona, war Schüler des I. B. Tortiroli, und galt in Mailand und Piacenza als trefflicher Bildnissmaler. Er arbeitete für den Fürsten in Parma, so wie für andere Personen hohen Ranges.

Starb 1698 im 72 Jahre.

Lea, Richard, Architekt, der in England unter der Regierung Heinrich VIII.; neben J. Thynne den meisten Ruhm genoss. In den Werken dieser Künstler herrscht jedoch eine seltsame Vermischung des gothischen und griechischen Styls. Er blühte um 1550.

Leachy, E. D., Maler zu London, wurde um 1765 geboren, und zum Künstler bildete er sich unter Reynolds Leitung. Er ist einer der vorzüglichsten Zöglinge jener älteren englischen Schule. Seine Werke zeichnen sich durch Weiche, durch Zartheit und Anmuth, und so wie durch Harmonie der Farben aus. In der Ausführung beurkundet er eine Sicherheit und Freiheit, deren Mangel die neue englische Schule charakterisiret. Er malte Genrestücke, wovon einige besonders Lob verdienen, auch geistreiche historische Darstellungen findet man von seiner Hand. Im Jahre 1833 wurde im Kunstblatte ein grosses Gemälde gerühmt, welches den Abschied der Maria Stuart von Frankreich darstellt. Die Composition ist grossartig, geistreich, und die Charaktere sind von grosser Anmuth.

Leader, William, Kupferstecher, der um 1760 in London lebte. Er arbeitete in schwarzer Manier nach Rembrandt und andern Meistern. Nach ersterem hat er Simson im Gefängniss geschabt.

Leal, Don Simon de Leon, Maler, wurde 1610 zu Madrid geboren, und P. de las Cuevas ertheilte ihm den ersten Unterricht. Dann studirte er die Werke Van Dyck's und ein Hauptgegenstand seiner Betrachtung blieb ihm die Natur. Dieses schützte ihn vor dem einbrechenden Manierismus jener Zeit und seine Werke sind daher vielen andern Erzeugnissen der spanischen Schule jener Periode vorzuziehen. Besonders gefällig ist sein Colorit, und daher zog er selbst die Aufmerksamkeit des Hofes auf sich. Der Pater Neidhart empfahl ihn, und durch diesen erhielt er den Auftrag, eine Darstellung aus dem Leben des heil. Ignaz für einen Altar des Noviziats der Jesuiten in Madrid zu malen. Dieses grosse Bild brachte ihm reichlichen Lohn und eine Anstellung bei der Königin, in deren Dienst er 1687 starb.

Leal, Malaquias Ferreira, Architekt zu Lissabon, ein Künstler unsers Jahrhunderts. Er studirte die Baukunst unter Leitung des Magalhaens, und nach und nach brachte er es zu einer bedeutenden Stufe von Vollkommenheit. Die Stadt erwählte ihn zu ihrem Architekten, und als solcher machte er den Plan zum sogenannten Quai de Cassilhas. Diesen entwarf er schon vor 1827.

Leander, Bildhauer, dessen wir 1825 mit Ruhm erwähnt fanden. Er lebte damals in Rom und da beschäftiget er sich mit grosser Vorliebe mit heiligen Gegenständen. Aus seinen Gebilden blickt kindlich-fromme Einfalt und das Streben, das Heilige würdig auszudrücken. Auch bearbeitet er den Marmor vortrefflich.

Leander, Cav., Eine Person mit L. da Ponte.

Leandro, José, Maler zu Rio-Janeiro, ein Künstler unsers Jahrhunderts. Er gehört zu den guten Künstlern Brasiliens, und seine Ausbildung erlangte er einzig in diesem Lande. Als sein schönstes Bild, bis zum Jahre 1826, erklärte man die Darstellung der kaiserlichen Familie vor der heil. Jungfrau von Monte Carmello.

Learchos, Bildhauer von Rhegium, einer der ältesten Künstler, den Einige zum Schüler des Dädalus, Andere zu jenem des Dipoenus und Scyllis machen. Er ist älter als die letzteren, und was von Dädalus zu halten, ist bereits gesagt worden. Er ist auch älter wie Rhoecus, der mit Theodorus die Kunst in Erz zu giessen erfand; Learchos aber kannte diese noch nicht, indem er seinen ehernen Zeus zu Sparta aus gehämmerten Stücken zusammennietet.

Thiersch bestimmt seine Thätigkeit zu Anfang der Olympiaden; Müller setzt sie erst nach Olymp. 14.; Pausanius sah die erwähnte Statue im Tempel der Minerva zu Sparta noch.

Learchos, zwei berühmte Vasenmaler von Rhegium, deren Lebenszeit nicht sicher bestimmt werden kann. In der Sammlung des Prinzen von Canino zu Rom finden sich Vasen von diesen Künstlern. Man hat sie erst in neuerer Zeit entdeckt.

Lebarbier, s. Barbier.

Lebas, Jakob Philipp, der berühmte Kupferstecher, wird auch Le Bas geschrieben, und daher öfter unter „Bas" aufgeführt. Wir haben seiner ebenfalls unter Bas gedacht, und eine Anzahl seiner besseren Blätter aufgezählt, welchen wir folgende beifügen:

1) Die Cathedrale zu Strassburg mit der Beleuchtung 1744, gr. fol. und schön.
2) La matinée du printemps, nach Wouvermans.
3) La soirée d'été, nach demselben.
4) Les mangeurs d'huitres, nach Bénard.
5) Le marchand de poissons de Dieppe, nach demselben.
6) Les augures, nach S. Rosa.
7) La petite fermière, nach Wouvermans.
8) — 9) Troisième et quatrième fête de village.

10) Troisième fête flamande, nach Teniers.
11) — 12) Huitième et neuvième fête flamande, nach demselben
13) Petite vue d'Hollande, nach P. Potter.
14) Les environs de Caudebec, nach Teniers.
15) Vue des environs de Sienne, nach Berghem.
16) Le petit abreuvoir, nach Ruysdael.
17) Bois près de la Haye, nach demselben.
18) Vue de Flandres, nach Teniers.
19) Attaque de troupes legères, nach Wouvermans.
20) Environs de Fribourg, und die Eremitage in der Nähe von Freiburg, 2 Bl., nach Dietrich.
21) Attaque de troupes legères, nach demselben.
22) Achilles reconnu par Ulysse, nach Teniers.
23) Vue entre la Haye et Rotterdam, nach Van der Neer.
24) Jeu de boule, ou quatrième vue de Flandre, nach Teniers.
25) Vue de Santuliet village de Hollande, nach Van der Neer.
26) Vue de Skervin, nach Ruysdael.
27) Moisson, ou troisième vue de Flandre, nach Teniers.
28) Environs de Gueldres, nach Ruysdael.
29) Environs de Groningue, nach demselben.
30) Hâlte d'officiers, nach Wouvermans.
31) Hâlte de Cavalerie, nach demselben.
32) Les sangliers forcés, nach Wouvermans.
33) La vente de la pêche, nach Teniers.
34) Vue des galères de Naples, nach J. Vernet.
35) Vue de Naples, nach demselben, zwei grosse Blätter.
36) Blanchisserie, dixième vue de Flandre, nach Teniers.
37) Vue de St. Petersbourg, nach le Prince, gr. Bl.
38) Route de Flandres, nach Breughel de Velours.
39) Repas de la vierge, nach P. Bril.
40) Le jour naissant, nach Teniers.
41) La fin du jour, nach demselben.
42) Le combat sans danger, Kartenspieler, nach Teniers.
43) Les passetemps de Flandre, Musik und Kartenspiel, nach demselben.
44) La solitude, Landschaft mit grossem runden Thurm, nach Teniers.
45) Distribution de fourage au Sec, nach Chantreau.
46) Rue d'un camp, nach demselben.
47) Etude du dessin, nach Gerardin.
48) L'officier à la promenade du midi, nach J. Vernet.
49) Courier de Flandre, Landschaft nach J. Both.
50) Le plaisir de la danse, nach R. Brackenburg.
51) Le resultat du jeu, nach demselben.
52) Die heil. Familie, nach Rembrandt und von Martini geätzt.
53) La pêche, nach Teniers.
54) Eine kleine Marine, nach Van de Velde.
55a) Le flûteur, nach Teniers.
55b) Le fumeur, nach demselben, zwei kleine Blätter.
56) Heureux qui croient l'être, kleines Blatt nach Bega.
57) Le Satyre et les Dryades, nach Berghem, grosses Blatt von Martini geätzt.
58) Vue des environs d'Anvers, nach Breughel de Velours.
59) Vue des environs de Bruxelles, nach demselben.
60) Vue près d'Alost.
61) Vue de Lokeren.
62) — 63) I. et II. Vue de Bruges. Alle nach Breughel.

64) Le maitre de danse, nach P. Canot.
65) Le souhait de la bonne année au gand-papa, nach demselben.
66) La bonne éducation, nach Chardin.
67) — 68) Le négligé, l'économe, nach demselben.
69) Verschiedene Studien von Figuren und Hunden, 10 Bl., nach Desportes.
70) La comète, nach Eisen.
71) Les écosseuses de pois, nach Greuze.
72) — 73) Le paradis terrestre, Orphée chantant, nach Hondius.
74) Eine Folge von Theater-Decorationen, 6 Bl., nach Jacques.
75) — 76) Le maitre galant, le repas italien, nach Lancret.
77) Das Bildniss des Schauspielers Grandval, in einer Landschaft, grosses Blatt, nach demselben.
78) Verschiedene Ansichten von Paris und der Umgegend, 24 Bl., nach Lantara.
79) — 80) Les moissoneurs; la récréation des moissoneurs, 2 kl. Bl., nach Michaud.
81) 3eme et 4eme Vues des environs de Bruges, nach demselben.
82 — 83) Les plaisirs de paysans, les plaisirs du seigneur, 2 kl. Bl. nach J. Miel.
84) La fiancée normande, nach Le Nain.
85) Allegorie auf die Vermählung des Dauphin, nach Natoire.
86) Vue de Scheveling eu, nach van der Neer.
87) Divertissement d'hiver sur la rivière de Schio, nach demselben.
88) Les amusemens hollandais, kl. Bl., nach Ostade.
89) Recueil de divers animaux de chasse, 12 Bl., nach J. B. Oudry.
90) Ruines grecques; Vue de Rudera près Sans-Souci, nach Panini.
91) Revue de la maison du roi au Trou-d'Enfer, nach le Paon.
92) Rencontre de cavalerie, gr. Bl.
93) Danse italienne.
94) Départ pour la chasse.
95) — 96) Halte des Gardes-Françaises; Halte des Gardes-Suisses.
97) Détachement de cavalerie.
98) Foire de Venise.
99) — 102) Die vier Tagszeiten.
Alle nach Parocel.
103) Le pâturage hollandais, nach Pinacker.
104) I. et II. ruines étrusque, nach Poelembourg.
105) Halte près du cabaret, nach Lingelbach.
106) — 107) Vue de la ville de Fribourg; Vue d'une cascade dans le Vallais, 2 kl. Bl., nach N. P.
108) Jesus Christus heilt die Kranken, nach Rembrandt.
109) Die Darstellung im Tempel, nach demselben.
110) Die Kreuzabnehmung, kl. Bl., nach demselben.
111) — 112) Le banquier hollandais; le peseur d'or, nach demselben.
113) Folge von 24 Landschaften aus Griechenland, nach le Roi.
114) La chasse à l'hippopotame, nach Rubens.
115) La chasse aux lions, nach demselben.
116) La montagne de Tersato, nach Ruysdael.
117) La pêche hollandaise, nach demselben.
118) Eine Illumination, 1739 gehalten, nach Slods.

24*

119) David Teniers und Catharina Breughel, seine Frau, Büsten, oval.
120) Der verschwenderische Sohn.
121) St. Franz von Assisi.
122) Die Versuchung des heil. Anton.
123) Dieselbe Darstellung im Grossen, mit einem jungen Weibe.
124) Die vier Elemente, klein.
125) Die fünf Sinne, klein.
126) Le berger rêveur.
127) Le berger content.
128) Les misères de la guerre.
129) La femme jalouse.
130) — 131) La ferme; la basse-cour.
132) — 133) Le siffleur de linotte; le rémouleur.
134) — 135) La boudinière; la maison rustique.
136) Les pêcheurs flamands.
137) La conversation.
138) L'arc-en-ciel, 2eme vue de Flandre.
139) Des femmes à la porte d'une ferme, 6eme vue de Flandre.
140) Les payans buvant à la porte d'une ferme, 9eme vue de Flandre.
141) Vue et port de mer de Flandre, gr. Bl.
142) Le Chimiste.
143) Les philosophes bacchiques.
144) Ginguette flamande.
145) Retour de Guinguette.
146) Recreation flamande.
147) Les accords flamands.
148) Le lendemain de noces.
149) Zwei Blätter mit Wasser, in welchem Enten schwimmen.
150) Vue d'Anvers, 11eme vue de Flandre.
151) Folge von 10 kleinen Blättern: rèjouissanse flamande, fête de Village, troisième et quatrième fêtes flamandes, cinquième et sixième fêtes flamandes, 7. 8. 9. 10eme fêtes flamandes.
152) Environs de Dijon, klein.
153) Environ de Nieuport, klein.
154) — 155) Le château de Teniers; la solitude, kl. Bl.
156) — 157) Petite vue de Hollande; petite vue de Flandre, kl. Blatt.
158) L'école du bon goût.
159) Le bon mari.
160) Le bon pére.
161) Le vieillard content.
162) Les marchands de poissons.
163) La petite noce de village.
164) Le vielleur, kl. Bl.
165) La noce de village, kl. Bl.
166) Le berger amoureux.
167) Les joueurs de boule.
168 a) Pensent-ils à la musique? kl. Bl.
168 b) Les augures, kl. Bl.

Ein anderes Blatt mit diesem Titel fanden wir als nach S. Rosa gefertiget bezeichnet.

Alle diese Blätter sind nach Teniers gefertiget.

169) Lassemblee galante, gr. Bl., nach Watteau.
170) Le declin du jour.

171) Le point du jour, 2 kl. Bl., nach A. van der Velde.
172) — 175) Les promenades du matin, du midi, de l'après diner, du soir, 4 Bl. in die Breite, nach Vernet.
176) L'agréable société.
177) La dame et le marchand du Levant.
178) Le matelot.
179) La promenade, 4 Bl. in die Höhe, nach Vernet.
180) Les marchandes.
181) La conversation.
182) Les jardinières.
183) Le retour du marché; 4 Bl. in die Höhe, nach Vernet.
184) La source abondante, oval, nach demselben.
185) — 196) Eine Folge von 12 französischen Seehäfen, von J. Vernet gemalt, in gr. fol.
197) Eine Folge von 12 italienischen Ansichten, première-douzième numerirt, nach Vernet, Stücke in die Breite.

Die folgenden Blätter sind nach seiner eigenen Zeichnung gefertiget.

198) Les belles vandangeuses.
199) Les gentilles villageoises.
200) Le temps mal employé.
201) L'amant aimé.
202) Pierrot et sa progéniture.
203) Le Colin-Maillard.
204) La marchande de beignets.
205) L'arrivée de Barcelonnettes.
206) Apollo und die Musen auf dem Parnass, kleine Vignette.
207) Kinderspiele und Attribute der Jagd und der Gärtnerei, 4 Blätter Vignetten.
208) Der Ruf mit dem Bildnisse eines Priesters des Oratoriums; eine Cartouche mit einem Hirten, der mit der Hirtin tanzt; die Wappen von Frankreich und Orleans von Genien getragen, 3 kleine Blätter.
209) Studien von verschiedenen militärischen Figuren, 8 Bl.
201) Studien von Köpfen, 8 Blätter von verschiedener Form und Grösse.
211) Drei kleine Landschaften.
212) Recueil de divers griffonemens, 24 radirte Blätter mit Titel.
213) St. Anton prediget den Fischen.
214) Derselbe den Vögeln predigend, zwei kleine Blätter, das erstere nach der Erfindung des S. Rosa.
215) Mehr als 30 kleine Vignetten mit Darstellungen aus der heiligen und profanen Geschichte, Allegorien etc.
216) Livre de dessin, mit Proben nach den besten modernen Meistern, 29 Blätter von verschiedenen Formaten.
217) Premier livre de principes de paysages, 20 Blätter in 8.

Lebas, Louis Hippolyte, Architekt, wurde 1782 zu Paris geboren, und hier hat er auch seinen Ruf begründet. Er stand nach und nach unter Leitung von Vaudoyer, Percier und Fontaine, und im Verlaufe seiner Studienzeit wurden ihm 18 Aneiferungsmedaillen zu Theil, die grosse Departemental-Preis-Medaille, der zweite grosse Preis beim Concurse von 1806, und in den Jahren 1808 und 19 erhielt er zwei goldene Medaillen. Er fertigte den Plan zum Monumente von Malesherbes im Justizpalast zu Paris und jenen zum Monumente, welches auf dem Platze des Bourbonischen Pallastes Ludwig XVIII. errichtet werden sollte. Er baute auch mehrere Staatsgebäude in den Departements, leitete den Bau der Börse und der königlichen Kapelle in der Strasse Anjou, so wie jenen der Kirche Notre-Dame de Lorette, zu welcher 1824 sein Modell beim Concurse den Vorzug erhielt. Die Bauart ist wie die der meisten römischen Kirchen. Dann legte er auch den Plan zu einem der vier Gottesacker um die Stadt vor, und das Projekt zu einer Monumental-Fontaine auf dem Börsenplatze. Es finden sich mehrere Zeichnungen und Plane dieses Künstlers; darunter eine solche, welche das Innere eines Saales mit Malereien des 15. Jahrhunderts darstellt.

Lebas war auch in Aegypten und hier liess er den Obelisken von Luxor ausgraben, den er später auf dem Platze de la Concordie in Paris aufstellte.

Lebas gab mit Debret sämmtliche Werke des Vignola heraus.

Er ist Mitglied des Instituts, der Commission des beauxarts der Präfektur der Seine und der Jury der königlichen Architekturschule.

Lebas, Michel Olivier, Kupferstecher, wurde 1783 zu Paris geboren, und Regnault ertheilte ihm Unterricht in der Zeichenkunst. Im Kupferstechen unterwiess ihn Langlois, und was er selbst zu leisten vermag, hat er in einer bedeutenden Anzahl von geätzten und gestochenen Blättern dargelegt. Solche sind in der Galerie de Florence, in Landon's Annales du Musée und in dessen Vies des peintres. In den beiden letzten Werken sind nur Stiche im Umrisse. Für Visconti's Iconographie stach er Cameen und Medaillen. Dann hat man von ihm:

1) Le passage de Thermopiles, nach David geätzt.
2) La peste de Jaffa, nach Baron Gros geätzt.
3) Die Venus, nach Titian's Bild der florent. Gallerie.
4) Die Schule der Könige, nach P. da Cortona, Gal. de Florence.

Lebeau, Kupferstecher, dessen im Cataloge der Sammlung des Grafen Renesse-Breidbach erwähnt wird, ohne Angabe des Taufnamens. Er könnte mit unserm Peter Adrian le Beau Eine Person seyn. Die Blätter, welche ihm in dem Cataloge der erwähnten prächtigen Sammlung beigelegt werden, sind folgenden Inhalts:

1) Le Passage du Rhin.
2) La Prise d'Ulm.
3) La Prise de Vienne.
4) L'Entrevue de l'empereur Napoléon et l'emp. d'Autriche.
5) Le Bataille d'Austerlitz.
6) La Confédération des états du Rhin.
7) Le Bataille de Jena.
8) Le Bataille d'Eylau.

Lebedew, Michael, berühmter russischer Landschaftsmaler, bildete sich auf der Akademie der Künste in St. Petersburg, und bereits mit tüchtigen Kenntnissen ausgerüstet, unternahm er eine Reise nach Italien, um den südlichen Himmel zu schauen. Er zeichnete und malte mehrere Gegenden und Ansichten in Rom und zu Neapel, endlich aber machte 1837 in letzter Stadt die Cholera seinem Streben ein Ende. Das Vaterland verlor in ihm und zu gleicher Zeit in Kiprensky und Orlowsky drei seiner vorzüglichsten Künstler. Lebedew war erst 25 Jahre alt.

Lebedow, Eine Person mit dem obigen Künstler.

Lebe-Gigun, Anton Maria, Decorationsmaler zu Paris, erlernte seine Kunst bei Protaris und Dagotti, und seit 1810 ist er ausübender Künstler. Er leistete dem Maler P. L. C. Ciceri in verschiedenen Theatern, bei Hoffesten und Ceremonien hülfreiche Hand. Bei der Krönung Carl X. erhielt er das Kreuz der Ehrenlegion. Dann malt er auch Architekturstücke in Oel.

Lebel, Carl Jakob, Maler zu Paris, bildete sich in David's Schule, und im Jahre 1805 sah man bereits Bilder von ihm in den Salons, auf welche viele andere folgten, Historien und noch mehr Genrestücke, so wie Bildnisse. Im Jahr 1810 malte er Napoleon im Hospitium auf dem St. Bernhard, und eines seiner letzten Bilder, das man 1827 sah, stellt eine Scene aus der Zeit der Uebergabe von Paris an Heinrich IV. dar. Im Jahre 1830 war der Künstler bereits todt.

Lebender, Caspar, Maler zu Nürnberg um 1595. G. Fenn hat sein Bildniss geschabt.

Leberherz, Friedrich Wenzel, Maler zu Prag, wo er zu Anfang des vorigen Jahrhunderts bei dem geschickten Maler H. Toczauer arbeitete. Im Jahre 1714 heirathete er die Wittwe dieses Meisters, wie Dlabacz gezeigt hat.

Lebert, Zeichner und Kupferstecher zu Paris, der um 1770 lebte. Er stach Bildnisse nach Cochin u. a.

1) König Heinrich IV.
2) Der Herzog von Orleans.
3) Der Graf von Artois.
4) König Ludwig XV.
5) Der Dauphin, nachmaliger König Ludwig XVI.

Leblanc, Maler zu Paris, ein geschickter, jetzt lebender Künstler, der durch das Kunstblatt von Dr. Schorn bereits rühmlich bekannt ist. Man sah von 1817 an Bilder von ihm in den Pariser Salons, Genrestücke und landschaftliche Darstellungen, Architekturbilder. Mehrere seiner Werke erinnern an Italien und Rom, wo Leblanc zu wiederholten Malen sich befand. Im Jahre 1817 erhielt er für sein Gemälde der Heloise am Grabe Abeilard's bei Mondbeleuchtung eine Aneiferungsmedaille, und 1819 malte er die Ruinen des römischen Kaiserpallastes in Bordeaux, so wie das Innere der St. Severinskirche daselbst. Die Diana von Poitiers stellte er vor ihrem Schlosse zu Anet dar, wie sie Almosen austheilt; dann malte er das Innere der Kirche Montmartre, eine Ansicht von Trinità del Monte in Rom, die Cascade von Tivoli, die innere Ansicht vom Kloster Ara Coeli und jene des Colisseo zu Rom, die Ansicht des Campo Vaccino, den Hof von St. Laurent zu Paris, und verschiedene Scenen.

Leblanc's Arbeiten zeichnen sich durch Reinlichkeit und Sorgfalt der Behandlung aus, so wie durch Wahrheit der Charaktere. Seine Interioren sind von wesentlichem Interesse. Wir wissen nicht, in welcher Beziehung er zu dem folgenden Künstler steht, oder ob nicht gar von Einer und derselben Person die Rede sei. Nach 1827 sah man kein Bild mehr im Salon zu Paris und daher könnte er später in Griechenland und in der Levante gewesen seyn. S. den folgenden Artikel.

Leblanc, Th., Maler und Zeichner, dessen Lebensverhältnisse wir nicht kennen. Er hielt sich drei Jahre in Griechenland und in der Levante auf, und da entwarf er mehrere Zeichnungen, die in folgendem Werke nachgebildet sind:

Croquis d'après nature faits pendant un séjour de trois ans en Grèce et dans le Levant, mehrere Lieferungen in fol. S. den obigen Artikel.

Leblanc, H. oder F., s. Blanc.

Leblond, s. Blond.

Leboeuf-Nanteuil, Carl Franz, Bildhauer, wurde 1792 in Paris geboren, und Cartellier ertheilte ihm Unterricht in der Plastik. Im Jahre 1817 wurde ihm der grosse Preis zu Theil, und dadurch sah er sich in den Stand gesetzt, in Rom seine Studien fortzusetzen. Hier führte er eine fünf Fuss hohe Statue der Euridice in Marmor aus, die 1824 nach Gross-Trianon kam, und sofort lieferte er mehrere andere schöne Werke, sowohl Statuen als Büsten. In der Kirche St. Marguerite ist die 5 F. 6 Z. hohe Statue der Heiligen sein Werk, und in St. Gervais sind seine 5 F. 6 Z. hohen Bronzestatuen des heiligen Johannes und Lucas. Für den Pallast in St. Cloud fertigte er eine 12 Fuss hohe Statue einer Naiade, und 1827 vollendete er die colossale Büste Prudhon's. Hierauf begann er die Bildwerke des Frontons der von Lebas erbauten Kirche Notre-Dame-de-Lorette. Später wurde er mit der Ausführung des Monumentes Ludwig's XVII. in der Madelaine beauftragt.

Leborne, Louis, Maler von Versailles, genoss den Unterricht von Regnault in Paris, und hier lebt er auch als ausübender Künstler. Er malt Historien, Genrestücke und Landschaften, und auch mit der Lithographie befasst er sich.

Leboucher, Achille, Maler, der 1793 zu Paris geboren wurde. Er bildete sich in der Schule des Baron Gros, machte aber in der Folge die Aquarellmalerei zum Hauptfache. Für die Herzogin von Orleans copirte er mehrere Gemälde des Palais royal in Aquarell; dann ertheilt er auch Unterricht in seiner Kunst.

Lebour, Alexander Xaver, Maler, Zeichner, Kupferstecher und Lithograph, wurde 1801 zu Paris geboren, und hier lebt er noch gegenwärtig als ausübender Künstler. Er malt Bildnisse und Genrestücke; dann verdankt man ihm eine Anzahl von lobenswerthen Blättern, unter denen wir folgende erwähnen:

1) Die heil. Familie, nach G. Romano. H. 17 Z., Br. 13 Z. Lithographie.
2) Zwei Genrestücke, nach Deveria. Lithographien.
4) — 6) Vier Darstellungen aus dem Leben Jesu. H. 14 Z., Br. 10 Z. Kupferstiche.
7) — 10) Die vier Welttheile, gestochen.
11) — 14) Folge von vier Blättern mit Darstellungen aus dem Leben von Edmond und Galiste, gestochen.
15) Erigone, Halbfigur, gestochen.
16) Mehrere historische Büsten, gestochen.
17) Mehrere Portraite auf Stahl, nach Deveria, Desenne etc.

Lebrecht, Carl von, Medailleur, kaiserlich russischer Etatsrath und Ritter, geb. zu Meinungen 1749, gest. zu St. Petersburg 1827. Er wurde im 26. Jahre bei dem Münzhofe in St. Petersburg angestellt, und von hier aus besuchte er durch Unterstützung der Kaiserin Catharina II. zur Vollendung seiner Künstlerbildung das Ausland. Nach zweijährigem Aufenthalte in Rom kehrte er nach St. Petersburg zurück, mit dem Ruf eines Künstlers, der im Stahl- und Steinschneiden zu grosser Fertigkeit gelangt. Schon 1787 soll er der Kaiserin einen Plan zur Errichtung einer Medaillenklasse zur Bildung von Zöglingen für den Münzhof überreicht haben, aber erst Kaiser Paul I. bestättigte ihn 1800, und Lebrecht wurde Obermedailleur und Dirigent des Münzhofes. Er war seit 1794 schon russischer Unterthan, zwei Jahre später wurde er Collegien-Assessor, 1797 Hofrath und Akademiker, 1800 Collegienrath, 1806 Etatsrath und Ritter des heil. St. Annaordens, dessen diamantne Insignien ihm 1812 zu Theil wurden. Mehrmalen erhielt er von den allerhöchsten Herrschaften Brillantringe. Er diente während 50 Jahren vier Monarchen Russlands. Auch bildete er zahlreiche Schüler, denen er trefflicher Meister und Freund war. Ihm wurde das seltene Glück zu Theil, eine Kaiserin unter seine Zöglinge zu zählen, nämlich die Kaiserin Mutter Maria Feodorowna. Unter den Bildnissen, die von ihm existiren, ist jenes der Angelika Kaufmann vorzugsweise zu nennen. Nachrichten über ihn finden sich im Kunstblatte 1828, im Hamburger Correspondenten 1828, in der Halleschen Literaturzeitung 1828 etc.

1) Zwei Medailen auf den Geheimerath J. J. Betzkoy.
2) Medaille auf die Geburt des Grossfürsten Constantin.
3) Medaille auf den Grafen von Falkenstein (Kaiser Joseph II.), als er die Petersburger Münze besuchte, 1780.
4) Auf die Enthüllung der Reiterstatue Peter des Grossen, mit dem Bildnisse der Kaiserin Catharina II. und der Statue.
5) Preismedaille der adeligen Stiftsfräulein.
6) Denkmünze auf den Fürsten Potemkin, des Tauriers, mit dem Bildnisse und drei verschiedenen Reversen.
7) Zwei Denkmünzen mit dem Bildnisse des Admirals Greigh.
8) Drei Medaillen auf den Frieden mit der Pforte, mit Catharinens II. Bildniss.
9) Denkmünzen auf das Beilager des Grossfürsten Alexander Pawlowitsch mit der Grossfürstin Elisabeth Alexjewna.
10) Denkmünze auf die Eroberung der polnischen Provinzen.
11) Zwei Krönungsmedaillen Paul I.
12) Zwei Denkmünzen auf den Grafen Suwarow-Rimnizki.
13) Drei Medaillen auf die Krönung Alexander I.
14) Medaille mit dem Brustbilde der Kaiserin Katharina II. als Minerva, 1803. Ein Hauptwerk.
15) Drei Krönungsmedaillen des Kaisers Alexander I.
16) Vier Denkmünzen auf das hundertjährige Jubiläum der Gründung von St. Petersbung 1803.
   a) Peter's Brustbild im Profil, die Bürgerkrone über dem Haupte.
   b) Dessen ganze Figur, gestützt auf die 1703 gestiftete Grundveste der Stadt: die dankbare Nachwelt.
17) Zwei Denkmünzen auf den Etatsrath Paul Demidow: Für den Wissenschaften erwiesene Wohlthat.
18) Zwei Denkmünzen auf die Gründung der Petersburger Börse, mit dem Bildnisse Alexander's.
19) Medaille der Akademie der Künste zur Erinnerung an die neuen Privilegien und Zulagen des Kaisers 1808.

20) Das Ordenszeichen des heil. Georg für die Soldaten.
21) Medaille für die Landwehr, mit dem Brustbilde des Kaisers Alexander I.: Für Treue und Vaterland.
22) Denkmünze auf die Reise um die Welt durch Kapitän Krusenstern.
23) Medaille auf das Sekularfest der Schlacht von Pultawa mit dem Brustbilde Peters des Grossen.
24) Zwei Medaillen auf den Grafen Nikolai Petrowitsch Scheremetjew; die eine mit dem Bildnisse des Grafen und der allegorischen Darstellung der Mildthätigkeit, nebst der Façade der Stiftung.
25) Sekularfeier der Einverleibung Riga's mit den Bildnissen Peter des Grossen und des Kaisers Alexander, 1710 — 1810, im Revers die Dünabrücke etc.
26) Denkmünze auf die Universität Abo, mit dem Bildnisse Alexander I. und der Ansicht des Gebäudes, 1811.
27) Medaillon in Erz mit dem Bildnisse der Kaiserin Elisabeth Alexejewna, 1816 nach dem Leben gefertiget.

In der Sammlung der königl. Eremitage sind mehrere schön geschnittene Steine mit allegorischen Darstellungen aus Russlands Geschichte.

Lebreton, s. Breton.

Lebrun, Charles, der berühmte Maler, der in Paris den Scepter der französischen Kunst führte, wurde zwar schon im zweiten Bande unter Ch. le Brun erwähnt, allein seit dieser Zeit ist uns der Peintre graveur français par Robert-Dumesnil zu Handen gekommen und da ist I. p. 161. ein Verzeichniss seiner radirten Blätter, welches wir unter dieser Rubrik geben, da auch die Franzosen öfter Lebrun statt Le Brun schreiben.

1) Das Jesuskind den Segen ertheilend, auf dem Boden liegen die Leidenswerkzeuge, im Grunde Landschaft, wo man rechts ein Piedestal und links einen Säulensturz sieht. Ohne Zeichen. H. 4 Z. 5 L., Br. 4 Z. 6 L.

Im ersten Drucke vor aller Schrift, die zweiten Abdrücke haben: Le Brun in fe. — Ciartres exc.

2) Der kleine Johannes links sitzend vor zwei Baumstämmen, vor ihm das Lamm, welches er in beiden Händen am Kopfe liebkoset. S. JEAN. — Le Brun in f. — Ciartres exc. H. 4 Z., Br. 3 Z.
3) Der heil. Carl, oval, ein Blatt, welches D'Argensville erwähnt, das aber Robert-Dumesnil nicht sah, und folglich nicht beschreibt.
4) — 7) Die vier Tagszeiten. H. 6 Z. 8 — 9 L., Br. 8 Z. 7 — 8 L.
   a) Der Morgen. Ein Satyr, eine Bacchantin und ein Kind ruhen in der Mitte des Blattes: AVRORA.
   b) Der Mittag. Der Satyr, mit Weinlaub bekränzt, sitzt beim Zelte am Baume, bei ihm das Kind, welches trinkt: MERIDIES.
   c) Der Abend. Der Satyr sitzt mit seinem Kinde am Steine bei einer grossen Eiche: VESPER.
   d) Die Nacht. Der Satyr schläft mit Weib und Kind am Eingange des Waldes: NOX. Die ersten Abdrücke dieser Folge sind jene mit Ciartres Adresse, später wurde jene von Mariette an die Stelle gesetzt.

Lebrun, s. Brun. Unter dieser Rubrik haben wir mehrere Künstler dieses Namens aufgeführt, und hier folgen noch zwei andere Lebrun, von deren Thätigkeit wir seit jener Zeit Kunde erhalten haben. Wir fanden sie Lebrun geschrieben, während bei andern Künstlern das Le bald getrennt, bald mit Brun verbunden wird.

Lebrun, Peter, Maler von Warschau, übte in seiner Jugend die Zeichenkunst, so wie die Malerei anscheinlich nur zu seinem Vergnügen, und in der Folge trat er in Militärdienste. Er wurde Offizier, doch enthoben ihn Verhältnisse seines Dienstes, und er besuchte 1833 die Akademie der Künste in München, um sich in der Malerei auszubilden. Er zählte damals bereits 30 Jahre.

Lebrun, Adelaide, Malerin von Lyon, und die Tochter eines Offiziers, eine jetzt lebende Künstlerin. Sie malt Bildnisse und Genrestücke. Sie wurde 1810 geboren.

Lebschée, Carl August, Maler, Radirer und Lithograph, wurde 1800 zu Schmiegel in Polen geboren, und in seinem 10. Jahre fand er Gelegenheit, die Akademie der Künste in München zu besuchen. Er widmete sich der landschaftlichen Darstellung, und dass er dazu Talent besitze, bewiesen schon 1817 auf der Münchner Kunstausstellung drei Zeichnungen mit Ansichten aus dem bayrischen Oberlande. Von dieser Zeit an sah man bei jeder Gelegenheit Werke von seiner Hand, sowohl Zeichnungen als Gemälde, in Ansichten von Seen und Gebirgen, ländlichen Gegenden und Thierstücken bestehend. Diese Bilder verrathen ein genaues Studium der Natur, und dann sind sie mit grosser Sorgfalt behandelt. Er besitzt die Gabe scharfer Auffassung.

Lebschée hat sich auch durch seine Radirungen bekannt gemacht. Es sind dieses landschaftliche Blätter, geistreich und zart behandelt, und auch in diesen bemerkt man die vertraute Bekanntschaft mit der Natur. Die meisten seiner Blätter erschienen bei Hermann in München.

1) Landschaftsstudien:

Folge von 7 Blättern mit Titel, der einen Felsen mit Bäumen umgeben zeigt.

1) Parthie bei Fürstenfeldbruck.
2) — bei Häferlohe.
3) — am Ufer der Isar.
4) — am Würmfluss.
5) — in dem bayerischen Vorgebirge.
6) Der Waldweg im Sonnenschein bei umwölktem Himmel.

Es gibt Abdrücke auf gewöhnlichem und auf chinesischem Papier; Exemplare in qu. 4. und qu. fol.

2) Siebzehn in Kupfer radirte Landschaftsstudien:

Titelblatt, auf welchem man am Deckel eines Portefeuilles, das an eine Baumgruppe gelehnt ist, obiges liest; qu. 4.

1) Der Ziehbrunnen mit Eimern.
2) Der Baumstamm mit Blättern.
3) Der Reisende an der Eiche.
4) Der abgebrochene Baum.
5) Der Hohlweg mit der Brücke.
6) Der Jäger am Ahornbaum.
7) Die Schildwache der Räuber.

8) Die grosse Cascade.
9) Die hölzerne Brücke.
10) Die steinerne Brücke.
11) Der Fischer.
12) Die Brücke über den Fluss.
13) Der Jäger mit dem Hunde im Walde.
14) Gebirgspartkie in Schottland.
15) Die Wassermühle.
16) Die Bauernfamilie durch den Fluss watend.

Es gibt Abdrücke auf gewöhnlichem und chinesischem Papier.

3) Folge von fünf Blättern, qu. 8.
Nachtstücke (Landschaften und Marinen bei Mondbeleuchtung).

1) Der Titel mit einem Manne, der die Steinschrift mit einer Fackel beleuchtet.
2) Der Sturm.
3) Der Aufgang des Mondes.
4) Der Mond am Himmel scheinend.
5) Der Untergang des Mondes.

Abdrücke auf gewöhnlichem und chinesischem Papier.

4) Der Kopf eines Hundes: Hector, 1828, 8.
5) Der Hund als Soldat: Sillo, 1828, 8.
6) Der liegende Ziegenbock, nach A. Adam, 1826, qu. fol.
7) Aussichten des englischen Gartens in München, mit historischem Text von F. L. Lipowsky, nach der Natur gezeichnet und geätzt in Aquatinta; Folge von 9 Blättern, gr. 4.

1) Das Salabert-Schloss.
2) Das Monument des Grafen Rumfort.
3) Der Apollotempel.
4) Der chinesische Thurm.
5) Der See.
6) Das Monument des Intendanten Skell.
7) Das Schloss Biederstein.
8) Das Dorf Schwabing.
9) Das Jagdhaus, zum Aumeister genannt.

Lithographien.

8) Album Russe ou fantaisies dessinées lithographement, d'après Alexander Orlowsky, 12 Blätter russische Trachten. München 1820, fol.
9) Malerische Topographie des Königreichs Bayern, nach der Natur und auf Stein gezeichnet, bisher 7 Lieferungen, jede zu 8 Blättern: 1 — 3 Ansichten von München; 4 — 7 jene der umliegenden Seen, Schlösser, Märkte, Dörfer etc., qu. fol.
10) Sechs Landschaftsstudien, nach der Natur gezeichnet und lithographirt, 6 Blätter, qu. fol.

Lecamus, s. Pierre le Camus Duval. Man findet den Namen Lecamus auf Lithographien, wie auf solchen der Vues de chefs-lieux des 86 Departements. Paris, fol., Chasse au chien d'arret, 1838.

Lecarpentier, L. F., Maler, der durch mehrere literarische Werke bekannt ist. Er ist Professor an der Zeichnungsschule zu Rouen, und vermuthlich noch am Leben, obgleich er schon zu Anfang unsers Jahrhunderts thätig war. Gemalt scheint er wenig zu haben, indem der Unterricht und die Ausarbeitung folgender Schriften seine

Zeit in Anspruch nahmen. Wir haben von ihm: Galerie de peintres, 1812, in 8.; Notice sur Bouteiller, 1812, in 8.; Notice sur Houel, in 8.; Itinéraire de Rouen, ou guide des voyageurs, 1816, in 8; Essai sur le paysage, 1817, in 8.; Notice sur Jean Letellier (Maler des 17. Jahrhunderts).

Lecarpentier, L. Benjamin, Landschaftsmaler, bildete sich bei Callet zu Paris, und hier sah man von 1800 bis 1824 von ihm Bilder in den Salons. Seine Gemälde bestehen in Landschaften mit Staffage von Figuren und Gebäuden, und auch Zeichnungen fertigte der Künstler.

Wir wissen nicht, ob dieser Künstler vielleicht noch in Rouen lebt.

Lecarpentier, Paul, Maler zu Paris, ein jetzt lebender Künstler, der um 1824 Bilder zur Ausstellung brachte. Es sind dieses Bildnisse und Genrestücke.

Lecarpentier, könnten vielleicht auch hie und da Künstler genannt werden, die wir unter Carpentier und Charpentier anführten. Wir glauben indessen, dass wir sie richtig rubricirt haben.

Lecce, Matter Perez de, wahrscheinlich Eine Person mit M. P. Alesio.

Lecchi oder Lech, Anton, Maler, der um 1663 in Italien lebte. Er malte Blumen und Stillleben.

Lecchini oder Lecco, Maler von Monza, Schüler seines Vetters A. Castelli. Er malte in Kirchen und Pallästen architektonische Verzierungen; dieses um 1730.

Lechleitner, Ingenuin, Bildhauer von Grins in Tirol, bildete sich zu Wien beim Hofbildhauer Sternetti, und arbeitete dort längere Zeit. Für den Garten des Prinzen Eugen führte er eine Statue des Herkules in Marmor aus, und mehrere andere Standbilder. In der Folge ging er nach Innsbruck, und hier wurde er Hofbildhauer des Gubernator. In der Johanniskirche jener Stadt sind die Statue dieses Heiligen und ein Crucifix von seiner Hand; zu Rotholz ist ein schöner Sebastian von Holz; im Stifte Stams der Herzog Meinhard von Tirol zu Pferd; im Garten zu Mühlau mehrere Statuen etc.

Lechleitner starb zu Innsbruck um 1751. S. Tiroler Künstler-Lexikon.

Lechner oder Lehner, Noe, Bildhauer zu Innsbruck zu den den Zeiten des Erzherzogs Ferdinand, um 1570. Er starb als Hofbildhauer desselben 1582.

Lechner, Johann Baptist, Architekt, bildete sich im Cadetencorps zu München zum Ingenieur, und 1791 wurde er Hofkriegsraths-Assessor. Nach vier Jahren erhielt er die Stelle eines Kriegsrathes, und jetzt war er neben dem bekannten Grafen von Rumford auf manichfache Weise zur Verschönerung der Stadt München thätig. Er legte das Rondell vor dem Carlsthore an, und im englischen Garten baute er den Rumford's-Saal mit dem in der Nähe befindlichen Wirthshause.

Dieser verdienstvolle Mann starb 1809 im 51. Jahre.

Lechner, A., Bildnissmaler, der um 1700 lebte. J. G. Beck stach nach ihm die Bildnisse der Gottesgelehrten Goebel und Groth.

Lechner, J., Kupferstecher, der zur Zeit Hagenauer's in Wien gelebt zu haben scheint. Nach diesem Meister hat er gestochen.

Lechse, Zacharias, ein unbekannter Künstler, welcher eine Folge von wenigstens 9 Blättern Darstellungen künstlicher Brunnen und Wasserwerke eines Lustgarten nach eigener Erfindung radirt hat. Diese Folge war in der Sammluug des Grafen Sternberg-Manderscheid, und Frenzel stellt im Cataloge jener berühmten Sammlung die Vermuthung auf, dass dieses Darstellungen aus einem sächsischen Lustgarten seien, weil an einer Figur das sächsische Wappen sich befindet. Die Blätter haben ein Monogramm, 4. und fol.

Leck, s. Lecchi.

Lecke, Robert, Zeichner und Lithograph, wurde 1805 zu Iserlohn in Westphalen geboren, und als Sohn eines Justizcommissärs betrat er die wissenschaftliche Laufbahn. Er hatte bereits das Rechtsstudium begonnen; allein der Tod seines Vaters beraubte ihn der Mittel zur Fortsetzung seiner Studien, und auch das Fach der Architektur, welches er damals wählte, musste er wieder aufgeben, weil er sich ausser Stand gesetzt sah, seine Sache bis zum Staatsconcurse zu verfolgen. Lecke begab sich daher 1833 nach München, und hier verlegte er sich besonders auf das Portraitzeichnen und auf die Lithographie. Er hat sich als Bildnisszeichner bereits Ruf erworben, indem er sein Individuum von charakteristischer Seite getreu zu erfassen weiss. Er hat auch mehrere Bildnisse lithographirt, und das neueste und bedeutendste Werk, überhaupt eine der besten Lithographien, welche existiren, stellt die königlich preussische Familie dar, wie sie dem Könige am Geburtstage ihre Ehrfurcht bezeuget. L. Schulz hat nach Lecke's Angabe das Tableau componirt, und letzterer selbst hat mit dem tüchtigen Kaltenmoser das Ganze auf Stein gezeichnet. Dieses reiche und effektvolle Bild zeichnet sich durch Schönheit der Gruppirung und durch Portraitähnlichkeit aus, und dabei sind die Stoffe der Kleider, Spitzen, Atlas u. s. w. trefflich nachgeahmt. Das Ganze erhöht noch die schöne Architektur.

Schliesslich bemerken wir noch, dass dieser Künstler ein sehr literarisch gebildeter Mann ist. Von ihm sind neben anderen die Aufsätze über die Kunst in München in der 1835—1837 in Frankfurt a. M. erschienenen Zeitschrift Phönix.

1) Der Geburtstag des Königs von Preussen, das oben erwähnte Tableau. H. 26 Z., Br. 23 Z.
2) Das Bildniss des Hofraths Dr. v. Schubert.
3) Jenes des Chemikers Dr. Buchner.
4) Das Portrait des Obermedicinalraths Dr. v. Ringseis.
5) Das Portrait des Obermedicinalraths Dr. Döllinger.
6) Das Bildniss des Professors Dr. Schneider.
7) Jenes des Deputirten Willig.

8) Der erste Bürgermeister Dr. Bauer in München, Kniestück mit architektonischem Grund.

9) Bildniss des Geheimenraths Dr. v. Walther.

Leckerbetien, Vincenz, Maler von Antwerpen, genannt Manciol, weil er sich der linken Hand zur Arbeit bedienen musste. Er lebte lange in Rom, und hier fand er durch seine Landschaften und Schlachtstücke vollen Beifall. Auch in Frankreich arbeitete er; im Schlosse zu Vincennes malte er auf 4 Friese die Geschichte Alexander's des Grossen. Blühte um 1650.

Lecler, August Toussaint, Genremaler und Lithograph, wurde 1788 zu Paris geboren, und was er als Künstler ist, verdankt er sich selbst. Er malt Bildnisse und Staffeleibilder, und dann hat man von ihm auch viele Zeichnungen.

1) Bildnisse berühmter Männer der alten und neuen Zeit.

2) Eine vollständige Sammlung von Bildnissen der Könige von Portugal.

3) Das Bildniss des Schauspielers Lokroy.
4) Jenes der Schauspielerin Mlle. Georges.
5) Après vous, Sire.
6) On ne passe pas, nach Charlet.
7) Le trompette mort.
8) Le chien du régiment, nach Vernet.

Leclerc, s. Clerc.

Leclerf, Louis Alexis, Maler zu Paris, der aber 1794 zu Manicamp (Aisne) geboren wurde. Sein Meister war David, und das Fach, welches er wählte, ist die Genre- und Portraitmalerei. Sein Bildniss des Abbé Sicard hat Massard sen. 1815 gestochen, und diesen Künstler hat Leclerf 1817 selbst gemalt, so wie später den R. U. Massard. Für die Herzogin von Berry malte er 1827 die innere Ansicht der Cathedrale von Chartres, und für das Hospital de la Pietà malte er ein grosses Bild, welches den Tod des heil. Joseph vorstellt. Im Convent zu Valence ist sein heil. Ludwig Gonzaga, und die Portraite Franz I. und Heinrich IV. malte er für die französische Gesandtschaft nach Constantinopel.

Lecocq, Anton, Kupferstecher, wurde 1798 zu Paris geboren, und hier ist er beim Marinedepot angestellt. Man hat von ihm einen Plan von Cadix, verschiedene Charten etc. Lecocq bildet auch Schüler.

Lecoeur, Johann Baptist, Maler zu Paris, der sich um 1822 durch Werke zuerst bekannt machte. Er malt Genrestücke, Historien, Darstellungen aus dem französischen Mittelalter u. a. Diese seine Bilder gingen in Privatbesitz über. Gabet verzeichnet einige namentlich.

Dieses ist wohl jener Coeuré, dessen Zeichen Brulliot erwähnt.

Lecomte, Florent, Maler und Bildhauer zu Paris, der mehr durch sein Cabinet des singularités d'architecture, peinture, sculpture et gravure bekannt ist, als durch seine plastischen Arbeiten und Gemälde. Dieses Cabinet erschien 1699 zu Paris in 3 Thl. 12. Es ist zwar nicht durchaus darauf zu gehen, doch enthält es einige schätzbare Nachrichten. Lecomte scheint auch Kunstverleger gewesen zu seyn; das Bildniss von Mansard, das Edelink gestochen, trägt Florent's Exc. Starb um 1712.

Lecomte, Ludwig, Bildhauer von Boulogne, erwarb sich mit seinen Arbeiten für Versailles und die Sorbonne allgemeinen Beifall. Man schätzte seine Figuren und lobte seine Ornamente. Im Jahre 1676 wurde er Mitglied der Akademie zu Paris, und 1693 Professor adjunctus an derselben, doch starb er schon 1694 im 51. Jahre.

Vermeulen stach seine 1685 errichtete Statue Ludwig's XIV., Thomassin und Surugue stachen ein Paar andere Blätter.

Lecomte, Margaretha, Kunstliebhaberin, geboren zu Paris um 1719. Sie war die Gattin eines Gerichtsprocurators, eine Frau von Geist und Geschmack. Watelet begleitete sie 1764 auf der Reise nach Italien, wo die Akademien von Rom, Florenz und Bologna beide unter die Zahl ihrer Mitglieder aufnahmen. Watelet verschönerte ihren Aufenthalt in Mont-Joli, und Abbé St. Non verewigte sie durch die von Le Prince geätzten Blätter an die schöne Müllerin.

Man kennt von ihr schön geätzte Blätter mit Landschaften und Köpfen; dann eine Folge von Schmetterlingen. Die von Huber besorgte Uebersetzung von Gessner's Daphnis und den ersten Schiffer zierte sie mit Vignetten.

Lecomte, Schlachtenmaler von Aix, Schüler des A. F. van der Meulen. Er malte für die Schlösser Marly und Chantilly Kriegsbegebenheiten, auch für die Manufaktur der Gobelins arbeitete er. Dieses um 1700.

Lecomte, Johann Franz Joseph, Architekt, wurde 1783 in Abbeville geboren, und zu Paris stand er in der Spezialschule der Architektur unter Boulauger's Leitung. Im Jahre 1810 erhielt er den grossen Departementalpreis, was ihn in den Stand setzte, Italien und die Niederlande besuchen zu können. Er benutzte bei dieser Gelegenheit seine Zeit auf das gewissenhafteste, und so wurde er nach seiner Heimkehr in Paris bald mit Aufträgen beehrt. Er baute oder restaurirte verschiedene Hotels und Privathäuser in Paris und der Umgegend, und dann fertigte er verschiedene Zeichnungen zu Monumenten auf Père-Lachaise. Mittlerweile wurde er Architekt des Königs, und als solcher leitete er alle Feste und Ceremonien des Hofes. Dann ordnete er die Feierlichkeiten bei den Begräbnissen des Prinzen Condé, des Herzogs von Berry, des Königs Ludwig XVIII., bei der Krönung Carl X. etc. Bei diesen Arbeiten stand ihm theilweise auch Hittorf zur Seite. Mit diesem geschickten Architekten baute er den neuen Saal des Ambigu-comique, und jenen des Favart im italienischen Opernhause richtete er ein. Sie fertigten beide mit einander ein Werk über die Tauf-Ceremonien des Herzogs von Bordeaux, dessen wir bereits erwähnt haben. Dann zeichnete er mehrere Ansichten der Cathedrale von Rheims und Costüme für das Krönungswerk Carl X. Er fertigte auch einen Plan zur Restauration der Kirche St. Remy zu Rheims, jenen zum Monumente des Herzogs von Berry und zu einer Grabkapelle der Herzogin von Curland. Er nahm auch die Verschönerungen am Platze Ludwig XVI. vor; zu Wien baute er den Schauspiel- und Ballsaal des Baron Braun u. s. w.

Lecomte zeichnet auch sehr schön in Aquarell und in Sepia: italienische Landschaften, äussere und innere Ansichten von Kirchen, Pallästen und anderen architektonischen Werken Italiens. Er ist Ritter der Ehrenlegion.

Lecomte, Benjamin Rudolph, Kupferstecher aus Waat in der Schweiz, arbeitete zu Basel für Mechel's Verlag:

1) Sollicitude d'une mère.

2) Der Rheinfall bei Laufen, nach Gmelin. 1789.

Lecomte, Hippolyt, Historien- und Genremaler, wurde 1781 zu Puiseaux (Loiret) geboren, und seine Bildung zum Künstler verdankt er Regnault und Mongin. Er benützte mit Eifer alle ihm zu Gebot stehenden Mittel, und endlich ging er auch nach Italien, um Rom und Neapel zu sehen, namentlich um die Natur und Sitten jener Theile kennen zu lernen; Meisterwerke der Kunst konnte man damals nirgends in grösserer Anzahl sehen, als in Paris. Lecomte sah sich indessen auch in Tirol und in seinem Vaterlande um, und manches seiner Bilder erinnert an seine frühern Reisen. Er malt Historien und Genrestücke, auch Landschaften und Architekturbilder. Einige seiner Scenen sind dem Mittelalter, andere der Zeitgeschichte mit ihren kriegerischen Ereignissen entnommen. Die Anzahl seiner Werke ist sehr bedeutend, und viele derselben verzeichnet Gabet. Im Jahre 1804 kaufte die Kaiserin Josephine für die Gallerie in Malmaison seine Darstellung der Kreuzritter im heil. Lande, und besonders schön fand man 1806 seine Ansicht des Gardasees, mit allem Zauber der Gegend. Als Staffage brachte er die Kaiserin mit ihrem Gefolge an. Im Luxembourg ist jenes Gemälde, welches den Stallmeister Blondel vorstellt, wie er der Margaretha von Flandern die Thaten des Königs Richard in Palästina erzählt, und in der Gallerie von Trianon sieht man das Bild der Uebergabe Mantua's. In der Gallerie zu Fortainebleau ist Ludwig XIII. vorgestellt, wie er die Schanzen von Pas-de-Suze durchbrochen, und die Fahne der Spanier und der Truppen des Herzogs von Savoyen empfängt. Ein zweites Bild im Luxembourg stellt den Angriff der Division des Generals Bourk auf den Höhen von Corogne dar, und ein drittes schildert Robertson und Johanna Deans an dem Felsen zu Salisbury. Viele andere gingen in Privatbesitz über, und mehrere sind zerstreut.

Lecomte, Peter, Maler zu Paris und ein jetzt lebender Künstler, hatte Debret zum Meister, und seit 1817 ist er als ausübender Künstler bekannt. Man sah von jener Zeit an verschiedene Bilder von ihm in den Salons, Historien, Genrestücke und Bildnisse. Bei der Ausstellung von 1824 erhielt er eine goldene Medaille. Von seinen Werken erwähnt Gabet: die Schöne im Walde schlafend, die Erfindung der Stecherkunst 1460, Christina von Schweden bei Guercino in Bologna, die Lektüre des Boccaccio und Dante, der Prinz von Carignan mit den Epauleten des französischen Grenadiers bei der Einnahme von Trocadero etc. In St. Jacques-de-Haut-Pas ist eine Kreuzabnehmung von ihm gemalt.

Lecomte ertheilt auch Unterricht.

Lecomte, Narciss, Kupferstecher zu Paris und geboren daselbst 1794. Er erlernte die Zeichenkunst bei J. B. Regnault, und Lignon unterrichtete ihn im Kupferstechen. Die Fortschritte, welche er machte, waren bedeutend, und daher erhielt er 1814 die dritte

Medaille der Schule der schönen Künste, im folgenden Jahre die zweite und hierauf die erste, neben der Preismedaille in der Perspektive. Wir haben von seiner Hand eine Anzahl schöner Blätter:

1) La vierge au coussin vert, nach A. Solario, kl. fol.
2) Die heil. Jungfrau mit dem Kinde, das einen Vogel hält, nach Francia's Bild in der Dresdner Gallerie: Mater castissima, gr. fol. Im ersten Drucke vor der Schrift.
3) Die Erziehung des Achilles, nach J. B. Regnault.
4) Marius zu Minturnä, nach Drouais.
5) Sixte - Quint. Die Zigeunerin, wie sie ihm die künftige Grösse verkündet, nach Schnetz, fol.
6) Eine Folge kleiner Liebesgötter, nach Baron Gros.
7) Verschiedene Portraite und Vignetten.

Lecomte, Franz Ludwig, Kupferstecher zu Paris, wurde 1795 geboren, und Maradan und Chataigner waren seine Meister. Er arbeitete bisher das meiste für Buchhändler, aber seine Zierden verdienen Lob. Hieher gehören die Vignetten zu den Werken Voltaire's und Rousseau's, zur Bibel von Lefebre.

Vier Croquis nach Guerin's Bild von Aeneas und Dido.
Le chien du régiment, nach H. Vernet.

Lecomte, Felix, Bildhauer, geb. zu Paris 1737, gest. 1817. Er lernte bei Falconet und de Vassé, und 1764 trug er den grossen Preis der Sculptur davon, mit einem Basrelief, welches den Kindermord darstellt. Seine Gruppe des Phorbas und Oedipus verschaffte ihm 1771 Zutritt in die Akademie, und von dieser Zeit an wurden ihm ehrenvolle Aufträge zu Theil. Für die Cathedrale in Rouen fertigte er die Statue der heil. Jungfrau, und ein Basrelief, welches Christus, von den drei Marien beweint, vorstellt. Man hat von ihm auch eine Statue Rollin's und jene von Fenelon im öffentlichen Sitzungssaal des Instituts.

Lecomte war Professor der Akademie der Bildhauerei und Mitglied der Akademie der schönen Künste.

Lecomte, Henriette, eine französische Künstlerin, die wahrscheinlich in Paris lebt. Man hat Lithographien von ihrer Hand, darunter eine Folge von 15 Blättern mit ländlichen Darstellungen, Costümen etc., mit H. L. bezeichnet.

Leconte, Emile, Kupferstecher, ein jetzt lebender Künstler, der durch eine Sammlung von Ornamenten vortheilhaft bekannt ist. Es sind dieses die Melanges d'ornemens divers. Recueil destiné aux peintres-decorateurs et aux fabriques dans tous les genres, composé, dessiné et gravé en partie dans le genre des nielles, par Ch. E. Clerget. Es sind dieses Blätter nach Rafael, Primaticcio, Dürer, Aldegrevers, Ducerceau, Th. de Bry, V. Solis, D. Mignot etc., in jeder Art des Styls, 12 Hefte, jedes zu 6 Blätter, fol. L. Zöllner hat dieses Werk auf Stein copirt.

Lecoq de Boisbaudran, Horace, Maler von Paris und Schüler Lethiere's und der k. Akademie. Er hat sich 1827 durch Bilder bekannt gemacht. Damals stellte er sein Gemälde der heil. Genovefa aus, wie diese ihrer Mutter das Gesicht verleiht. Dann hat man von ihm auch mehrere Portraite, Kniestücke.

Lecoq de Boisbaudran, Cyane Mme, die Schwester des Obigen, wurde von Regnault in der Malerei unterrichtet. Sie malt

Bildnisse in Miniatur, und auch lithographirte Blätter hat man von dieser Künstlerin.

Mme. Lecoq hält ein Atelier zum Unterricht in der Zeichnung und in der Perspektive.

Lecourt, Miniaturmaler zu Paris, ein seit vielen Jahren daselbst bekannter Künstler. Er malte in Miniatur nach der Weise von Petitot's Emailen, und Arbeiten dieser Art sah man schon 1803 von ihm, doch noch 1830 war er thätig. Ob er sich noch am Leben befinde, wissen wir nicht.

Lecurieux, Jakob Joseph, Historienmaler, wurde 1801 zu Dijon geboren, und von Lethiere und Devosque in der Kunst unterrichtet. Er malt Historien; gerne Darstellungen aus dem französischen Mittelalter. Auch heilige Bilder finden sich von diesem Künstler, und mehrere Portraite.

Lecurieux übt in Paris seine Kunst.

Lecuyer, Peter, Zeichner und Maler zu Marseille, wurde 1795 zu Tarbes geboren, und Aubert, Direktor der Zeichenschule zu Marseille, nahm ihn unter seine Leitung. Schon Füssly nennt im Suplemente einen Lecujer als Zeichner, nach dessen Zeichnung R. U. Massard 1804 das Bild der Cananäerin von Drouais für das Musée français gestochen hat; allein wir können nicht bestimmen, ob dieses der Vater unsers Künstlers gewesen. P. Lecuyer war 10 Jahre Decorationsmaler am grossen Theater zu Marseille; er malt Landschaften und Bildnisse, und dann ertheilt er Unterricht in der Lavis- und Aquarellmanier.

Le Dart, E., Maler, dessen Lebensverhältnisse wir nicht kennen. St. Gautrel stach nach ihm ein Brustbild mit der Umschrift: Joannes Baptista d'Estampes Massiliensium episcopus. Auf diesem Blatte steht der Name des Malers und die Jahrzahl 1682.

Ledebour, Elisabeth, Zeichnerin und Malerin im naturhistorischen Fache, die 1822 in St. Petersburg lebte. In den Memoires de l'Academie imperiale de St. Petersbourg 1822 sind mehrere Blätter nach ihren Zeichnungen von Maslowsky gestochen.

Ledelin, Mme. de, Malerin zu Brüssel, deren wir 1830 zuerst erwähnt fanden. Sie malt Historien und Genrestücke.

Lederbask oder Lederbasch, Christoph, s. Lederwasch.

Lederer, Bildhauer aus Kaufbeuern, verfertigte 1515 den sehr schönen Altar in der Gottesackerkapelle zu Hindelang im Landgerichte Sonthofen. Er ist etwas beschädiget. S. v. Raiser's Hist. und artist. Beitrag zu den Landgerichtsbezirken Buchloe etc. S. 4. 1830.

Lederer, Hieronymus, Kupferstecher von Nürnberg, dessen Lebensverhältnisse unbekannt sind. Vielleicht ist er mit Christoph Lederer, der sich in Italien C. Coriolano nannte, verwandt, und auch H. Lederer arbeitete in Italien. Doppelmayer lässt ihn 1615 in Genua sterben. Malpe nennt ihn Hans, doch ohne Grund.

1) — 4) Die vier Temperamente, in einer Einfassung von Grotesken und Arabesken. Auf dem Blatte des Sanguinikers steht der Name: H. Lederer, auf jenem mit dem Melancholiker ein Monogramm.

5) Der Leichnam Christi in's Grab gelegt, 1613, fol.

Lederer, Hans, Formschneider, welchem Heller die Buchstaben H. L. beilegt. Dieser Formschneider soll um 1540 gelebt haben.

Lederer, Johann, Maler von Augsburg, der jüngere von den drei Brüdern, die um 1770 zu Augsburg Heiligen-Bilder in Oel und auf Glas malten. Johann ist der bessere von ihnen, und dieser wurde Hofmaler des Fürst-Bischofs von Freising. In der Domkirche daselbst, so wie in dem Collegiatstifte, und in der Klosterkirche zu Weihenstephan sind Altarblätter von seiner Hand. Auch in der Franziskanerkirche zu Freising war das Hochaltarblatt mit dem Tod des heil. Franz von Assisi sein Werk.

Starb um 1785.

Lederer, Carl, Bildhauer zu Prag, der daselbst den Ruf eines geschickten Künstlers genoss. Er fertigte Büsten, copirte nach Antiken und führte mehrere Grabmäler aus. Starb 1808 im 54. Jahre.

Lederer, Christoph, s. C. Coriolano.

Ledergerber, Johann Ferdinand, Kupferstecher, der um 1760 in Augsburg lebte. Er arbeitete in Schwarzkunst, meistens Heiligenbilder, doch nichts von Bedeutung. Das Beste ist vielleicht:

1) Die Kreuzabnehmung, nach Rubens.
2) Die Anbetung der Hostie in der heil. Kreuzkirche zu Augsburg.

Lederlein, Jakob, Formschneider, soll um 1560 in Tübingen geboren worden seyn, und hier übte er um 1590 wenigstens seine Kunst. Von ihm sind die Bildnisse in dem von E. Cell herausgegebenen Werke: Imagines professorum tubingensium. Tubingae 1596, in 4. Elias Alt hat die Professoren gemalt, und Jakob Züberlin, so wie Alt selbst, zeichneten sie auf die Holzplatten zum Schnitte. Dann schnitt Lederlin noch mehrere andere Stöcke für Druckschriften, die gegen das Ende des 16. Jahrhunderts erschienen. Einige seiner Blätter sind ziemlich gut.

Lederlein, Joachim, soll Dürer'sche Wasser-Malereien copirt haben; es scheint aber von obigem Künstler die Rede zu seyn.

Ledermüller, Martin Frobenius, Naturforscher von Nürnberg, der im vorigen Jahrhunderte lebte. Er zeichnete naturhistorische Gegenstände, die dann A. W. Winterschmidt stach. Auf diesen Blättern bedeutet das M. F. L. del. unsern Ledermüller.

Lederwasch, Christoph, Maler und Radirer, von Gandellini irrig Lederbask, und von anderen Lederbach oder Lederbasch genannt. Er blühte um 1680 in Salzburg, und da malte er Altarbilder, so wie andere Gegenstände. Im Jahre 1682 zeichnete er die mit Emblemen gezierte Triumphpforte, welche Fürst Bischof Max Gandolph den Heiligen Rupert und Virgil zu Ehren errichten liess. Diese Zeichnung hat M. Küsell in gr. fol. gestochen.

Dann hat man von ihm radirt:

1) Die Darstellung der heil. Jungfrau im Tempel, F. Romanelli pinx., Christ. Lederwasche delin. et sc., gr. fol. Schön in gutem Drucke. Das Original ist für die St. Peterskirche in Rom in Mosaik gesetzt worden.
2) Die himmlische Glorie, Altarblatt: Lederwasch pinx. et sc. 1683, gr. fol.

Ledesma, Blas de, Maler, der um 1595 in Andalusien blühte. Er malte mit Beifall in Fresco.

Ledesma, Joseph de, Maler von Burgos, wurde 1630 geboren, und nachdem er in seiner Vaterstadt die Anfangsgründe der Kunst begriffen hatte, ging er nach Madrid, um unter J. Carenno seine Studien fortzusetzen. Er kam in der Folge zu Ansehen, doch sind seine Arbeiten selten, da der Künstler nur 40 Jahre alt wurde. Für seine besten Bilder erklärt man den Leichnam Christi mit Maria Magdalena und Johannes bei den Recoletos zu Madrid, und den Täufer Johannes in Trinidad Calzados daselbst.

Ticozzi nennt diesen Künstler fälschlich Ledosma. S. auch Ignes Ledesma.

Ledesma, Ignes, ein spanischer Künstler, der mit dem obigen Joseph Ledesma kaum Eine Person ist. In der Sammlung des Grafen Sternberg-Manderscheid waren zwei allegorische, reich componirte Titel: La guerre en Flandres. El Capit. Ignes Ledesma disp. Ohne Namen des Kupferstechers, in W. Romeyn's Manier, fol.

Ledoux, Claude Nicolaus, Architekt, geb. zu Dormans (Marne) 1736, gest. zu Paris 1806. Dieser Künstler widmete sich anfangs der Kupferstecherkunst, verliess aber diese, um unter Blondel Architektur zu studiren. Nach etlichen Jahren wurde ihm der grosse Preis zu Theil, und damit eine Pension, um in Rom seine Bildung vollenden zu können. Nach seiner Rückkehr wurde er Architekt des Königs, und auch die alte Akademie nahm ihn unter die Zahl ihrer Mitglieder auf, da Ledoux den Ruf eines der vorzüglichsten Architekten seines Vaterlandes behauptete. Er hat auch ungeachtet seiner excentrischen Ideen einen besseren Geschmack in der Architektur eingeführt, und wenn man gerade ein Muster seiner bizarren Weise sucht, so darf man nur den von ihm für die Gräfin Dubarry erbauten Pavillon de Lucienne betrachten. Dieses Gebäude kostete ungeheure Summen. Er baute auch die Hotels Halleville, Uzès, Montmorency, Montesquieu, Thélusson, den Schauspiel-Saal in Besançon, die Saline von Arc in der Franche-Comté, das Schloss Benonville in der Normandie. Er gab auch die Pläne zu den Barrieren du Trône, de Charrone, d'Italie, de la Villette etc.

Ledoux Werke sind in den Annales du musée de Landon und in dem Werke: Architecture considérée sous le rapport de l'art, des moeurs et de la legislation, 1804, von Ledoux und Anquetil herausgegeben, gr. fol.

Ledoux, Philiberte Mlle., Malerin zu Paris, bildete sich unter Leitung von Greuze, und 1804 trat sie bereits mit Bildern hervor. Gabet verzeichnet einige derselben; er kennt aber kein älteres, als von 1819. Es sind dieses Genrestücke und Bildnisse. In ihren Gemälden spielen Kinder und Mädchen eine Rolle.

Ledru, Hilaire, Maler, wurde 1774 zu Opi (Pas-de-Calais) geboren. Er hatte keinen Meister, und somit verdankt er Alles seinem eigenen Fleisse. Einige seiner Bilder wurden mit grossem Beifall aufgenommen, und mit Medaillen beehrt, wie: La fille de l'accordée de village und les vieux porteurs d'eau. Desnoyers hat nach seiner Zeichnung von 1798 ein unter dem Namen: Les adieux bekanntes Blatt gestochen. Der grösste Theil seiner Bilder besteht in Genrestücken und in Bildnissen. Gabet verzeichnet einige dieser Bilder.

Leduc, Amalie Mlle., Malerin zu Paris, bildete sich unter Leitung von Leguay zur Künstlerin, und seit 1812 sah man zu Paris Bilder von ihrer Hand in den Salons. Sie malt auf Porzellain, in Miniatur und in Aquarell, und auch lithographirte Blätter lieferte sie. Sie copirte die Anbetung der Hirten, nach Rubens, auf eine 15 Zoll hohe Porzellainplatte, dann mehrere Bildnisse nach H. Vernet, Hersent u. a. Dann hat man verschiedene Genrestücke von ihr gemalt. Gabet verzeichnet mehrere solcher Bilder.

Leducq, s. Ducq.

Lee, Anna, Malerin zu London, Schülerin von Parkinson, die sich im naturhistorischen Fache Ruhm erwarb. Sie malte und zeichnete Pflanzen, Muscheln und Insekten mit grosser Vollkommenheit, doch starb sie in der Blüthe der Jahre um 1790.

Lee, einer der geschicktesten englischen Formschneider, nachdem Andrews und Newit diese Kunst wieder zu einer bewunderungswürdigen Höhe und Eleganz gebracht haben. Im Jahre 1804 erschien bei Harris das wunderschöne Lesebuch der Prinzessin Charlotte von Wales, moralische Erzählungen aus den besten Jugendschriftstellern, mit 20 trefflichen Holzschnitten von Lee, nach Creig's Zeichnungen. Es gibt davon zwei Ausgaben, und die auf besseres Papier hat noch dazu Vignetten und Verzierungen. Der Titel des Werkes ist: A wreath for the brow of youth, containing instructive and moral tales, calculated from the youthful heart.

Lee, F. R., Landschaftsmaler zu London, ein jetzt lebender Künstler, der mit Auszeichnung genannt wird. In seinen Landschaften offenbaret sich ein treues Studium der Natur, treffliche Haltung, und überdiess sind sie in technischer Hinsicht zu empfehlen.

Lee, ein englischer Emailmaler, ein Künstler unsers Jahrhunderts, der zu den bessern seines Faches gezählt wird. Seine Lebensverhältnisse konnten wir nicht erfahren.

Lee, A. van, Maler zu Amsterdam, ein jetzt lebender Künstler. Er malt Stillleben in Oel, und Zeichnungen in Saftfarben finden sich von seiner Hand.

Leeb, Johann, Bildhauer, wurde 1790 in Memmingen geboren, und von der Natur mit plastischem Sinne begabt, konnte er denselben anfangs nur in der Werkstätte eines Steinmetzen nähren. Im Jahre 1809 wanderte er als Steinmetz in die Schweiz, und in Genf bekam er 1811 endlich einen höhern Begriff von der Bildhauerei, da sich ihm jetzt Gelegenheit bot, im Ornamentfache seine Kräfte zu versuchen. In der Nähe dieser Stadt liess ein reicher Gutsbesitzer einen Pavillon in korinthischer Ordnung erbauen, und Leeb übernahm neben der Ausführung einiger Capitäle auch einen Theil der plastischen Verzierungen am Hauptgesimse. Nach Vollendung dieser Arbeit reiste er nach Paris, wo er von 1812 — 1813 abwechselnd im Louvre an der schönen Stiege, und im Pantheon arbeitete, und 1814 besuchte er die Akademie der vier Nationen, um endlich auch in einer höhern Sphäre sich bewegen zu können. In jener Zeit wurde er durch den Grafen von Rechberg dem Kronprinzen von Bayern empfohlen, und nun reiste Leeb mit der in

Paris für Höchstdenselben angekauften Albanischen Sammlung nach München, wo der Bau der k. Glypthotek bereits im Gange war. Für dieses Prachtgebäude fertigte Leeb während zwei Jahren eine grosse Anzahl von Gypsmodellen zu architektonischen Verzierungen, und nun wagte er sich auch an die Darstellung einer menschlichen Figur. Er fertigte eine lebensgrosse Statue der Psyche, die mit solcher Zufriedenheit aufgenommen wurde, dass der bisherige Ornamentist auf zwei Jahre ein Stipendium erhielt, um in Rom sich dem höheren Fache der Sculptur zu widmen. Im Jahre 1817 kam er in Rom an, und hier nun fand sein Geist reiche Nahrung. Die ersten Bildwerke, welche er daselbst ausführte, sind ein Basrelief mit drei Horen, welche den Pegasus pflegen, und die Statue einer Bacchantin. Im Jahre 1820 reiste er nach Neapel, und da führte er für den Herzog von Alba eine lebensgrosse Figur des Hylas und einer Nymphe in Marmor aus, die aber später auf dem Transporte zur See zu Grunde gegangen seyn soll. In Neapel meisselte er auch eine Psyche in Marmor, und den berühmten Paganini stellte er in einer Büste dar. Nach drei Jahren kam er wieder in Rom an, wo ihm jetzt Thorwaldsen sein Atelier öffnete; doch auch von Aussen her erfolgten ehrenvolle Aufträge. Kronprinz Ludwig von Bayern liess durch ihn neben anderen die colossale Büste Boerhave's für die Walhalla in carrarischem Marmor fertigen, und der König von Würtemberg vertraute ihm die Ausführung der Marmorstatue des Evangelisten Matthäus an, ein in Erfindung einfaches und grossartiges Werk, in der Grabkapelle auf dem Rothenberg bei Stuttgart aufgestellt. Dieses Werk, unter der Leitung Thorwaldsen's gebildet, erwarb dem Künstler ehrenvolle Anerkennung. Zu jener Zeit fertigte er auch die Statue eines jungen Mädchens mit einem Neste voll Amoretten in Marmor, und für den Grafen von Schönborn bildete er einen schlafenden Amor in Marmor, ein wegen der Natürlichkeit in Stellung und Ausdruck gerühmtes Werk, so wie das Basrelief der drei Horen mit dem Pegasus in gleichem Stoffe, im Besitze des Grafen de Bray. Nach dem Cap der guten Hoffnung ging eine Marmorbüste.

Alle diese Werke führte Leeb in Italien aus, und 1826 kehrte er endlich nach München zurück, wo ihm nicht weniger ehrenvolle Aufträge zu Theil wurden. Seine Werke sind die Büsten von zehn der berühmtesten Tonsetzer im grossen Saale des Odeon, und 1827 modellirte er für den Grafen de Bray ein 35 Fuss langes Relief mit Darstellungen aus der Odyssee. Dieses Relief ist in Irlbach zu sehen, wo auch das Basrelief der Horen sich befindet. Dann fertigte Leeb auch mehrere schöne Grabmonumente. In der Kirche zu Niederaschau ist das 15 Fuss hohe Denkmal des Grafen Max von Preising von weissem Marmor sein Werk, und in der Kirche zu Donzdorf stellte er das Denkmal der Gräfin von Rechberg auf. In den Arkaden des Gottesackers in München ist das schöne Monument, welches er für Lorenz von Westenrieder ausführte. Im Vestibulum des allgemeinen Krankenhauses sind seine Denksteine des Simon und Xaver von Häberl.

Im Giebelfelde der k. Glypthotek sind zwei Statuen in Marmor sein Werk, und zwei Säle in diesem Gebäude sind von ihm decorirt. Im Jahre 1835 stellte er in einem Marmor-Basrelief die Vermischung des Rheins mit dem Main dar, in allegorischen Gestalten, der König Ludwig I. zwischen der Germania und Bavaria als Vermittler. Dann fertigte Leeb auch mehrere Büsten. Im Jahre 1832 modellirte er jene der griechischen Deputirten Botzaris, Miaulis und Kaliopulos. Von Miaulis fertigte er auch eine kleine Statue, die Stiegelmayer in Erz goss. Der edle Grieche ist dargestellt, wie er sich auf den Anker stützt, in der Rechten das Fernrohr. Wir haben von ihm auch ein marmornes Brustbild des Grafen von Bassenheim, ein solches des Königs Ludwig, und eine colossale Büste desselben in Gyps u. s. w.

Eine besondere Erwähnung verdienen ferner seine Modelle zu öffentlichen Brunnen, und davon ist der Brunnen des Eros, aus zwei übereinander befestigten Wasserbecken bestehend, auch in Erz gebildet. Der Brunnen der Bavaria ist achteckig mit zwei Reihen Wasserbehälter, und das Ganze krönt die Bavaria. Vier Löwenköpfe geben Wasser, und umher reihen sich die acht Flussgötter Bayerns. Der Brunnen der Aphrodite zeigt die Venus victrix mit Eros, und zu ihren Füssen sind vier Thiergestalten, welche Wasser ergiessen. Der Brunnen der Scylla stellt diese dar, zwei Hunde, die abwärts Wasser in das Becken ergiessen, während selbes zwei Delphine aufwärts treiben. Der Brunnen der Hippokrene zeigt Bellerophon mit dem Pegasus auf einer Wasserburg, und an den Stufen sitzen die Minnesänger Wolfram von Eschilbach, Conrad von Würzburg, Conrad von Kirchberg und Heinrich von München.

Ein grossartiges Werk ist das Gypsmodell einer Reiterstatue, die man auf der Münchner Kunstausstellung von 1838 mit allgemeinem Beifall betrachtete. Dieses grosse und schöne Werk stellt Sypilus, den Niobidenjüngling, auf bäumendem Rosse in dem Augenblicke dar, wie er vom tödtlichen Pfeile getroffen sich zurückbiegt, und im nächsten Augenblicke vom Pferde herab in die Arme des Todes sinken wird. In diesem Werke ist Erfindung, Anlage und Ausführung von gleicher Vortrefflichkeit, welche sich in dem grossen und lauten Eindruck des Ganzen als in ihrer vollen Wirkung offenbaret. Das Pferd, arabischer Raçe, ist nach einem schönen, in voller Lebenskraft stehenden Original im Besitz des Kronprinzen gebildet. Dieses Werk wird in einem Berichte über die plastischen Werke der in München 1838 stattgefundenen Kunstausstellung in der Allgemeinen Zeitung, auss. Beilage No. 502, mit verdienter Auszeichnung erwähnt, und das Pferd den besten und grössten Mustern der Art, die uns aus dem Alterthum erhalten sind, an die Seite gestellt, so wie sich denn Leeb durch dieses Werk den besten Meistern unserer Zeit anreiht. Diese in der Idee neue Reiterstatue des Niobiden wird auf einem Postamente ruhen, welches in zwei Reliefen den Tod der Söhne der Niobe durch Apollo, und jenen der Töchter durch die Diana vorstellt. Die zwei schmalen Seiten werden die Genien des Todes und des Lebens enthalten. Es wäre nur zu wünschen, dass der Künstler in unserm kunstliebenden Vaterlande Gelegenheit fände, diese Gruppe als eine vorzügliche Zierde neuerer Sculptur in Bronze oder in Marmor auszuführen. Mehreres s. die erwähnte Allg. Zeitung.

Leeb, Johann Georg, Maler von Memmingen, wurde 1811 geboren, und 1820 kam er nach München, um auf der Akademie daselbst der Malerei sich zu widmen. Er blieb bis 1837 in München.

* **Leech,** ein englischer Landschaftsmaler, der bereits seinen Ruf begründet hat. Im Jahre 1835 ging er nach Rom, um seine Bildung zu vollenden. Seine Bilder sind geschmackvoll.

Leemann, Gottlob Heinrich Benjamin, Porzellanmaler von Hamburg, wurde 1753 geboren. Er erhielt in Berlin seine Ausbildung, und dann ging er nach Copenhagen, wo seine Landschaften, Figuren, Vögel etc. mit grossem Vergnügen betrachtet wurden. Den neuern Porzellangemälden müssen seine Werke weichen. Starb um 1800.

Leemann, J. N., Maler von Zürich, ein jetzt lebender junger Künstler, der schon durch mehrere Compositionen gezeigt hat, dass er zum Historienmaler Talent besitze. Sie sind in Zeichnung und technischer Behandlung lobenswerth. Seit 1832 wissen wir nichts mehr von ihm.

Leemans, Maler, der in der zweiten Hälfte des 17. Jahrhunderts im Haag lebte. Er malte Jagdgeräthschaften, Schiessgewehre, Vögel, auch Figuren brachte er manchmal in seinen Bildern an, Alles auf sehr natürliche Weise, in glänzender Färbung und mit kräftigem Pinsel gemalt. Seine Stillleben wurden auch sehr geschätzt.

Leen, Willem van, Maler, wurde 1753 zu Dortrecht geboren, und hier war J. Arens sein erster Lehrer, bis er zu D. Cuypers kam. Hierauf ertheilte ihm J. Ponsen Unterricht, und im zwanzigsten Jahre ging er endlich nach Paris, um sich weiter in seinem Fache auszubilden. Van Leen malte Blumen und Früchte, und diese Bilder gingen in verschiedene Sammlungen über. Doch lebte er in einer viel bewegten Zeit, die nicht selten störend auf die Kunstübung einwirkte. Die Revolution vertrieb ihn aus Frankreich, aber auch im Vaterlande fand er nicht immer Ruhe. Er arbeitete in Dortrecht, im Haag und zu Rotterdam, und noch 1819 zu Delfshalven in der Nähe dieser Stadt. Nach dieser Zeit scheint er nicht lange mehr gelebt zu haben. Seine Frucht- und Blumenstücke sind sehr schön und fleissig nach der Natur gemalt.

Leepe, Johann Anton van der, Maler, wurde 1664 zu Brüssel aus einer adeligen Familie geboren, und seine Lehrerin in der Kunst war eine Klosterjungfer, die in Wasserfarben allerlei Stickmuster malte. Anfangs malte er in Miniatur, bald aber versuchte er sich in der Oelmalerei, und hierin lieferte er in kurzer Zeit Erfreuliches. Er malte Landschaften und Seestücke in A. Goenel's oder in Poussin's Manier, doch betrieb van der Leepe die Kunst nur in Nebenstunden, da er die Stelle eines kaiserlichen General-Controlleurs der Pachten und jene eines obersten Forstmeisters in Flandern bekleidete. Dennoch erlangte er grosse Fertigkeit im Malen, da es ihm, ohne auf Erwerb zu sehen, ernstlich zu thun war, etwas Tüchtiges zu leisten. Seine Behandlung ist leicht und frei, der Baumschlag naturgetreu, aber sein grauliches Colorit schickte sich mehr zu Seestürmen und Ungewittern, als zur freundlichen Darstellung der Natur. M. Duvenede und N. Kerkhove malten ihm die Figuren in seine Bilder. Starb 1719 oder 1720.

Leers, Jan, Maler, dessen Lebensverhältnisse unbekannt sind. Er erscheint 1508 im Verzeichnisse der Bruderschaft des heil. Lukas zu Antwerpen, und noch 1522 lebte er.

Leest, Anton van, Formschneider, der zu Ende des 16. Jahrhunderts in den Niederlanden lebte. Füssly nennt ihn irrig Leert. Von ihm findet man:

Die vier Evangelisten, grosse wohlgeschnittene Blätter.

Leeuw, Willem van der, Kupferstecher, wurde 1600 oder 1602 zu Antwerpen geboren, und P. Soutman unterrichtete ihn in seiner Kunst. Doch nahm er die Werke seines Meisters nicht zur Richtschnur; er gefiel sich in einer eigenen Manier, die darin besteht, dass er auf malerische Weise anstatt der Punkte kurze dicke Striche anbrachte. Sein Stich hat Kraft und Harmonie, auch Farbe, besonders wenn er nach Rubens stach. In den Landschaften nach J. Nieulant ging er von seiner Weise ab; da sind die Gründe und Lüfte mit so feiner Nadel gemacht, dass sie getuscht zu seyn scheinen. Das Todesjahr dieses Künstlers ist unbekannt; es scheint aber um 1665 erfolgt zu seyn.

1) Loth mit seinen Töchtern berauscht, nach Rubens. H. 9 Z. 11 L., Br. 14 Z. 4 L. Im ersten Drucke vor Dankert's Adresse, und dann sehr schön.
2) Daniel in der Löwengrube, nach Rubens. H. 14 Z. 11 L., Br. 21 Z. 6 L. Im ersten Drucke vor Dankert's Adresse. Sehr selten.
3) Die Marter der heil. Catharina, nach Rubens. H. 19 Z., Br. 14 Z. 7 L. Schön und selten.
4) Die heil. Jungfrau auf den Knien von zwei Engeln unterstützt, der eine mit dem Kreuze und den Marterinstrumenten, nach Rubens. H. 10 Z. 3 L., Br. 7 Z. 8 L. Selten.
5) Die Löwenjagd, nach Rubens, gr. qu. fol.
6) Die Wolfsjagd, nach demselben, gr. qu. fol.
7) Die Schweinsjagd, nach demselben, gr. qu. fol.
8) Die Jagd auf Crocodil und Nilpferd, nach demselben, gr. qu. fol.
9) Der alte Tobias und sein Weib in ihrer Wohnung, ersterer blind im Sessel: Rembr. van Ryn. inv. W. P. Leeuw fecit, ein sehr geschmackvolles Blatt, von grosser Wirkung. H. 11 Z., Br. 7 Z. 9 L. Die spätern Abdrücke haben C. de Jonghe's Adresse.
10) St. Franz, Halbfigur mit langem Barte: Ecce vir at quanto etc., nach Lievens. H. 11 Z., Br. 7 Z. 7 L.
11) St. Anton, Halbfigur in einer Einfassung nach Lievens, kl. fol.
12) David vor Saul die Harfe spielend, nach Rembrandt. H. 15 Z. 9 L., Br. 12 Z. 2 L. Die Abdrücke mit F. de Wit's Adresse sind die spätern. Sehr selten.
13) Ein weibliches Bildniss, Halbfigur, nach Rembrandt. gr. 4. Sehr selten.
14) Ein solches mit verschleiertem Haupte: Marianne. Rt. inv. W. P. Leeuw. fecit, fol. Sehr selten.
15) Portrait eines jungen Mannes, mit Ringkragen und Mantel. Auf dem Kopfe eine Mütze mit Federn. R. J. 1633, kl. fol. Sehr selten.
16) — 21) Eine Folge von sechs Landschaften, nach A. van Nieulant. Das erste Blatt hat Nieulant's Dedication an Michel Blondo, aber nur im zweiten Drucke. In den ersten Abdrücken fehlt diese, so wie die Initialen des Stechers. Haupt-Suite, qu. fol.

Leeuw, Johann van der, Kupferstecher, geb. in Haag um 1660. Seine Lebensverhältnisse sind unbekannt. Er arbeitete mit der Nadel und dem Grabstichel, wohl grösstentheils Bildnisse. Solche sind in der Histoire de Louis XIII. par M. Le Vassor.

1) Carolus Niellius D. Theol. Sehr fein, kl. 4.
2) Jakob Wilhelm Imhof, Senator zu Nürnberg, fol.
3) Justus Scaliger, fol.
4) Johann Herzog von Marlborough: Veni, vidi, vici, gr. fol.
5) Die Infantin Isabella Clara Eugenia, 8.
6) Gustav Adolph, König von Schweden, 8.
7) Christian IV., König von Dänemark, 8.
8) Carl IV., Herzog von Lothringen, 8.

Leeuw, Sebastian van der, Maler, der durch seine Thierstücke Beifall fand, aber zuletzt eine andere Bedienstung vorzog. Sein Meister war Jak. Gerrit Knip, und die Zeit, in welcher er malte, fällt vielleicht um 1650. Gabriel und Peter waren seine Söhne und Schüler.

Leeuw, Gabriel van der, Maler und Radirer, lernte bei seinem Vater Sebastian, und dann hielt er sich 14 Jahre in Italien und Frankreich auf, bis er endlich in Amsterdam sich niederliess, wo er D. van der Plass Tochter heirathete. Anfangs fanden seine Thierstücke vielen Beifall, zuletzt aber verloren sich die Käufer so bedeutend, dass de Leeuw in der Ferne sein Glück wieder versuchen wollte, allein er starb schon 1688 im 45. Jahre in seiner Vaterstadt.

Leeuw's Bilder stellen Landschaften mit Schaafheerden, Hornvieh und andern Thieren dar, und diese sind alle nach der Natur gezeichnet. Er arbeitete im Geschmacke von Castiglione und H. Roos.

Basan, Regnault-Delaland im Catalog Rigal, Huber und Füsslyunterscheiden diesen Künstler von einem G. oder Guglielmo da Leone, der 1664 in Parma geboren seyn soll. Dieses ist sicher eine aus der Luft gegriffene Angabe des Mr. Basan, welchem die anderen gefolgt sind. Van der Leeuw war bekanntlich längere Zeit in Italien, und da nannte er sich nach italienischer Weise G. da Leone. Von Willem de Leeuw kann doch wohl keine Rede seyn, so dass dieser sich Guglielmo da Leone genannt hätte. Diese mit G. L. oder G. Leone bezeichneten Blätter sind mit breiter Nadel gefertiget, und sie stellen Schaafheerden, Rinder und Landschaften vor, und ähnliche Gegenstände hat Leeuw gemalt.

1) Die Verkündung der Engel an die Hirten.
2) Drei Züge von Figuren und Thieren, im Geschmacke des B. Castiglione.
3) — 7) Fünf (wenigstens) Blätter mit lagernden Thieren. Diese 7 Blätter sind mit G. Leone f. bezeichnet, verschieden geschrieben. H. 5 Z. 9 L. — 6 Z. 3 L., Br. 7 Z. 11 L. — 8 Z. 4 L.
8) — 17) Zehn Blätter Ansichten berühmter italienischer Gegenden. Auf dem ersten Blatte liest man: All' illustrissimo signore il Prior fra Virginio Valle. H. 3 Z. 6 L. — 4 Z. 1 L., Br. 4 Z. 11 L. — 5 Z. 2 L.
18) — 25) Studien von Eseln, Böcken, Ziegen, Schaafen, Hammeln etc., 8 Blätter von verschiedener Grösse.

Obige Blätter werden im Catalog Rigal dem Guglielmo Leone zugeschrieben, in welchem wir den G. de Leeuw erkennen. Diese Blätter hat er in Italien gefertiget, und sie sind vielleicht die einzigen; denn nach seiner Heimkehr hatte er anfangs in Amsterdam viele Beschäftigung, und als er daran Mangel fand, starb er.

Leeuw, Peter van der, Maler und Bruder Gabriel's, malte Landschaften mit Figuren und Thieren in A. van de Velde's Manier, und diesen Meister ahmte er gut nach. Man schätzte seine Arbeiten allenthalben. Sein Colorit ist natürlich, der Pinsel zart und leicht, wie Descamps versichert.

Leeuw, N. van der, s. N. v. d. Leur.

Leeuwen, G. J. van, berühmter Blumen- und Früchtemaler, geb. zu Arnheim 1756, gest. daselbst 1825. Sein vornehmster Lehrer war W. Hendricks zu Harlem, und als er sich kräftig genug fühlte, ging er in seine Geburtsstadt zurück, um daselbst durch das Studium nach der Natur sich weiter auszubilden. Seine Bilder fanden bald vollen Beifall, und man räumte ihnen in den besten Cabineten einen Platz ein. Zu den besten gehören jene im Cabinete des H. de Jong zu Rotterdam und jene des T. Scheltema zu Velp bei Arnheim. Auch in das Ausland gingen solche. Leeuwen's Gemälde sind von grosser Wahrheit und Treue der Natur, mit zartem und sorgfältigem Pinsel behandelt.

Lefebure, Claude, ein für seine Zeit berühmter französischer Künstler, dessen wir schon unter C. le Fevre und Le Febure erwähnt haben; allein wir fanden damals kein sicheres Verzeichniss seiner Blätter, welches wir jetzt zu geben im Stande sind, da seit dieser Zeit der Peintre graveur français par Robert-Dumesnil erschienen ist, wo Tom. II. p. 94. folgende Blätter dieses Künstlers verzeichnet sind. Das Todesjahr desselben ist in 1673 bestimmt, und Einige lassen ihn erst 1636, nicht 1633, geboren werden. Auch ist bemerkt, dass dieser Le Febure nicht mit Valentin le Febre verwechselt werden darf.

1) Das Bildniss des Künstlers, Halbfigur im Profil, mit starkem Haarwuchse und im Mantel. Ein schönes Blatt, ohne Zeichen, wenn dieses nicht am Rande steht, der im Exemplare Robert-Dumesnil's fehlte. H. 8 Z. 11 L., Br. 6 Z. 10 L.
2) Bildniss des Alexander Boudan, Iconopola Lutetiae, Halbfigur, in blossem Kopfe mit kleinem Mantel. Dieses Blatt ist wenig vollendet. Cl. le Febure pinxit et sculpsit. H. 7 Z. 7 L., Br. 6 Z. 3 L., ohne Rand.
3) Bildniss von Carl Patin, der berühmte Sohn des Gui Patin, Halbfigur im Mantel, mit einer Perücke aus der Zeit Ludwigs XIV. Oval in die Höhe, mit der Schrift: Carolus Patin Doctor medicus Parisiensis Aet. 29. 1662; unten: In effigiem etc. mit vier lateinischen Versen von Fr. Ogier (Ogerivs). H. 10 Z. 2 L., Br. 7 Z.

Der erste Abdruck ist der beschriebene, im zweiten Drucke ist das Blatt nur 7 Z. 5 L. hoch, und das Bildniss erscheint im Viereck. Die Inschrift ist verändert: M. Charles Patin, Docteur Regent etc. Dieses Blatt ziert Patin's Traité des tourbes combustibles. Paris 1663, 4.

Die dritten Abdrücke sind stärker überarbeitet, als die zweiten; im Grunde ist eine dritte perpendiculäre Brille gezogen, und im Grunde, wo im zweiten Drucke nur eine horizontale Strichlage ist, ist im dritten Drucke noch eine zweite Perpendicularlinie gezogen, mit kleinen Punkten dazwischen.

Lefeubure, C. F., s. Feubure.

Lefebvre, Ch., s. Ch. le Feubure oder Febvre.

Lefèvre, mehrere Künstler dieses Namens, s. Fevre.

Leforestier, s. Forestier.

Lefort, Louis Aristide, Maler zu Paris, und geboren daselbst 1797. Dieser Künstler malt Genrebilder und auch Architekturstücke.

Lefort, s. auch Fort.

Legaré, Gilles, Goldschmied und Maler von Chaumont in Bassigny, genoss im 17. Jahrhunderte zu Paris grossen Ruf. Seine Goldschmiedsarbeiten waren besonders gesucht, vorzüglich zur Einfassung von Emailbildnissen. L. Cauquin (L. Cossin) stach eine Sammlung solcher Ornamente, unter dem Titel: Ouvrages d'orfèvrerie, gravés en 1669 d'après Gilles Legaré, Orfèvre du Roi.

Diese Sammlung meint vielleicht Gandellini, wenn er sagt, dass zwei Kupferstecher Gedeon und Lorenz Legaré Goldschmiedsverzierungen, Musivarbeiten etc. gestochen haben.

Das Todesjahr dieses königlichen Goldschmiedes ist unbekannt.

Legaschew, Anton, Maler von Pensa, war ein Leibeigener, erhielt aber die Freiheit, und durch Unterstützung der Freimaurer fand er Gelegenheit, in St. Petersburg seinen Kunststudien gehörig obliegen zu können. Hier war A. Warneck sein Lehrer, und unter der sorgfältigen Leitung dieses Künstlers machte der Freigelassene bald erfreuliche Fortschritte. Später ging er mit einer Mission auf zwölf Jahre nach China, und er befindet sich wahrscheinlich noch in Pecking. Im Jahre 1835 war er sicher noch in jener Stadt, wie wir aus einer gefäiligen Mittheilung des trefflichen Malers Carl Eduard Warneck wissen.

Legat, Franz, Kupferstecher aus Schottland, der sich aber zu London unter Leitung von R. Strange zum Künstler bildete. Er stach mehrere historische Blätter, besonders für die Boydell'sche Sammlung. Der Tod ereilte ihn gegen das Ende des vorigen Jahrhunderts.

1) Mary, Queen of Scots, resigning her crown at Lochleven Castle, nach W. Hamilton, 1786, qu. fol.
2) The continance of Scipio, nach Poussin, 1784, qu. fol.
3) König Richard III., nach Shakespeare's Drama, IV. Auft. III. Scene, von Northcote gemalt, eines der besten Blätter der Boydell'schen Sammlung.
4) König Lear, nach Shakespeare V. 3. von Barry gemalt.
5) Ophelia im Wahnsinn singt vor dem Könige und der Königin, nach B. West.

Legeay, s. Jean Leger.

Legel, Kupferstecher, oder vielleicht nur Dilettant, von welchem sich radirte Landschaften finden. Er soll ein Schüler des B. Nothnagel gewesen seyn. Seine Blätter sind mit L. fec. bezeichnet, und dieses soll einen Radirer Legel bedeuten.

Legendre, Louis Felix, Maler zu Paris, und geboren daselbst 1794. Er besuchte David's Schule, folgte aber in der Folge den Prinzipien derselben nicht mehr, wie viele andere Zöglinge jenes Meisters.

Legendre malt Landschaften mit historischer und anderer Staffage. Eines seiner Hauptbilder stellt St. Felix als Hirten dar, in einer Landschaft bei Mondschein. Ein anderes Gemälde zeigt einen schlafenden Eremiten am Fusse des Baumes.

Legendre hält ein Atelier.

Legendre, Héral, Bildhauer, lebt ebenfalls in Paris als ausübender Künstler, doch wissen wir nicht in welcher Beziehung er zu dem Obigen stehe. Im Jahre 1817 sah man bei der Kunstausstellung die Statue eines Narciss, der sich im Wasser betrachtet; später eine Euridice, die von der Viper gebissen wird; eine Leda; den verwundeten Othriades etc. Im Jahre 1819 erhielt er bei Gelegenheit der Ausstellung eines jungen Kämpfers eine Aneiferungsmedaille. Die Statue des trunkenen Silen hat er 1824 in Marmor ausgeführt.

Legendre, s. auch le Gendre.

Leger, Jean, Architekt, genannt Legeay, genoss um die Mitte des vorigen Jahrhunderts grossen Ruf. Dieser drang auch an den Berliner Hof und Legeay musste 1754 kommen, um seine ausschweifenden Ideen zur Schau zu stellen. Er verfertigte verschiedene Plane, die man durchaus schön fand, und dem Franzosen liessen die Deutschen dafür das Lob eines der grössten Baumeister und Zeichner seiner Zeit zukommen. Um 1763 ging dieser Künstler von Berlin nach Schwerin; auch in Rostock arbeitete er, es ist aber unbekannt, wo er gestorben.

Legeay hat auch in Kupfer gestochen, und er ist wahrscheinlich jener le Geay, dessen wir nach dem Cabinet Paignon Dijonval und nach Gandellini erwähnt haben. Er hat vermuthlich für Venuti's Roma antica e moderna geätzt, und diesen Blättern fügen wir bei:

Die katholische Kirche zu Berlin, äussere und innere Ansicht: Legeay fec. 3 Blätter, qu. fol.

Leger, Johann, Maler, wurde 1793 zu Altona geboren, und nachdem er einige Vorkenntnisse erlangt hatte, begab er sich auf die Akademie der Künste in Copenhagen. Von hier aus besuchte er jene in Dresden, und zuletzt ging er zur Vollendung seiner Ausbildung nach Rom.

Leger ist ein Anhänger der altdeutschen Schule, und seine Bilder sind daher in der Weise älterer Meister gehalten.

Legi, Jakob, Maler, ein Flamänder von Geburt, bildete sich in Genua unter Leitung seines Vetters J. Roos. Er malte Blumen und Früchte, so wie Thiere, in einer angenehmen und meisterhaften Manier, starb aber in jungen Jahren um 1640, wesswegen seine Bilder selten sind.

Legillon, L., Zeichner, dessen Lebensverhältnisse uns unbekannt sind. In R. Weigel's Catalog der Sammlung des Dekan Veith ist eine Landschaft mit Schaafen und einem sitzenden Hirten, sehr schön ausgeführt in schwarzer Kreide, qu. fol.

Legname, Christoph del, Bildhauer und Baumeister zu Venedig um 1500. Er fertigte das Modell zur grossen Capelle in St. Gimignano auf dem St. Marcusplatze daselbst.

Legnani, Cristofano oder Ambrogio, Maler zu Bologna, der um 1680 Bildnisse malte. Er ist indessen weniger bekannt, als sein nachfolgender Sohn.

Legnani, Stefano Maria, Maler und Radirer zu Bologna, zum Unterschiede von seinem Vater, dem obigen Künstler, Legnanino genannt, war einer der geschicktesten lombardischen Künstler seiner Zeit. Der Vater war sein erster Meister, und nachdem er in Bologna sich bei Cignani umgesehen, ging er nach Rom, um Maratti's Schule zu besuchen, doch hinterliess er weder in Bologna, noch in Rom Werke. In Mailand, Genua und in Piemont sind seine meisten Gemälde. Die Kuppel von S. Gaudenzio zu Navarra, ist vielleicht sein Bestes. Seine Hauptstärke hatte er im historischen Fresco. Er componirte mit Einsicht und Wahl; und dann hat er einen Farbenauftrag und ein leuchtendes Colorit, das unter Marattisten nicht gewöhnlich ist.

Legnanino starb 1715 im 55. Jahre.

Wir haben von Legnanino auch zwei seltene Blätter in Biscaino's Manier, die Bartsch P. gr. XIX. 332. beschreibt:

1) Die heil. Jungfrau. H. 6 Z., Br. 4 Z. 9 L.
2) Die heil. Familie. H. 6 Z. 9 L., Br. 6 Z.

Legnani, Giovanni und Francesco, Maler, deren Lebensverhältnisse unbekannt sind. Bartoli sagt, dass sie in einer Capelle der Pfarrkirche zu Varese die Himmelfahrt Christi gemalt hätten.

Ein Tomaso Legnani malt in der St. Ambrosius-Kirche zu Mailand auf nassem Mörtel.

Legnano il, Beiname von Franc. Barbieri.

Legota, Pablo, ein spanischer Maler aus der ersten Hälfte des 17. Jahrhunderts. Im Jahre 1629 malte er in der Kirche zu Lebrixa einige Bilder, und 1647 ertheilte ihm der Cardinal, Erzbischof von Sevilla den Auftrag, in seinem Pallaste die zwölf Apostel zu malen. Hierauf ging er nach Cadix und da starb er nach einiger Zeit.

Legouaz, Yves Marie, s. Y. M. Gouaz.

Legrand, der Name mehrerer Künstler und Künstlerinnen, die auch Le Grand geschrieben werden, wesswegen wir sie unter „Grand" rubricirt haben. Folgende fanden wir nur Legrand geschrieben.

Legrand de St. Aubin, Amélie, Malerin, wurde 1798 zu Paris geboren, und Meynier unterrichtete sie in der Malerei. Sie malt Historien und Genrestücke, deren man seit 1819 in den Pariser Salons sah. Unter ihre besten Bilder gehören: Johannes in der Wüste, Mathilde in ihrem Oratorium, die Taufe, der Tod des Malek-Adhel, Eudorus und Cymodocea, die Schöne im Walde schlafend, die Kreuzabnehmung etc.

Legrand, Maler und Lithograph zu Bern, ein trefflicher jetzt lebender Künstler. Er malt Genrestücke, Landschaften und Bildnisse, und Bilder dieser Art wurden auch in öffentlichen Blättern erhoben, wie 1824 im Kunstblatte sein Gemälde der Druiden, die der aufgehenden Sonne ihre Andacht bezeugen. Dieses Bild wurde auf der Berner Kunstausstellung des erwähnten Jahres mit allgemeinem Beifalle gesehen, sowohl wegen der Poesie des in demselben waltenden Gedankens, als wegen der kunstreichen Anordnung.

Nicht weniger ausgezeichnet ist eine Familienscene: La lecture de la Bible benannt. Man bewunderte die hohe Wahrheit der Färbung, die Correktheit der Zeichnung, und besonders auch die Motive des Bildes. Von den späteren Leistungen des Künstlers haben wir nichts erfahren.

Legrand, Franz, Maler, Lithograph und Zeichner, wurde 1807 in München geboren, und hier erhielt er auf der Akademie der Künste seine Bildung. Später ging er nach Berlin; da aber erreichte ihn 1833 in der Blüthe der Jahre der Tod. Er hatte bereits seinen Ruf begründet, und besonders ausgezeichnet war er im Bildnisse. Legrand zeichnete solche in schwarzer Kreide, malte in Miniatur und in Aquarell, und diejenigen, welche er lithographirte, sind sowohl wegen der Lebendigkeit der Auffassung, als wegen des zarten Behandlung zu rühmen, vor allen:

1) Das Bildniss des berühmten Thorwaldsen, nach Begas, ein treffliches Blatt, fol.
2) Das Bildniss der Kronprinzessin von Preussen, fol.
3) Portrait der Gattin des Ministers von Humboldt, nach Wach.
4) Jenes von Prof. Rauch, nach Magnus.

Legrand, Max, Porzellanmaler von Nymphenburg, wurde 1814 geboren, und der berühmte Adler unterrichtete ihn in seiner Kunst. Er ist an der königlichen Manufaktur in München beschäftiget, und für diese grossartige Anstalt hat Legrand bereits einige schöne Bilder gemalt. Auf der Münchner Kunstausstellung von 1838 sah man von ihm das Bildniss eines spanischen Edelmanns, nach Bereda's Gemälde der königl. Pinakothek auf eine Porzellantafel copirt.

L. Legrand ist unter den Porzellanmalern Münchens bereits mit Ruhm zu nennen.

Legris, Amélie Mlle., Malerin zu Paris, Schülerin von Leguay. Sie malt Bildnisse, Landschaften und Blumen auf Porzellan, in Miniatur und in Aquarell. Sie ertheilt auch Unterricht in ihrer Kunst.

Legros, Jakob Maria, Maler von Port-de-Paix auf Haiti, bildete sich zu Paris unter Isabey und Aubry zum Künstler, und in jener Stadt lebte er noch 1830. Man hat von diesem Legros eine bedeutende Anzahl von Bildnissen in Miniatur und Aquarell, die er seit 1810 malte. Er malte verschiedene hohe Personen, besonders Russen etc.

Gabet verzeichnet mehrere seiner Bildnisse.

Legros oder Le Gros, s. Gros.

Leguay, Charles Etienne, Maler und Zeichner an der königl. Porzellanmanufaktur zu Sevres, und geb. daselbst 1762. Er bildete sich in der Schule jener Anstalt, und damals dienten ihm die Zeichnungen von Boucher und der Vanloo zum Vorbilde. Der Maler und Gemäldehändler Foliol ging ihm zu jener Zeit mit Rath und That zur Hand, und in seinem 19. Jahre besuchte er zur weiteren Ausbildung die Akademie der Künste in Paris. Seine ersteren, besseren Arbeiten von 1796 waren die Bildnisse des Vicomte de Labellinay und des Prinzen Condé; jetzt aber unterbrachen die Unruhen seine Thätigkeit, und nach Beendigung derselben übernahm er die Leitung der Porzellanmanufaktur des M. Dihl. Er gewann bedeutende Vortheile in der Bereitung der Farben und im Auftrage derselben, und auch auf die Glasmalerei richtete er ein besonderes Augenmerk. Mehrere gelungene Versuche krönten seine Bemühungen in dieser für verloren geglaubten Kunst.

Leguay's Werke sind zahlreich, und die vorzüglichsten derselben verzeichnet Gabet; darunter erwähnen wir eine vier Fuss grosse Platte mit der Fabel der Psyche, nach Rafael's Zeichnungen für Karl IV. von Spanien ausgeführt; eine Vase mit der Rückkehr der Diana von der Jagd, für Ludwig XVIII. gemalt; einen Service mit den Leiden und Freuden der Liebe, für die Herzogin von Berry; eine Vase mit dem Triumph der Diana in drei und dreissig 11 Zoll hohen Figuren, mit welcher der Künstler nach dreijähriger Arbeit 1825 fertig wurde. Die Vase kostete 50000 Fr. und Carl X. bestimmte sie bei der Krönung zum Geschenke für den Herzog von Northumberland.

Dann hat man von Leguay auch viele Portraite auf Porzellan und auf Elfenbein. Ein anderes seiner Gemälde stellt eine junge Frau mit ihrem Mädchen während des Sturmes an einer alten Eiche dar; ein Fries zeigt die Venus auf dem Wasser, und auch die Toilette der Venus malte er, so wie Ossian und Malvina. Dann malte er mehreres auf Porzellan in einer ganz eigenen Weise, auf welche er durch verschiedene Versuche kam.

Leguay lieferte auch Blätter für die Sammlung, welche die Maler der Manufaktur unter dem Titel der Abende von Sevres herausgaben.

Lehay, Sophie, s. S. Cheron.

Leherr, Christoph Jakob, Medailleur in Augsburg, der neben Ph. H. Müller Ruf genoss, sein Talent aber missbrauchte. Er verfälschte kaiserliche Reichsmünzen, schnitt auch Stempel mit unzüchtigen Figuren, bis endlich die Gerechtigkeit sich seiner versicherte. Man untersuchte sein Treiben und die Folge davon war, dass er mit einem anderen Falschmünzer, Namens Eggelhof, 1707 im 60. Jahre enthauptet wurde.

Man hat von diesem Leherr eine schöne Medaille auf den Entsatz von Wien, und auf den Stadtpfleger Leonhard Weiss jun. Sein Monogramm war C. J. L. Hofrath Dr. von Ahorner in Augsburg besitzt zwei sehr schöne Medaillen von diesem Leherr.

Lehmann, Caspar, Edelsteinschneider, der um 1603 bis 1609 im Dienste Rudolf's II. zu Prag stand. Sandrart sagt, dieser Lehmann habe das Glas- und Cristallschneiden erfunden, wofür er 1609 ein Privilegium erhielt. Seine Arbeiten dieser Art wurden geschätzt und in den besten Cabineten aufbewahrt.

Lehmann, Johann Friedrich, Architekt, wurde 1713 zu Spandau geboren, und hier, so wie in der Umgegend baute er auch mehreres. Er wurde königl. Bauinspektor.

Lehmann, Gottfried Arnold, Kupferstecher und Zeichner zu Berlin, wurde um 1770 geboren, und in der erwähnten Stadt bildete er sich zum Künstler. Er stach anfänglich für Buchhändler, konnte aber zu keinem Rufe gelangen, bis er 1806 durch das Bildniss Napoleon's die Aufmerksamkeit auf sich zog. Er sah damals den Kaiser beim Einzuge in Berlin, zeichnete ihn blos aus dem Gedächtnisse in Profil, und der Zufall wollte es, dass ein Soldat die Zeichnung sah. Dieser lief zum General Hullin, und Lehmann musste sich sogleich an den Stich der Platte machen, von welcher in kurzer Zeit einige Tausend Abdrücke verkauft waren. Der Kaiser ist ganz prunklos in Form eines Medaillons dargestellt.

Wir haben ausserdem noch verschiedene andere Blätter von diesem Künstler.

1) Bildniss des Kaisers Napoleon; Medaillon.
2) Bildniss des Gouverneurs und Generals Hullin, ganze Figur.
3) Bildniss des J. J. Rousseau, nach Garnerey; Medaillon.
4) Jenes des Tonkünstlers Viotti, kleines Oval.
5) Bildniss des Dr. Kühnau, punktirt, 1814.
6) Die Madonna, nach C. Dolce, kl. fol.
7) Ein Christuskopf, nach Melchior's Zeichnung, kl. fol.
8) Kopf der heil. Cäcilia, nach Dominichino.
9) Johannes, nach Dominichino, Copie nach Müller.
10) Die mütterliche Zärtlichkeit, nach Cipriani, 8.
11) Acht Blätter Denkmale aus dem Leben Luther's, 1811.
12) Aeussere Ansicht des Hafens und der Stadt Emden.
13) Innere Ansicht des Hafens und des Rathhauses von Emden.
14) Malerische Gegenden des Vaterlandes.

Lehmann, G. W., Kupferstecher und Lithograph, bildete sich um 1826 auf der Akademie der Künste in Berlin, und hier lebt er auch als ausübender Künstler. Wir haben von seiner Hand schöne Blätter in Linienmanier und im Stahlstiche, und in der Lithographie leistete er nicht minder Vorzügliches. Dann ist Lehmann auch als Zeichner zu nennen. Zu vielen seiner Blätter hat er die Zeichnung selbst gefertiget, sowohl zu historischen, als zu Portraiten, in schwarzer Kreide und in Sepia:

Stiche:

1) Das Bildniss des Königs von Preussen, nach Krüger.
2) Jenes des Kronprinzen von Preussen, nach Kirchhof.
3) Das Portrait der Prinzessin Friedrich der Niederlande, nach Krüger.
4) Jenes der Prinzessin Karl, nach F. Krüger.
5) Dieselbe Prinzessin, nach Gebauer.
6) Die Prinzessin Wilhelm von Preussen, nach demselben.
7) Bildniss des Predigers Jänicke.
8) Christus nach dem Bilde Rafael's in Sanssouci.
9) Ein Crucifix, nach Preissler.
10) Christus nach Offenb. III. 20.
11) Maria, nach Steuben.
12) Die Kreuztragung, nach Rafael.
13) Die Madonna Rafael's im Berliner Museum, Umriss.
14) Joseph mit dem Jesuskinde, nach dem Bilde Sassoferato's im Museum zu Berlin; Stahlstich, 1838.
15) Mehrere andere Blätter nach L. Wolf, und eigener Zeichnung, auch Stahlstiche.

Lithographien:

16) Die heil. Jungfrau, nach Elektrine Stunz.
17) Das Bildniss des Königs von Preussen, nach Gebauer.
18) Mehrere andere Bildnisse.

Lehmann, Fr., Kupferstecher, der um 1836 in Düsseldorf arbeitete, dessen Lebensverhältnisse wir nicht erfahren konnten; doch vermuthen wir, dass der Künstler von Dresden sei. Er arbeitet in Kupfer und in Stahl.

1) Christus am Oelberg, nach C. Dolce; Stahlstich.
2) Madonna mit dem Kinde, nach C. Dolce, fol.

Lehmann, Friedrich Ludwig, Maler in Dresden, der aber 1786 zu Leipzig geboren wurde. Er malt Landschaften und Thiere. Er ist der Fortsetzer von Netto's Toilettengeschenk auf die Jahre 1811 bis 1813.

Lehmann, Edv., Maler und Lithograph zu Copenhagen, ein junger Künstler, der noch 1837 unter den Zöglingen der Akademie daselbst stand. Er malt Genrestücke.

In dem dänischen Galleriewerke in Lithographien: De Kongelige Billed-Gallerier paa Slottene Christiansborg etc. VII. Heft, ist von ihm Laurentius Cybo, nach F. Mazzuoli lithographirt.

Lehmann, Johann Georg, Major und Plankammer-Direktor zu Dresden, starb 1811 im 46. Jahre. Man hat von ihm einen Grundriss von Dresden, eine Reisekarte der Gegend um Dresden.

Lehmann, Louise, Malerin, die um den Anfang unsers Jahrhunderts in Berlin Bilder zu den Kunstausstellungen brachte. Es sind dieses Copien nach guten Meistern und eigene landschaftliche Bilder in Oel. Spuren ihrer Thätigkeit fanden wir von 1798 — 1804.

Lehmann, Jeannette, zeichnete und malte um 1798 zu Berlin Landschaften. Wir wissen nicht, in welcher Beziehung sie zu der Obigen steht.

Lehmann, Heinrich, Maler aus Ottensen bei Altona, wurde 1814 geboren, und seine Bildung zum Künstler erhielt er in Paris unter Ingres. Schon bei seinem ersten Auftreten im Jahre 1835 beurkundete er ein schönes und reiches Talent, welches sich frei und selbstständig zu entwickeln begann. Er brachte damals seine Gemälde der Abreise des jungen Tobias aus dem Vaterhause zum Vorscheine, und diese Abschiedsscene war trefflich gelungen in dem Ausdrucke der verschiedenen Gefühle der einzelnen Personen. Auch die Umrisse sind fest gezeichnet, die Draperien mit Geschmack behandelt, und besonders gefällig ist die Färbung. Das Kunstblatt von 1835 S. 136. verbreitet sich ausführlich über dieses Bild, und als das Hauptverdienst desselben erklärt es die Einfachheit der Anlege, die Wahrheit des Ausdruckes, die glücklich getroffene Gruppirung der einzelnen Figuren, und endlich die redliche Erstrebung eines hohen historischen Styls, welcher, den alten Ueberlieferungen früherer Schulen getreu, die Bedingungen eines solchen Gegenstandes am würdigsten und passendsten ausfüllt. Im folgenden Jahre malte Lehmann die Tochter Jephta's, ein Bild von einfacher, charaktervoller Composition, nach Buch der Richter Cap. XI. Sieben junge Mädchen sehen wir hier, und in der Mitte sitzt Jephta's Tochter im schmerzlichen Nachsinnen über ihr Schicksal vertieft. Im Grunde schliessen Gebirge. Dieses Bild fand ebenso freundliche Aufnahme als das obige, und der Herzog von Orleans kaufte der Sage nach es um 15000 Fr. Mehreres s. Kunstbl. 1836. 131 und 163. Im Jahre 1837 erhielt Lehmann vom Könige der Franzosen den Auftrag, den Tod Robert's des Starken für die National-Gallerie in Versailles zu malen. Kurz zuvor vollendete er das Gemälde der Heirath des Tobias, und dieses kaufte B. Paturle, als

Gegenstück zu Leopold Robert's letztem Werke: Les pêcheurs.
Gegen das Ende des bezeichneten Jahres zog Lehmann nach München, und von da aus 1838 nach Italien.

Lehmann, Rudolph, Maler von Ottensen bei Altona, der Bruder des Obigen, wurde 1819 geboren, und im Jahre 1837 begab er sich auf die Akademie der Künste in München.

Beide sind Söhne eines Malers, über welchen wir aber keine Nachricht geben können.

Lehnen, Jakob, Maler aus Hinterweiler, ein vorzüglicher Künstler unsers Jahrhunderts, der um 1830 auf der Akademie der Künste zu Düsseldorf seiner Ausbildung oblag. Er hat in Düsseldorf auch seinen Ruf begründet, und diesen fortwährend behauptet, durch eine Reihe von trefflichen Bildern in Oel. Man hat von Lehnen schöne, sorgfältig ausgeführte Stillleben von überraschender Wahrheit, Blumen- und Fruchtstücke von lebendiger Frische, Landschaften, Jagdstücke, Vögel und andere Thiere; Alles mit ausserordentlicher Treue dargestellt. Seine Gemälde kamen in verschiedenen Besitz, besonders durch die Verloosungen des rheinisch-westphälischen Kunstvereins. Von den im Jahre 1837 zur Ausstellung gebrachten Bildern erwähnen wir: Trauben, solche einzeln und mit einem Weinglas; Hummer und Austern, nebst Humpen und rothen Trauben; das Stieglitz-Nest im Blüthenzweige; Erdbeeren und Johannistrauben; der kleine Stieglitz in einer Landschaft; die Bachstelze am Wasser; der vergessene Stieglitz im Vogelbauer. Im Jahre 1838 sah man von ihm gemalt ein Vogelnest, todtes Wild, Trauben und todtes Geflügel; Weinglas mit Häring und Milchbrod auf zinnernem Teller; Erdbeeren, Johannisbeeren und Kirschen. Aus diesem Verzeichnisse kann man auf die Gegenstände schliessen, welche Lehnen darstellt.

Lehner, Maler aus Hochdorf im Canton Luzern, ein geschickter Künstler, von dessen Thätigkeit wir von 1814 — 1826 Spuren fanden. Er verfertigte eine Gallerie von Trachten und Handlungen verschiedener Völker, in bewegungsvollen Genrebildern bestehend, die er Ethnorama nannte.

Lehnert, Landschaftsmaler zu Hamburg, ein Künstler unsers Jahrhunderts. Er besuchte Italien, und da fertigte er ein Panorama des Aetna, welches er 1824 ausstellte.

Näher kennen wir diesen Lehnert nicht.

Lehrhuber, Zacharias, Maler von Landshut um die Mitte des vorigen Jahrhunderts. Er malte in Oel und Fresco, in den Kirchen der Umgebung der Stadt.

Sein Sohn Johann, geb. 1767, erlernte ebenfalls die Malerei, die er in Landshut übte.

Leibner, Philipp, Maler zu Reichenberg in Böhmen, der als Historien- und Bildnissmaler Beifall fand. Im Jahre 1761 malte er für die Pfarrkirche zu Grottau einen Kreuzweg, und noch 1796 war er thätig.

Leibnitz, H., Lithograph, der uns nach seinen Lebensverhältnissen unbekannt ist. Nach Overbeck lithographirte er die Hauptgruppe aus dem Bilde: Lasset die Kindlein und wehret ihnen nicht etc., gr. fol.

Leicher, Felix Ivo, Maler, wurde 1727 zu Wegstadt in Oberschlesien geb., und schon als Humaniorist in der Schule der Piaristen zu Freiberg in Mähren malte er Scenen zu einer Comödie. Bald darauf kam er zu F. Schaffer in die Lehre, und später besuchte er die Akademie in Wien, wo er auch seinen Ruf gründete, besonders durch die Altarblätter, welche er für die Kirchen zu Brünn, Nikolsburg, Fulneck, Misteck, Wilfram, Königsfeld bei Brünn u. s. w. in Mahren ausführte. Die Piaristen in Wien erhielten von ihm ein grosses Altarbild mit der Freundschaft Christi, und zwei andere malte er für die Piaristencapelle in Prag, u. s. w.

Starb um 1795.

Leicher, Andreas, Kupferstecher, dessen Lebensverhältnisse wir nicht kennen. Er stach 1795 das schöne Gemälde der Jünger in Emaus von B. Schidone in der Wiener Gallerie. Es ist dieses ein Hauptblatt in vorzüglichem Drucke, besonders vor der Schrift; sehr gr. qu. fol.

Leichard, Maler, von welchem sich fleissig gemalte Küchenstücke finden sollen.

Leichner, Johann Georg Heinrich Theodor, Maler von Erfurt, Schüler von Hildebrand und Leschner. Er liess sich in Leipzig nieder, und hier malte er mehrmalen das Bildniss Carl XII. von Schweden, den er früher nach der Natur zu malen Gelegenheit fand. Auch copirte er Gemälde des Mieris, van Huysum, van der Werf, der Rachel Ruysch und and., und diese Copien suchte der Kunsthändler Pahmann auf edle Weise für Originale zu verschachern. Auch Bilder von Watteau und Lancret copirte er, mit noch wärmerem Colorite, als die französischen Meister malten.

Starb 1769 im 85. Jahre.

Leichner, Heinrich, Maler und Sohn des Obigen, machte sich ebenfalls als Copist bekannt. Er copirte für seinen Schwiegervater, einem Maler Beyer, Gemälde grosser Meister, und dann kam er in Dienst des Grafen von Brühl, der ihm 300 Rthl. Pension gab. Dieser Künstler starb um 1762. Seine Schwester Johanna Christiana war ebenfalls in der Malerei erfahren.

Leichsenring, s. Leuchsenring.

Leidenhoffer, Philipp Jakob, Kupferstecher, der durch die Blätter in Rader's Bavaria sancta bekannt ist; deutsche Uebersetzung von Rassler, 1714.

Dann hat man von diesem Künstler:

1) Allegorische Darstellungen, nach A. Thelott.
2) Bildniss des Eberhard Ludwig, Herzogs von Würtemberg, nach P. Decker.
3) Bildniss des Theologen A. Fischer, nach Beyschlag.
4) Leopold Ilsung, Abt von St. Georg.

Leidensdorf, Franz Anton von, auch Leidensdorfer und Leitenstorfer geschrieben, Maler, wurde 1722 zu Reute in Tirol geboren, und R. Mayr zu Insbruck war sein erster Meister. Hierauf kam er nach Wien zu Paul Troger, später nach Venedig in Piazetta's Schule, und endlich sah er auch Rom, wo daselbst S. Conca im Flor stand. Er blieb fünf Jahre unter Leitung dieses Meisters, bis er nach Innsbruck zurückkehrte, wo er seiner

Kunst wegen bald gesucht wurde. Besondern Beifall fanden seine Malereien nach Art verschiedener Basreliefs, auf welche Weise er die Hof- und Stiftskapelle zu Innsbruck meisterhaft auszierte. In der Kuratiekirche auf dem Schönberg bei Innsbruck malte er die Auferstehung Christi auf die Decke, ein in Zeichnung und Verkürzung schätzbares Werk, weniger aber im Colorite.

Von Innsbruck erhielt Leidensdorf einen Ruf nach Mannheim, und da bekleidete er die Stelle eines Professors der Academie der Künste. Von Mannheim aus ging er 1765 wieder nach Innsbruck, und damals malte er die erwähnten Basreliefs in der Hofkapelle, die ihm Ehre brachten. In Mannheim malte er den Plafond des Komödienhauses. Er starb 1795 in Mannheim, mit dem Titel eines churfürstlichen Cabinetsmalers. Leidensdorf hat auch akademische Figuren radirt, mit der Unterschrift: Franc. Ant. Leidenstorf inv. et fec. Romae.

1) Das Bild der heil. Jungfrau, 4.
2) Ein stehender männlicher Akt, fol.
3) Ein sitzender männlicher Akt, fol.

Leigard, Maler, der bei Joseph Mages seine Kunst erlernte, nach seinen Lebensverhältnissen aber unbekannt ist. Er liess sich in Donauwörth nieder, und malte viele Kirchen aus, nicht ohne Ruhm.

Leigebe, Gottfried, auch Leygebe geschrieben, berühmter Eisenschneider, Formschneider und Maler, geb. zu Freystadt in Schlesien 1630, gest. zu Berlin 1682. Er war ursprünglich Schwertfeger, nach und nach wurde er aber dahin geführt, sich seines schwierigen Materials zu selbständigern Kunstwerken zu bedienen. Ob ihm hierin E. Luter, der als Leigebe's Lehrer genannt wird, Anweisung gegeben habe, ist kaum anzunehmen, da jener Künstler fast im Dunklen geblieben und sich anscheinlich nur auf das Bildnissmalen beschränkt hat. Leigebe wusste das Eisen so geschmeidig zu machen, dass er daraus mit grosser Zartheit Statuen, Bildnisse, Thiere u. s. w. verfertigen konnte. Er lebte längere Zeit in Nürnberg, und 1668 kam er in Dienste des Hofes zu Berlin. Er fertigte da Münzstempel, Medaillengepräge und Ornamente zu Canonen für die Glashütte in Potsdam. Ein berühmtes Eisenbildwerk stellt Friedrich Wilhelm den Grossen auf einem gallopirenden Pferde dar, wie er eine dreiköpfige Hyder erlegt, in der Berliner Kunstkammer. Seine Werke waren in Deutschland und England gleich geschätzt. Näheres die Kunstschätze Berlins von Kugler II. 246. Es finden sich noch Medaillen von Eisen mit erhobenen Bildwerken und mit G. L. bezeichnet. Er hat auch Blätter geliefert, die jedoch in geringer Anzahl sich finden. Folgende sind in Weigel's Kunstcatalog angezeigt:

1) Portrait des Malers Pfründ: Georgi Pfründ nat. 1604. denat. 1663. D. Begeisterte. C. G. Leigebe ad vivum fecit. H. 6 Z. 5 L., Br. 4 Z. 9 L. Bei Weigel 3 Thl.

2) Gottfried Leigebe, Eisenschneider in Nürnberg, Act. 30. Ao. 1660, mit der Umschrift: Durch Leigebe's Hand und Gaben etc. Oben rechts das Zeichen von Leigebe, links das Monogramm A. G. verschlungen. Radirt und geschabt, Oval. H. 4 Z. 6 L., Br. 3 Z. 7 L.

Erster Druck vor der Einfassung und mit den beiden Monogrammen; zweiter Druck mit der Umschrift und Einfassung; dritter Druck mit der Abbreviatur fe: unter dem links befindlichen Monogramme; vierter Druck der oben beschriebene, theilweise überarbeitet, besonders im Gewande, der Hintergrund in Schabmanier, und daher das zweite Monogramm nur schwer zu erkennen. Bei Weigel der letztere 16 gr.

Leigebe, Paul Carl, Maler und Sohn des Obigen, wurde 1664 in Nürnberg geboren. Er erwarb sich Ruhm durch seine Schlacht- und Jagdstücke, auch Bildnisse u. a. malte er. In den Schlössern zu Dessau und Potsdam sah man Arbeiten von seiner Hand. In einem Saale daselbst malte er die Apotheose des grossen Churfürsten, auf einem Triumphwagen, von vier weissen Rossen gezogen. Das Bildniss des Churfürsten soll Vaillant gemalt haben. Leigebe malte auch Peter den Grossen auf dem Rosse, welches er in der Schlacht bei Pultawa ritt.

C. Leigebe starb nach 1730 als Professor der Akademie. Sein Sohn Carl war ebenfalls Professor an derselben Anstalt, doch mehr Zeichner als Maler. Dieser starb 1756.

Paul Leigebe's Brüder, Baltasar Gottfried (geb. 1665) und Johann Gottfried starben 1680 in zu jungen Jahren, als dass man von ihrer Kunst etwas sagen könnte. Ein anderer Bruder, Namens Ferdinand, war Architekt, und diesen soll der König nach Guinea geschickt haben, um Friedrichsburg anzulegen.

Leigel, Gottfried, Formschneider aus Cranach's Schule, der aus dem Holstein'schen gebürtig seyn soll, aber man kennt seine Lebensverhältnisse nicht. Seine Thätigkeit fällt zwischen 1526—1560, und diese ist in Sachsen zu suchen. Indessen beruht die Angabe von der Existenz eines G. Leigel hauptsächlich nur auf der Erklärung des Monogrammes G. L. auf Blättern einer deutschen Bibel, die unter folgendem Titel erschien: Biblia: das ist die ganze heilige Schrift Deudsch. D. Mart. Luther. Wittenberg gedruckt durch Hans Luft 1501, fol. Auf Blättern dieser Bibel stehen auch Initialen G. L., die wohl ebenfalls diesem angenommenen G. Leigel angehören. Doch nicht in der Bibel von Hans Luft allein kommen Blätter von diesem Formschneider vor, er arbeitete schon früher für die erste, sehr seltene Ausgabe der römisch-katholisch-antilutherischen Uebersetzung von Hieronymus Emser, 1527 auf Befehl des Herzogs von Sachsen in folio herausgegeben, unter dem Titel: Das new testament nach bawt der Christlichen kirchen bewertnn text, corrigirt, unn wiederumb zu recht gebracht und XXVII. Gedruckt zu Dressden durch Wolfgang Stöckel. In dieser Ausgabe des neuen Testaments sind auch Abdrücke, Originalschnitte der apokalyptischen Bilder von Lucas Cranach, vielleicht in Abklatschen von Typen-Masse, da Emser wegen Formen der Figuren zur Offenbarung selbst an Cranach schrieb. S. Heller's Cranach S. 275. Diese Ausgabe ist bei Weigel auf 6 Thl. gewerthet. Die Buchstaben G. L. finden sich auch in Luther's neuem Testament, mit dem Titel: Das newe Testament Deutsch. Mart. Luther. Wittenberg MDXXVII., bei Mich. Lother. Ein auf solche Weise bezeichnetes Blatt mit dem schreibenden St. Lucas erklärt Bartsch P. gr. VII. 487 unter jenes eines unbekannten G. L., allein die Blätter mit den drei andern Evangelisten sind eben so bezeichnet, und alle sicher das Werk unsers Meisters.

Leigh-Hunt, Mme., Bildhauerin zu London, eine jetzt lebende geschickte Künstlerin. Im Jahre 1836 fertigte sie die Büste des Dichters Shelley, und obgleich sie dieses nur aus dem Gedächtnisse gethan, so erklärt man doch diese Büste als das einzig getroffene Bildniss des Dichters.

Leinberger, Christian, Maler und Radirer, auch Geometer, von Erlangen gebürtig. Er bildete sich in Italien, malte Historien und allegorische Darstellungen, die mit dem Monogramm C. L. bezeichnet sind. Der Tod ereilte ihn 1770 im 64. Jahre. S. den folgenden Artikel. Von ihm geätzt sind:

1) Die Steinigung des heil. Stephan: C. L. fe. — Ch. exc. fol.
2) Pallas auf einer Wolke stehend, unten Venus mit dem Amor in den Armen, auf einem Postumente das Brustbild des Königs von Dänemark: Pallas, Victrix vitiorum, nach dem eigenen Gemälde, gr. fol.
3) Ein grosses allegorisches Blatt: Hercules monstrorum debellator; dem Könige von Dänemark dedicirt.

Leinberger, Georg Carl, Maler, wurde 1718 in Erlangen geboren, und schon in seinem 13. Jahre reiste er mit seinem Bruder Christian nach Italien, um dort dem Studium der Malerei obzuliegen. Nachdem er in Venedig, Rom und Neapel drei Jahre zugebracht hatte, begab er sich nach Wien, und später nach Frankfurt am Main, wo beide Brüder den Plafond des kaiserlichen Wahlzimmers malten. Dann gingen sie nach Westphalen, und zwei Jahre später lud sie der Markgraf Friedrich nach Baireuth ein. Hier arbeiteten sie vier Jahre, und nach Verlauf dieser Zeit gingen die Brüder zum zweitenmale nach Italien, wo sie zwei Jahre verweilten. Jetzt brachten sie auch einen Sommer in Turin zu, und hierauf gingen sie über Lyon nach Paris, wo G. C. beinahe zwei Jahre blieb. Von Paris aus besuchte er Holland und zuletzt noch Copenhagen, wo er fünf Jahre für das k. Schloss und die Schlosskirche malte. Jetzt rief ihn der Markgraf wieder zu sich, und nachdem der Künstler noch einige Zeit in Baireuth gearbeitet hatte, begab er sich nach Ansbach, wo er 1798 starb. Er hatte den Titel eines Ansbachischen Hofmalers.

Wir möchten fast glauben, dass die letzten zwei der oben erwähnten Blätter diesem Künstler angehören, und nicht dem Bruder.

Lipowsky führt ihn zweimal hintereinander auf, nach Meusel's Lexicon und nach dessen Miscellen.

Leipold, s. Leypold.

Leismann, s. Eismann.

Leisnier, Nicolaus August, Kupferstecher, geb. zu Paris 1787, hat durch mehrere treffliche Blätter den Ruf eines vorzüglichen Künstlers seines Faches begründet. Er sticht Figuren, Ornamente und Architektur, und hierin kann seine innere Ansicht des Cölner Domes, nach Moller's Zeichnung für das bekannte Prachtwerk des Dr. Boisserée ausgeführt, als eines der schönsten Werke gelten, das die Kupferstecherkunst in so grossem Massstabe hervorgebracht hat. Alles ist mit unübertrefflicher perspektivischer Wahrheit und mit ausserordentlicher Fertigkeit des Grabstichels dargestellt.

1) Die innere Ansicht des Cölner Domes, das oben erwähnte Hauptblatt, sehr gr. fol.
2) Innere Ansicht des Peristyls im Tempel zu Dandur. In Gau's Reise durch Nubien, neben einigen andern Blättern.
3) Innere Ansicht des Tempels zu Denderah. Dieses Blatt ist neben mehreren anderen des Künstlers im grossen französischen Werke über Aegypten.

4) Einige etruskische Vasen, für den König von Preussen gestochen.
5) Etliche Blätter im Sacre de Charles X.
6) Ansicht des Golfes von Neapel. Im Werke des Grafen Turpin de Crissé, und nach diesem.
7) Die Bildnisse des Königs Ptolemäus Philadelphus und seiner Gemahlin Arsinoe, nach einem Cameo der k. k. Sammlung in Wien; für Visconti's Iconographie.
8) Das Bildniss von Rabelais.
9) Marc Anton, nach Rafael.

Leist, Eduard, Maler zu Berlin, wo er sich um 1836 unter der Leitung des J. G. Brücke bildete. Er malt Landschaften, auch Bildnisse.

Leister, J., ein engl. Maler, der um 1770 lebte. Waidstone punktirte 1776 nach ihm das Bildniss des Hyder Ocli.

Leitenstorfer, s. Leidensdorf.

Leiter, Roman, Maler und Lithograph, wurde 1805 zu Kühetay im Sellrain geboren, wo sein Vater als Forstmann im Dienste des Grafen von Wolkenstein war. Den ersten Unterricht in der Kunst erhielt er in Innsbruck, und 1821 besuchte er die Akademie der Künste in München, wo er mit dem regsten Eifer seiner Ausbildung oblag. Er widmete sich der Bildnissmalerei, in der Folge aber verwendete er fast die ganze Zeit auf die Lithographie, und er leistete hierin Vorzügliches. Seine Blätter sind mit Zartheit behandelt, im Geiste des Originals. Sein offener biederer Charakter erwarb ihm viele Freunde, und ihre Betrübniss war gross, als man den Jüngling 1834 zu Grabe trug. Mehreres in Emmert's Taschenbuch.

1) Ein Musikant, der zu seinem Gesang die Geige spielt, nach A. Brouwer. In der Sammlung des Domherrn Speth zu München.
2) Maria und Martha mit dem Jesuskinde, nach einem unbekannten Meister der herzoglich Leuchtenbergischen Sammlung.
3) Die betende Alte, nach G. Dow's Bild der k. Pinakothek zu München.
4) Die holländische Bauernschenke, nach D. Teniers. In derselben Sammlung.
5) Johannes, nach C. Dolce. In der Leuchtenberg. Samml.
6) Fenelon bringt einer Bauernfamilie die vom Feinde geraubte Kuh, nach Hersent.
7) Jesus als Hirte, nach Murillo.
8) Die Wirthsstube an der preussischen Gränze zur Cholerazeit, nach J. Petzl.

Leitner, Johann Sebastian, Kupferstecher, der 1715 in Nürnberg geboren wurde. Er stach Naturalien und Münzen für die Werke von Knorr, Joachim, Will und Spies. Starb 1795. Füssly corrigirt im Suplemente seinen Vater, indem er sagt, der Künstler heisse nur Johann, nicht J. Sebastian. Er heisst wirklich J. Sebastian.

Leitner, Maler zu Innsbruck, wo er im Dienste des Erzherzogs Ferdinand Karl stand, um 1650. Früher war er in Italien. In der Erzherzoglichen Residenz und im Stifte zu Hall hat er mehreres gemalt.

Leitner, Joseph, Landschaftsmaler, ein Urenkel des Obigen, übte um 1746 zu Innsbruck seine Kunst. H. v. Joas zu Innsbruck besitzt eine kleine, aber etwas hart gemalte Landschaft von seiner Hand, mit der obigen Jahrzahl.

Sein gleichnamiger Sohn war Theatermaler in Prag.

Leitz, Maler, ein jetzt lebender, viel versprechender Künstler. Im Kunstblatte von 1836 wird sein Bild des Kindes mit dem Schutzengel gelobt.

Leitzmann, Wilhelm, Maler aus Glogau, bildete sich um 1826 zu Berlin unter Leitung von Wach. In dem bezeichneten Jahre sah man auf der Kunstausstellung daselbst eine schöne Copie des bleichen Violinspielers von Rafael, und auch Bildnisse malte der Künstler zu jener Zeit. Später malte er auch Landschaften, verlor aber nie das historische Fach aus den Augen. Seine spätern Schicksale kennen wir nicht.

Lejeune, s. Jeune.

Lekowitz, Simon, polnischer Maler, der sich in Italien aufhielt. Titi erwähnt von seiner Hand historischer Gemälde in der Kirche der Polen zu Rom.

Leli, Abraham, Maler, der im Dienste Wilhelm IV. von Bayern gestanden seyn soll, wie Lipowsky nach einem Manuscripte von Obermayer bemerkt, allein wir konnten uns von der Richtigkeit dieser Angabe nicht überzeugen. Kaissler erwähnt in seinen Reisen eines Gemäldes der Schleissheimer Gallerie, welches Penelope mit ihren Frauen vorstellt, von diesem Künstler 1503 gemalt.

Leleu, L. D., Zeichner und Kupferstecher, der zu Anfang unsers Jahrhunderts in Paris lebte. Im Jahre 1804 ätzte er den Zug Napoleon's in Notre-Dame am Tage der Salbung.

Lelie, Adrian de, Maler, geboren zu Tilburg 1755, gest. 1821. Von Liebe zur Kunst getrieben, übte er sich anfänglich von selbst in der Malerei; allein es blieb ihm wenig Zeit übrig, da ihn seine Mutter, als Wittwe eines Kartenmachers, zu diesem Geschäfte verwendete. Zu jener Zeit war ihm der Umgang mit van Spaendonck von einigem Vortheil, doch glaubte er nie ein Maler zu werden, bis endlich die Mutter, auf Anrathen einiger Freunde, die das Talent des Sohnes erkannten, beschloss, ihn nach Antwerpen zu schicken, um da Unterricht in der Malerei zu nehmen. Doch kam er nur zu dem Tapetenmaler Peeters in die Lehre, aber bei diesem blieb er nur, bis er dem Triebe zu höherer Ausbildung nicht mehr widerstehen konnte. Er wollte Bildnisse und menschliche Figuren malen lernen. Jetzt nahm sich Quertenmond seiner an, dessen Zeichnungs- und Malerschule er einige Jahre fleissig besuchte, und so wurde er, da er auch auf der Stadtakademie die Baukunst und Perspektive studirte, nach und nach ein geschickter Künstler. In der Folge ging er nach Düsseldorf, und hier copirte er beinahe alle Portraite, welche die Gallerie von Rubens und van Dyck aufzuweisen hatte. Auch einige historische Gemälde bildete er nach, und nach zwei Jahren trat er endlich zu Amsterdam als ausübender Künstler auf. Hier malte er anfänglich mehrere Portraite, bald aber wirkten die Zeitumstände störend ein, und de Lelie musste auch durch andere Bilder etwas zu erwerben suchen. Er malte jetzt verschiedene Scenen, und besonders gefielen die aus dem täglichen und häuslichen Leben. Jan Gildemeester bestellte mehrere Bilder in verschiedener Grösse, und darunter erwähnt man besonders die Darstellung von dessen Kunstsaale, in welchem eine Gesellschaft von Herren und Damen, Gildemeester's Freunde, versammelt sind. Im Lokale der Gesellschaft „Felix Meritis" sind von ihm mehrere Bildnisse von Mitgliedern derselben, und die Abbildung der Zeichenakademie. Besonders berühmt ist ein Gemälde, welches die Ankunft italienischer Malereien im Hôtel des H. Brentano vorstellt, mit den Bildnissen der vornehmsten Künstler und Kunstfreunde Amsterdams. Sie betrachten ein Gemälde des Leonardo da Vinci. Den Kunstfreund Brentano malte Lelie lebensgross in einem Saale, an dessen Wänden Gemälde hängen. Er selbst hält ein Gemälde von Johann Bellini, und die an den Wänden stellen Compositionen von Rembrandt, A. van de Velde, Ruysdael u. s. w. vor. Vor ihm liegen Kunstbücher, und in der Nähe steht der Maler des Bildes.

A. de Lelie's Gemälde sind zahlreich, sowohl die Bildnisse als die Genrestücke. Man findet deren in den Gallerien Belgiens, in Deutschland und in England, denn Lelie hatte grossen Ruf. Seine Bildnisse, die er gerne in Lebensgrösse malte, sind sprechend ähnlich, alle seine Werke von gefälliger Anordnung und von grosser Vollkommenheit in der Farbengebung. Er war Mitglied des königl. Institutes der Niederlande. Sein Bildniss ist in der Geschiedenis der vaderland. Schilderkunst door R. van Eynden III. p. 25. Blatt A. 3. Ausser diesem Werke findet sich über diesen Künstler auch in de Bast's Annales du Salon de Gand Nachricht.

Lelie, Jan de, Maler und Sohn des Obigen, wurde 1788 zu Amsterdam geboren, und seine Eltern wollten anfänglich an ihm einen Kaufmann haben. Doch schickten sie den Sohn in die Zeichenschule von de Haan, wo er solche Fortschritte machte, dass der Vater sich entschloss, ihn selbst zum Maler heran zu bilden. Nebenbei besuchte der junge Lelie auch die Schule der Gesellschaft „Felix Meritis", die ihm verschiedene Ehrenpreise ertheilte, und jene der Stadtakademie trug er alle allein davon. Das erste Gemälde, welches er ausführte, war ein Fruchtstück, das sein Gönner Brentano erhielt, und dann malte er für diesen Kunstfreund eine Gesellschaft, welche sich mit Musik ergötzt. Von dieser Zeit an malte er mit Beifall Genrebilder und auch Portraite. Er wählte das Fach seines Vaters.

Lelienberg, C., Maler, der wahrscheinlich in Haag gelebt hat, um 1663, nach der Jahrzahl auf einigen seiner Bilder zu urtheilen. Es sind dieses schöne Stillleben, todte Vögel, Haasen mit Jagdgeräthschaften. Den E. van Aelst und dem J. Weenix kommt er indessen nicht gleich.

Lelli, Giovanni Antonio, Maler von Rom, Schüler des L. Cardi, erwarb sich durch Staffeleibilder Beifall. Auf Kalk und für Kirchen malte er wenig, da seine kleinen Bilder begierig gekauft wurden. Er verliess nie Rom, und hier starb er 1640 im 49. Jahre.

Lelli, Ercole, Maler, Wachsbossirer und Kupferstecher, wurde 1702 in Bologna geboren, und anfänglich wollte er Büchsenmacher werden, da auch der Vater gleiches Geschäft trieb. Die Zeichenkunst vernachlässigte er ebenfalls nicht, und bei J. P. Zanotti machte er hierin solche Fortschritte, dass man nun an ernste Kunststudien mit ihm dachte. Ein Hauptfach war ihm die Anatomie, und diese erwarb ihm in der Folge seinen grössten Ruhm. Er fertigte mit Menzolini sehr genaue Wachspräparate zum Behufe des Unterrichts, und überhaupt war der Einfluss auf den Unterricht der Jünglinge in den drei Künsten sein dauerndes Verdienst. Als Maler ist er gering, was selbst seine Landsleute gestehen mussten. Crespi behauptet sogar, aber mit Unrecht, dass Lelli seinen Ruhm vornehmlich seinem Schüler Menzolini zu verdanken habe. Im Wachsbossiren besass er jedenfalls grosse Geschicklichkeit. Dieses beweiset die anatomische Statue, welche er auf Befehl Benedikt XIV. fur das Institut zu Bologna fertigen musste. Eine andere Statue, deren kleines Urbild der Abbate Farsetti zu Venedig besass, galt auf allen auswärtigen Schulen als Canon. Ein Hauptstudium war ihm auch die Optik. Diese, so wie das Sempelschneiden, nahm in der späteren Zeit seine ganze Thätigkeit in Anspruch. Nur liess er sich das Vergnügen nicht rauben, seinen Freunden gefällig zu seyn, und dennoch starb der gute Mann als Opfer der üblen Begegnung von Seite seiner Neider. Zanotti machte ein Gedicht zu seinem Lobe und dieses kann man in den Lettere pitt. II. 57. lesen. Fiorillo verbreitet sich ebenfalls mit Liebe über diesen Meister, da er sich seines freundlichen Unterrichtes in der Anatomie zu erfreuen hatte. Im Jahre 1766 starb er, als Direktor der Akademie.

Lelli hat anatomische Zeichenbücher geschrieben, die in viele Hände kamen, und wozu er selbst anatomische Blätter gestochen haben soll. Er stach auch mehrere Thesen, Historien, Bildnisse, Cartouche und Wappen, und diese Blätter sind mit E. L. fecit bezeichnet.

1) Der heil. Augustin und der heil. Franz in Anbetung der Maria, schöne Gruppe. Angelus Pro (?) — Ercules Lelli sc. Gutes Blatt, fol.
2) Hagar und Ismael, These nach eigener Zeichnung.
3) Die heil. Familie.
4) Die heil. Theresia im Gebete.
5) St. Philippus Neri in der Glorie.
6) Das Bildniss von J. P. Zanotti, nach dem Gemälde der Academia Clementina.

Lellin, Sebastian, Kupferstecher, der in der ersten Hälfte des 17. Jahrhunderts in Copenhagen lebte. Er stach Bildnisse und Historien.

Le Lorrain, s. Cl. Gellée und Lorrain.

Lelu, Pierre, Zeichner und Kupferstecher, der um 1740 zu Paris geboren wurde. Er fertigte verschiedene historische Zeichnungen mit der Feder, in Tinte und Bister lavirt. Mehrere derselben sind im Cabinet Paignon Dijonval verzeichnet: Christus im Tempel unter den Schriftlehrern, der ewige Vater auf Wolken, Venus und Galathea auf dem Wasser, der Triumph der Galathea, Friese; etliche Genrestücke. Dieses ist jener F. Lelu, der bei Brandes Maler genannt wird, und von welchem Füssli glaubt, es stecke ein ganz anderer Künstler unter diesem Namen. Ob wohl nicht der obige L. D. Leleu mit diesem Künstler Eine Person ist?

1) Allegorie auf Heinrich IV., Minerva neben seinem Brustbilde auf einer Säule; in Lavismanier.
2) Der Kindermord, Copie nach Marc Anton, 1790 geätzt, und schön in gutem Drucke.

3) La diseuse de bonne aventure.
4) Le devin de village; zwei kleine Blätter.
5) Verschiedene Stellungen von Tänzern, zwei Blätter, 1779.

Lely, Peter, s. P. Faes, genannt Lely.

Lemaire, Jean, Maler von Dammartin bei Paris, genannt der Dicke, bildete sich in der Schule des Cl. Vignon, und hierauf reiste er nach Rom, wo er 18 Jahre blieb, bis er 1633 wieder nach Paris zurückkehrte. Jetzt arbeitete er 9 Jahre in dieser Stadt, und 1642 wandelte ihn wieder die Lust an, Poussin und Le Brun nach Rom zu begleiten. Diessmal blieb er nicht lange in Italien, und dann verweilte er bis zu seinem 1659 im 62. Jahre erfolgten Tod in Paris.

Lemaire war in perspektivischen Darstellungen sehr berühmt, und hierin soll er es bis zur Täuschung gebracht haben. Im Schlosse des Cardinals Richelieu zu Rouel malte er einen Säulengang, diesen so täuschend, dass die Vögel durchfliegen wollten. Auch im Schlosse zu Bagnolet malte er.

Lemaire, François, Bildnissmaler zu Paris, wo er sich um die Mitte des 17. Jahrhunderts Ruf erwarb. Er malte geistliche und weltliche Personen. Im Jahre 1657 nahm ihn die Akademie unter die Zahl ihrer Mitglieder auf, und 1688 starb er, 67 Jahre alt.

Lemaire, Pierre, Maler, genannt der Kleine, erlernte die Anfangsgründe der Kunst bei Cl. Vignon in Paris, und dann ging er nach Rom, wo sich Poussin seiner annahm. Er copirte da vieles nach Gemälden und Zeichnungen des Meisters, und diese Nachbildungen kamen nach Frankreich. Dieser Künstler arbeitete um 1660.

J. Grignon hat nach ihm gestochen, und er selbst radirte nach Werken von N. Poussin.

Lemaire, Jean, Maler und Kupferstecher zu Paris, malte Historien und Bildnisse, machte sich aber auch durch eine Sammlung von kleinen Kupferstichen aus der heiligen und profanen Geschichte bekannt. Sie gehören zu einer Universalgeschichte, welche 1760 zu Paris erschien, dann zu Amsterdam: Traits de l'histoire sacrée et profane daprès les plus grands maitres. → [Chalc. 46, 46a 4.

Lemaire war schon 1750 Mitglied der Akademie zu Paris und Professor adjunctus.

Lemaire, Philipp Heinrich, Bildhauer, wurde 1798 zu Valenciennes geboren, und Cartellier in Paris war sein Meister. Dieser erkannte bald Lemaire's entschiedenes Talent, und der Schüler zählte auch noch nicht 21 Jahre, als ihm der zweite grosse Preis des Institutes zu Theil wurde. Im Jahre 1821 erhielt er endlich den grossen Preis der Sculptur und nun fand er Gelegenheit in Rom seine Studien fortzusetzen. Hier fertigte er die colossale Gypsstatue eines vom Blitze des Zeus getroffenen Titanen, und später stellte er in einem Basrelief den Tod des Solon dar. Nach seiner Heimkehr aus Italien meldete er sich 1826 zum Concurse, welchen das Ministerium zur passenden Verzierung des Giebelfeldes der Magdalenenkirche veranlasste. Lemaire erhielt unter sechs Concurrenten den Vorzug, und 1834 war sein ungeheures Basrelief, welches die Aufnahme der Heiligen in den Himmel vorstellt, fertig da.

Andere Werke dieses Künstlers sind: die Statue von Virgil's Landmann, der Waffen und Menschenknochen findet, im Garten der Tuilerien; die Marmorstatue eines Mädchens mit einem Schmetterlinge, in der Gallerie des Schlosses zu Rosny; die Gruppe der heil. Jungfrau mit dem Jesuskind und Johannes in der Elisabethskirche zu Paris; die Statue der Hoffnung am Fronton der Kirche Notre-Dame-de-Lorette; die Marmorstatue des Herzogs von Berry.

Lemaire Dequersonnier, Hiacynth, Maler zu Paris, der aber 1795 zu Dunkerque (Nord) geboren wurde. Sein Meister war der Miniaturmaler Aubry, und Lemaire übt ebenfalls diese Kunst. Man hat von ihm Bildnisse, deren einige von bedeutender Grösse sind.

Le Maitre oder Lemaitre, Jean, Formschneider, der um die Mitte des 16. Jahrhunderts zu Lyon arbeitete. Vielleicht war er Goldschmied, der nebenbei auch die Xylographie betrieb. Er gab ein (sehr seltenes) Werk heraus, welches den Goldschmieden, Damascirern, Formschneidern, Bildhauern, Malern u. s. w. zum Muster dienen sollte. Der Verleger dieses Werkes ist Anton Voulant, der es 1565 zu Lyon ans Licht gab.

Le Maitre muss auch historische Blätter gefertiget haben, denn er hatte den Titel eines Tailleur d'histoire.

Lemaitre, Augustin François, Kupferstecher und Lithograph, wurde 1797 zu Paris geboren, und Michallon und Lefortier waren seine Meister. Wir haben von seiner Hand eine bedeutende Anzahl von Blättern, und unter die vorzüglichsten zählt Gabet folgende:

1) Die Entführung der Proserpina, nach Remond. 21 auf 16 Zoll gross.
2) Der Tod des Roland, nach Michallon, ebenso gross; für den Kunstverein gestochen.
3) Ansichten von französischen Monumenten und Landschaften, nach C. Lorrain, 1820.
4) Die Ruinen des Theaters von Taormino, nach Forbin. Das Titelblatt zu dessen Souvenirs de Naples par Comte Turpin de Crisé, worin noch einige andere Blätter von ihm herrühren.
5) Der Hof des alten erzbischöflichen Pallastes von Evreux; in der Voyage pitt. de M. Taylor.
6) Das Innere einer Kloster-Kapelle, nach Daguerre. Galerie Luxembourg.
7) Ansicht eines alten Schlosses in der Provence, nach Forbin. Gal. Luxemb.
8) Die Cathedrale St. Denis, Album von Delpech.

Le Maitre au caducée, (s. Barbary) à la licorne (Duvet) u. s. w. Die Meister mit figürlichen Zeichen, welche die Franzosen so u. s. w. heissen, siehe „Maitre le", und deutsch unter Meister mit etc. Unter diesen Rubriken werden wir die Hinweisung geben.

Lemann, s. Lehmann.

Lemasle, Maler zu Paris, ein Künstler, der seit 1822 vortheilhaft bekannt ist. Seine Darstellungen gehören dem historischen Genre an. Sie sind in ernstem erhabenem Charakter gehalten, und in jeder Hinsicht lobenswerth. Doch malt er auch fröhliche Darstellungen, Interioren u. a.

Lemasson, s. Masson.

Lemay, O., s. May.

Lembke oder Lemcke, Johann Philipp, Maler und Radirer, wurde 1631 zu Nürnberg geboren, und von M. Weyer und G. Strauch unterrichtet. Seine Muster waren jedoch Bourguignon und Bamboccio und, wie diese, so malte auch er Schlachten, Belagerungen, Märsche, Jagden u. s. w. Diese Bilder wurden mit grossem Beifalle aufgenommen, und selbst an den Hof nach Schweden wurde der Künstler berufen, um für das Schloss Drottingholm Bilder zu malen. Doch scheint sein Lohn nicht gross gewesen zu seyn, da der rühmlich bekannte Lembke 1713 zu Stockholm in der grössten Armuth starb, in einem Alter von 82 Jahren. Es finden sich auch Zeichnungen von ihm. Unter seinen Blättern erwähnen wir:

1) Das Opfer des Abraham, der Engel oben rechts. Radirt ohne Zeichen. H. 4 Z., Br. 3 Z. 6 L.
2) Die Verkündigung an die Hirten. J. de Wet inv. Lemke fec. 1631. In Rembrandt's Manier. H. 4 Z. 5 L., Br. 3 Z. 7 L. Selten.
3) Der Falkonier zu Pferd und ein Jäger zu Fuss, mit dem Namen des Künstlers. Geistreich radirt und selten. H. 3 Z. 10 L., Br. 9 Z. 8 L. Bei Weigel 3 Thlr.
4) Hagar in der Wüste vom Engel getröstet, nach der Angabe des Winklerschen Cataloges.
5) Landschaft mit einem alten Baume rechts, bei welchem ein Pferd vom Hügel herabkommt. Auf der Ebene sieht man ebenfalls ein Pferd und im Mittelgrunde eine Hundshütte. Mit dem Zeichen und der Jahrzahl 1649. H. 3 Z. 11 L., Br. 3 Z. 2 L.
6) Pferdestücke und Schlachten, mit einem Monogramm und 1650 bezeichnet, wahrscheinlich Werke dieses Künstlers, da das Monogramm aus J. P. L. besteht.

Lemens, Baltasar van, Maler von Antwerpen, der in der zweiten Hälfte des 17. Jahrhunderts in London arbeitete. Er malte kleine historische Bilder, die nicht ohne Verdienst waren, brachte es aber doch nie zu grossem Ansehen. Einige seiner Gemälde wurden gestochen, von Smith und N. de Larmessin; von letzterem Aktäon in einen Hirsch verwandelt.

Starb 1704 im 67. Jahre.

Lemercier, Jakob, berühmter Architekt, wurde um 1586 zu Pontoise geboren, und seine Ausbildung erlangte er in Italien. Er scheint schon 1607 in Rom gewesen zu seyn, und da waren es denn die modernen Gebäude, welche er besonders studirte, nicht so sehr die classischen Ueberreste des Alterthums. Seine Bauwerke tragen daher das Gepräge der Entartung der Baukunst. Sie sind überladen, geschmacklos, ohne Harmonie der Theile. Dennoch galt Lemercier damals für einen der ersten Architekten Frankreichs, und ihm wurden die ehrenvollsten Aufträge zu Theil. Anfänglich nahm sich Cardinal Richelieu seiner an, und dieser beehrte ihn mit verschiedenen wichtigen Aufträgen. Er ist der Architekt des Schlosses Richelieu, welches man zu jener Zeit anstaunte, doch ist dieses nicht das Hauptwerk des Künstlers. Er baute 1629 das

Collegium der Sorbonne und hierauf die Kirche derselben, in welcher der Cardinal sich sein Grab bestimmte. D'Argensville erklärt diese Kirche nach Val-de-Grace für das zweite Meisterstück der französischen Architektur, das ihm bei allen Fehlern ausserordentlich gefiel, besonders in der Anlage. Milizzia findet nur die Seite gegen das Collegium hin erträglich, die Hauptfaçade aber wimmelt von Fehlern. Die Säulen sind zu dünn, die Bogen hoch und die Pforte klein, grosse Statuen in kleinen Nischen und viele andere Ungleichheiten. Im Innern ist es dunkel, wie in einer Grabeskammer, was das Gebäude nach dem Willen des Cardinals auch seyn sollte, und die Feuchtigkeit erzeugte bald den Geruch des Moders, während Richelieu noch daran dachte, sich einen neuen Pallast zu bauen. Auch diesen errichtete Lemercier, ein Gebäude mit Gebrechen und Vorzügen, das später in den Palais royal umgestempelt wurde. Sein Werk ist auch die Kirche der Pères de l'Oratoire, die Kirche St. Roch, und der Pavillon in der Mitte des Louvre. Als man die grosse Gallerie des Louvre anlegte, war auch Poussin in Paris, aber vergebens wollte er dem Ungeschmacke der Pariser Kunsthelden steuern. Kaum hatte er die barocken Zierathen zerstört, so verschwor sich der Architekt mit den Malern Vouet und Fouquières, und Poussin musste weichen. Doch auch die Arbeit unterblieb. Als eines seiner Meisterstücke erklärt man die grosse Treppe des Schlosses in Fontainebleau, in Privatgebäuden leistete er aber durchaus nichts Lobenswerthes. Die Kunst, nach damaliger Weise die Kirchen zu zieren, hatte er wie Mansard inne, in Wohngebäuden aber, besonders in den innern Decorationen, lieferte er nur Meisterwerke der Disharmonie. Die Säulenordnungen sind schwerfällig; es ist bald Grosses neben Kleinem, Schwaches neben allzu Starkem gereiht, keine verständige Oekonomie. Für solche Fehler hatte man aber zu Lemercier's Zeit kein wachendes Auge, und man vertraute dem Künstler immer neue Bauten an, die im gleichen Schlage erstanden. J. Marot u. a. stachen die Plane seiner Bauten: der Sorbonne, des Pallastes Richelieu, des Louvre etc. Er war auch Architekt des Königs, und dennoch starb er in armseligen Umständen. Wann, ist nicht bekannt.

1) Die Kirche der Florentiner, von Michel Angelo in Rom erbaut, 1607 geätzt.
2) Die Bildsäule Heinrich IV., 1608 im Lateran aufgerichtet.
3) Der Catafalk Heinrich IV., 1610 von ihm im Lateran errichtet.
4) Das Grabmal dieses Königs in St. Denis.

Lemercier, Anton, Kupferstecher, dessen Lebensverhältnisse unbekannt sind. Unter den früheren erwähnt ihn Marolles allein, und dieser bestimmt die Lebenszeit des Künstlers um 1633. Robert Dumesnil P. gr. franç. II. p. 3. glaubt, dass Lemercier Bildhauer gewesen, was er aus der Darstellung des Johannes in der Wüste abnehmen will. Indessen beweiset das ganze Werk des Künstlers, dass er den Crayon und die Nadel mit mehr Kühnheit als Talent geführt habe. Man darf ihn nicht mit Jakob le Mercier, den Architekten Ludwig's XIII. verwechseln, der wahrscheinlich auch Bildhauer gewesen und in Kupfer gestochen hat.

1) Johannes in der Wüste, rechts am Felsen stehend, das Kreuz in einer Hand. Am Felsen steht: A. Lemercier. H. 7 Z. 6 L., Br. 5 Z. 8 L.
2) — 13) Folge von 12 Blättern ohne Zeichen, Kamine, Thür-

und Fensterverzierungen im Styl der Renaissance. H. 6 Z. 8 L. — 7 Z., Br. 4 — 5 Z.

Auf dem ersten Blatte liest man: P. COLLO INVENTOR. ANT. LE. MERCIER. INSIDIT. PAR. PRIVILEGE. D V. ROI. — A Paris chez Michel van Lochon Graveur et imprimeur du Roy etc.

14 — 23) Folge von 10 Blättern im Style der Renaissance, 7 Kamine und 3 Thüren vorstellend; ohne Zeichen. H. 8 Z. 6 L. — 9 Z. 9 L., Br. 6 Z. 3 L. — 7 L.

Auf dem ersten Blatte steht: Pièces d'Architecture ou sont comprises plvsieurs sortes de cheminées, portes, tabernacles et autres parties etc. inventées per P. Collot Architecte. 1633. A. Paris chez M. van Lochon etc. Unten links Anthoine le Mercier fecit.

Lemercier, Philipp, Maler wurde 1689 zu Berlin geboren, und hier besuchte er auch die Akademie der Künste. Hierauf ging er nach Italien, dann nach Frankreich, und von da aus nach Hannover, wo er das Bildniss des Prinzen Friedrich malte, welches er in England als Beweis seiner Geschicklichkeit vorlegte. Jetzt fand er an dem Prinzen von Wales einen besonderen Gönner, und durch diesen fand er Gelegenheit, selbst mehrere Personen der königlichen Familie zu malen. Auch andere hohe Personen malte er, endlich aber verlor er die Gunst des Prinzen, was ihn zu dem Entschlusse brachte, auf das Land zu ziehen. Indessen ward er der Einsamkeit bald müde, und der Künstler ging wieder nach London, wo es ihm nicht an Arbeit fehlte. Er besuchte jetzt auch York, und nachdem er von seiner Reise in Irland und Portugal zurückgekommen war, lebte er nicht lange mehr. Der Tod ereilte ihn 1760, nicht 1780, wie im Suplemente zu Füssly's Lexicon steht. Lemercier malte viele Bildnisse, und auch Genrestücke im Geschmacke Watteau's. Mehrere seiner Bilder wurden gestochen, von Ardell, Avril, Faber, Heudelot, Houston, Simon, Watson, Wilson. Er soll selbst Blätter geätzt haben.

Lemercier, Kupferstecher, der zu Anfang unsers Jahrhunderts arbeitete: für die Voyage pittoresque de la Suisse etc.

Lemercier, Charles Nicolas, Maler zu Paris, und geboren daselbst 1795. Sein Vater, ein uns unbekannter Künstler, war sein erster Meister, und dann bildete er sich bei Regnault und Lethière weiter aus. Später besuchte er Italien, und da malte er mehrere Landschaften und Costüme in Aquarell. Im Jahre 1821 erhielt er eine erste Medaille für die Figur in der historischen Composition, und im folgenden Jahre wurde ihm eine Preismedaille aus der Perspektive zu Theil. Ueberdiess wurden bei verschiedenen Gelegenheiten seine Bilder mit Medaillen beehrt.

Im Jahre 1827 malte er für die Neapolitanische Regierung zwölf Bilder und seine andern Gemälde, die grösstentheils durch den Kupferstich bekannt sind, findet man in den Sammlungen der Herren Giroux, Susse, Mayou u. a. Auch im Kunsthandel sind Gemälde und Zeichnungen von seiner Hand. Er malt Genrestücke, Darstellungen aus der neuern Geschichte, Landschaften und Architekturbilder.

Lemercier, Lithograph zu Paris, dessen Lebensverhältnisse wir nicht kennen. Von ihm lithographirt ist der Tod des Herzogs von Reichstadt 1832, nach L. Schnorr von Carolsfeld, oder vielmehr nach der Lithographie des letztern.

Lemire, Noel, Kupferstecher, geb. zu Rouen 1723, gest. zu Paris 1801. Sein Meister war Lebas, und er selbst ist einer der vorzüglichsten Zöglinge desselben. Er behandelte die kalte Nadel mit ungemeiner Sicherheit, und dann wusste er dem Ganzen einen sehr gefälligen Anstrich zu verleihen. Seine Vignetten sind besonders geistreich, wie jene in den Ausgaben des Boccaccio, Corneille, Lafontaine und der Histoire de St. Louis, der Metamorphosen Ovid's 1770, zu einer Ausgabe des Tempels von Gnidus von ihm herrühren. Lemire nennt sich auf vielen Blättern Mitglied der k. k. Akademie zu Rouen und Lille.

1) Les Nouvellistes, nach Teniers, kl. fol.
2) Le Châteaux de Teniers, nach demselben, und das Gegenstück.
3) Der Berg Vesuv 1757, und der Pendant, nach Lacroix, gr. qu. fol. Es gibt Aetzdrücke und solche vollendet ohne Schrift.
4) Die Theilung Polens, Le gateau des Rois, eigene Composition, die aber höheren Ortes Anstand fand, und unterdrückt wurde. Durch die Güte des M. de Sartines durfte der Künstler jedoch so viele Abdrücke machen, als er in 24 Stunden abziehen konnte. Deswegen ist das Blatt sehr selten. Man liest darauf das Anagramm Erimel, kl. fol. Im ersten Drucke vor der Schrift.
5) Jupiter und Danaë, nach Carracci, fol.
6) Der Tod der Lucretia, nach A. del Sarto, kl. fol.
7) La curiosité oder la Lanterne magique, nach R. Brakelenbourg, qu. fol. Es gibt Aetzdrücke und vollendete, ohne und mit der Schrift.
8) St. Sebastian, nach Parmesano. Dresdner Gallerie.
9) Latone vengée, nach Teniers, gr. fol. Im ersten Drucke vor der Adresse des Künstlers.
10) Restes d'un temple de Venus dans l'isle de Nisida, nach Lacroix, gr. qu. fol. Es gibt davon Abdrücke vor der Schrift.
11) Arc de triomphe de Tite Vespasien, nach demselben, gr. qu. fol.
12) Johanna d'Arc, sehr feines kleines Blatt.
13) Der Tod der Cleopatra, nach Guido Reni. Im ersten Drucke vor der Schrift. Florent. Gallerie.
14) Der Besuch der heil. Jungfrau bei Elisabeth, nach Morandini. Florent. Gall.
15) Amor und Psyche, nach der Antike. Gall. de Flor.
16) Zwei antike Statuen. Gall. de Flor.
17) La grande rade hollandaise, nach H. Minderhout.
18) Ansicht des Bassins und der Stadt Brügge, nach demselben.
19) — 20) Zwei Landschaften mit Bauern und Bäuerinnen, welche Vieh hüten, nach Berghem.
21) — 22) Le négociant, — La pupille, 2 Bl., nach I. D. Descamps.
23) Der Genius der Malerei als Vorsteher bei der Anordnung eines Cabinetes.
24) Der Plafond des Schauspielhauses in Bordeaux, gr. Blatt in runder Form, nach J. C. Robin.
25) — 28) Vier Bildnisse, so klein, dass sie für Fingerringe geeignet sind, Meisterstücke eines zarten Stiches: Joseph II., Ludwig XV., Heinrich IV., Friedrich der Grosse.

29) Das Bildniss von Washington, Kniestück nach Le Paon, gr. fol.
30) Jenes des Generals Lafayette, nach demselben, gr. fol.
31) Das Bildniss der Mlle. Clairon, Kniestück von der Melpomene gekrönt, nach Gravelot, fol.
32) Dieselbe, in kleinem Formate.
33) Das Bildniss des Abbé Rousselet.
34) Jenes von A. Piron, nach Lépicié, 1773.
35) Bildniss von Poullain de St. Foix, 4.
36) Portrait des Lud. Andrea Grimaldi, Büste in einem Medaillon.

Lemire, Ludwig, Kupferstecher und Bruder des Obigen, wurde nur 19 Jahre alt und daher ist wenig von seinen Leistungen zu sagen. Nach Oudry stach er etliche Blätter nach Lafontaine's Fabeln. Starb 1757.

Lemire, Carl Sauvage, eigentlich C. Sauvage, genannt Lemire, Bildhauer zu Paris, ein geschickter Künstler und der Stammvater einer Familie, deren Mitglieder in der Kunstgeschichte ebenfalls mit Ehren genannt werden. Sein Geburtsjahr ist unbekannt, wir glauben es aber um 1748 setzen zu müssen. Er erwarb sich durch seine Arbeiten Ruf. Es offenbaret sich in ihnen ein fleissiges Studium der Natur, und dann verstand er es, seinen Köpfen naiven und anmuthigen Ausdruck zu verleihen. In der Ausführung verfuhr er mit grosser Zartheit. Im Jahre 1808 erhielt er bei Ausstellung der Statue eines Hirten eine Aneiferungsmedaille und 1810 führte er aus Auftrag der Regierung die Statue des Amor in Marmor aus, wie dieser die Bogensehne befestiget. Zwei Jahre darnach meisselte er die Statue des Genius der Poesie zur Leyer singend. Andere Bildwerke stellen einen jungen Hirten dar, wie er das Wetter beobachtet, die Statue der Unschuld in Marmor, ein Kind, das eine Ente fängt, letzteres von 1819. Nicht lange darauf scheint der Künstler gestorben zu seyn. Gabet kannte sein Todesjahr ebenfalls nicht.

Lemire, Anton Sauvage, Maler, der jüngere Sohn des Obigen, wurde 1773 in Luneville geboren, und sein Vater unterrichtete ihn in den Anfangsgründen der Kunst. Hierauf kam er in Regnault's Schule und machte da so bedeutende Fortschritte, dass er zu Anfang unsers Jahrhunderts bereits mit eigenen Werken hervortreten konnte. Seine vorzüglichsten Gemälde sind: Der Tod des Hannibal, 10 auf 6 Fuss gross, 1806, Geschenk des Künstlers an die Stadt Duai, die ihn dafür mit einer goldenen Medaille beehrte, genau beschrieben in Landon's Annales XI. 101. Alexander mit einem verwundeten Soldaten, 7 auf 5 Fuss haltend, 1808; die Episode aus der Sündfluth, nach Ossian's Gedicht, 1810; Oedipus und Antigone, 1814; das Bildniss des Herzogs von Angouleme, 8 Fuss hoch, im Saale des polytechnischen Schule. Ueberdiess hat man von diesem Künstler noch mehrere andere Portraite und Zeichnungen. Auch Kirchenbilder malt er.

Lemire, Maler, der ältere genannt, der ältere Sohn von Carl Lemire, lebt ebenfalls in Paris, und da bekleidet er die Stelle eines Zeichnungsmeisters an der polytechnischen Schule. Man sah von seiner Hand verschiedene Bilder in den Salons und 1800 erhielt er die Aufmunterungsmedaille. Im Jahre 1808 malte er den Tod des Domitian, und ein treffliches Gemälde von 1812 stellt Cimon vor, wie ihm seine Tochter im Gefängnisse die Brust reicht. Im

Jahre 1819 malte er aus Auftrag des Ministeriums des königl. Hauses ein Bild des Kaisers Trajan. Auch historische Zeichnungen hat man von diesem Künstler; ein älteres Oelbild als von 1819 kennt aber Gabet nicht. Die Nachrichten in Füssly's Suplementen über die beiden Maler Le Mire sind ungenügend, und an der Existenz des Bildhauers, ihres Vaters, zweifelt er ganz.

Lemire, Sophie, Mme., geborne Brinisholtz, die Gattin eines der beiden obigen Künstler, wurde 1785 in Versailles geboren und Anton Lemire jun. unterrichtete sie in der Malerei. Sie malt Bildnisse und Genrestücke und einige ihrer Bilder wurden mit Medaillen beehrt. Im Jahre 1810 malte sie Glycere am Grabmale ihrer Mutter, und sofort: Mme. de Vallière als Carmeliterin ihre Tochter zur Frömmigkeit ermahnend; Rudolph von Habsburg und Anna von Hohenberg an der Wiege mit ihrem sterbenden Sohne; die Königin Ingelburga mit den Kindern der Agnes von Meran; Mme. la Vallière vor dem Crucifixe etc.

Leminger, Bartolome, Wachsbossirer, wurde 1752 zu Kirchenlaibach in der Pfalz geboren. Er übte seine Kunst in Wien, noch 1810.

Lemke, eine geschickte Miniaturmalerin unsers Jahrhunderts, ist die Tochter des berühmten Medailleur C. v. Lebrecht.

Lemken, Baltasar, Kupferstecher, von dessen Existenz Christ wissen will. Es sollen ihm die Buchstaben B. L. angehören.

Lemkus, D., Kupferstecher, der im 17. Jahrhunderte Bildnisse gestochen haben soll.

Lemmer, Franz Valentin, Maler zu Prag um 1726.

Lemnicher, Zacharias, ein Jesuite, war Maler und Bildhauer, ein guter Künstler. Er wurde 1635 zu Mariaschein in Böhmen geboren und 1684 starb er in Kommotau.

Lemoine, Franz, Maler, wurde 1688 in Paris geboren, und R. Tournières und L. Galloche waren seine ersten Lehrer. Im Jahre 1724 besuchte er Italien, nachdem er schon in Paris mehrere Bilder geliefert hatte, hielt sich aber nur ein Jahr in Rom auf, und die Muster, welche er sich in Italien aussuchte, waren die Werke Guido Reni's, C. Maratta's und jene des Pietro da Cortona. Die beiden letzteren Meister hatten damals classisches Ansehen, und man dachte gar nicht an Rafael oder an andere hochbegabte Meister. Nach Verlauf der erwähnten Frist kehrte Lemoine nach Paris zurück, und sein Ruf war begründet. Schon 1718 hatte ihm die Akademie ihre Thore geöffnet, aber erst 1736 wurde er erster königlicher Maler. Diese Ehre genoss er jedoch nicht lange mehr; denn durch angestrengtes Arbeiten geschwächt, verfiel er in Schwermuth, in Folge deren er sich 1737 entleibte. Sieben Jahre lebte er mit einer Gattin, die ihn kinderlos liess.

Die ersten Gemälde, welche ihm 1717 Ruf erwarben, waren vier Bilder, die er für die Franziskaner in Amiens malte, und auch sein Receptionsstück mit Herkules dem Cacus-Würger fand grossen Beifall. Nach seiner Rückkehr aus Italien malte er das Gewölbe der Kapelle der heiligen Jungfrau in St. Sulpice, und ein Staffeleibild, das man als vortrefflich gerühmt findet, stellt die Enthaltsamkeit des Scipio dar; doch musste er den Preis mit dem

Günstling F. de Troy theilen, und nur in seiner Apotheose des Herkules, an der Decke des grossen Saales in Versailles in Oel auf Leinwand gemalt, machte ihm niemand den Rang streitig. Der Künstler malte hier in grossem Raume 142 Figuren, die in neun Gruppen vertheilt sind. Man bewunderte darin die Lebendigkeit der Darstellung, die schöne Färbung, die gefällige Beleuchtung, und der weise Fleury war ganz bezaubert. Er meinte dieses Bild verderbe ganz Versailles, was er doch wohl so verstanden, dass es vor allem was aus früherer Zeit dort vorhanden war, den Blick abziehe. Wie müsste sich jetzt diese kostbare Malerei, zu welcher der Künstler allein um 10000 Fr. Ultramarin verbrauchte, zu den Prunkstücken der modernen französischen Kunst in jenem Königsschlosse ausnehmen! Indessen ist Lemoine einer der wenigen Künstler, welche in Frankreich zur Zeit des herannahenden Verfalls der Kunst sich noch mit einiger Würde zur Selbstständigkeit erhoben, und einem besseren Geschmacke huldigten, als der andere Tross von Malern. Er componirte in grossem Style, doch ohne mit jener Strenge einer früheren Zeit zu verfahren. Seine Figuren sind nicht so theatralisch, wie dieses in der französischen Schule damals gewöhnlich war. Watelet und Levesque behandeln ihn strenge, gestehen ihm aber dadurch, dass sie sagen, Anordnung und Stellung der Figuren sei wahr und natürlich, manigfaltig, und die Grazie seiner Gestalten sei nicht gesucht, und ungezwungen, gerade grosse Vorzüge zu. Sie räumen ihm auch grosses Verständniss in der malerischen Maschinerie ein, aus der Reihe grosser Coloristen schliessen sie ihn aber aus. Auch in der Zeichnung hatte Lemoine seine Schwächen, besonders in der Musculatur, allein er bestach das Auge durch Wahrheit und Mürbigkeit, mit welcher er die Fleischtheile behandelte. Seine Tinten sind frisch und lebhaft, angenehm und bei glücklicher Vertheilung von Licht und Schatten fehlt es auch nicht an Harmonie.

Solche Vorzüge gestehen ihm die strengen französischen Kunstrichter zu; setzen aber doch wieder bei, dass Lemoine in keinem Theile der Kunst stark gewesen, wo Festigkeit verlangt wurde. Seinen Figuren gebricht es an Adel, die männlichen sind ohne Charakter, die weiblichen artige Geschöpfe, ohne höhere Schönheit. Bekleidet sind seine Gestalten auf angenehme Weise, doch darf man einen Styl der Draperie darin nicht suchen. Ein Hauptvorzug bleibt die ihm eigene Leichtigkeit im Umrisse der Figuren, und seine grosse Anmuth in den frischen und lebhaften Tinten.

Der Plafond in Versailles erhob ihn auf den Gipfel des Ruhmes. Er wurde nach Vollendung desselben an der Stelle des L. de Boulogne erster Maler des Königs; allein jetzt folgte ihm auch der Hass und ein Heer von Neidern. Jetzt drängte man das Gute, welches er besass, in den Hintergrund, man zählte nur die Fehler, und der Cortona Frankreichs ward von den Kunstgenossen, die sich an Verdienst mit ihm nicht messen konnten, angefeindet und verachtet. Schon ohnehin angegriffen fühlte er sich jetzt doppelt verkannt, und als sich zu seiner Melancholie noch die Idee einer Beraubung seiner persönlichen Freiheit gesellte, so brachte er sich eines Morgens neun Stiche bei, weil er glaubte, man komme, um sich seiner zu versichern. Er fiel todt zu den Füssen seines Freundes Berger, der gekommen war, um ihn mit sich auf das Land zu nehmen.

Die Werke Lemoine's sind zahlreich, und am liebsten war es ihm, grosse Räume bemalen zu dürfen, denn er wollte gerne öffentlich glänzen. Der Plafond des Jakobiner-Chors in der Bacqstrasse malte er um geringen Preis, auch die Transfiguration am Plafond in St. Thomas D'Aquin ist sein Werk, aber die von N. Silvestre gestochene Skizze eines Plafonds für die Bank zu Paris kam nicht zur Ausführung. Auch kleine Bilder werden mit Auszeichnung genannt. Für sein Meisterstück in Oel hält man die Flucht nach Aegypten, welche er für die Nonnen der Himmelfahrt Mariä malte. Das Pariser Museum hatte 1830 noch kein Werk von diesem Künstler aufgestellt, dagegen aber bewahrt die königl. Pinakothek in München ein solches, und dieses ist überhaupt eines der schönsten und grössten Staffeleibilder des Meisters. Es stellt eine Jagdgesellschaft vor, wie sie im Freien bei einer Mühle Erfrischung zu sich nimmt. Mehrere seiner Gemälde wurden gestochen, besonders von L. Cars. Dieser stach Adam und Eva von der Schlange versucht, Herkules und Cacus, das Aufnahmsstück, die Verkündigung Mariä, die Entführung der Europa, Aurora und Cephalus, Herkules und Omphale, Perseus und Andromeda, die Zeit entdeckt die Wahrheit, eine Frau im Bade, das Opfer der Iphigenia, Allegorie auf die Geburt zweier Prinzen.

St. Fessard stach die erwähnte Apotheose des Herkules. Andere Werke von Lemoine zählten wir in den Artikeln der Stecher: Levasseur, Thevenard, W. Walk, Fessard, Desplaces, Silvestre, Pelletier, Ravenet, N. Cochin, Beauvarlet, F. Aliamet, L'Armessin etc.

Dann hat er selbst radirt:

1) Die Verkündigung der heil. Jungfrau, kleines Oval.
2) Eine kleine Landschaft.

Lemoine, Johann Ludwig, Bildhauer zu Paris, erwarb sich in der zweiten Hälfte des 17. Jahrhunderts einen Namen, vorzüglich durch Büsten, wie durch jene des Herzogs Regenten, Mansard's, Largillière's etc. Auch Statuen und Basreliefs führte er aus, immerhin aber scheint es sein grösster Ruhm gewesen zu seyn, dass der folgende Künstler sein Sohn gewesen. Er starb 1755 als Rector der Akademie, 90 Jahre alt.

Lemoine, Johann Baptist, Bildhauer, wurde 1704 zu Paris geboren, und den ersten Unterricht ertheilte ihm sein Vater. Le Lorrain lehrte ihn den Meissel führen, und da auch de Troy und Largillière ihn mit Rath und That unterstützten, so erhielt er schon im zwanzigsten Jahre den grossen Preis. Er hätte jetzt seine Studien in Rom fortsetzen können, allein der zu zärtliche Vater konnte sich von seinem Söhnchen nicht trennen und er bat den Herzog von Antin, die Abreise zu hintertreiben. Der junge Lemoine arbeitete jetzt in Paris, und als eines seiner ersten Werke nennt man die Taufe Christi, die er mit seinem Oheime für St. Jean en Greve ausführte. Der Christus war von ihm, aber dieser heilige Gegenstand begeisterte ihn nicht zum Ideale, sondern ein schöner Schauspieler, Namens Chassé, musste beim Kopfe zum Modelle dienen. Das Publikum aber staunte über das Talent des 25jährigen Jünglings, und dieses Werk verschaffte ihm den Auftrag zur Ausführung der Reiterstatue Ludwig's XV. für Bordeaux. Dieses Bildniss erwarb ihm die volle Gunst des Königs und einen Jahrgehalt von 1500 Liv. Ges. v. N. Dupuis. Hierauf fertigte er das Grabmal Mignards, in der Jakobiner-Kirche, dann jenes von Crebillon, ersteres durch den Stich von B. l'Epicier, das andere durch jenen von A. St. Aubin bekannt. Um jene Zeit erkrankte der König und aus lauter Freude über die Genesung liessen die Stände der Bretagne in Rennes ein Monument errichten, was dem Könige wieder so wohl gefiel, dass er dem Künstler zu Gevatter stand, und noch bei der Verheirathung der Tochter dem Vater 25000 Liv. schenkte. Jetzt führte er für die Kirche St. Louis du Louvre das Mausoleum des Cardinals Fleury aus, und dann kam er auf den Einfall, das Geheimniss der Verkündigung in einem Basrelief von vielfarbigem Marmor darzustellen. Dieses Werk zog ihm einigen Tadel zu, dagegen aber zählt man seine Statue des heiligen Gregor, welche er neben jener der begeisterten St. Theresia für die Kirche der Invaliden fertigte, zu seinen besten Werken. Hierauf ging er wieder an grössere Werke, wozu zwei Statuen des Königs zu Fuss gehören; einmal für die Militärschule. Da war der König als Jupiter mit Donnerkeil und Adler dargestellt, ersterer wurde aber später in einen Scepter, letzterer in einen Helm metamorphosirt, bis endlich die Revolution allen seinen Königsstatuen ein Ende machte. Für den König von Preussen führte er die lebensgrosse Statue eines Apollo aus, und diese erklärt man als eine seiner Hauptarbeiten; dazu kommen noch zahllose Büsten, und darunter sind mehr als 100 des Königs.

Lemoine äusserte auf die damalige Kunst der Bildhauerei den grössten Einfluss, aber nicht den wohlthätigsten. Er verwarf das Studium der Natur und bewirkte dadurch den Verfall der Kunst. Auch überschritt er die Grenzen der Plastik, dass er sie zur Nachahmerin der Malerei machte. Sein Sinn war nicht für wahre Schönheit erschlossen, Ziererei ist bei ihm an der Stelle der Anmuth und ungesuchten Grazie. Dennoch glaubte man, sein Meissel werde von Grazien geleitet. Er war indessen ein Künstler voll Geist und Leben. Die Form erscheint bei ihm in ihrer Reinheit. Rom sah er nicht, die antike Kunst blieb ihm fremd, und nach den Gemälden der damaligen französischen Meister konnte sich kein Bildhauer zum ächten Künstler bilden.

Uebrigens war Lemoine ein Mann von edlem Charakter, voll Gefälligkeit gegen seine Schüler. Im Jahre 1778 starb er. Dandré-Bardon schrieb 1779 sein Eloge historique, auch d'Argensville und Watelet erwähnen seiner.

Lemoine, Peter Anton, Maler zu Paris, erwarb sich durch Blumen- und Fruchtstücke Beifall. Starb 1665 im 60. Jahre.

Lemoine, Johann, Maler zu Paris, war vielleicht Johann Ludwig's Vater. Er malte Ornamente und Grottesken. Im Jahre 1681 wurde er Mitglied der Akademie und 1713 starb er, 75 Jahre alt.

Es finden sich Zeichnungen von ihm, mit der Feder und in Aquarell ausgeführt.

Einige seiner Ornamente und Grottesken liegen in 12 Blättern in Kupfer gestochen vor.

Lemoine, Zeichner, der um 1753 zu Rouen geboren wurde. Er zeichnete Bildnisse und anderes. Voyez der ältere stach nach ihm das Bildniss des J. L. de Buisson, Bischofs von Alais, in runder Einfassung.

Lemoine, Johann Philipp, Architekt zu Paris, wurde um 1750 geboren. Er erhielt 1767 den zweiten Preis der Akademie, und später begab er sich seiner Ausbildung wegen nach Rom, wesswegen er in Paris den Beinamen des Römers erhielt. Er baute mehrere Privathäuser, wie jenes des M. de Beaumarchais, welches in Krafft's Plans, coupes, etc. p. X. abgebildet ist. Starb um 1806.

Lemoine, Kupferstecher, der um 1745 lebte. Er stach Bildnisse.

1) Bildniss des Herzogs Carl de Berry, nach Rigaud.
2) Bildniss des Carl Gustav von Rehnschiöld.
3) Jenes des Arztes L. J. Thieullier, 1743.

Lemoine, Xainte Edmée Mme., Malerin zu Paris, geborne Blot, bildete sich unter Leitung der Mme. Augustin in der Miniaturmalerei. Man sah von 1814 an Bilder von ihrer Hand in den Salons, einzelne Bildnisse und Familienstücke. Sie ertheilt auch Unterricht.

Lemoine oder Lemoyne, Saint Paul, Bildhauer zu Paris, wurde 1784 geboren, und von Dejoux in seiner Kunst unterrichtet. Zu Anfang unsers Jahrhunderts fing er bereits an, seine Kräfte zu versuchen, und damals erhielt er mit dem Basrelief, welches den Dädalus vorstellt, wie er dem Ikarus die Flügel anheftet, den Aufmunterungspreis. Nach einiger Zeit führte er eine Marmorgruppe aus, die ein Mädchen mit dem Kinde spielend vorstellt, und in Rom fertigte er 1817 eine Marmorstatue der heil. Jungfrau. Eine andere Gruppe in Marmor stellt Acis und Galathea dar, und dieses Werk vollendete er ebenfalls in Rom; so wie die Statue der Nymphe Echo, die er 1820 für den Herzog von Berwick in Marmor ausführte. Zwei andere Gruppen stellen eine Bacchantin mit einem jungen Faun, und eine schlafende Nymphe dar, wie ihr während des Schlafes der Faun Früchte raubt. Im Jahre 1827 stellte er die allegorische Gestalt der Hoffnung in Marmor dar, und später fertigte er eine Statue der St. Juliette.

Lemoine oder Lemoyne, Jakob, Maler und Zeichner, genannt de Morgues, dessen Thätigkeit gegen das Ende des 16. Jahrhunderts zu suchen ist. Er lebte in London, und dann machte er mit Laudonnière eine Reise nach Amerika, um daselbst interessante Gegenstände zu malen. Wir haben von ihm ein Werk: Indorum Floridam provinciam habitantium icones primum ibidem ad vivum expressae a J. Le Moine cui nomen de Morgues 1591.

Lemot, Franz Friedrich, berühmter Bildhauer, geb. zu Lyon 1773, gest. zu Paris 1827. Er kam frühzeitig nach Paris, um unter Dejoux's Leitung die Bildhauerei zu erlernen, und schon in seinem 17. Jahre gewann er den grossen Preis der Sculptur mit der Darstellung von Salomon's Urtheil in Basrelief. Hierauf ging Lemot nach Rom, allein die Revolution störte seine Studien, und nach seiner Heimkehr musste er unter Pichegru's Fahne dienen. Im Jahre 1795 erschien ihm wieder ein günstiger Stern, der ihn auf seine früher betretene Bahn zurückführte. David fasste die Idee zur Errichtung einer colossalen Statue, welche das französische Volk vorstellt. Die Convention gab ihre Zustimmung, und Lemot wurde nach Paris berufen, um die Idee ins Werk setzen zu helfen. Hierauf erhielt er den Auftrag, für den Saal der 500 die Statue des Numa Pompilius auszuführen, und nach Vollendung derselben ging er an die Ausführung der 7 Fuss hohen Statue Cicero's für den Saal des Tribunats; seine Statue des Leonidas kam in den Sitzungs-Saal des Senats, für den Sitzungs-Saal des gesetzgebenden Corps fertigte er die 6 Fuss hohen Statuen des Brutus und Lycurg, und die Tribune jener Versammlung zierte er mit einem allegorischen Basrelief. Alle diese Werke erwarben ihm vollen Beifall, und nicht geringeres Lob verdienen die folgenden. Im Jahre 1801 erkaufte der erste Consul die Marmorstatue einer Bacchantin, und der Stadt Dünkirchen schenkte Napoleon 1804 die von Lemot gefertigte Büste des Jean Bart. Im Jahre 1808 vollendete er den Wagen und die Figuren des Sieges und des Friedens, welche den Triumphbogen des Carrousels zieren, da, wo damals die Venetianer ihr berühmtes Viergespann suchen mussten. Zwei Jahre später wurde das berühmte 72 Fuss lange und 15 Fuss hohe Basrelief des grossen Frontons der Colonnade des Louvre eingesetzt, und dafür erkannte ihm die Jury den grossen Decennal-Preis zu. Um jene Zeit vollendete er auch die Statue Murat's, und hierauf wurde ihm die seltene Gunst des Glückes zu Theil, zwei Reiterstatuen von Königen auszuführen. Der Kaiser musste dem Könige weichen, und jetzt wurden auch wieder Ehrendenkmäler des frühern Königthums errichtet. Lemot fertigte die Reiterstatue Heinrich IV. auf dem freien Platz des Pont Neuf, und jene Ludwigs XIV., die auf dem Platze Bellecour zu Lyon aufgestellt wurde. Diesen König stellte der Künstler zweimal zu Pferde dar. Das letzte Reiterbild wurde 1825 in Erz gegossen und zu Lyon errichtet. Es ist 18 Fuss hoch, und der König erscheint im römischen Costüm. Die Statue des guten Königs Heinrich ist nur 15 Fuss hoch.

An diese Hauptwerke Lemot's reihen sich noch mehrere andere, denn dieser Künstler erfreute sich zahlreicher Aufträge. Sein Werk ist das Basrelief der Renomée im Vestibulum des Pallastes Luxembourg; eine Marmorgruppe zeigt Hebe, wie sie dem Jupiter als Adler Nektar reicht, und in der Versöhnungscapelle der Maria Antoinette diese, von der Religion unterstützt, ebenfalls in Marmor. Sein letztes Werk ist eine colossale Marmorstatue des Apollo, an deren Vollendung ihn jedoch der Tod hinderte.

Lemot ist einer der vorzüglichsten französischen Bildhauer. Er hatte Sinn für Schönheit der Form, und seine Figuren offenbaren in Miene und Stellung einen geistreichen Künstler. Sein Styl ist grossartig, und in der technischen Behandlung des Marmor sucht er seines Gleichen. Wenn man seinen Gestalten hie und da eine gewisse Affektation ansieht, so ist dieses auf Rechnung der Erbsünde der französischen Schule zu setzen.

Lemoyne, s. Lemoine.

Lempel, Conrad, Kupferstecher, der im 17. Jahrhunderte zu München gearbeitet haben soll, wesswegen man die Initialen C. L. M. mit C. Lempel Monacensis erklärt. Diese Buchstaben oder den Namen findet man auf kleinen Andachtsstücken, die aber nur zu den mittelmässigen Erzeugnissen der Kupferstecherkunst gezählt werden müssen:

1) Eine Nonne auf den Knien, wie sie das Jesuskind auf den Altar stellt, wo die Leideninstrumente zu sehen sind. Ueber dem Altare ist Gottvater und der heil. Geist. H. 3 Z. 3 L., Br. 2 Z. 5 L.
2) Ecce homo, Halbfigur mit dem Lamme auf den Schultern. H. 2 Z. 8 L., Br. 2 Z. 4 L.
3) Christus mit dem Kreuze in einer Kufe stehend, wie ihm das Blut aus den Wunden rinnt, vor ihm zwei Engel mit dem Kelche und drei Heilige. H. 3 Z. 9 L., Br. 2 Z. 8 L.
4) St. Peter und Paul; der erste mit dem Buche und den Schlüsseln, der andere mit Schwert und Buch. H. 2 Z. 7 L., Br. 1 Z. 10 L.
5) St. Franz empfängt die Wundmale. H. 3 Z. 11 L., Br. 2 Z. 9 L. Die Blätter tragen die Initialen C. L. oder C. L. M.; die folgenden haben den Namen.

6) Die heil. Jungfrau mit dem Jesuskinde in der Glorie, um sie herum sieben kleine Darstellungen aus dem Leben Mariä. Die 7 Frewden Mariae etc. H. 3 Z. 2 L., Br. 2 Z. 9 L.
7) Die heil. Jungfrau am Fusse des Kreuzes sitzend, mit dem Leichnam Christi auf dem Schoosse; umher 7 Darstellungen aus der Leidensgeschichte: Die sieben Schmerzen Mariae. H. 3 Z. 8 L., Br. 2 Z. 9 L.

Auf diesen Blättern liest man neben dem Namen des Künstlers auch das Wort München.

Lempereur, der Name mehrerer Künstler, die hie und da auch l'Empereur geschrieben werden, und desswegen haben wir selbe unter Empereur rubricirt. Der vorzüglichere Künstler dieses Namens ist Louis Simon, von welchem wir mehrere der besseren Blätter bereits aufgezählt haben. Zur Ergänzung dienen folgende:

1) Die verwundete Clorinde, nach Guercino's Bild der Dresdner Gallerie, gr. qu. fol.
Sehr selten sind die Aetzdrücke von diesem Blatte.
2) Venus findet den verwundeten Adonis, nach demselben und beide im Dresdner Galleriewerke, gr. qu. fol.
3) Die Verkündigung an die Hirten, nach F. Boucher, oval, 1756.
4) Les présens du berger.
5) Le déjeûner.
6) La vie champêtre.
7) L'Amour moisseur.
8) L'Amour oiseleur.
(4–8: Alle nach Boucher.)
9) Retour de la foire.
10) Halte foraine, beide nach Pillement.
11) Der Kindermord, nach J. B. Pierre, gr. qu. fol.
12) Vignetten und verschiedene Werke.

Unter allen Blättern Lempereur's machte jenes, welches den Garten der Liebe von Rubens vorstellt, das grösste Aufsehen. Am ersten Tage wurden 700 Abdrücke verkauft, und lange Zeit war starke Nachfrage. Man muss sich Abdrücke zu verschaffen suchen, in welchen der Punkt des i im Worte „gentilhomme" fehlt.

Das Gegenstück zu diesem Blatte, die spanische Festlichkeit, le festin espagnol, nach Palamedes, machte dieses Glück nicht.

Lemprière, C., Marinemaler um 1738, derjenige Künstler, den Füssly Hauptmann nennt, nach welchem Tomes Marinen gestochen.

W. H. Toms stach nach ihm eine Folge von 9 Blättern, welche Marinen mit Schiffen und Landschaften vorstellen.

Lemput, Remy van, Maler von Antwerpen, der um die Mitte des 17. Jahrhunderts in England arbeitete. Er copirte mit grosser Geschicklichkeit die Arbeiten des van Dyck und anderer Meister. Nach Holbein copirte er die Bildnisse Heinrich VII. und VIII. auf einer Tafel, nach van Dyck das Bildniss des Grafen von Bedford, nach Rafael die Galathea in der Farnesina etc. In Hannover kaufte er zur Zeit der Unruhen das Bildniss Carl I. zu Pferd von van Dyck, gerieth aber darüber in einen so kostspieligen Prozess, dass ihm durch richterlichen Ausspruch das Gemälde an Zahlung des Rechtshandels abgenommen wurde. Starb 1675.

Lemuet, Pierre, Architekt, der in der ersten Hälfte des 17. Jahrhunderts zu Paris arbeitete. Er baute 1629 die Kirche Notre Dame-des-Victoires.

Lenain, s. Nain.

Lenardi, Giovanni Battista, Maler zu Rom, der nach Lanzi der Schule des Pietro da Cortona angehöret, während andere den Lazarus Baldi als seinen Meister nennen. Indessen genoss er auch den Unterricht des letzteren, Pietro ward ihm aber Vorbild. Er malte für Kirchen Rom's, vorzüglich für die der Buonfratelli zu Travestere. Lenardi war Trevisani's Nebenbuhler, starb aber schon im 48. Jahre 1704.

Caylus und Lesueur gaben nach Lenardi's Zeichnung die Ausgiessung des hl. Geistes in Helldunkel. Es gibt davon auch ein Blatt im Umriss. Westerhout stach die schöne Composition der Predigt des Apostel Paulus zu Athen, so wie das Bildniss des hl. Thomas von Canturi.

Lenardis, s. Leonardis.

Lendenara, Cristofano und Lorenzo, s. Canozio.

Lenderts, P., Maler, von welchem sich nach Füssly's Angabe in den Cabinetten der Liebhaber Historien finden. Wir kennen diesen Lenderts nicht, vermuthen aber, dass Lenderts nur so viel als Leunhard's Sohn bedeute.

Leney, William, Kupferstecher zu London, der in der letzten Hälfte des vorigen Jahrhunderts arbeitete, und noch im ersten Zehntel des unsrigen. Seine Blätter gehören nicht zu den Meisterstücken der Chalkographie.

1) Rosalinde reicht dem Sänger Orlando den Halsschmuck, nach J. Downman für die Prachtausgabe des Shakespeare gestochen.
2) Eine Scene aus dem Schauspiele: Wie es euch gefällt, nach R. Smirke sen.
3) Breaking the Ice, nach R. Westall.
4) Die Kreuzabnehmung, nach Rubens Bild im Louvre, 1805.
5) Die Schlacht bei Agincourt, nach Josias Boydell.
6) Victoire of the Nile, grosses Blatt, nach R. Smirke, mit W. Bromley und J. Landseer gestochen.

Lenfant, Jean, Maler und Kupferstecher, geb. zu Abbeville um 1615, gestorben zu Paris 1674. Er war C. Mellan's Schüler, dessen erste Manier mit Kreuzschraffirungen er sehr gut nachahmte. Man hat von seiner Hand eine Menge nett gestochener Blätter, die in der Ausführung nur etwas kalt sind. Die Vorbilder hat er meistens auch gemalt, denn er malte Bildnisse und Figuren in Pastell.

1) Das Brustbild des Heilandes, oval, nach Rafael, fol.
2) Maria mit dem säugenden Kinde sitzend, nach Carracci, fol.
3) Maria in Anbetung, in ovaler Einfassung, nach Guido, fol.
4) Die Madonna della Seggiola, in einer Einfassung von Rosen, gr. fol.
5) Christus mit Dornen gekrönt und von einem Juden verspottet, nach Annib. Carracci.
6) Cosmus III. Etruriae princeps, Büste in halber Grösse, 1673. H. 10½ Z., Br. 16 Z.
7) Nicolaus Blasset, Ambianensis architectus et Sculptor regius, 1658, gr. fol.
8) Franciscus du Tillet, Regius consiliarius, 1665, gr. fol.

9) Franciscus de Harlay, Rothomagensis Episcopus, nach P. Champagne, 1664, gr. fol.
10) Renatns de Marillac etc., Brustbild in Oval, 1663, gr. fol.
11) Ludovicus Boucherat, D. de Campanus, 1670, gr. fol.
12) Aegidius le Maitre, Dominus de Ferrières etc., 1662, kl. fol.
13) Andreas de Pajot, Reg. a. sanct. Consil., Brustbild, oval, fol.
14) Henricus d'Argouges, Abbas S. Quintini, 1672, gr. fol.
15) Pierre Camboust de Coeslin, nach Nanteuil, 1661, fol.
16) Les Epitaphes, inv. par Blasset. Lenfant sc 7 Blätter in kl. fol.

Lenfant, Peter, Maler von Anet, bildete sich in der Schule des C. Parrocel. Er malte Landschaften und Schlachten. Seine Hauptbeschäftigung erhielt er in der Manufaktur der Gobelins. Um 1750 war er auch Mitglied der Akademie zu Paris.

Beauvarlet stach nach ihm: Le testament de la Tulipe, und Les adieux de Catin.

Lengele, Martin, Bildnissmaler, der um 1650 im Haag arbeitete. Er malte die Oranische Compagnie, mit ihrem Offizier an der Spitze, ein treffliches Bild mit zehn lebensgrossen Figuren. Im Jahre 1656 wurde er einer der drei Direktoren der Künstlergesellschaft im Haag. J. Matham stach 1654 nach ihm das Bildniss des Caspar Streso.

Lengerich, Heinrich, Historienmaler und Professor an der Akademie der Künste in Berlin, ein jetzt lebender trefflicher Künstler. Er wurde zu Stettin geboren, und von der Natur zum Künstler bestimmt, folgte er mit ganzer Hingebung ihrem Rufe. Ausgerüstet mit den nöthigen Vorkenntnissen, die er sich zu Wien erwarb, ging Lengerich 1817 nach Italien, und da fand er abwechselnd in Rom und in Florenz an Rafael, Correggio und andern bewährten Meistern Vorbilder, in deren Geist einzudringen jetzt sein einziges Trachten war. Zu diesem Ende copirte er die Madonna di Foligno, die Madonna del Cardellino, die Madonna Tempi, die Madonna aus dem Hause Staffa, lauter Kunstperlen, die Rafael's Hand geschaffen. Auch die Fornarina hat er nachgebildet, und die berühmte Grablegung Sanzio's in der Gallerie Borghese copirte er für die Kirche von Demmin in schwedisch Pommern. Lengerich studirte überdiess noch Werke anderer Meister, wie jene des Albertinelli, dessen Besuch der Elisabeth er ebenfalls in einer trefflichen Nachbildung wiedergab. Im Jahre 1821 kehrte Lengerich in seine Vaterstadt zurück, und hier erhielt er den ehrenvollen Auftrag, für die Jakobi-Kirche daselbst ein grosses Altarblatt zu malen. Er wählte die Kreuzabnahme, und dieses ist jenes ausgezeichnete Werk, welches wir irrthümlich im Artikel des Professors Begas erwähnten. Professor Lengerich vollendete es 1823 während seines letzten Aufenthaltes in Rom, und jetzt prangt es in der erwähnten Kirche seiner Vaterstadt. Die Composition ist einfach und ernsten Charakters, dem Gegenstande gemäss. Die Gestalten sind edel, und Zeichnung und Colorit verkünden den nach grossen italienischen Mustern gebildeten Künstler. Diese Kreuzabnahme erwarb dem Künstler bei der Ausstellung in Berlin auch allgemeinen Beifall.

Lengerich malte überdiess noch mehrere andere treffliche Bilder, historische Compositionen, Genrebilder, Architekturstücke und Bildnisse, solche einzeln und in ganzen Familienbildern. Alle diese Werke zeichnen sich durch verständige Anordnung, durch Schönheit der Form, durch Correktheit der Zeichnung und durch eine harmonische Färbung aus. Seine Bildnisse sind sprechend ähnlich und von charakteristischer Seite aufgefasst.

Eines seiner neuesten Werke ist ein Altarblatt nach Evang. Joh. Cap. I., aus Auftrag des Kronprinzen von Preussen für die Johanneskirche in Stettin gemalt. Man sah es 1838 auf der Berliner Kunstausstellung.

Leni, Giuliano, Architekt und Schüler des berühmten Bramante Lazzari, der ihm öfter die Aufsicht über seine Bauten anvertraute. Blühte um 1510.

Lenkart, s. Lenker.

Lenker, der Name dreier geschickter Goldschmiede, die in Nürnberg und Regensburg ihren Ruf gründeten. Hans, der ältere, schrieb auch über die Optik, und liess 1616 einen Traktat drucken. Sein gleichnamiger Sohn war in getriebener Arbeit vorzüglich, so wie sein Bruder Christoph, der aber schon im 40. Jahre, 1613 starb. Hans machte auch Gypsabgüsse und Medaillen. Er wurde zuletzt Bürgermeister in Regensburg, so sehr war er geachtet.

Von Hans Lenker finden sich noch Werke. In der Ambraser-Sammlung zu Wien ist eine Flinte, deren Schaft mit Zierathen, Thieren und Genien von Elfenbein verziert ist. Das aus H L F bestehende Monogramm bedeutet wohl unsern Künstler. Dann findet man Arbeiten in Silber und Email, verziert mit Arabesken, Figuren und Thieren, die ein Zeichen tragen, welches aus H L N zusammengesetzt ist, und Hans Lenker Norimbergensis bedeuten könnte. Auf der königlichen Hof- und Staatsbibliothek zu München ist von ihm ein schön beschlagenes Gebetbuch.

Dann finden sich zwei Kupferstiche, die im Style an die Goldschmiedsarbeiten erinnern.

1) Piramus und Thisbe, rechts oben das Monogramm. H. 1 Z. 7 L., Br. 2 Z. 9 L.

2) Mehrere Vögel auf Baumästen und Blumenstängeln; darunter ist auch eine Eule auf der Fledermaus. Oben links das Zeichen. H. 1 Z. 9 L., Br. 2 Z. 10 L.

Es gibt auch Holzschnitte, die in einem Täfelchen das Zeichen H L mit dem Messerchen quer durch, oder beide Buchstaben zusammengezogen auf einer Bandrolle, durch welches das Schneidmesser zur Hälfte gesteckt ist. Dieses Monogramm wird bald dem Heinrich Lautensack, bald dem Hans Lenker zugeschrieben, so wie ein drittes Zeichen, welches in einer Tafel mit den ziemlich grossen Buchstaben H L besteht. Die Buchstaben H L finden sich auch ohne Täfelchen auf Blättern, auf weissem und schwarzem Grund. Blätter von dieser Art haben wir im Artikel Heinrich Lautensack verzeichnet, und darauf verweisen wir, mit dem Bemerken, dass sie vielleicht keinen dieser beiden Künstler angehören; alle sind sie sicher nicht das Werk Lautensack's. Und diese Blätter vom Goldschmied Hans Lenker? Es ist nicht gewiss, und vielleicht sagt man richtiger, sie seien das Werk eines Anonymus H L, der in der ersten Zeit des 16. Jahrhunderts lebte, und der älter ist, als Lenker.

Lenlacher, Ignaz, Bildhauer und Maler, aus Bayern gebürtig, der aber im Auslande seine Kunst übte. Im Jahre 1718 wurde er nach Wien berufen, wo er bei Sternetti arbeitete, bis er nach Nikolsburg in Mähren sich begab. Damals wurde dort die fürstlich Dietrichstein'sche Residenz erneuert, für welche er mehrere Bildhauerarbeiten lieferte. Seine Werke sind auch die Sculpturen der dortigen Dreifaltigkeitssäule, und in Kirchen und Privathäusern der Umgegend sind ebenfalls Bildwerke in Stein, Gyps und Holz von seiner Hand. Lenlacher galt zu seiner Zeit für einen guten Künstler. Von Nikolsburg wurde er nach Carlsruhe berufen, und da starb er nach 1740, im 74. Jahre.

Lenmico, Domenico, Bildhauer von Neapel, war anfänglich Schüler von B. Vaccara, und dann ging er nach Rom, um sich bei Legros und Rusconi weiter auszubilden. Er fertigte viele Statuen für die Carthäuser Kirche St. Lorenzo la Padula, und zuletzt trat er selbst in den Orden. Lebte um 1710.

Lenney, s. Leney.

Lenoir, Alexander, ein in der Kunstgeschichte Frankreichs berühmter Mann, wenn auch nicht so sehr Künstler, wurde 1762 zu Paris geboren, und Doyen unterrichtete ihn in der Malerei.

Diese betrieb er bis 1790, lieferte aber kein Werk von Bedeutung, da ihm seine archäologischen und kunstgeschichtlichen Studien noch mehr am Herzen lagen, als die Ausübung der Kunst selbst. In dem bezeichneten Jahre fasste er die Idee, die zerstreuten, und durch die Revolution fast zerstörten französischen Kunstdenkmäler zu sammeln, und sie in einem eigenen Lokale zu vereinigen. Der Maire von Paris und durch ihn die Assemblée nationale, unterstützten diesen Plan, und Lenoir wurde zum Conservator der französischen Monumente ernannt. Seiner Obsorge verdankt man die Rettung mehrerer Denkmäler, die ohne ihn der Vandalismus jener Zeit zerstört hätte. Er that dieses sogar mit Gefahr seines Lebens; als man das bekannte Mausoleum des Cardinals Richelieu zerstören wollte, stemmte er sich dagegen, und bei dieser Gelegenheit erhielt er einen Bajonetstich durch die rechte Hand. Von dieser Zeit an suchte er Alles Interessante zusammen, was sich noch von Grabmälern, Statuen und andern Monumenten der französischen Monarchie fand, und ohngefähr 500 St. stellte er in sechs Sälen des Klosters der Petits-Augustins auf. Dieses Convent wurde den 21. Oktober 1795 zum Musée des monumens français erhoben. In dieses Museum brachte Lenoir auch die Kunstreste der Schlösser von Anet und Guillon und mehreres aus einem gothischen Kloster. Er legte in Sarkophage nach seiner Erfindung die Ueberreste eines Turenne, Molière, Lafontaine, Decartes etc. Er grub zu Nogent-sur-Seine die Reliquien Abeilard's und Heloisens aus, und errichtete aus den Trümmern des Paraclet für sie eine gothische Capelle. Diese Capelle und die Sarcophage sieht man auf Père-Lachaise zu Paris. Er rettete 1793 die Mausoleen Ludwig's XII., Franz I. und Heinrich II. vor der Zerstörung. Unter der grossen Anzahl von gesammelten Statuen und Basreliefen sind auch zwei Statuen des Michel Angelo, die einzigen von diesem Meister in Frankreich. Auch entdeckte er zu Autin ein Gemälde des Fra Bartolomeo. Die Anzahl von Gemälden und kostbaren Säulen, welche er 1794 — 1814 für das Museum des Louvre erwarb, ist beträchtlich. Den 18. December 1816 erhielt das Musée des Petits-Augustins auf Befehl des Königs eine andere Bestimmung.

und Lenoir wurde Administrator der Monumente der königl. Kirche St. Denis. Jetzt liess er die Gräber der Könige und Königinnen, der Prinzen und Prinzessinnen des königlichen französischen Hauses wieder herstellen. Lenoir beschäftigte sich auch mit der chronologischen Zusammenstellung der Monumente Frankreichs, und die Werke, welche wir ihm verdanken, sind folgende:

1) Description historique et chronologique des monumens de Sculpture, réunis au Musée, 1793, 8.
2) Musée des monumens français, 8 Vol. mit 258 Blättern, in 8.
3) Histoire de la peinture sur verre et description des vitraux anciens et modernes, 1804, in 8.
4) Histoire des arts en France, prouvée par les monumens, mit 164 Blättern, in 4.
5) Recueil de portraits inédits des hommes et des femmes célèbres qui ont illustré la France, in 8.
6) Nouvelles explications des hieruglyphes, 4 Voll. mit 88 Blätter, in 8., 1809 — 1822.
7) Nouvelle collection d'arabesques, 1810, in 4.
8) Explication d'un monument égyptien, 1813, in 8.
9) La Franc-Maçonnerie rendue à sa veritable origine, 1814. in 8.
10) Memoire sur les sépultures d'Heloise et Abeilard, 1815, in 8.
11) Considérations générales sur les sciences et les arts, 1816, in 8.
12) Description historique et critique des statues, bas-reliefs, inscriptions et bustes antiques en marbres et en bronze, des peintures et sculptures modernes du musée royal, 8 Voll. in 8., 1820 — 1822.
13) Atlas des monumens des arts libéraux, mécaniques et industriels de la France. Davon erschien nur ein Heft in fol., 1820.
14) Observations scientifiques et critiques sur le génie et les principales productions des peintres et autres artistes les plus célèbres de l'antiquité, du moyen âge et des temps modernes 1821 und 1824 etc., in 8.

Lenoir ist auch einer der Hauptredakteure der Annales françaises des sciences et des arts. Dann ist er Ritter der Ehrenlegion und des goldenen Sporns, Mitglied verschiedener archäologischer und gelehrter Gesellschaften.

Lenoir, Adelaide, geborne Binart, Malerin, wurde 1771 zu Paris geboren, und ihr Vater Pierre Claude Binart unterrichtete sie in den Anfangsgründen der Kunst. Hierauf nahm sich Regnault ihrer an, und unter Leitung dieses Meisters widmete sie sich der Portraitmalerei. Die Anzahl ihrer Bildnisse ist bedeutend, und mehrere derselben sind bei Gabet verzeichnet, darunter auch eine lebensgrosse allegorische Gestalt der lyrischen Poesie. Von 1817 an sah man von dieser Künstlerin keine Gemälde mehr in den Salons, doch lebte sie noch 1830.

Lenoir, Nicolas, Architekt, wurde um 1726 zu Paris geboren, und Blondel war sein Meister. Er gewann schon frühe den grossen Preis der Architektur, doch wissen wir nicht, ob der Künstler auch in Italien gewesen, eine Begünstigung, die der erste Preis mit sich bringt. Diesem Lenoir vertraute Voltaire den Bau seines Schlosses in Ferney an. Er baute 1781 auch das Theater de la Porte-St.-Martin, und dieses Gebäude war in 56 Tagen hergestellt. Dann baute er 1790 auf eigene Kosten das Theater der Cité, jetzt le Prade.

N. Lenoir starb 1810.

Lenoir, N., Maler, der in Paris gelebt hat, dessen Lebensverhältnisse wir aber nicht erfahren konnten. Im Cataloge der Sammlung des Hofrathes Brandes heisst es, dass J. Clarke nach ihm eine Madonna mit dem Kinde, das eine Dornenkrone trägt, gestochen habe, roth gedruckt, rund in fol. Füssly nennt den Maler le Noir, legt ihm ebenfalls die Erfindung des obigen Blattes bei, und fügt hinzu, dass Vangelisti und Cathelin ein Paar Bildnisse nach ihm gestochen haben. Dieser L. le Noir soll schon 1779 der Akademie einverleibt gewesen seyn.

Lenoir, Rose, Kupferstecherin, deren Lebensverhältnisse wir nicht kennen. Sie war Zeitgenossin der Angelika Kaufmann, und nach dieser Künstlerin stach sie ein allegorisches Blatt, unter dem Titel: Beauté conseillé par la prudence rejette avec mepris les sollicitations de la Folie.

Lenormand, Carl, s. Normand.

Lens, Bernhard, Zeichner und Stecher, der ältere dieses Namens, geb. zu London 1659, gest. 1725. Er war der Sohn eines Emailmalers, der in London arbeitete, und dieser sein gleichnamiger Vater, ertheilte ihm den ersten Unterricht. Den Beinamen des älteren führte er jedoch nicht zum Unterschiede von seinem Vater, man unterscheidet ihn dadurch von seinem Sohne Bernhard. Dieser war ebenfalls Kupferstecher, es möchte aber schwer seyn, immer die Werke beider Künstler zu unterscheiden. Der ältere Lens fertigte viele Zeichnungen für Sturt und andere Stecher; dann fertigte er eine grosse Anzahl englischer Prospekte mit chinesischer Tinte.

Als Radirer verdient er mit Achtung genannt zu werden, in der schwarzen Manier übertrafen ihn aber seine Zeitgenossen, und den Beleg dazu werden die folgenden Blätter liefern; doch wird man die Verzeichnisse der Blätter von den beiden B. Lens nur als sich gegenseitig ergänzend nehmen dürfen.

1) David und Bath-scheba. Carolus Marattus pinxit. B. Lens fec. et exc., fol. Bei Weigel 1 Thlr.
2) Susanna und die Alten, fol.
3) Das goldene Zeitalter, (The golden Age) nach Berghem, qu. fol.
4) Landschaft mit einer Frau, welche die Ziege melkt, nach demselben, gr. fol.
5) Landschaft mit einem stehenden Bauer, der sich auf den Stock stützt, nach demselben, gr. fol.
6) Christus am Kreuze, unten ein Engel mit Cherubim, nach van Dyck, fol.
7) Die Geburt Christi, nach Rafael.
8) Die Geburt Christi und die Verkündigung, nach Werner.
9) Salvator Mundi, blos mit dem Namen des Künstlers.
10) St. Peter aus dem Gefängnisse befreit, mit Cooper's Adresse.
11) Tobias mit dem Engel, nach Pinas.
12) Das Urtheil des Paris, nach Pet. Lely, fol.
13) Die Klugheit, nach Lebrun.
14) Bacchus, nach Van Dyck.
15) Cupido und Psyche, nach demselben.

16) Bacchus, Venus und Ceres, nach F. Badens, fol.
17) Venus und Adonis, nach Killigram.
18) Rinaldo und Armida, nach Van der Vart, gr. qu. fol.
19) Diana verwandelt den Aktäon in einen Hirsch, nach demselben, mit Smith's Adresse.
20) Der Sommer, nach J. da Ponte.
21) Die Familie des Königs Wilhelm, ohne Namen des Malers.
22) Maria Regina. Angl. etc., ganze Figur, fol.
23) Lady Maria Radclyffe, stehend mit der Feder in der Rechten, nach Wissing und Van der Waart, 1687, gr. fol.
24) Der Vice-Admiral C. Schovel, nach Dahl.
25) Das Bildniss der Herzogin de la Vallière, angeblich mit E L fecit bezeichnet, aber wahrscheinlich das Werk des B. Lens.

Ein E. Lens ist nicht bekannt.

Lens, Bernhard, Zeichner, Maler und Kupferstecher, der Sohn des Obigen, wurde um 1680 in London geboren, und sein Vater unterrichtete ihn in der Kunst. Er erwarb sich in London durch seine Miniaturgemälde Ruhm, und besonders genau copirte er die Werke von Rubens und Van Dyck. Dann war er auch Zeichenmeister des Herzogs von Cumberland und der Prinzessinnen Marie und Louise. Um 1741 zog er sich nach Knightsbridge zurück, und da starb er nach einiger Zeit.

Lens der jüngere gab auch einige Landschaften und Zeichenbücher heraus.

Wir lassen hier ein Verzeichniss von Blättern folgen, von denen aber einige dem obigen Künstler ganz oder theilweise angehören könnten. Der eine dieser Lens hatte vermuthlich einen Kunstverlag, da man auch Blätter mit B. Lens exc. bezeichnet findet. Lens jun. arbeitete ebenfalls in Mezzotinto.

1) Mars und Venus, J. Becket exc.
2) Venus und Adonis, mit derselben Adresse.
3) Ceres bei Stellion den Durst stillend.
4) Hercules und Dejanira.
5) Corinna.
6) Nymphen im Bade, von Satyrn überrascht.
7) Der Satyr mit dem Leuchter findet ein Weib im Bette.
8) Jupiter und Calysto, mit Smith's Adresse, 4.
9) — 10) Esther und die Herodias, zwei kleine Blätter.
11) Semiramis, Königin von Babylon, B. Lens exc., kleine Blatt.
12) Venus und Adonis, kl. Blatt.
13) Narcissus, kl. Blatt.
14) Glaucus und Cirisse, mit Cooper's Adresse.
15) Die Nymphen überraschen den Amor im Garten schlafend, mit derselben Adresse.
16) Zwei nackte Frauen mit Vasen, J. Becket exc.
17) — 20) Die Büsten der Ceres, Neptuns, der Flora und Juno, 4 kl. Bl. Oval.
21) Die Flora, kl. Bl.
22) Ein junger Jäger, Kniestück.
23) Ein nacktes Kind, welches Seifenblasen macht.

Lens, Andreas Cornelis, berühmter Historienmaler, geb. zu Antwerpen 1740, sollte sich in seiner Jugend den Studien widmen, zog es aber vor, die Malerei zu erlernen, und sein erster Meister war Eyckens, bis er später zu Beschey überging. Er zeigte schon frühzeitig einen reinen Sinn für das wahrhaft Schöne, der ihn, wenn auch durch das Studium der Antike noch nicht geläutert, von dem falschen Geschmacke bewahrte, welchen Boucher und Vanloo in die Malerei eingeführt hatten, und von dem fast alle Künstler jener Zeit angesteckt waren. Mit raschen Schritten ging er aber in Rom seiner Vollendung entgegen. Hier studirte er ausschliesslich die Antike, so wie Rafael's Werke, und kehrte mit einem reichen Portefeuille von dem klassischen Lande der Kunst zurück. Seine Vaterstadt übertrug ihm die Stelle eines Professors an der Akademie, als welcher er in der Kunst treffliche Schüler bildete.

Kaiser Joseph wollte 1779 auf seiner Reise durch Belgien den Künstler für seinen Hof gewinnen, aber dieser konnte sich nicht entschliessen, sein Vaterland zu verlassen, obgleich sich ihm in Wien eine glänzende Bahn eröffnet hätte. Im Jahre 1781 liess er sich daher zu Brüssel nieder, und da trat er in ein eheliches Bündniss. Fleissig, und nur allein für die Kunst lebend, verfertigte er eine grosse Anzahl von Staffeleibildern, die in ganz Europa, vorzüglich in England, verbreitet sind. Unter seine vorzüglichsten Gemälde rechnet man diejenigen, welche das Schloss zu Laecken zieren und mythologische Gegenstände enthalten. Lens malte sie auf Befehl des Herzogs von Sachsen-Teschen. Mehrere seiner Bilder mit Darstellungen aus der heil. Geschichte sind in der Alexianerkirche zu Lierre, eine Verkündigung sieht man in St. Michael zu Gent, die Geschichte der heil. Magdalena in mehreren grossen Gemälden ist in der Kirche dieser Heiligen zu Lille, dann die Fabel des Bacchus in einem Saale des Hotels Stevens in Brüssel. Mit dem oben erwähnten Bilde der Verkündigung in St. Michael fand er bei der Geistlichkeit Anstand. Dieses Bild, besonders die Figur des Erzengels, war etwas zu weltlich gerathen, und der Künstler musste daher dem Botschafter ein Paar Flügel ansetzen, wodurch im Ganzen ein wahrhaft humoristischer Contrast entstanden ist.

Als Schriftsteller machte er sich durch einen Essai sur le bon goût en peinture et de la beauté considerée dans toutes ses parties vortheilhaft bekannt. Dem Dominichino tritt er jedoch zu nahe; er spricht ihm Genie ab.

Resultate seiner gründlichen und gelehrten Forschungen gab er auch in dem Werke: Le costume des peubles de l'antiquité, prouvé par les monumens, mit Kupfer und Vignetten, gr. 4. Martini hat dieses Werk übersetzt.

Als achtzigjähriger Greis hörte er zu malen auf, aber noch immer bewahrte er eine enthusiastische Liebe für die Kunst, die in jüngern Jahren seine Seele erfüllte. Lens war Ritter des Ordens vom belgischen Löwen, Mitglied des königlichen Institutes und mehrerer anderer Akademien, sowohl des In- als Auslandes. Im Jahre 1822 starb er.

S. auch W. J. Herreyns. Aus unserm Artikel ersieht man, dass Füssly im Suplemente zum Künstler-Lexicon Lens zweimal aufführt. Aus dem von G. Pfeifer gestochenen Gemälde des Jupiter auf dem Ida darf man den Künstler nicht beurtheilen.

Lens, E., s. B. Lens sen. Nr. 25 der Blätter.

Lensing, ein jetzt lebender, geschickter niederländischer Landschaftsmaler.

Lenthe, Kupferstecher aus Mecklenburg-Schwerin, übte in Dresden seine Kunst. Er stach Bildnisse, und ein solches stellt den bei

Saalfeld gebliebenen Prinzen Ludwig Ferdinand von Preussen nach Grassi dar. Es ist dieses ein Mezzotintoblatt.

Dieser Künstler starb in jungen Jahren um 1808.

Lenthe, F. C. G., Historien- und Portraitmaler zu Ludwigslust, wurde um 1790 geboren. Er ist schon seit mehreren Jahren bekannt, und 1818 bekleidete er bereits die Stelle eines grossherzoglich Mecklenburgischen Hofmalers. Er ist jetzt auch Gallerie-Direktor und als solcher gab er 1836 das Verzeichniss der grossherzoglichen Gemälde-Sammlung, welche sich auf dem alten Schlosse in Schwerin befindet, heraus. Schon früher, im Jahre 1821, erschien zu Parchim von ihm das Verzeichniss der Gemälde, welche sich in der Grossherzoglichen Gallerie zu Ludwigslust befinden.

Lenthe malt Historien und Bildnisse, die sich durch Aehnlichkeit auszeichnen.

Lentzner, s. Lenzner.

Lenz, Carl Gottlieb, Maler, wurde 1763 zu Dresden geboren, und Direktor Hutin war sein erster Meister. Nach dem Tode des Letzteren kam er zu Schenau, um sich in der Composition auszubilden, doch musste er nach einiger Zeit erfahren, dass nur zu oft die Portraitmalerei die Zuflucht der Künstler ist. Um 1788 ging er endlich nach Rom, anfangs auf eigene Kosten; kaum aber wurde ihm eine churfürstliche Pension bewilliget, so machte der Tod seinem weitern Streben ein Ende. Er starb 1790 in Rom, mit dem Rufe eines gebildeten und guten Künstlers. Seine Werke sind selten, und darunter nennt man: Paulus vor Festus und die Anbetung des goldenen Kalbes.

Lenz, Johann Philipp Wilhelm, Landschaftsmaler zu Leipzig, ein jetzt lebender vorzüglicher Dilettant, der uns seit 1826 bekannt ist. Er malt Landschaften mit Staffage von Figuren, Ruinen etc., und in diesen Bildern herrscht treue Auffassung der Natur. Sie stellen einzelne Landschaften und Gegenden Sachsens dar, bei Mondschein, bei auf- oder untergehender Sonne.

Wir haben von ihm auch 6 radirte Blätter mit Ansichten um Leipzig.

Lenzner, Joh. Nicolaus, Zeichner und Maler von Schleitz im Voigtlande, erlernte die Anfangsgründe der Kunst in Weimar bei Dietrich, und dann bildete er sich in der Malerei unter Hamilton's Leitung aus. Er malte Landschaften mit Ruinen und Vieh, worin er Hamilton nachahmte, ohne jedoch den Schüler Dietrich's zu verläugnen. Er copirte auch Teniers, und neben seinen Gemälden sah man von ihm auch Zeichnungen nach den erwähnten Meistern, theils in Rothstein, theils in Tusch und weiss gehöht. Alle diese Werke fanden zu seiner Zeit grossen Beifall.

Lenzner liess sich in Frankfurt am Main nieder, und da zeichnete er 1741 bei der Kaiserkrönung die Illuminationen und Feuerwerke, welche bei jener Gelegenheit gegeben wurden. Im Krönungs-Diarium des Kaisers Franz sind Kupfer nach seinen Zeichnungen gestochen. Den Einzug des Kaisers zeichnete er mit grosser Genauigkeit, mit allen dabei betheiligten Personen. Tyroff und andere stachen historische Gegenstände nach seinen Zeichnungen. Lenzner wurde indessen nur 38 Jahre alt, und 1749 starb er.

Dann haben wir von einem Lenzner ein radirtes Blatt nach Rembrandt, welches den guten Samariter vorstellt. Wir wissen nicht,

28*

ob dieses Blatt unserm Lenzner angehöre, oder dem Kupferstecher, der um 1760 zu Dresden bei Joseph Camerata lernte.

Leochares, Erzgiesser und Bildhauer von Athen, Zeitgenosse des Scopas und Polycles. Seine Thätigkeit ist um Ol. CII. — CXI. zu suchen. Mit Ol. 102 lässt ihn Plinius seine Bahn betreten, und auf dieser schritt er bis nach Ol. 107 rühmlich fort. Man weiss nämlich, dass er mit Bryaxis, Timotheus und Scopas an dem berühmten Grabmale des Mausolus gearbeitet habe, und dieses geschah in der bezeichneten Olympiade, wie die Archäologen Thiersch, Müller, Sillig u. a. darthun. Die Vollendung dieses Werkes dürfte sich in die Länge gezogen haben, und daher dehnt man auch die Thätigkeit dieses Künstlers gegen Ol. CXI. aus.

Wie sich zur Zeit des Leochares die griechische Kunst gestaltet habe, ist im Artikel der Kunstheroen jener Periode, des Scopas und Praxiteles, zu lesen. Nach dem Peloponesischen Kriege erhob sich zu Athen und in der Umgegend eine neue Kunstschule, welche dem Gefälligen, dem zarten Schönen huldigte, neben der edlen und grossartigen Auffassung der älteren Schule eines Phidias. Diesen Geist athmeten die Werke des Leochares. Sein Ganymedes, der vom Adler emporgetragene Liebling des Zeus, war eben so reizend als edel aufgefasst. Dieses berühmte Bildwerk war von Erz, und so zart gedacht, dass man es, nach Plinius Ausdruck, selbst dem Adler ansah, wie behutsam er zu Werke gehe, damit der Knabe von den Klauen selbst durch die Kleider nicht verletzt werde. O. Müller erkennt in der Statue im Pio-Clement. III. 49 eine sichere Nachbildung des Ganymed von Leochares. Diese Statue stellt die Hingebung des geliebten Knaben an den Erasten in der andeutenden Manier des Alterthumes dar. Dass der Adler die Liebenden selbst bedeute, tritt z. B. auf den Münzen von Dardanos deutlicher hervor, wo der Gegenstand frecher behandelt ist.

Leochares fertigte auch eine Statue des Apollo, im Keramaikos aufgestellt, jenem des Calamis gegenüber. Auf der Burg stand von ihm eine Statue des Jupiter, welche Meyer und andere mit jener des Jupiter Policus, deren Entstehung man nicht kennt, verwechseln; allein Pausanias erwähnt der Bildsäule des Leochares und der andern aus unbekannter Zeit. Seine colossale Statue des Mars, die auf der Burg zu Helikarnoss war, erklärten Einige für ein Werk des Timotheus, und dann erwähnt Pausanias auch noch eines Bildwerkes im langen Gange des Piräus, Jupiter und das Volk vorstellend.

Von Leochares hatte man auch Bildnissstatuen macedonischer Fürsten, wie jene des Philipp, Alexander, Amyntas; Olympias und Euridice, aus Gold und Elfenbein. Timotheus, der Sohn des Conon, liess durch ihn die Statue des Isocrates machen, um sie in Eleusis aufzustellen. Isocrates starb bald nach der Schlacht bei Cheronea.

Das oben erwähnte Mausoleum war ein quadratischer Bau (412 F.) von Pytheus und Satyros, mit der Quadriga 104 Fuss hoch. Die Reliefs des Frieses sind von den erwähnten Künstlern ausgeführt, von denen wahrscheinlich noch Reste auf der Burg von Budrun sich finden. Einiges davon ist in R. Dalton's Antiq. and views in Greece and Egypt. 1791, Anhang: Jonian Antiq. II. pl. 2. add. in der 2. Ausg., abgebildet. Ueber das Philologische s. Thiersch Epochen, Sillig's Catalogus, dann auch Müller's Archäologie.

Leocras, eine andere Lesart für Leochares.

Leon, ein Maler des Alterthums, der aus Plinius nach einem Bildnisse der Sappho bekannt ist.

Dann ist bei Plinius auch eines Bildhauers erwähnt, der Statuen von Athleten, Bewaffneten, Opfernden und Jägern machte.

Leon, der Bischof von Tours, wird von dessen Nachfolger, dem Gregorius von Tours, als Baumeister gelobt.

Leon, Juan Valdemira de, Maler, der um 1760 lebte. Er wurde zu Tafalla in Navarra geboren, und seine Bildung zum Künstler verdankt er dem J. Rizi. Mit diesem Meister arbeitete er im Theater von Buen-Retiro. Er war der Liebling des Meisters, wesswegen ihn die andern Schüler hassten. Sein Hauptfach war die Blumenmalerei, und darin wurde er dem Arellano gleich gehalten.

Starb zu Madrid in der Blüthe der Jahre.

Leon, Christobal de, Maler von Sevilla, Schüler von Valdes. Er malte für Kirchen und Klöster Bilder in Oel, die mit einer gewissen Leichtigkeit und mit besserem Geschmacke behandelt sind, als viele andere aus der Zeit nach Murillo. Starb 1729.

Leon, Andreas de, ein Hieronymitaner, Zeitgenosse des Juan Valdemira de Leon, zeichnete sich als Miniaturmaler aus. Seine Werke hielt man jenen des Jul. Clovio gleich. Er zierte mehrere Chorbücher des Escurial mit seinen Miniaturen. Blühte um 1660. Ein anderer Künstler dieses Namens blühte um 1505 zu Sevilla.

Leon, Philipp de, Maler zu Sevilla, ist als Copist der Werke Murillo's bekannt. Starb 1728.

Leon, Franz, Kupferstecher, der um 1650 in Rom lebte. Er stach Bildnisse, wie jenes der Königin Ludovica in Polen.

Leon, J., Kupferstecher, der um 1776 zu Wien geboren wurde, wie Rost und Meusel wissen wollen. Er arbeitete in Mezzotinto, und zwar mit nicht geringerem Geschicke, als die englischen Meister.

1) Die überwundenen Curiatier in Ketten in dem Gefängnisse, nach Platzer, gr. qu. fol.
2) Der Tod der Semiramis, im Innern eines Grabmales, nach demselben, das Gegenstück.

Leon, Maler zu Dinant, ein Künstler unsers Jahrhunderts, dessen wir 1826 erwähnt fanden. Er malt Landschaften und Genrestücke.

Leonart oder Leonhard, Johann Friedrich, Kupferstecher, wurde 1633 zu Dünkirchen geboren. Sein Meister ist unbekannt, er selbst aber hat sich durch eine bedeutende Anzahl von Bildnissen hervorgethan, die grösstentheils in Mezzotinto ausgeführt sind. Er arbeitete in Brüssel, noch länger aber in Nürnberg, und hier starb er 1687. Basan und andere nach ihm nennen diesen Künstler irrig J. Franz; Füssly führt ihn daher unter Johann Friedrich Leonhard zum zweitenmale auf, besonders nach Heinecke, welcher sagt, dass dieser Künstler auch desswegen zu bemerken sei, weil er in Berlin zuerst in Schwarzkunst gearbeitet, und diese Gattung dort aufgebracht habe. Heller lässt ihn 1680 in Berlin auch sterben.

1) Christus, Brustbild mit Nimbus. Tu generis hominum etc. H. 4 Z. 11 L., Br. 3 Z. 10 L. Bei Weigel 1 Thl. 8 gr.
2 a) Effigies Amp. Viri Dni Justi de Merstraten. Dum viveret Syndici Urbis Bruxellensis. Halbfigur am Tische, mit Büchern, Büste etc. Ant. van Dyck pinxit. Anno 1636. J. F. Leonart fecit Bruxellis. H. 9 Z. 9 L., Br. 7 Z. 2 L. Haupt-

blatt. Ein Probedruck vor der Schrift, mit der Unterschrift in Rothstein vom Künstler selbst beigefügt, bei Weigel 3 Thl. Andere Blätter sind bei Weigel auf 1 Thl., zu 8 — 18 gr. gewerthet.

2 b) Das Bildniss der Gattin dieses Syndicus, der Isabella van Assche, ebenfalls ein schönes Kniestück nach van Dyck.

3) Ein ungenanntes Bildniss, jenes des Meisters selbst, Brustbild en façe. H. 3 Z. 2 L., Br. 2 Z 10 L

4) Agnes Alberti Düreri conjux, Büste nach einer Dürer'schen Medaille. Mit Dürer's Zeichen und der Jahrzahl 1508. H. 3 Z. 9 L., Br. 2 Z. 5¼ L.

5) Georg Krig, Glasschneider in Nürnberg. Ae. 54. 1583. H. 3 Z. 1 L., Br. 2 Z. 10 L.

6) Georg Weisz, Caplan bei St. Sebald, 1522. H. 3 Z. 11 L., Br. 2 Z. 3 L.

7) Ungenanntes Bildniss des Kupferstechers Johann Fenitzer jun., 1671. H. 4 Z. 5 L., Br. 3 Z. 4 L.

8) Paulus Hecker, Wachsbossirer. Aet. 30. Anno 1649. H. 4 Z. 6 L., Br. 3 Z. 2 L.

9) Petrus Antonius Corduer. Norimbergensis pictor, obiit Venet. 1644. J. F. Leonart 1671. Oval. H. 4 Z. 9 L., Br. 3 Z. 7 L.

10) Rosina Ritterin. G. Pfründ in cera effig. Oval. H. 5 Z. 3 L., Br. 3 Z. 7 L.
Im ersten Drucke mit dem blossen Namenszuge.

11) Conradus Zeltis. Protucius Germanus primus Poeta. Imp. manibus coronatus. H. 4 Z. 11 L., Br. 4 Z. 3 L.

12) M. H. (Martin Hahn Einspänninger in Nürnberg.) H. 5 Z. 7 L., Br. 3 Z. 8 L.

13) Johannes Schwendter von Kehlheim, Handelsmann in Nürnberg etc. H. 5 Z. 6 L., Br. 3 Z. 8 L.

14) Jakob Balthasar Schütz zu Nürnberg, oder der Knabe mit dem Hunde. G. Strauch del. H. 4 Z. 11 L., Br. 3 Z. 5 L. Im ersten Drucke vor der Jahrzahl 1672.

15) L. F. P., Bildniss von Ludwig Friedrich Pezolt, Maler und Bildhauer in Nürnberg, sitzend und zeichnend. H. 5 Z. 7 L., Br. 3 Z. 11 L.

16) Paulus Kolb, Maler in Nürnberg, 1672. H. 6 Z. 7 L., Br. 4 Z. 6 L.

17) Reverendissimo et celsissimo Principi ac Domino Matthaeo Ferdinando Archiepiscopo Pragensi etc. hoc aere submississime se dedicat etc. J. F. Leonhart fecit Pragae Anno 1670. Oval mit Wappen. H. 7 Z. ½ L., Br. 5 Z. 2 L.

18) Paulus Pfinzing, Car. V. Imp. et Philippi Hisp. Reg. Cons. et Secr. Act. 33. A. H. 5 Z. 6 L., Br. 3 Z. 8½ L.

19) Hubertum Loyens cum sculptor sculpsit in aere etc. Ao. aet. 76 Champaigne pinx. H. 6 Z. 6 L., Br. 4 Z. 9 L.

20) H. B. (Hans Braun, Bierbrauer in Nürnberg.), 1672. H. 7 Z. 2 L., Br. 5 Z.

21) Ferrando. Ich bin und werde sein ein Stäublein dieser Erde etc. H. 7 Z. 3 L., Br. 5 Z. 2 L. Bei Weigel 1 Thl. 8 gr.

22) Wolf Schneider, Bürger in Nürnberg etc. Act. 82 Ao. 1671. H. 5 Z. 3¼ L., Br. 3 Z. 7½ L.

23) Leopold Eber, Cancellist in Nürnberg. H. 5 Z. 10 L., Br. 4 Z. 3¼ L.

24) Hans Hornauer, Stadtbogner. H. 3 Z. 9 L., Br. 2 Z 6½ L.

25) Leopold Holzschuher, churfürstlich sächsischer Wardein etc. H. 5 Z. 8 L., Br. 4 Z. 5½ L.

26) Christophorus Fürer ab Haimendorff, Senator Reip. Norimb. obiit MDLI. Aet. s. XLVIII. H. 4 Z. 10 L., Br. 3 Z. 2½ L.
27) Georg Füterer, Reipubl. Norimb. Senator obiit 1518. H. 4 Z. 1 L., Br. 3 Z.
28) Männliches Bildniss mit langem Haar, die Hand vor die Brust gelegt. H. 4 Z. 10 L., Br. 2 Z. 10 L.
29) Männlicher Kopf en face mit Perücke. Oval. H. 2 Z. 5 L., Br. 2 Z. 1 L.
30) Abraham Grass, Bildthaver, 1668. H. 3 Z. 9 L., Br. 2 Z. 4 L.
31) Caspar Pusch, 1669. H. 4 Z. 4 L., Br. 2 Z. 9 L.
32) Herrmann Haffner, mit landschaftlichem Grund, 1667. kl. Blatt.
33) Wolf Pesler Erhar, 1666, kleines Rund.
34) Paulus Pesler Keller, 1668, kl. Oval.
35) Martin Pfinzing, 1672, kleines Octogon.
36) Christophorus Roslich, kleines Oval, von Palmzweigen gebildet, mit Wappen, 1664.
37) Dr. V. Costerus, 1619.
38) Erzbischof G. P. Szelepcheny, nach A. Bloem's Zeichnung.
39) — 40) Hans und Conrad Imhoff, nach Dürer, oval, 12.
41) Barbara Schedlin, nach Dürer, 12.

Leonard, Johann Peter, Maler, wurde 1790 zu Montpellier geboren, und P. Guérin unterrichtete ihn in der Malerei. Er lebt in Paris als ausübender Künstler, und da sah man bei Gelegenheit öffentlicher Ausstellungen Historien und Genrebilder von seiner Hand. In der Cathedrale zu Montpellier ist von ihm gemalt die Taufe Christi und die Taufe des Eunuchen, in der Kirche der Charité zu Nismes der Tod des heil. Joseph.

Leonard ertheilt auch Unterricht.

Leonardis oder Lenardis, Jakob, Zeichner, Maler und Radirer, wurde 1723 zu Palma geboren, und sein erster Meister war der Bildnissmaler Benville. Hierauf kam er zu Tiepolo nach Venedig, und unter diesem Meister bildete er sich zum geschickten Zeichner. Auch die Malerei übte er, mit seinem zweiundzwanzigsten Jahre aber verlegte er sich vorzugsweise auf die Stecherkunst, worin er es zur Bedeutung brachte. Er ätzte meistens nach Gemälden, die bis dahin nicht durch Stich bekannt waren. Starb um 1775.

1) Die Aufrichtung des goldenen Kalbes, sehr reiche und grosse Composition Tintoretto's in Madonna dell' Orto zu Venedig, sehr gr. roy. fol.
2) Der Doge Enrico Dandolo krönt Balduin zum Kaiser in Constantinopel, nach einem Bilde des Rathssaales zu Venedig, gr. qu. fol.
3) Vulkan überreicht an Venus den Schild des Achilles: Da per Enea Vulcan l'armi a Ciprigna, nach Solimena's Gemälde der Sammlung Pezzana zu Venedig, 1773, gr. fol.
4) Die Aurora: Lascia l'Aurora di Titon le piume, nach Solimena's Bild derselben Sammlung, gr. fol.
5) Der Carneval zu Venedig, nach J. B. Tiepolo, gr. qu. fol.
6) Italienische Landschaft mit einer Brücke, über welche Vieh geht, nach P. Molyn, genannt de Mulieribus, gr. qu. fol.
7) Venus auf dem Wagen, von Amoretten gezogen, nach Tiepolo, qu. fol.
8) Die Dorfkirchweihe, nach J. Crespi, gr. fol.
9) Bettler an den Stadtthoren, nach demselben, gr. fol.

10) Apollo und Marsias, nach Carpaccio.
11) Spielende Liebesgötter, nach Carpioni.
12) Neptun und Thetis, nach S. Conca.
13) Die Entführung der Europa, nach demselben.
14) Die Auferstehung Christi, nach A. Giomma's Zeichnung.
15) Ariadne und Bacchus, nach Marchesini.
16) Das jüngste Gericht, nach Tintoretto.
17) Der Triumph der Flora, nach Tiepolo.
18) Die Transfiguration, nach Rafael, fol.

Leonardo, Joseph, Maler von Calatayud, oder von Madrid, wie Einige glauben, bildete sich in der Schule des P. dellas Cuevas, und erlangte nach und nach bedeutenden Ruf. Er war correkt in der Zeichnung und als Colorist vornehmlich geschätzt. In Bezeichung der Gemüthsstimmung war er ebenfalls zu loben. Eines seiner Hauptwerke ist die Einnahme von Breda durch den Marquis von Spinola im Pallaste Buen-Retiro, ein Bild von ausserordentlicher Wirkung. In Buen-Retiro sind überhaupt seine besten Arbeiten. In späterer Zeit verlor dieser Künstler den Verstand. Er starb 1656 im 40. Jahre.

Leonardo, Fra Augustino, Maler, der um 1580 in Madrid geboren wurde. Seinen Meister kennt man nicht, es ist aber bekannt, dass er frühzeitig in das Kloster gegangen, und in Klöstern hinterliess er auch seine Hauptwerke. Im Kloster de la Merced zu Toledo ist die Speisung der 5000 Menschen sein Meisterstück, und andere Gemälde von ihm sind im Kloster desselben Ordens zu Madrid. Dieser Mönch war in grossräumigen Gemälden vorzüglich, und die Natur sollen wenige so gut nachgeahmt haben, als er. Deswegen war er auch in Bildnissen trefflich. Starb um 1640.

Leonardoni, Franz, Maler von Venedig, machte in Spanien sein Glück, das er im Vaterlande nicht finden konnte. Er malte zu Madrid Bildnisse in Oel und Miniatur, und die Arbeiten dieser Art gefielen sogar dem Könige. Indessen soll ihn mehr sein fremder Name, sein guter Ton, als seine Kunst empfohlen haben. Er spielte gerne den Weltmann, und liess es merken, dass er von vornehmer Geburt sei. Es finden sich auch historische Bilder von seiner Hand, die im Colorite und in einem wirksamen Helldunkel ihr Hauptverdienst haben, nicht in der Zeichnung. Er starb im Buen-Retiro zu Madrid 1711, 57 Jahre alt.

Leoncini, Andrea, Maler von Genua, dessen Ratti erwähnt, ohne seine Lebenszeit zu bestimmen. Er malte zu Genua im Pallaste, auch in Kirchen.

Leon-Daven, s. Aven.

Leone, Giovanni, Maler und Schüler des Giulio Romano, dessen Vasari als um 1521 lebend erwähnt.
Es ist wohl nur sein Name übrig geblieben.

Leone oder Lioni, Girolamo, Maler von Piacenza, lernte bei B. Campi. Er arbeitete mit D. Cunio; dieses um 1580.

Leone, Nicolaus, Maler zu Neapel, Schüler von L. Giordano, arbeitete für öffentliche Gebäude und noch mehr für Privatpersonen. Blühte um 1740.

Leone, Angelo, ein italienischer Maler, dessen Bassaglia erwähnt, ohne Zeitbestimmung. Er malte Bildnisse.

Leone, G. da, s. Gabriel Leeuw.

Leone, Andrea de, s. A. de Leon.

Leone, da, Beiname des A. Claessoon.

Leone, s. auch Leoni.

Leonello, Anton, genannt da Crevalcore, erwarb sich um 1490 als Maler Ruhm. Er malte Bildnisse, Thiere, Blumen und Früchte.

Leonetto, Bildhauer zu Rom um 1528. Er verfertigte die grosse von Rafael gestiftete und nach seiner Zeichnung ausgeführte Madonna am Altare des Grabmals des grossen Künstlers. Sie ist eine der schönsten neuern Bildsäulen.

Leonetti, Giovanni Battista, Kupferstecher, bildete sich zu Anfang unsers Jahrhunderts in Rom zum Künstler, und er muss als solcher in seinem Fache mit Lob erwähnt werden. Man findet von seiner Hand Blätter in literarischen Werken, wie in der Geschichte des Domes von Orvieto, und dann lieferte er auch einzelne Blätter. Wir erwähnen folgender:

1) Das jüngste Gericht: Nicolo Pisano inv. et sc. G. B. Leonetti incis., fol. Im Werke über den Dom in Orvieto, wo auch die andern Sculpturen des Andrea und Nicola Pisano abgebildet sind.
2) Zwei Figuren in einem Bogenwinkel des Domes in Orvieto von A. Scalza in Mosaik gesetzt, 4.
3) Die Auferstehung der Todten, grosse merkwürdige Composition von Luca Signorelli, gr. roy. qu. fol. In der Gesch. des Domes von Orvieto.
4) Christus am Kreuze, zu dessen Fuss die heil. Magdalena: Pater . . . . . meum; effektvolles Bild nach F. Gessi, gr. fol.
5) Christus im Tempel unter den Schriftgelehrten, nach Leonardo da Vinci, gr. qu. fol. Im ersten Drucke vor der Schrift.
6) Der Triumph David's, nach Guercino, qu. fol.

Leoni, Ludovico, Maler und Wachsbossirer, auch Graveur, il Padovano genannt, weil er 1531 in Padua geboren wurde. Den Beinamen erhielt er in Rom, und hier erwarb er sich vornehmlich durch seine Bildnisse in Wachs Ruf. Er brauchte sein Individium nur ein einziges Mal zu sehen, und dennoch wusste er es ähnlich darzustellen. Dann modellirte er auch ganze Figuren, schnitt Stempel zu Denkmünzen und fertigte solche in Bronze. Ferner malte er Historien und Landschaften in Oel und Fresko. Als Mann von Bildung und Ansehen, kam er mit den ersten Männern seiner Zeit in Berührung. Das Leben brachte er auf 75 Jahre.

Q. Boel stach nach ihm Adam und Eva, J. Troyen eine Judith, u. s. w.

Leoni oder Lioni, Ottavio, Maler und Radirer, genannt il Padovanino, geb. zu Rom 1574, gest. 1628, nicht 1625 oder 1626, wie man angegeben findet. Er war der Schüler seines Vaters Ludwig, welcher den Beinamen Padovano hatte, und nach diesem Künstler wurde er, obgleich Römer von Geburt, Padovanino genannt. Er war als Bildnissmaler berühmt; weniger befasste er sich mit Kirchenbildern, deren man in Rom doch einige findet. Dagegen malte er die Bildnisse der vornehmsten Personen seiner Zeit, neben andern auch Gregor XV., der ihn dafür zum Ritter des Christusordens ernannte.

Die Kunstfreunde kennen diesen O. Leoni als trefflichen Kupferstecher, denn er hat eine bedeutende Anzahl von meisterhaften Bildnissen radirt, deren Bartsch XVII. 247 ff. 40. schreibt. Sie sind sehr geschmackvoll behandelt, in den Fleischpartien punktirt, in den Haaren und Kleidern ist die Nadel mit dem Stichel unterstützt. Das Ganze ist von grosser Vollendung. Die meisten sind mit „Eques Octavius Leonus Romanus pictor" signirt.

1) Ein Mann in mittleren Jahren, fast en façe nur etwas nach rechts blickend, mit einer Krause um den Hals. Er hat Schnur- und Knebelbart, über die Achsel fällt ein Mantel. Der Grund ist weiss, bis auf zwei Schattirungen, von denen jene links bis auf den oberen Rand der Platte reicht. H. 5 Z., Br. 4 Z.

2) Dasselbe Bildniss, mit sehr geringer Veränderung. Die rechte Backe ist bei Nr. 1 ganz weiss, in Nr. 2 sind aber am unteren Theile etliche Striche. In gleicher Grösse.

3) Dasselbe Portrait etwas grösser; der Grund ist weiss. H. 5 Z. 3 L., Br. 4 Z.

4) Derselbe Mann in veränderter Stellung. Der Kopf steht en façe, der Körper ist aber etwas nach links gedreht. Er trägt eine Halskrause und den Mantel um die Schulter. H. 5 Z. 4 L., Br. 4 Z. 1 L.

5) Dasselbe Portrait, ohne Mantel, der linke Arm und die Krause blos im Umriss. In gleicher Grösse.

6) Ein Malteserritter fast vom Rücken gesehen, nach links gewendet, der Kopf in Dreiviertel-Ansicht zurückgedreht. Er trägt einen Mantel, aber das Kreuz ist sichtbar.

Dieses Bildniss soll den Künstler vorstellen. Oval. H. 5 Z., Br. 3 Z. 10.

7) Ein Malteserritter, en façe mit einem kleinen runden Hut. Dieses soll Mario Nuzzi seyn. Oval. H. 5 Z. 3 L., Br. 4 Z. 1 L.

8) Ein Malteserritter im Profil, der Kopf zurückgekehrt in Dreiviertel-Ansicht; mit Mantel und grossem Ordenskreuz. Dieses soll der Maler J. Baglione seyn. Oval. H. 4 Z. 10 L., Br. 3 Z. 10 L.

9) Ein Ritter von Malta, Büste in Dreiviertel-Ansicht nach links: Eques Octavius Leonus Romanus pictor fecit, 1626. H. 5 Z. 2 L., Br. 4 Z. 1 L.

10) Der Kopf eines bejahrten Prälaten, mit Käppchen, Schnur- und Knebelbart. H. 3 Z. 10 L., Br. 3 Z.

11) Ein Mann in mittleren Jahren, fast en façe, ein wenig nach rechts gewendet; mit kurzen Haaren, mit Bart und Krause. H. 5 Z. 3 L., Br. 3 Z. 4 L.

12) Drei Männerköpfe auf einer Platte, angeblich Camillo Graffico, Ercole Pedemonte und Antonio Carone. H. 3 Z. 4 L., Br. 6 Z. 6 L.

13) Vier Köpfe auf einer Platte, angeblich Cosimo Orsino, Cam. Graffico, Kupferstecher; Sigismund Laire, Miniaturmaler aus Bayern, und Lud. Lioni. H. 3 Z. 4 L., Br. 6 Z. 6 L.

14) Johann Baglione, Büste nach rechts gewendet: Eques Joannes Baglionus etc., 1625. H. 5 Z. 3 L., Br. 4 Z. 1 L.

15) Anton Barberini, Bruder vom Orden in Malta: Fr. Antonius Barberinus, 1625. H. 4 Z. 5 L., Br. 3 Z. 4 L.

16) F. Anton Barberini, Cardinal, Büste etc., 1627. H. 4 Z. 6 L., Br. 3 Z. 4 L.
17) Franz Barberini, Cardinal, Halbfigur etc., 1624. H. 4 Z. 5 L., Br. 3 Z. 7 L.
18) Johann Franz Barbieri, genannt Guercino, Maler, Büste etc. 1623. H. 5 Z. 3 L., Br. 4 Z. 1 L.
19) Lorenz Bernini, Bildhauer, Halbfigur etc., 1622. H. 5 Z. 3 L., Br. 4 Z. 2 L.
20) Paul Jordan II., Herzog von Bracciano, Halbfigur. Oval. H. 5 Z. 3 L., Br. 4 Z.
21) Derselbe im Cuirasse. Viereckig. H. 4 Z. 4 L., Br. 3 Z. 3 L.
22) Franz Braccolini de l'Api, Büste, 1626. H. 2 Z. 8 L.? Br. 2 Z. 2 L. Eines der schönsten Blätter des Meisters, aber sehr selten.
23) Joseph Cesare, genannt Arpino, Maler, Halbfigur, 1621. H. 5 Z. 2 L., Br. 4 Z. 1 L.
24) Gabriel Ciabrera, Halbfigur, 1625. H. 5 Z. 3 L., Br. 4 Z.
25) Johann Giampoli, päbstlicher Sekretär, Büste, 1627. H. 5 Z. 2 L., Br. 4 Z.
26) Eduard Colonna, Dux Marsorum. Halbfigur ohne den Namen des Stechers. H. 6 Z. 9 L., Br. 4 Z. 7 L.
27) G. Galilei, Halbfigur, 1624. H. 5 Z. 3 L., Br. 4 Z.
28) Ludwig Leoni, Maler, Büste, 1625. H. 5 Z. 3 L., Br. 4 Z. 1 L.
29) Lud. Lodovisio, Cardinal, Halbfigur, 1628. H. 7 Z. 6 L., Br. 6 Z.
30) Johann Baptist Marinus, Büste, 1623. H. 5 Z. 2 L., Br. 4 Z.
31) Raphael Menicuccius, in Dreiviertel-Ansicht, 1625. H. 5 Z. 3 L., Br. 4 Z. 2 L.
32) Cav. Peter Franz Pauli, Halbfigur, 1625. H. 5 Z. 3 L., Br. 4 Z.
33) Marcel Provenzale, Maler, Büste, 1623. H. 5 Z. 3 L., Br. 4 Z. 1 L.
34) Paul Qualiatus Clodianus, Halbfigur, 1623. H. 5 Z. 3 L., Br. 4 Z.
35) Christoph Roncalli, genannt Pomerancio, Maler, Büste, 1623. H. 5 Z. 3 L., Br. 4 Z.
36) Moriz von Savoyen, Büste, 1627. H. 5 Z. 10 L., Br. 4 Z. 6 L.
37) Cav. Thomas Stilianus, Halbfigur, 1625. H. 5 Z. 3 L., Br. 4 Z.
38) Simon Vouet, Maler, Büste, 1625. H. 5 Z. 3 L., Br. 4 Z.
39) Anton Tempesta, Maler, Büste, 1623. H. 5 Z. 3 L., Br. 4 Z. 2 L.
40) Pabst Urban VIII., Halbfigur, 1625. H. 4 Z. 4 L., Br. 3 Z. 4 L.

Leoni, Girolamo da, Maler zu Piacenza, der um 1580 blühte. Er war Gefährte des Mailänders Cunio, und beide gingen aus der Schule der Campi hervor.

Leoni, Carlo, Maler von Rimini, der aus Padovanino's Schule hervorgegangen ist. Er lieferte in seiner Vaterstadt viele Staffeleibilder; in Kirchen sieht man wenig von ihm. Dieser Carlo Leoni hatte den Ruf eines guten Guercinisten. und 1700 starb er, über 50 Jahre alt.

Leoni, Giovanni, Maler, wurde 1639 in Carpi geboren, und Griffoni unterrichtete ihn in der Kunst in Scagliola zu arbeiten. Er fertigte in Cremona viele schöne Arbeiten dieser Art; namentlich rühmte man zwei Schränke im herzoglichen Museum zu Modena. Starb 1727.

Leoni, Ludovico, der Bruder des Obigen, war ebenfalls geschickter Scagliolaarbeiter, wie seine Proben in St. Agostino zu Cremona und zu Santa Croce bei Carpi beweisen. Dieser L. Leoni wurde 1637 geboren, und 1727 starb er, wie Tiraboschi angibt.

Leoni, Leo, Goldschmied und Bildhauer von Arezzo, ein sehr kunstfertiger Mann. Er fertigte eine colossale Statue Kaiser Carl's V. von Erz, ein Wunder damaliger Kunst. Die Figur des Kaisers war ganz nackt, und der Harnisch eigens dazu gefertiget, so genau, dass alle Theile schönstens passten. Genauer beschrieben ist dieses Kunstwerk in den Lettere pittoriche. Dann fertigte Leoni auch Denkmünzen mit dem Bildnisse dieses Fürsten, der die Arbeiten des Künstler so wohl aufnahm, dass er ihn zum Ritter machte und in den Adelstand erhob. Er sicherte ihm auch ein Jahrgeld zu, und in Mailand schenkte er demselben ein Haus, das Leoni zu einen wahrem Kunstmuseum einrichtete. In Mailand hinterliess er auch mehrere Arbeiten, und andere kamen nach Spanien. Für den Escurial führte er Bilder in Erz aus, und auf einem Platze in Guastalla wurde seine Statue des Prinzen Ferrantes Gonzaga aufgestellt.

Cav. Leoni blühte um 1550.

Leoni, Pompeo, Bildhauer, der Sohn des Obigen, ebenfalls ein Künstler von Ruf. Er fertigte für den Escurial und die Kirche desselben grosse und kleine Statuen in Erz und Stein, und für die königlichen Schlösser führte er Bildwerke aus. Mit Ruhm und Gütern überhäuft, kehrte er nach Mailand zurück, und arbeitete auch da noch mehreres. Im Jahre 1610 scheint er gestorben zu seyn.

Auf dem Hauptaltare der Kirche des Escurial stehen 15 Figuren und unter selbigen sind die 12 Apostel, alle von Metall mit geschlagenem Golde überzogen, in mehr als natürlicher Grösse. Die Statuen der beiden Gräber der Könige und noch andere Bildsäulen, sind theils von Kupfer, theils in Marmor. Zu Valladolid in dem Kloster St. Paul der Prediger Mönche ist das berühmte Crucifix auf dem grossen Altar, wie auch das Schnitzwerk des grossen Altars der Karmeliter Barfüsser zu Valladolid von ihm.

Leoni, Miguel, Maler und Bildhauer, Pompeo's Sohn und Schüler, wurde in Mailand geboren, aber sein Wirkungskreis ist in Spanien zu suchen. Er half dem Vater bei Ausführung seiner Statuen für den Escurial. Philipp II. nahm ihn in seine Dienste, und Philipp III. liess ihm 1610 seines Vaters Gehalt auszahlen. In Madrid und im Escurial sind Werke von ihm.

Leoni, Christoforo, Maler von Forli, Schüler von C. Cignani. Lebte um 1700.

Leoni, Jacopo, Baumeister von Venedig, übte in London seine Kunst. Hier gab er die Werke des Palladio mit den Anmerkungen des J. Jones in englischer, und dann in französischer Sprache heraus. Starb 1747.

Leoni, Carlo Antonio, Maler und Kupferstecher, der um 1720 in Portugal lebte. Er malte Bildnisse von Mitgliedern des königl. Hauses, und folgende brachte er selbst in Kupfer:

1) Johann V., König von Portugal, 8.
2) Maria Anna von Oesterreich, dessen Gemahlin, 8.

Leonidas, Maler von Anthedon, Euphranor's Schüler, einer der berühmteren Künstler, die um Ol. 112 lebte. Er schrieb ein Werk über die Proportion, das aber nicht auf unsere Zeit gekommen ist.

Leonleal, Simon, s. Leal.

Leontion, ein alter griechischer Maler, von dessen Leistungen man keine sichere Kunde hat.
S. Aristeides.

Leontiskos, Maler, dessen Vaterstadt nicht bekannt ist. Er bildete sich in der Sikyonischen Schule, und um Ol. 131 starb er. Er malte den Aratus als Sieger mit der Trophäe.

Leontius, Bildner, bildete zuerst die Haare naturgemäss, da früher die Haarbildung ringförmig war.

Leonzi, Annibale, Maler von Perugia, Schüler von F. Bassotti. Er arbeitete für Kirchen Perugia's und starb 1705 im 85. Jahre.

Leopardo, Alessandro, Architekt, Bildhauer und Erzgiesser von Venedig, wurde um 1450 zu Venedig geboren, und hier stand er im Dienste der Republik. Er fertigte die drei Piedestale von Bronze für die Standarten auf dem St. Marcusplatze, und 1495 goss er die prächtige Reiterstatue des Generals Bartolomeo Coleoni auf Piazza di S. S. Giovanni e Paolo um. Das Modell fertigte A. Verocchio, der Guss aber scheint verunglückt zu seyn. Bei dieser Gelegenheit dichteten Vasari und andere dem Künstler einen Betrug an, dass sie sagten, Leopardo habe seinen Namen auf ein fremdes Werk gesetzt. Man liest nämlich an dem Bauchriemen des Pferdes: Alexander Leopardos V. fecit opus, und diese Schrift soll der Künstler mit Pech überdeckt haben, damit sie erst nach Jahren hervortrete. Auf solche Weise war Leopardo als Betrüger dargestellt, und mit Unrecht. Verocchio machte nur das Modell zur Statue, aber nicht zum Pferde, und daher konnte Leopardo dasselbe allerdings als sein Werk erklären, während Vasari auch die Statue dazu nahm. Schon Temanza erklärte die Aussage des Maestro Giorgio als Verläumdung.

Milizzia eignet diesem Künstler einen Antheil an dem Baue der Kirche der heil. Justina zu, die anderwärts dem A. Brioseo zugeschrieben wird. Dann fertigte er 1503 das Modell zum Gebäude der Scuola della Misericordia, welches J. Sansovino vollendete. Unser Künstler starb 1515.

Leopold, Maler und Bürgermeister zu Saatz in Böhmen um 1583. In diesem Jahre wurde unter ihm der Grundstein zu der dortigen Dekanatkirche gelegt, wie dieses die 1780 vorgefundene bleierne Tafel beweiset. S. bei Dlabacz die Inschrift.

Leopold, Joseph Friedrich, Kupferstecher zu Augsburg, der daselbst den Kraus'schen Verlag an sich brachte, aus welchem in der Folge eine Menge Bildnisse hervorgingen. Diese fertigte der genannte Künstler, und drei Johann Christian. Der eine war Friedrich's Sohn, der 1755 im 58. Jahre starb, aber das Todesjahr seines gleichnamigen Sohnes ist unbekannt. Der ältere Friedrich Leopold starb 1726 im 58. Jahre. Von ihm gestochen sind:

1) Der Leichnam Christi auf einem Bette ausgestreckt, fol.
2) Sechs Blätter Goldschmiedsverzierungen nach der Idee von Masson, 1710.
3) Zwanzig Blätter unterschiedliches Laubwerk mit Figuren und anderen Verzierungen. E. Bichel inv. J. Fr. Leopold fec. 8. u. qu. fol. Mehrere Blätter sind gut gezeichnet.

Leopold, Maler zu Dresden, dessen wir 1834 mit Lob erwähnt fanden. Nähere Nachrichten kamen uns nicht zu.

Leostratides, ein alter Künstler, der zur Zeit des Pompejus in Rom lebte. Damals gab es in Rom vorzügliche Toreuten, Erzgiesser und Bildhauer, doch waren es Künstler, die aus den eroberten Ländern nach Rom zogen. Leostratides ciselirte Schlachtstücke und Bewaffnete in Silber.

Lepage, Kupferstecher, dessen Lebensverhältnisse wir nicht kennen. Unter diesem Namen gibt es ein Folioblatt mit einem Löwenkopfe.

Lepage, Franz, Blumenmaler zu Lyon, und geboren daselbst 1796. Den ersten Unterricht genoss er in der Schule der Malerei in seiner Vaterstadt, und dann übte er sich fleissig nach der Natur. Man verdankt ihm verschiedene Staffeleibilder mit Blumen und Früchten. Dasjenige, welches ein Grabmal vorstellt, mit einem Kreuze, an dessen Stamme ein Blumenstrauss blüht, wurde 1822 bei der Exposition des Louvre mit einer goldenen Medaille beehrt.

Lepage wurde 1826 an der Schule der schönen Künste zu Lyon Professor.

Lepaulle, Franz Gabriel, Maler zu Paris, ein geschickter Künstler, der 1804 zu Versailles geboren wurde. Sein erster Meister war Regnault, und auch den Unterricht von H. Vernet und Bertin genoss er. Man hat von seiner Hand verschiedene schöne Genrebilder, auch Landschaften und Thierstücke. An diese Werke reihen sich die Bildnisse, welche er gemalt. Er zeichnet sich neben Vauchelet und Ruillard besonders in historischen Portraits aus. Proben dieser Art sind im Museum zu Marseille.

Lapaulle bildet auch Schüler.

Lepautre, s. Pautre.

Lepicié, Bernard, Kupferstecher, geb. zu Paris 1690, gest. daselbst 1755. Er widmete sich in seiner Jugend den Studien, besonders der Geschichte und Philosophie, übte auch Zeichenkunst, und zuletzt beschloss er die Kupferstecherei zu erlernen. Seinen Meister in dieser Kunst kennt man nicht, doch vermuthen Einige den J. Audran in diesem. Er machte sich zuerst durch Bildnisse bekannt, dann aber ging er an die Nachbildung historischer Werke. Er lieferte eine bedeutende Anzahl von Blättern, die mit allem Beifalle aufgenommen wurden. Im Jahre 1737 wurde er Secretär und Professor der Geschichte und Mythologie an der königl. Akademie der Malerei. Er hatte den Titel eines Geschichtschreibers, und neben der Geschichte musste er auch Geographie lehren. Im Jahre

1740 wurde er wirkliches Mitglied der Akademie, und damals überreichte er als Aufnahmsstück das Bildniss des Malers N. Bertin. Wir verdanken ihm auch: Vies des premiers peintres du roi depuis Charles Lebrun, jusque'à François Lemoine 1722, 2 Voll. 12. Im Jahre 1751 gab er Descriptions des tableaux du roi heraus.

Die Blätter dieses Künstlers sind mit Geschmack behandelt, mehrere derselben sehr schön in guten Abdrücken. Er ging mit grosser Sorgfalt zu Werke. Seine Gattin R. E. Marlié war ebenfalls Künstlerin.

1) Die Beschneidung Christi, reiche Composition, nach Giulio Romano's berühmtem Bilde des Pariser Museums, gr. qu. fol. In Crozat's Werk.
2) Jupiter und Jo, nach Romano's Gemälde aus der Galleria Orleans, gr. 4.
3) Dieselbe Darstellung, kl. fol.
4) Die Predigt des Täufers Johannes, nach dem Gemälde von G. B. Gauli im Museum zu Paris, gr. fol. Crozat.
5) Eine historisch-allegorische Darstellung, nach D. Creti's Frescogemälde, gr. fol. Im ersten Drucke vor der Schrift.
6) Das Grabmal des Malers P. Mignard in der Jakobinerkirche zu Paris, nach J. B. Lemoine, 1743, gr. roy. fol.
7) Saturn in Philira verliebt, verwandelt sich in ein Pferd, nach Permegianino, kl. fol.
8) Jupiter umarmt die Juno, nach G. Romano. Cabinet de Crozat.
9) Vertumnus und Pomona, nach Rembrandt. Im ersten Drucke vor der Schrift.
10) Jupiter und Europa.
11) Venus kommt den Sidoniern zu Hülfe
Beide nach N. Vleughels mit Mme. Cochin gestochen.
12) Venus für Adonis entzündet, nach J. M. Nattier, Oval.
13) Die Rafaelischen Cartons in Hamptoncourt, mit N. Tardieu, Cl. Dubosc und D. Bauvais gestochen, gr. qu. fol.
14) Le jeu de piquet, nach Netscher, mit vier franz. Versen, 1746.
15) Le jeu des échecs, nach C. de Moor, 1746.
16) Nul amour sans peine.
17) Nulle rose sans épines, beide nach Nattier.
18) Ein junger Mann im spanischen Costum mit der Flöte, nach N. Grimoud.
19) Ein Mädchen mit dem Vogel, nach demselben, das Gegenstück.
20) Thalie chassée par la peinture, nach C. Coypel, 1733.
21) L'amour de ville.
22) L'amour de village, beide nach C. Coypel.
23) L'amour précepteur, nach demselben.
24) Le depit de l'absence.
25) La veuve coquette, beide nach C. Coypel mit Surrugue gestochen.
26) Ein Kinderspiel, nach C. Coypel, geätzt.
27) L'accouchée,
28) La relévée,
29) La jeunesse,
30) La vieillesse,
31) L'aveugle,
nach E. Jeaurat.

32) Le souffleur, nach J. B. S. Chardin, mit Surrugue gestochen.
33) La pourvoyeuse.
34) La ratisseuse, nach demselben, 1742.
35) La gouvernante, nach Chardin, 1739.
36) La mère laborieuse, 1740, nach demselben. Bei Rost der Mme. Lépicié zugeschrieben.
37) Le château de cartes, nach demselben.
38) La maîtresse d'école.
39) Le toton, nach demselben.
40) Le Bacha faisant peindre sa maîtresse, 1748, nach C. A. Vanloo.
41) Ansicht des Schlosses von Grosbois, nach J. Rigaud, grosses Blatt.
42) Le cheval abattu.
43) La chère, beide von Boucher gezeichnet.
44) Philibert Orry, Controleur-général, stehend mit einem Briefe, nach H. Rigaud, 1737, fol. Im ersten Drucke vor der Schrift und dem Wappen, im zweiten mit demselben, und im dritten sieht man das Band vom Orden des heil. Geistes.
45) Pierre Grassin, Directeur-général des monnoies de France, nach N. de Largillière. In ovaler Einfassung, fol.
46) Louis de Boulogne, Prémier peintre du roi, Halbfigur, nach Rigaud, 1736, gr. fol.
47) Das Bildniss Moliere's, nach C. Coypel. Im ersten Drucke vor der Schrift, 4.
48) Rosalba Carriera, kleines Bildniss, für Odieuvre gestochen.
49) M. Boucon, nach F. de Troy mit Thomassin gestochen.
50) Nicolaus Bertin, Maler, in ovaler Einfassung, nach de Lien, fol.
51) Ant. de la Rogue, in einer Landschaft, vor ihm Nymphen und Faune, nach A. Watteau, gr. qu. fol.
52) Catherine de Seine, in der Rolle der Cleopatra, nach J. A. Aved, in ovaler Einfassung, fol.
53) Charles Richer de Rodes de la Morlière, nach M. Q. de la Tour, in ovaler Einfassung, fol.
54) Charlotte Desmares, in der Rolle der Thalia, 1733, fol.
55) Claude Capperonni, Bibliothekar des Königs, nach Aved, gr. fol.

Lepicié, Renata Maria Elisabeth, geborne Marlié, war Kupferstecherin, und die Gattin Bernard's. Sie stach einige Blätter in der Weise ihres Gatten.

Im Jahre 1752 starb sie.

1) Johannes in der Wüste, nach Rafael.
2) Le philosophe flamand, } nach D. Teniers.
3) Le buveur flamand, }
4) Le cuisinier flamand, }
5) Die Vermählung der heil. Catharina, nach N. Loir, mit El. Marlié Lepiciér bezeichnet.
6) Le déjeûner, } nach F. Boucher.
7) La vie champètre, }
8) L'Amour moissonneur, }
9) L'Amour ciseleur, }
10) Le contrat de mariage, nach C. A. Vanloo.

11) La Piémontaise, nach N. Hallé. Im ersten Drucke vor der Schrift.
12) La jeunesse sous les habillemens de la décrépitude 1751.
13) Le Benedicité, nach Chardin.
14) Spiritus Fléchier, Bischof von Nîmes, in einem Oval auf dem Piedestal, nach H. Rigaud. Für Odieuvre's Recueil gestochen und mit Marlier Lepicier sc. bezeichnet, 8.
15) Bildniss des Simon Vouet, Büste in ovaler Einfassung, 4.
16) Bildniss des Claude Mellan, kl. Blatt für die Sammlung von Odieuvre gestochen.

Lepicié, N. L., Maler, wurde um 1735 zu Paris geboren, und sein Vater Bernhard ertheilte ihm den ersten Unterricht. Doch sollte der Sohn die Malerei erlernen, und Bernhard's Freund, Carl Vanloo, musste das Seinige dazu beitragen. Der jüngere Lepicié machte unter Leitung dieses Meisters die erfreulichsten Fortschritte, und schon in seinem 19. Jahre begann er ein grosses Gemälde, welches Wilhelm den Eroberer vorstellt. Von dieser Zeit an malte er verschiedene andere Bilder: historische Darstellungen, Bildnisse, Familienbilder, Conversationsstücke, Landschaften und Architektur. Man rühmte an diesen seinen Werken den Reichthum der Erfindung, die Kühnheit des Pinsels, die Wahrheit des Ausdruckes und die treue Nachahmung der Natur. Wenn dieses Alles sich so verhielte, wie Ticozzi nach früheren Angaben behauptet, und wenn dazu noch Naturgemässheit in Stellung und Bewegung käme, so müsste Lepicié einer der vorzüglichsten Maler seyn. Allein man legt jetzt einen anderen Massstab an seine Werke. Indessen genoss er zu seiner Zeit grossen Ruf, und auch durch den Stichel wurden seine Bilder vervielfältiget. C. Bervic stach nach ihm das berühmte Blatt, welches unter dem Titel: La demande acceptée bekannt ist, und ein anderes: Le repos. Levasseur stach das Quos ego Neptun's u. s. w.

Lepicié starb 1784.

Lepine, Kupferstecher, der zu Anfang unsers Jahrhunderts in Paris arbeitete. Er stach für Buchhändler. Blätter von ihm sind in der französischen Uebersetzung des Boccaccio von A. Sabatier de Castres, Paris 1801. Dann stach er auch Landschaften.

Lepoitevin, Eugene Modeste Edmund, berühmter Maler, wurde 1806 zu Paris geboren, und hier machte er unter Hersent und an der k. Akademie der schönen Künste seine Studien; dieses mit solchem Glücke, dass er bereits zu den besten Meistern der neuern französischen Schule gezählt wird. Er malt Scenen jeder Art, Schlachten, Jagden, Interioren, Landschaften und Marinen, und mehrere seiner letztern Bilder wurden auch in deutschen Kunstjournalen, besonders im Kunstblatte von Dr. Schorn, und in Berliner Blättern erwähnt.

Eugen Lepoitevin vereiniget in seinem Charakter alle jene Eigenschaften, welche bei den französischen Meistern hervorgehoben werden, und bei ihm ist auch noch der Fortschritt zu sehen, der sich in Frankreich durch die so viel bekämpfte romantische Schule zum Gegensatz der klassischen dargestellt. Diese bietet das Künstlerische als Hauptmoment dar, und in jener ist dieser das rein Menschliche. Der Classiker wirkt auf das Auge und den ästhetischen Sinn, der Romantiker appellirt an das Herz und erschüttert es durch menschliche Schicksale. Ein Meisterwerk dieser Schule ist Lepoitevin's Untergang des französischen Linienschiffes „le Vengeur,“ das 1836 auch auf der Berliner Kunstausstellung zu sehen war, und in den Berliner Nachrichten No. 233 beurtheilt und beschrieben wird. Der Anblick, heisst es, ist ergreifend. Das Element hat sich zum Untergange des Schiffes mit dem Feinde verschworen, und ein ganzes Heer von Verzweiflung nimmt die Unglücklichen gefangen. Es ist dieses ein wahrhaftes Bild der Zerstörung, ohne Mittelpunkt und dennoch in sich eins, grossartig in kühner gewaltiger Auffassung. Auch in des Grafen Raczinski Geschichte der neuern deutschen Kunst I. 371 ist diesem grossen Bilde Lob gespendet. Der Verfasser erklärt es als eines der bedeutendsten Genrebilder, doch sagt er, die Art, wie die Figuren übereinander gedrängt erscheinen, in den beiden Böten, welche die Schiffsmannschaft aufnehmen, mache vielleicht keine gänzliche Wirkung, und das Licht sei über diese grosse Menschenmenge in Uniform auf eine zu einförmige Weise verbreitet. Indessen dürfe man nicht verkennen, wie viel Talent dazu erforderlich war, es so zu machen, wie es hier gelungen ist.

Sehr schön ist auch seine Ansicht aus der Bretagne zur Ebbezeit, im Pallast Luxembourg.

Im Jahre 1838 kaufte der Kaiser Nicolaus von Russland eines seiner herrlichen Seebilder.

Lepori, Diego, Maler von Mailand, der um 1727 für Kirchen malte. Seiner erwähnt Bartoli, und dieser Schriftsteller benachrichtet, dass Lepori auch in Kupfer geätzt habe.

Lepreux, Felix Louis, Architekt, wurde 1796 zu Paris geboren, und hier genoss er nach und nach den Unterricht von Peyre, Vaudoyer und Lebas. Im Jahre 1824 gewann er den zweiten grossen Preis der k. Akademie, und 1825 den Departementalpreis. Lepreux ist dem französischen Ministerium als Civil-Bauinspektor beigegeben.

Leprince, s. le Prince.

Lepy, Nicolaus, Bildhauer zu Nancy, und geboren daselbst 1785. Sein uns unbekannter Vater unterrichtete ihn in der Sculptur, und in seinem 20. Jahre begab er sich auf Reisen, um in fremden Ländern für seine Ausbildung zu sorgen. Er hielt sich einige Zeit in Wien auf, und da stellte er den Kaiser Alexander, den Erzherzog Carl u. a. in Medaillons in Elfenbein dar. Im Jahre 1823 kehrte er nach Nancy zurück, wo er sich noch gegenwärtig befindet. Hier fertigte er die Reiterstatue René II. von Lothringen in Blei, die Büste Leopold I. für das Monument dieses Fürsten in der Kirche der Cordeliers etc.

Lepy bildet auch Schüler.

Lequeutre, Joseph Hippolyt, Maler und Lithograph zu Paris, der aber 1793 in Dünkirchen geboren wurde. Granger und Aubry waren seine Meister, und seine Werke bestehen in Bildnissen in Aquarell, Miniatur und in jener Manier, welche man à l'Estampe nennt. Er malte mehrere hohe Personen.

Wir haben von diesem Künstler auch lithographirte Bildnisse, wie jenes von Casimir Perrier.

Lequine und Coué, zwei geschickte Ciseleure zu Berlin, jetzt lebende Künstler. Man hat von ihrer Hand Statuen, Vasen und andere Bildwerke in Bronze.

Lera, s. Delera.

Lerambert, Franz, Johann und Ludwig, drei französische Maler aus der Schule des Rosso und Primaticcio. Sie arbeiteten um 1560 unter Aufsicht jener Meister in den k. Schlössern; dann leiteten sie auch die Feierlichkeiten, welche Franz I. bei der Ankunft Carl V. zu Fontainebleau veranstalten liess.

Lerambert, Heinrich, Maler, der um 1600 zu Paris arbeitete. Er malte Bildnisse und Historien, dann zeichnete er auch Cartons für die Tapetenwirker.

Lerambert war Hofmaler.

Lerambert, Ludwig, Bildhauer von Paris, erlernte die Anfangsgründe der Kunst in der Schule von S. Vouet, wo er mit Lebrun Freundschaft schloss, doch zog er die Plastik vor, worin ihm Sarrasin Unterricht ertheilte. Seine ersten Arbeiten waren Grabmonumente und Bildnisse berühmter Männer in Medaillons, und das erste bedeutende Werk war das Grabmal des Marquis von Dampierre und seiner Gemahlin. Nach dem Tode seines Vaters wurde er Inspektor über die Antiken, aber 1663 seines Dienstes enthoben, doch anscheinlich nicht in Folge der Ungnade, da er in demselben Jahre auch zum Mitglied der Akademie ernannt und mit Aufträgen für Versailles beehrt wurde. Die Bildwerke im Garten daselbst sind in Thomassin's Werk abgebildet, aber sie verkünden keinen grossen Künstler, was er überhaupt nicht gewesen. F. Chaureau stach nach einer seiner Statuen eine Tänzerin, und P. Le Pautre einen Faun. Gerühmt wurden zwei Madonnenbilder in den Carrefours de Rosiers der alten Tempelstrasse und auf der Pont-au-Change, die eine wegen der Eleganz und Feinheit, die andere wegen der Draperie. Dann fertigte Lerambert noch mehrere andere Bildwerke, Basreliefs und Statuen, es dürfte aber wenig mehr davon existiren, was für die Kunst gerade kein grosser Verlust ist. Die Pariser Welt verlor an ihm einen Schmeichler und Schöngeist, keinen grossen Künstler. Im Jahre 1670 starb er, 56 Jahre alt. J. G. Müller hat 1776 nach N. A. Belle sein Bildniss trefflich gestochen, gewiss das Schönste, was an ihn erinnert. Mehreres sagt d'Argensville.

Lerberghe, Jan van, ein geschickter Goldschmied und Ciseleur, der um 1755 zu Courtray geboren wurde, und in Gent arbeitete. Wir verdanken ihm auch eine Folge von 6 kleinen Landschaften nach J. Callot, die mit J. V. L. fe. bezeichnet sind. Sie sind schätzbar. Starb um 1810.

Lercaro, Damiano, ein edler Genueser, zeichnete sich im 15. Jahrhundert (um 1480) als Bildhauer in Miniatur aus. Er schnitt mit erstaunlichem Fleisse kleine Basreliefs auf Kirsch- und Pfirsichkerne, welche wahre Wunder seyn sollen.

Er heisst eigentlich Leccaro.

Lerch, Nikolaus, Steinmetz aus Strassburg, wird von neueren Schriftstellern, namentlich von Duellius (de fundat. templi Cathedr. Neostad. p. 32) als Meister des berühmten Mausoleums Kaiser Friedrichs IV. im Stephansdome zu Wien bezeichnet. Nach Cuspinian, der als gleichzeitiger Schiftsteller hier von Gewicht ist, sollen aber mehrere Künstler, Baumeister, Bildhauer und Steinmetze an diesem grossen und kostbaren Werke gearbeitet haben. In Neustadt liegt er begraben, und die Inschrift seines Grabsteines gedenkt des prächtigen Denkmales Friedrich's als seiner Arbeit. Dennoch bleibt ein Zweifel, ob er zugleich Anfänger und Voll-

29 *

ender des Werkes gewesen, an welchem 40 Jahre gearbeitet worden. Der Deckel war schon unter Friedrich's Regierung vollendet, das Uebrige liess Maximilian in beiläufig 20 Jahren ausarbeiten; und nach einer Nachricht Wenkers (apparat. et instruct. archivorum) soll dieser Nikolaus, den er aber van Leyden nennt, schon im Jahre 1467 aus Strassburg, wo er seine Kunst als Steinmetz ausübte, von K. Friedrich berufen worden seyn, wahrscheinlich um das Grabmal der Kaiserin Eleonora zu verfertigen. Im Jahre 1513 war das Mausoleum Friedrich's vollendet. Nikolaus hatte also 46 Jahre im Dienste des Kaisers gearbeitet. Die Beschreibung dieses Monumentes S. Freyh. v. Hormayr's Geschichte von Wien II. Jahrg. I. Heft 77 — 82.

Lerch, J. M., Kupferstecher in Prag zu Ende des 17. Jahrhunderts. Er ist wohl jener Lerch, dessen in Füssly's Suplementen erwähnt wird, und dann mögen ihm die folgenden Blätter angehören:

1) Apollo und Pegasus. J. M. Lerch f. Prag, 8.
2) Johann Leszno, Palatinus von Posen, nach Bloem.
3) Franz Egon von Fürstenberg, Bischof von Strassburg.
4) Prinz Philipp von Sulzbach.

Lerch, Joseph, Maler, wurde 1740 zu Immenstadt geboren, und daselbst ertheilte ihm der Miniaturmaler F. A. Winder Unterricht. Später ging er nach München, und da malte er für die Porzellanmanufaktur in Nymphenburg. Starb zu Anfang unsers Jahrhunderts. Er malte Blumen, Vögel und andere Thiere mit Beifall.

Lerch, Ph., Architekt zu Darmstadt, ein geschickter Künstler, der in Italien seine Ausbildung suchte. Er richtete ein besonderes Augenmerk auf die Kirchenbaukunst, und als Anfang eines Werkes: Beiträge zur Kirchenbaukunst, gab er 1823 die innere Ansicht der St. Paulskirche in Rom in einem von Rauch gestochenen grossen Blatte heraus. Lerch zeichnete diese Kirche in Rom; später ist sie durch Brand sehr beschädiget worden.

Dann haben wir von ihm: Grund- und Aufrisse der merkwürdigsten Gebäude der Residenzstadt Darmstadt, 1825 mit G. Rieter herausgegeben. Er ist grossherzoglicher Baumeister.

Lerchenfeld, Mariana Gräfin von, Kunstliebhaberin zu München, die Gattin des k. b. General-Lieutenants Grafen von Nogarola, radirte um 1780 einige Landschaften in qu. 12. Ein Blatt: J. J. Rousseau's Wohnung in Moutier, ist mit: M. Lerchenfeld fecit 1784 bezeichnet.

Lercy, s. Leney.

Lermans, Pieter, Maler und Schüler des ältern F. Mieris. Er arbeitete um 1670 im Genre seines Meisters, doch mit minderer Kunst, als jener. In technischer Hinsicht sind seine Gemälde gut, doch scheint es ihm nicht gelungen zu seyn, so schöne Köpfe zu malen, wie Mieris. Einige halten ihn für einen Schüler des G. Dow.

Lermont, C., Kupferstecher, der Schäferstücke geätzt haben soll; vermuthlich für Romane.

Leroi, s. Leroy.

Lerouge, Johann Nicolaus, Kupferstecher zu Paris, wurde um 1776 geboren. Seine Meister waren Albon und J. Godefroy, und unter Leitung dieser Meister erlangte er grosse Fertigkeit in Handhabung der Radirnadel. Er hat eine bedeutende Anzahl von Blättern radirt, deren mehrere von anderen Künstlern mit dem Stichel vollendet wurden. Er arbeitete für die Galerie du Palais-Royal, Galerie de Florence, Galerie Robillard, für das Musée Laurent, und für das Musée Filhol, für das Krönungswerk Napoleon's, für den Recueil des prix décennaux, für die Fastes de la nation française, für die Voyages à Constantinople, en Egypte, en Espagne et en Allemagne des Grafen A. Laborde, für die Voyages des Capitain Freycinet u. a. Wir erwähnen von ihm:

1) Das Bildniss Ludwig's XVIII., nach Baron Gros geätzt und von Audoin vollendet.
2) Jenes von Carl X.
3) Das Portrait der Herzogin von Berry.
4) — 5) Die Portraits des Herzogs und der Herz. v. Angoulème.
6) Adam und Eva, nach F. Albani, von Villerey vollendet, gr. 8.
7) Der Triumph der Judith, nach Bronzino, von Dambrun vollendet, kl. 4.
8) Die drei Parzen, nach Michel Angelo, von demselben vollendet, kl. 4.
9) Die heil. Jungfrau mit dem schlafenden Jesuskinde: Le Silence de Carrache, oder Le sommeil de Jesus; von Langlois vollendet, kl. 4.
10) Christus im Grabe, nach Annib. Carracci, von Dambrun vollendet, gr. 8.
11) Die heil. Jungfrau mit dem Jesuskinde, Halbfigur nach L. Carracci, von Langlois jun. vollendet, kl. 4.
12) Der Schlaf des kleinen Johannes, nach C. Dolce, von Langlois jun. vollendet, kl. 4.
13) Das Concert von vier Personen, nach Dominichino, von Géraut vollendet, kl. 4.
14) Der Pfarrer Arlotto, nach J. Manozzi, von Dambrun vollendet, gr. 8.
15) Das Concert von fünf Figuren, nach Caravaggio, von Dambrun vollendet, kl. 4.
16) Die Marter des heil. Andreas, Halbfigur nach Calabrese, von Langlois jun. vollendet, kl. 4.
17) Christus im Grabe, nach B. Schidone, von Langlois vollendet, kl. 4.
18) Die Kreuzabnehmung, nach Tintoretto, von Massard vollendet, kl. 4.
19) Die heil. Jungfrau mit Jesus, Johannes und St. Agnes in einer Landschaft, nach Titian, von Langlois jun. vollendet, kl. 4.
20) Die Ehebrecherin, nach Alex. Veronese, von Forster vollendet, kl. 4.
21) Ein ländlicher Tanz, mit Pillement nach Cl. Lorrain geätzt, und von Duparc vollendet, kl. 4.
22) Die Aufnahme der heil. Jungfrau im Himmel, nach J. Stella, von Villerey vollendet, gr. 8.
23) St. Beno erweckt ein Kind, nach Subleyras, von Niquet vollendet, kl. fol.

Leroux, Jean Baptist, Architekt zu Paris, bildete sich unter Leitung von Dorbay und, obgleich kein Mann von grossem Talente, machte er doch sein Glück. Er hatte die Gabe, auf feine Weise sich geltend zu machen, wusste viel und angenehm zu sprechen. Bei Vornehmen war er beliebt, und besonderen Beifall fand er als Decorateur. Er zierte Hotels und Landhäuser aus, und dann baute er selbst einige Palläste, wie jene des Cardinals Mazarin u. des M. de Roquelaure. Leroux war auch Mitglied der Akademie, und um 1745 starb er, 69 Jahre alt.

Dieser Künstler hat auch einige Blätter radirt, wie nach Blondel: Decoration de la façade du Temple de Mars pour les noçes du Marquis de Mirepoix 1733.

Leroux, Jean, Bildnissmaler, der in der ersten Hälfte des vorigen Jahrhunderts in Paris lebte. Er malte auch einige Genrebilder, den grössern Theil seiner Werke machen aber immerhin die Bildnisse aus. Etliche wurden gestochen, wie von Petit jenes des Abbé P. M. de Gourné.

Leroux, Louis, Zeichner und Radirer, der um 1770 in Paris lebte. Er zeichnete historische Darstellungen, und solche hat er auch radirt. Wir kennen jedoch nur folgende Blätter:

1) Der Triumph des Bacchus und der Ariadne.
2) Der Triumph der Ariadne.

Leroux, Kupferstecher, der um 1698 — 1730 in Paris lebte, doch kennen wir seine Lebensverhältnisse nicht. Er stach Blätter auf Zeitereignisse, und anscheinlich gerne satyrische Darstellungen.

1) Mort du prince de Conti, 1727.
2) Naissance des Mesdames de France.
3) Distribution du pain du Roi au Louvre, 1709.
4) Vomitif de marchands de bled, 1696.
5) Rejouissances des maitres passeurs, qui ont tiré l'oye sur la Seine au sujet de l'errection de la statue de Louis XIV. à place de Vendôme, 1699.

Leroux, Jean Marie, Kupferstecher, wurde 1788 zu Paris geboren, und L. David unterrichtete ihn in der Zeichenkunst. In der Chalkographie verdankt er sich selbst das meiste, doch brachte er es hierin zu einer hohen Stufe. Man muss ihn zu den gefeierten Künstlern seines Faches zählen. Er gibt sein Original mit Treue im Stiche wieder, in voller Wahrheit des Ausdruckes, und mit einer Kraft und Sicherheit, wie dieses nur ein Künstler zu thun im Stande ist, dem alle Mittel seiner Kunst zu Gebote stehen. Sein Stich hat Farbe, aber Alles in schönster Harmonie. Wir verdanken ihm eine bedeutende Anzahl trefflicher Vignetten in den Ausgaben der Werke von Voltaire, Molière, Boileau, Racine, und dann eine Anzahl grösserer, meisterhafter Blätter.

1) König Franz I., nach Titian, 1822, kl. fol.
2) La dame de charité, eine Frau, welche eine arme Familie besucht, nach Mme. Haudebourd, für die Societé des amis des arts gestochen, qu. fol.
3) Johanna von Arragonien, Vicekönigin von Sicilien, nach Rafael's Gemälde im Museum zu Paris, fol.
   Dieses Blatt erwarb dem Künstler 1824 die goldene Medaille. Im ersten Drucke vor der Schrift.
4) Die Magdalena, nach Gennari, für das Musée Laurent gestochen, 1822.
5) Die Zusammenkunft der Bianca Capello, nach Ducis.
6) Die Flucht der Bianca Capello, nach Ducis.

7) Die heil. Theresia, nach Baron Gérard, 1830.
8) Die von einem Grenadier vertheidigte Nonne, nach Déveria.
9) Die Nonne verbindet die Wunde des Grenadiers, nach demselben.
10) General Lafayette, nach Scheffer.
11) Der König von Neapel.
12) Die Königin von Neapel, beide nach Miniaturen von M. Dun. Diese Bildnisse erwarben dem Künstler eine goldene Medaille.
13) Mr. de Souza, nach Gérard.
14) Mr. Rouget Delisle, nach einem Medaillon von David, 1830.

Leroy, Henry, Kupferstecher, der 1575 in Frankreich geboren seyn soll, dessen Lebensverhältnisse aber unbekannt sind. Er lebte noch 1651, nach der Jahrzahl zu urtheilen, welche auf seinen Blättern mit Insekten steht.

1) 12 Blätter Ornamente für Goldschmiede, mit der Adresse des Nürnberg'schen Kunsthändlers P. Fürst.
2) 6 Blätter mit Insekten, nach Hollar copirt, unter dem Titel: Muscorum, Scarabeorum Vermiumque varie Figure et Forme omnes — Arundelian. Herman Weyen Excudit etc. Henri le Roy fecit AE. 72. 1651, in 4.
3) Eine Folge von 14 Blättern mit Vögeln u. a., qu. 12.
4) 6 Blätter mit Fischen.
5) Die sieben Planeten, mit Inschrift und mit h. l. R. f. oder h. l. roy f. bezeichnet. H. 5 Z. 5 L., Br. 4 Z. 4 L., ohne Rand.

Leroy, Claude, Kupferstecher, der 1709 zu Paris arbeitete. Er stach eine bedeutende Anzahl von Bildnissen berühmter Personen für Odieuvre's Verlag, besonders für die bekannte Portraitsammlung des letztern. Er stach:
1) Das Bildniss des Cardinals Fleury, nach Rigaud.
2) Das Bildniss des Cardinals W. Dubois, nach demselben.
3) Jenes von N. Berthier, Bischof von Blois.
4) Das Bildniss von Boileau, nach Rigaud, wie das obige.
5) Das Bildniss von Bossuet, nach demselben.

Leroy, François, Kupferstecher, dessen Lebensverhältnisse unbekannt sind. Er soll nach Rubens u. a. gestochen haben. Wir kennen von einem F. le Roy eine Landschaft nach D. Teniers, 3 Bauern im Gespräche vorstellend, an der Hausthüre steht das Weib, kl. fol.

Leroy, Jean, Zeichner und Kupferstecher, der 1739 zu Paris geboren wurde. Er stach Bildnisse und etliche andere Blätter.

1) J. B. J. Languet de Gerg, ancien curé de St. Sulpice, in ovaler Einfassung.
2) General Washington, nach Trumbul.
3) Das Bildniss von Voltaire.

Leroy, Pierre, Zeichner und Goldschmied zu Paris um 1740. Er zeichnete Köpfe u. a. mit der Feder. Von dem folgenden scheint er verschieden zu seyn.

Leroy, P., Zeichner und Kupferstecher zu Paris um 1767. Von ihm hat man ein Bildniss von Père Ch. T. Béchade, vicaire cloitral du couvent des Mathurins, in ovaler Einfassung, und im ersten Drucke vor der Schrift.

Wir wissen nicht, ob er jener P. Leroy ist, der 1708 das Bildniss des Dr. R. Vieusseu gestochen und geschabt hat, nach P. Poussin. Auch das Bildniss des P. Halle gehört einem P. Leroy an.

Leroy oder le Roy, A., Kupferstecher, dessen Lebensverhältnisse unbekannt sind. Man hat von ihm ein schönes Blatt in fol., den Diogenes vorstellend, wie er das Bildniss des Cardinals von Fleury zeigt.

Leroy, Hippolyth, ein französischer Kupferstecher aus der ersten Hälfte des vorigen Jahrhunderts.

Leroy, Johann David, Architekt, wurde 1786 in Paris geboren. Sein Vater, der berühmte Uhrmacher Julien Leroy, bestimmte ihn zur Architektur, worin er sich auf Reisen ausbildete. Er war einige Jahre in Griechenland, und nach seiner Rückkehr hatte er in Paris nichts Angelegentlicheres zu thun, als die classische Baukunst der Alten zu empfehlen. Er prägte eifrigst die Lehren derselben seinen Schülern ein, und Leroy ist auch wirklich einer derjenigen, die in Frankreich einen besseren Geschmack in der Baukunst erweckten. Im Jahre 1803 starb er.

Er schrieb mehrere Werke über Architektur:

1) Histoire de la disposition et des formes différentes que les Chrétiens ont données à leur temples, 1764.
2) Observations sur les édifices des anciens peuples, 1767, 8.
3) La marine des anciens peuples expliquée, 1777, 8.
4) Les navires des anciens etc, 1783, 8.
5) Recherches sur les vaisseaux longs des anciens etc., 1785, 8.
6) Canaux de la Manche à Paris etc.

Leroy, Sebastian, Maler zu Paris, bildete sich unter Peyron's Leitung, und 1798 wurde ihm der zweite grosse Preis zu Theil. Von dieser Zeit an brachte er mehrere Bilder in die Salons, und von diesen ist jenes, welches Ariadne, von Theseus verlassen, vorstellt, jetzt im Museum zu Mans. Andere Gemälde von seiner Hand enthalten: Aeneas, den Venus von der Rache an Helena abhält; den Triumph des Mardochäus; die Krönung der Esther; Jesus bei Martha und Maria etc.

Leroy ist Professor der Zeichenkunst an der école gratuite.

Leroy, Franz, Genremaler zu Paris, aber von Liancourt gebürtig, hatte Vien zum Meister, und zu Anfang unsers Jahrhunderts fing er bereits an, mit Werken öffentlich hervorzutreten. Man hat von ihm eine bedeutende Anzahl von Genrebildern in Oel und auch solche in Gouache. Im Jahre VIII. wurde ihm ein Aneiferungspreis zu Theil, und in der Folge wurden seine Bilder mehrmalen mit Medaillen beehrt. Es herrscht darin Leben und Ausdruck, und auch in Zeichnung und Färbung sind sie gelungen. Gabet verzeichnet viele namentlich. Er kam in den Besitz eines eigenen Verfahrens, wodurch er den Gouachegemälden die Dauerhaftigkeit von Oelbildern zu geben vermochte.

Leroy, Alphons, Landschaftsmaler zu Paris, Schüler Bertin's, machte sich besonders als Zeichner einen Namen. Er fertigte eine grosse Anzahl von Zeichnungen in Seppia für die Sammlung von Filhol, deren wir unter dem Artikel des letztern erwähnt haben.

Dann hat man von ihm mehrere landschaftliche Darstellungen in Oel, die seit 1822 bei öffentlichen Schaustellungen zu sehen waren.

Leroy, Johann Jakob, Zeichner und Radirer, wurde 1797 in Paris geboren, und da übt er auch seine Kunst. Sein Meister war Lesueur. Dieser J. Leroy ertheilt auch Unterricht.

Leroy, Céline Mlle, Malerin zu Paris, genoss den Unterricht des berühmten Redouté, und so wie der Meister, so malt auch sie vornehmlich Blumen, gewöhnlich in Aquarell. Mehrere ihrer Werke kamen in die Sammlung der Herzogin von Berry.

Lerpinière, Daniel, Kupferstecher zu London, bildete sich unter Leitung von Vivares zum Künstler, und er ist als solcher unter den englischen Kupferstechern mit Ruhm zu nennen. Er arbeitete mit der Nadel und mit dem Grabstichel, durchaus mit grosser Sicherheit. Man hat historische Blätter von seiner Hand, und besonders trefflich wusste er die Landschaft zu behandeln. Im Jahre 1785 starb er, noch kaum 40 Jahre alt.

1) Saint George and the dragon, St. Georg mit dem Drachen, nach Cl. Lorrain, qu. fol.
2) The golden calf, das goldene Kalb, nach demselben, qu. fol. Sehr selten sind die Abdrücke vor der Schrift; ein solcher wurde in der Auktion der Sammlung von Brandes mit 10 Thl. bezahlt.
3) The flight, die Flucht nach Aegypten, 1783, nach Cl. Lorrain, qu. fol. Im ersten Drucke vor der Schrift,
4) Der Abend, Landschaft mit Vieh, nach Pinacker, gr. qu. fol.
5) Der Morgen, Landschaft nach A. Cuyp, gr. qu. fol.
6) Der junge Hirt mit der Heerde, nach demselben, fol.
7) Die Hirtenspiele, Folge von 6 Blättern, nach Loutherburg, fol.
8) — 9) Zwei italienische Landschaften mit Ruinen, nach Taylor, gr. fol.
10) — 11) Die Hirten von Arkadien, nach W. Taverner, rund und punktirt, 1790.
12) Ansichten von London und Westminster, von der Nord- und Südseite, 1779, 1780, nach Robertson, gr. qu. fol.
13) — 19) Ansichten aus Jamaika, 6 Blätter, nach Robertson, gr. qu. fol.
19) Zusammenkunft zur Jagd, nach Wootou, gr. qu. fol. Es gibt Abdrücke vor der Schrift.
20) Der Seesturm, 1782, nach Vernet, gr. fol. Im ersten Drucke vor der Schrift.
21) Die Meeresstille, 1781, nach demselben, gr. fol. Im ersten Drucke vor der Schrift.
22) Manövre der englischen Flotte unter Admiral Howe in Gegenwart der Escadern von Frankreich und Spanien, 1782, nach R. Paton, gr. qu. fol.
23) Seegefecht zwischen dem Serapis und Bon-Homme Richard unter Parson u. P. Jones, mit Fittler gestochen, 1772, gr. qu. fol.
24) Brand der Kriegsschiffe Quebeck und Surveillant, 1779. Das Gegenstück, und beide nach R. Paton.
25) Niederlage der spanischen Flotte unter dem Commando Don Juan de Langara, 1780, gr. qu. fol.

26) Das Seetreffen der englischen Escadre unter Hyde-Parker, und der holländischen Flotte unter Commando des Admirals Zoutman, 1781. Das Gegenstück, nach Paton.

27) Die englische Flotte, wie sie unter Anführung des Admirals Rodney die französische Flotte durchbricht, 1782, mit J. Fittler gestochen, gr. qu. fol.

28) Portraits of-dogs, harries, mit Leney nach Ph. Hackert gest.

Les, Jan van, Zeichner, und vielleicht auch Maler, dessen Lebensverhältnisse unbekannt sind. Im Cabinet Paignon Dijonval p. 108 ist von ihm eine Federzeichnung beschrieben, welche den Herrn vorstellt, wie er den Knecht schilt, dass er sein Talent vergraben. Die Composition ist in der Weise des Ferdinand Bol.

Lesage, Maler zu Paris, der aus Girodet's Schule hervorging. Er ist seit 1810 durch Werke bekannt, und diese bestehen in historischen und romantischen Darstellungen, in Landschaften u. s. w.

Lesaint, Charles, Maler, wurde 1795 in Paris geboren, und da genoss er den Unterricht Bouton's. Er widmete sich dem Fache der Architekturmalerei, und seine Werke dieser Art werden mit grossem Beifalle aufgenommen. Im Jahre 1827 erhielt er bei Gelegenheit der Ausstellung seiner inneren Ansicht der Souterrains der alten Benediktiner-Abtei zu Maubuissons eine Medaille erster Classe. Dieses Bild ist in der Sammlung Sommerard. Im Jahre 1822 trug ihm seine Interiore des Thurmes de l'Archamp bei Fontainebleau eine goldene Medaille ein.

Lesbóthemis, Bildhauer, dessen Vaterland und Lebenszeit unbekannt ist. Er fertigte die Statue einer Muse mit der Harfe. Seiner erwähnt Athenäus.

Lescalier, Zeichner, der um 1770 zu Paris lebte. Er zeichnete Landschaften mit verschiedener Staffage, Architekturstücke u. s. w. mit der Feder, in Aquarell und Bister.

Leschke, C. Eduard, Lithograph und Maler zu Berlin, ein jetzt lebender junger Künstler, da wir ihn noch 1834 als Schüler der Akademie bezeichnet fanden. Er malt Portraite, und solche lithographirt er auch, wie in neuerer Zeit jenes des k. preussischen Cammersängers Stümmer, nach Stein. Ein Hauptblatt der Lithographie ist seine Darstellung der Geliebten Titian's, nach dem reizenden Gemälde des Letzteren im k. Museum zu Berlin. Dieses Blatt, von welchem es auch sauber colorirte Exemplare gibt, macht durch das schöne Licht auf dem klaren ausgebildeten Angesicht, und den runden Formen des Armes und Busens eine sehr angenehme Wirkung. In Dr. Kugler's Museum von 1835 und in der Spener'schen Zeitung desselben Jahres ist des Bildes und der Lithographie sehr rühmlich gedacht. Die Nachbildung ist in gr. fol., Preis 1 Thl.

Ein neueres Blatt ist jenes, welches die Treibjagd nach einem Hauptbilde von C. Schultz in der Sammlung des Baron Sternberg vorstellt, qu. roy. fol., Preis 3 Thl.

Leschner, Landschaftsmaler, bildete sich zu Dresden unter Klengel's Leitung, und 1819 zählte man ihn bereits zu den bessern Künstlern seines Faches. Man hat von ihm Landschaften und Viehstücke, die zwar jenen des Meisters nicht gleichkommen, aber in Haltung und Colorit ebenfalls Lob verdienen.

Lescot, Pierre, berühmter Architekt zu Paris, aus der Familie d'Alissy, wurde 1510 geboren, und er wandelte in der Folge unter vier Königen eine Bahn, die ihn zum Ruhme und zu Ehrenstellen führte. Er war Rath der Könige Franz I., Heinrich II., Carl IX. und Heinrich III., und dann war es zu seiner Zeit gewöhnlich, auch Laien Canonikate und Abteien zu verleihen. Er war daher Abt von Clugny und Canonicus der Cathedrale zu Paris. Im Jahre 1570 starb er, oder 1578 im 60. Jahre, wie Lacombe und andere angeben, so dass man also in Bestimmung seines Geburtsjahres nicht einig ist. Die Grenzen 1510 und 1570 bestimmt Quatremère de Quincy.

Die früheren Angaben über diesen Künstler sind unsicher, und so vor allen die Angabe D'Argensville's, welcher diesen P. Lescot als denjenigen nennt, der zuerst den gothischen Geschmack aus der Architektur in Frankreich verbannte, und auf die schöneren Verhältnisse des Alterthums verwies. Hiebei darf J. Bullant nicht vergessen werden, der wahrscheinlich schon früher, als der Bau des Louvre begann, im Schlosse zu Ecouen ein schönes Modell regelmässiger griechischer Ordnung aufstellte. Das Schloss von Ecouen wurde 1540 gebaut, und Lescot konnte nicht vor 1541 den Plan zum Hof des Louvre gegeben haben. J. Bullant's Thätigkeit fällt also früher als jene von Lescot, und wenn auch im Schlosse zu Ecouen noch der gothische Einfluss sichtbar ist, so hat er dagegen in den klassischen Details der Ordnungen grössere Reinheit, als Lescot.

D'Argensville findet es nicht unwahrscheinlich, dass Lescot mit der Zeichnung des Louvre debutirt habe, und er folgte auch jenen Schriftstellern, welche den Bau 1528 unter Franz I. beginnen lassen. Beides ist irrig; denn man hätte sicher keinem Jünglinge von 18 Jahren ein so wichtiges Unternehmen anvertrauen wollen, und dieser wäre wohl auch nicht fähig gewesen, eine solche Idee zu schöpfen. Man weiss ferner aus Serlio, dass diesen Franz I. 1541 habe kommen lassen, um die Zeichnung zum Louvre zu geben, und wenn je die frühern Angaben einiges Gewicht haben, so sind sie dahin zu ordnen, dass Franz I. 1528 angefangen habe, den alten Pallast abzubrechen, und dass man erst 1541 den Bau des neuen anfing. Damals war Lescot 30 Jahre alt, und er konnte allerdings fähig seyn, einen solchen Plan zu liefern. Heinrich II. setzte 1548 den Bau fort, nach einer Inschrift über dem Eingange des Saales, genannt: des Cent-Suisses.

Dieses neue Louvre allein gibt eine Idee von dem Talente Lescot's. Der Ursprung des alten ist in's Dunkel gehüllt. Man weiss ja nicht einmal die Ableitung des Namens. (Lupara in alten Urkunden, — und dieses vom sächsischen Leovar, castellum? Oder vom alt-hochdeutschen L u p p i, pharmacon, venenum, maleficium; — L u p p o n, medicare, venenare; L u p p a r i veneficus, maleficus; L u p p a r a der Pluralis, malefici, kommt in einem Reichenauer Codex des 8ten Jahrhunderts, (86 zu Carlsruhe) vor. Bedeutet es wohl einen ungesunden, mit giftigen Dünsten geschwängerten, später urbar gemachten Ort, eine Lutetia, Koth- od. Stinkgrube? Ueber die allegirten altdeutschen Worte s. Graff's althochdeutscher Sprachschatz II. 77, 78.) Doch auch der neue Louvre kam nicht so zur Ausführung, wie er anfangs projektirt war. Nur theilweise hat sich der Bau des P. Lescot erhalten, da wo der erwähnte Saal der Schweizer sich befindet. Die Façade ist noch ganz erhalten, mit ihrem Reichthume der Verzierung in den oberen Theilen. Das

Erdgeschoss ist einfach, im ersten Stocke nimmt aber der Reichthum der Decoration zu, bis hinauf zur Attique. Doch bewundert man noch immer die Reinheit und Schönheit in den verzierten Theilen. Dazu hat die Vollkommenheit der Sculptur ihren grossen Theil beigetragen. Es lebte damals der berühmte Jean Goujon, und der Architekt wie der Bildhauer vereinten sich in redlicher Freundschaft, so dass auch Bau und Decoration in Styl und Geschmack aus einem Gusse hervorgingen. Diese Façade blieb bei allen spätern Veränderungen durch Lemercier und andere unberührt. Im Rez de-Chaussée ist ein grosser und schöner Saal, jetzt einer derjenigen, welche das Musée royal des antiques einnimmt.

Lescot soll auch die Zeichnung zur Fontaine des innocents gefertiget haben, ein Werk, das indessen durch die Basreliefs des Jean Goujon grössere Bedeutung erhielt, als durch die architektonische Construction. Es war dieses ein viereckiger Thurm mit Fenstern, der vielleicht selbst der Zeichnung nach von J. Goujon herrühret, indem auch dieser Bildhaner Architektur verstand. Hier opferte er die schöne architektonische Form dem Bilderschmuck auf. Milizzia kann sich mit diesem Brunnen gar nicht verstehen, und d'Argensville bemerkt im Allgemeinen, Lescot habe treffliche Bildhauer gefunden, welche die Gebrechen seiner Bauten durch ihre Verzierungen verbessert und reichlich vergütet hätten.

J. Marot hat den Aufriss von der Hälfte des vornehmsten Theils des Louvre gegen den Hof zu gestochen. Mehreres über den Bau s. Quatremère de Quincy Leben berühmter Architekten und dessen Dictionnaire hist. d'Architecture unter der Rubrik „Lescot."

Lescot, Hortense Victoirie, Malerin zu Paris, die Gattin des M. Haudebourt, und daher wird sie zuweilen Mme. Haudebourt-Lescot genannt. Sie wurde um 1785 zu Paris geboren, und Lethière war ihr Meister. Diesen begleitete sie nach Italien, als er Direktor der französichen Akademie in Rom wurde, und hier malte sie mehrere Landschaften, welche ihr bei der Ausstellung auf dem Capitol eine Krone erwarben. Eine rühmliche Erwähnung verdienen ihre kleinen geistreichen Compositionen aus dem italienischen Volksleben. Ein Bild von 1810, welches auch in deutschen Blättern besprochen wurde, stellt eine Predigt in der St. Lorenzkirche bei Rom vor, ein vorzügliches Werk, so wie zwei andere in der Gallerie Luxembourg, von denen das eine die Firmung in der St. Agneskirche zu Rom, das andere andächtiges Volk darstellt, wie es die Statue des heil. Petrus küsst. Ein Hauptbild ist auch der Saltarello, von Reynolds in Mezzotinto gestochen, und im VI. B. von Reveil's Musée im Umriss gegeben. Ihre italienischen Volksscenen sind sehr zahlreich, und auch viele andere Genrebilder gibt es von ihrer Hand. Mehrere sind durch Stich und Lithographie bekannt, und die Originale davon in verschiedenen Sammlungen. Gabet verzeichnet eine grosse Anzahl ihrer Bilder.

Mme. Lescot componirt mit Geist, und dann hat sie eine Sicherheit und Keckheit des Pinsels gewonnen, die bei einer Dame ungewöhnlich ist. Sie zeichnet correkt, befleisst sich einer genauen Beobachtung des Costüms, und dann umgeben ihre Gruppen häufig interessante Beiwerke und schöne Architektur; die Scene selbst ist sprechend wahr.

Mme. Lescot war erste Malerin der Herzogin von Berry.

Lesgret, N., der ältere, gab um 1694 in Kupfer gestochene Schriftproben heraus, 71 Blätter, mit einiger Erklärung und Titel.

Leslie, C. R., berühmter Maler, wurde um 1790 in England geb., kam aber als Kind nach Amerika, und verlebte da die erste Zeit seines Lebens. Mit grossem Talente zur Kunst begabt, begab er sich zur Ausbildung in der Malerei nach London, ging aber nach etlichen Jahren wieder nach Amerika zurück. Nach einiger Zeit fand er es gerathener, zum zweiten Mal in England sein Glück zu suchen, und jetzt zog er in London bald die Aufmerksamkeit auf sich, da er im Bildnisse excellirte. Doch nicht geringere Theilnahme fanden seine Historien und Genrestücke, und gegenwärtig ist er einer der ausgezeichnetsten überseeischen Künstler.

C. R. Leslie verdient nach Wilkie den ersten Rang. Nicht dass er ihm ähnlich wäre, sagt Passavant (Kunstreise etc 310), sei es in der Auffassungs- oder Behandlungsweise, sondern wegen seiner grossen Originalität, der lebendigen, humoristischen Darstellungsweise und der geistreichen Führung des Pinsels. Im Colorit ist er wahr und charakteristisch; er scheint darin den P. Veronese zum Vorbilde genommen zu haben. Voll unbeschreiblicher Laune ist sein Bild des Mittagssegens, welcher während des ersten Aktes der „lustigen Weiber in Windsor" in dem Hause des Herrn Page stattfindet. Man muss sie sehen, diese Weiber von Windsor, sagt Passavant, wie sie voll Muthwillen und Ironie den armen Falstaff zum Besten haben, wie dieser Herr, in seiner Behaglichkeit am Tische gestört, mit empörtem Gefühl voll Unwillen sich gegen sie wendet, — wie die andern Gäste sich des Weines erfreuen etc. Auch das Cöstüm und das alterthümliche Zimmer sind vortrefflich gehalten.

Einfacher, aber eben so viel Interesse erregend, ist eine Darstellung aus Tristram Shandy, wie Frau Wadman dem Onkel Toby ihr sie schmerzendes Auge zeigt, dieser aber nichts darin erkennen kann. Ein schönes Brustbild eines jungen Mädchens, die Braut betitelt, hat J. Tomson gestochen. Dieses Bild hat in der Färbung einen besonderen Reiz, indem sie ganz im Reflex erleuchtet ist. Spätere Bilder als diese sind jene, welche die bekannte Geschichte vom Ei des Columbus und Gulliver's Einführung bei der Königin von Brobdingnag vorstellen. Ueber diese Bilder spricht sich Dr. Waagen (Kunstwerke u. Künstler Englands I. 421) nicht vortheilhaft aus, indem sich hier zu einer affektirten Auffassung ein bald ziegel- bald rosenrothes Fleisch, die Zusammenstellung der schreiendsten Contrastfarben und eine sehr flüchtige Behandlung gesellt. Leslie ist indessen in anderen Bildern wieder desto vorzüglicher. Seine Scenen sind mancherlei, und gerne führt er die Beschauer in die Comödie des verwichenen Jahrhunderts. Die Romane des Walter Scott lieferten ihm ebenfalls häufigen Stoff, besonders zu Zeichnungen der Illustrationen, die im Stahlstich erschienen, und dann haben wir von ihm treffliche Bilder in Hogarth's Weise. Neben andern sah man 1824 seinen Sancho Panso in den Wohnzimmern der Herzogin mit grossem Vergnügen. In diesem Bilde ist die Beleuchtung äusserst kunstreich. Voll Laune ist sein Tristram Shandy, wie er die Handschrift wieder findet.

Leslie verfertigte die Zeichnungen zu Irving's Skizzenbuch und zu Knickerbocker's New-York.

Leslie, E. v., Maler zu Kreuznach, ein jetzt lebender Künstler. Er malt Historien. Um 1828 bekleidete er die Stelle eines Zeichnungslehrers am Gymnasium der erwähnten Stadt.

Lesma, Anton, Bildnissmaler von Neapel, der zu Anfang des vorigen Jahrhunderts Beifall erndtete. Im Jahre 1709 arbeitete er für den Grossherzog von Toskana. Alet, Blondeau, Westerhout, N. Dorigny u. a. haben Bildnisse nach ihm gestochen.

Lesnier, s. Leisnier.

Lespilliez, Carl Albert von, Architekt von München, erlernte die Anfangsgründe der Architektur von Cuvilliers, und dann liess ihn der Churfürst von Bayern zu seiner Ausbildung Frankreich und Italien bereisen. Im Jahre 1748 wurde er Hofbauamts-Accessist, 1763 zweiter Oberbaumeister und Hofkammer-Rath, nach fünf Jahren erhielt er die Stelle eines ersten Oberbaumeisters, und 1781 wurde er endlich Oberbaudirektor. Lipowsky lässt ihn schon 1705 sterben, doch starb Lespilliez erst 1790.

Lespilliez baute noch ganz im schlechten Geschmacke seiner Zeit, und sieben barocke architektonische Musterblätter gab er auch im Kupferstiche heraus. Von ihm ist der Plan zum Liebertischen Haus zu Augsburg, ob er aber den Plan zu der schönen unvollendeten Stiege des Schlosses Schleissheim gefertigt habe, wie Lipowsky behauptet, wollen wir dahingestellt seyn lassen. Sie ist vermuthlich von Heinrich Zuccali entworfen, der 1705 noch lebte.

Lespina, Peter, Maler, der um 1660 Mitglied der Akademie von St. Luca in Rom war.

Lespinasse, einer der geschickten französischen Perspektivmaler, wie wir ihn 1801 noch bezeichnet fanden. Er ist wahrscheinlich der schon erwähnte Chevalier l'Espinasse. Lespinasse gab auch ein Werk heraus.

Lespine, s. Delespine.

Lespinière, s. Lerpinière.

Lesser, Medailleur zu Breslau, dessen wir 1814 zuerst erwähnt fanden. Damals schnitt er eine Denkmünze auf den Pariser Frieden, mit der Europa, wie sie die Schlange der Zwietracht zertritt; der Ocean stützt sich auf das Steuerruder.

Lessi, Galeatius a, s. Alessi.

Lessignol, erwarb sich um 1806 in Genf als Emailmaler Ruhm. Er malte Bilder für Tabatieren u. a.

Lessing, Carl Friedrich, Bruderenkel des grossen Dichters und er selbst ein berühmter Historienmaler, wurde 1808 zu Wartenberg in Schlesien geboren. W. Schadow war sein Meister, welchen er 1827 mit Hübner, Hildebrand und Sohn nach Düsseldorf begleitete, wo diese Meister den Stamm der neuen Schule bilden, da Cornelius mit seinen Schülern nach München zog. Düsseldorf, sagt Graf Raczinki in der Geschichte der neuern deutschen Kunst I. 149, erkennt in Schadow seinen Schutzgeist, und Lessing ist der Urquell der geheimnissvollen und tiefsinnigen Eingebungen, des unterscheidenden Gepräges dieser Schule, und wie Raczinski die Maler Hübner, Hildebrandt, Sohn, Bendemann, Stilke u. a. Heroen der Düsseldorfer Schule charakterisirt, werden wir an ihrer Stelle sagen. Den Kunstcharakter Lessing's bestimmt der edle Graf wie folgt, nach der deutschen Uebersetzung des F. H. van der Hagen I. 155. Lessing unterscheidet sich durch eine glückliche Verbindung des Romantischen mit der Richtigkeit und Strenge des Styls, durch eine Gefühligkeit, welche die Betrachtung läutert, ohne etwas von ihrer Kraft zu benehmen, durch einen Schwung, welchen stets das richtige Gefühl und der gute Geschmack mässigen, kurz durch den glücklichsten Einklang edler und zarter Gemüthsbewegungen mit dem tiefsten Nachsinnen. Sein Talent ist unendlich manigfaltig: bald ist es ein Dichter düsterer Balladen, bald erblickt man Eingebungen, welche an die Stanzen Rafael's erinnern; in anderen Darstellungen findet man Uebereinstimmung mit Robert. Er hat auch Landschaften in manigfaltiger Grösse gemalt, mit einer Vollendung, welche keiner seiner Zeit übertroffen hat. So heisst es bei Raczinsky.

Im Bericht über die Berliner Kunstausstellung 1836 S. 117 liest man: Lessing's gewaltige Kunst sei nur nach ihrem eigenen Maasse zu messen, nur Männer, wie etwa Lord Byron oder Beethoven seien ihm zu vergleichen. Er schaltet frei in seinem Gebiete und frei über die Empfindungen des Beschauers. Widerstandlos stehen wir seinen Gemälden gegenüber, er zieht uns hinein in die elegische Trauer, die seine Landschaften erfüllt, er reisst uns in den gährenden Strom seiner Leidenschaft, er vernichtet uns in unserer Selbstständigkeit. — und wir müssen seine Herrschaft anerkennen. Seite 97 desselben Berichtes, der aus Dr. Kugler's Museum einzeln abgedruckt ist, heisst es weiter: dass die göttliche Wehmuth, die in Lessing's Gemälden mit der Charakterkraft historischer Schilderungen innig vermählt ist, auch in die Natur seiner Landschaft tief verwachsen ist. Vor ihm, heisst es weiter, habe es keine solche Landschaft gegeben; nur Friedrich's Hauptwerke können in Vergleichung kommen, in so ferne schon in ihnen die Natur zu einer Harfe menschlicher Empfindung gestimmt war.

Das erste Werk, durch welches sich das neue Zeitalter ankündigte, das für die Malerei zu Düsseldorf sich eröffnete, ist nach Raczinski Lessing's trauerndes Königspaar, das 1830 auf der Kunstausstellung zu Berlin erschien, und sich jetzt im Besitze der Kaiserin von Russland befindet. Früher malte er den Räuber in einer Landschaft, mit seinem Knaben am Felsen sitzend, den Kopf auf die Hand gestützt, wie er sinnend hinausblickt in die Gegend, ein reizendes Genrebild, bei Raczinski im Holzschnitt gegeben, und im Besitze des Malers Sohn. Es ist auch lithographirt. Für den Banquier Fränkel in Berlin hat es Lessing wiederholt. In dem trauernden Königspaar, daselbst ebenfalls in Holz geschnitten, hat sich Lessing endlich hinsichtlich der Reinheit des Styls und der Strenge der Stellung und Zeichnung zu einer bedeutenden Höhe erhoben. Dieses Gemälde enthält zugleich eine geschichtlich merkwürdige Thatsache, nämlich, dass Schadow für den Kopf des Königs zum Vorbilde diente. Der Kupferstecher Lüderitz in Berlin hat dieses Bild gestochen, nach Lessing's Originalzeichnung. Die Zeichnungen dieses Künstlers sind von hohem künstlerischen Werthe, und nach Raczinski's Urtheil kann man nur aus diesen sein bewunderungswürdiges Talent gründlich kennen lernen. Diese Zeichnungen geben eine viel richtigere Vorstellung seines Verdienstes, als es die kleine Anzahl von Oelgemälden zu thun vermag, und die überdiess weit zerstreut sind. Unter den bis zu des Grafen Raczinski's Zeit gefertigten Zeichnungen, stellt letzterer jene von Huss, wie er sich vor seinen Richtern vertheidiget, oben an, und nach dieser hebt er den Tod des Hohenstaufen Friedrich II. und zwei Darstellungen aus der altdeutschen Heldendichtung Walther und Hildegunde hervor. Die Zeichnung mit dem Hohenstaufischen

Kaiser liess der Graf in einem grossen Oelgemälde ausführen, und für die erwähnte Geschichte der neuern deutschen Kunst hat sie Keller in Kupfer gestochen. Die Zeichnungen von Friedrich's Tod und Huss besitzt der Banquier Fränkel, und diese Compositionen kennzeichnen Lessing's eigenthümliches Geschick und deuten die Richtung an, in welcher er, vielleicht ohne Nebenbuhler, den höchsten Ruhm erreichen würde. Dem Grafen Raczinski scheint durch diese beiden Zeichnungen, und durch das Gemälde des trauernden Königspaares, der Lessing's Genie und seinen innigsten Neigungen am meisten geeignete Umkreis gezogen zu seyn. Die Zeichnung von Huss ist in der erwähnten Geschichte der Kunst S. 158 sehr ausführlich beschrieben. Sie ist nicht im Gemälde gegeben; Lessing musste sich gegen die Einwürfe vertheidigen, welche der in dieser Zeichnung ausgedrückte Sinn hervorgebracht hatte. Man sah darin einen Angriff gegen den geistlichen Gerichtshof und gegen die katholische Religion. Lessing soll gesagt haben, Christen seien es, die ihn hindern, einen Heiligen in Huss zu malen.

Die oben erwähnten Gemälde sind indessen nicht die einzigen, welche Lessing gemalt hat; an diese schliessen sich noch verschiedene andere Meisterwerke. Im Jahre 1828 brachte er das Gemälde eines verfallenen Kirchhofes zu der Ausstellung in Berlin, und dieses Bild zog sogleich die Aufmerksamkeit aller Künstler auf sich. Ein anderes Gemälde, das neben dem Carton mit dem jungen Tobias derselben Zeit angehöret, stellt ein Felsenschloss dar, eigene Composition, im Besitze des Oberbürgermeisters von Bärensprung. Nach diesen folgen das oben erwähnte Meisterwerk, welches das trauernde Königspaar vorstellt und die Schlacht von Iconium, letzteres im Carton von 1828 mit etwas unter Lebensgrösse bestehenden Gestalten. Die Brüder Frings in Uerdingen besitzen ein Oelbild der Schlacht von Iconium, von Lessing gemalt. Das Hauptbild dieser Schlacht, in welcher Friedrich Barbarossa focht, hat Lessing zu Heltorff im Schlosse des Grafen von Spee in Fresco gemalt, und hier auch sein Talent in dieser Kunstgattung bewährt. Im J. 1832 malte Lessing das durch Jentzen's schöne Lithographie bekannte Bild der Leonore nach Bürger's Ballade, im Besitze des Kronpr. v. Preussen. Die Gestalten sind unter Lebensgrösse. Bei Raczinski ist es I. S. 163 im Holzschnitt gegeben. Der Kronprinz besitzt auch das Gemälde des fanatischen Hussiten, der im Walde prediget, während in der Ferne Brand und Verwüstung hausen; eine Darstellung von grosser Bewegung. Die Zeichnung war 1832 in Berlin zu sehen, und 1836 brachte er das Gemälde zur Ausstellung, ein reiches Werk, wie in Gruppirung, so in landschaftlicher Behandlung. Auf diesem Bild, das in den Berlinischen Nachrichten 1836 No. 257 näher beschrieben ist, sehen wir mehr als 20 Figuren in den vortheilhaftesten und sprechendsten Stellungen, wie sie nur je gruppirt und nur dem Bilde gegenüber erfasst werden können. Die feinen Abstufungen im Ausdruck der Gesichter, die homogenen Haltungen, die Charakteristik der Stellungen, die Meisterhaftigkeit des landschaftlichen Grundes, diess und noch viele Vorzüge können Stundenlang den Beschauer hier fesseln und einen Genius bewundern lassen, der sich in allen Theilen der Malerei mit gleich grossem Glücke bewegt.

Ein ausgezeichnetes Bild gewährt auch sein heimkehrender Kreuzritter, von welchem der Referent in den bezeichneten Berlinischen Notizen sagt, dass er in der That nicht wisse, ob er den Reiter, das Ross oder die Landschaft am meisten bewundern müsse. Genau zergliedert und gewürdiget ist dieses Bild auch in dem Berichte über die Berliner Kunstausstellung S. 97., wo man ein Gleiches über das Gemälde der Kreuzritter findet.

Ein Bild, welches früher auf der Berliner Kunstausstellung von 1830 die grösste Wirkung hervorbrachte, ist das ehedem im Besitze des Grafen von Spiegel, Erzbischofs von Cöln, befindliche Gemälde welches einen mit Schnee bedeckten Klosterhof darstellt. Dieses Werk, sagt Graf Raczinski, überragt eben so weit alle Leistungen im landschaftlichen Fache, als sich nichts von Historienbildern an jene Composition erhebt; ja es gibt Manche, welche dieses Stück in seiner Art noch für vollendeter halten wollen.

Hier ist Winter mit solcher Kraft, bei so wenig Mitteln, als er vielleicht noch nie gemalt worden. Ein enger Klosterhof ohne grosse Perspektive der ihn zur Seite einschliessenden Gebäude; hinten in dem Hauptgebäude von byzantischem Bogenstyl blickt man in einen freien Corridor, ein Sarg steht aufgerichtet, das Hochamt wird so eben gehalten, und ein Zug von Mönchen in dem Corridor zieht zur heiligen Handlung hin. Auf dem Hofe selbst sieht man nur zwei nahe verwachsene Tannen, zum Theil mit kahlen Stämmen, und einen Brunnen an der Seitenmauer. Die Wahrheit des Ganzen ist ausserordentlich, im leichten Flockenschnee, im gefrornen Wasserstrahle, in der Tanne mit ihren beschneiten Aesten, in der Wirkung der kalten Luft des Decembermorgens, in der Kerzenbeleuchtung des Innern, in der Mischung jenes Lichtes auf dem Schnee der Schwelle mit der Tageshelle etc. Das Grossartigste, Bedeutungsvollste und Tiefste, was die poetische Einheit des Ganzen zusammenhält und dem Beschauer näher entgegen bringt, sind die an der Pforte des Klosters tief gebückt, stillsinnend dasitzenden alten Steinstatuen, über Schooss, Nacken und Haupt still verschneit. Ueber der Thüre sieht man Maria mit dem Kinde durch den Schneeschleier hindurch. Dieses Bild ist nur ohngefähr 2 Fuss breit und 1½ Fuss hoch. Bei Raczinski ist dieser Klosterhof von Unzelmann in Holz geschnitten. S. 165.

Eine andere treffliche Landschaft dieses berühmten Künstlers stellt ein Schloss am Meeresufer dar, und meisterhaft ist auch das Gemälde einer Gebirgsgegend mit Aussicht auf eine Schlucht; auf der Anhöhe im Vorgrunde ein brennendes Dorf. Neuere Bilder von 1837, so wie die erwähnten von ausgezeichnetem Verdienste, sind: Wald- und Felsenlandschaft mit Reisenden in Andacht vor dem Heiligenbilde in der Königseiche, im Besitz des Kaufmanns John zu Frankfurt am Main; die Skizze zu diesem Bilde, bei E. Steinbrück zu Düsseldorf; Walters Entführung der Hildegunde, nach einem alten Heldengedichte aus der Zeit der Niebelungen, im Besitz des Banquiers Frenkel zu Berlin; des Waidmanns Selbsteinkehr und Beichte auf Waldespfad, für Major von Liebermann in Düsseldorf gemalt; felsiges Flussufer mit Fernsicht, Sonnenuntergang bei Mondesaufgang; felsigtes Flussufer bei abziehendem Gewitter.

Im Jahre 1838 vollendete er das Bild des Ezzelino, Tyrannen von Padua, im Kerker mit zwei Mönchen, deren Bekehrungsversuch scheitert, lebensgrosse Figuren, im Städel'schen Museum zu Frankfurt. Die kleine Farbenskizze besitzt der Maler Ehrhard zu Düsseldorf. In der neuesten Zeite entstand auch seine Darstellung der Erstürmung einer Bresche zu Iconium durch den Herzog von Schwaben, der des Künstlers Bildniss ist, im Besitze des Banquiers Frenkel; der verirrte Reitersmann bei der Köhlerhütte; der betende Pilger beim Heiligen-Häuschen am dürren Eichenstamm, im Besitze des Hauptmanns von Hotten zu Düsseldorf.

Mehrere Werke dieses berühmten Künstlers sind durch Abbildungen bekannt, Gubitz hat einige in Holz geschnitten, andere sind lithographirt. Im Kunstbuche der Düsseldorfer Malerschule ist das Bild der Ermordung Philipp's von Schwaben durch Otto von Wittelsbach von Papin lithographirt. Für den rheinisch-westphälischen Kunstverein hat A. Hoffmann 1836 die Entführung im Schlitten nach Lessing's Handzeichnung gestochen, qu. fol. Ein Vereinsgeschenk ist auch die oben erwähnte lithographirte Nachbilbildung der Leonore durch F. Jentzen. Zu Reinick's Gedicht: König Erich, radirte Steifensand Randarabesken nach Lessing's Zeichnung. Anderer Abbildungen haben wir schon oben erwähnt, wie den Stich des trauernden Königspaares von G. Lüderitz, der 1838 auf der Berliner Kunstausstellung zu sehen war. Die erwähnte Hussitenpredigt hat A. Hoffmann gestochen. Auch dieses Blatt war 1838 in Berlin zur Schau gestellt.

Lessöe, T., Landschaftsmaler in Copenhagen, ein jetzt lebender Künstler. Auf der dortigen Kunstausstellung von 1837 sah man Bilder von ihm.

Lessore, französischer Maler, der sich bereits Beifall erworben. Schön ist sein Bild der Hagar in der Wüste, 1836 gemalt.

Lestage, Peter, französischer Bildhauer, der 1725 in Rom arbeitete. Er restaurirte Antiken.

Lestang-Parade, Alexander Chev. de, Miniaturmaler zu Aix, und gebürtig von dieser Stadt. Sein Meister war Augustin, doch betrieb er die Malerei nur zu seinem Vergnügen. Man sah von 1802 an Werke von seiner Hand, Bildnisse, Costümstücke u. a. Um 1817 malte er das Bildniss Heinrich IV., nach einem authentischen Bilde.

Lester, s. Delaistre.

Lestudier-Lacour, Gabriel, Kupferstecher zu Paris, der aber 1800 zu Abbeville geboren wurde. Wir haben von ihm:

1) Mehrere Portraite und Vignetten in Lefebre's Bibel.
2) Den Triumph des Amor, nach Dominichino.

Lesueur, die ältern und neuern Künstler dieses Namens, s. le Sueur. Die Orthographie wechselt; das le wird getrennt und verbunden.

Leszer, Georg, Glasmaler zu Nürnberg, wo er um 1645 lebte. Es gibt ein Bildniss von ihm.

Letanzio, Maler von Bergamo, und Professor der Malerei in Venedig, ein jetzt lebender Künstler, dessen Orloff in der Histoire de la peinture en Italie II. 473. erwähnt. Er besitzt grosse Geschicklichkeit im Copiren, und seine Nachahmungen von Gemälden der venetianischen und andern Schulen haben selbst grosse Kenner getäuscht. Besonders glücklich ahmt er den Giorgione nach. In eigenen Compositionen ist er geringer. Seine Zeichnung ist nicht sehr correkt, und in der Draperie weiss er nicht immer schulgerecht zu verfahren. Dagegen ist seine Färbung naturgetreu, und auch in Anwendung des Helldunkels ist Letanzio glücklich.

Letellier, s. le Tellier.

Leth, Hendrik de, zwei Zeichner, Kupferstecher und Buchhändler zu Amsterdam, wo der ältere um 1720 — 1730 arbeitete, der jüngere noch 1760 lebte. Er zeichnete und stach mehrere Ansichten von Amsterdam und der umliegenden Gegend mit Dörfern, Villen und Höfen. Seine Ansichten von Kennemerland erschienen mit Text unter dem Titel: Zegepralend Kennemerland. Diese Blätter sind zwar keine Meisterstücke, aber doch nicht ohne Interesse.

Dann hat man von einem H. de Leth, oder von beiden in Gemeinschaft, Abbildungen der Landhäuser am Vechtstrome: Vechtae fundis, villis, praetoriis atque priscis arcibus triumpantis tabula exquisitissima, 100 Bl., fol.

1) Das alte adelige Schloss von Termer, 26 Bl.
2) Das Landhaus und der Garten von Zeyst, 21 Blätter.
3) Het verherlyk Watergraass of Diemer-Meer, 60 Bl.
4) Flussansichten, nach Goll dem älteren.

Lethière, Guillaume Guillon, Historienmaler, geb. zu St. Anne in Guadeloupe 1760, gest. zu Paris 1831. Er bildete sich in Doyen's Schule und machte solche Fortschritte, dass er in einem Alter von 26 Jahren den grossen Preis gewann. Den Ruf des Künstlers gründete 1801 das Gemälde mit Brutus, der seine Söhne zum Tode verurtheilt, eine grosse (24 — 14 F.), auch durch den Kupferstich von Coqueret bekannte Composition, gegenwärtig in der Gallerie Luxembourg.

Lethière entwarf dieses Gemälde schon 1787 als französischer Pensionär in Rom, und nach der Skizze wurde die Composition in Frankreich gestochen. Im Jahre 1801 war das Gemälde fertig, und dieses Bild erklärte man damals neben dem Philoktet, welchen er für den gesetzgebenden Corps malte, für eines seiner schönsten Gemälde. Den Philoktet auf Lemnos und das kleine Bild einer schlafenden Venus gibt Landon im Umrisse, II. CC. Das Gemälde des Brutus wurde auch in Deutschland durch Schlegel's Museum 1812 II. 349. bekannt, und gerühmt wegen des glücklichen Momentes der Darstellung, wegen der Zusammenstellung und des bezeichnenden Ausdruckes der Figuren, wegen der meisterhaften Technik, wegen des kräftigen Farbentones u. s. w. Zum Helden seines Stückes wählte der Künstler das berühmte antike Bildniss auf dem Capitol, und dieses ist die schönste Figur des Gemäldes; die andern sind nicht edel genug, und einige für die Handlung zu wenig interessirt. Indessen verschaffte dieses Gemälde dem Künstler Anerkennung und ehrenvolle Aufträge. Im Jahre 1811 ernannte ihn Napoleon zum Direktor der französischen Akademie in Rom, und diese Stelle bekleidete er bis 1820; denn auch der König ehrte ihn nach Napoleon's Sturz. Er ernannte den Künstler zum Professor an der königl. Schule der schönen Künste und zum Ritter der Ehrenlegion. Das Institut öffnete ihm 1815 ebenfalls die Thore.

Lethière's Talent ist seit langer Zeit anerkannt. Die Mischung von Vorzügen und Fehlern, welche zu mehr als einer Abhandlung über seine Werke Veranlassung gegeben hat, wird nicht verhindern, dass er in der Zukunft als einer der merkwürdigsten Maler seiner Zeit betrachtet wird, sowohl wegen der Kraft der Darstellung, als wegen der grossartigen Anordnung seiner Compositionen. Er ging auf dem von David bezeichneten Weg, doch suchte er das Theatralische mehr zu vermindern, indem er seine Charaktere und Motive reiner aus der Natur schöpfte. Seine Zeichnung ist indessen nicht so richtig und edel wie bei David.

Lethière hat während seiner langen Thätigkeit eine grosse Beweglichkeit des Talents gezeigt. Unter seine vorzüglichsten, in verschiedenen Kunstweisen behandelten Werke gehören: Der Traktat von Léoben, für die Gobelins bestimmt, 1806; der Uebergang über die Donau, 1808; eine Ansicht der Ebene von Rom, und der Dominikanerkirche, 1817; Aeneas und Dido, historische Landschaft für das Schloss Rembouillet ausgeführt, 1819; der heil. Ludwig, wie er die Pestkranken berührt, ein Gemälde von 1822, welches gegenwärtig im Museum von Bordeaux aufgestellt ist. Zwei historische Landschaften, die er um diese Zeit verfertigte: Aeskulap an einer Ziege saugend und Faustulus, der Romulus und Remus bei der Wölfin erblickt, erhielten gerechten Beifall. Sie sind von Lecomte lithographirt. Im Jahre 1824 stellte er eine Ansicht der Küste von Brighton aus, und 1827 die Gründung des Collége royal de France durch Franz I., ein Gemälde, das für dieses Collegium bestimmt war. Hierauf malte er die Heldenthaten des heil. Ludwig zu Damiette, im zweiten Saal des Staatraths, und endlich unter andern, zuerst in London und dann zu Paris ausgestellten Werken, den Tod der Virginia, das Seitenstück zu seinem Brutus, in der Gallerie Luxembourg ebenfalls von Conqueret gestochen. Ausgezeichnet ist auch die Erstürmung der Wienerbrücke, 15 auf 10 F. gross, und 1830 im Luxembourg ausgestellt. Die Anzahl seiner Gemälde ist sehr bedeutend, und mehrere verzeichnet noch Gabet. Er fertigte auch meisterhafte Zeichnungen in Bister, und unter diesen seinen Zeichnungen fand man in seinem Nachlasse zwei Skizzen mit Darstellungen aus der Geschichte der römischen Republik, als Folge seiner grossen Gemälde des Brutus und der Virginia. Lethière bildete auch viele Schüler.

Letourville, Maler, der zu Anfang unsers Jahrhunderts in Paris mit zwei historischen Gemälden auftrat. Gabet erwähnt seiner nicht.

Letronne, Zeichner zu Paris, der sich in der Estampemanier auszeichnete. Er lieferte mehrere gelungene Blätter, die viel Aehnlichkeit mit punktirten Kupferstichen haben.

Letronne starb vor 1821.

Letter, C., Bildnissmaler, der um 1670 in der Schweiz lebte. C. Meyer stach nach ihm.

Letterini, s. Litterini.

Lettner, s. Leuthner.

Letton, T., Kupferstecher, der im vorigen Jahrhunderte zu London lebte. Er scheint bei V. M. Piccot gearbeitet zu haben.

Leu, Thomas de, Zeichner und Kupferstecher, wurde 1562 zu Paris geboren, und A. Caron war sein Meister. Seine Kunst übte er in Amsterdam, im Geschmack der Wierix, theils nach eigener Zeichnung, theils nach andern Künstlern. Sein Grabstichel ist zierlich, aber etwas kalt. Das Todesjahr dieses Künstlers kennt man nicht; es scheint gegen 1620 erfolgt zu seyn. Seine Blätter sind mit T. d. l. oder Th. d. l. bezeichnet.

1) Prometheus an den Felsen geschlossen, nach Titian, Thomas de Leu fecit 1580. Vorzügliches Blatt, fol.
2) Maria mit dem Kinde, nach F. Vanni, 8.
3) Die Bekehrung des Saulus.
4) Ecce homo.

5) Die Sibyllen, 12 Blätter, 4.
6) 15 verschiedene Einsiedler, mit C. van Boekel und E. Charpy gestochen.
7) Engel und Erzengel, 8 Blätter.
8) Martyrologium S. Virginum, 24 Blätter.
9) Das Leben des heil. Franz, 25 Blätter.
10) Bildniss von Montaigne, Voicy du grand Montaigne etc., 8.
11) Charles de Gontaut de Biron, maréchal de France, 4.
12) Mr. Louis Servin, 4.
13) François de Valois, 4.
14) Charles duc de Lorraine, 4.
15) Antonius de Murat, Senator Parisiensis, 8.
16) Guido de la Veau.
17) Heinrich IV., König von Frankreich, nach F. Quichet.
18) Maria von Medici, Königin von Frankreich, nach demselben.
19) Bertrand d'Argentré, 1604.

Leu, Hans, Maler zu Zürich, der neben Anderem in der Frauenmünster-Kirche eine Altartafel verfertiget haben soll, welche die Erscheinung Christi am Grabe vorstellt. In seiner Art, oder von ihm selbst gemalt sind zwei historische Temperabilder auf der Baseler-Bibliothek, wie das Amorbachische Inventarium besagt: eine Scene zwischen Zephyrus und Prokris und ein heil. Hieronymus in der Wüste, beide flüchtig und steif gezeichnet mit verblichenen Farben.

Dieser Hans Leu soll 1531 in der Schlacht bei Coppel das Leben verloren haben.

s. N. Manuel, von Dr. Grüneisen.

Leubner, J. C., Bildnissmaler um 1683. M. Bodenehr stach ein Paar Portraite nach ihm.

Leubold, Kupferstecher, dessen Lebensverhältnisse unbekannt sind, wenn er nicht mit dem folgenden J. F. Leypold Eine Person ist. Folgendes Blatt ist sein Werk:

Venus qui se mire, halbe Figur nach Titian's Bild der Gallerie Orleans, fol.

Leuchsenring, Carl Christian, Kupferstecher zu Dresden, machte sich um 1775 durch mehrere Blätter bekannt, die ihre schätzbaren Seiten haben. Seine Lebensverhältnisse sind uns unbekannt. Um 1809 starb er.

1) Der Gelehrte in der Studierstube, nach Th. Wyck.
2) Die Bauerngesellschaft, nach A. Both.
3) Diana und Endymion, nach Hutin.
4) Ein Kopf, nach Greuze, klein.
5) Der Oberst Graf von Brühl.
6) Landschaft, nach Orient, kleines Blatt.

Leuchtenberg, August Carl Eugen Napoleon, Herzog von, wurde 1812 zu Mailand geboren. Dieser Prinz übte zu seinem Vergnügen die Zeichenkunst, und selbst im Radiren machte er nicht unglückliche Versuche. Vor wenigen Jahren führte ihn sein Loos nach Portugal, als Gemahl der Königin Donna Maria, hier aber raffte den edlen Prinzen 1836 in der Blüthe der Jahre der Tod dahin. Von seinen radirten Blättern erwähnen wir:

1) Studie von sieben Männerköpfen, die Halbfigur eines jungen Menschen, der sich mit dem Barte eines Alten, en buste beschäftiget: Auguste, 1826. H. 6 Z., Br. 3 Z. 6 L.
2) Studie von vier Schaafen, der Kopf eines Bockes und der Kopf eines Schaafes. Auguste 1825. H. 2 Z. 6 L., Br. 5 Z. 3 L.
3) Zwei Hunde, gegeneinander blickend, im Grunde die Hütte, ebenso bezeichnet. H. 3 Z. 3 L., Br. 6 Z. 2 L.
4) Ein Fuchs, der sich zu Hühnern herbeischleicht, die man hinter einigen Pfählen der ländlichen Wohnung sieht. Im Grunde rechts ist ein kleiner Fluss mit einer Barke, ebenso bezeichnet. H. 3 Z. 11 L., Br. 5 Z. 9 L.
5) Zwei Paar tanzende Landleute zum Schalle der Clarinette, welche der Mann auf der Bank spielt. Da sieht man auch ein Weib mit dem Kinde auf dem Arm, und ein anderes Kind hängt sich an die Bank. Rechts ist das Haus und im Grunde ziehen sich Berge hin. Rechts unten ist ein Monogramm. H. 3 Z. 2 L., Br. 4 Z. 6 L.
6) Ein liegender Tieger, nach rechts gerichtet. Neben einer der vordern Pfoten ist das Monogramm. H. 4 Z. 7 L., Br. 5 Z. 10 L.
7) Ein liegender Ochs, vom Profil gesehen, nach rechts gerichtet. Unten links neben dem Fusse des Thieres sind die Buchstaben A. L. H. 5 Z. 2 L., Br. 6 Z. 2 L.

Leuchzelburger, Hans, s. Lützelburger.

Leuensprung, Paul, Maler von Bern, ein kunstreicher Mann, starb 1499 in der Schlacht bei Dornach. Damals fielen 5000 Eidgenossen, wie Stattler versichert.

Leupold, Andreas, Maler und Wachsbossirer zu Nürnberg, ein geschickter Mann, der aber seiner eigentlichen Profession nach ein Hafner war.
Starb 1676.

Leupold, Georg, Bildhauer, der um 1670 in Dresden lebte. Sein Sohn Jakob, der 1727 als churfürstlicher Berg-Commissär starb, war in der Baukunst erfahren.

Leupold, Johann, Maler zu Wien um 1760. Er malte Bildnisse, wie jenes des berühmten van Switen, welches J. J. Haid stach.

Leupold, J., Kupferstecher, der in der ersten Hälfte des vorigen Jahrhunderts lebte. Er stach Bildnisse u. a.

Leupold, s. auch Leybold.

Leur, Nicolaus van der, Maler von Breda, wurde 1667 geboren, und seine Bildung zum Künstler erhielt er in Rom, wohin er in jungen Jahren kam. Er copirte anfangs in der Gallerie eines Cardinals gute Gemälde italienischer und niederländischer Meister, und so erlangte er schätzbare Kenntnisse in Behandlung der Farben, auch in der Zeichnung, so wie in der Perspektive. In eigener Erfindung war er schwach, aber im Bildnisse leistete er, als Copist, Lobenswerthes. Nach seiner Rückkehr aus Italien malte er in Breda, und da wird neben andern ein von ihm gemaltes Altarblatt bei den Recolleten erwähnt. Er starb frühzeitig.

Leus, A., s. Lens.

Leusargo, Robert, Architekt, der in der ersten Hälfte des 13. Jahrhunderts in Frankreich lebte. Um 1222 baute er die Hauptkirche zu Amiens.

Leusing, Johann, Blumen- und Früchtemaler, der um 1690 Beifall fand.

Leuthner, Abraham, Maurermeister von Prag, den wir hier anführen, weil sich ein Werk von ihm findet, zu welchem er die Kupfer selbst radirt hat: Gründliche Darstellung der fünff Seullen, wie solche von dem weltberühmten Vitrvvio, Scamozzi und andern vornemben Bäumeistern zu samben getragen etc. Durch Abraham Leuthner von Grundt. Auf zwei Blättern mit Portraiten stehen die Buchstaben A. L. V. G., was unsern Maurer von Grundt bedeutet. Lebte noch 1680.

Leutzner, J. H., ein Künstler, der um 1797 mehrere Blätter von N. Berghem u. a. nachradirte. Er sind dieses Thiere und Landschaften.

Leuw, s. Leeuw.

Leux, Franz, Maler von Antwerpen, Schüler des Rubens, bis er nach Italien ging, um in Rom seine Bildung zu vollenden. Nach seiner Rückkehr wurde er Hofmaler des Kaisers Ferdinand II., dann Gallerie-Inspektor in Prag, und da lebte er noch 1652, nach dem Taufmatrikel der Maltheser-Pfarrkirche bei Maria unter der Kette zu urtheilen. Dlabacz fand da folgende Worte:

Dominus Franciscus Leux de Leuxenstein camerae caesareae pictor. Leux scheint also auch bei Ferdinand III. Cammermaler gewesen zu seyn.

Dieser Künstler fertigte viele Gemälde in einer kecken Manier und mit zierlicher Färbung. Sie kamen in den Besitz des Kaisers.

Zwei seiner Söhne waren ebenfalls Maler.

Leva, Franz, Architekturmaler zu Mailand, um 1700. Malte in öffentlichen Gebäuden.

Leva, Joseph, Maler zu Mailand, dessen Lebenszeit unbekannt ist. Torre erwähnt von seiner Hand einer Madonna über einer der Kirchthüren von St. Maria del Paradiso.

Levante, Anton, Architekt, der in Bologna arbeitete. Ascoso sagt, dass dieser Künstler daselbst die Kirche Madonna della Grada und das prächtige anatomische Theater gebaut habe.

Einen Maler dieses Namens zählt Malvasia unter die Schüler der Carracci.

Levasseur, s. le Vasseur, und den folgenden Artikel.

Leveau, s. le Veau. Die Orthographie dieser beiden Namen wechselt; man findet Levasseur und Leveau geschrieben, während auf Blättern der Künstler auch Le Veau etc. steht.

Leveillé, Peter, Kupferstecher von Orleans, Janinet's Schüler, arbeitete um 1770 zu Paris. Seine Blätter sind in Crayon-, Lavis- und in Farben-Manier.

1) Les belles vendangeuses.
2) Les repos des vendangeuses, beide nach Hutin und in Farben.
3) L'Amour curieux.
4) La bergère surprise, nach demselben, in Crayonmanier, roth und schwarz.
6) Ornamente, Grottesken, Friese u. a. in Farben.

Leven, van, Bildhauer, der in der ersten Hälfte des vorigen Jahrhunderts zu Rotterdam arbeitete.

Levesque, Pierre Charles, Kupferstecher und Schriftsteller, wurde 1727 zu Paris geboren, und hier gründete er auch seinen Ruf. Er stach Bildnisse, Historien und Genrestücke, den grössten Theil in Paris; denn während seines siebenjährigen Aufenthalts in St. Petersburg beschäftigte er sich vorzugsweise mit der Geschichte. Er schrieb 1781 eine Geschichte von Russland; noch grösseres Verdienst aber erwarb er sich durch die Fortsetzung des Dictionnaire des artistes par Watelet. Dieses Werk erschien 1792 in vier Bänden, gr. 8., die er mit grosser Bescheidenheit in die Welt schickte. Im Jahre 1812 starb dieser Künstler.

Wir haben von ihm auch einige schätzbare Blätter:

1) Jupiter und Danaë im goldenen Regen, nach F. de Troy, von Daullé angefangen, von ihm beendigt, gr. qu. fol.
2) Venus und Amor, nach Pierre, 1770, gr. qu. fol.
3) Amor schärft die Pfeile, nach Cazes, gr. fol.
4) Loth mit den Töchtern, nach Diepenbeck, fol.
5) La toilette hollandoise, nach Metzu, fol.
6) Le sommeil.
7) Le reveil, beide nach Boucher, 1765, qu. fol.
8) Erigone vom Bacchus in der Gestalt einer Traube überwunden: La gaité, nach Deshayes, gr. fol.
9) Portia verschluckt glühende Kohlen: La douleur, nach le Brun, fol.
10) Michel François Sedaine, nach J. L. David, gr. 4.
11) Jean Causeur, 130 Jahre alt, nach Caffieri, gr. 4.
12) Das Bildniss des Louis Phelypeaux, Herzogs von Vrillière, nach C. Vanloo, gr. 8.
13) Bildniss der Frau von Grafigny, chez Levesque.

Levi, M., Zeichner und Maler aus Curland, der sich um 1793 in Berlin aufhielt. Er malte Bildnisse in Pastell, und dann lieferte er auch getuschte Zeichnungen.

Meusel erwähnt eines 1803 zu Berlin lebenden M. Levy, und dieses ist wohl der unsrige.

Levieux, R., Zeichner, der um 1680 zu Paris lebte. J. L. Roullet stach nach ihm das Bildniss des Carmeliter Definiteur-General Pierre de St. André.

Levicz, K., Maler und Kupferstecher, dessen Lebensverhältnisse unbekannt sind. Man hat von ihm:

16 Landschaften, nach Pillement.

Levillain, G. R., s. le Villain. Man schreibt Levilain und le Villain.

Levilly, Philéad Salvator, Lithograph zu Paris, und geb. daselbst 1803. Man hat von diesem Künstler eine grosse Anzahl von Blättern, unter welchen wir bei Gabet folgender erwähnt fanden. Auch Schüler bildet Levilly.

1) Eine Folge von Ansichten von Paris, darunter auch eine solche der Sorbonne, vom Pantheon etc.
2) Eine Sammlung griechischer Costüme, nach Baron Stackelberg.
3) Ein Monument in der Cathedrale von Lichtfield.
4) Zwei Landschaften, nach Poussin.
5) Das Abendmahl, nach Leonardo da Vinci, 2 franz. Schuhe lang und 1 Schuh hoch.

Levin, Maler zu Berlin, der sich um 1836 auf der Akademie daselbst bildete. Er malt Bildnisse, Familienstücke.

Levino, der Name eines Malers, welchen Vertue auf einem Gemälde in Kensington, das er in Kupfer stach, herausbringen will. Der Name ist undeutlich geschrieben, und ihm schien, als hiesse es Levinus Vogelarius oder Venetianus, worin er einen Maler Levino, den Neffen des Pordenone erkennen will, obgleich man von einem solchen ebenfalls nichts weiss. Das Gemälde stellt die Ermordung des Lord Darnley dar. Der Ursprung des Gemäldes fällt ins 16. Jahrhundert, in die Zeit, in welcher Simon Benic von Brügge mit seiner Tochter Lavinia in England lebte.

Diese Lavinia di Maestro Simone stand in England in Ansehen, und von dieser könnte das Gemälde herrühren.

Livinum, Peter Simon, Miniaturmaler, dessen Hoet erwähnt, ohne Näheres angeben zu können. Er zählt ihn zur niederländischen Schule. Von dem alten Levin von Antwerpen wird wohl keine Rede seyn.

Levis, s. Lewis.

Levizani, Johann Baptist, Maler und Dichter zu Modena, von welchem Vedriani sagt, dass seine Arbeit den Stechern so wohl gefallen habe, dass sie selbe häufig in Kupfer brachten. Er lebte im 17. Jahrhunderte.

Levo, Domenico, Blumenmaler von Verona, und Schüler von F. Bigi, dem er in der Kunst gleichkam. Blühte um 1718.

Levy, M., s. Levi.

Levy, D., Maler und Lithograph zu Cöln, dessen Lebensverhältnisse wir aber nicht erfahren konnten. Von ihm erfunden und 1836 lithographirt ist:

Der Maitrank, gr. fol.

Lewerik, Beiname von Jakob Vaillant.

Lewis, Georg, Zeichner und Kupferstecher zu London, ein trefflicher Künstler, arbeitete anfänglich für verschiedene Kunst- und Buchhandlungen, und schon hatte er seinen Ruf als Zeichner begründet, als er Gelegenheit fand, den bekannten Bibliographen Dibdin auf seiner Reise durch Frankreich und Deutschland zu begleiten. Mit Dibdin's bibliographical, antiquarian and picturesque tour in France and Germany. London 1821. 3 Voll. 8. kann man die interessanten Blätter verbinden, welche Lewis auf der Reise entwarf, und dann ätzte. Sie erschienen unter dem Titel: A series of etchings pourtraying the physionomy, manners and character of the people of France ad Germany, by George Lewis. London 1821. 3 Thle. mit 20 Bl., gr. 8.

Die geätzten Blätter dieses Werkes sind sehr geistreich behandelt, die Physiognomien aber oft carrikirt, und das Costüm könnte getreuer seyn.

S. auch den folgenden Artikel.

Lewis, Ch. G., Kupferstecher, der wohl von dem obigen verschieden ist. In Weigel's Catalog fanden wir von ihm folgender Blätter erwähnt, die doch wohl nicht von dem obigen herrühren?

1) Sun-Set, nach R. P. Bonington's Gemälde bei dem Marquess of Westminster, qu fol.
2) Das Bildniss des N. Poussin, nach dessen eigenem Portraite im Louvre, im Cat. raisonné of the most eminent dutch, french etc. painters, by D. Smith VIII. London 1837.

Lewis, Fred. Carl, Kupferstecher zu London, wurde um 1780 geboren, wir wissen aber nicht, ob er der Bruder oder Sohn des obigen Künstlers ist. Seine Werke sichern ihm einen hohen Rang in der Geschichte der englischen Chalkographie, und die Anzahl derselben ist nicht geringe. Er ist Kupferstecher des Königs von England.

Blätter von ihm sind in folgenden Werken:

1) Picturesque scenery on the river Dart, London 1821, mit 33 Blättern von ihm selbst gezeichnet, gr. 4. Die Aetzdrücke sind die ersten.
2) Scenery of the river Exe, London 1827, 30 Blätter, gr. 4.
3) Scenery of the rivers Tamar and Tavy, in forty-seven subjects, exhibiting the most interesting views on their banks etc. London 1823. Lewis fertigte auch die Zeichnungen dazu.
4) Das Bildniss des Königs Wilhelm IV. von England, nach Th. Lawrence 1831. Der Stecher hatte beim Stiche eine eigenhändige Kreidezeichnung des berühmten Lawrence.
5) Elisabeth, Herzogin von Devonshire, nach Th. Lawrence. In Crayonmanier.
6) Cardinal-Staatssekretär Consalvi, nach Th. Lawrence. In Lavismanier.
7) Miss Bloxam, die Nichte des Th. Lawrence, und nach dem Gemälde des letzteren gestochen.
8) Marquis Duglas und Lady Hamilton, nach Th. Lawrence. In Crayonmanier.
9) Bildniss des Capitain Franklin.
10) Jenes von J. Northcote, Maler, nach G. H. Harlow.
11) The children of C. B. Calmady, nach Lawrence.
12) Die Werke der Barmherzigkeit, 8 treffliche Blätter in Aquatinta, nach Flaxman's Zeichnung.
13) Market gardeners, Bauern, welche auf dem Markt gehen, nach Witherington.
14) Fish-market, nach Bonington.

15) Sea shore, nach demselben.
16) Interior of a turkish habitation at Venise.
17) View at Brighton, nach C. Fielding.
18) — 29) Eine Folge von 12 radirten Blättern mit häuslichen Gegenständen, auf gewöhnlichem und chinesischem Papier.
30) Jagdstücke, nach P. Reinagle, frühere Werke des Künstlers.

Lewis, John F., Zeichner und Maler zu London, ein trefflicher, jetzt lebender Künstler. Er unternahm eine Reise nach Spanien, und da fertigte er eine bedeutende Anzahl charakteristischer Zeichnungen in Wasserfarben. Man nennt ihn unter den englischen Aquarellisten mit Auszeichnung, und gerade in diesem Fache der Kunst hat England vorzügliche Leistungen. Die Blätter des J. Lewis bestehen in Landschaften, Genrebildern, besonders häuslichen Scenen aus Schottland und Spanien, in Abbildungen von Thieren und in Stillleben. Auch in der Lithographie ist Lewis erfahren.

Als Resultat seiner Reisen gab er folgende Werke heraus, unter dem Titel:

Lewis's sketches and drawings of the Alhambra, made during a residence in Granada in the years 1833 — 34. Die Lithographien sind von Harding, Lane, Gaucci und von Lewis selbst. Im Jahre 1836 erschien der erste Band in fol., und dieser kostet 56 fl.

Lewis sketches of Spain and spanish characters, made etc. 1833 bis 34. Dieses Werk erschien 1836 mit lithographirten Blättern von Lewis, fol. Es kostet ebenfalls 56 fl.

Dann hat man von ihm lithographirt:

A spanish lady, und: A spanish peasant girl. Diese beiden Lithographien erschienen 1836. Preis 14 fl.

Ein anderes Werk von J. F. Lewis ist betitelt: Lewis's illustrations of Constantinople made during a residence in that city in the years 1835 — 36. Arranged and drawn on stone from the original sketches of Coke Smith by John F. Lewis. London 1837. Imp. fol. Preis 28 Thlr.

Lewitzky, Gregor, Kupferstecher, der um 1732 in Breslau lebte. Dlabacz kennt von ihm ein sauber gestochenes Blatt mit Jesu, Maria und Joseph. S. den folgenden Artikel.

Lewitzky oder Lewitzkoy, Dimitri, Maler zu St. Petersburg, dessen Fiorillo in den kleinen Schriften, auch Meusel und Bernoulli IV. 129. erwähnen. Er hatte den Beinamen Ghrighorjewitsch, was Gregor's Sohn bedeutet, und daher scheint der obige Künstler sein Vater gewesen zu seyn, der sodann ebenfalls nach St. Petersburg zog. Lewitzky malte mit Beifall Bildnisse, und einige seiner Porträte wurde gestochen, wie jenes des Fürsten Alexander Gallizin 1762 von J. Jacobé; die von Alex. Lanskoi und Sam. Greigh von J. Walkers, alle drei in schwarzer Manier. Punktirt ist das Bildniss der Prinzessin Daschkow.

Lewitzky wurde 1760 Mitglied der Akademie in St. Petersburg, und 1776 Rath derselben. Er starb nach 1804.

Lewter, Maler, der gegen das Ende des 15. Jahrhunderts in Dresden und den benachbarten Städten gearbeitet haben soll.

Lexa, Joseph, Maler von Prag und akademischer Künstler, verfertigte mit Anton Wild vortreffliche Gemälde, die sie unter dem Titel einer optischen Zimmerreise zeigten. Diese Gemälde fanden um 1820 grossen Beifall; man bewunderte die glückliche Wahl des Standpunktes, die getreue Darstellung der Gegenstände, das naturgemässe Colorit und die schönen Farbencontraste.

In der Perspektive beurkundete dieser Künstler grosse Meisterschaft.

Lexmond, Johannes van, Zeichner und Maler von Dortrecht, wurde 1769 geboren, und schon frühzeitig von den beiden van Stry in der Malerei unterrichtet. Er gewann da gute Grundsätze, und da er in der Folge mit Unterricht im Zeichnen sich befasste, so erlangte er gerade hierin grosse Stärke. Er zeichnete Gemälde älterer Meister und auch architektonische Ansichten und Landschaften. Einige seiner Blätter sind in Saftfarben ausgeführt.

Lexmond wurde Sekretär der Gesellschaft Pictura zu Dortrecht, und er ist vielleicht noch am Leben.

Leybold, Johann Friedrich, Kupferstecher und Miniaturmaler, geboren zu Stuttgart 1755, zeigte schon in früher Jugend Neigung für die bildende Kunst, kam als Knabe zum Hofbildhauer Bauer, der ihm den ersten Unterricht im Handzeichnen ertheilte, und wurde bald darauf als Eleve der Akademie der b. K. in Ludwigsburg aufgenommen, um in der Stuccatur- und Bildhauerkunst unterrichtet zu werden. Nachdem er im Zeichnen und Modelliren vorgeschritten war, kam er auf die Solitude (ein herzogliches Schloss), wo mehrere Prachtgebäude aufgeführt wurden, zu einem Meister in der Stuccaturkunst, Namens Sonnenschein, dem die Verzierungen von Kunstarbeiten in den Zimmern übertragen waren. Im Jahre 1770 wurde er der militärischen Pflanzschule als Eleve zugetheilt, und in diesem Institute wurde Leybold zum Künstler gebildet. Nachdem er zwei Jahre sich mit der Stuccaturkunst befasst hatte, wählte er, auf Anrathen des damaligen Gallerie-Direktors und Rektors der Kunstakademie, Guibal, die Malerei zu seinem Studium, doch war seine Vorliebe zur Kupferstecherkunst jederzeit vorherrschend, und so entschloss er sich nun, nachdem der Kupferstecher G. v. Müller an die Akademie gerufen wurde, sich derselben zu widmen. Da Leybold den andern Zöglingen im Zeichnen weit überlegen war, so übertrug ihm sein verdienstvoller Lehrer unter seiner Leitung den Unterricht seiner Miteleven in den Anfangsgründen der Kupferstecherkunst; ja, als Müller nach Paris berufen wurde, das Portrait Ludwig's XVI. zu stechen, bekam Leybold, bis zu Müller's Wiederkunft, die ganze Leitung dieser Schule. Nachdem er sich nun sechs Jahre der Kupferstecherkunst gewidmet hatte, und von seinem Lehrer, der ihn stets als Freund behandelte, gehörig ausgebildet war, so wurde er 1782 aus der Carls-Hochschule, nachdem er zwölf Preise in verschiedenen Fächern der Kunst erhalten hatte, mit dem Prädikate eines Hofkupferstechers entlassen. Er lieferte nun mehrere Blätter, auch zwei zur Gallerie des Herzogs von Orleans; malte nebenbei, vorzüglich für den Hof, en miniature, und ward 1789 Professor an der genannten Hochschule, an welcher er Unterricht im Zeichnen und Modelliren nach der Natur gab. Die Kupferstecherschule lieferte damals Blätter von solchem Gehalte, dass der Erbprinz von Coburg veranlasst wurde, an Leybold zu schreiben, und ihm den

Auftrag ertheilte, Alles, was von Bedeutung sei, ihm zu übersenden. Bald darauf erhielt er das Decret als Sachsen-Coburgischer Hofmaler und Hofkupferstecher (1797).

Als endlich Carl's Hochschule aufgehoben wurde, so unternahm Leybold 1798 eine Reise nach Wien, und hier beschäftigte er sich fünf Jahre hindurch in den vorzüglichsten Häusern mit Miniaturmalen. Er liess schon im ersten Jahre seines Aufenthaltes in dieser Stadt seine zahlreiche Familie kommen; denn da fanden seine drei Söhne: Carl, Historienmaler; Friedrich, Portraitmaler in Oel- und Miniatur, und Gustav, Kupferstecher, erwünschte Gelegenheit, an der Akademie sich auszubilden. Dies mit solchem Erfolge, dass er seinem ältesten Sohne, Carl, bald die Miniaturarbeit überlassen, und er selbst sich wieder ganz der Kupferstecherkunst widmen konnte. Die bereits vor mehreren Jahren angefangenen Platten: „der Tod des Marcus Antonius" und „der Tod des Papirius" wurden beendigt, und erhielten den verdienten Beifall in Deutschland, so wie in Frankreich.

Als Leybold diese Blätter dem Direktor Füger zeigte, äusserte dieser, ob es kein Mittel gäbe, auf eine freiere und schnellere Art Blätter zu liefern, die mehr durch Aetzen hervorgebracht werden könnten. Leybold machte sich sogleich anheischig ihn zu befriedigen, und radirte vier Blätter in Oktav, blos Köpfe nach Füger, zur grössten Zufriedenheit des letztern. Dieses war auch die eigentliche Veranlassung, warum ihm in der Folge die Scenen aus der Messiade, zwanzig an der Zahl, nach Füger's Handzeichnungen, durch den Grafen von Fries, den Besitzer derselben, in der Originalgrösse zu stechen übertragen wurden. Die meisten dieser Stiche sind von Leybold's Meisterhand. Auch Direktor Reindel in Nürnberg nahm später an diesem Unternehmen Antheil, um die Sache desto schneller zu fördern. Leybold hatte bereits sieben dieser Handzeichnungen gestochen, als er nach dem Tod des Direktors Schmutzer 1812 zum k. k. Hofkupferstecher und im selben Jahre zum Professor an der Kupferstecherschule ernannt wurde. Kurze Zeit darauf wurde ihm auch der Titel eines k. k. akademischen Rathes verliehen. Im Jahre 1838 starb er.

1) Die Liebe, La charité etc., — eine junge schöne Frau mit einem Kinde an der Brust und zwei andere zur Seite, die sie umarmen, schönes Blatt nach P. Mattei's Bild in der Gallerie zu Stuttgart; fast in Strange's Manier, der Herzogin Dorothea Sophia von Würtemberg zugeeignet; gr. fol.
2) Der Tod des M. Antonius, Mort de Marc-Antoine etc., nach Pitz, dem Könige Maximilian von Bayern zugeeignet, damals noch Herzog, gr. qu. fol. Im ersten Drucke vor der Schrift.
3) Der Tod des Consul Papirius, nach Hetsch 1793, ebenfalls mit französischer Schrift, wie die obigen. Dieses Blatt ist dem Prinzen Albert von Sachsen dedicirt, gr. qu. fol. Im ersten Drucke vor der Schrift.
4) Venus, welcher Cupido den Spiegel vorhält, nach Titian, für die Galerie Orleans gestochen, 4.
5) Die heilige Familie, nach Baroccio, für die Galerie Orleans, 4.
6) Die Madonna mit der Katze: La vierge au chat, nach Baroccio, fol.
7) Die Himmelfahrt Mariä, nach Guibal, 1781, fol.
8) Der Abfall des Nestorius, Deckenstück, nach demselben, fol.

9) Lohn der Tugend, Tribut de la reconnaissance, nach F. Tischbein, dem Prinzen von Waldeck dedicirt, oval fol.

10) — 21) Die Darstellungen aus Klopstock's Messias, nach Zeichnung von Füger. 1 — 12 Blatt, gr. fol. Im ersten Drucke vor der Schrift. Preis 66 fl.

22) Die sitzende Frau mit dem Buche in der Linken, nach Guibal, 1778, fol.

23) Der todte Leander, nach C. Schutt; für das Wiener Galleriewerk. Für dieses Werk stach er auch einen Giorgione.

24) Ein junger Bacchus, nach Golzius.

26) Bildniss des Herzogs Carl von Würtemberg, nach Schlotterbeck.

26) Das Bildniss des geheimen Rathes Hochstetten in Stuttgart, fol.

Leybold, Carl, berühmter Maler, der Sohn des Obigen, wurde 1786 in Stuttgart geboren, kam aber mit dem Vater frühzeitig nach Wien, wo er an der Akademie der Künste den Kunststudien sich widmete. Früher hatte E. Wächter seine Schritte geleitet, und nachdem er jetzt in Wien einige künst'erische Selbstständigkeit erlangt hatte, begab sich Leybold nach Rom, wo bald neben Schick sein Name genannt wurde. Anfangs ergab er sich mit Vorliebe dem historischen Fache der Malerei, und als Probe seines Talentes in dieser Sphäre nennt man ein figurenreiches Bild, welches Cimon's Wohlthätigkeit vorstellt. Dieses Gemälde erwarb dem Urheber vollen Beifall, dennoch aber ergab sich Leybold nach seiner Rückkunft in Stuttgart grösstentheils der Bildnissmalerei, die er aber mit Meisterschaft, im Geiste eines Historienmalers, übt. Im Kunstblatte von Dr. Schorn wurde dieses Künstlers mehrmalen mit Ruhm gedacht. In seinen Bildnissen befriediget die charakteristische Aehnlichkeit der Person eben so sehr, als die Schönheit der Anordnung und die grosse Kraft und Wahrheit des Colorits. Jedes seiner grösseren Bilder ist die Darstellung eines aus dem Leben gegriffenen Moments, der nicht nur lebendig anspricht, sondern auch das Individuum im Allgemeinen charakterisirt, weil der Künstler mit verständiger Wahl nur solche Momente benutzt, die nicht durch Heftigkeit, oder das Vorübergehende der Bewegung die Ruhe des charakteristischen Ausdruckes gefährden. Dabei gelingt es ihm, die zartesten Formen mit der ihnen eigenen Anmuth zugeben, da er, obgleich stets das Grossartige der Züge suchend, in Ausführung des Einzelnen mit grosser Genauigkeit der Natur folgt. Ausser der gründlichen Formenkenntniss fördert ihn allerdings hierin auch die ausnehmende Wahrheit und Kraft seiner Färbung; Leybold hält alle seine Gemälde, seien es auch blosse Brustbilder, im klarsten Tageslicht. Die Blüthe und Wärme der Farbe erregt in diesen Bildern den angenehmsten Eindruck; die Figur tritt frei und wie lebendig vom Grunde hervor; in voller Individualität und in reinhistorischer Treue. Die Bestrebungen dieses Künstlers, die Portraitmalerei des 19. Jahrhunderts auf die in technischer und geistiger Hinsicht hohe Stufe zu erheben, auf welcher die Bildnisse der grossen italienischen und deutschen Meister des 16. Jahrhunderts stehen, sind in der That zu den glücklichsten zu zählen. Man darf nicht in Abrede stellen, dass namentlich dieser Künstler in unsern Tagen den seltenen Verein der Naturwahrheit und poetischen Behandlung — letztere weit entfernt von theatralischer Effekthascherei — gefunden habe.

Leybold wurde so sehr für das Portrait in Anspruch genommen, dass er seit seiner 1814 erfolgten Rückkehr aus Italien fast zu nichts Anderem Musse fand. Im Jahre 1826 erklärte das Kunstblatt von Dr. Schorn, und Göthe in seiner Zeitschrift über Kunst und Alterthum, eine Zeichnung des Charos, den Tod im neugriechischen Sinne vorstellend, als des ersten Preises würdig, und ausserdem fanden wir noch eines grossen Gemäldes mit Nymphen erwähnt, mit allem Glanze und Reize des Pinsels gemalt. Die beiden lebensgrossen weiblichen Figuren erscheinen in schönster Reinheit der Form, und besonders lebenskräftig ist die bräunliche. Sie befinden sich in landschaftlicher Umgebung, und diese ist eben so meisterhaft behandelt, wie die menschlichen Gestalten. Form und Farbe lassen nichts zu wünschen übrig.

Ein vollendetes Kunstwerk ist sein Bildniss der Herzogin Pauline von Nassau, gebornen Prinzessin von Würtemberg, welches von J. G. Schreiner sehr getreu lithographirt wurde. Von sprechender Aehnlichkeit sind die Bildnisse des berühmten Dannecker, Gustav Schwab's, und eines der grössten und ähnlichsten ist auch jenes des Herrn von Cotta.

Leybold wurde 1828 Professor an der neu errichteten Kunstschule in Stuttgart.

Leybold, Gustav, Kupferstecher, wurde 1792 in Stuttgart geboren, und sein Vater Friedrich ertheilte ihm Unterricht in der Kunst. Er stach mit diesem für das Wiener Galleriewerk, und dasjenige Blatt, welches ihn zuerst vortheilhaft machte, stellt eine betende Frau nach Holbein dar. Der Stich ist im Geiste des Originals von sicherer und zarter Behandlung. Das Gemälde ist in der Sammlung des Grafen von Czernin, und das Blatt in der Grösse des Stiches von Müller's Johannes. Im ersten Drucke vor der Schrift kostet es 7 Thl. 10 gr.

Leybolden, Maler zu Hannover, ein jetzt lebender Künstler. Er malt Landschaften, und einige seiner Bilder sind vorzüglich zu nennen. Manchmal beabsichtiget er düstere und schauerliche Eindrücke. So fanden wir 1835 im Kunstblatte bemerkt.

Leychart, s. Leichhard.

Leypold, Carl August Siegfried, Graveur und Schriftstecher zu Dresden, vermuthlich Sohn des Münzeisenschneiders Leupold, dessen in der Sammlung berühmter Medailleurs als um 1765 in Dresden lebend erwähnt wird. Carl Leypold wurde 1768 in Dresden geboren, und hier lebte er noch 1828 als Hofgraveur und Schriftstecher.

Leypold, Johann, Zeichner und Kupferstecher, der zu Anfang des 17. Jahrhunderts gearbeitet haben könnte. Er stach in der Weise des J. Sadeler. Man kennt von seiner Hand:

> Das Bildniss des Bischofs Gottfried von Bamberg, Halbfigur in einem Ovale mit architektonischer Einfassung, rechts und links ein heiliger Bischof. Auf diesem Blatte steht der Name des Künstlers und ein Monogramm, kl. fol.

Leypold, s. auch Leubold.

Leyden, Aertgen van, s. A. Claesson.

Leyden, Lukas Huygens van, von den Italienern öfter Luca d'Olanda, und auch Lucas Damesz genannt, Maler, Kupferstecher und Formschneider, geb. zu Leyden 1494, gest. daselbst 1533. Sein Vater Hugo Jakobsz, ein geachteter Maler, der H. Damesz Jakobsz geheissen haben könnte, unterrichtete ihn in der ersten Jugend in der Malerei, aber dieses natürliche Wunderkind ergriff mit gleichem Eifer, gleicher Freudigkeit und mit gleichem Gelingen schon in frühester Jugend alle Zweige der Kunst. Er malte geschichtliche Gegenstände, Portraite, Landschaften, mit Wasserfarben und in Oel, auch auf Glas, schnitt in Holz, gravirte auf Kupferplatten, zeichnete mit der Feder, mit der Kohle vor allem aber gerne, und in spätern Jahren ganz vortrefflich mit schwarzer Kreide. Schon als neunjähriges Kind stach er Zeichnungen von seiner eigenen Erfindung sehr sauber und fein in Kupfer. Man trifft noch zuweilen auf einzelne seltene Abdrücke ohne Jahreszahl von diesen seinen frühesten Jugendarbeiten. Da er 12 Jahre alt war, malte er die Legende vom heil. Hubertus mit Wasserfarben auf Leinwand, und erregte dadurch die Bewunderung aller, welche dieses Gemälde erblickten. Ein Kunstfreund, Herr von Lockhorst, gab dafür dem jungen Künstler so viele Goldstücke, als er Jahre zählte, um ihn zu fernerem Fleisse zu ermuntern. Kaum mochte Lukas das vierzehnte Jahr erreicht haben, als er ein höchst ausgeführtes, mit der Jahreszahl 1508 bezeichnetes Blatt nach eigener Erfindung in Kupfer stach, welches den Mönch Sergius darstellt, den Mahomed in seiner Trunkenheit ermordet hatte. Es ist mit aller Gewandtheit und Zartheit des Stichels ausgeführt, welche eine lange Uebung voraussetzt. Aus eben dieser Zeit, doch weniger gut gezeichnet, scheint die büssende Magdalena zu seyn. Im Jahre 1509 erschienen neun andere Blätter in Form runder Medaillons, die eben so viel Scenen aus der Leidensgeschichte Christi darstellen. Nächstdem die Versuchung des heil. Antonius, dem der Teufel in Gestalt einer schönen Frau erscheint. Auch noch im nämlichen Jahre die Bekehrungsgeschichte des Apostels Paulus. Im Jahre 1510 stach Lukas mit aller Fertigkeit das Blatt, in welchem er eine nackte Frau abbildete, die einen Hund von unbequemen Insekten befreit, und dieses Blatt gehöret mit der büssenden Magdalena zu den grössten Seltenheiten in Kupferstichsammlungen. In beiden zeigte der Knabe eine Vollendung im Mechanischen, die in ihrer Art nicht höher getrieben werden kann, und wenn sie nicht Dürer's Genauigkeit erreicht, doch durch Gewandtheit und Feinheit reichlich ersetzt, was nur mühsamer Fleiss zu erreichen vermag. Sowohl bei diesem, als bei allen seinen Blättern muss man neben der vollendeten Ausführung, auch die Manigfaltigkeit der Köpfe und Stellungen bewundern. Nirgend erscheint Verworrenheit oder Zwang, selbst nicht in seinen figurenreichsten Compositionen; alle seine Blätter tragen den Stempel eines hellen originellen Geistes, der sich selbst von jedem Striche, jeder Linie Rechenschaft zu geben wusste, und frei und leicht unter jedem Bedingniss seiner Kunst sich bewegte. Die grösste Manigfaltigkeit herrscht in seinen Gewändern; auch war er unerschöpflich in Erfindungen, um seine den Tagen der Vorzeit oder fremden Nationen angehörenden Gestalten so viel wie möglich zu charakterisiren.

In Lukas van Leyden's Kupferstichen charakterisirt sich auch die niederländische Kunst auf ihrem eigenthümlichen Standpunkte. Das beseelte und beseeligte Wesen der Eyck'schen Werke ist daraus verschwunden; weder eine sittliche Schönheit, noch organische Vollkommenheit zeigt sich in seinen Bildern, und seine enthusiastischen Verehrer rühmen immer nur die Gewandtheit und Fertigkeit des Grabstichels, die Beobachtung der Luftperspektive, die Gruppirungen, die Attituden und die Mimik, jedoch ist letztere nur immer Modification eines Normalgesichts, welches bei Frauen recht gemeine Grundzüge, und an Leyden'schen Männern ein finsteres und hektisches Ansehen hat; denn er war auf die Beobachtung eines engen Kreises der Wirklichkeit ohne Wahl beschränkt, und ahnete nicht die Schönheit der Seele in jener des Körpers.

Lucas verlor früh seinen Vater und ersten Führer auf der so hoffnungsreich begonnenen Bahn, und kam gleich darauf zu Cornelis Engelbrecht in die Lehre, bei welchem er in unglaublich kurzer Zeit die grössten Fortschritte im Zeichnen und Malen machte. Im Kupferstechen hatte ihm ein Künstler, Namens Hornassen, noch besondern Unterricht ertheilt, und dieser lehrte ihn zugleich den Gebrauch des Scheidewassers. Auch sagt man, dass ein geschickter Goldschmied ihm bei seiner Bildung für die Kunst viel geholfen habe. Im Jahre 1510, da Lukas van Leyden 16 Jahre zählte, erschien abermals von ihm ein allgemein bewundertes Blatt, ein Ecce Homo, und so folgte in schneller Folge eines seiner Kunstwerke dem andern. Die Anbetung der Könige, die er 1513 ausführte, ist kräftiger in der Behandlung, als die Bekehrung Paul's, allein bei weitem nicht so trefflich in der Auffassung der Charaktere, als dieses sein früheres Werk. Es zeigt sich in den männlichen Köpfen dieses Blattes eine Ahnung von Charaktergrösse und Kraft, die wir in seinen spätern Werken nicht wieder finden. Seine grösste Composition ist der Calvarienberg, welcher wegen des Reichthums an Figuren, deren achtzig gezählt werden können, für sein Meisterstück gehalten wird. In den höchst seltenen ersten Abdrücken ist in der Jahreszahl 1517 die 5 verkehrt geschrieben. Die Ausführung dieses Blattes hat zwar weder die Zartheit und Leichtigkeit seiner frühern Arbeiten, noch die Kraft späterer, aber eine Genauigkeit und Reinheit des Stiches und eine Einfachheit der Striche, wodurch es den vollkommensten Beifall verdient.

Ueber die Verdienste dieses Künstlers als Kupferstecher verbreitet sich von Quandt im Entwurfe zu einer Geschichte der Kupferstecherkunst ausführlich, und das Obige ist grösstentheils daraus gezogen. Doch schon Vasari räumte dem Künstler hohe Vorzüge ein. Vasari, und andere nach ihm, sagen, dass er der erste gewesen, welcher in seinen Stichen die Luftperspektive angewendet gemacht habe, und dass kaum die Malerei selbst mittelst ihrer Farben die Luftperspektive besser geltend machen könne. Der Ruhm des Lucas van Leyden war für lange Zeit so gross, dass er von Vielen als Maler dem Dürer gleich, als Stecher aber über ihn gestellt wurde. Heut zu Tage aber, sagt Longhi in seinem Werke: die Kupferstecherei etc., übersetzt von C. Barth I. 76, ist es allgemeine Meinung, dass er im Vergleich mit seinem Zeitgenossen Dürer und Marc-Anton, beiden an Richtigkeit der Zeichnung nachstehe, möge er auch den ersten an Freiheit der Hand, den zweiten an Stechergeschicklichkeit zu übertreffen scheinen. C. Barth, in der Anmerkung S. 331 20, geht noch weiter ein, und er bemerkt, der Behauptung Vasari's entgegen, dass jeder, der Künstler ist, und weiss, dass die Luftperspektive sowohl in Zeichnung als im Stich, mehr durch gehöriges Vermindern der Kraft der Schatten in den entfernten Theilen, als durch Dämpfen der Lichter hervorgebracht wird, — auch leicht erkenne, dass durch Lucas Steckweise diese Art von Luftperspektive nicht vollkommen beobachtet seyn konnte, da er, wie die anderen Kupferstecher seiner Zeit, immer den weissen Grund des Papiers an manchen noch gefärbten Theilen stehen liess. Barth sagt, vollkommen beobachtet, weil Lucas, wenn er dabei auch die Abschwächung des Lichtes nicht hinzuzubringen, doch die Verstärkung der Schatten verstand, was wenigstens eine Abwechslung des Tones über die näheren und entfernteren Gegenstände verbreitete. Allein diese furchtsamen und wenig merklichen Andeutungen der Lufperspektive waren noch weit davon entfernt, Grund zur Versicherung zu geben, dass die Malerei wenig mehr zu thun vermöge, welche doch mit Hülfe des Colorites ein Mittel mehr hat, um die zwischen den Gegenständen befindliche Luft durch Abnahme der Lebendigkeit der Farben anzudeuten. Es ist nicht sowohl die erste Epoche, bei der wir diese Verfeinerung der Stechkunst suchen müssen, wenig in der zweiten, erst in der dritten erreichte man den höchsten Punkt der Luftperspektive, wie die Malerei selbst, indem man, wie diese, nicht allein die Lichter nnd die Schatten, und die grössere oder geringere Deutlichkeit der Umrisse, bei mehr oder wenig entfernten Gegenständen, sondern auch die Lebhaftigkeit der Farbtöne selbst durch einfachen Gang und angemessene Unterbrechung durch die dritte Linie der Behandlung aufopferte.

Lucas von Leyden ist indessen ein noch in unsern Tagen berühmter Stecher, und nicht weniger als Maler zu erheben. Er wusste den Pinsel mit nicht minderm Gelingen zu führen, als die Reissfeder und das Radireisen. Seine Gemälde waren der Stolz seiner Vaterstadt und die Bewunderung aller Kunstverständigen. Er ist für Holland das, was sein Freund, Albrecht Dürer, für Deutschland war. Ihre Manieren gleichen sich sehr stark, nur dass Dürer richtiger zeichnete; dafür übertraf ihn aber Lucas an Haltung und Uebereinstimmnng. Er war der erste, welcher die Tinten nach dem Maasse der Entfernung der Gegenstände schwächte; eine wichtige Periode in der Geschichte der Kunst. In seinen Compositionen ist Alles mit Ueberlegung und nach perspektivischen Richtungen angeordnet. Seine Farbenmischung ist gefällig, aber die äusseren Theile zu scharf von dem Grunde abgeschnitten, so wie er auch von den Muskeln und ihren Bewegungen nur schwache Kenntnisse gehabt zu haben scheint. Der Wurf seiner Gewänder ist gewöhnlich zu eckig, und das Costüm nicht immer getreu. Es gingen in ununterbrochener Reihe mehrere treffliche Arbeiten in Oel und in Wasserfarben aus der Werkstatt des fleissigen Meisters hervor. Auch auf Glas malte er mit hohem Gelingen; unter anderem wie die Töchter Israel's dem König David tanzend entgegenziehen. Doch weder in seinen Gemälden, noch in seinen andern Arbeiten beschränkte er sich einzig auf geistliche Darstellungen, er wählte oft und gerne auch andere, mitunter sogar auch humoristische Gegenstände, wie zum Beispiel zu dem kleinen, von Vasari gepriesenen Blatt, auf welchem ein Bauer von einem Quacksalber den Zahn ausreissen lässt, während eine Frau, von ihm unbemerkt, ihm die Tasche leert.

So betrieb Lucas die Kunst von Jugend an mit grosser Geschicklichkeit und einer leidenschaftlichen Emsigkeit, welche kränklichen Personen eigen ist. Seine Mutter, welche befürchtete, das anhaltende Arbeiten möchte ihm schaden, gab sich daher alle Mühe, ihn zu bewegen, nur einige Stunden des Tages oder der Nacht sich Ruhe zu gönnen. Selbst, dass er fast im Knabenalter schon an ein Fräulein Boshuysen, aus einem reichen und edlen Hause, verheirathet wurde, konnte ihn nicht von dieser anhaltenden Arbeit abhalten oder zerstreuen. Dazu kam eine innere Unruhe und ein Hang zur Schwermuth, der ihm die Heiterkeit des Lebens raubte. Dieses drückt sich selbst in den Zügen seines Bildes aus. Es zeigt ihn sehr jugendlich, ohne Bart, von etwas schwächlichem Ansehen, doch mit hellen klaren Künstleraugen. Er trägt ein mit Federn geschmücktes Barett auf dem Kopfe und einen Todtenschädel an der Brust, auf den er hindeutet. Ob dies wirklich Leyden's Portrait sei, wird von Einigen, doch ohne hinreichenden Grund, bezweifelt. Aeussere Umstände zwangen ihn nicht zur Melancholie. Er lebte in glücklicher Ehe, und dann war er nicht allein durch seine Heirath, sondern auch durch seine Kunst ein wohlhabender Mann. Seine Staffeleigemälde wurden von reichen Kunstfreunden wohl bezahlt, und seine sehr gesuchten Holzschnitte und Kupferstiche standen schon zu seinen Lebezeiten in, nach damaliger Art, ungewöhnlich hohem Preise. Um ganz fehlerfreie Abdrücke der letztern war er so besorgt, dass er jedes Blatt, das nur den geringsten Mackel trug, verbrannte, damit die Welt nur Vollkommnes von seiner Hand erhalten möge. Daher kommt die jetzige grosse Seltenheit einiger Blätter. Sein Eulenspiegel, ein Kupferstich auf einem Quartblatte, den Albrecht Dürer um einen halben Stüber kaufte, wurde schon zu Sandrart's Zeiten, in der Mitte des 17. Jahrhunderts, für vierhundert Gulden verkauft, und ist jetzt vielleicht im Original um keinen Preis mehr zu haben. Der schwedische Gesandte Spiring kaufte ihn damals um 400 fl., und die grosse Hagar bezahlte er mit 500 fl.

Um dem Meister Lucas einmal eine Erholung von der angestrengten Arbeit und Abwechslung zu gewähren, kamen seine besorgten Freunde auf den Einfall, ihm eine Reise durch die Niederlande vorzuschlagen, und er entschloss sich auch, eine Reise nach Seeland, Flandern und Brabant zu unternehmen. Er liess dazu eine prächtige Gondel ausrüsten, nahm zu seinem Gesellschafts-Cavalier den lustigen Maler Mabuse an, kleidete diesen ganz in Goldstoff, und trug selbst ein Gewand von der kostbarsten, schimmernsten gelben Seide, welches noch das Gold verdunkelte. Wohin er nur kam, gab er den einheimischen Malern in ihrem Gildehause ein Gastmahl, und jedes dieser Feste durfte ein für allemal 60 Gulden kosten, eine damals bedeutende Summe, besonders wenn man sich Albrecht Dürer's Bemerkung über ein ihm von Meister Bernhard von Orlay gegebenes Fest erinnert. Dürer beschreibt es als sehr verschwenderisch, und meint, das Mahl könne wohl an 10 Gulden gekostet haben. Nach der früher gewöhnlichen Angabe des Karl van Mander und Sandrart's, dem mehrere folgen, trat Lucas van Leyden seine Reise 1527 an. Da wir aus Albrecht Dürer's Tagebuch wissen, dass er mit Lukas in Antwerpen zusammentraf, so muss er die Reise im J. 1521, als er 27 Jahre alt war, gemacht haben, nicht sechs Jahre später. Auch findet sich in Albrecht Dürer's Tagebuch von einem Besuche desselben in des Meisters Lukas Hause in Leyden selbst keine Spur, es geht vielmehr aus allem hervor, dass A. Dürer jene Stadt nie gesehen hat, und dass er Lukas v. Leyden nur in Antwerpen zum ersten- und auch wohl letztenmal erblickte. Ueber Lukas schreibt Dürer folgendes:

> „Mich hat zu Gast geladen Meister Lucas, der in Kupfer „sticht, ist ein klein Männlein und bürtig aus Laiden."

So viel Vergnügen diese erste und einzige Reise dem Meister Lukas während ihrer Dauer gemacht haben mochte, — denn es trieb ihn mit eben der Hast zum Vergnügen wie zur Arbeit, — so

31*

gedachte er ihrer nach seiner Heimkehr doch nur mit Reue und Schmerz. Er fühlte sich, wie er wieder zu Hause war, von einem langsam schleichenden Uebel ergriffen, welches ihn allmählig dem Untergange zuführte. Seine Eitelkeit und Hypochondrie war auf das Aeusserste gestiegen; er bildete sich ein, die Maler hätten ihn aus Eifersucht vergiftet, legte sich zu Bette, und wollte es nicht wieder verlassen. Er lebte und kränkelte fort während einer ziemlichen Reihe von Jahren; dabei zerstörte er durch verdoppelten Fleiss alle ihm übrig gebliebene Kraft, statt durch Ruhe für seine längere Erhaltung zu sorgen. Die letzten sechs Jahre seines Lebens musste er wegen seiner ausserordentlichen Schwäche grösstentheils im Bette liegend zubringen, doch selbst diess hinderte ihn nicht, jeden leidlichen Moment seinen Arbeiten zu widmen. Er hatte sich zu diesem Zweck nach eigener Erfindung Werkzeuge und besondere Vorrichtungen verfertigen lassen, die es ihm möglich machten, selbst in dieser Stellung zu zeichnen, in Holz zu schneiden oder in Kupfer zu stechen. Auch malte er in dieser Zeit noch sein letztes Gemälde in Oel, ein Werk, welches als eines seiner vorzüglichsten in dieser Art gepriesen wird. Dieses Gemälde war mit zweien, dasselbe verschliessenden Flügelthüren versehen, mit der Jahrzahl 1531 bezeichnet, und es stellte den Heiland dar, wie er einem Blinden das Gesicht wieder verleiht. Die Blindheit des von seinem Knaben geführten Armen, das Mitleid und die himmlische Güte im Angesicht des Erlösers werden als höchst vortrefflich gepriesen. So auch die Manigfaltigkeit und der Ausdruck in den Köpfen der Umstehenden, die Gewänder, die Bäume und Gebüsche in der den Hintergrund bildenden Landschaft. Dieses Gemälde kaufte späterhin ein Kunstliebhaber in Harlem um einen bedeutenden Preis. Die allerletzte Arbeit, mit der er sich bis kurz vor seinem Ende beschäftigt hatte, war ein Holzschnitt, welcher die Göttin der Weisheit darstellt. Diesen behielt er immer bei sich, und sein brechendes Auge betrachtete ihn noch mit Wohlgefallen, als die schwache Hand ihm jede weitere Anstrengung versagte.

Seine Tochter heirathete einen Herrn Damessen und gebar einen Sohn neun Tage vor Lukas Tod. Als man das Kind nach empfangener Taufe dem Grossvater an sein Bett brachte, fragte er, welchen Taufnamen die Eltern gewählt hätten, und als man ihm sagte, es sei auch Lukas genannt worden, wodurch man ihn zu erfreuen glaubte, gerieth er sehr in Zorn, da er glaubte, nur darum habe man den Knaben Lukas genannt, um einen jungen Lukas zu haben, weil ihnen der alte zur Last sei.

Als der Kranke fühlte, dass sein letztes Stündlein herannahte, wünschte er noch einmal den freien Himmel zu schauen. Er liess sich aus seinem Bette in den Garten tragen, betrachtete still und ernst die Pracht der Natur, kehrte in sein Zimmer zurück, und starb den folgenden Tag 1533.

Es finden sich noch viele Gemälde, welche diesem Künstler zugeschrieben werden.

Im Escurial werden 10 Gemälde von Luca de Holanda, wie die Spanier den Lukas van Leyden nennen, aufbewahrt. 1) Eine heil. Familie; 2) ein Priester, der Messe liest; 3) eine Ruhe auf der Flucht; 4) derselbe Gegenstand mit sehr wenig Unterschied; 5) eine Versuchung des heil. Antonius, sehr unkenntlich; 6) die Jungfrau mit dem Kinde sitzend; 7) die Jungfrau mit dem Kinde, dem sie die Brust reicht, eines der ausgezeichnetsten Kunstwerke. Die spanischen Patres glaubten, es sei gar nicht möglich, dass zu jener

Zeit „los barbaros Alemanes una cara tan divina y tan humilde", d. h. die barbarischen Deutschen ein so göttliches und demuthvolles Gesicht gemalt hätten. 8) Die Anbetung der Magier, sehr viele Figuren. Die zwei Flügelthüren stellen rechts die Anfrage der Könige bei Herodes und links die Königin von Saba vor Salomon knieend dar. Auf einem Baldachin steht mit gothischen Buchstaben: ist Almosen. 9) St. Anton von Padua vertheidigt die Gegenwart Jesu Christi im heil. Sakrament; 10) eine Anbetung der Magier mit sehr kleinen Figuren in einem reichen Tabernakel im gothischen Styl.

In der Gallerie zu Wien sind 2 seiner wichtigsten Werke: ein Ecce homo und das Bildniss Kaiser Maximilian's in hohem Alter, mit grauen Haaren.

In der Gallerie zu Berlin befindet sich von ihm ein heil. Hieronymus, der die Brust mit einem Steine schlägt, mit der Jahrzahl 1530, und das eigene Portrait des Künstlers, welches sehr gepriesen wird.

Im Florentinischen Museum sieht man das angeblich vom Künstler eigenhändig gemalte Bildniss desselben. Dieses ist von G. B. Cecchi gestochen.

Im Saale des Bürgermeisters auf dem Rathhause zu Leyden ist das grosse jüngste Gericht von Meister Lukas, ein in Composition und Zeichnung höchst interessantes, aber leider bedeutend übermaltes Bild. Gest. v. P. de Mare, 3 Bl. im Umriss, und sehr selten.

Ueber die Bilder der Lyversberg'schen Sammlung s. den Artikel Christa in diesem Lexicon.

Im k. Museum zu Paris ist von Lucas de Leyde: 1) eine Kreuzabnahme mit neun Figuren; 2) eine heil. Familie; 3) der englische Gruss.

Auch in England sind Bilder von diesem Künstler, deren Dr. Waagen und Passavant erwähnen. Im Devonshire-House ist das Bild eines Arztes, der dem Landmanne den Zahn auszieht; ganz wie der bekannte Stich und in derselben Grösse, nach Waagen eines der wenigen ächten Bilder des Meisters. Graf Pembroke besitzt ein Gemälde mit Männern und Frauen am Spieltische, nach Waagen ebenfalls ein ächtes Bild des Meisters, doch etwas verputzt. In der Sammlung zu Corshamhouse ist eine Anbetung der Hirten dem Dürer zugeschrieben, Waagen erkennt aber hierin ein etwas armes Bild des Lukas. In der Liverpool-Institution ist das Portrait eines jungen Ritters, im Grunde der heil. Hubertus und der Hirsch mit dem Crucifixe; trefflich, wie die feinste Miniatur ausgemalt, 3 F. 1 Z. hoch, 2 F. 6 Z. breit. Dieses Bild hält Waagen für den Flügel eines grösseren Altarbildes, und für eines der vollendetsten Werke des Meisters. Früher hatte es der Greffier Fagel.

Unter den Gemälden des H. Aders fand Passavant ein Bild der Maria mit dem Kinde als Werk dieses Künstlers bezeichnet, doch stimmt es nicht mit den Stichen überein. In Longford Castle hat eine Madonna mit dem Kinde auf dem Throne etwas von L. v. Leyden. In der Sammlung Carl I. waren drei Bilder aus der Legende des heil. Sebastian; St. Hieronymus mit dem Todtenkopf; Joseph vor den Richter geführt; ein Schachspieler; ein Sterbender mit einer stehenden und knienden Figur, vielleicht den Segen Joseph's vorstellend. Die Besitzer dieser Bilder scheinen nicht bekannt zu seyn.

In der k. Pinakothek zu München sind von ihm: 1) die heil. Jungfrau, in einem Zimmer sitzend, reicht dem Jesuskinde die Brust; 2) die heil. Christina und St. Jacobus minor; 3) St. Agnes und Cäcilia mit St. Bartolomäus; 4) St. Johannes Evang. u. Margaretha; 5) Maria in einer offenen Halle mit dem Jesuskinde auf dem Schoosse, zur Seite Magdalena und vor ihr ein bittender Mann, welcher für den Maler gehalten wird; 6) die Beschneidung Christi.

In der Dresdner Gallerie ist die Versuchung des heil. Antonius, eines der kostspieligen Bilder der Sammlung, und dann ist auch eine Anbetung der Weisen sein Werk.

Bartsch P. gr. VII. 339 ff. beschreibt 174 Blätter von diesem Künstler, und drei andere fügen wir unter den zweifelhaften Blättern No. 176, 177, 178 bei. Am Schlusse sind auch Holzschnitte beigefügt, die Bartsch nicht kannte.

1) — 6) Die Geschichte der Schöpfung und der Fall der ersten Menschen, Folge von sechs Blättern, ohne und mit Petri's Adresse. H. 6 Z., Br. 4 Z. 3 L.
   a) Die Erschaffung der Eva, 1519.
   b) Gott verbietet den ersten Menschen, von der Frucht des verbotenen Baumes zu essen, 1529.
   c) Eva von der Schlange verführt, 1529.
   d) Die Vertreibung aus dem Paradiese, 1529.
   e) Abel's Tod; 1529.
   f) Die ersten Eltern beweinen ihren Sohn Abel, 1529.

7) Der Fall der ersten Eltern, unter dem Baume sitzend, der Dämon erscheint in der Gestalt eines kleinen chimärischen Elephanten mit einem Menschenkopf, 1508. H. 4 Z. 4 L., Br. 3 Z. 3 L.

8) Der Fall der ersten Menschen; Eva an einem Baumaste sitzend, reicht dem Manne den Apfel, 1519. H. 4 Z. 3 L., Br. 2 Z. 7 L.

9) Die ähnliche Darstellung. Eva sitzt am Fusse des Baumes, und reicht mit der Linken dem links stehenden Adam am Felsenstücke die Frucht dar, 1529. H. 4 Z. 4 L., Br. 2 Z. 11 L. Es gibt eine gegenseitige Copie; nicht bei Bartsch erwähnt.

10) Ebenfalls der Fall der Ureltern; Eva links auf einem grossen Aste des Lebensbaumes sitzend. Sie reicht dem rechts am Hügel sitzenden Adam die verbotene Frucht: ohne Jahrzahl, aber nach Bartsch wahrscheinlich um 1530 gefertiget.

11) Adam und Eva, aus dem Paradiese verjagt, irren flüchtig umher; der erstere mit einer Thierhaut bekleidet, trägt schon den Spaten, und Eva das Kind, 1510. H. 6 Z., Br. 4 Z. 5 L.

12) Kain tödtet den Abel, letzterer zu Boden geworfen, wie er sich gegen den Bruder, der ihn an der Kehle fasst, vertheidiget; geätzt und mit dem Stichel vollendet, 1520. H. 4 Z., Br. 3 Z.

13) Der Brudermord, Abel den Kain bei den Haaren zu Boden drückend, wogegen sich der letztere mit der Rechten sträubt, 1524. H. 4 Z. 4 L., Br. 2 Z. 10 L.

    Die Copie eines mittelmässigen Anonymus hat die Jahrzahl 1526; auch ist sie kleiner.

14) Lamech und Kain, ersterer mit dem Bogen, 1524. H. 4 Z. 4 L., Br. 2 Z. 10 L.

15) Abraham vor den 3 Engeln auf den Knien, anscheinlich 1513 gestochen. H. 6 Z. 6 L., Br. 5 Z. 1 L.

*16) Loth von den Töchtern berauscht, wie er die eine mit der Linken umfasst, die andere giesst Wein in die Vase, 1530. Dieses Blatt ist sehr vollendet, anscheinlich der Pendant zu

No. 10, und im ersten Drucke vor M. Petri's Adresse. H. 7 Z., Br. 9 Z. Ein unbekannter Monogrammist hat dieses Blatt copirt.

17) Abraham entfernt die Hagar, ihr einen Krug reichend, und Ismael trägt den Bündel. Dieses unter dem Namen der grossen Hagar bekannte Blatt ist aus der ersten Zeit des Künstlers, um 1508 entstanden, und ausserordentlich selten. H. 10 Z. 2 L., Br. 7 Z. 10 L.

18) Dieselbe Darstellung. Abraham bedeutet der Weinenden mit der Linken die Entfernung, sie hält einen Krug, und Ismael bekam nur einen Apfel auf die Reise mit, 1516. H. 5 Z. 6 L., Br. 4 Z. 6 L. Bei Weigel 5 Thl.

19) — 23) Die Geschichte des Joseph, Folge von 5 Blättern. H. 4 Z. 6 — 8 L., Br. 6 Z.

a) Joseph erzählt die Träume, 1512.
b) Joseph und die Frau Putiphar's, 1512.
c) Joseph von dieser angeklagt, 1512.
d) Derselbe im Gefängnisse.
e) Joseph deutet dem Pharao die Träume.

Es gibt davon gegenseitige Copien: G. Valck exc. Ao. 1667. Nicht von Bartsch erwähnt.

24) Die Tochter des Jephta; dieser zu Pferde von Soldaten gefolgt, und die Tochter rechts in der Ferne tanzend. Dieses ist eines der ersten Blätter des Meisters, um 1508 entstanden. H. 10 Z., Br. 7 Z. 2 L.

25) Dalila beraubt den Samson der Haare, im Grunde die Philister. Ebenfalls eines der ersten Blätter des Künstlers. H. 10 Z. 5 L., Br. 7 Z. 6 L. Bei Weigel 9 Thl. 12 gr.

26) David mit dem Haupte des Goliath; anscheinlich um 1514 gefertiget. H. 3 Z. 11 L., Br. 3 Z. 1 L.

27) David spielt vor Saul die Harfe. Dieses Blatt scheint um 1508 entstanden zu seyn. H. 9 Z. 4 L., Br. 6 Z. 9 L. Bei Weigel vor der Adresse von Petri 6 Thl.

28) David fleht zu Gott um Rettung vor der Pest, oben rechts auf einer Wolke Gott Vater. Anscheinlich um 1508 entstanden. H. 5 Z. 9 L., Br. 4 Z. 1 L.

29) David im Gebete, links oben ein Engel mit Pfeilen auf Wolken, 1520. Geätzt. H. 4 Z. 4 L., Br. 2 Z. 10 L.

30) Salomon betet kniend den Götzen an, auf welchen ein Weib weiset, im Grunde andere Personen und der Tempel, 1514. H. 6 Z. 2 L., Br. 4 Z. 9 L.

31) Esther vor Ahasverus liegend, 1518. H. 10 Z. 1 L., Br. 8 Z. 3 L. Bei Weigel 9 Thl.

32) Mardochäus im Triumphe zu Pferde, 1515. H. 7 Z. 9 L., Br. 10 Z. 8 L. Bei Weigel ein Abdruck vor der Adresse 7 Thl.

33) Susanna von den Alten hinter den Bäumen belauscht; eines seiner ersten Blätter um 1508. H. 7 Z. 4 L., Br. 5 Z. 5 L.

34) Joachim umarmt die Anna, 1520. H. 4 Z., Br. 2 Z. 8 L.

35) Die Verkündigung des Engels an Maria. Anscheinlich um 1514 gefertiget. H. 3 Z. 3 L., Br. 4 Z.

Ein unbekannter Monogrammist hat dieses Blatt copirt.

36) Die Heimsuchung der Elisabeth; um 1520 gefertiget. H. 4 Z., Br. 2 Z. 10 L.

37) Die Anbetung der Könige; um 1513 gefertiget, und eines der beträchtlichsten des ganzen Werkes. H. 11 Z. 1 L., Br. 16 Z. Bei Weigel 16 Thl.

38) Die Ruhe auf der Flucht nach Aegypten; Maria, wie sie sitzend dem Kinde die Brust reicht. Dieses Blatt scheint um 1508 gefertigt zu seyn. H. 5 Z. 10 L., Br. 5 Z. 2 L.
39) Die Ruhe auf der Heimkehr aus Aegypten; Maria sitzt rechts und Joseph mit dem Stocke neigt sich von der Linken gegen sie. Vor der heil. Jungfrau kniet der Jesusknabe auf dem Boden beschäftiget, im Grunde rechts grosse Bäume, und am Fusse eines solchen erblickt man einen Mann, zu einem Bilde betend. Dieses Blatt ist von äusserster Seltenheit, im Geschmacke von No. 17 gehalten. H. 6 Z., Br. 4 Z. 7 L.
40) Die Taufe Christi im Jordan, anscheinlich um 1510 gestochen. H. 5 Z. 3 L., Br. 6 Z. 9 L. Bei Weigel 5 Thl.
41) Christus vom Dämon versucht, 1518. H. 6 Z. 4 L., Br. 4 Z. 11 L.
42) Die Erweckung des Lazarus. Eines der ersten Blätter des Meisters um 1508. H. 10 Z. 6 L., Br. 7 Z. 6 L. Bei Weigel 9 Thl. 12 gr.
43) — 56) Die Passion des Herrn Jesus Christus, 14 Blätter. H. 4 Z. 3 L., Br. 2 Z. 9 — 10 L.
a) Das Abendmahl, 1521.
b) Christus am Oelberge, 1521.
c) Die Gefangennehmung, 1521.
d) Christus vor Annas, 1521.
e) Die Verspottung, 1521.
f) Die Geisslung, 1521.
g) Die Dornenkrönung, 1521.
h) Christus dem Volke vorgestellt, 1521.
i) Die Kreuzschleppung, 1521.
k) Die Kreuzigung, 1521.
l) Die Kreuzabnehmung, 1521.
m) Das Begräbniss, 1521.
n) Die Vorhölle, 1521.
o) Die Auferstehung.
J. Müller hat diese Blätter in der gleichen Grösse genau copirt. Sie haben die Jahrzahl 1521 und das Zeichen des Künstlers wie im Originale, nur das erste Blatt ist mit: A. Muller excud. C. Dankert excudit bezeichnet.
57) — 65) Die Passion Jesu Christi, 9 Darstellungen in runder Form. Durchmesser 8 Z. 1 L.
a) Christus auf dem Oelberge betend.
b) Die Gefangennehmung.
c) Christus vor dem Hohenpriester.
d) Christus in Verspottung.
e) Die Geisslung.
f) Die Dornenkrönung.
g) Christus dem Volke vorgestellt.
h) Die Kreuztragung.
i) Christus am Kreuze.
Diese Blätter stach Lukas in seinem fünfzehnten Jahre, denn man liest in der Einfassung die Jahrzahl 1509. Diese Darstellungen sollten auf Glas gemalt werden, und dazu die Blätter als Vorbild dienen. Sie sind zu den seltensten Werken des Meisters zu zählen.
66) Christus auf dem Oelberge betend, Wiederholung der oben erwähnten Darstellung, geätzt, correkter und geschmackvoller gezeichnet, nach Bartsch um 1520 gefertiget. Durchmesser 8 Z. 1 L.

67) Die Kreuztragung, Wiederholung des Blattes der Folge No. 57 — 65, wie das obige geätzt, und nach Bartsch späteren Ursprunges, als jenes. Es ist in gleicher Grösse mit demselben, ohne wesentliche Veränderung; der Faltenwurf ist jedoch leichter, mehr im Geschmacke des Albrecht Dürer. Das Schloss auf dem Gipfel des Berges hat im frühern Blatte Einen, in der Repetition zwei Thürme.

68) Die Dornenkrönung. Zwei Henker drücken die Krone mit Stöcken auf das Haupt, und ein anderer reicht dem Heilande das Schilfrohr. Dieses Blatt scheint um 1513 gefertiget zu seyn. H. 4 Z., Br. 3 Z.

69) Die Dornenkrönung. Fünf Knechte mit Stöcken sind gegenwärtig, und drei davon drücken die Krone auf das Haupt; der vierte reicht ihm kniend das Schilfrohr, der fünfte, ebenfalls kniend, verspottet den Herrn. Im Hintergrunde sieht man auf der Tribune mehrere Zuschauer, 1519. H. 6 Z. 3 L., Br. 4 Z. 9 L.

70) Christus dem Volke vorgestellt, mit der Dornenkrone und mit gebundenen Händen. Links innerhalb der Balustrade zeigt Pilatus dem Volke den Heiland. Dieses Blatt scheint um 1513 gefertiget zu seyn. H. 4 Z. 3 L., Br. 3 Z. 1 L.

71) Christus dem Volke vorgestellt, reiche Composition von mehr als 100 Figuren; im Grunde Gebäude und einige Gebirge. Der Heiland erscheint auf einer grossen Plattform, 1510.

Dieses ist eines der beträchtlichsten Blätter des Meisters, das schon zu Lebzeiten des Künstlers theuer bezahlt wurde, und später stieg in Holland der Preis ausserordentlich. In Bezug auf Perspektive ist dieses Blatt vielleicht vor allen zu nennen, und was die Manigfaltigkeit der Charaktere anbelangt, so ist es zu bewundern, wie ein Jüngling von 16 Jahren so viel zu leisten vermochte. H. 10 Z. 7 L., Br. 16 Z. 9 L.

72) Christus der Last des Kreuzes erliegend, den Kopf nach dem Weibe gerichtet, welches ihm das Schweisstuch reicht, 1515. H. 2 Z. 11 L., Br. 3 Z. 10 L.

73) Der Heiland nackt auf einem Steine sitzend, zu den Seiten zwei Soldaten, von denen der eine ihn anreitzt, aus dem Kruge zu trinken. Dieses Blatt ist wohl um 1513 entstanden. H. 4 Z. 1 L., Br. 3 Z. 1 L.

74) Der Calvarienberg, eine figurenreiche Composition, auf bewunderungswürdige Weise geordnet. Der Heiland ist zwischen den Missethätern an das Kreuz geschlagen, und am Fusse des letzteren sieht man die heil. Frauen, einige Jünger und mehrere Juden. Johannes unterstützt die in Ohnmacht sinkende Mutter. Im Vorgrunde loosen die Soldaten um die Kleider. Dieses ist eines der vollendetsten Werke des Künstlers. Besonders verständig sind die Fernen behandelt. Die guten Abdrücke sind äusserst selten. H. 10 Z. 6 L., Br. 15 Z. 2 L.

Im ersten Druck ist die Jahrzahl 1517 verkehrt, im zweiten richtig gestellt.

75) Die heil. Jungfrau und Johannes am Fusse des Kreuzes, die erstere mit geneigtem Haupte und gekreuzten Armen, der andere sich die Thränen trocknend, 1516. H. 4 Z. 4 L., Br. 3 Z. 2 L.

76) Christus stehend im Grabe mit den Passionswerkzeugen umgeben, 1517. H. 4 Z. 4 L., Br. 2 Z. 8 L.

77) Christus erscheint der Magdalena als Gärtner, 1519. H. 4 Z. 11 L., Br. 6 Z. 2 L. Bei Weigel vor Petri's Adresse 4 Thl.

78) Die Rückkehr des verschwenderischen Sohnes, der letztere zu den Füssen des ihn aufnehmenden Vaters. Im Grunde Gebäude und landschaftliche Fernsicht, Alles trefflich behandelt. Dieses Blatt ist vermuthlich um 1510 entstanden. H. 6 Z. 8 L., Br. 9 Z. Bei Weigel vor der Adresse 8 Thl.

79) Die heil. Jungfrau mit dem Kinde und St. Anna, 1516. H. 4 Z. 1 L., Br. 3 Z. 4 L.

80) Die heil. Jungfrau auf dem Halbmonde mit dem Kinde in einer Glorie, letzteres eine Frucht in der Rechten haltend. Um 1512 entstanden. H. 4 Z. 1 L., Br. 2 Z. 10 L.

81) Die heil. Jungfrau mit dem Kinde in einer Nische; um 1518 gestochen. H. 4 Z. 5 L., Br. 2 Z. 9 L.

82) Die heil. Jungfrau auf dem Halbmonde mit dem Kinde in einer Glorie. Das Kind hält mit beiden Händen einen Apfel, 1523. H. 4 Z. 4 L., Br. 2 Z. 9 L.

83) Die heil. Jungfrau mit dem Kinde am Fusse eines Baumes, letzteres auf dem Schoosse mit einer Birne, 1514. H. 3 Z. 2 L., Br. 4 Z. 1 L.

84) Die heil. Jungfrau mit dem Kinde in einer Landschaft, wie sie dem Knaben eine Blume reicht, 1523. H. 5 Z. 6 L., Br. 3 Z. 9 L.

85) Die heil. Familie; Maria am Fusse des Baumes und neben ihr das Kind, wie es die Arme nach einem Apfel ausstreckt. Hinter ihnen ist Joseph auf dem Boden, der Maria einen andern Apfel reichend. Im Grunde Landschaft mit Bergen geschlossen. Wahrscheinlich um 1508 entstanden. H. 7 Z. 3 L., Br. 5 Z. 5 L.

86 — 99) Christus und die Apostel stehend, Folge von 14 Blättern, um 1511 entstanden. H. 4 Z. 5 L., Br. 2 Z. 8 L.

Man hat von dieser Folge eine gute gegenseitige Copie, die leicht zu erkennen ist. Nur das Bild des Erlösers ist von der Originalseite genommen; man kennt aber das Original an den kleinen Punkten rechts an dem Rahmen des Täfelchens mit dem Buchstaben L. Diese fehlen in der Copie. Zur Bestimmung der Originalseite folgt hier die Reihe der Apostel.

a) Der Heiland mit der Weltkugel in der Linken, die Rechte erhoben.
b) St. Peter mit Buch und Schlüssel in der Linken.
c) St. Paul mit dem Buche am linken Arme, und das Schwert in der rechten Hand.
d) St. Andreas mit dem Buche in der Rechten und dem Kreuze in der Linken.
e) St. Johannes Evang. mit dem Kelche in der Rechten, aus welchem eine Schlange kommt.
f) St. Jakobus major mit dem Pilgerstabe in der Rechten und den Hut in der andern.
g) St. Thomas mit dem Buche in der Rechten, mit der Linken die Lanze haltend.
h) St. Judas Thaddäus mit der Keule in der Rechten, die Linke in den Mantel gehüllt.
i) St. Bartolomäus das Messer in der Rechten, mit Nimbus ohne Strahlen, die bei den andern nicht fehlen.
k) St. Philipp den Mantel mit der Linken hebend, in der Rechten den Kreuzstock haltend.

l) St. Jacobus minor nach Rechts schreitend, in der Rechten das Winkelmaass.
m) St. Simon mit dem Buche unter dem linken Arme.
n) St. Matthäus mit der Hellebarde in der Rechten.
o) St. Mathias mit der Rechten den Mantel hebend, in der Linken das Messer.

100) — 103) Die vier Evangelisten, Halbfiguren, Folge von vier Blättern. H. 4 Z. 1 L., Br. 2 Z. 9 L.

Die Blätter sind ebenfalls copirt, mit geringerer Vollkommenheit, aber für wenig Geübte doch trügerisch. Die Copien haben zwar im Rande die Namen der Evangelisten, aber dieser ist oft abgeschnitten, und dann muss man nach andern Kennzeichen sehen.

a) Das offene Buch des Matthäus zeigt im Originale vier Zeilen, in der Copie sind es deren fünf.
b) Im Blatte mit St. Marcus ist die Tafel mit der Jahrzahl 1518 und dem Buchstaben L. nicht mit Taillen bedeckt, wie im Original.
c) In jenem mit St. Lucas ist der Theil des Unterkleides unter dem Knie des Heiligen wenig beschattet, während im Original dieses im gleichen Tone mit dem Uebrigen ist.
d) An der rechten Hand des Johannes drückte der Copist die Nägel nicht aus, während sie Lucas van Leyden sehr gut bezeichnete.

104) St. Lucas auf dem Rücken eines liegenden Ochsen sitzend und sein Evangelium schreibend. Das Tintenfass hängt am Baumaste. Vermuthlich um 1508 gestochen. H. 4 Z. 4 L., Br. 3 Z. 3 L.

105) St. Peter und Paul mit dem Schweisstuche des Herrn, 1517. H. 2 Z. 10 L., Br. 4 Z. 4 L.

106) Diese beiden Apostel in einer Landschaft sitzend, 1527. H. 3 Z. 8 L., Br. 5 Z. 4 L.

107) Die Bekehrung des heil. Paulus; dieser geblendet, geht zwischen zwei Männern, von denen einer das Pferd am Zaume führt, verschiedene Kriegsleute folgen, 1509. Dieses ist eines der beträchtlichsten, aber seltensten Blätter des Meisters. H. 10 Z. 7 L., Br. 15 Z. 4 L.

Nachdem die Platte ganz abgenützt war, wurde sie retouchirt, oder vielmehr von einem Anonymus aufgestochen, grob und eintönig. Solche Abdrücke können als Copien gelten, die nur die Umrisse des Originals haben.

108) St. Christoph, der sich erhebt, um das Christkind zu empfangen, das man am Ufer eines Flusses sieht. Auf dem entgegengesetzten Ufer ist der Eremit mit der Laterne. H. 3 Z. 1 L., Br. 4 Z.

109) St. Christoph mit dem Christkinde durch das Wasser schreitend. H. 3 Z. 1 L., Br. 2 Z. 8 L.

Bartsch glaubt, Lucas habe dieses Blatt vielleicht in Concurrenz mit Dürer gestochen, nämlich 1521, dessen Christoph damals erschien. Das Blatt unsers Künstlers ist eines der besten seines Werkes. Ein unbekannter Monogrammist hat es copirt.

110) St. Johannes in der Wüste mit dem Lamme, 1513. H. 3 Z. 2 L., Br. 4 Z.

111) Die Enthauptung des heil. Johannes, 1513. H. 4 Z., Br. 3 Z. 6 L.

Es gibt eine Copie mit einem unbekannten Monogramm.

112) Der heil. Hieronymus am Fusse eines Baumes sitzend, in beiden Händen ein Buch, 1513. H. 3 Z. 2 L., Br. 4 Z.

113) Der heil. Hieronymus, nackt, theilweise mit dem Mantel bedeckt, auf den Knien vor einem am Baumaste befestigten Kreuze. In der Rechten hält er einen Kieselstein, und vor ihm liegt der Löwe. H. 5 Z. 8 L., Br. 4 Z. 11 L.

114) Derselbe Heilige, auf der Erde sitzend, deutet mit der Linken auf einen Todtenkopf, während er mit der andern das vor ihm liegende Buch hält. Rechts bei seinem Fusse ist der Löwe, 1521. H. 3 Z. 9 L., Br. 5 Z. 5 L.

115) St. Sebastian an den Baum gebunden und von Pfeilen durchschossen. Anscheinlich um 1510 gefertiget. H. 3 Z. 11 L., Br. 2 Z. 8 L.

116) St. Anton der Eremit, im Grunde rechts das Schwein. Nach Bartsch um 1521 gestochen. H. 4 Z. 2 L., Br. 2 Z. 10 L.

117) Die Versuche des heil. Anton, ein schönes Blatt, 1509. H. 6 Z. 9 L., Br. 5 Z. 5 L.

118) St. Dominicus mit Stock und geschlossenem Buch, hinter ihm der Hund mit einer Fackel, 1514. H. 4 Z., Br. 2 Z. 8 L.

119) St. Gerhard Sagredius, Bischof und Martyrer mit dem von Pfeilen durchstochenen Herz. Anscheinlich um 1517. H. 4 Z., Br. 2 Z. 7 L.

120) St. Franz von Assisi, wie er die Wundmale empfängt, 1514. H. 3 Z. 11 L., Br. 3 Z. 1 L.

121) St. Georg mit der von ihm geretteten Prinzessin, im Grunde ein Reiter mit dem Pferde des Heiligen. Um 1508 entstanden. H. 6 Z., Br. 4 Z. 6 L.

122) Der Tanz der Magdalena (La danse de la Madelaine; il ballo della Maddalena), nach Bartsch: Magdalena sich den Freuden der Welt hingebend; auch unter dem Namen: S. Orsola e S. Gereon, oder S. Elena bekannt. In einer lachenden Landschaft sieht man Magdalena an der Hand eines Mannes, wie sie nach dem Tone einer Flöte und eines Tamburins) tanzen. Im Grunde jagt sie Hirsche; mehrere andere Gruppen von Männern und Frauen füllen den vorderen Raum. Im Mittelgrunde ist Magdalena an der Spitze einer Truppe zu Fuss und zu Pferd, 1519. Dieses ist eines der besten Blätter des Meisters, aber in guten Abdrücken äusserst selten. Schon zu Lebzeiten des Künstlers kaufte man es um einen Goldgulden, und in der Folge bezahlten die Kunstliebhaber dieses Blatt oft zu übermässigen Preisen. H. 10 Z. 8 L., Br. 14 Z. 7 L. Bei Weigel 16 Thlr.

123) St. Magdalena in der Wüste an einem Baumstamme, nur theilweise bedecht. Sie faltet die Hände, und oben rechts in Wolken erscheint Gott Vater. Dieses Blatt ist äusserst selten, wahrscheinlich um 1508 gefertiget. H. 4 Z. 2 L., Br. 3 Z. 2 L.. Bei Weigel 6 Thlr.

124) St. Magdalena auf Wolken in langem Kleide mit der Vase, 1518. H. 4 Z. 6 L., Br. 2 Z. 9 L.

Einige glaubten, der Künstler habe hier die Pandora vorgestellt.

Es gibt einen Stich von dieser Composition, der mit I. V. M. bezeichnet ist, und daher glaubten Einige, Lucas van Leyden habe dieses Blatt nach Israel von Mecken copirt, obgleich dieses Blatt nichts mit jenem Meister gemein hat. Bartsch erklärt daher jenes Blatt als sklavische Copie eines Anonymus I. V. M., nach dem Stiche des Leyden.

125) St. Catharina mit Buch und Schwert; geätzt und mit dem Stichel übergangen, 1520. H. 4 Z. 2 L., Br. 2 Z. 10 L.

126) Der Mönch Sergius von Muhamed getödtet, 1508. Dieses ist das erst datirte Blatt. H. 10 Z. 10 L., Br. 8 Z. 1 L. Bei Weigel 12 Thlr.

127) — 133) Die sieben Tugenden, Folge von 7 Blättern. H. 6 Z., Br. 4 Z.

Es sind dieses nackte Frauengestalten, sitzend und von einem Engel bekränzt. Die Blätter haben die Inschriften: Spes, fides, caritas, prudentia, justitia, fortitudo, temperantia.

134) Lucretia, im Begriffe sich zu durchbohren, um 1521 gefertiget. H. 4 Z. 3 L., Br. 2 Z. 7 L.

135) Pyramus und Thisbe, 1514. H. 4 Z. 4 L., Br. 5 Z. 11 L.

136) Der Dichter Virgil von seiner Buhlerin im Korbe aufgehängt. Vorn rechts ist eine Gruppe von Männern und Weibern. Der Gegenstand ist A. von Eib's poetischer Perle entnommen, 1525. H. 8 Z. 10 L., Br. 7 Z.

Vasari spricht mit grossem Lobe von diesem Blatte, und erzählt, A. Dürer sei von der Schönheit desselben so ergriffen gewesen, dass er trachtete, ein würdiges Gegenstück zu liefern. Dieses soll das Blatt mit Ritter, Tod und Teufel seyn, allein Vasari irrt, indem dieses Blatt einige Jahre früher erschien.

137) Mars und Venus, ein schönes Blatt, das Lucas in den Stunden verfertigte, welche ihm der Schmerz frei liess. H. 7 Z., Br. 9 Z. 1 L.

138) Venus und Amor. Auf der Rolle: Venus la très belle déesse d'amours, 1528. H. 6 Z., Br. 4 Z. 3 L. Bei Weigel 2 Thlr. 12 gr.

139) Pallas mit Aegide und Lanze, das letzte Blatt des Künstlers. Es ist nicht durchhin fleissig vollendet. H. 4 Z. 4 L., Br. 2 Z. 10 L.

140) Der Fähndrich mit Fahne und Degen, sehr vollendet, anscheinlich um 1510 entstanden. H. 4 Z. 4 L., Br. 2 Z. 7 L. Ein Monogrammist hat das Blatt copirt.

141) Vier Krieger in einem Walde, um 1508 gestochen. H. 4 Z. 3 L., Br. 3 Z. 2 L.

142) Ein junger Mann an der Spitze einer Truppe bewaffneter Leute. In der Manier gleicht es dem Blatte Nr. 78, und folglich ist es um 1510 gefertiget. Es ist copirt.

143) Die Bettler, im Vorgrunde ein Weib, um 1508. H. 4 Z. 1 L., Br. 2 Z. 11 L.

144) Der Mann mit dem Weibe spazierend, 1520. H. 4 Z. 3 L., Br. 2 Z. 8 L.

145) Der Herr und die Dame, eines der ersten Blätter des Künstlers. H. 4 Z. 2 L., Br. 3 Z. 2 L.

146) Die Dame mit der Magd im Walde von einem Bauer geleitet, um 1509. H. 4 Z., Br. 2 Z. 11 L.

Wierx hat das Blatt copirt.

147) Der Mann mit der brennenden Fackel geht an der Seite eines Weibes, ein Bewaffneter folgt. Wohl um 1508 gefertiget. H. 4 Z. 5 L., Br. 3 Z. 3 L.

148) Ein Mann und eine Frau in einer Landschaft, wie letztere von ihm eine Vase empfängt, 1520. H. 4 Z. 3 L., Br. 2 Z. 9 L.

In der sehr genauen, anonymen Copie fehlt die Jahrzahl.

149) Die Pilger, das Weib sitzt auf dem Boden mit dem Stabe auf den linken Arm gestützt etc. Wahrscheinlich vor 1508 gefertigt. H. 5 Z. 7 L., Br. 4 Z. 5 L. Es gibt eine sehr seltene gegenseitige Copie ohne Namen und Jahrzahl. Ant. Sal. exc. Nicht bei Bartsch erwähnt.

150) Der Narr, vor dessen Zärtlichkeit sich ein Weib vertheidiget, 1520. H. 2 Z. 9 L., Br. 3 Z. 11 L.

151) Die Alte mit der Weintraube, um 1523. H. 4 Z., Br. 2 Z. 11 L. Sehr gut von der Gegenseite copirt.

152) Der Bursche mit der Trompete, wozu zwei nackte Kinder tanzen, vor 1508 vollendet. H. 4 Z. 1 L., Br. 3 Z.

153) Die nackte Frau mit dem Reh, 1509. H. 3 Z. 11 L., Br. 2 Z. 8 L.

154) Die nackte Frau, welche dem Hunde die Flöhe sucht, 1510. H. 3 Z. 11 L., Br. 2 Z. 8 L.

155) Die Musikanten. Eines der besten Blätter des Meisters. Der Mann begleitet mit der Geige das Citherspiel der Frau, 1524. H. 4 Z. 4 L., Br. 2 Z. 9 L. In der schönen Copie ist das Zeichen nicht verkehrt.

156) Der Operateur, der einen Bauer hinter dem Ohre operirt, 1524. Eines der besten Blätter des Meisters. H. 4 Z. 4 L., Br. 2 Z. 9 L.

157) Der Arzt zieht dem Bauer einen Zahn aus, während ihn ein Mädchen der Börse beraubt, 1523. Ein vorzügliches Blatt. H. 4 Z. 4 L., Br. 2 Z. 9 L.

158) Die Milchfrau oder das Milchmädchen. Sie geht um die Kuh zu melken, und diese ist in der Mitte des Blattes, den Kopf nach links gerichtet, im Grunde zwei andere Kühe, 1510. Gut gezeichnet, wie wenige, aber sehr selten. H. 4 Z. 3 L., Br. 5 Z. 9 L. Es gibt davon eine schöne gegenseitige Copie. Nicht bei Bartsch erwähnt.

159) Der Eulenspiegel, dem eine Familie folgt. Der Mann hat zwei Kinder auf dem Rücken, das Weib eines auf der rechten Schulter, und letztere führt auch den Esel. Im Grunde ist Landschaft, 1520. H. 6 Z. 5 L., Br. oben 5 Z. 2 L., unten 5 Z. 3 L.

Dieses Blatt ist äusserst selten, so dass es in den reichsten Cabineten fehlt. Die Platte ging wahrscheinlich zu Grunde; wenigstens existirte sie 1644 nicht mehr. Damals copirte Hondius das Blatt, mit der Inschrift:

Dees eerste Vorm is wech, men vinter
geen voor ons,
Want een papiere druck gelt vyftich
Ducatons.
Hondius excudit 1644.

Das Blatt war also schon zu Hondius Zeit so selten, dass man es mit 60 Ducaten zahlte. Gegenwärtig ist kaum ein Abdruck mehr zu finden. Es gibt aber davon mehrere Copien, aber im Allgemeinen herrscht darin eine Stichweise, die gar nicht an Lucas erinnert. Nur zwei Copien existiren, die sich dem Originale so sehr nähern, dass weniger geübte Sammler getäuscht werden könnten. Bartsch zeigt folgende Kennzeichen an, durch welche man Original und Copie unterscheidet. Diese offenbaren sich besonders am dürren Aste des Baumes, an den Kieselsteinen zwischen dem Schweife und dem einen Oberfusse des Esels, und an den andern Steinen eines Winkels der Platte, bei Bartsch l. c. pl. VII. eigens nachgebildet:

a) Im Original sieht man zwischen dem Fusse und dem Schweife, gegen jene Stelle hin, wo sich unten am Schweife die längeren Haare ansetzen, zwei Steine, von denen der zur Linken der kleinere ist.

b) In der ersten Copie ist gar kein Stein sichtbar.

c) In der zweiten nur einer.

d) Der Unterschied im dürren Zweige ist bei Bartsch auf der erwähnten Tafel am sichtbarsten, weniger mit Worten anzuzeigen, und dieses zeigt sich daselbst auch an den Steinen am klarsten.

Im Original unterscheidet man unten links in einer Höhe von etwas über einen halben Zoll am Rande vier Steine und wenig Grastheile; die erste Copie hat deren drei, und vier merkliche Grasbüschel; die zweite hat ebenfalls drei Steine, von denen zwei, horizontal liegend, fast gleich grosse Ovale bilden, während der eine der zwei wagrechten Steine der ersten Copie kleiner und fast rund erscheint.

Auch die erste Copie ist äusserst selten, doch weiss man nicht, woher diese Seltenheit komme. Vielleicht wurden nur wenig Abdrücke gemacht, um den Werth des Originals und der Copie zu erhalten. Mehrere Abdrücke dieser Copie scheinen für das Original selbst verkauft worden zu seyn. In der Derschau'schen Versteigerung wurde diese Copie mit 29 fl. 30 kr. bezahlt.

160) Kopf eines Kriegers mit Helm, in Medaillon, 1527. H. 4 Z. 4 L., Br. 2 Z. 10 L.

161) Ein Blatt mit Verzierung, darin der Schedel eines Schaafes und zwei phantastische Fischgestalten, 1527. H. 4 Z. 1 L., Br. 2 Z. 11 L.

162) Ein ähnliches Blatt, darin zwei Sphinxe und ein Mann mit dem Mercurstab, 1528. H. 3 Z., Br. 4 Z. 5 L.

163) Zwei Laubwerke auf einer Platte, mit zwei nackten Kindern. etc., 1529. H. 2 Z. 10 L., Br. 4 Z. 3 L.

164) Die Verzierung mit zwei Sirenen, die sich in Spiegeln betrachten, auf schwarzem Grund, 1528. H. 4 Z. 5 L., Br. 2 Z. 10 L.

165) Die zwei Kinder, welche Soldaten spielen; das eine mit Helm, das andere mit Fahne, 1527. H. 4 Z. 4 L., Br. 2 Z. 9 L.

166) Ein leerer Wappenschild von zwei Kindern gehalten, 1519. H. 3 Z. 1 L., Br. 3 Z. 11 L.

167) Der Schild mit der Maske von drei geflügelten Genien getragen, 1527. H. 2 Z. 10 L., Br. 4 Z. 3 L.

168) Das Wappen der Stadt Leyden, mit den vier Genien in Rundungen, anscheinlich um 1510 gestochen. H. 3 Z., Br. 4 Z. 1 L. Bei Weigel 2 Thlr.

169) Zwei Laubwerke auf einem Blatte, mit Triton und Sirene, um 1510 gefertiget. H. 2 Z. 1 L., Br. 4 Z. 1 L.

170) Zwei Rundungen: Amor als Jäger; ein anderer Liebesgott, der einen zweiten auf dem Rücken trägt, anscheinlich um 1517 gefertiget. H. 2 Z. 8 L., Br. 4 Z. 4 L.

171) Zwei andere Rundungen, von Laubwerk gebildet, in jedem

ein auf Wolken sitzender Liebesgott. Vielleicht gleichzeitig mit den obigen. H. 2 Z. 10 L., Br. 4 Z. 4 L.

Bildnisse.

172) Das Bildniss des Kaisers Maximilian I., Halbfigur, mit Beiwerken: nach links im Grunde die kleine Gestalt eines Narren mit einem Thiere und der Tafel, auf welcher die Jahrzahl 1520 steht; an der Säule rechts sieht man zwei ähnliche Figuren.

Lucas malte den Kaiser bei der Anwesenheit in Leyden, aber erst 1520, nach dem Tode desselben, machte er sich an den Stich. Der Kopf ist ganz gestochen, die anderen Theile sind geätzt und mit dem Stichel nachgeholfen. Es ist dieses eines der bedeutendsten Blätter, welches Lucas in dieser Art geliefert hat, aber selten. H. 9 Z. 8 L., Br. 7 Z. 2 L.

Die gegenseitige Copie ist mit J. de Ram excudit bezeichnet. Nicht von Bartsch erwähnt.

173) Das Bildniss des Künstlers, Büste mit dem Hute, 1525 gezeichnet und geistreich geätzt: Effigies Lucae Leidensis propria manu incidere. H. 5 Z. 6 L., Br. 5 Z. 3 L.

174) Bildniss eines jungen Mannes, Halbfigur mit Federhut, wie er auf den Todtenkopf an der Brust deutet. H. 6 Z. 10 L., Br. 5 Z. 6 L.

Dieses erklärt man gewöhnlich als das Bildniss des Künstlers, welches ihn in der Jugend darstelle; allein es sind wohl nicht seine Züge; und dann trägt dieses Bild wider Gewohnheit des Künstlers lange frisirte Haare. Das Blatt scheint um 1519 gefertiget zu seyn. Bei Weigel 3 Thlr. 8 gr.

Zweifelhafte Blätter.

175) Die Familie an der Tafel vom Tode überrascht. Man sieht da ein junges Mädchen, einen Mann im blossen Kopfe, ein altes Weib und einen ältlichen Mann mit der Mütze und zweien Kindern. Die Alte richtet den Blick auf die Sanduhr, welche der Tod auf sie zuträgt. Der Mann, mit dem Becher in der Hand, blickt auf einen Todtenkopf, welchen ein vom Tode geführtes junges Weib trägt. Dieses Weib ist mit Rosmarin bekränzt, und der Künstler hat vielleicht eine Anmeldung nach dem Tode bildlich darstellen wollen. Die Figuren sind alle halb, und der Buchstabe L steht in Mitte der Jahrzahl 1523.

Bartsch erklärt dieses Blatt als zweifelhaft, man reiht es aber immer unter die Werke des Lucas van Leyden. Bartsch möchte es diesem Meister fast mit Sicherheit absprechen. Er findet den Stichel zu trocken für die Büthezeit des Künstlers. Die Zeichnung könnte nach Bartsch von Leyden herrühren, und diese ist jedenfalls das Beste.

An dieses Blatt reihen wir des Gegenstandes wegen folgende Blätter, die man indessen auch als Werke dieses Meisters ansieht.

176) Das Innere eines Hurenhauses, wo man ein nacktes Mädchen bei einem Manne sitzen sieht; der Tod ist am Fenster. Dieses seltene und interessante Blatt ist in der Manier des L. van Leyden gefertiget und mit L. signirt. H. 7 Z. 6 L., Br. 5 Z. 6 L. Bartsch kennt dieses Blatt nicht.

177) Das Todtengerippe mit dem Spaten auf der Schulter führt

einen Soldaten, ein kleines mit L. bezeichnetes Blatt; nicht bei Bartsch, so wie das folgende.

178) Schmausende und tanzende Figuren, die der Tod belauscht, ein kleines Rund. Die gegenseitige Copie ist mit S bezeichnet.

Aetzungen im Geschmacke des Lucas van Leyden mit dem Zeichen L.

1) Die heil. Jungfrau in halber Figur, wie sie dem Kinde eine Blume reicht, 1528. H. 4 Z. 10 L., Br. 3 Z. 8 L.
2) Die Büste des Heilandes und der Maria in einer Rundung, durch Laubwerk gebildet. H. 3 Z. 7 L., Br. 5 Z. 7 L.
3) Der Ehering, von einem ältlichen Manne einem jungen Weibe an den Finger gesteckt, zierlich radirt. H. 6 Z., Br. 4 Z. 9 L.
4) Der heil. Hieronymus in einer Landschaft, in Lucas Manier oder nach ihm. Nicht bei Bartsch, roy. 8.
5) Johannes der Täufer in einer Landschaft, in gleicher Weise. Nicht bei Bartsch, roy. 8.

Holzschnitte.

Lucas von Leyden hat auch selbst in Holz geschnitten, mehrere aber, so wie Bartsch, Rumohr u. a. wollen nicht zugeben, dass die alten Maler auch mit dem Formschnitte sich beschäftiget haben; höchstens sollten sie die Zeichnung auf der Holzplatte gefertiget haben, die ein Formschneider von Profession nachgeschnitten. Die Holzschnitte, angeblich nach L. van Leyden's Zeichnung, sind sehr gut behandelt, in gleicher Manier, und der Künstler muss daher immer denselben Formschneider gehabt haben, wenn sie nicht von ihm selbst herrühren. An Geschicklichkeit in Handhabung des Schneidmessers fehlte es ihm gewiss nicht. Lucas war sehr sorgsam mit Abdrücken von Kupferstichen, die er in die Welt gehen liess, und bei Holzschnitten sollte er einer fremden Hand die Vervielfältigung seiner Composition anvertraut haben? Kaum möglich bei einem Künstler, der so viel auf Reinheit und Genauigkeit in bildlicher Darstellung seiner geistigen Conceptionen hielt. Dann sagt ja auch C. v. Mander in seinem Schilderboek. Amst. 1618. S. 136.: L. van Leyden heeft ook verscheeden Hout - printen ghesneden, die seer uytnemende gehandet zyn. Es gibt also Original-Holzschnitte von Leyden, die ebenfalls sehr selten sind.

1) Der Sündenfall, oder Adam und Eva, letztere wie sie dem Manne, welcher rechts auf einer Erderhöhung sitzt, den Apfel reicht. H. 15 Z. 4 L., Br. 10 Z. 10 L. Bei Weigel 6 Thlr.
2) Dieselben; Eva reicht dem links am Boden sitzenden Adam den Apfel. H. 9 Z., Br. 6 Z. 5 L.

   Es gibt von diesen beiden Blättern, so wie von Nr. 5, 7, 9, 11, 13 auch Abdrücke mit einer Einfassung, die unten und oben einen Fries, zu den Seiten zwei Säulen hat. Diese Blätter haben unten Text mit beweglichen Lettern.

3) Abraham führt seinen Sohn zum Opfer, welches der Herr von ihm forderte. H. 7 Z. 11 L., Br. 10 Z. 6 L.
4) Jakob beim Anblicke des blutigen Rockes seines Joseph. H. 5 Z. 3 L., Br. 7 Z. 10 L.

5) Dalila beraubt den Simson seiner Haare, letzterer in ihrem Schoose schlafend. H. 9 Z., Br. 6 Z. 4 L.

6) Derselbe Gegenstand anders behandelt. H. 15 Z. 5 L., Br. 10 Z. 10 L. Bei Weigel vor der Chiffre des L. v. Leyden 6 Thlr.

7) Jahel tödtet den Sisara mit einem Nagel, durch den Kopf geschlagen. Im Grunde dieselbe, wie sie Sisara herbeilockt, rechts Soldaten. H. 9 Z., Br. 6 Z. 4 L. Es gibt davon eine Copie im Kupferstiche.

8) Salomon von einem seiner Weiber zum Götzendienste verleitet. H. 15 Z. 4 L., Br. 10 Z. 9 L. Bei Weigel vor des Meisters Zeichen 6 Thlr.

9) Derselbe Gegenstand; der König auf den Knien vor dem Moloch. H. 9 Z., Br. 6 Z. 3 L.

10) Die Königin von Saba vor Salomons Thron. H. 15 Z. 4 L., Br. 10 Z. 9 L.

11) Jezabel verspricht Naboth, ihm den von Achab verweigerten Weinberg zu verschaffen. H. 9 Z., Br. 6 Z. 5 L.

12) Der Tod des Johannes, oder die Herodias: die Magd bringt der Herodias das Haupt des Täufers, im Grunde die blutige Execution. H. 15 Z. 4 L., Br. 10 Z. 9 L.

13) Derselbe Gegenstand. H. 9 Z., Br. 6 Z. 5.

14) Die zwölf Könige Israels zu Pferd, Folge von vier Platten, die an einander zu reihen sind. Die Platten sind mit den Namen der Könige versehen.

a) David, Salomo, Jerobeam. Br. 18 Z. 2 L.
b) Abiam, Assa, Josaphat. Br. 18 Z. 10 L.
c) Joram, Osias, Jonathan. Br. 19 Z.
d) Achaz, Ezechias, Manasse. Br. 18 Z. 8 L.
Die Höhe der Blätter beträgt 11 Z. 4 L.

15) Die Heroen der alten Heiden, Juden und Christen zu Pferde, Folge von drei Platten in Verbindung. H. 11 Z. 6—9 L.

a) Hektor, Alexander, Julius Cäsar. Br. 18 Z. 8 L.
b) Josua, David, Judas Mach. Br. 19 Z. 9 L.
c) Artus, Carl der Grosse, Gottfried von Bouillon. Br 18 Z. 6 L.

Bei Weigel zusammen 9 Thlr.

16) Das römische Volk spottet über Virgil, den eine Dirne im Korbe vor dem Fenster aufgehangen. H. 15 Z. 4 L., Br. 10 Z. 9 L.

Bei Weigel 6 Thlr.

17) Nachzügler einer Armee, die ihren Weg nach rechts richtet. In Mitte des Blattes erblickt man einen Mann zu Pferd, der zu einem Weibe auf dem Esel spricht. Das Weib hat ein Kind in den Armen, und ein anderes hat, gegen rechts gehend, das Kind auf dem Rücken. Im Grunde erblickt man einen Karren. Dieses Blatt ist ohne Zeichen, aber von Lucas Erfindung. H. 9 Z. 4 L., Br. 14 Z.

18) Das Bildniss des Johannes Scheyring, mit der Unterschrift, die Bartsch nicht kannte. Später wurde die Holzplatte durchgeschnitten, so dass sie ein Brustbild geworden, welches Bartsch unbekannt blieb. So heisst es im Cataloge der Sammlung des H. Walter u. a., die 1838 in Berlin versteigert wurde.

19) Daniel beschämt die Traumdeuter aus Babylon vor dem Könige Nebukadnezar, oder richtiger die Vorstellung aus dem

apokryphischen Buche vom Bel zu Babel. Der König mit dem langen Stabe in der Rechten sitzt rechts, links hält ein knieendes Weib die linke Hand in den Rachen eines ehernen Löwen. Dieses schöne Blatt ist von der grössten Seltenheit, und Bartsch u. a. unbekannt. Mariette, Saint-Yves und Winkler besassen Exemplare, und im neuesten Cataloge von R. Weigel ist ein solches, vielleicht jenes von Winkler, um 12 Thlr. ausgeboten. H. 15 Z. 2 L., Br. 10 Z. 9 L.

20) Der heil. Hieronymus, fast nackt vor dem Crucifixe, am Baume nach rechts knieend, im Begriffe mit dem Ziegelsteine sich die Brust zu schlagen; vor ihm der Löwe. Dieses Blatt scheint sehr selten zu seyn, da wir es nirgends erwähnt fanden. Am Boden bemerkt man ein Zeichen, welches einem L ähnelt. Wir sahen dieses Blatt vor etlichen Jahren. Es ist in fol.

Von fremden Künstlern wurde wenig nach ihm gestochen: Cecchi stach dessen Bildniss in der florentinischen Gallerie; Saenredam den Sieg David's und eine Judith; Ploos van Amstel das Urtheil Salomon's; H. Golzius die heil. Familie; J. Matham eine Abnehmuug vom Kreuze; P. Maes die Beschneidung Christi; N. de Bruyn St. Johann in der Wüste und die Wunder St. Jakob's; B. Dolendo die Frau mit der Flöte; C. de Pas die vier Evangelisten; J. Suyderhoef das Bildniss des Kaisers Maximilian.

Leyden, Cramer von, s. Cramer.

Leydensdorfer, s. Leidensdorf.

Leygeben, Gottfried, s. Leigebe.

Leykmann, Hans, Maler, der um 1480 zu Colmar bei Martin Schöngauer arbeitete. Er war aus Franken gebürtig.

Leypold, s. Leybold.

Leysebetten, s. Lisebeten.

Leyssens, Nicolaus, Maler, wurde 1661 zu Antwerpen geboren, und in jungen Jahren kam er nach Rom, wo er seiner langen Nase wegen in der Bent den Namen Nussbrecher erhielt. Er malte da mit Beifall verschiedene Bilder, ging aber doch wieder ins Vaterland zurück, weil das Elend seines Vaters seiner Hülfe bedurfte. Er pflegte nun den Armen mit aller Liebe, wofür ihm Ehre und Segen ward. Seine Bilder wurden auch im Vaterlande geschätzt. Starb 1710.

Leyto, Antonio, ein spanischer Maler, der nach Fiorillo um 1680 in Madrid blühte. Er malte Historien und besonders Genrestücke.

Leytzen, s. H. Lautensack.

Leyva, Diego da, Maler, dessen Fiorillo erwähnt. Er soll sich in Italien gebildet haben, und in späteren Jahren trat er in das Carthäuserkloster von Miraflores, wo er noch etliche gute Bilder malte.

Lezier, Paulus, Maler zu Dortrecht, dessen Lebensverhältnisse unbekannt sind. Van Eynden Gesch. I. p. 68. erwähnt eines grossen verschollenen Bildes mit Bildnissfiguren von ihm, und er glaubt, Lezier sei Zeitgenosse des J. G. Cuyp gewesen.

Lhemann, Zeichner, nach welchem Rouotte 1806 das Bildniss des H. Furtado, Präsidenten des Judencongresses zu Paris gestochen hat.

Lhiebenau von Wehrd, Lucas von, Kupferstecher, der das Bildniss des berühmten Alchymisten Kunkel gestochen hat.

Lhuillier, J., s. Luillier.

Liagno, s. Liano.

Liancourt, Leroi de, s. Fr. Leroi.

Liander, J. van, s. Liender.

Liagno, Theodor Philipp, ein Name, der eigentlich mit dem spanischen circumflectirten n geschrieben werden sollte, was im Italienischen wie Liagno lautet. Liano war Maler und Radirer, Schüler des A. S. Coello, der sich in Italien weiter ausgebildet haben soll. Seinen Ruf gründete er als Bildnissmaler, da er die Gabe hatte, genau zu treffen und Alles harmonisch zu verbinden. Er fertigte grosse Bilder in Oel, und dann malte er auch mit grossem Fleisse in Miniatur. Unter seine besten Portraite zählt man jene des Kaisers Rudolph II., und des Don Alvaro de Bazar, Marquis von S. Cruz von 1584, welches Lopez de Vega besang. Dieser Künstler hatte den Beinamen: el pequeno Titiano, der kleine Titian. Im Jahre 1625 starb er, wie es scheint in ziemlich hohem Alter.

Wir haben von Liagno auch schön radirte Blätter, deren Bartsch P. gr. XVII. 199 dreissig beschreibt.

1) Johannes predigt in der Wüste, reiche Composition. Ein Hauptblatt, im ersten Drucke vor der Retouche. Die Erfindung schreibt man irrig dem J. B. Fontana zu.

Bei Weigel ein ret. Abd. 6 Thlr. Die zweiten Abdrücke haben die Adresse: Nicolai Valegii Formis Venetis. Sehr selten. H. 18 Z. 6 L., Br. 14 Z.

2) — 13) Folge von 12 Blättern mit verschiedenen Soldaten und Mauren in altspanischem Costum: Theodoro Filippo da Liagno inv. et fec. Orlandi formis in Napoli. Höchst geistreich radirte und bestimmt gezeichnete Blätter, aber selten. H. 4 Z. 3 L., Br. 3 Z. 5 L.

Die zweite Ausgabe hat den Titel: Caprici e habiti militari de Ph. de Liagno Napolitano novamente dati in luce da G. Rossi in Roma, 1635. Nicht erwähnt bei Bartsch.

14) — 34) Folge von 20 Blättern mit verschiedenen Skeletten von Thieren: Horarum fallax mors-tibi cura datur etc. Al' molto Ill. et Ecc. S. Giovanni Fabro Lynceo-Serv. Teodoro Filippo d'Liagno D. D. H. 5 Z. 4 L., Br. 3 Z. 2 L.

Bartsch beschreibt von dieser Folge nur 15 Blätter.

35) Die Nymphe der Diana, vom Satyr überrascht, nach Liagno's eigener Erfindung, die Einige dem Titian beilegten. H. 4 Z. 6 L., Br. 6 Z. 2 L.

36) Die Nymphe mit dem Satyr am Fusse des Baumes in verliebter Stellung. Amor scheint die Liebe anzufeuern. Rechts vorn ist ein leeres Täfelchen. Das Gegenstück zum obigen, in gleicher Grösse.

Lianori, Pietro, auch Pietro di Giovanni, Maler von Bologna, der sich auf Gemälden Petrus Joannis nennt, aber man weiss nicht, ob dieser Joannes auch Künstler gewesen. Lianori war L. Dalmasio's Schüler, und seine Thätigkeit fällt um 1414 bis 1453. Man findet noch Kirchen- und Staffelei-Bilder von seiner Hand, und häufig copirte er griechische Heiligenbilder, welche, mit dunklen Linien in Umrissen und Falten überladen, in der trockenen Weise der alten Musiven gehalten sind. In der Gallerie zu Bologna ist von ihm eine Madonna mit dem Kinde und Heiligen, eben so schlecht gezeichnet als colorirt. Man liest auf diesem Bilde: Petrus Lianoris p. 1453. Dieses Bild hing einst in der Sakristei von S. Girolamo di Miramonte.

Liart, Matthäus, Kupferstecher, wurde 1736 in Paris geboren, und nachdem er in den Grundsätzen seiner Kunst Festigkeit erlangt hatte, ging er nach London, wo er sich zuletzt häuslich niederliess. Er arbeitete mit Zierlichkeit, und besonders war es Boydell, der ihn beschäftigte. Dieser Künstler starb gegen das Ende des vorigen Jahrhunderts.

1) Jakob erneuert mit Laban den Bund, nach P. da Cortona, sehr sorgfältig und mit Geschmack gestochen, für Boydell's Sammlung, fol.
2) Das Opfer Noah's, nach A. Sacchi, für dieselbe Sammlung gestochen, mit malerischem Sinne.
3) Der fröhliche Bursche, nach Ostade.
4) Venus beweint den Tod des Adonis, nach B. West, 1771.
5) Cephalus beweint den Tod der Procris, nach demselben.
6) Eine Sammlung von Zeichnungen verschiedener Meubels, 10 Blätter.

Liasen, Jean Jacques, Jans genannt, Hautlissier von Brügge, verfertigte die ersten Haute- und Basselisse-Tapeten, welche von der Manufaktur der Gobelins ausgingen, und brachte es mit le Feuvre in der Vervollkommnung dieser Kunst so weit, dass ihre schönen Teppiche von allen Souverains gesucht wurden. Lenoir im Journal des Artistes 1831.

Liberal, Georg, Maler und Formschneider, angeblich aus Meissen, der um 1560 in Sachsen blühte. Er zeichnete und schnitt mit M. Wolfgang die Pflanzen und Thiere zu Mathioli's Commentar über den Dioscurides, der in deutscher, lateinischer und böhmischer Sprache erschien. Sehr schön sind die Holzschnitte in der lateinischen Ausgabe der Officina Valgrisiana zu Venedig.

Brulliot glaubt, diesem Liberal könnte ein Monogramm angehören, auf einem Blatte, welches unten und oben eine Maske mit sitzenden Figuren, und zu den Seiten vier im Buche lesende Figuren vorstellt. H. 7 Z. 10 L., Br. 5 Z.

Dass dieser Liberal aus Meissen gebürtig sei, behauptet Papillon in seinem Tractate über die Formschneidekunst, allein Papillon hat wenig Gewissheit in seiner Angabe, und wir möchten fast glauben, dass dieser angebliche Deutsche der Genzio oder Gennesio

Liberale von Udine, den Vasari und Ridolfi als Maler rühmen, und mit dem Liberal des Papillon Eine Person sei. Dieser Friauleser war in naturhistorischen Darstellungen berühmt, und namentlich malte er die Fische sehr gut. Fiorillo sagt in seiner Geschichte der ital. Malerei, dass man den Künstler auch zuweilen Georg nenne, und dass er um 1560 mit grossem Ruhme am Hofe und zu Innsbruck, auch in Wien gearbeitet habe. Die Lebenszeit des Georg Liberal und des Gennesio Liberale stimmt also überein. Er lebte noch 1568; auch einige Zeit in Venedig, wo Mathioli Senensis comment. in P. Dioscuridis lib. erschien.

Liberale, Gennesio, s. den obigen Artikel, da beide vermuthlich Eine Person sind.

Liberale, Antonio da Verona, Maler, wurde 1451 zu Verona geboren, und sein erster Meister war Vincenzio di Stefano, von welchem man sonst weiter nichts weiss. Hierauf kam er zu Jakob Bellini, oder nahm ihn wenigstens zum Muster, so dass jetzt auch dadurch der Einfluss der Squarcione'schen Schule sich äusserte. Lanzi erkennt aber in dessen Bild der Erscheinung des Herrn im Dome zu Verona, besonders in der Glorie, im Faltenwurf etc. in solchem Grade die Nachahmung des Mantegna, dass er den Liberale dieser Schule zuschreiben möchte. Indessen soll man nach Lanzi's Behauptung noch in andern Bildern des Liberale die Nachahmung des Mantegna erkennen. Er lieferte eine beträchtliche Anzahl von Werken, die übrigens nicht alle von gleichem Verdienste seyn dürften. Die Madonna auf dem Throne mit Heiligen von 1489, und der h. Sebastian in der Gallerie des k. Museums zu Berlin sind, nach Kugler (Beschreib. der Gall. des Museums S. 48), hart und manierirt. Das Madonnenbild aber ist nicht ohne etwas Tüchtiges in den Köpfen. Im Ausdrucke rühmt ihn auch Vasari, und dieser sagt, Liberale habe es verstanden, seine Gesichter nicht nur weinen, sondern auch lachen zu lassen, in anmuthiger Heiterkeit. In mehreren Dingen blieb er noch dem alten Style treu, obgleich er bis 1535 lebte.

Liberale malte auch in Miniatur. Er schmückte Bücher mit Miniaturen, die mit ausserordentlicher Zartheit behandelt sind.

G. Zanconi hat nach ihm eine Abnahme Christi vom Kreuze gestochen, blos Umriss.

Libergier, Jakob oder Hugo, Architekt und Geistlicher, der im 13. Jahrhundert lebte. Er fing um 1229 an, die Kirche St. Nicaise in Rheims wieder aufzubauen. In dieser Kirche wurde Libergier 1263 auch begraben.

Liberi, Pietro, Maler von Padua, genannt Libertino, ein Künstler, der nach dem Tode seines Meisters Padovanino die Ehre der Venediger Schule aufrecht erhielt, für deren correktesten Zeichner ihn Einige halten. Er studirte in Rom nach der Antike, in Parma nach Correggio's Werken, und in Venedig nach den berühmtesten Meistern der Stadt. Auf solche Weise hatte er die besten Schulen kennen gelernt, und er nahm von jeder etwas. Im bunten Gemische suchte er im Fleische den Michel Angelo, in den Köpfen und Profilen den Rafael, und in Behandlung des Schattens den Correggio nachzuahmen. Seine Färbung preist man als gefällig, und dann rühmt man seinen Geschmack in der Behandlung seiner Bilder. Allein zu seiner Zeit erreichten die Maler

Venedigs den Glanz ihrer alten Schule nicht mehr; mit der schönen Art zu coloriren war es vorüber, man huldigte einer trockenen, geistlosen Manier, das Fleisch mit grünen Tinten und Halbschatten zu geben. Liberi richtete sich beim Malen nach den Geistesgaben der Besteller. Für Verständige führte er, seiner eigenen Aussage nach, einen raschen und freien Pinsel, der nicht immer vollendet; für Unverständige einen höchst fleissigen, der jeden Theil vollendet und die Haare selbst so ausführt, dass man sie zählen kann, und dergleichen Bilder malte er auf Cypressenholz. Lanzi meint, man könne seinen Styl auch in den grossen und leichten theilen; nur malte er in ersterem selten. Venedig hat darin einen Kindermord; Vincenza den Auszug aus der Arche; Bergamo eine Episode aus der Sündfluth, wo v. Montagne das Meer gemalt seyn soll; lauter Kirchenbilder, die dem ehrlichen Lanzi ausserordentlich wohl gefielen, und er rühmt die kräftige Zeichnung, die Schönheit und Manigfaltigkeit der Verkürzung und Bewegung, die grossartige Nacktheit, mehr in dem Carracci'schen als Buonarotti'schen Styl. So viel des Lobes findet Dr. Kugler (Beschreib. des k. Museums S. 125) in dem grossen Bilde des Dianenbades in der Gallerie des k. Museums zu Berlin nicht. Dieses Gemälde zeigt nicht viel anderes, als grosse Massen weichen Fleisches, ohne künstlerischen Sinn in der Anordnung.

Nacktheiten malte Liberi sehr gerne; selbst den ewigen Vater malte er in St. Catharina zu Vicenza zum Missvergnügen auf solche Weise. Seine Meisterstücke sind die nackten Venusgestalten, im Geschmacke Titian's, und desswegen gab man ihm den Beinamen Libertino. Solche Stücke findet man in Sammlungen in Menge, und wenn man eines gesehen hat, so kennt man die andern leicht, theils an den oft wiederholten Köpfen, theils an der Röthe des Fleisches und am allgemeinen Tone. Die rothe Farbe liebte er über die Massen, und er missbrauchte sie häufig an Händen und Fingergränzen. Uebrigens, sagt Lanzi, ist sein Farbenvortrag sanft, die Schatten zart und Correggisch, die Führung des Pinsels frei und meisterhaft. Bilder von ihm sind in der Eremitage zu St. Petersburg, in den Gallerien zu Wien, Dresden, München etc. Neben den Venusbildern malte Liberi auch Fabeln und Allegorien, die niemand verstand, als er. Dennoch gefiel er ausserordentlich in Italien und in Deutschland, von wo aus er als Graf und Ritter heimkam. Die Sage macht ihn zu einen heimlichen Juden, der erst auf dem Todbette seinen Glauben bekannte. Er starb 1687.

Einige seiner Bilder wurden gestochen, von Baroni das Altarbild der Kirche S. Paolo und Giovanni in Venedig mit dem Kreuz Christi von Engeln getragen; J. Piccini Diogenes im Fasse; Rosetti schöne Landschaften mit Ruinen; von P. Monaco, Fragonard u. a. Folgendes Blatt wird ihm selbst und auch dem Rossi zugeschrieben:

> Der grosse Kampf auf der Brücke zu Venedig, geistreiche, aus unzähligen nackten Figuren bestehende Composition mit der Aufschrift: Venetiarum Pugillatus. Unten ist die Dedication an Ludwig XIV. und die Jahrzahl 1676. Diese Composition besteht in drei Platten, zusammen das grösste Imp. fol.

Dieses geistreich radirte Blatt ist selten, und im ersten Drucke vor dem Worte: Venetiis. Selbst einige Contradrücke mit dem erwähnten Worte sind noch sehr kräftig, und ebenfalls selten.

Liberi, Marco, Maler, Sohn und Schüler des Obigen, malte historische Stücke, doch mit minderem Glücke. In eigener Erfindung ist er mit dem Vater nicht zu vergleichen; denn seine Formen sind entweder fast Zerrbilder derer, die sein Vater malte, oder, wo sie ihm eigen sind, bleiben sie hinter ihm zurück. Auch Marco malte Venusbilder; dann copirte er Werke seines Vaters ganz trefflich.

Marco Liberi arbeitete um 1681.

Libon, Architekt von Eleus, baute aus der Beute Pisa's, welches gegen Ol. 50 fiel, den Tempel des Zeus zu Olympia, und dieses berühmte Gebäude erreichte im Ol. 86 seine Vollendung. Das Material, welches zum Baue verwendet wurde, war Porosstein, und die Form des Tempels die dorische. Ein Peripteros Hexastylos-Hypaethros, hatte hier das Tempelhaus 95 Fuss in die Breite und 230 in die Länge, und bis zum Gipfel waren 68 Fuss. Der Pronaos war durch Gitterthüren zwischen Säulen geschlossen, so wie der dem Pronaos entsprechende Opisthodomos. Im Innern stand eine zweifach übereinander gestellte Reihe von Säulen, und die Cella war mit obern Gallerien versehen. Der äussere Schmuck war glänzend; oben am Gipfel erhob sich eine vergoldete Victoria, und die Ende desselben zierten zwei übergoldete Gefässe. Mummius hing nach der Zerstörung von Corinth an den Unterbalken über den Säulen 21 vergoldete Schilde auf. Die Giebelfelder zierten Pägnius und Alkamenes mit Sculpturen. An der Vorderseite stellte der erstere den Pelops und Oenomaos dar, wie sie sich zum Wettrennen rüsten, und im Hintertheile stellte Alkamenes den Kampf der Lapithen und Centauren dar. Die Hauptzierde war im Innern; die berühmte Statue des Olympischen Jupiters von Phidias. Pausanias beschreibt den Tempelschmuck genau, allein von aller Herrlichkeit sind nur noch wenige Ruinen zu sehen, über welche besonders Stanhope's Olympia p. 9. Aufschluss gibt. Dann ist auch Cockerell Bibl. ital. 1831. p. 205, und Blouet Expédition scient. de la Morie Livr. XI. pl. 62 zu sehen. Bei Blouet ist eine muthmassliche Restauration des Tempels, dessen Grösse die des Parthenon übertraf; denn es finden sich Stücke von Säulen, deren unterer Durchmesser 3 F. 3 Z. beträgt. Mehrere Sculpturen wurden nach Paris gebracht, für das Museum des Louvre.

Libour, Esprit Aimé, Historien- und Genremaler, wurde 1785 zu Laval geboren, und in Paris genoss er nach und nach den Unterricht von David, Regnault und Gros. Im Jahre 1805 erhielt er bei Gelegenheit der Ausstellung seines in der Wüste sterbenden Arabers den ersten Preis der Specialschule, und 1808 stellte er einen Araber in eifersüchtiger Wuth dar. Andere namhafte Bilder sind: Der Tod Abels; Venus auf dem Wasser; der verlassene Philoctet; Cephalus und Procris. Dazu kommt noch eine Menge von Portraiten.

Libour wurde in neuerer Zeit beauftragt, einen Theil der Gemälde der Tuilerien zu restauriren.

Libri, Girolamo da, berühmter Maler von Verona, der Sohn eines Francesco, der Choral- und Messbücher mit Miniaturen verzierte, und daher F. da Libri genannt wurde. Er war berühmt in seiner Kunst, und diese, so wie den Zunamen trug er auch auf den Sohn über, wie Vasari sagt. Auch Girolamo malte mit Ruhm in Miniatur, er verdient aber auch als Oelmaler mit Auszeichnung genannt zu werden. Lanzi spricht sich ebenfalls mit Lob über diesen Künstler aus, und er beginnt in Aufzählung seiner Werke mit einem von Girolamo in St. Lionardo bei Verona gemalten Lorbeerbaum, zu welchem die Vögel durch das Fenster flogen, um sich auf die Aeste zu setzen. F. da Libri verstand aber noch mehr, als die Thiere zu täuschen, nämlich das Gemüth zu erheben, wozu unstreitig grössere Kunst erfordert wird. V. Quandt (zur Uebersetz. von Lanzi's Gesch. d. Mal. II. 53) erklärt ihn daher als einen der grössten Meister aller Zeiten und Länder; er ist einer von den wenigen Künstlern, die so rein von fremden Einflüssen blieben, dass ihre Werke nicht an eine bestimmte Zeit, in der sie, oder ein Volk, für das sie hervorgebracht wurden, erinnern, sondern das Gesammtgefühl der Menschen ansprechen.

Man kann, nach Quandt, Liberi's Styl durchaus weder alterthümlich, noch neumodisch nennen, sondern muss ihn als zeitlos und doch das jeder Zeit gehörende, also das Ewige in uns zur Anschauung bringend, wahrhaft bewundern. In St. Giorgio (Kapelle St. Lorenzo) zu Verona ist von ihm eine Madonna zwischen St. Zeno und St. Laurentius Justinian, sprechende Gestalten, mit drei Engelchen, lieblich von Gesicht und Bewegung. Dieses kleine Bild erklärt Lanzi unter den Werken jener Kirche als einen Edelstein, der durch etwas unaussprechlich Schönes, Glänzendes und Leuchtendes überrascht. Speth (Kunst in Italien I. 30) erwähnt dieses trefflichen, unter dem Namen Madonna della cintura bekannten Bildes, als eines Werkes von unbeschreiblicher Wahrheit und Innigkeit, während in vielen anderen Schriften über Italien weder des Meisters noch des Bildes gedacht wird. Pozzo nennt dieses Gemälde eine „pittura ammirabile"; Signore Ticozzi aber geht ganz kurz über diesen Meister weg. Im Centralmuseum zu Paris war ein anmuthiges Bild der Madonna mit dem Kinde Jesus und dem kleinen Johannes. Dieses ist eines der schönsten Werke Girolamo's, das für Rafael gegolten hat. Es ist wieder heimgekehrt und in der Sakristei von St. Tomaso in Verona zu sehen.

Dann lesen wir bei Giulianelli, dass da Libri auch in Edelsteine geschnitten habe, was wohl dahin zu berichtigen ist, dass der Künstler neben den Blumen und Bäumen Edelsteine im Gemälde sehr täuschend nachgeahmt habe.

Dieser Künstler starb 1555 im 83. Jahre. Julius Clovio war sein berühmter Schüler; auch seinen Sohn Francesco unterrichtete er in der Malerei, doch kam ihm dieser nicht gleich. Francesco da Libri starb in jungen Jahren.

Licalda, Juan de, Maler, der in der ersten Hälfte des 17. Jahrhunderts in Sevilla gelebt zu haben scheint.

Licherie, Ludwig, Historienmaler von Houdan in der Normandie, der um die Mitte des 17. Jahrhunderts in Paris lebte. Er war Lebrun's Schüler, und im Style dieses Meisters malte er auch profane und heilige Darstellungen, deren Scotin, F. Landry und a. nach ihm gestochen haben.

Starb 1687 als Mitglied der Akademie zu Paris. Im Pariser Museum ist von ihm eine Darstellung von David und Abigail.

Licht, Ferdinand, Maler, wurde 1750 zu Troppau in Schlesien geboren, und seine Ausbildung erhielt er bei dem Maler Joseph Burkart. Er wählte Brünn zu seinem Aufenthaltsort, wo er Portraite, Altarbilder und Staffeleigemälde fertigte. In der Kirche zu Obrowitz sind zwei Altarbilder von ihm.

Dieser Künstler starb in Brünn, wir wissen aber nicht wann.

Lichtenfurtner, Anton, Maler von Freising, trat als Bruder in das Kloster zu Gars in Bayern, und als solcher malte er in der Klosterkirche die Felixkapelle in Fresco aus, vermuthlich in der ersten Hälfte des vorigen Jahrhunderts.

Lichtenhagen, Stephan, Giesser und Bildner von Schneeberg, der um 1563 lebte. In dem bezeichneten Jahre fertigte er mit seinem Gesellen Paul Hermann für die Nikolaikirche in Berlin ein Taufgefäss aus Zinn.

Lichtenreiter, Franz, Maler von Passau, erlernte daselbst die Anfangsgründe der Kunst, und ging dann nach Italien, um zu Venedig unter Vincentini seine Studien fortzusetzen. Er arbeitete da mehrere Jahre, während welcher Zeit er eine grosse Anzahl von Zeichnungen nach den besten Gemälden fertigte, und endlich ging er nach Deutschland zurück. Später liess er sich in Prag häuslich nieder, wurde 1741 Oberältester der Neustätter Maler-Confraternität, und 1775 starb er in einem kummervollen Alter von 75 Jahren.

Lichtenreiter nannte sich gewöhnlich Francesco, und unter diesem Namen war er in Prag bekannt. Später machte man desswegen zwei Künstler aus ihm, von denen der eine Francesco, der andere Lichtenreiter heissen sollte, wie Dlabacz in seinem böhmischen Künstler-Lexicon gezeigt hat.

Lichtenreiter malte Bildnisse und Historien, deren man in den Klöstern und Stiften von Prag sieht. Dlabacz verzeichnet etliche seiner Altarbilder.

Francesco hatte zwei Söhne, die er ebenfalls zu Malern bildete, und von denen der eine noch 1808 in Prag lebte.

Lichtenreuther, J. M., Maler, der um 1730 in Augsburg lebte. Er malte Bildnisse, und davon stach G. Bodenehr jun. das Bildniss seines Vaters.

Lichtenstecher, Georg, Kupferstecher, wurde 1700 zu Nürnberg geboren, und hier übte er auch seine Kunst. Blätter von ihm findet man in literarischen und anatomischen Werken; dann stach er eine Anzahl von Bildnissen. Um 1780 starb er.

1) Catharina Cornara Regina Cypri Iacobi II. Regis vidua, nach Titian, fol.
2) Bildniss des H. von Behaim, im 78. Jahre noch sehr fein gestochen.
3) Das Bildniss des Künstlers, nach C. B. Müller.
4) Andere Bildnisse nach P. Decker, F. C. Fellisch etc.

Lichtwerdt, Bernhard, Lithograph und Zeichner zu Potsdam, wo er die Stelle eines Zeichnungsmeisters am Gymnasium bekleidet. Er fertigte Zeichnungen in schwarzer Kreide, und 1824 lithographirte er das Bildniss Luther's, nach Cranach.

Licinio, Giovanni Antonio, Historienmaler, der unter dem Namen Pordenone bekannter ist. Diesen Namen führt er von seiner Geburtsstadt in Friaul, und die Veranlassung zu dieser Umtauschung war sein Bruder, der ihn an der Hand verwundete, was Giovannantonio so schwer nahm, dass er von nun an jedem Familiennamen entsagte, und sich Regillo da Pordenone nannte. Früher schrieb er sich Sacchiense oder Cuticello, aber im eigenhändigen Testamente seines Vaters steht als Namen des letzteren: Angelus de Lodesanis de Corticellis. Das Licht der Welt erblickte er 1484, die Angaben über seine Jugendbildung sind aber schwankend. Einige glaubten, er habe Castelfranco's Schule besucht; dieses ist aber nach Lanzi's Behauptung noch weniger richtig, als wenn Rinaldis sagt, Pordenone sei bei Giov. Bellini Castelfranco's und Titian's Mitschüler gewesen. Lanzi stimmt der Ansicht des Ridolfi, als der wahrscheinlicheren, bei, und nach dieser soll er in Udine nach Pellegrino sich gebildet, dann sich auf Giorgione's Styl verlegt haben; jedoch von seinem Sinne geleitet. Die übrigen Nachfolger Giorgione's glichen diesem mehr oder weniger im Styl, Pordenone aber auch an Feuer, Entschlossenheit und Grösse der Seele, wie keiner in der Venediger Schule. Auch Vasari setzte diesen Künstler hoch an; er erklärt ihn unter den damals in Friaul lebenden trefflichen Malern als den seltensten und berühmtesten, weil er die Vorgänger an Erfindung, Zeichnung, Tüchtigkeit, Verständniss der Farben, Wandmalerei, Geschwindigkeit, grosser Rundung und anderen Theilen der Malerei übertroffen hatte. Und so fehlt es auch in der späteren Zeit nicht an günstigen Urtheilen über diesen Künstler, von Lanzi und Fiorillo bis zu Dr. F. Kugler. Er wird öfter mit Titian zusammengestellt, und Fiorillo behauptet auch, Pordenone habe jenen Meister in der Farbengebung, in der vortrefflichen Wahl der Tinten und im Pinselstriche nicht selten erreicht, nur in der Kunst, die Figuren zu beseelen, über dem Fleische einen lebendigen Hauch schweben zu lassen, behauptet Titian immer den Vorzug. Auch Kugler erklärt den Licinio unter den Künstlern der venetianischen Schule, die in eigenthümlicher Ausbildung neben Titian stehen, als einen der bedeutendsten, da Pordenone sich durch ein glückliches Streben nach Charakteristik auszeichnete, und mit den Farbentönen der Venetianer zugleich eine weichgeschmolzene Modellirung zu verbinden weiss, die an die Richtung der lombardischen Schule erinnert. Titian war diesem Künstler ein beständiger Sporn zu Tüchtigkeit; er suchte eifrig Gelegenheit mit jenem Meister in Concurrenz zu treten. Er zierte mit diesem Meister den grossen Saal der Pregadi in Venedig zu solcher Zufriedenheit, dass Pordenone ein Jahrgeld erhielt. Es war ihm nichts lieber, als neben Titian selbst, oder doch da zu malen, wo jener gemalt hatte. Diese Emulation scheint in eine wirkliche Feindschaft ausgeartet zu seyn, und Licinio fand es zuweilen gerathen, bei solcher Gelegenheit mit den Waffen an der Seite zu malen. Der Eine überbot den Anderen an Kraft oder Anmuth, oder, wie Zanetti sich ausdrückt, in Titian war mehr Natur als Kunst, in Pordenone waren Natur und Kunst gleich. Einige seiner Landsleute zogen ihn sogar dem Titian vor; Lanzi mässiget richtiger das Lob dahin, dass jener Wetteifer den Ruhm Pordenone's nicht wenig gefördert habe, und er sichert ihm in der Venediger Schule wenigstens den zweiten Rang in einer an trefflichen Künstlern so fruchtbaren Zeit zu. Die Ursache, dass Pordenone der Menge so sehr gefiel, findet Lanzi in der grossen Wirkung und im Zauber des Helldunkels, worin er Guercino's Vorläufer war.

Licinio ward auch von Karl V. geehrt und zum Ritter gemacht. Herkules II. berief ihn an seinen Hof in Ferrara, um, wie Vasari sagt, Cartons für die Teppiche zu fertigen, welche der Herzog für den Dom machen liess. Vasari behauptet, es hätten sich dort keine guten Zeichner für Kriegsgegenstände gefunden, während die beiden Dossi diese Cartons gefertiget haben sollen. Vasari scheint hier keinen Glauben zu verdienen, und auch die Sage, Pordenone sei bald nach seiner Ankunft in Ferrara an Gift gestorben, ist nicht mit Bestimmtheit anzugeben. Dieser Todesfall ereignete sich 1539 oder 1540.

In Friaul sind viele Wandgemälde von Regillo, doch erscheint er nicht in allen gleich fleissig und schulgerecht, weil mehrere aus seiner Jugendzeit herrühren, wo er viel und wohlfeil malte. Mehrere solcher Wandbilder sind auf Schlössern und Landhäusern, wie zu Castions, Valeriano, Villanova, Varmo, Pallazzuolo. Im Hause der Cesarei zu Mantua war zu Lanzi's Zeit nur Weniges mehr, so wie im Pallaste Doria zu Genua. In der Kapelle des heil. Rocchus, im Stephanskloster und in St. Maria dell' Orto zu Venedig sind Werke von ihm. In letzterer Kirche ist das Bild des heil. Lorenz Giustiniani, von Heiligen umgeben, unter denen der Täufer Johannes ein Nacktes darbietet, das einem Titian Ehre macht, und St. Augustin seinen Arm aus dem Gemälde zu reichen scheint, ein perspektivisches Kunststück, deren Pordenone mehrere machte. Dieses Gemälde musste unter Napoleon die Reise nach Paris machen. A. Zucchi hat dieses Werk gestochen und Landon XI. 99 selbes umrissen.

In der Gallerie Manfrin zu Venedig ist das selbstgemalte Bildniss des Künstlers mit seinen Söhnen, ein ausgezeichnetes Werk.

In der Florentinischen Gallerie ist ebenfalls das Bildniss dieses Künstlers, von P. A. Pazzi gestochen.

In St. Maria di Campana zu Piacenza sind Darstellungen aus dem alten Testamente, durch O. Gaddi's Stiche bekannt. Ein bekanntes Bild in Piacenza ist jenes der Verlobung der heil. Catharina, mit Figuren, die auf dunklem Grunde lebendig hervortreten.

Gerühmt wird auch ein Staffeleibild der Erweckung des Lazarus beim Grafen Lecchi zu Brescia.

Ein berühmtes Bild der Verkündigung Mariä ist in St. Peter Martyr zu Udine.

In der Kirche des heil. Marcus in Pordenone stellt ein treffliches Bild die heil. Jungfrau vor, wie sie schirmend ihren Mantel über zwei Männer und zwei Frauen ausbreitet, während Joseph mit unendlicher Zartlichkeit das Jesuskind auf den Armen wiegt. Auch St. Christoph ist auf diesem Gemälde zu sehen. Lanzi nennt 1815 eine heil. Familie mit St. Christoph, als in der Collegiatkirche befindlich, wenn aber hier von einer und derselben Kirche die Rede ist, so kann das oben erwähnte Bild nur unbestimmt eine heil. Familie genannt werden. Ein zweites Bild dieser Collegiatkirche stellt den heil. Markus vor, wie er einen Priester weiht, nebst anderen Heiligen. Dann hat die St. Marcuskirche, die wohl mit der Collegiatkirche dieselbe ist, noch andere Bilder von Pordenone: hinter dem Hauptaltare ein Frescogemälde, ferner St. Rocchus und St. Erasmus; über der Thüre einen Pabst, St. Sebastian und einen Ritter in rothem Kleide, eine kühne Gestalt von trefflicher Wirkung.

Wir wissen nicht, ob dieses der Gegenstand jenes Blattes ist, welches neben der Verkündigten oben Gott Vater mit Cherubim und links einen gewappneten Engel vorstellt. Es ist bezeichnet: Hanc Pordenon J. Lycinius excud., Fabio Ve. fec. Dieses Blatt ist selten, in der Weise des J. Sanuti, gr. roy. fol.

In Rom sind wenige Werke von diesem grossen Meister. In der Sammlung des Cardinals Fesch sieht man ein ausgezeichnetes Bild, welches die heil. Jungfrau mit vier Kirchenlehrern vorstellt.

Im k. französischen Cabinete ist eine Darstellung des heil. Petrus und ein Bildniss, von welchem Watelet sagt, dass sie allein hinreichen, den freien Pinselstrich, den schönen Charakter seiner Zeichnung und die grosse Wirkung kennen zu lernen, welche dieser Künstler in seine Gemälde zu bringen wusste.

In England sind mehrere Bilder von Pordenone, deren Dr. Waagen erwähnt:

Im Schlosse zu Hamton-court ist das Bildniss des Malers und seiner Familie, ein grosses, reiches Bild, edel und fein aufgefasst.

In der Bildersammlung des Sir Abraham Hume ist das Bildniss eines Mannes mit aufgeschlagenem Notenbuch, höchst energisch und grossartig in der Auffassung, bezeichnet: MDXXIIII. Anno Aetatis LV. P. Lycini P. Dieses Bild wird irrig für Luther gehalten. Das Bild eines aus einem Glase trinkenden Mannes mit der Fogliette ist durch die erstaunliche Lebendigkeit und die Sattigkeit des warmen Tons von wunderbarem Reiz. Die Hände sind nur angelegt. Daselbst ist auch das Bildniss eines Mannes, welcher die Hände auf eine Brüstung legt, von feiner Auffassung, im hellen, klaren Goldton.

Im Staffordhouse ist die Ehebrecherin vor Christo, lebensgrosse Figuren.

Der Christus zu Corshamhouse, der dem Pordenone beigelegt wird, scheint Waagen eher ein fleissiges Bild des Spagnoletto zu seyn, und das dort für Titian gehaltene Bild der Maria mit dem Kinde, welches die Monstranze hält, dabei Johannes mit dem Lamme und drei andern lebensgrossen Figuren, hält er für ein Hauptwerk Licinio's. Es hat nicht die dem Titian eigene Klarheit des Tons, aber etwas Edleres in der Auffassung.

In der Sammlung zu Alton Tower ist der Tod des Petrus Martyr, durch Composition, Adel der Charaktere, Wärme des Tons sehr ausgezeichnet.

In der Gallerie des Burleighhouse sieht man die Findung Mosis mit lebensgrossen Figuren, ein Hauptwerk Pordenone's, nach Waagen irrig dem Titian beigemessen. Die daselbst befindliche Anbetung der Könige hat ebenfalls lebensgrosse Figuren, ein reiches, treffliches Bild, und Dr. Waagen glaubt, keine ihm bekannte andere Gallerie hat zwei solche Werke von Licinio aufzuweisen. Letzteres gilt in England irrig für Bassano.

In der Sammlung Carl I, waren folgende Bilder: Salomon opfert den Götzen; Familiengemälde mit mehreren Figuren, vielleicht jenes in Hampton-court; das Bildniss des Künstlers mit der Laute; ein berauschter Satyr tanzend, dabei ein junger Faun.

In der in England verkauften Gallerie Orleans war Herkules mit Antäus, und die Judith. Ersteres kam in den Besitz des Grafen Darnby, letzteres in jenen des Marquis v. Landsdowne, und gest. von Ketterlinus. Die Ehebrecherin vor Christus, aus derselben Gallerie, hat Marchand gestochen.

In der k. Eremitage zu St. Petersburg ist die Ehebrecherin vor Christo, ein meisterhaftes Kniestück; das Bildniss eines Mannes, und ein Gemälde mit vier bildnissartig gehaltenen Brustbildern.

Frühere Verzeichnisse der Eremitage nennen noch: das Abendmahl; Herkules im Garten der Hesperiden; derselbe, wie er dem Cacus die Ochsen abnimmt. Die ersteren dieser erwähnten Bilder waren früher in Hougtonhall, neben einer Darstellung des verlornen Sohnes.

Das Kleinod der Gallerie des Belvedere in Wien ist die heil. Justina, zu deren Füssen ein Mann in schwarzer Kleidung kniet, ein Votivgemälde Alfons I. von Este, dessen Bildniss der kniende Mann ist. Es geht auch die Sage, die Heilige sei seine Geliebte und heimlich zur linken Hand getraute dritte Gemahlin Laura Eustachia, die wunderschöne Bürgerstochter aus Ferrara; Martin und dann Rahl haben dieses Bild gestochen. Aus der Brüsseler Gallerie kam das Begräbniss Christi nach Wien, in Teniers Werk von Troyen gestochen.

Im k. Museum zu Berlin ist ein bedeutsames Bild aus der Gallerie Giustiniani, welches die Anklage der Ehebrecherin vorstellt, Halbfiguren mit höchst charaktervollen, warm und lebendig gemalten Köpfen. Ein zweites Gemälde stellt eine Madonna mit Heiligen und mehreren Engelknaben vor, weich und schön gemalt, doch ist das Bild ohne eigentlichen Adel. Sehr anmuthig sind das Christkind und die Engel.

In der k. Pinakothek zu München ist eine Gesellschaft, welche sich mit Musik unterhält, halbe lebensgrosse Figuren, im Grunde des Künstlers eigenes Bildniss. Es ist dieses ein höchst ausdrucksvolles, meisterhaftes Bild.

In der k. Gallerie zu Dresden ist das treffliche Bild des Matthäus, welchen der Herr zum Apostelamte beruft, und die Halbfigur einer jungen Dame mit auf dem Scheitel geknüpften Haaren.

Mehrere Werke dieses Künstlers sind durch Stiche bekannt, von A. Lorenzini, J. Piccino, O. Gaddi, E. Fialetti, N. Boldrini, G. Licinio u. a. Einige Blätter haben wir bereits erwähnt.

Licinio oder Lizini, Bernardino, Maler, Bernardino da Pordenone genannt, vielleicht ein Verwandter des Obigen, und nach dem Style seiner Werke zu urtheilen, auch Schüler desselben. Bei den Conventualen zu Venedig ist ein Gemälde von ihm, ganz im Style Regillo's. Doch malte er grösstentheils Bildnisse, deren einige dem berühmten G. A. Pordenone zugeschrieben werden. Im k. Museum zu Berlin sind zwei vortreffliche Bildnisse von ihm: ein junger Mann, der sich von einem Knaben zum Ballonspiele gürten lässt; dann ein Geistlicher mit einem Knaben. Im ersten dieser Gemälde sehen wir eine treffliche lebensvolle Gestalt, weich und frei gemalt; das letztere ist schlicht und streng gearbeitet, doch nicht ohne Würde. So sagt Kugler: Kunstschätze Berlins I. 119.

Licinio, Giulio, Neffe und Schüler Giov. Antonio's, Licinio da Pordenone junior genannt, noch öfter aber Licinio Romano, um ihn von den andern Licini zu unterscheiden. Zanetti hält ihn wirklich für einen Römer, allein er hielt sich nur lange Zeit in Rom auf. Doch malte Giulio auch in Venedig, und von da aus begab er sich 1559 nach Augsburg, gerade zur Zeit des Reichstages. Der Kaiser gestattete ihm, hier seine Kunst und Mahlwerk, die allein auf römische Art gestaltet war, wie es heisst, zu treiben. Nach der Hand erhielt er das Bürgerrecht umsonst. Licinio starb auch in Augsburg im Jahre 1561.

Er arbeitete mehreres für die Fugger, und sein Ruhm verbreitete sich in Schnelligkeit. Sandrart sagt, er habe in Augsburg staunenswerthe Wandgemälde hinterlassen, um welcher willen viele ihn dem Oheime vorzogen. Einige dieser Gemälde waren an Façaden der Häuser, wie an den beiden Rhelinger'schen Häusern auf dem alten Heumarkte.

Giulio Licinio hat auch radirt:

Die Verkündigung, nach G. A. Pordenone's Bild agli Angeli zu Murano.

Licinio, Giannantonio, Giulio's Bruder, gewöhnlich Sacchinense zubenannt, wird als Maler gelobt, ohne ein Werk von ihm angeben zu können. Er lebte in Como, und da starb er 1576.

Licinio, Fabio, Kupferstecher, vielleicht aus der Verwandtschaft der Obigen. Ihm gehört vielleicht jenes Blatt mit der Verkündigung Mariä, nach Gio. Antonio Pordenone, an, dessen wir im Artikel desselben bei Gelegenheit der Angabe von Pordenone's Verkündigung in Udine erwähnt haben. Die Inschrift lautet: Hanc Pordenon J. Lycinius excud. Fabio Ve. fec. Dieses „Ve." könnte Venetiis bedeuten, so dass Fabio zu Venedig gelebt haben dürfte, gleichzeitig mit Licinio da Pordenone. Dieses Blatt ist sehr selten und wenig gekannt, im Style des J. Sanuti.

Blätter von F. Licinio sind sicher:

1) Brustbild des Marsilio Ficino Fiorentino, in reich verzierter Einfassung, mit obiger Umschrift, Oval. In einem Täfelchen: fabio licinio in. f. Grabstichelarbeit. H. 5 Z. 1 L., Br. 6 Z.
2) Bildniss des Angelus Politianus, in reicher Einfassung mit obiger Ueberschrift, Oval, in gleicher Grösse.
3) Bildniss mit der Umschrift: Dante Alighieri Poeta Fiorentino, in reicher Einfassung, und in gleicher Grösse mit No. 1. Die beiden letzteren Blätter sind ohne Namen des Stechers, aber in der Behandlung mit No. 1 übereinstimmend. Alle drei sind selten.

Licorne, Maitre à la, s. Jean Duvet.

Lidel, Johann Baltasar, Kupferstecher zu Augsburg, wo er um 1750 — 60 für Kunsthandlungen verschiedene französische Kupferstiche copirte, gerade nicht am besten.

1) Une baigneuse, nach Lemoine, fol.
2) — 3) Blätter mit Männer und Frauen etc., kl. fol.

Lieb, Johann Carl, Bildhauer, Ebenhecht's Neffe, vollendete nach dessen 1757 erfolgten Tod die marmorne Colonnade im Park zu Sanssouçi. Von ihm sind alle Gruppen, bis auf drei, welche Benkert ausführte.

Liebach, Maler zu Mühlhausen um 1712. Er malte Bildnisse.

Liebaux, Maler, der in der ersten Hälfte des vorigen Jahrhunderts in Frankreich lebte. Drevet stach nach ihm das Bildniss des Pfarrers J. Desmoulins, und Flipart 1736 jenes des Missionairs Donat du Bois.

Ein Landchartenstecher Heinrich Liebaux starb 1760, wir wissen aber nicht, ob er der Sohn des Obigen ist.

Liebe, Christian Gottlieb August, Zeichner und Kupferstecher von Leipzig, bildete sich in Oeser's Schule, und nachdem er schon durch mehrere Blätter bekannt geworden, war ihm 1787 die Stelle des Universitätskupferstechers in Halle übertragen. Um 1810 starb dieser Künstler.

1) — 2) Die Chymie und Magie, zwei Blätter nach Gemälden des A. Magnasco, ehedem in Oeser's Sammlung, 1769.
3) Das Wirthshaus, nach Annib. Carràcci, 1770.
4) Juno übergibt dem Argus das Vieh, nach J. Jordaens.
5) Eine heil. Familie, nach Guido, Skizze.
6) Eine Versammlung von Mönchen, nach demselben.
7) Nordalbingische Lustgegenden (Prospekte in und um Hamburg), 1771.
8) Das Bildniss Zollikofer's, Copie nach Bause.
9) Die Schauspielerin Reinecke, nach Seidelmann.
10) Büste des Andre Danican Philidor, in einem Medaillon, von Bartolozzi gezeichnet.
11) Bildniss des Dr. J. L. Bautsch, nach D. van der Plats.
12) Blätter im Gothaischen Theaterkalender.
13) Verschiedene Vignetten.

Liebe, Nicolaus Karl, Miniaturmaler aus Scabathegg, wurde 1802 geboren. Er ist auch Calligraph.

Liebeler, Kupferstecher, von welchem man Bildnisse kennt, wie jenes von J. Mich. Zingala.

Liebers, Karl, ein Künstler unsers Jahrhunderts. Er wurde Lehrer an der Zeichenakademie zu Weimar, und als solcher war er um 1824 thätig. Näher kennen wir ihn nicht.

Liebert, G. C., Landschaftsmaler zu Copenhagen, dessen wir 1837 erwähnt fanden. Auf der Copenhagener Kunstausstellung von diesem Jahre sahen wir Bilder von ihm.

Liebich, Franz, Zeichner von Reichsstadt in Böhmen, genoss zu Prag den Unterricht Bergler's. Im Jahre 1803 erhielt er von der Gesellschaft patriotischer Kunstfreunde in Prag für die Zeichnung mit Amor und Psyche, nach Schöpf, die goldene Medaille von 10 Dukaten.

Liebherr, Joseph, Maler von Innsbruck, ein mittelmässiger Künstler, der einiges für Kirchen malte. Starb 1803 im 84. Jahre.

Liebmann, F., Kupferstecher, dessen Lebensverhältnisse wir nicht kennen. Wir kennen von ihm:

Ein Bacchanal, nach Carpioni. In schwarzer Manier und im ersten Drucke vor der Schrift.

Liechtenreiter, s. Lichtenreiter.

Liechtenreuther, s. Lichtenreuther.

Liedel, s. Lidel.

Lieder, Maler und Lithograph zu Wien, ein trefflicher Künstler unsers Jahrhunderts. Seine Miniatur-Gemälde lassen sowohl in Hinsicht der Aehnlichkeit, als der Behandlung kaum etwas zu wünschen übrig. Im Kunstblatte sind sie als wahre Biographien bezeichnet, als Werke voll Leben und Wahrheit.

Auch seine lithographirten Bildnisse werden gerühmt.

Dieser Künstler war schon 1820 bekannt.

Liefrink, Hans, Maler, Kupferstecher und Formschneider von Leyden, der aber um 1540 — 80 in Antwerpen lebte. Man zählt ihn unter die sogenannten kleinen Meister, obgleich die wenigsten seiner Blätter in kleinem Formate sind. Mit der Erklärung des Monogrammes, dessen er sich bediente, ist man nicht ganz einig, indem das H. L. auch Hans Lenker und H. Lautensack bedeuten kann. Dann war Liefrink auch Kunstverleger, im Ganzen ein Mann von Bedeutung, von welchem selbst Vasari Kunde hatte. Seine Blätter sind sehr sorgfältig gestochen, aber in einer trockenen Manier. Dennoch werden sie des Alterthums wegen geschätzt.

1) Verschiedene Friese, welche Jagden, Vögel, Kinder und Blätterwerk vorstellen, mit seinem Namen, oder mit dem Monogramme H. L. bezeichnet.
2) Velderhande aerlyke Compertementen etc., nach J. Floris, Liefrink fec. 1564, qu. 8.
3) Das Leben Johann des Täufers, nach J. Floris, 10 Blätter.
4) Die weiblichen Tugenden: Verstand, Keuschheit, Geduld, Gedächtniss, Eintracht, Beharrlichkeit, Grossmuth und Nüchternheit, 8 kleine Blätter, an Marc Anton erinnernd.
5) Mehrere Bildnisse der k. französischen Familie, und andere Portraite.
6) Der Scheerenschleifer mit dem Höcker, dabei die Alte mit der Scheere, Holzschnitt.
7) Der Leichnam Christi, nach Rafael, Hans Liefrink exc.

Auch die vier Evangelisten, die J. Blocklandt nach Floris stach, sind mit seinem Excudit versehen.

Liefrink, Cornelis, Formschneider, Zeitgenosse des Hans Burgkmair, der sich bei der Herausgabe des grossen Triumphwagens des Kaisers Maximilian und der österreichischen Heiligen seiner Hülfe bediente. Sein Name steht auf der Rückseite der Holzplatten jener Werke, die auf der k. k. Bibliothek in Wien aufbewahrt werden.

Dieser C. Liefrink ist der wahrscheinliche Verfertiger der schönen Copie vom Triumphwagen des Kaisers Maximilian I., von Bartsch, Heller u. a. für die vierte Ausgabe gehalten. Direktor Schorn hat im Kunstblatte von 1830 No. 27 S. 108 zuerst diese Holzschnitte als Copie erkannt und genannt, und nach ihm haben auch wir im Artikel über Albr. Dürer IV. S. 546 und im Werke: Albrecht Dürer und seine Kunst, S. 131, die Sache berührt. Die Copie erschien zuerst 1545, im Verlage der Wittwe des C. Liefrink, und daraus ersehen wir zugleich, dass Cornel Liefrink älter ist, als Hans Liefrink. Es sind dieses 8 Blätter in der Grösse des Originals, mit Numern versehen, während die des erstern Buchstaben haben. Das Werk hat den Titel: Triumphalis hic currus Ad Honorem Invictissimi Ac Gloriosissimi Principis D. Maximiliani Caesaris Semper Augusti concinnatus est, ac per Albertum Durer Delineatus. Auf dem letzten Blatte: Impressus est currus iste Antverpiae per Viduam Cornel. Liefrink Anno 1545. Die zweite Ausgabe: Impressus est currus iste Amstelrodami per Harmannum Allardi Koster, et Davidem de Meyne Anno 1609. Diese Ausgabe ist bei Weigel auf 5 Thl. gewerthet.

Liefrink, Wilhelm, Formschneider, dessen Name auf der Rückseite von Holzplatten des oben erwähnten Triumphwagens des Kaisers Maximilian geschrieben steht. Er ist also mit Cornelis Liefrink gleichzeitig.

Gandellini nennt ihn auch Kupferstecher, der Cavalcaden gestochen hat. Die Richtigkeit dieser Angaben können wir nicht bestättigen.

Liegel, Friedrich, Maler aus Wernigerode, wurde 1805 geboren, und 1828 studirte er auf der Akademie in München. Er malt Landschaften und Genrestücke.

Liegel, Mina, Malerin, Zeitgenossin des Obigen, und wohl mit ihm verwandt. Sie malt Bildnisse.

Liemacker, Nicolaus de, Maler, genannt Roosè, wurde 1575 in Gent geboren, und M. Gueraerts war sein erster Lehrer. Hierauf kam er in die Schule des O. van Veen, die damals Ruf genoss, und desswegen wurden auch die guten Schüler desselben vorgezogen. Roose trat in den Dienst des Bischofs von Paderborn, konnte aber das Clima nicht ertragen, und sah sich genöthiget, in das Vaterland zurückzukehren. Jetzt liess er sich in Gent nieder, und da malte er für Kirchen und Privatleute. Man findet angegeben, dass Liemacker im Geschmacke des Rubens gemalt habe, was indessen nicht oft der Fall gewesen seyn kann, denn seine Färbung fällt häufig in blaue oder gelbliche Töne; seine Schatten sind zu schwarz. Auch als Zeichner wird er gerühmt; man findet seinen Styl erhaben, und besonders gut stellte er nackte Figuren dar. Rubens achtete diesen seinen Mitschüler ebenfalls, und schlug ihm zu Gunsten einmal eine für Gent bestimmte Altartafel aus. Liemacker war 1625 und 1636 auch Chef oder Decan der Maler in Gent. Im Jahre 1646 starb er.

Lien, J. de, Maler, der in der ersten Hälfte des vorigen Jahrhunderts zu Paris arbeitete, und somit ist er von jenem de Lien bei Füssly verschieden. Dort heisst es, dass dieser aus Gent gebürtig, 1661 im 47. Jahre zu Paris gestorben sei. Unser Künstler arbeitete noch 1730, denn damals stach N. Larmessin nach ihm das Bildniss des Bildhauers Wilh. Coustou als Receptionsstück. B. Lepició stach nach ihm das Bildniss des Malers N. Bertin, bei seiner 1740 erfolgten Aufnahme in die Akademie.

Lienard, Johann Baptist, Kupferstecher, wurde 1750 zu Lille in Flandern geboren, und Ph. Le Bas zählte ihn zu seinen guten Schülern. Sein Hauptverdienst besitzt er in der Landschaft, und Proben dieser Art sind in St. Non's Voyages de la Sicile et Naples, in der Voyage pittoresque de la Suisse, in der Voyage pitt. de la Grèce par Choiseul-Gouffier. Ferner erwähnen wir von ihm.

1) Vue du Tibre, nach J. Asselyn und nach Desaulx Aetzung vollendet.
2) Les baigneuses, nach J. van Huysum und Desaulx's Aetzung vollendet, qu. 4.
3) L'enfant prodigue, nach W. Telrho, und von Malapeau vorgeätzt, kl. 4.
4) Das Innere einer Kirche, nach E. de Witt, und von Revelle vorgeätzt, gr. 8.
5) Zwei Ansichten von Venedig, nach A. Canaletto, mit Niquet gestochen, und von Réville geätzt, gr. qu. 8.

6) Zwei Gebirgslandschaften mit Figuren und Thieren, nach Dominichino mit Niquet gestochen, von Desaulx vorgeätzt, kl. 4.
7) Zwei Blätter mit Ruinen, nach J. P. Panini, und von Réville vorgeätzt, kl. 4.
8) Landschaft nach J. Vernet, gr. 8.
9) Les délices de l'été, nach le Prince.
10) Vue des principaux monumens de Rome, nach H. Robert, grosses Blatt. Es gibt Aetzdrücke, Abdrücke vor und mit der Schrift.
11) Le Bocage, nach du Jardin, mit Masquelier 1803 gestochen, für das Musée français.
12) Christus, der das Kreuz trägt, nach Rafael, für das Musée français.
13) Die Reisenden, nach Wagner, 1806. Gal. du palais roy. Beide mit Couché jun. gearbeitet.

Lienden, s. Liender.

Liender, Paul van, Zeichner und Kupferstecher, wurde 1731 zu Utrecht geboren, und sein Onkel, Jakob van Liender, brachte ihm Geschmack für die Kunst bei. Doch sollte er in Amsterdam die Handlung erlernen; hier aber fand er auch Gelegenheit, bei C. Pronk die Zeichenkunst zu erlernen, und diese betrieb er fortan mit Eifer; selbst dann noch, als er in Harlem als Handelsmann sich ansässig machte. Er zeichnete in der Umgegend fleissig nach der Natur Bäume und Landschaften, Ansichten von Dörfern und von verschiedenen Gebäuden, in landschaftlicher Umgebung. Auch mit Figuren staffirte er seine Bilder, diese aber sind nur mit ostindischer Tinte gefertiget und in Wasserfarben ausgeführt. Diese Zeichnungen findet man in verschiedenen Sammlungen. In späterer Zeit erhielt er in Harlem eine Bedienstung, doch liess ihm diese immer noch Zeit zu Kunstübungen. Die letzten Tage seines Lebens brachte er in Utrecht zu, um seine Gesundheit herzustellen; er starb aber daselbst 1797.

Liender hat auch in Kupfer gestochen und geätzt. Wir verdanken ihm eine Sammlung von Ansichten, unter dem Titel:

Het verheerlykt Kleefsland of Cabinet van Kleefsche Oudheden en Gezigten. Amsterdam 1792. Diese Sammlung besteht aus 100 Blättern nach Zeichnungen von Liender und J. de Beyer, von ersterem geätzt, 4.

In Amsterdam radirte er auch mehrere grössere Blätter mit Ansichten in und um der Stadt, wie: den grossen Saal des Stadthauses, das Stadthaus selbst, die Stadtthore etc. Auch Ansichten von Utrecht finden sich von ihm.

Liender, Pieter van, Maler und Zeichner, Bruder des Obigen, wurde 1727 zu Utrecht geboren, und auch er verdankt dem Onkel Jakob seine erste Bildung. Er zeichnete Landschaften, Städteansichten, Schlösser und Landhäuser, und solche Gegenstände hat er auch gemalt. Mehrere seiner Bilder stellen Rheinansichten dar. Der ältere Liender starb 1779 in Utrecht.

Liender, Jakob van, ein Arzt, geb. zu Utrecht 1696, zeichnete in Nebenstunden, nach Poussin, Mola, Miel u. a., und erlangte hierin grosse Fertigkeit. Diese Zeichnungen sind schwarz und farbig, und in verschiedenen Sammlungen zu finden. Den Kunst-

33 *

liebhabern ist er unter dem Namen des alten Liender bekannt, zum Unterschiede seiner oben erwähnten beiden Neffen dieses Namens.

Er starb 1759.

Liepmann, Jakob, Maler zu Berlin, ein Künstler unserer Zeit. Er malt Historien und Genrestücke. Auf der Berliner Kunstausstellung von 1832 sah man von ihm gemalt: Moses, wie er Wasser aus dem Felsen schlägt; einen Sabiner, welcher seine Töchter vor den verfolgenden Römern beschützt; Faust und Gretchen im Kerker; eine Nonne.

Liernur, Alexander, Zeichner und Kupferstecher, wurde 1769 im Gravenhaag geboren, und hier im lutherischen Waisenhause erzogen. Er erlernte in diesem Institute auch die Anfangsgründe der Kunst, und 1794 wurde der vielversprechende Jüngling durch Unterstützung des Hofes und einiger angesehener Kunstfreunde in den Stand gesetzt, Rom zu besuchen. Die Zeitumstände zwangen ihn indessen bald zur Rückkehr, und nun setzte er sich in Paris fest, wo schon viele fremde Kunstschätze aufgehäuft waren. Er fertigte damals verschiedene Zeichnungen nach Gemälden von Rafael, Correggio, Guido, Dominichino, Rubens, van Dyck, Rembrandt etc. im k. Museum, deren er 1803 in einem eigenen Cataloge 30 beschrieb. Darunter ist auch die unter dem Namen des jungen Stiers bekannte Morgenlandschaft von P. Potter, deren Stich schon bei Füssly erwähnt ist. Er fertigte auch noch später verschiedene Zeichnungen nach Gemälden, und eine solche von 1809, womit er um den Preis der Gesellschaft „Felix Meritis“ concurrirte, stellt die Gefangennehmung der Cleopatra dar. Einige seiner Zeichnungen gingen in ansehnliche Kunstsammlungen über, doch fand Liernur in späterer Zeit nicht hinlänglichen Erwerb mehr, und er beschloss jetzt, durch eine Lotterie seine Zeichnungen an Mann zu bringen. Um 1811 wurde er Schulmeister, doch nur wenige Jahre konnte er es mit diesem Dienste aushalten, und 1815 machte ihn endlich der Tod das Sprichwort vergessen: Quem dii oderunt ludri magistrum fecerunt.

Ausser dem erwähnten Stich von Potter's jungem Stier kennen wir keinen Stich von Liernur. Die Aquarell - Zeichnung eines Mannskopfes mit Mütze, nach Rembrandt, ist bei Weigel auf 7 Thl. gewerthet.

Liere, Josse de, Maler von Brüssel, der sich um die Mitte des 16. Jahrhunderts Beifall erwarb. Er malte Landschaften und Historien in Oel, noch mehr aber in Wasserfarben für die Tapezirer. Seine Kunst übte er längere Zeit in Antwerpen, bis ihn endlich die Unruhen vertrieben, worauf er nach Frankenthal ging. Hier erhielt er eine Rathsstelle, zuletzt aber zog er es vor, als guter Calvinist in Schwindrecht als Prediger zu leben. Er starb da 1583.

Seine Werke sind schön und selten.

Liere, Johann, Kupferstecher, der nach Hondius u. a. gearbeitet haben soll.

Lieto, ein Name, unter welchem man den Antonio Allegri da Correggio versteht.

Liets, Abraham, Maler, dessen Lebensverhältnisse uns unbekannt sind. Holstein stach nach ihm das Bildniss des Viceadmirals P.

Floris. Dieser Liets scheint demnach in der ersten Hälfte des 17. Jahrhunderts gelebt zu haben.

Lievens, Jan, auch Livens und Lyvius, Maler und Kupferstecher, wurde 1607 zu Leyden geboren, und seine Meister waren G. van Schooten und P. Lastmann, nicht Rembrandt, wie Einige angeben. Indessen nahm er den letzteren zum Vorbilde, mit grösserem Glücke, als viele andere Maler jener Zeit. Seine Werke wurden daher allenthalben geschätzt, besonders in England, wohin sich der Künstler 1630 begab. In London malte er den König und die Königin, und viele Grosse des Reiches. Nach drei Jahren ging er wieder in das Vaterland zurück, und jetzt liess er sich in Antwerpen häuslich nieder. Der Bildhauer M. Collins gab ihm seine Tochter zur Ehe. Er malte verschiedene Kirchenbilder, auch kleinere Gemälde mit solcher Zufriedenheit, dass die Dichter Vondel und Angels solche besangen. Der letztere lobt besonders das Opfer Abraham's, welches später in die Gallerie nach Salzdahlum kam. In der von D. van Alphen herausgegebenen Beschreibung von Leyden, welche der Maler Franz van Mieris verfasste, heisst es, dass Lievens für ein grosses Gemälde mit Scipio Africanus zu Carthago, das er von 1641 — 42 für die Vroedschapskamer in Leyden gemalt, 1500 fl. erhalten habe. Auch in Deutschland finden sich Werke von diesem Künstler.

Im k. Museum zu Berlin ist ein ziemlich grosses Bild, welches den Segen Isaacs vorstellt, ein tüchtiges Gemälde im Charakter der Schule Rembrandt's, doch ohne höhere Bedeutung, gestochen von J. C. Krüger. Auch ein Portrait eines Knaben in spanischer Tracht ist von diesem Künstler dort zu sehen, so wie eine Landschaft. Es ist dieses eine Baumpartie an einem kleinen See mit Abendroth. Die Stimmung eines stillen, klaren, ruhigen Abends, sagt Dr. Kugler (Beschr. der Gall. des Mus. I. 271), ist hier mit wenigen Mitteln glücklich erreicht. In der k. Pinakothek zu München ist das Bildniss eines alten Mannes mit weissem Haare und langem Bart, und ein alter Mann mit der Sanduhr, zwei lebensvolle Bilder. Es finden sich in mehreren Gallerien Werke von ihm, die wir hier nicht aufzählen können, und bemerken nur noch das von Dr. Waagen erwähnte Bild der Erweckung des Lazarus in der Sammlung des H. Knolls in London. Es ist dieses Bild phantastisch in Auffassung und Beleuchtung, worin sich Lievens in ungewöhnlichem Grade den Geist Rembrandt's angeeignet hat.

Lievens starb 1663.

Wir haben von ihm auch Stiche und radirte Blätter, in welchen er ebenfalls dem Rembrandt nacheiferte. Seine Manier ist malerisch, wenn auch nicht in so hohem Grade, wie jene Rembrandt's. Er bediente sich einer sehr feinen Nadel, und die Strichlagen sind so enge, dass das Aetzwasser die Züge derselben oft verwirrt hat, wie in seiner Erweckung des Lazarus. Manchmal überarbeitete er die Platte mit dem Grabstichel, wie in dem Blatte mit dem heil. Hieronymus. Zwei seiner schönsten Portraite, jene von D. Heinsius und J. Gouter, sind fast ganz gestochen, aber in einer malerischen Manier. Gersaint und P. Yves geben im Cataloge der Werke Rembrandt's die Blätter dieses Künstlers an, und Bartsch verzeichnet im Catalogue raisonné de l'oeuvre de Rembrandt deren 66, von welchen 6 zweifelhaft sind. Neuer ist der Catalogue des estampes de Rembrandt, de F. Bol, de J. Lievens etc. colligées par Robert-Dumesnil. Paris 1835.

1) Die Erweckung des Lazarus, ein seltenes Blatt, von einer

Wirkung, wie sie nur Rembrandt hervorbringen konnte. H. 13 Z., Br. 11 Z. 6 L.

Im ersten Drucke ist die Arbeit nicht ganz vollendet, der Grund weiss, und die Buchstaben J. L. sind an der Mauer zu den Füssen Jesus. Im zweiten Drucke sind alle Schatten mit dem Stichel retouchirt, und an der Stelle der erwähnten Initialen liest man: J. Livens fecit. Franc. Vanden Wyngaerde ex.

2) Der heil. Hieronymus in der Grotte, über dem Todtenkopfe sinnend. Die Priorität der Abdrücke kennt man besonders an der Grösse der Platte. Die ersten Abdrücke sind 11 Z. 10 L. hoch und 10 Z. 2 L. breit; die zweiten haben in der Höhe 9 Z. 1 L., und in der Breite 7 Z. 9 L., mit Wyngaerde's Adresse. Bei den 3. Abdrücken wurde letztere ausgeschliffen, doch nicht ohne Spur ihres ehemaligen Daseyns.

3) Der heil. Franziscus in einer Grotte sitzend mit gekreuzten Händen. Die ersten Abdrücke sind grösser, 9 Z. hoch, und 6 Z. 8 L. breit, ohne Zeichen des Lievens. Beim zweiten Drucke wurden sie beschnitten, an mehreren Stellen ist die Retouche des Stichels bemerkbar, und dann haben diese Blätter die Signatur: J. L. fec., welche im ersten Drucke fehlt. H. 7 Z. 9 L., Br. 5 Z. 6 L.

4) Die Anbetung der Hirten. H. 3 Z. 10 L., Br. 3 Z. 2 L.

5) Die heil. Jungfrau mit dem Kinde auf dem Schoosse, wie sie ihm eine Birne reicht. H. 9 Z., Br. 7 Z. 4 L.

6) Maria sitzend mit dem Jesuskinde auf den Knien, hinter ihr Joseph stehend, vorn mehrere Figuren im Akt der Anbetung, 8.

7) Johannes der Evangelist mit dem Buche am Fusse eines Baumes sitzend, 4.

8) St. Anton sitzend, die Kaputze über dem Kopfe, und um die Schultern einen Mantel, der die Arme frei lässt, Joannes Livius fecit et excud. Aus der ersten Zeit des Künstlers, ziemlich schlecht aber selten, fol.

9) Ein Christuskopf, 8.

9) Der Einsiedler, dieselbe Figur des heil. Franciscus, wie Nr. 3, nur dass man hier den rechten Fuss sieht. Fast nur Umriss. H. 4 Z. 6 L., Br. 3 Z. 4 L.

10) Merkur bläst die Flöte, um den Argus einzuschläfern, diesen gegenüber, im Grunde die Jo als Kuh und anderes Vieh, gr. 4.

11) Ein knieender Mann mit gen Himmel gerichteten Augen giesst Wasser auf ein altes Gemäuer, angeblich Jakob, welcher opfert, 4.

12) Ein Orientale im langen Mantel und mit Pelzmütze. Der Grund ist weiss, nur ein Felsen mit Gesträuch, 4.

13) Brustbild eines sehr dicken Mannes nach orientalischer Weise bekleidet, auf dem Kopfe eine Art Turban, der Rock mit Pelz eingefasst, auf der Brust eine Kette, fol.

14) Der Tod mit Weinlaub geschmückt, im Begriffe auf zwei rasende Bauern zu schlagen, die im Spiele sich entzweit, fol.

15) Der Alte mit dem Kahlkopf und grossem rundem Barte, angeblich das Bildniss des evangelischen Predigers Conrad Leonard, 4.

16) Ein Mann mit hoher Mütze und offenem Mantel, kl. 4.

17) Brustbild eines Alten mit wallendem Barte, in Profil, fol.
18) Brustbild eines Mannes mit dem Turban, der oben mit Pelz besetzt ist, schönes Blatt nach Rembrandt, 4.
19) Brustbild eines Mannes im Profil, die Haare bis auf den Kragen reichend, 4.
20) Halbfigur einer Frau mit langen Haaren, im blossen Kopfe, kl. 4.
21) Brustbild eines jungen Mannes mit einer Mezetin-Mütze, und im offenen Rocke, im Geschmacke Rembrandt's, kl. 4.
22) Brustbild eines Alten mit blossem Kopfe und kurzem Bart, Profil. Ohne Zeichen, 4.
23) Brustbild eines Alten im Profil mit blossem Kopf und langem spitzigem Bart. Ohne Zeichen, 4.
24) Halbfigur eines sitzenden Alten mit platter Mütze, kleines schönes Blatt.
25) Kopf eines Alten mit kurzem Barte und einer Ordenskette, 8.
26) Brustbild eines Persers mit der Mütze, im Pelzrock, schönes Blatt, fol.
27) Brustbild eines Mannes mit blossem Kopfe, krausen Haaren und einem Barte, 12.
28) Männliches Brustbild im Profil, mit Mütze und kurzem Barte, ohne Zeichen, 12.
29) Brustbild eines Alten mit Calotte auf dem Kopfe, mit wenig Bart, ganz von vorn genommen, 12.
30) Brustbild einer Alten im Profil, mit dem Schleier über der Kopfbedeckung. Im Geschmacke Rembrandt's, ohne Zeichen, aber sicher von Lievens, 12.
31) Brustbild einer jungen Frau im Profil, mit sonderbarem Kopfputze, die auf die Schulter hängenden Haare geknüpft. Ohne Zeichen, 12.
32) Brustbild einer jungen Frau im Profil, auf dem Hinterkopfe eine Haube mit Perlen. Flüchtig radirt, 12.
33) Die weisse Mohrin, oder der Kopf einer jungen Person, mit Zügen einer Mohrin, aber weisser Farbe. Fast im Profil, 12.
34) Brustbild eines Kapuziners im Profil mit langem Bart, die Mütze auf dem Kopfe, im Mantel mit der Kaputze, fol.
35) Ein Weib, welches nach rechts geht, mit dem linken Arme einen Topf tragend. Im Grunde kleine Pflanzen, 16.

36) Bildniss des jüdischen Arztes Ephraim Bonus, treffliches Blatt, mit dem Grabstichel beendigt. H. 12 Z. 4 L., Br. 9 Z. 8 L.

Die ersten Abdrücke sind vor der Adresse, die zweiten haben die Adresse des C. de Jonghe und die dritten jene von J. de Ram. Die alten Abdrücke sind sehr selten. Bei Weigel im ersten Druck 12 Thlr.

37) Das Bildniss des Daniel Heinsius, Prof. der Geschichte und Politik zu Leyden, von Lievens auch gemalt. H. 9 Z. 9 L., Br. 7 Z. 4 L. Ein sehr schönes Portrait, im ersten Drucke vor der Adresse des M. van der Ende.

38) Jakob Gouter, ein englischer Tonkünstler, Halbfigur mit der Laute, unten im Rande Schrift: Jacobo Govters. Fidicini . . . . consecravit. H. 8 Z. 10 L., Br. 7 Z. 5 L. Ein Hauptblatt des Künstler.

39) Justus Vondel, holländischer Dichter, im Mantel mit Papierrolle, Halbfigur. H. 10 Z. 8 L., Br. 8 Z. 9 L. Die ersten Abdrücke haben die Adresse von A. de Wees, die späteren jene des T. Matham. Von äusserster Seltenheit sind reine

Aetzabdrücke mit weissem Grunde, aber trocken und ohne viel Wirkung. Diese gehen den beiden obigen noch voran.

Holzschnitte.

40) Brustbild eines Mannes mit langen krausen Haaren, die ihm auf die Schulter herabfallen. Er trägt einen Rock mit drei Knöpfen auf der Brust. Sehr selten, gr. 4.

41) Eine Landschaft mit drei Bäumen, welche die ganze Platte einnehmen. Der Grund ist hell, nur zur Linken sind einige Hügel. Schön und selten, fol.

Dann wurde auch von fremden Künstlern nach ihm gestochen: von J. Cootwick, Ruinen mit Vieh; W. de Leeuw David mit der Harfe vor Saul, St. Franz, St. Paul der Eremit; J. Louys, die Erweckung des Lazarus; van Sommer, der Bauern-Musikant mit den Kindern; G. van Vliet, die keusche Susanna, Isaak's Schmerz über den ertheilten Segen; J. Suyderhoef; Anna Schourmann; L. Vorstermans, Nicol. L'Anier, Dom. J. de Brau, C. Huygens; P. Pontius, Johannes de Heem, Daniel Segers; A. Blooteling, Abrah. Heidanus, Admiral Ruyter, Mich. Mozyn, Admiral J. van Galen; F. van den Wyngaerde, Lucas Vorsterman.

Lievensz, Jan, Kupferstecher, der um 1680 in Paris gelebt haben soll, also ein jüngerer Künstler als der Obige. Seine Lebensverhältnisse sind unbekannt, wenn je ein solcher Künstler lebte.

Lievino d'Anversa, s. Lievin von Antwerpen.

Liew, Johann, Kupferstecher, der um 1630 zu Paris gelebt haben soll. Man will Bildnisse von ihm kennen. Ob wohl nicht der obige Jan Lievensz jun. mit ihm in Beziehung kommt?

Ligario, Johann Peter, Maler und Radirer, wurde 1686 zu Sondrio in Veltelin geboren, und L. Baldi zu Rom ertheilte ihm Unterricht in der Kunst. Unter Anleitung dieses Meisters erlangte er grosse Sicherheit in der Zeichnung, und als er hierauf in Venedig die Werke jener Malerschule studirt hatte, rühmte man ihn bald als Coloristen. Er malte gleich gut in Oel und Fresko, zu Morbegno, Como, Sondrio, Cidrasco, Ardenn. Sein Meisterwerk ist der heil. Benedikt in der Nonnenkirche zu Sondrio. Starb 1748 oder 1752; die Angaben sind nicht gleichlautend.

Man hat von Ligario folgende zart radirte Blätter, die aber sehr selten zu finden sind. Bartsch beschreibt sie P. gr. XXI. 322.

1) Die heil. Jungfrau in halber Figur, sitzend und die Augen himmelwärts gerichtet. Die rechte Hand legt sie auf die Brust, und der Kopf ist von einer Strahlenkrone umgeben: Petrus Ligarius inc. H. 8 Z. 7 L., Br. 6 Z. 2 L.

2) Die Marter des heil. Petrus; die Henker pflanzen das Kreuz auf, und an dieses ist Petrus mit dem Kopfe abwärts geheftet. Vorn links ist ein Weib mit zwei Kindern. Dieses Blatt ist sehr zierlich radirt, und an einigen Stellen mit dem Stichel übergangen. Das Aetzwasser hat nicht stark angegriffen. H. 17 Z. 8 L., Br. 12 Z. 6 L.

Die ersten Abdrücke sind ohne Schrift im Rande, die zweiten haben die Schrift: Cum autem Senueris, extendes manus tuas, et alius te cinget. S. Gio. Cap. 21. Vers 18. Diese Abdrücke sind retouchirt, und von grösserer Wirkung. Man kennt sie neben andern an den Schatten der Ruinen im Grunde. Im ersten Drucke sind sie durch eine einfache Taille bewirkt, im zweiten durch Kreuzstriche.

Ligari, Cäsar, Maler, Sohn des Obigen, wurde 1716 zu Mailand geboren, und in Venedig von J. B. Pittoni in der Malerei unterrichtet. Hierauf stand er dem Vater hülfreich zur Seite, erreichte aber den Ruf des letzteren nicht. Er erhob sich etwas über das Mittelmässige.

Lebte noch 1755.

Seine Schwester Victoria malte ebenfalls, aber mit noch geringerer Kunst.

Ligari, Angelo, Maler zu Mailand, ein Künstler unsers Jahrhunderts, von dessen nähern Umständen wir nichts erfahren konnten.

Ligario, s. Ligari.

Liger, Kupferstecher, der in der zweiten Hälfte des vorigen Jahrhunderts in Frankreich arbeitete, und noch zu Anfang des unsern. Wir haben von ihm Blätter in Crayon-Manier. Dann hatte er Antheil an de la Borde's Voyage pitt. de l'Espaigne, und auch folgende Blätter sind von ihm:

1) La rose choisie, nach Le Prince.
2) L'epagneul favori, nach demselben.
3) L'amour corrigé, nach J. B. Huet.
4) La bergére chéri, nach demselben; rothe und schwarze Abdrücke.
5) — 8) Die vier Jahreszeiten, 4 Bl., nach Huet; roth und schwarz.
9) Kleine Landschaft mit einer Meierei, nach Pillement. Farbendruck.

Lightfoot, William, Maler und Kupferstecher, wurde um 1640 in England geboren, ist aber nach seinen Lebensverhältnissen unbekannt. Er stach verschiedene Blätter, die sich durch Nettigkeit der Behandlung empfehlen. In einigen Madonnen ist er nicht hinter Wierx zurückgeblieben. Walpole meint, dieses sei jener Ligfoot, der unter Carl II. Landschaften und Architektur malte.

Ligli (Lirios), Ventura, Maler, der in der zweiten Hälfte des 17. Jahrhunderts in Spanien lebte. Er studirte in Italien unter Giordano, und nach seiner Heimkunft beschäftigte ihn der Herzog von Bejar. Im Pallaste dieses seines Gönners malte er Schlachten u. a. auf die nasse Wand.

Ligne, Prinz Charles de, Kunstliebhaber und Besitzer einer ausgezeichneten Kupferstichsammlung, hat um 1786 zu seinem Vergnügen eine Folge von sechs Blättern geätzt, unter dem Titel: Recueil de six paysages. Premier essai d'un amateur, kl, qu. fol.

Ligny, Franz de, s. Deligny.

Lignon, Etienne Frédéric, berühmter Kupferstecher, wurde 1781 zu Paris geboren, und Morel machte ihn mit den Grundsätzen seiner Kunst vertraut. Mit Talent begabt, machte er bald die erfreulichsten Fortschritte, und wie sehr er nach und nach an Vollkommenheit gewann, beweiset eine Reihe von Stichen, die zu den besten Erzeugnissen der französischen Chalkographie gezählt werden müssen. Mehrere seiner Blätter sind musterhaft, sowohl in Erfassung des Vorbildes, als in technischer Behandlung.

1) Le Christ au roseau, Ecce homo mit aufwärts gerichtetem Blick, das Rohr haltend, nach Guido Reni, 1819, qu. fol. Ein Hauptblatt, Pr. 3 Thl.
2) La vierge au poisson, ein Hauptblatt nach Rafael, 1822, gr. fol. Es gibt Abdrücke mit offner und voller Schrift, und vor dieser. Solche Abdrücke kosten 14 Thl., mit der Schrift 7 Thl. 15 gr.
3) St. Cecilia, die Geige spielend, nach Dominichino, fol. Preis 3 Thl. 15 gr.
4) Le Christ au tombeau, nach Guido, fol.
5) Pabst Leo X., nach Rafael, fol.
6) La Magdelaine penitente, nach Guido, gr. fol. Preis 4 Thl. 12 gr.
7) La vierge aux cérises, nach B. Douven, gr. fol. Im Musée Napoleon, und ein Hauptblatt, im ersten Drucke vor der Schrift.
8) L'Amour considérant le portrait de Psyche, nach Meynier, fol.
9) La convoi d'Atala, die Beerdigung der Atala, nach Chateaubriand's Roman von Gautherot gemalt, qu. roy. fol. Preis 9 Thl.
10) Der Triumph des Amor, nach Dominichino, qu. fol.
11) Le ravissement de St. Paul, nach Poussin, gr. fol.
12) La jeune soeur hospitalitière, nach Déveria, fol.
13) L'Orpheline, nach König, das Gegenstück.
14) Le songe d'Emanuel, aus Camoens, von Gérard gemalt.
15) La naissance du duc de Bordeaux, nach Fragonard, fol.
16) Louis Philippe Ier roi des français, stehend in ganzer Figur, nach L. Dupré, 1835, roy. fol. Ein herrliches Grabstichel-Werk. Im ersten Drucke ist die Schrift mit der Nadel gerissen; zu 6 und 12 Thl. Noch theurer sind die Abdrücke auf chines. Papier mit angelegter Schrift.
17) Louis Philipp, Herzog von Orleans, Brustbild, nach Gérard, gr. fol. Ein vorzügliches Blatt.
18) König Carl X., nach Gérard, fol.
19) Derselbe im Krönungsornate, fol.
20) Ludwig, Grossherzog von Baden, nach Zoll, fol. Ein vorzügliches Blatt.
21) Bildniss des Kronprinzen Friedrich Wilhelm von Preussen, nach Steuben, kl. fol.
22) Die Herzogin von Angoulème, nach Augustin.
23) Der Prinz von Oranien, ganze Figur, nach Odevaere, roy. fol.
24) Bildniss der Schauspielerin Mars, ein treffliches Blatt, nach Gérard, gr. fol.
25) Jenes des Schauspielers Talma, nach Picot, das Gegenstück, im ersten Drucke vor der Schrift.
26) Bildniss des Ministers Herzog von Richeulieu, nach Lawrence, gr. fol. Dieses vorzügliche Blatt kam nicht in den Handel.
27) Bildniss von Nik. Poussin, nach diesem, fol. Ein treffliches Blatt. Preis 6 Thl.
28) Bildniss des Bernardin de St. Pierre, nach Girodet.
29) Jenes von Molière, nach Fragonard.
30) Le Camoens, nach Gérard.
31) Madame la comtesse de Genlis, nach Mme. Chéradame.

Ligorio, auch Liguori, Pirro, Architekt, Maler, Bildhauer und Alterthumsforscher, ein in der Kunstgeschichte bekannter Mann, wurde um 1496 in Neapel geboren. Seine Jugendgeschichte ist wenig bekannt, der Wirkungskreis aber, in welchem er sich bewegte, ist in Rom zu suchen. Da suchte er mit Eifer die Werke der römischen und griechischen Vorzeit auf, übte aber nebenbei auch die Malerei, worin er jedoch keinen unsterblichen Namen sich erwarb. Er malte einige Giebelfelder, öfter in Helldunkel mit gelber Farbe, womit er Metall nachzuahmen suchte. Im Oratorio des heil. Johannes des Enthaupteten ist von ihm eine Tafel mit der tanzenden Herodias, welche aber in der Zeichnung nicht sonderlich und in der Färbung gering ist. Perspektive und Kleiderpracht, fast im Geschmacke der venetianischen Schule, ist nach Lanzi dasjenige, was dem Bilde einigen Werth verleihen konnte.

Grösseres Verdienst hat Ligorio als Baukünstler, aber ein bissiger Charakter schmälert seinen Ruhm. Pabst Paul IV. ernannte ihn zum Unterbaumeister des St. Petersdomes, und nach dem Tode desselben wurde er neben Vignola zum leitenden Architekten dieser Kirche ernannt. In dieser Eigenschaft liess er sich verleiten, in dem von Michel Angelo als unabänderlich gegebenen Plane zu ändern, und den Buonarotti selbst anzugreifen, was aber seine Entsetzung zur Folge hatte.

Ligorio war Michel Angelo's Feind, und aller jener, die diesen Künstler achteten. Seine Intriguen hatten Ricciarelli und Salviati empfunden, da sie auf Pirro's Veranlassung die ihnen früher vom erwähnten Pabste zugesagten Arbeiten verloren, und dafür Gram erndteten. Die Entfernung vom Bau war daher gerechte Wiedervergeltung, und so darf man in der Peterskirche kein Zeugniss seines Wissens als Architekt suchen. Ein solches ist indessen der kleine Pallast, das Casino di Pio IV., im vatikanischen Garten, ein Gebäude von sehr zierlichem und anmuthigem Styl. Sein Werk ist auch der Pallast Lancelotti auf Piazza Navona in Rom, ebenfalls ein Gebäude von schönen, reinen Verhältnissen. Das Casino des Pabstes ist in dem Werke: Les plus célèbres maisons de plaisance de Rome par Percier et Fontaine genau beschrieben. Der Pallast Lancelotti ist auch durch einen Kupferstich von 1560 bekannt. Auch das Werk von Ferrerio und Falda kann man nachsehen. Schlüsslich bemerken wir noch, dass Ligorio die Zeichnung zum Mausoleum Paul IV. in der St. Peterskirche gefertiget habe, und dieses ist Alles, was in jenem Dome noch an Pirro erinnert.

Dann haben wir von diesem paradoxen, und von künstlerischer Charlatanerie und gelehrten Betrügereien nicht freiem Manne ein grosses handschriftliches Werk über römische und andere italienische Alterthümer, theils nach Classenordnung, theils alphabetisch eingerichtet. Dieses 30 Folianten starke Manuscript befindet sich auf der k. Bibliothek zu Turin, und die Vaticana besitzt einen grossen Theil desselben in einer 18 Bände ausmachenden Abschrift, welche die Königin Christina von Schweden veranstalten liess. Eine ähnliche Abschrift in Neapel ist vollständiger. Dieses Werk ist voll Zeichnungen antiker, aber fast immer restaurirter Denkmäler, doch gewährt dieses colossale Werk nicht immer Zuverlässigkeit. Bemerkungen über den Verfasser und Berichtigungen einzelner Angaben gibt aus dem handschriftlichen Nachlasse des trefflichen Pompeo Ugonio Marinelli in seiner Roma ex ethnica sacra p. 423 — 431. Man vergleiche auch Spannheim de praestantiis et usu numismatum. S. Bartoli hat einige jener Zeichnungen gestochen.

Die letzte Zeit seines Lebens verlebte Ligorio in Ferrara, wohin ihn Ercole II. berief. Er bekleidete da die Stelle eines Ingenieurs, und als solcher leitete er die Wasserbauten, welche der Po verursachte. Hier starb er auch nach Einigen um 1580. Grossi, Le belle arti etc. II. 55, sagt, dass Liguori 1583 der Natur seinen Tribut bezahlt habe, und dieser Schriftsteller nennt ihn „architetto sommo, buon pittore ed ottimo (?) antiquario." Ticozzi erwähnt nichts von seinen Gebäuden, nichts von seinem handschriftlichen Nachlasse, und um 1580 lässt er ihn sterben. In Füssly's Lexicon steht irrig 1573 als Todesjahr, und Fiorillo lässt ihn gar erst 1593 sterben.

Dann finden wir in den wenigsten Schriften erwähnt, dass Ligorio auch Bildhauer gewesen, indessen mögen die plastischen Werke auch seine seltensten seyn.

Von schriftstellerischen Arbeiten im Drucke haben wir von ihm:

Della antichità di Roma, videlicet de circi, teatri et anfiteatri con le paradosse, quali confutana la commune opinione sopro vari luoghi della città, gedruckt zu Rom und in Venedig 1553, 8.

De vehiculis antiquorum, aus dem Italienischen in's Lateinische übersetzt, und 1515 von J. Scheffer herausgegeben. In Frankfurt wurde dieser Tractat 1671 wieder aufgelegt.

Sein Bruchstück aus der Geschichte von Ferrara wurde 1676 gedruckt, und viele legten es dem Alfonso Cagnaccini bei.

Von einzelnen Abhandlungen haben wir von ihm:

Descriptio villae Tiburtinae. Roma 1551, fol.

Brambilla stach nach ihm das Aviarium Verronis; ein Ungenannter 1553 die Stadt Rom; Duchetti den Circus Flaminious und die Thermae Diocletianae 1581 — 82; Piranesi: Vaso antico di terra cotta, aus der vatikanischen Sammlung.

Domenici sagt, dass Ligorio selbst einen Plan der Stadt Rom in grossem und kleinem Formate gätzt habe.

Ligozio, s. Ligozzi.

Ligozzi, Jacopo, Maler von Verona, wurde 1543 geboren, und Paul Veronese war sein Meister, nicht J. F. Carotto, wie Maffei glauben machen will. Zu seiner Zeit hatte Verona eine so grosse Anzahl von Malern, dass mehrere aus Furcht vor Mangel an Arbeit auswanderten. Darunter ist auch Ligozzi, und dieser begab sich nach Florenz, wo ihm sein langer Aufenthalt, die Werke, die er lieferte, und die Schüler, welche er dort bildete, einen Rang unter den Meistern der florentinischen Schule anweisen. In seiner Vaterstadt hinterliess er wenig Werke, und das vorzüglichste darunter ist das Gemälde der heil. Helena mit ihren Frauen bei der Findung des Kreuzes. In der Schönheit der Tinten und im Reichthum der Draperien erinnert dieses Bild an die venetianische Schule, und er ist auch nicht von dem allgemeinen Fehler frei, der in Nichtbeachtung des richtigen Costüms und der Gebräuche besteht. Indessen erregte Ligozzi in Florenz bald Aufsehen, da er eine Leichtigkeit des Pinsels, etwas Anmuthiges und Fröhliches, Geschmack in der Verzierung und eine gewisse Breitheit hatte, was Alles in Florenz gefiel, da es den Reiz der Neuheit gewährte. Sein Colorit ist kräftig und wahr, obgleich nicht mit jenem des Paolo zu vergleichen; auch in der Zeichnung leistete er schon Lobenswerthes, diese aber besserte sich in Toscana immer mehr. Der Grossherzog Ferdinand II. ernannte ihn zum Hofmaler und zum Unterintendanten der Gallerie.

Ligozzi malte in Oel und in Fresco, und dann auch in Miniatur. In den Kirchen der Stadt und ausserhalb derselben sind Werke von ihm, und unter diesen werden besonders 17 Gemälde in den Lunetten des Klosters Ognisanti zu Florenz geschätzt, vorzüglich jene, wo sich die beiden Stifter Franz und Dominicus besprechen, mit der (Aufschrift: Al confusione degli amici, zur Verwirrung der Freunde, d. h. der neidischen und bösartigen. Man rühmt auch das grosse Oelbild in St. Maria Novella, welches den heil. Raimond vorstellt, wie er ein Kind erweckt, und in demselben Geschmacke ist ein anderes Gemälde bei den Barfüssern zu Imola, vier gekrönte Heilige vorstellend. Für ein staunenswerthes Bild, in welchem man Paolo's Schüler erkennt, hält Lanzi das Marterthum der heil. Dorothea bei den Conventualen in Brescia. Die Blutzeugin, wie sie mit auf dem Rücken gebundenen Händen ruhig den Tod erwartet, rührt vor allen, und Lanzi sagt auch, dass das Blutgerüst, der Henker, der Präfekt zu Pferde, die Menge der Umstehenden von verschiednen Gesichtern und Empfindungen, dass die ganze Anstalt zu einer öffentlichen Hinrichtung hier Kenner nnd Nichtkenner fesselt und bezaubert (!). In anderen Bildern ist Ligozzi einfacher, Lanzi erkennt in ihm aber immer einen Maler, der gefällt, und beweiset, dass er fühlt, was er malt. Seine kleinen Bilder sind sehr vollendet, fast geleckt; man sieht darin den Miniaturmaler. Solche Bilder werden zuweilen dem C. Dolce zugeschrieben.

Ligozzi starb 1627, und Fiorillo ist daher im Irrthum, wenn er sagt, dass von 1633 — 49 unter seiner Aufsicht die schönsten der Musivarbeiten gefertiget wurden, die man in der Tribune zu Florenz bewundert. Baldinucci legt ihm nur die Zeichnung zum Friese bei, und diese könnte er noch gefertiget haben.

Mehrere seiner Compositionen sind im Kupferstiche und Holzschnitte bekannt. Die heil. Jungfrau mit dem Kinde an der Brust, oben zwei Cherubim, ist eines der vorzüglichsten Blätter des Agost. Carracci. Ragot und Sadeler haben es im Kleinen copirt. D. Custos stach den Leichnam Christi im Grabe vom Engel angebetet; das Bild der vier Heiligen mit der Dreieinigkeit in St. Eufania zu Verona hat G. Zancon im Umriss gestochen; A. Andreani gab das Bild der Tugend unter einer Frauengestalt am Felsen, von den Leidenschaften angegriffen, im Holzschnitte heraus, und dieselbe Composition hat Catharina Prestel nach einer Zeichnung des Praunschen Cabinets gestochen. Eben diese stach auch eine andere Allegorie, ein junges Weib vorstellend, wie sie gegen einen auf dem Drachen liegenden Mann kämpft. Burde stach einen kreuztragenden Christus; Mulinari eine Allegorie auf die Republik Venedig, und einen jungen Mann, der ein Weib entführt; R. Sadeler eine Madonna in der Glorie und ein Ecce homo; J. Müller einen todten Christus auf dem Leintuche; D. Custos den Leichnam Christi von einem Engel auf Wolken gehalten u. s. w.

Dann soll Ligozzi selbst in Kupfer gestochen und in Holz geschnitten haben, aber man findet nirgends ein Verzeichniss seiner Werke. Einige meinen, es gehöre ihm das Helldunkel einer heiligen Familie an, die Madonna an der Säule sitzend, mit St. Anna etc.

Ligozzi, Giovanni Ermanno, Maler, angeblich der Vater des Obigen, muss demnach schon 1543 thätig gewesen seyn, und noch 1570 wird seiner als lebend gedacht. Er malte in Verona, und auch in anderen Städten finden sich Werke von ihm, die nicht viel geringer, als jene des Jacopo sind.

Ligozzi, Bartolomeo, Maler von Verona, war Schüler seines Oheims Jakob Ligozzi, doch malte er nur Blumen und Früchte. Sie sind mit Zartheit behandelt, und trefflich, wie Pozzo behauptet.

Dieser Künstler blühte um 1620 zu Florenz, und das Leben brachte er auf 75 Jahre.

Ligtfood, William, Maler zu London, von welchem man nur weiss, dass er perspektivische Ansichten, Landschaften und Gebäude gemalt habe. Er hatte eine Stelle bei der k. Bank, und 1671 starb er. Dieses ist der obige Lightfood.

Liguori, Pirro, s. Ligorio.

Liguoro, Giuseppe di, ein neapolitanischer Edelmann, fertigte eine grosse Anzahl schöner Miniaturen. F. Solimena war sein Meister.

Dieser Dilettant lebte um 1740.

Mit ihm verwandt ist vielleicht die neapolitanische Dame Antonia die Liguoro, welche um 1730 verschiedene Bilder malte, die sowohl in Zeichnung als Färbung ansprachen. Später heirathete sie einen Rathsherrn von Salerno.

Liguoro, Antonia di, s. den obigen Artikel.

Liguoro, Nicola di, Maler zu Neapel, Schüler von J. di Castro, aber blos ein mittelmässiger Künstler. Als Restaurateur hatte er Ruf. Starb 1724 in hohem Alter.

Ligurio, Peter, Maler, der um 1730 in Mailand lebte. Malte für Kirchen.

Lijnhoven, Zeichner, der in Holland gelebt, nach seinen Lebensverhältnissen aber unbekannt ist. Er zeichnete Landschaften, und nach Grebber soll er in Kupfer gestochen haben.

Lilgenau, Salesia von, eine Salesianer Nonne in Bamberg, wird als Erfinderin der zeichnenden Stickerei genannt. Sie ahmte Gemälde und Stiche von Götz und Klauber täuschend nach.

Schwester Salesia wurde Oberin, und 1808 starb sie.

Lilienberg, C., auch Lelienberg, malte todte Vögel, Hasen und Jagdgeräthschaften mit grosser Kunst, doch kam er dem E. van Aelst und dem J. Weenix nicht gleich. Auf einigen seiner Bilder steht die Jahrzahl 1663, und man ersieht auch, dass der Künstler im Haag gewohnt habe. In dem bezeichneten Jahre war Lilienberg indessen schon alt, denn auf dem meisterhaften Thierstücke des k. Museums zu Berlin steht neben dem Monogramm die Jahrzahl 1625. Hoet und Hagedorn erwähnen seiner ebenfalls.

Lilienbrunn, K. A. Edler von, Zeichner, der uns durch folgendes Werk bekannt ist:

Panorama der Donau von Linz nach Wien, gezeichnet in Vogelperspektive von etc. Stahlstich und Vignetten von H. Hummitzsch. Wien 1833, qu. fol.

Lilienfeld, C. J., Maler zu Wittenberg, ein jetzt lebender Künstler. Er malt Historien und Portraite. Um 1832 bekleidete er die Stelle eines Zeichenmeisters am Gymnasium der erwähnten Stadt.

Lilio, Andrea, Maler von Ancona, und daher auch Andrea l'Anconitano genannt. Er wurde 1555 geboren, und als seinen Meister nennen Einige den F. Baroccio, welchen er wenigstens nachahmte. In Rom nahm er an den Arbeiten unter Sixtus Theil, und in Kirchen finden sich Wandgemälde von ihm, die er zuweilen mit Sordo von Urbino ausführte. Auch in Ancona sind Wandgemälde von ihm, von verschiedenem Werthe. Bei den Paoletti in S. Agostino sind Oelbilder von seiner Hand. Sehr geschätzt sind seine Gemälde aus dem Leben des heil. Nikolaus in der Sakristei der Augustinerkirche. Sein Marterthum des hl. Lorenz legten Mehrere dem Baroccio bei. Im Dome zu Fano ist ein grosses Bild aller Heiligen, mit vielen und gut geordneten Figuren, sehr manigfaltig, im Geschmacke Baroccio's gemalt, aber nicht gleich gut gezeichnet. In der spätern Zeit malte Andrea nicht mehr so gut, als in der frühern; denn häusliche Unfälle drückten ihn darnieder. Im Jahre 1610 starb er in Ascoli.

F. Villamena stach nach ihm die Minerva von den europäischen Mächten umgeben.

Lilio selbst stach Thesen nach eigener Zeichnung.

Lill, C., Lithograph, der uns durch 9 Blätter bekannt ist, die folgendes Werk ausmachen: Album für Freunde Helgoland's, von Dr. J. F. W. Röding. Röding hat die Blätter nach der Natur gezeichnet. Hamburg 1835, 8. und qu. fol. Schwarz und colorirt, 4. und 7 Thl. bei Weigel.

Lillia, J., Kupferstecher, dessen Lebensverhältnisse wir nicht erfahren konnten. Im Jahre 1804 ätzte er 7 Landschaften nach Zeichnungen von F. Kobel.

Lillie, Christian Joseph, Architekt zu Lübeck, dessen Lebensverhältnisse wir nicht kennen. Im Jahre 1827 starb er, 67 Jahre alt.

Lilly, Johann Dietrich, Maler zu Hamburg, Schüler von H. de Quitter, war auch Gemäldehändler, und starb 1792 im 87. Jahre zu Lübeck. Seine Tochter, Gattin des J. J. Tischbein, malte ebenfalls einige Bilder in der Manier des letztern.

Limann, Ludwig Theodor, Architekt von Berlin, der Sohn eines Banquiers, widmete sich aus Neigung der Kunst, und sein Name muss in der Geschichte derselben mit Achtung genannt werden. Er war k. Architekt und Professor, und als solcher begleitete er den General von Minutoli auf einer wissenschaftlichen Reise nach Aegypten. Er entwarf bei dieser Gelegenheit verschiedene Zeichnungen, sah aber das Vaterland nicht wieder; denn 1820 erreichte ihn zu Alexandrien der Tod, erst 32 Jahre alt. Seine Zeichnungen kaufte die Regierung für das Lehr-Institut der Bauakademie an.

Sein Bildniss, 1828 zu Rom gezeichnet, ist in der Portraitsammlung des Professors und Hofmalers C. Vogel in Dresden.

Limborch, Hendrik van, Maler, wurde 1680 im Haag geboren, und seine ersten Lehrer waren H. Brandon und Robert du Val. Später kam er zu Ritter van der Werff, den er so glücklich nachahmte, dass die Werke beider Künstler verwechselt werden können. Van Limborch malte Historien, Bildnisse und Landschaften, und in diesen seinen Bildern ist das Colorit manchmal wärmer und von grösserer Harmonie, als in jenen des van der Werff, dem er jedoch im Ausdrucke der Figuren nicht gleichkommt. Als Zeichner ist er zu rühmen, indem er sich beständig darin übte. Grossen Vorschub gab ihm seine Sammlung von guten, besonders nach italienischen Meistern gefertigten Kupferstichen. Das Werk Rafael's hatte er in besonderer Vollkommenheit.

H. v. Limborch starb 1758. D'Argensville nennt ihn im Leben v. d. Werff's Julius van Limburg, und anderwärts wird er eben so irrig Franz Limbouche genannt.

Im Winkler'schen Catalog wird ihm ein grosses Blatt mit Herkules und Liche beigelegt.

Limbouche, Franz, s. den obigen Artikel.

Limburg, Julius, s. Hend. van Limborch.

Limeux, Graf von, Kunstliebhaber, der nach Basan's Angabe um 1700 Köpfe in Rembrandt's Geschmack geätzt hat.

Limmen, J. van, Maler zu Amsterdam, ein Künstler unsers Jahrhunderts. Er malt Landschaften und Marinen.

Limnell, Historienmaler zu Stockholm, ein Künstler unsers Jahrhunderts, dessen Ruf um 1820 bereits begründet war. Dennoch sind uns seine Lebensverhältnisse unbekannt; wir wissen nur, dass er die Stelle eines Professors bekleidet.

Limnell, Mlle., Landschaftsmalerin zu Stockholm, eine Künstlerin, die schon um 1824 vortheilhaft bekannt war. Man hat schöne Ansichten von ihrer Hand gemalt.

Limoge,
Limoges,
Limosi,
} Namen, welche auf Emailen den berühmten Leonard Limosin bedeuten.

Limosin, Leonard, berühmter Email- und Glasmaler, auch Radirer, der um die Mitte des 16. Jahrhunderts in Frankreich sich Ruhm erwarb. Zu seiner Zeit lebte auch B. von Palissy, Limosin aber gilt nach der gewöhnlichen Annahme für den vorzüglichsten französischen Emailmaler jener Zeit, und auch in anderen Fächern, namentlich der verwandten Glasmalerei, soll er Ausgezeichnetes geleistet haben. Im Jahre 1553 malte er für die Capelle des Parlamentshauses zu Paris zwei Fenster, und da stellte er Heinrich II.

und die Catharina von Medici dar. König Franz I. zeichnete diesen Künstler aus, und ernannte ihn zum Direktor jener berühmten Manufaktur in Limoges, deren Erzeugnisse in ganz Europa verbreitet sind. Man nennt sie Limosinen, Emaux de Limoges, nach dem Fabrikorte, und der Meister selbst heisst daher Leonhard von Limoges, der Limosiner, Limosin (us). Die Arbeiten jener Fabrik sind zahlreich, Gefässe, Platten, Medaillons u. a. Er malte sehr vieles nach Primaticcio's u. a. Zeichnungen, heilige und mythologische Darstellungen, Portraite und Ornamente. Zu den Meisterstücken zählt man zwei Darstellungen der Passion, mit gemalten Cameen und Medaillons umgeben. In den Zwischenräumen sind Engel mit den Passionswerkzeugen dargestellt, Figuren von eleganter Zeichnung. Landon hat diese Bilder in der Ière coll. des annales du musée im Umriss gegeben. Eine Zierde des Pariser Museums ist der Triumph der Diana, welchen man Limosin zuschreibt, und abgebildet in der IIème coll. des annales du musée pl. 25. Als Meisterstücke der Manufaktur erklärt man auch das Portrait Heinrich II. im Costüme des heil. Thomas, und das des Admiral Chabot im Gewande des hl. Paulus dargestellt. Fast in jeder Kunstkammer findet man solche Limosinen, und selbst die geringeren verdienen Beachtung, da sie zu den Anfängen dieses Kunstzweiges gehören. Dr. Kugler erwähnt in der Beschreibung der Berliner Kunstkammer S. 130 zwei solcher Bilder ausführlich. Beide sind mit dem Namen Leonard Limosi bezeichnet, und die eine Platte (5 — 4 Z.) stellt die Halbfigur der Madonna mit dem Kinde und dem kleinen Johannes dar, zu den Seiten Säulen und andere Ornamente. Die Naivetät in den Bewegungen, die an L. da Vinci erinnernde Composition des Bildes haben etwas eigenthümlich Ansprechendes; aber die Zeichnung ist, wenn schon nicht ohne innerliches Gefühl, doch noch ganz streng und scharf, die Malerei nur eine Colorirung der Zeichnung mit schönen transparenten Farben, das Ganze wiederum noch, in der äusseren Behandlung, der Weise der Miniaturen verwandt. Das zweite Bild ist ein 13 Z. hohes und über 10 Z. breites Oval, und es stellt Boas unter den Schnittern dar. Die Composition ist im Style der Schule Rafael's, die ganze Behandlung den italienischen Majoliken sehr ähnlich, und die Auffassung zwar nicht ohne Geist, doch auch ohne ein eigentlich sicheres Verständniss der Form. Auch Dr. Waagen beschreibt in seinem Werke: Kunst und Künstler Englands etc. Arbeiten der Limosina. Auf einem Gefässe der Sammlung im Alton Tower fand er die Aufschrift: Fet de Limoges P. C.

Man hat von diesem Meister zwei geätzte Blätter, mit breiter und kühner Nadel geistreich behandelt.

1) Der Einzug Christi in Jerusalem; der Heiland reitet auf der Eselin, umgeben vom Volke, und am Thore breiten Einige Teppiche aus. Im Grunde sieht man zwischen Bäumen hindurch die Stadt. Unten, ein wenig nach rechts, sind die Buchstaben L. L. und die Jahrzahl 1544, die beiden 4 verkehrt geschrieben. H. 9 Z. 6 L., Br. 6 Z. 11 L.

Dieses Blatt ist sehr selten, so wie das folgende.

2) Jesus Christus im Oelgarten; das Gegenstück zum Obigen, mit: Leonard Limosin 1544 bezeichnet.

Dann gibt es auch einen höchst seltenen Holzschnitt, der nach der Angabe des Winklerischen Cataloges, mit dem Worte „Limosina" bezeichnet ist. Füssly nennt diesen Limosina Maler und Formschneider, und Heller (Gesch. der Holzsch. S. 242) zählt ihn im Contexte zu den Formschneidern, die um 1588 in Italien arbeiteten, und in der Note 684 findet er es sehr wahrscheinlich, dass dieser Limosina mit dem Maler Leonhard Limosin, der um 1553 in Paris (?) arbeitete, Eine Person sei. Limosin hat schwerlich mehr 1588 gelebt, und das „Limosina" könnte wohl auch bedeuten, dass der Holzschnitt nach einer Limosine gefertiget wurde; denn unsers Wissens steht nicht Limosina fec. auf dem Blatte. Dieses stellt den heil. Rochus dar, wie er von einem Engel begeistert wird. Umherum ist die Geschichte des Heiligen bildlich dargestellt, mit italienischer Erklärung. H. 18 Z., Br. 14 Z., nach der Angabe im Winkler'schen Catalog.

Limosin, Kupferstecher, der um 1680 in Paris gelebt zu haben scheint. Er stach mit Audran, Desplaces, Dupuis und Ertinger an den Blättern mit der Geschichte des Aeneas und der Fabel der Psyche, nach J. Cotelle.

Limosina, s. am Schlusse des Artikels von Leonhard Limosin.

Limpach, Maximilian, Kupferstecher von Prag, arbeitete mit seinen Brüdern Jakob und Joseph in der ersten Hälfte des vorigen Jahrhunderts mehrere Jahre in Rom. Maximilian stach mehrere Blätter für die vatikanische Druckerei, und auch andere Stücke, von denen wir folgende kennen:

1) Christus übergibt dem Petrus die Schaafe, schöne Composition nach J. Passari, fol.
1) Die heil. Familie, nach demselben, eigentlich Copie nach Westerhout, 8.
3) Das Abendmahl des Herrn, nach S. Conca, fol.
4) Christus, der über seiner Kirche das Herz der heil. Catharina von Siena ausdrückt, nach demselben.
5) Ein knieender Pabst.
6) Der heil. Felix da Cantalice, Kapuziner.
7) Das Titelblatt für die Picturae Dom. Zampieri vulgo Dominichino, quae extant in sacello sacrae aedi criptoferratae adjuncto etc. 1762.
8) Eine Sammlung von Abbildungen silberner Gefässe, nach den Zeichnungen des J. Giardini, von Joseph Limpach radirt.

Limpach, Joseph und Jakob, s. den obigen Artikel.

Lin, Hans van, genannt Stilheid, hatte um 1661 als Pferde- und Schlachtenmaler Ruf. Er ist von Geburt ein Holländer, nach seinen Lebensverhältnissen aber unbekannt. Auch weiss man nicht, woher ihm der Beiname geworden, wenn man nicht annehmen darf, dass van Lin diesen zu Rom in der Schilderbent erhalten hat. Seine Gemälde bestehen in Pferdstücken, Schlachten und Jagden, und auf diesen Bildern stehen öfter die Buchstaben H. V. L.

Linajuolo, Berto, Maler zu Florenz, ein um 1460 berühmter Künstler, dessen Gemälde zum Geschenke für König Mathias von Ungarn bestimmt wurden. Auch in Privathäusern wurden seine Gemälde lange in Ehren gehalten, bis sie durch jene von Benozzo, Angelico, Lippi, Masaccio etc. verdrängt wurden. Das Todesjahr des Künstlers ist unbekannt.

Linardi, s. Lenardi.

Lincio, Gandolfo, Maler, dessen Bassaglia in seiner Beschreibung von Venedig erwähnt. In der Sala del Scrutinio des Marcus - Pallastes sah jener Schriftbilder 12 kleine Stücke, welche Tugenden abbilden.

Linck, Johann van, Kupferstecher, der um 1675 Bildnisse stach. Seine Lebensverhältnisse sind unbekannt.

Linck, Johann, Medailleur zu Heidelberg, wo er von 1659—1711 arbeitete. Er wird in der Sammlung berühmter Medailleure erwähnt.

Linck, Conrad, Bildhauer, wurde 1732 in Speyer geboren, und als der Sohn eines Bildhauers sollte er gleiche Kunst erlernen. Seine Ausbildung erlangte er auf der Akademie in Wien, und mit dem Rufe eines geschickten Künstlers ging er dann nach Berlin, um daselbst seinen weiteren Studien zu obliegen. In Potsdam verfertigte er mehrere Statuen an der grossen Colonnade, bis er einen Ruf als Hofbildhauer nach Mannheim erhielt. Zugleich wurde ihm die Stelle eines Professors an der dortigen Akademie übertragen, es blieb ihm aber immer noch viele Zeit zu Kunstübungen frei. Er fertigte eine Menge Bildnisse en medaillon, mehrere Bildwerke für die Gärten in Schwetzingen und Saarbrücken. In letzterem wurde sein colossaler Flussgott aufgestellt, dann eine Diana, und besonders schön fand man das Monument, welches der Fürst von Leiningen im Garten zu Dürckheim seiner Tochter, der Gräfin von Erbach, setzen liess. Am Schauspielhause zu Mannheim wurden vier colossale, von ihm gefertigte Sphinxe aufgestellt, und in der Hofgruft zu Heidelberg ist der prächtige Sarg des Prinzen Friedrich von Pfalz-Zweibrücken sein Werk. Im Jahre 1789 wurde auf der Heidelberger Brücke das grosse Monument errichtet, welches die colossale Bildsäule des Churfürsten von der Pfalz zeigt, auf einem Postamente mit vier Wassergöttern, und verschiedenen Medaillons, welche im Basrelief die merkwürdigsten Ereignisse während der Regierung desselben vorstellen.

Dieser Künstler starb um 1802.

Linck, Johann Anton, Maler und Kupferstecher zu Genf, der Sohn eines gleichen Künstlers, Namens Johann Conrad, mit welchem er schon um 1778 arbeitete, bis endlich der Vater um 1795 starb. Von dieser Zeit an lieferte der jüngere Linck verschiedene Bilder in Gouachemanier, meistens Schweizer- und Chamouny-Prospekte, von denen mehrere des schönen Effektes wegen gerühmt wurden. Die Zeichnung könnte correkter seyn, und im Colorite wurde hie und da das bunte Wesen getadelt. Dann wünschte man zu Anfang unsers Jahrhunderts, der Künstler möge seine Schraffirung etwas zarter behandeln, die Vorgründe leichter, und die Figuren gefälliger zeichnen lernen. In späterer Zeit scheint er dem Schulmeister immer mehr entwachsen zu seyn, und 1812 fanden wir ihn als geschickten Genfer Künstler gerühmt. Das Werk, welches ihm dieses Lob erwarb, erwähnen wir am Ende des folgenden Verzeichnisses.

1) La cascade de Pissevache.
2) La cascade d'Arpenas, Gegenstücke, von beiden Künstlern gezeichnet, geätzt und colorirt.
3) La vue de la Dent du Midi.
4) La vue du château de Panex.
   Mit dem Vater ausgeführt, die folgenden aber allein.
5) Vue de Servoz.

34*

6) Vue de l'Aiguille du Gouté.
7) Vue du Glacier de Bionnassey.
8) Vue du lac de Chède et du Montblanc, nach Füssly ein wahrhaft schönes Blatt.
9) Vue de la perte du Rhône.
10) Sort du Rhône après sa perte.
11) Vue du Montblanc.
12) Vue du jardin., des droits et des courtes, des aiguilles de l'Echau etc. Das Gegenstück.
13) Vue de Gèneve depuis Cologny.
14) Colorirte Ansichten vom Simplon, von den Alpen, dem Jura, St. Gotthard, dem Genfersee und von Ferney, 36 Blätter.

Linck oder Link, Jakob, Landschaftsmaler von Canstadt bei Stuttgart, ein Künstler unsers Jahrhunderts. Er bildete sich in Italien, und zu Rom zeichnete 1819 der Hofmaler C. Vogel für seine bekannte Portraitsammlung das Bildniss dieses Künstlers. Die näheren Verhältnisse dieses Malers konnten wir nicht erfahren.

Linck, J. Friedrich, Zeichner, Maler und Kupferstecher in Berlin, ein Künstler, der uns 1826 bekannt wurde. Er zeichnet Landschaften und Ansichten mit Feder und Tusch, und ähnlichen Inhalts sind auch seine Gemälde. Seine Arbeiten werden mit Beifall aufgenommen. Wir haben von ihm:

Ansichten von Potsdam und dessen Umgebungen, 12 Hefte, jedes zu 4 Blätter.

Linck, Carl, Kunstliebhaber, der 1800 zu Mannheim geboren wurde. Er hat einige Landschaften lithographirt.

Lincker, de, nennt Füssly irrig den folgenden Künstler.

Lincler, L. de, Zeichner, dessen Lebensverhältnisse unbekannt sind. Man findet Zeichnungen von ihm, die mit seinem Namen oder mit den Buchstaben L. D. L. delineavit ad vivum versehen sind. F. Collignon stach nach seinen Zeichnungen Ansichten französischer Städte.

Lincoln, Anna Maria Stanhope, eine englische Kunstliebhaberin, die um 1780 lebte. C. White fertigte nach ihr ein punktirtes Blatt, welches zwei Frauen vorstellt, wie sie die Büste der Diana bekränzen.

Lindau, Dietrich Wilhelm, Maler, wurde 1799 in Dresden geb., und hier war es Professor Hartmann, welcher den talentvollen Jüngling auf die Bahn der Kunst leitete. Später besuchte er als k. Pensionär Italien, und von Rom aus, wo er noch gegenwärtig lebt, verbreitete sich sein Ruf über Deutschland. Er malte da verschiedene Scenen aus dem italienischen Volksleben, lebensvolle Darstellungen, von trefflicher Haltung. Es offenbaret sich in seinen Bildern ungemeine technische Fertigkeit, und bei einer ungewöhnlichen Anmuth und Heiterkeit des Colorites machen dieselben stets die glücklichste Wirkung. Mit besonderem Beifalle sah man 1827 die Darstellung des Innern einer Osteria, wo Thorwaldsen mit allen seinen Lieblingen erscheint, und eine Römerin den Saltarello tanzt. Im Jahre 1834 erregte sein Bild des römischen Zahnbrechers besonderes Wohlgefallen, und an diese Gemälde reihen sich verschiedene andere. Auch treffliche Zeichnungen fertiget dieser Künstler. Eine solche, meisterhaft mit dem Stifte ausgeführt, ist in R. Weigel's Kunstkatalog auf 30 Thl. gewerthet. Es ist dieses eine reiche Composition mit tanzenden und anderen Figuren, Scene bei Rom.

Lindemann, Christian Philipp, Kupferstecher, wurde 1700 zu Dresden geboren, und nachdem er mit den nöthigen Vorkenntnissen ausgerüstet war, ging er nach Italien, wo er für Gabbiani's bereits erwähnte Raccolta etc. zwei Blätter stach. Nach seiner Heimkehr arbeitete er abwechselnd in Regensburg und in Nürnberg, bis er endlich 1754 starb. Von seinen Blättern erwähnen wir folgende, viele in Le Plat's Marbres de Dresde.

1) Die Venus Marina, Mercur, Clio und Thalia, Alexander Magnus, zwei Blätter mit vier Kindergruppen, nach A. Bolgius da Carrara.
2) Johannes der Täufer, Statue von Bernini in der katholischen Hofkirche zu Dresden, gr. fol.
3) Nessus und Dejanira, Marmorgruppe von A. Corradini im Garten zu Dresden, gr. fol.
4) Verschiedene andere Gruppen jenes Meisters und in demselben Garten, mit Thoman gestochen: Zephir und Flora; Endymion; Bacchus und Ariadne; Apollo und Marsyas; die Wahrheit und Bildhauerei, gr. fol.
5) Drei grosse Vasen, beim Eingange und am Teiche des grossen Gartens aufgestellt, nach Corradini, fol.
6) Venus und Amor, Meleager, Herkules, 3 Bl. nach P. Balestra, fol.
7) Die Statuen des Herkules, Marsyas, der Cleopatra, Lucretia, Herkules und Omphale, der Grossmuth, des Ruhms, der Pracht, der Tapferkeit, eben so viele Blätter, nach F. Baratto und Catasi, fol.
8) Leda und Amor, Zephir und Flora, die vier Jahreszeiten, Termen, nach Coudray und Hurtreol, fol.
9) Die Abbildung eines prächtigen, reich mit Juwelen verzierten Aufsatzes im grünen Gewölbe zu Dresden, zu den Seiten ein Satyr und Satyrin mit Tigern, unten der Namenszug August's Königs von Polen und dessen Wappen, Wernerin del. Lindemann sc. 1742, sehr gr. roy. fol. Selten.
10) Vorstellung des Geburtsfestes des Grossmoguls, mit 130 Figuren, von Dinglinger in Email und Gold gearbeitet. Es ist dieses eines der grössten Meisterstücke jenes Künstlers im grünen Gewölbe zu Dresden, Wernerin de. C. P. Lindemann sc. 1739, sehr gr. qu. fol. Sehr selten, besonders im Drucke vor der Schrift.
11) Grosser Stammbaum des Gräflich Brühl'schen Hauses, mit allegorischen Figuren geziert, Torelli del., gr. imp. qu. fol. Selten.
12) Copien nach C. W. E. Dietrich.
13) Verschiedene Vignetten und Blätter in Büchern.

Lindemann, F. oder J. F., Kupferstecher, oder vielleicht nur Dilettant, der in Sachsen gelebt haben soll, doch wissen wir nicht, wann. Er gehört indessen der neuern Zeit an. Er radirte Landschaften, die mit F. L. f. aqua forti bezeichnet seyn sollen.

Auf einem radirten Blatte, welches Adam mit dem Leichname Abels, und Eva im Schmerze über die That vorstellt, liest man: Dem Hrn. Leg. Sec. Ferker gewidmet von seinem Freunde F. Lindemann. H. 7 Z., Br. 4 Z. 10 L.

Dieses ist wohl jener J. H. Lindemann, von welchem der Winkler'sche Catalog das Bildniss des amerikanischen Fürsten Mulech Aug. Haltazob angeführt wird. Dann legt man ihm auch ein Bildniss des Rechtsgelehrten H. Allius bei, und Füssly sagt, dass man von ihm eine Folge von geätzten Blättern nach verschiedenen Meistern habe. Brulliot nennt ihn einmal nach einem Monogramme auf dem erwähnten Blatte mit Adam und Eva J. Lindemann, und im Appendix F. Lindemann nach demselben Blatte. Es scheinen von dieser Radirung zweierlei Abdrücke zu existiren. Dann kennen wir von F. Lindemann:

Landschaft mit einer Brücke, qu. 8.

Mehrere Gebäude, beide Blätter nach Rembrandt's Zeichnung, qu. 8.

Lindemann, Johann, Kupferstecher, vielleicht ein Verwandter des Christ. Philipp Lindemann, der ebenfalls für Gabbiani's Raccolta ein Paar Blätter gestochen hat. Dann stach er nach Watteau:

1) Phyllis et Scaramouche.
2) Pierrot, Harlequin et Scapin.

Lindenast, Sebastian, ein Kupferschmied zu Nürnberg, der hier seiner künstlichen Treibwerke wegen erwähnt werden muss. Er fertigte 1462 von getriebenem Kupfer die Bilder des Uhrwerkes über dem Portale der Marienkirche. Kaiser Karl IV. sitzt auf dem Throne, um ihn herum gehen der Herold, vier Posaunisten und die sieben Churfürsten, alle sich neigend. Der Tod läutet alle Stunden die Glocke. Kaiser Maximilian I. ertheilte dem Künstler ein eigenes Privilegium, dass er seine getriebenen Arbeiten aus Kupfer versilbern und vergolden durfte. Diese Erlaubniss ist als eine hohe Begünstigung anzusehen, die nach dem 1520 erfolgten Tod des ehrbaren Kupferschmiedes sein gleichnamiger Sohn nicht erhielt.

Lindenmacher, Daniel, angeblich ein Formschneider, der aber vermuthlich mit Daniel Lindmeyer Eine Person ist.

Lindenmeyer, Crafft, Maler, Kupferstecher und Formschneider zu Ulm, der noch um 1490 lebte, aber nach seinem Lebensverhältnisse unbekannt ist. Er soll Gemälde, Kupferstiche und Formschnitte mit einem aus C. L. bestehenden Monogramm bezeichnet haben; allein wir fanden nirgends eines seiner Werke bezeichnet. S. Weyermann im Kunstblatt 1830.

Lindenmayer, Hans, Maler und Sohn des Obigen, ist ebenfalls wenig bekannt. Sein Meister war M. Schongauer, der Schüler aber scheint meistens auf Glas gemalt zu haben. Im Kunstblatte von 1826 heisst dieser Künstler Hans Lindmeyer, bei Murr nach Sandrart Hans Larkmayr, und bei Fiorillo Leykmann, aber unrichtig. Die Blüthezeit dieses Künstlers fällt um 1490. In diesem Jahre verehrte er auf dem Frohnaltare in der Pfarrkirche zu Ulm das silberne Bild des Johannes. S. Weyermann.

Lindenschmit, Wilhelm, Historienmaler, wurde 1806 zu Mainz geboren, wo ihm sein Vater, der Münzgraveur Johann Lindenschmit, eine sorgfältige Erziehung gab. Doch schon in früher Jugend entwickelte sich sein Talent für die Geschichtsmalerei, und das Studium der Geschichte der klassischen Literatur war es auch, was ihn beim Besuche des Gymnasiums seiner Vaterstadt vorzugsweise ansprach. Eine Heimath voll grosser geschichtlicher Erinnerungen, voll redender und stummer Denkmäler, die Heldenklänge einer grossen deutschen Vorzeit zogen ihn mit ganzer Seele zur bildlichen Darstellung, was Lied und Geschichte verkündet. Seine Bildung zum Künstler erhielt Lindenschmit in München, wohin er im Herbste 1823 kam, denn schon damals verkündigte der grossartige Sinn des Kronprinzen Ludwig die Morgenröthe einer ächt nationalen, religiös-geschichtlichen Kunst. Die Glyptothek stand fast vollendet da, und in ihr sollte der Keim einer neuen Schule zur Reife gelangen. Das erste Mal war Lindenschmit nicht lange in München, denn schon im Frühjahr 1824 zwangen ihn die Folgen eines Duells die Stadt zu verlassen, und nun suchte er in Wien Zuflucht. Er studirte da an der k. k. Akademie und in der zugänglichen Gallerie des Belvedere, bis er im Herbste des folgenden Jahres in die Heimath zurückkehrte. Jetzt nahte die Zeit, in welcher Cornelius mit seinen Schülern von Düsseldorf nach München zog, um die Arbeiten der Glyptothek zu beginnen, und auch unserm Künstler war es vergönnt, sich an jene erlesene Schaar anzuschliessen. Schon in Wien bewies er sein Talent für historische Composition durch seine Gemälde von Berlichingens Tod, und des riesigen Andreas Baumkircher, der ganz allein Brücke und Thor der Neustadt Wiens vor dem Andrange der Ungarn und Böhmen vertheidigte, um den Kaiser Friedrich vor schmachvoller Gefangenschaft zu bewahren, wofür dann diesem österreichischen Horatius Cocles blutiger Undank wurde. An diese Bilder reihen sich andere Compositionen, die ebenfalls einen vielseitig gebildeten Künstler verkünden. Darunter sind besonders zwei Tuschzeichnungen zu erwähnen, welche sich jetzt im grossherzoglichen Museum zu Darmstadt befinden. Die eine stellt den Tod des Mainzer Stadthauptmanns Fust dar, wie er als Leiche auf dem Schlachtfelde gefunden wird, im Jahre 1460, in jener verhängnissvollen Nacht, welche die Freiheit seiner Stadt untergehen sah. Die andere Zeichnung schildert die Scene, wie die Mainzer Frauen ihren letzten Minnesänger Heinrich Frauenlob zu Grabe tragen. Jetzt wurde dem Künstler auch Gelegenheit zu Theil, durch ein öffentliches Werk seine Kräfte zu erproben. Damals beschloss König Ludwig, die Arkaden des Hofgartens mit geschichtlichen Fresken zu zieren, und Lindenschmit erhielt den Auftrag, eine der Grossthaten bayerischer Fürsten darzustellen. Sein ist das Gemälde, welches den Sieg Ludwig des Reichen über Albrecht von Brandenburg (genannt Achilles) bei Gingen vorstellt.

Nach Vollendung dieses Werkes beschäftigte ihn die Ausführung einer grossartigen Idee, wodurch der Fremdling Bayern ehrte, wie keiner je gethan. Es ist dieses das grosse Schlachtbild an der Kirche in Sendling bei München, in welchem Lindenschmit den glorreichen Untergang der bayerischen Oberländer Bauern darstellte. Er bereiste früher zu diesem Zwecke das süddeutsche Hochgebirge, und bei dieser Gelegenheit machte er eine grosse Anzahl Studien von Köpfen, Figuren und Gruppen, die er bei Ausführung seines grossen Werkes benutzte. Der Künstler arbeitete fast zwei Jahre an diesem Wandgemälde, und er hatte keinen anderen Lohn für seine Opfer, als die Freude, die Erinnerung an jene edlen Gefallenen im Herzen des Volkes zu erhalten. Die Gemeinde Sendling bestritt durch freiwillige Beiträge die Kosten des Materials, der Gerüste und des Stucco's, Alles andere leistete der Künstler ganz allein und unentgeldlich. Wer ein fremdes Volk so sehr ehret, der hat die heiligsten Rechte eines Eingebornen erworben. Bayern nennt ihn daher auch gerne den Seinen. Das Denkmal, welches er von 1829 — 31 der Nation und dadurch auch sich gesetzt, hat F. Hohe lithographirt. In den Wintermonaten der bezeichneten Jahre fertigte Lindenschmit zwei grosse Zeichnungen in Tusch, von denen die eine Winkelried in der Sempacher Schlacht, und die Andere den Armin vorstellt, wie er das Volk zum Kampfe gegen Rom aufruft.

Im Jahre 1832 erhielt Lindenschmit den Auftrag, neben anderen Künstlern das Innere des Königsbaues bildlich auszuschmücken. Dieses Prachtgebäude bildet gleichsam eine Gallerie voll hoher und lieblicher Erinnerungen. Lindenschmit malte im Schreibzimmer der Königin mit Folz die Bilder aus den Dichtungen Schiller's, jeder nach eigener Composition. Unser Künstler malte zwei Bilder aus Wallenstein, zwei aus dem Trauerspiele Jungfrau von Orleans, eines aus Tell, zwei aus dem Ritter von Toggenburg, eines aus Fridolin, eines aus dem Gedichte „der Handschuh", die Heimkehr vom Kampfe mit dem Drachen, Eberhard den Greiner, die Versöhnung Ludwig's des Bayern mit Friedrich dem Schönen.

Nach Vollendung dieser Arbeit malte Lindenschmit in der Loggia der k. Pinakothek zwei Darstellungen aus dem Leben des Leonardo da Vinci, und dann wurde er nach Hohenschwangau berufen, um in der altdeutschen Burg des Kronprinzen Maximilian von Bayern einen neuen Bilder-Ciclus zu beginnen, und diesen vollendete er in glänzender Pracht. Im Zimmer links vom Schwanenrittersaale malte er in acht Bildern die Geschichte der Schyren, und in jenem rechts von diesem Saale stellte er Begebenheiten der Umgegend dar. Im ersten dieser Zimmer malte er den Sturm des Herzogs Luitpold auf das Lager der Normanen, an der Dyle bei Löwen 892; den Wettkampf des Herzogs Christoph mit dem polnischen Riesen Lubin 1475; Johann Aventin, bayr. Geschichsschreiber 1534; Herzog Ludwig, wie er in der Wassernoth vor Cairo das Kreuzheer rettet, 1221; Herzog Ludwig, der Ludmilla von Bogen vor den gemalten Rittern die Ehe gelobend, 1204; die Versöhnung Ludwig's des Bayern mit Friedrich dem Schönen, 1325; das Siegesmahl nach der Schlacht bei Ampfing, 1322: jedem Mann ein Ei, dem frommen Schweppermann zwei; Otto von Wittelsbach, wie er den Kaiser Friedrich I. in dem Aufruhr zu Rom schützt, 1155. In dem rechts gelegenen Zimmer malte Lindenschmit die Bestürmung des Klosters Rottenbuch durch Georg von Schwangau 1280; den Abschied Conradin's des Schwaben von seiner Mutter 1263; den Minnesänger Hilpolt von Schwangau; Kaiser Lothar übergibt die Krone an den Welfen-Herzog Heinrich den Stolzen in Breitenwang 1137; Conrad von Schwaben verwundet nach Steingaden gebracht 1310; Luther's Flucht von Augsburg 1518; Kaiser Maximilian's I. Unterredung mit Gayler von Kaisersberg zu Füssen 1519.

In zwei anderen Zimmern malte er die Geschichte der Hohenstaufen und der Welfen. Im Zimmer der Hohenstaufen sehen wir in bildlicher Darstellung den Sieg des Friedrich Barbarossa bei Iconium 1190; König Conradin auf der Flucht von Frangipani eingeholt 1268; König Enzio in der Gefangenschaft zu Bologna 1270; Friedrich II. empfängt die Schlüssel Jerusalems 1220; Friedrich Barbarossa demüthigt die empörten Mailänder 1162; Barbarossa's Untergang im Flusse Seleph 1190. Im Welfen-Zimmer malte Lindenschmit namentlich Thaten Heinrich des Löwen: dessen Sieg über die Slaven 1170; die Gründung Münchens 1172; des Herzogs Empfang bei dem Sultan von Iconium 1175; Barbarossa's Bitte an Heinrich, ihm und dem Reiche treu zu bleiben 1177; der Einzug Heinrich's in Braunschweig 1180; Heinrich auf dem Sterbelager durch den Blitz unerschüttert 1195. Eine Beschreibung von Hohenschwangau gab 1837 C. W. Vogt, und darin sind die Kunstwerke aufgezählt, welche sich im Schlosse befinden. Auch von C. A. Muffat erschien in dem bezeichneten Jahre eine Beschreibung und Geschichte des Schlosses.

Nach seiner Zurückkunft von Hohenschwangau verursachte der Uebergang zu der ihm fremden Oelmalerei Anstrengung und Zeitverlust. Jetzt malte er seine Familie lebensgross, in ein Bild gruppirt, welches er seinen Eltern zum Geschenk überschickte, und hierauf stellte er in einem andern Bilde den Kampf der Cimbrischen Frauen gegen die Römer dar. Dieses Bild wurde Eigenthum des Kunstvereines in München. Im Auftrage des Kunstvereines von Hannover malte er die Heldenthat des Herzogs Erich von Braunschweig, welcher in der Schlacht bei Regensburg gegen die Böhmen (1504) dem Kaiser Maximilian das Leben rettete. Nach mehreren kleineren Arbeiten und einer lang andauernden Krankheit begann Lindenschmit die unglückliche Schlacht des Arminius auf dem Idistawisofelde. Der Kunstverein in München kaufte dieses Gemälde, und beschloss, es als Vereinsgeschenk für 1839 für die Mitglieder lithographiren zu lassen. Im Sommer 1838 hielt er sich wieder mehrere Monate in Hohenschwangau auf, wo durch Anbringung eines neuen Thurmes 3 seiner neuen Wandgemälde zerstört worden waren. Diese wurden neu gemalt und ein viertes hinzugefügt.

Sein neuestes Werk ist eine Versammlung von Jägern aus der altgermanischen Zeit, welche sich auf einem Grabhügel gelagert hat, und worunter sich Italikus, der Brudersohn Armin's auszeichnet, dem von den alten Kriegern, mit Hindeutung auf die im Thale befindliche Hügelgräber, die Geschichte der Römerkämpfe erzählt wird.

W. Lindenschmit beurkundet in seinen Werken ein grosses Talent zum Historienmaler, das durch ein gründliches Studium der Geschichte und des Costüms unterstützt wird. Er durchdringt seinen Gegenstand nach jeder Richtung, und der Beschauer fühlt sich mit ganzer Seele in den Kreis gezogen, in welchen der Künstler seine Helden bannt. Seine Gestalten sind voll Charakter und Ausdruck, zum lebendigen Ganzen vereint, sprechend wahr in jeder Lage, in welche sie der Künstler versetzt. Er ist ein trefflicher Zeichner, und mit feinem Sinne für Farbe und deren Harmonie schafft er Werke, die den besten malerischen Erzeugnissen unserer Zeit angereiht werden müssen.

Lindenschmit, Johann, Medailleur, der Vater des Obigen, ist der Sohn des durch seine vortrefflichen Schiessgewehre berühmten Büchsenmachers Wilhelm Lindenschmit, und um's Jahr 1770 zu Camberg im Westerwald geboren. Obwohl er ebenfalls zum Büchsenmacher erzogen wurde, so fand er doch bald in Mainz, wohin sein Vater von dem Churfürsten berufen wurde, die Möglichkeit höherer Ausbildung. Aus angeborner Neigung und Geschicklichkeit erlernte er bald das Zeichnen, so wie auch das Graviren in Stahl und Kupfer, wobei er fast ganz auf Selbstunterricht beschränkt war. Im vertrauten Umgang mit Männern, wie Bodmann, Lehne, Werner etc., erlangte er seine Kenntnisse und seinen feinen Geschmack. Obgleich die kriegerische Zeit von 1790 bis 1815 der Entwickelung der Künste in den Rheingegenden nichts weniger als günstig war, und Lindenschmit daher auch grösstentheils auf den bürgerlichen Betrieb seines Geschäftes beschränkt blieb, als Schriftstechen, Münzarbeit etc., so gehen doch auch viele Werke seiner Hand: radirte Blätter, archäologische Darstellungen historischer Monumente, welche in mehreren Werken zerstreut sind, ferner mehrere sehr gelungene Münzstempel (darunter eine Medaille für seine Familie bestimmt, welche sein und seiner Gattin Bildniss trägt, und eine andere Medaille, welche den nassauischen Kriegern, den Siegern bei Waterloo geprägt wurde, besonders zu erwähnen sind) und endlich eine Anzahl schön geschnittener Steine nach den ersten Mustern des Alterthums ein rühmliches Zeugniss seiner höhern künstlerischen Fähigkeit, welche um so grösser erscheint, als sie durch die Umstände durchaus nicht begünstigt war, und in ihrer Entwickelung grosse Hindernisse zu überwinden hatte.

Lindenschmit, Ludwig, Maler, Johann's Sohn, geboren 1809, erhielt seine erste Bildung zu Mainz auf dem Gymnasium mit ausgezeichnetem Erfolge, und widmete sich alsdann der Malerei, zu deren Studium er sich im Jahr 1825 nach München begab, wo er sich bald unter den Schülern von Cornelius durch seine reichen Geistesgaben Achtung erwarb. Eine hohe Ausbildung in allen Hülfswissenschaften der Kunst, namentlich der Archäologie, und ein gesunder feiner Geschmack machen ihn zu einer Hauptstütze derjenigen Richtung, welche die neuere vaterländisch geschichtliche Kunst von allen Vorurtheilen fremdländischer und nachahmender Darstellung losreissen, und nur in geistreicher und überraschend wahrhafter Auffassung und Erschöpfung des Gegenstandes ihren Typus suchen möchte. Neben diesen ernsteren Eigenschaften besitzt L. eine äusserst glückliche Gabe für humoristische Behandlung der täglichen Lebenserscheinungen. Von der reichen Sammlung seiner Skizzen ist jedoch ausser einigen kleinen Lithographien (Auf an die Arbeit! und Markulf) noch nichts veröffentlicht worden. Die Vielseitigkeit seiner Bestrebungen, so wie eine Lehrerstelle an der Gewerbschule zu Mainz, zu deren Uebernahme er sich im Jahre 1831 in seine Heimath begab, hindern zwar einigermassen die produktive Fruchtbarkeit dieses Künstlers, doch spricht sich in denjenigen Gemälden, welche bereits von ihm in die Welt gekommen, namentlich in Guttenberg und einem Reitergefecht aus dem Befreiungskrieg eine grosse Liebe für den Gegenstand, und ein tiefes Eindringen in das Mark desselben aus. Besonders gelungen ist jedoch eine grössere Composition, woran er seit längerer Zeit läuternd und vollendend beschäftigt ist, und womit er in Kurzem in München aufzutreten gedenkt. Sie stellt den todten König Adolph von Nassau vor, wie er von seinen Gegnern Albrecht von Oesterreich, Gerhard von Mainz, mehrern Rittern, Geistlichen und Edelknaben betrachtet wird. Die psychologische Wahrheit in dem Ausdruck der Köpfe, so wie die Lebhaftigkeit in der ganzen Scene, durch die sich der Beschauer gleichsam in die längstvergangene Zeit versetzt fühlt, charakterisiren durch ihre schlagende Wirkung die gediegene, wiewohl jeden Prunk verschmähende Tüchtigkeit seines Geistes. — Es wäre sehr zu wünschen, dass die grosse Anzahl geistreicher Zeichnungen, welche sich in der Mappe dieses Künstlers befinden, und worunter sich ein Siegeszug alter Germanen, in Form eines Frieses componirt, besonders auszeichnet, durch Herausgabe dem Publikum bekannt gemacht, und auf diese Art ein Talent an's Licht gezogen würde, welches aus Bescheidenheit sich demselben zu entziehen sucht.

Linderitz, Maler zu Hamburg, ein Künstler unsers Jahrhunderts. Er hatte schon 1819 seinen Ruf als Künstler begründet, und in jenem Jahre bewährte er sich auch als Schriftsteller, durch eine Abhandlung: Blicke in das Allerheiligste. Er malt sehr schön in Miniatur, dann Portraitfiguren in Aquarell, und zuletzt verlegte er sich auf die Oelmalerei.

Lindmeyer, Daniel, Maler von Schaffhausen, der um 1560 bis 1591 blühte, nach seinen Lebensverhältnissen aber unbekannt ist. Es finden sich mehrere schöne historische Zeichnungen von ihm, doch nicht häufig. Sie sind mit der Feder entworfen, manchmal ausgetuscht, auch aquarellirt. In der Sammlung des Dekan Veith zu Schaffhausen waren noch 1835 mehrere solcher Zeichnungen, die im Cataloge jenes Cabinets von R. Weigel verzeichnet sind. Drei der folgenden stehen auch im Kunstkataloge von R. Weigel angezeigt.

1) Das Urtheil Salomon's, reiche Composition mit allegor. Beiwerken, 1587, gr. fol. Bei Weigel 2 Thl. 12 gr.
2) Dieselbe Darstellung, anders componirt, mit allegor. Umgebung, dem Schweizer Wappen, 1582, rund, gr. fol. Bei Weigel 2 Thl.
3) Esther vor Ahasverus, mit reicher allegor. Einfassung, dem Wappen etc., 1577. Aquarell, fol. Weigel 3 Thl. 16 gr.
4) Ein Trinkgelag von 29 Männern an der Tafel, gr. qu. fol.
5) Gastmahl von Männern und Weibern in einem Saale mit Aussicht, mit reicher Einfassung, 1564, gr. roy. fol.
6) St. Hieronymus vor dem Crucifixe betend, mit reicher Einfassung, gr. fol.
7) Das Gleichniss vom Balken und Splitter im Auge, mit fig. Einf., 1583, gr. fol.
8) Das Opfer Abraham's, gr. fol.
9) Ein Gastmahl von Männern und Weibern, oben eine Schweizerschlacht, 1591, gr. roy. fol.
10) Die Erschaffung der Eva, auf dunklem Grunde, weiss gehöht, gr. fol., u. s. w.

Lindner oder Linderer, Franz, Maler und Kupferstecher, wurde 1738 zu Klagenfurt geboren, und die Anfangsgründe der Kunst erlernte er zu Laybach. Später ging er nach Venedig, dann nach Wien, um die Akademie zu besuchen, und da wurde ihm in der Schule der Kupferstecherkunst zweimal der Zeichnungspreis zu Theil. Im Jahre 1776 schickte ihn die Kaiserin zu seiner Ausbildung nach Rom, und obgleich er hier sich Ruhm erwarb, so brachte er es nach seiner um 4 Jahre spätern Rückkehr in Wien doch nur zum akademischen Schutzverwandten. Lindner malte besonders Bildnisse in Palko's Manier. Im Jahre 1773 malte er in Wien den türkischen Gesandten, nachdem er ihn blos eine halbe Stunde angesehen hatte; dann fertigte er die Bildnisse des Erzherzogs Maximilian, Churfürsten von Cöln, jene der k. Familie in Neapel, Josephs II. etc. Besonders gerühmt wurde jenes des Grafen von Zinzendorf, Gouverneurs zu Triest. Lindner starb um 1809.

Lindner, Christian August, Maler, wurde 1772 zu Meissen geb., und Schenau unterrichtete ihn in der Kunst. Er copirte anfangs mehreres nach diesem Meister, und nach andern Malern. Endlich versuchte er sich auch in eigener Composition, die Bildnisse machen aber immerhin den grössten Theil seiner Werke aus.

Er wurde auch Unterlehrer an der Akademie zu Dresden, eine Stelle, die er nach einigen Jahren wieder niederlegte. Wir wissen nicht, ob sich dieser Künstler noch am Leben befinde; 1828 lebte er noch.

Lindner, Heinrich, Maler zu Nürnberg, ein Künstler unsers Jahrhunderts, der uns 1826 zuerst bekannt wurde. Er malt Bildnisse, Historien und Genrebilder.

Lindner, F. P., Kupferstecher, dessen Füssly erwähnt. Er soll 1714 eine grosse Darstellung (Ansicht?) der Stadt Regensburg gefertiget haben.

Lindnitz, J., Maler, dessen Lebensverhältnisse unbekannt sind. Ph. Kilian stach nach ihm das Bildniss des Dr. J. Sachs.

Lindpaintner, Carl, k. bayerischer Hauptmann und Adjutant, muss auch als Maler erwähnt werden. Er wurde 1791 zu Coblenz geboren, und sein Vater, churfürstlich Trier'scher Cammerdiener und Cabinetskassier, bestimmte ihn zur Rechtsgelehrsamkeit. Lindpaintner hatte bereits die juridischen Studien absolvirt, als er 1812 sich in die Reihe der Vaterlandsbefreier stellte, und auch in der Folge zog er den Militärstand vor. Nebenbei übte er mit Vorliebe auch die landschaftliche Zeichenkunst, und Inspektor Dorner war es, der ihn mit den Grundsätzen der Malerei vertraut machte. Wir haben Landschaften von diesem Dilettanten, die einem jeden Künstler von Fach Ehre machen. Seine Bilder sind mit Geist und Geschmack behandelt, von gediegener Technik. Er malt gerne wilde Gegenden, Gebirgsschluchten etc. König Ludwig von Bayern besitzt vier Gemälde von diesem Künstler. Letzterer hält sich gegenwärtig in Nürnberg auf.

Lineberger, s. Ljunberger.

Linell, J., Maler zu London, ein jetzt lebender Künstler. Er malt Historien, in denen er in früherer Zeit zuweilen etwas hart, aber originell und kräftig sich zeigte. Auch Genrestücke und Bildnisse malt dieser Künstler.

Lines, R., ein trefflicher Maler in Wasserfarben, der in London lebt. Wir fanden ihn als Lines jun. bezeichnet, aber wir kennen keinen senior.

Ling, M., Bildhauer, der wahrscheinlich in Mannheim lebte. E. Verhelst stach nach ihm die Büste des Churfürsten Carl Theodor, fol.

Linge, Bernhard van, ein niederländischer Glasmaler, der sich unter der Regierung Jakob's I. in England Ruhm erwarb. Das älteste Werk, welches Dallaway von ihm gefunden, ist 1622 entstanden, die Geschichte des Erlösers in Wadham College vorstellend. Dieses Werk soll 1500 Pf. St. gekostet haben. Von ihm gemalt sind vielleicht auch die sieben Fenster in Lincoln-College, Geschenke des Erzbischofs William von 1629, 30 und 31. Fiorillo sagt in der Gesch. der zeich. Künste in England S. 289, dass man nicht mit Gewissheit wisse, ob dieser Künstler wirklich in England gewesen; kurz zuvor behauptet er aber, dass van Linge sich in England niedergelassen habe, der Vater der neuen Glasmalerei zu nennen und der Stifter einer Schule geworden sei, die sich bis auf unsere Tage (1808) in England erhalten hat. Und wenn dieses so ist, so ist Abraham van Linge der zweite Meister jener Schule. Dieser ist vielleicht Bernhard's Sohn, und nach den grossen und zahlreichen Malereien zu urtheilen, muss er lange in England gelebt haben. Malereien von ihm sind in Christ Church, zu Balliol, 1637, zu Hatfield, zu Wroxton, auf dem Landsitze des Lords Guilford in Oxfordshire, in Queen's College, 1635, im University-College, und Lincoln's Inn Chapel, 1641, im Peterhouse bei Cambridge. Seine Farben sind nicht von besonderer Schönheit, wenigstens im University-College nicht.

Das Todesjahr dieses Glasmalers kennt man nicht; er verliess England wieder.

Lingée, Charles Louis, Kupferstecher, der 1751 zu Paris geboren wurde. Seine Meister kennen wir nicht; auch ist er kein Meister ersten Ranges. Er musste vieles für Buchhändler arbeiten. Blätter von seiner Hand finden sich in den Cabineten Le Brun und Choiseul, in dem Werke: Moeurs et costumes du XVIII. siècle etc. Dieser Künstler starb zu Anfang unsers Jahrhunderts.

1) Das Bildniss des Napoleon Buonaparte, ganze Figur, gr. fol.
2) Bildniss der Schauspielerin Rancourt, in der Rolle der Monime, nach Freudenberger und Monnet, fol.
3) Der Violinspieler, nach Van der Neer.
4) L'occupation, und les confidences, 2 Blätter nach Freudenberger.
5) La promenade du matin und la promenade du soir, 2 Blätter nach demselben mit Ingouf gestochen.

Lingée, Therese Eleonore, die Gattin des Obigen, geborne Hemeri, wurde 1753 geboren. Sie arbeitete in Crayonmanier verschiedene gute Blätter, unter denen wir folgende erwähnen:

1) Charles Pierre Colardeau, nach Tronquesse, gr. 4.
2) J. G. Lenoir, Lieutenant de Police, nach Pujos, 1780, fol.
3) J. H. Marchand, Advokat, nach A. Pujos, oval.
4) Die Marquise de Villette, nach A. Pujos.
5) Der Sabinerraub, nach Cochin, qu. fol.
6) La famille des bonnes gens, qu. fol.
7) Der kleine Knabe am Fenster, welcher nach einer Seifenblase hascht, nach C. Netscher, kl. 4.
8) Halbfigur einer Frau mit Palette und einer kleinen Statue, nach F. Mieris, gr. 8.
9) — 10) Panis hominum, und: Panis angelorum, 2 kl. Blätter nach N. Cochin. Diese Blätter eignen Einige dem obigen Künstler zu.
11) Vier Köpfe, zwei von Knaben und zwei von Mädchen, nach J. B. Greuze.

Lingelbach, Johann, Maler und Radirer, wurde 1625 zu Frankfurt am Main geboren, man kann aber nicht angeben, wer sein erster Meister gewesen ist. In seiner Jugend kam er nach Amsterdam, von da aus besuchte er 1642 Paris, und endlich ging er nach Rom, wo er mit Unterbrechung sechs Jahre blieb und Beifall erndtete. Er zeichnete da verschiedene Monumente, bekümmerte sich um die Sitte des Volkes, und manches seiner Gemälde gibt ein Zeugniss von seinen römischen Studien. Eines seiner reichsten und fleissigsten stellt die Trajanssäule vor, und wie das versammelte Volk einer Kapuziner-Predigt zuhört. Dieses Bild ist in der Sammlung des Sir H. T. Hope in London. In andern Gemälden brachte er Thore und Triumphbogen an, auch Fontainen mit ihren Statuen, und immer ist eine Anzahl von Menschen gegenwärtig. Ausserordentlich lebendig sind seine Scenen mit Marktschreiern auf öffentlichem Markte, und zu seinen vorzüglichsten Stücken gehören auch die italienischen Seehäfen mit einer Menge Figuren. Einige solcher Bilder lassen sich neben jenen eines C. Lorrain sehr wohl sehen. Ausserordentlich zierlich ist das Mädchen mit dem Papagey bei H. van Loon zu Amsterdam. Lingelbach war ein guter Zeichner, malte mit Leichtigkeit, und auch als Colorist verdient er volles Lob. Besonders schön sind seine Himmel und Fernen, sehr duftig. Dieser Künstler hat auch mehrere Zeichnungen gefertiget, mit der Feder, in Bister, Tusch und Rothstein. Mehrere derselben sind in der: Aehrenlese auf dem Gebiete der Kunst 1836 S. 12 beschrieben.

Lingelbach starb in Amsterdam 1687, wie Descamps und andere wissen wollen.

Einige seiner Gemälde und Zeichnungen wurden gestochen; von A. Zylvelt Matrosen bei einer Fontaine mit Neptun; von W. Kobell ruhende Jäger mit Hunden am Ausgang des Waldes; 12 Marinen von Groensveldt; 4 solche von Zylevelt; der Dorfwundarzt von J. Beckett; Le voyageur refraîchi von Ch. Levasseur; Le repos des faucheurs von Heudelot; die Reiter vor dem Wirthshaus von J. L. Lebas etc.

Dann hat Lingelbach selbst radirt, aber wahrscheinlich nur sehr wenig. Einige legen ihm mit Unrecht die Landschaften des L. Brasser bei, wegen der Aehnlichkeit eines aus L. B. bestehenden Monogrammes, nämlich folgende: 1) Landschaft mit einem Manne, der nach Ruinen zeichnet; 2) Landschaft mit Tobias und dem Engel; 3) Landschaft mit der Findung Mosis; 4) Landschaft mit Ruinen und einer Säule.

In der Geschichte der Kupferstichsammlung zu Copenhagen von Rumohr und Thiele S. 82 werden als eigenhändige Radirungen des Meisters bezeichnet:

1) Bootshafen mit vielem Pfahlwerk, ein Blatt, welches von Rumohr in der kostbaren Sammlung des Prinzen Mitregenten Friedrich von Sachsen sah, und von dem er glaubt, dass es mit dem folgenden in gleicher Grösse sei. R. Weigel sagt in der Anmerkung zu jener Geschichte, dass dieses zufolge einer Nachricht des H. Inspektors Frenzel zu Dresden aus der Sammlung des Kriegsrathes von Blücher stamme, und im Cataloge derselben ist es folgendermassen beschrieben: Theil eines Dammes am Meeresgestade, oben rechts bei einigen Fässern ein sitzender Mann an der Tafel, neben ihm links ein anderer mit Hut und Mantel stehend, in beiden Händen einen Stock haltend. In der Ferne sind einige Schiffe mit Segeln, zwischen welchen einige Figuren hervorblicken. H. 7 Z 3 L., Br. 7 Z. 3 L.

2) Strandgegend mit Thurm, und Fernsicht auf das Meer mit Schiffen, Alles in leichter Andeutung, im Vorgrund ein Lastwagen, denn zwei Männer beladen, während zwei andere Männer Waarenballen von einer Schleife herabheben. Beide Handlungen stehen im wahrsten Zusammenhange, die Gruppirung und allgemeine Disposition ist so glücklich, als die feine Nadel geistvoll und leicht geführt. Der Rand de

Exemplars in der Sammlung zu Copenhagen ist mit Sammlerzeichen gleichsam übersäet, und in der Mitte solcher Buchstaben glauben die Verfasser der erwähnten Geschichte in kritzlichen Zügen: Lin. zu lesen. Plattenrand, H. 7 Z. 2 — 3 L., Br. 4 Z. 9 — 10 L.

Das in dem holländ. Auktionskatalog der gräfl. Fries'schen Sammlung dem Lingelbach beigelegte Blatt: „Eene Italieansche Zeehaven, Zeldzam", soll von A. Storck herrühren, bei Bartsch No. 5. le rivage.

Linger, F. W., Kupferstecher zu Berlin, ein jetzt lebender Künstler, stach bisher mehrere anatomische Darstellungen in Linien- und Punktir-Manier, Vignetten nach L. Wolf und Ramberg etc.

Lingke, Johann August, Maler, wurde 1764 zu Zittau geboren, und sein Vater, der unbekannt ist, ertheilte ihm den ersten Unterricht. Dann kam er zu Schenau nach Dresden, und als er bei Holzer Perspektive und Baukunst studirt hatte, wurde er 1794 an der Akademie zu Dresden als Unterlehrer der architektonischen Zeichnung angestellt. In dieser Eigenschaft lebte er noch 1828. Man hat von diesem Künstler Historien, Genrestücke, Bildnisse und Landschaften in Oel, dann Pastellgemälde. Auch Zeichnungen in Sepia fertigte dieser Künstler.

Linguatesi, Genremaler, der um 1760 lebte. A. Mochetti und Vangelisti stachen nach ihm und J. B. Delera ein Paar Blätter.

Link, s. Linck.

Linke, s. Lingke.

Linkmeyer, Daniel, wird bei Fiorillo irrig D. Lindmeyer genannt.

Linnell, Kupferstecher, der in England lebt. Seine Lebensverhältnisse konnten wir nicht erfahren, nur folgendes Blatt fanden wir ihm beigelegt:

Feeding the rabbits, nach Collins, in schwarzer Manier, 1830.

Lino, Baumeister und Bildhauer aus Siena, Schüler von Giovanni Pisano, richtete im Dome zu Pisa die reich mit Marmor verzierte Capelle ein, in welcher der Leichnam des heil. Raineri ruht, und verfertigte auch das Taufbecken in jenem Dome. Man sieht gegenwärtig noch im Dom zu Pisa ein grosses Relief, die Madonna und den heil. Rainer in Tyrus darstellend, von Lino für diese Capelle gearbeitet. Zu beiden Seiten sind zwei grosse Statuen von Kirchenlehrern von demselben, nicht minder plump wie das Relief ausgeführt. Anmerk. der deutsch. Ausg. Vasari's von Schorn I. 105.

Lino, Girolamo del, ein Künstler, dessen Vasari erwähnt. Der Pisaner Fr. Mazzoli fertigte Zeichnungen für ihn, die er vielleicht in Gemälden ausführte.

Lino, Simon Felice de, Architekt, Schüler von C. Fontana, blühte um 1700. Er war auch im Maschinenwesen sehr erfahren, und ein guter Zeichner. Dann ätzte er auch in Kupfer, wie auf 2 Blättern das schöne Landhaus de Centinale, der Familie Chigi gehörig. V. Mariotti stach nach ihm: Rejouissances pour le retablissement de la santé de Louis XIV. en 1687.

Linot, Mme., Malerin zu Paris, die um 1765 Bildnisse in Pastell malte. Romanet stach nach ihr das Bildniss des Court de Gebelin.

Linsac, Claude Dominique, Zeichner und Stecher, wurde 1749 zu Toulouse geboren, und seine Kunst erlernte er zu Paris beim Goldschmied Auguste. Er stach und punktirte mehrere Vasen und Goldschmiedsverzierungen, dann auch Bildnisse, Blätter von netter Behandlung. Starb gegen das Ende seines Jahrhunderts.

1) Bildniss von P. Camper, Arzt, nach Pujos.
2) Jenes von Friedrich Heinrich von Preussen, mit vier französischen Versen.

Linschooten, Adrian van, Maler, dessen Lebensverhältnisse nicht bekannt sind. Er soll Spagnoletto's Schüler gewesen seyn, und so muss seine Lebenszeit in die erste Hälfte des 17. Jahrhunderts fallen. Descamps lässt ihn um 1590 zu Delft geboren werden, und dann rühmt er seine Geschicklichkeit im Ausdrucke der Leidenschaften. Das Leben brachte Linschooten auf 88 Jahre. Verkulje stach nach ihm die Heiligen St. Peter und St. Paulus.

Ein H. N. Linschooten stach ein Heft mit Costümen von Indianern, Mohren u. s. w.

Linsen, Johann, Maler von Hoorn in Holland, bildete sich in Italien, und auf seiner Heimreise wurde er von den Seeräubern gefangen und geplündert. Doch entkam er glücklich, und diese Geschichte stellte er später in einem Gemälde dar. Linsen malte meistens Historien, um 1635.

Lint, Hendrik van, Landschaftsmaler von Antwerpen, genannt Studio. Hagedorn sagt, dass seine Bilder zu stark nach der Palette riechen, und die Haltung und Färbung seiner Figuren, womit er die Landschaften staffirte, wurde getadelt. Den Beinamen erhielt er in Rom von der Schilderbent.

Lint, Jan van, Eine Person mit J. van Lin.

Lint, Pieter van, Maler, wurde 1609 in Antwerpen geboren, seine künstlerische Bildung aber erlangte er in Rom, wo er zehn Jahre verblieb. Sieben Jahre stand er im Dienste des Cardinals Gervasius, Bischofs von Ostia, wo man drei Altarbilder von seiner Hand findet. In Madonna del Popolo zu Rom malte er die Kreuzkapelle aus. Dann fertigte van Lint auch Bildnisse, und ein Gleiches that er auch in Antwerpen. Da malte er für Christian IV. von Dänemark historische Bilder, aber in der k. Sammlung zu Copenhagen ist nur eines, die Vermählung des Alexander mit der Roxane. Die Bilder, welche er für den König malte, trugen ihm indessen grosse Summen ein. Balliu, P. Jode u. a. haben nach ihm gestochen. Der erstere stach nach seiner Zeichnung Rafael's Heliodor, der Pabst und die Garden fehlen; ferner: Virtutis et vitii lucta; die Erfindung und Erhöhung des Kreuzes; eine heil. Familie. P. de Jode stach das Bildniss des Künstlers. In dem Werke des A. Ciaconi: Vitae et res gestae pontificum romanorum, Cardinalium etc. Romae 1677. 4 Vol. fol. sind Blätter nach seiner Erfindung. Er bediente sich eines Monogrammes, oder der Buchstaben P. V. L., P. v. L. Diese Zeichen findet man auf seinen Gemälden, so wie auf historischen Zeichnungen, die er mit der Feder, in Tusch u. Crayon ausführte.

Lintelo, Andreas, Maler, der um 1707 zu Berlin im Dienste des Hofes stand, sonst aber unbekannt ist. J. D. Lorenz stach ein Devotionsstück nach ihm.

Linthorst, J., Blumen- und Fruchtmaler, wurde 1755 zu Amsterdam geboren, und sein Vater, ein Tapetenmaler, ertheilte ihm Unterricht in gleicher Kunst. Doch brachte es der Sohn zu höherer Vollkommenheit, und seine Bilder befinden sich in verschiedenen Cabineten zu Amsterdam, Haarlingen, Harlem u. s. w.

Im Jahre 1815 starb er in seiner Geburtsstadt.

Lintlemann, G. F., wahrscheinlich Eine Person mit F. Lindemann.

Lintlo, J. F. V., Zeichner oder auch Maler, der um 1625 lebte. Es finden sich historische Zeichnungen von ihm. Im Cabinet Paignon Dijonval war eine solche mit Loth und seinen Töchtern, im Geschmacke Müller's. H. 13 Z., Br. 15 Z.

Lintmeyer, D., s. Lindmeyer.

Linton, Landschaftsmaler zu London, ein Künstler, der zu den ausgezeichnetsten seines Faches gehöret. Seine Bilder aus England und Wales sind lieblich und klar, öfter mit poetischem Sinne erfasst. Dann ist er auch Meister in der technischen Behandlung. Sein Ruf war schon um 1820 begründet.

Linz, Johann, Bildhauer von Trient, genannt Motschon, ein geschickter Künstler, der in Zürich das Bürgerrecht hatte. Für den Brunnen am Rathhause daselbst fertigte er die Statue des Simson, der einen Löwen erwürget, ein Bild, das gegen das Ende des vorigen Jahrhunderts durch die Vergoldung und den Anstrich von Oelfarben vieles verlor.

J. Linz starb 1559 zu Luzern den Tod eines Martyrers, wie Hottinger in der helvetischen Kirchengeschichte angibt.

Lion, Johann de, ein französischer Maler, dessen Vasari erwähnt. Er war in Rom Schüler des Giulio Romano, und nach dessen Zeichnung führte er Gemälde aus. Dann malte er auch nach eigener Composition, immer aber im Geschmacke seines Meisters, so dass man die Werke beider verwechselt haben soll. Dieser Künstler blühte um 1540, zu jener Zeit, als jener räthselhafte Alion lebte, dessen wir im ersten Bande erwähnt haben.

Lion, A., Maler, dessen Lebensverhältnisse unbekannt sind. Er scheint in Amsterdam gelebt zu haben, und zwar um 1628, nach der Jahrzahl eines seiner dortigen Bilder zu urtheilen. Van Eynden etc. erwähnt dieser Werke I. 52.

Lion, Peter, Portraitmaler, der um 1770 lebte. Watson stach nach ihm das Bildniss der Miss Carpenter und ihrer Schwester, und Wille jenes von N. Berrier.

Lion, Cornelius de, Eine Person mit C. Corneille.

Lionard oder Lionart, s. Leonard etc.

Lionardo da Vinci, s. L. da Vinci.

Lionardo da Pistoja, s. Pistoja.

Lionardo, der Beiname eines Malers Pozzuolano.

Lionardo da Milano, s. Milano.

Lionardo de Sarzana, s. Sarzana.

Lione, Andrea di, Maler zu Neapel, war anfänglich Schüler des B. Correnzio, und dann kam er zu A. Falcone, bei welchem er vollkommener wurde. Er malte in seiner frühern Zeit in der Residenz zu Neapel Schlachtbilder in Correnzio's Weise, in der Folge aber nahm er den Falcone zum Vorbilde, das er auf peinliche Weise nachahmte. Starb 1675 im 79. Jahre.

Lione, Onofrio di, der Bruder des Obigen, malte für Kirchen in Oel und Fresco. Er hatte eine fruchtbare Einbildungskraft, aber weniger Correktheit in der Zeichnung als Andrea.

Lione, Nicolo di, s. Leone.

Lione, Modesto, s. Modesto.

Lionetto, s. J. A. Lottini.

Lioni, Ludovico, Ottavio, Pompeo, etc., s. Leoni.

Lionnet, s. Lyonnet.

Liotard, Jean Etienne, Maler und Kupferstecher, ein berühmter Künstler seiner Zeit, wurde 1702 zu Genf geboren und anfänglich zur Handlung bestimmt, allein er fand an der zeichnenden Kunst grössere Lust. Er studirte besonders die Werke des J. Petitot, anfänglich ohne Anleitung, bis er 1725 Gelegenheit fand, in Paris Massé's Schule zu besuchen. Auch der Hofmaler Lemoine war ihm günstig, und der Marquis Puysieux nahm ihn mit sich nach Neapel. Liotard malte da Bildnisse in Pastell und Miniatur, und später that er in Rom ein Gleiches. Er malte da den Pabst und die Familie Stuart, und nach vollendeter Arbeit ging er 1738 mit dem Grafen Lesborough, damaligen Lord Duncannor, nach Constantinopel, um die Bildnisse der dortigen fremden Minister und anderer vornehmen Männer zu malen. Um den Beleidigungen der Türken auszuweichen, zog er türkische Kleider an, liess sich den Bart wachsen, und behielt selbst nach seiner Rückkehr diese Tracht bei, wesswegen er überall der türkische Maler genannt wurde. Nach einem vierjährigen Aufenthalt in Constantinopel berief ihn der Fürst von der Moldau nach Jassy, wo Liotard zehn Monate blieb, und endlich ging er nach Wien, wo ihn Maria Theresia für die Bildnisse der kaiserlichen Familie reichlich belohnte. Er musste auch sein eigenes Bildniss malen, welches in die florentinische Gallerie kam. Von Wien aus begab sich der

Künstler nach Paris, und zuletzt nach England, wo er durch Empfehlung des Lord Edgecumbe und des brittischen Gesandten bei der Pforte, des Sir E. Fawkener, viel Beschäftigung erhielt. Als das Hauptwerk, welches er in London ausführte, erklärt man das Bildniss der Prinzessin von Wales mit ihren Söhnen. Andere bedeutende Sachen kamen in das Cabinet der Grafen von Harrington und Lesborough. Um 1756 begab sich Liotard nach Holland, und hier opferte der türkische Maler seinen Bart dem Hymen, ohne jedoch die orientalische Tracht aufzugeben. Im Jahre 1772 kam er zum zweiten Male nach England, mit einer Sammlung von Gemälden guter Meister, und mit selbst gefertigten Glasmalereien, die nur in dunklen Zimmern grossen Effekt machten. Die englischen Kunstliebhaber kauften diese Curiositäten sehr begierig. Er blieb zwei Jahre in London, während welcher Zeit er zahlreiche Portraite malte, besonders in Pastell. Seine Hauptwerke bleiben aber die Emailbilder, deren einige einen Fuss im Quadrat betragen. Seine Werke werden in Gallerien aufbewahrt. In der Dresdner Gallerie bewundert man z. B. das schöne Wiener Stubenmädchen, von Liotard gemalt, und von B. Noel lithographirt. In seinem Bildnisse herrscht ausserordentliche Naturtreue; er hielt sich so sclavisch an die Natur, dass er selbst nicht einmal die Pockennarben, die Sommersprossen und die Warzen vergass, was man nicht immer wohlgefällig aufnahm. Das Todesjahr dieses Künstlers erfolgte gegen 1790. Littcret, J. C. Reinsberger, Visprö, Schmuzer, J. F. Schmid, Petit, Dupain, Marcenay, Balechou u. a. haben nach ihm gestochen. C. Gregorio stach sein Bildniss in der florentinischen Gallerie.

Liotard hat auch Blätter geätzt, von denen wir folgende erwähnen:

1) Johann Stephan Liotard, mit langem Barte in orientalischer Kleidung, 4.
2) René Herault, Lieutenant-General de Police, fol.
3) Kaiser Joseph II., fol.
4) Ein unbekanntes kleines Bildniss.
5) Die Kaiserin Maria Theresia mit ihrer Tochter im Costume einer Dame von Pera, wie sie Besuch annimmt, kl. fol.
6) Die Erzherzogin Maria, als Dame von Galata, mit ihren Sclaven, kl. fol.

Von diesen Blättern hat Liotard nur die Köpfe gestochen; das Uebrige J. Camerata.

Füssly legt ihm auch etliche Blätter nach Watteau bei, sie gehören aber dem folgenden Künstler an. S. auch Joh. Franz Liotard.

Liotard, Johann Michael, Zeichner und Kupferstecher, der Zwillingsbruder des Obigen, war einer der besten Schüler von B. Audran. Er arbeitete einige Zeit in Paris, und dann lud ihn der englische Consul J. Smith nach Venedig ein, um sieben Cartons von C. Cignani und eben so viele Gemälde nach S. Ricci in Kupfer zu stechen, ein Auftrag, dessen er sich zu voller Zufriedenheit entledigte. Von Venedig begab er sich wieder nach Paris, wo ihm gleicher Beifall zu Theil wurde. Um 1760 kehrte Liotard nach Genf zurück, wo er bald darauf starb.

1) Opus Seb. Ricci Beltunensis absolutissimum, ab J. M. Liotard aere expressum. Venetiis 1743, gr. fol.
2) Monochromata septem C. Cignani. Venetiis 1743. 1) Amor triumphirend über die Welt. 2) Derselbe auf einem Adler mit

35*

dem Blitze. 3) Amors Kampf mit Pan. 4) Apollo u. Daphne. 5) Ariadne und Bacchus. 6) Der Triumph der Venus. 7) Der Raub der Europa. An der Spitze ist Cignani's Bildniss von Wagner, gr. fol.

3) Das Mädchen mit Blumen, Halbfigur nach Watteau, kl. Blatt.
4) Le sommeil dangereux: Somnus periculosus, nach Watteau, qu. fol.
5) Les comédiens français: Galli comoedi, nach demselben, qu. fol.
6) Entretien amoureux, nach demselben.
7) Les deux cousins, nach demselben.
8) La conversation française, nach demselben.
9) Le chat malade, ebenfalls nach Watteau.

Liotard, Johann Franz, wird von Ticozzi irrig der obige J. Etienne Liotard genannt. Dieser Schriftsteller erzählt die Sache etwas anders, und er will wissen, dass Liotard in Constantinopel sogar die Sultaninnen im Serail gemalt habe. Der Marquise Pompadour soll ihr von Liotard gemaltes Bildniss nicht gar sehr gefallen haben, und daher sagte sie zum Künstler, als sie ihm für seine Mühe 100 Louisd'or auszahlte, dass eigentlich der Bart dessen Hauptverdienst sei. Viele Pariser Damen liessen sich von *diesem* bärtigen Türken aus Genf vielleicht aus blosser Neugierde malen. Von Blättern erwähnt Ticozzi noch: La Venere addormentata di Tiziano, la propria figlia (di Tiziano), diversi fiaminghi che fumano. Von dieser ruhenden Venus, von Tizian's Tochter, und von den rauchenden Flamändern haben wir sonst nichts gelesen.

Liottier, Elisabeth Carolina, Kupferstecherin in Crayonmanier, wurde 1763 in Paris geboren, und der Bildhauer Cauvet ertheilte ihr Unterricht. Blätter von ihrer Hand sind in dessen Recueil d'ornemens etc.; auch nach Gibelin etc. stach sie.

Lipari, Onofrio, Maler aus Palermo, der im 18. Jahrhunderte (um 1750) lebte. In der Kirche de' Paolotti zu Palermo ist von ihm das Martyrthum des heil. Oliva. Diesen Gegenstand malte er zweimal.

Lipparini, Ludovico, Historienmaler von Bologna, wurde um 1805 geboren, und von der Natur mit einem Talente begabt, welches ihn zur bildenden Kunst aufforderte. Er widmete sich in Venedig dem Studium der Malerei, besuchte dann Rom, um nach den Meisterwerken jener Stadt seine weitere Ausbildung zu verfolgen, und wie schnell er seinen Zweck erreichte, beweiset der Umstand, dass schon 1824 sein Ruf fest stand, und gegenwärtig zählt man ihn zu den vorzüglichsten italienischen Künstlern unsers Jahrhunderts. Man hat von ihm historische Darstellungen, Bildnisse und Genrestücke, ausdrucksvolle Bilder von kräftiger, klarer Färbung. Als Werke von ausgezeichneter Schönheit rühmt man den Kampf der Horatier und Curiatier im Besitze des Grafen Gualdo zu Vicenza.

Lipparini ist Professor an der Akademie der Künste in Venedig.

Lippert, Philipp Daniel, Zeichner und Bildformer, wurde 1702 zu Meissen geboren, und sein Vater, ein Beutler, bestimmte ihn anfangs zu gleichem Gewerbe, welches dem jungen Lippert indessen so wenig behagte, als das Glaserhandwerk, welches er später ergriff. Seine Neigung zog ihn zur Zeichenkunst, aber ein Heer von Entbehrungen und Hindernissen hatte er zu bekämpfen, bis seine Existenz gesichert ward. Anfänglich war er Zeichenmeister bei der Manufaktur zu Meissen, und dann wurde er Professor der Alterthumskunde an der Akademie zu Dresden. Das Hauptverdienst dieses Künstlers ist die Anfertigung der bekannten Dactyliothek, durch welche Lippert in ganz Europa bekannt wurde. Es sind dieses 3000 Abdrücke nach alten Gemmen aus den vornehmsten Cabineten Europa's, die ein wahres Ideenmagazin für Künstler und Kunstgenossen, und eine Zierde der Sammlungen sind. Die Abdrücke sind in einer weissen, dauerhaften Masse gemacht, von ausserordentlicher Schärfe und Feinheit. Lippert gab 1767 eine eigene Beschreibung von diesen Abdrücken. Die Sammlung ward in drei grosse Foliobände gebunden, und in das mythologische, antiquarische und in das Supplement-Tausend getheilt. Lippert verkaufte die Dactyliothek um 80 — 90 Dukaten, und auch später wurde sie in Auktionen theuer bezahlt. Man konnte sie selten mehr haben, und daher beschloss um 1805 Rabenstein die Lippertsche Dactyliothek abzuformen, was nicht ohne Glück bewerkstelliget wurde, obgleich jene zweite Auflage nicht ganz die Schärfe der ersten hat. Lippert starb 1784. A. Graff hat sein Bildniss gemalt und Geyser dieses gestochen.

Lippert, Joseph, Bildnissmaler, wurde 1764 zu Neuburg an der Donau geboren, und schwächlicher Gesundheit, wie er war, konnte er weder als Bäcker, noch als Tischler ausdauern, was er hätte werden sollen. Endlich schickte ihn sein Bruder, Cammersänger in Berlin, 6 Jahre auf die Akademie der Künste jener Stadt, und hierauf reiste er zu gleichem Zwecke nach Wien. Da lernte er den Maler Geringer kennen, und mit diesem reiste er sieben Jahre herum, bis er sich endlich zu Pressburg in Ungarn niederliess. Um 1812 starb er.

Lippert, Johann, Landschaftsmaler aus Böhmen, der um 1784 auf der Akademie in Wien sich der Kunst gewidmet haben soll. Seiner erwähnt Füssly, Dlabacz kennt aber keinen solchen Künstler.

Lippi, Fra Filippo, Maler, und einer der berühmtesten, welche um die Mitte des 15. Jahrhunderts lebten. Er wurde um 1400 zu Florenz geboren, und schon als Kind wurde er dem Carmeliter-Orden einverleibt. Er trug das klösterliche Gewand, doch mochte er der Welt und ihren Freuden nicht entsagen, und sein Leben war voll manigfaltiger Ereignisse. Im 17. Jahre trieb es ihn in die Welt hinaus, doch bald erwarteten ihn neue Fesseln. Als er sich nämlich mit einigen Freunden an der See ergötzte, wurden sie plötzlich von Seeräubern überfallen und als Sclaven nach der Berberei geführt. Achtzehn Monate trug er hier die Kette, bis er einst seinen Herrn mit der Kohle so sprechend auf die Wand zeichnete, dass dieser ihn freiliess, und nachdem er ihm noch mehreres gemalt, reichlich beschenkt heimsandte. Aber auch die ganze Folgezeit seines Lebens liefert Stoff zu einem Romane, da er fortwährend in Liebesabentheuer verwickelt war. Der Grossherzog Cosmus, für den er arbeiten sollte, musste ihn zuletzt einsperren, weil er lieber den Weibern nachrannte, als malte, aber nach ein Paar Tagen liess er sich an seinen zerschnittenen Betttüchern zum Fenster herunter. Aus dem Margarethenkloster zu Prato entführte er die Lucretia Bruti, eine florentinische Bürgerstochter, und mit dieser lebte er lange zusammen. Ein Sohn, der aus diesem Verhältnisse entsprang, wurde nachmals ebenfalls ein berühmter Maler, Filippino genannt. Dieses Verhältniss gab die Veranlassung zu seinem gewaltsamen Tode durch heimliche Vergiftung von Seite der Verwandten jenes Mädchens. Er starb in Spoleto, und das Carmeliterverzeichniss meldet beim Jahre 1469 seinen Tod. Lorenzo de' Medici liess ihm daselbst im Dome ein schönes Monument setzen, und Angelo Poliziano fertigte die Grabschrift.

Fra Filippo trug das Ordenskleid, wie Angelico da Fiesole; er bildet aber gegen diesen den vollsten Gegensatz. Angelico schwebte nur in höheren Regionen, er schuf himmlische Gestalten, Filippo aber hing den irdischen Freuden nach, und dieses Gefühl spricht sich auch in seinen Gemälden aus, selbst wenn er heilige Gegenstände malte. Er malte liebevoll zärtliche Gemüthszustände; sein Ausdruck ist jener einer weichen Sinnlichkeit, und zuweilen kann man ihn auch derb und gemein nennen, was nicht immer zur Zartheit seiner Aufgabe stimmt. Nur in seinen grösseren Frescomalereien, wo der Gegenstand häufig Handlung und entschlossenes Wirken begehrte, erwachte seine Seele, und dann findet v. Rumohr (Ital. Forsch. II. 296) diese Derbheit unter allen Umständen mehr an ihrer Stelle. Er ist Masaccio's Nachfolger, und diesen Meister copirte er anfangs fleissig und mit Glück, so dass er oft ein neuer Masaccio schien, besonders in kleinen historischen Gemälden, wie Lanzi bemerkt. Auch bei ihm trat das Streben nach charakteristischer Darstellung hervor, doch erreichte er jene ernste Lebenswahrheit, welche in spätern Werken Masaccio's so vollkommen erscheint, nicht in dem Grade, was auch in Bezug auf die so vollkommen ausgebildete Individualität und Kraft der Gestalten der Fall ist. Zuweilen neigt sich Fra Filippo bis an die Grenzen des Manierismus, wie in den Gemälden von St. Maria Novella zu Florenz. Dennoch ist Lippi zu den geistreichsten Nachfolgern des Masaccio zu zählen, und seiner Ungleichheiten ungeachtet, war er bisweilen vortrefflich, nach Rumohr (l. c.) unter allen Umständen seit Angelico unter den florentinischen Malern der erste, welcher es gewagt, über das sinnlich Vorliegende hinauszugehen, und seiner eigenthümlichen Empfindung ihren Lauf zu lassen. Freilich gränzte diese, fährt Rumohr fort, nicht selten an das Gemeine, doch war es eben damals an der Zeit, den florentinischen, meist bei der Charakteristik des Einzelnen verweilenden Malern ein wesentliches Element des malerischen Ausdruckes, die Handlung und den Affekt in Erinnerung zu bringen. Dann rühmt man noch den trefflichen Styl der Gewandung. Hierin liebte er das Gefältelte, hemdartige Krause, immer aber verfuhr er auf wohlgefällige Weise.

Gemälde von diesem Künstler, die schon Vasari bewunderte, und in welchen er in schönem Lichte erscheint, sind in der Chorkapelle der Pfarrkirche zu Prato. Er malte da Darstellungen aus der Geschichte des heil. Stephan und des Täufers Johannes, und in diesen Bildern entwickelte er eine ungewöhnliche Energie der Handlung und des Affektes, wie Rumohr sagt. In der Begebenheit, welche Vasari die Disputa nennt, begleitet diese Stärke eine edle Mässigung und schöne Anordnung. In dieser Kirche ist auch eine Tafel mit dem Tode des heil. Bernhard, deren wesentlichste Verdienste von Rumohr im richtigen Ausdrucke starker und männlicher Affekte erkennt. Andere schon von Vasari ausgezeichnete Bilder in Prato, der Ceppo di S. Francesco di Marco, die Tafel aus S. Margheritta, zu Rumohr's Zeit in der Wohnung des Kanzlers der Ortschaft, und gestochen von Lisinio, gehen nach der Ansicht des Verfassers der italienischen Forschungen über Lippi's Leistungen hinaus.

In der florentinischen Sammlung befinden sich mehrere Staffeleigemälde von Lippi. S. unten die Gemälde des Museums in Berlin. Andere sind in der Kirche S. Maria Novella, in der Sakristei von S. Spirito, in S. Ambrogio und in S. Lorenzo zu Florenz. Die Heilung der Kranken durch Petrus und Johannes, die Taufe und Predigt des heil. Petrus, vier Frescogemälde bei den Carmelitern zu Florenz sind von Lasinio gestochen.

Eines seiner besten Staffeleibilder befindet sich zu Pistoja im Hause des Cav. Bracciolini, dem Erben des Hauses und der Capelle Bellucci, für welche, nach Vasari, dieses Bild gemalt wurde.

Zu Rom sieht man in der Capelle der Familie Caraffa in S. Maria sopra Minerva Bilder von ihm.

In dem Bibliothekgebäude (gli studj) zu Neapel ist von Fra Filippo ein treffliches Bild der Anbetung der Könige.

Seine letzten Gemälde hinterliess er in der Tribune des Domes zu Spoletto, und da war Fra Diamante sein Gehülfe. Er malte die Verkündigung, die Anbetung der Hirten, den Tod und die Himmelfahrt der Maria, oder vielmehr die Krönung derselben vom ewigen Vater. Diese ansehnlichen, sehr rüstigen Malereien sind von fremder Hand übermalt worden, und das best erhaltene ist noch die Krönung Mariä.

Auch in auswärtigen Gallerien sind Bilder von diesem Künstler, namentlich im k. Museum zu Berlin. Da sieht man zwei Madonnen, Bilder von seltener Anmuth, die eine träumerisch, die andere frei nachdenklich vor sich hinblickend. Das kirchlich Feierliche, welches in früheren Darstellungen vorzuherrschen pflegt, hat hier bereits der Naivetät des Lebens Platz gemacht. Die Bilder des Museums bezeichnet Dr. Kugler in der Beschreibung desselben S. 29, und besonders rühmt er ein drittes, welches die Maria in einer fröhlichen Waldlandschaft vorstellt, wie sie das in Blumen liegende Kind anbetet. Zur Seite ist der kleine Johannes, weiter zurück St. Bernhard, in der Höhe Gott Vater, welcher den hl. Geist in einem wundersamen, goldglänzenden Flammenregen herabsendet. Es ist, sagt Dr. Kugler, der geheimnissvolle Geist der Natur, welcher in diesem Bilde zuerst Sprache gewinnt. Die Geberde des Kindes, welches, der Mutter entgegengewandt, die Lippe mit dem Finger berührt, kehrt, nach Kugler's Bemerkung, von dieser Zeit ab häufig in der italienischen Kunst wieder; sie deutet, in einer kindlich zarten Symbolik, darauf hin, dass das Christuskind das „Wort" ist. Eine Wiederholung dieses Bildes von Fra Filippo's Hand befindet sich in der Akademie zu Florenz und bezeugt das eigene Interesse des Künstlers für die anmuthvolle, seinen Zeitgenossen so gänzlich neue Composition. Ein viertes, grösseres Bild, stellt die Maria als Mutter der Gnaden, und unter ihrem weit ausgebreiteten Mantel eine zahlreiche Menge knieend Anbetender dar. Hier tritt, trotz der manigfach charakteristischen Köpfe, die gemeinere Auffassung schon sehr augenscheinlich hervor. Aehnliche Auffassung bemerkt man in einem fünften Bilde mit dem heil. Franz, welcher der heil. Clara mit ihren Nonnen ein Buch überreicht. Der weibliche Ausdruck in den Köpfen hat etwas Naives, klösterlich Gemüthliches.

Auch in der k. Pinakothek zu München sind zwei liebliche Bilder von Filippo: Der englische Gruss in einem Prachtgebäude mit der Aussicht auf einen Garten, lebensgrosse Figuren; die Maria mit dem Jesuskinde auf dem Schoosse, von grosser Zartheit des Ausdruckes; im Grunde Landschaft.

Lippi, Filippino, Maler, der Sohn des durch seine romantischen Schicksale bekannten Fra Filippo Lippi, wurde 1460 geboren, und Sandra Boticelli war sein Meister, wie uns Vasari versichert. Diesem Meister war er von früher Jugend an zur Seite; auch nach Rom begleitete er ihn, um demselben bei seiner Arbeit in der Sixtina zu unterstützen. In dieser Stadt bekümmerte sich Filippino auch sehr um die Ueberreste des Alterthums, und B. Cellini behauptet in seiner Selbstbiographie, mehrere Bücher gesehen zu haben, in welchen dieser Künstler schönes, altes römisches Geräth abgezeichnet hatte. Vasari hält ihn für den ersten, der die neue Malerei mit Grottesken, Trophäen, Rüstungen, Gefässen, Gebäuden und Kleidern in alterthümlichem Geschmack bereichert habe, worin ihm Lanzi nicht beistimmen kann, da bereits Squarcione dies viel eher gethan. Wahr aber ist, dass er in solchen Verzierungen, wie in der Landschaft und allen Kleinigkeiten, ausgezeichnet ist. Die Blüthezeit dieses Künstlers fällt gegen das Ende des 15. Jahrhunderts, und 1505 beschloss er, nach Vasari's Angabe, ein Leben, welches reiner war, als jenes seines Vaters.

Man findet von diesem Meister noch verschiedene Gemälde, sowohl in Fresco, als Altar und Staffeleibilder. Eine besondere Aufmerksamkeit verdienen seine Fresken der Kapelle Strozzi in St. Maria Novella zu Florenz, wo er 1486 auf der einen Seite den Evangelisten Johannes malte, wie dieser die Drusina vom Tode erweckt, und auf der andern Philippus den Apostel darstellte, der aus dem Götzenbilde des Mars einen Dämon austreibt. Letzteres Bildniss ist von Vascellini für Lastri pittrice XXVII. gestochen. B. von Stackelberg hat von Filippino's Gemälden in St. Maria Novella treue Nachbildungen gegeben, und von diesen heisst es in Böttiger's artistischem Notizenblatte 1830 No. 1, dass es sich daraus zeige, dass die Werke dieses Künstlers nicht blos Spiegelbilder, sondern Wiederscheine von Naturanschauungen aus der Tiefe eines klaren Geistes sind. Wer, wie Fiorillo, dieses Meisters Schätzung darauf beschränkt, dass er ein geschichtlich richtigeres Costüm in der Malerei beobachtet hätte, als seine Vorgänger, oder in ihm nur den Portraitisten verehrt, fasst offenbar nicht den innern Gehalt und Werth Filippino's.

Auch von Rumohr (Ital. Forsch. 246 ff.) verbreitet sich über das Verdienst und die Werke dieses Meisters. Filippino, sagt dieser Schriftsteller, war wohl ein grosses, doch leichtes und flüchtiges Talent, dem es nicht immer mit seiner Aufgabe so ganz ein Ernst war, wesshalb ihm in seinem fruchtbaren Künstlerleben nicht Alles gleichmässig gelungen ist. Was Masaccio erstrebte, Schattengebung und Rundung, eben was dieser nicht so ganz erreichte, war dem Filippino bereits ein leichtes Spiel. Die Landschaften und Hintergründe behandelte er mit Leichtigkeit und Geschmack, mit der Gewandung aber verfuhr er späterhin bis zum Geschmacklosen willkührlich. Er neigte sich zu kleinlichen und bauschigen Brüchen und jenem flüchtigen, sich schlängelnden Auftrage der Faltenlichter, welche seine späteren Arbeiten nicht wenig entstellen. So urtheilt von Rumohr, er gesteht aber dem Künstler unstreitig mehr Geschmack und ein edleres Naturell zu, als seine Vorgänger Sandro Botticelli und Fra Filippo hatten. Wo Filippino seiner Flüchtigkeit nicht nachgegeben und mit Studium und Nachdenken gemalt hat, übertraf er nach Rumohr jeden seiner Zeitgenossen, vornehmlich in der allgemeinen Anordnung und in der Form seiner Köpfe. In seinen schönern Jahren suchte er dem Masaccio die Feier und Einheit seiner Anordnung abzugewinnen, was nach v. Rumohr Lippi's Arbeiten in der Capelle Brancacci bei den Carmelitern zu Florenz beweisen. Hier malten auch Panicale und Masaccio, und Filippino's Werk, das viele Jahre als jenes des Masaccio ausgegeben und in Kupfer gestochen wurde, ist Petrus und Paulus vor dem Proconsul. In seinen besten Madonnenköpfen erreichte er eine Schönheit des Profils, welcher wenige unter den neuern Malern gleichgekommen sind. Hieher zählt von Rumohr das wunderschöne Tabernackel nächst St. Margheritta zu Prato, und viele andere seiner mehr beendigten Madonnen, als deren zarteste und lieblichste der erwähnte Schriftsteller jene im Besitze der Freifrau v. Humboldt erklärt. Hingegen vermisst von Rumohr in anderen Arbeiten dieses Künstlers, in der erwähnten Capelle Strozzi, in der Capelle der Minerva zu Rom, wo Filippino die Himmelfahrt und einige Scenen aus Thomas von Aquino Leben malte, — in einigen Tafeln, welche man in der öffentlichen Gallerie zu Florenz sieht, besonders in der Anbetung der Könige in der Scuola toscana, welche nach Rumohr's Behauptung dort irrig dem Ghirlandajo beigelegt wird, in der Tafel der k. Gallerie zu Copenhagen und in andern häufigen Werken aus Lippi's reiferem Alter, eben so wohl das Vermögen einer geistreichen und völligen Auffassung der Aufgabe, worin er im Bilde der Capelle Brancacci den Zeitgenossen Rafael's den Weg gewiesen, als andererseits den feinen Formensinn der bessern Madonnen.

In deutschen Gallerien findet man nirgend mehrere Bilder von diesem Meister, als im k. Museum zu Berlin, und über diese verbreitet sich Dr. Kugler in der Beschreibung des Museums S. 32 ff. Drei Madonnen geben nach Kugler Belege für die allmählige Fortbildung des Künstlers und seiner Zeit. Die eine, von überaus mildem, zartem Charakter, zugleich noch von einer gewissen Schwäche der Gestaltung, lässt den noch jugendlichen Künstler erkennen, erinnert auch in den Zügen des Gesichts noch an Sandra Botticelli's Vorbild. Die zweite zeigt das Bestreben nach einer grössern Energie in den Formen, was aber, bei noch nicht genügenden Mitteln, manches Ungeschick in der Bewegung, besonders des Kindes, zur Folge hat. Die dritte hat bereits ungleich mehr Modernes; das Kind, freilich sehr derb, bewegt sich frei; das Ganze füllt den Rahmen in wohlabgewogener Weise. Die, bei grossartiger Anlage, doch schwer gefaltete Gewandung der Madonna ist dem Künstler eigenthümlich. Ein grösseres Altargemälde stellt den gekreuzigten Heiland und, zu den Seiten des Kreuzstammes knieend, den heil. Franziscus und die heil. Jungfrau dar. Sind hier die beiden erstgenannten Gestalten durch eine unerfreuliche Dürre weniger anziehend, so ist dagegen die Gestalt der Maria von grosser Schönheit und Würde, ihr zum Kreuze emporgerichtetes bleiches Gesicht, welches man im Profil sieht, von unendlich rührendem Ausdrucke. Es sind dieselben edlen Züge, die mehrfach aus Filippino's Frescomalereien hervorleuchten. Dann ist von diesem Meister auch ein Portrait im Museum, leicht, aber sehr geistreich und kräftig gemalt, mit dem vollen Ausdrucke einer bestimmten Individualität. Dr. Kugler möchte es, der Art und Weise der Auffassung nach, für des Künstlers eigenes Bild halten.

Lippi, Francesco, ein geschickter Goldschmied, Fra Filippo's zweiter Sohn. Seiner erwähnt B. Cellini in der Selbstbiographie.

Lippi, Giacomo, Maler von Budrio, und daher Giacomone da Budrio genannt. Schüler von Ludovico Carracci. Lanzi heisst ihn einen denkwürdigen Maler, in jeder Gattung von Malerei kunstgewandt und behend. In der Halle der Nunziata zu Bologna sind Gemälde von ihm. Blühte um 1600.

Ticozzi verwechselt ihn mit dem folgenden Künstler.

Lippi, Lorenzo, Maler und Dichter, der Freund Salvator Rosa's, der ebenfalls die Zeit zwischen Malerei und Poesie theilte. Lorenzo's komisches Gedicht: Il Malmantile racquistato, ist zwar weniger gelesen als Salvator's Satyren, aber zierlicher, und mit den anmuthigen Florentinismen durchwebt, welche Italiens attisches Salz sind. Als er sich in seiner Schule nach einem Vorbild umsah, wählte er nach seinem Sinne Santi di Tito, denn, behauptet Lanzi, einem Dichtergeiste sagte ein gemüthlicher, und einem Schriftsteller in so vollendeter Sprache ein in der Zeichnung so correkter Maler am meisten zu. Lorenzo erwarb sich aber ein stärkeres Colorit, und in der Gewandung folgte er einigen Lombarden und Baroccio. Er bildete die Falten in Papier vor, wesshalb sie auch etwas papierartiges haben. Die Feinheit des Pinsels, die Vertreibung, der Einklang der Farben, der gute Geschmack, mit einem Worte, sagt Lanzi, Alles beweiset, dass er ein *schönes* Naturgefühl, wie wenig seiner Zeitgenossen, hatte. Meister Rosselli selbst bewunderte ihn, und er sagte offenherzig: Lorenzo tu ne sai più di me (Lorenzo, du kannst mehr als ich). Seine Gemälde sind in Florenz nicht selten. Zu seinen besten Arbeiten gehört ein Gekreuzigter in der königl. Gallerie, und die Familie Arrighi hat von ihm einen heil. Franziscus Xaver, der das Crucifix, welches er ins Meer hatte fallen lassen, durch einen Krebs erhält. Baldinucci preiset das Gemälde mit dem Triumph David's, gemalt für Angiol Galli, der seinen Erstgebornen im Sohne Isais sehen wollte, und seine andern sechzehn Kinder in den Jünglingen und Jungfrauen malen liess, welche mit Gesang und Spiel den Sieger und die Freiheit Israels feiern. Lorenzo's Grundsatz war zu dichten, wie er sprach, und zu malen, wie er sah. Im Pallaste *Ruccellai* zu Florenz ist das Bild mit Orpheus am Felsen, welches Lasinio und Cecchi gestochen haben, und das Bild eines jungen Mannes mit einer Schüssel am Tisch stehend, hinter ihm ein Krieger, bei der weisen Bruderschaft S. Benedetto zu Venedig befindlich, hat Vascellini gestochen.

Sein Werk könnte auch das grosse Bild mit der heil. Jungfrau, St. Franz und St. Antonius, im Chore der Kapuziner Kirche zu Innsbruck seyn. Vorn ist ein Engel mit der Laute angebracht, was sich auf das Dichtertalent Lippi's beziehen könnte. S. Bote von Tirol 1815, Nr. 28. Lorenzo war in Innsbruck, da ihn die Herzogin Claudia von Medici von Paris aus dahin berief, er lebte aber nur sechs Monate in Innsbruck, bis die Erzherzogin starb. Er las ihr Strophen aus seine Gedichte vor, und dieser Herzogin dedicirte er später das Werk. Der Künstler starb 1664 im 58. Jahre.

M. A. Corsi stach sein Bildniss.

Lippi, Annibale, Architekt zu Rom um die Mitte des 16. Jahrhunderts. Er fertigte Plane zu Gebäuden, und auch als Decorateur hatte er Ruf. Der Cardinal Giov. Ricci von Monte-Pulciano liess durch ihn die Villa Medici auf Trinità de' Monti auszieren, und dieser Pallast wurde 1580 in Kupfer gestochen. Der von ihm erbaute Pallast Salviati alla Longara zu Rom ist durch einen Stich von 1557 bekannt.

Lippi, Claudio, Baumeister von Carravaggio, der um 1550 blühte. Einige legen ihm den Bau des Palazzo Durazzo in Rom bei, während andere den B. Ammanatti als Baumeister nennen.

Lippo, florentinischer Maler, wurde um 1354 geboren, und nach Vasari's Angabe soll er ein Schüler des Giottino gewesen seyn, was jedoch ein Irrthum ist, indem Giottino 1356 schon todt war. Lippo gab seinen Werken Abwechslung und Leben, und war der erste, der, wie Vasari versichert, mit den Figuren so zu sagen spielte, und die Geister derer, welche nach ihm kamen, hiezu erweckte; denn vor ihm war diess nicht geschehen, ja kaum angedeutet worden. Lippo malte zu Florenz, Arezzo, Bologna und anderwärts, aber schon zu Vasari's Zeit war der grösste Theil seiner Werke zerstört. Er arbeitete auch in Musaik.

Lippo war zänkischen Gemüthes, und starb daher keines natürlichen Todes. Er wurde 1415 erdolcht.

Mit diesem Künstler, dessen Leben Vasari I. 391. deutscher Ausg. beschreibet, ist Lippo Dalmasio und jener Lippo nicht zu verwechseln, der ein Schwager des Simone Martini war, und von welchem Vasari I. 262. 271 handelt. Noch ein vierter Lippo war der Sieneser Maler Lippo Vanni.

Lippo, Andrea di, Maler, dessen im Discorso accademico su la storia litt. di Pisa beim Jahre 1336 erwähnt wird. Er könnte mit jenem Andra da Pisa, der 1316 den Dom zu Orvieto schmückte, Eine Person seyn.

Lippo dalle Madonne, s. L. Dalmasio.

Lippold, Franz, Bildnissmaler von Hamburg und Schüler des berühmten B. Denner. Er malte an verschiedenen deutschen Höfen, und zuletzt liess er sich in Frankfurt am Main nieder, wo er Gelegenheit fand die höchsten Häupter zweier kaiserlichen Familien zu malen. Mehrere seiner Bildnisse wurden gestochen, von Preisler, Vogel, den Haid etc.

Lippold starb 1768, beinahe 80 Jahre alt.

Lips, Johann Heinrich, Zeichner und Kupferstecher, geb. zu Kloten bei Zürich 1758, gestorben zu Zürich 1817. Als der Sohn eines Chirurgen sollte er gleiches Fach ergreifen; allein er empfand grössere Lust zur zeichnenden Kunst, und der Prediger des Ortes machte ihn daher mit Lavater bekannt. Unter der Leitung dieses berühmten Mannes machte Lips bald die erfreulichsten Fortschritte, und der Verfasser der physiognomischen Fragmente war es, dem Lips Zeitlebens verpflichtet blieb. Er unterstützte den jungen Künstler so lange, bis sein äusseres Glück gegründet war, und bei seinem 1801 erfolgten Tod arbeitete ihm Lips aus Dankbarkeit im Stiche ein Denkmal aus.

Doch blieb Lips nicht immer in Zürich; 1780 besuchte er die Akademie in Mannheim, um nach Gypsabgüssen zu zeichnen, und nach einem halben Jahre begab er sich nach Düsseldorf. Hier stach er sein erstes grosses Blatt: die Marter des heil. Sebastian nach Van Dyck, und dieses Blatt fand man so musterhaft, dass ihm die Akademie mehr als 600 fl. für die Platte bezahlte. Durch die Zeichnung mit Antiochus und Stratonice machte er sich des ersten Preises würdig, doch konnte er als Fremder die goldene Medaille nicht erlangen und man ertheilte ihm dafür das Diplom eines akademischen Mitgliedes. Im Jahre 1783 ging er nach Rom, wo er den Stich seines Bacchanals nach Poussin vollendete, und 1785 war er bereits wieder in Zürich. Jetzt versuchte er sich auch in der Malerei, und die Bildnisse Lavater's und seines Sohnes gelangen ihm sowohl, dass er fortan die Malerei zum Hauptfache wählen wollte, wozu ihn auch der berühmte A. Graff ermunterte. Desswegen reiste er 1786 zum zweiten Male nach Rom, um sich in der Malerei auszubilden, ergriff aber die Aquarellmanier, welche damals in Rom besonders Mode war. Er malte historische Darstellungen nach berühmten früheren Meistern, und nach eigener Composition, fleissige Bilder, aber von etwas trübem Colorite. Mittlerweile zwangen ihn widrige Umstände, sein Lieblingsfach hintan zu setzen, und den Grabstichel wieder zu ergreifen, und sein Marius war das erste wieder rein und kräftig gearbeitete Blatt. Damals ward ihm seine Bekanntschaft mit Göthe zum Nutzen; auf Verwendung jenes grossen Geistes erhielt er 1789 die Stelle eines Professors an der Zeichnungs-Akademie in Weimar, die er bis 1794 bekleidete. Jetzt riethen ihm die Aerzte zur Herstellung seiner Gesundheit ins Vaterland zurückzukehren, und er wurde wirklich gesund. Von nun an blieb er für immer in Zürich, wo er eine grosse Anzahl von Werken lieferte, Stiche und Handzeichnungen. Seine Stiche belaufen sich auf 1447 Blätter, und selbst die kleinsten sind mit Liebe behandelt. Es sind dieses historische und mythologische Darstellungen, Studien nach der Antike, Bildnisse merkwürdiger Personen, Köpfe, Ansichten aus Italien und der Schweiz, Titelkupfer, Vignetten nach berühmten alten und neuen Meistern. Diese Blätter sind in verschiedenen Sticharten ausgeführt, grösstentheils jedoch mit dem Grabstichel fleissig vollendet, in verschiedenem Formate, klein und gross, in Abdrücken vor und mit der Schrift.

Er zierte Göthe's und Wieland's Werke, die Messiade von Lavater, Almanache und andere Bücher. Sein letztes Blatt ist die Anbetung der Hirten, nach A. Carracci.

1) Die Marter des heil. Sebastian, nach Van Dyck, gr. fol. *Im ersten Drucke vor der Schrift und ein Hauptblatt.*

2) Maria mit dem Jesuskinde, nach Rafael, kl. fol. Ein vorzügliches Blatt.

3) Rafael Sanzio, nach dem berühmten Bilde in München, 4.

4) Die Anbetung der Hirten, nach Annib. Carracci, fol. Vorzügliches Blatt, im Mus. français.

5) Ein Bacchanale, fête de Bacchus, nach Poussin, treffliches Blatt, gr. qu. fol.

6) Die holländische Köchin, nach G. Dow. Treffliches Blatt, im Mus. Napoleon.

7) Herkules zwischen der Tugend und dem Laster, R. Strange del., gr. 4.

8) — 11) Die vier Tagszeiten, schöne Aquatintablätter, nach eigener Erfindung.

12) Marius im Gefängnisse spricht mit den Soldaten, die ihn zu tödten kommen, nach Drouais, gr. qu. 4.

13) Abschied des Nikolaus von der Flue, nach Volmar's Gemälde im Besitze der Cantons-Regierung von Unterwalden. Ein Hauptblatt.

14) — 15) Zwei Darstellungen aus den Niebelungen nach P. v. Cornelius, Imp. fol.

16) Christus segnet die Kinder, nach eigener Zeichnung, 1807.
17) — 18) Hoffnung und Wiedersehen, zwei schöne Aquatintablätter, oval.
19) Der Abend, in Aquatinta, 1793.
20) Die Nacht, das Gegenstück.
21) Polyphem mit der Schalmei am Meere, Aquatinta.
22) Der reitende Schneider, Carrikatur.
23) Das Alpenhirtenfest im Bern'schen Oberland, 1805. Neujahrsgeschenk.
24) Der Landsturm, nach König.
25) Ich will dein Vater seyn, nach B. Six.
26) Lavater's Denkmal.
27) Das Bildniss Göthe's, 1792, fol.
28) Jenes von Wieland, 1793, fol.

Es sind dieses zwei seiner besten Bildnisse, nach eigener Zeichnung.

29) Emanuel Sieyes, 1795. Titelkupfer, 8.
30) Johann Caspar Lavater, nach Schmoll, für dessen Physiognomik, 8.
31) Johann Georg Hamann.
32) Emanuel Bach.
33) Johann Friederich Herder.
34) Catharina II. von Russland.
35) Louise, Landgräfin von Hessen, nach Holling.
36) Johann Georg Zimmermann, nach Ganz.
37) Kopf der Vatermörderin Cenci, nach C. Dolce.
38) Heinrich Escher, nach Schmoll.
39) Jupiter, Halbfigur.
40) Ein Christuskopf, nach Mengs.

Diese Blätter von Nr. 30 an sind in Lavater's Physiognomik.

41) Das Bildniss von Thomas Morus, fol.
42) Das Bildniss von Reinhold, nach eigener Zeichnung, 1793.
43) Erzherzog Carl von Oesterreich.
44) Maximilian I., Büste in Oval.
45) Der russische Marschall Suwarow.
46) Der österreichische General Hotze, alle drei von 1792.
47) Dr. Rahn in Zürich, nach Macco, 1800.
48) David Wys, Bürgermeister von Zürich, nach Diogg.
49) Heinrich Kilchsperger, Bürgermeister in Zürich, nach Oelenhainz.
50) Das Bildniss von Lavater, 12.
51) Jene des Antistes Ludwig Hess, 12.
52) S. Gessner, vor Hottinger's Biographie desselben.
53) Salomon Semmler, Büste nach Beyel, 12.
54) Christian Garve, nach A. Graff.
55) Friedrich II. nach Chodowiecky.

Die Portraite im Nachtrage zu Füssly's schweizerischer Kunstgeschichte, als:

56) J. Michael Hunger.
57) Peter Ligarius.
58) D. A. Fossati.
59) Emanuel Witz.
60) Joh. Melchior Würsch.
61) Caspar Wolf.
62) Benedikt Alfons Nicolet.

63) J. Kaspar Schwendimann.
64) J. Friedrich Funk von Nydau.
65) Baltasar Anton Dunker.
66) Alex. Trippel.
67) Heinrich Pfenninger.
68) Felix Cajetan Fuchs.
69) Heinrich Rieter.
70) Heinrich Boltschausser.
71) Johann Heinrich Lips.
72) Bildnisse zu den Neujahrsstücken der Künstlergesellschaft in Zürich.

Lips, Johann Jakob, Zeichner und Kupferstecher, wurde um 1790 in Zürich geboren, und sein Vater Heinrich unterrichtete ihn in den Anfangsgründen der Kunst. Später besuchte er die Akademie der Künste in München, wo der junge Lips so bedeutende Fortschritte machte, dass er schon 1814 den Ruf eines geschickten Künstlers behauptete. Im Jahre 1818 kehrte er wieder in die Heimath zurück, und da war er bis an seinen 1835 erfolgten Tod thätig.

Lips zeichnete sehr schön mit der Feder, in Tusch, in schwarzer und rother Kreide, er fertigte selbst auch die Zeichnung zu vielen seiner Blätter, und andere stach er nach Kellerhoven, Diogg, Usteri, Langer u. a. Es sind dieses Historien, *Portraits* und Genrestücke, Grabstichelversuche und Imitationen nach berühmten älteren Stechern. Das Frauentaschenbuch, das rheinische Taschenbuch u. a. haben schöne Blätter von ihm aufzuweisen. Diejenigen, welche ihn vortheilhaft bekannt machten, sind die Bildnisse des Kronprinzen von Bayern und des Dichters Hebel, und der Johannes nach G. Romano.

An diese Blätter reihten sich verschiedene andere, die einen tüchtigen Künstler verkünden.

1) Kronprinz Ludwig von Bayern als Generalissimus der königl. bair. Landwehr.
2) Oberkirchenrath und Professor Hebel.
3) Bildniss des Dr. Marcus, für dessen bei Kunz in Bamberg erschienene Biographie, von sprechender Aehnlichkeit und kräftig behandelt.
4) Johannes Kopf, nach Rafael.
5) Johannes der Täufer in der Wüste an der Quelle sitzend, nach G. Romano's Bild in der königl. Pinakothek zu München.
6) Der Heiland mit seinen Schülern, in Prof. Weber's Buch: die Lichter.
7) Die Salbung David's.
8) Die Scheidung des Lichtes.

Diese beiden Blätter vervielfältigen zwei Darstellungen aus Rafael's Bibel, in de Wette's Uebersetzung der Bibel.

9) Gruppe einiger Camacans im Walde, in des Prinzen Maximilian von Neuwied Reise in Brasilien.
10) Die Heilung des Blindgebornen durch Christus, nach R. von Langer. Ein sehr schönes, zart behandeltes Blatt, fol.
11) Tell nach dem Apfelschusse in Altdorf, nach L. Vogel's schönem Gemälde mit C. Gonzenbach gestochen, gr. fol.

Lipsdorf, Eduard, Kunstliebhaber in Berlin, malt Landschaften in Oel und Architekturstücke. Man sah schon 1828 bei Gelegenheit der Kunstausstellung in Berlin Bilder von ihm.

Lirios, Ventura, s. V. Ligli.

Lironi, Johann Peter, Bildhauer von Varallo, arbeitete zu Rom Verzierungen in Gyps, Holz und Marmor. Auch im figürlichen Fache war er erfahren. Zu Castel St. Pietro zeigt man von ihm eine Darstellung der Himmelfahrt Mariä als ein seltenes Kunstwerk. Starb 1692 im 68. Jahre an Gift. Jüngere Bildhauer dieses Namens von Varallo, Peter und Joseph Lironi, arbeiteten zu Como. Von dem ersteren sind da einige schöne Standbilder und von letzterem eine Madonna an der Façade von S. Maria Maggiore zu Rom.

Lironi, Peter und Joseph, s. den obigen Artikel.

Lis, s. Lys.

Lisaert, Philipp, Maler, dessen Lebensverhältnisse unbekannt sind. Er malte Historien und Landschaften, Bilder, die vielleicht unter anderem Namen gehen. Dieser Lisaert erscheint 1549 als Mitglied der Bruderschaft des heil. Lucas in Antwerpen, und noch 1580 wird er im Verzeichnisse der Mitglieder derselben genannt.

Ein Peter Lisaert wurde 1578 als Mitglied der Gesellschaft eingeschrieben.

Lisaert, Peter, s. den obigen Artikel.

Liscewska, s. Liscewsky.

Liscewsky oder Lisicuwsky, Georg, Maler, wurde 1674 zu Olesko in Polen geboren, und anfänglich sollte er unter Eosander der Baukunst sich widmen. Eosander bemerkte aber in ihm ein grösseres Talent zur Malerei, und somit übergab er den jungen Liscewsky einem geschickten Maler zur Ausbildung. Später wählte er Berlin zu seinem Wohnsitze, und da gründete er als Bildnissmaler seinen Ruf. Er malte einzelne Bildnisse und Familienstücke. J. M. Bernigeroth stach nach ihm das Bildniss des Prinzen Friedrich von Anhalt, und Rosbach jenes des Prinzen Friedrich von Hessen-Cassel. Starb 1746.

Liscewsky, Georg Friedrich Reinhold, Maler und Sohn des Obigen, wurde 1725 zu Berlin geboren, und schon in seinem 27. Jahre kam er in Dienste des Hofes zu Dessau. Hier malte er neben andern auch das Bildniss des Prinzen Eugen von Anhalt, welches in der Gallerie zu Dresden aufbewahrt wird. Der Prinz sitzt zu Pferd, und man sagt, er habe sich mehr als vierzig Mal in dieser Position gezeigt, und das Pferd sei darüber toll geworden. Um 1768 malte der Künstler in Dresden viele Bildnisse, 1772 ging er nach Berlin, 1779 wurde er Hofmaler des Herzogs von Mecklenburg-Schwerin, und in dieser Eigenschaft starb er 1794 in Ludwigslust.

Dieser Künstler hatte als Portraitmaler Ruf, und man zählte ihn unter die ersten Künstler seines Faches. Er brachte gerne Nachtbeleuchtung an. D. Berger, B. Bause, J. M. Bernigeroth, C. F. Boetius u. a. haben nach ihm gestochen.

Liscewsky od. Liscewska, Anna Rosina, Malerin, Georg's ältere Tochter, wurde 1716 zu Berlin geboren, und der Vater ertheilte ihr Unterricht in einer Kunst, die ihr Ruf erwarb. Schon im zehnten Jahre malte sie Bildnisse, und im vierzehnten portraitirte sie die Fürstin von Anhalt Zerbst zu Stettin, wohin sie den Vater begleitet hatte, da dieser an ihr eine gute Stütze fand. Dem Vater zu lieb schlug sie 1734 eine Stelle in Dresden aus, 1741 heirathete sie aber den Maler David Matthiä. Dieser starb 1755, und im folgenden Jahre begab sich die Künstlerin nach Zerbst, um daselbst für einen Saal: Salon des beautés genannt, Bildnisse von schönen Damen zu malen. Es sollten deren 72 werden, Liscewska brachte aber nur einige 40 zusammen, immer genug für *einen* so kleinen Hof.

Im Jahre 1760 heirathete sie den Assessor H. von Gasc; nach vier Jahren wurde sie mit einer ansehnlichen Pension nach Braunschweig berufen, um die Bildnisse der herzoglichen Familie zu malen, nach einiger Zeit besuchte sie Holland, und 1769 wurde diese Künstlerin Mitglied der Akademie in Dresden. Im Jahre 1783 starb sie.

Liscewska malte eine unzählige Menge Bildnisse, auch Historien in Oel und Pastell. Besonders zeichnet sich das Bildniss des Abtes Jerusalem aus; auch ihr eigenes Familienbild wird gerühmt, so wie das einzelne Bildniss der Künstlerin aus der Gallerie von Salzdahlum.

J. Haid, J. E. Gerike u. a. haben nach ihr gestochen.

Liscewsky oder Liscewska, Anna Dorothea, Malerin, die Schwester der Obigen, wurde 1722 zu Berlin geboren, und vom Vater in der Kunst unterrichtet. Auch diese Künstlerin fand mit ihren Werken Beifall, selbst in Paris, wo ihr 1767 die königl. Akademie die Thore öffnete. Sie heirathete einen gewissen Therbusch, und daher wird sie auch A. D. Therbusch genannt. Starb 1782.

Liscewska malte Bildnisse und Historien; mehreres für Friedrich den Grossen und für den russischen Hof. J. V. Kaupertz stach ihr Gemälde der Artemisia.

Liscewsky oder Liscewska, Friederika von, Malerin, wurde 1772 zu Berlin geboren, und ihr Vater G. F. R. Lisce*wsky* gab ihr Unterricht in der Malerei, wozu sie, besonders für das Bildniss, frühzeitig Talent verrieth. Im Jahre 1792 besuchte sie Berlin, und da lieferte sie eine Reihe von Bildnissen hoher Herrschaften, auch Genrestücke und einzelne Figuren, und dieses Alles mit solchem Beifalle, dass schon damals die Akademie ihr das Diplom der Aufnahme überreichte. Bei dieser Gelegenheit malte Liscewska das Bildniss ihres Vaters, welches man als eines ihrer gelungensten bis dahin erschienenen Bilder erklärte. Einige ihrer Genrebilder erwarb der Herzog von Mecklenburg-Schwerin, die andern gingen in den Privatbesitz über, doch ist die Zahl ihrer Bildnise die grössere. Bei Gelegenheit der Kunstausstellungen in Berlin konnte man sich von ihrer Kunst überzeugen, und noch 1838 war diese Künstlerin thätig. Damals lebte sie in Wismar und sie fuhr noch immer fort Genrestücke und Bildnisse zu malen.

Liscewsky oder Liscewska, Julie de, Malerin, eine Tochter des Georg Liscewsky, malte ebenfalls Bildnisse und Genrestücke. Sie stellte öfter Mädchen und Frauen in verschiedenen Handlungen dar.

Diese Künstlerin starb 1794 zu Ludwigslust, im 70. Jahre.

Liscornet, Jakob, Maler von Danzig, der in der ersten Hälfte des 17. Jahrhunderts lebte. Er malte Historien, in einer leichten und guten Manier, wie Füssly sagt. Starb 1646.

Lisfrink, s. Liefrink.

Liscot, s. Haudebourt-Lescot.

Lisebetten, Peter van, auch Lisibetius und Leysebeten, Kupferstecher, wurde um 1610 in den Niederlanden geboren. Sein Meister ist unbekannt, was gerade kein grosser Verlust, da Lisebeten selbst kaum zu den mittelmässigen Künstlern zu zählen ist. Indessen stach er nach guten Meistern, und so sind auch seine Blätter von einigem Werthe. Die meisten sind in dem Cabinet de l'Archiduc Leopold, welches unter Aufsicht des D. Teniers herauskam. Dann haben wir von diesem Künstler noch verschiedene andere Blätter. Sein Todesjahr ist unbekannt.

1) Maria sitzend, mit dem Kinde auf dem Schoosse, nach J. Bellini, gr. 4.
2) Eine liegende Nymphe in einer Landschaft, nach demselben, kl. qu. fol.
3) Die heil. Familie, nach Titian, gr. 8.
4) Maria von Heiligen umgeben, nach Titian, gr. qu. 8.
5) Christus mit den Jüngern in Emaus, nach Titian, gr. qu. 8.
6) Aktäon
7) Danae
8) Amor
9) Der Hirt und die Nymphe } nach Titian, 4. und qu. kl. fol.
10) Moses schlägt an den Felsen, nach F. Primaticcio, kl. fol.
11) Christus am Oelberge.
12) Die Versuchung Christi.
13) Der Leichnam des Herrn auf dem Schoosse der Maria, alle nach Tintoretto, 4.
14) Adam und Eva, nach P. Bordone, gr. 4.
15) Die heil. Familie, nach demselben, gr. 8.
15b) Amor reicht der Venus unter dem Baume eine Frucht.
16) Venus und Adonis von Amor gekrönt.
17) Der Hirt und die Nymphe, alle nach P. Bordone, gr. qu. 8.
18) Die heil. Familie mit der Elisabeth, welche das Kind küsst, nach A. Schiavone, kl. qu. fol.
19) Maria mit dem Kinde und Johannes in einer Landschaft, nach P. Lanzani, kl. qu. fol.
20) Maria, vor welcher ein Bischof kniet, nach demselben, kl. qu. fol.
21) Das Opfer Abrahams,
22) Der englische Gruss,
23) Die Anbetung der Könige,
24) Die heil. Familie,
25) Die Ehebrecherin,
26) Maria von Heiligen umgeben, } nach Paul Veronese, mit Troyen gestochen, qu. fol.
27) Die Geiselung Christi,
28) Die Auferstehung,
29) St. Sebastian,
30) St. Augustin, } nach P. Veronese, mit van Kessel gestochen, kl. fol.
31) Der Gruss der Maria und Elisabeth, nach J. Palma sen., qu. fol.

32) Maria mit dem Kinde von Heiligen umgeben.
33) Die Erweckung des Lazarus, beide nach Palma sen., mit Boel gestochen, fol. und qu. fol.

34) Der Tod Abel's,
35) Maria mit dem Kinde,
36) Magdalena,
37) Das Begräbniss Christi,
38) Marsias,
39) Judith,
40) Die heil. Jungfrau,
41) Die hl. Familie mit dem Täufer,
42) Christus segnend,
43) Der Leichnam Christi von einem Engel gehalten,
44) Die hl. Familie in einer Landschaft,
45) Lucretia.

(34–45:) nach Palma jun., mit Troyen gestochen, 4. und fol.

46) Der Leichnam Christi am Grabe auf dem Schoosse der Mutter, zwei Engel daneben, nach H. Carracci, gr. qu. 8.
47) Die Gefangennehmung Christi, nach B. Manfredi, 4.
48) Die Gefangennehmung Christi, nach demselben, kl. fol.
49) Susanna von den Alten überrascht, nach J. Retto, kl. fol.
50) Moses mit den Gesetztafeln, nach Valentin, kl. fol.
51) Die Verlobung der heil. Catharina. nach D. Feti, fol.
52) Die Madonna mit dem Kinde, der heil. Stephan, Ambros und Mauriz, nach Titian's Bild der französischen Gallerie, fol.
53) Jacobus Hamiltonius comes Cambricensis etc., nach Van Dyck, 4.
54) Louis de Bourbon, Prinz von Condé, kl. fol.
55) Diversarum avium species ad vivum delineatae et in lucem editae Antverpiae. Petrus van Lisebetten sculpsit, C. Galle excudit, qu. 4.

Lisett, s. Lycett.

Lisieuwsky, s. Liscewsky.

Lisignolo, Jacobo, Medailleur, der um 1460 lebte. Man hat von ihm einen grossen gegossenen Medaillon auf Borso d'Este, mit dessen Bildnisse auf der einen, und einem Eichhorn auf der andern Seite. Letzteres bohrt das Horn in den Grund des Wassers. BORSUS. DUX. MUTINE. ET REGII. MARCHIO. ESTENSIS. BORDIGII. COMES. Revers: OPUS JACOBI SISIGNOLO 1460. Abgeb. im Trésor de numismatique etc. Med. en Italie pl. 15. Nr. 2.

St. Ticozzi nennt diesen Künstler Lixignolo, und das S. sieht auf dem Medaillon wirklich eher einem X. ähnlich.

Lisle, s. Isle.

Lismann, Carl, s. Eismann.

Lissandrino, Beiname von A. Magnasco.

Lisse, Jan van der, Landschaftsmaler, der um 1700 zu Breda mit Beifall arbeitete. Weyermann nennt ihn einen trefflichen und fertigen Künstler, der aber vieles anfing und wenig ausmachte.

Lisska oder Lischka, Johann Christoph, Maler, nach Dlabacz ein berühmter Künstler, aus dem Geschlechte der Mährischen Ritter Lischka von Rottenwald. Sein Vater war kais. königl. Beamter in Breslau, nach dessen Tod die Mutter den Maler Michael Willmann heirathete, der nun auch seinen Stiefsohn in der Malerei unterrichtete, und dieser machte solche Fortschritte, dass er in kurzer Zeit in Schlesien und in Böhmen seine Rolle spielte. Im Jahre 1660 begann er in Prag die Frescomalereien in der Kreuzherrnkirche an der Brücke, konnte aber des Podogra's wegen das Werk nur halb vollenden. Sein Freund W. Reiner setzte es fort, und 1725 waren die Malereien fertig. Das Todesjahr dieses Künstlers ist unbekannt; 1697 erscheint er noch im Taufmatrikel der Pfarrkirche St. Wenzel zu Prag als Taufpathe. In Böhmen, besonders zu Prag, sind noch Werke von diesem Künstler. Die Benediktinerkirche der Altstadt Prag malte er in Fresco aus, und daselbst ist auch das Hochaltarblatt sein Werk. Für die Ursulinerkirche malte er die heil. Ursula als Hochaltarbild; andere Gemälde jener Stadt verzeichnet Dlabacz. In der Stiftskirche zu Sedletz bei Kuttenberg malte er 1692 die Landespatronen und die Heiligen des Cisterzienser Ordens, und in die Dresdner Gallerie kam seine Darstellung, wie ein Krieger dem Julius Cäsar das Haupt des Pompejus überreicht, lebensgrosse Figuren. J. A. Friedrich ätzte nach seinen Zeichnungen Blätter mit Heiligen.

List, Georg Nicolaus, Bildnissmaler aus Ulm, arbeitete um 1650 am Hofe zu Stuttgart, und zwar mit Beifall. Er malte viele hohe Personen, und auch Kupferstecher beeilten sich, seine Portraite nachzubilden. E. C. Heiss stach nach ihm das Bildniss der Herzogin Magdalena von Würtemberg; Ph. Kilian jenes Eberhard's III. von Würtemberg u. s. w.

Füssly erwähnt auch eines F. G. List, der zur Zeit des Obigen gelebt haben soll.

Lister, Anna und Susanna, Schwestern, die in England sich mit der Aetzkunst befassten, anscheinlich nur zu ihrem Vergnügen. In Martini Lister historia conchyliorum, Londini 1685, sind Blätter von diesen Schwestern.

Liszewska, s. Liscewsky.

Liszka, s. Lisska.

Litard, s. Liotard.

Litterini, Agostino, Maler, wurde 1642 zu Venedig geboren, und Vecchia unterrichtete ihn in der Kunst. Er ist in Venedig und auf den Inseln bekannt, noch mehr aber sein Sohn Bartolomeo. Er malte klar und offen, wie Lanzi behauptet. Starb 1727.

Litterini, Bartolomeo, der Sohn und Schüler des Obigen, wurde 1669 zu Venedig geboren, und einer der besten Künstler seiner Zeit. Er erscheint als Verehrer Titian's, so wie aus seinen Werken auch erhellet, dass er die besseren Künstler der Vorzeit studirt habe. Dieses schliesst Lanzi aus seinem Altarbilde in St. Materniano zu Venedig. Er ist in dieser Stadt sehr bekannt, so wie auf den Inseln. Besonders anziehend ist die stille jungfräuliche Lieblichkeit seiner Madonnen.

36*

In der Pfarrkirche zu Partenkirchen in Oberbayern ist von ihm das Choraltarblatt mit der Himmelfahrt Mariä, bezeichnet: Barth. Litterini Opus Venetiis 1731. Lanzi weiss von seiner Thätigkeit nur bis 1727. In der Filialkirche St. Anton bei Partenkirchen ist das schöne Altarbild des Kirchenheiligen sein Werk.

Seine Tochter Catherina wird ebenfalls als Malerin gerühmt. Sie wurde 1675 geboren, und noch 1727 war sie thätig.

Litterini, Catherina, s. den obigen Artikel.

Litters, Maler, dessen Füssly erwähnt, ohne seine Lebenszeit und Lebensverhältnisse zu bestimmen. J. J. Haid stach nach ihm das Bildniss der gekrönten Philosophin L. M. C. Bassi von Bologna in Schwarzkunst.

Littret de Montigny, Claude Antoine, Zeichner und Kupferstecher, geb. zu Paris 1735, gest. zu Rouen 1775. Er stammte aus einer alten, aber so heruntergekommenen Familie, dass Littret in seiner Jugend durch Schriftstechen sein Brod verdienen musste. Später kam er er zu Cars in die Lehre, und jetzt machte er im Stiche bald die erfreulichsten Fortschritte, da er in der Zeichnung bereits erfahren war. Er stach meistens Bildnisse, auch Genrestücke, und diese seine Blätter verdienen theilweise sowohl in der Zeichnung als in der technischen Behandlung Lob. Sein Leben verfloss nicht in Ruhe, da ihm eine ungemessene Eitelkeit selbe störte. Seine zerrütteten Umstände veranlassten ihn, in den letzten Lebensjahren nach England zu gehen. Doch fand Littret auch hier das geträumte Glück nicht, und daher ging er wieder nach Frankreich zurück.

1) Le concert du Grand-Sultan, nach C. Vanloo, das Hauptblatt des Künstlers, die Figuren sind Bildnisse des Malers und seiner Familie, 1766.
2) Le Pascha faisant peindre sa maitresse, das Gegenstück von 1748.
3) Die schlafende Diana, nach St. Quentin.
4) L'Amour distribuant ses dons, nach Schenau.
5) L'Amour conduit par la Fidelité, nach demselben.
6) — 7) Première et deuxième vues du Rhin, nach Weirotter.
8) Die Marquisin von Pompadour, nach Schenau, angeblich das ähnlichste Bildniss jener Dame.
9) Das Bildniss des Dauphin, des Vaters Ludwig's XVI., nach Schenau.
10) Jenes von M. de Satine, Polizei-Lieutenant: Res urbanus, nach L. Vigée.
11) Ant. de Malvin de Montazet, Erzbischof von Lyon, nach Vanloo.
12) Mme. la Dauphine, Medaillon, von dem betrübten Frankreich getragen, nach eigener Zeichnung, 1767.
13) Hyacinth Th. Baron Decanus, nach eigener Zeichnung.
14) Charles Simon Favart, Dichter, nach E. Liotard.
15) Jean Bapt. Sauvé de la Noue, nach C. Monnet.
16) Jean Jacques Rousseau, nach de la Tour.
17) Pierre Laurent de Belloy, nach eigener Zeichnung.
18) Charles Jean François Hénault, nach eigener Zeichnung.

Ljunberger, Gustav, Medailleur, wurde um 1740 in Schweden geboren, und D. Fehrmann unterrichtete ihn in seiner Kunst, bis er sich nach Paris begab. Er brachte es zur Auszeichnung, und daher ernannte ihn der König nach dem 1750 erfolgten Tod seines Meisters zum Hofmedailleur in Stockholm. Er war auch Professor an der Akademie daselbst, und zuletzt zierte ihn der König mit dem Wasa-Orden. Die Akademien von Florenz, Bologna, Wien und Copenhagen zählten ihn unter ihre Mitglieder.

Dieser Künstler starb gegen das Ende des vorigen Jahrhunderts.

Liuthard, ein berühmter Miniaturmaler aus der Zeit Carl des Kahlen. Er und Berengar verzierten 870 auf Befehl dieses Kaisers das sogenannte goldene Evangelienbuch, ehedem in St. Emeran zu Regensburg, jetzt auf der k. Hof- und Staatsbibliothek zu München, mit kostbaren Malereien. Der Einband dieses Werkes schimmert von Gold, Edelsteinen und Perlen, und in der Mitte ist in getriebener Arbeit der Heiland, wie er den Segen ertheilt, in der Linken das Buch haltend. Im Buche ist auch Carl der Kahle in griechischer Kleidung dargestellt, auf einem prächtigen mit Edelsteinen geschmückten Thron, hinter welchem kostbare Teppiche ausgebreitet sind. Zu den Seiten stehen Knaben mit Stäben, Waffenträger und Hofbediente. Die Provinzen des Reiches sind durch weibliche Gestalten mit Füllhörnern dargestellt. Ganz unberührt sind indessen diese Gemälde nicht, denn am Ende der Handschrift liest man: Domini Abbatis Ramvoldi jussione hunc librum Aripo et Adalpertus renovaverunt. Diese Worte deuten auf eine Auffrischung der Gemälde hin, und diese muss um 975 unter Abt Romuald stattgefunden haben. Auf fol. 1 ist auch das Bildniss des Abtes zu sehen. Immerhin bleibt dieses eines der merkwürdigsten und kostbarsten Membrane jener alten Zeit. Die Mönche erkannten die hohe Bedeutung desselben recht wohl, und daher bot man ihnen vergebens eine ganze Stadt dafür.

Die Malereien dieses herrlichen Codex sind durch Kupferstich vervielfältiget. Coloman Sanftl schrieb eine Dissertatio historica in aureum ac pervetustum S. S. Evangeliorum codicem ms. monasterii S. Emerani Ratisbonae 1786, 4. In dem auf der k. Bibliothek zu Paris befindlichen Gebetbuche Karl des Kahlen wird ein Liuthard als Schreiber genannt, und dieser könnte mit dem unseren Eine Person seyn. Nur möchte es dann scheinen, dass er nur den Text geschrieben, nicht auch selbst gemalt habe, und dass dem Berengar die Miniaturen angehören. Indessen waren die alten Calligraphen gewöhnlich auch Miniatoren, und als solcher muss ebenfalls Berengar betrachtet werden.

Liuzzi, Giacomo, Maler von Reggio, ein geschickter Künstler unserer Zeit. Er malt Historien und Genrestücke. In der Prachtausgabe des Petrarka ist nach seiner Zeichnung die Einsamkeit von Selva Piano gestochen.

Live de Jully, Ange Laurent de la, Kunstliebhaber, Aufführer der Gesandten zu Paris, malte in Miniatur und radirte mehr als 100 Platten nach Greuze, Saly, Boucher etc., und diese Blätter, gerade keine Meisterstücke, verschenkte er an Bekannte. Auch ein Kupferstichcabinet besass er, so wie Sculpturen. Starb 1775 im 50. Jahre.

1) Les fermiers brulés, eine Gruppe von Bettlern.
2) Attaque des retranchemens, nach Cochin's Zeichnung.
3) Eine Folge von Carricaturen, nach Saly.
4) Das Bildniss des Künstlers, Medaillon, nach Cochin's Zeichnung.

Livens, s. Lievens.

Liverseege, Henry, Maler zu London, ein geschickter Künstler, dessen frühen Tod man 1832 bedauerte. Er malte Historien und Genrestücke, Bilder von origineller Auffassung, die aber manchmal zu skizzenhaft sind. Seine Werke sind im Allgemeinen sehr anziehend und gemüthlich, und in der Ausführung zeigte er eine Fertigkeit, welche man nur durch reife Uebung erlangt. Aber der Reiz, welcher seine Bilder vorzüglich auszeichnet ist, nach der Bemerkung im Kunstblatte vom bezeichneten Jahre, dem richtigen angemessenen Ausdrucke beizumessen. Eine seiner besten Arbeiten ist das Gemälde mit der Geistergeschichte, welches 1830 bei der Ausstellung in der Suffolk-Gallerie zu sehen war. Besonderes Gefallen erregte auch der Rekrut, ein Bild von gefälliger Färbung und von zarter Behandlung.

Von 1832 — 1835 erschienen seine Werke im Stiche, unter dem Titel: Engravings from the works of H. Liverseege, complet in 12 Lieferungen, fol. Sie kosten 84 fl.

Lives, der Kupferstecher, dessen Gandellini erwähnt, ist wohl mit Lievens Eine Person.

Livesay, Richard, ein englischer Kupferstecher, der nach Hogarth 16 Blätter gestochen hat. Wir kennen diesen Künstler nicht, und Füssly sagt, dass er seine Blätter irgendwo so verzeichnet fand:

1) Frontispice pour le Journal des Jacobites.
2) — 10) Voyage de Hogarth.
11) Sçeau de l'hôpital des Orphelins.
12) Mr. Gabr. Hunt.
13) Mr. Ben Read.
14) Georg Taylor.
15) Gladiateur.
16) Hogarths Crest.

Livi, Francesco de Domenico, Glasmaler von Gambassi, dessen Bottari erwähnt. Er wurde um 1434 von Lübek nach Arezzo berufen, um für die grosse Kapelle in der Pfarrkirche die Krönung Maria auf Glas zu malen.

Livin von Antwerpen, s. L. von Antwerpen.

Livius, s. Lievens.

Liungberger, s. Ljunberger.

Livornese, s. H. und F. Rossi.

Lizandrino, s. Magnasco.

Lizars, Kupferstecher in Edinburg, ein Künstler unsers Jahrhunderts. Er stach schöne Prospekte zum folgenden Werke: Denmark delineated etc., 1821, nach Zeichnungen von Eckersberg, Dahl und Holm.

Lizipio, s. Licinio.

Lizzaro, s. Guido und Tizian Minio.

Llama oder Lamos, Francisco, ein spanischer Maler, der in der zweiten Hälfte des 17. Jahrhunderts arbeitete, in jener Weise, welche durch L. Giordano in Umschwung kam. Er malte im Escurial, in Talavera de la Reyna und in der Cathedrale von Avila, aber seine Bilder befriedigen die Anforderungen der Kenner nicht.

Llanos y Valdes, Sebastiano de, Maler, der um 1660 in Madrid arbeitete, im Geschmacke des ältern Herrera, dessen Härten er am längsten aushielt. Er malte meistens Staffeleibilder für Privatpersonen. Eine seiner besten Arbeiten ist die Madonna del Rosario in der Engelglorie bei St. Tommaso zu Sevilla. Bei den Recolletos zu Madrid ist ein schönes Bild der Magdalena von ihm.

Llanos ist einer derjenigen, der zur Gründung der Akademie in Madrid Vieles beitrug. Im Jahre 1660 wurde er Vicepräsident, und noch 1667 lebte der Künstler.

Llera, Zambrano Alfonso de, Maler zu Cadix, malte mehrere Standarten und Flaggen; auch werthvolle Bilder in Oel. Lebte um 1639.

Llorens, Cristobal, Maler von Valenzia, wo er gegen das Ende des 16. Jahrhunderts arbeitete. Er soll seine Kunst bei Joanes erlernt haben, und somit gehört er in die Blüthezeit der spanischen Malerei. Im Jahre 1597 malte er die Altarbilder des heil. Sebastian und der heil. Magdalena im Kloster San Miguel de los Reyes. Sie sind correkt in der Zeichnung und von lieblicher Färbung.

Llorente, Bernardo German, Maler, geboren zu Sevilla 1685, gest. 1757. Sein Vater, ein wenig bedeutender Künstler, ertheilte ihm Unterricht im Zeichnen, und das gute Talent des Sohnes machte ihm die Mühe leicht. Der junge Llorente that sich auch als Maler bald hervor, und daher musste er schon als Jüngling das Bildniss der Infantin malen. Bei dieser Gelegenheit beschenkte ihn die Königin Isabella mit Audran's Alexanders-Schlachten. Zum Hofmaler brachte er es nicht, doch nur wegen seiner Neigung zur Einsamkeit, die er so lieb gewann, dass er fürchtete, er möchte bei allenfallsigen Reisen des Hofes selbe verlassen müssen.

Er erhielt den Beinamen „Pintor de las pastoras" (Maler der Schäferinnen), weil er viele Madonnen, als Schäferinnen gekleidet und mit Heerden umgeben, gemalt hatte. Der Gedanke zu diesen Gemälden gehört einem Capuziner, Isidoro de Sevilla, der im Anfange des 18. Jahrhunderts lebte. Bernardo malte also ebenfalls seine Madonnen als Schäferinnen, so schön, unschuldig und fromm, dass man sie für Werke des Murillo halten kann. In seinen letzten Lebensjahren änderte er seine Manier, indem er seinen Vorstellungen ein kräftigeres Helldunkel geben wollte, fiel aber zu sehr in das Schwarze. Seine schönsten Arbeiten sind in Sevilla. Fiorillo IV. 387.

Loarte, Alessandro, Maler, Schüler des Domenico delle Greche, ist nach seinen Lebensverhältnissen unbekannt. Im Jahre 1622 malte er im Refectorium der Minimen zu Toledo die Vervielfältigung der Brode und Fische, ganz im Style der venetianischen Schule. Dann malte er auch Jagdstücke und Thiere, und solche Bilder werden in Sammlungen zuweilen für Werke der Bassani gehalten. Sein Todesjahr ist unbekannt.

Fiorillo erwähnt dieses Künstlers im Index der Gesch. der Malerei in Spanien, im Texte aber fehlt er.

Loaysa, Juan de, Maler und Canonicus der heil. Kirche zu Sevilla, war einer der vorzüglichsten Gönner der Akademie jener Stadt. Er machte auch gelehrte Untersuchungen über die Cathedrale von Sevilla und ihre Alterthümer. Bei dieser Gelegenheit zog er mehrere alte Künstler, die für selbe gearbeitet, an's Licht. Lebte um 1669.

Lobek, Tobias, Kupferstecher, der um die Mitte des vorigen Jahrhunderts lebte. Er stach mehrere Blätter für Masculi encomia coelituum, die um 1750 erschienen. Dann erwähnen wir von ihm folgende Blätter, unter denen No. 1, 3 und 7 wohl die besten sind.

1) Esther vor Ahasverus in Ohnmacht, nach Dominichino.
2) Der keusche Joseph, nach S. Conca.
3) St. Joseph mit dem Jesuskinde, nach Boulogne.
4) Die Hexen am Sabbath, nach Callot.
5) Der Tempel mit dem zerrissenen Vorhang, nach A. Löscher.
6) Die Künste und Wissenschaften, allegorische Figuren nach le Clerc.
7) Die Ehrenpforte, dem Kaiser Franz I. und der Maria Theresia 1745 von den Niederlagsverwandten in Wien errichtet, gr. roy. fol. Dieses ist vielleicht das Hauptblatt des Künstlers.
8) Gegen 40 Theatergegenstände, nach Burnaccini.

Lobrecht, ein niederländischer Landschaftsmaler, der H. Saftleeven nachgeahmt haben soll. Seine Lebensverhältnisse fanden wir nirgends angegeben.

Lobsinger, Johann, Mechaniker und Zeichner, wurde 1510 in Nürnberg geboren, und noch 1550 war er in voller Thätigkeit. Er fertigte kleine Bilder in Wachs, Zinn, Silber und andern Metallen. Dann wird ihm ein Monogramm beigelegt, welches sich auf Bildnissen des J. E. Leonard befindet, die er demnach gezeichnet oder modellirt haben könnte.

Loca, Giovanbattista, Maler zu Neapel, angeblich Schüler des A. d'Amati, aber Nachahmer des A. Sabbatini. Domenici erwähnt von ihm ein Gemälde mit der Bekehrung des Saulus in St. Spirito zu Neapel, 1543 gemalt.

Locarno, Giovanni, Maler zu Mailand, dessen wir 1828 zum erstenmal erwähnt fanden. Damals hiess es, dass seine Manier an die Fächer- oder Porzellanmalerei erinnere. Später haben wir nichts mehr von ihm vernommen.

Locatelli, Giacomo, Maler von Verona, bildete sich in Albani's Schule, und auch bei Guido Reni sah er sich um. Er erlangte Ruhm, namentlich durch seine Gemälde in S. Proculo zu Verona. Starb 1628 im 48. Jahre.

Locatelli oder Lucatelli, Pietro, Maler von Rom, wurde um 1630 geboren, und von P. da Cortona in der Malerei unterwiesen. Dieses beweisen auch seine Gemälde, welche sich in Rom finden, dennoch wird er im Cataloge der Gallerie Colonna als Schüler des C. Ferri bezeichnet. In der erwähnten Gallerie waren Bilder von Lucatelli und andere sieht man im Collegio Fuccioli und zu

S. Agostino. Lanzi nennt ihn einen ausgezeichneten Geschichtsmaler, und dass er Künstler von Ruf war, beweiset auch der Umstand, dass mehrere seiner Bilder gestochen wurden, von J. L. Roullet, B. Farjat, A. v. Westerhout, N. Dorigny, R. Audenaert, u. a.

Das Todesjahr dieses Künstlers ist nicht bekannt; er lebte noch 1690 als Mitglied der Akademie von S. Luca in Rom. Irrig ist die Angabe im Cabinet Paignon Dijonval, nach welcher der Künstler 1741 gestorben wäre, im 81. Jahre. Auch bei diesem hohen Alter hätte er kaum Schüler des Cortona seyn können. Guarienti behauptet, dass Locatelli auch radirt und in Holz geschnitten habe. Wir konnten uns von der Wahrheit dieser Angabe nicht überzeugen.

Locatelli, Andrea, Landschaftsmaler von Rom, wurde 1660 geboren, und der obige Künstler ist wohl sein Vater und erster Meister. Er malte Landschaften, Architekturstücke und etliche historische Bilder. Diese seine Bilder, gewöhnlich in kleinem Formate, gefielen, und Lanzi nennt ihn einen der beliebtesten Maler in jeder Gattung der niederen Malerei. Mehrere solcher Stücke sieht man in der erzbischöflichen Gallerie zu Mailand, und öfter werden seine Gemälde mit jenen des Zuccarelli verwechselt. Man rühmt in seinen Landschaften die weise Vertheilung der Massen, die Manigfaltigkeit des Baumschlages und das zarte Colorit. Dann brachte er häufig artige Figürchen an, und solche vereinigte er auch zu eigenen Bildern, nach Art der Bambocciaden, und diese sind mit Geist und Geschmack behandelt. Auch seine Architekturstücke sind zu loben. Watelet rühmt daran besonders, dass Locatelli es verstanden, die Töne wohl nachzuahmen, welche die Zeit den alten Trümmern aufgedrückt hat. Durch die geschickte Behandlung des Helldunkels brachte er pikante Effekte hervor. Ticozzi rühmt die Bambocciaden dieses Künstlers ebenfalls, und behauptet, dass einige von bezaubernder Grazie sind, in ächt italienischem Style, fern von jener flamändischen Weise. Dieser Künstler starb 1741, in grosser Dürftigkeit, wozu sein bizarrer Charakter vieles beitrug. In eigensinniger Weise gab er nicht jedem ein Bild.

Benazech stach nach ihm eine Landschaft mit einer Pyramide und Ruinen, dann eine griechische Landschaft mit einem Monumente. L. E. F. Garreau stach zwei Aussichten von Genezano. M. G. Eichler stach für das Musée français eine Landschaft.

Locatelli oder Lucatelli, Maria Catharina, Malerin zu Bologna, Schülerin von L. Pasinelli. Sie malte historische Darstellungen für Private, und in St. Maria di Columbano ist von dieser Künstlerin auch ein Bild mit St. Anton und Theresia und einigen Engeln.

Sie starb 1723.

Locatelli, Nicola, Maler zu Lucca, angeblich Schüler von C. Ferri. In der Ignatius Kirche zu Lucca ist das Bild dieses Heiligen.

Locatelli, Antonio, Kupferstecher von Alvisopoli, Schüler von Morghen und Longhi, dessen Lebensverhältnisse wir nicht erfahren konnten. Er bildete sich auf der Akademie in Mailand, und hier wurde 1833 sein Stich nach Rubens gekrönt. Folgende Blätter sind sein Werk:

1) Das Bildniss des Dichters Joseph Parini, nach R. Albertolli, fol. Im ersten Drucke vor der Schrift.

2) Die heil. Jungfrau mit dem Kinde, nach Palagi, fol.
3) Daniel in der Löwengrube, nach Rubens, fol.
4) Il cavaliere perfetto, eine Sammlung von Pferderaçen, nach Vernet, von Locatelli auch colorirt. Diese Copie erschien bei den Gebrüdern Sonsagno, 4.
5) Die Umrisse zu Visconti's sämmtlichen Werken, im Ganzen 600 Kupfertafeln, nach Palagi's Zeichnung.

Loche, Etienne, Zeichner, Maler und Lithograph, wurde 1786 zu Nîsme geboren, und David war sein erster Meister. In der Folge nahm ihn Baron Gros unter die Zahl seiner Schüler auf. Loche aber widmete sich nicht ausschliesslich der Malerei. Gabet erwähnt nur eines einzigen Gemäldes von diesem Künstler, und dieses stellt Theseus bei der sterbenden Phädra dar.

Er lithographirte mehrere Zeichnungen von Girodet.

Locher, N., Zeichner, Kupferstecher und Maler von Freyburg in der Schweiz um 1770. Er zeichnete Bilder in Teniers Weise, und dann ätzte er Scenen aus dem ländlichen Leben.

1) Die drei Grazien von Guggisberg.
2) Die drei Bacchus von Murten.

Beide schwarz und colorirt, aus Mechel's Offizin.

Lochmann, Johann, Kupferstecher, wurde um 1702 zu Zürich geboren und hier lebte er auch als ausübender Künstler. Die Anzahl seiner Blätter ist indessen geringe, denn Lochmann war kaum 30 Jahre alt, als er in Geistesverwirrung gerieth, und in diesem Zustande brachte er gegen 30 Jahre zu.

1) Der Bürgermeister Hofmeister.
2) J. J. Hottinger, Theologe.
3) Der Canonicus Otten.
   Alle drei nach Simmler.
4) J. H. Friesen, Pfarrer.
5) Der Theolog Schmucker.

Lochner, Carl Friedrich, Kupferstecher zu Nürnberg, und geboren daselbst 1772. Er scheint grösstentheils Schriften und Facsimiles gestochen zu haben, so wie ein gleichzeitiger Johann Lochner.

Lochner, J. J., angeblich ein Monogrammist, auf welchen Brulliot ein Zeichen deutet, das sich auf dem Bildnisse des Diacon Christoph Lochner zu Nürnberg befindet.

Gestochen hat Lochner dieses Bildniss kaum. Es ist von 1660 und in Duodez.

Lochom, Michel van, Zeichner, Kupferstecher und Kunsthändler in Paris, lieferte in C. de Pas Manier verschiedene Blätter, die indessen nur zu den mittelmässigen Erzeugnissen der Chalkographie zu zählen sind. Er lebte in der ersten Hälfte des 17. Jahrhunderts.

1) Die Grablegung Christi, nach einer Zeichnung von Rafael, 4. Die besseren Abdrücke sind vor Moncornet's Adresse.
2) Die heil. Familie, nach Van Dyck.
3) Der kleine Jesus in einem Garten, um ihn ein Kreis von tanzenden Mädchen. In der Ferne ist die heil. Jungfrau mit Joseph und andern Mädchen: Jesu corona virginum etc. 8. Schön.

4) Die Sitten und Trachten von Frauen bei verschiedenen Völkern, 17 Blätter, auf jedem zwei Bilder und vier französische Verse, qu. 4.
5) Der Spiegel der Fürsten, Folge von 25 Blättern, 4.
6) David profugus, 6 Blätter, kl. 12.
7) Der Leichnam Christi von zwei Engeln gehalten.
8) Die Quelle des Lebens, Allegorie.
9) Ecce homo.
10) Christus am Kreuze.
11) Die Schmerzens-Mutter.
12) Die heil. Jungfrau mit Jesus und Johannes, oval.
13) Die heil. Jungfrau mit dem Kinde, Büste.
14) Die heil. Jungfrau gekrönt.
15) Eine heil. Familie.
16) Büste des heil. Benedikt.
17) Der heil. Peter.
18) Die heil. Apollonia.
19) Die heil. Elisabeth.
20) Die heil. Aldegondis.
21) Viele Bildnisse von Heiligen und Nonnen, in dem Werke: Fondatrices et reformatrices, ou principales religieuses de tous les ordres 1639, 4.
22) Darstellungen aus der Zeitgeschichte von 1624 — 1644.
23) Bildniss des Herzogs Carl Gonzaga von Mantua, nach M. Ferdinand.
24) Bildnisse nach F. Elle.
25) Einige Blätter zu Girard's Peintures sacrées de la Bible. Paris, 1656, fol. Diese Blätter sind mit einem Monogramme versehen.

Lochon, Hans van, Kupferstecher, wurde um 1550 zu Antwerpen geboren. Er stach in C. van den Broeck's Manier, besonders heilige Darstellungen. Man legt ihm die Initialen H. V. L. bei. Diese können aber auch Hans van Luyk bedeuten, wie auf Landschaften mit biblischer Staffage, welche Julius Golzius nach P. van der Borcht und J. Bol gestochen hat.

1) Das heil. Abendmahl, nach C. van den Broeck.
2) Die Auferstehung des Herrn, nach M. de Vos.
3) Der weinende Petrus, nach demselben.

Lochon, René, Zeichner und Kupferstecher, wurde 1636 oder 1640 zu Boissy geb., und J. B. Corneille unterrichtete ihn in der Kunst. Diese übte er in Paris, und die Blätter, welche er lieferte, bestehen in Bildnissen und Historien, die an Nanteuil's Weise erinnern, jedoch ohne das Markige zu haben, welches jenem Meister eigen ist. Das Todesjahr ist unbekannt.

1) Jesus trägt sein Kreuz, nach Carracci, fol.
2) Maria mit dem Jesuskinde und dem kleinen Johannes, nach N. Coypel, 1668, fol.
3) St. Johann, der dem Jesuskinde die Füsse küsst, nach Guido.
4) Eva reicht Adam den Apfel, nach F. Cheauveau.
5) Maria das schlafende Kind an ihre Brust schmiegend, Halbfigur, nach Guido. Schönes Blatt, oval gr. fol.
6) Trophäen mit Helmen und Schilden, Polidoro pinxit, schöne Folge von 6 Blättern mit Titel, qu. 4.
7) Das Bildniss Titian's, nach Titian, 8.
8) Die Büste Albrecht Dürer's, mit einem Monogramm bezeichnet.

9) Bildniss von M. Séguier de St. Brisson, in ovaler Einfassung, 1660.
10) Brustbild einer ältlichen Magistratsperson, Achteck mit Eichenlaub-Verzierung, nach Ph. von Champaigne, 1657.
11) Louis de Marillac, Docteur en Sorbonne et curé, gr. 4.
12) Felix Vialart Episcopus Catalaunensis, fol.
13) Balthazar Phelypeaux de la Vrillière, Abbas, fol.
14) Eustachius de Lesseville, Episcopus Constantinus, fol.
15) Charles de Bourbon, Bischof von Soisson, fol.
16) Jerôme Bignon, fol.
17) Büste eines jungen Magistrats, Octogon mit Eichenlaub umgeben, fol.

Alle diese Blätter sind von Lochon auch selbst gezeichnet.

Lochon, P., Kupferstecher, der um 1675 lebte, weiter aber unbekannt ist. Von ihm fanden wir erwähnt:

1) Die heil. Francisca Romana, 4.
2) Verschiedene kleine Blätter mit Ornamenten, mittelmässiges Zeug, mit P. Lo. und dem Namen des Künstlers bezeichnet.

Lochum, s. Lochom.

Locke, Samuel, Architekt, königl. sächsischer General-Accis-Baudirektor zu Dresden, wurde 1710 zu Morizburg geboren, und im 30. Jahre kam er in Dienste des Hofes. Im Jahre 1752 wurde er Baudirektor, und von dieser Zeit an leitete er alle Bauten in ganz Sachsen. In Dresden baute er 104 Häuser: das Hotel de Pologne, die reformirte Kirche, das gräflich Wallwizische Haus u. s. w. Sein Werk ist auch das Hubertsburger Schloss. Für das Erzgebirge fertigte er über 1200 Risse.

In letzterer Zeit stand ihm sein Sohn Samuel Gottlieb hülfreich zur Seite; allein dieser starb schon 1784. Im Jahre 1805 starb zu Dresden der Hofconducteur Joh. Sigismund Locke, und dieser könnte ebenfalls Samuel's Sohn gewesen seyn. Das Todesjahr des letztern kennen wir nicht; es erfolgte um 1790.

Wir haben von ihm ein Werk: Die Verbindung und Uebereinanderstellung der Säulen, in drei Abtheilungen abgehandelt und auf 60 Kupfertafeln vorgestellt, fol.

Locke, William, ein englischer Maler, der um 1750 in London lebte. Er malte Historien, und unter diesen rühmte man jenes Gemälde, welches die letzten Augenblicke des Cardinals Wolsey vorstellt. C. Knight hat dieses Bild gestochen, und im Umrisse ist es in der Nouvelles des arts II. 241.

Locke, Sumuel Gottlieb und J. Sigmund, s. Samuel Locke.

Lockie, Nicholas, Bildnissmaler, der um 1580 in England Ruf genoss, nach seinen Lebensverhältnissen aber unbekannt ist. S. Pass stach nach ihm das Bildniss des Dr. John King, Bischofs von London.

Lockley, David, Kupferstecher, der im 18. Jahrhunderte in England lebte.

Locrom, B., Kupferstecher, dessen Lebensverhältnisse unbekannt sind. Von seiner Thätigkeit sprechen folgende Blätter, im Geschmacke van de Velde's niedlich mit dem Grabstichel vollendet.

6 Blätter mit den 12 Vorstellungen der Monate, Figuren in landschaftlicher Umgebung. Die Ovale sind 18 Linien hoch und 14 Linien breit. No. 1 ist bezeichnet: C. J. Visscher excu. — B. Locrom fecit. Auf No. 3 ist das verschlungene B. L.

Es gibt ein Blatt mit Christus am Kreuze, zu dessen Fuss die Magdalena, recht ferne die Mörder etc., und dieses Blatt hat ein Monogramm, welches nach Brulliot diesen Locrom bedeuten könnte. H. 6 Z. 3 L., Br. 4 Z. 5 L.

Lodde, Odoard Helmold de, Kupferstecher zu Copenhagen, in der ersten Hälfte des vorigen Jahrhunderts. Er stach gute und wohlgleichende Bildnisse. Im Jahre 1750 wurde er Kupferstecher der kön. dänischen Gesellschaft zur Verbesserung der nordischen Sprache, und 1758 starb der Künstler.

1) Das Bildniss Christian IV. von Dänemark.
2) Jenes Friedrich III., beide nach C. van Mander.
3) Portrait des Grafen von Moltke, nach C. G. Pilo, 1753.
4) N. Brorson, Gottesgelehrter, nach Erichsen.
5) Bildniss des Kunstdrechslers Spengler.
6) Zwei Ansichten des Moltke'schen Pallastes.

Lodde, Alexia de, Kupferstecherin und Schwester des Obigen, stach Prospekte für den dänischen Atlas.

Lode, Gustav de, Maler und Kupferstecher von Viborg in Jylland, arbeitete um 1717 — 1730. Er malte Historien und Bildnisse. Gestochen von ihm ist:

Tordenskiolds Attaqver paa Stroemstad og for Gothenborg, 1717, nach N. Stiebolt's Gemälde.

Lode, G. W., Medailleur zu Copenhagen, fertigte um 1715 bis 1725 verschiedene Stempel zu Medaillen.

Loder, Astolf, Maler und Kupferätzer, der 1721 zu Frankfurt geboren worden seyn soll. Seiner erwähnt Basan, und dieser Schriftsteller sagt, dass Loder nach seinen eigenen Compositionen geätzt habe; allein wir kennen keines dieser Blätter. In der ersten Ausgabe nennt Basan einen Landschaftsmaler Loder, der im 18. Jahrhunderte lebte, und auch dieser soll geätzt haben. Zuletzt ist auch noch der folgende Künstler mit diesen beiden Eine Person.

Loder, N., Kupferstecher, dessen Lebensverhältnisse unbekannt sind. Im Winkler'schen Catalog, so wie in jenen des Grafen Renesse-Breidbach wird ihm folgendes Blatt beigelegt:

Ein alter Podagrist, vor welchem ein Bauernjunge und ein Bauernmädchen stehen. Dieses Blatt soll in der Manier grosser Meister geätzt seyn.

Loder, Matthäus, Landschaftsmaler, geb. zu Wien 1781, gest. auf dem Brandhofe in Steyermark 1828.

Das Talent dieses trefflichen Künstlers, das sich schon frühe zu regen begann, wurde an der Wiener Akademie der bildenden Künste von den Professoren Maurer, Braun, Lampi und Füger liebevoll gepflegt und zur Reife gebracht. Er widmete sich der Blumenzeichnung, später der Architektur, worin er in edlem Wettstreit auch einen Ehrenpreis sich errang, und hierauf begann er, vom Prof.

Füger aufgemuntert, die Anatomie zu studieren. Seinem Wunsche, in der Natur die Muster selbst aufzusuchen, die er würdig darzustellen sich sehnte, begegnete die Reise des Custos Russ, mit welchem er die Ruinen der Ritterburgen und Bergschlösser des Landes unter der Enns besuchte. Die herrlichen Ueberreste des Alterthums, welche er hier zu sehen und zu bewundern Gelegenheit hatte, machten in ihm jetzt die Neigung zur Historienmalerei vorherrschend, und diese Neigung wurde durch die Prof. Maurer und Braun, in deren Atteliers Loder einige Zeit arbeitete, sorgfältig genährt. Zu dieser Zeit machte er auch gelungene Versuche im Portrait, bis er sich, durch mehrere Reisen in Oesterreich angefeuert, ganz für das Fach der Landschaftsmalerei entschied. Die Auszeichnung, welche mehreren seiner Werke in diesem Kunstzweige zu Theil ward, verschafften ihm den ehrenvollen Ruf zum Zeichenmeister I. M. der Erzherzogin Marie Louise in Parma. Doch das italienische Clima war dem durch anhaltende Kunstbeschäftigungen geschwächten Körper des Künstlers nicht zuträglich, und er sah sich genöthiget, seine hohe Gönnerin um seine Entlassung zu bitten. Aus eben diesem Grunde musste er auch auf die Reise nach Rom verzichten. Einen ausgezeichneten Beweis der Anerkennung seiner Verdienste erhielt der Künstler durch seine Aufnahme als Ehrenmitglied in die Akademie zu Parma 1816.

Bald nach seiner Rückkehr ins Vaterland erhielt Loder eine Anstellung als Cammermaler des Erzherzogs Johann, und da hatte er Gelegenheit, jedes Jahr im Gefolge seines hohen Mecänas die Alpen der Steyermark, und später auch die Gebirge Salzburgs zu sehen, die ihm den Stoff zu vielen herrlichen Gemälden lieferten. Besondere Erwähnung verdient jenes von der Aufstellung des von dem Erzherzoge gestifteten Kreuzbildes auf dem Erzberge.

Augenzeuge der Krönung der Kaiserin Caroline als Königin von Ungarn, vollendete der Künstler ein schönes Gemälde dieser Feier. Im April 1827 sah und zeichnete er auf Veranstaltung seines hohen Gönners das seltene Schauspiel einer Auerhahnjagd in den Gebirgen der Steyermark, entwarf überhaupt mehrere meisterhafte Zeichnungen, deren Ausführung im Gemälde leider der Tod unterbrach.

Die rühmlichste Erwähnung verdient auch ein Gemälde, welches Loder in das Stammbuch I. M. der Kaiserin verfertigte. Der Vorwurf der Darstellung ist eine gothische Halle, in welcher ein Sprössling des Kaiserhauses Habsburg sitzend abgebildet ist, wie er mit dem einen Arme die vor ihm stehende Gemahlin umschlingt, gegenüber sitzt ein alter Harfner u. s. w.

Ausser einer Menge von Zeichnungen, welche der Künstler für Almanache, Taschenbücher, Romane, so wie zu der bei A. Doll erschienenen Ausgabe von Wieland's sämmtlichen Werken etc. lieferte, befinden sich seine übrigen zahlreichen Bilder im Fache der Landschaftsmalerei beinahe alle in den Gallerien des Erzherzogs Johann und der Erzherzogin Marie Louise. Archiv für Geschichte etc. 1829 No. 26.

Lodewyck, Johann, Maler, dessen Füssly nach Neymann's Catalog erwähnt. Da heisst es, Lodewyck sei ein deutscher Seemaler, der Name aber deutet auf andern Ursprung.

FSC
www.fsc.org
MIX
Papier | Fördert
gute Waldnutzung
FSC® C083411

Zeitfracht Medien GmbH
Ferdinand-Jühlke-Straße 7
99095 Erfurt, Deutschland
produktsicherheit@kolibri360.de